KB262862

韓國文學硏究入門

韓國文學硏究入門

초판 제 1쇄 발행 1982. 4. 30.
초판 제 19쇄 발행 2010. 9. 24.

지은이   황패강 김용직 조동일 이동환
펴낸이   김경희
펴낸곳   (주)지식산업사
          본사 ※ 413-832, 경기도 파주시 교하읍 문발리 520-12
               전화 (031) 955-4226~7 팩스 (031)955-4228
          서울사무소 ※ 110-040, 서울시 종로구 통의동 35-18
               전화 (02)734-1978 팩스 (02)720-7900
          한글문패 지식산업사
          영문문패 www.jisik.co.kr
          전자우편 jsp@jisik.co.kr
          등록번호 1-363
          등록날짜 1969. 5. 8.

책값 20,000원

ⓒ 황패강 외, 1982
ISBN 89-423-4907-2 09810

이 책을 읽고 저자에게 문의하고자 하는 이는
지식산업사 전자우편으로 연락 바랍니다.

머 리 말

우리 문학이 근대적 의미에서 학문연구의 대상이 된 것은 민족사적 암흑기인 1920년대에 들어서였다. 민족 주체성이 극도의 위협을 받는 상황 속에서 이를 확인, 회복, 고수하려는 노력의 일단으로 우리 문학에 대한 학문적 연구가 시작되었다. 이때의 국문학연구는 학문이기에 앞서 민족적 긍지를 고양하려는 뜨거운 목적의식이 작용하고 있었다. 사실 이때 국문학연구에 투신하는 일은 일제의 박해와 시련을 각오하지 않고서는 할 수 없는, 어려운 선택이었다. 그러기에 오늘날, 민족사의 전통을 돌이키려고 했던 이들의 노력에 영광을 돌리는 것은 너무나 당연하다. 그러나, 국문학을 학문으로 출발시킨, 이들의 공헌에 무한한 경의를 품음과 동시에 다른 한편 이때의 연구가 그 폭과 깊이에 있어서 스스로 그 어떤 한계를 벗어날 수 없었음을 지나쳐버려서도 안될 것이다.

본격적인 국문학연구는 8·15 광복을 계기로 활성화되었다. 광복 후 오늘에 이르는 37년간 학문으로서의 국문학의 가능성은 꾸준히 현실화되어 왔다. 연구저변은 확대되고, 연구의 폭과 깊이는 넓어지고 깊어갔다. 국문학은 명실공히 國學의 大宗으로서 자리를 굳혔고, 百家爭鳴의 성관을 이루는 가운데 연구상의 분업도 더욱 세분되어 가는 추세에 있다. 연구방법에 대한 활발한 논의를 통해 연구의 이론도 상당한 진전을 보였다. 역사적 형식적 사회학적 심리적 신화적…… 가능한 모든 연구방법이 다양하게 논의 전개되는 가운데 전체로서 국문학 이해의 차원은 높아갔다. 물론 모든 연구가 반드시 바람직한 방향으로 만족스럽게만 진행되었던 것은 아니다. 더러는 비생산적 논의로 말미암아 연구의 정체와 후퇴를 초래한 사례도 없지 않았고, 통합론적 이해의 부족으로 방법론의 偏執症的 현상도 두드러진 바 있다. 그럼에도 불구하고, 이와 같은 과정적인 모든 시행착오까지를 포함하여 광복 후 37년간 국문학계는 일제하의 아픈 상처를 씻고, 「과학」으로서의 국문학을 정립하는 데 어느 정도 성공했다고 해서 과히 틀리지 않을 것이다.

국문학이 학문으로 출발한 지 반세기를 보내는 이 시점에서 그 동안의 성과를 집약하고, 앞으로의 과제와 방향을 가늠하는 일은 연구사적으로 한 시기를 매기는 뜻깊은 일일뿐더러 이 시기의 연구를 전체로서 조감함으로써 세분되고 전문화되어 가는 각 분야를 통합적 안목으로 파악, 앞으로 올 연구에 더 많은 가능성을 부여하는 계기가 될 것으로 확신한다.

본서는 국문학연구 반세기를 총결산한다는 위와 같은 착안 아래 연구의 전분야를 다섯 분야로 나누고, 각 분야마다 세부 주제를 설정, 총 76명의 연구자가 분담 집필하였다. 세부 주제에 관하여 총론과 구비문학 조동일, 한문학 이동환, 고전문학 황패강, 근대문학 김용직의 안을 놓고 편집위원 전원이 토의하여 확정하였다. 1인 1편의 원칙 아래 각 편은 포괄적인 내용을 200자 원고지 40매 이내로 간결하게 압축하여 논술하였다. 본서의 성격상 國文學事象에 대한 집접적 논증이나 해설보다는 연구사적 전개에 역점을 두었다.

끝으로 본 기획에 기꺼이 참여하여 준 집필자 여러분께 깊은 사의를 드린다. 생념하기조차 어려운 본서와 같은 방대한 기획을 끈기있게 밀어준 지식산업사 김경희 사장과 편집 실무자 여러분께 감사드린다.

1982년 3월 21일

편집위원 일동

차   례

머 리 말

總   論

1. 한국문학의 범위/金興圭 ··11
2. 한국문학의 갈래/金文基 ··19
3. 한국문학의 美意識/金仁煥 ··28
4. 한국문학과 書誌/金東旭 ··36
5. 詩歌律格論/成基玉 ··42
6. 한국문학 연구사/崔元植 ··52
7. 한국문학 연구방법론과 문제점/金明昊 ······················60
8. 한국문학의 비교문학적 연구/李慧淳 ··························68
9. 한국문학사의 시대구분/조동일 ····································76

口碑文學

1. 古代神話와 한국문학의 원류/玄容駿 ··························85
2. 文獻說話의 연구/曹喜雄 ··93
3. 설화의 전파와 변이/成耆說 ··101
4. 敍事巫歌의 문학사적 맥락/徐大錫 ····························107
5. 민요의 기능과 사설/金榮敦 ··115
6. 전설과 역사/林在海 ··123
7. 설화구조론/崔來沃 ··133
8. 설화의 小說化/金一烈 ··145
9. 판소리에 나타난 비판정신/徐鍾文 ····························154
10. 가면극의 지역적 분포와 성격/鄭尙珉 ······················160

漢 文 學

1. 韓國漢文의 語學的 성격／南豊鉉 ·······171
2. 移植期의 한문학／金鎭英 ·······178
3. 科擧制와 한문학／趙鍾業 ·······187
4. 고려전기 귀족문학／朴性奎 ·······194
5. 三國史記와 三國遺事／姜東燁 ·······202
6. 武臣執權期의 문학적 전환／金時鄴 ·······210
7. 초기비평의 양상／崔信浩 ·······223
8. 佛家의 漢詩／李鍾燦 ·······230
9. 麗末鮮初의 官人文學과 處士文學／李炳赫 ·······236
10. 조선전기 문인유형과 方外人文學／林熒澤 ·······244
11. 傳奇小說의 문제／鄭學城 ·······253
12. 道學派의 문학／李源周 ·······259
13. 조선시대의 詩話／全鎣大 ·······266
14. 古文의 성격과 전개양상／金都鍊 ·······274
15. 辭賦의 정착과 양상／宋㻶鎬 ·······282
16. 조선후기 문학사상과 문체의 변이／李東歡 ·······291
17. 實學派의 시와 閭巷人의 시／宋載邵 ·······304
18. 한문소설의 발전／朴熙秉 ·······313
19. 韓末의 憂國文學／閔丙秀 ·······320

古典文學

1. 詩歌의 발상과 전개／金承璨 ·······335

 2. 鄕歌의 문학적 성격/崔 喆 ·····343
 3. 불교수용과 한국문학/黃浿江 ·····350
 4. 俗歌의 隱喻/金尙憶 ·····356
 5. 景幾體歌/金學成 ·····366
 6. 왕조서사시로서의 龍飛御天歌/張德順 ·····374
 7. 月印千江之曲의 불교서사시적 국면/史在東 ·····382
 8. 왕조사회와 實記文學/金用淑 ·····393
 9. 시조의 전개/崔珍源 ·····399
10. 사대부와 가사/李相寶 ·····406
11. 壬丙兩亂의 충격과 문학적 대응/蘇在英 ·····414
12. 평민가객과 시조집 편찬/林基中 ·····423
13. 조선후기 가사의 현실인식/柳鐸一 ·····431
14. 국문소설의 문체와 구성/김병국 ·····438
15. 국문소설의 사회의식/印權煥 ·····451

近代文學

1. 근대문학의 역사적 성격/金允植 ·····467
2. 개화기 文人의 의식유형/金容稷 ·····475
3. 개화기의 歌辭/金澤東 ·····485
4. 신소설과 역사전기류/尹明求 ·····497
5. 新劇의 태동/李杜鉉 ·····505
6. 계몽주의 문학/千二斗 ·····514
7. 3·1운동과 한국문학의 상황/文炳郁 ·····521
8. 20년대 시의 좌절과 방향모색/朴喆熙 ·····529

9. 리얼리즘 소설의 형성 / 尹弘老 ······ 537

10. 민족문학과 프로문학의 대립 / 李注衡 ······ 545

11. 근대적 문체의 성립 / 金相泰 ······ 553

12. 수필문학의 성장 / 丘仁煥 ······ 565

13. 아동문학의 형성 / 李在徹 ······ 573

14. 近代戲曲과 그 무대공연 / 柳敏榮 ······ 581

15. 30년대의 문학적 상황과 순수문학의 대두 / 吳世榮 ······ 589

16. 모더니즘과 30년대의 시 / 金載弘 ······ 599

17. 식민지시대의 현실과 자의식의 문학 / 金重河 ······ 606

18. 轉形期의 비평 / 曺南鉉 ······ 614

19. 농민소설 / 宋百憲 ······ 621

20. 후반기 문학과 삶에 대한 집념 / 金埈五 ······ 629

21. 암흑기의 親日文學 / 金大幸 ······ 638

22. 저항문학의 비극적 체험 / 權寧珉 ······ 647

23. 8·15해방과 분단시대의 문학 / 申東旭 ······ 656

總論

1. 한국문학의 범위

국문학을 연구하고자 할 때 무엇보다도 중요한 선결과제는 그 범위가 어디부터 어디까지인가를 결정하는 일이다. 다루어야 할 영역이 확실치 않으면 그로부터 나오는 연구성과에도 심한 불균형 또는 혼란이 초래될 수 있다. 그러나, 이러한 기본적 필요에도 불구하고 국문학의 범위에 대한 그간의 견해들은 단순치 않은 논쟁의 양상을 보여왔다. 그 이유는 우선 우리 문학사가 지닌 제반 특징에 있다 하겠으나, 과거의 문학과 역사를 대하는 오늘날의 전망에 그만큼 다단한 모색들이 있다는 데서도 다른 하나의 원인을 구할 수 있다.

국문학의 범위 내지 개념에 대한 쟁론들은 한문문학의 포함 여부를 핵심적인 쟁점으로 삼아왔다. 그간에 나타난 견해들을 간추려보면 대략 다음과 같은 세 유형으로 집약된다.

(1) 순수한 國文文學만이 국문학이라는 견해.

(2) 純國文文學을 좁은 의미의 국문학(진정한 의미의 국문학)이라 하고, 한문문학은 넓은 의미의 국문학에 포함되는 주변적 대상으로 인정하는 견해.

(3) 19세기까지의 한문문학은 당연히 국문학의 일부분이며, 그것에 대해 미리부터 어떤 자격상의 차등을 둘 필요가 없다는 견해.

이중에서 가장 먼저 나타난 것이 (1)의 입장이다. 일찌기 1929년에 李光洙는 「조선문학이란 朝鮮文으로 쓴 문학」이외의 것일 수 없다고 단언하였고(1), 이와 같은 입장은 초기 국문학자들의 연구 태도와 영역을 결정하는 기본적 전제로 정립되었다. 해방 이전에 학문활동을 시작한 학자들의 저술에서 이러한 관점을 많이 볼 수 있다(2·3·4). 이들이 보기에, 한문으로 씌어진 문학은 비록 한민족의 일원에 의한 것일지라도 국문학의 범위에 포함될 수 없는 것이었다. 이 입장은 그들과 같은 세대의 학자 중 일부 및 다음 세대의 상당수 학자들에 의해 수정되었으나 완전히 사라지지는 않고 일부 학자들에 의해 좀더 선명하고 강경한 논리로 계승되고 있다(11).

12

그들에 의하면 국문학의 범위를 결정하는 요건은 표현 언어와 문자인바, 한문문학은 「중국 글자」로 이루어진 것이므로 차라리 중국문학 쪽에 가깝다는 것이다.

여기에는 몇 가지 난점이 있다. 첫째로 한문은 20세기 이후의 영어·일본어 등 외국어와 달리 19세기까지의 우리 사회에서 광범하게 통용되던 기록수단이었다는 점이 충분히 고려되지 않았고, 둘째로는 그것을 주요 표현수단으로 사용한 士大夫層이 당연히 우리 역사의 한 구성단위였던 것과 마찬가지로 한문문학 또한 많은 사람들이 문학적 행위·욕구를 실천한 소산임이 가벼이 처리되었다. 이밖에 초기학자들은 국문학사를 연구하는 과정에서 국문문학만을 국문학이라고 할 경우 문학 유산의 양이 적을 뿐 아니라 한문문학을 제외한 채로는 문학사의 폭넓은 전개양상이나 다면적 관련 및 연속성을 충분히 설명하기 어렵다는 난점에 부딪히게 되었다.

이러한 맥락에서 한문문학의 처리에 상당한 신축성을 두는 둘째 견해가 나타났다. 국문학의 범위에 대한 둘째 견해는 기본적으로 앞의 것과 비슷한 입장을 유지하되 그 난점들을 완화하려 한 절충론의 소산이다. 그 논자들이 말하는 「진정한 국문학」「순수 국문학」「좁은 의미의 국문학」이라는 개념과 「準國文學」「더 큰 국문학」「넓은 의미의 국문학」이라는 개념을 음미하여 보면 이를 알 수 있다. 그들은 국문문학이 국문학의 본령이라는 입장을 유지하면서 필요에 따라 한문문학을 부수적으로 포괄할 수 있는 근거를 마련하고자 하였던 것이다. 따라서, 한문문학은 「넓은 의미의 국문학」에 귀속하는 것으로 차등을 두어 처리되었다.

그러나, 이러한 방향을 취한다 하더라도 한문문학을 얼마만큼 국문학의 범위에 포용하는가는 논자에 따라 상당한 차이가 있다. 예컨대, 趙潤濟는 국문문학을 純國文學으로 한문문학은 「큰 국문학」의 일부로 하되, 설화와 소설만은 비록 한문으로 되었더라도 국문학의 흐름을 고려하여 순국문학에 포함시키는 것이 마땅하다고 보았다(5). 李秉岐 白鐵은 鄕札로 표기된 작품들이 「국문학사를 위해서는 準國文學的 귀중한 자료」라 하고, 그밖의 한문문학은 내용적 특성에 따라 취사하여 「국문학사의 보충자료」로서 이용해야 한다는 절충안을 제시하였다(6). 張德順은 더 포용적인 입장을 취하여, 훈민정음 창제 이전의 문학은 借字表記(향찰)에 의한 것이건 한문에 의한 것이건 모두 국문학으로 처리하고, 훈민정음 창제 이후의 문학은 국문문학만을 국문학으로 우선 규정하되 한문문학 중 「국문학적 가치」가 있는 것은 「보다 큰 국문학」 범위에 귀속시킬 수 있다고 했다(8).

이와 같은 절충안은 국문문학만이 국문학이라는 완강한 견해에 비하여 여러 가지 이점을 가지고 있으나 모든 종류의 절충안이 안게 마련인 문제성에서 완전히 벗어나 있지는 못하다. 우선 제기되는 문제는 한문문학 중에서「국문학적 가치」가 있는 작품을 가려내고 남는 작품은 과연 국문학의 연구대상에서 제외되어야 하겠는가 하는 의문이다. 이 경우의 난점은 이미 앞에서 언급한 바와 비슷하다. 둘째 문제는「국문학적 가치」가 있는 양식 또는 작품들을 가려내는 기준이 무엇인가 하는 의문이다. 위에서 보았듯이 이에 대한 여러 학자들의 견해는 일정하지 않으며, 그들이 제시한 기준도 이론적으로나 실천적으로 적지 않은 난점을 가진다. 예컨대, 한문문학 중에서 설화소설류만을 국문학 범주에 포함시키는 것은 19세기까지의 사대부 시가가 그들의 한문문학적 교양 및 漢詩의 세계와 상당한 관련을 가진다는 점에서 납득하기 어렵다. 훈민정음 창제 이후의 한문문학을 그 이전의 한문문학과 구별하여야 한다는 주장의 취지는 이해할 만하나, 실제로 당대의 상황에서 사대부층의 문학활동에 이렇다 할 큰 변화가 없었다는 점을 생각하면 그 구분도 역사의 실상보다는 규범적 분할이 앞선 감이 있다. 더우기, 한문문학을 특성에 따라 취사하여 국문학사의 보충자료로로 이용한다는 견해는 그 선정기준이나 채택된 자료의 국문학사상의 위치에 관하여 다단한 이설이 나올 수밖에 없다.

이와 같은 난점을 의식하면서 등장한 것이 세번째 견해, 즉 한문문학을 그대로 국문학의 범위에 포함하는 입장이다. 이 견해는 시기적으로도 가장 나중에 등장한 것으로, 확실한 분포는 말하기 어려우나 점차 더 많은 지지를 얻고 있는 듯하다.

이 입장에 의하면 국문학은 표기수단에 따라 국문문학·借字文學·한문문학으로 구분되나, 이들 사이에 국문학으로서의 자격에 관한 차등은 둘 수 없다. 그 논거는 훈민정음 이전의 한문문학은 물론 19세기까지의 한문문학 또한 20세기 이후와는 달리 그 시대에 통용되던 표현·기록 방법을 택한 것이라는 데 있다. 이 관점에서 국문학의 개념은 다음과 같이 정의된다.「국문학이란 한국사람의 생활을 역사상의 각 시기에 있어서 그 시대적 특수성에 상응하는 표현방법인 正音·借字·한문을 통하여 형상적으로 창조한 문학이다(7).」이것을 달리 말하면 국문학의 역사는 면면히 내려온 한국인들의 문학적 사고와 행위의 역사이며, 따라서 한문으로 표기되었다 하더라도 先人들의 문학적 사상·감정이 담긴 작품들을 국문학의 범위에서 제외할 수는 없다는 것이다(9). 이같은 입장을 취할 때 앞서 언급했던 여러 문제들은 해소된다. 그 대신 확대되는 것은 한자·한문이 엄연히 중국의 것인 한 그것으로 기록된 문학이 어떻게 국문학과 같은 범위에 들어올 수 있는가 하는 반론이다.

한문문학도 국문학의 범위에 포함되어야 한다고 보는 필자의 입장에서는 다음과 같은 논점이 이 문제를 해명하는 근거가 될 수 있으리라 생각한다. 그것은 19세기까지의 동아시아 세계에서 한문이 차지했던바 普遍文語로서의 위치이다. 한문은 물론 중국에서 나온 것이지만, 주지하다시피 한반도와 일본·베트남 등의 지역에서도 매우 높은 수준으로 광범하게 사용되었다. 이들 지역의 지배계급 및 지식층은 대개 한문에 능숙하였고, 그들의 행정사무는 물론 개인적 기록과 문학행위를 그것으로써 영위하였다. 그것은 중세 유럽에서 라틴어가 차지했던 위치와 흡사하다. 그러나 유럽 각국에서는 그들의 문학사를 연구하면서 라틴어로 쓰어진 문학을 로마문학이나 이탈리아 문학에 귀속시켜야 한다고는 보지 않는다. 라틴어로 쓰어졌다 하더라도 그것이 自國人에 의하여 自國의 역사적 경험과 문화의 일부를 형성한 것인 한 문학사에서 제외되어야 할 원천적 이유는 없다. 그들과 우리가 다른 점은 로마제국의 영광이 이미 퇴색하여 오늘의 이탈리아와 저절로 동일시되지 않는 데 비해 중국은 동아시아 세계에서 현실적으로 커다란 문화적 정치적 세력으로 지속되고 있다는 사실이다. 이에 따라 우리는 근대 이전의 한문문화를 이 지역의 보편문화라는 차원에서 보기보다 현재의 문화적 정치적 국경에 결부시켜 이해하는 방향으로 이끌리기 쉽다. 그러나 근대 국민국가 형성 이전의 사실을 그 이후의 연상에 의해 일률적으로 이해함은 온당하지 않다.

이처럼 한문문학을 국문학의 일부로 포괄하는 입장을 취할 때 우리는 지난 시대의 문학을 그 전폭에 걸쳐 연구할 수 있을 뿐 아니라, 우리 문학의 역사적 발전·변모 과정에서 여러 層位의 문학 사이에 일어난 상호관련과 공존체계 및 갈등을 임시방편적인 예외논리에 의존하지 않고 제대로 다룰 수 있다.

한문문학의 처리문제에 이어 생각해 보아야 할 것은 국문학에 있어서의 口碑文學의 자격 내지 위치이다. 구비문학은 흔히 기록문학을 연구하기 위한 보조자료로 혹은 準文學으로 취급되는 수가 있다. 그러나, 이러한 관점은 인쇄술이 보편화된 이후의 경험을 기준으로 하여 모든 문학을 보는 편견에 따른 것이다. 이 경우 「문학」이나 「literature」라는 서구어에 語源的으로 기록을 뜻하는 「文」 또는 「letter」라는 요소가 들어 있다는 사실은 그리 중요하지 않다. 문학은 근본적으로 언어에 의한 예술이며, 그것이 구비전승되느냐 기록되었느냐 하는 차이는 작품의 유통방식과 성격에 중대한 관련을 가지기는 하지만 문학으로서의 자격요건을 결정하는 데는 관여할 수 없기 때문이다. 따라서, 구비문학은 그것이 한국인들의 생활 속에서 생성 전승된 것인 한 당연히 시대적 제한없이 국문학의 범위에 포함되어야 할 것이다.

이상의 논의에 따라 국문학의 범위에 포함되는 여러 영역을 도형화하여 정리해 보면 다음과 같다.

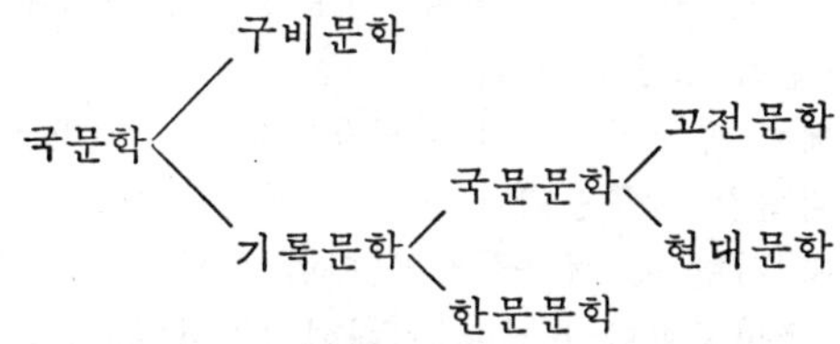

위의 도형화에서 한문문학에 고전·현대의 구분이 없음은 그것이 대략 20세기 초기 정도에서 역사적 의의를 잃게 되었음을 뜻한다. (다만 학자에 따라서는 이뒤에도 얼마 동안 현실적으로 존재하였던 한문문학 가운데 유의할 만한 특수한 의의가 있다고 보기도 한다.) 그러나, 구비문학의 경우 아무런 구분을 표시하지 않은 것은 이와 의미가 다르다. 그것은 구비문학이 그 나름의 변화와 역사를 가지면서도 구비전승의 성격상 일정 시기를 경계로 한 분할이 어렵다는 사실을 일차적으로 뜻하는 것이며, 현대에 와서 새로이 변형 또는 생성되는 구비문학이 있을 수 없다든가 연구할 가치가 전혀 부정됨을 뜻하지는 않는다. 다만 오늘날의 문화적 상황으로 보아 구비문학의 활력과 의의가 현저히 축소되어 가고 있음을 부인하기는 어려울 것이다.

그러면, 이상에 살핀 여러 영역들 사이의 상호관계는 어떠한가? 또 그들을 모두 국문학의 연구 범위에 포함한다고 하지만 오늘의 입장에서 각각의 영역에 대하여 기대되는 전망은 무엇인가?

이에 관련하여 우선적으로 검토되어야 할 사항은 구비문학·고전 국문문학·한문문학 사이의 관계이다. 특히, 종래의 국문학 연구가 한문문학과 구비문학에 상대적으로 소홀하여 온 사정에 비추어 국문문학이 이들과 맺어온 관계를 조망할 만한 구도를 확인하는 일이 긴요하다. 이 문제를 살피기 위하여 우리는 세 영역의 관계가 변천하는 데 따라 국문학사를 몇 단

16

계로 나눌 수 있다. 시대적 경계에 관하여는 다소의 이설이 나올 수 있겠으나 대략 다음과 같은 구분이 가능하다.

(1) 구비문학만이 있던 시대.

(2) 한문이 전래되어 일부 지식층이 이를 사용하면서 구비문학 중 일부가 문자로 기록되고, 향가와 같은 借字文學이 등장하며 약간의 한문문학도 이루어진 시대.

(3) 지배계층에서는 한문의 사용이 보편화되어 사회 상층의 한문문학과 하층의 구비문학이 병존한 시대.

(4) 한글이 창제되어 한문문학·국문문학·구비문학이 사회계층의 분포와 상당한 관련을 맺으면서 병존한 시대.

(5) 신분제적 사회체제가 무너짐으로써 한문문학이 존재기반을 잃고, 구비문학의 의의도 약화되면서 국문문학이 크게 확대된 시대.

이와 같은 시대구분에 의할 때 국문학의 근원이자 바탕은 구비문학임이 분명해진다. 국문학은 구비문학만이 있던 시대에서부터 존재하였으며, 한문·한글에 의한 기록문학이 형성된 뒤에도 대다수의 민중들이 영위하는 문학으로서 우리 문학의 基層이 되어왔다. 한문문학은 국가기구가 복잡해지고 문자를 아는 귀족·관료·지식층의 폐쇄적 문화가 형성되는 시대부터 나타났으며, 전반적으로 보아 그러한 사회계층의 움직임과 더불어 발달하였다. 그것 또한 우리의 문화·문학의 일부분임에 틀림없으나 한문문학은 오랜동안 동아시아 세계에 유포되었던 한문문화의 보편주의적 이념에도 기대어 있었으며, 주로 지배계층에 국한된 작자·독자층의 의식과 경험을 표현하는 데 치중하였다.

국문으로 된 기록문학은 이 두 영역 사이에서 형성되었고, 그 성격 또한 둘 모두에의 관련을 보여준다. 어떤 학자들은 이 점을 단적으로 표현하여, 국문문학은 「구비문학과 한문문학 사이에서 태어난 자식」이라고도 하였다(10). 그런 까닭에 국문문학은 그것만을 따로 떼어내어서 충분히 연구하기 어려운 경우가 흔히 있다. 예컨대, 소설의 발달과정은 설화·巫歌·판소리 등과 상당한 관련이 있으며, 한편으로는 한문으로 된 소설적 작품들이나 야담 따위도 고려의 대상이 된다. 시조의 경우는 주요 작자층인 사대부들이 한문으로도 많은 작품을 썼던 만큼 시조의 미의식과 이념적 배경 등을 밝히는 데에는 한문문학과의 일정한 관련이 문제되기도 한다. 이와 같은 점은 국문문학이 과거의 상하층 문학 모두에 맺고 있는 폭넓은 관련을 뜻하는 동시에 현존하는 자료와 사회 문화적 포용 범위로 보아 국문학 연구의 중심 영역임을 말해 준다.

　여기서 한 가지 음미할 것은 구비문학과 한문문학을 대하는 시각의 문제이다. 그간의 국문학 연구에서는 구비문학을 국문문학의 발달과정 규명을 위한 부수적 연구대상으로 삼은 예가 많았다. 국문학사의 전개과정에 비추어 이러한 연구는 매우 중요하며 앞으로도 계속되어야 할 것이다. 그러나 구비문학의 가치가 그것으로 그치지는 않는다. 구비문학은 원초적인 문학이면서 그 자체로서의 특성과 존재의의를 가지고 지속되어 온 문학이다. 따라서 구비문학 연구는 그것을 단순한 보조자료 또는 민속학적 가치가 있는 주변자료로만 여기는 단계를 넘어서야 좀더 깊은 성과를 기대할 수 있다.

　한문문학은 그것이 전통사회에서 거의 독점적인 권위를 누린 정통문학이었다는 사실과 이에 따른 제반 가치규범·미의식·이념을 오늘날의 입장에서 어떻게 처리해야 할 것인가가 문제로 된다. 또, 오늘날의 문학관으로는 문학의 범주에 포용해야 할 것인지 미심한 여러 특수 쟝르들의 처리와 연구자의 관점 자체를 반성적으로 검토하는 일도 소홀히 할 수 없는 과제이다.

　현대문학의 경우에는 위의 제반 문제들이 거의 사라지는 대신에 그 시대개념 및 고전문학(고전 국문문학, 한문문학, 대부분의 구비문학)과의 관계가 문제로 제기된다. 현대문학과 고전문학이 별개의 것이 아닌 하나의 한국문학이며, 따라서 연구방법과 역사적 전망이 기본적으로 같은 평면 위에서 연속적으로 다루어져야 한다는 대전제는 현재 학계의 일치된 견해인 듯하다. 그러나, 이러한 전제를 함께 하면서도 종래의 관습으로 인하여 대다수의 국문학 전공자들은 고전문학·현대문학으로 관심 분야가 양분되고 두 시대 영역을 통합된 전망으로 다루는 연구성과는 많지 않은 형편이다. 학자 개개인의 활동 범위에 한계가 있으므로 작업영역의 시대별 분담은 필요한 일이지만, 이와 같은 실질적 분할의 고정화는 국문학 연구의 전진을 위해서 바람직한 일이 아니다. 앞으로의 국문학 연구는 이러한 문제상황을 극복하여 현대문학이 그 앞시대의 모든 형태의 문학과 맺은 관련 및 새로운 시대적 과제를 추구하여 나아간 과정을 통합적으로 구명해 나가야 하리라 생각된다.　　　　　　　　　　　　　　　　　　　　**金　興　圭**

論　著

　1. 李光洙　朝鮮文學의　概念(新生　1929. 1 ; 李光洙全集 10,　三中堂, 1971)

2. 金台俊　朝鮮漢文學史(朝鮮語文學會, 1931)
3. 우리語文學會　國文學槪論(一成堂書店, 1948)
4. 金思燁　改稿國文學史(正音社, 1954)
5. 趙潤濟　韓國文學史(東國文化社, 1963)
6. 李秉岐 白鐵　國文學全史(新丘文化社, 1957)
7. 鄭炳昱　國文學의 槪念規定을 위한 提言(國文學散藁, 新丘文化社, 1959)
8. 張德順　國文學通論(新丘文化社, 1960)
9. 宋敏鎬　國漢文學 序文(開文社, 1979)
10. 張德順 趙東一 徐大錫 曺喜雄　口碑文學槪說(一潮閣, 1971)
11. 김수업　배달문학의 길잡이(금화출판사, 1978)

2. 한국문학의 갈래

　「갈래」란 종래 학계에서 두루 써오던 「쟝르」를 이르는 용어로서 문학의 종류를 뜻한다. 「쟝르」란 프랑스어 genre에서 온 것인데, 본디 라틴어 genus에서 유래된 말이다. 원래 생물학에서 동식물의 분류와 체계를 세우는 데 사용하던 용어였으나, 문학에 원용되면서 문학의 종류를 뜻하게 되었다. 종래, 문학의 종류를 뜻하는 우리말 용어로 「文體」「部門」「樣式」「形態」 등이 쓰였었다. 우리나라에서 예로부터 쓰이던 용어로는 「문체」가 있는데, 〈東文選〉에서는 이를 辭·賦·詩·詔勅·敎 등 48종으로 나누고 있다. 그러나, 이러한 구분은 한문학에만 쓰일 뿐 오늘날의 문학 갈래론과는 맞지 않는다. 그리고, 「문체」라는 말은 오늘날 의미 변화를 거쳐 「스타일」이라는 뜻으로 쓰이고 있다. 趙潤濟는 갈래의 상위개념을 「부문」, 하위개념을 「유형」 또는 「형태」(4)라 했는데, 이러한 용어는 현재 두루 쓰이지 못하고 있으며, 高晶玉 등은 「형태」(3·5·9·10), 張德順 등은 「양식」(8·18)이라는 말을 썼으나 이 용어들은 문학의 「형식」과 거의 유사한 개념을 가지고 있기 때문에 문학의 종류를 뜻하는 용어로서는 적당하지 못하다. 그래서, 종래 주로 사용해 오던 「쟝르」란 외래어 대신 「문학의 종류」란 개념을 가장 잘 나타내주는 「갈래」란 우리 고유어를 쓰고자 한다. 「갈래」란 용어는 이미 몇몇 학자에 의해 쓰인 바 있다(32·34·38).

　그런데 「갈래」에는 類概念으로 쓰이는 「큰 갈래(Gattung)」와 種概念으로 쓰이는 「작은 갈래(Art)」가 있다. 큰 갈래는 일반적으로 시대와 지역에 구애됨이 없이 공통되게 나타나는 것이고, 작은 갈래는, 시대와 지역의 영향을 받은 큰 갈래가 변형된 형태로 나타나는 것이다. 이 두 차원을 혼동하면 체계적인 갈래구분은 이루어질 수 없다. 체계적이고 합리적인 갈래구분이 되지 않고 인습과 관례에 따른다면 문학의 구조와 체계를 깊이 있게 이해하려는 갈래론 자체의 의미는 사라지고 만다. 그러므로, 국문학의 갈래구분에서는 문학 일반 및 국문학에 두루 적용될 수 있는 큰 갈래의 체계를 먼저 수립해야 하고, 국문학이 지닌 특수한 성질을 감안한 작은 갈래의 설정이 뒤따라야 할 것이다.

국문학 갈래론은 국문학 연구의 그 어느 분야보다도 혼란이 심하였다. 이렇게 된 것은 갈래구분에 대한 체계적인 이론이 부족했기 때문이며, 한 편으로는 국문학의 몇몇 作品群이 지닌 특수성 때문이었다고도 볼 수 있다. 그러나 1960년대 후반부터 趙東一에 의해 체계적인 갈래론이 전개됨 으로써(12·13·14·15·21·23·30) 국문학 갈래론은 획기적인 새로운 차원에 접 어들게 되었다. 그러면, 지금까지 제기된 국문학 갈래론을 정리하고 各 갈래론의 문제점을 검토해 보기로 한다.

(1) 시가·산문의 2갈래설 : 李秉岐는 국문학을 시가문학과 산문문학으 로 크게 갈래짓고, 시가문학은 다시 잡가·향가·시조·별곡체·가사·악 장·劇歌로 구분했으며 산문문학은 설화·소설·내간·일기·기행·잡문 등으로 구분했다(10). 구분의 원리로서 「시가는 운율이 있고 정형이고 표 현이며, 산문은 운율이 없고 散形이고 서술임」을 제시하였다. 그러나 결과 적으로는 운율 여부에 따라 갈래를 구분하고 말았기 때문에 국문학의 유기 적인 체계를 보여주는 갈래론에 이르지 못하고 율격론에 머문 감이 있다.

金起東은 이병기의 갈래론을 계승하여 「율문 쟝르群」과 「산문 쟝르群」 으로 나누었다. 「율문 쟝르群」은 시적 쟝르와 극적 쟝르로 나누고, 시적 쟝르에는 향가·속요·별곡·시조·가사·송시·신시가 있으며, 극적 쟝 르에는 판소리가 있다고 했다. 또한 「산문 쟝르群」은 소설 쟝르·희곡 쟝 르·수필 쟝르·평론 쟝르로 구분했다(11). 형식에 따라 구분하다 보니, 다 같은 극갈래인 극적 쟝르(판소리)와 희곡 쟝르가 하나는 「율문 쟝르群」 에 속하게 되고, 다른 하나는 「산문 쟝르群」에 속하는 모순이 생기게 되 었다. 「극적 쟝르(판소리)」를 율문 쟝르群에 소속시킨다면 판소리계 소 설도 율문 쟝르群에 소속시켜야 할 것이다. 金俊榮도 이병기의 2갈래설 을 따르고 있다(20).

(2) 시가·가사·문필의 3갈래설 : 趙潤濟는 〈朝鮮詩歌史綱〉에서 시가· 산문 2분설을 택하였으나, 〈韓國詩歌의 研究〉에서는 「歌辭文學도 朝鮮文 學의 특수성을 잊어버리고 그냥 형식론에 끌리어 詩니 혹은 歌니 하고 규 정하여 버릴 수는 없을 것」이라 전제하고, 가사는 형식상 시가이지만 내 용상으로는 문필이기 때문에 독립된 갈래로 보아야 한다고 주장하였다(2). 시가·가사·문필이라는 3분설이 나옴으로써 갈래론이 비로소 형식론을

떠나 새로운 국면에 접어들게 되었다. 그러나, 조윤제의 3분설은 형식과 내용이라는 두 가지의 구분기준을 적용함으로써 교차분류가 되고 말았고, 시가와 문필의 개념규정이 모호함으로써 그 外延 또한 불분명하게 되었다.

(3) 시·소설·수필의 3갈래설 : 李能雨는 가사를 수필로 보고서 시·소설·수필이라는 3분설을 내세웠다(5). 이능우가 말하는 수필은 시·소설·희곡 등 픽션적인 것을 제외한 문예작품을 총칭하는 것으로, 일기·기행·편지문·만필 등과 가사를 뜻한다. 이처럼 수필 갈래를 설정한 것은 조윤제의 체계를 계승 변형한 것인데, 희곡을 제외한 것은 큰 결함이라 하겠다. 한편, 이능우는 〈국문학의 형태〉에서 수필 대신 「漫錄」이라는 갈래를 설정하였다(6).

(4) 시가·가사·소설·희곡의 4갈래설 : 조윤제는 「문필」을 다시 소설과 희곡으로 구분하여 국문학의 큰 갈래를 시가·가사·소설·희곡으로 나누었다(4). 이 네 갈래를 4대부문이라 하고, 부수적인 부문으로 평론과 잡문을 들었다. 개념이 모호하던 「문필」을 소설·희곡·평론·잡문으로 나누어 보다 명확히 했으나, 소설과 희곡은 「4대부문」에, 평론과 잡문은 「부수부문」에 소속시켜 다른 차원으로 취급한 점이 특이하다. 「부수부문」이라 했지만, 문학인 이상 어디에 소속시키거나 아니면 독립된 갈래로 인정했어야 보다 포괄적인 갈래체계가 되었을 것이다. 그리고, 「가사」라는 큰 갈래가 작은 갈래 자체가 되고, 「소설」이란 큰 갈래 속에 「소설」이란 작은 갈래가 포함된다는 것은 갈래론의 근본 뜻에 어긋나고 있다.

```
           ┌        ┌ 시가 : 향가·장가·경기체가·시조
           │        │ 가사 : 가사
           │ 4대부문 ┤ 소설 : 신화·전설·설화·소설
           │        └ 희곡 : 가면극·인형극·창극
           └ 부수부문 : 평론·잡문
```

(5) 서정·서사·극의 3갈래설 : 장덕순은 큰 갈래와 작은 갈래의 개념을 명확히 인식하고 서구의 갈래론을 원용하여 서정적 양식, 서사적 양식, 극적 양식으로 구분하여 국문학 갈래를 체계화시키려 하였다(8).

첫째, 서정적 양식 : 고대가요·향가·고려가요·시조·가사(주관적 서정적 가사)·잡가

둘째, 서사적 양식 : 설화(신화·민담·전설)·소설(전기적 소설·서사시)·수필(일기·내간·기행·잡필·객관적 서사적 가사)

셋째, 극적 양식 : 가면극・인형극・창극

가사를 양분하여, 주관적 서정적 가사는 서정갈래에 넣고 객관적 서사적 가사는 서사갈래에 넣은 점이 특이하고 일기・내간・기행・잡필과 객관적 서사적 가사를 묶어 수필이라 하고서 이를 서사갈래에 소속시킨 것이 또한 주목된다. 「수필문학은 엄밀한 의미에서 서사적 양식은 아니다」(8)라고 스스로 말하면서 일기・서간・기행・평민가사 같은 데 다소 스토리가 개재되어 있다(8)고 하여 수필을 편의상 일괄적으로 서사갈래에 넣었다는 것은 논리상 타당성이 없다. 가사도 서정적인 것과 서사적인 것으로 2분될 수 있을지 의문이다. 그러나 서정・서사・극이라는 큰 갈래를 설정함으로써 국문학의 갈래론은 새로운 국면에 접어들게 되었다.

한편, 金允植은 문학의 큰 갈래를 「기본형」, 작은 갈래를 「변종형」이라 하고, 변종형을 다시 편의상 서구문학에서의 변종을 「변종 1 형」, 비서구권 문학에서 전개된 각국의 변종을 「지방성 쟝르(vernacular genre)」 또는 「변종 2 형」이라 하였다. 변종 2 형에 속하는 국문학의 갈래를 다음과 같이 서정양식・서사양식・희곡양식으로 3 분하였다(18).

첫째, 서정양식 : 향가・민요・시조・경기체가・가사・판소리・개화가사・근대시・현대시

둘째, 서사양식 : 민담・설화・신화・고대소설・개화기소설・현대소설

셋째, 극양식 : 인형극・가면극・신파극・근대극

수필은 구분에서 제외했는데, 왜 제외했으며, 이를 넣는다면 무슨 갈래에 넣어야 하는지 의문이다. 그리고, 늘 문제가 되어왔던 가사와 판소리를 서정갈래에 넣은 것이 특이하다.

(6) 서정・교술・서사・희곡의 4 갈래설 : 조동일은 서정・서사・희곡이라는 종래의 3 대갈래에 「교술」을 추가하여 서정・교술・서사・희곡이라는 4 갈래설을 취하였다. 그는 갈래구분의 기준을 전환표현의 방식과, 인식과 행동의 주체인 자아와 그 대상인 세계의 대립 양상에 두었다. 전환표현의 방식에 따르면, 서정은 비특정 전환표현, 교술은 비전환표현, 서사는 불완전 특정 전환표현, 희곡은 완전 특정 전환표현이라 했다. 그리고 자아와 세계의 대립양상에 따라 서정은 작품외적 세계의 개입이 없이 이루어지는 세계의 自我化이고, 교술은 작품외적 세계의 개입으로 이루어지는 자아의 세계화이며, 서사는 작품외적 자아의 개입으로 이루어지는 자아와 세계의 대결이고, 희곡은 작품외적 자아의 개입이 없이 이루어지는 자아와 세계의 대결이라 했다(15・23・29・34・38).

이러한 견해에 따라 국문학의 갈래를 다음과 같이 구분하였다.

첫째,　서정 : 서정민요·고대가요·향가·고려속요·시조·잡가·신체시·현대시

둘째,　교술 : 교술민요·경기체가·악장·가사·창가·가전체·몽유록·수필·서간·일기·기행·비평

세째,　서사 : 서사민요·서사무가·판소리·신화·전설·민담·소설

네째,　희곡 : 가면극·인형극·창극·신파극·현대극

종래 관습적으로 개념화되어 오던 갈래구분과 서구의 갈래이론을 벗어나 국문학의 갈래구분을 체계적으로 시도한 것이다. 이 4갈래설은 우선 이론상으로 볼 때, 3갈래설에서 처리하기 곤란했던 가사와 수필, 기타 산문들이 교술갈래에 포괄적으로 수용될 수 있다는 장점을 지니고 있다. 그리고 지금까지, 서정·서사·희곡에 대한 여러 가지 정의가 자아와 세계의 대결 양상으로 파악한 4갈래설의 개념규정에 포함되어 명확히 설명된다. 즉, 서정의 주관적인 성격은 세계의 자아화를 의미하고, 서사의 객관적 성격은 작품외적 세계의 개입에 따른 자아와 세계의 대결을 이르는 것이다. 희곡의 주객합일적 성격은 작품내적 자아와 작품내적 세계만으로 이루어진다는 점에서 서정과 같고, 자아와 세계의 대결로 이루어진다는 점에서는 서사와 같다는 것을 뜻한다. 서사와 희곡의 특징으로 지적되는 사건은 바로 이러한 자아와 세계의 대결을 뜻한다. 그리고 서사의 특징으로 지적되는 서술자의 개입은 작품외적 자아의 개입을 의미하고 희곡의 특징으로 지적되는 무대상연은 희곡이 작품외적 자아의 개입이 없는 자아와 세계의 대결이기 때문에 무대상연을 통하여 전달하지 않을 수 없음을 지적한 것이라 볼 수 있다. 이런 점에서 이 4갈래설은 그 어느 갈래론보다도 체계적이고 설득력 있는 이론이라 할 수 있다.

그러나, 문제점이 전혀 없다고는 볼 수 없다. 우선 갈래구분의 기초가 되고 있는 자아와 세계라는 용어의 개념이 과연 대립의 체계로 문학작품 속에서 이해될 수 있으며, 가사와 경기체가 등을 자아의 세계화라 볼 수 있을까 하는 의문이다. 金學成은, 일반적으로 시에 있어서 세계라는 개념은 한 개인의 의식 속에 비친 전체로서의 우주를 포함한 경험의 대상을 뜻한다(22)고 볼 때, 이러한 경험의 대상을 파악하는 의식의 주체를 자아라 한다면 시가는 본질적으로 경험의 대상에 대한 미의식의 선택에 의한 표현이므로 세계의 자아화이지 시가에 있어서 자아의 세계화란 있을 수 없다고 주장하였다(36). 예컨대, 「元淳文 仁老詩 公老四六……」도 그 자체로

서는 세계의 객관성을 그대로 유지하고 있는 듯하지만「위 試場ㅅ景 긔 엇더ᄒ니잇고」이하로 이어지면서 그러한 세계의 객관성을 자아의 미적 감각에 의해 변형시켜 미적 구조물로 형상화시키고 있으므로「자아의 세계화」가 아니라「세계의 자아화」라는 것이다. 한 작품의 이해나 해명은 그 작품의 총체적 의미에서 규명되어야 하는 것이지 작품의 어느 특정 부분만을 놓고 전체의 현상인 양 확대해석해서는 안된다는 것이다. 그리고 가사작품에서도 선택된 세계는 결코 작품외적 세계에 대한 단순한 지식의 나열이 아니라 세계를 바라보는 그들 나름의 미의식의 선택에 의해 구조된 세계의 자아화라는 것이다. 경기체가나 가사가「자아의 세계화」냐,「세계의 자아화」냐에 대해서는 앞으로 전작품의 면밀한 분석을 통하여 종합적인 결론을 얻어야 할 것으로 본다. 이밖에 교술갈래설의 일반화에 관해 다소의 문제점이 지적되고 있는 만큼(24·27·28) 사실의 체계화를 위해 한층 더 많은 자료를 통한 논증으로써 보완해야 할 것이다.

(7) 노래문학·이야기문학·놀이문학·기타 문학의 4갈래설 : 김수업은 문학 일반의 갈래를 고려하면서 국문학의 특수성을 잘 드러내기 위하여 서구문학의 큰 갈래인 서정문학·서사문학·희곡문학을 순수 우리말 용어를 써서「노래문학」「이야기문학」「놀이문학」으로 바꾸고, 이 3갈래에 속하지 않는 일기·수필·문학비평을 하나의 큰 갈래로 설정하였다(32). 물론 노래문학·이야기문학·놀이문학이라는 용어를 서정·서사·희곡과 꼭 일치하는 개념으로 쓴 것은 아니다. 노래문학은「마음속에 생겨나서 나타내고 싶은 생각이나 느낌을 제 목소리 그대로 제 입을 통하여 자기의 것으로 토로해 내는 문학」이라 했고,「이야기문학」은「마음속에 생겨나서 나타내고 싶은 생각이나 느낌을 마치 자기의 것이 아니고 남의 이야기인 것처럼 꾸며서 자기는 단순한 전달자에 지나지 않는 듯이 표현하는 문학」이라 했다. 그리고,「놀이문학」은「마음속에 생겨나서 나타내고 싶은 생각이나 느낌을 남에게 시켜서 남들의 입으로 마치 그들 스스로의 것인 양 토로하게 하는 문학」이라 했고, 네째 갈래의 문학은「위의 세 갈래에 들지 않는 모든 문학을 다 싸잡아 넣은 것」이라 규정했다. 이 갈래론은 어떤 원리나 기준에 따랐다기보다 국문학 현실에 확고한 바탕을 두고 문학 일반의 갈래론에 의지하여 설정한 것이다. 이 4갈래설은 네째 갈래를 국문학의 큰 갈래의 하나로 설정함으로써 갈래 상호간 대립적이거나 체계적인 관계를 가지지 못하게 되었다. 네째 갈래가 나머지 세 갈래와 유기적인 관계를 가질 수 있도록 체계화하고 네째 갈래를 나타내는 갈래 이름도 찾

야야 이 4 갈래설은 존립의 타당성을 확보하게 될 것이다.

　위에서 검토한 국문학 갈래론의 문제점을 바탕으로 해서 볼 때 갈래구분은 구분 그 자체에 목적이 있는 것이 아니라, 유사한 특징을 가진 작품들을 한데 묶어 갈래를 지음으로써 문학의 질서와 작품의 구조를 보다 깊이 있게 이해하고 체계화하려는 데 목적이 있다. 그러므로, 갈래론의 출발은 작품적 사실에 투철해야 하며 체계적인 갈래구분을 하기 위해서는 갈래구분의 기준, 곧 구분원리가 합리적으로 모색되어야 한다는 것이다. 합리적인 구분원리의 모색은 문학의 보편성과 특수성을 고려하여 큰 갈래의 구분에는 문학 일반에 두루 적용되는 원리 설정이 필요하고, 작은 갈래의 구분에는 지역과 시대의 특수성에 적합한 원리를 찾아야 할 것이다. 이런 점에서 볼 때, 국문학 갈래론은 국문학 현실에 기반을 두고 큰 갈래를 체계화하는 데 더욱 논의를 활발히 해야 할 것이다. 앞에서 살펴본 바와 같이 국문학 갈래론은 참으로 분분했으나 확고한 체계는 수립되지 못하였다.
　현재, 국문학 갈래론으로 주목받고 있고 논의대상이 되어 있는 것은 서정·서사·희곡의 3 갈래설과 서정·교술·서사·희곡의 4 갈래설이다. 이 두 설의 논쟁은 교술갈래 설정의 필요성 여부에 있다. 즉, 교술은 서정의 한 갈래인가, 아니면 서정과는 구별되는 별개의 갈래인가 하는 문제와 수필·일기·기행 등의 산문은 문학의 범위에 넣어야 할 것인가, 제외해야 할 것인가 하는 문제이다. 만약 3 갈래설을 택하려면 가사·경기체가·창가 등을 서정갈래에 넣을 수 있는 이론적 근거를 모색해야 한다. 그리고, 수필·기행·일기문 등을 문학의 범위에 포함시킨다면 어느 갈래에 소속시켜야 할 것인가를 분명히 해야 하고 문학의 범위에서 제외시킨다면, 이들의 비문학성을 명확히 설명해야 할 것이다. 아마도 이 두 가지 요건을 충족시키려면 혼합갈래를 인정하든가, 아니면 슈타이거(E. Staiger)처럼 「서정적인 것」「서사적인 것」「극적인 것」(40) 등으로 다소 포괄적인 갈래구분을 시도해야 할 것이다.
　4 갈래설은 수필·기행·일기 등을 포괄할 수 있으며, 경기체가·가사·창가 등도 「자아의 세계화」라 본다면 교술갈래에 포함시킬 수 있으므로 3 갈래설에서 문제가 되던 것들이 일단은 해결된 듯이 보인다. 이런 점에서, 조동일의 4 갈래설은 3 갈래설보다 편리하고 합리적인 것 같다. 그러나, 이 4 갈래설은 자아와 세계 및 교술갈래의 개념 등에 다소의 문제점이 없지 않다(24·27·28). 무엇보다도 경기체가나 가사를 「자아의 세계화」

로 볼 수 있느냐 하는 문제이다. 앞으로 4갈래설이 폭넓은 인정을 받기 위해서는 교술갈래에 속하는 작품들에 대한 면밀한 분석으로 「자아의 세계화」란 이들의 작품적 질서를 찾아서 이들이 분명히 교술갈래임을 명시해야 할 것이다. 만약, 이들이 오히려 「세계의 자아화」라 밝혀진다면 경기체가, 가사 및 창가의 갈래 소속은 재고돼야 할 것이다. 그러나, 이들이 비록 서정갈래에 속한다 할지라도 교술갈래는 그대로 존속시키는 것이 좋을 듯하다. 교술갈래는 수필·기행·일기를 비롯하여 한국 한문학의 많은 부분을 차지하고 있는 기사문·철리문 등을 포괄할 수 있기 때문이다. 그리고, 갈래소속이 불분명한, 이중적인 성격을 지닌 작품은 소위 「명사적인 용어와 형용사적인 용어」를 써서 갈래 소속과 이차적 특징을 명확히 해줌으로써 교술갈래의 문제점을 해소할 수도 있을 것이다(29·34·38). 앞으로, 이 방향의 체계화와 심화에 중점이 두어져야 할 것이다. 4갈래설은 교술갈래의 해명이 보다 명확히 된다면 국문학 갈래구분에 가장 합리적이고도 체계적인 이론이 될 것이다.

그리고, 큰 갈래의 설정이 완결될 때, 경우에 따라 완결되지 못한다 할지라도 작은 갈래에 대한 갈래적 성격규명에 보다 역점을 두어 작은 갈래의 체계화에도 힘써야 할 것이다. 역사적 인습적 갈래의식에서 벗어나 문학적 측면에서 재정리해야 할 것이다(31). 특히, 한국한문학의 갈래구분도 한글문학에 포괄시켜 체계화해야 할 것이다.

金 文 基

論　著

1. 趙潤濟　朝鮮詩歌史網(博文出版社, 1937)
2. 趙潤濟　韓國詩歌의 研究(乙酉文化社, 1948)
3. 高晶玉　國文學概論(우리어문학회, 1949)
4. 趙潤濟　國文學概論(東國文化社, 1955)
5. 李能雨　入門을 위한 國文學概論(以文堂, 1955)
6. 李能雨　國文學의 形態(自由文學 1958. 8)
7. 鄭炳昱　國文學散藁(新丘文化社, 1959)
8. 張德順　國文學通論(新丘文化社, 1960)
9. 金東旭　國文學概說(民衆書舘, 1962)
10. 李秉岐　國文學概論(一志社, 1965)
11. 金起東　國文學概論(精研社, 1969)
12. 趙東一　歌辭의 장르 규정(語文學 21, 語文學會, 1969)
13. 趙東一　叙事民謠研究(啓明大 출판부, 1970)

14. 趙東一   假傳體의 장르 규정(藏菴池憲英先生華甲紀念論叢, 1971)
15. 趙東一   18～19世紀 國文學의 장르 體系(古典文學研究, 韓國古典文學研究
           會, 1971)
16. 朱鍾演   歌辭의 장르攷(서울大敎養課程部論文集, 1971)
17. 朱鍾演   歌辭의 장르攷 Ⅱ(국어국문학 62～63, 국어국문학회, 1973)
18. 金允植   韓國近代文學의 理解(一志社, 1973)
19. 徐大錫   夢遊錄의 장르적 性格과 文學史的 位置(韓國學論文集 3, 1975)
20. 金俊榮   國文學槪論(螢雪出版社, 1976)
21. 趙東一   景幾體歌의 장르적 성격(學術院論文集, 1976)
22. 朴異汶   詩와 科學(一潮閣, 1976)
23. 趙東一   韓國小說의 理論(知識產業社, 1977)
24. 金炳國   國文學原論에 의한 冒險(현상과인식 1977 여름)
25. 郭光秀   國文學과 장르論(新東亞 1977. 7)
26. 金興圭   理氣哲學의 方法論(月刊中央 1977. 8)
27. 李相澤   當爲와 現象의 거리(創作과批評 1977 가을)
28. 金炳國   장르論的 관심과 歌辭의 文學性(현상과인식 1977 겨울)
29. 趙東一   우리 문학과의 만남(弘盛社, 1978)
30. 趙東一   金興圭編 판소리의 이해(創作과批評社, 1978)
31. 金文基   鮮初 頌禱詩 性格考察(朝鮮前期의 言語와 文學, 1978)
32. 김수업   배달문학의 길잡이(금화출판사, 1978)
33. 동서문화연구소편   비교문학총서 Ⅰ(계명대 동서문화연구소, 1979)
34. 趙東一   문학연구의 방법(知識產業社, 1980)
35. 趙東一   구비문학의 세계(새문社, 1980)
36. 金學成   韓國古典文學의 研究(圓光大 출판부, 1980)
37. 金文基   景幾體歌의 綜合的 考察(白江徐首生博士還甲紀念論叢, 1981)
38. 趙東一   문학사의 이해와 새로운 관점(마당 1981.9)
39. G. Lukács, *Die Theorie des Romans*(Berlin: Paul Cassirer, 1920)
40. E. Staiger, *Grundbergriffe der Poetik*(Zürich: Atlantis, 1946)
41. L. Goldmann, *Pour une sociologie du roman*(Paris: Gallimard, 1964)
42. H. Seidler, *Die Dichtung*(Stuttgart: Kröner, 1965)
43. R. Welleck & A. Warren, *Theory of Literature*(London: Peregrin Books,
           1966)
44. N. Frye, *Anatomy of Criticism*(Princeton University Press, 1973)

3. 한국문학의 美意識

미의식에 대한 연구는 문학작품의 형식적 성격을 몇 가지로 집단화할
수 있는 범주규정과 관계된다. 국문학의 미의식에 대한 연구는 미를 추상
적으로 해석하지 말고 국문학 연구의 여러 성과에 의존하여 작품 자체로
부터 유도되어 나와야 할 것이다. 상승과 몰락의 플로트를 제외하면 비극
적 작품이 존립할 수 없으며, 하강과 상승이라는 플로트를 제외하면 희극
적 작품은 존립할 수 없다. 마찬가지로 화해·포섭의 미의식에 토대한 해
학적 작품과 비판·공격의 미의식에 토대한 풍자적 작품의 차이도 플로트
를 통하여 규정할 수 있을 것이고, 다시 반대물 사이의 긴장과 반성적 거
리감각을 특색으로 하는 반어적 플로트가 가정될 수 있을 것이다. 해학적
작품과 풍자적 작품과 반어적 작품은 다 같이 희극적 미의식에 속하겠지
만, 이미 상식으로 인정되고 있는 이러한 분류조차도 희극적 미의식을 관
념적으로 전제한다면 구체적인 작품의 해명에 유효하게 적용될 수 없다.
한국문학의 희극적 미의식은 해학적 작품과 풍자적 작품과 반어적 작품에
대한 분석결과에 의존해야 한다. 예를 들어 비극적 자질을 눈물이라고 하
고 희극적 자질을 웃음이라고 하는 연구가는 비극적 작품에 내재하는 해
학적 부분과 반어적 작품에 내재하는 비극적 부분에 혼란을 일으켜 작품
의 성격을 바르게 파악할 수 없게 된다.

문학을 생활의 표현이라고 보는 趙潤濟는 한국인의 생활태도와 관련지
어 국문학의 미의식을 여섯 개의 명사로 규정하였다(1). 그는 임의로 몇
작품에 언급하면서 춘향의 묘사에서는 은근을, 장시조의 율격에서는 끈기
를, 고려가요에서는 애처로움과 가냘픔을 추출하고 별곡과 시조로부터는
두어라와 노세를 유도해 내었다. 끈기 있는 작품과 끈기 없는 작품의 차이
가 플로트에 기준을 둔 것인지, 아니면 작가의 태도에 기준을 둔 것인지
가 분명하지 않고, 국문학에는 밝고 굳센 작품이 전혀 없음을 증명하고
있지 않기 때문에 조운제는 부분으로 전체를 대표하게 하는 오류에 빠지

고 있다. 만일 은근과 끈기를 우아미로, 애처로움과 가냘픔을 비장미로, 두어라와 노세를 골계미로 해석한다면 숭고미를 나타내기 위하여 큼과 힘참을 추가해도 무방할 듯하다. 具滋均은 서로 다른 미의식을 구현하고 있는 양반문학과 평민문학의 차이에 주목하였다(2). 양반문학과 평민문학을 그는 점잖음 대 우스움, 道德性 대 色情性, 功名主義 대 醉樂主義 등의 雙對槪念으로 한정하였다. 따라서 功業·慨世·頌祝·懷古는 양반문학의 素性이 되고, 골계·호색·艶情·別恨은 평민문학의 소성이 된다. 양반문학도 그 나름으로 골계와 염정을 표현하고 있으므로 구자균의 구분은 적절하다고 할 수 없다. 한국의 전통사회가 신분체제였음은 사실이지만, 아직 양반과 상민과 천민의 성격이 정확하게 해명되어 있지 않은 것도 하나의 문제가 된다. 양반문학과 평민문학의 분류가 작가의 신분에 의한 것인지, 작가의식에 따른 것인지, 작품의 성격에 기인한 것인지도 분명하지 않다.

趙芝薰은 국문학의 미의식을 우아와 비장과 관조의 셋으로 집단화하였다(3). 그는 조화와 일치의 우아미를 동양적 정신미의 바탕으로 보고, 이것을 고요함 속의 즐거움인 雅麗美와 움직임 속의 즐거움인 멋으로 나누었다. 모순과 갈등의 비장미도 무력한 비애미와 강력한 장엄미로 분화된다고 규정한 후에 조지훈은 우아미로부터 화려미와 골계미를 도출하고 비장미로부터 퇴폐미와 투쟁미를 유도해 내어, 이것들을 이차적인 미의식이라고 하였다. 미의식을 작품의 구조원리로 포착하지 않고 주관적 인상으로 파악하려고 하였기 때문에 조지훈의 해석은 작품의 분석에 사용할 수 없는 모호한 어휘로 진술되어 있다. 흔히 情恨의 노래라고 불려지듯이 슬픈 감정은 비장보다 우아에 연관되는 경우가 많은데, 슬픔을 비장미에만 귀속시킨다면 이러한 현상을 이해할 수 없게 된다. 그리고 관조미의 해석이 자못 번거롭지만, 그것의 예로 제시한 작품들은 모두 우아미에 속하는 성질을 지니고 있다.

미의식에 대한 객관적 연구방법으로서 조지훈은 미의식에 관계되는 중요한 낱말들을 분석하여, 그 낱말들이 지닌 개념과 어원 및 의미변화의 계기를 살펴보는 방법을 시도하였다(4). 한국어에서 가치판단에 널리 사용되는 낱말은 「좋다」와 「됐다」인데, 반대어인 「궂다」 「나쁘다」 「더럽다」와 대조할 때 「좋다」의 의미는 조화·성취·정상으로 한정되고, 「됐다」도 「안됐다」 「다됐다」 등과 대조하면 성취·부합·적절의 의미로 한정된다. 「더럽다」 「칙칙하다」 「숭하다」와 대조되는 「깨끗하다」 「맑다」 「예쁘다」는 「아

름답다」의 속성이며, 그 「아름다움」은 다시 「고움」과 「멋」의 양면으로 분
화된다. 「고움」은 구체적이고 형태적인 면에서 「아름다움」보다 더욱 두드
러지는 미의식이고, 「멋」은 「고움」의 규격성을 변형한 동적 미의식이다.
「매끈하다」「사랑스럽다」「날씬하다」「보드랍다」가 「거칠다」「밉다」「투
박하다」「딱딱하다」와 대조되므로 「곱다」는 윤택·온아·치밀·세련을 내
포하는 데 비해서 「아름답다」는 그러한 의미들에 더하여 비장·**소탈**·소
박까지 내포한다. 조지훈은 미의식을 네 갈래로 나누었다.

(1) 형태미 〈 날씬하다↔투박하다
　　　　　 수수하다↔야하다

(2) 구성미 〈 맵짜다↔싱겁다·버성기다
　　　　　 구수하다↔야무지다·바라지다·반지르르하다

(3) 표현미 〈 산뜻하다↔칙칙하다·어둡다
　　　　　 은근하다↔호들갑스럽다·내벌리다

(4) 정신미 〈 살았다↔죽었다
　　　　　 멋지다↔멋적다

조선 후기에 「맛」에서 轉成된 「멋」이 하나의 미적 범주로 설정될 수 있
다고 보고서, 조지훈은 「멋들다」「멋있다」「멋지다」「멋들어지다」 등의
복합형용사를 통하여 다양성과 율동성과 곡선성과 원숙성과 데포르마시옹
의 의미를 추출하고, 「멋내다」「멋부리다」「멋질디다」「멋모르다」 등의
복합동사를 통하여 超格性·玩弄性·和同性·中節性·無實用性 등의 의미
를 추출하였다.

이 연구는 낱말들을 順次關係로만 검토했기 때문에 미의식에 관한 어휘
들 상호간의 맥락을 제대로 드러내지 못하였다. 낱말들은 자연수의 관계
처럼 순차적인 체계만 나타내는 것이 아니라 친족명칭처럼 좌우상하로 관
계되어 평면적인 체계를 보이는 수도 있고, 색채어처럼 전후상하의 입체
적 체계를 드러내는 수도 있으며, 또 계층에 따라 체제화를 달리하는 낱
말들도 있다. 의미를 한정하기 위하여 사용한 대조방법도 모호한 영역을
고려하지 않고 二値的 기준(all or none)에 입각해 있으므로 사실에 부응
하기 어렵다. 「아름답다」와 「추하다」의 관계는 최소한 7점 평점척도
($-3-2-10123$)에 의해 검토되어야 할 것이다. 낱말의 의미를 묻지
말고 어떻게 사용하는가를 물으라는 충고는 의미론의 한 상식이다. 인간
의 仲介反應을 무시하고 고정된 객체인 것처럼 사전의 정의를 참고하면
안된다. 「아름다움」처럼 가치에 관련된 낱말은 객관적 정보를 지시하고,

대상을 선택적으로 평가하고, 어떠한 행위가 타당한가에 대하여 처방할 수 있다. 이 세 수준의 의미를 뒤섞으면 적절한 해석이 될 수 없다.

申東旭은 숭고미와 골계미와 감상미가 국문학의 미의식을 구성한다고 보았다(9). 구체적인 작품에 입각하여 미의식을 논의한 것은 하나의 전진이라고 평가할 만하다. 〈九雲夢〉에서는 인물이 사건의 전개에 따라 점차적으로 형상화된다. 性眞의 정중한 행동은 귀족의 여유 있는 생활을 반영한다. 〈興夫傳〉에서는 사건의 발단과 동시에 인물의 형상이 이루어진다. 점잖음에 대한 상스러움, 고상함에 대한 속됨, 고귀함에 대한 비천함, 우아에 대한 조야, 여유에 대한 성급함이 또한 평민들의 생활을 반영한다. 楊少遊가 태어나고 수학하고 연애하고 출세하는 과정은 귀족적 형식논리의 정연함을 보이고 있으나, 삶의 보편적 국면을 제시하는 데는 실패하고 있다. 흥부와 놀부의 대립은 경제적 갈등이라는 심각한 인생문제로서 제기되어 사건 전개의 실질적 논리에 부합한다. 〈구운몽〉의 문장은 정중하고 유장한 호흡과 세련된 수사로 풍류감각을 표현하고 있으나 〈흥부전〉의 문장은 속된 말로 욕지거리까지 동원하여 야비한 상민풍을 드러낸다. 〈구운몽〉의 신분적 숭고미는 도취와 몰입을 통하여 객관적 가치를 변질시키고 〈흥부전〉의 골계미는 실제생활의 공감을 바탕으로 객관적 가치를 제시한다. 金東仁의 〈배따라기〉는 자연풍경을 애상적 정조로 묘사하고 사건도 숙명론적 비관주의를 떠받치는 부호로 사용하고 있다. 金裕貞의 〈동백꽃〉은 인물들의 대립을 사회적 신분이라는 현실적 조건과 일치되게 전개하고 작가의 주관적 몰입을 피하여 골계미를 마련한다. 〈동백꽃〉은 인물뿐 아니라 닭조차도 닭으로서의 현실적 의미를 그대로 지니게 하는 객관적 거리를 유지하고 있다. 닭은 인물들의 생계와 관련되어 나타난다. 신동욱은 양반문학의 숭고미와 서구파 중산층 문사의 감상미가 같은 맥락 위에 서 있다고 보고, 자유수사의 주관적 몰입을 거부하는 골계미가 더 긍정적인 가치를 지니고 있다고 판단하였다. 구체적인 작품을 대상으로 하였다는 장점에도 불구하고 신동욱의 작품분석은 자의적이다. 孔孟程朱의 정통주의에 대립되는 이단사상의 형상화가 지닌 획기적 의미를 무시하고 있는 것은 제외하더라도, 〈배따라기〉에는 아무런 현실적 의미가 없다고 하였는데, 현실을 먹고 자는 데에만 한정할 수는 없는 노릇이다. 질투보다 더 현실적인 행동이 어디 있겠는가? 〈배따라기〉는 探索談에 의존하고 있으며, 〈동백꽃〉은 戀愛談에 의존하고 있다. 밀고 당기는 갈등을 거쳐 사랑의 화해에 이르는 플로트에서 갈등의 부분만 추려내어 그것을 신분적 대립으로 파악하는 태도는 납득하기 어렵다. 〈동백꽃〉의 해학적 효과는 능동적 역할을 여자에게 맡김으로써 빚어지는 것이다. 닭을 농민의 생계와 관련되므로 현실성을 띤다고 보았는데, 이 작품의 제목인 동백꽃도 사랑의 분위기를 강조하는 색채와 향기 때문이 아니라 기름을 짤 수 있다는 생계 때문에 등장한 것인가? 숭고미와 감상미는 서로 대립되는 성격을 지니고 있는데, 이것을 동일한 맥락에 자리잡게 하려는 시도에 무리가 개입되었고, 숭고미와 골계미의 대립도 작품에 입각한 구분이라기보다는 사회를 구성하는 상하층의 비젼으로부터 독단적으로 유도한 가정이라고 생각된다. 感傷은 모든 작품에 두루 해당되는 일반적 오류일 뿐이며 특정한 미적 범주가 아니다.

趙東一은 연역적인 방법으로 미의식을 재구성하고, 다시 귀납적인 방법으로 미의식의 전개를 검토하였다. 미적 범주들의 상호작용을 체계화하기 위하여 조동일은 다소 생소한 개념을 도입하였다. 문학작품은 있는 것과 있어야 할 것의 관계를 형상화하고 있다는 가정이다. 있는 것과 있어야 할 것이 서로 매개하는 방식을 조동일은 필요·거부·수정·부정의 네 개념으로 정식화하였다(10). 숭고에 있어서 있는 것과 있어야 할 것은 서로 필요로 하는 조화의 관계를 이루면서 있어야 할 것으로 있는 것을 수정한다. 우아에 있어서 있는 것과 있어야 할 것은 서로 필요로 하는 조화의 관계를 이루면서 있는 것으로 있어야 할 것을 수정한다. 비장에 있어서 있는 것과 있어야 할 것은 서로 거부하는 갈등의 관계를 이루면서 있어야 할 것으로 있는 것을 부정한다. 골계에 있어서 있는 것과 있어야 할 것은 서로 거부하는 갈등의 관계를 이루면서 있는 것으로 있어야 할 것을 부정한다.

미의식의 역사적 전개가 조동일에 의해서 시도되었다(11). 신화·서사무가·불교설화는 숭고미를 형상화하였다. 〈讚耆婆郎歌〉〈祭亡妹歌〉〈劉忠烈傳〉〈趙雄傳〉〈張國振傳〉〈淑香傳〉〈구운몽〉 등도 이상적 가치의 추구를 표현하였다. 숭고한 작품들은 이상적 가치에 중요성을 부여하고 생활 현실을 깊이 고려하지 않는다. 민담과 거기서 변형된 소설들은 삶을 긍정하는 우아를 바탕으로 삼는다. 〈薯童謠〉와 〈獻花歌〉는 남녀의 사랑과 여자의 아름다움이라는 현실적 가치를 추구하고, 고려가요의 우아미는 비속과 비탄과 회한까지도 포괄하고 있다. 〈모내기 노래〉와 같은 노동요에는 노동의 즐거움과 사랑의 즐거움이 융화되어 있으며, 전문적 소리패의 노래인 잡가와 장시조에 오면 일상생활의 사소한 모습까지 여실히 묘사되어

현실의 중요성이 두드러지게 부각된다. 〈翰林別曲〉〈賞春曲〉〈漁父四時詞〉
등의 작품에도 우아미가 주로 나타나 있다. 〈아기장수 전설〉과 好童·都
彌·朴堤上의 전설은 비범한 인물의 불행한 죽음을 형상화하였다. 〈壬辰
錄〉의 김덕령 이야기나 〈林將軍傳〉의 임경업 이야기는 〈아기장수 전설〉의
플로트를 현실적 내용으로 변형하고 확대한 것이다. 死六臣의 시조와 〈元
生夢遊錄〉〈愁城誌〉 등의 작품에는 현실에 맞서서 이념적 가치를 지키려는
고뇌가 표현되어 있고, 〈李生窺墻傳〉과 〈雲英傳〉은 관습·전란·운명 따위
의 현실적 제약에 맞서서 사랑이라는 이념적 가치를 옹호하고 있다. 시집
살이에 대항하는 내용의 서사민요와 침략주의에 항거하는 내용의 일제시대
민요도 비장한 작품으로 파악할 수 있다. 비장한 작품은 거짓된 현실, 억
압적 사회, 부당한 정치에 항거하는 이념적 가치를 긍정적으로 표현한다.
〈遇賊歌〉와 禪詩는 규범과 권위를 부정하고, 〈雙花店〉에도 규범을 무시하
는 태도가 나타나 있다. 자유분방한 생활을 노래하는 老莊風의 한시나 시
조는 경화된 관념을 부정하며, 〈禦眠楯〉〈太平閑話滑稽傳〉〈村談解頤〉 등
의 笑話도 典禮主義를 부정하고 있다. 조선 후기의 탈춤·인형극·판소리
와 朴趾源의 소설은 지배층의 관념적 가치를 부정하는데, 봉건사회의 이
데올로기 자체를 부정하는 골계미는 풍자의 양식으로 형상화된다. 골계의
본질은 관념적 가치의 부정에 있다.

　조동일은 있는 것이란 말로써 현실의 생활세계를 지시하고, 있어야 할
것이란 말로써 이상적 가치와 이념적 가치와 관념적 가치를 표시하였는데,
이러한 의미 부여는 일상어의 약속에 어긋난다. 일상어에 있어서는 「이다」
와 「이어야 한다」가 분리되지 않는다. 「인간은 자유이다」는 「인간은 자유
이어야 한다」를 의미하며 인간이 자유롭지 못한 상태에 대한 평가가 된다.
조동일은 골계가 자유로운 현실을 긍정한다고 하였으나, 자유로운 생활이
야말로 있어야 할 것이 아닐 수 없다. 있어야 할 것을 부정하면 현실의
변혁이 불가능하게 된다. 있어야 할 것을 이상·이념·관념으로 한정한
것은 개념의 바른 해석이 되지 못한다. 비극적 작품과 희극적 작품은 다
같이 있는 것과 있어야 할 것의 대립 위에서 있어야 할 것을 추구하는 행
동의 모방이다. 다만 그 있어야 할 것의 내용이 다를 뿐이다. 조동일이
작품의 내용을 통하여 미의식의 역사적 전개를 검토하는 데에도 문제가
있다. 작품을 구성하는 내적 요소들의 관계를 추상적인 수준에서 재구성
하고 세부구조를 무시하지 않으면 미의식의 체계가 드러날 수 없다. 작품
연구에는 세부구조의 해명이 생명이지만, 세부구조까지 고려하고서는 일

반이론이 성립될 수 없다. 조동일은 판소리를 비장과 골계의 양면에서 해석하고 있으나, 〈변강쇠가〉와 같은 비극적 플로트와 그 이외의 희극적 플로트를 구별하고 세부구조는 各篇 차원에서 분석하는 것이 옳을 듯하다. 시련을 거치고 얻은 성공에 대하여 숭고와 비장의 융화라고 보는 해석도 전체구조와 세부구조를 함께 고려하는 태도인데, 그렇게 되면 교차구분의 오류가 발생한다.

미적 범주는 시·소설·희곡·수필 등의 장르보다 더 근본적인 구조원리, 다시 말하면 장르의 장르라는 것이 필자의 생각이다. 그렇게 볼 때 비극적 작품, 해학적 작품, 풍자적 작품, 반어적 작품으로 미적 범주를 집단화하는 것이 여러 모로 편리할 듯하다. 그리고 비속이 제거된 해학과 몰락이 제거된 비극을 각각 우아와 숭고라고 하여, 그것들을 하위범주로 돌리는 것이 타당할 것 같다.

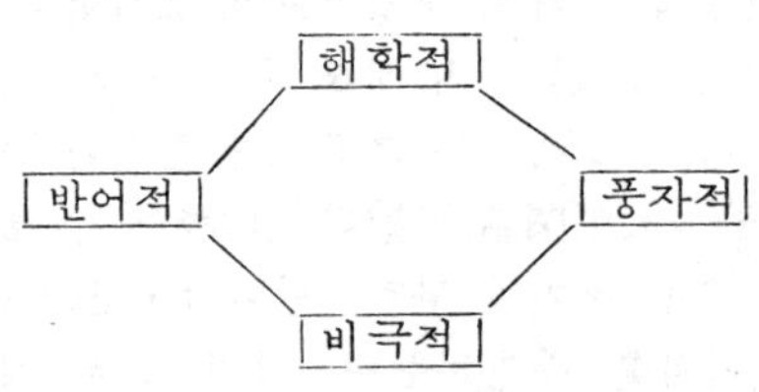

비극적 작품은 질문과 공허, 추구와 좌절을 구조의 두 핵으로 삼는다. 현실의 갈등구조가 절대의 원칙을 불가능하게 하므로 비극적 작품은 몰락의 플로트를 선택하지 않을 수 없다. 희극적 작품은 비극적 플로트를 역전시킨 구조로 형성된다. 웃음의 대상이 되는 엄숙주의자와 물신숭배자에 대한 처리방법에 따라 희극적 작품은 해학적 작품과 풍자적 작품으로 분화된다. 갈등의 구조인 풍자적 플로트는 희극적 인물을 공격하고 부정하나, 갈등과 화해의 플로트인 해학적 플로트는 희극적 인물에게 용서와 타협의 세계에 참여할 기회를 준다. 풍자적 작품의 구조적 명백성은 반어적 작품의 구조적 모호성에 대조된다. 갈등의 구조라는 점에서 풍자적 플로트와 유사하지만, 반어적 플로트 안에서 반대되는 것들은 어느 한 편이 우월한 자리를 차지하지 못한다. 작품 안에서 어느 한 편의 일방적 승리로 종결되지 않는 모든 반대명제는 반어적 플로트를 구성한다. 반대되는 것들이 적대적 모순과 화해적 통일 사이의 중간지대에서 상호작용하는 것이다. 작가가 자기 자신이나 묘사대상에 구속되지 않으려는 거리감각도 반어적 작품의 요소가 된다. 반어적 플로트는 묘사의 대상과 묘사의 주체 사이에 있는 중간지대를 자유롭게 움직여 나아간다. 그러한 거리감각은 작가의 주석을 교묘하게 하는 유식한 무지(docta ignoranta)의 태도로서 반성적 거리감각이라고 할 수 있다.

　국문학의 미의식을 기존의 분류에 의존하지 않고 새롭게 집단화하는 작업은 얼마든지 가능하다. 다만 이론은 구체적인 작품분석에 유효하다고 증명되지 않으면 가치없는 것이 되므로, 작품에서 출발하여 작품으로 돌아가는 순환운동을 꾸준히 지속해야 한다.　　　　　　　　　　　金 仁 煥

論　著

1. 趙潤濟　國文學槪說(東國文化社, 1955)
2. 具滋均　韓國古典文學의 特質(現代文學 1955.9; 國文學論藁, 博英社, 1965)
3. 趙芝薰　詩의 原理(新丘文化社, 1959)
4. 趙芝薰　멋의 硏究(韓國人과 文學思想, 一潮閣, 1964)
5. 李源周　燕岩小說考 1(語文學 15, 語文學會, 1966)
6. 金烈圭　韓國文學과 그 悲劇的인 것(東方學志 9, 1968; 韓國民俗과 文學硏究, 一潮閣, 1971)
7. 金東旭　韓國文學에 있어서의 諧謔(月刊文學 1970.5)
8. 張德順　한국 古代小說과 해학(韓國文學의 諧謔, 國際文化財團, 1970
9. 申東旭　崇高美와 滑稽美(韓國現代文學論, 博英社, 1972)
10. 조동일　문학연구방법(知識産業社, 1980)
11. 趙東一　美的 範疇(韓國思想大系 Ⅰ, 成均館大 大東文化硏究院, 1973)

4. 한국문학과 書誌

　서지학이란 영어로 bibliography로서, 이 말은 biblio(書)와 graphy(誌)의 합성어이다. 원래는 「책을 쓰는 것」이라는 그리스어 bibligraphia 에서 왔다고 한다. 즉 書目을 뜻한다. 동양에서도 서지학은 그와 같은 시각에서 인식되었던 듯, 淸의 王鳴盛은 「目錄學은 학문의 入門書(目錄之學者 學中第一之緊要事 必從此間塗 方能得其門)」라 하였으며, 經·史·子·集이란 도서의 분류방법도 일찍부터 창안되어, 무슨 책은 무슨 부류에 있으며, 그 내용은 무엇이라는 解題가 있어 왔다. 청의 圖書集成·四庫全書라든가 적은 분량이기는 하지만 弘齋全書의 해제가 그 예에 든다.

　오늘날의 서지학은 목록이나 해제의 범위를 넘어서서 (1) 어느 시대에 어떤 책들이 출판되었는가를 조사 정리하여 그 시대의 정신생활을 이해하는 데 도움을 주고, (2) 어떤 책이 어떤 경로를 거쳐 전달되었는가를 정밀하게 조사하여 원저자가 의도하고 있는 바를 가능한 한 가장 가깝게 귀납적으로 증명하여 주며, (3) 어떤 책이 原本이고 異本인가, 또 어떤 책이 초판본이고 어떤 책이 후판본인가를 판별하여 원전연구 및 판본연구의 길을 터주며, (4) 어떤 책이 어떻게 연구되어 왔는가를 조사 정리하여, 그 책을 연구하고자 하는 후진들에게 길잡이를 하여 주는 등 다양한 역할을 한다. 따라서 뛰어난 서지학자는 그가 대상으로 하는 책의 내용에도 정통해야 함은 물론이지만, 그보다는 먼저 그 책의 체제라든가 활자·종이 등을 알아보는 눈을 길러야 한다. 서지학은 명백하게 책으로부터 비롯하는 「책의 학문」이기 때문이다. 이렇게 말하면 사람들은 서지학이 책을 쓴 사람의 생각과는 관계 없이 책의 형태나 활자·종이 같은, 책의 외형적인 면만을 대상으로 하고, 그것을 정리 작성하는 무미건조한 학문이란 말인가라고 반문하게 되겠지만, 내 말은 그런 뜻이 아니라 위에서도 지적했듯이 서지학의 범위는 무한히 넓으나, 그 넓은 분야를 연구하는 연구대상은 책이라는 말이다. 학문하고자 하는 학생으로서 1,000권 이상, 학자로서

5,000 권 이상의 장서가 없이는 누구라도 학문한다고 양언할 수 없다고 본다. 그러나 처음부터 이러한 장서를 갖출 수는 없는 일이다. 오랜 세월을 두고 책을 모으고 읽는 가운데 연륜이 쌓여서 하나의 체계를 이루게 되고, 몇몇한 학자로서의 자세를 지켜나갈 수 있게 된다. 그렇다고 국문학을 연구하려는 사람이 서지학자가 될 필요는 없다. 서지학도 독자의 체계를 가진 학문이어서 이를 잘못 기웃거리다가는 밀림 속을 헤매게 되는 경우도 있을 것이기 때문이다. 그러나 국문학 연구자는 반드시 어느 정도의 초보적 지식은 가지고 있어야 한다. 木板과 活板의 분별, 紙質의 감별, 원전과 영안본의 對校 정도의 形態書誌學에 대한 관심과 이해는 있어야 한다. 이에 관한 글로는 李秉岐의 〈韓國書誌의 硏究〉가 있다(1). 한국서지를 이해하기 위해서는 필수적인 冊·卷·本·葉의 명칭을 역사적이며 실용적인 면에서 밝히고, 책의 종류로서 刻板本·活字本의 발전과정을 개략적으로 서술하고 있는 이 글은 우리나라의 古書를 접하고자 하는 이들에게는 입문서 역할을 해주리라고 본다. 또한 이 글은 책의 기본요소인 종이와 붓·먹에 대한 설명도 어느 정도 해주고 있다. 기술적인 측면에 머문 것이기는 하지만 金斗鐘의 〈韓國印刷技術史〉도 활자와 종이의 발전과정을 이해하는 데 많은 도움을 준다(7).

이와 같이 서지학의 기본이 되는 활자와 종이와 책의 형태에 대한 인식, 즉 형태서지학의 인식은 국어학자나 국문학자·역사학자의 경우에는 필수적인 것이지만, 근대문학이나 현대문학에서는 그 필요성이 감소되는 것처럼 대부분의 학자들은 느끼고 있는데, 이는 잘못이다. 근대문학이나 현대문학의 경우도 원전에서 다시 원고에까지 추심해 올라가는 엄정성을 가져야 한다. 원고는 筆寫의 경우든 인쇄의 경우든, 원문을 왜곡할 가능성이 있다. 그런 면은 필사가 거듭되고 인쇄 판수가 늘어남에 따라 더욱 심해질 뿐 아니라, 심지어는 현대식으로 풀어쓴 사이비고전문학, 철자법을 고친 현대문학전집, 정확성이 결여된 고전 등이 범람하고 있는 것이 우리 현실이다. 이런 책들은 대중의 읽을 거리는 될지언정 학문적 대상이 될 수 없다. 그레그 박사가 말한 바와 같이 「문헌의 전달을 연구하는 과학」으로서의 서지학은, 지나치게 결백증일 가능성도 있지만, 그런 서적들을 추방하고 그 본래의 모습을 찾은 책들을 내놓도록 해야 한다. 서지학의 가장 눈부신 분야의 하나인 本文批評이 바로 여기에 해당한다. 그 대표적인 경우로 셰익스피어의 연구를 들 수 있다. 영국의 서지학자들은 셰익스피어의 여러 刊本을 모으고, 동시대의 다른 많은 刊本들을 모아서, 본문

활자·板式·用紙·장정 등 서지학의 모든 무기를 총동원하여 정밀하게 대조 분석한 결과, 세익스피어의 작품들이 수없이 분식되고 훼손되었다는 사실을 밝혀내었으며, 이를 비교적 원상대로 복원하는 데 성공하였다. 학문에 있어서 형태서지학의 절실한 필요성이 여기 있다. 이 엄정성을 가지기 위해서 학자들은 서지학적 지식을 반드시 습득할 필요가 있다.

우리나라에는 鄕歌를 비롯한 수많은 고전문학작품과 近·現代文學 작품이 산적해 있으나 서지학적 정리가 완결된 것은 거의 없는 상태이고, 규장각도서를 위시하여 낙선재문고, 각 대학도서관의 도서, 개인도서들이 미정리상태로 방치되어 있다. 방학을 이용하여 지방답사를 가 보면 곳곳의 촌가에 아직도 상당량의 古書가 정리를 기다리고 있는 형편이다. 허나 학자나 연구가들이 그런 고서를 찾는다 할지라도 알아볼 수 있는 눈을 갖고 있지 못하다면 그것을 찾지 못한 것이나 진배없는 일이 되고 만다.

내용서지학은 형태서지학보다 어려움이 더 많다. 내용서지학은 지적 창작물의 원본을 찾고, 거기서 더 거슬러올라가 그 원고를 찾으며, 더 깊게는 작자의 의식구조를 찾는 작업이다. 판각·필사 등의 많은 이본이 있을 때, 그 원본을 찾는 일은 쉬운 일이 아니다. 이럴 때 원본에 가까운 근사치의 작품을 찾아 원본으로 措定(Attribution)하는 작업도 이에 속한다. 중국과 같이 문화의 기원이 오랜 나라에서는 이것이 학문의 중추적 역할을 담당하기도 한다. 考證學이니 校勘學이니 하는 부분이 이 안에 든다. 중국의 학문방향은 현재까지 이 부분이 주류를 형성한다고 해도 과언이 아니다. 甲骨學이니 文字學이니 하면서 문화의 연원을 찾으려는 중국 학계의 방향과는 달리 우리나라에서는 상고의 문헌, 즉 고구려의 〈留記〉, 백제의 〈書記〉, 신라의 〈國史〉〈三代目〉, 고려초의 〈舊三國史〉를 烏有로 돌린 데서 엿볼 수 있는 바와 같이 이런 작업이 미미하였고, 이로 말미암은 우리 국학계의 엄정한 고증적 태도의 결여는 학문발달을 저해한 근본 요인이 되기도 하였다. 학자의 풍도 속에 이런 면이 도외시되고 있는 태도가 엿보이는 것은 애석한 일이다. 과거에 중국의 고증학을 금과옥조처럼 받아들여 지나치게 자구해석에 얽매인 나머지 학문방향이 지엽 말단에 그치는 오류를 범하였고, 결과적으로 그릇된 「학문의 사대주의」로 떨어졌다고 한다면, 오늘의 구미학문방법론을 비판 없이 받아들여 전개하고 있는 학계의 풍토 또한 과거의 재판이라 할 수 있다. 이와 같은 국문학계의 학문의 자발성의 결여는 우리 모두 한번 반성해 보아야 할 명제라 생각된다. 이 말은 우리나라의 학문이 내용서지학에 대한 관심을 높이고 이를 육성시켜야 된다는 의미도 된다. 물론 이런 작업은 학문의 전체적인 시각을 좁히고 校正이라든가 校合과 같은 지루하고 지엽적인 문제에 매이게 한다는 결함도 지닌다. 허나 그런 작업들이 성실하고 꾸준하게 진행되고 나면 沈載完의 時調校合에 대한 시도에서 볼 수 있는 바와 같이(5) 훌륭한 성과를 거두게 된다. 실패의 경우도 없지 않다. 필자는 20년 전 〈閑中漫錄〉 교주본을 냈는데, 이 작업은 〈한중만록〉의 초기적 시도가 아니었던가 생각된다(2). 그런데 그뒤 金用淑에 의해 원본에 가까운 것이 발견되어 徒爾로 끝난 셈이 되었다(9). 허나 그런 작업을 도이로 생각해서는 안된다. 국문학의 연구는 이와 같은 서지적 방법의 실패와 성공을 거쳐 발전돼 가야 한다. 丁奎福에 의해 이뤄진 〈九雲夢〉의 원전연구가 그 좋은 본보기가 되며(6), 영국의 스킬랜드(Skillend)에 의해 시도된 李人稙 연구도 일천한 현대문학에서 이러한 작업이 필요하다는 표본을 제시해 주었다(4).

　이밖에도 내용서지학의 분야는 광범위하다. 작가의 생애연구도 여기에 속하고, 작품 하나하나의 창작동기의 탐색 같은 것도 중요한 내용서지학의 분야가 된다. 趙潤濟 李秉岐 張德順 金東旭의 국문학사의 서술은 바로 이 내용서지학의 표본이다. 이제까지의 국문학사의 서술방법이 곧 내용서지학의 전개를 서술한 것이고, 그것은 실증사학의 기반 위에서 전개되고 있다. 따라서 최근 젊은 국문학사가들이 그들의 저술을 통하여 기존의 국문학사를 비판하고 있는 것은 바로 이 내용서지학에 대한 비판이 된다. 그런데 문제는 일천한 국문학사의 연구도정에서 작가의 생애나 작품 발표연대·창작동기에 대한 연구가 아직도 미완성 상태·미개척 상태에 있다는 점이다. 이런 작업이 완성되고, 카드 한 장만 빼들면 몇년 몇월 며칠에, 어느 작가는 어디에서, 무엇을 하고 있었다는 것이 나올 만큼 정비되어 있어야 서지학적 방법을 극복한 다음의 연구방법론을 도입할 수 있다. 헌데 우리는 그러한 위치에 아직 이르지 못했다. 어떤 작가나 작품을 연구하려면 연구자 개인이 반드시 그 작가의 이력을 조사하고 작품연보를 정리한 다음, 작가와 작품의 관계, 작가와 시대, 작품과 시대, 작품내부의 논리를 추적해야 한다. 따라서 연구자는 오랜 시간을 걸쳐 다대한 노력을 소비하지 않으면 안된다. 그런 작업이 대학별로, 또는 그룹별로 시대를 갈라 공동연구로써 이루어진다면 개인단위로 보다는 종합적이고 구체적이며 신속하게 성과를 거둘 수 있으리라 생각된다. 최근 新批評의 도입으로 「작품의 배경이니 서지니 그런 것은 필요없다. 작품 자체만 연구하면 된다」는 태도가 국내학자에게도 영향을 미쳐 여러 가지 문제점을 드러내고 있는데,

그런 비평태도에 수긍이 가지 않는 바는 아니나, 한 나라의 문학사——결국 한 작품은 그 문학사 속에서 좌표를 잡아야 된다——에서는 잘못하면 오도될 수가 있다. 문학사는 영향과 전승관계를 탐색하는 것이므로 작품 하나하나를 독자적으로 떼어놓고 연구한다는 것은 있을 수 없다. 따라서 역사주의의 입장에 서는 한, 작가의 의식은 그것이 미적이건 심리적이건 언어기술적이건 사상적이건 역사라는 시간과 장소 위에서 생성되고 변화 발전된 유기적인 형태를 띠고 나타난다. 여기에서 내용서지학이 기술하는 여러 사항들이 필수적으로 요구된다. 일부에서 주장하고 있는 「엑스쁘리까숑 두 텍스트」, 즉 원전해석도 원전에서 출발하여 마지막에는 다시 원전으로 돌아오는 것이니, 원전의 서지적 좌표는 움직일 수 없는 것이라 하겠다.

이제까지 서술한 것은 형태서지학과 내용서지학의 문제였으나 다음에는 실제적인 문제를 다루어 보고자 한다. 필자는 睿宗의 〈悼二將歌〉에 대하여 논문을 집필한 바가 있다. 〈도이장가〉의 유행판본은 1910년대 간행의 목판 본이었기 때문에 과거의 향가연구가들은 이를 조작된 것이라고 단정하기도 하였다. 창작연대로부터 적어도 1000년이 경과한 작품의 그 동안의 전승 과정을 어떻게 믿을 수 있느냐는 것이다. 그런데 필자에게 상당히 오랜 사 본이 하나 들어왔다. 그 사본은 지질로 보나 내적 증거로 보아 임진란 전 까지 올라갈 수는 없었다. 그런데 우연히 〈省齋漫錄〉이란 책에서 〈도이장 가〉의 대상인 申崇謙의 행장이 壬亂 전과 임란 후에 두 번 간행된 것을 알 았다. 필자는 이 사본을 중심으로 다음같이 그 자취를 더듬어보았다.

(1) 애초에 신숭겸의 행장이 있었다. 이것은 신숭겸의 후손이 지은 것이 나 후손 중 누가 지은 것인지는 알 수 없다.

(2) 이 행장에 의거해서 〈高麗史〉 열전의 신숭겸 본전이 꾸며졌다.

(3) 이 행장이 南平縣에서 인출되었다.

(4) 이것이 임란 후에 申景翼에 의하여 중간되었다.

(5) 여기에 申欽이 발을 붙이고 祠字를 만든 자는 韓浚謙이었다.

필자는 이런 고증과정을 작자불명의 〈성재만록〉에서 찾아낸 것이다.

여기에서 나는 다시 비약하여 세종 2년에 〈고려사〉를 편찬한 申槩가 이 행장의 작자가 될 수 있다는 것을 논증하였고, 다시 신개가 貞陵에 집 을 지었는바, 거기에서 241년 동안 신씨가문이 살아온 것을 입증하고 이 행장을 申默이 南平縣에서 인행한 것을 논증하였다. 신개는 〈고려사〉를 편찬하면서 당시 잔존하고 있던 〈睿宗實錄〉과 〈睿宗唱酬集〉에서 본 〈도이장가〉를 행장 속에 넣을 수 있었다는 것도 아울러 논증하였다.

이러한 논증은 물론 추측에 의존하는 것이고, 수학과 같이 그 개연성을 풀어나가는 것이지만, 이 노래가 「가짜」라고 논증하는 이에 대하여는 설득력이 있다. 그렇다고 과거에 기록된 문학사가 움직여지는 것도 아니다. 그렇다면 무엇 때문에 이런 번쇄한 고증을 하느냐고 묻는 이가 있을 수 있겠는데, 그에 대해서는 지식의 정확성을 위해서 연구한다고 답변할 수밖에 없다. 이런 작업은 문헌비판학적 조작에 속하는 것이다. 이런 조작 위에서 다른 연구가는 마음놓고 그 노래를 예종의 것으로 연구할 수 있는 것이다. 되풀이하는 말이지만 연구자는 홀로 연구하는 것도 아니고, 홀로 연구할 수도 없다. 그래서는 안된다. 그들은 「연구의 역사」 위에 서 있다.

그들은 그들의 연구를 위해서 원전을 살펴야 하고, 원전연구서 및 관계 서적들을 섭렵해야 한다. 그러기 위해서는 선배학자들의 연구업적 위에서 시작해야 한다. 좋은 논문은 기본자료 및 관계자료를 될 수 있는 대로 풍부하게 살펴 원용하는 데서 그 기초가 다져진다. 古書影印이라든가 자료 정리사업과 같은 일이 시급하게 필요한 것이 그 때문이다. 필자는 필자 개인 수장의 600여 고소설을 중심으로 전세계에 산재해 있는 한국고소설판과본을 집성 〈古小說板刻本全集〉 5집 179책을 엮어낸 바 있는데, 이는 위와 같은 국문학계의 필요성을 부분적으로라도 충족시켜 주기 위해서였다. 될 수 있는 대로 빠른 시일에 고서적이나 자료들은 찾아져야 하고 정리되어야 하며, 개인 수장의 경우 학계를 위하여 공개되어야 한다. 서지학은 그와 같은 실천적인 면에서부터 출발되어야 한다.　　　　　　金　東　旭

論　著

1. 李秉岐　韓國書誌의 研究(東方學誌 3・5, 1957・1961)
2. 李秉岐　金東旭　한듕록——閑中謾錄(民衆書館, 1961)
3. Morice Courant, *Biblographie Coréenne*(1891)
4. W.E. Skillend, *Kodae Sosŏl*(School of Oriental and African Studies, Univ. of London, 1968)
5. 沈載完　校本歷代時調全書 (世宗文化社, 1972)
6. 丁奎福　九雲夢研究 (高麗大 출판부, 1974)
7. 金斗鍾　韓國古印刷技術史(探求堂, 1974)
8. 金用淑校注　秘藏本 한듕록(淑大 출판부, 1981)
9. 崔承熙　韓國古文書研究(精神文化研究院, 1982)

5. 詩歌律格論

한국시가의 율격이 학문적 관심을 가지고 연구되기 시작한 것은 국문학
연구의 시발과 맞먹는 1920년대 이후부터의 일이다. 시가론을 전공하는
학자라면 대개가 한번쯤 관심을 돌리지 않을 수 없었던 그간의 사정과 함
께 이는 국문학 연구에 있어 율격론의 중요성을 일찍부터 인식하고 있었
던 매우 소망스러운 증좌라 할 것이다. 그러나 60여 년에 걸친 硏究史는
그 사이의 경과가 순탄했다기보다 상당한 진통을 겪으며 거듭 방황해 왔
음을 역력히 보여주고 있다. 그것은 우선, 지금까지의 율격연구가 그 주류
를 줄곧 율격론의 기본이론인 律格體系의 수립에 두어왔음에서 드러나는
바다. 이는 일견, 철저한 기초이론의 정립을 지향하는 견실한 연구방향으
로 풀이할 수도 있을 것이나, 기실은 율격연구가 오늘에 이르기까지 율격
론의 초석을 설비하기 위한 기본이론의 정립단계에서만 계속 맴돌고 있었
음을 드러냄에 지나지 않는다. 과장된 표현을 빈다면, 율격연구 60년사
는 한국시가의 율격체계 발견이라는 명제에 매달려 진통과 방황을 거듭해
왔다고 해도 좋을 역사다. 그것은 선행이론에 대한 끊임없는 부정의 과
정이었으며, 설정 가능한 모든 律格類型들이 주장되고 거부되는 실험의
연속이었다.

그러나 한국시가의 율격체계를 발견하기 위한 이들 다양한 시도들은 대
체로 3단계를 거치면서 전개되어 온 것으로 정리할 수 있다. 그리고 이들
각 단계마다 주장된 이론들은 비교적 공통된 경향성을 지닌 이론적 계보
로 묶음지워 대응시킬 수 있다. 제1기는 우리 시가의 율격을 音節律論에
입각하여 이해하려는 「字數律的 把握期」로 묶음지울 수 있고, 제2기는
한국시가의 율격형성 원리를 운율자질의 層形對立에 둔 「複合律格論的 把
握期」로, 제3기는 다시 반성적 태도에서 그 형성의 원리를 음절의 等價
的 對比에 둔 「單純律格論的 把握期」로 묶음지울 수 있다. 이들 각 단계

는 모두가 전단계 이론에 대한 부정에서 출발하나, 그것이 맹목적 부정이 아니라 선행이론의 경험을 발전적으로 수용하면서 거부하는 적극적 부정이라는 특성을 지닌다. 이 때문에 거듭되는 부정 속에서도 이론의 심화는 연구의 양적 축적과 비례하여 점진적으로 수행될 수 있었다. 이런 의미에서 율격체계를 발견하기 위한 그간의 진통과 방황은 오히려 값진 경험적 유산이었다고 할 것이다.

주지하다시피 한국시가의 율격연구는 字數律論으로부터 출발하고 있다. 한국시가의 율격을 형성하는 기저자질은 音節이며, 음절수로서 그 율격적 정형성을 측정해 낼 수 있다는 논리에 의해서 제1기(1920~1940년대)의 율격연구가 출범하게 된 것이다.

그러나 이러한 자수율적 이해는 한국시가의 율격이 왜 음절수에 근거하여 파악되어야 하는가에 대한 실증적 검증이나 이론적 통찰이 선행되지 않은, 일종의 선험적 이해에 입각하고 있다는 특징을 지닌다. 그리하여 우리 시가의 율격적 정체를 해명하려 하거나 전체체계를 확립하려는 데 관심을 보인 연구는 이 시기를 통하여 거의 찾을 수 없다. 초창기의 연구자들은 그 임무를 한국시가의 율격이 자수율이라는 명제의 도출에 두지 않고, 선험적으로 받아들인 자수율이라는 명제의 실천적인 적용에 두었던 것이다.

이 시기의 자수율이 이처럼 선험적으로 받아들여질 수밖에 없었던 데에는, 그럴 만한 이유가 있었던 것으로 이해된다. 우선 당시의 학문적 수준이 율격적 실체를 검증하고 이론적으로 통찰해 낼 수 있을 정도로 성숙되어 있지 못했다. 그러나 더 직접적인 이유는 당대 시가의 강한 음절 정형적 성향에서 찾을 수 있을 것이다. 음절정형 지향성은 조선 후기 이후부터 점차 나타나기 시작한 정형률적 시가의 한 경향으로서, 특히 개화기를 전후하여 절정에 달했었다. 동학가사·개화기가사·창가·음영민요 등 소위 4·4조나 7·5조라 불리는 시가는 실제로 거의 완전한 음절 정형적 규칙성을 보였던 것이다. 게다가 연구자 대부분이 자수율의 모델이라 할 일본 시가론에 익숙하였고 보면, 자수율에 대한 선험적 이해는 사실상 어쩔 수 없었던 현상이었다고 볼 수 있을 것이기 때문이다.

그러나 이 시기의 방법론적 맹점은 바로 이러한 선험적 인식 자체에 이미 내재해 있었다. 선험적 인식의 직접적 유인체였던 당대 시가의 음절 정형적 성향은 사실상 특정한 시대의 특수한 성향이었지, 한국시가 전체를 관류하는 일반적 성향은 아니었던 것이다. 자수율론은 이처럼 특수현상에

44

서 선험적으로 인식된 논리를 일반현상에 적용시키는 모순을 범하고 있었다.

그 결과 야기되는 사태는 이 시기의 자수율적 연구를 주도해 나간 李光洙(1) 李秉岐(2) 趙潤濟(3) 金思燁(4) 등의 시조·가사에 대한 연구에서 명료히 드러나는 바다. 이들 연구는 우선 음절적 정형성을 갖지 않는 시조·가사로부터 굳이 음절적 정형성을 찾아내려는 모순 속에서 출발하게 된다. 그리하여 최종적으로 도출된 결과가 바로 통계적 방법에 의해 시가의 자수적 형태를 확정시키고자 했던 「기준형」의 설정이나, 이의 통계적 허구성은 여러 후학들에 의해 널리 지적되어 왔다. 결국 제 1 기는 자수율에 대한 선험적 이해의 오류를 구체적인 연구를 통해 스스로 논증해 내고 마는, 당착된 결과를 초래했던 시기라고 말할 수 있을 것이다.

선험적 자수율론이 지닌 한계 극복을 과제로 삼은 제 2 기(1950~1970 년대 전반)로의 전환은 鄭炳昱에 의하여(5) 실현되었다. 그는 우선 전기의 선험적 파악이 지닌 한계에 주목하여, 율격연구를 확고한 이론적 기초 위에서 파악하고자 하는 방법론적 전환을 꾀했다. 律格(meter)과 律動(rhythm)의 개념규정을 토대로 한국시가의 율격체계를 율격유형론적 관점에서 검증함으로써 객관적 이론의 구축을 시도했던 것이다. 그 결과 도출된 주목할 만한 사실이 바로 한국시가 율격의 基層單位는 음절이 아니라 음보이며, 율격의 구성이 等時性의 원리에 의한다는 관점이다. 이는 율격연구에 새로운 전망을 제시한 획기적인 사실이라고 해야 할 것이다. 규칙성의 기준을 음절이 아닌 음보에 둠으로써, 음절수로써는 해명이 불가능했던 우리 시가의 율격적 정형성을 구명할 수 있는 길을 터놓았기 때문이다.

이러한 이론적 기초 위에서 정병욱은 기층단위인 음보가 강음절과 약음절의 역학적 대립에 의해 형성된다는 이른바 强弱律을 제시하였다. 이는 제 2 기가 율격형성의 기저자질을 운율자질(韻素 또는 非分節音素)에서 찾고 기층단위(음보)의 형성원리를 충형대립, 즉 운율자질의 역학적 대립으로 규정하게 되는 계기가 되었다. 그리하여 이 시기의 연구자들은 음절의 분포보다 음절에 부착된 운율자질의 대립적 양상에 주목하면서 새로운 가능성을 향한 강한 실험성과 다양성을 보여주고 있다. 李能雨는 정병욱의 강약율론에 근본적으로 동의하면서도 음보가 몇 개의 음절로 된 底律脚이 모여 이루어진다는 이중조직설을 내세워, 그 형성이 이들 저율각에 부착된 강음과 약음의 대립에 의해 형성된다는 강약율의 수정이론을 내세운다(6).

黃希榮(8)과 金昔姸(7·9)은 음성분석기에 의한 실험을 통해 한국시가 율격의 기층이 高調와 低調의 대립에 의해 형성되는 高低律임을 주장한다. 뒤이어 鄭光은 율격형성의 자질은 우리 국어의 언어학적 자질 안에서 찾아야 한다는 주목할 만한 명제를 내세워, 현대시의 율격이 長音節과 短音節의 대립적 교체에 의해 형성된다는 長短律의 가능성을 제안한다(12). 이렇게 되면 일반적으로 율격론에서 거론될 수 있는 유형론적 가능성은 제2기에 이르기까지 모두 다 제시되는 결과를 보인다.

그러나 운율자질의 층형대립에 근거한 이들 복합율격론적 파악은 제각기 해결하기 어려운 문제점을 안고 있다. 먼저, 율격형성의 기저자질은 그 나라 국어에서 음운론적 기능을 가진 자질로부터 찾아야 함이 요건이나, 강약율의 강세와 고저율의 성조(tone)는 통상 현대국어에서 음운론적 기능을 가지지 못한 음성적 현상으로 알려져 있다. 또한 율격체계 발견을 위한 율독은 객관적 타당성과 보편성을 지녀야 함이 필수적인 요건이나 고저율의 음성분석기에 의한 실험은 한 개인의 吟誦現象 분석이지 율독일 수 없으며, 장단율은 여러 평자들이 지적하듯이 율독 자체가 객관적 타당성을 획득하지 못하고 있다. 더군다나 강약·고저·장단과 같은 운율자질의 대립이 우리 시가율격에서 음보를 분할해 낼 정도로 뚜렷하게 지감되지 않는다는 사실이 이들 복합율격론적 주장의 설득력을 결정적으로 약화시키고 있다. 비록 자수율의 한계를 극복하기 위한 이론적 진전이 상당한 성과를 올렸음에도 불구하고, 우리 시가율격의 정체를 해명하는 데에는 이 시기 역시 여전히 한계를 가지고 있었다.

자수율론적 관점이나 복합율격론적 관점이 한국시가의 율격적 정체를 해명하는 데 적절하지 않다면, 율격연구는 이 이상 더 새로운 체계 수립을 위한 모색을 할 수 없는 처지에 놓여버린다. 지금까지 제시된 자수율·강약율·고저율·장단율은 일반적으로 율격론에서 거론될 수 있는 유형론적 가능성의 모든 것이기 때문이다.

제3기(1970년대 후반~)의 율격연구가 과거의 연구를 돌이켜보면서 先學들의 성공과 좌절을 발전적으로 수용하려는 반성적 태도 위에서 출발하고 있음은 아마도 당연한 귀결일 것이다. 연구자들은 우선 한국시가의 율격이 강약·고저·장단의 대립과 같은 층형대립의 원리에 의해 형성되는 것이 아니라, 음절(또는 음절량)의 등가적 대비라는 線形對立의 원리에 의해 형성된다는 인식에 도달함으로써, 제2기를 거부하고 제1기와 같은 단순율격론적 입장으로 되돌아간다. 그러나 율격의 기층단위는 음절이 아니라 음보이며 그 등가성은 시간적 등장성에 의한다는 명제를 수용함으로써, 다시 제 1 기를 거부하고 제 2 기를 계승한다. 그리하여 이 시기가 공통적으로 인식한 기본적 출발명제는 (1) 한국시가의 율격은 기저자질의 선형대비에 의해 형성되는 단순율격 유형에 속한다. (2) 율격적 정형성을 측정할 수 있는 기층단위는 음보다. (3) 음보의 구성은 등시성의 원리에 의한다는 3 가지였다.

이런 반성적 인식은 일찌기 1970 년대초 趙東一에 의해 선행되어 70 년대 후반에 이르러 확고해짐으로써 율격연구가 단연 활기를 되찾게 되었다. 불과 5, 6 년 사이에 조동일 芮昌海 金大幸 成基玉이 잇따라 연구하고 있음이 그것이다. 조동일은 몇 차례에 걸친 정리를 통하여(10·14·21) 율격형성의 기저자질을 문법적 휴지에 근거한 율격적 휴지로 설정하고 등시성을 음절수가 아닌 호흡에서의 균형에서 찾고 있다. 예창해 역시 음보가 등시적인 氣息(breath group)에 의해 형성되며 이 등시성이 심리적임을 지적하고 있어(15), 궁극적으로는 조동일과 견해를 같이하고 있는 것으로 볼 수 있다. 김대행의 경우(16), 통사적인 마디(colon)를 음보형성의 중요한 근거로 삼는 점에서 비슷하나, 율격의 기저를 음절의 장단에 두어 이들 음절의 장단조절에 의해 예기되는 율격적 등시성을 이루게 된다고 보는 점에서는 견해를 달리하고 있다. 이들 입론은 내면화된 율격관습과 통사적 구조가 율격형성에 크게 작용한다는 일치되는 입장을 보이면서도, 율격형성의 기저자질 설정에는 두 가지 상이한 견해를 드러낸다. 조동일과 예창해는 율격형성을 율격적 예기감과 통사적 휴지(또는 連接)에 근거하여 해명함으로써 형성자질을 율격 단위와 단위 사이의 경계를 표지화해 내는 외적 분할의 자질 중심으로 설정하고 있다. 조동일의 율격휴지 설정이 그것이다. 반면에 김대행은 율격적 예기감과 음절의 音持續量에 근거하여 형성자질을 음보가 응집되는 내적 구성의 자질 중심으로 설정한다. 모라(mora)로 환원되는 음절의 장단음 설정이 그것이다. 이들 입론으로 말미암아 한국시가의 율격은 비로소 그 정체 해명이 가능하다는 확실한 전망과, 율격적 정형성을 측정할 최소한의 근거 확보가 가능하게 되었다. 이는 율격연구사에 있어 괄목할 만한 진전으로 평가될 수 있다.

그러나 여기에도 문제점이 없는 것은 아니다. 그것은 특히 이들 연구가 음보의 등시성에 대한 객관적 해명에 성공하지 못하고 있다는 사실과 관련된다. 등시성을 호흡의 균형 내지 심리적 현상으로 규정하고 있는 조동일 예창해의 견해나, 음절을 음지속량으로 환원하여 그 객관적 측정 가능성을 검토하면서도 결국은 장단음 조절의 상대성을 인정하고 마는 김대행의 견해는 모두가 등시성의 객관적 검증이 불가능함을 드러내고 있는 것이다. 성기옥이 이들 입론을 포괄적으로 수용하는 입장에 서서 분할의 자질과 구성의 자질을 함께 설정함으로써 이의 객관적 체계화를 시도하고 있으나(22), 그 타당성 여부는 아직 미지수로 남아 있다.

등시성의 객관적 실체를 찾아내는 일은 아마도 한국시가의 율격적 정체를 해명하기 위한 마지막 관문일 것이다. 등시성의 객관적 검증이 불가능한 한, 한국시가 율격의 규칙성을 정밀하게 체계화시킬 수 있는 전망은 기대하기 어렵기 때문이다.

율격론이 그 자체의 정체 해명에만 만족할 수 없는 이상, 율격연구가 율격체계의 수립에만 머물러 있을 수는 없다. 지금까지의 연구가 그러해 왔던 것은 율격체계의 정립 없이는 모든 율격연구가 수행될 수 없는 필수적인 전제조건이었기 때문이다. 비록 완결된 체계 해명에까지 이르지 못한 형편이기는 하더라도, 축적된 현재의 성과는 발전적인 연구의 가능성을 확보해 놓고 있다. 문제는 무엇을 해결해야 할 율격론적 중심과제로 삼아야 할 것인가에 달려 있다.

율격연구의 궁극적 임무는 두 가지로 집약될 수 있다. 하나는 한국시가의 형식적 특성이나 전통성 해명에 기여하는 일이고, 다른 하나는 작품의 미적 실체 해명에 기여하는 일이다. 율격은 시의 형태를 결정하는 중심원리이기 때문에, 율격론적 접근은 시가의 형식적 특성을 해명하는 중심 방법이다. 동시에 율격은 미적 표상의 중요한 장치이기 때문에 개별작품의 미적 해명에 있어 율격론적 접근은 매우 중요한 방법일 수 있다. 따라서 율격론의 과제 역시 두 가지로 분류해 낼 수 있다. 이들 임무를 수행할 수 있는 율격적 이론의 정립과, 이들 임무를 직접 수행해 나가는 율격적 분석이 그것이다. 물론 율격적 이론의 정립은 율격적 분석을 위한 기본적 근거를 체계화하는 일이기 때문에, 선행되어야 할 율격론적 과제다. 그러나 이론은 분석의 필요성에 따라 과제로서의 비중을 가늠할 수 있는 만큼 양자를 상보적인 관계에 놓고 살펴보는 것이 율격론적 과제의 당면성을 이해하는 데 더 효과적일 것이다.

한국시가의 형식체계나 전통성 해명에 대한 관심은 국문학의 학문적 연구와 더불어 시작된 지속적인 관심이다. 1920년대의 자수율적 연구가 시조의 형식적 특성을 밝히려는 데서 출발한 사실이 이를 대변할 것이다. 지

48

금까지 방황 속에서도 꾸준히 지속해 온 율격연구 역시, 기실은 이의 해명을 위한 지속적인 관심의 결과였다 해도 지나친 말은 아닐 것이다. 그럴 만한 까닭은 한국시가의 형식적 해명이 곧 민족문학의 총체적 의미를 효과적으로 드러낼 수 있는 중요한 한 방법이기 때문이다.

그 결과 전통시가의 형식이 지닌 일반구조나 일부 정형시가의 형식에 대한 연구는 상당한 성과를 올리고 있다. 그러나 전반적인 수준은 관심이나 노력에 비해 아직 높다고 평가할 수 없는 형편이다. 특히 율격적으로 설명 가능한 정밀한 형식체계나 전통성 해명에까지는 이르지 못하고 있다. 이를 해명할 수 있는 근거를 마련하는 것이 곧 율격론이 해결해야 할 중요한 당면과제인 것이다.

중세시가의 율격체계를 해명하는 일은 시급한 과제 중의 하나다. 중세국어가 17, 8세기 이후의 현대국어와는 달리 성조가 음운론적 기능을 가지고 있던 언어체계였기 때문에, 그 율격체계가 오늘날과 동일한지 어떤지의 여부는 섣불리 가늠할 수 없는 문제인 것이다. 더우기 조선 초기에 정착되거나 창작된 고려가요나 〈용비어천가〉를 비롯한 송찬류 시가들이 상당한 율격적 부정형성을 보이고 있는 만큼, 이의 확실한 해명은 중세시가의 형식을 이해하기 위한 선결문제다. 현재의 연구는 성조가 율격에 관여한 것으로 보는 쪽(12)과 관여하지 않았으리라는 쪽(13·16)이 대립되어 있으나, 중세국어의 언어학적 특성을 근거로 한 좀더 면밀한 후속연구가 있어야 할 것이다. 특히 중세어 성조가 진정한 성조인가 語詞聲調인가 하는 성조체계의 성격문제, 성조의 음장과 관련된 모라 언어로서의 문제, 이중모음의 음장 문제 등이 이의 해명을 위한 중요한 언어학적 단서가 될 것이다.

율격과 음악의 상관성을 밝히는 일 역시 시가의 형식체계를 구명하는 데 있어 중요한 선결과제다. 전통시가나 민요 등 우리의 시가문학적 유산이 모두 唱曲을 동반한다는 사실을 무시하고서 형식을 논한다는 것은 있을 수 없는 일이기 때문이다. 그러나 관심의 초점은 오늘날 논란되고 있는 음악의 율격형성 결정론에 대한 찬반 여부가 아니라, 음악이 시가의 율격에 간섭하고 있는 양상의 파악에 두어져야 한다. 창곡의 형식이 율격의 기층단위 결정에까지 관여하느냐, 아니면 그 간섭이 행 이상의 수준에서냐 연 이상의 수준에서만이냐, 또는 어떻게 간섭하느냐의 일반원리를 찾아내는 일은 특히 고려가요 및 선초시가나 가창민요의 율격적 부정형성을 밝히는 다른 한 근거가 될 것이기 때문이다. 문학과 음악이 혼재상태인 자료로부터 음악적인 사실과 문학적인 사실을 가려내는 일은 그 시가의 형식적 특성을 해명하는 기초작업에 속한다. 이런 관점에서의 연구가 부진했던 것은 사실이나, 고려가요 여음의 정체 해명을 위한 시도에서 보여준 성과(19)는 그러한 검토의 전망을 보장하고 있다.

마지막으로 시가형식의 체계화에 가장 기본적인 과제라고 할 율격양식 (metrical pattern)의 연구가 촉진되어야 한다. 이에 대한 일반체계나 구조가 지금까지의 율격체계 연구를 통해 밝혀지지 않은 바는 아니나, 더 심화된 발전적 연구는 아직 이루어지지 않고 있다. 우선 개개의 율격양식이 형성되는 객관적인 규칙이나 기준의 설정이 정밀화되어 있지 못하다. 예를 들어 가사나 민요 자료에서 흔히 문제가 되고 있는 바와 같이, 4보격과 2보격을 객관적으로 판별해 낼 수 있는 기준의 설정이 이루어지지 않고 있는 것이다. 또한 개개의 율격양식에 대한 전체 양상이나 특성이 본격적으로 검토된 바도 없다. 소위 7·5조라 일컫는 율격양식만이 예외적으로 검토되고 있으나, 이 역시 그 실체를 완전히 드러냈다고 할 만큼 만족할 정도에 이르지 못하고 있다. 따라서 개별 양식의 형성 경위나 역사적 전개의 과정, 또는 이에 따른 시대적 의미 추적과 같은 발전적 연구는 아직 시도조차 되지 못하고 있는 형편이다. 한국시가의 형식체계나 전통성은 적어도 이러한 과제가 하나씩 검토되고 해결되어 나갈 때, 그 정체 해명의 확고한 전망을 보장받을 수 있을 것이다.

작품의 미적 실체를 해명해 내는 일이 빼놓을 수 없는 율격론적 과업임에도 불구하고, 이에 대한 인식은 최근에 이르기까지도 미미했다. 이러한 사정은 지금까지의 율격연구가 주로 시가의 형식체계 분석에만 관심 두어 온 결과, 율격연구가 마치 추상적인 형식분석에나 소용되는 고답적인 연구로 오해되고 있었던 사실과도 깊이 연루되어 있다. 그러나 시의 율격이 작품의 중요한 표현장치인 만큼, 율격론의 주된 임무 역시 이의 해명에 있어야 함은 두말할 필요도 없다. 그것은 특히 두 가지 방향에서 수행되어야 한다. 개별 작품의 율격적 효과를 밝혀 그 작품적 의미를 해명해 내는 일과, 현대시에 있어서 전통율격의 창조적 계승 가능성을 확증해 내는 일이 그것이다. 다행히 최근에 들어 이러한 방향에서의 연구가 현대시를 중심으로 확산되어 나가면서 이의 중요성에 대한 인식이 점차 고조되어 가고 있다. 개별 작품의 율격적 효과분석을 통한 작품의 미학적 의미 검출(18·20)이나, 전통율격의 창조적 계승양상 검증(11·17)들은 특히 현대시의 올바른 방향 정립과 현대시에 대한 전통단절론적 편견의 극복의지를 보여주고 있는 단적인 예가 될 것이다. 그러나 아직 시도의 단계에 머물고 있으며 특히 고전시가에서는 개별 작품의 율격적 효과분석이 시도조차 되지 못하고 있는 형편이므로, 이의 연구를 활성화시키기 위한 기본적인 이론장치를 마련하는 일은 매우 중요한 율격론적 과제다.

율격적 규준으로부터의 이탈, 또는 파격, 변형이라 불리어지는 律格的 許容의 현상을 체계화하는 일은 아마도 작품의 율격미학적 분석을 위한 가장 기본적인 이론장치의 수립이 될 것이다. 율격에서의 규칙이 강제적 복종의 성격과는 거리가 먼 이상, 이로부터의 창조적 이탈이나 변형은 어느 시대의 작품을 막론하고 다양하게 나타나기 마련이다. 이들 다양한 율격적 허용현상으로부터 어떤 질서를 발견하여 율격적 허용의 원리나 유형을 체계화시키는 것은 곧 개별 작품에 나타난 다양한 율격적 현상의 의미를 추출하는 부동의 근거를 마련하는 일이 된다. 고전시가든 현대시든 그 작품의 율격적 전통성이나 미학적 의미는 이를 근거로 그 허용의 요인이나 효과를 추출함으로써 쉽게 밝혀낼 수 있을 것이기 때문이다. 방대한 자료로부터 모든 율격적 허용현상을 조사해야 하는 엄청난 작업량과, 이들 허용현상을 지배하는 질서 발견의 어려움이 예상되지 않는 바는 아니나, 그 전망이 결코 비관적인 것만은 아닐 것이다. 이에 대한 시험적인 연구가 시조의 율격적 변형을 중심으로 시도된 바도 있으므로(21), 우선 제고된 관심 속에 다양한 검토가 활발히 이루어져야 할 것이다.

비록 율동론적 영역에 속하는 문제이긴 하더라도, 작품의 음성미학적 표상장치를 찾아내는 일 역시 작품의 미적 접근을 위해 유념해야 할 앞으로의 과제다. 특히 작품의 표면에 나타나는 음성적 조화의 장치, 즉 압운의 효과를 분석할 수 있는 구체적인 근거수집은 매우 중요하다. 지금까지의 압운연구가 한국시가의 압운적인 격식을 찾아내는 데로 향했던 부당성과 방향 수정의 필요성이 이미 제시되어 있으므로(16), 그 구체적인 미학적 표상장치의 수립은 앞으로 수행해야 할 다른 한 중요한 과업이라 할 것이다.

율격론이 해결해야 할 과제는 이처럼 폭넓고 다양하다. 산적해 있는 이들 과제를 하나씩 척결해 나가야 하는 율격론의 임무 또한 매우 막중하다. 민족문학의 총체적 실체를 밝히고 작품의 미학적 의미를 해명해 내야 하는 문학연구 본연의 임무뿐만 아니라, 시의 율격이 차지하는 중요성을 널리 증명함으로써 방향감각을 잃고 있는 한국 현대시의 올바른 지표 정립에 기여해야 하는 현실적 임무 역시 외면할 수 없는 중요한 율격론의 임무이기 때문이다.

成 基 玉

論　著

1. 李光洙　時調와 自然律(東亞日報 1928. 11. 2~7)
2. 李秉岐　律格과 時調(東亞日報 1928. 11. 28~12. 1)
3. 趙潤濟　時調字數考(新興 4, 1930)
4. 金思燁　李朝時代 歌謠硏究(大洋出版社, 1954)
5. 鄭炳昱　古詩歌 韻律論 序說(崔鉉培華甲紀念論文集, 1954)
6. 李能雨　字數考代案(서울大論文集 7, 1958)
7. 金昔姸　時調律性의 科學的 硏究(亞細亞硏究 32, 1968)
8. 黃希榮　韻律硏究(螢雪出版社, 1969)
9. 金昔姸　素月詩의 韻·律分析(서울大 敎養課程部論文集 人文社會科學篇 1,
　　　　　1969)
10. 趙東一　叙事民謠硏究(啓明大 출판부, 1970)
11. 金大幸　現代詩의 韻律的 位相(서울師大 先淸語文 5, 1974)
12. 鄭　光　韓國詩歌의 韻律硏究試論(서울大 語學硏 應用言語學 7—2, 1975)
13. 鄭然粲　國語聲調와 韻律(語文硏究 3—1·2, 語文硏究會, 1975)
14. 趙東一　韓國詩歌律格과 定型詩(계명대학보 1975. 9. 16)
15. 芮昌海　韓國詩歌韻律의 構造硏究(成大文學 19, 1976)
16. 金大幸　韓國詩歌構造硏究(三英社, 1976)
17. 趙東一　現代詩에 나타난 自覺的 律格의 繼承(亞細亞學報 13, 1976)
18. 趙東一　金素月·李相和·韓龍雲의 님(文學과知性 1976 여름)
19. 鄭炳昱　악기의 구음으로 본 별곡의 여음구(서울大 冠岳語文硏究 2, 1977)
20. 成基玉　素月詩의 律格的 位相(서울大 冠岳語文硏究 2, 1977)
21. 趙東一　시조의 율격과 변형규칙(嶺南大 國語國文學硏究 18, 1978)
22. 成基玉　韓國詩歌의 律格體系硏究(서울大 國文學硏究 48, 1980)

6. 한국문학 연구사

1970년대 국문학계의 두드러진 특징의 하나는 연구사 점검작업이 매우 활발했다는 사실이다. 이것은 국문학연구의 양적 축적과정을 반영하는 것이지만, 더욱 뜻깊은 일은 국문학계가 심각한 자기반성기에 들어섰다는 데 있다.

오늘날 국문학계는 무엇을 반성하고 있는가? 安廓의 〈朝鮮文學史〉가 출간된 1922년을 기점으로 삼는다면 국문학 연구의 역사도 이제 환갑을 맞은 셈이다. 돌이켜보면 이 60년의 역사는 우리 민족이 겪어왔던 역사만큼이나 중난한 것인데, 식민지시대와 분단시대라는 객관적 조건이 국문학연구에도 중대한 난관을 계속 제공해 왔다. 민족적 가치가 안팎으로 억압되는 상황 아래서 자기존재를 관철해 오며 이 불행한 역사 속에서 인적 물적 자원의 궁핍에도 불구하고 전진을 멈추지 않았던 국문학연구의 역사 앞에서 우리는 선학들의 노고에 깊은 존경을 표하지 않을 수 없다.

그러나 오늘날 특히 1970년대 이후 분단시대를 극복하려는 의지의 한 표현으로서 진정한 민족문화를 건설해야 한다는 대원칙이 거듭 확인되면서 국문학계에 대한 우리 사회의 관심은 날로 증대되고 있는 실정이다. 국문학계는 이러한 증대된 관심에 창조적인 응답을 해야 한다. 국문학연구자는 이 관심을 자기 연구에 적극적으로 반영하는 한편 민족문화의 건설이라는 우리 시대의 역사적 과제에 살아 있는 원리를 제시하는 데까지 이르러야 한다는 자각이 고조되어야 할 것이다. 요컨대 국문학계가 이 땅에 끼쳐진 문학유산의 정통의 상속자라는 사실을 엄중하게 받아들임으로써 국문학연구가 어떻게 우리 시대의 역사적 과제 해결에 창조적으로 기여할 것인가를 절실하게 문제삼아야 할 것인데, 연구사 점검작업이 가지는 우선되는 의의가 바로 여기에 있을 터이다.

국문학연구가 하나의 독립된 學으로서 계통적 출발을 개시한 것은 「朝

鮮語文學會」가 창립된 1930년이었지만, 우리는 그에 앞서 국학파의 업적을 주목해야 한다. 安廓 申采浩 鄭寅普 文一平 崔南善 權相老 등으로 대표되는 국학파는 실학파의 국학적 경향을 계승하면서 본격적 국문학연구의 출발을 매개하고 있다는 점에서 중요한 의의를 가진다.

신채호는 〈朝鮮 古來의 文字와 詩歌의 變遷〉(1924)에서 처음으로 향가 해독을 시도하였다. 그는 〈處容歌〉를 〈樂學軌範〉 소재의 〈처용가〉와 대조하여 아주 근사하게 풀어내었고 (小倉進平의 〈鄕歌 및 吏讀의 硏究〉가 1929년에 나왔음을 참조할 것), 또한 〈鄭瓜亭〉을 李齊賢의 小樂府詩와 대조하여 그 대강의 말뜻을 짚었으니 뛰어난 착목이었다.

최남선은 우리나라에서는 일실된 〈金鰲新話〉를 일본에서 발굴하여 학계에 소개하고(1927), 역대시조를 편찬하여 시조집 〈時調類聚〉(1928)를 내는 한편, 〈外國으로서 歸化한 朝鮮古談〉(1922～1923)을 비롯한 일련의 설화연구를 통해 전파론적 관점에서 〈흥부전〉〈춘향전〉〈별주부전〉〈심청전〉 등의 근원설화를 탐색하였다.

문일평의 〈史上에 나타난 藝術의 聖職〉〈藝術과 로맨쓰〉〈戰爭文學〉(1939) 등은 체계적인 통사는 아니지만 博覽强記와 섬세한 비평적 감각과 민족주의적 정열이 하나로 결합된, 전통적인 詩話風의 문학사이다. 특히 崔致遠에서 黃玹에 이르는 대표적 한시인들을 점검한 부분은 우리 한문학 연구에 있어서 하나의 독특한 업적이 될 것이다.

이 시기의 국학파의 국문학연구를 대표하는 것은 국문학의 통사체계를 처음으로 수립한 안확의 〈朝鮮文學史〉(1922)이다(安廓의 행적과 사관에 대한 구체적 검토는 필자의 〈安自山의 國學〉, 〈心象〉 1981.8을 참조할 것). 그 자신이 이 책을 「自覺論의 서문」이라고 지적했듯이, 그는 여기서 3·1운동 직후의 분열된 민족운동을 하나의 「自覺的 統一」로 끌어올릴 것을 제창하고 있는 것이다. 그는 국학파가 대개 그러하듯이 大倧敎로부터 깊은 영향을 받은 것 같다. (신채호가 무정부주의로 전신하기 전 대종교와 깊은 관련을 가진 것은 잘 알려진 사실이고 최남선의 〈不咸文化論〉도 또한 이러한 분위기와 관련되며 권상노도 그의 〈朝鮮文學史〉에서 〈揆園史話〉나 대종교에 깊은 관심을 보인 바 있다.) 그는 여기서 대종교의 경전인 〈三一神話〉를 우리나라 最古의 문학으로 평가하고 그 책에서 받은 감명을 열렬히 고백하고 있는데, 상고시대의 國粹 즉 倧의 사상을 국민사상의 맹아로 인정하고 있다. 그러나 그는 국수와 그후에 대규모로 이식된 일체의 외래사상을 대립의 측면에서만 파악하지 않음으로써 한국사 발전의 내발적 계

기를 무시하는 사대적 사관과 고려 중기 이후를 국수의 파괴로 말미암은
역사적 퇴화과정으로 파악하는 반진화론적 사관도 함께 비판하고 있는 것
이다. 그는 이러한 사관을 근거로 국문학의 통사체계를 과감하게 수립하
였던바, 이 책은 국문학을 통한 국민사상사였다.

　이처럼 국학파의 국문학연구는 전통적 고증학을 방법론으로 하여 강렬한
민족주의적 지향을 보이고 있다. 그것은 우선 기자조선·삼한·신라를 정
통으로 하는 기존의 상고사 인식을 단군조선·고구려·발해를 정통으로 하
는 인식체계로 전환시킨 데서 드러나는바, 그 과학성이 문제가 되기는 하
지만, 이 전환 속에 민족해방의 생생한 메타포가 포함되어 있다는 점을
옳게 인식할 필요가 있다. 그리하여 그들은 形이 멸망한 시대 안에서 形
의 회복을 열망하는 표상으로서 魂을 강조하는 것이니, 신채호의 郎家思
想, 안확의 佁, 정인보의 얼, 문일평의 조선심, 최남선의 朝鮮精神 등이
바로 그것이다. 이러한 정신사관의 취약성은 누차 비판된 터이지만, 그
의의를 전면적으로 부정할 수는 없을 것인데, 더구나 그후 신채호는 민족
해방운동의 실천적 경험 속에서 민중을 발견하였고, 문일평도 민중의 발
견을 신세계의 발견이라고 비유한 바 있었다. 앞으로 국학파의 국문학연
구는 보다 자상한 검토가 요구된다고 하겠다.

　1930년에 金台俊 金在喆 趙潤濟 李熙昇 林在郁을 중심으로「조선어문
학회」가 창립되면서 서구의 실증주의를 기초로 한 본격적 국문학연구가
개시되었다. 그들의 연구는 우선 특수분야 또는 장르사로 전문화되었다.

　김태준의 〈朝鮮漢文學史〉(1931)와 〈朝鮮小說史〉(1933)는 이 방면의 선구
적 업적인데, 특히 후자는 설화시대로부터 현대소설사에 이르기까지 우리
소설사를 5기로 나누어서 체계화한 노작이었다. 김재철은 〈朝鮮演劇史〉
(1939)에서 극도의 폄시 속에 외면되어 온 우리나라 연희예술을 체계화하는
매우 중요한 작업을 일단 완성하였으니, 가면극·인형극·판소리는 물론
신극사까지 포괄하고 있다. 조윤제는 〈朝鮮詩歌史綱〉(1937)에서 방대한 자
료를 구사하여 고전시가사의 통사체계를 시도하였는데, 이로써 한문학사
와 함께 국문학의 3대 장르사가 완결되어 국학파의 국문학사 통사체계가
이 시기에 이르러 전문적으로 구체화되기에 이르렀다.

　그러나 전통적 고증학보다는 서구적 실증주의를 방법적 기초로 한 이 시
기의 연구는 국문학연구의 과학화에 일단의 성취를 이룩했음에도 불구하
고 국학파의 민족주의적 지향은 상당히 약화되었음을 인식해야 할 것이다.
이러한 경향은 초창기의 연구라는 제약조건을 감안하더라도 아쉬운 것은

마치 망명지에서 발달한 민족주의 사학이 「震檀學會」의 실증주의 사학과 단절되었듯이, 국학파의 국문학연구가 새 세대의 국문학연구와 일체 단절된다는 점이다. 그러나 이 시기 연구의 두드러진 특징이었던 실증주의적 경향 사이에도 약간의 차이가 있다는 점을 주목해야 한다. 가령 민족사관의 맹아를 포함하지 않은 것은 아니지만 근본적으로 실증주의에 충실한 조윤제의 경우와 실증주의의 틀 안에서도 문예사회학적 관심이 큰 부분을 차지하고 있는 김태준과 김재철의 경우가 바로 그렇다.

장르사의 수립과 함께 연구의 전문화는 더욱 진전되니, 이중 이희승의 時調의 巫歌起源論(1933)과 일련의 작품연구, 李秉岐의 시조연구(1934)와 〈松江歌辭의 연구〉(1936~37), 鄭魯湜의 〈朝鮮唱劇史〉(1940), 그리고 향가의 문헌학적 연구를 일단 완성한 梁柱東의 〈朝鮮古歌研究〉(1942)를 기억해야 할 것이다.

또한 이때에 현대문학연구가 시작되었다. 金東仁의 〈春園研究〉(1934~1938)는 날카로운 비평적 감각으로 李光洙의 문학을 분석한 현대문학 연구의 효시가 된다. 신문학의 통사체계는 林和에 의해서 시도되었다. 〈朝鮮新文學史論序說〉(1935)에서 李人稙에서 崔曙海에 이르기까지 신문학사의 발전단계를 사론적으로 검토한 바 있는 그는 〈新文學史〉(1939~1941)에서 본격적인 현대문학사 연구에 착수하였다. 결국 일제의 언론탄압으로 중단된 그의 문학사 연구는 실증적 작업의 부분적 오류에도 불구하고 문예사회학적 관점과 비평적 안목을 결합한 선구적 업적이었다.

이처럼 국학파와 실증주의파에 의해 주도된 식민지시대의 국문학연구는 극도로 열악한 조건 속에서도 국문학사·각 장르사·한문학사·현대문학사의 통사체계를 수립하는 데 집중되었고, 이로써 우리 문학유산의 전체적 윤곽이 잡혀졌다. 그러나 일본군국주의가 그 자신의 멸망을 스스로 재촉하는 확전의 길로 치달리면서 국문학연구는 일단 중단된다.

민주진영의 일대 승리로서 우리 민족이 군국주의의 사슬로부터 해방되자, 우리 사회의 각계 각층은 일제히 즉각적인 활동을 개시하였다. 그 동안 억압되었던 민족적 정열의 자연스런 분출로서 국문학계도 왕성한 창조력을 발휘하였다.

이 시기에 가장 먼저 눈에 띄는 변화는 일제시대에 철저한 실증주의자로서 출발했던 조윤제와 손진태가 실증주의를 자기비판하면서 민족사관을 획득한다는 점이다. 잘 알다시피 1920년대 이래 민족과 계급, 이중 어느 것을 본질적인 모순으로 파악하느냐를 둘러싸고 끊임없이 논쟁이 계속되어 왔다. 조윤제와 손진태를 포함한 「신민족주의자」들은 민족을 중심으로 계급을 포괄함으로써 이 문제의 해결을 시도하였는데 그것은 좌우합작을 통해 통일민족국가의 건설을 열망하는 민족사적 요청에 일정하게 대응되는 것이었다. 이 입장에서 조윤제는 고전적인 노작 〈國文學史〉(1949)를 완성하였고, 손진태는 〈朝鮮民族說話의 硏究〉(1947)에서 일단의 성취를 보았다. 이에 대하여 李明善은 유물사관적인 입장에서 국문학사를 고대·중세·근대로 체계화한 〈朝鮮文學史〉(1948)를 내놓았으니, 이 시기에 이르러 사관의 중요성이 제고되었음은 특기할 일이다.

한편 이 시기에 方鍾鉉 高晶玉 金亨奎 鄭鶴模 孫洛範 鄭亨容 具滋均을 중심으로 「우리어문학회」가 조직되어 새로운 활동을 개시하였다. 「우리어문학회」는 상고·중고·중세·근세·현대라는 5분법으로 국문학사를 체계화하였고(1948), 이와 같은 사적 체계화를 바탕으로 하여 최초의 〈國文學槪論〉(1948)을 완성하였는데, 공동작의 형태를 취한 점도 주목할 일이다. 이들의 개별적인 업적으로는 고정옥의 〈朝鮮民謠硏究〉(1949)와 조선 후기 委巷詩人들의 활동을 정리한 〈朝鮮平民文學史〉가 주목되는바, 이 시기에 이르러 金三不의 판소리계 소설에 대한 새로운 인식과 함께 구비문학 또는 평민문학에 대한 관심이 고조되었다. 또한 현대문학 분야에서는 白鐵이 〈新文學思潮史〉(1947~1949)를 완성하여 현대문학사의 일단의 정리가 이루어졌다.

이처럼 해방 직후의 국문학계는 그 짧은 기간에도 불구하고 연구사적으로 극히 중대한 업적들을 내놓았는데 그것은 자기 연구의 현실성에 대한 자각이 높은 단계로 고조되었음을 반증하는 것이다. 그리하여 식민지시대의 실증주의적 학풍을 자기비판하면서 사관의 문제가 다기하게 제출되었다. 그러나 이 문제는 일련의 토론을 거쳐 심화되지 못하고 분단시대의 현실화와 함께 미해결로 미룬 채 6·25라는 극히 불행한 사태에 직면하게 되었다.

6·25로 말미암은 인적 물적 자산의 파괴로 국문학계도 심각한 타격을 받았다. 국문학계는 양분되었고 냉전시대의 전개 속에서 민족주의적 동력은 퇴색되었다. 이 속에서도 새로운 세대의 국문학자들을 중심으로 「국어국문학회」가 조직되어 국문학연구의 새로운 진로를 모색하였으니, 우선 눈에 띄는 특징은 앞시기의 민족사관이 비판되면서 실증주의가 새롭게 부활하고 1950년대 후반부터 비교문학적 방법론이 비상히 유행하였다는 점

이다. 이와 함께 국문학사의 전개과정을 포괄적으로 전망하려는 노력에
대신하여 연구의 전문화현상이 두드러졌다.

시가부문에서는 鄭炳昱 金東旭 李明九 李能雨 沈載完 崔珍源 崔正如 등
이 참가하여 시조의 문헌적 연구를 완성하는 한편 시가의 각 쟝르의 형식
을 구명하고 각 쟝르 사이의 연속성을 확인하는 작업이 진행되었다.

소설부문에서는 金東旭 張德順 鄭鉒東 金起東 姜漢永 丁奎福 등이 참가
하여 고전소설의 광범한 발굴과 정리를 진행하는 한편, 판소리계 소설에
대한 새로운 이해가 구체적으로 전개되었다.

연극부문과 한문학부문은 상대적으로 부진했는데, 전자는 李杜鉉에 의
해 대대적인 발굴·정리가 진행되었고, 후자는 李佑成 李家源 등에 의해
연구가 개발되었다.

한편 이 시기에 현대문학 분야가 국문학연구의 독립영역으로 확정되었
고, 全光鏞 鄭漢模 宋敏鎬 鄭漢淑 등이 참가하여 현대문학의 전문적 연구
가 진전되었다.

이와 같은 전문화 경향은 연구사적 요청에 대응되는 현상이기는 하지만
국문학 유산 전체를 포괄적으로 체계화하려는 정열은 퇴색하여 이 시기의
연구를 자료학 중심으로 시종하게 하였다. 또한 고전문학과 현대문학의
분리는 갈수록 심화되어 마치 서로 다른 두 나라의 문학처럼 간주되었으
니, 나라가 그러했듯이, 국문학연구도 분단되고 말았던 것이다.

그러나 국문학계는 1970년대에 들어서 냉전시대의 학문즈 칩거에서 벗
어나 새로운 암중모색기에 진입한다. 1970년대는 국문학계에서 우리 문
학의 유산을 어떻게 정리하고 평가할 것인가를 둘러싸고 자기반성과 새로
운 모색이 시도되었던 시기인바, 연구의 현실성에 대한 자각이 다시 고조
되었다. 이 속에서 국문학계와 비평계의 공동의 관심사로 전통론이 전개
되어, 고전문학과 현대문학의 분리를 넘어서서 「하나의 국문학」으로 파악
하려는 노력이 경주되었다. 이리하여 고전문학자와 현대문학자가 함께 참
여하여 단절의 중대한 마디로 인정되었던 봉건시대 말기와 신문학사 초기
를 과학적으로 인식하려는 노력이 시도되어 연속성의 문제를 새롭게 해결
하게 되었다. 이로써 고전문학은 중국문학의 지배를 받았고 현대문학은
일본문학 또는 서구문학의 지배 아래 있었다는 식의 그릇된 사관은 격파
되고, 국문학은 무엇보다 그 자체의 내발적 동력에 의거해서 발전해 왔다
는 인식이 광범한 합의 아래 확고하게 인정되었다.

이 속에서 연구영역이 확대되었다. 지금까지 국어문학을 중심으로 한

58

고전문학 연구에 치중되었던 국문학연구는 1970년대에 들어서 구비문학·
한문학·현대문학 연구가 중요성을 띠게 되면서 새롭게 발전되었고, 연구
방법에 있어서도 지금까지의 자료학을 비판적으로 계승하면서 문학성의
문제와 역사성의 문제를 새롭게 결합하려는 이론적 노력을 경주하였다.
　1970년대는 우리 사회에서 진정한 민족문화의 건설이라는 쟁점이 지속
적으로 토론되었던 시기이다. 결국 1970년대에 보여준 국문학계의 고민
에 찬 모색도 이러한 흐름과 결코 무관한 것이 아닐 터인데, 앞으로 국문
학사의 전개과정 전체를 민족문학론의 관점에서 규정하는 사관을 정비하
는 한편 각 시기의 문학의 실체를 그 실상에서 파악하려는 구체적이고 전
문적인 작업이 함께 진전되어야 할 일이다. 1970년대의 토론을 더욱 진
전시켜, 분단시대의 극복을 열망하는 민족사적 요청에 국문학계가 창조적
인 응답을 제출할 때 우리의 국문학연구도 역사 속에서 확고한 자리를 차
지하게 될 것이다.　　　　　　　　　　　　　　　　　　　　崔　元　植

論　著

1.　安　廓　朝鮮文學史(韓一書店, 1922)
2.　申采浩　朝鮮古來의 文字와 詩歌의 變遷(東亞日報 1924.1.1)
3.　崔南善　外國으로서 歸化한 朝鮮古談(東明 1922.11.19～1923.1.14)
4.　崔南善　金鰲新話(啓明 1927.5)
5.　崔南善　時調類聚(漢城圖書株式會社, 1928)
6.　鄭寅普　朝鮮文學源流草本(朝鮮語文研究 1, 1930.12)
7.　文一平　湖岩全集 2(朝鮮日報社 출판부, 1939)
8.　權相老　朝鮮文學史(1939년 초판 ; 第一프린트社, 1947)
9.　金台俊　朝鮮漢文學史(朝鮮語文學會, 1931)
10.　金台俊　朝鮮小說史(淸進書舘, 1933)
11.　李熙昇　時調起源에 對한 一考(學燈 1933.11)
12.　金在喆　朝鮮演劇史(學藝社, 1939)
13.　趙潤濟　朝鮮詩歌史綱(東光堂書店, 1937)
14.　趙潤濟　國文學史(東國文化社, 1949)
15.　李熙昇　朝鮮文學研究鈔(乙酉文化社, 1946)
16.　李秉岐　時調의 發生과 歌曲의 區分(震檀學報 1, 1934)
17.　李秉岐　松江歌辭의 研究(震檀學報 4～7, 1936～1937)
18.　鄭魯湜　朝鮮唱劇史(朝鮮日報社 출판부, 1940)
19.　梁柱東　朝鮮古歌研究(博文書舘, 1942)

20. 金東仁　春園研究(三千里 1934. 12～1935. 10; 三千里文學 1938. 1～4)
21. 林　和　朝鮮新文學論序說(朝鮮中央日報 1935. 10. 9～11. 13)
22. 林　和　新文學史(朝鮮日報 1939. 9～1940. 3; 人文評論 1940. 11～1941. 4)
23. 孫晋泰　朝鮮民族說話의 研究(乙酉文化社, 1947)
24. 李明善　朝鮮文學史(朝鮮文學社, 1948)
25. 우리어문학회　國文學史(秀路社, 1948)
26. 우리어문학회　國文學槪論(一成堂書店, 1948)
27. 高晶玉　朝鮮民謠研究(首善社, 1949)
28. 具滋均　朝鮮平民文學史(高麗文化社, 1948)
29. 金三不校註　裵裨將傳·雍固執傳(國際文化館, 1950)
30. 白　鐵　新文學思潮史(首善社, 1948; 白楊堂, 1949)

7. 한국문학 연구방법론과 문제점

　일반적으로 문학연구 방법론이라 하면 (1) 문학이란 무엇이며, 그것은 어떻게 존재하고 있는가, (2) 문학을 어떻게 인식할 것이며, 그것을 해석 비평 체계화하는 원리는 무엇인가, (3) 문학의 과학적 인식은 어떠한 의의를 지니며, 그것은 무엇을 목표로 하는 인식인가 하는 문제들을 이론적인 차원에서 취급하는, 문학연구의 한 분야이다. 이와 같이 문학연구의 대상·방법·목적에 대한 이론을 제시함으로써 문학연구 방법론은 문학연구의 전체적인 방향을 설정하는 데 기여한다. 따라서 방법론의 확립은 문학연구에 있어서 우선적으로 요청되는 일 중의 하나이다.

　학문은 연구대상을 한정하고, 그것을 개념적으로 정립하는 일로부터 출발한다. 문학연구에 있어서도 문학의 본질에 대한 개념규정이 구체적인 연구의 전제조건을 이룬다. 그런데 세상에는 이루 헤아릴 수 없을 정도로 많은 문학작품이 존재하므로, 문학연구가는 부분으로 전체를 미루어 짐작하는 방향에서 이 문제를 취급할 수밖에 없다. 따라서, 존재하는 문학작품의 총체 가운데서 어느것을 중심대상으로 잡느냐에 따라 문학의 본질규정이 달라질 수 있고, 이것이 방법론의 차이를 낳는 한 요인이 된다. 문학연구가는 이와 같이 연구대상에 불가피하게 작용하는 선택적 관점에 대하여, 이를 은폐하거나 무의식적으로 채택할 것이 아니라, 정당한 이론적 근거를 제시해야 한다. 여기에 문학연구 방법론이 맡은 주요한 과제의 하나가 있다.

　문학을 어떻게 인식할 것인가 하는 문제는 결국 사물을 어떻게 인식할 것인가 하는, 인식론 일반의 문제에 귀착하며 후자가 문학연구라고 하는 특수한 영역에 있어서 구체화된 것에 다름아니다. 따라서 문학을 해석하고, 평가하고, 체계화하는 원리를 모색하는 일은 일정한 철학적 기반 위에서라야 성공적으로 이루어질 수 있다. 문학연구가는 이러한 철학적 기반을 그가 살고 있는 특정한 시대와 사회의 사상적 전통 속에서 마련하게 되는데, 이중에서 어느 것을 긍정적으로 혹은 비판적으로 수용하느냐에 따라 방법론의 철학적 기반이 달라지고, 이것이 방법론의 차이를 낳는다. 문학연구가 이제는 실증작업의 단계를 넘어서 이론화의 단계에 도달했다고 하나, 그것이 「편의주의적인 가설의 집합」으로 타락하지 않으려면 철학적으로 기초지워져야만 한다. 여기에 문학연구 방법론이 맡은 주요한 과제의 또 하나가 있다.

문학연구는 사회 속에서 일정한 기능을 수행하는 문화적 실천의 하나이다. 따라서 문학연구가는 자신이 처한 사회적 문화적 상황에서 무엇이 문제이며 그것을 문학연구를 통하여 어떻게 해결할 것인가로 고심하지 않을 수 없고, 이것이 그의 학문적 문제의식을 형성한다. 종래의 문학연구에서는 이 점에 대한 자각이 부족하였는데, 그것은 문학연구가 은연중에 자연과학의 경우를 이상으로 삼는 몰가치론의 입장을 따랐기 때문이다. 그러나 실은 이와 같은 문제의식이 연구대상을 선정하고 방법론의 철학적 기반을 마련할 때의 관점을 제공하는 것이고, 이러한 문제의식을 조성하는 사회적 문화적 상황의 차이가 방법론의 차이를 낳는 근본요인을 이루는 것이다. 따라서 문학연구가는 자신의 문제의식을 예리하게 가다듬고 논리화함으로써 문화창조에 기여하는 문학연구의 과제와 방향을 제시할 수 있어야 한다. 여기에 문학연구 방법론이 맡은 또 하나의 주요한 과제가 있다.

국문학 연구방법론은 이러한 일반적 과제를 국문학이라고 하는 구체적이고 현실적인 대상을 통하여 해결하고자 하는 것이다. 그러나 국문학연구사를 돌아보면 이와 같은 방법론의 문제에 대한 자각적인 논의와 모색이 매우 부진함을 알 수 있다. 그러한 가운데서도 일찌기 趙潤濟가 보여준 방법론적 모색은 그 선구적 의의와 함께 주목할 만한 가치를 지닌 것이다.

그가 창안한 국문학연구 방법론으로서의 「민족사관」은 민족현실에 대한 위기의식의 소산이다. 식민지지배와 민족분단의 역사적 현실 속에서 조윤제는 무엇보다도 먼저 이러한 민족사회의 일대 위기를 맞이하여 국문학연구가 무엇을 할 수 있는가를 문제시하였다. 그의 모든 방법론적 모색은 여기에서 비롯된다. 그리하여 그가 국문학사에서 우선적으로 주목한 현상은, 국문학이 외래문학과의 끊임없는 투쟁 속에서도 끝끝내 자신의 고유성을 상실하지 않은 채 발전을 거듭해 왔다는 사실이다. 이러한 현상을 학문적인 차원에서 구명해 냄으로써 국문학 연구를 통하여 민족해방과 분단극복의 논리를 제시하려 한 것이 그의 「민족사관」이었다.

그에 의하면 문학은 민족생활의 표현이며, 그러한 것으로서 하나의 「생명체」 즉 유기체적 전체성을 이루면서 존재한다. 국문학은 우리 민족이 이민족의 부단한 침략에 맞서 싸우면서 민족사회를 유지 발전시켜 나간 삶의 기록이다. 이러한 민족생활의 동질성이 문학에 반영되어 국문학은 하나의 유기체적 전체성을 이루면서 존재한다는 것이다. 국문학의 본질에 대한 이러한 규정으로부터 두 가지 방향의 연구과제가 설정된다. 하나는, 국문학이 유구한 역사를 통해 하나의 「생명체」로서 지속해 온 과정을 체계적으로 파악해 내는 「역사적 연구」이다. 다른 하나는, 이러한 역사적 지속성을 가능케 한 국문학의 특질 내지 고유성을 밝혀내는 「이념적 연구」이다.

그런데 그는, 국문학을 그 역사적 지속성의 측면에서 파악해 내려면 실증주의적 자료기술의 방법으로는 도저히 불가능하며, 「현실에 요구되는 과학적 부동의 입장」으로서의 일정한 이론에 입각하지 않으면 안됨을 깨달았다. 여기에서 그는 우리의 국학적 전통으로부터 민족정신을 역사의 근본 동인으로 간주하는 관념사관을 받아들여 「역사적 연구」의 방법론적 기반으로 삼았다. 이러한 관념사관에 입각하여 국문학사를 체계적으로 파악해 낸 결과 제시된 것이 곧 그의 독특한 국문학사 시대구분이다(6). 이와 마찬가지로 그는 「이념적 연구」에 있어서도 일종의 직관적 통찰을 통하여 국문학의 특질을 파악해 내고, 이것을 민족정신의 발현으로 설명하였다. 이것이 곧 그의 독특한 「은근과 끈기」론이다(7).

요컨대 조윤제는 국문학에 나타난 민족정신의 본질을 규명하고, 국문학사를 통하여 이러한 민족정신의 연면한 지속을 증명하고자 했으며, 그렇게 함으로써 남북 분단에 처한 우리 민족에게 민족통일의 당위성과 역량에 대한 확신을 고취시킬 수 있다고 믿었다.

그의 「민족사관」이 지닌 한계와 문제점에 대해서는 이미 여러 논자들이 언급한 바 있다(2·9·12·14). 여기서는 「민족사관」에 의해 새로이 개척된 사실들만을 정리해 보기로 한다.

첫째, 문학은 민족문학으로서 존재하며, 그것은 민족의 존재와 마찬가지로 하나의 실체라는 사실이다. 따라서 국문학연구의 한 과제는 민족문학으로서의 국문학이 지니고 있는 개성을 파악해 내는 데 있다는 점이다. 이러한 국문학의 특수성과 보편성은 여러 측면에서 탐구될 수 있는데, 그

는 이중에서 미학적 측면(「은근과 끈기」론)과 쟝르론(「가사문학론」)의 측면
에서 선구적인 노력을 보여주었다.

　둘째, 문학연구 방법으로서의 실증주의가 지닌 한계가 명백히 인식된
사실이다. 실증주의는 문학을 부분적인 요소들로 해체하여 이들을 상호
아무 연관 없이 고립시켜 고찰하는데, 이래서는 문학의 유기체적 전체성이
제대로 파악될 수 없다. 조윤제는 실증주의의 이러한 한계가 특히 문학사
의 분야에서 뚜렷이 드러남을 지적하고, 체계와 논리를 갖춘 이론의 중요
성을 강조하였다.

　세쩨, 국문학연구가 민족의 동질성을 회복 강화하고 민족의 역량을 발
견 심화하는 데 기여해야 한다고 본 점이다. 고전문학을 연구하여 그 현
대적 의의를 밝혀내는 것이나 고전문학과 현대문학의 통일적 파악을 시도
하는 것이나, 이 모든 노력은 결국 민족문화의 창조적 계승을 위한 것에
다름아니다. 조윤제는 종래의 실증주의적인 국문학연구가 이러한 문제의
식의 빈곤으로 말미암아 학문을 위한 학문으로 전락한 점을 비판하였다.

　이로써 보면 「민족사관」의 방법론적 의의는 실증주의의 이론적 극복에
서 찾아질 수 있다. 실증주의가 방법론 이전의 「기술」이자 일종의 「도락」
에 불과하다는 비판은 핵심을 찌른 것으로 평가되어야 할 것이다.

　최근의 연구동향을 살펴보면, 종래의 실증주의가 랑송(G. Lanson)류의
방법론에 더욱 철저하면서 지속되는 한편, 서구의 문학연구 방법론이 적
극적으로 도입 실천되어 왔음을 알 수 있다. 이러한 흐름 속에서 국문학
연구 방법론에 대한 깊이 있고 구체적인 논의는 제대로 이루어질 수 없
었다.

　실증주의는 「민족사관」에서 제시된 국문학연구의 이념을 거부하였다. 그
러한 국학적 이데올로기는 학문의 객관성을 저해할 따름이라고 본 것이다.
그러면서도 그 결과 국문학연구가 방향감각을 상실하고 일종의 「도락」으
로 전락할 위험성에 대처할 아무런 효과적인 방안도 모색된 바 없었다. 이
것은 문헌고증을 더욱 엄밀히 한다든가, 비교문학·근원설화의 탐색, 한
문학의 정리 등 다각도로 연구영역을 넓혀나가는 것만으로는 해결될 수
없는 문제이다.

　실증주의는 또한 문학을 문학으로서, 그 문예적 가치의 측면에서 논의
할 바탕을 갖추지 못했다. 음성조직의 객관적 표현물로서의 「문헌」과, 그
것에 반응하여 해석자에 의해 부여된 의미의 총체로서의 「작품」을 제대로

구별해 내지 못한 채 이른바 문학의 「주변적 연구」에 시종하였다. 설령 작품의 사상적 시대적 배경으로서의 현실과, 작품의 창작주체로서의 작가와, 문헌으로서의 작품을 아울러 고찰하는 연구의 폭을 지녔다 해도 이 세 가지 방향의 연구는 각각 분리되어 진행되었고, 작품의 문예적 가치를 밝혀내는 방향에서의 참된 종합에는 이르지 못하였다.

이처럼 실증주의는 문학을 문학으로서 연구하는 데서뿐 아니라 역사적 거시적으로 파악하는 데 있어서도 한계를 보여주었다. 예컨대 비교문학의 방법이 선명히 보여주었듯이, 국문학사를 주체적 통일적으로 파악해 내지 못하고 전통단절론과 때로는 문화창조의 주체적 역량에 대한 회의에 귀착하였다(11).

이러한 실증주의적 방법론의 한계를 감안할 때, 최근의 국문학연구가 한편으로 외래방법론의 직수입으로 방향전환하게 된 것은 이해할 수 있는 추세이다. 뉴크리티시즘을 위시해 심리학적·신화인류학적·사회학적·구조주의적·현상학적 방법, 기타 독일문예학·수용미학 등등 원산지와 시차를 달리해서 도입 적용되고 있는 각종의 방법론들이 곧 그것이다. 그러나 이러한 외래방법론들은 아직까지는 연구자 개인의 임시적인 방편적 가설로서만 통용되고 있을 뿐, 학계의 공유재산으로까지 정착되지는 못하고 있는 실정이다. 따라서 이들을 따로따로 논의하기보다는 하나로 뭉뚱그려서 그 한계와 공헌을 논의하는 편이 나을 것이다.

서구의 문학연구 방법론이라 해도 세계의 모든 문학을 두루 검토해서 이루어진 것은 아니므로, 국문학연구에도 합당하리라는 어림짐작만으로 받아들여서는 곤란하다. 연구의 중심대상으로 된 작품, 연구방법의 철학적 기반, 그리고 연구자의 문제의식을 조성하는 사회적 문화적 상황의 차이에 따라 방법론이 달라질 수밖에 없다면, 이에 비추어 문제의 외래방법론이 국문학연구에 과연 얼마나 합당한 것일 수 있는가 하는 점이 철저히 검토되어야 마땅하다. 그리고, 외래방법론의 「수입선」이 서구의 몇 나라에 거의 제한되어 있는 현상도 문제이다. 서구가 곧 세계문화의 중심지라는 새로운 「모화사상」이 여기에 은연중 작용하고 있지나 않은지 스스로 반성하면서, 우리와 사회적 문화적 상황이 여러 모로 유사한 이른바 「제삼세계권」에서 이루어지고 있는 문학연구에 대해서까지 관심을 넓혀볼 필요도 있을 것이다(8).

물론 서구에서 개발된 문학연구 방법론이 상당한 수준에서 과학적 보편성을 성취하고 있음은 인정되어야 한다. 국문학연구의 현 수준에서는 그러한 성과를 적극적으로 섭취해야 할 필요가 있음도 사실이다. 그러나 이러한 점이 곧 기계적 도식적 적용으로 국문학의 실상을 왜곡시키는 현상까지 정당화하는 논거로 될 수는 없다. 우리 문학에 창조적으로 적용함으로써 외래방법론 그 자체를 수정 심화시키는 경지에까지 나아가지 않는 한, 외래방법론의 다양한 도입·적용은 우리 사회의 문화적 혼란의 한 현상에 다름아니며 그것을 더욱 조장할 따름이다.

그러나 외래방법론에 접하면서 새로이 깨닫게 된 점도 적지 않다. 그것은 첫째로, 문화현상으로서의 문학이 지닌 폭과 깊이가 인식되면서, 국문학연구가 과학적 학문으로 발돋움하려면 문학을 문학으로서 파악해 내면서 그것이 현실의 제측면과 지니는 상관성을 논리적으로 설명해 낼 수 있는 이론을 갖추지 않으면 안된다는 점이다. 이에 따라 인접학문의 성과들을 대폭적으로 수용하는 가운데 국문학에 대한 다각적인 접근이 시도되었다. 둘째로는, 국문학이 세계의 여러 민족문학과 공유하는 보편적인 측면이 밝혀지면서, 국문학의 특수성도 이러한 보편성과의 관련 아래서만 올바로 파악될 수 있다는 사실을 깨닫게 된 점이다. 이로써 「민족사관」에서도 미처 극복되지 못했던 국학적 폐쇄성으로부터 벗어날 수 있는 길이 열리게 되었다. 국문학연구의 이상은 국문학의 특수성과 보편성을 전제로 해서 문학의 보편적 인식에 도달하는 데 있다는 생각이 자리잡게 된 것이다. 세째로, 다양한 방법론의 적용을 통해 그간에 축적된 성과들을 바탕으로 해서 이들을 하나의 체계적인 지식으로 통합해야 한다는 요구에 직면한 점이다. 문학에 대한 다원론적인 접근만이 능사가 아니며, 이러한 외래방법론의 상대주의적 공존 내지 방법론적 다원주의는 문학의 총체적 인식을 오히려 저해할 수도 있다는 생각이 미약하나마 태동하고 있다.

이러한 방법론적 모색기를 거치면서 한편으로 우리 나름의 문제의식과 철학적 기반에 입각하여 국문학을 연구하려는 시도가 서서히 나타나고 있는 것은 주목할 만한 현상이다. 특히 趙東一은 〈서사민요연구〉로부터 〈인물전설의 의미와 기능〉에 이르는 일련의 연구를 통해서 이러한 새로운 흐름을 대표하고 있는 것으로 보인다.

그에 의하면 문학은 「자아」와 「세계」의 관계를 형상화한 것이며 부단의 대립적 총체로서 존재하는데, 이것은 현실의 대립적 구조가 작품을 창조하고 수용하는 집단의 세계관을 통하여 반영된 것으로 간주된다. 문학의 이러한 존재방식을 가장 단순한 차원에서 선명하게 드러내 보여주는 것이 구비문학이며, 그것은 또한 모든 문학의 모태일 뿐 아니라 현재에도 살아 있는 문학의 한 형태이다. 따라서 그는 구비문학의 연구에서 출발하여 문학의 보편적 총체적 인식에 도달하고자 한다.

이러한 견지에서 조동일은 작품의 대립적 구조를 밝혀내고, 그러한 구조적 대립의 의미를 사회적 역사적 문맥에서 해석함으로써 문학의 종합적 연구방법을 개척하려 했다. 예컨대 그는 자아와 세계의 대립적 관계에 따라 독특한 장르이론을 정립하고, 그것을 바탕으로 하여 이른바 「영웅소설」의 작품구조를 분석한 다음, 그것이 동시대의 이기철학과 갖는 대응관계를 추적하면서 이러한 구조적 대응관계가 시대현실 자체의 성격에서 말미암은 것임을 사회사적 고찰을 통해 논증하려 하였다. 이러한 일련의 연구를 통하여 그는 구조주의적 사회학적 방법 및 사상사적 고찰을 종합하면서, 나아가 이러한 방법론적 종합의 철학적 기반을 이기철학의 비판적 계승을 통해 마련하고자 하는 시도까지 보여주고 있다(3·4·5).

문학연구 방법론의 일반적 과제에 비추어볼 때, 조윤제의 「민족사관」은 이에 대하여 체계와 논리를 갖추어 응답한 최초의 국문학연구 방법론이었다고 하겠다. 그 이후의 국문학연구가 「민족사관」의 비판적 계승을 통해 전개되어 나가지 못한 것은 하나의 불행한 사실이다.

실증주의적 방법론은 이제 문학연구의 기초작업을 담당하는 것에서 자신의 정당한 지위를 찾아야 한다. 실증주의가 아무리 일체의 가치판단을 배제하고자 하더라도, 문제의 연구대상이 실증할 만한 가치가 있다는 가치판단을 전제하지 않고서는 실증작업조차 제대로 할 수 없는 것이다. 이러한 실증주의의 한계성에서 외래방법론 도입의 정당성이 찾아질 수 있다. 그러나 국문학이 외래방법론의 시험무대일 수 없고 국문학계가 외래방법론의 상품시장일 수 없는 이상, 무분별한 도입이나 일방적인 적용은 지양되어야 할 것이다. 바람직한 것은 외래방법론의 선택적 수용과 비판적 발전이 이루어지는 것인데, 이것은 결국 우리 나름의 문제의식과 철학적 기반 위에서가 아니면 불가능하다. 그러므로 우리 문학 자체를 대상으로 해서 자력으로 방법론을 개발하는 데 우선적으로 힘쓰면서, 외국에서 이루어진 문학연구의 선진적 성과에 대해서도 외면하지 않는 태도가 가장 바람직할 것이다. 이렇게 볼 때 조윤제의 「민족사관」이 지닌 현재적 의의가 새삼 확인되고, 「민족사관」을 어떻게 발전시켜 나갈 것인가 하는 것이 국문학연구 방법론의 장래를 좌우할 것이라는 주장이 성립된다(13).

金 明 昊

論　著

1. 金烈圭 조동일 蘇在英 黃浿江編　古典文學을 찾아서(文學과知性社, 1976)
2. 金允植　韓國近代文學思想批判(一志社, 1978)
3. 趙東一　韓國小說의 理論(知識産業社, 1977)
4. 趙東一　韓國文學思想史試論(知識産業社, 1978)
5. 趙東一　문학연구방법(知識産業社, 1980)
6. 趙潤濟　國文學槪說(東國文化社, 1955)
7. 趙潤濟　韓國文學史(東國文化社, 1963)
8. 嶺南大 民族文化硏究所　民族文化의 方向(嶺南大 출판부, 1980)
9. 金明昊　趙潤濟의 民族史觀에 대한 新考察(韓國學報 10, 1978)
10. 金興圭　國文學方法論과 그 理念基盤의 再檢討(文學과知性 1979 겨울)
11. 金興圭　傳播論的 前提와 比較文學의 문제(文學과 歷史的 人間, 創作과批
　　　評社, 1980)
12. 趙東一　趙潤濟의 民族史觀과 文學의 有機體的 全體性(陶南趙潤濟博士古稀
　　　紀念論叢, 1976)
13. 趙東一　陶南學의 전통과 國文學硏究의 방향설정(陶南學報 3, 陶南學會,
　　　1980)
14. 윤성근　조윤제의 민족사관과 그 한계(語文學 36, 語文學會, 1977)
15. 座　談　國文學硏究와 文化創造의 방향(創作과批評 1979 봄)

8. 한국문학의 비교문학적 연구

　비교문학이란 용어가 한국에서 처음 쓰인 것은 1949년이었으나(1) 비교 문학의 이론적인 소개가 이루어진 것은 1950년대 중반에 이르러서였다(2). 이 당시 도입된 이론은 주로 프랑스의 방티겜과 귀아르의 비교문학과 일본에서 출간된 이에 관한 저서를 통한 내용이어서, 비교문학에 대한 학문적인 자각을 가지고 이론을 체계화해 보려는 거의 최초의 시도였다는 데에 의의가 있다 하겠다. 그럼에도 간과할 수 없는 점은, 비교문학의 이론적 체계화를 서두른 이들 초기의 학자들은, 국문학사 연구에 있어 당면한 문제를 해결하는 데 비교문학은 적어도 방법론적인 의미에서 큰 기능을 나타낼 수 있을 뿐 아니라(3), 더 나아가서는 비교문학적 방법을 도외시하고는 당면문제의 해결이 거의 불가능하다는 확신을 가지고 있었다는 것이다(2).

　이러한 몇 학자의 확신과 열의에도 불구하고 이 시기 비교문학의 이론에 대한 논의는 입문적이고 단편적인 소개 이외에 별로 나타나지 않았다. 그러나 이와 거의 같은 무렵 벌써 한국고대소설에 미친 중국소설의 영향에 대한 연구(4)와 시조에 나타난 중국문화의 영향에 대한 탐색(5), 孝石文學에 나타난 외국문학의 영향에 대한 試攷(6) 등, 한국의 고전문학과 현대문학에 걸쳐 비교문학의 실제적 작업이 시작되어 학계에 새로운 자극을 주고 있었으며, 1950년대가 끝날 무렵에는 방티겜의 소책자 〈비교문학〉이 번역되어(7) 이러한 실제적 작업을 위한 이론적 배경을 제시해 주었다.

　그러나 한국의 초기 비교문학이 프랑스에서 유행한 방법을 즐겨 받아들이게 된 것은 이러한 입문서가 번역된 사실에만 있는 것은 아니다. 실제로 방티겜의 소개와 같은 시기에 웰렉과 워렌의 〈문학의 이론〉이 번역 출간되어 미국학자들의 일반문학에 관한 이론도 우리에게 소개되었기 때문이다(8). 오히려 우리 학자들이 프랑스의 비교문학에 경도된 것은, 문헌을 통해 그 영향과 원천을 추적하고 轉移樣式을 해명하는, 자연과학의 인과론적 방법을 문학에 전용하는 그들의 태도가 호감을 샀던 때문으로 보인다. 말하자면 초기의 비교문학에 대한 관심은 외국문학의 수용 양태를 검토하는, 국문학 유산정리의 방법론으로 나타난 것으로, 그렇기 때문에 1960년대부터 대거 이루어진 국문학의 비교문학적 연구업적들은 한결같이 어느 한 작가 또는 작품의 차용원천을 탐색하는 데 치중되었다. 그렇게 해서 한국문학을 바라보는 시야는 새로운 차원으로 확대되었으나, 다른 한편으로는 한국문학을 중국·일본·서구 여러 나라의 移植文學으로 잘못 이해시키는 결함도 노출시키게 되었다.

　이와 같이 처음으로 비교문학의 이론을 도입하고 관계서적을 번역했던 학자들이 주로 국문학과 외국문학의 영향관계라는 측면에서 비교문학을 중시했던 사람들이고, 이들이 모범으로 했던 이론들이 주로 프랑스 학자들의 견해였다는 점에서 한국 비교문학의 연구방향은 이미 '이 시기에 결정된 셈이었다. 영향과 비교문학의 개념을 동일시한 것이라든지, 轉移樣式을 중시하여 한국을 수신자로 하고 발신자는 고전문학의 경우는 중국, 현대문학의 경우는 서구로 고정하고 중개물로 일본을 열거하는 등은 이를 입증한다.

　한국 고전문학에 있어 비교문학적 적용은 주로 고대소설에서 행해졌던 바 그 특징으로 다음 두 가지를 들 수 있다. 첫째는 연구대상이 제한되어 있다는 것이고, 둘째는 연구방법이 부분적인 유사성의 대비를 통해서 영향을 규정지었다는 것이다. 고대소설의 비교문학적 연구는 대부분 중국소설과의 영향관계가 운위되었던 것으로, 〈金鰲新話〉는 반드시 〈剪燈新話〉와, 〈洪吉童傳〉은 〈水滸誌〉와, 〈彩鳳感別曲〉은 〈今古奇觀〉 중의 〈王嬌鸞百年長恨〉과, 군담소설류는 〈三國志演義〉와, 〈九雲夢〉은 〈太平廣記〉와의 관련을 거론하는 것이 상례였다. 이처럼 비교문학의 대상이 고정된 것은 상술한 바와 같이 이들 학자들이 비교문학 분야를 두 문학간의 만남, 의존적 관계를 전제로 하는 프랑스의 비교문학 이론을 주로 받아들여 내용의 유사성을 기초로 하는 비교를 행했기 때문이다. 그들이 행한 비교의 방법으로는 스토리·주제·모티프·結句·인물·詩句의 대비를 주축으로 하고 있는데, 이러한 부분적인 대비를 통해 겉으로 인식할 수 있는 유사성을 추출했을 때 이것으로 우리의 작품은 어떤 중국 작품의 영향 아래 지어진 것처럼 단정되었다. 예로 한국의 고대소설은 중국의 〈태평광기〉 없이는 존재할 수 없었던 것으로 간주된 적도 있었으며(9), 金時習의 〈금오신화〉는 〈전등신화〉를 쪼개어 얽어놓은 조각보로서 이해되기도 했다(10). 또한

〈홍길동전〉은 〈수호지〉〈西遊記〉〈삼국지연의〉〈전등신화〉에서 받은 영향을 합쳐놓은 작품으로 분석되기도 했으며(11), 영웅소설에 나오는 인물묘사가 〈삼국지연의〉의 인물묘사와 유사하다 하여 그 소설들을 모두 후자의 영향을 받은 것으로 지적하기도 했다(12).

고대소설 이외에 시조·가사에 나타난 중국문학의 영향관계가 논의되었는데, 시조의 경우 〈靑丘永言〉〈海東歌謠〉〈歌曲源流〉에 수록되어 있는 시조에 나타난 중국인물을 적출 분류하여 이것으로 영향관계가 규정되었고, 가사의 경우에는 歌辭와 辭賦가 문학적 성격, 발생과 전개, 내용, 문학사상, 구성법 등의 여러 면에서 후자가 전자에 절대적인 영향을 끼쳤음이 주장되었다. 또한 歌詞體와 騈麗體의 비교에서는 對偶法을 많이 사용한 점, 句調의 정연함과 음조의 諧和, 典故를 많이 쓰고 묘사가 화미한 점 등을 들어 그들의 영향관계가 규정되었고(13), 이외에 가사의 경우 특히 屈原 李白 杜甫 등 중국시인의 영향이 지대한 것으로 파악되었다(13).

이상의 한국 비교문학이 성립되던 초기의 학자들이 취급한 주제와 방법이 내포하는 문제점으로 다음과 같은 것을 거론할 수 있다. 첫째는 문학에서의 영향은 그 자체를 단일하거나 구체적인 양식으로 노출시킬 수 있는 어떤 것이 아니고, 많은 표출 속에 추구되어야 하는 것인바 이러한 고려가 소홀했다는 점이다. 문학에서의 영향이란 예술작품을 통하여 표현되는 보다 심원하고 구조적인 데 초점이 있는 것으로, 비록 개인적인 섬세성·이미지·차용·원천이 있더라도 거기에 초점이 있는 것은 아니며, 보다 본질적인 영감이나 그것 없이는 형식이나 발전이 있을 수 없는 예술적 표현 같은 심원하고 구조적인 것을 의미한다(14). 따라서 한국의 고대소설을 수다한 중국소설의 영향 아래 이루어진 것이라고 보게 된 것은 부분적인 유사성을 영향으로 간주한 데 기인된다.

둘째로 영향연구는 비록 작품과 작품을 중심으로 하여 이행되지만, 그러나 외면적 자료가 내적 관계를 보충하고 강화시킬 수 있는 한 그 가치를 폐기하지 말아야 한다는 것이다. 즉 영향이 의미있는 것이 되기 위해서는 그 작품 자체내에서 혹은 작품 위에서 본질적인 형태로 명시되어야 하지만, 그러나 가설적으로 영향받은 작가가 영향주는 작가에 의해 영향받을 수도 있었을 것이라는 만족할 만한 외면적 증거를 제시하는 것이 필요하다. 우리 고대소설은 거의 그 작자가 미상이므로 이들 소설이 외국의 어떤 작품과 역사적 사실관계가 있었는지 추적하기 어렵고, 작자가 알려진 경우에도 그 작자의 전기를 자세히 再構할 만한 자료가 부족하여 접촉의 증거가 될 문헌적 고찰이 불가능하다. 그러나 그 작가의 단편적인 評文이나 그 밖의 피상적 자료일지라도 이에 대한 세밀한 고찰이 요청되고 또한 이들 기록이 영향관계를 단정하기에 충분한 만족할 만한 자료인가에 대한 신중한 검토가 선행되어야 한다. 許筠의 〈수호지〉에 관한 간단한 평문이 그의 〈수호지〉와의 접촉을 입증하는 자료로서 사용되었는데, 이것은 그 자신의 견해라기보다 중국학자의 所論을 인용한 것임을 먼저 밝혔어야 한다(15). 또는 〈홍길동전〉이 〈전등신화〉의 영향을 받았다는 근거로 〈燃藜室記述〉에 실린 허균과 李滉의 김시습에 대한 논의를 들고, 이것을 허균이 〈금오신화〉와 접촉한 증거로 본 것도(16) 만족할 만한 외면적 자료가 되기에는 부족하다. 松江 鄭澈이, 李白을 좋아했으리라 추측되는 石川 林億齡에게서 시를 배웠으므로 정철도 스승을 따라 이백을 좋아하고 영향을 받았으리라는 추측도 어디까지나 추측에 불과하다(17).

세째로 영향과 무접촉 유추의 구분이 명확하지 않은 점도 주의해야 한다. 즉 외면적 자료가 만족할 만하지 못할 경우에는 그것은 대비연구에 속한 것이며, 그 유사성을 영향으로 단정하는 것은 위험하다. 전술한 고대소설의 경우 중국소설과의 관련 아래 비교연구가 행해지면 것은 사실상 작품간의 대비연구에 귀속되는 것으로 여기서 추출된 유사성을 영향으로 규정할 수는 없다.

고대소설과 동시에 新文學期 이후에 나타난 일본과 서구로부터의 수용에 대해서도 1960년대부터 비교문학적 연구가 행해졌는데, 이들도 대부분 방티겜과 귀아르의 이론을 적용, 영향관계의 탐구에 주력하였고 또한 소재라든가 표현기교 같은 어느 한 측면의 유사성으로 영향을 규정하기도 하여 고전문학의 경우와 큰 차이가 없다. 朴龍喆과 키에르케고르의 영향관계라든지 金永郎과 키츠의 영향관계를 단정할 때 단지 소재의 유사성으로 판단한 것은 그 일례가 될 것이다(18). 그러나 고대소설의 연구방법과 상이했던 것은 대상작가 작품의 문헌적 고찰이 가능했고, 따라서 대상작가의 외면적 자료를 세밀히 검토함으로써 과거 프랑스에서 실행되어 온 비교문학의 접근방식을 충분히 준수했다는 점이다. 孝石文學에 나타난 외국문학의 영향을 추적하면서 이효석의 학부성적표, 졸업논문을 조사한 것 등이나(6), 한국에 있어 프랑스의 자연주의라든가 러시아 근대문학의 영향의 탐구를 위해 1920년대에 출판된 번역물·평론문·소개문·잡문을 중심으로 프랑스의 자연주의 작가 내지는 사실주의 작가(졸라, 플로베르)와 러시아의 작가(톨스토이, 도스토예프스키)들이 이 땅에 소개 이식되는 과정

을 수신자의 입장에서 연구한 것 등(19)은 이러한 외래적 요인들의 이식과
정을 그 당시의 기록원천에 의거하여 탐색한 업적들이다.

이러한 원천 탐색을 위한 문헌적 고찰이 지나치게 강조된 것이 현대문
학의 비교문학적 연구에 문제점으로 지적될 수 있겠다. 서구작가들에 대
한 지식이나 그들의 문학관에 대한 이해가 곧 영향으로 연결되고, 따라
서 金東仁 廉想涉 玄鎭健 등이 발표한 1920년대 작품, 예를 들어 〈감자〉
〈배따라기〉〈標本室의 청개구리〉〈貧妻〉등을 거의 서구 혹은 일본 자연
주의 내지 사실주의 작품들의 영향 혹은 표절로 간주하고 있다(19).

그러나 한국의 비교문학은 짧은 역사에 비해 별다른 진통 없이 긍정적
인 방향으로 폭넓게 진행되고 있다. 그 일례로 대비연구의 출현을 들 수
있다. 1960년대 초반에 이미 미국 신비평가들이 英詩 분석에 사용한 방법
을 한국의 전통시가에 적용하여 그 이해에 공헌한 순수한 대비적 연구가
외국문학 전공자에 의해 나타나고 있었다(20). 또한 문학적 영향이란 충격
에 의한 감동이나 감화로, 짧은 시간 안에 소멸되는 것이 아니고 지속적
인 심리적 의식의 변화로서, 그 변화는 무의식적이건 의식적이건간에 영향
을 받은 자가 새로운 분위기를 창조하고 그 여건에 따라 대상을 관찰하게
하는 知的 能力을 갖게 하는 것이라는, 문학적 영향에 대한 보다 깊은 이
해가 나오고 있으며(21), 실제로 1960년대 후반에는 영향론을 다루면서도
여기에 남아 있는 전통적 요소를 소홀히 하지 않는 조심성도 보여주고 있
었다. 예로 개화기의 수사를 취급하면서 우선 개화기 당시의 문장론에 대
한 문헌서지를 채집 정리하여 문장론 형성에 나타난 외래적 요소와 전통적
요소의 양면성을 규명하고 있다(22). 여기에 덧붙여 영향연구를 위한 외
면적 자료에 대한 세밀한 검토가 각 방면에서 이루어지고 있다는 것도 특
기할 만한 사실이다. 특히 신문학기 이후 여러 나라의 사조·작가·작품
이 혼류되어 들어와서 한국에 나타난 이질적 특성들을 나라별, 혹은 시대
별, 혹은 매체별 등등으로 그 이식형태와 수용양상이 다각적으로 취급되
었다. 韓·獨 문학의 접촉사를 종합적으로 다룬 것이라든가(23), 1890년대
에서 1910년대를 중심으로 한국신문학에 끼친 외국문학의 영향에 관한 연
구(24), 1920년대 잡지매체에 나타난 비평을 중심으로 한 개화기 이후 서
구 근대문학의 수용태도에 관한 연구(25) 등이 그 예가 된다.

이들을 밑받침으로 하여 앞으로 이를 더욱 확대하고, 새로이 개발해야
할 분야를 정리해 보면 다음과 같은 것을 들 수 있다. 첫째, 영향연구에
앞서 번역·번안 등의 연구가 보다 깊은 視覺에서 행해져야 할 것이다. 번

안·번역 작품은 전통문화에 변화와 혁신을 주는 동인이 됨으로써 문학사에 큰 역할을 한다. 즉 외국작품을 그의 자국 환경에 적응시킴으로써 자국 언어와 문학, 문화에 작용할 수 있게 한다. 특히 번역은 주어진 문학내에서 주어진 문학의 수용 또는 영향의 연구에 절대적인 역할을 한다(26). 조선 후기에 諺飜小說이 나와 고대소설의 독자층인 부녀자들을 매혹시켰거니와 이들 번역소설은 우리 고대소설 제작에 직접 간접의 영향을 미쳤을 것이 추측되고(27), 우리나라에 신문학이 출현하기 전 혹은 출현하는 과정 중에 번역행위가 앞서 새로운 문학의 형성에 크게 공헌한 바 있다. 그러나 문학작품의 진정으로 훌륭한 번역은 그 자체가 예술작품이 될 수 있고, 그리고 바로 그것의 존재가 번역어의 그 당시 문학에 한 비평이 될 수 있다(26). 과거 한국의 비교문학은, 서구문학이 이 땅에 직접 수용되지 못하고 일본을 거쳐 들어왔다는 점에서 일본을 통한 굴절 문제에 관심을 가졌으나, 그 굴절의 양상을 드러내줄 번역 자체에는 그다지 세밀한 검토가 없었다. 특히 중국소설이 우리 문학에 끼친 영향을 논하는 학자들도 거의 중국원본을 대본으로 했고, 그 번역작품에 대한 검토가 결여되었었다. 그러나 번역이 直譯이며 逐字譯인 경우에도 중간에 작자의 의도에 의해 내용 일부가 개변되거나 첨가, 생략되어 버린 것이 많아 우리의 것과 상이한 특질과 그것을 우리 문학에 거부 없이 수용시키려는 역자의 의도를 파악할 수 있다. 이러한 번역문학의 원본과의 세밀한 대비가 1970년대 후반부터 나타나기 시작했던바, 먼저 외국작품의 번역작품을 고찰하여 번역태도를 完譯·抄譯·梗槪譯·번안 여하와 重譯 여부를 판별하는 등의 작업이 이루어졌다(28). 그러나 우리의 대본이 서구 것인가 일본 것인가의 판별에 덧붙여 중요한 것은 여기에 나타난 相異와 屈折을 통해 우리 문학사에 끼친 변화를 알아보는 것이다.

　둘째, 문학과 문학 이외 분야간의 상호관계에 대한 연구는 아직도 개발되어야 할 과제로 남아 있다. 특히 한국의 문학은 음악과 미술과의 연관을 통하여 고찰하는 것이 매우 바람직하고 유용하다고 간주된다. 이것은 우리 대다수의 문인들이 한결같이 詩·書·畵에 능했고 음률에 정통한 점으로도 짐작할 수 있다. 한국 고전문학 쟝르는 거의 모두가 음악이 수반되는, 또는 악곡의 가사로서 출현되었기 때문에 음악이 우리 시가 쟝르에 미친 제한과 구속과 영향은 상당히 컸을 것이다. 미술은, 음악이 문학과 상호의존적 존재였던 것과는 달리 문학과 독립적으로 존재하면서 발달해 왔으나, 사회적 변동은 文風과 나란히 書風·畵風에 영향을 나타내는 등,

미술은 음악보다 시대역사의 변천을 좀더 가깝게 반영하고, 그러한 의미에서 문학의 이해에 보다 큰 도움을 줄 것으로 간주된다.

셋째, 主題史 연구도 아직 우리 비교문학계가 본격적으로 취급하지 않은 분야이다. 19세기 서구에서 민담·설화의 연구가 왕성해지면서 일부 비교문학자들은 문학의 토대가 되는 주제를 모두 단순하고 전통적인 요소로 보며, 그것들이 원래의 단순성과 본래의 의미에 계속되는 일종의 변조를 가하면서 나타난 것으로 보게 되었다. 주제사 연구가 내포하는 한계는 아직도 비교문학자간의 논쟁이 되고 있으나, 그러나 서구의 영향을 심각하게 받은 것으로 여겨지는 한국 근대문학의 전통과의 단절여부를 고찰하는 데 있어 우리 口碑文學과의 연관성 고찰은 유용할 것으로 보인다.

네째, 영향에 대한 연구는 앞으로도 한국 비교문학의 중심을 이룰 것이 기대되고, 더욱 근래 외국문학전공 교수들이 한국문학에 관심을 집중함으로써 한층 박차를 가하게 될 전망을 보여주고 있다. 외국문학전공자들의 대거 참여는 그들의 전공지식을 토대로 소위 발신자측 연구의 확대를 가져왔으나, 이러한 점이 오히려 두 문학간에 나타나는 유사성을 모두 영향으로 간주하고 우리의 전통적인 요인에 의한 가능성을 무시하는 경우가 때로 나타날 우려도 있다.

이상의 몇 가지 과제에 앞서 먼저 전제되어야 할 점이 있다. 무엇보다 비교문학은 문학사의 한 분야이지만 여기에는 문학비평이 도입되어 있다는 것이다. 비교문학은 문학의 이해에 도움을 주는 문학연구 방법이므로 작품분석과 비교문학적 연구가 이원화되어서는 안될 것이다. 또한 비교문학의 단지 「비교」라는 語意에 얽매여 한 나라의 언어적 국경선을 넘지 않은 문학간의 비교까지도 무분별하게 포함시켜서는 안될 것이다. 문학과 예술간의 관계라든지 主題學 분야는 한 나라의 문학내에서의 연구도 비교문학에 귀일시키는 것이 보통이나, 기타의 경우는 국경을 넘은 문학간의 비교라는 것이 비교문학의 필수적인 전제가 되고 있다. 그렇기 때문에 고전문학이 현대문학에 끼친 영향 등은 국민문학 분야에 속하고 비교문학자의 영역 밖의 것이다.

비교문학은 국문학의 시야를 세계적 차원으로 확대시킨다는 점에서, 그리고 문학사의 흐름에 영향을 주는 외래적 요인의 규명을 용이하게 한다는 점에서 이제 국문학연구의 주요분과를 이루고 있다. 한걸음 더 나아가 비교문학은 국문학을 고립시키지 않고, 다른 분야와의 종합적 연구를 기도함으로써 학문의 종합화 추세에 부응할 수 있어 1980년대 국문학연구의

중심으로 발전될 수 있는 전망있는 분야로 나타나고 있다.　　李　慧　淳

論　著

1.　趙潤濟　國文學史(東國文化社, 1949)
2.　李慶善　比較文學序說(思想界 1955.9)
3.　金東旭　새로운 文學研究의 指向(中大新報 1955.5.20)
4.　朴晟義　韓國小說에 끼친 中國小說의 영향(高麗大論文集 1, 1955)
5.　李慶善　比較文學(釜山國際新報社, 1957)
6.　鄭漢模　現代作家研究(凡潮社, 1959)
7.　金東旭譯　比較文學(新陽文庫, 1959)
8.　白鐵 金秉喆共譯　文學의 理論(新丘文化社, 1959)
9.　金鉉龍　韓中說話比較研究(一志社, 1976)
10.　金珖成　李生窺牆傳과 剪燈新話의 比較研究(京畿工專論文集 5, 1972)
11.　李在秀　韓國小說研究(宣明文化社, 1969)
12.　李慶善　한국문학작품에 끼친 삼국지연의의 영향(한양대논문집 5, 1971)
13.　李慶善　韓國比較文學論考(一潮閣, 1976)
14.　李慧淳　比較文學 I, 理論과 方法(中央出版社, 1981)
15.　李慧淳　中國小說이 韓國小說에 미친 영향——義氣문제를 중심으로——(국
　　　　　　어국문학 68・69합집, 국어국문학회, 1975)
16.　鄭鎭東　洪吉童傳研究(文豪社, 1961)
17.　李慶善　韓國比較文學論攷(一潮閣, 1972)
18.　金容稷　詩文學派研究(韓國近代文學研究, 西江大, 1969)
19.　金澤東　韓國文學의 比較文學的 研究(一潮閣, 1972)
20.　宋　稶　詩學評傳(一潮閣, 1963)
21.　金澤東　韓國近代詩의 比較文學的 研究(一潮閣, 1981)
22.　李在銑　開化期의 修辭論(韓國近代文學研究, 西江大, 1969)
23.　李裕榮 金澤東 李在銑　韓獨文學比較研究(三英社, 1976,1981)
24.　백철 이가형 김상선　한국신문학에 끼친 외국문학의 영향——1890 代~
　　　　　　1910 年代를 중심으로——(문교부연구보고서 어문학계 4, 1971)
25.　김영덕 김호순 윤원호 이어녕　開化期 이후 서구근대문학의 수용태도——
　　　　　　1920 년대 雜誌媒體에 나타난 批評을 중심으로——(문교부연구보고
　　　　　　서, 1979)
26.　李慧淳　문학번역론(文學思想 1981.1)
27.　李慧淳　韓國古代飜譯小說研究序說(장덕순선생화갑기념논문집, 1981)
28.　金秉喆　韓國近代飜譯文學史研究(乙酉文化社, 1975)

9. 한국문학사의 시대구분

국문학의 전반적인 모습을 이해하자면 국문학사와 국문학개론이 필요하다는 것은 널리 인정되고 있는 바와 같다. 국문학사는 역사적 이해이고, 국문학 개론은 체계적 이해이다. 역사적 이해를 하자니 시대구분이 우선 문제되고, 체계적 이해의 틀은 갈래 또는 장르 구분에서 찾지 않을 수 없다. 그래서 국문학사의 시대구분과 국문학의 갈래구분은 국문학연구가 시작된 후 오늘날까지 줄곧 논란거리가 되어왔으며, 그 결과 상당한 성과도 있었지만 편의상의 처리에 머무르고 만 미흡한 점 또한 적지 않다.

국문학사는 국문학연구가 시작되자 바로 나타났으며, 국문학연구사의 단계마다 또는 학문의 폭과 깊이를 드러내보이고자 하는 사람마다 연구성과를 집약하며 서로 겨루는 마당이 바로 국문학사이다. 국문학개론은 대부분 좀 가볍게 쓴 교재용 입문서이지만, 국문학사는 그보다는 본격적인 저술이고, 역량을 판가름하는 데 더욱 중요한 구실을 해왔다. 한때는 국문학개론을 앞세우는 풍조가 있었지만, 국문학사의 중요성이 다시 확인되면서 시대구분의 문제가 새삼스럽게 심각해진 것이 근래의 상황이다.

국문학사의 시대구분에 대한 깊은 관심은 국문학연구의 의의와 과제를 자각할 때 당연한 것임을 알 수 있다. 지난날의 전통적인 문학과 근래의 신문학이 어떤 기본적인 관계를 가지고 있는가를 알아서 과거가 현재에 어떻게 작용하는가를 문제삼자면 시대구분론에서 논의의 단서를 얻어야 한다. 문학이 우리 문화 전체에서 어떤 위치와 구실을 구현했던가를 역사적인 맥락에서 살피는 데 있어서도 시대구분은 핵심적인 의의를 가진다. 시대구분을 둘러싸고 왜 그렇게 말이 많은가 하는 반문은 국문학연구의 현장에 들어오지 않은 문외한의 소감에 지나지 않는다.

국문학사 시대구분에서 제기된 가장 큰 문제점은 근대문학의 기점과 성립이다. 근대문학은 서구 근대문학의 의식일 따름이라는 관점을 불신하고, 민족사의 주체적 발전을 밝히자는 움직임에 국문학연구도 적극 참여하게 되면서, 자생적인 근대문학의 기점을 위로 올려서 이해하자는 제안이 여기저기서 나왔다. 그런데 근대문학을 말하자면 고대문학이나 중세문학이 또한 문제되지 않을 수 없으며, 문학사의 보편성을 서구에다 기준을 두지 않고서도 정립할 수 있는 길이 무엇인가 살펴보지 않을 수 없게 되었다. 근래에 이루어진 시대구분은 이 문제를 어느 정도까지는 두루 의식했다 하겠으나, 아직 확고한 성과를 얻는 데까지는 이르지 못한 것이 사실이다.

문학사의 시대구분에는 방법이 긴요하다. 시비가 벌어지더라도 결과보다는 방법이 더욱 심각한 논란거리이다. 지금까지 나온 국문학사는 서론에서 방법론을 제시한 것들은 물론이고 그렇지 않은 것들까지도 방법시비에 어떤 형태로든지 참여하고 있으며, 그 결과에 대한 이해가 또한 긴요하다. 그러나 방법론의 전개를 통해서 얻은 바가 무엇인가 묻는다면, 성과가 의욕을 따르지 못했다고 하는 것이 솔직한 느낌이다. 왕조교체에 의한 시대구분을 불신한다면 그 대안이 무엇인가 하는 질문이 어느 의미에서는 아직도 질문으로 남아 있다.

지금까지 나온 국문학사는 한문학사와 현대문학사를 포함해서 스무 종쯤 된다. 시대구분을 각기 다르게 했지만, 공통적인 결과는 한데 묶을 수 있어서, 시대구분의 유형은 (1)에서 (13)까지로 정리해 볼 수 있다. 시대구분에서 기준으로 삼은 시기를 열거하고, 각 유형에서 설정한 시대의 순번을 번호로 표시하면 다음의 표 같다.

(1)은 安廓(1922) 權相老(1947) 金思燁(1954) 崔海鍾(1958) 文璇奎(1961)가 한 시대구분인데, 왕조교체를 그 기준으로 삼고 다른 것은 고려하지 않았다. 이러한 구분을 처음 한 안확은 방법론을 의식하면서 사상의 변천도 아울러 중요시해야 한다고 하여 앞으로 재론될 여지를 남겼으나, 그뒤에는 오히려 왕조교체에 따라 시대구분이 자명하게 이루어진다는 태도가 보인다. (2)는 金台俊(1931)이 한문학사를 두고 한 구분인데, 근래에 張德順(1975) 金東旭(1976)도 오랜 모색 끝에 같은 결과에 이르렀다. (2)는 왕조교체에 따른 시대구분을 수정한 것이라 할 수 있으며, 시대 2를 고려 건국부터라고 한 데서 차이가 있다. 金俊榮(1971)의 (3)과 金錫夏(1975)의 (4)는, 좀더 수정을 해서 조선시대의 문학을 임진왜란을 계기로 해서 전후기로 나눈 점이 주목된다. (4)에서 시대 2를 신라 통일부터라고 한 것은 李明善(1948)의 전례와 일치한다. (1)에서 (4)까지는 결국 왕조교체에 따른 시대구분이거나 그 수정안이라고 할 수 있는데, 시대구분을 이렇게 하는 데는 장점과 함께 단점이 인정된다. 장점은 무엇보다도 시대 경계가

	(1)	(2)	(3)	(4)	(5)	(6)	(7)	(8)	(9)	(10)	(11)	(12)	(13)
국문학 시작	1	1	1	1	1	1	1	1	1	1			
삽국 건국	2		2					2		2			
7세기									2				
8세기									3				
신라 통일				2	2		2	3					
고려 건국	3	2	3				3	4		3			
무신란							4	5					
조선 건국	4	3	4	3			5	6					
훈민정음 창제						2				4			
연산군							6			5			
임진왜란			5	4			7	7					
광해군								8					
인조								9					
영·정조, 18세기							8	10	4	6			1
19세기									5				
1860년									7				
갑오경장	5	4		5	3	3	9		6		1	1	2
1900년									8				
1910년												2	
1920년대							10		9			3	3
1930년대									10	2		4	4
1940년대									11			5	
1945년							11		12				5

분명하다는 것이다. 문학 자체에 입각한 뚜렷한 방법을 수립하지 못한다면, 시대 경계라도 분명하게 해두는 편이 오히려 나을 수 있다. 그러나 문학의 변천이 왕조교체와 얼마나 밀접한 관련을 가지는가 하는 의문은 줄곧 제기되어 왔다. (3) (4)의 수정안은 왕조가 지속되는 동안에도 문학사에서는 새 시대가 시작될 수 있다는 것을 인정하는 진전을 보여주었는데, 사리가 그렇다면 시대구분 방법에 대한 전면적인 재검토가 요청된다.

(5)와 (6)은 일찍 이루어진 결과이면서도 왕조교체에 따른 시대구분을 극복하고자 한 점에서 함께 주목되고, 실제로 택한 방법은 무척 대조적이다. (5)는 이명선(1948)의 경우이다. 이명선은 유럽의 전례에서 볼 수 있듯이 세계사는 노예제사회·봉건사회·자본주의사회의 순서로 전개되어 왔으므

로 국문학사의 시대구분 또한 이러한 보편적 기준을 따라야 한다고 했다. 그런데 이 방법은 기본전제에 문제가 있을 뿐만 아니라, 봉건사회의 개념을 일단 인정하더라도 신라 통일이 그 시발점이라고 본 데서 구체적인 난점이 생긴다. 유럽의 전례를 추종하며, 사회경제사의 의의를 일방적으로 강조했기 때문에 무리한 결과에 이르고 말았다. 李秉岐(1957)가 제시한 (6)은 국문학사의 시대구분은 국문학 자체로서 해야 한다면서, 훈민정음 창제를 새 시대 시작의 결정적인 계기로 본 점에서 아주 특이하다. 그런데 시대를 다시 나누면서 시대 1에서는 왕조교체를, 시대 2에서는 시가시대와 산문시대라는 개념을 기준으로 삼았으므로, 표기형태에 의한 시대구분 방법을 수립하는 데까지는 나아가지 못했으며, 국문고전문학사와 한문학사를 별개의 것으로 서술하면서 시대구분에서의 관련마저 다루지 않은 데서 한계가 더욱 확대되었다.

　(7)에서 (10)까지는, 왕조교체에 따른 시대구분에 구애되지 않고, (5)나 (6)과 같은 극단적인 길을 택하지 않으면서, 시대구분을 자세하게 그리고 다양하게 해보려는 노력에서 나온 결과이다. 방법론에 대한 자각의 정도도 한결같지 않다. 그중에서 특히 평가해야 할 것은 趙潤濟(1949, 1963)가 택한 (7)이다. 조윤제는 민족정신의 생명체적 발전에 따라서 문학사의 전개를 이해하겠다는 이론을 내세우면서 시대를 태동시대·형성시대·위축시대·잠동시대·소생시대·육성시대·발전시대·반성시대·운동시대·유신시대·재건시대로 나누어서 이름 지었다. 입장도 분명하고, 시대 이름 짓는 데도 적극적이다. 민족정신이란 모호한 개념이지만, 실제로 시대구분을 하는 데 있어서는 문학의 실상을 근거 있게 파악한 성과가 적지 않다. 고려 武臣亂 이후에 잠동시대가 이루어져서 조선왕조의 건국과 함께 소생시대로 넘어갔다든가, 조선 후기의 문학이 발전시대와 반성시대를 거쳐 조선 전기의 문학과는 다른 모습을 지니게 되었다든가 하는 데서 문학사 이해의 구체적인 진전이 나타났다. 조윤제가 터놓은 길을 따라서 (8), (9), (10)은 각기 대담한 발상을 할 수 있었다 하겠지만, 방법론적 문제의식을 가다듬는 데 있어서는 주목할 만한 성과가 나타나지 않았다. 李家源(1961)은 (8)을 결과로 하는 한문학사조사를 서술해서 독자적인 경지를 개척했지만, 낭만주의·사실주의 등이 한문학을 위시한 우리 고전문학에서 어떤 의미를 가질 수 있는가 하는 문제는 다루지 않았다. (9)를 내세운 呂增東(1973)은 감성이니 이성이니 하는 말을 쓰면서 시대구분을 했는데, 이에 대한 해명도 불충분할 뿐만 아니라, 그 결과가 문학사의 실상과 얼마

나 밀착될지도 의문이다. (10)을 보여준 全圭泰(1976, 1977)는 독자적인 시대구분을 했다기보다 그 동안 나온 여러 견해를 절충한 편이다.

(11)에서 (13)까지는 이른바 현대문학사이거나 현대문학에 중점을 두고 서술한 문학사이다. 갑오경장을 계기로 해서 고전문학과는 이질적인 현대문학이 시작되었다는 견해는 (1)에서 (9)까지에도 두루 보이는 바인데, (11)과 (12)는 이 점을 좀더 분명하게 하는 구실을 했다. 白鐵(1948, 1949)은 (11)에서 갑오경장 이후의 문학은 서양문학의 이식이라 하고, 이식된 것의 원천에 따라서 시대구분을 해야 한다고 했으므로, 극복해야 할 장애로 인식되지 않을 수 없는 전례를 남겼다. 趙演鉉(1969)의 (12)는 이런 전제는 분명히 하지 않았어도 대안을 갖추지 못했으며 편의상의 시대구분을 하는 데 머물렀다. 그러다가 金允植 김현(1973)의 (13)에 와서는 갑오경장 이후 문학의 내재적인 원천이 18세기 영·정조 때의 문학에서 보인다고 했다. 그러면서 고전문학과 구별되는 문학인 이른바 현대문학을 그것대로 다루는 관례를 청산하고, 문학사의 한 단계인 근대문학을 정면에서 문제삼으면서 근대의식의 성장에 따라서 문학사의 시대구분을 하자는 데 이르렀다. 이렇게 되자, 문학사의 시대구분을 전면적으로 다시 하면서 근대문학뿐만 아니라 고대문학이나 중세문학도 문학의 실상에 근거를 두고 철저하게 검토하지 않을 수 없는 과제가 제기되었다.

이상에서 살펴본 바를 종합해서, 그 동안 제기되었던 시대구분의 방법을 정리해 본다면, 몇 가지 추세를 발견할 수 있다. 왕조교체에 따른 시대구분은 누가 무어라고 하든 아직 교과서적인 권위를 누리고 있다. 근래의 업적인 金錫夏(1975) 장덕순(1975) 김동욱(1976)의 문학사가 모두 이 방법을 재확인하고 만 것은 그 동안 다양하게 모색해 온 여러 방법이 각기 그것대로의 뚜렷한 한계를 지니고 있다는 이유에서 납득할 수 있는 결과이다. 문학과 사회의 관련을 파악하고자 한다면 왕조교체보다는 사회구조를 중요시하고 문학 담당층의 성격변화를 살펴야 한다는 이론을 섣사리 전개할 수 있으나, 이에 관한 연구는 문학사의 시대구분으로 나타나지 않았다. 문학을 사상 또는 의식의 변모와 함께 다루면서 시대구분을 하자는 데서는 구체적인 시도가 있었다. 조윤제(1949, 1963)의 민족정신, 여증동(1973)의 감성과 지성, 김윤식 김현(1973)의 근대의식 등이 그래서 설정된 개념이다. 그러나 이러한 개념은 우리 사상사에서 추출한 것들이 아니며, 국문학의 실상이나 그 시대적 변천과 밀착되기 어려운 한계를 지니고 있기도 하다. 내세운 개념에 충실하고자 한다면 문학사의 실상을 무리하게 추상화시킬 염려가 적지 않다 하겠는데, 문학사를 실제로 서술할 때에는 융통성 있는 태도를 지녔기 때문에 표제에 구애되지 않는 소득이 있었다.

문학사의 시대구분은 문학 자체에서 해야 하며, 정치니 사회니 사상이니 하는 것들을 미리 내세우는 것은 잘못이라는 말을 줄곧 해왔다. 이런 서론은 누구나 힘들이지 않고 펼 수 있다. 그러나 실제 작업은 어떻게 해야 하는가고 묻는다면 별다른 대책이 나서지 않는다. 그 동안의 시대구분에서 제기된 견해 중에는 훈민정음 창제를 계기로 해서 문학이 달라졌다는 것이 이런 방향에 접근했다. 그러나 표기형태에 따른 시대구분이 일관성 있게 시도되지도 않았을 뿐만 아니라, 표기형태가 문학 자체의 요건으로서 어느 정도의 의의를 가지는가 하는 문제에 대한 논의가 방법론을 창출하는 데까지 나아간 전례를 찾을 수 없다. 문학 자체를 문예사조로 이해하는 것도 바람직한 방안일 수 있다. 이가원(1961)은 한문학의 사조사를, 백철(1948, 1949)은 신문학의 사조사를 내놓았다. 그런데 문제는 낭만주의 같은 것들이 국문학에 일방적으로 적용되는 외래적인 준거가 아닌, 국문학 자체의 사조로 정립되지 않았다는 데서 다시 심각해진다. 문학 그 자체를 강조하는 사람은 허다해도 이 이상의 대책을 내놓은 사람은 없었다.

문학사 서두에서 시대구분에 관한 논의를 하는 것이 거의 관례가 되다시피 했다. 그러나 그 대부분은 서양의 전례이든 국내학계의 동향이든 그 동안의 경과를 산만하게 소개하는 정도에 머무르고 있을 뿐이다. 그러다가 적당한 절충안이라도 발견하자는 태도인데, 절충하다 보면 문제는 가리워지고 말기 일쑤다. 국문학사 시대구분을 위해 40년 동안이나 애써왔지만, 이제 다시 출발하지 않을 수 없는 단계에 이르렀다.   조 동 일

論 著

1. 安 廓 朝鮮文學史(韓一書店, 1922)
   權相老 朝鮮文學史(一般프린트社, 1947)
   金思燁 改稿國文學史(正音社, 1954)
   崔海鍾 韓國漢文學史(靑丘大學, 1958)
   文璇奎 韓國漢文學史(正音社, 1961)
2. 金台俊 朝鮮漢文學史(朝鮮語文學, 1931)
   張德順 韓國文學史(同化文化社, 1975)
   金東旭 國文學史(日新社, 1976)
3. 金俊榮 韓國古典文學史(螢雪出版社, 1971)

4. 金錫夏　韓國文學史(新雅社, 1975)
5. 李明善　朝鮮文學史(朝鮮文學社, 1948)
6. 李秉岐 白鐵　國文學全史(新丘文化社, 1957)
7. 趙潤濟　國文學史(東國文化社, 1949)；韓國文學史(東國文化社, 1963)
8. 李家源　韓國漢文學史(民衆書舘, 1961)
9. 呂增東　韓國文學史(螢雪出版社, 1973)
10. 全圭泰　韓國現代文學史 上・下(瑞文文庫, 1976)；韓國古典文學史(瑞文文庫, 1977)
11. 白　鐵　朝鮮新文學思潮史 全 2 卷(首善社, 1948, 1949)
12. 趙演鉉　韓國現代文學史(成文閣, 1969)
13. 金允植 김현　韓國文學史(民音社, 1973)

口碑文學

1. 古代神話와 한국문학의 원류

　국문학의 원류를 탐색하는 데 있어 신화가 지니는 의미는 의외로 큰 것이다. 그런데 국문학의 연구가 문헌학적 방법의 테두리를 벗어나지 못했던 1950년대 말까지만 해도 이 문제는 거의 중시되지 않았었다. 그후 민속학·인류학 등을 통해 신화에 대한 지식이 서서히 깊어지면서, 그리고 그 지식의 국문학에의 도입이 시도되면서 이 문제는 새로운 관심사로 인식되게 되었다. 그만큼 국문학 연구의 시야가 넓어져간 것이다.

　우리 국문학계는 趙潤濟(1) 李秉岐(2) 이래 오늘날까지, 국문학의 기원을 한결같이 祭天儀式에서 찾고 있다. 夫餘의 迎鼓, 濊의 儺天, 高句麗의 東盟 등의 제천의식에서 「連日 群聚歌舞」했다는, 〈魏志〉 東夷傳 등의 기록에 근거를 둔 것이다. 이 「歌舞」가 원시적 제의와 예술이 분리되지 않은 단계의 것이요, 문학·음악·무용이 분화되지 않은 종합예술체로서, 여기에서 문학이 움터 분화했다는 이 이론은 이미 우리의 상식이 되어 있다.

　이런 祭儀起源論은 민속학이나 인류학적 견지에서 보아도 타당한·것임에 틀림없다. 그러나, 문헌학적 방법으로는 국문학의 祭儀起源을 추론할 뿐, 제의의 모습이나 거기서 불려진 노래의 성격을 구체화시킬 수는 없다. 그리고 그 제의의 노래와 신화와의 관계에 대해서는 더더구나 해명할 도리가 없다. 여기에 우리는 인류학적 지식을 빌어 고대인의 제의와 신화의 문제를 한번 둘러보아야 할 필요를 느끼게 되는 것이다.

　신화는 신을 중심으로 하여 자연현상이나 인문현상의 발생과 그 질서 형성의 유래를 설명하는 이야기이다. 신화는 이야기라는 점에서는 전설이나 민담과 같은 성격을 지니고 있지만, 전설이나 민담과는 달리 신성시되는 이야기라는 데 그 특성이 있다. 이 신화의 신성성은 고대의 주술, 종교적 제의와 밀접한 관계를 지니고 있었던 데에 기인한다.

　유교적 祭法이 몸에 밴 사람은 제의라고 하면 조용하고 엄숙한 것처럼 생각하기 일쑤지만, 고대 미개사회의 제의는 신과 인간이 접촉 교섭하는,

요란스럽고 장황하고 신비스러운 것이었다. 그것은 民族誌의 지식이나 오늘날의 우리의 무당굿이 증명한다.

고대적 제의는 여러 가지 요소로 이루어진다. 신을 맞이하고 보내는 행위, 祭文이나 축원, 供犧, 배례, 신의 의지를 전달하는 수단으로서의 託宣, 占卜, 또는 신의 태초의 행위를 재현한다는 의미의 연극적 주술행위, 여기에 占卜의 일종으로서의 경기와 신과 인간이 일체가 되는 뜻의 음복 등이 연결지워져서 제의는 구성된다. 우리의 굿도 이런 요소들로써 이루어졌음이 민속학의 진전에 따라 밝혀지고 있다(3). 이러한 제의는 엘리아데(4)에 따르면 고대인의 세계상의 상징적 행위적 표현이요, 태초에 있었던 신의 창조행위의 진실한 재현이다. 그러니까 이 제의를 행함으로써 속된 세계는 일단 태초의 신성한 시대로 환원되고 창조시대의 질서로 갱신된다고 믿었다. 신화는 이러한 제의의 일부로서 노래불러졌다. 신화는 태초의 창조시대의 진실한 이야기로서 고대인의 세계상의 상징적 언어표현이므로 제의의 행위적 표현과 똑같은 의미를 지닌다. 여기에 신화가 제의의 일부로 노래불러지는 이유가 있다.

물론 모든 민족에 있어서 모든 신화가 제의와 관계를 맺고 있다는 것은 아니지만, 우리 민족의 경우, 제의 곧 굿에서 신화가 오늘날 노래불러지고 있다는 사실은 국문학의 祭儀起源을 밝히는 데 중요한 의미를 지닌다.

한국의 무당굿은 위에서 말한 여러 가지의 제의의 요소가 노래와 춤과 연극적 행위 등으로 표현된다. 그 노래는 신을 청해 들이는 노래, 신에게 제물을 권하는 노래, 기원하는 노래, 잡귀를 쫓는 노래, 신의 의지를 전하는 노래(공수 따위), 신을 즐겁게 놀리는 노래, 신을 돌려보내는 노래 등 다양하다. 춤도 마찬가지로 그 노래의 내용을 율동적으로 표현한 제의행위이다. 그런데 중요한 것은 이 노래 가운데 가장 많은 비중을 차지하고 있는 것이 본풀이라는 점이다.

본풀이는 신의 출생에서부터 신으로 좌정할 때까지의 내력담으로서 곧 살아 있는 신화이다. 이런 신화를 굿에서 무당이 장장 몇 시간씩 노래하고 나서 신에게 소원을 빌고 있는 것이다. 이것은 신화 창이 굿의 중심이 되어 있는 제의형태로서 神話儀禮라 할 만한 것이다(3).

본풀이는 신화의례에서만 노래불러지는 것이 아니라, 신을 청해 들일 때에도 대상의 신을 명확히 지칭하기 위해서 노래불러지고, 축원을 할 때에도 그 신의 능력을 확실히 드러내게 하기 위하여 노래불러진다. 그뿐만이 아니다. 이른바 「놀이」라고 일컫는 굿, 이를테면 영감놀이·전상놀이·세

경놀이 등에도 본풀이는 관계가 밀접하다. 놀이굿은 무당이 신으로 분장하여 신의 태초적 행위를 연극적으로 전개하는 굿이다. 이 굿에는 신으로의 분장을 위하여 가면이 쓰이기도 한다. 말하자면 태초의 신의 행위를 모의적으로 현실에 재현함으로써 창조시대의 질서에로 복귀하는 제의인 것이다. 그런데 이 놀이굿이 바로 본풀이의 내용을 대사와 행동으로 연출하고 있다. 이것은 신화의 세계상을 연극적 행위로 표현하고 있는 셈이 된다(3). 이 연극행위에는 물론 유감주술적 의미가 있다.

오늘날의 굿에 신화가 광범위하게 노래불러지고, 그것이 祭儀行爲의 기초가 되고 있다는 사실은 우리 고대제의 「歌舞」의 해명에 직접적인 도움이 된다. 오늘날의 굿에 있어서의 신화의 구실을 고대제의에 거슬러올릴 수 있다는 말이다. 그렇다고 해서 이것을 그대로 고대제의에 대입시킬 수는 없다. 오늘날의 굿이 수천 년 동안 변화에 변화를 거듭해 온 것이고, 굿에 있어서의 신화의 기능도 또한 변화를 거듭해 온 것이기 때문이다. 그러므로 이의 대입에는 오늘날의 굿이 제천의식 등의 고대제의의 변모형태라는 것이 입증되고, 본풀이가 고대신화의 변화형태라는 것이 논증되어야 한다. 그리고 고대의 제의와 신화의 관련양상이 오늘날의 본풀이 및 굿의 양상과 유사함이 또한 밝혀져야 한다.

제천의식 등의 고대제의와 고대신화의 연구는 그간 여러 가지 측면에서 시도되어 왔는데, 그 상호관계가 밀접한 것임이 근래 서서히 밝혀져 가고 있다. 崔南善(5)이 단군을 天君과 같은 것으로 보고 이를 다시 무당의 당골과 연결시킨 데 비롯하여 金宅圭(6)가 단군신화에 보이는 神政體系에서 당골 조직체계의 옛 모습을 찾음에 이르러 고대신화가 무속과 밀접한 것임이 드러나기 시작했다. 이어 張籌根(7)이 고구려의 東盟을 가을의 수확제라고 추정하고, 김택규(8)가 迎鼓를 오늘날의 오구굿의 원형이리 하여 제천의식이 바로 巫祭라고 논한 데 이어 柳東植(9)이 고대신화와 제천의식의 신앙성이 일치함을 찾아 그것이 한국 무교문화의 연원임을 논했다. 거기에다 金烈圭(10)의 한국 고대신화를 통과제의의 구술적 상관물이라고 보는 연구가 더해져서 우리 고대신화가 고대제의와 밀접한 관계의 것임이 한층 더 굳어졌다. 거기에 玄容駿(11)이 삼승할망본풀이와 百濟建國 說話의 구조적 일치성을 논했고. 徐大錫(12)이 제석본풀이가 해모수신화의 잔존형태임을 찾았으며, 大林太良(13)은 東盟祭와 해모수신화의 구조적 대응을 밝혔다. 이런 일련의 작업들로써 한국 고대신화는 왕실 조상신의 본풀이요, 고대 무속제의에서 노래불러졌던 것임이 거의 드러나고 있다.

이로써 제천의식 등의 고대제의의 가무에는 신화가 상당한 비중으로 노래불러졌었음을 알게 되고, 그 신화노래가 국문학의 연원에 큰 위치를 점하고 있었음을 인정하게 된다.

국문학의 연원이 고대제의의 신화에 있다고 했을 때, 우리의 지적 욕구는, 그 신화는 어떻게 이루어졌느냐 하는 의문을 낳게 한다.

신화의 발생은 독립발생설로 설명되기도 하고 전파설로 설명되기도 한다. 우리의 고대신화 연구는 거의 후자의 입장에서 논의되어 왔다. 崔南善(5) 金廷鶴(14) 등이 단군신화를 살피는 데 있어 만주·몽고 등지에 널리 분포되어 있는 天神崇拜·곰토템사상 등을 배경으로 한 신화로 본 것도 북방으로부터의 전파를 전제한 것이고, 金載元(15)이 단군신화를 중국 산동반도를 위시한 동북 아시아 일대에 퍼져 있는 신화유형이라 본 것도 북방전파론에 입각한 것이 된다.

우리의 고대신화 연구는 국사학에서의 민족기원과 관련된 탓도 있어서 거의 북방으로부터의 민족이동과 더불어 전파된 것이라는 전제 아래 진행되어 왔다. 여기엔 단군신화에 연구가 집중된 탓도 또한 있다.

한국의 고대신화는 檀君 解慕漱 解夫婁 朱蒙 赫居世 脫解 金閼智 首露王 三乙那 등의 이야기가 건국 왕권신화로서 문헌에 정착되어 있다. 신화연구의 진전은 이들 신화들이 모두 같은 유형이 아님에 착안하게 되었다. 그래서 趙芝薰(16)은 단군 주몽 등의 신화를 夫餘系, 혁거세 김알지 수로왕 등의 신화를 弁辰系라 하고 전자를 북방계, 후자를 남방계 신화라 하여 그 비교를 시도했다. 이에 앞서 三品彰英(17)은 비교신화학적 연구를 통해 한국 고대신화의 話素를 남방계와 북방계 요소로 나누었다. 그래서 혁거세·수로 신화 등의 卵生話素나 許王后·탈해 등의 箱舟漂流話素는 남방계 신화요소라 하고, 단군신화나 주몽신화의 日光感精話素 등은 북방계 신화요소라 분석했다. 그리고는 한국 고대신화는 남방계 요소를 기조로 하고 만주·몽고 요소와 佛典說話·신선사상을 수용하여 복합적으로 구성되었다는 결론을 내렸다. 이 연구는 일제 식민지정책하의 것이어서 해방 후 백안시되어 왔다.

그러다가, 장주근(18)이 건국신화나 구전신화의 분석을 통해 한국신화는 북방계 요소뿐 아니라 남방계 요소도 많음을 지적함으로써 다시 남방계론이 대두되었고, 金在鵬(19)은 이에 이어 卵生神話의 분포권을 검증하여 한국의 난생신화가 남방계임을 개차 밝히기에 이르렀다. 사실 한국의 고대

신화를 분석해 보면 남방계 요소가 한국신화의 기조가 되어 있다는 것은 지나친 주장이지만, 남방계 요소 그 자체를 전연 배제할 수는 없음이 드러난다.

가령, 신들의 출현형식을 보더라도 적어도 6가지 화소를 찾을 수 있다. (1) 하늘로부터의 강림, (2) 바다 건너 먼 나라로부터 표착, (3) 땅 속에서 용출, (4) 卵生, (5) 日光感精, (6) 동물로부터의 變身 등이 그것이다. 단군신화는 (1)(6)으로, 해모수신화는 (1)로, 주몽신화는 (5)(4)로, 혁거세신화는 (1)(4)로, 수로신화는 (1)(4)(2)로, 탈해신화는 (2)(4)로, 삼을나신화는 (3)(2)로 각각 이루어져 있다. 그리고 이 각 화소의 결합·분포 상황을 보면 (1)은 전국분포이나 북부지방의 것일수록 순수한 형으로 되어 있고, (2)나 (4)는 남부지방에 현저하다. (6)은 북부의 단군신화의 특성이고, (3)은 제주도에만 보이는 것이다. 여기 (1)(6)은 북방계 지역의 보편적 화소이고, (2)(3)은 남방계 지역에 혼한 것임을 생각하면 한국 고대신화의 형성이 북방문화 단일계의 것이라고만은 할 수 없게 된다. 그래서 현용준(20)도 고대신화의 대부분이 하늘로부터 강림한 자는 건국자가 되고 바다로부터 내방한 자는 왕후 또는 후세의 왕 내지 관원이 되어 국정을 보좌하고 있다는 점을 주시한 바 있다. 이것은 북방계족이 우위에 있어 통치를 맡고 남방계족을 포용한 역사적 사실의 반영으로 볼 만하다.

한국의 고대신화가 북방계 문화를 주축으로 하여 남방계 문화를 포용함으로써 이루어졌다고 한다면 이는 바로 국문학의 원류가 그러한 복합문화에서 나왔다는 말이 된다. 즉 남·북문화의 복합으로 한국문화가 형성되는 과정에서 그것의 상징적 반영으로 고대신화는 형성되고, 그것을 기반으로 하여 국문학은 움텄다는 것이다.

한국의 고대신화가 남·북문화의 복합이란 배경에서 이루어지고, 고대 제의에서 부르던 신화에서 국문학이 연원했다고 정리해 보면, 그 신화는 국문학의 여러 쟝르의 형성과 어떤 관계에 있었느냐 하는 문제가 제기된다.

국문학의 쟝르 형성에 대하여 우리의 선구적 국문학자들은 조금씩 다른 견해를 제시했다. 하나는 조윤제(1)의 견해이다. 그는 제천의식 등의 고대 제의는 장엄한 것이어서 기원·송덕의 말은 저절로 세련되고 정성이 가득 찬 것이었으니 여기에서 시가가 발생했다고 하고, 또 원시인들은 초자연적인 존재태를 자기에게 유리하게 움직이려 하고 지적으로 설명하려 하며 상상적으로 서술하려 했으니, 여기에서 신화가 발생하여 설화문학으로 고대소설로 발전해 갔다고 설명했다. 이는 詩歌 곧 서정문학의 발생을 고대 제의에서 찾고, 서사문학의 연원은 이와 다른 신화에서 구하는 것으로서 신화의 제의와의 관련성을 놓쳐버리고 있는 것이다.

한편 이병기(2)는 고대제의에서 神官이 노래부르던 祝禱와 祈願의 내용을 갖춘 부분이 분화 독립하여 서정시로 발전하였고, 서사적인 설화의 내용을 갖춘 부분이 분화 독립하여 신화·전설로 발전하게 되었다고 설명했다. 이는 시가나 신화나 모두 고대제의에서 연원을 찾은 것으로 탁견이었으나 실증성이 희박했다. 이 이후의 많은 국문학개설 類나 史들은 이 양자의 추론을 보완하거나 약간 변형시키는 데 지나지 못했다. 그것은 문헌학적 방법으로는 실증할 수 없는 한계를 지닌 문제였기 때문이다. 여기에 신화의 구연법 내지 국문학의 구연법에 눈을 돌려볼 필요를 느끼게 되는 것이다. 문학은 기록문학 이전에 구비문학으로 긴 세월을 전승해 내려왔고, 구비문학은 구연법이라는 것이 필수요소여서 그것이 그 문학의 장르적 성격에까지 영향했기 때문이다. 고대의 구비문학은 그 구연법의 측면에서 접근해 가야 그 면모가 풀려간다.

우리는 흔히 「노래」는 詩歌—서정문학, 「이야기」는 설화—서사문학이라는 고정관념을 갖고 있다. 그래서 시가는 노래하는 것, 설화·소설은 이야기하는 것 식으로 이해하여 왔다. 그런데 실은 그렇지가 않다. 서정적인 시가만이 노래불러지는 것이 아니라, 서사적인 설화도 노래불러지는 것이 많은 것이다. 전설이나 민담은 이야기되는 것이 원칙이지만, 그것에도 노래조의 구연이 끼는 수가 있고, 본풀이나 판소리는 사실은 서사물인 이야기지만 노래로 불러지고 있다. 민요는 서정물이니까 노래불러지는 것이라고 생각되기 쉽지만 서사민요가 있어 똑같이 노래불러지는 것처럼 설화적 구조를 갖춘 서사문학이 노래부르는 구연법을 취하고 있는 것이다.

여기에서 우리는 우리 문학에 있어 「노래부르기」와 「이야기하기」의 두 구연법은 서정물과 서사물 양쪽 어디에나 서로 걸칠 수 있는 사실을 알게 된다. 서정물은 「노래부르기」가 원칙이나 「이야기하기」로도 구연이 가능하며 서사물은 「이야기하기」가 원칙이나 「노래부르기」로도 구연된다는 것이다. 다만 서정물은 「노래부르기」에, 서사물은 「이야기하기」에 치우쳐 있다는 것뿐이다. 이것은 그 작품의 내용·형식·기능의 상관관계에서 이루어진 것이다.

신화의 구연법은 어떤가. 물론 「이야기하기」의 신화도 있지만 그것은 설명신화이고, 제의의 일부인 聖性神話는 아무래도 「노래부르기」의 구연법이 본질적인 것이다. 굿에서의 본풀이의 구연법이 이를 입증한다.

　본풀이는「노래부르기」와「이야기하기」의 두 가지 구연법의 연결 조화로써 진행해 간다. 그 실례는 이미 녹음 전사된 巫歌 자료에서 흔히 볼 수 있다. 이 신화 구연에서 어떤 부분은 노래로, 어떤 부분은 이야기로 구연되느냐 하는 것은 고대신화와 서정시가와의 분화관계 해명에 한 단서가 될 수 있다.

　본풀이에서「노래부르기」로 구연되는 부분은 주로 (1) 神人의 말, (2) 사건내용의 긴장부분, (3) 情的인 강조부분, (4) 呪詞 및 祈願詞라는 것이 발견된다(20). 이 사실은 고대신화의 구연법에 그대로 대입시킬 수는 없다 하더라도 근사한 것이라 할 수 있다. 그렇다고 하면 고대신화의 구연법에서 특히「노래부르기」로 강렬하게 구연되던 부분은 노래로 분리되어 詩歌化할 가능성을 생각할 수 있다.

　우리의 고대 건국신화들은 역사를 기술한다는 의식에서 그 줄거리만을 간략하게 변형시켜 기술해 놓았기 때문에 그 구연양상을 알 길이 없게 되어 있다. 그러나 그 이후의 향가 배경설화에서는 그 양상을 능히 찾아볼 수 있다. 〈處容歌〉〈兜率歌〉 등이 그런 예이다. 〈처용가〉는 제의에서 노래하던 門神神話의 일부로서 呪的 情調의 부분이 원문 정착한 것이라 볼 수 있고(20), 月明師의 〈도솔가〉는 계절제의에서 노래부르던 請神歌의 일부가 원문 정착한 것이라 보인다(21). 〈龜旨歌〉나 〈黃鳥歌〉 등도 이처럼 신화의 주적 정조 부분이 분리 독립된 것이라 생각된다. 이와 같은 사실은 우리의 고대신화가 고대소설에 이르는 서사문학의 원류가 되었을 뿐 아니라, 시가 곧 서정문학의 원류도 되었음을 추정하게 해주는 것이다.

　이상에서 남·북방문화의 복합으로 이루어진 고대신화가 고대제의에서 노래불러지면서 서사문학뿐 아니라 서정문학의 원류가 되었음을 말한 셈이다. 그렇지만 이것은 국문학 연원의 일면을 말한 것이고 전면이 반드시 그렇다는 것은 아니다. 다른 계기도 또한 있을 수 있다. 이 글은 국문학의 제의신화 연원을 정리하려 한 것이지만 아직 가설의 단계를 벗어나지 못한 것이다. 우리의 학문 현실은 이를 실증하는 과제를 안고 있다. 이에는 역시 민속학적 인류학적 연구가 크게 진전되어 뒷받침되어야 할 것이다.

玄　容　駿

論　著

1. 趙潤濟　國文學史(東國文化社, 1949)

2. 李秉岐 白鐵 國文學全史(新丘文化社, 1957)

3. 玄容駿 濟州島巫俗儀禮硏究(제주대학 논문집 7, 1975)
   崔正如 徐大錫 東海岸巫歌(螢雪出版社, 1974)
   崔吉城 韓國巫俗의 硏究(亞細亞文化社, 1978)
   金泰坤 韓國巫俗硏究(集文堂, 1981)

4. M. Eliade, *Myth of the Eternal Return*(掘一郞譯, 永遠回歸の神話, 未
   來社, 1963)

5. 崔南善 壇君論(1926; 六堂 崔南善全集 2, 1973); 不咸文化論(朝鮮及朝鮮
   民族 1, 1927)

6. 金宅圭 당골 組織의 遡源的 考察(語文學 5, 1959; 韓國民俗文藝論, 一潮
   閣, 1980)

7. 張籌根 口碑文學史 上(韓國文化史大系 V, 高麗大 民族文化硏究所, 1967)

8. 金宅圭 迎鼓考(國語國文學硏究 2, 靑丘大, 1958; 韓國民俗文藝論)

9. 柳東植 韓國巫敎의 歷史와 構造(延世大 出판부, 1975)

10. 金烈圭 韓國民俗과 文學의 硏究(一潮閣, 1971); 韓國神話와 巫俗硏究(一潮
    閣, 1977)

11. 玄容駿 韓國神話의 構造에 대한 一考(李崇寧先生 古稀紀念國語國文學論叢,
    1977)

12. 徐大錫 韓國巫歌의 硏究(文學思想社, 1980)

13. 大林太良 日本神話와 朝鮮神話(講座日本文學 神話 下, 至文堂, 1977)

14. 金廷鶴 檀君神話와 토테미즘(歷史學報 7, 歷史學會, 1954)

15. 金載元 檀君神話의 新硏究(1947; 探究堂, 1976 複刊)

16. 趙芝薰 韓國神話의 類型(韓國文化史序說, 探究堂, 1964)

17. 三品彰英 神話と文化境域(神話と文化史, 平凡社, 1971)

18. 張籌根 神話學에서 본 韓國文化의 起源(文化人類學 2, 韓國文化人類學會,
    1969)

19. 金在鵬 卵生神話의 分布圈(文化人類學 4, 韓國文化人類學會, 1971)

20. 玄容駿 處容說話考(국어국문학 39·40, 국어국문학회, 1968)

21. 玄容駿 月明師 兜率歌 背景說話考(韓國言語文學 10, 韓國言語文學會, 1973)

2. 文獻說話의 연구

　문헌설화란 문자로 기록된 설화를 말하며, 이것은 입으로 전승되는 설화, 즉 口碑說話의 대칭이다. 따라서 전자가 고정적 특징을 지닌다면, 후자는 유동적 특징을 지닌다. 어느 시대건, 문자의 창조 이전이라도, 구비설화가 존재하지 않았던 때는 없었겠지만, 오늘날 그것을 확증할 도리는 없다. 구비설화는 시간이나 인간과 함께 사라져버리기 때문이다. 과거의 구비설화의 면모를 유추하여 보는 유일하고도 확실한 방법은 문헌설화를 통하는 수밖에 없다. 어떤 의미로는 구비설화는 시대와 인간을 초월하여 존재하는 것이라고 한다면, 문헌설화는 시대와 인간 속에 존재하는 것이다. 그러므로 우리는 문헌설화 속에서 어느 정해진 시간 속의 인간 모습을 살펴볼 수 있는 것이다.

　문헌설화와 구비설화와의 차이는, 전자가 문자로 기록된 것임에 비하여, 후자는 입으로 전승된다는 것뿐만은 아니다. 문헌설화는 문자로 기록된다는 데에서, 그 향유층이 유식자 계급으로 한정된다는 특징이 있다. 문헌설화는 한글로 기록되어 있는 드문 예도 있지만, 그 대부분이 한자로 기사되어 있기 때문에, 그 기록자나 독자가 모두 문자 해독자인 것이다. 그러므로 구비설화의 주된 향유층이 문자를 알지 못하는 아동·부녀자·常民層임에 비하여, 문헌설화의 경우는 문자 해독을 필수요건으로 하는 식자층이라고 할 수 있다.

　문헌설화는 설화가 소설로 변모되는 과도적 작품이다. 다시 말하여 문헌설화에 좀더 작가의 창의성이 가미되면 소설로 발전한다. 그러므로 문헌설화는 구비문학과 소설의 접착점에 있는 문학작품이라고 할 수 있다. 이것은 「소설」의 어원을 더듬어보면 그 이해가 더욱 분명해진다. 「소설」이란 명칭도 처음에는 오늘날과 같은 개념보다는 떠돌아다니던 설화를 기록한 것을 지칭하였던 것이다. 이러한 예는 桓譚의 〈新論〉에서 「소설가는 토닥토막의, 그리고 보통 사람들이 주의하지 않는 작은 일이나 전설을 모아 가까이 비유시켜서 이로써 短文을 짓는데 거기엔 治身理家를 함에 있어 볼 만한 辭句가 있다(若其小說家 合叢殘小語 近取譬喩 以作短書 治身理家 有可觀之辭)」라 한 것이라든지, 班固의 〈漢書〉 藝文志에 「소설가의 부류는 대개 패관에서 나왔으며, 巷間에서 사람들이 주고받는 閒談이나 아무렇게나 길거리에서 주워들은 자료에 의하여 이루어진 것이다(小說家者流 蓋出於稗官 閒談巷語 道聽塗說者之所造也)」라 한 것에서도 미루어 알 수 있다. 이 인용문 속에서 「合叢殘小語」나 「閒談巷語」 또는 「道聽塗說」은 민간의 구비설화로 믿어진다. 하여튼 이러한 설화적인 「소설」의 개념이 후대에 이르러 차차 개인 창작을 뜻하는 「소설」로 변모되어 간 것이다.

문헌설화와 소설과의 차이는 확연히 구별하기 매우 어려운 것이지만, 전자가 민중들 사이에서 구전되던 이야기를 채록한 것이라 한다면, 첫째 口承性이 강하며, 둘째 인물보다는 사건에 큰 비중을 두게 되고, 세째 단편적이라는 점, 네째 뚜렷한 작자가 없다는 점 등을 들 수 있지 않을까 한다.

문헌설화는 사실성을 띠는 경향이 있다. 이러한 성질은 문헌설화의 향유층인 식자들의 요구에 의한 것이다. 하지만 사실 그대로를 기록하여 놓은 것이 문헌설화는 아니다. 「객관적 사실」을 서술하는 역사와는 달리, 문헌설화는 기록자의 목적의식이 뚜렷하고 창의가 가미된, 즉 「주관적 사실」을 묘사하고 있기 때문이다. 특히 근대에 이를수록 문헌설화에는 일상적 현실적 사실이 짙게 묘사되어 시대와 사회성이 강하게 나타난다. 즉 문헌설화 속에는 현실적인 사회문제가 정직하게 반영되기도 하고 현실적인 삶의 단면이 극적으로 제시되기도 한다. 문헌설화의 사건 제시는 「영웅의 일생」보다는 삶의 한가운데서 시작되고 끝나며, 그 속에는 개인의 심리적 갈등이 두드러지게 나타난다. 따라서 구비설화나 고전소설의 결말이 해피 엔딩으로 끝나는 것이 많은 데 비하여 문헌설화의 결말은 비극성을 띠는 경우가 많다.

문자로 기록된 서사적 자료가 문헌설화인가 아닌가를 판별할 수 있는 척도는 민간설화적 모티프의 내포 여부를 알아보는 일이다. 민간설화적 모티프는 어떤 특정 이야기에서만 일회적으로 나타나는 것이 아니라, 여러 이야기 속에서 누누이 나타나는 것이다. 어떤 특정한 이야기에 나타나는 이러한 多發的인 모티프의 차용은 그것이 개인창작이 아닌 공동창작의 소산임을 판별할 수 있게 하여주는 단서가 된다. 이에 비하여 역사나 개인의 창작문학에 등장하는 사상은 일회적인 것이다.

문헌설화의 내용적 특질을 19세기 자료들을 주로 하여 살펴본다면 다음과 같은 점을 들 수 있지 않을까 한다.

(1) 사회제도와 기존 가치관의 비판 및 인간성의 옹호 : 정치·경제·사회상의 여러 제도가 문란해짐에 따라 생겨난 지배층의 부정과 부패상의 폭로, 아울러 억압받는 피지배층의 저항의식이 나타난다.

(2) 꿈을 통한 소원 충족 : 현실에서는 성취 불가능한 富·官·금전·결혼 획득에 대한 열망이 엿보인다.

(3) 자주의식의 고취 : 민족과 국가에 대한 긍지가 표출된다.

(4) 단순한 인정·세태의 묘사 또는 戲畫.

일반적으로 모든 학문의 연구단계가 그러한 것처럼, 설화연구의 과정 역시 (1) 수집, (2) 정리 및 분류, (3) 분석 및 이론화의 3단계를 거치게 된다. 그러나 지금까지의 설화연구를 검토하여 보면 (3) 단계는 말할 것도 없고, (2) 단계, (1) 단계조차 충분히 이루어졌다고는 할 수 없다. 앞으로 설화연구자들은 묻혀 있는 자료들을 찾아내어 집대성하고, 분류작업을 수행함과 아울러, 이를 바탕으로 설화학의 이론화를 추진하여야 할 것이다.

설화의 자료수집은 자료보존에 대한 필요성으로부터 시작된다. 역사적 자료의 보존을 위하거나, 타당한 근거와 교화 자료를 얻기 위하여, 布敎를 위한 본보기로서, 혹은 단순한 오락적 목적을 위해서 설화적 자료는 수집되고 기록된다.

현전 기록의 범위내에서 본다면 문헌설화집의 최초의 것은 아마도 〈殊異傳〉이 아닐까 한다. 이 책의 편찬자에 관하여는 여러 異說이 있어 단정짓기 어렵지만, 釋覺訓의 〈海東高僧傳〉(1215) 기록(〈若按朴寅亮殊異傳〉)을 믿는다면 이 책은 朴寅亮의 생몰연대(1047?~1096)로 미루어 대략 11세기 후반의 문헌으로 추정된다. 불행히도 이 책은 散佚되어 그 원모습을 거의 알 길이 없고, 다만 여러 책의 佚文들을 참고로 하여 보건대, 민간설화를 바탕으로 해 상당히 문학적인 형상화가 이루어졌던 작품들이 수록되었던 것으로 생각된다. 오늘날 우리가 참고할 수 있는 설화관계 서적으로 오래된 것은, 〈三國史記〉(1145) 〈해동고승전〉 〈三國遺事〉(약 1281년경) 등을 들 수 있다. 특히 〈삼국유사〉와 같은 문헌은 「遺事」라는 명칭이 시사하는 의미나 책머리의 저자 自述(紀異篇)에서도 분명히 나타나는 바와 같이, 설화적 사실들을 의도적으로 채록하여 놓고 있어서 「설화집」으로 간주하여도 좋을 만한 것이다.

13세기나 14세기에도 아직 설화집다운 문헌은 이룩되지 못했으나, 현전하는 약간의 문집이나 이른바 「稗官文學書」들에서 다소나마 설화적 자료들이 산견된다. 가령 崔滋(1188~1260)의 〈補閑集〉과 李齊賢(1287~1367)의 〈櫟翁稗說〉이 그러한 예다. 또한 이 무렵에는 민간설화를 바탕으로 하여 씌어진 李奎報(1168~1241)의 〈東明王篇〉도 나왔다. 이어 15세기 후반에 이르러 비로소 설화집 撰集이 본격적으로 시작된다. 徐居正(1420~1488)의 〈太平閑話滑稽傳〉, 成俔(1439~1504)의 〈慵齋叢話〉(1494), 姜希孟(1424~1483)의 〈對談解頤〉를 비롯하여 서거정의 〈筆苑雜記〉, 南孝溫(1454~1492)의 〈秋江冷話〉, 李陸(1438~1498)의 〈青坡集〉, 曺伸의 〈諛聞瑣錄〉과 같은 雜記書들이 이룩되었다. 16세기에는 宋世琳(1479~ ?)의 〈禦眠楯〉, 그밖에 魚叔權의 〈稗官雜記〉, 鄭眉壽(1456~1512)의 〈閑中啓齒〉, 金安老(1481~1537)의 〈龍泉談寂記〉가 있었고, 17세기 전반에는 柳夢寅(1559~1623)의 〈於于野談〉, 成汝學의 〈續禦眠楯〉을 비롯하여 車天輅(1556~1615)의 〈五山說林〉, 李睟光(1563~1628)의 〈芝峯類說〉(1614), 金時讓(1581~1643)의 〈荷潭破寂錄〉 등에도 다수의 설화적 자료가 들어 있다. 17세기 후반에는 洪萬宗(1623~1659)의 〈蓂葉志諧〉가 있고, 그의 〈旬五志〉도 설화연구에는 유용하다. 18세기 전반에는 章敦復의 〈鶴山閑言〉, 李喜謙의 〈青野談輯〉(1739), 鄭載崙(1648~1723)의 〈公私見聞錄〉 등이 이루어졌다. 18세기 후반으로부터 19세기 전반에 걸친 시기는, 전시대에 꽃을 피우기 시작했던 산문정신이 드디어 결실을 맺었던 시대였다. 문학사상 두드러진 산문화의 경향은 판소리·소설·잡가·장편가사·사설시조와 같은 문학 장르를 완성시켰을 뿐만 아니라, 문헌설화도 집대성하였다. 이 시기에 이룩된 대표적인 설화집으로는 〈東稗洛誦〉〈選諺篇〉〈海東野書〉〈記聞叢話〉〈溪西野談〉〈青丘野談〉〈東野彙輯〉과 같은 것들을 들 수 있는데, 특히 끝의 세 문헌은 각각 312편·293편·260편의 자료를 담고 있어서, 「3대 문헌설화집」으로 부를 만하다. 이들 중 편찬자가 알려져 있는 것은 李羲準(1775~1842)의 〈계서야담〉과 李源命(1807~1887)의 〈동야휘집〉뿐이다.

이상에서는 주로 설화연구의 제1단계인 자료수집에 대하여, 19세기까지의 업적을 간략히 기술하여 왔다. 이러한 문헌들에 수록되어 있는 설화적 자료들만 하여도 막대한 수에 달한다. 그러나 이러한 자료를 바탕으로 이루어질 수 있는 설화 연구의 제2단계, 즉 정리 및 분류 작업은 아직까지는 미미한 형편이다. 우선 각처에 분산되어 있는 자료집들의 집성작업도 〈古今笑叢〉 간행 이후 극히 최근에 이르러서야 동국대 한국학연구소에서 〈韓國文獻說話全集〉을 펴냄으로써 부분적으로나마 해결되었다. 이들 전 10권 속에는 〈계서야담〉〈청구야담〉〈동야휘집〉〈海東奇話〉〈기문총화〉〈선언편〉〈어우야담〉〈海東異蹟〉〈해동야서〉〈촌담해이〉〈동국골계전〉〈罷睡錄〉〈어면순〉〈속어면순〉〈명엽지해〉〈풍암집회〉〈錦溪筆談〉〈晩窩雜記〉〈학산학언〉〈松都紀異〉〈梅翁閑錄〉〈청야만집〉과 같은 것이 모아졌다. 그러나 이 전집 속에 포함되어 있는 本들 외의 異本이라든가, 收載되지 못한 다른 문헌들의 집성도 앞으로의 큰 과제가 될 것이다.

한편 문헌설화의 분류작업은 張德順의 〈삼국사기〉〈삼국유사〉〈고려사〉〈世宗實錄地理志〉〈東國輿地勝覽〉〈朝鮮邑誌〉 소재 설화의 분류작업에 이어 崔喆 및 曹喜雄의 분류방법에 대한 시도가 있었다. 그러나 이 모두가 방대한 문헌설화 자료의 분류에는 한계점을 가지는 것으로 앞으로 구비설화의 인덱스 작업과 함께 문헌설화의 인덱스 작업도 꼭 이루어져야만 할 것이다.

다음 문헌설화의 분석 및 이론화는 앞에서도 잠깐 언급한 바와 같이, 설화 자체의 분석·비교를 위한 것이기보다는 오히려 역사학이나 창작문학적 측면으로부터의 연구가 더 한층 활발하였다. 가령 「건국설화 연구」라든가 「배경설화 연구」와 같은 것이 그러한 예들이다. 하여튼 〈삼국유사〉를 비롯한 史書類 소재 설화에 대한 연구업적은 지면 관계상 할애하기로 하고, 여기서는 다만 최근의 문헌설화 연구동향만 지적하기로 한다.

(1) 명칭 및 개념 설정 : 아래에 든 여러 논저 및 玄吉彦의 〈야담의 문학적 의의와 성격〉을 참조.

(2) 고전소설에 미친 영향 : 李石來의 〈고대소설에 미친 야담의 영향〉, 최철의 〈야담과 이조소설〉, 조희웅의 〈조선후기 문헌설화의 연구〉가 있다.

(3) 단일설화집에 관한 연구 : 장덕순의 〈한국의 해학——문헌 소재 한문소화를 중심으로——〉, 李京雨의 〈어우야담 연구〉, 大谷繁森의 〈태평한화소고〉, 金鉉龍의 〈서거정의 태평한화골계전에 대하여〉, 權泰乙의 〈동야휘집 소재 야담의 유형적 연구〉, 朴熙秉의 〈청구야담연구〉, 조희웅의 〈조선후기 문헌설화의 연구〉가 있다.

(4) 단일작품에 관한 연구 : 徐京姬의 〈이조 후기 한문단편의 연구——朝報를 중심으로——〉, 李愼成의 〈한문단편 金令의 연구〉, 李信子의 〈이조후기 한문소설의 일고찰——柳遇春을 중심으로——〉가 있다.

(5) 이야기꾼에 관한 연구 : 林熒澤의 〈18·9세기 이야기꾼과 소설의 발달〉 또는 〈한문단편 형성과정에서의 講談師〉가 있다.

앞서 강조한 바 있듯 문헌설화 연구의 첫걸음은 자료의 발굴·정리·분류 작업으로부터 시작된다. 자료수집은 설화집의 발굴뿐만 아니라 각 문헌에 산재하여 있는 단편적 자료들까지 거두어 모으는 일도 중요하다. 자료를 정리할 때에는 그 자료가 수록되어 있는 문헌의 편찬연대 및 편찬자, 또는 편찬의도, 편찬방법, 나아가서는 유사자료와의 비교, 前後代 문헌자료와의 영향의 授受 등까지도 규명되어야 할 것이다.

우리나라에서의 문헌설화의 분류가 이루어진 최초의 시도는 아마도 〈동야휘집〉의 편자에 의한 것이 아닌가 한다. 그러나 19세기 중엽에 이룩된 이 분류는 한정된 자료를 바탕으로 한 것이었으므로, 이것을 모든 문헌설화 분류에 적용하기에는 매우 미흡하다. 물론 완전한 분류체계란 불가능한 것이다. 한 체계에 의한 분류는 다른 체계에 의한 분류가 지니고 있지 못한 장점도 있는 반면, 단점도 있게 마련이다. 가령 구조적인 유형분류법은 이야기의 유기적 질서를 중시하는 장점이 있기는 하지만 내용을 파악하기 어려운 폐단이 있다. 반대로 내용적 유형분류법을 택하면 내용은 쉽게 파악할 수 있지만 이야기의 유기적 질서를 파악하기 어렵다.

문헌설화의 연구에는 文面에 나타나 있는 기록자의 연구뿐만 아니라, 背面에 숨어 있는 화자와 독자의 연구도 중요하다. 이러한 연구는 이야기에 투영된 민중의식을 추출해 내거나 설화의 소설로의 이행에 중요한 시사를 줄 수 있을 것이다. 설화의 내용을 분석하여 설화향유층이 표현하고자 했던 주제라든가 인간상, 나아가서는 세계관·인생관을 파악하는 것은 중요한 일이다.

설화는 과거 양반 위주의 기록문학에 대하여 상민과 양반이 공유하였던 문학으로도 문학사적 의의를 지닌다. 설화는 민중 속에서 탄생한다. 그러므로 그 속에는 민중의 꿈과 생활이 투영되어 있다. 설화 속에는 역사적 사실이 정직하게 반영되어 있기도 하지만, 때로는 역사적 사실과는 정반대의 왜곡된 모습이 나타나기도 한다. 상층계급에 의해 날조된 역사보다 설화에 투영된 민중의식 속에서 「참역사」가 재구성될 수도 있다.

지금까지 서구에서의 전통적인 설화연구의 방향은 대체로 발생(기원)과 기능, 구조의 문제였다. 이들은 물론 구비설화의 연구를 중심으로 제기된 문제였지만, 문헌설화의 연구에도 적용될 수 있는 문제들이다. 발생의 문제는 문제의 성격상 구비설화보다 문헌설화의 경우에서 보다 확증적일 수 있으며, 기능의 문제는 이야기 현장에서 떨어져 있는 문헌설화의 경우에는 매우 어려운 일이긴 하지만, 그래도 문헌기록을 검토한다면 전연 불가능한 것은 아니다. 구조의 문제는 구비설화나 문헌설화 어느 경우에도 가능하며, 전승방법을 달리하는 똑같은 설화에 대한 양면적 접근도 흥미 있는 과제가 될 것이다.

오늘날 우리가 참고할 수 있는 설화 관계의 최고문헌으로는 아무래도 〈삼국유사〉를 들지 않을 수 없다. 물론 〈삼국유사〉 전체를 설화집으로 규정할 수는 없지만, 그 내용 중에 설화적 자료가 풍부히 들어 있다는 것은 부인할 수 없는 사실이다. 이제까지 〈삼국유사〉에 대한 매우 다각적인 고찰이 이루어져 왔지만, 앞으로 설화학적인 측면으로부터의 더욱 정밀한 검토가 요구된다. 가령 수록내용의 역사성과 설화성에 대한 검증과 분석, 나아가 은유와 상징, 세계관, 구전설화와의 관계, 각 유형에 대한 개별적 집중적 연구, 이웃나라 설화와의 비교 등이 그 주요한 과제가 될 것이다. 물론 이러한 문제들은 〈삼국유사〉의 연구에만 적용되는 것이 아니라, 다른 문헌설화집에도 똑같이 적용될 수 있는 것들이다.

설화의 문학사적인 중요성은 그것이 통시대적 작품이라는 데 있다. 즉 설화는 기록문학 이전에서부터 시작되어, 현재는 물론 미래까지도 계속되며, 문학의 다른 쟝르에 끊임없이 소재를 제공하여 왔고 또 제공할 것이다. 특히 조선 말기 근대소설의 발생 및 발달에 문헌설화가 커다란 기여를 한 점을 간과해서는 안된다. 조선조 말기에 비롯된 산문정신의 대두는 문헌설화의 집성, 판소리의 정리를 초래하였고 이러한 시대적인 분위기 속에서 근대소설은 출발하였던 것이다. 그러므로 앞으로의 설화가 소설에 끼친 영향 연구는 소재의 대비뿐만 아니라 구조라든가 형식 따위의 계승 관계도 검토되어야만 할 것이다.　　　　　　　　　　　**曺　喜　雄**

論　著
1. 趙潤濟　說話文學考(文章 3—3, 1941)
2. 孫晋泰　朝鮮民族說話의 研究(乙酉文化社, 1947)
3. 李秉岐　國文學概論(一志社, 1961)
4. 李家源　燕岩小說研究(乙酉文化社, 1965)
5. 曺喜雄　韓國說話의 研究(서울大 大學院, 1969)
6. 張德順　韓國說話文學研究(서울大 출판부, 1970)
7. 韓國口碑文學會　口碑文學槪說(一潮閣, 1971)
8. 李石來　古代小說에 미친 野談의 影響(省谷論叢 3, 1972)
9. 李佑成 林熒澤　李朝漢文短篇選集(一潮閣, 上, 1973／中·下, 1978)
10. 崔　喆　野談과 李朝小說(文化批評 5—2·5—3, 1974)

11. 金東旭　國文學槪說(改訂版, 民衆書舘, 1974)
12. 張德順　漢文小說의 再認識(創作과批評 1974 봄)
13. 張德順　韓國의 諧謔——文獻所載　漢文笑話를　中心으로——(東洋學 4, 檀
　　　　　國大 東洋學硏究所, 1974)
14. 金錫夏　雜記文學論序說(東洋學 5, 檀國大 東洋學硏究所, 1975)
15. 李在銑　韓國短篇小說硏究(一潮閣, 1975)
16. 林熒澤　十八·九世紀 이야기꾼과 小說의 發達(韓國學論叢 2, 1975)
17. 李慎成　李朝後期 漢文短篇의 硏究(東亞大敎育大學院, 1976)
18. 李京雨　於于野談硏究(서울大 大學院, 1976)
19. 曹喜雄　說話硏究의 諸側面(古典文學을 찾아서, 文學과知性社, 1976)
20. 曹喜雄　說話의 類型 및 分類(韓國口碑文學選集, 一潮閣, 1977)
21. 大谷繁森　太平閑話小攷(月嚴朴晟義博士還曆紀念論叢, 1977)
22. 金鉉龍　徐居正의 太平閑話滑稽傳에 對하여(人文科學論叢 10, 1977)
23. 김재환　漢文短篇의 硏究(語文學敎育 1, 1978)
24. 玄吉彦　野談의 文學的 意義와 性格(韓國言語文學 15, 韓國言語文學會, 1978)
25. 林熒澤　漢文短篇 形成過程에서의 講談師(創作과批評 1978 가을)
26. 權泰乙　東野彙輯 所載 野談의 類型的 硏究(嶺南大 大學院, 1979)
27. 徐京姫　漢文短篇에 나타난 李朝後期의 女人像——朝報를 中心으로——(韓
　　　　　國漢文學硏究 3·4, 1979)
28. 李慎成　漢文短篇 金令의 硏究(韓國漢文學硏究 3·4, 1979)
29. 曹喜雄　朝鮮後期 文獻說話의 硏究(螢雪出版社, 1980)
30. 朴熙秉　靑邱野談硏究(서울大 大學院, 1981)

3. 설화의 전파와 변이

　설화에서 傳承이 시간적 이동을 뜻함에 대하여 공간적 이동을 뜻하는 경우에 「傳播」라는 용어가 사용된다. 그런데 이 설화의 전파는 자연적인 것과 특수적인 것으로 대별하여 생각할 수 있다. 자연적 전파란 설화가 가까운 인접지역으로부터 점차 먼 지역으로 퍼져나가는 것을 이르며, 특수적 전파란 설화가 지역적인 인접 사정을 초월하여 한 지역으로부터 먼 지역으로 껑충 뛰어 퍼져나가는 경우를 이른다. 전자의 경우는 대개 가족내의 전승이나 부락내의 전승이 이동하였을 때 일어나며, 대체로 혼인관계의 지역적 확대 같은 것에 기인한다. 그러나 후자의 경우는 설화 이야기꾼 같은 매체에 의하여 나타나게 되며, 이 이야기꾼의 路程에 따라 전파되는 것으로 생각된다. 그러나 이 이야기꾼의 노정이란 따지고 보면 지리적 거리를 초월하는 지역적 연관을 배제할 수 없는 것이어서 이 양자를 엄격히 구분하기는 어렵다 하겠다. 다만 이야기꾼에 의한 전승의 경우는 가족내나 부락내 전승과는 상당히 이질적인 것이어서 지리적 조건을 쉽게 초월할 수 있음을 부인할 수 없다. 이러한 양자의 현상은 오늘날 채집자료의 전승 분포도 같은 것에 의해서도 어느 정도 추측할 수 있다. 가령 어느 類話나 類型이 껑충 뛰어 건넌 지역적 상황에 분포되어 있다면 이를 특수적 전파, 즉 이야기꾼에 의하여 전파되었을 가능성이 크다 하겠다. 다만 그 설화의 전파 실정은 자연적 전파와 특수적 전파와의 복합적 기초 위에서 이루어진다 하겠다.

　어쨌든 이 전파에 의하여 한 설화가 공간적 이동을 할 때——이때에는 전승적 개념도 포괄된다 하겠다——부수적으로 나타나는 현상이 있으니, 그것은 이동을 하기 전의 모습이 그대로 고스란히 옮겨지는 것이 아니라, 어딘가 약간 변형되면서 운반된다는 점이다. 이 변형되는 과정을 「變異」라고 부른다. 즉 聽者는 話者에게서 들은 이야기를 고스란히 그대로 다시 옮기는 것이 아니라 청자의 성격·기억력·기호에 따라 얼마간의 변형을 이루어 이야기하게 된다. 이런 과정이 되풀이됨에 따라 제 1 화자의 이야기는 제 2, 제 3, 제 4 ……의 화자를 거치는 동안 상당한 변이를 초래하게 된다. 그리고 이 설화의 전파방향은 반드시 동일 방향이라기보다는 방사선 방향일 수도 있어서 현재 채록되는 설화의 유형은 동양·서양·미국 등으로 광범위할 수도 있다.

일찌기 설화는 인도에 그 근원을 두고 전세계로 퍼져나갔다는 「單元說」이 대두되었고, 근래에 와서는 문화인류학적인 관점에서 세계 도처에서 같은 발상으로 동일한 유형이 창조될 수 있다는 주장이 제기되었다. 전자는 순전히 문헌학적인 데 근거를 둔 것이었으며, 후자는 똑같은 유형이 너무나 먼 곳에서 발견된다는 현실로 보아 양자 모두 설득력을 잃는다. 그래서 보다 합리적인 사고로 대두된 것이 핀란드의 역사지리학파에 의한 「傳播論」이다. 칼 크론(K. Krohn)이나 아르네(Aarne)에 의하여 제창된 이 이론은 설화의 전파가 문헌에 의하여 이루어졌다는 주장에 반대한다. 그리고 설화는 어떤 한 민족만의 창조물이 아니라 세계 전체의 공통 소산물로 보아야 한다고 했다. 그래서 설화의 발생연대나 장소를 어느 한 곳으로 획일화하는 단정을 피하고 개개의 경우에 대한 특수연구에 따라서 추정하지 않으면 안될 것으로 주장하였다.

즉 이들은 어느 유형의 각편을 대상으로 하여 그 전파의 궤적을 더듬어 감으로써 원형 혹은 그 설화의 발생지·연대를 추정하는데, 이때에 나타나는 여러 현상을 묶어서 어떤 공식 같은 것을 추출해 내려고 한다. 그리하여 한 설화가 전파되어 가는 동안에 거치는 어떤 법칙 같은 것을 찾아내어 상당한 효과를 올리기도 하였다. 그래서 추출된 것이 설화가 전파되는 동안에 나타나는 「변이」도 무질서한 것이 아니라 어떤 테두리 안에서의 어떤 준칙 같은 것이 있다는 것이었는데, 그것은 바로 설화 운반자의 개성에 기인하는 것으로서 주로 忘却이나 敷衍에서 비롯되는 것으로 보았다. 또한 그것은 운반자의 생활양식이나 풍토와도 상당한 관련을 맺고 있다고 보고 있다.

전파론의 영역에서 딛고 넘어갈 것은 문학이론에서 비교문학적 양상과의 대비다. 비교문학에서는 일종의 作品發生史를 다루고 있다는 점에서, 환언하면 素材史와도 밀접한 관계가 성립된다 하겠다. 그러나 소재 확인에 중점을 두는 것이 아니고 그것이 시대의 흐름 속에서 이루어지는 변화의 양상을 탐색하는 데 초점을 둔다는 것은 이른바 동태적인 현상을 파악하는 것으로 이해되어야 할 것 같다. 그러므로 전파론이 초기의 근원론으로부터 차츰 동태론으로 진전되어 오게 되었고, 이에 따라 몇가지 문제점들이 일어나게 되었다. 즉 (1) 구술전승의 안전성, (2) 불확정성, (3) 구전 텍스트와 인쇄 텍스트와의 관련성, 그리고 근원형태(이른바 原型)에 대한 논란 등이다.

(1)은 설화가 구술로 전승되는 사이에 탈락·망각·삭제 등으로 前型에서 벗어나는 원리만이 아니라, 그러한 현상으로 인하여 부연 첨가되어 덧붙여지고, 또한 기억력의 부실이나 오해에 의하여 잘못 전승되어 변이가 발생하게 된다는 것을 의식하여야 한다. (2)에 있어서는 우선 인쇄된 텍스트에 의한 전파는 별로 문제가 안된다 하겠다. 요는 구술에 의한 전파가 문제되겠는데 이 양자 사이의 상관성은 인쇄술이 발달된 시대로부터 대상이 될 수밖에 없다. 물론 문헌——예를 들면, 상고시대의 〈아라비안 나이트〉, 근세의 〈그림동화〉 등——이 각국어로 번역 간행되어 설화가 전파되고, 그리고 일반화의 촉진제 구실을 한 것으로 생각할 수는 있다. 그러나 口承에 의한 경우와 비교하면 그리 큰 의의를 가지지는 못한다고 하겠다. (3)에서는 이른바 원형 認知의 어려움을 말하는 것으로 원형의 再構보다는 오히려 目的形에 관심을 더 두려는 주장도 나오고 있는 실정이다.

한국에서의 설화연구는 그 연륜이 아직 얕은 관계도 있지만, 설화 연구 자체가 국문학연구의 한 방편으로 원용되었던 까닭도 있고 해서 본격적인 연구는 20세기에 들어와 孫晉泰에 의하여 비롯되었다 하겠다. 더구나 전파론적 관점에서의 연구를 보면 더욱 그렇다. 1927년 〈新民〉지에 게재되었던 〈朝鮮民間說話의 硏究〉는 후에 단행본 〈朝鮮民族說話의 硏究〉(1947)로 출간되었는데, 이 책에서 집필자는 다분히 의도적으로 비교연구의 방법을 쓰고 있다. 즉 세계적으로 널리 분포되어 있는 공통적인 설화가 우리 한국에도 전승되어 있음을 지적하고, 그것으로부터 문화의 移漸現象을 파악하려 하였다. 그리하여 한국문화는 이웃한 중국문화와 긴밀하게 밀착되어 있으며, 또한 몽고족과의 교섭에도 언급하여 전자가 문헌학적 유대를 지녔다면 후자는 오히려 口碑性에 의한 수수였다고 보고 있다. 그리하여 여러 문헌과 일본의 전승자료를 기초로 하여 일본에도 있는 類話들은 거의 한국에서 건너간 것이라고 지적하였다. 그는 그 책 序說에서 「民族說話를 연구하는 방법은 한 개의 민족설화가 어떻게 어느 곳에서 발생하야 어느 시대에 어떠한 까닭으로 어느 곳으로 전파된 경로를 考究하는 방법이다」라 하여 설화연구는 오로지 전파경로를 탐색하는 것으로써 그 본령을 다 할 것으로 이해하고 있었다. 아닌게아니라 그 책의 구성을 보면

제 1 편 중국에 전한 조선설화, 제 2 편 중국 영향의 민족설화, 제 3 편 북방 민족의 민족설화, 제 4 편 일본에 전파된 조선설화, 제 5 편 佛典에서 나온 민족설화, 제 6 편 세계적으로 분포된 설화, 제 7 편 기타의 설화로 되어 있으며, 이같은 주제를 논증하기 위해 중국 문헌 68종, 한국 문헌 18종, 일본 문헌 18종, 그리고 歐文의 문헌 10종, 모두 114종 동서고금의 문헌을 섭렵한 뒤 다시 직접 채록한 40여 설화를 대상으로 하여 주로 문화사적 방법에 의하여 일종의 비교연구를 감행한 것이었다. 즉 이 책은 문화사적 관점을 내세우고 우리 설화가 주변 민족의 설화와 어떤 전파론적 관계를 가졌는가를 다룬 것이라 하겠으며, 거기 수록된 자료 때문에도 계속 참고가 될 것이다.

〈조선민족설화의 연구〉이후 사회 혼란과 6·25동란의 어수선함 속에서 다시 학문의 분위기가 잡힌 것은 1950년대 후반에 이르러서이다. 1957년 張德順의 〈CINDERELLA와 콩쥐팥쥐〉, 崔常壽의 〈白鳥處女說話에 있어서의 比較硏究〉등 일련의 논문에서 다분히 전파론적 견해를 부연하였고, 그 변이적 측면의 논급도 있었다. 그후 1963년 李石來의 〈異物交婚說話──說話文學의 方法──〉, 1969년 曺喜雄의 〈說話發生論〉, 蘇在英의 〈異類交媾攷〉, 權寧徹의 〈金剛山仙女說話硏究〉, 印權煥의 〈佛典說話의 土着化와 韓國的 受容〉등에서도 전파와 변이에 논급이 되었으나, 거의가 문헌자료에 의존하고 있어 전파론 자체의 이론 확립에는 어딘가 소홀한 점이 없지 않았다.

1971년에 와서 成耆說의 〈韓·日說話比較硏究의 一例──溫達系說話와 炭燒小五郎說話의 경우──〉에서 비로소 설화의 전파론적 이론이 원용되었다고 볼 수 있다. 그후 성기열은 이 이론을 배경으로 하여 〈口碑傳承 變異에 관한 考察〉이란 일련의 논문에서 「오랑캐」「호랑이 담배 피우게 된 來歷」「여우 처녀의 구슬」을, 그리고 1980년의 〈民譚의 韓國化 變異 樣相──몇 개 民譚을 中心으로──〉를 통해서는 역사지리학파의 방법론을 원용하여 전파론적 이론의 체계화를 시도하고 있다. 그리하여 그 집약적인 것으로 1979년 〈韓日民譚의 比較硏究──變異樣相을 中心으로──〉에서는 한·일 민담의 변이양상을 공식화하려 하고 있다. 그런데 이 방법도 따지고 보면 모든 것을 해결시키기에는 미흡하다. 특히 설화가 그 고향에서 가장 순수하고 본원적인 형식에 가깝고, 가장 古型으로 생존하며, 멀어질수록 변이가 많다는 점들은 역시 의문으로 남는다. 그것은 사회적 종교적인 관계 혹은 자연적 환경 등의 영향으로 한 지역에서의 한 문화적 사실이 순수한 형식으로 지속되고 전승될 수 있는가가 역시 의문이기 때문이다.

1981년에 崔來沃은 국내 전설의 집중조사와 그 분석을 통하여 구비문학으로서 전설의 동태적인 성격들을 구명하면서 변이의 관점에서 전승과 구조와 의미를 고찰, 변이의 이론 도출을 시도하였다. 이 시도에서 그는 傳說系와 전승의 변이, 전설형과 구조의 변이, 話素와 의미의 변이를 관련지워 살폈다. 그러나 그의 시도는 용어들이 새로이 규정되는 등 다소의 문제점을 지니고 있다. 어쨌든 그는 이 〈韓國口碑傳說의 研究〉를 통하여 인물변이와 내용변이, 그리고 결과변이를 그 분포를 확인하면서 「전설전파와 변이의 법칙인 傳說周圈說」이란 것을 도출하였는데, 이는 다분히 역사지리학파의 방법을 국내자료로써 실증한 것으로 파악된다.

한편 1982년 金烈圭 成耆說 李相日 李符永의 공저로 〈民談學槪論〉이 발간되었는데, 여기서 성기열은 「전파론」 항목을 담당 집필하고 있다. 국내에서는 처음 기획된 이 책에서, 역시 처음으로 전파론이 정식 거론되고 그 이론 정립과 소개가 시도되었다는 점에 의의가 있다 하겠다. **成 耆 說**

論 著

1. 權寧徹   金剛山仙女說話研究(曉星女大論文集 1, 1967)
2. 金烈圭   韓國民俗과 文學研究(一潮閣, 1971)
3. 金烈圭   韓國神話와 巫俗研究(一潮閣, 1977)
4. 金烈圭 成耆說 李相日 李符永   民談學槪論(一潮閣, 1982)
5. 金台俊   朝鮮小說史(淸進書舘, 1933)
6. 成耆說   韓國口碑傳承의 研究(一潮閣, 1976)
7. 成耆說   韓·日民譚의 比較研究(一潮閣, 1979)
8. 蘇在英   異類交媾攷(국어국문학 42·43 합집, 국어국문학회, 1969)
9. 蘇在英   壬辰錄說話에 관한 研究(朝鮮學報 89, 日本 天理大, 1978)
10. 孫晋泰   朝鮮民族說話의 研究(乙酉文化社, 1947)
11. 柳增善   慶北民話의 形式面에 나타난 特質(語文學 23, 語文學會, 1970)
12. 柳增善 成炳禧   慶北地方의 民話研究(文敎部學術研究報告書 20, 1969)
13. 李石來   異類交婚說話(서울文理大學報 19, 1963)
14. 印權煥   古代說話의 佛敎的 考察(高麗大 大學院, 1961)
15. 印權煥   토끼傳 根源說話研究(亞細亞研究 25, 亞細亞問題研究所, 1967)
16. 印權煥   佛典說話의 土着化와 韓國的 受容(文化批評 3, 1969)
17. 張德順   國文學通論(新丘文化社, 1963)
18. 張德順   韓國說話文學研究(서울大 출판부, 1970)
19. 張德順 趙東一 曹喜雄 徐大錫   口碑文學槪說(一潮閣, 1971)

20. 張德順　說話文學槪論(宣明文化社, 1974)
21. 趙東一　구비문학의 세계(새문社, 1980)
22. 曺喜雄　韓國說話의 硏究(國文學硏究, 서울大 國文學硏究會, 1969)
23. 曺喜雄　說話發生論(서울文理大學報 24, 1969)
24. 曺喜雄　韓國動物譚 Index(文化人類學 5, 韓國文化人類學會, 1972)
25. 崔來沃　說話口述上의 諸問題에 대하여(韓國民俗學 4, 1971)
26. 崔來沃　韓國口碑傳說의 硏究(一潮閣, 1981)
27. 崔常壽　白鳥處女說話에 있어서의 比較硏究(民俗學報 2, 韓國民俗學會, 1958)
28. 崔仁鶴　韓國昔話の硏究(日本 弘文堂, 1976)
29. 黃浿江　新羅佛敎說話硏究(一志社, 1975)

4. 敍事巫歌의 문학사적 맥락

敍事巫歌가 우리 문학사의 맥락에서 중요한 위치를 차지한다는 견해는 1960년대 후반기에 이르러서 張籌根에 의해 제시되었다(1). 장주근은 한국 서사문학 장르인 民譚·서사무가·판소리·고대소설을 놓고 이들의 상관관계를 검토하면서 특히 민담과 서사무가, 서사무가와 판소리의 관계를 논의하는 데 주력했다. 그리하여 서사무가는 판소리보다는 선행적 장르라는 점, 서사무가의 담당자인 巫女와 판소리의 담당자 廣大는 호남지방의 世襲巫家인 「단골」 출신이라는 점, 판소리의 음악과 巫樂은 같은 계열의 음악이라는 점 등을 지적하여 판소리가 서사무가를 모태로 하여 출현하였을 가능성을 시사했다. 아울러 민담과 서사무가는 그 모티브들이 서로 넘나들고 있으므로 앞뒤 관계를 일률적으로 단정지을 수 없으며, 판소리의 소재는 서사무가보다도 민담과 더 밀착되어 있음을 지적하고 판소리는 민담이라는 아버지에게서 그 모티브를 씨로서 받고 서사무가의 무악·무속예능 들을 태반으로 삼아 탄생된 장르라고 결론을 지었다.

이러한 논의는 비록 구체적인 실증의 기반 위에서 전개된 것은 아니나 판소리의 모태 役을 담당한 서사무가의 존재를 부각시켰다는 점에서 중요한 의미를 갖는다.

이같은 서사무가와 인접 장르와의 상관관계는 徐大錫에 의하여 좀더 실증적인 논의로 발전하였다. 서대석은 서사무가를 서사시로 보고, 서사시는 설화와 소설의 교량적 역할을 담당했던 문예 장르라는 점에 착안하여 서사무가에 수용된 설화소재를 탐색하고 서사무가와 고대소설을 비교하여 一代記的 展開構造의 공통점을 찾기에 이르렀다. 그리하여 서사무가 「二公本풀이」의 底本으로서 〈安樂國太子經〉, 「門굿」의 저본으로서 〈祝英臺說話〉, 「世民皇帝本풀이」의 저본으로 〈唐太宗傳〉을 찾고 구체적 대비를 통해 설화소재가 巫歌로 수용된 바를 실증하였다(2).

장주근이 판소리의 모태로서 서사무가를 논했다면 서대석은 고전소설의

母盤으로서 서사무가의 위치를 논한 것이다. 그리하여 서사무가는 한국 서사문학의 문학사적 맥락에서 중요한 위치로 대두되기에 이르렀다.

그러나 이러한 연구는 쟝르의 계보와 소재의 원천을 혼동한 감이 없지 않으며, 부분적인 논거를 확대해서 일반화했거나 개괄적인 문제설정에 머무른 것이었다.

서사무가의 문학사적인 위치는 조동일에 의하여 포괄적이고 체계적으로 개진되었다(3). 조동일은 영웅의 일생이라는 傳記 유형이 한국 서사문학의 근간이 된다는 것에 착안해 朱蒙 脫解 弓裔 作帝建 괴내깃도 바리공주 洪吉童 금방울 劉忠烈 淑香 楊少游 玉蓮 등 신화·서사무가·고전소설·신소설 등의 주인공들의 일대기를 대비 검토하면서 공통적인 단락을 정리하고 시대적 변모를 검토했다. 그 결과 고귀하고 탁월한 능력을 지닌 자가 비정상적으로 태어나서 여러 가지 시련을 겪다가 성공적인 투쟁을 거쳐 승리의 영광을 차지한다는 영웅의 일생은 고대의 國祖神話, 서사무가 및 소설에서 두루 확인되었고, 고대의 국조 영웅인 주몽과 탈해는 집단적 진취적 주체적 성격을 분명히 지니며, 궁에 작제건 바리공주 등에서는 이러한 성격이 약화되고 홍길동 이후의 소설의 주인공들은 이러한 성격이 변질되어 개인적 비역사적 윤리적 운명적 영웅으로 바뀌어졌음이 밝혀졌다.

이러한 성과는 서사무가가 국조신화에서 고전소설로 이어지는 서사문학의 흐름 속에서 어떤 위치를 차지하는가 하는 점이 분명히 논증된 것으로서 주목할 만한 것이었다.

한편 서대석은 바리공주의 지역별 各篇을 대비하면서 각 편의 특징이 군담소설과 판소리에 각각 어떻게 접맥되는가 하는 점을 검토하였다(4). 서울지역에서 전승되는 「바리공주」는 영웅의 일생이라는 전기적 유형을 지니고 있으며, 生來的 결함에 의한 棄兒, 천부적인 탁월한 능력 등에서는 주몽과 일치하는 점이 있으나 祈子精誠, 태몽을 거쳐 출생된다든지 스스로를 위하여 투쟁하지 않고 누구를 위하여 투쟁하고 공로를 인정받는 성격이 군담소설의 주인공과 일치하는 점을 찾아내고 서사무가의 주인공이 신화의 주인공과 소설의 주인공의 중간에 위치함을 확인하였다.

또한 동해안 지역의 「바리공주」를 판소리와 비교하여 그 서술구조면에서 삽입가요, 골계적 삽화 등의 성격이 판소리와 일치함을 논증했고, 滑稽美와 崇高美가 공존한다는 점에서 판소리와 그 미학적 특징이 같음을 지적했다.

이러한 성과는 서사무가가 고대소설이나 판소리의 모태였다는 종래의 견해를 실증적으로 보완했다는 점에서 의의를 갖는다.

이와 같은 시기에 장주근은 서사무가를 중국의 講唱文學 및 일본의 唱導文藝와 비교하면서 그 내용이나 구실, 唱의 형식이나 唱者의 신분, 그리고 국민문학상의 역할 등 서로 유사한 성격이 있음을 지적하고 이들이 후대에 많은 국민문예 형태들을 산출했다는 사실을 상기시키면서 서사무가의 형성 및 문학사에서의 기능을 재차 검토하였다(5).

특히 장주근은 서사무가의 전승이 오래 되었다는 점, 불교적 색채가 강하다는 점, 중국 강창문학 작품이 서사무가에 직수입되었다는 점에 주목하여 서사무가 형성을 變文인 중국 강창문학에 연결하려 하였다.

그러나 「世經本풀이」와 「문굿」이 중국의 〈梁山伯寶卷佛典〉과 같은 소재를 가지고 있고 「世民皇帝本풀이」가 〈唐太宗入冥記〉를 소재로 했으며 「二公本풀이」는 〈安樂國太子經〉을 수용했다는 점이 인정된다 해도 그것은 소재적 측면에서의 영향관계이며 쟝르 전반의 형성 문제와는 다른 것이다.

서사무가는 무속신화이고 그 기원은 불교 전래 이전에 이미 우리에게 있었던 巫俗祭典에서 찾을 수 있다. 따라서 서사무가 각 편의 구체적 내용은 전승 도중에 중국의 설화나 강창문학을 수용했을 가능성이 있으나 쟝르 자체가 중국이나 불교 영향으로 형성된 것이라고는 볼 수 없다.

대체로 전국적인 전승 분포를 보이고 있는 「帝釋本풀이」와 「바리공주」의 두 가지 유형의 서사무가는 각기 生産神·死靈神의 신화로서 전승기간이 가장 장구한 고유의 서사무가 자료인데, 이들의 내용은 다른 설화에서 원천이 찾아지지 않는다.

오늘날 서사무가가 가장 많이 채록된 지역이 함경도와 제주도인데, 두 지역의 서사무가는 비교적 산문적 성격이 강하고 그 소재도 구전설화나 문헌설화와 유사한 것이 많다. 설화 중에서 신비한 이야기는 서사무가로 이입될 수 있다. 그러나 소재의 측면에서 설화와 서사무가가 교섭을 가진다고 해서 쟝르 전체의 기원이 해명되는 것은 아니다.

또한 중국의 강창문학은 불교의 포교 방편으로 일반 대중에게 불교의 교리를 쉽고 흥미있게 전달하기 위해 시도된 俗講에서 그 연원을 찾을 수 있다. 그러나 俗講은 講史·彈詞·鼓子詞 등 여러 가지 형태가 있고, 그 口演形態에 따라서 구연 작품도 상이한 성격을 갖는다. 따라서 중국의 강창문학과 서사무가를 비교한다면 서사무가와 서술구조가 가장 유사한 것을 가려내야 되고, 그렇게 하기 위해서는 강창문학의 구체적 구연형태부터 이해하는 것이 필요하리라 본다. 아직까지 중국의 강창문학의 상세한 소개나 서사무가 또는 판소리와의 세부적 비교는 시도되지 않았다. 그러나 구체적 비교연구가 이루어진다 해도 그것은 비교문학 내지 비교문화의 관점으로서 서사무가 또는 판소리의 특질이 밝혀질 수는 있으나 이들의 기원이 해명되는 것은 아니라고 본다.

서사무가가 판소리의 모태가 되었다는 견해는 여러 모로 타당성이 인정되면서도 두 쟝르 사이의 상관관계는 치밀하게 검토되지 못하였다. 이러한 문제에 착안해서 서사무가와 판소리의 구연형태 및 서술구조의 대비가 시도되었다(6).

서대석은 서사무가가 각 지역에서 구연되는 형태를 口誦唱과 演戱唱으로 대별하고, 원초적 형태는 구송창이었는데 서사무가가 세속화하면서 제의적 神聖性이 퇴색하고 관중의 흥미를 의식하면서 연희창의 형태로 변모하였음을 추론했다. 아울러 판소리 또한 구전을 근거로 한 초기의 구연형태는 서사무가 구송창과 유사한 것으로 광대 혼자 북을 치며 앉아서 부르는 것이었는데 후에 청중을 보다 잘 이해시키기 위한 구연방법이 개발되어 오늘날과 같은 구연형태가 되었다고 했다.

또한 서술구조의 측면에서 서사무가와 판소리를 대비하여 판소리에서 창과 아니리의 交替叙述은 演戱唱本 서사무가의 말과 창이 교차되는 것과 같은 성격으로 보았다.

이러한 연구는 판소리의 선행 쟝르를 설화로 볼 것이냐 서사무가로 볼 것이냐 하는 문제를 해결하는 데 기여한 바 크다고 할 수 있다. 즉 이야기를 구연하는 방식으로는 다음 세 가지 형태가 가능하다.

(1) 말로 구연하는 방식

(2) 노래로 구연하는 방식

(3) 말과 노래를 섞어서 구연하는 방식

이상의 세 가지 형태 중에서 판소리는 (3)에 해당된다. (1)은 설화이고 (2)는 서사시인데, 우리나라의 경우는 서사민요와 서사무가의 구연이 여기에 해당된다. 그렇다면 아니리와 창이 분화되어 교체서술을 하는 판소리는 어떤 구연형태의 계승인가? 이것은 판소리에서 아니리와 창 중에서 어느 것이 중심되는 것인가를 따진다면 간단하게 해결되는 문제라고 본다. 두말할 것도 없이 판소리는 창이 중심이고 따라서 노래로 구연되던 서사무가와 접맥되는 것이 당연하다는 것이다.

그러나 소재의 측면에서는 이같은 주장이 통용되지 않는다. 오늘날 전승되는 판소리는 서사무가와 같은 내용이 별로 없는 반면 설화와는 유사한 내용이 많기 때문이다.

따라서 판소리의 소재 원천은 설화에 있고 서술형태는 서사무가를 계승 발전시켰다고 보는 것이 타당하리라 본다.

서사무가가 언제 어떻게 형성되어 어떤 내용으로 전승되면서 문학사에 어떻게 작용하였는가 하는 문제가 서대석에 의하여 검토된 바 있다(7).

전국 각 지역에서 채록된 제석본풀이의 각 편들을 대비하여 지역적인 특징을 검토한 결과 남한강과 소백산맥을 경계로 동북지역과 서남지역으로 전승본의 下位類型이 대별됨이 밝혀졌다. 동북지역 전승유형은 父子관계가 강조되어 있는 반면 서남지역 전승유형은 부자관계가 퇴색되고 모계적 성격이 강화되어 있다는 것이다. 이러한 성과는 고대 우리나라의 문화적 성격 및 신앙의 면모를 이해하는 데도 시사하는 바가 적지 않은 것으로서 주목된다.

또한 「제석본풀이」는 生産神 신화로서 무속제전에서 형성된 것이며, 그 根幹構造는 天父와 地母의 결합으로써 시조가 탄생된다는 國祖神話와 같은 것이라고 하였다. 이에 따라 檀君 朱蒙 赫居世 등의 국조신화는 민족국가 형성 이전에 이미 부족들 사이에서 전승되던 무속신화가 국가가 형성된 후 국가의 조상신 신화로 이입되어 문헌에 정착된 것이고, 무속신화는 그것대로 무속제전을 통하여 오늘에까지 전승된 것으로 보았다. 따라서 오늘날 전승되는 서사무가는 그 기원이 고대 우리 민족이 집단적 정착생활을 시작하던 시기에 비롯된 것이고 그 배경은 무속제전이었다는 사실을 논증한 것이다.

이러한 연구로서 서사무가의 쟝르적 기원은 일단 해결을 보았다고 할 수 있다. 그러나 오늘날 전승되는 모든 서사무가의 소재적 기원이 고대까지 소급되는 것은 아니다. 소재의 원천은 각 자료마다 다르게 추적될 수 있고, 그 결과는 일률적으로 해명될 수 없을 것이다.

서사무가가 장구한 기간 전승되면서 다른 서사문학 쟝르와 어떠한 교섭관계를 가졌나 하는 문제는 간단히 해명되기 어려운 것이다. 그러나 이미 논의된 몇 가지의 기능을 약술하면 다음과 같다.

첫째, 고전소설의 근간구조인 일대기적 전기유형이 나타나는 데 직접 기여를 했다는 점이다. 흔히 고전소설의 기원을 중국소설·설화·열전 등에서 모색했다. 그러나 어느 나라이건 소설은 자생할 수 있는 문예양식이기에 외국문학의 영향으로 그 기원이나 발생을 논한다는 것은 설득력이 없는 주장이다. 설화에서 소설의 기원을 찾는 연구는 설화가 소설의 선행 쟝르라는 점에서나 서사문학의 소재의 母盤이 설화라는 점에서 타당성이 인정된다. 그러나 고전소설의 기원문제는 이러한 소재적 측면이 아니고 서술구조의 양식화를 문제삼는 것이기에 소설의 기원을 설화로 본다는 것은 한계가 불분명한 애매성이 있다. 또한 〈史記〉列傳의 전기양식이 한글 고전소설의 일대기적 서술체계와 일치한다고 주장하기도 하나 보다 근본적인 문제는 전기양식 자체가 어떻게 형성되었는가 하는 것이다. 서사무가는 神의 일대기이며 신의 전기라고 볼 수 있다. 이것은 문자가 만들어지기 이전에 이미 형성된 신화라는 점에서 전기보다도 선행 쟝르의 성격을 갖는다. 따라서 서사무가는 전기체의 시원이라고 할 수 있는 神傳이고, 이것이 영웅적 인물의 일생을 서술하는 문예양식으로 발전한 것이 고전소설이라는 것이다.

둘째, 서사무가 「제석본풀이」에서 추출되는 婚事障碍로 인한 여성 수난의 구조적 모형이 고전소설·신소설·현대소설에 이르기까지 핵심요소로 작용했다는 점이다. 柳花나 당금애기의 수난으로 대표되는 여성 수난상은 여성을 주인공으로 한 소설작품에 두루 나타나는 보편적 주제이다. 이 같은 보편적 주제가 각 시대의 상이한 문화배경 속에서 어떻게 형상화되고 굴절되었나 하는 것을 검토하는 연구는 主題史의 시각에서 서사무가의 기능을 탐구하는 또 하나의 측면이 된다. 대체로 같은 주제가 역사적으로 어떤 변모를 겪었는가 하는 문제를 검토한 결과 神 중심의 세계관에서 인간 중심의 세계관으로, 우월한 자가 긍정되던 도덕관에서 선과 악이 분리되고 각 시대윤리를 반영하는 도덕관으로, 그리고 후손을 보다 중시하던 사고가 남녀의 애정이 중심되는 애정관으로 달라짐이 논증되었다.

세째, 서사무가의 주제를 중심으로 한국인의 의식구조가 논의되었다. 신의 모습이 현세 인간과 같다든가 내세보다도 현세를 중시하고 이성보다도 감정에 좌우되는 우리 민족의식의 특성이 지적되었다.

한편 문헌신화에서는 찾을 수 없었던 創世神話(開闢神話)가 서사무가들 중에 있음을 지적하고 그 의미를 해석한 연구가 있었다(8·9).

천지창조나 인류의 시원, 해와 달의 조정 등의 창세신화는 우리 민족에게 없었던 것으로 인식되었었다. 그러나 任晳宰에 의해서 開闢神話素를 담고 있는 서사무가 자료가 소개 정리되고, 그 속에 담긴 우리 민족의 의식의 뿌리가 논의되었다(8). 서사무가에 나타난 천지개벽은 自成으로 된 것이고 창조주가 나타나지 않는다는 점에서 靜的인 문화의식을 보여준다고 해석했다. 또한 시조가 국가의 주도권을 차지하기 위해 경쟁하는 과정에서 수수께끼 문답이나 꽃송이를 피우는 내기에 의존하고 있다는 점은 우리 민족이 어떤 일에 대해서 소극적 자세를 가진다는 의미로 해석했다.

한편 서대석은 創世歌를 예로 들어 천지개벽을 주도한 創世神이 존재했으리라고 보고, 창세신에 대한 제의가 없어지면서 창세신화가 전승력을 상실하여 혼적만을 보이고 있다고 주장했다(9). 이어서 인간 창조도 두 가지의 내용이 나타나는데 황토로 빚어냈다는 姜春玉 전승본은 중국의 女媧故事와 일치하는 것으로서 민족 고유의 神話素가 아니며 하늘로부터 벌레를 받아 남과 여로 진화시킨 金쌍돌이 전승본의 내용을 고유의 신화소로 보았다. 또한 해와 달이 두 개씩 돋을 때 이를 쏘아 하나로 만든 시조신의 활동에서 적극적으로 삶에 대처하는 자세를 찾고 人世의 주도권 경쟁에서 武力이나 勇力보다도 智力을 중시했던 사상과 인세의 선악이 治者의 덕성에 좌우된다는 의식을 추출하였다.

이러한 창세신화의 검토는 신화 자료조차 없다고 생각했던 지난날의 연구풍토에 자극을 준 것만은 분명하다. 그러나 신화해석에 있어서는 좀더 광범위한 자료수집과 인접 민족신화나 세계의 신화와 대비하여 인류적 공통성과 민족적 특수성이 함께 해명되어야 할 것이다.

대체로 서사무가에 관한 논의는 기원과 형성, 그리고 설화·소설·판소리 등 이웃 장르들과의 관계에 집중되었다. 그러나 앞으로는 신화로서 또는 서사시로서 전세계의 자료들과 대비하는 비교연구, 작품 자체의 구조원리를 찾는 분석적 연구, 그리고 문화배경과 결부시키는 역사적 연구들이 보다 폭 넓고 밀도 있게 진척되어야 할 것이다.

서사무가의 자료는 비교적 풍부하다. 그러나 몇 가지 유형에 대해서만 반복 논의되었고 그밖의 자료는 외면한 것도 사실이다. 앞으로 전체 자료에 대한 연구성과가 고르게 이루어져야 되리라고 본다.　　　　徐　大　錫

論　著

1. 張籌根　韓國口碑文學史　上(韓國文化史大系 V, 高麗大　民族文化硏究所, 1967)
2. 徐大錫　叙事巫歌硏究(國文學硏究 8, 서울大 국문학연구회, 1968)
3. 趙東一　英雄의 一生, 그 文學史的 展開(東亞文化 10, 서울大　東亞文化硏究所, 1971)
4. 徐大錫　바리공주 연구(啓明論叢 8, 啓明大, 1972)
5. 張籌根　叙事巫歌의 始源과 民俗文藝史上의 位置(文化人類學 5, 韓國文化人類學會, 1972)

6. 徐大錫　판소리와　叙事巫歌의　對比研究(論叢　34，梨花女大　韓國文化研究院，
　　1979)
7. 徐大錫　帝釋本풀이　研究(韓國巫歌의　研究，文學思想社，1980)
8. 任晳宰　우리나라의　天地開闢神話(金永敦博士華甲紀念敎育學論叢，1971)
9. 徐大錫　創世始祖神話의　變異와　意味(口碑文學　4，韓國精神文化研究院，
　　1980)

5. 민요의 기능과 사설

민요는 민중들에 따라 형성·발전·향유되는 가락과 사설과 기능이 뭉뚱그려진 노래로서 민간생활과 직결되는 가장 민중적인 구비문학이다.

가락이 위주가 되면서 사설과 기능이 함께 따른다는 점이 다른 구비문학과 구별되는 민요의 형태이다. 음악적 율동이 사설에 곁들이기 때문에, 민중들은 노래를 흥겹게 부르는 사이에 그들의 삶을 새로이 인식하고 스스로를 고무한다.

그 가락이나 사설은 어느 개인이 창작한 게 아니라, 모든 구비문학이 그렇듯 민중공동의 참여로써 이루어진 것이다. 「民謠」의 「謠」는 謠言·謠俗·謠傳이란 말에서 볼 수 있듯이 집단성을 내포한다.

민요는 반드시 口演을 전제하는데, 오늘날 전해지는 민요는 기하급수적으로 늘어난 숱한 사람들의 참여에 따라 이룩된 결정이다.

민요는 그 기능이 두드러져서 민간생활과 직결된다. 민요는 전해져 내려오는 민간생활의 모든 영역을 통계수자 이상으로 사뭇 정확하게 집약한다. 지리·역사·사회·관습·생업·경제·신앙 등 인간생활 전반이 한편 한편의 민요 속에 담겨 있다. 노동을 하거나 의식을 치르면서 노래한다는 점에서도, 즉 생활의 필요에서 민중이 노래를 부르게 되므로, 민요는 그들의 생활과 더욱 밀착된다. 민요가 특히 민간생활의 주가 되는 노동과 직결된다는 점은 어디서나 노동요가 민요의 핵심을 이룰뿐더러, 민요가 노동요에서 시작되었다는 일반적인 견해에서도 확인된다. 노동은 민간생활의 전부이므로 노동을 떠난 농어민은 있을 수 없다. 민요의 특징은 다른 구비문학과는 달리 기능적이라는 사실이다. 민중들은 노래하며 일하는 사이에 노동을 즐겁게 치르는 지혜를 배우는 한편, 보람되게 살아가려는 의욕을 갖게 된다.

민요는 다른 구비문학에 비해 철저히 민중적이다. 귀족들은 설화·수수께끼·속담 등에는 참여하지만, 노래하는 데는 외면한다. 따라서 민요는

민중들만이 부르는 민중의 예술이다. `

기능적 민중적이기 때문에 민요에는 그 지역성이 짙게 드러난다. 경상북도 민요는 경상북도적 특색이 있고, 제주도 민요는 제주도적 특색이 있다. 그 사설 내용이나 가락이 지방마다 다를 뿐 아니라 노래의 분포 또한 다르다. 「대문열기」「놋다리」「월워리청청」 등이 경북지방에만 분포되어 있음에 비하여, 「해녀노래」「발 밟는 노래」「양태노래」「탕건노래」「망건노래」 등은 제주도에만 분포되어 있다. 민요 분포실태가 파악되어 전국 민요의 분포도 작성이 시급한 실정이다.

민요는 또한 자족적이다. 설화·판소리·수수께끼 등은 이를 듣는 상대가 있어야만 하지마는, 민요는 창자 스스로의 필요성에서 부르는가 하면, 창자 스스로가 즐기기 위해서 부른다.

민요를 부르는 사람은 특별한 능력을 지닌 전문가가 아니다. 부르는 사람과 듣는 사람이 대체로 동질적이어서 함께 부를 수 있다. 다만 잡가인 경우는 뛰어난 솜씨를 지니고 있는 소리패가 부르기 때문에 전문적이다. 광대가 판소리를 부르거나 무당이 무가를 부르는 경우는 전문적일뿐더러, 이를 생업으로 삼고 있으므로 일반민중들이 부르는 민요와는 썩 다르다.

민요는 가락과 사설과 기능이 뭉뚱그려져 구연된다. 그 가락·사설·기능 어느 한 면에 관점을 돌렸을 때 음악적 구비문학적 민속학적 연구가 제각기 이루어진다. 이 가락·사설·기능의 결합은 고정적이기도 하고 유동적일 수도 있다(20).

민요의 사설은 크게 보아 두 가지로 나누어진다. 하나는 이미 문자로 정착된 민요의 경우요, 또 하나는 전승자들의 기억 속에 남겨져서 구전되는 경우다. 전자의 경우는 상고시대부터 삼국시대·고려조·조선조를 거치는 동안 문자로 정착되어서 우리가 국문학 고전시가로 다루고 있는 작품의 일부와, 1920년대 이후 구전되는 민요를 집성한 경우로 나누어진다. 任東權(17) 등 문헌민요의 사적 연구를 시도한 학자들(6·33)도 있다.

민요의 기능은 민요를 부르는 사람들의 조직, 부르는 계기, 부르는 방식 등에서 구체화된다.

모내기노래의 경우, 「모시야적삼 시적삼에 분통겉은 저젖 봐라」하고 남자들이 부르면 「많이 보면 병난단다 담배씨만큼 보고 가자」하고 여인들이 받는다. 남녀가 이러한 연가를 주고받을 때, 주술적인 사고방법에 따라, 심은 모가 잘 자라고 풍성한 결실을 맺게 된다고 趙東一(26)은 보았다.

이런 노래를 부름으로써 일을 한결 즐겁게 치르게 될뿐더러, 행동이 규칙적으로 이루어져서 힘이 덜 든다. 또한 행동통일을 기함으로써 함께 일하는 사람들이 노래에 맞추어서 질서 있게 일할 수 있다. 제주도에서만 전해지는 해녀노래는 해녀들이 작업하러 헤엄쳐 나가면서도 부르지마는, 대개는 먼 바다로 배 타고 나갈 때 노저으며 부른다. 그들은 제주도 연안에서만 작업했었던 게 아니라, 한반도 각 연안에까지 나갔었는데, 그런 때에는 더욱 힘차게 불렀었다. 그들은 힘찬 가락으로 노래하면서 노를 저음으로써 힘을 북돋고 행동통일을 기한다. 이의 기능을 제대로 분석하려면 해녀의 작업실태, 기구, 이용하는 배의 구조, 노젓는 모습, 외국 진출 실태, 본토로 출가하는 과정, 출가생활 등과 더불어 해녀의 어장, 채취물, 작업의 어려움, 해녀들의 권익과 수익 등에 대한 폭넓은 조사가 뒤따라야 한다.

　민요에는 다른 무엇을 위해서 부르는 것이 있는가 하면, 다만 부르는 일 자체를 즐기기 위하여 부르는 것도 있다. 앞의 것을 기능요라 한다면 뒤의 것은 비기능요이다. 일을 즐겁게, 그리고 함께 해내려고 부르는 노동요, 의식을 원만히 치르기 위해 부르는 의식요, 유희와 무용을 질서있게 치르기 위한 유희요의 일부나 무용요는 기능요다. 그리고 「아리랑」 등 많은 타령은 그 노래를 부르며 즐긴다는 뜻밖에 정해진 기능이 없으므로 비기능요다.

　기능요 가운데서도 노동요는 민요의 밑바탕이며 그 대들보다. 민요의 수집 연구는 따라서 어디서나 노동요 중심으로 이루어지게 마련인데, 근래 그 작업 자체가 사라지거나 작업은 하면서도 노래는 안 부르는 경우가 흔해서 노동요는 아주 없어질 위태로운 계제에 놓여 있다. 의식요는 「행상노래(상여소리)」「달구질노래」「지신밟기」 등이 전하자마는 노동요에 비하면 단조롭다. 유희요는 놀이를 원만하게 즐겁게 진행시키기 위해서 부르는데, 놀이를 위한 기능이라는 점에서 노동요나 의식요와는 성격이 다르다.

　민요는 원래 여음만으로 불려지다가 나중 사설이 덧붙여졌다. 여음만으로 불리는 민요는 아직도 볼 수 있다. 노동요의 사설은 대체로 두 가지로 나누어진다. 첫째는 노동과 관련된 사설이요, 둘째는 노동과는 관련 없이 노래하는 이의 심정을 드러내는 사설이다. 「타작노래」에서처럼 일이 거칠고 행동통일이 필요한 작업에 따르는 사설은 노동과 밀착되어서 주로 노동하는 실태를 노래한다. 「논매는 노래」나 「맷돌노래」처럼 일이 거칠지 않고 행동통일이 필요치 않은 작업에 따르는 사설은 노동과 밀착되지 않은 채 거의가 노래하는 이의 심정을 노래한다. 노동과 밀착되어서 노동하는 실태를 노래하는 사설은 노동과는 밀착되지 않은 채 노래하는 이의 심정을 노래하는 사설에 비하여 조잡하다.

   (1) 여개를 때려라 에오
     저개를 때려라 에오
     주인내 이망을 에오
     때려라   에오 (慶南 咸陽)(9)

   (2) 청사초롱 불밝혀라
     청사초롱 임의방에
     임도눕고 나도눕고
     저불끌이 누있을고 (慶南 慶州)(10)

  (1)은 「타작노래」요, (2)는 「모내는 노래」다. (1)은 타작하는 실태를 노래하는 데 그치고 있으며, (2)는 모내기를 하면서도 모내기하는 일과는 상관이 없는 남녀의 사랑을 노래하고 있다. 제주도 민요의 대표인 「맷돌·방아노래」의 예를 본다면, 자립과 근면, 팔자와 한탄, 사랑과 원한, 시집살이 등을 노래하는가 하면, 警世·꿈·신앙·풍토 등을 폭 넓게 노래한다. 이는 金榮敎(14)의 분류에서 확인된 바로, 노동실태와는 전혀 상관이 없이 노래하는 이의 생각을 노래하고 있다.

   (3) 어멍 펜에 나 아니 가멍
     바농 간 듸 씰 아니 가랴(濟州 朝天面 咸德里 女 68 김재일)(14)
     (어머니 편에 내 아니 가며
     바늘 간 데 실 아니 가랴)

  (3)은 맷돌 갈고 방아 찧으면서 불러지니까 「맷돌·방아노래」이지, 그 사설 내용만을 본다면 思母謠로 볼 수 있는 노래다.
  경상북도 영양·청송·영천군 일대에 뻗친 태백산맥 줄기에는 길쌈을 하면서 부르는 서사민요가 꽤 번져 있다. 삼 삼고 물레질하고 베 짜면서 부르는 이 길쌈노래에는 일하는 심정을 드러내는 기능이 더 중요하다. 조동일은 길쌈을 하는 경우 그 일과는 상관이 없는 「시집살이노래」 등 14 유형의 노래가 있음을 확인했다(19). 많은 사람들이 떠들썩하게 어울려야만 노래할 수 있는 노래들보다, 한두 사람이 정해진 자리에 조용히 앉아서 오랜 시간 일하는 작업일 경우, 마음은 가라앉고 잃어버렸던 자기로 돌아와서 가다듬어진 사설이 쏟아져나온다. 맷돌·방아질은 한두 사람이 아늑하게 앉아 오랜 시간 치르는 작업이며, 길쌈질도 마찬가지다. 특히 물레질은 혼자서 대개는 밤에 시작해 새벽까지 한다.

민요에서는 男謠와 婦謠가 뚜렷이 나누어지고 어린이들만이 부르는 동요가 독립된다. 이처럼 남요와 부요로 뚜렷이 구분됨은 남자들의 노동과 여자들의 노동이 다르기 때문이다. 물론 「모내는 노래」처럼 남녀가 어울려 함께 노래하는 민요도 있다. 의식이나 유희에서도 남녀의 차이가 있다. 한국민요에서는 남요보다 부요가 더 풍부하고 그 질도 빼어나다는 사실은 많은 사람들(9·13·19·21·33)이 지적하고 있다. 이는 노래할 기회가 여인들에게 더 많이 주어진다는 데에도 연유하겠지마는, 그보다 노래를 차분히 부르는 재능은 여인들에게 더욱 풍부하기 때문일 것이다.

의식요는 「행상노래(상여소리)」와 「달구질노래」, 곧 만가가 위주가 된다. 상여를 메어가거나 달구질을 하는 데 필요한 사설과 산 사람과 돌아간 이 사이에 하는 말들이 주축을 이룬다. 만가에서는 죽음의 슬픔을 자연의 섭리로 돌리고, 비탄을 운율로 승화시키면서 상주와 조객을 위로한다. 자신들의 슬픔을 스스로 달래고 일의 능률을 올리면서 다음 삶을 준비하는 결의까지 다진다. 이런 점에서도 우리 민족의 슬기와 낙천성을 엿볼 수 있다고 鄭東華(33)는 말하고 있다.

유희요 또는 무용요에서도 놀이나 무용에 직접 관련되는 사설을 부르는가 하면, 놀이나 무용과는 상관 없이 이를 풍부하게 하는 사설도 부른다. 전국에 알려진 것으로는 「강강수월래」「놋다리」「월워리청청」 등이 있다. 「강강수월래」는 호남지방에, 「월워리청청」은 경북 동해안지방에, 「놋다리」는 안동에 번져 있는 것이다.

우리나라 민요 사설의 주제는 어떠한가. 임동권의 〈韓國民謠集〉(10)과 경기도 민요를 대상으로 정동화(33)가 분석한 바에 따르면, 사랑(14.2%), 노동예찬(10.2%), 향락(10%), 탄식(9.9%), 해학(9.9%), 인생무상(7.2%), 충효(6.8%) 등의 순으로 집계되었다. 사랑과 노동예찬이 압도적인데, 이런 통계는 민요 수집의 주안점과 통계방법에 따라 그 차이가 드러날 수 있다.

그 내용으로 보아서는 양이 풍부한 부요가 그 질 역시 빼어나는가 하면, 해학성과 낙천성이 두드러진다. 설움은 한국민요의 바탕이면서도 웃음으로 승화시키는 멋을 풍긴다. 한편 한국민요 전반에서 투지적인 면이나 살인에 관한 내용은 거의 찾아볼 수 없다. 한국민요의 바탕을 이루는 悲憤도 폭발하기보다는 웃고 마는 태도를 지니게 함으로써, 곧 싸우지 않고 서로 양보하는 평화애호 사상을 낳게 했다. 이는 영국이나 미국 민요에서 보이는 무법자·영웅·싸움·파괴·살인 등의 투쟁적인 주제와는 판이하다.

민요 연구에 있어 중요한 과제는 그 분류이다. 1933년에 金素雲에 의해 〈朝鮮口傳民謠集〉이 나온 이래 띄엄띄엄 그 집성들(2·4·7·8·10·14·15·16·18·19·22·23·24·25·26·27·29·30·31)이 나타났는데, 그 분류방법은 한결같지 않다. 이 나라 민요 연구의 획기적 업적을 마련한 高晶玉은 그의 〈朝鮮民謠硏究〉(9)에서 내용·창자·기능 등을 종합한 분류법에 따라 총 71형으로 나누었는가 하면, 〈韓國民謠集〉을 다섯 권이나 냄으로써 한국민요를 집대성한 임동권(21)은 역시 종합적 분류법에 따라 총 362형으로 세분하면서 민요 분류의 방법을 밝히기도 했다. 기능만을 내세워 민요를 분류한 경우는 김영돈(14)과 조동일(26)이다. 민요의 분류에 대해서는 여러 가지 관점이 있겠지마는 기능 위주의 분류일 경우에는 그 사설내용이 어떤 것이든 무엇을 하면서 부르는 민요인가는 곧 밝혀진다. 예를 들어 (2), (3)의 경우, 기능 위주의 분류가 아닐 경우엔 「모내는 노래」요 「맷돌·방아노래」인지의 여부를 전혀 알 길이 없다.

동요의 경우는 아직껏 본격적 독자적으로는 집성된 바도 연구된 바도 거의 없다. 嚴弼鎭(1) 金素雲(3·5) 朴斗鎭(11) 등에 의하여 단행본으로 집성되기도 했었지만, 그것은 어디까지나 민요를 모으는 가운데 의붓자식처럼 끼여들었을 따름이다. 동요 연구작업이 본격화되지 못했음은 전승동요 이론에 대한 단행본이 여태 단 한 권도 없다는 데서도 입증된다고 김영돈(32)은 지적하였다. 우리나라의 전승동요는 動植物謠·天體氣象謠·遊戱謠·諷笑謠·語戱謠·자장가·其他謠로 나눌 수 있는데, 대자연을 소재로 한 노래(동식물요·천체기상요)가 풍부한 셈이다. 그 내용 또한 이웃끼리 서로 돕고 낙천적인 생활의욕이 드러나는가 하면, 질서의식 및 아름다운 꿈과 깊은 애정이 담겨 있는바, 이는 한결같이 어린이들이 건전하게 자라는 데 긍정적으로 기능한다.

요마적에 이르러 어린이들의 일상생활 주변과 어른들 사회의 어두운 측면을 날카롭게 비꼬는 사회의식이 두드러진 유희요가 어린이들 세계에서 고무줄놀이·공치기놀이 등의 유희와 더불어 널리 번져가면서, 대자연을 소재로 한 아름답고 싱싱한 전승동요는 급격히 사라지고 있다. 이의 수집과 분석작업에 열의를 쏟아야 할 것이다.

(4) 두껍아 집 지어라
　　황새야 물 길어라 (利川)(11)

(5) 별 하나 따서
　　구어서
　　불어서
　　망테기 넣고
　　하늘로 올라가지 (忠南)(2)
　　　＊「별 둘, 별 셋……」 하면서 열까지 한숨에 노래한다.

(6) 어떤 사람 팔자 좋아
　　아랫목에 이불 펴놓고
　　우하차차 우하차차
　　순이아버지 (濟州)

　(4)는 바닷가 모래펄에서 벌거벗은 어린이들이 모래로 집짓기놀이를 하면서 부르는 동요다. 집을 신축하기 위해 온 마을아이들이 총동원되어 물 긷고 새벽하면서 이 노래를 되풀이하는 사이, 이웃끼리 서로 도울 줄 아는 어린이로 자란다. (5)를 부르면서도 어린이들은 또한 푸른 꿈을 키운다. 그런데 고무줄놀이와 함께 요새 새로이 번지는 유희요 (6)에서는 어른들 사회의 위화감이 드러나 있다.
　이제까지의 민요연구는 개설적인 데 치우쳤었다. 아니면 어느 지방, 혹은 어떤 종류의 민요를 해설하거나 그에 담긴 의식을 분석하는 게 일반적인 방법이었다. 이런 가운데 몇몇 주목할 만한 작업들도 나타났다.
　민요의 연구방법에 쐐기를 넣은 것은 조동일의 〈叙事民謠硏究〉(19)다. 구비문학은 문학 이전의 것이 아니고, 기본적인 문학이라는 관점에 서서 경상북도의 서사민요, 곧 「길쌈노래」를 새롭게 분석했다. 구비문학 전반에 대한 자료 수집과 그 분석방법(28)이 1978년경부터 한국정신문화연구원 어문학연구실 중심으로 활발하게 전개되더니, 민요의 조사방법 역시 현장론격(contextual) 방법을 택하자는 이론이 섰다. 이에 따라 구비문학 조사 1차 5개년계획으로 1979년도에 제1차년도 조사결과가 〈韓國口碑文學大系〉 16권(31)으로 나왔으며, 이 사업은 현재 진행 중이다. 설화·무가와 더불어 각도 민요의 표본을 살필 수 있을 획기적인 사업이다.
　민요가 지니는 비중으로 보아, 이의 수집·연구는 민족적 차원에서 시

급하고도 활발하게 전개되어야 할 것이다.   金 榮 敦

論 著

1. 嚴弼鎭 朝鮮童謠集(彰文社, 1924)
2. 金素雲 朝鮮口傳民謠集(第一書房, 1933)
3. 金素雲 朝鮮童謠選(岩波書店, 1933)
4. 林和 李在郁 朝鮮民謠選(學藝社, 1939)
5. 金素雲 口傳童謠選(博文書館, 1940)
6. 周王山 朝鮮民謠概論(中央中學, 1947)
7. 金思燁 崔常壽 方鍾鉉 朝鮮民謠集成(正音社, 1948)
8. 成慶麟 張師勛 朝鮮의 民謠(國際音樂文化社, 1949)
9. 高晶玉 朝鮮民謠硏究(首善社, 1949)
10. 任東權 韓國民謠集(東國文化社, 1961)
11. 박두진 한국전래동요독본(을유문화사, 1962)
12. 洪貞杓 濟州島民謠解說(省文社, 1963)
13. 金榮敦 濟州島民謠의 特色(濟州大學, 1964)
14. 金榮敦 濟州島民謠硏究 上(一潮閣, 1965)
15. 秦聖麒 南國의 民謠(濟州民俗文化硏究所. 1968)
16. 成慶麟外 民謠三千里(省音社, 1968)
17. 任東權 韓國民謠史(文昌社, 1969)
18. 韓國文化人類學會 韓國民俗綜合調査報告書(文化財管理局, 1969~81)
19. 趙東一 叙事民謠硏究(啓明大, 1970)
20. 張德順外 口碑文學槪說(一潮閣, 1971)
21. 任東權 韓國民謠硏究(宣明文化社, 1974)
22. 任東權 韓國民謠集 Ⅱ(集文堂, 1974)
23. 任東權 韓國民謠集 Ⅲ(集文堂. 1975)
24. 김성배 香頭歌・成造歌(正音社, 1975)
25. 張德順外 韓國口碑文學選集(一潮閣, 1977)
26. 趙東一 慶北民謠(螢雪出版社, 1977)
27. 呂榮澤 울릉도의 傳說・民謠(正音社, 1978)
28. 語文學硏究室 口碑文學調査方法(韓國精神文化硏究院, 1979)
29. 徐元燮 鬱陵島民謠와 歌辭(螢雪出版社, 1979)
30. 任東權 韓國民謠集 Ⅳ・Ⅴ(集文堂, 1979~80)
31. 語文學硏究室 韓國口碑文學大系 全 16 卷(韓國精神文化硏究院, 1980)
32. 金榮敦 韓國傳承童謠蒐集硏究經緯(延岩玄平孝博士回甲紀念論叢, 1980)
33. 鄭東華 韓國民謠의 史的 硏究(一潮閣, 1981)

6. 전설과 역사

　전설은 이야기이다. 이야기의 여러 갈래 중에서 특히 사실에 근거를 둔 것을 전설이라 한다. 사실은 실제로 있었던 것이며 이야기는 꾸며낸 것이다. 전설은 꾸며낸 이야기이되 실제로 있었던 사실과 일정한 관계를 지니고 있다. 꾸며낸 이야기이기 때문에 전설은 문학이지만, 객관적인 사실을 근거로 하여 꾸며졌다는 점에서는 역사와도 만난다.

　전설은 문자로 기록되어 있는 경우도 있으나, 말로 전승되는 것이 기본적인 성격이다. 말로 전승되는 것에는 구비문학과 구비역사가 있는데, 전설은 두 성격을 아울러 지닌다. 따라서 전설의 경우 문학적 연구와 역사적 연구가 함께 가능하며, 전승방식에 관심을 기울여 구비전승의 양상을 다각도로 살피면 민속학적 연구도 가능하다. 그러나 전설연구의 바람직한 길은 이렇게 갈라져 있는 것이 아니다. 문학·역사학·민속학적 관심과 방법론이 포괄적으로 문제될 때, 전설연구의 새로운 길이 열릴 것이다. 여기서는 주로 전설이 지닌 문학성과 역사성의 기본적인 관계를 검토하면서 전설의 역사적 연구의 필요성과 가능성 및 그 방향을 검토하려 한다.

　전설은 문학성과 역사성을 함께 지닌다. 역사는 이미 있었던 사실을 정확하게 기술하고 문학은 있을 수 있는 일을 허구적으로 지어낸다. 문학은 허구적이되 있을 수 있는 그럴 듯함을 지닐 뿐 아니라, 있었거나 있는 현실에 대한 인식과 반영이 작용하여 생산되어진다. 그러므로 문학은 역사와 동떨어진 것이 아니라, 작가를 통하여 굴절된 역사의식을 내포하고 있다. 작가는 문학적인 상상력을 통해서 이야기를 꾸며내지만, 이러한 꾸며냄도 역사적 현실에 대한 의식을 드러내면서 형상화되는 것이며, 역사의식이 투철할 때 문학적 형상성도 높아지는 것이다. 그러나 이때 문제되는 역사적 현실은 개별적인 문제가 주관적으로 의식되기 쉬우며 작자의 개성이나 독창성에 의하여 객관성을 잃기도 한다. 따라서, 문학작품을 통해서 당대의 역사적 현실을 어느 정도 가늠할 수는 있으나, 객관적인 사실로 받아들일 만한 역사서술을 기대하기는 어렵다. 이 점이 역사학에 기여하는 문학일반의 한계이다.

문학작품 가운데에서도 객관적인 사실을 근거로 창작되는 역사소설·민족서사시·전설 등의 경우는 다르다. 특히 민족서사시와 전설은 어느 개인이 지어낸 것이 아니며, 당대적인 것도 아니므로 역사적 기능을 더욱 강하게 지니고 있다. 전설은 오랜 세월을 거치면서 여러 사람들이 공동으로 참여하여 지어지고 전승되는 것이다. 전승되는 가운데 바뀌기도 하고 의견을 달리하는 수도 있지만, 전승자나 이를 듣는 사람들이 한결같이 사실로 믿고 있다는 점은 특히 역사적 기능으로 주목할 만하다. 많은 사람들이 오랫동안 어떤 사실을 실제로 있었던 일로 믿고 이야기하며 사실로 받아들인다면, 이는 실제로 있었던 일이 아니라도 있었던 일 이상의 중요한 역사적 의미를 가지는 것이다.

역사의 기능이 역사적 사실을 정확하게 전달하고 나아가서 그것이 가진 의미를 오늘의 문제와 관련지워 해명하는 것이라면, 전설도 같은 기능을 가지고 있다. 사료는 무미건조한 사실의 수집에 지나지 않으나, 전설은 이들 자료를 줄거리로 삼아서 한 편의 생생한 이야기가 되도록 살을 붙이고 일정한 형식으로 얽어서 재미있고 생기가 도는 자료로 재창조해 낸다. 이와 같은 문학적 상상력이나 융통성은 역사적 사실을 독자에게 생동감 있게 전달하는 일차적인 기능을 담당한다. 전설을 이야기하는 과정에, 구체적인 묘사나 사실을 해석하고 의미를 부여하는 방향은 전승자에 따라서 또는 시대적 상황에 따라서 얼마든지 달라질 수 있으므로, 역사학에서 사료를 해석하는 것과 같은 상상력 내지 사유적 기능을 가지는 것이다. 그러므로 전설은 문학적인 예술성을 지니면서 역사학이 담당하는 기능도 적극 수행하는 것이다.

실제로 문자를 사용하지 않는 민족의 역사를 기술하는 경우에 전설은 가장 중요한 사료 구실을 하고 있으며, 문자를 사용하지 않던 선사시대의 역사를 다시 구성하는 경우에도 고고학적 자료와 함께 필수적인 사료 구실을 한다. 아직도 문맹국에서는 그 지역의 역사를 말로 전하는 전문 이야기꾼이 마을마다 있어서 역사가 구실을 하고 있고, 이야기를 통해서 역사의 전수가 계속되고 있다.

문자를 사용하고 있는 지역이나 사용하던 시대에도 전설이 담당하는 역사적 기능은 과소평가할 것이 아니다. 고대나 중세 초기의 역사서술은 대부분 전설과 같이 구전되는 이야기를 바탕으로 이루어졌으며, 이들 전설이 문헌에 정착된 이후에도 계속 구전되면서 문헌을 접할 수 없는 사람들에게 역사의 구실을 했던 것이다. 문자가 통용되고 역사가 문자로 기록되는 시대에도 역사적 상황이 정상적인 역사기술을 억압할 때는 전설이 보다 정상적인 역사의 기능을 담당한다. 뿐만 아니라, 전설을 통해서 단편적인 자료나 주관적인 편견으로 기술된 문헌사료의 미흡함을 보완하고, 문헌사료로 드러난 역사적 사실의 이면까지 꿰뚫어볼 수 있는 길을 마련할 수 있다.

문헌사료는 주로 관의 명에 의해서 찬술된 것이므로, 역사 자체에 대한 이해나 해석에도 일정한 한계를 지닌다. 전설은 민중의 입장에서 역사적 사실을 자연스럽게 전달할 뿐 아니라, 역사에 대한 비판적 인식을 함축하고 있다. 따라서 지배층 중심의 정치적 문제를 중심으로 기술된 문헌사료의 결함을 극복하는 데 있어서도, 민중의 의식을 드러내면서 피지배층 중심의 사회사와 문화사를 포괄하는 전설의 성격은 새로운 차원의 역사연구를 가능하게 한다. 역사학의 방향이 중앙과 지배층 중심의 정치사 연구에 머물러 있지 않고 지역 중심의 민중사까지 포괄하는 쪽으로 나아가야 한다면, 전설을 역사연구의 자료로 적극 끌어들여야 할 것이며, 전설연구에 대한 역사학적 방법론도 개척해 나가야 할 것이다.

전설의 역사적 기능과 역사학적 연구의 필요성이 객관적으로 입증되었다 할지라도, 전설을 역사학의 현장에 끌어들이는 데는 상당한 문제가 있다. 우선 전설이 사료로서의 타당성을 지니는가 하는 것이 문제이다. 구전사료인 전설은 전승되면서 바뀌어진다는 점에서 특수한 성격의 사료이다. 사료로서의 타당성은 역사적인 사실을 있는 그대로 정확하게 표현하고 있을 때 확보된다. 전설은 문헌사료나 유물사료처럼 문자나 물질로 고정되어 전승되는 것이 아니라, 말로써 전승되는 까닭에 인간의 기억력에 의존할 수밖에 없고 전승자의 능력과 생각에 따라 자료가 가감되거나 굴절될 수 있다. 이러한 전승적 성격 때문에 역사가들은 전설을 비롯한 구전사료를 사료로 인정하려 들지 않는다. 이것은 단순히 문자에 대한 신뢰가 말보다 앞서 있기 때문일 수도 있다.

문헌사료들 역시 기록자나 상황에 따라서 사실과 다르게 왜곡될 수 있으며, 현장을 보고하는 생생한 기록이 아닐 경우에는 구전사료와 마찬가지로 이야기와 기억에 의존하여 기록될 수밖에 없다. 사가들은 역사를 기록하면서 자신이 부정확하게 알고 있는 사실을 기록하고 있음을 깨닫고 있으며, 표현에 있어서도 애매한 말이나 용어를 사용하고 있음을 의식하고 있다. 이에 비한다면, 구전에 의한 전설의 유동성은 역사적 사실의 원형을 변질시킬 가능성도 있으나, 여러 사람이 공동으로 전승하면서 그 사실을 신뢰하므로 객관성을 확보할 수도 있다. 문헌사료는 전승과정에서 변질될 염려가 없으나 기록 당시에 왜곡된 자료는 왜곡된 상태로 계속 전승되는 것이다. 그러므로 문헌사료라 하여 그대로 받아들일 것은 못된다. 전설이든 아니든 문헌자료이기 때문에 사료로 삼고 구전자료이기 때문에 사료로 취급하지 않는 것은 문자에 대한 편견에 불과하다. 〈三國遺事〉와 같은 문헌사료는 대부분이 전설로 되어 있으며 전설을 다룰 수 있는 능력이 있어야 구체적인 이해가 가능하다.

어떤 사료이든 그 특성에 따른 적절한 비판이 따르지 않으면 역사이해의 오류를 범하게 된다. 마찬가지로 전설이 지니고 있는 역사적 사실이 타당성을 지니는가 하는 점은 여러 각도로 검증되어야 한다. 우선 전설 자체에서 내적인 모순을 지니지 않는가 검토되어야 하고, 나아가 문헌사료와 유물사료와의 관련 속에서, 또는 언어학·민속학·국문학 등으로부터 추출된 정보에 의하여 그 타당성이 검증되어야 할 것이다. 검증된 결과가 역사적 사실과 일치하지 않을 경우에도 왜 사람들은 사실과 다른 전설을 전승하면서 사실로 믿고 있는가 하는 점에 대해서는 역사적인 검토가 계속 필요하다. 전설의 사료적 타당성 검증은 역사적 연구의 가능성 여부를 판별하기 위한 것이 아니라, 연구의 방향을 잡기 위한 자료 이해와 관계되는 것이다. 즉, 전설의 역사적 연구의 가능성은 항상 열려 있는 셈이다.

역사적 연구를 염두에 두지 않더라도 전설이 전설로서 연구되려면 구비문학적 특성에 대한 이해가 앞서야 한다. 전설은 역사적 사실이 어떤 특별한 기술 없이 자연스럽게 다음 세대에 말로 전승되면서 형성되는 것이다. 그러나 전승과정에 문예미학적인 형상성을 갖추면서 교훈적 목적성을 띠게 되어 역사에 대한 교육적 기능을 가지게 된다. 그러므로 역사적 사실은 흥미를 지니면서 기억하고 전달하기 쉽도록 노래나 이야기의 형식으로 틀을 갖추게 되며, 문학적 표현에 대한 형상성과 역사에 대한 비판적 인식에 입각하여 굴절 변모하게 된다. 이러한 특성은 사실의 전달에 부정확성을 지니긴 하나, 문예비평적 검토를 거친다면 이를 창조적으로 이해하고 인식하는 데에 오히려 도움이 된다.

역사학의 영역을 어디까지 확대해야 할지 분명히 한정할 수 없으나, 문헌에 기록된 것만이 역사적 사실이 아니고 사실에 관한 것만이 역사학의 대상은 아니다. 정치·경제·사상·문학·예술 등의 영역이 함께 그 시대의 역사를 구성하며 지배층과 피지배층이 아울러 역사를 움직이는 것이다. 과거의 정치를 이해하는 것과 마찬가지로 과거의 문학을 이해하는 것은 그 시대의 역사를 이해하는 것이다. 그리고 피지배층의 생활과 생각도 지배층의 그것 이상으로 중요한 역사적 사실이다. 전설은 피지배층의 생활과 생각이 담겨 있는 민중의 문학이자 역사인 것이다.

역사학의 대상을 실제적 사실과 관념적 사실로 구분할 때, 대부분의 문헌사료는 실제적 사실에 가깝다. 과거의 사람들이 무엇을 했는가 하는 것보다 무엇을 어떻게 생각했는가 하는 것이 역사학의 중심문제라면, 실제적 사실의 정확성을 넘어서 있는 관념적 사실을 역사연구의 주요대상으로 삼아야 할 것이다. 전설은 실제적 사실을 민중의 입장에서 해석하고 재창조한 것이므로, 거기에는 실제적 사실을 평가하고 비판하는 역사의식이 반영되어 있으며, 미래의 역사창조에 대한 방향까지 제시해 주고 있다. 따라서 실제적 사실이 전설화되면서 관념적 사실로 바뀌게 되며, 이러한 관념은 당대 민중들의 한결같은 바람인 것이다. 역사학이 실제적 사실에서 관념적 사실로, 사실의 역사에서 의식의 역사로 탈바꿈하는 데 전설은 자료적 기여와 함께 방법론적 기여를 할 수 있다.

전설의 문학적 역사적 의의와 한계는 서로 어긋나 있다. 전설은 그 소재나 줄거리를 역사적 사실로부터 빌어온 것이므로 역사적 의의를 지니는 동시에 문학적 한계를 지니는 한편, 역사적인 자료들을 상상력에 의해서 재창조하므로 문학적 의의를 지니는 동시에 역사적 한계를 지닌다. 따라서 이를 받아들이는 관점에 따라서 전설의 문학적 역사적 연구는 함께 막히기도 하고 트이기도 하며, 어느 한쪽만 문제되기도 한다. 그러나 한계로 여겨졌던 문제들도 다시 생각하면 사정이 달라진다.

역사적 자료는 그 자체가 미완성의 것이며 불완전한 것이다. 그러나 전설은 구조상 개방적이며 전승과정에서 재창조와 수정이 허용된다. 역사연구는 역사적 사실과 의식을 함께 포괄해야 한다면 전설의 문학성이야말로 사료만으로써는 재구성하기 어려운 역사적 진실일 수 있다. 따라서 역사적 한계로 여겨졌던 전설의 문학성은 다시 역사적 의의를 높이게 되는 것이 된다.

문학적 허구성이라는 것도 단순히 역사적 현실성의 결여에서가 아니라, 이에 대한 깊은 헌신에서 독창성을 획득하는 것이다. 작품에서 문제삼은 현실성과 이를 형상화한 허구성이 상호관련 속에서 분석되어 작품이해의 통로를 마련하는 것이라면, 전설을 통해서 객관적인 사실이 허구화되는 과정을 구체적으로 추적할 수 있으므로, 여기서 얻은 성과가 문학 일반의 창작원리, 또는 작품이 지닌 역사의식을 검토할 수 있는 논리를 새로 발견해 내는 데 도움을 줄 수 있다. 따라서 문학적 한계로 여겨졌던 전설의 역사성은 문학연구의 의의로 발전하는 것이다. 그러므로 서로 상반되어 있는 것으로 파악된 문학적 역사적 의의와 한계는 전설의 연구과정에서 상호보완적인 관계로 작용하는 셈이다.

전설과 역사와의 관계에 대해서는 국문학자들이 전설을 어떤 역사로 보느냐 하는 데 대한 논의가 있는 반면, 사학자들은 어떤 사관으로 보느냐 하는 데 관심을 쏟고 있다. 曹喜雄이 설화를 허구적 역사로 보고 역사와 설화를 엄격히 구분하려 한 것(4)에 비하여, 洪石影은 전설을 역사적 유래담으로 보아 그 형성과정을 신화—역사—전설로 살피고 있다(20). 蘇在英은 설화가 지닌 사실의 의도적 왜곡이 참가치를 지닌다고 하는(16) 한편, 전설은 강한 역사의식을 수반하고 있어 역사를 보완하거나 역사의 일부를 직접 담당하기도 한다는 보다 긍정적인 입장을 취했다(23). 趙東一은 한걸음 나아가 전설은 그 자체로서 충실한 역사라고 할 수 있는 의의를 지니고 있다는 견해를 표명하면서 일련의 역사적 연구를 시도했다(3·6).

사학자들은 〈삼국유사〉의 설화성을 통해서 그 사학사적 의의를 논의했다. 李基白은 신화와 전설로 이루어진 〈삼국유사〉를 좁은 안목의 도덕적 합리주의사관에 대한 비판이라는 점에서 근대사학으로 높이 평가하고 있으며(18), 金相鉉 역시 〈삼국유사〉는 전설로 역사기술을 한 것이지만 복고적인 것이 아니라, 불교사관에 입각하여 현실의 모순에 대한 강한 비판의식과 역사전통에 대한 강렬한 자주의식을 내포하고 있다고 긍정적으로 평가하였다(22). 그러나 이러한 견해는 〈삼국유사〉의 사학사적 의의를 전설과 관련시켜 파악한 것으로서 전설 자체가 지닌 역사성에 대해서는 구체적인 논급이 없었다.

전설연구의 방향은 그 대상에서 문헌자료를 중심으로 한 것과 구전자료를 중심으로 한 것, 방법면에서 문학적인 연구와 역사적인 연구, 민속학적인 연구로 나눌 수 있다. 지금까지의 연구는 주로 〈삼국유사〉 소재 설화를 대상으로 한 문학적 연구가 대부분이었다. 국문학 연구가 시작되면서부터 전설연구가 계속되었으나, 張德順의 〈삼국유사〉 설화의 분류작업(8)을 고비로 한층 본격적인 연구가 진행되었다. 전설연구에 관한 문학적 민속학적 성과는 미루어두고 역사적 연구의 성과만 문제삼는다면, (1) 전설을 역사적인 사실과 관련지워 검토한 것(14·16), (2) 전설을 통해서 역사적 상황을 밝히려 한 것(12·15), (3) 역사적 사실에서부터 전설이 형성 변이되어 온 과정을 추정한 것(17·21·24) 등으로 구분할 수 있다.

(1)은 전설을 문학으로 이해하기 위한 수단으로 역사적 기록을 살피거나 비교 검토한 것이라면, (2)는 전설의 내용을 통해서 역사를 새롭게 이해하려 한 것이고, (3)은 전설의 형성과 전승과정을 역사적 맥락 속에서 민속학적으로 검토한 것이다. (2)는 전설의 역사적 연구라고 할 수 있는데, 국문학자들이 부분적인 논의를 한 데 반하여 역사학자들은 이를 적극적으로 다루었다. 특히 처용설화의 역사적 연구는 신라 말기의 호족과 중앙귀족 사이의 관계(12), 또는 아랍 상인과의 교역에 대한 해명을 가능하게 하였다는 점에서 주목할 만하다.

〈삼국유사〉설화연구의 대표적 성과로는 黃浿江의 연구를 들 수 있다(2). 그는 불교가 민중교화의 수단으로서 설화를 형성시켰다는 점에 근거를 두고 신라인의 사상적 기반과 설화문학 의식을 다각도로 드러내 주었다. 신라인의 불교사상을 당대의 사회문화와 관련지어 해명한 것은 신라시대 역사 이해의 한 성과로 받아들여도 좋겠다. 그러나 관심의 방향이 불교적인 문제에 쏠려 있기 때문에 전설의 역사적 연구에 대한 깊은 인식이나 방향을 제시하는 데는 소홀할 수밖에 없었다. 황패강에 이어 문헌설화 연구의 괄목할 만한 업적이 조희웅에 의해서 이루어졌다(4). 그는 19세기의 설화집을 다루면서 설화집의 성격과 상호관계, 설화의 소설화과정 외에도 역사와의 관계를 따로 문제삼았다. 과학의 영역에 속하는 역사와 문학의 영역에 속하는 설화는 엄연히 구별되어야 한다는 입장을 취하면서도 역사연구에 설화적 자료가 중요한 것처럼 설화연구에서도 역사의 검토를 빼어놓을 수 없다고 하였다. 실제 작업에서도 몇 가지 항목을 정해서, 설화에서 드러난 역사적 상황과 민중의식을 검토하였다. 설화의 역사적 가치를 회의적으로 받아들인 탓으로 역사적 연구의 방법론적 개척은 처음부터 기대할 수 없었다.

구전되는 전설을 조사하고 연구하는 경우에는 자연히 역사적 연구를 수반하게 된다. 구전되는 전설은 역사적으로 형성되고 변모된 결과 지금까지 전승된 것이며, 전승집단 사이의 갈등관계는 역사적인 이해 없이는 설명될 수 없기 때문이다. 崔來沃의 연구가 변이와 분포를 중심으로 전설의 형성과 전승과정을 역사적인 측면에서 다루었다면(5), 姜秦玉은 전승집단의 의식구조를 신분적 갈등에 대한 역사적 이해 위에서 다루었다(25). 이들 연구는 전설 자체의 역사를 추적했거나 전설에 대한 어떤 문제를 해결하기 위해서 역사적인 방법이나 지식을 필요로 했을 뿐이지 역사연구에 직접 기여한 바는 적다.

전설의 역사적 연구를 본격적으로 전개한 것은 조동일의 인물전설 연구이다(3). 그는, 전설이 와전된 역사도 아니고 왜곡된 역사도 아니며, 현재의 관심 때문에 역사가 문제된다면, 전설이야말로 특히 중요한 역사라는 전제 아래 전설의 역사적 성격과 여기에서 전개되는 세계관적 논쟁의 역사적 성격을 밝히고, 전설로 왜곡되고 과장된 자료를 통해서 역사적인 사실을 규명하는 방법을 모색하는 한편, 역사학의 방향과 전설의 역사적 기능을 두루 거론하면서 역사적 연구의 구체적 작업까지 해냈다. 이 연구는 鄭賢淑의 연구에까지 영향을 주었다(26). 인물전설 연구가 전설의 구비문학적 연구를 위한 다각적 접근의 한 시도로써 이루어진 것이라면, 여기서 착상되고 개발된 역사적 연구를 보다 본격적으로 문제삼은 것이 동학설화 연구이다.

동학설화 연구에서는 앞서의 견해를 재확인하면서 거의 역사연구라고 해도 좋을 만큼 역사적인 면에 관심을 집중시키고 있다. 이야기의 구조란 역사적 관련의 구조이고, 의미란 사회적 기능의 의미인 까닭에 이야기 자체의 구조나 의미를 파악하기 위해서도 역사적 사회적 검토가 필요하다고 주장하면서, 문헌자료만을 대상으로 한 연구에서는 기대할 수 없었던 동학 성립의 역사적 배경을 새로운 각도에서 해명하였다(6). 이는 구비문학 연구의 가능성과 폭을 넓힌 것이면서 전설의 역사적 연구는 물론, 역사연구 일반에 기여하는 업적이 되었다. 그러나 전설의 역사학적 성격을 체계적으로 분석하고 그에 따른 집중적인 연구는 계속해서 기대해야 할 것이다.

전설의 역사적 성격은 (1) 문헌에 남아 있지 않는 역사적 사실의 구성, (2) 전설을 자료로 한 문헌에 남아 있는 역사적 사실의 재검토, (3) 사실의 전설적 전환을 통해서 드러난 민중의 역사의식 구명, (4) 전승집단의 성격과 사회적 환경 및 시대적 상황에 따른 역사의식의 변모, (5) 전설의 문화사적 검토 등을 가능하게 한다. 이러한 문제를 두루 점검할 수 있는 대상은 역시 구전되는 전설이다. 구전자료를 수집하고 연구하는 것은 문학·역사학·민속학 자료를 확충하는 동시에 이들 세 학문의 포괄적인 발전에 일정한 기여를 하는 것이다.

오늘날 서구의 민속학계와 역사학계에서는 구비전승의 한 분야로서 口碑歷史를 학문의 주요 영역으로 삼고 있다. 구비역사의 전형이라고 할 수 있는 전설은 이미 오래 전부터 역사적 자료의 여러 종류 가운데 특별한 영역을 점유하고 있는 것으로 인정되고 연구될 뿐 아니라, 최근에 와서는 문헌자료에 의존하는 전통적인 역사학적 접근방법들이 불완전하다는 각성과 함께 무엇이 역사연구의 마땅한 소재이며, 그것을 어떻게 **求할** 수 있는가 하는 문제를 해결하기 위해서, 현재의 역사적인 문제에 대한 정보를 직접적인 인터뷰를 통해서 얻어내고 이를 녹음자료화하여 口述歷史를 구성하고 연구하려 하고 있다.

구술역사가 문헌자료의 보완 기능 외에 그 자체로서 역사 기술의 주기능을 담당할 수 있다면 우리도 현지조사를 통해서 자료의 확보를 서둘러야겠다. 이를테면 생존해 있는 內侍나 궁녀를 찾아서 조선시대의 궁중생활을 조사 연구할 수 있고, 3·1운동이나 4·19, 5·16 등 역사적 사건에 직접 참여한 사람들을 대상으로 그에 관한 자료를 수집하고 연구할 수 있는 것이다.

서구 민속학계와 역사학계에서는 구술역사에 대한 인기와 관심이 대단하나 단순히 역사학적 정보를 제공하는 새로운 방식 정도로 받아들이고 있으며, 이를 통한 역사학의 방법론적 개척이라든가, 이들 자료를 어떻게 연구하고 활용해야 하는가 하는 문제에 대해서는 아직도 통일된 견해가 마련되어 있지 않다. 전설연구는 구술역사의 수집과 연구의 방법론을 수립하는 데까지 기여해야 할 것이며, 이러한 문제까지 해결할 수 있는 연구로 나아가야 할 것이다.

林 在 海

論 著

1. 孫晋泰 韓國民族說話의 硏究(乙酉文化社, 1947)
2. 黃浿江 新羅佛敎說話硏究(一志社, 1975)
3. 趙東一 人物傳說의 意味와 機能(嶺南大 民族文化硏究所, 1979)
4. 曹喜雄 朝鮮後期文獻說話의 硏究(螢雪出版社, 1980)
5. 崔來沃 韓國口碑傳說의 硏究(一潮閣, 1978)
6. 조동일 동학 성립과 이야기(弘盛社. 1981)
7. 孫晋泰 處容郎傳說考(新生 3—1, 1930)
8. 張德順 三國遺事 所載의 說話分類(人文科學 2, 延世大 人文科學硏究所, 1958)
9. 李在秀 朱蒙傳說(東明王篇)論考(慶北大 論文集 8, 1964)
10. 金庠基 國史上에 나타난 建國說話의 檢討(建國大 學術誌 5, 1964)
11. 金廷鶴 檀君說話의 歷史性과 非歷史性(世代 1969. 3)

132

12. 李佑成　三國遺事 所載 處容說話에 對한　分析(金載元博士還甲紀念論文集。
　　　　 1969)
13. 李相玉　野史와 民族的 感情(아시아문화 1，1970)
14. 史在東　薯童說話研究(藏菴池憲英先生華甲紀念論文集，1969)
15. 李龍範　處容說話의　一考察(震檀學報 32，震檀學會，1969)
16. 蘇在英　堤上說話論攷(국어국문학 53，국어국문학회，1971)
17. 成耆說　口碑傳承 變異에 關한　一考察(국어국문학　58・60　합집，국어국문
　　　　 학회，1972)
18. 李基白　三國遺事의　史學史的 意義(震檀學報 36，震檀學會，1973)
19. 蘇在英　「三國遺事」에 비친　一然의　說話意識(崇田語文學 3，1974)
20. 洪石影　彌勒寺址의　緣起說話攷(馬韓百濟文化研究 창간호，1975)
21. 金學成　三國遺事 所載說話의　形成 및　變異過程試考(冠嶽語文研究 2，1977)
22. 金相鉉　「三國遺事」에 나타난　一然의　佛敎史觀(韓國史研究　20，韓國史研究
　　　　 會，1978)
23. 蘇在英　傳說(우리 民俗文學의 이해，開文社，1979)
24. 林在海　護國龍說話의　傳承樣相과 神人關係(韓國民俗學 13，1980)
25. 姜秦玉　韓國傳說에 나타난　傳承集團의　意識構造　研究(梨花女大　大學院，
　　　　 1980)
26. 鄭賢淑　朴文秀說話研究(嶺南大 大學院，1980)

7. 설화구조론

옛날부터 입으로 전해 오는 口碑傳承物 중에서 산문형식을 띤 것이 설화이다. 쉽게 말하여 옛날이야기이다. 여기에는 신성한 이야기도 있고, 어떤 지명이나 인물에 관한 이야기도 있고, 그저 세상의 모든 것을 담고 있는 사랑방 같은 이야기도 있다. 설화를 고전적으로 3분하면 신화와 전설과 민담이다. 이 세 가지 쟝르에 대해서 요즈음 논의가 일고 있으나 우리가 쉽게 이해하기로는 아직도 타당성이 있다고 하겠다. 그러므로 설화의 구조를 논하는 이 글에서는 신화와 전설과 민담을 포함하는 입장을 취하면서, 설화의 구조란 무엇인가, 그 구조를 분석하는 기준은 무엇이며 그것의 목적은 무엇인가. 이러한 본질적인 문제에 접근해 보고자 한다.

설화의 각 부분이 서로 어떤 관계를 가지며 작품 전체를 이루는가 하는 것이 설화의 구조이다. 구조란 전체 안에서 구성요소들이 유기적으로 맺고 있는 내적인 관계이다. 요컨대 부분과 전체의 유기적이며 동적인 관계이다. 어느 설화에든지 구조는 있으며, 이 구조 안에 의미를 담고 있다. 설화를 기억하고 口演하며 재창조하는 데 구조가 큰 구실을 한다.

구조는 크게 내부적 구조와 진행적 구조로 나눌 수 있다. 내부적 구조는 전체에서 부분으로 내려오는 하향적 수직적 종적 구조이며, 진행적 구조는 구술 시작부터 끝까지 시간적으로 진행하는 횡적인 순서구조이다. 후자는 플롯에 해당하는 것으로 「構成」이라고 한다. 이 양자의 틀 속에 가변적으로 담겨진 것이 내용이다.

구조의 크기와 전후 위치에 따라 알맞은 구조의 단위를 설정할 필요가 생긴다. 그러면 구조분석의 필요에 따른 단위를 어떻게 설정할 것인가.

진행적 구조에는 발단부와 전개부와 결말부, 그리고 주로 전설에 나타나는 證示部(지금까지 남아 있는 증거를 제시하는 부분) 등 4단계가 있다.

내용적 구조분석은 학자들의 주장에 따라 일정하지 않으나, 현재 說話型과 揷話와 모티프로 나누는 것에 접근을 보고 있다. 설화형은 다른 설

134

화와 판별이 되는 독립적인 구성과 내용이 있는 설화의 최고단위이다. 삽화는 설화형을 구성하는 대등적인 하위 설화형이며, 모티프로 구성된다. 설화형에는 반드시 여러 삽화가 있어야 하는 것은 아니다. 간단한 설화형은 삽화도 하나이므로 분석할 때는 삽화를 무시하고 「설화형→모티프」로 분석이 된다. 모티프는 톰슨(S. Thompson)이 정의한 바와 같이 「전승시키는 힘을 가진 최소의 요소이다. 이 전승력을 갖기 위해 비상하고도 눈을 끄는 그 무엇이 있어야 한다. 설화 중의 인물인 행위자와 어떤 사항이 단일한 사건으로 이루어지며, 그 자체가 단순한 것으로 분석적 연구에 의해서 분해될 수 없다.」

결국 모티프는 가장 짧은 내용을 가진 이야기의 알맹이다. 톰슨은 「비상하게 눈을 끄는 것」으로 어머니를 예로 들었다. 일반적인 어머니는 모티프가 될 수 없으며 잔인한 어머니나 계모는 이야기거리를 만들기 때문에 모티프가 된다고 하였다. 그러면 모티프 이하의 구조단위를 설정할 수는 없을까? 이것을 논하기 전에 먼저 구조주의에서 말하는 구조단위를 간단히 살펴보자.

構造主義의 構造論

구조주의 출발점은 언어였다. 따라서 구조주의 언어학이 오늘날 설화에 대한 구조주의의 시발점이 된다고 하겠다.

프로프(Vladimir Propp)는 민담형태론(*Morphology of the Folktale*, 1928)을 발표하면서, 러시아 민담 100話를 대상으로 31개의 기능을 찾아내, 이 기능이 줄거리를 전개하면서 의미 있는 인물의 행동을 나타낸다고 하였다. 31개의 기능이 순서에 의해 선택적으로 결합됨으로써 하나의 이야기가 이루어진다고 하며, 이를 5가지 式으로 정리할 수 있는데, 다만 기호로 처리되는 것은 31개로 제한되어 있으며, 이들은 항상 같은 순서로 나타난다. 예컨대 1번은 「가족 중의 한 成員이 집으로부터 내보내진다(나감, 기호는 β)」이며, 마지막 31번은 「주인공은 결혼하고 王座에 오른다(結婚, 기호는 W)」이다. 주인공이 집을 떠나는 출발은 11번인데 ↑로 표시하고, 주인공이 돌아오는 귀가는 20번인데 ↓로 표시했다. 아울러 그는 어떻게 기능들이 작중인물에 분포될 수 있는가를 밝히기 위해 7개의 행동반경을 제시했다. 이 책은 1928년 출판된 후 30년 만에 유럽과 미국에 번역 소개되어 커다란 영향을 주었다. 던데스(Alan Dundes)는 아메리카 인디안 설화에 이 방법을 대입하면서 기능에 해당하는 段落素를 설정하였다

프로프의 구조분석에는 단점이 있다. 일정한 기능들의 단순한 단선적인 결합만 다룬 감이 있다. 지금으로 보면 원시적인 방법으로 조사 수집한 자료(1855~1864년에 발간된 러시아 설화학자 A.N. Afanás'ev의 설화)를 사용했다는 것과, 설화의 생명인 변이에 소홀했다는 점이 지적될 수 있다. 개개의 설화가 갖는 특성과 미묘한 뉘앙스가 있는 변이를 무시하고 31개 기능만으로 단순화 공식화했다는 점과 러시아의 민담 아닌 다른 나라 설화에는 그대로 적용될 수 없다는 점이 문제점으로 지적된다는 말이다.

레비 스트로스(C. Lévi-Strauss)는 구조주의 언어학의 법칙을 민담보다는 신화에 적용시켰고 방대한 神話學을 저술하였다. 그는 총체적 구성단위를 설정하고 神話素(mytheme)라 하기도 하였다. 개별적인 신화에 있어서 이러한 신화소는 줄거리를 文으로 쪼갬으로써 만들어진다. 개개의 신화소는 관계를 구성한다. 고립된 것이 아니라 관계의 다발[束]을 형성하는데, 오이디푸스 신화를 분석할 때 그는 4개의 수직적인 기둥을 만들었다. 그 기둥에 들어가는 것들이 신화소의 다발이며, 공통적인 특성을 찾아 해석하는 것이 연구자의 임무이다. 그에게도 비판할 점이 있다. 자료면에서 문명인의 신화보다 미개인의 신화에서 간결한 신화적 신념과 사고를 귀납적이기보다 연역적으로 유출하는 방법과, 신화적 叙事가 아닌 신화적 思考를 다루며, 신화적 논리에 집착함으로써 신화적 서사의 미적 형식에 대해서 언급한 바가 없다는 점이다. 실제로 필자가 레비 스트로스의 구조분석을 한국설화에 시험해 본 결과 부적당하였다.

이들 두 사람의 영향을 받고, 그것을 발전시킨 그레마스(A.J. Greimas)와, 피에르 마란다와 엘리 쾽가스 마란다(Pierre Maranda and Elli Köngäs Maranda)의 구성이론이 있다.

構造設定의 基準

지금까지 구조에 대한 문제들을 간단히 고찰했거니와, 구조분석은 도대체 왜 하는가. 그러한 단점들이 지적된다면 더욱 발전적인 구조는 무엇인가를 생각해 보지 않을 수 없다. 필자가 생각하는 구조설정상 유의할 점을 들면 다음과 같다.

(1) 설화의 動態面을 전제해야 한다. 「옛날부터 전해 내려오는 이야기」라는 점에서 구비설화는 자연히 動態面과 靜態面, 그리고 現場性을 공유한다. 최초의 발생설화(祖話)가 시대와 장소, 화자를 달리하여 비슷한 여러 類同說話(類話)를 파생하여, 이들 유화가 통시적으로 지금까지 내려온

면을 말한 것이 동태면이다. 이 동태면을 연구할 때는 발생론·전파론·전승론·분포론 및 변이론이 등장한다. 이미 문자로 기록된 것——더구나 문어체로 개작한 자료——을 탁상에서 분석하는 것도 필요하지만, 그보다 口演 현장에 뛰어들어서 설화의 생태를 파악하고, 그 구조를 현장에 적용해 볼 수 있어야 이상적이라 하겠다. 지금까지 국내외에서 이 동태면이 소홀히 다루어졌었다.

(2) 설화의 전반에 통용되는 구조여야 한다. 러시아 민담이나 그리스 신화나 미개인 신화에만 적용되는 식은 안된다. 동서양이나, 고대와 현대, 신화·전설·민담의 모든 설화쟝르에 통용되어야 한다. 가능하다면 같은 구전서사물인 수수께끼와 속담에도 적용되어야 한다. 또한 구전 아닌 異本이 많은 고대소설 같은 기록문학에도 적용되면 더욱 좋을 것이다.

(3) 구조와 의미를 이원적으로 분리시킬 것이 아니라 구조분석이 바로 의미유출로 직결되어야 한다. 구조분석만을 위한 구조설정과 분석은 의미가 적기 때문이다.

(4) 類話간의 미묘한 뉘앙스가 있는 변이를 잘 설명할 수 있어야 한다. 유화간의 변별성과 동일성을 단적으로 제시하여 주어야 하므로 현재 쓰이고 있는 구조단위보다는 더 작아져야 한다. 곧 미시적 구조분석이어야 한다.

(5) 사용에 간편하고 이해하기 쉽고 합리적이어야 한다. 이 목적을 위해서 복잡한 설화를 공식과 도표로 할 수 있으면 좋다.

위에 제시한 기준을 충족시키기는 사실 지난한 일이나, 그 동안의 현지조사를 한 경험과 모험을 통해서 어느 정도 타당한 구조를 설정하기에 이르렀는데, 그것이 필자가 처음으로 설정하여 명명하고 사용하여 온 「話素」이다.

話素와 屬性

톰슨의 저작(*The Folktale, Motif Index of Folkliterature*, vols. 6)을 처음 대하면 모티프 설정에 만족하게 된다. 방대한 자료를 도함할 수 있으며, 그 정의가 명쾌하기 때문이다. 그런데 정작 이 모티프를 가지고 구연현장에 뛰어들어가 보라. 비슷한 이야기가 쏟아져나오는데——그 이야기들은 약간의 차이가 있지만 별개의 화자가 제공한 독자적인 생명체인 설화이다——모티프를 적용해 보면 그저 한 가지뿐이다.

〈장자못전설〉은 「동냥온 중에게 쇠똥을 준 부자는 물로 벌을 받아 연못

속에 빠져 죽고, 중에게 쌀을 준 며느리는 뒤를 돌아다보지 말라는 禁忌를 어겨서 돌부처가 되었다」는 내용인데, 이것을 모티프로 나누면 「쇠똥으로 虐僧」「금기」「陷沒」「化石」 모티프 등 넷으로 된다. 그런데 이 〈장자못전설〉을 집중적으로 조사하여 200類話를 정리하게 되었다. 200개 이야기는 각기 독자성이 있는데, 모티프는 어느 것이나 4개뿐이다. 크게는 같지만 사실 세부적으로 각기 다른데 모티프만 붙들고 있을 수 있는가. 톰슨은 평범한 어머니는 모티프가 아니고, 잔인한 계모는 모티프가 된다고 하였으나, 실제 설화에서 보면 친어머니가 독살스러울 수 있고, 계모가 인자할 수 있는데, 자료를 떠난 선입견이나 상식으로 모티프의 성립여부를 따지는 것은 부당하다.

똥장으로 중을 학대한 「虐僧 모티프」를 예로 들어보자.

	a	b	c	d	e
1話	a 옛날에	b 長者	c 영감이	d 중에게	e 쇠똥을 주었다
2話	a_1 신라시대에	b_1 張氏	c_1 부자가	d_1 老僧에게	e_1 외양을 주었다
3話	a_2 고려적에	b_2 장자댁	c_2 시어머니가	d_2 道士에게	e_2 쇠똥을 주었다
4話	a_3 근년에	b_3 인색한	c_3 부자가	d_3 乞僧에게	e_3 人糞을 주었다
정리	a 언제	b 어떤	c 누가	d 누구에게	e 무엇을
	(시대)	(생활상)	(악한 자)	(내방자)	(악한 짓)

위의 a〜e의 다양한 모습인 변이를 무엇이라고 할 것인가? 「학승 모티프」 하나만으로 도저히 설명할 수가 없다. a〜e에 대해서 어떤 구조설정을 할 필요가 있어서, 이들을 필자는 「화소」라고 설정했던 것이다. 화소라는 말은 언어학의 용어를 참고하고, 최하위 설화요소를 줄여서 명명한 것이다. 그러므로 모티프의 번역이 아닌, 모티프보다 작은 구조단위이다. (필자의 명명 이후에 모티프의 번역으로 話素를 쓰는 사례가 많아서 지금 혼동이 일어나고 있다.) 모티프는 견고하여 파괴되지 않는다는 톰슨의 말을 필자는 거부한 것이다.

톰슨의 모티프는 설화 중의 단어(행위자·사항·사건)나 짧은 문장을 말한다. 필자의 화소는 짧은 문장은 간혹 있으나 원칙적으로 단어이며 때로는 句와 節이다. 이 점은 비슷하다. 「전승력이 있는 특이한 것」만을 모티프라고 하지만, 화소는 「설화를 형성하는 모든 것」이다. 모든 것이라고 하나 「쇠똥을 주었다」의 경우, 「주었다」는 자동적으로 쇠똥에 붙여진, 별 의미가 없는 종속적인 것이므로 화소가 되지 않고 「쇠똥」만 화소가 된다. 「옛날」「어떤 곳에」를 톰슨은 모티프로 보지 않았지만, 필자는 이야기를

138

시작하는 이 고정된 시간과 공간 제시 단어를 화소로 설정하였다. 「지금도 그곳에서 놋그릇이 나온다」는 경우, 「지금도」와 「놋그릇」은 證示를 나타내는 화소가 된다. 그러므로 이야기가 길면 화소가 많고 이야기가 짧으면 화소는 적다. 같은 단어가 몇번씩 나와도 처음 등장할 때만 화소의 기호를 매긴다. 그 기호는 고정된 것이 아니고, 이야기마다 순서에 따라 매기므로 일정하지 않다. 요컨대 화소의 수는 프로프의 기능처럼 수자나 기호로 고정된 것이 아니고, 톰슨의 모티프처럼 알파벳과 수자로 고정된 것도 아니며, 이야기마다 형편에 따라 자유롭게 설정되고 기호는 구연자가 임의로 부여한다.

이제 화소를 정리해 보면, 화소는 설화의 최하위 구조(추상개념)로서 다음과 같이 정의할 수 있다.

(1) 모티프를 구성하는 그 하위단위이다.

(2) 설화를 6하원칙으로 나눈 것이다.

(3) 전체 설화에 작용하는 독자적인 단일의미가 있다. 한 단어(예컨대, 부자·중……)나 문장(예컨대, 절대로 뒤돌아보지 마라……)이다. 그러나 비록 6하원칙으로 주어진 단어나 문장이라 할지라도 당연히 종속되는 것은 딴 화소로 보지 않는다. 예를 들어 「부자가 살았는데」에서 「부자」는 화소가 되지만 「살았는데」는 화소가 아니라는 말이다.

(4) 전체에 조화가 되는 한에서 대치되는 변화(곧 變異)가 있다. 설화간의 동일화소의 차이를 말함이다. 〈장자못전설〉에서 「내방자」라는 화소가 「중」「도사」「걸인」으로 변모되어 나타난 것이 곧 대치 또는 변화인 것이다.

(5) 전체의 한 부분으로서 그 위치에 따른 관계와 기능이 있다. 〈장자못전설〉에서 「중」이 「시아버지」에게 「쇠똥을 주었다」면 위치가 바뀌므로 이 설화는 더 이상 성립될 수 없다. 또 중을 학대하는 虐僧 모티프에서 「중」 대신 「걸인」이 내방자일 때, 전체 이야기는 「걸인」에게 맞도록 개작되어야 하며, 쇠똥을 주는 자가 「남편」일 때는, 필연적으로 쌀을 주는 자는 「아내」가 되며, 쇠똥 준 「시아버지」와 쌀을 준 「며느리」에서 볼 수 있는 연령적 대립은 약화된다. 그러므로 순서와 위치가 있기 때문에 분포도에서 각 화소는 분포점을 가진다.

그러면 이 화소를 구조의 단위로 설정한 이유는 무엇인가. 그것은 구조 설정의 기준에서 어느 정도 설명이 되었을 것이나 다시 정리해 보면 다음과 같다.

  (1) 同一類話型의 화소를 통해서 類話들의 분석 및 정리 기준 설정

  (2) 미발견 설화의 豫診

  (3) 설화의 구전문학으로서의 서사적 성격 파악

  (4) 설화의 의미와 상징 해석

  (5) 변화의 한계와 법칙 추출

  (6) 祖上說話의 재구・전승・전파・발생지의 고찰

  (7) 個人語・方言・語意變化의 고찰

  (8) 설화의 전용(小說化・演劇化・詩化 등)과정의 파악

이제 필자가 사용하는 속성을 설명하고자 한다.

〈장자못전설〉에서 내방자 화소로 d 중, d_1 노승, d_2 도사, d_3 걸승이 있음을 보았다. 이들 화소가 갖는 내적 의미는 무엇인가? 필자를 예로 들어「최내옥」이라는 人物話素가 있다고 할 때, 그 내적 의미는 무엇일까. 「사람, 남자, 중년, 교수, 국문학자, 설화연구자, 이야기꾼, 아버지, 남편, 아들, 信者, 유모어가 있다……」이다. 그러나 원고를 써야 하는 상황에 있는 지금 나의 내적 의미는「설화연구자」와「이야기꾼」뿐이다. 어떤 상황과 문맥 속에서 작용하는 화소가 가진 내적 의미를「屬性」이라고 하자. 그러면「최내옥」화소의 속성은「설화연구자」와「이야기꾼」이 된다. 거슬러올라가서 〈장자못전설〉의 내방자가 가지는 속성은 무엇인가. 그것은「동냥」이다. 그런데 d 중과 d_1 노승일 때는「佛敎性」과「神通力」이란 속성을 갖고, d_2 도사일 때는「불교성」이 거세되고「신통력」만을 속성으로 갖는다. 그런데 d_3 걸승은「불교성」에「동냥」속성이 강조된 변이이다. 만약 내방자가 걸인이라면「동냥」속성만 있을 뿐「불교성」과「신통력」은 완전히 제거된다. 그렇다면 이야기 후반에 나올 인색한 부자에 대한 징벌을 내릴 수가 없게 된다.

〈장자못전설〉에서 시아버지와 며느리라는 인물의 성격대립을 들어보면 속성에 대해서 더욱 쉽게 알 수 있을 것이다. ①∼⑩은 인물화소의 변이이며, 上은 웃사람, 下는 아랫사람으로 신분대립을 나타낸다.

다음 표의 속성대립에서 ④와 ⑤만을 대비할 때는 다시「며느리와 딸」의 속성대립을 더해야 한다.「남의 자식과 내 자식」간은 親疎가 작용하며 ⑨와 ⑩에서도 類의 단수와 복수가 작용할 수 있으나 속성대립이 전반적으로「상위신분과 인색한 악행：하위신분과 인심 쓴 선행」의 대립이므로 이러한 대립은 무시되었다.

人物話素와 屬性對立의 예

화 소 대 립	속 성 대 립	類話수
① 시아버지 : 며느리	男 上 惡 : 女下善	184
② 시 부 모 : 며느리	? 上 惡 : ? 下善	1
③ 아 버 지 : 딸	男 上 惡 : 女下善	4
④ 어 머 니 : 며느리	上　　惡 : 下　善	3
⑤ 어 머 니 : 딸	上　　惡 : 下　善	2
⑥ 남　　편 : 아내	男 上 惡 : 女下善	2
⑦ 주　　인 : 식모와 머슴	上惡富 : 下善貧	2
⑧ 형　　　 : 제	上惡富 : 下善貧	1
⑨ 동네사람 : 팥죽장수할머니	上惡富 : 下善貧	1
⑩ 부자영감 : 옆집처녀	男上惡富 : 女下善貧	1

이상을 요약하면, 속성은 화자가 문맥 속에서 갖는 생각(意味)인데, 실제로 설화를 구술할 때는 구체적인 단어나 어귀, 곧 화소로 표출하게 되는 것이다. 「구걸」과 「불교성」과 「신통력」의 속성을 구술할 때는 「도승」 같은 단어로 표현한다는 말이다. 화소와 속성은 많은 설화를 동태면에서 또 문학적으로 분석 연구할 때는 그 설정이 필요하므로 필자가 설정하여 경명하고 사용해 온 것이다.

그러면 〈오뉘힘내기 전설〉을 예로 들어 화소를 매기는 방법을 제시하면 다음과 같다.

I 發端部 a 옛날에 어느 집에 b 홀어머니가 힘이 장사인 c 아들과 d 딸을 데리고 살았다.

II 展開部 at 하루는 오빠와 누이가 e 한집에서 살 수가 없으니 지는 사람이 죽기로 하는 f 목베기 내기를 걸기로 하였다. 그 내기란 오빠는 g 당일 h 굽이 3자 3치의 쇠나막신을 신고 i 서울갔다오기(또는 성쌓기)이며, 누이는 j 치마로 돌을 날라다가 k 성을 쌓기였다.

III 結末部 그런데 at' 그때 딸이 l 거의 이기게 되자, 어머니는 m 「이왕이면 아들을 살려야겠다」하고는 n 뜨거운 팥죽을 갖다주며 먹으라고 권하여 일을 늦추었다(또는 아들에게 n 찰밥을 주었다). 그러자 오빠가 서울갔다가 돌아왔으므로 (또는 성을 먼저 쌓았으므로) o 누이는 죽임을 당하고 아들은 이겼다. 그뒤 아들은 자기가 비겁하게 이긴 것을 알고 p 아들도 자살하고, 한꺼번에 아들과 딸을 잃은 q 어머니도 죽었다.

IV 證示部 aT 지금도 r 딸이 쌓다만 城이 남아 있고 아들이 죽은 비륵의 증거가 남아 있다.

위에 제시한 18화소를 문학적인 관점에 따라 6하원칙으로 분류하면 다음과 같다.

主 話 素 — 人物話素(누가) b 홀어머니 c 아들(오빠) d 딸(누이)
事件話素(무엇을) f 목베기내기 i 서울갔다오기 k 성쌓가 n 뜨거운 팥죽 o 누이 죽다 p 아들 죽다 q 어머니 죽다

背景話素 — 時間話素(언제) a 옛날에 at 하루는 at^1 그때 aT 지금도 g 당일
空間話素(어디서) 〔어느 집에〕

從屬話素(어떻게, 왜) e 같이 살 수 없어서 h 쇠나막신 j 치마 l 거의 m 아들 살리려고

證示話素(지금도 있다는 증거) r 비극의 증거

위를 보면 시간화소에 새로운 기호를 매기지 않은 at, at^1, aT 가 있다.

설화의 시작이 어느 나라나 시간+공간+인물의 순서로 되어 있음은 이미 학계에 알려진 바이다. 우리가 즐겨 들었던 옛날이야기의 시작은 정도의 차이는 있으나 대체로「옛날에(시간화소)→어떤 곳에(공간화소)→한 사람이(인물화소) 살았는데……」였다. 이런 순서는 어떻게 해서 생겼을까. 시간을 공간보다 앞에 제시하여 한계를 정하는 인간의 통념에 따라 시간화소가 우선한 것으로 본다. 곧 시간이 모든 설화에 미치는 의의가 공간보다 더 중요하기 때문이다. 地名傳說에는 공간화소가 앞서는 때도 있다.

어느 이야기나 시작할 때 나오는「옛날에」를 a 라고 기호를 매기고, 그 후에도 고정적으로 등장하는「하루는」이나「지금도」를 a 와 같은 시간화소로 처리하여서 고정적인 고유기호를 매기는 것이 편리하다고 보아서,「하루는」을 at(a 의 time 화소란 뜻),「지금도」를 aT(a 의 Time 뜻, 과거 이야기의 내용이 갑자기 현재로 이어지므로 대문자를 써서 구분을 지었다)라고 매겼다. 그러므로는 a, at, aT 는 어느 설화에나 쓸 수 있는 고정된 화소기호이다.「at 하루는」이후에 장면이 전환할 때 나오는「마침 그때」등은 형편에 따라 at^1, at^2, at^3……으로 처리해 간다. 설화가 시작되어서 끝날 때까지 시간진행에 따라 나오는 이들 보편적이며 고정적인 시간화소는 바로 설화의 구성을 구분짓는 구실을 한다는 것을 알게 된다.

화자가 이야기를 꺼낼 때, 듣게 된 내력이나 내용을 미리 평가하거나

자기 신상에 관한 이야기를 먼저 하게 되는 수가 있는데, 「a 옛 날에」가 나오지 않으면 아직 본설화가 시작되었다고 할 수 없다. 옛날에……로 이야기는 시작된다. 현대로부터 과거의 옛날로 거슬러올라가서 시작하는데, 인물(주인공)이 어디에 살았다는 存在指定과 장차 뒤따라 오는 내용을 암시하는 구실을 한다. 곧 a 옛날에는 시작과 존재와 암시의 세 가지 기능이 있다.

「인색한 부자영감이 살았는데」가 「옛 날」에 이어서 나오면 장차 중에게 쇠똥을 주는 것, 며느리가 나올 것, 그가 살던 집터에서 놋그릇이 나올 것을 암시하며, 「힘이 장사인 아들과 딸」이 나오면 장차 힘내기 사전이 전개될 것을 암시한다.

본격적으로 이야기가 전개될 때는 「하루는」이 나온다. a 「옛 날에」라는 막연한 시간을 구체적으로 좁히고, 발단부에 정적으로 묘사된 인물이 구체적인 공간에서 동적으로 활동을 개시하며, 주인공 다음으로 중요한 새로운 인물을 등장시키는 구실을 한다. 그러므로 「at 하루는」이 나올 때까지는 아무리 길어도 발단부에 속하며, at 가 제시되어야만 전개부가 시작된다는 말이다.

본이야기가 끝나고 현재입장에서 증거를 제시할 때 「aT 지금도」가 나온다. 다시 말하면 aT 가 나올 때까지는 본설화, 특히 전설의 과거 내용은 끝나지 않은 것이다. 대체로 aT 가 없는 신화나 민담은 주인공이 행복한 결말에 도달하여 모든 활동이 수렴될 때 이야기가 끝난 것을 알게 된다.

그런데 시간화소 중에는 장면전환의 구실을 하되 그 설화에서만 적용되며 형편에 따라 변하는 것도 있다. 그것은 그 설화의 사정에 따라 변하는 특수한 시간화소이다. 요약하면 다음과 같다.

$$
\text{시간화소}
\begin{cases}
\text{보편시간화소}
\begin{cases}
\text{a 옛 날에} \sim \text{발단부 시작} \\
\text{at 하루는} \sim \text{전개부 시작} \\
\text{aT 지금도} \sim \text{증시부 시작}
\end{cases} \\
\text{특수시간화소—g 당일}
\end{cases}
$$

동맥에 흐르는 피가 모세관에서 정맥으로 이어지듯이, 구조를 미시적으로 분석하여 화소에까지 이르러서 모르는 사이에 속성이라는 의미로 연결되어 가면, 설화의 심층구조와 심층의미가 드러나게 된다.

우리가 익히 들은 孫順埋兒型傳說의 화소를 해석해 보자.

a 가난한 b 효자가 c 아들을 파묻으려 하니 d 땅속에서 石鐘이 나왔다.

石鐘화소가 갖는 속성을 찾기 위해 연쇄적으로 풀어가 보자.

石鐘⇨A ①종은 소리를 낸다→②소리는 名聲이다→③名聲은 소문으로 널리 퍼
진다→④王이 소문을 듣는다→⑤王은 孫順을 표창한다→⑥石鐘은 孝行
에 대한 報賞이 된다(屬性). 곧 王이 표창을 하였으니 명예(貴)요 하사
품을 내렸으니 재물(富)이다.
⇨B ①종이 나왔으니 기적이다→②따라서 埋兒는 不能이므로 아이를 살
렸다. 곧 자손을 두었다.

이상의 石鐘화소는 孝行의 보답으로 부·귀·자손을 얻었다는 속성을 나타낸다. 이러한 石鐘이 나오는 한국에 비하여 중국에서는 솥이 나왔다고 하는데 「솥화소」는 다만 재물인 富屬性만 들어 있으므로 설화의 문학성이 한국보다 떨어진다는 것을 알 수 있다.

구조분석은 다음과 같은 방법으로 할 수 있다.
첫째, 설화의 전형을 작성한다.
(1) 類話의 공통점으로 전형을 문어체로 만든다.
(2) 삽화와 모티프로 분해하고 명명한다.
(3) 시간화소로 4단계 進行構成을 분류한다.
둘째, 화소분석을 한다. 이것은 전체에서 부분으로 향한다.
(1) 화소 알아내기와 기호 매기기를 한다.
(2) 자료와 화소로 二項分類表를 만들어 변이를 기재한다.

자료＼화소	a	b	c	d	……
자 료 1	a_1	b	c	d_1	……
자 료 2	a_2	b	c_1	d_2	……
자 료 3	a	b_1	c_2	d_2	……
⋮	⋮	⋮	⋮	⋮	……

(3) 화소변이를 종합정리하고 분류한다.
(4) 화소의 의미 곧 속성을 해석한다.
세째, 전형으로 다시 복원하고 해석한다. 이번에는 부분에서 전체로 향한다.

144

네째, 설화형의 구조도를 작성하고 이를 해석한다.

끝으로, 다른 설화와 비교하며 거시적으로 다시 종합해석을 한다.

이러한 전과정이 끝나면 우리는 그 설화의 전부를 일단은 고찰한 셈이 되는데, 무엇보다도 믿을 수 있는 생동감 있는 자료 곧 類話가 많아야 함은 물론이다. 자료에서 이론이 나오기 때문이다.

한국 실정에 맞는 독자적인 설화의 구조이론과 분석방법이 아직 국내에서 발표되지 않은 처지인지라 처음으로 이 분야를 다룬 이 글에서 너무 깊이 다루어진 감이 없지 않다. 학문에서 완전한 방법론과 이론은 없다. 10여 년간 현지조사를 하고 외국문헌을 참고하여서 설정한 필자의 구조이론은 앞으로 고찰이 요구된다. 필자는 이 방법론으로 수수께끼를 고찰한 바 있고 전설의 분포양상에 따른 지도도 작성하였던바, 어느 정도 타당성이 증명되었다.

崔　來　沃

論　著

1. 金烈圭外　民談學槪論(一潮閣, 1982)
2. 崔來沃　韓國口碑傳說의 硏究(一潮閣, 1981)
3. 崔來沃　說話와 그 小說化 過程에 對한 構造的 分析(서울大 大學院, 1968)
4. 崔來沃　수수께끼의 構造와 意味(口碑文學 4, 韓國精神文化硏究院, 1980)
5. 張德順外　口碑文學槪說(一潮閣, 1971)
6. 張德順　韓國說話文學硏究(서울大 출판부, 1970)
7. 趙東一　구비문학의 세계(새문社, 1980)
8. 關敬吾　民話(日本民俗學大系 10, 東京 平凡社, 1959)
9. Maria de. Leach, *Standard Dictionary of Folklore, Mythology and Legend*(New York: Funk & Wagnalls, 1972)
10. C. Lévi-Strauss, *The Structural Study of Myth*(Bloomington: Indiana Univ. Press, 1965)
11. Stith Thompson, *Motif Index of Folkliterature*, vols. 6(Bloomington: Indiana Univ. Press, 1955~1958)
12. Stith Thompson, *The Folktale* (New York: Holt Rinehard and Winston, 1946)
13. Antti Aarne and Stith Thompson, *The Types of Folklore* 2 nd rev. (FFC. No. 184 Helsink, 1961)
14. Vladimir Propp, *Morphology of the Folktale*, 2 nd ed. (University of Texas Press, Austion & London, 1971)

8. 설화의 小說化

　설화와 소설은 서사문학이라는 점에서 동질성을 지닌다. 이러한 동질성
은 설화가 소설화할 수 있는 가장 본질적인 기반이다. 서사문학의 가장
원초적이고 기본적 형태인 설화는 한편으로 그 자체로서 전승되고 성장하
면서 다른 한편으로 새로운 형태인 소설로 이행되었다. 설화에서 소설로
의 이행은 구비문학에서 기록문학, 공동체의 문학에서 개인문학으로의 이
행이며, 이러한 이행은 설화가 소설화하면서 이루어진 변화 가운데 가장
기본적인 것이다.

　구비문학에서 기록문학으로의 이행은 문학사의 일반적인 현상이기도 한
데, 설화의 소설화는 그중에서도 가장 큰 비중을 차지하며 이에 대한 연
구 역시 일찍부터 활발하게 이루어졌다.

　최초의 소설사를 쓴 金台俊은 설화와 소설의 동질성에 주안점을 두고
양자를 뚜렷이 구별하지 않은 채 함께 다루었다. 고려 말까지 나온 문헌설
화를 「說話時代의 소설」이라는 이름 아래 소설의 범주 속에 넣고 그 성격
을 오늘날 말하는 설화와 소설의 미분화 상태로 파악하였다. 소설의 개념
을 각 시대의 소설관에 따라 상대적으로 규정하면서 여말까지의 문헌설화
를 소설의 초기형태로 잡은 것이다. 설화가 소설의 발생원천이라는 사실
이 어렴풋이 의식되기는 했어도 설화와 소설의 차이 같은 것은 깊이 주목
되지 않았다(1). 그러한 문제는 李熙昇에 이르러 비교적 뚜렷하게 의식되
었는데, 그는 설화와 소설을 구별하고, 설화에서 소설로의 이행과정에 관
심을 두었으며, 여말의 가전체를 그 중간단계로 보았다. 이리하여 설화의
소설화 과정이 「설화→가전체→소설」로 정리되었다(2).

　이러한 견해는 趙潤濟(3)를 거쳐 1960년대까지 나온 모든 소설사 및 소
설론 등에 채택되면서 거의 일반화되다시피 했다. 이들 저서의 저자들은
이희승의 도식을 답습하면서 그 과정을 보다 자세하게 조사하고 논의했다.
소설에 크게 접근된 설화가 〈三國遺事〉〈三國史記〉〈殊異傳〉의 일문에서

조사되어 목록이 제시되거나 내용이 소개되기도 했다. 〈都彌〉〈溫達〉〈龜兎之說〉〈崔致遠傳〉 등의 작품이 대표적인 예이다. 그리고 후속 자료집으로 〈破閑集〉〈補閑集〉〈白雲小說〉 등의 이른바 詩話集이 소개되기도 했다. 설화가 이 시기에 이르러 시화라는 옆길로 빠지는 한편 〈麴醇傳〉〈孔方傳〉 등의 가전체를 거쳐 최초의 소설 〈金鰲新話〉로 발전했다고 하는 것이 그들의 공통된 도달점이었다. 그러면서 가전체가 과도기적 형태로 처리될 수 있는 근거가 주로 작자의 창의성에서 모색되었다(3). 이희승을 포함한 이들의 업적은 설화의 소설화 과정을 일단 거시적인 관점에서 정리했다는 공적이 있으나 한편 그에 못지 않은 문제점을 노출하기도 했다. 설화의 소설화 과정을 자료의 선후관계에 너무 집착하여 기계적으로 도식화했다는 점이 그것이다. 가전체 이전에 나온 설화의 구조적 우수성을 높이 평가하면서도 소설의 여러 가지 성격 중에서 창의성을 일방적으로 강조하여 가전체를 설화의 다음 단계로 설정한 것은 합리적이라 하기 어려우며, 이는 설화·가전체·소설에 대한 쟝르적 인식의 결여에서 온 결과라 할 수 있다.

한편 설화의 소설화는 개별 작품을 통해서도 확인될 수 있다. 1930년대에서 1940년대에 걸쳐 제기된 거시적인 문제가 1950년대에 들어와서도 근본적인 진전을 보지 못하고 있을 때 개별 작품에 대한 미시적이고 고증적인 학풍이 조성되면서 근원설화에 대한 탐색작업이 이루어졌다. 이러한 작업은 설화에서 소재를 구한 이른바 설화정착계 소설(판소리계 소설이 그 대표적인 것임)을 중심으로 전개되었다. 근대설화에 대한 연구는 김태준에 의하여 간단히 시도된 바 있으나(1) 본격적인 것은 金東旭에 이르러 이루어지기 시작했다. 그는 〈春香傳〉의 근원설화를 다각도로 수집하고 분석하여 근원설화 연구의 한 표본을 제시했다. 작품의 근간이 된 설화로 烈女說話·暗行御使說話·伸冤說話·艶情說話를, 삽입된 설화로 信物交換說話·夢祥說話·手記說話·漢詩說話를 각각 들고 이들 각자에 관련된 특정 설화의 내용과 〈춘향전〉의 구성을 구체적으로 비교 논의했다. 그는 이어 근원설화로써는 결론이 도출되지 않는다 하고 작품의 형성에 관련된 몇 가지 「발생설화」를 참작하여 〈춘향전〉이 「설화→판소리→소설」의 경로를 밟아 이루어졌다고 했다(4). 이는 판소리계 소설의 일반적인 형성과정을 이해하는 데 유력한 계기가 되기도 했다.

〈沈淸傳〉의 근원설화는 이미 김태준에 의하여 인도의 專童子, 일본의 小夜姬, 〈삼국사기〉의 孝女知恩, 전남 玉果縣의 觀音寺緣起 등의 효행설화로 지적되었다(1). 이를 계승한 張德順은 본격적인 작업을 시도하였다. 효행설화 이외에 악마퇴치계 영웅설화인 人身供犧說話를 새로이 주목하고 그것의 범세계성을 많은 예로써 논증했으며, 삽입설화로 胎夢說話·龍宮說話·盲人得明說話·還生說話를 들었다(5). 한편 각도를 다소 달리하여 〈심청전〉의 형성근원을 서사무가인 「바리공주」에서 찾으려는 金泰坤의 시도(9), 동해안의 서사무가 「심청굿」에서 찾으려는 申東益의 시도(17)가 있었는데, 이들도 넓은 의미에서 근원설화 연구라고 할 수 있다. 또 史在東은 근원설화 연구의 정통적 선례를 따르되 그 영역을 확장하여 작품론으로까지 밀고 나갔다. 그는 효자가 불공으로 양친을 구한다는 내용의 설화를 〈目蓮經〉 등의 여러 佛典에서 검출하여 그것을 「孝子佛供救親說話」라 명명하고 이러한 근원설화에 여러 가지 부대설화가 결부되어 〈심청전〉이 이루어졌다고 보았다. 나아가서 불전의 근원설화가 「口碑沈淸傳→原本沈淸傳→京板母本→京板系異本」으로 이행되었다는 사실과, 경판본계에서 판소리가 파생되고 이것이 다시 完板系 소설로 전이되었다고 주장했다. 그러면서 경판계의 선행 이본을 善本으로 보고 완판계 이본과 같이 근원설화로부터 멀어진 것일수록 원형이 많이 파괴된 좋지 못한 이본이라고 규정했다(24).

〈토끼傳〉의 근원설화 역시 김태준에 의하여 간단히 검토되었는데(1), 이를 계승한 印權煥은 그것을 더욱 확대 심화하여 〈토끼傳〉은 「佛典의 本生譚→漢譯經典의 說話→三國史記의 龜兎之說」의 과정을 거쳐 17~18세기에 들어와 정착되었다고 보았다(10). 또한 이행과정에서 일어난 변화에 주목함으로써 외래설화가 토착화하면서 본래의 종교적 성격을 벗어나 교훈적 우화가 되고, 그것이 소설화하면서는 정치현실에 대한 풍자를 담게 되었다고 했다(29).

이밖에도 근원설화가 연구된 소설로 〈興夫傳〉〈雍固執傳〉〈朴氏傳〉〈壬辰錄〉〈褲襄將傳〉〈金鰲新話〉〈洪吉童傳〉〈崔致遠傳〉〈淑香傳〉 등등 무수하다. 소설 십여 편 또는 수십 편을 대상으로 그 소재원천을 설화에서 찾아내어 상호비교하는 등의 집중적인 작업은 張德順(18) 金鉉龍(39) 成耆說(40) 曹喜雄(47)에 의하여 이루어졌다. 특히 장덕순은 십여 편의 현대소설까지 다루었으며 김현룡은 중국의 설화집 〈太平廣記〉 속에서 소재원천을 찾아내었다. 이들의 방법론과 성과는 앞에서 자세히 설명한 작품의 경우와 근본적으로는 다르지 않기에 일일이 살피는 일은 생략하기로 한다.

근원설화를 찾아 그 소설화 과정을 고증하는 이러한 경향의 연구방법은

1930 년대를 기점으로 하여 오늘날까지도 학계 일각에서 계속되고 있어 소설연구사에서 커다란 몫을 차지하고 있다. 이들 연구는 설화의 소설화에 대한 탐구에 커다란 기여를 한 것이 사실이나, 그것이 지닌 결함과 한계 또한 적지 않게 지적되었다. 趙東一은 소설과 유사한 설화는 그 수가 한정될 수 없으니 어느 것을 근원설화라고 해야 할지 모호하다는 점, 근원설화를 외국 설화에서 찾으려면 설화의 전파방향이라는 난문제에 부딪치게 된다는 점, 후대의 소설이 그 근원설화를 그릇되게 변질시켰다고 한다면 이런 退化的 前提는 소설연구 이전에 설화연구의 방법으로도 비판의 여지가 있다는 점을 들어 결함과 한계를 단적으로 지적하였다(31). 근원설화 연구는 확실히, 고증된 결과의 타당성 여부와 설화·소설의 가치 비교 자체에 문제점이 있을 뿐 아니라 작품구조보다도 소재적 개별적인 요소가 논의의 중심적인 위치에 놓여 있다는 점에서도 근본적인 한계가 있다. 물론 1960 년대 이후에 나온 印權煥(29) 崔來沃(15) 등의 연구에서처럼 구조에 대한 관심이 높아진 것은 근원설화 연구의 발전적 추세라 할 수 있다.

그러나 대부분의 근원설화 연구가 그 한계를 노출하자 설화의 소설화에 대한 연구는 새로운 방향을 모색하지 않을 수 없게 되었다. 이러한 연구사적 요청에 부응하여 학계 일각에서는 거시적 관점에서 작품의 구조를 문제삼아야 한다는 주장이 실제 작업을 통해 대두되었다. 구조주의 내지 민담구조론이 서구로부터 수입되면서 그러한 방향이 모색된 것이다. 그 대표적인 예로 金烈圭의 연구를 들 수 있다. 그는 민담(실제로는 「설화」와 같은 개념으로 사용되었다)이 조선조 소설과 밀접하게 관련되어 있다고 보고, 민담과 소설 사이에 존재하는 구즈적 상관성을 검출하고자 했는데 그 결과는 대체로 다음과 같다. 피셔(J.L. Fischer)가 말하는 종속적 구조(syntagmatic structure)에서 볼 때, 민담과 소설에는 「반대에 의한 발전」의 원리가 공통적으로 존재한다. 그것은 이를테면 강자와 약자 사이, 또는 선과 악 사이에 존재하는 긴장관계가 反轉으로 이루어진다는 원리다. 소설의 경우 〈興夫傳〉에 있어서의 가난한 아우와 부유한 형 사이의 긴장관계, 〈春香傳〉에 있어서의 기생 딸과 관장 사이의 긴장관계, 〈洪吉童傳〉에 있어서의 서자와 嫡出社會 사이의 긴장관계 등이 반전하는 것이 그 좋은 예다. 레비스트로스(Lévi-Strauss)가 말하는 並立的 構造(paradigmatic structure)에서 볼 때 하늘과 땅, 남자와 여자, 선과 악 사이의 각각 대립적인 체계가 민담과 소설에 공존한다. 이로써 소설이 민담의 종속적 또는 병립적 구조를 수용하면서 이루어졌음을 알 수 있다. 한편 이와는 별도로 민담과 일부의 조선조 소설은 일정한 傳記的 類型으로 이루어져 있다. 고대 신화가 그렇고 〈金圓傳〉〈崔孤雲傳〉〈洪吉童傳〉이 그렇다. 뿐만 아니라 이 시대 소설의 대부분이 전기적 양식으로 이루어져 있기 때문에 전기적 유형의 의의는 더욱 증대된다. 이 전기적 유형은 또한 서구의 몇몇 민담학자들에 의하여 서구 민담에서 추출된 것과 공통성이 커 한국의 민담과 조선왕조시대의 소설은 세계적인 보편성을 띤 것이기도 하다. 그리고 전기적 유형의 소설적 수용에 주목할 때 조선왕조시대의 소설은 「자동적으로 기술된 口述傳承」이라는 사실이 드러난다. 전기적 유형으로 이루어진 소설을 「설화적 소설」이라 한다면 그것은 곧 민담의 확장과 복합으로 이루어진 것이라 할 수 있으며, 민속문학에서 창작문학에 이르는 하나의 「架橋」가 되는 셈이다(21).

이 연구는 문학작품을 개별적인 요소로 분해하지 않고 하나의 유기체로 다루는 안목을 보여주면서 설화의 소설화에 대한 뚜렷한 원리를 찾아내었다는 점에서 이 방면에 커다란 기여를 했다. 그리고 설화의 소설화가 구비문학에서 기록문학(단, 사용된 용어는 「민속문학」 및 「창작문학」이었다)으로의 전환이라는 사실이 결과적으로 강조된 점도 하나의 성과라면 성과이다. 이러한 사실은 하나의 상식에 속한 것이면서도 대부분의 근원설화 연구자들은 이 점을 충분히 주목하지 않았다. 김열규는 전기적 유형의 일치를 들어 그가 말한 설화적 소설이 설화와 소설의 교량적 존재라고 했지만, 근거를 전기적 유형으로 한정하지 않더라도 이른바 설화정착계 소설은 대개가 그런 성격을 지니고 있으며, 나아가서 조선왕조시대 소설의 대부분이 또한 그러한 성격에서 크게 벗어나지 않는다. 대부분의 작품에 異本이 다수 존재한다는 사실에서도 그런 성격이 확인된다. 판소리계 소설에 유독 그러한 성격이 강한 이유는 그것이 수많은 설화의 집적으로 이루어졌다는 사실 외에도 소설화 과정을 전후하여 민중예술이며 구비문학인 판소리와 결부되어 있었다는 사실에서도 찾을 수 있다. 그러나 이 시대 소설에 구비문학적 성격이 내포되어 있다는 사실이 작품을 낮게 평가할 근거가 될 수는 없다. 구비문학은 기록문학이 지니기 어려운 민중적 민족적 보편성을 지니고 있다는 점도 중요하지만, 구비문학과 기록문학은 각자가 그나름의 독자적 성격과 가치를 지니고 있어 과도기적 문학 역시 같은 각도에서 평가될 수 있기 때문이다.

김열규의 연구는 추출된 전기적 유형 속에 뚜렷한 논리적 질서가 보이지 않는 점과 설화의 소설화 과정에서 일어난 구체적인 변모양상이 밝혀지지 않았다는 데 한계가 남아 있다.

같은 시기에 이루어진 업적으로서 그 한계를 극복한 것에 조동일의 연구가 있다. 그는 고대 신화에서부터 조선왕조시대 소설의 주맥을 이루는 영웅소설과 신소설에 이르기까지 공통으로 존재하는 유형구조를 「영웅의 일생」이라는 명칭 아래 발굴 정리하였다. 이 유형구조의 공통적 특징은 행복에서 출발한 영웅의 일생이 행복과 고난의 대립적 교체를 거쳐 변증법적으로 발전하여 최종의 행복에 이른다는 것이다. 이와 더불어 그 구체적인 성격이 문학사적으로 어떻게 변모되어 왔는가가 분석되었다(23).

설화와 소설의 공통점 및 이행과정상의 변모를 함께 문제삼으면서 설화를 신화·전설·민담으로 나누어 고찰한 작업은 徐大錫에 의하여 이루어졌다. 여기서 신화·전설·민담을 계승한 소설이 각각 〈劉忠烈傳〉 등의 창작군담, 〈壬辰錄〉 등의 역사군담 및 〈雲英傳〉 등의 야사소설, 〈興夫傳〉 등의 판소리계 소설이라는 사실이 도출되었다(34). 한편 그는 개별 작품을 대상으로 하여 위와 같은 방법론으로 분석하기도 했는데, 그 대상은 〈흥부전〉이었다(37).

김열규에 의하여 본격적으로 시도된 이러한 경향의 연구는 설화의 소설화에 관한 논의를 확실히 한 단계 올려놓은 것이 사실이나 거기에도 한계는 남아 있다. 그 한계는 무엇보다도 이론적인 취약성에서 발견된다. 김열규의 경우엔 민담구조론이 많이 활용되었으나 그것이 순전히 외래 이론의 피동적 도입인데다 설화에 관한 것이어서 설화와 소설을 함께 다룰 만한 포괄성이 제한되어 있다. 그리고 그들 모두가 설화와 소설에 대한 진지한 이론적 탐구 없이 상식적인 차원에서 동이점이나 변모과정을 귀납하는 정도에 머물렀다. 이러한 맹점을 극복하고 이론적 탐구를 위주로 한 작업이 다시 조동일에 의하여 착수되었다. 그는 국문학의 장르체계를 독자적으로 재수립하는 작업부터 시작했는데, 그의 일련의 연구에서 설화의 소설화에 관련된 것만을 뽑으면 다음과 같다.

문학의 본질적 성격은 작품외적 자아와 세계의 관계를 재조직하여 작품내적 자아와 세계의 대립관계를 이루는 데 있으므로 이러한 원리에 입각하여 국문학의 장르체계를 재정립하면 그 결과는 抒情·敎述·叙事·戱曲 등이 된다. 이들 중 교술은 작품외적 세계의 개입으로 이루어지는 자아의 세계화이고, 서사는 작품외적 자아의 개입으로 이루어지는 자아와 세계의 대결이다. 이 이론을 받아들인다면 우선 가전체가 설화와 소설의 과도기적 형태라는 주장은 근본적으로 부정된다. 그의 체계에서는 가전체가 가사·몽유록 등과 더불어 교술로 처리되었기 때문이다. 물론 가전체는 이 이론이 아니더라도 설화와 소설의 과도기적 형태로 보기는 곤란하다. 한편 서사는 자아와 세계가 대결하는 양상에 따라 신화·전설·민담, 그리고 소설이라는 네 가지 장르種으로 다시 나누어진다. 자아와 세계의 대결이 상호보완적이거나 동질적인 질서를 이루는 각도로 전개되는 것이 신화이고, 세계의 우위에 입각해 전개되는 것이 전설이며, 자아의 우위에 입각해 전개되는 것이 민담이다. 이와는 달리 자아와 세계가 상호우위에 입각해 전개되는 것은 소설이다. 이리하여 신화는 자아와 세계에 통용되는 포괄적 질서 즉 신화적 질서를, 전설은 자아로서는 어찌할 수 없는 세계의 경이 즉 전설적 경이를, 민담은 세계의 사정에 구애되지 않는 자아의 가능성 즉 민담적 가능성을 각각 보여주나, 소설은 자아와 세계 양쪽에 통용될 수 있는 진실성 즉 소설적 진실성을 제시한다. 역사적인 각도에서 보면 신화는 공동체적 유대가 사회관계의 기초가 되고 인간과 자연이 동질성을 가진다고 의식되었던 신화시대의 산물이며, 전설과 민담은 공동체적 유대가 무너지고 합리주의적 사고가 대두되먼 시대에 본격적으로 나타났다. 이와는 달리 소설은 중세적 질서가 철저하게 재편되는 한편 그것을 거부하려는 움직임이 다각도로 일어나 양자가 심각한 대결을 벌이먼 조선왕조시대에 나타나 분열된 시대의 총체성을 반영했다. 한편 소설이 성립된, 즉 설화가 소설화한 사상적 근거는 金時習에 의하여 개척된 主氣論的 철학사상에서 찾을 수 있다. 또한 제재론적으로 접근할 때 冥婚傳說·夢遊傳說·逸士傳說·英雄說話가 각각 초기소설의 대표유형인 명혼소설·몽유소설·일사소설·영웅소설로 이행되고, 이들이 후기소설에 이르러 상호관련되면서 더욱 복잡한 양상을 띠게 되었다(42).

이 일련의 연구에 이르러 설화의 소설화에 대한 탐구는 보다 깊이 있는 이론적 뒷받침을 얻게 되었다. 그리하여 설화가 조선조에 들어와 소설화하게 된 장르적 사상적 사회적인 근거가 일단 밝혀지고 소설화 과정에서 일어난 작품구조의 변화가 드러났다.

이로써 설화의 소설화에 관한 연구는 다시 진일보한 것이 사실이나 그렇다고 하여 지속적인 연구의 의의가 감소된 것은 결코 아니다. 조동일에 의하여 이루어진, 설화의 소설화 문제에 대한 연구성과는 오히려 그의 장르체계 및 소설에 관한 연구에서 얻은 부수입과도 같은 것이며, 설화의 소설화에 관한 한 이론적 연구의 서설이라 해도 좋을 것이다. 설화는 구비문학인데 구비문학에 관한 우리의 연구가 아직은 초보단계에 있다는 점도 고려되어야 할 것이다. 그의 이론은 아주 체계적이고 명확하지만 오히려 그렇기 때문에 복잡하고 다양한 문학적 현상과 올바르게 연결되어 있는지를 재삼 검토해 보는 逆思考도 필요하다. 그러한 노력을 통해 이미 이루어진 이론을 철저히 비판하고 다지는 한편 새로운 이론을 서둘러 개발하면서 설화의 소설화에 대해 보다 집중적인 연구를 추진해 나아가야 할 것이다. 거기에는 언제나 이론적인 연구와 현상에 대한 검토, 거시적인 고찰과 미시적인 분석이 동시에 필요하다.　　　　　金　一　烈

論　著

1. 金台俊　朝鮮小說史(學藝社, 1933)
2. 李熙昇　小說과 얘기책(博文 4, 1939)
3. 趙潤濟　國文學史(東國文化社, 1949)
4. 金東旭　春香傳根源說話考(최현배선생화갑기념논문집, 1954)
5. 張德順　沈淸傳의 民間說話的 試考(思想界 31, 1956)
6. 張德順　國文學通論(新丘文化社, 1960)
7. 金宇鍾　沈淸誕生說話考(現代文學 1961.11～1962.1)
8. 黃浿江　沈淸說話硏究(文學春秋 20, 1966)
9. 金泰坤　沈淸傳의 根源說話(文理學叢 4, 慶熙大, 1967)
10. 印權煥　토끼傳의 根源說話硏究(亞細亞硏究 25, 1967)
11. 印權煥　「겨셩의견」根源說話硏究(人文論集 8, 高麗大, 1967)
12. 玄吉彦　朴氏傳과 民間說話와의 關係(成均館大 석사논문, 1967)
13. 金烈圭　民譚과 李朝小說의 比較硏究序說(李崇寧博士頌壽紀念論叢, 1968)
14. 李石來　金鰲新話의 展開的 考察(李崇寧博士頌壽紀念論叢, 1968)
15. 崔來沃　說話와 그 小說化過程에 대한 構造的 分析(서울大 석사논문, 1968)
16. 印權煥　佛典說話의 土着化와 韓國的 變容(文化批評 3, 亞韓學會, 1969)
17. 申東益　沈淸傳의 說話的 考察(陸士論文集 7, 1969)
18. 張德順　韓國說話文學硏究(서울大 출판부, 1970)
19. 丁奎福　九雲夢의 比較文學的 考察(人文論集 16, 高麗大, 1970)
20. 申東益　沈淸傳 形成에 關한 硏究(陸士論文集 8, 1970)
21. 金烈圭　韓國民俗과 文學硏究(一潮閣, 1971)
22. 張德順外　口碑文學槪說(一潮閣, 1971)
23. 趙東一　英雄의 一生, 그 文學史的 展開(東亞文化 10, 서울大, 1971)
24. 史在東　沈淸傳研究序說(語文研究 7, 忠南大, 1971)
25. 金鉉龍　王郎返魂傳의 形成에 關한 硏究(국어국문학 51, 국어국문학회, 1971)

26. 申東一　韓國古代小說에 나타난 妖怪退治說話(陸士論文集 9, 1971)
27. 劉德雄　장끼傳 論考(高麗大 敎育大學院 석사논문, 1971)
28. 李石來　古代小說에 미친 野談의 影響(省谷論叢 3, 1972)
29. 印權煥　토끼傳의 庶民意識과 諷刺性(語文論集 14·15, 高麗大, 1972)
30. 趙東來　李朝小說에 介入된 龍說話(語文學 27, 語文學會, 1972)
31. 趙東一　古代小說·판소리硏究史(국어국문학 58〜60, 국어국문학회, 1972)
32. 金鉉龍　雍固執傳의 根源說話硏究(국어국문학 62·63, 국어국문학회, 1973)
33. 成耆說　古代小說에 미치는 口碑傳承의 影響(省谷論叢 5, 1974)
34. 徐大錫　說話와 古代小說의 比較研究序說(국어국문학 64, 국어국문학회, 1974)
35. 李炳赫　春香傳에 끼친 中國說話의 影響(釜山工專 論文集 14, 1974)
36. 印權煥　興夫傳의 說話的 考察(語文論集 16, 高麗大, 1974)
37. 徐大錫　興夫傳의 民譚的 考察(국어국문학 67, 국어국문학회, 1975)
38. 崔雲植　再生說話의 小說化(康溶九博士回甲紀念論叢, 1975)
39. 金鉉龍　韓中小說說話 比較研究(一志社, 1976)
40. 成耆說　韓國口碑傳承의 研究(一潮閣, 1976)
41. 張德順　崔致遠傳과 說話文學(아카데미총서 4, 1976)
42. 趙東一　韓國小說의 理論(知識産業社, 1977)
43. 金烈圭　「地下國探訪 및 怪獸除治」素材論(韓國學報 8, 1977)
44. 史在東　朴氏傳의 形成過程(池憲英先生古稀紀念論叢, 1980)
45. 鄭仁漢　雍固執傳의 說話研究(文學과 言語 1, 1980)
46. 金舜鎭　地下國大賊除治說話와 李朝前期小說의 構造對比分析(口碑文學 3, 韓國精神文化研究院, 1980)
47. 曹喜雄　朝鮮後期文獻說話研究(螢雪出版社, 1981)

9. 판소리에 나타난 비판정신

판소리에 관한 본격적인 연구는 鄭魯湜(1) 이후 여러 방면에서 있어왔
다. 판소리의 기원과 형성 문제(3), 판소리의 장르 문제(5·9), 판소리의
음악과 문학과의 관계(19) 등을 다룬 업적들은 판소리의 연구에 중요한 이
정표를 세웠거나 새로운 디딤돌을 마련한 것으로, 아니면 문제점을 제기한
것으로 손꼽힌다. 이러한 연구업적이 축적됨에 따라 이미 있어온 연구의
성과를 돌아보고 앞으로 있어야 될 연구의 방향을 모색해 보려는 연구사
적 검토(24)가 가능해졌다.

판소리는 조선조 후기에 들어서 완성된 예술양식이기 때문에 판소리의
문학적 내용인 판소리 辭說에는 조선조 후기의 역사적인 현실과 사회적인
상황이 잘 드러나 있는데, 이는 현실을 사실적으로 묘사하려는 정신과,
상황을 희극적으로 처리하는 수법을 통해 나타나 있다고 지적(16)되고 있
다. 이것은 판소리 사설이 서민정신의 반영물이라는 언급(2)에서 보다 진
전된 논의로 보인다.

판소리는 唱者와 鼓手가 성립시키는 소리판에 청중이자 관중인 감상자
들의 참여로 재현되는 예술양식이다. 판소리의 생산주체인 창자와 고수가
천민들이었고, 소비주체인 감상자들은 양반사대부·왕족이었던 점은 판소
리의 사회적 성격이 단순치 않음을 보여주는 것이다. 이러한 점은 金東旭
에 의해 밝혀진 바 있다. 그에 의하면 판소리 사설에는 양반문학적인 전
아성과 광대재담적인 비속성이 반영되어 있다는 것이다(3). 이는 판소리
사설이 생산주체와 소비주체의 문화적 복합물이란 점을 구체적으로 논급
한 것으로 보인다.

판소리의 이러한 복합적인 성격 때문에 판소리 사설 및 판소리계 소설
을 연구하는 시각에 혼란이 일어나기도 했다. 판소리로 불리어진 작품 가
운데 소설로서의 완결된 敍事的 構造와 통일된 관점을 보이고 있는 京板
本 계통 작품의 가치를 더 인정하려는 견해와, 한 작품 안에 서로 다른

성격을 보이는 부분들이 함께 들어가 있거나 또는 어긋나는 관점이 함께
드러나 있는 完板本 계통 작품의 가치를 더 높이 평가하려는 견해(4)가 대
립했던 것도 그러한 혼란의 한 예이다. 앞의 것이 독서물로서의 줄거리나
인물 성격의 일관성을 유지한 경판본의 가치를 인정하려는 견해라면, 뒤
의 것은 판소리 사설이 지닐 수 있는 다양한 변화의 폭을 보이는 완판본
의 가치를 주목하려는 생각이다.

　이러한 연구 시각의 혼란은 趙東一(8·11·12·13)에 이르러 극복되기 시
작한다. 판소리로 불리어진 작품들이 지니고 있는 구조적 대립과 이것이
반영하고 있는 양면적 주제가 논의되기 시작한 것이다. 즉 판소리로 불리
어진 작품이 반영하고 있는 역사적 변화와 사회적 갈등 문제가 작품구조
면에서 집중적으로 살펴짐으로써 판소리에 관한 연구는 심화되어 나갔다.

　판소리가 변화하고 있는 역사적 현실을 어떻게 반영하고 있는가 하는
문제는 〈興甫歌〉에서 구체적으로 논의되었다. 〈흥보가〉는 전후관계가 분
명한 인과의 논리를 지닌 固定體系面과 잡다한 갈등관계로 얽혀진 상반의
논리를 지닌 非固定體系面으로 이루어져 있으며, 이러한 작품구조에는 지
배층의 관념적 이념세계와 피지배층의 경험적 현실주의의 대립이 반영되어
있다는 것이다(8). 여기에서는 몰락양반이 증가하고 유교적 윤리규범에 의
문이 제기되면서, 상대적으로 富를 축적한 賤富가 생성되고 경험적 현실
주의가 긍정되는 조선조 후기의 역사적 변화가 작품 속에 투영되고 있음
이 구체적으로 논의된 셈이다. 이러한 논의는 더욱 진전되어서, 흥보와
놀보가 어느 계층을 형상화한 인물유형인가 하는 문제를 집중적으로 파헤
친 논문(10)에서는 문학연구가 역사연구로 전환되는 경향이 나타나기도
했다.

　異本이 가장 많은 〈春香歌〉와 판소리로 불리어지면서 작품구조의 대립이
분명해진 〈沈淸歌〉도 현실반영의 측면에서 논의된 바 있다. 〈춘향가〉에서
주인공으로 등장하는 춘향의 성격을 二律的 行動體系로 설명했던 논의(6)
는 「기생이기」를 강요하는 신분적 제약을 해소하기 위해 투쟁하는 「기생이
아닌 춘향」이 나타내는 인간해방의 근대지향적 사상과 열녀 춘향을 붙들
고 있는 유교적 덕목의 갈등이 구현된 것이라는 논의(11)로 발전되었다.
판소리로 불린 〈심청가〉가 정착된 완판본 〈심청전〉의 경우에도 눈먼 아버
지를 위해 목숨을 버리는 심청의 행위가 일으키는 비장한 美感은 현실을
부정하고 孝에 충실해야 된다는 유교적 이념을 긍정하는 데서 생기고, 심
봉사와 뺑덕어미의 행위가 일으키는 골계적인 미감은 유교이념을 부정하

고 현실을 긍정하는 데서 생기는데, 이러한 대립적 총체가 작품구조에서 통일을 이루고 있다는 논의(12)가 전개되었다. 이러한 논의의 요지는 〈심청가〉의 몇몇 이본을 대비해서 판소리계 〈심청전〉의 이원적 갈등을 더 자세히 설명하고 있는 글(17)에서 되풀이되고 상세히 부연되었다.

현실을 강렬하게 비판하고 지배층을 신랄하게 풍자하고 있는 판소리 작품으로는 〈水宮歌〉와 〈赤壁歌〉를 손꼽아볼 수 있다. 〈수궁가〉는 우화적 수법으로 잘못된 현실과 정치권력을 신랄하게 풍자하고 있는 작품이다. 〈수궁가〉에 등장하는 용왕은 자신의 생명을 건지기 위해 권력으로 신하를 이용하고 약한 백성을 희생시키는 통치자로, 별주부는 끝까지 충성을 바치다 버림받는 신하로, 토끼는 통치자의 어리석음을 이용하여 자신의 목숨을 건지는 백성으로 본 견해(13)에 이러한 점이 선명하게 드러나 있다. 이에 의하면 〈수궁가〉는 용왕을 통해서 조선왕조의 정치권력을 비판하고, 토끼를 통해서 권력의 부당한 횡포에 맞서서 자유로운 삶을 지키려는 민중의 지혜를 긍정하는 작품이라는 것이다. 〈수궁가〉에 나타난 현실비판 정신과 풍자적 수법은 이본의 대비를 통해서 거듭 밝혀진 바 있다(15). 판소리화된 〈적벽가〉에서도 불의한 권력이 비판당하고 있다. 원래 〈적벽가〉는 〈三國志演義〉의 일부분인 赤壁大戰의 이야기를 해체하여 새로운 작품적 질서를 이루어나간 작품이다. 여기서는 수입된 외래문화를 문학적으로 대표하는 〈삼국지연의〉의 일부분이 자생적 기층문화를 문학적으로 대표하는 타령과 사설에 의해 파괴당하고 용해당하는 현상을 보여준다. 또한 程昱이라는 인물을 방자형으로 변용시키고, 불의한 권력과 지배층을 상징하는 인물인 曹操를 우스꽝스럽게 만들어버림으로써, 잘못된 현실을 조성하는 불의한 권력과 지배층을 날카롭게 비판하는 관점을 보이고 있다. 申在孝本 〈적벽가〉를 중심으로 이러한 문제가 집중적으로 다루어진 바 있다(20).

판소리로 불려졌으나, 지금은 그 사설만 남아 전해지는 〈변강쇠가〉와 〈裵裨將傳〉에서도 역사적 현실이 어떻게 반영되고 있는가 하는 문제를 따져볼 수 있다. 〈변강쇠가〉는 조선조사회에서 버려져 있던 하층유랑민의 처참한 삶의 전개를 기본구조로 한 작품이다(18). 이것을 더 넓혀 생각하면 이 작품에는 이들이 정착해서 살아갈 수 없게 하는 조선조 후기의 궁핍한 사회상이 반영되어 있다고 볼 수 있다. 〈배비장전〉은 新參禮라는 관인사회의 관습을 소재로 하여 관인사회의 非理와 그 野合相을 풍자한 작품이라는 견해(26)에 의하면, 이 작품은 관인사회 일반을 풍자하는 것이라 볼 수 있다. 조선조에서 지방장관의 부정부패를 조장하는 관원의 하나인 바장을 더할 수 없이 회화화한 이 작품에 보이는 여러 가지 풍자의 양상도 이미 주목된 바 있다(21). 결국 이 두 작품도 조선조 후기의 사회상을 반영하면서 간접적이든 직접적이든 현실을 비판하는 관점을 보여주고 있다.

이밖에 판소리 사설이 소설화된 〈장끼전〉의 경우에는 봉건사회의 가부장적 남성의 횡포를 풍자하고 있다. 장끼를 통해서는 봉건 가장의 맹목적인 권위의식이 공격 당하여 우스꽝스럽게 되고 있음을 보여주며, 까토리를 통해서는 비극적 운명에 조롱당한 미천한 여인이 이를 극복하고 있음을 보여주고 있다(14). 〈장끼전〉의 까토리는 〈변강쇠가〉의 옹녀와 마찬가지로 하층민이 겪어야 했던 비참한 처지와 남성횡포에 시달려야 했던 조선조 여성의 고난이 함께 표상화된 인물로 보인다. 따라서 여기서는 조선조 후기 사회 하층민의 현실과 남성지배의 횡포가 심각한 문제로 제기되고 있다.

판소리에 관한 연구는 점점 심화되어 가고 있다. 판소리 사설의 근원설화를 추적하는 素材史的 연구와 판소리 사설이 정착된 이본의 관계를 살피는 문헌연구 등은 판소리 사설의 문학적 가치를 해명하는 데 필요한 주춧돌을 놓는 작업으로 볼 수 있다. 아무리 명쾌한 논리로 어떤 사실을 새롭게 설명했더라도 그것을 반증하는 다른 자료를 검토하지 않았다면 그 성과는 별 의미를 지니지 못하게 된다. 이것은 실증적인 연구를 소홀히 했을 때 빠져들어갈 수도 있는 함정이다. 그런 의미에서 세밀한 부분까지 〈춘향전〉의 이본을 대비하여 그 차이를 비교하고 있는 업적(25)에서 보인 노력은 높이 살 만한 것이다.

판소리 사설의 근원설화를 찾아내는 일이나 이본들의 관계를 알아보는 일은 판소리 사설에 대한 연구의 기초작업이지만, 판소리 연구를 완성시키는 일은 아니다. 어떠한 관점에서든지 작품 자체의 가치를 따져보아야만 참다운 문학연구의 성과를 거둘 수 있을 것이다. 앞에서 대강 훑어본 바와 같이, 기존관념 및 가치체계와 새로운 경험적 인식의 충돌이 판소리 사설에서 어떻게 형상화되어 있는가 하는 정신사적 관점에서 작품의 해석이 이루어지기도 했고, 기존사회제도의 붕괴와 계층상의 이동현상 및 이를 뒷받침하는 사회 경제적 요인이 판소리 사설에 어떻게 반영되고 있는가 하는 사회경제사적 관점에서 작품해석이 이루어지기도 하였다. 이러한 연구성과는 판소리 사설들을 보다 넓고 깊게 해석하는 길을 열어주었다. 그러나 이런 연구성과에도 조심하지 않으면 안될 위험이 도사리고 있다. 어떠한 전제 혹은 가설 속에 잡다한 현상 또는 사실을 선택적으로 걸러내

158

거나, 문학연구를 인접한 학문분야에 종속시킬 수도 있다는 점에 항상 주의를 게을리 할 수 없게 만든다. 우리는 판소리 사설 속에 역사적 변화가 반영되어 있다는 점에 주목하지만, 동시에 판소리 사설이 현실반영만으로 이루어져 있지 않다는 사실을 명심해야만 할 것이다.

판소리 연구에 있어서, 판소리를 구성하는 창자와 고수 및 청중이라는 주체와 창과 사설이라는 객체 등을 총체적으로 살펴볼 때 보다 더 성과가 있을 것이다. 판소리 사설을 연구할 경우에도 판소리 재현의 현장성을 고려하지 않으면 안된다. 판소리 사설이 기록되자마자 판소리의 현장성은 문자 속에 갇혀 사라지지만, 판소리 재현의 여러 요소들을 체계적으로 따져나갈 때 판소리 사설 속에 있던 판소리의 현장성은 밝혀질 것이다. 여기서 밝혀진 판소리의 현장성이라는 불빛 아래서 판소리 사설의 문학적 가치는 더 잘 해명될 수 있을 것이다. 판소리 창자의 목소리와 改作者의 관점이 판소리로 불리어진 몇몇 작품에 나타나는 방자형 인물을 통해서 드러나고 있다는 검증(22)은 이러한 연구의 가능성을 보여주는 것이다.

판소리 연구에 있어서는 작품의 개별성이 존중되어야 할 것이다. 판소리라는 예술양식이 형성되어 나오는 과정이 단순치 않은 것과 마찬가지로 판소리 사설의 형성도 단순치 않은 과정을 밟았을 것이기 때문이다. 따라서 판소리 사설이 어떻게 형성되어 왔는가는 개별작품에 따라 다르게 따져봐야 할 것이다. 또한 작품분석의 결과가 다른 작품분석의 길잡이는 될 수 있을 것이지만, 한 작품을 해석한 결과로 다른 작품을 재단할 수 있을 지는 의문스러운 일이다.

국문학연구에 있어서 판소리의 문학적 내용인 판소리 사설에 관한 연구는 아직 개척될 여지가 많이 남아 있다. 작게는 판소리의 본질을 밝히는 장르 문제, 판소리의 현장성 문제, 판소리 창과 사설의 상호관계 문제 등에서 크게는 판소리 사설이 국문학사에서 차지하는 비중 문제, 국문학의 내재적 축적에 판소리계 작품이 기여한 문제(23) 등등에 이르기까지 넓게 파헤치고 깊게 파들어갈 문제는 수없이 많다. 우리 앞에는 이러한 과제기 우리의 도전을 기다리고 있다. 徐　鍾　文

論　著

1. 鄭魯湜　朝鮮唱劇史(朝鮮日報, 1940)
2. 金三不校註　裵裨將傳·雍固執傳(國際文化舘, 1950)
3. 金東旭　韓國歌謠의 硏究(乙酉文化社, 1961)

 4. 崔珍源　판소리의　文學攷——春香傳의　合理性과　不合理性——(大東文化硏
　　　究 2, 成均館大　大東文化硏究院, 1966)
 5. 李能雨　李杜鉉　姜漢永　金學主　金遇鐸　판소리 장르 문제(東亞文化 6, 서울
　　　大　東亞文化硏究所, 1966)
 6. 李相澤　春香傳　硏究(國文學硏究 3, 國文學硏究會, 1966)
 7. 尹星根　완판본「열여 춘향 슈절가」연구(語文學 16, 語文學會, 1967)
 8. 趙東一　「興夫傳」의　兩面性(啓明論叢 5, 啓明大, 1968)
 9. 趙東一　판소리의　장르　規定(어문논집 1, 1969)
10. 林熒澤　흥부전의　現實性에　關한　硏究(문화비평 4, 1969)
11. 趙東一　葛藤에서　본　春香傳의　主題(啓明論叢 6, 啓明大, 1970)
12. 趙東一　沈淸傳에　나타난　悲壯과　滑稽(啓明論叢 7, 啓明大, 1971)
13. 趙東一　토끼傳(별쥬부젼)의　構造와　諷刺(啓明論叢 8, 啓明大, 1972)
14. 鄭學城　寓話小說　硏究(國文學硏究 17, 國文學硏究會, 1972)
15. 印權煥　「토끼傳」의　庶民意識과　諷刺性(語文論集 14·15, 1973)
16. 鄭炳昱　李朝後期詩歌의　變異過程考(創作과批評 1974 봄)
17. 金興圭　판소리의　二元性과　社會的　背景(創作과批評 1974 봄)
18. 徐鍾文　변강쇠歌　硏究(國文學硏究 28, 國文學硏究會, 1975)
19. 李輔亨　판소리　辭說의　劇的　狀況에　따른　長短調의　構成(藝術論文集 14,
　　　1975)
20. 徐鍾文　申在孝本「赤壁歌」에　나타난　作家意識(국어국문학 72·73, 국어
　　　국문학회, 1976)
21. 李石來　「裵裨將傳」의　諷刺構造(韓國小說文學의　探究, 1978)
22. 權斗煥　徐鍾文　房子型　人物考(韓國小說文學의　探究, 1978)
23. 崔元植　開化期의　唱劇運動과　銀世界(創作과批評 1978 여름)
24. 金興圭　판소리　硏究史(판소리의　理解, 1978)
25. 金東旭　金泰俊　薛盛環　春香傳　比較硏究(三英社, 1979)
26. 權斗煥　「裵裨將傳」硏究(韓國學報 17, 1979)

10. 가면극의 지역적 분포와 성격

　먼저 한국문학 연구에서 극양식, 특히 민속극이 어떻게 다루어졌는가를 살펴보고, 민속극의 연구가 어떠했는가를 일별한 후에 논의의 초점을 좁혀 가면극의 지역적 분포와 사회적 성격에 대한 연구를 검토하여 이 방면의 연구에 관한 문제를 제시해 보겠다.

　한 장르가 문학사에서 어떻게 다루어졌는가를 검토해 보면 그 장르에 대한 학계의 관심도와 연구의 성숙도를 어느 정도 짐작할 수 있을 것이다. 대표적인 한국문학사에서 고전문학 부분의 극양식을 뽑아 다음과 같이 표를 만들어보았다.

	上古	三國	高麗	朝鮮	近代
우리어문학회('48)	三國志東夷傳	五伎 于勒의 獅子伎	○儺禮와 處容歌	○唱劇의 小說化	
趙潤濟('49)	〃	×	×	○唱曲의 旺盛	
金思燁('54)	〃	○雜劇의 발생 (五伎, 處容舞, 人形劇, 黃昌舞)	○麗樂과 八關會와 雜伎劇 (處容舞, 山臺戲, 劍舞)	○唱劇의 發達과 廣大	○舊劇과 新劇
李秉岐·白鐵('63)	〃	×	×	○廣大와 劇歌文學 ○申五衛將과 劇歌文學	
張德順('75)	×	×	×	×	
金東旭('76)	○演劇의 起源 (神樂)(三國志 東夷傳 駕洛國記)	○(伎樂, 五伎, 于勒의 獅子舞)	○民俗俳優의 등장 ○山臺雜戲	○판소리 ○李朝演劇의 展開 ○山臺雜戲와 山臺都監劇 ○人形劇 ○國劇	

　○표는 독립된 항목을 설정하여 다루어서 그 항목 이름대로 옮긴 것이고, 그렇지 않은 것은 다른 사항을 다루는 항목 속에 극양식에 대해 서술한 것을 임의로 요약한 것이다.

한국문학사에서 극양식을 의식적으로 서술하고 있는 것은 金思燁과 金東旭뿐이다. 김사엽은 金在喆의 〈朝鮮演劇史〉(1)를 주로 인용하였고, 김동욱은 극양식에 관한 기존연구의 수용을 소루하게 한 감이 있으나 극양식 자체의 사적인 전개에 있어서 일관성을 유지하며 서술하였다.

〈三國志〉魏志 東夷傳에 보이는 제천의식과 그때 행한 집단가무는 거의 모든 문학사에서 다루고 있는데, 이것은 극양식으로서의 관심이 아니라 한국문학의 연원으로서 다루고 있는 것이다. 판소리는 모든 문학사에서 상당한 비중을 두고 서술하고 있다. 이것은 판소리와 조선조 후기 소설과의 밀접한 관계 때문일 것이다. 물론 申在孝 같은 거장의 등장, 텍스트인 사설의 전승과 기록 등으로 인한 관심의 표명도 없지 않을 것이다. 신라의 五技와 處容舞, 고려의 山臺雜戲 등은 세 저서에서 다루고 있는데, 민속극은 김동욱만이 관심을 보이고 있다. 이것은 과거의 국문학자들이 대부분 기록자료에 의존하여 연구하고 구전자료에 관심이 적었기 때문일 것이다.

대체로 한국문학사에서 극양식을 소홀히 취급하고 있으며, 특히 그중에서도 민속극은 거의 도외시당하고 있다고 하여도 과언이 아닐 것이다. 이런 현상은 언어예술을 다루는 문학사에서 희곡문학으로 성립되지 아니했고 그 대사도 전하지 아니하는 고전극 양식을 다루려면 자연히 행위예술로서 연극적인 면을 서술하게 되어 문학사 본래의 영역에서 멀어지기 쉬우므로 극양식을 회피하지 않았는가 하고 선의로 해석할 수도 있다. 그러나 아리스토텔레스(Aristoteles) 이후 극양식의 언어도 문학 쟝르의 범주에 넣는 것이 통례이므로, 한국문학사에 있어서도 극양식을 포괄하여 논의하여야 할 것이다. 그리고 민속극은 그 대사와 연희까지 전승되는 것이 있어서 문학연구의 자료로서 확보되어 있고, 이를 통하여 문헌자료로 해결하지 못한 연극사 및 문학사의 문제도 해명할 가능성이 있으므로 함께 포함시켜 문학사를 서술하여야 할 것이다.

한국문학사 연구에서 극양식을 잘 다루지 아니한 원인은 집필자의 문학관, 국문학계의 일반적인 성향 등에도 관계가 있지만, 그보다 연극사 쪽의 자료가 영세하고 이 방면의 연구가 미진한 데에 더 큰 원인이 있다고 해야할 것이다.

민속극의 범주는 논자에 따라 다르게 잡고 있다. 여기서는 편의상 가면극과 인형극에 대한 논의에만 국한한다.

1920년대부터 崔南善은 역사자료를 통하여 단편적이지만 광범하게 한국연극에 대한 해명을 했다. 탈춤으로서 덧뵈기와 꼭둑각시놀음 등 민속극에도 관심을 두었다(2).

1930 년대부터 宋錫夏는 민속극의 현장을 답사하여 자료를 수집하고 그 보존과 공연에도 힘을 쓰면서 계몽적인 활동까지 하였다. 민속극에 대한 체계를 세워 그 윤곽을 파악하게 하고 있으나, 자기의 소견을 내세우지 않고 있어 아쉬움을 느끼게 한다. 그의 선구적인 업적은 지금도 중요한 자료로 이용되고 있다(5). 김재철은 고대로부터 현대에 이르기까지 한국연극을 사적으로 체계화한 업적을 남겼다. 그의 선각자적 정열에도 불구하고 가면극으로 산대극만 다루고 다른 지방의 가면극을 다루지 아니한 점은 미흡하다고 아니할 수 없다(1). 崔常壽는 현지 조사·연구에 주력하여 이를 정리하였다(4·6·7·8). 민족주의적인 이념에서 실증주의적 방법으로 행한 민속지적 정리는 광복 후에까지 계속되어 이 방면 연구의 초석을 놓아준 셈이다.

1950 년대 이후 梁在淵은 문헌자료를 통하여 고전극의 연구를 심화시켰다(24). 李杜鉉은 민속극에 대한 현장연구를 심화시키는 한편 다양하게 학문적으로 천착하여 자료와 연구업적을 집대성했다(12). 이 시기까지 가장 관심을 둔 연구는 가면극의 기원과 형성에 관한 것이었고, 따라서 이 방면이 논란의 가장 큰 쟁점이 되었다. 가면극의 기원을 고대 제의로 잡는 제의기원설(2·5·12), 산대희에서 산대극이 생겨났고 산대극이 각 지방에 전파되어 가면극이 형성되었다는 산대희기원설(2·7·12), 백제의 味摩之가 吳에서 배워 일본에 전했다는 技樂이 가면극의 기원이라는 기악기원설(3) 등이 대표적인 견해라고 할 수 있다. 이중 산대희설이 사적 자료와의 관계에서 주목되다가 점차로 제의기원설에 관심이 기울면서 계속 논의되고 있다(22·35). 이를 보다 구체화하여 농경의식 기원설로 발전시키기도 하였다(13·25).

1960 년대부터 연구는 보다 구체적인 작업으로 전개되고 다양화되어 갔다. 이런 경향은 1970 년대에 들어 더욱 두드러졌다. 대사의 연구(9·19·20), 무대공간의 연구(10·18·20·25·26·28), 춤사위의 연구(15·33), 구조적 분석에 의한 연구(25·29·32) 등을 그 예로 들 수 있다. 이 시기에 바람직한 두 가지 현상이 나타났다. 그 하나는 연희 현장과 근거리에서 관찰한 보고서와 연구물이 나타난 것이고(16·21·23), 또 하나는 연극계가 민속극에 관심을 보이고 현대연극 혹은 외국연극 전공학자가 민속극에 대한 언급을 한 것이다(10·11·17·26·27·34). 민속극 연구에서 출발한 학자들은 민속극 자체에

서 그 원리를 발견하고자 한 데 반하여 다른 방면의 전공자들은 외부의 이론을 적용하려는 경향을 보였다. 아직 외부 전공자의 연구는 몇몇을 제외하고는 단편적인 소견에 그치고 있기는 하지만, 많은 시사를 하여 민속극을 연극으로 보게 하는 데 자극이 되었다.

가면극의 분포지역은 다음과 같다.

(1) 별신 탈놀이 : 경북 낙동강 상류지역. 안동의 하회·병산, 영양의 주곡 등지.

(2) 들놀음(野遊) : 경남의 낙동강 동쪽 지역. 동래·수영·부산진 등지.

(3) 오광대 : 경남의 낙동강 서쪽 지역. ① 초계·신반 등지. ② 통영·고성·가산·마산·진동·가락·거제·진주·산청 등지.

(4) 산대놀이 : 서울 근교 지역. ① 녹번·애오개·사직골·노량진·퇴계원 등지. ② 양주·송파 등지.

(5) 해서탈춤 : 황해도 전지역. 봉산·강령·해주·황주·재령·안악·신천·기린·서흥·연백 등지.

이밖에 북청의 「사자탈놀음」과 강릉 단오굿의 「관노놀이」가 있다.

송석하는 각 지방의 가면극을 조사 보고하는 글에서 부르는 명칭이 같은 것끼리 묶어서 분포지역을 설정하였고(5), 최상수는 각 지방의 가면극 생성의 지역적인 배경을 언급하기 시작하였다(4·7·8). 이두현은 가면극의 성립과 지역적인 배경에 대한 구체적인 고찰을 하였다. 그는, 「오광대놀이」의 발생지라는 초계 밤마리는 낙동강가 큰 장터로서 내륙지방의 삼〔麻〕과 해안지방의 魚鹽과 다른 지방의 미곡 등과의 교역을 위한 난장이 서게 되어 거상들이 모여 대광대패에게 비용을 주어 며칠씩 오광대놀이를 놀게 하였고, 그 대광대패의 오광대에 의하여 각지에 오광대놀이가 전파되었다고 하였다. 그리고 황해도 해서탈춤은 오일장이 서는 거의 모든 장터와 남북 직로에 자리잡은 주요한 읍들에서 성행되었고, 「양주별산대놀이」의 고장인 양주 구읍도 서울로 들어오는 북로의 관문이었으며, 송파산대놀이가 전해지는 송파도 과거 남로로 하여 서울로 들어오는 관문일뿐더러 서울에의 薪炭과 잎담배 가공 및 그 공급처였으며, 또 마행상이 성했던 고장이었다. 이와 같은 경제 지리적 여건에서 직업적인 가면 연희자들은 패트런인 私商들의 후원을 받았고, 비직업적인 연희자(하리배)들은 관아의 힘을 빌어 가면극이 유지되어 왔음을 알 수 있다고 하였다(12).

趙東一은 선행 연구에서 검토하지 아니하였던 가면극의 전승지를 폭넓게 고찰하여 한국 민속가면극을 그 지역적 배경에 따라 농촌가면극과 도

시가면극으로 양분하였다. 농촌가면극은 하회별신탈놀이같이 농촌에서 농민이 공연하던 가면극으로 조선 후기에 새로 생긴 것이 아니라 그전부터 있어온 것이며, 하회 같은 마을의 사회 경제적 성격이 대체로 그대로 유지되었듯이 이 역시 크게 달라지지 않은 채 전해졌을 것이라고 했다. 그리고 규모가 작고 기반이 약하기 때문에 식민지적인 근대문화와 부딪치자 쉽게 위축되었을 뿐 아니라 일제의 탄압에 그 대부분이 사라지고 지금은 하회별신탈놀이만 전한다고 하며, 전라도 지방에도 흔적이 발견되나 분명하지 않다고 하였다. 그리고 농촌가면극이라고 명명한 별신탈놀어 이외의 들놀음·오광대·산대놀이·해서탈춤 등이 놀이되던 곳이 조선 후기의 상업도시거나 상업도시와 행정도시를 겸하고 있는 곳이었다는 점에 착안하여 이들을 도시가면극이라고 명명하였다. 농민의 연극으로 오랜 역사를 가진 농촌가면극은 조선 후기에 이르러 상업도시의 성립과 함께 특히 상인 및 이속의 연극이라 할 수 있는 도시가면극으로 전환되었다고 하였다. 그는 한국가면극을 농촌가면극과 도시가면극으로 나누어봄으로써 종전에 산대도감계극과 계통을 달리하는 것이라고 논의에서 보류해 온 별신탈놀이를 포괄하여 다룰 수 있게 하였고, 여타의 가면극의 성격도 더 명확하게 부각시켰다. 두 종류의 가면극 사이의 상호관계를 고찰하여 한국가면극의 역사적 전개도 보다 분명하게 설명할 수 있게 하였다.

鄭尙坪은 종래에 오광대와 같은 종류 혹은 그 아류로 보던 들놀음을 오광대와 다른 성격의 놀이라고 하였다. 즉 오광대는 낙동강을 경계로 서쪽에 분포되어 있는데, 들놀음은 동쪽에 분포되어 있고, 들놀음이란 이틈의 「들」은 농경장소거나 농경의식의 장소를 뜻하는 것이며, 그 놀이과정도 길놀이(假裝行列)·덧뵈기춤놀이(集團亂舞)·탈춤놀이로 되어 있어 탈춤놀이만 노는——통영오광대의 사또놀이 같은 데에는 길놀이의 흔적이 었기는 하지마는——오광대보다 농촌가면극의 성격이 농후하다고 하였다. 이렇듯 한편으로는 조동일의 의견을 받아들이면서, 그는 들놀음을——그것이 동래·수영·부산진 등 조선 후기 도시에 해당하는 곳에 전하지마는——그 명칭과 성격으로 보아 농촌가면극과 도시가면극의 중간형태로 보았다(21).

그리고 그는 오광대가 비록 그 명칭이 같고 놀이 내용이 비슷하다고 할지라도 (1) 초계 밤마리나 신반의 오광대와 (2) 그외 지방의 오광대와는 그 근본성격이 다르다고 하였다. 전자는 남사당패의 덧뵈기 같은 대광대패라는 전문적인 유랑예인집단의 공연물의 하나로 각지로 다니며 수시로 노는 것이고, 후자는 음악과 춤에 능한 그 고장의 주민이 일정한 날을 택하여 대개 그 고장에서만 노는 토착화된 가면극이라고 밝혔다. 따라서 종래 오광대의 분포지로서 생각했던 (1) 초계 밤마리와 신반은 대광대패의 근거지로 보아야 한다고 하였다(23).

유랑예인집단의 가면극과 토착가면극이 다르다고 본 이런 견지에서 산대놀이를 보면, (1)의 본산대놀이를 전자, (2) 별산대놀이를 후자로 볼 수 있고, 따라서 (1) 녹번·애오개·사직골 등지는 토착적인 가면극의 분포지가 아니라, 전문적인 유랑예인집단의 근거지로 볼 수 있을 것이다. 해서탈춤도 이런 각도에서 이분할 가능성이 있을 것이다. 해서탈춤의 분포지에 대하여 재검토할 바가 있다. 오일장이 서던 거의 모든 장터에서 탈꾼들을 초빙하여 일년에 한번씩 놀았다고 하고, 이러한 분포로 보아 해서탈춤은 거의 황해도 전역에서 놀던 탈춤이라고 하였다(12). 여기서 탈꾼이란 전문적인 유랑예인집단일 것이다. 그렇다면, 이들을 초빙하여 놀게 한 고장은 유랑예인집단의 근거지도 아니고, 토착적인 가면극의 전승지도 아니다. 이런 곳까지 가면극의 분포지로 잡는다면 한국의 전역 거의 모든 지방을 가면극의 분포지로 잡아야 할 것이다. 해서탈춤의 분포지라고 알려진 지역이 이북에 있어서 지금 조사에 한계가 있지만, 재검토하면 가면극의 분포지로서 제외시켜야 할 고장이 없지 않을 것이다.

가면극의 사회적 성격은 오랜 세월 속에 전승되면서 積層的으로 사회의식이 투영된다. 그러므로 어느 시대 어떤 사회적 현실이 반영되었는가 하는 것을 일률적으로 단정하기 어렵다. 대체로 도시가면극의 각 마당(科場)의 줄거리를 요약하여 進慶辟邪의 의식, 파계승에 대한 풍자, 양반에 대한 모욕, 처첩관계로 인한 가정비극 등을 주제로 내세우고 사회적 성격을 설명하고 있다(7·8·12). 조선조 서민문학의 특성과 같이 파계승, 몰락한 양반, 무당, 사당, 하인 및 기타 늙고 젊은 인물의 등장을 통하여 현실폭로와 풍자, 호색, 웃음과 탄식을 보여준다고 하였다(12). 조동일은 주로 봉산탈춤놀이와 양주 별산대놀이를 구체적으로 분석하고 한국가면극은 부락굿의 유산을 연극적 갈등구조로 계승 발전시키면서 민중의식이 시대에 따라 투영된 것이라고 하였다. 예컨대, 양반풍자도 구체적인 분석의 결과로 다음과 같이 말하고 있다. 양반풍자는 조선조 후기의 평민문학에 두루 나타나는 주제이지만 양반문화의 윤리의 근저에 이르기까지 비판하여 그 정도가 다른 쟝르보다 첨예하였다고 하였다. 처음부터 민중의 문학으로 성장하여 상층으로 부터의 영향 없이 오직 민중의식의 성장된 모습만을 충실하게 나타낸다고 하였다(25).

농촌가면극이 먼저 없어져서 그 분포지역으로 판명된 곳이 적다는 조동일의 견해(25)는 농촌가면극의 분포가 광범위하였으리라는 것을 전제로 한다. 그러나, 전라도·평안도·함경도 등지에서는 왜 도시가면극이 발견되지 아니할까. 원래부터 성립되지 아니했을까, 그 이유는 무엇일까 하는 의문은 여전히 남는다. 그리고 가면극의 지역적 분포를 검토함으로써 가면극의 기원과 발생에 관한 단서를 찾을 수 없을까 하는 것은 앞으로 연구할 과제가 될 것이다. 가면극의 사회적 성격도 파계승설화와 비교 검토한 파계승 마당에 대한 朴誠姬의 연구(30) 같은 미시적인 작업이 많이 전개되어야 보다 명확한 해명이 가능할 것이다. 이런 의미에서 가면극의 연구는 아니지만 林在海의 연구는 가면극의 실체를 파악하는 데 상당한 도움을 준다.

앞으로 가면극의 연구에서는 구조적인 분석과 제의적인 측면의 검토가 활발히 전개되리라 예견되는데, 어떠한 연구이건 실증적인 답사와 구체적인 분석을 통한 연구여야 할 것이고 자료의 영세성을 극복하기 위하여 비교연구가 활발히 이루어져야 할 것이다.　　　　　　　　　　　**鄭 尙 朴**

論　著

1. 金在喆　朝鮮演劇史(學藝社, 1939)
2. 崔南善　朝鮮常識問答 續編(東明社, 1947)
3. 李惠求　山臺戲와 技樂(韓國音樂硏究, 1957)
4. 崔常壽　河回假面劇 硏究(高麗書籍, 1959)
5. 宋錫夏　韓國民俗考(日新社, 1960)
6. 崔常壽　韓國人形劇의 硏究(高麗書籍, 1961)
7. 崔常壽　山臺假面劇의 硏究(建國大 學術誌 5, 1964)
8. 崔常壽　海西假面劇의 硏究(藝術院 藝術論集 3, 1964)
9. 康龍權　韓國假面劇 脚本의 考察(東亞論叢 3, 東亞大, 1966)
10. 徐國英　水營野遊劇의 近代舞臺化試論(釜山大學校論文集 9, 1968)
11. 張漢基　楊州山臺假面劇의 背景과 特徵(東國大 演劇學報 2, 1968)
12. 李杜鉉　韓國假面劇(文化財管理局, 1969)
13. 金宅圭　韓國部落慣習史(韓國文化史大系 Ⅳ, 高麗大 民族文化硏究所, 1971)
14. 康龍權　韓國人形劇本의 考察(東亞論叢 7, 東亞大, 1971)
15. 金世中　韓國民俗劇 춤사위 硏究(東亞民俗藝術院, 1972)
16. 沈雨晟　男寺黨牌硏究(同和出版社, 1974)
17. 呂石基　韓國演劇의 現實(同和出版社, 1974)

18. 허　술　傳統劇의　舞臺空間(創作과批評 1974 여름)
19. 柳鍾穆　韓國民俗假面劇 臺詞의　表現法研究(東亞大 석사논문, 1974)
20. 沈雨晟　韓國의　民俗劇(創作과批評社, 1975)
21. 鄭尙坊　들놀음 名義考(文化人類學 6, 韓國文化人類學會, 1974)
22. 金烈圭　現實文脈 속의 탈춤(震檀學報 39, 震檀學會, 1975)
23. 鄭尙坊　五廣大形成에 관한 小考(語文學 33, 語文學會, 1975)
24. 梁在淵　國文學研究散稿(日新社, 1976)
25. 趙東一　탈춤의 역사와 원리(弘盛社, 1977)
26. 金遇鐸　韓國傳統演劇과 그 固有舞臺(開文社, 1978)
27. 柳敏榮　韓國演劇散考(文藝批評社, 1978)
28. 金興圭　꼭두각시놀음의 演劇的 空間과 산받이(創作과批評 1978 가을)
29. 林在海　꼭두각시 놀음의 構成樣相(口碑文學 2, 韓國精神文化研究院 1979)
30. 朴誠姬　說話的 側面에서의 假面劇 研究 Ⅰ(口碑文學 3, 韓國精神文化研究
　　　　　院, 1980)
31. 成炳禧　河回別神 탈놀이(韓國民俗學 12, 韓國民俗學會, 1980)
32. 林在海　꼭두각시 놀음의 對立樣相과 社會意識(韓國民俗學 12, 韓國民俗學
　　　　　會, 1980)
33. 李炳玉　山臺놀이의 춤사위 研究(韓國民俗學 13, 韓國民俗學會, 1980)
34. 徐淵昊　하회탈춤의 연극적 구조(傳統社會의 民衆藝術, 1980)
35. 李相日　韓國人의 굿과 놀이(文音社, 1981)

漢　文　學

1. 韓國漢文의 語學的 성격

漢文이란 말은 漢字로 중국어를 기록한 文語를 가리키는 우리나라의 용어이다. 중국인들은 그들의 문어를 文言이라고 하지 한문이라고 하지 않는다. 그들이 漢文이라 할 때는 漢代의 문어를 가리킨다. 따라서 우리의 한문과 중국인의 문언은 같은 개념을 나타내는 말이다. 이 한문에 대해서 한국한문이라 하면 기본적으로는 한문이되 거기에 한국어 내지는 한국문화적인 요소가 가미된 한문을 가리킨다. 중국의 문어에 대하여 한국한문이 갖는 이 특성들이 어떠한 것이며, 또 이러한 특성이 어떠한 과정을 거쳐서 나타나게 되었는가를 고구해 보는 것이 이 글의 목적이다.

우선 한국한문은 언어구조적인 측면에서 볼 때 音韻·統辭·語彙 면에서 한국어에 동화된 문어이다. 이 동화현상과 동화과정을 쉽게 나타내주는 것이 한문의 한국식 讀法이다. 한문의 한국식 독법도 시대에 따라 달라지는 것이므로 고대부터 현대까지의 독법을 일률적으로 말하기는 어려우나 외국어 특히 그 문어의 학습방법의 관점에서 보면 다음의 두 가지를 생각해 볼 수 있다. 첫째는 音讀이요, 둘째는 直譯 즉 釋讀이다. 음독은 본래 외국어 문장을 외국어의 음으로 읽는 것을 원칙으로 한다. 그러나 외국의 문어를 외국어의 음으로 정확하게 읽는다는 것은 외국어의 음운체계, 음절구조 및 억양이 완전히 몸에 배야 되는 것이므로 좀처럼 정확하게 읽기가 어렵고 많든 적든 자국어의 발음현상이 가미되게 마련이다.

한문이 이 땅에 수입된 것은 기원전일 것으로 믿어지는데, 그 초기에는 중국의 원음대로 읽으려고 노력했을 것이다. 그러나 한문이 보급되어 사용인구가 늘고 나아가서는 교육기관을 통하여 교수되면서부터는 한국어의 음운체계에 완전히 동화된 한자음으로 읽히게 되었다. 한국 한자음의 틀은 고구려에서 太學을 세워 중국의 經學과 文學을 가르쳤을 것으로 믿어지는 4세기(372)에는 이루어졌으리라 생각된다.

본래 한문은 表意文字인 한자로 기록되는 문어이다. 외국의 문어가 다론 언어사회에 수입되어 장기간 사용된 예는 서구 라틴어의 경우이며, 우리의 한문의 경우와 비슷하다. 그러나 라틴어는 表音文字로 기록된 문어이다. 제한된 수의 문자를 가지고 운영되는 문어는 原語의 발음에 충실해지기가 쉽지만 수만의 표의문자로 운영되는 문어의 경우는 원어의 발음에 충실해지기보다는 그 표의성에 주의력이 기울어지기 쉬운 것이다. 또 한문 특히 경전의 한문은 중국에서도 고전어에 속하는 것이어서 현실적인 언어를 반영하지 못할 뿐 아니라, 그것을 배우는 목적도 교양과 지식을 얻기 위한 것이었으며, 대화를 목적으로 한 것은 아니었다. 이러한 사실은 한문이 수입된 이른 시기부터 그 한자음을 우리의 음운체계에 동화시켜 익히는 결과를 초래했을 것이다.

한문은 지리적인 여건이나 문화적인 전파과정으로 보아 고구려에서 신라와 백제로 전파되었을 것으로 믿어지는데, 특히 신라의 금석문이나 기록물들은 고구려의 한문과 밀접한 관계가 있다는 증거를 보여주고 있어, 한자음의 경우도 고구려의 한자음이 신라에 전수되었을 것으로 믿어지긴 하지만 구체적인 예는 아직 확인되지 않고 있다. 다만, 현대음에 계통이 이어지는 전통적 한국 한자음은 신라통일 이후 唐代의 음을 모델로 하여 형성되었을 것으로 추정되고 있는데, 여기서 고구려 한자음의 영향을 배제할 수는 없을 것이다. 전통적인 한자음은 국어의 발달생리에 의하여 한국의 독특한 한자음으로 지속적인 발달을 하여왔다. 그리하여 시대에 따라 중국음의 영향을 받기는 하였으나 그 격차는 점차로 커져왔다. 「彌」의 음은 현대에는 「미」이지만 고대국어에서는 「며」였었다. 이것은 중국의 中古音 myie 를 반영하는 것으로, 본래 「며」로 차용되었다가 후대에 「미」로 변화한 것임을 말해 주는 것이다. 한국 한자음은 자형에 유추된 변화도 많이 있다. 「槐」의 음은 본래 「회」였었다. 이것이 중국의 원음에 가까운 것인데 16세기부터는 「괴」로 변하였다. 이것은 「槐」자의 「鬼」의 음에 유추된 것이다. 「鍮」의 음이 본래 「듀」였으므로 현대음은 「주」가 되어야 할 것이지만 「유」로 된 것도 그 자형에 「兪」가 있어 그에 유추된 것이다. 한자음의 聲調에는 平聲・上聲・去聲・入聲이 있다. 이 四聲체계에 준해 15세기에는 국어의 성조도 4성으로 분류되었다. 4성 가운데 입성은 「k・t・p」의 말음을 가진 한자음을 일컫는 것으로서 국어의 성조체계와는 본래 무관한 것이다. 다만 국어에도 「k・t・p」의 말음을 가진 음절구조가 있어서 한자음의 입성을 구별하는 데는 지장이 없었다. 다만 입성을 가진 우리의 한자음 가운데서도 「t」입성은 「r」음으로 바뀌어 그 입성의 특성을 상실하였다. 평성에 있어서는 중국음과 국어의 음이 모두 底調로서 쉽게 대응되었다. 상성에 있어서도 저조에서 고조로 올라가는 上昇調인 점에서 그 대응은 쉽게 될 수 있었겠으나, 거성과의 구별에서 혼란이 생겼다. 우리의 거성은 고조인 데 대하여 중국어의 거성은 고조에서 저조로 내려오는 下降調여서 차이가 있었다. 이로 말미암아 중국어의 거성이 국어 한자음에서 상성이 되거나 중국어의 상성이 국어에서 거성으로 굳어지는 현상이 생겼다. 이는 중국어 성조의 기본구조가 「고→저의 구조」인 데 반하여 국어는 「저→고의 구조」인 데서 생긴 혼란이었다. 또 한자음의 성조는 같은 한자라도 그 쓰임에 따라서 바뀌어 둘 이상의 성조를 갖는 경우가 많다. 예를 들면 「妻」는 명사일 때는 평성이지만, 동사로 전성되면 거성이 된다. 이러한 변화는 국어의 성조구조에는 없는 것이다. 이러한 사정으로 인하여 한자의 성조를 정확하게 익히는 것은 극히 어려운 일이었다.

한문의 구성소인 한자음의 한국화는 중국의 正音思想의 관점에서 보면 와전을 거듭한 것이었다. 이를 시정해 보려는 목적에서 〈東國正韻〉이 편찬되기도 했지만 곧 실패로 돌아갔다. 이는 한국 한자음의 뿌리가 깊은 것임을 말해 주는 것이다.

한자음의 한국화는 중국인과의 作詩·和答에서 聲律이 맞지 않아 어려움을 받았다는 기록이 있다. 또 益齋 李齊賢은 元나라에 오래 머물러 있었고 그곳의 뛰어난 문인들과도 교유하였던 것으로 보아 중국의 한자음에 능했을 것임에도 불구하고 그의 詞에는 한국식 한자음으로 押韻한 것이 뜨인다고 한다. 이러한 사실들로 보면 한국한시의 운율을 중국식 운율의 척도로만 재는 것은 오히려 무의미할 것으로 생각된다. 한국시가의 운율과 대비하는 작업이 필요할 것이다.

한문 학습방법에서 직역의 단계는 일찍부터 존재했었을 것이다. 이 방법이 정리되어 형성된 것이 釋讀口訣이다. 현재 전하는 석독구결로서 가장 오래 된 것은 13세기의 것으로 믿어지는 舊譯仁王經口訣이다. 이 구결에 나타난 어법은 13세기 국어로서는 너무도 예스러운 어법을 보여주고 있어서 고대국어 시대부터 있었던 전통을 이어받은 것임에 틀림없다. 삼국시대에는 구결의 토에 해당하는 예를 찾아볼 수 없어서 그 당시에 정제된 석독구결이 존재했었는가 하는 것은 확인할 수 없지만 한문을 새기어 읽는 방법이 있었음을 보여주는 증거는 6세기의 자료에서 확인할 수 있다. 그것은 6세기 중엽 이전의 기록으로 추정되는 蔚州川前里書石의 原銘에서 신라의 관명을 표기한 「波珍干支」와 「大舍」가 한자의 訓을 이용하여 국어를 표기한 점에서 확인할 수 있다. 「波珍」의 「珍」은 「돌」로 읽히는 것이요 「大舍」의 「大」는 「한」으로 읽히는 것이니 이는 훈으로 읽은 것이다. 한자의 훈은 한문을 우리말로 새기어 읽는 데서 발달한 것이므로 이것을 이용하여 우리말을 표기하는 데까지 발전시킨 것은 한문의 직역 내지는 석독방법이 상당한 수준에 달해 있었음을 보여주는 것이다.

한문의 석독은 한문의 語順을 국어의 어순에 따라 읽고 한문의 구성소인 한자를 그에 대응하는 국어의 단어로서 읽는 것이다. 한문의 어순인 「주어＋동사＋목적어」를 국어의 어순인 「주어＋목적어＋동사」로 바꾸고 한문의 「介詞＋명사」의 순서를 국어의 「명사＋조사」의 순서로 바꾸어 읽으면 대체로 국어의 어순에 가까와진다. 한자의 뜻이 국어의 단어에 쉽게 대응이 되면 새겨서 읽고 대응이 쉽게 되지 않으면 그 한자어를 차용해서 읽게 된다. 한문의 개사는 국어의 조사에 대응하는 것이 일반적이나 때에 따라서는 개념어로 대응시켜 읽기도 한다. 「以」는 국어의 「〜로」에 대응되지만 일찍부터 「뻐」로 읽었다. 이는 「쓰다(用)」의 부사형이니 한문의 虛辭인 개사를 국어의 實辭에 대응시켜 읽은 것이다. 현대국어의 「〜로서」 「〜로써」의 「서, 써」는 이 「以」를 「뻐」로 읽은 데서 온 중국어의 차용이다.

이두문의 초기형태는 삼국시대에는 俗漢文에서 찾아볼 수 있다. 이 문체는 한문의 어순과 국어의 어순이 혼용되고 한문의 語氣詞나 介詞도 국어의 어미나 조사의 영향을 받아서 한문 본래의 용법과는 차이가 있다. 이것은 한문에 대한 음독능력과 석독능력이 복합되어 발달한 문체로 믿어진다. 이것이 좀더 발달하여 壬申誓記石銘과 같이 한자를 완전히 국어의 어순으로 배열하여 표기하는 문체가 발달했다. 이는 한문에 대한 정제된 석독방법이 있어 이를 바탕으로 하여 발달한 문체로 보아 틀림없다. 삼국 통일 이후 향찰이 발달되었다. 향찰은 임신서기석명과 같이 한자를 국어의 어순으로 배열한 문체에다 석독구결에서 발달한 토를 적용함으로써 발달한 것이다. 이와 같이 한문의 학습방법은 국어를 표기하는 借字表記法의 발달에 결정적인 영향을 미치었다. 차자표기법은 우리말을 표기하는 방법이지만 한자와 한문을 이해하지 않으면 구사할 수 없는 표기법이므로 이의 보급은 한문의 습득과 해득에도 중요한 기능을 하였다. 崔萬理의 훈민정음 창제 반대상소문 가운데서 「이두를 익히려면 먼저 漢書 두어 책을 읽은 연후에야 가능하고 또 이두를 쓰려면 반드시 한자를 의지하여야 그 뜻을 깨치게 되니 이두가 奬學에 한 도움이 된다」고 한 것은 이러한 사정을 반영하고 있는 것이다.

한문의 음독과 석독, 그리고 차자표기법의 보급이 한국한문의 문법에도 영향을 미쳤다. 〈삼국유사〉의 衛滿朝鮮條 첫머리에 「前漢朝鮮傳云 自始燕時 常(嘗)略得眞番朝鮮」이라는 말이 있다. 여기서 「自始」는 「～부터」의 뜻인데 「自」와 「始」가 중복된 것은 중국어의 문법에는 없는 것이다. 「始」가 쓰인 것은 차자표기법에서 얻은 언어능력의 발로이다. 한문의 개사 「自」는 「～로부터」에 해당하는 것인데 「以」를 「뻐」로 읽은 것과 같이 「비롯」으로 읽었던 것으로 추정된다. 이 영향으로 「언제부터 언제까지」라는 표현에 쓰인 「부터」에 해당하는 뜻을 「비롯」이라 하고 이두에서는 이를 「始叱」 또는 「元叱」으로 표기하였다. 차자표기법에 쓰인 「始」의 이 용법이 한문구사에 나타난 것이 「自」와 「始」의 중복표현인 것이다.

속한문과 이두문은 그 용도가 문예적인 문체로까지 발달하지는 못한 듯하다. 현재 전하여 오는 고려시대까지의 자료들을 보면 주로 행정문서와 造成記 등 실용문에 쓰였다. 해인사의 고려대장경 補板으로 전해 오는 均如의 圓通記들은 본래 이두문으로 씌어졌던 것인데 후대에 우리말을 削去하고 편찬한 것이다. 이것은 이두문이 실용문이 아닌 경우에 쓰인 것이다. 조선왕조 시대에도 이두문은 〈大明律直解〉〈養蠶經驗撮要〉 등에 쓰였고 儀軌文에도 쓰였다. 이와 같이 이들이 문예적인 문체로서 쓰인 증거는 찾아볼 수 없으나, 그 가능성이 전혀 배제되는 것은 아니다. 景幾體歌의 문체는 향찰이라기보다는 오히려 이두문의 문체에 가까운 것이다.

이두문은 일률적으로 말하기는 어려우나 대체로 개념부분의 표현에는 한문식 문법이 많이 쓰인다. 이러한 현상은 후대로 올수록 더욱 현저하게 나타나 조선조의 이두문들을 보면 마치 한문에다 토를 단 구결과 큰 차이가 없다. 이것은 한문의 보급에 말미암았다고도 볼 수 있으나 한문독법의 발달과 밀접한 관계가 있다.

현재 우리가 대하고 있는 구결은 한문을 원문대로 읽으면서 句讀處에 우리말의 조사나 어미 즉 토를 첨가하여 읽는 順讀口訣이다. 이것은 한문의 음독과 석독구결이 융합되어 발달한 것으로 그 발생연대는 분명하지 않지만 고려시대에 들어와서의 발달일 것으로 믿어진다. 이 구결은 한문의 구조를 유지하면서 동시에 뜻도 파악하는 것이므로 암송하기에 아주 편리한 한문의 독법이다. 이로 인하여 한문의 암송이 용이해졌고 나아가서는 한문의 보급에 더 큰 힘이 되었다. 조선조의 이두문에서 토를 소거하면 한문문장과 큰 차이가 없게 된 것은 이 순독구결의 힘이 컸던 것으로 믿어진다.

한문이 갖는 외국어로서의 어려움이 그 음독과 석독에 의하여서도 많이 극복되었지만, 순독구결의 발달은 한문과 국어와의 거리를 보다 더 좁히는 기능을 하였다. 이것은 한문의 문맥이 그대로 살아 있으면서 국어와 차이점을 보이는 문법관계는 토로써 표시하여 주기 때문이다. 한문의 문법적 극복은 한문의 단어들을 국어의 단어로 차용하는 데 간단한 법칙을 낳기도 하였다. 일반적으로 한문의 명사는 그대로 국어의 명사로 차용되고 동사는 접미사 「~ᄒ다(하다)」를 붙여 차용하였다. 형용사는 「~ᄒ다(하다), ~톱다(랍다), ~돕다(답다)」를 붙이고 부사는 「~히(親히), ~혀(幸혀), ~로(實로)」를 붙이면 되었다. 그리하여 국어에는 고유어의 수를 능가하는 차용어가 한문을 통하여 수입되었다. 이 차용어의 보급은 한문과 국어의 간격을 어휘론적으로 좁히는 결과가 되어 우리의 선인들이 한문을 문어로서 생활화하는 데 뒷받침을 하였다.

한편 한국한문의 어휘체계에는 국어 내지 우리 문화에 배경을 두고 만들어진 단어들이 많이 쓰였다. 우선 우리의 지명·인명·국명 등의 고유명사는 한국에서 만들어진 대표적인 한자어이다. 이밖에 花郎·兩班·書房·道令·査頓·媤家·吏讀·傳持·出納·苦生·感氣·北魚·山梅子·唐楸子 등이 우리의 제도나 생활에서 유래된 한자어로, 한국한문의 구성소가 될 수 있는 것들이다.

이상에서 한국한문의 어학적인 특성이 음운·통사·어휘 면으로 나타나는 것을 한문독법의 발달과정과 연관시켜 생각해 보았다. 한국인들이 창작한 한국한문에 국어의 요소가 가미된 정도는 일률적으로 측정하기 힘들다. 이는 한문과 국어의 접촉에서 생긴 결과이고, 언어접촉의 결과는 유동적인 것이어서 일률적인 결과를 낳는 것이 아니기 때문이다. 이러한 점을 감안하면서 한문에 국어의 요소가 가미된 정도를 기준으로 해 한문과 국어의 관계를 보면, 중국의 한문→한국 문인의 한문→속한문→이두문→국어문장(향찰 또는 한글문장)의 변화를 보이고 있다(→표는 국어요소가 가미된 과정을 나타냄).

중국의 한문은 그 독법에 한해서 국어의 요소가 가미된 것이고, 한국 문인들의 한문은 독법뿐만 아니라 문장구사에도 국어의 요소가 가미되었으나 중국인들도 자연스럽게 이해할 수 있거나 크게 어려움을 느끼지 않고 이해할 수 있는 것이다. 이러한 한문에도 정도의 차이가 있다. 예를 들면 〈삼국사기〉는 중국인의 전통적인 한문에 속할 수 있는 것이고, 〈삼국유사〉는 이에 비하면 속한문 쪽에 가까운 것이다. 속한문은 국어의 요소가 음운과 통사와 어휘의 면에 모두 가미되어 있어서 중국어의 능력만 가지고는 이해할 수 없는 한문으로, 한문과 같이 음독된다. 이두문은 국어의 어미와 조사 그리고 일부 단어들이 섞여 쓰이되 개념을 나타내는 부분은 한문적인 요소가 강하게 나타난다. 국어문장은 자연스러운 우리말의 기록이지만 일찍부터 중국어의 차용어를 받아들였고 그 문법적 영향도 받고 있어서 중국어적인 요소가 가미되었다. 이로 인하여 국어만을 이해하는 사람이라도 한문에 대한 능력을 갖추게 되어 한문 학습에 도움을 받게 된다. 문체상으로도 우리의 문체는 한문의 영향을 받으면서 발달하였다. 이러한 사실은 한국한문이 국어에 동화된 문어이고, 국어 또한 한문의 영향을 크게 받아 두 언어가 근본적인 언어구조의 차이에도 불구하고 서로 밀접하게 접근되어 있음을 말하는 것이다.　　　　　　　　　　　　　　南　豊　鉉

2. 移植期의 한문학

상고로부터 신라말까지의 시기에 걸친 한문학의 추이와 성과를 살펴보고자 함이 이 글의 과제이다. 이를 「이식기」라고 이름한 것은 이 시기를 통하여 이 땅에 한자가 비로소 수용되었고, 특히 정치상의 한 도구로 활용되면서 그 사용폭을 넓혀간 한문은 그 다음 단계로 접어들면서 政事를 떠난 개인의 정감과 사상까지도 형상적으로 표현한 기록문학으로까지 나아간 첫시기였으며, 기본적으로 비자생적인 외래문학에서 출발한 것이기 때문이다.

한문학(한국한문학)이 한국문학의 한 갈래로 논의될 때에는 이미 그것은 중국문학과는 다른 한국문학으로서의 요건을 갖추고 있어야 마땅하다. 그러나 한문학은 한자를 차용하여 쓴 문학이고 또 문학양식에 있어서도 중국문학상의 양식을 거의 전적으로 수용하여 이루어놓은 문학이므로, 순수한 민족문학의 성격으로 논단하고자 함에는 상당한 한계점을 가질 수밖에 없다. 그렇다고 하더라도 이른 시기에 정교한 표기체계로서의 고유문자를 가지지 못했던 우리의 상황에서 口碑의 방법이 아닌 기록문학에 있어서는 비록 차용한 문자로나마 우리 선인들의 삶을 남겨놓은 유산은 우리 문학의 일부로서 중시되지 않을 수 없는 것이다.

한문이 쓰이기 이전에는 구비문학만이 국문학사에 자리했다. 한문이 쓰이게 되면서 국문학사도 기록문학을 가지게 되는 일대 전환을 이루었다. 이식기의 한문학이 국문학사상 주목되어야 할 사정이 우선 여기에 있다.

한문학 성립의 앞단계인 한자의 전래시기는 정확하게 밝혀지지 않았으나, 우리의 고대국가가 형성되고 이웃한 중국과 접촉 교통하면서부터 점차 수용했을 것으로 간주할 수 있으므로 늦어도 漢四郡 이전으로 소급될 수 있다. 한사군의 통치시기와 그 지역에서는 당연히 한자를 사용했을 것이다. 지리적으로 중국과 대면하고 있으면서 맞섰던 고구려는 마침내 이 땅에서 한사군을 몰아냈는데, 삼국 중에서는 가장 일찍 한자를 수용하고 한문을 활용하였을 것이며, 그러한 추세는 한반도 남부에 자리잡은 백제와 신라에도 점차 보급 확대되었으리라고 판단된다. 이를 입증할 수 있는 주된 역사자료로는 중국측의 〈三國志〉 魏志 東夷傳을 들 수 있고, 〈史記〉 〈舊唐書〉 등도 참고가 된다. 우리측의 문헌으로는 〈三國史記〉가 중요하다.

고구려의 사정은 〈삼국사기〉에 「詔太學博士李文眞 約古史爲新集五卷 國初始用文字時 有人記事一百卷 名曰留記 至是刪修」(고구려본기 영양왕 11년조)라고 기록된 것으로 보아, 건국 초기에 벌써 한자로써 방대한 분량의 역사기록을 남겼음을 알 수 있는데, 이는 당대의 한문 구사능력이 이미 상당한 수준에 올라 있었음을 뜻한다. 소수림왕 때에는 「太學」이란 학교기관도 세워 자제들을 교육하였다.

백제의 경우는 〈삼국사기〉 백제본기에 「古記云 百濟開國以來 未有以文字記事至是得博士高興 始有書記」라는 기술이 있는 것으로 보아 書記가 존재했음을 알 수 있고, 박사 王仁은 고이왕 때(285) 〈千字文〉과 〈論語〉를 일본에 가지고 가서 교수함으로써 일본의 한문학이 이때부터 비롯하였다고 한다.

삼국 중에서 신라는 가장 뒤늦게 한문화를 받아들였고, 초기의 한문화 수준 역시 가장 뒤떨어졌었으나 나중에는 신장된 국력으로 마침내 삼국을 통일한 국가였으므로 가장 우수하고 많은 문화기록을 보존하고 있다.

한자의 전래와 이후 한문학의 성립과 그 발달과정에 대한 전반적 연구로는 지금까지 출간된 漢文學史(1·2·3·4·5·6)에서 그 성과를 찾아볼 수 있다. 金台俊은 한문학사 서술의 기틀을 처음으로 잡아놓음으로써(1) 후배 연구자들은 일단 반드시 그의 업적을 참조하게 된다. 李家源은 한문학사조를 중시하면서 방대한 문헌자료와 작품을 제시해 놓은 점에서(4), 이제까지 나온 한문학사로서는 가장 충실한 업적을 내놓았다. 지준모는 신라 한문학의 자료를 두루 집중적으로 모아놓아(6) 연구에 큰 도움을 주고 있다. 한편 한문학의 시작에 관한 연구로는 徐首生의 논고(7)가 정심하다.

신화적 주인공으로 고대 각국을 건국한 영웅들과 휘하의 지배세력은 대개는 武骨들이었다. 그러나 여러 부족을 복속시키고 판도를 넓혀 통치권을 행사하기에 이르자 지배체제의 효율성과 지속성 그리고 확립을 위해 문자가 요구되었다. 그리하여 문자(한자)를 아는 사람들이 뽑히어 등용되었고 그들은 정사를 위한 기록의 실무를 담당하면서 지배세력의 일원으로 편입되어 갔다. 이렇게 한문을 구사할 수 있는 사람들에 의하여 시작된 한문학은 처음에는 나라의 권위와 성업을 자랑하는 역사기록과 국내 정책문서, 대외적 외교문서, 그리고 碑文들이 그 중심이 되었고, 유학이나 불교 경전의 교육수단으로도 사용되기에 이르렀다. 그러다가 좀더 뒤에는 이상의 공적인 기록물과는 다른 사적 정감과 사상을 담은 작품들도 나타나기 시작하였다.

한편 한문 그대로의 사용이 안고 있는 바, 우리말 자체와의 괴리현상을 극복하고자 하는 노력도 나타났다. 어순이나 문법에 있어 우리말과는 판이한 한문에 토를 달아 읽는 방법과, 더 나아가 한문과 우리말 사이의 이같은 어그러짐을 우리말 방식으로 고쳐 표현해 보려는 방법이 시도되었다. 우리말 어순을 따른, 이른바 誓記體 한문이 그것이다. 또 한자를 차용하되, 그 음과 뜻을 따서 완전히 우리말로 표기하는 鄕札을 만들어 온전한 우리말 시가를 짓기도 하였다. 이러한 방안들이 두루 나타난 까닭은, 한문 문화권 속에서 보편문화의 향유는 향유대로, 우리 고유의 언어기록은 그것대로 모두 다 누리고자 한, 당대의 문화적 이중구조의 성격 때문이었다. 여기에서는 순전한 한문으로 남아 있는 기록·작품 들을 주로 하여 다루기로 하겠다.

상고의 한시 작품으로는 고조선 때의 것으로 추정되는 〈秘詞〉와 〈箜篌引〉, 고구려의 〈黃鳥歌〉 가락국의 〈龜旨歌〉가 있다.

　　公無渡河　公竟渡河
　　墮河而死　當奈公何──〈箜篌引〉(公無渡河歌)

이 작품은 晋 崔豹의 〈古今注〉에 그 附帶說話와 함께 실려 있어, 일찍부터 학계에 관심과 논란의 대상이 되어왔다. 즉 (1) 작품의 명칭·작자 및 제작시기, (2) 뒷사람에 의한 僞作 여부, (3) 작품의 국적문제, (4) 부대설화의 해석 및 작품의 문학사적 위치 등이 두루 논의되었다. (1)의 문제에 대해서는 梁在淵과 徐首生의 논고(8·9)가 있다. (3)에 대해서는 崔信浩의 견해(10)가 주목된다. 그는 〈공후인〉이 晋 무제때 중국인들의 民歌 정리작업 중 채록된 相和歌의 하나이고, 조선이란 지명도 한반도가 아니라 중국에서 6세기 이후까지 존속했던 직예성내의 조선현을 지칭한다고 하면서, 이제까지 우리의 시가로 의심 없이 간주해 온 입장을 반박하고 중국 상대인들의 시가로 돌려주어야 마땅하다고 주장하였다. 이에 대해 金學成은 조선인 겨류민에 의해 지어진 것이 중국인의 손에 의해 채록되어 중국과 한

國에 전파된 것이라는 견해(11)를 제시하였는데, 온당한 관점이라고 판단된다. (4)에 대해서는 金學成 鄭炳昱의 해석(11·12)이 독특하면서도 설득력이 있다. 정병욱은 설화해석을 통해 酒神과 樂神 부부의 최후 모습으로 파악한 반면, 김학성은 고대사회에서의 미숙련된 巫夫(白首狂夫)의 주술능력 실패로 인한 비극적 파멸담으로 이해하고 있다.

翩翩黃鳥　雌雄相依
念我之獨　誰其與歸——〈黃鳥歌〉

　이 작품은 〈삼국사기〉 고구려본기 유리왕 3년조에 부대설화와 함께 기록되어 있다. 〈황조가〉의 제작동기와 성격 및 해석에 대한 제반 논의는 張德順 鄭炳昱의 논고(13·14)에 잘 정리되어 있다. 부대설화에 따르면 유리왕이 아내를 잃은 슬픔에서 지은 것으로 되어 있다. 여기에도 유리왕이 도망간 繼妃 雉姬(중국여인)를 그리워해서 지은 것이냐, 아니면 權寧徹의 견해(15)대로 치희가 떠나가기 이전 즉 元妃 松氏가 서거했을 때의 외로움을 노래한 것이냐의 문제가 남아 있다. 한편 정병욱은 유리왕이 신화적 인물임에 주목하여 문헌기록을 떠나 작자미상의 서정시로 보고 이 가요를 상고의 계절적인 祭禮 의식에서 남자가 배우자를 고르는 기회에 불려진 구애의 노래로 추정하였다(14). 그러나 문헌기록을 중시하면 유리왕은 상고의 신화적 영웅만은 아니고 오히려 인간적 한계와 그 비극성을 통절하게 인식하는 인물이라고 볼 수 있는데, 〈황조가〉는 바로 그같은 인간적 정서의 표백이라고 하겠다.

龜何龜何　首其現也
若不現也　燔灼而喫也——〈龜旨歌〉

　〈三國遺事〉 紀異 駕洛國記條에 기록되어 있는 이 노래는 신령스런 군주를 맞이하고자 聖所인 구지봉에서 부른 노래였다. 전형적인 呪詞답게, 군중의 가무가 어우러진 상태에서 신령물(거북)의 환기, 강요와 위압의 성격을 띠는 강한 명령어법이 구사되어 있다. 〈구지가〉를 주술적인 노래로 파악한 학자들 사이에도 또 각각 해석상의 차이가 제시되고 있다(16·17·18).
　고구려 한문학의 유산으로는 유리왕의 〈황조가〉와 더불어 장수왕 2년(414)에 세워졌었던 광개토왕비문, 근래에 발견된 충북 중원비문, 영양왕

23년(612)에 乙支文德이 지은 〈與隋將于仲文詩〉, 연대미상의 定法師가 지은 〈詠孤石詩〉, 그리고 작자·연대 미상의 〈人蔘讚〉 등이 남아 있다.

〈廣開土王碑文〉은 고구려 환도성 옛터의 근처인 남만주 집안현에 능과 함께 남아 있다. 이 비문의 작자는 알 수 없으나 독특한 비의 형태와 글씨체 등이 고구려의 기풍을 나타내고 있다. 비문은 세 대문으로 나누어볼 수 있다. 첫 대문에서는 고구려 시조 鄒牟王의 탄생과 창업으로부터 광개토왕이 세상을 떠나기까지의 사적을 기술하였고, 둘째 대문에서는 광개토왕이 인접국가들과의 전투에서 거듭 승리하여 국토를 크게 확장하고 국위를 떨친 무공과 위업을 기술하였다. 세째 대문에서는 왕릉을 수호함에 차질이 없도록 할 것을 기술하였다. 이 비문은 고구려 창업 이후의 내력과 광개토왕의 국력신장·국토확장의 치적을 구체적으로 밝혀놓은 기록이라는 점에서 귀중한 역사자료이면서, 그 방대한 역사사실을 한문기록으로 남겨놓은 점에서 국가의 위세를 보이는 비문문학의 걸출한 자료로 한문학 사상으로도 크게 주목된다. 그런데 이 비문의 일부가 훼손되어 있어 해독상 물의를 일으키고 있는바, 정당한 재구작업이 요망된다(19·20).

　　　神策究天文　妙算窮地理
　　　戰勝功旣高　知足願云止──〈與隋將于仲文詩〉

이 시는 영양왕 때, 수나라 대군이 침공해 오자 을지문덕이 적들과 접전하면서 수장 于仲文에게 준 것인데, 겉으로는 상대방의 신묘한 작전과 전승을 추켜세우면서 공세를 그만둘 것을 종용하고는, 그들의 허점을 간파하여 무찔렀던 전술적 작품이었다. 뒷날 고려의 李奎報는 이 시를 두고 「句法이 기이하고 고고하며, 화려하게 수식하는 인습이 없으니 어찌 後世의 졸렬한 문체로써 따라갈 수 있으랴」라고 높이 평가했다.

　　　廻石直半空　平湖四望通
　　　岩根恒灑浪　樹杪鎭搖風
　　　偃流還漬影　侵霞更上紅
　　　獨拔群峯外　孤秀白雲中──〈詠孤石詩〉

定法師의 이 시는 기법에 있어 상당히 세련되어 있음을 알 수 있다.

이상 고구려 한문학 유산의 검토에서 알 수 있는 바는, 남아 있는 시문은 많지 않으나 작품의 질적 수준은 높다는 점이다. 이것은 바로 고구려 한문학의 발달이 상당한 단계에 이르러 있었음을 입증하는 것이다.

　백제의 한문학 유산은 고구려의 그것보다도 더욱 빈약하다. 백제의 지배층이 고구려 계통이므로 고구려문화와 방불한 상층문화가 존재했을 것이고, 또 백제 나름의 화미한 문화도 발달시켜 갔음을 추찰해 볼 수 있다. 특히 백제는 삼국 중에서 일본과의 관계가 가장 밀접했고, 한자·한문의 전수 등 앞선 문화를 전해 주었다. 박사를 두어 書記를 기록하고 일본에 학자와 서적을 보내어 교수한 사실로 미루어보더라도 백제의 한문학 수준 역시 상당했음을 알 수 있다.

　현재 남아 있는 유산으로는 몇 개의 表文·書 등이고, 시작품은 찾아볼 수 없다. 개루왕 때의 〈上後魏孝文帝表〉는 사대외교의 격식을 그대로 갖춘 것이며, 성왕 때의 〈送日本佛像佛經書〉, 의자왕 때의 충신 成忠의 우국충정을 담은 〈獄中上書〉, 그밖에 근년에 발굴 발견된 金石文·誌石文 등으로 〈砂宅智積碑文〉〈武寧王陵誌石文〉 등이 있는바, 이에 관해서는 趙鍾業의 논고(21)가 있다.

　신라의 한문학은 지리적 여건으로 중국과의 교섭이 뒤늦어 가장 늦게야 성립되었으나, 삼국을 통일함으로써 한문학 발달의 모습을 보여주는 유산을 가장 풍성하게 남기고 있다. 지증왕 4년(503)에는 〈請改正國號兼上王號書〉대로 국호를 新羅로 확정하고 王의 칭호를 사용하기 시작했다. 〈삼국사기〉 신라본기 진흥왕 6년조에 「伊飡異斯夫奏曰　國史者記君臣之善惡 示襃貶於萬代　不有修撰後代何觀　王深然之　命太阿飡居柒夫等廣探文士俾之 修撰」의 기록이 있는 것으로 보아, 그때쯤에는 국사를 편찬할 만한 문사들이 있었음을 알 수 있다. 또 진흥왕은 국토를 크게 넓히고 변경을 巡行하면서 네 곳에 巡狩碑(창령비·황초령비·마운령비·북한산비)를 세웠는데, 이들 비문들에는 신라가 영토를 넓힌 사실과 공훈을, 이른바 신라 赤城碑보다 순전한 한문표현으로 기록하고 있다. 진평왕 때는 金后稷이 〈諫獵文〉을 썼고, 진덕여왕은 〈致唐太平頌〉을 비단에 짜서 당나라에 보냈다고 한다.

　　　大唐開洪業　巍巍皇猷昌
　　　止戈戎衣定　修文繼百王
　　　統天崇雨施　物理體含章
　　　深仁諧日月　撫運萬時康

幡旗旣赫赫　鉦鼓何鍠鍠
外夷違命者　剪覆被天殃
淳風凝幽顯　退邇競呈祥
四時和玉燭　七曜巡萬方
維嶽降宰輔　惟帝用忠良
五三咸一德　昭我皇家唐

이 시는 세계제국을 이룬 당나라의 위엄과 우월한 문화를 칭송한 내용으로 일관된 작품이다(22). 이규보는 그 표현에 대해서 高古雄渾하여 당나라 초엽의 작품과 견주어도 우열을 가릴 수 없다고 하였다. 한시문의 규법에 손색 없는 작품이 산출되었음을 그와 같이 평한 것이겠다.

신라는 당나라와 연합하여 삼국통일을 이룩하는 과정에서부터 양국간의 외교적 왕래가 더욱 빈번하여졌고, 이를 통하여 한문학의 대량 수용과 급속한 발달을 보게 되었다. 선덕여왕 9년조에는 자제들을 당나라에 유학시킨 기사가 있는데, 그 이후 수많은 遣唐 유학생이 공부를 마치고 돌아와 신라의 국정과 학문을 담당하면서 한문학은 본격적 수준에 오르게 되었으며, 마침내 시문으로 자임하고 일가를 이룬 문사까지 배출되었다.

외교문서를 담당한 문사들은 무사들 못지 않게 나라를 지키고 국익을 도모함에 기여하였는데, 백제·고구려를 치고 당나라와 우호를 유지하는 데 있어 문장으로 크게 이바지함으로써 문무왕의 칭송을 받은 強首는 그 대표적인 인물이었다.

元曉(617~686)는 신라의 高僧으로 〈金剛三昧經論〉〈大乘起信論疏〉 등 수많은 탁월한 불교교설을 썼으며, 그 속에는 문학의 본질을 꿰뚫어 본 立論도 들어 있음을 趙東一은 주목하였다(23). 또 원효에게는 다음과 같은 〈沒柯斧歌〉가 있다.

誰許沒柯斧　斫我支天柱

원효의 아들 薛聰은 후생에게 方言으로 九經을 가르쳤다고 하며 그의 〈花王戒〉는 擬人法을 사용, 문학상 가치가 크다.

慧超는 〈往五天竺國傳〉을 남겼는데, 이는 우리나라 최초의 기행문으로 고전수필의 격조 높은 작품이다.

신라 말기의 崔致遠(857~?)은 신라 한문학을 대표할 수 있는 인물일뿐더러 한국한문학의 開祖가 되는 인물이다. 당나라는 賓貢科를 실시하여 과거에 의해 외국인을 등용하였는데, 신라인 급제자는 58명에 이르렀다. 최치원은 12세때 당나라에 들어가 18세때에 빈공과에 합격한, 가장 두드러진 존재였다. 그는 당나라에서 표수현위, 승무랑시어사 등의 관직을 지냈다. 특히 당나라 희종때 黃巢의 반란이 일어나자 그는 제도행영도통 高騈의 막하에 들어가 서기로서 종군하여, 유명한 〈檄黃巢書〉를 지어 황소를 놀라게 하는 등 중국에서 문학으로 일약 명성을 떨쳤다. 그러나 그는 중국인이 아닌 외국인으로서의 진출한계를 절감하게 되었고 드디어 귀국하였다. 다음의 〈陳情上太尉詩〉에 그러한 사정이 잘 나타나 있다.

海內誰憐海外人　問津何處是通津
本求食祿非求利　只爲榮親不爲身
客路離愁江上雨　故園歸夢日邊春
濟川幸遇恩波廣　願濯凡纓十載塵

그는 부단히 저술하여 수많은 시문을 남겼으나, 대부분 유실되고 귀국후 헌강왕에게 올린 〈桂苑筆耕集〉 20권이 오늘날 전하고 있다.

신라에 돌아와서는 고위관직을 제수받아 時務策을 올리며 국정에 참여했지만 실권을 쥐고 있는 진골 귀족층은 그것을 받아들이지 않았다. 六頭品 출신이라는 그의 신분적 제약 때문에, 또 멸망의 날이 가까와온 신라왕조의 기울어지고 타락한 정세 때문에 그의 報國의 꿈은 펼쳐질 수 없었으므로 마침내 그는 관직을 버리고 은거하게 된다(23·24). 그러나 그의 문학은 실의 속에 은거하면서도 계속 이어졌으며, 질량 모두 중국과 대등한 수준의 한국한문학을 산출해 놓은 점에서 東國文宗으로 추숭되기에 족한 것이다(25).

金　鎭　英

論　著

1. 金台俊　朝鮮漢文學史(朝鮮語文學會, 1931)
2. 최해종　韓國漢文學史(靑丘大, 1958)
3. 文璇奎　韓國漢文學史(正音社, 1961)
4. 李家源　韓國漢文學史(民衆書館, 1961)
5. 金春東　韓國漢文學史 上(油印本)
6. 지준모　新羅漢文學史(新羅伽倻文化 4, 嶺南大, 1972)
7. 徐首生　古代漢文學硏究(李在秀博士還曆紀念論文集, 1972)
8. 양재연　公無渡河歌小考(국어국문학 5, 국어국문학회, 1953)

9. 徐首生　箜篌引硏究(國文學論考，문리당，1965)
10. 崔信浩　箜篌引異攷(東亞文化 10，서울大，1971)
11. 金學成　箜篌引의 新考察(全光鏞博士華甲紀念論叢，1979)
12. 鄭炳昱　酒神의 最後(自由文學 1960.9)
13. 張德順　國文學通論(新丘文化社，1960)
14. 鄭炳昱　韓國詩歌文學史 上(韓國文化史大系 Ⅴ，高麗大 民族文化硏究所，
　　　　　　1967)
15. 權寧徹　黃鳥歌新硏究(國文學硏究 1，曉星女大，1968)
16. 朴智弘　龜旨歌硏究(국어국문학 16，국어국문학회，1957)
17. 金烈圭　駕洛國記攷(國語國文學誌 3，釜山大，1961)
18. 金學成　韓國古典詩歌의 硏究(圓光大 출판국，1980)
19. 李進熙　廣開土王陵碑의 硏究(東京，1972)
20. 김영만　廣開土王碑文의 新硏究(新羅伽倻文化 11·12，嶺南大，1980~1981)
21. 趙鍾業　百濟時代 漢文學에 대하여(百濟硏究 6，忠南大，1975)
22. 徐首生　太平頌(織錦頌)에 대하여(高麗朝漢文學硏究，螢雪出版社，1971)
23. 趙東一　韓國文學思想史試論(知識産業社，1978)
24. 金哲埈　羅末麗初의 社會轉換과 中世知性(創作과批評 1968 겨울)
25. 김혜숙　崔致遠의 詩文硏究(서울大 석사논문，1981)

3. 科擧制와 한문학

　과거제도란 한마디로 말해서 오늘날의 고등고시제도와 비슷한 것이다. 나라에서 인재를 발탁하는 최고의 수단이 옛날에는 과거제도였고 오늘날은 고등고시가 아닌가 한다. 다만 오늘날의 고등고시는 전문화해서 그 진출의 길이 국한되어 있지만, 옛날의 과거제는 크게 文科와 武科의 두 길로 나누어져 있었다. 물론 옛날에도 醫藥・卜筮 등과 같은 전문과목이 없지 않았으나 문・무과가 주가 되었었고, 그중에서도 문과가 주가 되었던 것이다. 그래서 문과에 급제하면 그 진로가 한없이 넓었으므로, 문과에 대한 당시 문인들의 열망은 지극한 것이었다.

　그러나 과거제도는 중국의 것을 수입해 온 것이었기 때문에, 과거에서 취급했던 내용도 또한 중국을 모방하게 되었다. 策問 같은 데서는 우리나라 국가정책 같은 것을 다룰 기회가 있었으나, 기타 儒學經典을 다루는 疑와 義는 순전히 유교의 경학에 국한되었고, 詩・賦에서도 우리의 시조・가사가 아닌 한문의 詩와 賦로 해야만 되었다. 뿐만 아니라 책문도 내용이 설혹 우리의 것이라 하더라도 그 표현문장은 중국의 四六文이라야 되었으며, 疑・義는 논설문의 고문체로 씌어지게 마련이었다. 이와 같이 과거제도는 전적으로 중국제도에 대한 모방과 중국문학, 즉 한문학에 대한 특별한 능력을 요구하는 것이었다.

　이처럼 입신양명의 최고의 길이 한문학에 있었기 때문에 우리나라의 한문 보급은 자연 급진전하게 되었고, 나라 글자가 없었던 때인지라 과거에 응하는 사람이 아닌 일반인들까지도 한문을 숭상하여 우리의 생활과 밀접한 관계를 갖게 되었다. 뒤에 한글이 창제되었지만 국문보다 한문이 더욱 많이 쓰이게 되었는데, 이것도 또한 과거제도와 관계가 있기 때문이었다.

　그럼에도 불구하고 우리 문학을 연구하면서 아직껏 이 문제에 대하여 이렇다할 깊은 연구가 이루어지지 않고 있는 실정이다. 물론 제도적인 면만을 논한 것(1・2・3)과 국문학사(4・5・6・7・8), 한문학사(9・10・11) 등에서 약간씩 언급된 것이 있었지만, 이 문제를 전체적으로 깊이 있게 연구하지 못한 채 오늘에 이르렀다.

이 글에서는 우리나라의 과거제도를 개관한 다음, 과거에서 취급된 내용과 그것이 우리 한문학에 끼친 영향을 장점과 단점으로 나누어 살펴보기로 한다.

우리나라의 과거제도는 신라시대에서부터 시작되었다. 원성왕 4년(788)에 讀書出身科를 둔 것이 과거제도의 효시라고 할 수 있다. 이 독서출신과는 上·中·下의 3品으로 나누어 급제시켰기 때문에 「독서삼품과」라고도 한다. 3품의 내용은 (1) 上品에 〈春秋左氏傳〉과 〈禮記〉〈文選〉〈論語〉〈孝經〉, (2) 中品에 〈曲禮〉〈論語〉〈孝經〉, (3) 下品에 〈曲禮〉〈孝經〉 등이었다. 그런데 만일 五經(〈詩經〉〈書經〉〈易經〉〈禮記〉〈春秋〉)·三史·諸子百家書에까지 넓게 통할 것 같으면 발탁해서 기용하였다. 이전에는 다만 활쏘기를 가지고 인재를 뽑다가 이때에 이르러서 처음으로 개정한 것이다.

신라인들은 본국에서 실시하는 과거에 응할 뿐 아니라 당나라에서 외국인을 위해 실시한 賓貢科에도 응시하여 당나라 때 58명, 五代의 梁·唐에서 31명이나 합격하였고, 고려시대에도 송나라에 가서 급제한 경우가 적지 않았다 한다. 일찍기 徐居正은 말하기를 「신라에서 당나라에 들어가서 과거에 급제한 사람이 50여 인이나 된다, 崔致遠은 黃巢檄으로 이름이 천하에 울렸다, 글 잘하는 이가 없는 것이 아니지만 이제 모두 전하는 이가 드무니 진실로 가탄할 뿐이다」라고 하였다(13).

우리나라 과거제도는 고려에 이르러 구체화되기 시작하였다. 광종 9년(958)에 後周 사람 雙冀로 하여금 知貢擧를 삼아서 詩·賦·頌과 시무책(국가정책)을 시험하여 진사 2인을 뽑고, 또 明經 3인과 의약·복서 등 2인을 뽑았다. 이러한 뒤로는 인재를 등용하는 데 오로지 과거에 의거하였다. 그후 급제자에 대한 대우가 점차 높아지고, 과거제도 또한 변화되어갔다.

현종 15년(1024)에는 각 州·縣의 장으로 하여금 예비시험을 치르게 하되 製述에서는 五言六韻詩, 명경에서는 五經의 각각 한 부분씩 시험하였다. 1천 명 이상의 지역에서는 3명, 500명 이하의 곳에서는 하나나 두 명씩을 선발해서 서울의 國子監으로 보내면, 거기에서 다시 시험하여 합격한 자는 본과거를 응시케 하고 나머지는 원지역으로 되돌려 보냈다.

이 제도는 주나라 때 鄕과 里에서 뽑아 올리던 제도와 후세의 진사과제도를 겸한 셈이다. 이렇게 하면 그 사람의 자질과 아울러 학문적 재능까지 알 수 있었을 것이다. 그러므로 후세에 글 한 편을 보고서 인재를 선발한 것보다 훨씬 더 세밀한 등용방법이었음을 알 수 있다. 그러나 이 제도가 얼마나 계속되었는지는 자세히 알 수가 없다.

덕종 즉위년(1031)에는 國子監試가 최초로 실시되었다. 시험내용은 賦와 6韻·10韻의 시였다. 이때 60명을 뽑았는데, 정원이 고정된 것은 아니었다. 시험관은 3품 이하의 관원이 맡았다고 한다. 그런데 6운·10운의 시를 언제부터 쓰게 되었는지가 궁금하다. 그리고 古詩를 짓게 하되 반드시 일정한 격식을 요구한 것은 특이한 방법이라고 보여진다.

인종 17년(1139)에 禮部貢院의 奏에 의하면, 우리나라 제술과는 제3장에서 제외되었을 뿐 아니라 책론에 운을 달지 않고, 대우 또한 없는 것이 있어서 詩賦學이 점점 쇠퇴하여졌다. 그리하여 초장에 經義, 2장에 책과 논을 서로 교체하고, 3장에 시와 부를 시험과목으로 삼자는 제의가 있었다. 그리고 경의는 대·소 두 가지가 있는데, 겸경의는 빼고 본경의만 시험하게 되었다. 이런 것으로 보아 매우 문학면에 치중하려고 하였음을 엿볼 수가 있다.

이렇게 발전한 고려의 한문학은 마침내 중국을 압도하기에 이르렀다. 고려 말에 李穡은 원나라 과거에서 당시의 시관 歐陽玄의 눈에 띄어 갑과 2위로 뽑혔다. 실은 갑과 제1위였으나 외국인이었던 까닭에 2위로 바뀌었다고 한다. 그리하여 구양현의 시에 「衣鉢이 마땅이 해외로 전해질 것이다」라는 귀절을 남기기에 이르렀다.

조선왕조 태조 원년(1392)에 과거법을 세우면서 문·무 양과를 폐할 수 없다 하고, 문과는 제1장은 성균관에서 四書·五經·通鑑을 강독하고, 제2장은 예조에서 表章·古賦를 시험하고, 제3장도 예조에서 책문을 시험하여 세 장을 모두 통과하면 이조에 보내어 재능에 따라 등용시켰다.

權近이 여기에 다시 漢吏科를 병설할 것을 주장하면서 경서를 강론하는 것을 疑·義로 바꾸기를 청하였다. 그러나 세종 24년(1442)에 이르러서는 경서 강론을 폐지하고 제술만 가지고 인재를 취하니까 과거를 보는 이들이 오로지 四六文만 일삼고 경서를 읽지 아니한다 하여 다시 경서를 강론하게 하였다.

董越의 〈朝鮮賦〉 주에 의하면, 성균관에서 항상 500인을 양성하였다가 3년마다 明經으로 뽑은 것을 生員이라 하고, 시부로 뽑은 것을 進士라 하고, 사방의 四學에서 올라온 것을 升學이라 했다. 즉 생원과 진사를 小科

라 하는데 소과 중에서 유학경학에 능통한 사람은 생원이 되고, 시·부·
四六文을 잘하는 사람은 진사가 된다. 大科일 경우는 생원이 치르는 명경
과 疑·義, 진사가 치르는 시·부와 館閣文이라고 할 수 있는 表·策 등
을 모두 통과해야 급제에 오르게 되는 것이다.

애당초 과거제도란 유능한 인재를 선발하기 위한 방법이었는데, 후세에
이르러서는 이것의 폐단이 적지 않았다. 시와 부로만 과거를 보이던 것은
隋·唐의 누습이고, 뒤에 경의를 가미한 것은 宋·元의 遺制이다. 그러나
시·부는 성운학으로 떨어지고, 경학은 記誦에 그치니 나라의 인재선발에
크게 도움이 되지 못하였다. 그래서 趙光祖는 賢良科를 두도록 건의하였
고(14), 李珥는 경학에 밝지 못하고 문리를 통하지 못하는 사람은 과거에
응시하는 것을 허락하지 아니하였다(15).

위에서 보아온 바와 같이 과거의 종류도 많거니와, 과거에서 요구하는
과목도 또한 많았다. 그러나 크게 나누어보면 문·무과와 잡과로 구분된
다. 하지만 무과와 잡과는 각기 자기의 전문분야를 겨루는 것에 불과하였
다. 여기에 비하여 문과는 과목도 많고 다루어야 할 것들이 많았다. 그리
하여 문과 안에 대·소과를 두고 소과 안에 또 생원·진사의 두 길이 있
었다. 문과급제가 이렇듯 어렵기 때문에 이것을 대과라고 하지만, 문과야
말로 과거 중의 과거라고 할 수 있었다.

한문학은 물론 그 문과에만 관계가 있는 것이다. 문과에서 취급된 내용
을 살펴보면 詩·賦·表·策·疑·義 들이라고 할 수 있다. 그런데 表·策
의 내용은 정치의 시무책이고 疑·義의 내용은 유학경전인 사서와 오경의
經義를 논술하는 것이다.

시와 부는 내용도 표현도 모두 문학이니까 말할 것이 없으려니와, 표·
책은 내용이 시무정책이고 표현이 사륙문이었으며, 疑와 義는 내용이 사
서의 疑와 오경의 義를 규명하는 것이고 표현은 고문체였다. 즉 다시 말
해서 시·부는 운문이요, 疑·義는 순산문이라면 표·책은 운문과 산문의
중간형태라고 할 수 있는 四六騈驪文으로 씌어졌던 것이다. 이렇게 말하
면 이들 여섯 가지가 모두 문학과 관계되지 않는 것이 없다고도 할 수 있
겠다.

그러나 疑·義는 본시 경의를 밝히는 데 있는 것이고, 혹은 명경이라
하기도 하고, 또 혹은 講經이라 하여 경의를 글로 논술하지 아니하고 다
만 記誦이라 하여 입으로 외워서 구술하는 데 그치는 수도 있는 것이다.

때문에 疑・義는 문학으로 끌어들이기보다는 경학으로 보는 것이 당연한 것이다. 그리하여 시・부의 문학면과 疑・義의 학술면을 상대적으로 생각하는 것이 옳을 것이다.

　그러면 순수한 문학인 시와 부가 과거제도 안에서 어떻게 발전되고 있는가를 잠시 살펴보기로 한다. 신라시대의 독서삼품과는 겨우 경서를 강독하는 데 그쳤기 때문에 시・부가 없었다. 그러다가 고려 광종 때 쌍기에 의해 시・부・송과 시무책으로 진사를 뽑아서 문풍이 일기 시작하였다.

　이러한 뒤로는 시・부를 숭상하여 언제나 다른 과목에 비해서 진사급제의 수가 많다가 현종 원년에는 시・부만 치르고 시무책은 보이지도 않았다. 뿐만 아니라 현종조에는 책론 등에서 운을 달지 아니하고 대우법을 쓰지 않았기 때문에 이로 인해서 시부학이 점점 쇠해진다고 하였다. 이것으로 보아서 알 수 있듯이 문학인 시와 부가 과거에 있어서 무엇보다도 절대적이었던 것이 아닌가 생각된다.

　이리하여 충숙왕 때는 사서오경만 강독하는 것이 아니라 율시 100수와 小학과 五聲字韻 등도 암송해야 과거에 응시할 수 있게 하였다.

　이와 같이 시・부를 숭상하다 보니까 그 격식 또한 시대에 따라서 변화하였다. 막연하게 시・부니 혹은 古詩・古賦라고 기록된 것이 대부분이지만 곳에 따라서는 독특한 형식이 요구된 것이 있음을 발견하게 된다. 즉 덕종 즉위년의 국자감시에서는 6운시와 10운시를 부과시킨 일이 있다. 이색은 百字科가 어디에서부터 온 것인지 모르겠다고 말한 바 있다(16). 「百字」란 곧 10운시가 5언이었음을 알 수 있게 해주는 것으로, 일종의 古詩를 말하는 듯한데, 고시라면 시의 형식이나 平仄이나 대우나 심지어는 운에 있어서도 일정한 규칙이 없다. 그런데 과거에서 구태여 10운의 시를 요구했는지 이유를 알 수 없다.

　6운시도 자세히 알 수 없으나, 이 시가 8脚이라고 하였으므로 율시와 같은 모양인데, 운이 왜 여섯 개가 달리는지 모르겠다. 단 이것이 10운시와 비교할 적에 하늘 땅과 같이 현격한 차가 있는 것이 아니라고 한 것으로 보아 서로 비슷한 것이 아닌가 생각된다. 다만 당초 5운의 율시에다가 운 하나를 더해서 변격시키고, 또 넷을 더해 변형시킨 것같이 보여진다. 이 십운시의 科法은 단종 원년에 이르러 고시로 고쳐진다.

　조선조의 과시는 고려와는 또 다르다. 언제부터 바꾸어졌는지는 모르지만 한말에 있어서는 과시가 18귀(중국식으로 따지면 36귀)로 변형되었다. 운도 물론 구의 수에 따라 18운이다. 아마도 짐작컨대 6운에서 10운으로 늘이듯이 10운에서 18운으로 더해진 것이 아닌가 생각된다. 그리고 이것은 모두 古詩이기 때문에 18구를 大古風이라 하고, 여기에 미치지 못하는 전의 것을 小古風이라 하였던 것이다.

위에서 보았듯이 과거제도는 우리 한문학의 발전 또는 변화와 밀접한 관계를 갖고 있다. 따라서 그 끼친 영향이 좋은 점도 있는 반면에 나쁜 점도 있었다. 고려시대의 경우, 이색은 「三韓 인물의 왕성한 것이 비록 모두 과거에 있는 것은 아니나, 과거가 성함으로 해서 한 나라의 정사가 다스려지고 기상이 더욱 나타나 가리워질 수가 없다…… 雙氏·王氏가 후생들을 가르친 바는 지극하였다. 그리하여 그 영화롭고 빛남이 시대에 진동해서 어리석은 이들로도 모두 과거의 아름다움을 흠모하여 그의 자제들을 권장해서 반드시 급제하도록 한 것은 두 사람으로부터 시작했다고 아니 할 수 없다」(17)고 하였다. 이것은 쌍기와 왕융 두 사람이 처음으로 우리 나라에 중국식 과거제도를 도입한 데 대한 공을 칭찬한 이야기이지만, 동시에 과거로 인하여 우리 사회에 독서하는 풍이 일게 되고 문풍이 시작된 것을 말해 주는 것이다. 그러나 후세에 이르러 그 폐단이 또한 적지 아니하였다. 趙光祖도 과거의 폐단을 지적한 바 있으며, 〈增補文獻備考〉의 한 필자도

> 근래에 선비들이 장자·노자의 어지러운 글을 익혀서 과거의 글들이 부허하고 허탄하고 지리만연해서 雅正한 체재를 모두 잃어버렸다. 이것으로 급제하니 조정의 사령에도 쓸 수가 없는데 시관들이 그 특이한 문귀만을 취하여 급제시키기 때문에 서로가 본받아서 그 폐단이 지극하다(19).

라고 과문의 문학적 폐단을 지적하였다. 그러나 과거의 문학적 폐단은 여기에 그친 것이 아니었다. 과거에서 요구하는 시는 고시면 고시, 율시면 율시 본연의 것을 요구하는 것이 아니라 6운시·10운시 또는 18운 36구의 대고풍이란 이름의 시를 강요하였다. 이러한 형식의 시는 오로지 과거를 보는 데에만 필요할 뿐, 이밖에 어디에서도 쓰이지 않았던 시형식이었다.

이상 우리나라 과거제도와 한문학의 관계를 간단히 살펴보았다. 이 관계를 살피기 위하여 먼저 우리나라 과거제의 대략을 간략히 개관하였다. 우리나라 과거는 신라의 독서삼품과에서 시작되지만, 본격적인 과거는 고

려 광종 때로부터라고 할 수 있고, 이것이 변화 발전되면서 한말에까지
계속되었다. 이러는 동안 과거제도는 점점 구체화되어 무과와 잡과까지도
실시하기에 이르렀으며, 그중에서도 특히 문과는 과거 중의 과거라 할 수
있을 만큼 과거의 주류를 이루었다. 그리하여 대과라는 칭까지 받게 되고,
심오한 학문인 경학과 사장학의 두 가지에 능통할 수 있어야만 문과 즉
대과에 급제할 수 있었다.

　이로 해서 우리나라 한문학이 갑작스럽게 성해질 수 있으나, 후기에는
지나치게 미사여구에만 치중한 나머지 과문은 마침내 우리 한문학을 부화
한 것으로 몰락시켰고, 6운·10운·18운 등의 특수한 시형식을 강조하
여 순수한 문학이 건전하게 발달하는 데 커다란 해독을 끼쳤다는 비판을
받게 되었다.　　　　　　　　　　　　　　　　　　　　　　趙　鍾　業

論　著

1. 李成茂　朝鮮初期兩班硏究(一潮閣, 1980)
2. 李成茂　韓國의 科擧制와 그 特性(全國歷史學大會 23, 發表要旨, 1980.11)
3. 許興植　高麗科擧制度史硏究(一潮閣, 1981)
4. 趙潤濟　國文學史(東國文化社, 1953)
5. 金思燁　國文學史(正音社, 1954)
6. 李秉岐 白鐵　國漢文學史(國文學全史 附錄, 新丘文化社, 1958)
7. 金錫夏　韓國文學史(新雅社, 1975)
8. 金東旭　國文學史(日新社, 1978)
9. 金台俊　朝鮮漢文學史(朝鮮語文學會, 1931)
10. 文璇奎　韓國文學史(正音社, 1961)
11. 李家源　韓國漢文學史(普成文化社, 1979)
12. 朴容大 등　增補文獻備考(卷 184〜190)
13. 徐居正　東文選序
14. 朴容大 등　增補文獻備考 卷 186
15. 朴容大 등　增補文獻備考 卷 187
16. 李　穡　十韻詩序(增補文獻備考 卷 184)
17. 朴容大 등　增補文獻備考 卷 184
18. 朴容大 등　增補文獻備考 卷 187

4. 고려전기 귀족문학

고려는 정치적으로나 문화적으로 신라를 계승하였다는 것이 일반적인 의견이다. 그러나 고려는 신라가 안고 있던 고대 신분체제와 收取體制를 폐기하거나 개혁함으로써 상당히 자유로운 상태에서 출발하였다고 하겠다. 그리고 고려에서는 신라와는 질적으로 다른 보다 확대된 정신세계를 발견하려는 운동이 일어난 것으로 볼 수 있다. 고려의 이같은 사회와 문화현실에서 문학도 보다 발전적인 방향으로 나아간 것은 사실이다.

고려조 문학에 있어서 특징적인 사실은 두 가지로 나누어서 생각할 수 있을 것이다. 하나는 전통적인 신라향가를 수용하지 못하고 貴族文臣들에 의해서 漢文學 至上主義로 흘렀다는 것이다. 이러한 사실에서 보면 당시의 문학이 더욱 중국적인 것으로 경도되어 갔고, 당시 문인들의 문학성향도 자연히 그러했다고 생각할 수 있다. 이러한 사실은 태조가 내린 訓要十條 가운데서 우리나라는 중국과 서로 다르고 민족의 개성이 다르기 때문에 중국의 문물과 한가지로 이룰 필요가 없다고 강조한 것에서 당시의 문학이 중국적인 것으로 기울어가고 있었음을 알 수 있다. 여기에서 보면 고려 전기의 문학은 다분히 귀족중심의 한문학이 주류를 이루었고, 이들에 의해서 고려문학은 창도되었다고 하겠다.

또 하나는 고려문학이 다른 제도와 마찬가지로 신라를 계승함으로써 전통적인 맥락을 지니고 있었다는 것이다. 신라가 멸망한 뒤로 고려의 문인들은 그 나름대로의 새로운 방향을 모색해 왔지만 신라가 쌓아올렸던 한문학의 성과를 초극할 수는 없었다. 특히 고려 전기는 전대의 문학에 대한 발전적인 해석과 이해에 치중하였을 따름이지 새로운 형식과 내용을 나타내지는 못했기 때문에 결국 고려 전기는 신라가 축적해 놓은 한문학 성과를 그대로 수용했다고 하겠다.

이러한 상황에서 출발한 고려 전기의 문학은 신라시대와 마찬가지로 문인들이 대개 詩·文을 겸하게 되어 詩와 文이 확연하게 분화되지 못한 것이 사실이다. 이는 곧 당시의 문학이 풍류적인 범주에서 크게 벗어나지 못했다는 것을 뜻하며, 그렇기 때문에 문학에 있어서 귀족성이 농후할 수밖에 없었다. 그러므로 고려 전기는 우리 문학의 발전과정에서 보면 귀족문학시대로 지칭될 수 있을 것이다.

이같은 특성을 지니고 출발한 고려 전기의 귀족문학은 과도기적인 현상에서 벗어나지 못하고 신라에서 유행하던 文選文學을 답습하였는데, 古詩體와 四六文이 주류를 이루었다.

이러한 과도기적인 현상에서 벗어나 신라가 남긴 문학유산을 수렴하고 고려 나름대로의 문학세계를 펼치고자 했던 시기는 文治主義에 치중했던 文宗 연간(1046~1083)이라고 하겠다. 이때에는 光宗 9년(958)에 실시된 과거제도를 통해 많은 인재들이 배출되어 신라의 구귀족문인들이 완전히 사라지고 새로운 인물들이 고려의 문단을 이끌어 나가게 된 사실을 간과할 수 없을 것이다. 成宗 연간을 전후해서 활약했던 王融 趙翼 徐熙 金策 등의 귀족문인에게서 그러한 사실이 짐작된다. 더우기 성종 연간에 와서야 정치적 사회적인 면에 있어서 고려적인 것으로 체계화됨으로 해서 문인들의 배출이 본격화되었고 문학활동이 왕성해지기 시작했다고 하겠다.

이로써 고려의 귀족문학은 상당한 과도기를 거쳐 11세기경부터 본격적으로 전개되기 시작한 것으로 추론될 수 있다. 성종대 이후 귀족문인들이 종사했던 과거제도나 학교교육에서는 유교적 禮敎秩序가 바탕이 되었지만, 구체적으로 나타난 결과로 보면 문학이 유학보다 우위에 있었음을 알 수 있다. 이에 더하여 역대 왕들에 의한 문치주의 정책은 고려 귀족문인들로 하여금 더욱 문학에 치중하게 하였다. 이러한 여러 요소들에 의해 문학은 고려가 표방하고 있던 유학의 영향권에서 벗어나 자유로운 상태에서 발전해 갔다고 생각된다. 그 단적인 예를 睿宗 연간(1105~1122)에 전개된 經學에 대한 詞章優位論에서 살펴볼 수 있을 것이다. 「崔瀹이 올린 글에 「옛날 당나라 문종이 詩學士를 두고자 하니 재상이 주청하기를, 시인들은 거개가 경박하고 識理에 어두우니 만약 그들에게 물으신다면 성총을 흐리게 할까 두렵사옵니다라고 하니 문종이 시학사 두기를 그만두었다고 합니다. 제왕은 마땅히 經術을 좋아해야 하고 날로 선비들과 함께 經史를 토론하셔야 하며 정사를 묻고 백성을 교화하여 풍속을 이루기에 겨를이 없는 것이온데 어찌 어린아이들이나 하는 문장을 다듬는 일에 열중하여 경박하고 방탕한 詞臣들과 음풍농월하여 순정한 마음을 잃을 수 있겠사옵니까」라고 하니 왕이 너그러이 용납했다. 이에 한 詞臣이 틈을 타서 말하기를 「그가 말한 儒雅한 선비란 것은 따로이 어떤 사람이겠읍니까. 瀹은 風月에 능하지 못하고 사람들과 唱和하는 것을 좋아하지 못하기 때문에 이같은 말을 하였사옵니다」라고 하니 왕이 노하여 瀹을 春州副使로 좌천시켰다.」 이 인용문에서 나타나고 있는 詞章優位는 예종시대에 국한된 것이 아니라 고려초에서부터 예종 전후에까지 이르는 보편적인 양상이었다고 할 수 있다. 따라서 고려 전기는 앞에서도 언급한 것처럼 性情을 淳正케 하는 道學禮敎에 치중되었다기보다는 詩文의 수식이나 정서표현에 충실하였다고 하겠다. 그러나 고려 전기의 귀족문인들이 經學을 무시하고 오로지 시문에만 경도되었다고는 할 수 없다. 왜냐하면 당시 문인들의 문학의식 속에 詩와 文이 확연하게 분화되어 있지 않았듯이 經學과 文學의 관계도 2분화시켜 따로이 이해되기 어려웠기 때문이다.

이러한 사실을 용인하면서 우리는 당시 귀족문인들이 누렸던 문학의 양상을 살펴보는 것이 타당하리라고 본다

고려 전기의 귀족문학은 詩와 文으로 나누어 살펴볼 수 있을 것이다. 崔滋가 고려 전기에는 漢文과 唐詩가 주류를 이루었다고 하였듯이 당시에는 漢의 文과 唐의 詩에 충실하였다고 하겠다. 특히 고려 전기의 귀족문학에 있어서 시문학은 문학의 주류를 이루었고, 대개의 문인들이 시를 통해서 得意立名한 것이 사실이다. 앞에서 언급된 것처럼 고려개국 직후에는 신라 문풍의 영향을 받아 文選文學에 기울었기 때문에 일찍부터 古體詩가 유행하여 이와는 다른 형식의 운문을 압도했다고 볼 수 있다. 그러나 광종대에 이르러 과거제도가 시행됨으로 해서 古體詩에서 近體詩로 그 경향을 달리하여 새로운 시문학이 도래된 것으로 생각된다. 문선문학이 포함하고 있던 古詩와 辭賦 일변도에서 벗어나 근체시가 주류를 이루었다는 사실은 문학의 내용이나 형식에 있어서 새로운 변화와 발전을 이루어나갔다는 것으로 해석될 수 있을 것이다.

당시의 귀족문학에 있어서 시에 나타난 이러한 경향은 대략 두 가지로 구분하여 그 내용상의 특징을 논의할 수 있다.

그 하나는 공리적 측면에서 시가 창출되고, 귀족적인 생활의 취향에 알맞게 이루어진 것이다. 이러한 시경향은 자연히 화려한 辭藻에 치중하게 되어 문학의 순수한 본질에서 멀어져갔다고 하겠다. 詩作에 있어서 이같은 경향은 왕의 도덕적인 문치주의에 힘입어 크게 진전되었다고 볼 수 있기 때문에 다른 경향의 시작활동을 압도하였을 것을 생각할 수 있다.

다른 하나는 이와는 달리 공리적인 측면에서 현실주의와 도덕적인 것에

서 벗어난 處士文學的 특성이라고 하겠다. 이 처사문학적인 시경향은 정서의 표현에 있어서 개성적이고 초월적인 양상을 띠고 있다. 이 처사문학적인 시가 공리적이고 관념적인 시에 대해서 보이고 있는 특징적인 면은 극히 한정되어 있고, 형식에 있어서도 華靡한 일면을 극복하지 못했지만, 그 내용은 비교적 참신하고 개성적이라고 할 수 있다. 그러나 고려 전기의 귀족문학에 있어서 시에 나타난 경향은 주로 공리적인 시문학에 경도되어, 그것이 보편적인 현상으로 확립되었다고 하겠다. 이러한 시경향을 보이고 있는 시인의 범주에는 거의 모든 시인이 포함되겠지만 가장 대표적인 시인으로는 鄭倍傑 高凝 崔冲 朴寅亮 金緣 金富軾 高唐愈 등을 들 수 있다. 이들 가운데 정배걸이나 고응의 시에 대해서는 구체적으로 논의할 수 없지만, 그들의 당시 詩壇의 활동범위를 보면 그러한 생각을 뒷받침할 수 있으리라고 본다. 최충 박인량 김연 김부식 고당유 등의 귀족문인들이 남긴 시 속에서 나타나고 있는 내용은 李仁老가 〈破閑集〉에서 고려 전기의 시를 다분히 시대에 대한 용인과 현실주의적이라고 한 것에서 압축하여 설명되고 있다. 다음에 인용되는 김연의 시에서 그러한 내용을 살필 수 있을 것이다.

十年臺閣掌絲綸   십년을 대각에서 사륜을 관장하다,
此日翻爲閫外臣   오늘 문득 대궐 밖의 신하되었네.
諫掖未能陳讜議   간원에서 일찍 바른 말 아뢰지 못하였으니,
塞垣聊欲掃胡塵   변방에서 애오라지 되의 먼지 쓸려 하네.
鬢毛早白緣憂國   귀밑머리 일찍 흰 것은 나라 근심 까닭이요,
涕流難禁爲戀親   흐르는 눈물 금할 수 없음은 어버이 생각 때문이네.
多謝丘門諸子弟   공문의 여러 제자들에게 깊이 감사하노니,
百壺清酒餞行人   백 병의 맑은 술로 가는 사람 보내네.

　이 시는 김연이 龍灣에 鎭守하러 가면서 門生들에게 지어 보인 것이다. 이 시에서 나타내고 있는 憂國과 도덕성의 추구는 앞에서 언급된 보편적인 특성을 함축하고 있다고 하겠다.
　이와는 달리 처사적인 시풍을 나타낸 시인들은 고려 전기에 크게 떨치지는 못했지만 위의 공리적인 시인들과 상반되는 시경향을 보이며 독특한 시세계를 이루었다. 이러한 시경향을 나타낸 시인으로 李資玄 郭輿 등을 거론할 수 있으리라고 본다. 이자현이나 곽여는 모두 귀족들이었지만 이들이 시를 통하여 나타내고 있는 문학성향이나 처세이념은 시속에서 떠난

자유분방한 가운데서도 자연의 객관적인 묘사에 그 극점을 이루었다고 하겠다. 이들이 온전히 超俗的이고 개성적인 시풍을 견지하지 못했다는 한계성을 보이고 있지만 이들의 시가 나타내고 있는 편향성은 그러한 범주에 넣을 수 있으리라고 본다. 또한 당시의 모순에 빠졌던 귀족문화와 정치권력에서 벗어나고자 했던 움직임에서 어느 정도 초속적인 시세계를 연결지을 수 있을 것이다. 다음에 인용되는 시에서 이러한 사실을 살필 수 있으리라고 본다.

暖逼溪山暗換春　따슨 기운 계산에 스며 봄이 돌아오듯
忽紆仙杖訪幽人　홀연히 선장을 돌려 숨은 사람 찾아왔네.
夷齊遁世唯全性　백이숙제가 세상 등진 것은 오직 본성을 지키자는 것
稷契勤邦不爲身　직과 설이 나라일에 부지런한 것은 일신을 위한 것 아니네.
奉詔此時鏘玉佩　명을 받든 이때 패옥소리 쟁쟁하니
掛冠何日拂衣塵　벼슬 버리고 언제쯤 속진을 다 씻을꼬.
何當此地同棲隱　어떻게 하면 이땅에 함께 은거하여
養得從來不死神　종래의 죽지 않는 정신을 얻을 수 있을까.

이 시는 이자현이 곽여가 준 시에 次韻한 것으로 처사적 시경향의 일단을 느낄 수 있는 작품이다.

이상에서 언급한 것처럼 고려 전기에 나타난 시적 경향을 대체로 두 가지로 나누어 설명할 수 있다. 이들의 시경향에서 공통되는 사실은 대체적으로 華美하고 豪逸한 것에 기울어져 시의 견실한 내용을 존중하기보다 修飾과 雕琢에 충실하였다고 하겠다. 이것은 곧 당시 귀족들의 시문학이 晚唐風을 띠고 있어서 최고의 가치를 아름다움에 두고 있었다는 것으로 이해될 수 있다. 이러한 사실은, 고려 전기 귀족문학에서 그 절정을 이루었다고 할 수 있는 鄭知常의 詩世界에서 증험될 수 있을 것이다. 〈東心詩話〉에서 金頤叟가 고려와 조선의 시풍을 대비해서 「고려의 시문은 말이 아름답고 기상이 넘치지마는 그 내용과 격식이 생소하다」고 한 것에서 그러한 시풍이 간접적으로 시사되고 있다. 시에 있어서 당시의 이같은 폐단은 크게 일어나 비천한 것에 빠지게 되었고, 다시 그것은 俳談에까지 이르렀다고 할 수 있다. 이같은 현상은 고려 중기에까지 계속되어 시적 경향이 내용에 충실하기보다 단순히 기교적인 데로 흐르게 되었다. 고려 중엽에 등장했던 李奎報와 崔滋가 기교적이고 유미적인 방향으로 기울어가던 시풍을 수정하기 위하여 新意論을 창도하게 된 원인도 여기에 있다

고 볼 수 있을 것이다.

고려 전기의 귀족문학에서 시에 나타난 현상은 산문에 있어서도 크게 영향을 끼쳤다고 볼 수 있다. 고려초의 산문은 시와 마찬가지로 文選風의 영향을 받아 四六駢儷文이 크게 유행하여 공사간에 널리 사용되었다. 변려문은 그 발생과 성격에 있어서 귀족문학으로서의 산문이라고 할 수 있기 때문에 고려초의 귀족사회에서도 대표적인 산문으로 유행될 수 있었다고 하겠다. 그러므로 고려초의 산문은 四六文이 가지는 속성대로 句式과 聲律의 均齊에 충실하고자 하여 유미적인 것에 기울었고, 시에서 나타난 것처럼 형식의 조탁에 경도되었다고 할 수 있다. 四六文이 끼친 이러한 폐해는 귀족문인들 사이에 古文에 대한 새로운 인식을 불러일으키게 되었다. 四六文이 가지는 형식성과 唯美性을 극복하고 고문이 일찍부터 등장하게 된 원인으로는 여러 가지가 있겠으나 대개 두 가지로 집약시켜 볼 수 있을 것이다.

첫째는 과거제도에 의해서 배출된 신진세력이 등장하고, 이들에 의하여 유교의식이 배양됨으로 해서 고문에 대한 요구가 있었을 것이고, 둘째로는 고려 초기의 귀족사회가 발전해 나가기 위한 합리주의와 文治的 질서의 필요성에 의해서 이루어진 것이라고 하겠다. 당시에 이러한 고문의 文風이 점진적으로 등장하게 된 것은 곧 당시의 문풍이 변전되어 갔음을 시사하는 것으로 변려문을 중심으로 한 귀족적인 문풍에서 고문풍으로 이전되어 갔음을 생각할 수 있다.

고려 전기에 나타난 고문풍은 처음으로 崔承老가 올린 時務書에서 강조되었고, 이후 귀족문인의 대표적인 인물인 崔冲의 私學에서도 고문에 대한 관심이 고조되어 있었다고 하겠다. 특히 고문에 대한 관심이 구체적으로 표면화된 시기는 예종·인종 연간이라 하겠다. 이때는 왕실이 적극적으로 經學의 講論을 권장하였고, 문인귀족사회의 경학에 대한 지식이 축적되어 왔기 때문에 고문숭상에 힘쓰게 되었다. 이러한 예로는 金仁存의 〈論語新義〉와 尹彦頤의 〈易解〉, 崔允儀의 〈古今詳定禮〉 등에서 문장을 교화와 윤리에 입각한 儒家的인 방향으로 이해하고자 한 사실에서 살필 수 있을 것이다. 고문을 숭상하는 저술들이 나옴으로 해서 고문은 많은 귀족문인들의 애호를 받게 되어 당시의 문풍은 변려문체에서 벗어나 고문체에 보다 가깝게 접근하고자 했음을 짐작할 수 있다.

특히 예종과 인종 연간에 淸燕閣을 설치하여 국학을 진흥하고 유학을 새로이 일으키려 한 사실은 당시의 문풍이 고문 쪽으로 기울게 한 主因으로 볼 수 있을 것이다. 고려 전기에 고문을 숭상하고 저술하는 데 적극적으로 참여한 귀족문인들로는 金仁存 金守雌 金富軾 金富轍 金黃元 등을 예거할 수 있다. 예종 6년에 씌어진「金山寺慧德王師眞應塔碑」의 글은 四六文體에서 벗어나려는 의도에서 나온 것이라고 볼 수 있고, 김인존의 〈淸燕閣記〉와 김수자의 〈幸學記〉, 김부식의 〈惠陰寺新創記〉 등은 文體變革期의 古文體로 나타나고 있다. 고려 중엽에 이르러 고문체가 본격적으로 대두된 것은 김부식의 고문에서라고 하겠다.

이렇게 보면, 고려 전기의 귀족문학은 산문에 있어서는 唐宋八大家의 고문체를 모범적인 것으로 받아들였으므로, 그것은 宋代의 문풍과도 비견될 수 있는 것이라고 생각된다.

이와 함께 고려 전기에 문학활동에 참여했던 귀족문인들은 일정한 문단을 중심으로 활동해 나갔는데, 대체로 두 가지의 문단형태를 살펴볼 수 있다.

하나는 왕을 중심으로 하여 많은 귀족문인들이 모여 문학활동을 한 것이다. 앞에서도 언급한 것처럼 왕의 문치주의에 의하여 문학이 크게 발양되었기 때문에 자연히 館閣 중심의 문학활동이 전개되어 하나의 문단을 형성하였다. 이러한 사실은 예종·인종 연간에 청연각을 열어 문인들의 문학활동을 도운 것과, 예종 연간에 나온 君臣唱和詩集이라 할 수 있는 〈睿宗唱和集〉에서 예증될 수 있을 것이다.

또 하나는 門下 중심으로 문단이 형성된 것이다. 과거에서 응시자를 발탁하는 考試官을 恩門이라 하고, 고시관에 의해 발탁된 급제자를 門人이라 하여 이들의 관계는 恩門과 門人의 관계로 맺어지게 된다. 이들은 宦路에서나 문학활동에 있어서 동질적인 유사성을 가지게 된다. 그 예로 李子淵과 그 문인들의 관계를 들 수 있다. 이자연의 문인들은 崔奭 金良鑑 崔思訓 朴寅亮 崔澤 魏齊萬 등으로, 이들 은문과 문인의 관계는 당시 문단에서 크고 주목되었다고 볼 수 있다. 당시의 귀족문인들이 형성했던 문학단체가 뚜렷한 문학사상과 작품경향을 가지고 형성되었다고는 할 수 없다. 그러나 이들의 활동은 고려 전기 이후의 문학발전에 영향을 끼쳤고, 고려 중엽에 형성된 우리나라 최초의 문학단체인 耆老會나 竹林高會를 탄생시킨 바탕이 되었다고 하겠다.

이상에서 논의한 것을 보면 고려 전기의 귀족문인들이 시와 산문에 걸쳐 나타냈던 시문풍은 신라의 그것을 수용하면서도 점진적으로 발전된 양상을 보였다고 할 수 있다. 또한 신라의 미분화된 문학양상을 어느 정도

극복하여 고려 나름대로의 문학세계를 이룩하였으며, 이것이 고려 전기 이
후의 문학발전에 바탕이 된 것으로 짐작된다.   朴 性 奎

論　著
 1. 국사편찬위원회편　한국사 4～5 (1973～1978)
 2. 金春東　韓國漢文學史(油印本)
 3. 金台俊　朝鮮漢文學史(朝鮮語文學會, 1931)
 4. 李家源　韓國漢文學史(民衆書館, 1960)
 5. 金庠基　高麗時代史(東國文化社, 1961)
 6. 民族文化硏究所編　韓國文化史大系 Ⅴ(高麗大, 1967)
 7. 文璇奎　韓國漢文學史(正音社, 1970)
 8. 徐首生　高麗朝漢文學硏究(螢雪出版社, 1971)
 9. 韓國漢文學硏究會編　韓國漢文學硏究 1 (1976)
10. 韓國言語文學會編　高麗時代의 言語와 文學(螢雪出版社, 1981)
11. 韓國史硏究會編　韓國史硏究入門(知識産業社, 1981)

5. 三國史記와 三國遺事

한국 한문학연구에 있어서 각 쟝르에 따른 연구는 다양하게 이루어지고 있다. 그러나 〈삼국사기〉와 〈삼국유사〉에 관한 문학적인 연구는 그 작품의 내용이나 양에 비하여 설화적 측면의 연구를 제외하고는 이렇다 할 업적이 없는 것 같다.

기왕에 발표된 논저들은 대개가 역사학적 측면에서의 연구이거나, 아니면 주로 〈삼국유사〉를 중심한 향가연구에 국한되고 있다. 이같이 한 민족의 유산으로 남은 작품에 대한 연구가 어느 한쪽으로만 치우치게 된 이유가 정확히 무엇인지는 모르나 대체적으로 일제의 식민지통치 아래 태동하기 시작한 국학연구가 금지되었던 데 기인한다고 보아야 할 것이다(1). 그러나 해방이 되고 6·25를 겪은 지 오랜 지금에 와서도 특별한 진전이 보이지 않음은 이 방면의 同學과 함께 한번쯤 생각하고 넘어가야 할 일인 것 같다.

사실 〈삼국사기〉와 〈삼국유사〉는 가장 오래 되고 확실한 문헌적 근거를 남겨주는 역사책이며, 우리 민족의 삶에 대한 기록이다. 그 내용은 역사학적 가치 이상을 내포하고 있어, 한국학 연구 전반에서 이에 대한 많은 논저를 남기고 있다. 그중에서도 이 글은 특히 한문학적 측면에서 그간의 연구업적과 앞으로의 전망에 대해 살펴보고자 한다. 편의상 〈삼국사기〉와 〈삼국유사〉로 나누어 살펴보고, 이러한 기왕의 업적을 토대로 하여 이 방면의 연구에 대한 앞으로의 과제를 검토해 보고자 한다.

〈삼국사기〉에 대한 연구업적은 이 책의 가치에 비하여 그리 많지 않다. 특히 역사학적 연구를 제외하고 문학적 측면에서의 연구를 중심으로 하여 볼 때 더욱 빈약함을 면할 수 없다. 이는 책의 제목이 주는 의미와 기왕에 발표된 논저와 비교할 때 그렇다는 것이다. 물론 이러한 현상은 이 책이 단순한 문학서적이 아니며, 또한 저술자가 자의에 의하여 만든 것이 아니라 군왕의 명령에 의하여 만들어진 官撰의 책이라는 데에서도 기인하는 것일 수가 있다.

　여기서 살펴보고자 하는 것은 〈삼국사기〉에 포함된 「列傳」 부분을 중심으로 한 문학적인 관점에서의 연구이다. 이에 대해서는 金台俊의 〈朝鮮小說史〉나 李秉岐 白鐵의 〈國文學全史〉, 李家源의 〈韓國漢文學史〉, 張德順의 〈說話文學硏究〉 등이 간단한 언급을 하고 있으나 본격적인 논의를 전개하지는 않았다. 그러나 대개가 「열전」 자체가 문학적 가치로서, 특히 소설사적 의미에서 큰 비중을 차지하고 있음은 인정한 것 같다. 그러면서도 한문학의 한 쟝르인 「論贊」에 대한 언급은 전혀 찾아볼 수 없다. 이러한 문제점에 대하여 편의상 발표된 순서에 따라 살펴보자.

　李弘稙은 〈三國史記 高句麗人傳의 檢討〉에서 〈삼국사기〉 안에 수록된 총 51傳 80여 명 가운데 고구려 사람 8명에 대한 검토를 시도하였다(2). 특히 중국의 史書(〈資治通鑑〉)와 〈삼국사기〉에 기록된 내용들을 주로 역사적 측면에서 검토하고, 역사적 인물에 대한 기록이 사실과 어떻게 다르게 나타나는가를 〈자치통감〉과 같은 중국의 역사서까지 동원하여 원전의 오류를 시정하고자 했다. 역사학을 전공하는 입장에서 문학연구에 필요한 좋은 자료를 정리해 주었다는 의미에서 이 논문의 가치는 크다. 문학연구에 있어서 원전의 선정 여하에 따라 그 결과는 각각 다른 의미를 나타내기 때문이다. 그런 점에서 그의 논문은 〈삼국사기〉 열전에 대한 문학적 연구의 자료를 재정리해 준 셈이 된다. 곧 〈삼국사기〉를 편찬할 당시 집필자들이 중국의 史料를 轉載하여 재편한 것(乙支文德 淵蓋蘇文 男生 등)이 있는가 하면, 本紀의 기사에서 전재 재편한 것(乙巴素 明臨答夫 倉助利 등)이 있음을 밝힌 것은, 상기 열전들이 설화전승의 민족사 구성에 대한 귀중한 자료가 된다는 사실을 입증한 것이다. 이홍직의 이 논문으로 적어도 〈삼국사기〉 중에서 고구려인의 열전에 대한 원전의 정리는 된 것 같아 이 방면의 다음 연구를 기대하게 한다.

　다음으로 高炳翊의 〈三國史記에 있어서의 歷史敍述〉(3)은, 원래 역사학 논문이지만 〈삼국사기〉라는 민족사의 기술에 대한 史觀의 위치에 대한 문제, 곧 金富軾의 사관에 대한 정립으로 많은 반응을 보였던 논문이다. 이 논문에서 우리의 주의를 끄는 점은 제2장에서 다루고 있는 「논찬」에 대한 부분으로서, 이는 한문학의 한 쟝르이며 옛날의 史書에서 많이 취하고 있었던 것이다. 특히 〈삼국사기〉에서 보여준 김부식의 자아의식(3)은 열전이 人臣의 事跡을 적어 후세에 그 사실을 전하려는 의도에서 씌어졌다는

司馬遷의 〈史記〉 저술의 기본적 입장과도 상통한다.

그래서 고병익은 위 논문의 「논찬」부분을 중심으로 하여 김부식의 역사의식은 전대와 후대의 사가들에 비하여 오히려 더 객관적 합리적이라고 강조하고 있다(3). 서술자의 인물선정이나 그에 대한 평가는 대체로 서술자 자신의 역사인식에서 많은 영향을 받게 되며, 이렇게 씌어진 작품의 내용이나 방향은 바로 서술자 자신의 의식의 반영이기도 하기 때문이다. 그러한 의미에서 위의 논문은 이 방면의 연구에 대한 바른 길잡이 역할을 하고 있다 할 것이다.

다음으로 역시 역사학 논문이지만 申澄植의 〈三國史記硏究〉(4)를 들지 않을 수 없다. 이 책은 〈삼국사기〉 전체에 대한 연구로서, 특히 끝 부분의 제5,6장에서의 「삼국사기 열전의 분석」이나 「삼국사기의 성격」에서 행한 열전에 대한 분류와 장르적인 분석은 비록 역사학적인 연구이지만 매우 세밀하게 되어 있다. 특히 열전의 내용을 중심으로 한 등장인물의 유형별 분류에서는 중국 史書와 대비하여 상세히 검토하고 있는데, 이는 다른 어떤 문학서적에서도 얻기 힘든 업적이다. 그는 열전 인물들을 여덟 가지 유형으로 나누어 당시 사회의 특징과 그 시대의 理想型을 부각시킨 다음, 당대 文臣貴族의 소극적 타협주의 체질을 극복(5)함으로써 민족적 이상과 단합을 성취할 수 있다는 김부식의 적극적 사고방식을 찾는다. 이러한 김부식의 적극성을 신형식은 論贊의 이론적 근거가 되고 있는 忠·義·孝·仁의 윤리관·도덕관에서 이끌어낸다. 그는 열전을 忠·孝·烈·叛逆으로 분류하여 당시 사회를 반영하는 등장인물의 성분을 분석하고, 나아가 그들의 역사적 태도를 논하고(4) 있다. 이러한 연구들은 비록 문학외적인 연구에 머물고는 있으나 이어질 문학적 연구를 위한 좋은 자료를 제시해 주고 있다.

다음으로는 尹榮玉의 〈三國史記 列傳 金庾信攷〉(6)이다. 이 논문은 〈삼국사기〉의 여러 열전 중에서 특히 「김유신」에 관한 것만 뽑아 傳記文學的 측면에서 고찰한 것이다. 한국고대소설의 근원적 발생에 대해서는 여러 논저들이 대체적으로 중국의 작품들에서 모방 내지 영향을 받았다고 하고 있으나, 그와 반대되는 입장을 취한 논문들도 발표된 바 있다(7). 이 논문 역시 우리나라 史書에 등장하는 주인공의 일생과 후대에 등장하는 소설들의 내용을 비교 검토하여 소설 발생의 근간 내지 그 맥락을 찾아보고자 했다. 여기에서 위의 윤영옥 논문의 「結言」부분에서 구성면, 권선징악적인 주제, 素材面, 고려 말의 假傳과의 관계, 〈삼국사기〉 편찬의 의도에 관한 것(6) 등을 정리해 보면, 한국고대소설의 내용은 우리나라 史書의 열전, 특히 「김유신전」과 깊은 연관성을 갖고 있어, 종래의 중국소설과의 영향관계에 대한 새로운 이론 전개를 가능하게 하였다. 물론 本傳과 한국고대소설 전반이 얼마만큼의 상관관계를 이루고 있는지는 좀더 연구되어야겠지만, 적어도 전쟁을 중심으로 한 소설을 전제로 하여 생각한다면 상당한 설득력이 있다고 하겠다(8).

　기왕에 발표된 〈삼국사기〉에 대한 여러 논문들 중에서 특이하게 우리의 주의를 끄는 논문이 있다. 그것은 조동일의 〈韓國文學思想史試論〉(9) 중의 「김부식」에 관한 것이다. 이 논문은 표제가 말하듯이 문학사상사의 시도에 의한 글이지만 특히 〈삼국사기〉에 관한 문학적 측면에서의 언급은 다른 논저에서는 찾아보기 어려운 몇 가지 문제점을 지적하고 있다. 곧 그는, 「〈삼국사기〉는 분명히 고려 전기 귀족문화의 우아하고 세련된 기품을 유감 없이 보여주고, 문장에서도 浮華한 수식 위주의 騈儷文에서 탈피하여 古文을 정착시킨 공적도 높이 평가되어야 하지만, 고려 전기 귀족문화의 한계 또한 명확하게 보여준다. 그리고 이러한 한계 때문에 이규보의 〈東明王篇〉, 일연의 〈삼국유사〉, 李承休의 〈帝王韻記〉 등에 의한 반격을 받지 않을 수 없었다」라고 하면서, 문체나 문장의 구조에 대하여 언급하고 있다. 그는 〈삼국사기〉가 당시 유행하던 변려문에서 벗어나 고문을 정착시킴으로써 문학의 기풍을 쇄신한 점을 지적한 것이다. 물론 이 논문은 試論으로서 하나의 문제 제기에 그치는 것이지만, 지금까지 발표된 논저들이 이와 같은 관점을 전혀 취하고 있지 않았다는 점에서 先鞭의 역할을 하게 되며, 앞으로의 이 방면에 대한 연구를 촉구하는 의미로 받아들어져야 할 것이다.

　조동일은 이 논문에서 申采浩의 이론을 이끌어 김부식의 역사의식을 慕華的 事大를 내세우는 폐쇄적 특권의식에 두고 있다(9). 그러나 이 점에 대하여 고병익은 견해를 달리 한다. 그는 〈삼국사기〉가 당시대의 어떤 史書보다 객관적이며 합리적이라고(3) 본다. 그러나 두 논문의 쟁점보다는, 적어도 고려 전기와 후기의 분수령에 처한 김부식의 의식세계가 먼저 규명되어야 할 것 같다.

　다음으로 문학사적 연구에서 주목을 끈 논문은 沈晶燮의 〈三國史記 列傳의 文學的 考察〉(10)이다. 사실 여태까지 〈삼국사기〉 열전에 대한 문학적 연구논문은 거의 없었다고 해도 과언이 아니다. 이 논문은 그러한 현실을 충족시킨 논문이라 할 수 있다. 우선 논자는 열전이 지니고 있는 언어적 기능에 대하여 언급하였으며, 다음으로 열전의 구조에 대한 심층분석으로「傳」자체가 갖는 문학사적 의의에 대하여 상론하고 있다.

그에 의하면,「傳」은 단순한 전기적 문학이라기보다는 설화나 소설과 병행하면서, 혹은 소설에 선행하면서 史傳·列傳→고려 중기 이후의 假傳體→조선조 漢文短篇→朴趾源의 傳에 이르기까지의 광범위한 시대에 걸쳐 존속된 散文叙事文學樣式(10)이라는 것이다. 이러한 관점은 앞의 윤영옥의 견해에서 한걸음 나아간 입장으로, 언어가 지닌 내재적인 힘에 대한 믿음과「傳」자체가 갖는 구조적 특징을 의식하면서 인간의 한계점을 불행과 갈등에 초점을 맞추어 해결하려는 매우 독창적인 것이다. 따라서 이것은「傳」이 역사적 인물의 단순한 기록이 아니라는 것은 이미 밝혀진 바이지만, 그것이 어떻게 형성되고, 분석될 수 있는가를 보여준 논문이다. 다만 좀더 구체적인 열거가 부족하여 논지에 대한 막연한 느낌을 자아내고 있음이 아쉬울 뿐이다. 앞으로 우리가 기대할 수 있는 논문은 이런 유의 것이 아닐까 한다.

〈삼국유사〉는 앞에서 살펴본 〈삼국사기〉에 비해 약 100여 년 뒤에 씌어진 책이며 그 내용도 판이하다. 전자가 世家 중심의 正史系列이라면 후자는 野史的 성격을 띤 작품집이다. 기왕에 발표된 논저들을 살펴보면 〈삼국유사〉에 수록된 14수의 鄕歌에 대한 연구가 대부분이며, 그리고는 이 책이 지닌 설화적인 측면에서의 연구들이 있다. 이 글에서는 향가연구에 관한 부분은 기왕에 간행된 문헌(11)에 맡기기로 하고, 〈삼국유사〉 전반에 관한 것을 중심으로 한 논저들을 대상으로 하여 살펴보고자 한다.

위의 입장에서 본다면 역시 설화문학적 연구에 중점을 두게 되는데, 먼저 高橋亨은 그의 〈三國遺事의 註及檀君傳說의 發展〉(12)에서 단군전설의 발생과 그 발전에 대하여 언급하면서 주로 역사서적을 근거로 하여 그 논리적 부당성과 황당성을 지적하고 있다. 그의 방대한 자료에 대한 세밀한 분석에도 불구하고 그에게는 설화·전설에 대한 근본적인 이해가 부족했던 것 같다. 그러나 일찌기 그러한 주제에 착안하여 연구를 시도함으로써 이 방면 연구에 자극을 주었던 것은 인정해야 할 것 같다.

다음에 나온 논문이 張德順의 〈三國遺事 所載의 說話分類〉(13)이다. 그는 여기에서 설화가 무엇인지를 밝혀주고 있으며, 특히 설화와 역사, 설화와 문학의 관계를 규명해 주고 있어 앞의 高橋亨의 물음에 답하고 있는 것 같다. 그 일단을 보면 다음의 지적이 있다.

「傳說은 그 發生史的으로 보아 古代의 어떤 풍만한 이야기가 일방으로 는 史實로서 文書에 채록되고 타방으로는 口傳으로 전파되어 점차 잎을 피우고 가지를 돋쳐 草木처럼 무성해지는 것이다. 역사와 전설을 서로 혼 동해서는 안되지만 경우에 있어서는 이 전설 속에서 正史料로 적발되는 것도 있고, 또는 역사의 傍證的 資料로서 인용되는 것도 있다. 」(13)

그리고 그는 〈삼국유사〉에 수록된 설화를 신화·전설·민간설화·佛敎 緣起說話 등의 4부분으로 나누었다(14). 3부분으로 나누는 것이 일반적 인 분류법이지만, 내용의 대부분이 불교설화이기 때문에 불가피하게 4부 분으로 나누었던 것으로 보인다. 다만 그 이상의 이론적 전개나 연구가 진 행되지 않는 아쉬움이 있다.

또 하나 주목되는 논문은 洪起文의 〈朝鮮神話의 研究〉(15)와 李佑成의 〈三國遺事 所載의 處容說話의 一分析〉(16)이다. 전자는 井上秀雄의 抄譯 인데, 제2장의 단군신화 부분에서 〈삼국유사〉〈삼국사기〉〈제왕운기〉의 상호비교에서 상위되는 부분을 지적하고 있다. 후자의 논문에서는 처용설 화를 중심으로 하여 주로 고려시대의 제도사적인 발생에 초점을 맞추고 있 으며, 이 논문으로써 앞에서도 잠깐 검토한 바 있는 설화와 역사의 상호 긴밀한 관계를 다시 확인할 수 있을 것 같다. 처용설화에 대하여는 아직 도 異說과 논란이 있는 터이라 역사학적인 자료정리와 해석에 많은 도움 을 얻을 수 있을 것 같다. 전자는 (내용상으로 보아) 매우 방대한 논문인 것 같은데, 그 원문을 구할 수 없음이 유감이지만 그런대로 그들의 연구 방향과 수준을 접할 수 있어 다행이다.

다음으로 蘇在英의 〈三國遺事에 비친 一然의 說話意識〉(17)이 있다. 〈삼 국사기〉에도 論·贊이 있지만 〈삼국유사〉에도 註·議·讚이 있어, 이 논문 에서는 주로 이 부분에 대하여 논하고 있다. 이 논문은 기왕에 발표된 논 문들과는 달리 〈삼국유사〉에 수록된 설화를 주로 註·議·讚에 나타난 기 록을 중심으로 연구하여 일연의 의식세계를 규명하려 했다. 주지하다시피 註·議·讚은 한문학의 한 쟝르로서 주로 작자의 소견을 피력하는 글이다. 즉 어떤 사건이나 사항에 대하여 기록하고 거기에다 필자의 소견을 밝혀 독자들의 이해를 도움과 동시에 필자 자신의 고증에 대한 결과를 나타내 는 것이다. 한문학적 측면에서 본다면 이같은 논문이 앞으로 계속 나와 야 할 것 같다. 이와 유사한 논문으로는 李乙煥의 〈三國遺事에 나타난 言 語意識〉(18)이 있다. 문학이 문자라는 기호를 매개체로 하여 작자와 독자 를 연결하여 준다는 전제 아래 이 논문은 〈삼국유사〉라는 작품에 쓰여진

언어들이 어떠한 역할을 하면서 독자에게 전달되는가를 규명하고 있다. 〈삼국유사〉가 향가와 설화적인 방향에로 기울어진 연구경향에서 벗어나, 言語呪術的인 측면을 다룬 이 논문은 연구사적인 입장에서는 매우 색다른 것이다.

설화적인 연구의 하나로 崔喆의 〈三國遺事 所載 新羅歌謠의 背景說話硏究〉(19)가 있다. 이 논문의 제3장에서는 〈삼국유사〉와 설화와의 관계가 정리되어 이 방면의 연구에 많은 도움을 주고 있으며, 앞의 신동욱 편의 〈三國遺事와 문예적 가치해명〉 제3장 문헌과 비판에 실린 〈一然의 生涯와 思想〉(金泰永) 〈三國遺事와 神話〉(金烈圭) 〈三國遺事의 설화문학적 가치(張德順) 등은 〈삼국유사〉라는 한 작품집에 대한 전체적 조감을 시도한 논문들이다. 이들 논문은 앞에서 본 언어적 측면, 註·議·讚을 중심으로 한 연구와 함께 이 방면의 연구에 대한 길잡이 역할을 하고 있다.

위에서 살펴본 〈삼국사기〉와 〈삼국유사〉에 대한 한문학적 측면에서의 연구결과를 종합해 볼 때 그렇게 많은 업적들이 나오지는 않은 것 같다. 그것은 한문학 분야에 종사하는 학자들이 문학이론과 방법론에 대한 개발에 좀더 관심을 기울여야 될 것임을 의미하기도 한다.

기왕에 발표된 논저들을 종합하여 볼 때 〈삼국사기〉나 〈삼국유사〉의 연구에 있어서 표기된 문자나 문체에 대한 연구가 없었다. 한자로 표기된 문학작품이라면 그 표기문자와 작품과의 관계에 대한 연구가 있었어야 했을 것이다. 게다가 〈삼국유사〉에 대한 연구에 있어서는 주로 儒家的 해석에 의한 작업이 대부분이었다. 그러나 그 내용이 불교적인 것을 내포하고 있는 것이 많아 佛家的인 입장에서의 해석을 겸해야 올바른 내용파악이 이루어질 수 있지 않을까 한다. 그것은 기왕에 나온 번역서를 읽어보면 더욱 절실히 느껴지는 일이다. 그런 점에서 앞으로 문체에 관한 연구와 儒·佛을 겸한 입장에서의 연구가 있어져야 될 것이다.　　　　　姜 東 燁

論　著

1. 李家源　漢文學의　發達(韓國學硏究入門, 知識産業社, 1981)
2. 李弘稙　三國史記 高句麗人傳의 檢討(史叢 4, 高麗大 史學科, 1959)
3. 高炳翊　三國史記에 있어서의 歷史敍述(金載元博士回甲紀念論叢, 1969)
4. 申澄植　三國史記硏究(一潮閣, 1981)
5. 李佑成　三國史記의 構成과 高麗王朝의 正統意識(震檀學報 38, 1974)

  6. 尹榮玉　三國史記　列傳「金庾信」攷(東洋文化 14·15 합집,　嶺南大　東洋文
        化硏究所,　1974)
  7. 趙東一　英雄의　一生,　그　文學史的　展開(東西文化 10,　啓明大,　1971)
  8. 鄭鉒東　古代小說論(螢雪出版社,　1966)
      申基亨　韓國小說發達史
  9. 趙東一　韓國文學思想史試論(知識産業社,　1978)
 10. 沈晶燮　三國史記　列傳의　文學的　考察(文學과知性 1979 봄)
 11. 申東旭編　三國遺事와　문예적　가치　해명(새문社,　1982)
 12. 高橋亨　三國遺事の註及檀君傳說の發展(朝鮮學報 7,　日本　天理大,　1955)
 13. 張德順　三國遺事　所載의　說話分類(人文科學 2,　延世大,　1958)
 14. 張德順　韓國說話文學硏究(서울大　출판부,　1981)
 15. 洪起文　朝鮮神話の硏究(朝鮮硏究年報 8,　日本,　朝鮮史硏究會,　1966)
 16. 李佑成　三國遺事　所載의　處容說話의　一分析(金載元博士回甲紀念論叢, 1969)
 17. 蘇在英　三國遺事에　비친　一然의　說話意識(崇田語文學 3,　1974)
 18. 李乙煥　三國遺事에　나타난　言語意識(東洋學 5,　檀國大　東洋學硏究所, 1975)
 19. 崔　喆　三國遺事　所載　新羅歌謠의　背景說話硏究(東國大　大學院,　1978)

6. 武臣執權期의 문학적 전환

국문학에 있어서 고려의 무신집권시기가 단순히 변칙적 무단통치의 암흑기로만 이해되는 것이 아니라 문학사적 전환의 계기로 파악된 것은 진작부터의 일이다. 초기 국문학사의 서술에서 趙潤濟는 이 시기를 「武官의 執政과 民族意識의 睡覺」이라 개관하였다(30). 근 30여년 간의 대몽항쟁을 민족의식이 잠깬 빛나는 역사기간으로 보았던 것이다. 이것은 조선조의 건국과 함께 15세기에 이루어진 왕성한 민족문화의 창조적 업적들을 「민족의식의 각성」에 바탕을 둔 것이라고 보는 조윤제의 역사인식에 연관되는 대목이기도 하다. 그는 무신집권기와 고려 후기의 국문학을 서민계급의 장가(속요)와 귀족(士大夫)계급의 경기체가로 문학의 성격을 양립적으로 파악하는 성과를 보였다. 거기에다 시조와 설화의 발생, 한문학의 난숙을 이 시대의 문학내용으로 들고 있다. 그러나 무신집권기가 문학사적 전환의 단서가 되는 구체적이고 충분한 사실들을 제시하지는 않고 있다. 이 점은 그 이후의 문학사 서술이나 개별 연구들에서도 만족스럽게 해결된 것은 아니었다.

이런 가운데서도 오늘에 이르러서는 대개가, 특히 한문학에 있어서 무신집권기를 귀족문학과 사대부문학의 분기점으로 보게 되었다. 고려 전기의 귀족문학과 그 이후의 사대부문학이 모두 지배계급의 문학이라는 점에서는 본질적으로 같겠지만, 문학담당층이 문벌귀족으로부터 신흥사대부로 바뀜에 따라 그 내용에 있어서도 많은 변화와 발전을 가져오게 되었다고 보는 것이다. 이만큼 문학사의 이해가 진전되어 온 것에는 문학연구의 역사과학적 시각에 힘입은 바가 크다. 이 점은 뒤에 언급될 것이지만 고려 후기 사대부문학의 출발을 우리는 무신집권기의 문학에서 찾고자 하는 것이다. 그러나 무신정권이 곧 문학의 전환점을 가져다준 것은 아니었다. 역사의 전개와 함께 민족의식이 성장하고, 문학담당층이 교체되고, 세계관이 바뀌면서 삶의 총체적인 변화에 따라 문학은 새로와질 수 있는 것이

다. 여기에서 특히 확인되어야 할 문제의 하나는 문학담당층인 문인지식
계급만이 아니라 농민 등 일반 민중의 역량과 의식의 성장이 또한 그 시대
문학의 발전에 어떻게 작용하고 있는가 하는 점이다.

　지금까지 무신집권기의 문인이나 작품을 검토해 온 논문은 많이 있었지
만「문학적 전환」이라는 주어진 표제의 방향과 관련되는 연구성과는 아주
적다. 근래에 와서 李奎報에 대한 연구가 비교적 활발하였으나 그것마저
도〈白雲小說〉을 중심으로 詩話를 이해하고 비평의 문제를 검토한 내용이
그 대부분이다. (비평의 문제는 다른 항목에서 다루기로 하였기 때문에
여기에서는 되도록 피한다.) 자연히 李仁老 林椿 등「竹林高會」의 문학성
격과 이규보의〈東明王篇〉, 한시 및 서사문학 등에 대한 연구성과를 다루
면서 전환기적 특성과 연구의 과제를 살펴보기로 한다.

　「文冠을 쓴 자는 胥吏도 남김없이 죽이라」고 하면서 두 차례에 걸친 문
신의 대량학살을 감행한 鄭仲夫의 난은 필경「三京・四都護・八牧으로부
터 전국의 郡縣・館・驛의 말단에 이르기까지 모든 자리에 武人을 임용」
하기에 이르렀다. 그러나 시일이 지남에 따라 차차 사정은 달라져서 행정
을 담당할 새로운 文・吏의 기능인이 필요하게 되고, 이와 함께 과거제도
도 계속 실시되었다. 더구나 崔忠獻이 정권을 장악하면서부터 이러한 사
정은 더욱 진전되어 지방에 숨어 지내던 지난날 官人들이 다수 재등용되
고 새로 진출하는 文士들의 수도 점점 늘어나게 되었다. 무신집권기의 이
러한 문인지식층의 동향을 그들의 처지・사상・성격에 따라 분류해 낸 李
佑成의 다음과 같은 견해(19)는 간명하면서도 주목을 끌게 한다.

　(1) 鄭仲夫亂初에 진작 도피하여 儒冠을 벗어던지고 삭발 爲僧하여 명산
을 두루 방랑하거나 한곳에 定住하면서 세상이 다소 달라진 후에도 끝내
還俗하지 않고 遯世無悶으로 일생을 마친 사람들로 神駿・悟生과 같은 이
들이 있다. 神駿・悟生은 高麗史에 나타나지 않고 다만 破閑集・西河集・
櫟翁稗說 등 文集 詩話類에 보일 뿐이다. 그의 성명도 알 수 없다. 神駿
의 호는 白雲子로서 公州에 가 있었고 悟生은 伽倻山에 있었던 것이 알려
지고 있을 뿐이다. 그러나 그의 명성은 당시 세상에 널리 알려졌으며 그
의 節操는 많은 사람들에게 높이 慕仰되었던 것 같다.

　(2) 역시 亂初에 피신했으나 儒冠을 버리지 않고 지방에서 유학을 닦으
면서 處士생활로 일생을 보낸 사람으로 權敦禮와 같은 이가 있다. 權敦禮

는 御史를 지낸 官人이었지만 高麗史列傳에 이름이 없다. 현재 林椿의 문집에 權에게 보낸 서한이 실려 있고 朴仁碩의 墓誌에 權의 字가 실려나 오는데 그 字는 不華라고 되어 있다. 林椿의 서한에 보이는 바와 같이 그 는 原州에 은거하여 다시 세상에 나오지 않았으나 그의 淸名은 당시 利祿 에 분주하는 俗儒들에게 멀리 羨望의 的이 되었던 것이다.

(3) 亂初에 피신했다가 세상이 약간 달라진 후에 수도 開城에 돌아와 관 직을 구했으나 여의치 않아 불우하게 일생을 보낸 사람으로 林椿과 같은 이가 있다. 林椿은 亂의 발발과 함께 그의 一家가 화를 입고 그는 겨우 脫身하여 嶺南지방으로 유랑하다가 뒤에 開城으로 와서 당시 정권에 참여 한 인사들에게 자기의 등용을 주선해 줄 것을 부탁했으나 뜻을 이루지 못 했고 실의와 飢餓로 早死했는데 그가 죽고 나서 崔怡는 그의 문집에 특별 히 발문을 써주고 書籍店에 命하여 널리 印布하게 하였다.

(4) 亂後 얼마 안되어 과거로 發身했거나 崔氏정권 이후에 등용되어 崔 氏의 門客이라는 평을 듣게 된 사람으로 李仁老·李奎報와 같은 이들이 있다. 李仁老·李奎報는 이 시대를 대표할 만한 유명 문인으로 그의 행적 은 너무나 잘 알려져 있으며 또 崔氏정권에 협력한 많은 人士들이 모두 이 유형에 속한다.

문인지식층의 동향을 이와 같이 분류해 보는 일은 당시의 문학성격을 이해하는 데도 적지 않은 도움을 준다. 문인지식층의 이러한 동향에 대해 서는 일찌기 李東歡에 의해서도 검토된 바 있다. 이동환은 특히「죽림고 회」의 성격을 밝히는 데 초점을 맞췄기 때문에 관직에 등용되었던 이인로 등과 그렇지 못했던 임춘 등을 동일한 성향의 그룹으로 보고 이규보와는 구별해서 파악했다(7). 한편 이 시기 문인들의 동향을 무신정권 자체의 변 화 즉, 최충헌의 문인포섭 활용시책에 의한 것으로 보려는 朴菖熙의 견 해(15)도 있으나, 위에 예시한 분류내용과 크게 다르지는 않은 것 같다.

(1)과 (2)그룹은 그 수에 있어서 지금까지 그리 많이 조사 발굴되지 않고 있을뿐더러 남긴 글이 거의 없는 상태이다. 그러나 이들은 무신정권과의 타협을 끝내 거부하고 현실권 밖에서 자기의 주체성을 지키면서 깨끗한 일생을 살아갔으며, 지방에서 후배를 길러내어 그들로 하여금 고려 후기 의 新興士大夫階級의 주류를 이루게 했다. 이들은 현실권을 떠남으로써 오히려 참되게 역사적 사명을 다할 수 있었던 것이다. 우리는 위의 네 개 의 유형 가운데 특히 (4)그룹에 주목하게 된다. (3) 그룹이 뭊世才 임춘 등

「죽림고회」의 중심인물들로서 현실권을 스스로 벗어나지도 못한 채 실의
와 좌절의 생애를 마치는 유형이라면 무신집권기부터 역사무대의 전면에
등장하기 시작하는 「新進士人層」은 바로 이 (4)그룹에 속하기 때문이다.
무신집권이라는 역사의 변칙적 기간은 결국 관인사회의 개편을 가져오고,
이에 따라 문학담당층의 교체를 가능하게 했던 것이다. 그러나 흔히 말하
는 신진사인층도 그들 모두가 과도기적 인물의 성격을 완전히 벗어난 것
으로 보기는 어려울 것 같다. 실제 이인로는 구문벌 귀족 출신이요, 이
규보도 하급에 속하지만 관원의 자제였으며, 陳灌는 더구나 무신집권에
공이 있는 무관의 아들이었다. 그럼에도 이인로를 제외한 이규보 진화
등은 과거의 문벌귀족들과는 다른 의식과 체질의 문학을 보여주고 있다.
고려 전기로부터 지속되어 온 귀족화된 인습규범과 세계관이 허물어지면
서 아직 새로운 사상의 틀이 잡히지 않은 상태——일종의 의식의 해방감
속에서 그들은 문학을 통해 개인의 능력과 이상을 펴려는 충동을 갖고 있
었던 것 같다. 이 점이 그들을 신진사인의 대표적 인물로 보게 되는 근거
가 아닌가 한다. 이리하여 문벌적 귀족문학은 막을 내리고 새로운 세계관
에 눈뜨는 신진사인들에 의해 사대부적 문학의 서장이 열리기 시작한다.
이들 문학에 대한 연구성과를 검토하기에 앞서 그들과 의식의 방향이 달
랐던 「죽림고회」의 문학에 대한 해석들도 아울러 다루어보기로 한다.

　「죽림고회」에 대한 종래의 해석은 가히 연구 이전의 상태에 머무르고
있었다고 하겠다. 「江左七賢의 風流를 愛慕하여 花朝月夕에 詩酒로 相携」
하면서 「山林에 隱淪」하기를 일삼았다는 金台俊의 해석을 필두로 하여 대
부분의 문학사가 이와 흡사하게 서술되어 왔다(29·30·31). 이리하여 최
근의 국사개설서에까지도 「현실을 도피하여 산림에 묻혀 음주와 詩歌를 즐
기거나, 정권을 멀리하여 淸談의 風을 이루고 있는」것으로 이해되고 있다.
죽림칠현과 흡사한 일종의 현실도피 그룹으로 보아온 것이다. 이러한 종
래의 일반적인 견해가 이동환의 구체적인 작업에 의해 수정되었다. 앞에
서도 제시한 바와 같이 이인로 오세재 임춘 등 중심인물은 대개 몰락한
고려 전기의 문벌귀족 출신으로서 「현실에의 적극적인 진출을 피했으나
항상 좌절」되었고 따라서 「대개는 불우한 생애를 보낼」 수밖에 없었던 것
으로서, 「반항성」을 띤 그룹이라고는 할 수 있을지라도 「도피성」을 띤 結
社로는 볼 수 없다는 것이 결론이었다(7). 그 이유로서, 그들은 (1) 立身
行道의 유교사상을 기본교양으로 하였고, (2) 경제적으로 宦路진출이 생활

보장상 필요한 처지였으며, (3) 출신성분(家統)에의 사명의식을 끝내 포기하지 않고 있다는 점을 들었다. 또한 임춘의 문학을 다루는 글에서는 「이 시대 문인지식인들의 현실대응의 자세나 의식에 문제가 있다면 오히려 隱遁의 의미로서의 逃避조차도 많지 않았던, 그리고 현실로 되돌아온 사람들이 진정한 의미에 있어서 現實逃避를 한 바로 거기에 있을 것 같다」(23)고 쓰고 있다. 이 말은 죽림고회의 구성원들의 자세와 의식의 일단을 짐작하게 하는 하나의 표현이기도 하다.

임춘의 140여 편의 시를 검토하고 나서 이동환은 「한마디로 그의 詩의 대부분은 세속적 자기의식의 即物的 分泌物」이라고 지적하면서 「세속적 자기의식」의 주조는 「家門意識과 功名意識의 결합」으로 해석하였다. 그리고 그의 시가 成俔의 〈慵齋叢話〉에서 「시의 문맥이 촘촘함은 있으나 그 局面이 가두어짐은 없다」라는 평을 듣게 되는 까닭을 그의 시 전반에 드러나는 「散文的 即物性」에 있다고 보았다. 임춘의 산문작품을 검토한 金鎭英의 견해(28)는 이와는 다르다. 임춘의 산문들은 「결론적으로 當代와 그 자신, 양자의 현실과 이상간의 괴리와 그 아픔과 비판정신을 작품 속에 증언을 통하여 생생하게 형상화」하고 있어서 「투철한 자기인식의 거짓 없는 구현이라는 점에서 문학사상 중요한 위치」를 갖는다고 평가하였다. 검토의 대상이 시와 산문이라는 서로 다른 자료라 하더라도 「意識의 단면」을 보는 전자의 시각과 「표현의 성과」를 검출하는 후자의 방법 사이에 상당한 거리를 느끼게 하는 까닭은 어디에 있는가 한번 생각해 볼 일이다.

이인로의 문학에 대한 연구는 크게 두 갈래로 진행되어 왔다. 우리 문학사에서 최초의 비평적 저술이라고 하는 〈破閑集〉을 중심으로 그의 詩話를 분석하는 작업과 그의 문학성격을 검토하는 작업이 그것이다. 앞에서도 밝혔듯이 비평의 문제는 이 글의 논의대상이 아니므로 그의 문학성격을 다룬 논문들에 국한해서 간단히 살펴볼 수밖에 없다. 이인로의 문학성격을 이규보와 대조적인 위치에다 놓고자 하는 것이 趙東一 金時郡 등의 주장이다(21·24). 이 경우 用事와 新意라는 서로 다른 창작의 관점을 대비시키는 데서 그 근거를 찾는다기보다 이인로가 무신란으로 몰락한 구귀족에 속하는 인물이고 이규보가 무신란과 함께 대두하기 시작한 새로운 계층에 속한다는 데 더 큰 비중을 둔 것이었다. 곧 그들 각각의 입장과 처지에 따른 의식의 차이와 세계관의 변화를 중요한 단서로 삼은 것이다. 실제 작품을 통한 검증에서는 대개 이규보에 치우친 느낌이다. 한편 이인로의 문학을 검토한 글로는 徐首生 金鎭英 등의 논문이 있다(11·25).

이인로의 시세계에는 약간의 복고적 성향과 현실에 대한 욕망과 갈등, 은둔적인 취향과 달관, 그리고 자연애 등 일정하지 않은 의식이 교차되고 있음을 보게 된다. 오세재를 비롯한 죽림고회의 나머지 문인들에 대한 연구는 별반 없는 것 같다. 그것은 자료의 부족이라는 여건 때문이기도 하겠지만 임춘과 이인로에게서 이미 확인되듯이 그들이 새로운 문학의 세계를 열지 못하고 있다는 데 중요한 원인이 있을 것이다. 「무신집권기의 문학적 전환」은 결국 다음에 검토할 이규보 진화 등 신진사인들에게서 그 방향을 기대할 수 밖에 없게 된다.

　「신진사인」이란 대개 지방에서 신흥한 중소지주층 출신으로, 首都 王城 속에 전통적 생활기반을 가져왔던 고려 전기의 귀족계급과는 여러 모로 성격을 달리한 사람들이다. 왕조에 기생하는 귀족관인층이 아니라 전시과 체제의 분해과정 속에서 사유지를 가지기 시작한 지방토착세력이라는 새로운 경제관계를 발판으로 하였고, 「能文能吏」의 실무적 기능을 갖춘 새로운 인간들이다. 처음 이들은 독자적 세력을 형성할 만큼 성장되지 못했으나 무신정권 아래에서 자기의 문학으로 무신에게 봉사하면서 보호육성되어 왔다. 이들이, 무신정권이 넘어지고 점차 그 정치적 진출이 활발해지면서 드디어 고려 후기의 신관료——사대부계급으로 발전해 갔다. 그들은 왕조에 기생하는 귀족문신들에 비하여, 자기의 토지를 발판으로 가진 「관료적 학자」「학자적 관료」로서 생활에 있어서 훨씬 주체적이며 전진적일 수 있었다.

　이러한 신진사인층의 등장과 신흥사대부계급 형성과정은 일찌기 이우성에 의해 밝혀졌다. 역사와 문학에 걸쳐 일련의 정력적인 연구성과가 제시되자(2·3·5), 이에 힘입어 이 시기 문학의 연구는 새로운 지평을 열게 되었다. 景幾體歌의 역사적 성격을 밝힌 李明九의 업적(4), 경기체가와 假傳體의 장르를 새로이 규정한 조동일의 연구(12·17) 등, 국문학의 깊이와 폭을 더해 준 중요한 연구들이 그 대표적인 예가 될 것이다. 한문학의 연구에 있어서도 무신집권기(21·22·24) 및 고려말 조선조초의 문학을 검토하는 데 큰 도움을 주었음은 이제 주지의 사실이다. 새로운 지배계급으로 성장해 가는 신흥사대부의 성격을 파악하는 일, 그것이 이 시기 문학의 모든 문제를 해결해 주는 충분한 조건이 되는 것은 물론 아니지만 적어도 이 시기 문학의 여러 문제들을 검토해 가는 과정에서 반드시 고려해 보아야 할 만큼 중요한 사실로 인정하게 된 것이다. 문학연구와 역사과학적 시각이 옳게 만난 예라 하겠다.

신진사인 이규보의 문학에 대한 그간의 연구성과를 살펴본다. 〈백운소설〉의 비평문제를 제외하고 나면, 「東明王篇」「文學思想」 그리고 「農民詩」라는 제목이 눈을 끈다. 이규보의 문학에서 먼저 연구의 조명을 받은 것은 역시 〈東明王篇〉이었다. 張德順에 의해 영웅서사시로 소개된 것이다(1). 이 논문은 동명왕설화에의 구조적 분석과 외국설화와의 유형적 비교가 그 중심내용이다. 오늘에 와서는 부분적으로 수정되어야 할 대목들이 없지 않지만——한 예로 이규보가 그의 官爵이 七賢의 고결을 더럽힐까 저어하여 칠현되기를 거절했다는 해석 등——작자의 소개, 소재가 된 설화의 구조분석, 영웅형상의 폭넓은 검토 등 〈동명왕편〉을 자세하게 이해하는 데 기여한 연구이다. 다만 이우성이 지적했듯이, 서사시의 유행을 「13세기의 우연」이라고 처리할 만큼 이규보의 사상·입장과 〈동명왕편〉의 역사적 성격을 고려하지 않고 있음이 지적된다. 이우성은 바로 이 점을 해명하는 작업으로부터 시작하여 〈동명왕편〉과 〈帝王韻紀〉를 모두 고려 중기의 민족서사시로 해석하였다. 그는 자신이 밝히고 있듯이 문학의 역사과학적 연구라는 일관된 방법을 동원하여, 〈동명왕편〉은 북방민족과의 대결 속에서 주체적이며 진취적인 민족의식의 역사적 산물임을 분석하고, 나아가 동명왕의 영웅적 성격과 서사시로서의 플롯의 전개방식을 아울러 구명하였다(2). 이를 계기로 〈동명왕편〉은 「민족서사시」라는 확실한 좌표를 찾게 되었다. 조동일은 「구귀족의 중국문화를 추종하고 주체성이나 자주성을 저버린 태도를 비판하고, 민족사에 관한 새로운 입장을 수립하기 위해」 이규보는 〈동명왕편〉을 썼다고 이해하고, 〈백운소설〉이 그 앞부분에 우리 문학의 오랜 연원을 말하면서 을지문덕의 시와 崔致遠을 다룬 것도 이런 점과 관련된다고 보았다(21). 그밖의 견해들도 대체로 문벌귀족의 모화적이고 보수적인 가치관, 곧 중화중심적 세계주의에 대한 민족의식의 발현으로 보는 이우성과 입장을 같이하였다. 그런데 〈동명왕편〉에 대한 보다 다른 해석이 역사학쪽에서 제기된 바 있다. 「이규보의 민족의식에서가 아니라 明宗 23년 당시 그의 王朝意識의 표출로서의 영웅서사시」라는 박창희의 해석이 그것이다. 「고려왕조의 역사적 체통을 무시하며 그 존립을 부정하려는 민란군(東京)에 대결하는 성질의 노래(9)」로서, 일종의 「말세의식의 소산」이며 「음울하고 체념 섞인 우국적 울부짖음」이라는 견해이다(15). 명종 말기의 사회상을 면밀히 검토하고 작품창작의 즈음에 있은 경주민란의 성격을 살펴볼 때, 이처럼 고려사회 내부에 눈을 돌려 그 창작동기를

「국가의식」으로 한정해 보려는 작업도 일견 흥미를 끄는 일이다. 그러나 이러한 해석에 대하여 진작 역사학계 안에서 수정보완의 의견이 나오기도 하였다. 〈동명왕편〉은 족벌의식이나 왕조적 의식이 아니라 그것들을 초월한 민족적 역사의식으로 파악해야 한다는 金哲埈의 견해(18)가 그것이다.

이규보의 시는 1,500여 편이나 되지만 〈동명왕편〉을 제외하고는 거의 작품연구가 되지 않고 있다. 한시는 양식적인 연구가 제약을 받기 때문에 저절로 사상적인 연구에 의존하게 되는데 이 점이 바로 우리의 과제이다. 그런 가운데서도 이규보의 「농민시」에 대한 김시업의 문제제기가 있다. 「농민을 題材로 한 시」를 「농민시」라 부르고 「이규보가 외세의 압박에 대한 민족적 저항의 의지를 노래한 것이 동명왕편이라고 한다면, 민족적 저항의 힘의 원천이 농민이라는 점을 깨닫고 대내적인 관심에서 현실의 문제점을 대변한 문학이 농민시」라는 견해이다. 그 근거로서 이규보에게 있어서 〈동명왕편〉을 쓰던 시기는 「對外的 民族抵抗의 의지가 고조되는 현실」로 받아들여졌으나, 농민시를 쓴 노년은 이미 「민중과 유리된 무신정권의 퇴영 속에 정신적 좌절을 겪으면서 대내적 문제가 현실로 인식」되지 않을 수 없는 시기였다고 파악했다(22). 실제로 「농민시」라고 할 몇 편의 시가 이규보의 초기작품에서 발견된다는 사실은 검토되어야 할 것이지만, 이규보뿐 아니라 특히 사대부의 시가에서 보이는 「농민시」의 성격이 무엇인가에 대해 일단 문제가 제기되었으므로 심화된 작업이 있어야겠다.

이규보의 시론이 대개 작품과 함께 검토되지 못한 결함을 드러내고 있는 실정에서 그의 문학을 시론과 작품을 함께 다루어 이야기하는 방법은 계속 필요할 것으로 짐작된다. 예를 들면, 이규보의 문학사상을 시론과 시에서 폭넓게 검출해 내는 작업(21), 시론과 관련하여 실제 작품에 나타나는 시의 경향을 검토하는 작업(24) 등이 그것이다. 이규보의 독창적 자주적 문학사상이나 사회적 사실적 시 경향 등을 밝히는 것은 모두 이 시기의 문학적 전환을 구체적으로 확인해 주는 작업이될 수 있겠기 때문이다.

이규보와 같은 시기의 신진사인으로 진화를 들 수 있다. 진화는 바로 〈翰林別曲〉의 「陳翰林」으로서 몇 편의 시를 포함하는 〈梅湖遺稿〉를 남기고 있다. 그에 대한 개별적인 연구는 아직 없는 것 같지만 시 〈奉使入金〉은 이 시기의 문학성격의 일단을 드러내주는 중요한 자료로 평가된다. 그의 시는 상당히 사실적이며 특히 〈봉사입금〉에서는 고려 시인의 「시대적 자각과 민족적 긍지」를 보여주었다(8). 이를 통하여 우리는 이 시기의 시인들이 자부했던 문명의식을 역사적 한계 속에서나마 확인하게 된다. 또한 이규보에 이어 文衡을 잡았던 崔滋도 江華시대의 인물로 주목할 필요가 있다. 아직 그에 대한 연구가 「詩話의 검토」를 넘어서지 않고 있으나, 그는 이규보에게서 볼 수 있는 실의나 좌절마저 찾아보기 어려울 만큼 무비판적으로 자신을 무신정권에 매몰시켰던 인물(24)이란 점에서 문학적 전환의 참다운 계승·발전을 기대할 수 있을지 의심스러운 일이다.

다음으로 무신집권기에 나타난 새로운 한문학 양식으로서 假傳體에 대한 의미 있는 해석 몇 가지를 살펴본다. 조동일은 가전체의 쟝르를 새로이 구명하여, 敎述文學이라 규정하고 있다(12). 쟝르체계의 변모를 사대부적 세계관의 변화와 관련하여 이해함으로써 「쟝르체계史를 철학사와 병행시켜 다루어야 한다」는 방법론의 새로운 견해를 제시하여 주목을 끈다. 이와는 별도로 가전체 문학의 의미에 대해서도 새로운 해석이 보인다. 〈淸江使者玄夫傳〉이나 〈麴先生傳〉 등 이규보의 작품이 곧 그 자신의 「處世觀을 피력한 것」으로 본 金鉉龍의 주장(27)은 풍자성이라는 문학의 일반적 원리에 따른 다소 평면적인 해석이란 느낌을 주지만, 眞覺國師 慧諶의 〈竹尊者傳〉〈氷道者傳〉을 소개하고 이와 이규보의 작품내용을 비교 검토한 이우성의 발표(16)는 아주 새로운 내용이다. 이규보가 자신의 가전체 작품을 「嘲戲」로 표현한 것은 무신정권에 밀착되지 않을 수 없는 당시 문인의 자조기분을 드러내는 말이라고 보며, 혜심이 「喩況」이라 표현한 데는 멀리 松廣寺까지 피해가 있으면서도 권력에서 완전히 자유롭지는 못했던 禪僧의 자기비유가 나타난 것이라는 흥미로운 관점 때문이다.

지금까지 대강 훑어본 연구의 현황을 통해서 「문학적 전환」이라는 명제를 염두에 두고 무신집권기 문학의 이해에 대한 몇 가지 과제를 전망해 본다. 우선 문학적 전환을 말할 수 있기 위해서는 새로운 쟝르의 출현(또는 기존 쟝르의 변화 발전)이나 새로운 사상의 대두를 확인할 수 있어야 할 것이다. 더구나 문학의 내용과 양식은 별개의 것이 아니라 그 시대의 세계관에 관련되는 상관물이기 때문에 이 둘은 아울러 나타날 수밖에 없을 것이다. 다만 한문이 동아시아의 고전적 文語이듯이 한문학의 여러 양식도 동양의 고전적 전통양식으로서 지역과 시대에 따라 그리 다양하게 변모 발전하고 있지는 못했다는 점을 인정하게 된다. 또 한 가지 연구의 현황에서 드러나는 점은 이 시기의 문인 가운데서 문학적 전환의 징후를 찾아볼 수 있는 사람이 주로 이규보에 국한되고 있다는 점이다. 다른 사람에게서는 남겨진 작품의 양이 워낙 적고 또한 문학이 아직 官人的 교양으

로부터 완전히 분화 독립되지 못했던 시기임을 감안할 때 어쩔 도리 없이
주로 이규보를 통해서 이 시기에 등장하는 새로운 문학의 방향을 연역해
볼 수밖에 없게 된다. 새로운 문학의 방향마저도 경우에 따라서는 이 시
기에 후속되는 문학사의 문제들을 고려에 넣고 현실문맥의 범위를 넘어서
서 전망하게 되는 것이다.

　가전체는 확실히 새로 등장한 양식이었다. 「傳」이라는 한문학의 일반양
식(형태)은 그 이전에도 (물론 이후에도) 있어 왔지만 특히 무신집권기에 나
타난 가전체는 사물을 의인화함으로써 오히려 사물을 통해 인간을 말할 수
있는 새로운 방법을 얻어내고 있다. 이처럼 사물을 의인화한다는 점에서
대개 새로운 叙事양식이라고 이해되어 왔으나, 「사대부적 세계관의 표출」
이라는 그 특징적 성격을 들어 교술문학의 양식으로 보아야 한다는 새로
운 견해가 제시되었던 것이다. 이 경우 「傳」이라는 일반양식과는 어떻게
변별될 수 있는지 그 관계가 밝혀져야 할 것이다. 이규보나 혜심은 가전체
작품이 일종의 自省的 의도에서 나온 것임을 말하고 있으므로 이를 검토
하면 양식과 함께 그 성격이 더욱 분명해질 여지도 있다. 다음으로 漢詩에
있어서 서사적 성격이 나타나고 있는 점이다. 〈동명왕편〉과 〈제왕운기〉는
역사(설화)를 소재로 한 일종의 서사시임이 분명해졌지만, 특히 이 시기에
와서 사회문제, 농민의 실정 등을 다룬 서사적인 한시가 다수 있어서 고
려 전기 귀족취향의 한시와는 다른 사실적인 경향이 두드러지게 나타나고
있다. 이 점 주목해 보아야 할 것이다. 이밖에도 이규보의 賦에 드러나는
특성, 說·論·文 등 여러 종류의 글에 대한 각각의 검토와 아울러 李齊
賢에 와서야 품위높게 확립되는 「古文」이 이규보에게서는 아직 그 규범이
미숙하나마 어떻게 방향잡혀지고 있는지 살펴보아야 할 일이다.

　이규보로 대표되는 무신집권기의 문인들에 대한 평가는 지금까지 대체
로 부정적이었다. 지조와 규범을 중요시했던 이조의 선비사회에서 권력에
접근하고 放達한 성격을 가진 그의 생애와 詩文翰들이 좋게 보일 까닭이 없
었던 것이다. 지성의 올바른 자세와 역할을 생각하게 되는 오늘에 있어서
도 그에 대한 평가는 별반 다를 바 없다. 변칙적 권력 아래 등장하였으며
최씨정권의 문객으로 보호 육성받은 이들에게서 바람직한 문학적 성과를
기대할 수 있을 것인가 하는 점은 의심되는 일이다. 그래서 「결국 무인정
권하의 기능적 지식인들은 이인로·임춘처럼 도피하거나 李奎報 崔滋처
럼 아부함으로써 한국사회의 구조적 모순을 해결할 실마리마저 놓쳐버린」
것이어서 「親體制的이며 權力指向的」인 출세욕을 벗어나지 못했다는(13)

호된 비판을 받게 된다. 문학에 있어서도 당시 사회의 문제점과는 유리되어 자기시대에의 사명감을 외면하고 있었다는 질책을(6) 면치 못하고 있다. 이 점은 사실 잘못된 지적이 아니다. 그런데 이러한 일반적인 평가에 대하여 「그는 文章者經國之大業을 신봉하는 詩文人으로서 변혁기 속에서 할 수 있는 문인의 보람을 찾는 길을 걸었으며」(26), 「유교적 정치모랄의 전형적인 실천자」로서 그의 문학의 다양성과 광범성을 검토하고 나면 「자기시대의 문제를 인식하고 그 해결 극복의 방안을 제시한 실천적 知性」이었음을 알 수 있다(14)는 주장이 나오기도 하였다. 여기에 한걸음 더 나아가 이규보의 문학을 문학사 내지 사상사의 전개과정이라는 당시대적 한계와 발전의 방향 속에서 얼마나 새롭고 전진적인 의미를 가지는가에 비중을 두고 검토한 결과, 그는 「독창성과 자주성을 주장」하여 「문학에 관한 새로운 사상을 전개」하였으며(21) 「일정한 한계 속에서나마 민족사회의 현실을 다루어 사실적인 시세계를 열어놓은」 시인(22)이라는 새로운 면모를 드러내기도 하였다. 이와 같은 일련의 작업과정에서 작품에 대한 해석이 보다 심화된 점은 확실한 진전이었다. 이규보의 글 가운데, 道를 위해 官을 버린다는 중국 柳子厚의 태도에 대하여 반론을 펴는 글 〈反柳子厚守道論〉이 「친체제적인 지식인의 태도를 정당화하려는 주장」(13)이라기보다 物과 道와 官을 하나로 보려는 신흥사대부적 세계관의 근거를 이미 나타내 주는 점(21)이라는 해석이나, 여뀌꽃 핀 강언덕에 백로가 비를 맞으며 서 있는 것을 보고 사람들은 아무 생각 없이 서 있다고 하지만 그 마음은 오히려 물고기에 있음을 간파해서 그려낸 시 〈蓼花白鷺〉는 「당대 기능적 지식인의 포즈」(13)와 관련시키기에 적절한 자료가 아니라 그의 많은 시들에서 발견되듯이 「존재의 본질적 속성을 직관해 냄으로써 사물의 실체를 파악하고 세계의 비밀을 밝히고자 하는 새로운 사고와 인식태도」(24)라는 해석 등이 그것이다. 이밖에도 새롭고 전진적인 국면들을 찾아 낸 의미 있는 작업이 있지만, 그러나 이로써 이규보에 대한 부정적 시각이 완전히 해결되는 것은 아니다. 예컨대 그의 〈代農夫吟〉을 위시한 「농민시」의 성격에도 문제는 남아 있게 된다. 그의 농민시들 역시 현실인식의 산물임은 부인할 수 없겠지만, 당시 농민·천민의 대권력저항에 대하여 그가 보여준 의식의 한계는 분명하기 때문이다. 일종의 양면성이라 하겠다.

신진사인 이규보 문학의 양면성을 제대로 파악하기 위해서는 무엇보다도 그의 「士意識」을 검토해 보아야 할 것이다. 그는 문인인 동시에 관인으로서 성장해 가야 하는 신분적 기본입장 위에 있었다. 당시의 신진사인

층이 장차 사대부계급으로 성장해 가기 위해서는 국가의 절대권력자를 전
적으로 외면할 수는 없었을 것이다. 그런가 하면 중앙권력층을 이루고 있
는 당시의 權門世族들과는 입장을 달리했다. 그들의 횡포와 농민수탈은
결국 지방의 중소지주 출신——在地的 신흥사대부의 경제 사회적 성장기
반을 유지할 수 없게 만들기 때문이다. 까닭에 이들은 절대권력은 긍정하
면서도 권력구조의 일부인 권문세가들의 비리에 대해서는 적대시하는 입
장에서 농민을 이해하고 농민의 참혹한 실정에 관심을 가지게 되었던 것이
아닌가 한다. 이렇듯 모순된 삶 속에 이규보의 자기갈등이 있었으며, 이
것이 문학에 그대로 나타났던 것이다. 이러한 「사의식」의 검토를 밑바침
한다면 이규보와 같은 신진사인층의 문학에서 장차 전개될 사대부문학의
양면적 성격 곧, 관료적 문학(景幾體歌的 세계)과 처사적 문학(漁父歌的 세
계)(5)의 단서가 확실해질 수도 있을 것이다.

　지금까지 주로 한문학을 담당했던 지배계급인 관인층의 변화만으로 문
학사의 전환을 설명해 왔다. 그러나 이미 앞에서도 밝혔듯이 한 시대의 사
상이나 문학이, 나아가서는 지배층의 변화와 정책·법제의 改廢까지도 민
족구성원의 대다수를 차지하는 민중의 동향과 의식의 성장에 무관하지 않
을 것이다. 무신집권기에 더욱 심했던 농민·천민의 난과 광범한 流亡 현
상 및 각 지역민들의 자발적인 대몽항쟁 등은 일종의 민중의식의 성장이며,
저항적 민중역량의 분출이었다. 대단히 어려운 작업이라 하더라도 이러한
시대적 성격을 다면적이며 심층적으로 파악하여 이를 당대 문학의 이해에
까지 연결 심화시킬 수 있어야 올바른 해석이 가능할 것이다. 「동명왕신
화」가 당시 「愚夫騃婦」들 사이에서 널리 말해지고 있었다는 점이나, 이규
보가 어쨌건 농민을 대변하는 시를 썼고, 다음 시대의 사대부들(李穀 尹汝
衡 등과 李齊賢 閔思平 등) 역시 「농민시」와 〈小樂府〉를 남기고 있다는 사
실은 이러한 각도의 새로운 조명을 기다리고 있는 내용일 것이다.

　이밖에도 한 시인의 시론과 시를 따로 놓고 볼 것이 아니라 관계지워 검
토해야 할 것이며, 적은 자료를 통해서나마 이 시기의 문인을 널리 다루
고, 가능한 데까지 작품의 창작시기를 밝히는 작업(10·20) 등은 계속해
나가야 할 것이다. 끝으로 이 시기의 문학에서 또한 주목해야 할 승려들
(주로 禪宗系)의 시를 여기에 다루지 못했음을 밝혀둔다.　　　　金 時 鄴

論　著

1. 張德順　英雄敍事詩 「東明王」(人文科學 5, 1960)

2. 李佑成　高麗中期의　民族叙事詩(成均館大學校論文集 7, 1962)
3. 李佑成　麗代百姓考(歷史學報 14, 1961); 高麗朝의「吏」에 대하여 (歷史學報 23, 1964)
4. 李明九　景幾體歌의　歷史的　性格(大東文化研究 1, 大東文化研究院 1963)
5. 李佑成　高麗末李朝初의　漁父歌(成均館大學校論文集 9, 1964)
6. 申東旭　高麗詩評考(韓國現代文學論, 1967)
7. 李東歡　高麗竹林高會研究(高麗大大學院, 1968)
8. 李佑成　高麗詩人에 있어서의　文明意識의　形成(梨花史學研究 3, 1968)
9. 朴菖熙　李奎報의「東明王篇」詩 (歷史文育 11・12, 1969)
10. 朴菖熙　「東國李相國集」作品年譜考 (梨花史學研究 5, 梨花女大, 1970)
11. 徐首生　高麗朝漢文學研究(螢雪出版社, 1971)
12. 趙東一　假傳體의　장르規定(藏菴池憲英先生華甲紀念論叢, 1971)
13. 김　현　中世知性과　權力(知性 1, 1971)
14. 金鎭英　李奎報研究(國文學研究 15, 서울大 大學院, 1972)
15. 朴菖熙　武臣政權時代의　文人(한국사 7, 1973)
16. 李佑成　高麗武臣執權下에 있어서의　假傳體文學의　形成(韓國漢文學研究會 第3回 月例發表資料, 1975)
17. 趙東一　景幾體歌의　장르적　性格(學術院論文集 5, 1976)
18. 金哲埈　韓國文化史論(知識產業社, 1976)
19. 李佑成　高麗武臣執權下의文人知識層의　動向(嶺大文理大學報 8∼10, 1977)
20. 陳祝三　李奎報研究(成均館大大學院, 1977)
21. 趙東一　李奎報(韓國文學思想史試論, 知識產業社, 1978)
22. 金時鄴　李奎報의　現實認識과　農民詩(大東文化研究 12, 成均館大, 1978)
23. 李東歡　林椿論(語文論集 20, 高麗大國文科, 1979)
24. 金時鄴　李奎報의　新意論과　詩의　特質(韓國漢文學研究 3・4, 1979)
25. 金鎭英　李仁老의　現實觀과　文學思想(冠嶽語文研究 4, 1979)
26. 金東旭　變革期의　文學人──李奎報(比較文學 및 比較文化 3・4, 1979)
27. 金鉉龍　李奎報文學의　諷刺性考察(語文研究 30, 1981)
28. 金鎭英　林椿의　現實認識과　文學 (張德順先生華甲紀念論集, 韓國古典散文研究, 1981)
29. 金台俊　朝鮮漢文學史(朝鮮語文學會, 1931)
30. 趙潤濟　韓國文學史(東國文化社, 1963)
31. 李家源　韓國漢文學史(民衆書館, 1969)

7. 초기비평의 양상

고려 중기에 새로운 산문양식이 하나 등장하였다. 〈白雲小說〉〈破閑集〉〈補閑集〉이 그것이다. 이것들은 당대에 유행하였던 전통적인 한문학 양식을 취한 것도 아니고, 그렇다고 역사기술 양식을 취한 것도 아니었다. 오히려 이러한 틀에서 벗어나서 자유롭게 붓가는 대로 씌어진 글이었다. 어떤 틀에 얽매이거나 특별히 쓸모를 생각하고 쓴 글도 아니며, 역사에 남길만한 사건을 기술했다거나 특별한 史觀을 가지고 쓴 글도 아니란 뜻이다. 그저 주변에서 보고 듣고 했던 이야기를 심심풀이로 쓴 글에 지나지 않는다. 이 사실에 대해서는 崔滋도 〈보한집〉 상권에서 「此書欲集瑣言孚遺閑耳」라 밝힌 것이 있다. 그러면서도 그것은 여러 모로 값진 자료를 제시해 준다.

〈백운소설〉의 전모를 현재로서는 아무도 모른다. 원본이 전해지지 않았기 때문이다. 다만, 〈詩話叢林〉에 32話가 전할 뿐이다. 그러나 이것은 어디까지나 洪萬宗이 임의로 발췌 수록한 것에 불과하다. 원래, 〈慵齋叢話〉는 283話로 짜여진 것인데, 홍만종이 것이 詩에 관련된 33화만을 뽑아서 〈시화총림〉에 수록했던 사실에서 짐작할 수 있다. 또 「小說」이란 명칭을 쓴 것으로 미루어보면, 〈백운소설〉은 시에 관한 이야기뿐만 아니라, 세간의 瑣事도 대상이 되었을 것이라는 추측도 전혀 배제할 수는 없을 것 같다. 소설이란 원래 「世間의 瑣事를 적은 글」이라는 뜻이기 때문이다. 〈파한집〉 〈보한집〉도 이름 그대로 「한가로울 때 심심풀이로 쓴 글」이라는 뜻이 된다. 딱딱하고 골치 아픈 글이거나, 국가나 일신상의 영욕이 따르는 글이 아니라, 머리를 식힐 만한 생활주변의 한담을 적은 글이다.

이러한 유의 서술양식은 宋代에서 먼저 발단하여 발전되었다. 그중에도 歐陽修의 〈六一詩話〉를 발단으로 거론하는 것이 일반적이다. 그 책의 첫머리에도 「居士가 汝陰에 물러나 있으면서 閑談을 모았다」라 되어 있고, 張邦基는 〈墨莊錄〉에서 구양수의 雜書가 아홉 佚임을 밝히고 그 첫머리에

「가을 장마는 멎지 않고, 文書는 퍽 드물게 돌아오고, 떨기를 이룬 대나무는 쏴쏴 소리를 내어 시름겨운 물방울 소리를 듣는 것 같은데, 책상 위에 옛 종이 數幅이 있는 것을 가져다가 붓가는 대로 썼다」라 되어 있다. 이것은 마치 李齊賢이 〈櫟翁稗說〉 서문에서, 처마의 낙수를 받아 편지쪽 뒷면에 붓가는 대로 글을 써서 무료함을 달랬다는 내용과 비슷하다.

우리 학계에서는 그 동안, 쟝르상으로 애매한 고려 중기의 이들 문학유산을 놓고, 그것의 성격규명에 적지않은 혼선을 빚어온 것도 사실이다. 이에 대한 최초의 시도는 金台俊의 〈朝鮮小說史〉에서 이루어졌다. 그는 〈백운소설〉〈파한집〉〈보한집〉을 「稗官文學」이라 규정하였다. 〈백운소설〉의 소설이란 명칭에서 착안했으리라 믿어진다. 왜냐하면 〈漢書藝文志〉를 보면, 「小說者類出於稗官」이란 언급이 있기 때문이다. 그러나 김태준은 책의 내용을 자상하게 고찰해 보지도 않고 피상적으로 언급한 것에 불과하다. 그럼에도 불구하고 근래의 많은 학자들까지도 이에 대한 아무런 비판도 없이 「패관문학」이란 용어를 그대로 썼고, 삼국시대 설화문학이 고소설로 넘어가는 과도적 양상으로 파악했던 것이다. 그러나 이것은 잘못 파악한 것이다. 첫째, 「패관문학」이란 말이 적합하지 않다. 패관이란 漢나라 때 잠깐 있었던 벼슬 이름이다. 그들의 직분은 세간에서 보고 들은 사실을 수집해서 왕에게 보고하는 것이었다고는 하나, 실제로 이들의 보고 내용이 한 편도 전해지지 않았으니 그 글의 성격을 알 수가 없다. 더구나 이들보이인로 최자는 패관과는 거리가 먼 사람들이고, 그들이 썼던 글의 내용은 항간의 여론을 수집한 것이 아니며, 당대의 巨儒頭釋들의 시문이 대상이 되었다는 사실이다. 둘째, 이들이 남긴 작품들은 패관문학의 영향 아래서 씌어졌거나 설화가 진일보해서 이룩된 것이 아니라, 앞에서 밝힌 것처럼 송나라 때 새롭게 등장하고 또 유행했던 詩話類의 영향 밑에서 이룩된 것이다. 세째, 그것들이 비록 주변에서 보고 들은 이야기를 적은 글이라고는 하나 그들의 관심은 주로 詩에 관련된 것이었다. 통계적으로 보면, 〈백운소설〉은 32話로 짜여 있는데 모두가 시에 관련된 것이며, 〈파한집〉은 81화 중 80화가, 〈보한집〉은 139화 중 135화가 모두 시에 관한 것이다. 그러므로 이것들이 아직 未分化的인 것이어서 선명한 체계는 이루지 못했다 하더라도, 자세히 보면 詩論과 詩評과 詩談이라는 갈래로 이루어졌다는 사실을 알 수 있다. 이러한 작업들은 조선조 전반에 걸쳐서 계승 발달되었다. 비평만 담은 전문서도 있지만, 〈역옹패설〉이나 〈惺所覆瓿藁〉처럼 세간의 瑣事와 같이 혼잡된 것도 있다. 이것의 처리 문제에 대해서는 필자가 일찌기 제안한 바(1) 있다. 시에 관한 일체의 이야기는 비평 속에 포괄하고, 세간의 瑣談은 「漫錄」으로 보자는 제안이었다. 비평과 만록을 흔히 수필로 보는 학자도 있으나 그것은 근간에 씌어지고 있는 수필의 개념과는 여러 모로 성격을 달리한 특성을 가진 글이기 때문에 수필과 구별을 짓기 위해서 詩에 관련된 것은 「비평」으로, 나머지 것은 「만록」이라 하였다.

학계에서 이러한 고려문학 유산들을 비평의 관점에서 본격적으로 손을 대기 시작한 것은 1960년대에서 70년대에 걸쳐서 이룩되었다. 趙鍾業은 〈高麗詩論硏究〉라는 논문을 통해서 〈백운소설〉〈파한집〉〈보한집〉을 자료적 고찰, 시론의 배경, 형식과 내용론, 고려 시론이 후세에 미친 영향 등으로 나누어서 다루었다. 특히 형식과 내용론에서는 用事와 新意, 換骨奪胎, 主氣論 등이 밀도 있게 다루어졌다. 이어서 필자도 이에 관한 몇 편의 논문을 남긴 바 있다. 그후에 金周漢도 〈崔滋評論硏究〉라는 글에서 〈보한집〉을 분석한 바 있다. 이러한 과정을 거쳐서 비평연구가 크게 유행하기 시작한 것은 鄭基慈 全鎣大 鄭大林 鄭堯一 崔雄 李圭虎 등에 의해서였다(2). 위에 열거한 1960년대에서 70년대에 걸친 諸家들의 연구 결과로 인해 한국 고전비평의 쟝르 설정이 확실해졌고, 그 윤곽도 어느 정도 드러나게 되었다. 그것의 짜임은 크게는 詩論·作詩論·詩評으로 되었고, 그 갈래는 시론으로 本質論, 文論, 氣·意·興·感悟·格·骨·體 등에 관한 이론으로 되었다는 것을 찾아볼 수 있었고, 작시론에서는 新意·用事·換骨奪胎·聲律·字句·對句·比喩·即事·叙事 등으로 짜여졌다는 것을 찾아볼 수 있으며, 시평에서는 詩品·作家評·作品評 등이 많은 비중을 차지하고 있다는 것을 알 수 있게 되었다. 여기에서 보면, 고려 중기의 詩壇이 크게 융성한 것은 사실이지만 한국 漢詩로서의 독자적인 특질을 보였다기보다는 중국 시의 규범을 충실히 익히고 때로는 모방하는 단계를 크게 벗어난 것은 아니었다. 그러기에 고려 시단에서는 무엇을 표현하느냐 하는 문제보다는 어떻게 한시다운 시로 표현하느냐 하는 형식적인 수사 문제에 많은 지면이 할애되어 있다. 그리고 일반적으로 그들은 시의 표준을 중국 시에다 두었고, 그중에도 唐宋詩 또는 唐宋詩人을 표준으로 하는 경우가 많았다. 그러므로 고려 비평을 정리해 보려면, 중국 역대 詩體에 밝아야 하고, 한시의 시형·시법·시격 등에 밝아야 하며, 시평의 기준이 되었던 詩品을 알아야 하고, 시어나 시구에 대한 섬세한 감각과 對偶나 비유, 그리고 상징에 이르는 여러 가지 수사에 대한 안목이 있어야 함은 말할 것도 없다. 이것들은 다 기초적인 사항에 불과하지만, 고려 시평에 언급된 것들이 그러한 것에 역점이 주어져 있으므로 이에 대해서 항목별로 약간 부연해 두려고 한다.

첫째로 詩體다. 서예에 입문한 사람들이 흔히 體本을 놓고 글씨를 배우듯이, 學詩者들 대부분은 선인들의 시를 놓고 흉내내기부터 시작했다. 그러다 보면, 어떤 시대 또는 특정한 시인이 좋아져서 그 사람의 시풍 속에서 창작성을 발현하게 되고, 더 나아가서는 선인들의 시풍을 벗어나서 개성적인 시세계를 구축하기도 하였다. 그리고 시체는 學詩나 창작에서뿐만 아니라 비평의 기준이 되기도 했다. 누구누구의 시는 「陶淵明詩에 가깝다」 「杜甫詩에 견줄 만하다」 「東坡詩와 닮았다」 등등의 평이 그것이다. 그러므로 앞에서 언급했던 바와 같이 비평을 연구하려는 입문자들은 역대 시체에 대한 안목을 길러두는 일이 절대로 필요하다. 그것은 마치 광산가가 광산에 대한 전문지식이 있을 때, 광맥을 찾아서 채광을 할 수 있는 것과 같은 이치다. 남들이 찾아놓은 광물을 자리만 옮겨 놓는 일쯤은 雜職으로도 족하다. 마찬가지로, 시에 대한 특별한 조예 없이 비평집에 나타난 실상만 가지고 통계적 처리로써 끝내는 작업은 생명력이 없게 된다.

역대의 시체를 열거하면, 詩經體·辭賦體·樂府體·建安體·黃初體·正始體·太康體·元嘉體·永明體·齊梁體·南北朝體·唐初體·盛唐體·大歷體·元和體·晚唐體·元祐體·江西宗派體·陶謝體·陳拾遺體·少陵體·太白體·孟法然體·王右丞體·韋蘇州體·韓昌黎體·杜牧體·王荊公體·玉臺體·西崑體·香奩體·宮體·格調體·公安體·竟陵體·神韻體·性靈體 등 많은 갈래가 있다. 우리나라 시체에 대해서는 아직은 시도된 것이 없지만, 시대나 작가에 따라 시가 가지는 특징이 있는 것은 사실이다. 위에 열거한 것들은 중국의 시체이긴 하지만 그것이 한시인 이상 관심을 두지 않을 수 없고, 그렇게 하여 중국의 시체에 대한 이해가 있을 때 우리나라 시인이나 시의 개성을 가려낼 수 있게 된다.

다음은 시형·시법·시격의 문제다. 한시는 초기에는 사상과 감정을 꾸밈없이 표현하였으나 시대가 내려올수록 까다로운 틀과 기법의 구애를 받게 되었다. 더구나 문학과 언어습성이 다른 우리나라 시인들로서는 그것을 극복하기가 쉬운 일이 아니었다. 그래서인지 비평집에도 이에 대한 관심이 많았다. 그것을 대략 제시해 보면, 蜂腰型·隔句型·折腰型·五仄型·回文型·七言型·五句型·促句法·平頭換韻法·促句換韻法·拗句法·

扇對法・蹉對法・雙聲疊韻法・前後換韻四四格・四二二格・二二四格・七古六句一韻到底格・起二句一轉格・結二句換韻格・二句一轉格・五古長篇到底格・五言古詩隨意換韻格・七古八句仄韻到底格・七古八句平韻到底格・七古八句平韻到底每句韻格 등 많은 갈래가 있다. 역대 비평집 속에는 이러한 까다로운 틀을 놓고 그것에 맞고 안 맞고를 따지며 능하고 능하지 못하고를 가려 놓은 것이 많다. 그러므로 오늘날 비평을 연구하려는 입문자들은 이에 대한 안목이 갖춰진 뒤라야만 제대로 작업을 할 수 있게 될 것이다.

다음은 詩語와 措辭의 문제다. 모든 시가 다 그렇겠지만, 특히 한시는 字數가 제한되어 있기 때문에 一字一句에 대해서는 물론이요 시 전체로서의 긴밀한 통일을 기해서 최대의 효과를 얻는 데 특징이 있다. 그것은 起句로 시작하여 起伏을 짜가다가 結句에서 종결한다. 그러나 단순히 법식에 맞추어 단어만 나열한다고 시가 되는 것은 아니다. 전해 오는 말대로 「말은 다 하였어도 그 말 밖에 무한한 함축성을 가진 餘情과 餘韻이 있는 표현」을 노려야 한다. 이런 표현은 시어와 차사에 의해 얻어지는데, 기발한 新語로써 효과를 노릴 수도 있고, 옛것을 적절하게 원용해서 효과를 노릴 수도 있으며, 비유나 상징적인 어구를 구사하여 효과를 노릴 수도 있다. 그러나 어떠한 방법으로도 뛰어난 표현을 얻기는 어려워 天來의 奇語를 얻게 되면 모든 시인들의 찬사를 모으게 된다. 역대 비평을 보면, 이러한 경지에서 이루어진 詩話가 많은 분량을 차지하고 있다. 따라서 여기에서 파생된 기법과 비평용어도 많다. 예컨대 기법으로, 下字・響字・措意・含意・諷興・托物・寓意・比擬・用事・新意・點化・屬對・的對・措對・奇對・泥對・暗合・遇合 등이 있고, 이에서 파생된 비평용어로 不露斧鑿・粘皮骨・用事要無迹・妙於用事・用事天然・用事精切・點化自妙・使事妙神・創意新奇・新意淸新・渾然意思・意在言外・句外之意・用意精深・語新意妙 등이 있으며, 이외에도 더욱 많은 비평용어들이 있다. 이로써 미루어보면 한시비평 연구에 뜻을 둔 사람은 시어나 시어가 모여서 이루는 통일적 구성에 대한 보다 세심한 감각과 안목을 길러야 할 것으로 생각된다.

다음은 詩品 문제다. 여러 가지 복잡한 형식과 법식을 터득하고 그 속에다 작자의 詩魂을 넣어 한 편의 시를 이루면 그 시가 가지는 품격 곧 시품이 생긴다. 특히 역대 비평가들은 이러한 시품의 범주를 한정하려고 했으며, 그것으로 비평의 기준을 삼기도 했다. 다 아는 바와 같이, 중국에서는 魏文帝 陸機 摯虞 鍾嶸 劉勰 司空圖 滄浪 등이 시품을 만든 바 있고, 우리나라에서는 崔滋 曹伸 洪萬宗 외에도 몇 사람의 시품이 제시되어 있다.

시품 연구에 있어서도 시품의 기계적인 나열이나 통계적 처리보다는 시품에 대한 특별한 안목이 필요하다. 그리고 시품에 대한 이해는 한시에 대한 종합적인 이해에서 가능해진다. 첫째로 한시가 가지고 있는 「힘」이란 것을 생각할 수 있지 않을까 한다. 그것을 「骨力」이란 말로 표현하기도 한다. 독자를 압도하는 건강한 생명력을 뜻한다. 여기서 「淸新性」이 발현된다. 다음은 시가 가지는 「폭」을 생각해 볼 수 있다. 시에 담겨 있는 힘이 당겨놓은 활시위처럼 일시적인 것이어서는 안된다. 그것은 써도 써도 끝이 없는 창조력과도 통하는 힘이어야 한다. 그러기 위해서는 바다와 같은 「폭」이 필요하게 된다. 조그만 감상이나 격분이나 기쁨의 표현이 아니라 가슴 奧部에 潛藏해 있는 유유한 安立과 寂然한 諦觀을 통해서 천지와 인생을 읊어낸 것이라야 한다. 이러한 경지를 「蘊藉」란 말로 표현하기도 한다. 다음은 시가 가지는 「깊이」를 생각해 볼 수 있다. 바다는 넓을 뿐만 아니라 신비와 깊이를 지니고 있다. 시는 얄팍한 기교에서가 아니라 끝없는 조화에 뿌리박은 것이어야 한다. 이러한 경지를 흔히 함축이란 말로 표현하기도 한다.

시란 이렇게 「힘」과 「폭」과 「깊이」가 있을 때 흥취가 있고 風韻이 살아난다. 그러한 정서는 단순한 인간 차원의 것이 아니라 자연과의 深契冥合을 이룰 때 가능하다. 자연은 단순한 인간 저쪽에 있는 객체로서의 자연이 아니라 무한한 창조의 구현으로서, 자연 그 자체가 언어이며, 장광설이다. 그러므로 시란 다양한 변화와 여러 모습이 있긴 하지만 원론적으로는 主客이 渾融될 때 참다운 「힘」과 「폭」과 「깊이」가 나타나게 될 것이다. 그러고 보면, 시품에 나타난 骨力·蘊藉·含蓄·興趣·風韻·神韻·性靈 등의 표현은 모두가 유기적인 관계에 있다는 것을 알게 된다. 이러한 원리적 바탕을 깔고 시대에 따라 시인에 따라 시는 변형 굴절해 온 것이다. 이에 따라 감상자의 안목도 변화하게 되고 시품의 설정도 다양해지게 된 것이다. 그러므로 시품의 이해에는 시의 원형과 굴절에 대한 이해가 필요하게 된다.

이외에도 고려 비평집에는 언급될 부분이 많다. 그러나 이미 말한 바와 같이 그것의 특징은 수사론에 집중되어 있다. 그러나 수사론으로 시가 무엇인가를 알게 되는 것은 아니다. 누구나 고려 비평을 정리하면 고려 시단의 전모가 드러날 것으로 생각하기 쉽다. 그러나 그렇지가 않다. 앞에서 말한 것처럼 고려 비평은 수사론에 편중된데다가 시단을 이끌어갈 만한 이론적 체계 아래 씌어진 글이 아니라, 붓가는 대로 파한삼아 쓴 글이라는 데 문제가 있다. 내키면 산발적으로 시에 대한 의견을 진술하고, 詩作의 뒷자리에서 얻어들은 落穗談 같은 것을 모아놓은 그런 것이어서 이것만으로 고려 시단의 성격을 밝힐 수 있다든가 시대성이나 문학의 흐름을 밝히는 데 충분한 것이라 믿어서는 안된다. 오히려 고려의 시대배경이나 사상 배경 그리고 한시가 무엇인가를 먼저 알고 고려 비평을 대할 때 그 가닥을 찾는 데 편리한 일면이 있다. 예컨대, 〈백운소설〉만 가지고는 이규보의 문학이나 문학정신을 알 수도, 고려 문학의 방향을 알 수도 없다는 뜻이다. 그것을 알기 위해서는 오히려 이규보의 문집인 〈東國李相國集〉을 살피는 것이 더 바람직할 것이다. 그리고 〈高麗史〉에서 더 생명력 있는 문인들의 실상을 알 수 있게 될 것이다. 다시 말하면 고려 문학의 전모를 알기 위해서는 이들 비평집 외에 더 많은 보조자료의 활용이 있어야 한다는 뜻이다.

　이런 사정을 감안해 볼 때, 지금까지 몇몇 연구자들이 행했던 작업방식처럼, 시에 대한 기본적 이해나, 역사와 사회 사상에 대한 이해, 그리고 문집의 섭렵이 없이 비평집에 나타난 실상만을 통계적으로 처리하거나 비평집에 나타난 이야기만 가지고 이론적 체계를 세우는 것은 그 연구 의의가 크게 감소될 수밖에 없다. 이 말은 물론 비평집 정리 자체가 의의 없다는 말과는 다르다. 오히려 그것이 작업상의 일차적인 순서임은 말할 것도 없다. 그러면서도 문학비평을 문학사적 연구에 의해서 실증해 가는 것이 문학연구의 한 방법이라 생각할 때, 文學史와 맥이 닿지 않은 연구는 언젠가는 방법론상 전환이 있어야 되겠다는 뜻이다. 앞으로 古典批評이 現代批評과 맥락이 닿고 상호 보완될 수 있는 날이 오기를 기대한다. 그러나 작업에는 단계가 있다. 이러한 작업들은 선인들의 勞作들을 꾸준히 그리고 신중하게 섭렵하고 발굴하고 체계화하는 노력의 결정이 되어야 할 것이다.　　　　　　　　　　　　　　　　　　　　　　　　　　　崔　信　浩

論　著

1. 崔信浩　櫟翁稗說의 쟝르 問題(震檀學報 51, 震檀學會, 1981)
2. 전형대 외　韓國古典詩學史(弘盛社, 1979)
3. 李圭虎　韓國古典詩品硏究(國文學硏究 44, 1979)

8. 佛家의 漢詩

　佛家의 漢詩文學이란 제목은, 한시에 있어 불가가 점유하는 분야가 따로 있는 듯한 인상을 준다. 그러므로 여기서 그 한계성을 좀 밝혀보는 것이 좋겠다. 필자는, 우리 문학에 있어 불교에서 받은 영향이 다른 어떤 종교나 사상의 영향보다 더 크다고 본다. 더구나 그것이 우리의 순수문학이라고 하는 한글문화일 경우 더욱 그러하다. 여기에는 두 가지 이유가 있다. 첫째 불교의 보편화 내지는 대중화라는 측면에서 볼 때 그 어려운 교리를 쉽게 전달하려면 자연 口語 쪽인 회화체의 글을 써야만 한다. 또한 이러한 교리의 내용을 노래로 익히게 하려면 순수 국어로 표기되어야 한다. 그 실례가 均如大師의 〈普賢十願歌〉이다. 이 노래는 그 깊은 교리를 쉬운 노래로 불리자는 것이었다. 이것을 識者層의 공감과 당시의 국제성을 생각하여 중국의 학자들에게도 이해시키려는 의도에서 崔行歸의 번역시인 七言絕句의 漢詩를 아울러 남기게 되었다.

　둘째, 불교 경전인 漢典은 우리 승려들의 처지에서 본다면 그것도 역시 方言이다. 즉 원전은 梵語 경전인 것이다. 그러므로 한전을 우리 방언으로 풀어버리는 것이 마땅하다고 본 것이다. 이 점은 儒家에서 그들의 경전에 구두점 하나도 자의로 고칠 수 없었던 보수성과는 너무도 대조적이다. 그러한 까닭으로 불교 경전의 번역은 오랜 옛날부터 있어왔다. 薛聰이 吏讀로 九經을 풀었다는 것도 이런 측면에서 이해될 성질의 것인지도 모른다. 均如나 義天 등이 모두 방언으로 경전을 풀었다는 사실은 기록으로 남아 있으며, 훈민정음이 제정되자 불경의 번역이 성한 것도 그런 자연스런 맥락에서 이해되어야 한다. 이상의 두 가지 측면에서 볼 때 우리 문학의 대중화에 있어서 불교가 차지한 비중이 얼마나 컸던가는 쉽게 짐작이 간다.

　이 글에서는 불가의 한시라는 제한이 두어진다. 그러나 불가의 한시를 이해하는 것도 위에서 본 두 가지의 영향이 고려되어야 한다. 첫째와 같은 이유에서 신라시대부터 불교가 대성했고 高僧이 많았지만 한시문학이 별로 없었던 점이 이해된다. 그것은 가요로만 전하는 당시의 문학을 보면 알 수 있다. 그러다가 고려의 정치적 사회적 기반이 점차 안정되고 儒家들이 사회 일선으로 나서면서 승려들도 그들과의 사회적 동화 내지는 국제적 인식의 요구에서 漢詩로서의 酬唱이 필요하게 되었다.

둘째의 이유에서 볼 때 불가 쪽에서 보는 한시는 유가에서처럼 형식의 규제를 받으려 함이 적다 할 수 있다. 원래 불가에서의 시가는 교리전달이나 대중의 제도적 수단으로 끌어들인 것이기 때문에 형식보다는 내용의 의미전달이 주가 될 수밖에 없다. 이런 면에서 眞覺國師의 〈漁父詞〉나 懶翁和尙의 〈翫珠歌〉 〈百衲歌〉 〈枯髏歌〉와 같은 咏歌文學의 先占을 이해할 수 있다.

이상의 두 가지 특수성 외에도 불교의 得道 방법의 하나인 禪의 표현에 있어 문학의 여러 형태 중에서도 漢詩가 가장 적절했다는 점을 덧붙일 수 있을 것이다. 우리나라에서 불교가 문학에 끼친 영향은 실로 막중하다. 위에서 보아왔듯이 교리 전파를 위한 노래가 문학의 대중성이라는 넓이를 갖는 반면, 禪이라는 思惟의 방편에서 한시를 원용하였다는 것은 문학의 深度를 더해 준 것이 된다. 그러므로 우리 문학에 있어서 그 넓이와 깊이를 가져다준 것이 불교의 영향이었다 해도 무방하겠다.

그러면 여기에서 詩와 禪의 관계를 대략 살핀 다음에 우리 한시문학을 이야기하기로 한다.

「直指人心 見性成佛 敎外別傳 不立文字」가 禪의 宗旨였다고 할 때 우리는 여기서 상충되는 논리를 발견한다. 문자라는 것의 첫째 기능이 의사전달을 위한 표현도구인데, 이것을 인정하지 않고 別傳이라고 하는 전달이 있어야 한다면 여기에는 상충되는 고민이 있다. 마지 못해 문자로 전한다 하더라도 그것이 완전한 전달이 될 수 없는 것이요, 문자를 쓰되 되도록 안 쓴다면 그 표현을 압축할 수밖에 없고, 되도록 압축한다면 그 표현이 상징적일 수밖에 없다. 이 상징성이란 전달자와 전수자가 동등한 상징 의미로 수용할 때에만 가능해진다. 바꾸어 말하면, 直指人心이요, 문학에서도 원용하는 以心傳心의 경지다.

시인이 시를 씀에 있어서, 그 표현언어는 되도록이면 압축하고 상징화하려 한다. 즉 의미의 표현요소가 그 말밖에는 없다고 하는 생각, 나아가서는 이러한 생각의 표현은 기존의 언어로써는 표현할 수 없다는 생각까지 하게 된다. 여기에서 시인의 언어는 극단의 상징성을 띨 수밖에 없어지고, 그 상징어는 전달자나 전수자에게 동등한 수용능력이 있어야 기능을 발휘할 수 있게 된다. 즉 禪語나 詩語는 그것들이 갖는 절대적 상징성에서 그 동질성이 인정될 수 있는 것이다.

그런데 아무리 동질성이 있다 하더라도 선과 시에는 한계성이 있다. 선에서는 깨달음이라는 頓悟의 경지에 도달하면 그만이다. 그러므로 깨닫고 나면 棒이니 喝이니 하여 한번 탁상을 내리치거나 큰소리로 외쳐버리는 방편으로 끝난다. 그럴 때 깨달음이 무엇이라든가 어떻게 깨달았다는 말이 필요없다. 그런데 시에 있어서는 깨닫고 나면 그 뒤로는 대상 사물에 대한 느낌의 작용이 달라지고, 그것을 말로 표현하여야만 시로서의 기능이 발휘되는 것이다. 그러니까 「妙悟」라는 깨달음까지는 선과 시에 다같이 비슷한 점이 있지만, 깨닫고 난 다음의 표현이라는 문제에 오면 양자는 거리를 갖게 된다. 허나 그 「깨달음」을 언어로 나타내고자 할 때는 시적 표현을 빌지 않을 수 없게 된다. 언어를 거부하는 空言妙悟에서 말을 해야 하는 깨달음의 想, 즉 禪想은 시와 가장 가까운 거리에 있기 때문이다.

결국 선에서 보면 「선의 시적 수용」이고 시에서 보면 「선의 시적 함축」이다. 이런 두 가지 측면에서 불가의 禪詩에는 전자라 할 수 있는 悟道頌이나 偈頌같이 직접적으로 선을 표현하는 경우가 있고, 후자라 할 수 있는, 유유자적한 생활의 경지를 선적으로 표현하는 경우가 있다. 이때 전자는 불가 또는 승려라는 특수한 신분층에 한하겠지만, 후자의 경우는 이러한 신분적 제한이 없겠다. 그러나 이 글은 불가의 한시로 제한되어 있으므로 우선 그 작가의 신분적 제한을 둘 수밖에 없다.

위에서 보아왔듯이 고려 초기의 불가들은 시가에도 우리 방언을 구사해왔으나 점차 중기로 접어들면서, 산문은 방언으로 했지만, 시는 한시로 일원화해 갔다. 그 보기로 균여의 경우는 전자이고 의천의 경우는 후자라 할 수 있다. 의천은 모든 경전의 강의는 우리 말로 서술하면서 그것을 시로 표현할 때는 모두 한시로 하고 있다. 이것은 고려사회가 한문화하는 과정을 설명하고 있는 것이 된다. 그러면서 그는 불교계에서의 禪·敎의 대립을 지양하려는 절충적 자세를 취하게 된다.

이러한 경향은 그뒤 普照國師 知訥에 이르러 海東曹溪宗의 창설로 이른바 普照禪이라는 하나의 禪宗을 이루어놓았으니, 이는 후대 禪家의 正傳처럼 되었다(최근 性徹스님은 그의 〈禪門正路〉에서 普照의 頓悟漸修는 異說이지 正傳일 수 없다 하였다). 普照가 직접 시를 지었는지의 여부는 알 수 없다. 지금 전하는 것은 없고 다만 그의 〈圓頓成佛論〉이나 〈看話決疑論〉 같은 논술이 선의 이론적 추구 또는 문학적으로 推移될 수 있는 소지가 많아서 우리 한시문학의 선적 추이가 가능했다고 보아지는 것이다. 그는 「禪門의 깊은 뜻은 관조하는 데 있기 때문에 붓으로 기술할 수 없고, 말로 표현할 수 없다. 그러므로 마음으로 관조할 것이지 문장에 구애받지 말라」고 한다. 이는 바로 말로 시를 쓰면 시가 아니라는 논리이다.

이 普照의 선적 논리는 그의 衣鉢을 받은 眞覺國師 慧諶에게서 시문학으로 이행된다고 보아진다. 진각국사는 보조와는 달리 논리적 서술은 없으나 그의 〈禪門拈頌集〉의 편집이나 〈拈頌說話〉의 저술은 이 선을 한걸음 앞으로 끌고 나아가 실행한 본보기이며, 그 내용의 拈頌들은 시문학의 직접적인 원용에 가까와진 것이다. 더구나 그의 어록에 담겨 있는 偈頌들은 선의 시적 표현으로서 훌륭한 시문학으로 평가되어야 한다.

그런데 여기서 분명히 하나 짚고 넘어가야 할 문제가 있다. 이러한 불교적 시가 게송으로 읊어졌을 때 그 교리적 내용을 배제하면 시적 상상도 쓸모 없는 것처럼 되는 경우가 있다. 이때 이러한 시의 평가를 어떻게 해야 하느냐의 문제가 있을 수 있다. 하지만 이 경우 어디까지나 불교문학 내지는 선시라 할 때, 그 문학성을 인정받아야 할 것이다. 따라서 다음과 같은 반대논리의 성립이 가능하다. 즉 불교시가 그대로의 특색 있는 시가 되려면 시로서의 성공은 물론이려니와 불교가 갖는 자비로운 大乘的 사상 또한 함축해야 한다. 조선왕조 중기 虛應堂의 시에는 이런 점이 보인다. 〈雪朝送客仍城一律〉이란 시에서 겨울날 아침의 경치를 사실적으로 표현하고는 끝내 자신들의 추위보다는 수자리를 지키고 있는 군사의 추위를 걱정하고 있다.

이와 같은 보조와 진각의 선적 논리와 실제는 불가의 시문학 속에 맥맥히 이어져 조선조 후기까지도 불가의 한시문학에서 크나큰 비중을 차지했다. 조선조에 들어와서 불가의 시, 즉 승려의 시가 두드러진 데는 이런 선적인 영향 외에도 나름대로 이유가 있을 수 있다. 즉, 불교의 배척이라는 사회적인 압력을 피하려면 산림에 숨어야 했고, 그렇게 살기 위해서는 현실적 인간사회보다 자연의 순수함에 더욱 친화되어야 한다. 物我一體의 실천적 이행을 하는 것이다. 삼라만상이 모두 자기에게 있으므로 자연의 이법을 나의 이법으로 볼 수 있는 것이다. 겨울의 추위나 여름의 더위도 호흡작용으로 봄으로로써 眞如의 실상을 파악하는 것이다.

또한 불교배척의 현실적 탄압에서도, 儒者들과 동등하게 대할 수 있는 길이 시로서의 酬酢보다 나은 것이 없다. 승려들은 원래 儒佛不二라는 생각을 가지고 있었다. 진각국사만 하여도 崔參政 洪胤에게 주는 편지에서 「이름은 유불이 다르지만 실지는 유불이 다를 것이 없다」고 하였다. 형식보다는 실질을 중시하는 그들이었기에 그런 말을 할 수 있었는지도 모르겠다. 조선조 초기의 涵虛堂은 顯正論에서 이러한 유·불이 서로 다른 것이 아니라는 이론을 논증적으로 증명하고 있으며, 虛應堂은 유가에게 몰려 사형까지 받았지만 시에서 유·불이 다르지 않음을 자주 읊고 있다. 그러나 이 문제는 어찌 보면 유가에 대한 아첨같기도 하다. 아뭏든 유가와의 사귐에서 機先을 차지하려면 승려들은 시에서 뛰어나지 않으면 안되었으니, 이것이 불가의 한시에 대한 관심을 제고시킨 까닭이 되기도 하였을 것이다.

그러나 불가를 대표하는 승려로서 시를 쓴다는 것은 어디까지나 悟道의 방편이지 그것이 전부일 수 없다. 만일 그들을 시인이라 부른다면 모독이 될 것이요 역시 미안한 일이다. 그래서 시를 썼던 그들 자신이 갈등을 느낀 것이다. 여기에 어쩌면 불가문학의 한계점이 있는지도 모른다. 天鏡大師의 〈責吟風咏月書〉는 이런 점을 여실하게 밝히고 있다. 默庵의 시귀에 「원래 禪을 알려는 것이지 詩가 아니다」라고 함이 이러한 갈등상을 잘 증명하고 있다.

이상 몇 가지 이외에 불가의 시로서의 특징은 그들이 승려라는 특수한 신분이기 때문에 구사될 수 있는 점이 있을 수 있다고 생각된다.

우선 탈속한 생활을 하기 때문에 전반적으로 속기가 적었다는 점이다. 이는 자칫 사회를 부정하고 독선적 고답에 빠져 사회와 유리되기 쉬우나, 그렇지 않은 면 또한 불가시문학은 가지고 있다. 眞俗不二라는 선적 자세가 그것이다.

또 다른 측면으로 본다면 평화시에는 산림으로 숨지만, 일단 사회와 국가의 위기에는 직접 참여하여 불을 끄는 것이 高僧의 신념이기 때문에 그들이 구사하는 시문학이 때로는 현실을 신랄하게 비판하기도 하고 고발하기도 한다. 그들은 국가·사회에 어떤 직위로 얽매인 존재가 아니어서 표현의 자유를 누릴 수 있었다. 四溟大師의 임진란을 소재로 한 시들은 그 좋은 예가 된다.

또한 모든 사물을 침잠된 상태에서 보므로 如如(寫實)한 표현을 얻을 수 있으니, 청허대사의 〈戰場行〉이나 백곡의 〈宿田家〉 같은 작품이 그 대표적인 예에 속한다. 물론 직위에 억매이지 않는다든가 침잠된 상태에서의 관조는 가능성만큼 한계성이 될 수도 있다. 潔身亂倫이라 할 만큼 인간사회

의 윤리와 애정을 모른다는 儒家의 비판이 그 하나이지만, 淸虛나 白谷의
시로 볼 때, 산림 속에 있다고 해서 佛家詩가 세속정서를 반드시 등진 것
이라고 평할 수만은 없으리라 생각된다. 세속정서를 무색케 할 정도로
淸・白의 시는 섬세성을 지니고 있다.

　이상에서 불가의 한시를 대략 살핀 셈이 되나, 양에 비하여 지면의 제
한으로 소략을 면할 수가 없었다. 또한 불가의 한시문학에 대해서는 그리
많은 연구작업이 진행되지 못한 것도 사실이다. 앞으로 더 많은 분석직
업이 기대된다.　　　　　　　　　　　　　　　　　　　　　李　鍾　燦

論　著

1. 高亨坤　海東曹溪宗의　淵源 및 그 潮流(東國譯經院, 1970)
2. 李鍾益　高麗普照國師의　硏究(東國大, 1974)
3. 李元燮　高麗高僧漢詩選(東國譯經院, 1978)
4. 李鍾燦　朝鮮高僧漢詩選(東國譯經院, 1978)
5. 李鍾燦　虛應堂詩考究(東岳語文論集 10, 東國大, 1977)
6. 李鍾燦　高麗文學의　形成過程(趙演鉉博士回甲紀念論文集, 1980)
7. 李鍾燦　高麗時代 禪의　文學的　位置(李丙疇先生回甲紀念論叢, 1981)

9. 麗末鮮初의 官人文學과 處士文學

麗末·鮮初의 문인들은 거의 당시 정권의 담당자인 官人들이었다. 고려 말에 등장한 신흥사대부들이 그 시대를 대표하는 문인이란 것은 역사학에서나 국문학에서 이미 정설로 굳어졌다. 崔氏武人政權이 넘어지고 사대부들의 정치적인 진출이 활발해지면서 고려 말기의 政界에는 중앙권력층의 「世臣巨室」과 지방의 신진관료인 사대부들의 대립적인 형태가 나타나거니와, 새로운 사회세력으로 등장한 신진관료들은 점차로 신흥사대부 계급으로 발전해 가면서 그들 중심의 문화를 전개해 나갔다. 따라서 이 시대는 우리 문학사상 다른 어느 시대보다도 복잡다단한 양상을 띠게 되었다. 대외적으로는 元·明의 교체, 대내적으로는 王氏와 李氏의 易姓革命, 사상적으로는 儒·佛의 교체가 있어지고, 문학면에서는 詞章 위주에서 道 위주로 넘어가는 과도기적 성격을 내포하게 된 것이다. 그러기 때문에 고려에서 조선에로의 교체는 단순히 왕조교체에 그치는 것이 아니라, 문학사적인 면에서 문학의 내용과 형태를 바꾸는 중요한 변환점이 되는 것이다.

이 시대를 살아간 문인들 역시 다양한 면을 보여준다. 원·명의 교체기에서 經國의 문장으로 나라를 빛내며 주체성을 잃지 않으려고 한 면, 역성혁명의 전환기에서 새 왕조 건설의 대열에 참여하느냐 새 왕조의 정통성을 인정하지 않고 현실에서 물러나 초야로 돌아가느냐 하는 면, 귀족 중심의 사상체계인 불교를 배척하고 新儒學을 받아들이는 면 등등 여기에서 이 시대의 문학을 크게 두 갈래로 나누어서 살펴보고자 한다. 하나는 원·명과 王·李의 교체기에서 현실에 참여하여 부귀영화를 누리는 관인들의 문학이며, 다른 하나는 현실을 거부하고 逸世의 정취로 자연과 융합된 삶을 구가하는 처사적인 문학이다.

먼저 여말·선초의 관인문학에 대하여 살펴보기로 한다. 이 경우 우리는 먼저 安珦(1243~1306)부터 언급하지 않을 수 없다. 안향은 학교를 진흥시키고 주자학을 수입하여 儒風을 진작시켰으며 그의 학풍은 權溥 白頤

正 李瑱 李齊賢 李穀 李穡 鄭夢周 李崇仁 등에로 이어져 고려 후기 문학에 결정적인 영향을 미쳤다.

여기에서 留元文人인 이제현 이곡의 문학활동을 보면 그들은 주로 대외적인 면에 민감한 반응을 보이는데, 이는 당시 고려가 처한 내외 환경을 살피면 쉽사리 이해된다. 元의 부름을 받아 1269년 몽고에 入京하였다가 이듬해인 1270년에 귀국한 고려 元宗은 開京에 還都하여 몽고와 강화를 맺고 麗·元 연합군으로 일본 정벌에 나섰으며, 元은 耽羅에 牧馬場을 두고 일본을 정벌하기 위하여 征東行中書省이라는 官府까지 설치하였다. 다시 원은 고려를 駙馬國으로 회유하며 자기 나라와 대등한 고려왕의 칭호와 관제까지 격을 낮추게 하였다. 이러한 속에서 고려 말의 문인들은 자기의 존재를 되새기며 독자성을 잃지 않으려고 애썼다. 忠宣王을 따라 원나라에 간 이제현은 萬卷堂에서 학문연구에 종사했다. 그것도「중국의 서울에 있는 선비들은 모두 천하에서 뽑혀온 우수한 사람들인데 나의 府中에는 그런 사람이 없으니 나의 수치이다」고 생각한 충선왕이 불러간 것이다. 이것은 이제현의 문학으로 원나라 문인들과 맞서보려는 것이었다.

이제현의 경우, 사상면에서 보더라도 그의 주체의식은 어디서나 강력히 나타난다. 고려의 국호가 없어질 뻔한 것을 이제현이 역설하여 면하게 된 것은 두말할 것도 없는 일이지만, 문학면에서도 그는 민요를 소재로 하여 〈小樂府〉를 지었다. 그것은 詩로써 民情을 살피는 문학관, 즉 민중의 내부에 흐르는 민족적이며 주체적인 사고를 끌어내어 집성하고 발양하기 위해서였다고 할 것이다. 본래「악부」란 중국에서는 민간가요를 채집한 것을 말하는데, 이제현의 〈소악부〉도 이런 정신에서 지은 것이다. 그는 〈소악부〉에 해설을 붙여 民風과 時變을 알 수 있다고 했다. 그는 또 옛날 採詩官을 두었던 것은, 아름다운 글귀만을 취하는 것이 아니라 그 칭찬함과 풍자함을 살펴 勸戒하기 위해서라고 하며, 그러한 이유로 문학작품 중에서 풍속과 민생의 休戚에 관계되는 작품을 높이 평가하고 있다.

이러한 문학관은 이곡에게서도 그대로 나타난다. 이곡의 글에 민간풍속을 관찰한다는「觀民風」「觀風」「進民謠」라는 말들이 나타나고 있다. 그리고 이곡의 글에서도 주체의식은 도처에서 나타난다. 그가 원나라에서 벼슬하고 있을 때의 〈代言官請罷童女書〉에 보면, 원나라에서 고려의 처녀를 구해 가는 것을 파해 달라고 하고 있다. 사방의 변방들은 풍속이 각각 달라 굳이 중국과 같이 하려면 情이 순조롭지 않다고 하고, 고려는 본래 해외에서 따로 한 나라를 이루고 있으며 지금 세상에 君臣과 民社가 있는 곳은 三韓뿐이라고 했다. 이렇게 고려의 민족적인 또는 국가적인 자주성을 주장하면서 원나라에서 고려의 처녀를 구해 가는 것을 저지시켰던 것이다. 또 揚以忠이 四海가 한집안처럼 된 이때, 어찌해서 중국의 법이 고려에서는 행해지지 않는가고 묻자 이곡은, 고려는 옛 三韓의 땅으로 풍기와 언어가 중국과 같지 않으며 衣冠 典禮가 스스로 하나의 법이 되어 있어 秦漢 이래로 신하로 삼지 못했다고 하여 고려의 전통성을 내세운다. 그리고 〈扶餘懷古〉라는 시에서는 黃河가 맑으면 성인이 난다는 중국의 고사에 따라 우리 동방에서도 溫祚王이 東明王家에서 났다는 온조왕의 탄생설화를 詩化했다. 산문에서도 부여 여행기인 〈舟行記〉, 관동지방 여행기인 〈東遊記〉 등에서 민족사의 자취를 하나하나 서술하고 있다. 그러면서도 그는 載道의 문학관으로 고려의 文風이 부진한 것은 功利를 急務로 삼고 敎化를 餘事로 삼았기 때문이라고 했다. 이와 같이 여말 관인문학자들은 留元 文人인 이제현이나 이곡처럼 經國의 문장으로 나라를 빛내고 주체성을 살리는 것이 기본정신이었던 것 같다.

그러나 오랫동안 아시아 대륙을 지배해 오던 원나라도 恭愍王 때에 이르러서는 漢族의 반란으로 쇠망의 길을 걷게 되었다. 중국 대륙이 새로 일어난 明나라에 의해 장악되면서, 원나라의 지배를 받아오던 고려는 대외적으로 여러 가지 어려운 여건에 놓이게 되었다. 이에 고려에는 親元派와 親明派 두 파로 나누어지게 되었는데, 이때 소위 친명파는 신진유학자인 鄭夢周 李成桂 등이고 친원파는 李仁任 崔瑩 등 구세력이었다. 이 갈등 속에서 禑王 10년(1384)에 정몽주가 明帝 탄신 축하사절로 다녀온 것을 계기로 하여 명나라와 국교가 정상화되고 또 明帝가 張溥 周倬 등을 보내어 왔는데 장보 등이 국경에 이르러 이색의 안부를 물으므로 우왕은 이색을 判三司事로 삼아 이들을 맞이한 일도 있다. 이때 관인이자 문인들은 그야말로 「以文華國」에 힘을 기울이게 되었다. 그래서 이색은 험난한 때 국가의 詞命을 맡아 명나라의 칭탄을 받아왔는데, 그가 이 일을 그만두고 다른 사람이 이 책무를 맡자 「始以表辭 見責於帝」라고 했듯이 이색의 문장은 국가의 詞命으로서 높이 평가받았던 것이다. 정몽주도 마찬가지다. 정몽주는 명나라에 세 번, 일본에 한 번을 다녀왔다. 이색이 쓴 〈書江南紀行詩稿後〉와 이숭인이 쓴 〈送鄭達可奉使日本詩序〉를 보면 정몽주의 문학세계를 알 수 있다. 그것은 거의 奉使 專對와 관계가 있는 것이었다. 이러한 문인들의 사명은 이숭인에게도 마찬가지로 나타난다. 이숭인의 산문 51편 중에 表牋이 21편(41%)이나 된다. 이 표전은 거의 당시 중국과 관련된 글이

다. 고려 중엽을 넘으면서 兩宋·遼·金·元 등 국제관계에서 文詞로 國患
도 풀리게 되고 해서 詞賦에 가치를 부여했던 것이다. 이숭인은 시에 있어
서도 중국에 있으면서 지은 〈中原雜題〉〈咏安南〉〈咏琉球〉 등을 남겨 유
구·안남 등의 풍속을 전하고 자신은 문화인으로서의 긍지를 보이고 있다.

  고려말 원·명의 교체와 일본의 侵寇 속에서 정몽주는 외교관으로서 직
무를 수행하여 국익을 도모했고 이색과 이숭인은 주로 표전을 맡아 문인
으로서의 사명을 다했다.

  그러기 때문에 이들의 문학관 내지 문학론은 거의 유사성을 보이고 있
다. 이제현은 문학을 觀風의 수단으로 보았으며, 이곡은 교화 위주, 도학
적인 경전 위주, 또는 시를 民風을 살피는 수단으로 보았다. 이색은「思
無邪」를 높이 평가하고,「程朱載道器」「文章外也」「詞章末藝」라 했으며,
이숭인은 경전 위주, 시는 性情의 바름에 근본해야 한다는 것과 또 교화
위주의 효용면에 두고 있다.

  지금까지 고려말 관인문학의 주류를 대충 살펴보았다. 다음에 왕조가
교체된 후 새 왕조 창업에 참여하면서 활동한 문인들을 보면 그 성질이
다르다. 고려말 문인들은 주로 대외적인 활동을 많이 한 관계로 시에 있
어서도 기행시가 많고 산문도 표전이 많은 데 비하여 조선초의 문인들은
대내적인 활동을 많이 한 인상이 짙다. 대표적인 문인으로는 鄭道傳 權近
河崙 卞季良 등 새 왕조의 문물제도 정비에 참여한 문인들과 26년 동안
文衡을 독점한 徐居正, 나아가서 成俔으로 이어진다.

  정도전은 우왕 10년(1384)에 書狀官으로 정몽주와 더불어 명나라에 다
녀오기도 했고, 공양왕 2년에는 명나라에 聖節使로 가서, 尹彝 李初 등
이 이성계가 종실이 아닌 瑤를 공양왕으로 맞이했다는 것과 또 명나라를
침범하려는 계획을 가지고 있다고 명나라 황제에게 무고한 일을 변명한
사실도 있다. 그의 문학작품으로는 詩·賦·詞·疏·箋·序·記 등이 있
고, 그외 경국제세에 관한 것, 성리철학 및 불교비판에 관한 것, 樂章 등
다양하다. 그의 시문들은 대부분 새 왕조 창업 이전 불우했던 시절에 씌
어진 것이고, 그외 많은 업적들은 조선의 창업 후에 나타난다. 그는 조선
개국 후 문물제도의 창제에 참여, 태조 3년에 〈朝鮮經國典〉, 태조 4년
에 〈經濟文鑑〉, 태조 6년에 〈經濟文鑑別集〉 등을 저술했다. 또 〈新都八
景詩〉를 지어 바치고 〈納氏曲〉〈文德曲〉 등의 악장도 지어 바쳤다. 군사
제도의 개혁, 병법의 개혁, 불교에 대한 비판 등 눈부신 활동을 했다. 그
러기 때문에 그의 문학작품에 대해서 申叔舟는「선생의 시문은 진실로 餘

事에 불과하다. 그러나 그 시의 高澹雄偉함과 문의 通暢辯博함은 또한 그 문학과 흉금의 만분의 일이나마 엿볼 수 있다」고 하여 공업을 주로 삼고 문장을 여사로 보았다. 권근도「선생의 글은 名敎에 보탬이 있어 空言 따위에 비할 바 아니다」고 하여 그의 문학을 治道에 도움이 되는 것으로 평가했다. 그리고 그 자신도「文者載道之器」라고 하여 글은 道를 싣고 있는 그릇이라는 載道文學觀을 말했다.

권근도 마찬가지다. 그는 菊齋 權溥의 증손이다. 그는 새 왕조의 개국을 칭송하는 〈風謠〉로 개국의 寵臣이 되어 태종 2년(1402)에 문과의 知貢擧, 태종 7년(1407)에는 문과 重試 讀卷官이 되어 과거를 관장했고, 그 후로 조선왕조 최초의 文衡이 되어 관인으로 군림했다. 경서의 口訣 著定, 〈東國史略〉편찬, 學式 개정, 勸學事目 8조를 올려 國朝 문교시책에 공헌했다. 항상 館閣과 文翰의 직임에 있으면서 經世의 문장과 외교표전을 찬술했다. 그러기 때문에 이숭인이 탄핵을 받았을 때 그는 고려가 명나라와 관계를 맺은 이래 표전사명이 이숭인의 손에서 많이 나왔고 세공을 면제받은 것도 모두 이숭인의 힘이라는 것을 강력히 주장하여 국가의 사명을 강조한다. 그의 어용적인 작품은 申欽의 비방을 받기도 했지마는 외손인 서거정은 그의 시문을 평하여「平淡溫厚」하다고 했다. 그리고 정도전 권근 서거정 등 개성의 차이는 있을망정 모두「天之文 地之文 人之文」의 三才之文 중에서 人文을 詩書禮樂에 두고 있어 같은 궤도의 문학관을 보이고 있다. 변계량 성현 등을 거쳐 다음 시대의 성리학 정신의 문학으로 발전해 간다.

다음 여말·선초의 처사적인 문학에 대해 살펴보기로 한다. 사대부는 본래 나아가면 관인이요, 물러나면 처사가 되는 까닭으로 여말·선초의 사대부 문학에는 관인으로서의 문학과 처사적인 문학의 양면성이 있었다고 할 수 있다. 그런데 이 처사적인 문학은 한편으로 고려말 은둔사상과 연관지어 생각해 볼 수 있다. 이색의 〈陶隱齋記〉에 당시 農隱 樵隱 野隱 牧隱 陶隱 등 號에「隱」자를 사용하는 경향이 많음을 지적하고 있으며, 역시 그의 〈圃隱齋記〉에서도「隱」자에 대한 뜻을 풀이하고 있다. 이 밖에도 冶隱의 경우 등 당시 사대부들 사이에 은거하려는 풍조가 유행했던 것을 알 수 있다. 사대부들이 새 왕조에 타협하지 않고 은둔의 길을 택함으로써 이 사상은 더욱 고조되었다. 여말·선초에「隱」字 호를 가진 사람을 보면 農隱(崔瀣 閔安富) 松隱(張安世 朴天翊 具鴻 廉致中 李明誠) 醇隱(申德隣) 僻隱(柳藩) 麗隱亭(李思之) 湖隱(許麒) 梧隱(金士廉) 漁隱(李致) 陶隱(李崇仁

周瑜）樹隱（金冲漢）　沙隱（金承吉）　川隱（李孟芸）　大隱（李裕）　海隱（朴諶）　岳隱（魯愼 沈元符）　耕隱（田祖生）　晦隱（裵文祐）　등이 있다.

　이들 대부분이 절의를 지켜 초야에 묻혀 지냈기 때문에 문학작품은 많지 않다. 그리고 몇 수씩 남은 작품도 거의 절의에 관한 것들이다. 松隱 朴天翊의 시에 「붉은 정성 몇 번이나 구름 밖 천리 길을 바랐던가. 피눈물 헛되이 한밤중에 흘렸구나. 사람들아, 흥망의 일 묻지를 마라. 산수간에 두루 놀아 한평생 족하도다」고 하여 억지로 고려의 흥망사를 잊고 자연에 몰입하려 한다. 그들의 시에 자주 오르내리는 인물은 伯夷　魯仲連　屈平　王蠋　陶潛 등이고, 시의 소재로 많이 나타나는 것은 採薇·採菊 등이다. 유적으로는 採薇台·掛冠嶺·釣漁澤·望京峰 등이다. 이들은 주로 현실에 참여하지 않으면서 고려왕조를 위하여 절의를 지킨 사람들로서 그들의 호에 「隱」자를 붙였고, 晋末·宋初의 隱逸 시인 陶淵明의 문학을 숭상하였다. 이런 현상은 절의의 상징으로 여겨지는 정몽주의 문학에서 잘 나타나며, 그 밖의 고려말 유신들에게서도 그러한 현상은 쉽게 눈에 띈다. 조선초까지 살았던 이색의 시에도 국화를 소재로 한 것이 많았으며, 여말·선초의 시조들을 보면 그들의 사상을 잘 알 수 있는데, 이색은 「석양에 홀로 서서 갈 곳 몰라 하노라」고 하여 왕조 교체기의 심적 방황을 읊고 있다. 元天錫의 「석양에 지나는 객이 눈물겨워 하노라」라는 시조는 무너진 고려왕조에 대한 회고이며, 吉再 역시 「태평 연월이 꿈이런가 하노라」라고 하여 옛 왕조에 대한 회고를 나타낸다. 이와는 달리 정몽주는 일편단심을 고치지 않겠다는 〈百死歌〉를 남기고 죽음을 택한다. 이색의 방황, 원천석 길재의 회고, 정몽주의 죽음, 이것은 바로 이 시기의 문학 양상을 단적으로 말해 준다.

　회고의 시조를 남긴 사람은 고려의 유신으로서 자연으로 돌아간 사람들이다. 그러므로 여말·선초의 처사문학을 논하려면 당시 벼슬을 버리고 표연히 돌아가 자연과 친화를 이룬 원천석과 길재를 들어야 할 것이다.

　원천석은 조선 태조와 동학이었으며, 태종（芳遠）과는 임금이 되기 전 시절의 사제지간이었다. 태종은 왕위에 오른 뒤 여러 차례 그를 불러 벼슬을 주려 했으나 끝까지 응하지 않았고, 태종이 원주 치악산에까지 찾아갔으나 끝내 만나주지도 않았다. 그래서 당시 사람들은 그를 甘盤과 伯夷에 비유하기도 했다. 우왕이 江華로 쫓겨나고 昌王이 즉위한 것을 읊은 것으로 「밝고 밝은 거울이 눈앞에 있는 것을 보리라」고 하여 舊主　新主 교체의 이면이 밝혀질 것이라고 읊고 있다. 또 최영이 피살되었다는 소식을 듣고 「公을 위한 슬픔이 아니라, 나라 위한 슬픔이라오」하며 白雲과 流水도 함께 슬퍼한다고 하여 최영 장군의 충절을 기렸다. 이와 같이 그의 시조나 시를 보면 麥秀歌나 採薇歌의 여운이 있다. 또 〈耘老吟〉에서는 勢利를 잊고 簞瓢로 스스로 즐기는 모습을 보여주고 있다. 〈白鷗詞〉에서는 「가없이 넓은 바다 출렁이는 봄, 물결 따라 오가는 자유로운 몸, 뜬 구름 그 태도는 정한 곳 없고, 백설 같은 정신 깃들일 수 없네. 마음은 속세를 벗어나, 엷은 연기 성긴 비에 어부가 벗이로세. 나 또한 한평생 세상 잊고 사는 몸, 앞 약속 저버림 없이 날로 서로 친하리라」고 읊고 있다. 강호에 돌아가 物我一體가 되어 백구와 벗삼아 살아가는 자세를 볼 수 있다. 조선의 관인들이 흔히 환로에서 물러나 백구야 날지 마라 너 잡을 이 내 아니라고 부른 노래나 다른 바 없다.

그러나 본격적으로 처사적인 문학의 길을 연 분은 길재일 것이다. 그는 고려가 망하기 전에 善山으로 돌아가서 후진 양성과 함께 수도자적인 생활을 한다. 그의 문학작품은 많지는 않지마는 〈述志〉는 자연과의 친화와 은일적 수도적인 면을 보이고, 〈閑居〉에서는 쇄락한 흉금과 조용한 기상을 엿볼 수 있다. 그외에도 〈偶吟〉〈無題〉 등에서는 모두 처사적인 문학의 성격을 보여준다.

특히 길재는, 절의의 표상으로 추앙하여 「三隱閣」에 모시고 儒林에서 祭享을 드렸기 때문에, 조선의 선비정신에 누구보다 많은 영향을 미쳤다. 南孝溫은 이러한 정신을 이어받았기 때문에 생명을 걸고 〈死六臣傳〉을 지을 수 있었다. 이렇듯 길재를 잇는 학통은 뚜렷하다. 그의 학통은 金叔滋 金宗直 金宏弼 鄭汝昌으로 이어진다. 김종직은 관인문학으로 취급되지마는 정여창 김굉필의 문학은 처사적인 경향으로 나타난다. 이리하여 조선에 오면서 강호에 묻혀 자연과 친화하며 심성을 도야하는 처사문학의 꽃을 피우게 된다.

李 炳 赫

論　著

1. 李相栢　鄭道傳論(朝鮮文化史硏究論考, 1947)
2. 趙鍾業　東人詩話硏究(大東文化硏究 2, 成均館大 大東文化硏究院, 1966)
3. 李佑成　李朝의 선비들――元天錫(月刊中央 1973.1)
4. 林熒澤　朝鮮前期의 漢文學(한국사 11, 국사편찬위원회, 1974)
5. 崔信浩　鮮初의 文學理論(古典文學硏究 2, 韓國古典文學硏究會, 1974)
6. 李佑成　朝鮮前記의 性理學과 士大夫(啓明大 韓國學論集 2, 1975)

7.　林熒澤　16世紀 士林派의　文藝意識(啓明大 韓國學論集 2, 1975)

8.　孫洛範　牧隱硏究(國際大 論文集 3, 1975)

9.　徐首生　冶隱의 文學性과 砥柱性(語文學 34, 語文學會, 1976)

10.　徐首生　一善儒學思想硏究(陶南古稀論叢, 1976)

11.　金文基　鄭三峰의 漢詩硏究(韓國語文論叢, 1976)

12.　李炳赫　高麗末期의 漢文學硏究(東亞大 論文集 1, 1977)

13.　전형대의　韓國古典詩學史(弘盛社, 1979)

14.　李炳赫　稿亭의 思想과 그 文學(釜山工專 論文集 20, 1979)

15.　閔丙秀　朝鮮朝 前期의 文學觀(漢文學硏究, 正音社, 1981)

16.　李炳赫　陶隱文學考(漢文學硏究, 正音社 1981)

10. 조선전기 문인유형과 方外人文學

「方外人文學」이란 개념이 우리나라 문학사에 도입된 것은 최근의 일이다(1). 특히 정치체제에 대해 작가가 취한 자세를 주목해서 설정된 개념이다.

이 「방외인문학」은 「士大夫文學」과 분리해서 이해할 수 없다. 조선시대 문학의 주요 담당층을 사대부로 보는 데 대해서는 별 이론이 없을 것이다. 우리나라 사대부계급은 「讀書를 하면 士요, 벼슬을 하면 大夫라」고 일컬었듯, 문인 지식층이며, 관인 지배층이었다. 다시 말하면 사대부들은 정치권력과 문화교양을 장악했던 것이다.

사대부문학은 대개 관료적 문학과 처사적 문학의 양면을 지닌다. 이 양면의 세계는 사대부들의 생활의 양면성에 기인한 것으로 이해되고 있다. 즉 중앙의 관료인 동시에 지방의 지주인 이들에게는, 국정에 참여하는 관인으로서의 생활과 地主·佃戶의 생산관계를 기반으로 한 전원에서의 한유자적하는 처사로서의 생활이 있었다. 한 면에서 經國治民의 이상을 나타낸 經世文學이나 宮廷文學·官邊文學 등의 「館閣文學—官僚的 文學」이 형성되었고, 다른 한 면에서 逸世의 情趣를 추구하고 한적한 인생을 自樂하는 「江湖文學--處士的 文學」이 형성된 것이다(2).

이러한 양면의 문학세계는 그 역사적 성격이 봉건지배층의 문학으로서 현실순응적이었다. 이와는 상당히 다른 성향의 문학세계가 그 일각에서 나타났다. 방외인문학이 그것이다.

「方外」란 사전적으로 풀이하면 「세상 밖 즉 世外」, 世俗 禮敎로부터의 초탈을 의미한다. 다름아닌 「체제 밖」을 의미하는바, 중세기에 있어서의 저항적인 생활세계인 것이다.

이 글이 다루려는 부문은 체계적인 이해에 도달할 수 있을 만큼 연구가 진행되어 있지 못하다. 먼저 方外人 부류의 실체를 역사의 현장에서 파악할 필요가 있겠고, 핵심적인 문제인 그것의 문학세계도 다소간 해명되어야 하겠다. 이 글은 그러한 것에 대한 초보적인 검토단계이다.

「문인」이란 종래 관용적으로 써오던 말인데, 우리나라나 중국 중세사회의 「문학의 담당자」를 가리키는 뜻으로 개념 부여를 할 수 있을 것 같다. 이 문인은 지식 및 예술이 아직 뚜렷이 분화되지 않은 단계에서 문학을 비전문적 비직업적으로, 귀족 내지 양반의 생활교양의 일부로서 향유하였으며, 儒敎的인 漢文素養이 그들 문학의 바탕이 되고 있었던 것이다. 이러한 문인의 특징은 확실히 근대적인 형태의 시인·작가와 구분되는 점이다.

거시적으로 보아, 고려 후기와 조선시대의 문학의 담당자는 사대부층이 주류를 형성하고 있었다. 이들 사대부들이 중세적 문인의 한 형태인 것이다. 사대부는 「문학의 담당자」이기 이전에 「정권의 담당자」인 관인들이지만, 崇文主義的인 사고방식 때문에 文의 재능이 관인으로 진출하는 데 가장 중요한 수단이 되고 官人社會에 文의 기능이 강조됨으로써 「사대부—관인—문인」의 등식관계가 성립될 정도였다. 이러한 유형을 「官人型의 文人」으로 규정한다. 독서를 하여 벼슬하는 것이 사대부의 기본성격이므로 「관인형 문인」을 사대부의 전형이라 할 수 있겠다. 조선조 초엽에서 15세기에 이르는 한국사회는 이러한 관인형 문인의 정력적인 활동에 의해서 민족문화가 상승하던 고전적인 시대였다.

그런데 15세기말(주로 성종 연간)부터 사정이 상당히 달라져 가고 있었다. 즉 그러한 중앙의 관인형의 문인층이 귀족화 관료화되는 반면 지방에서 새로운 문인학자들이 대두하게 된 것이다. 여기서 「新進文人層」이란 이들 새로운 문인학자들을 지칭해서 쓴 말이다.

당시 신진문인층은 대부분 「士林」에 속하고 있었다. 물론 사림에 속하기 어려웠던 한미한 출신의 문인도 없지 않았다. 南陽 吏의 아들인 洪裕孫, 金海 官奴였던 魚無迹 같은 이도 있었다. 그러나 이들은 아직 문인으로서 독자적 사회계층을 형성할 만큼 되지 못하였으니, 홍유손의 경우 師友 관계를 통해 사림에 편입되었던 셈이고, 어무적의 경우 매우 특이한 고립된 존재였던 것이다. 당시 사림으로서 진출이 두드러졌던 것은 金宗直(1431~1492)의 門徒들이었지만 그 계보에 속하지 않았던 인물들도 적지 않았다.

사림은 대개 지방의 중소지주계급 출신으로서 문학과 操行을 닦아 관인으로 진출한 부류를 가리키는데, 그 시대의 양심과 지성을 대변하는 존재로 생각되어 왔다. 이들은 같은 사대부에 속하면서도 관인형 문인과는 배경·체질·이념이 상당히 달랐던 것 같다.

신진문인층은 김종직의 문도 사이에서부터 인간유형이 두 갈래로 나누어지고 있었다. 任輔臣(?~1558)의 기록을 보면, 「秋江은……매양 時事에 悲憤해서 혹 冊岳에 올라가서 통곡을 하다가 내려오곤 하였으며, 곧은 말 격렬한 논조가 禁忌를 저촉해도 거리껴 하지 않았다. 大猷(金宏弼의 字)와 伯勗(鄭汝昌의 字) 같은 분들이 경계해서 말렸지만 끝내 듣지 않았다. 이 두 분은 性理學을 궁구하고 操行을 小學으로 가다듬어 지향하는 바가 기실 南秋江과 달랐던 것이다. 그러나 서로 交契가 두터워 참으로 芝蘭同臭라 할 수 있었다」(3)라고 했다. 같은 동문으로서 기본적인 성격이 같고 芝蘭의 友情을 유지하고 있으면서도 서로간의 처지, 인간체질, 學的 방향의 차이에서 삶의 자세가 달라졌던 것이다. 당시 정치현실에 대해서 비판적인 태도를 강렬하게 나타낸 南孝溫은 金時習(1435~1494)을 보다 추종했다. 金宏弼(1454~1504) 鄭汝昌(1450~1504) 같은 이의 경우를 「처사형」으로, 남효온 같은 이의 경우를 「方外型」으로 각각 성격지워 본다.

처사형은 인간적 학자적 양심을 지켜 정치권력에 타협하지 않고 穩健持中의 자세로 현실에 임해 조용히 향리에 묻혀 지내는 山林學者의 부류로서, 의리를 존숭하고 행실을 돈독히 하여 규범적이며 성리학의 세계에 침잠하고 詩文을 경시하는 경향이 농후하다. 따라서 문인이라기보다 학자적이지만 그러한 자세에서 하나의 문학세계를 이룰 수 있으므로 문인층으로 파악한다. 여기서 후일의 假道學이 생기기도 하였다. 그리고 방외형은 격렬한 비분, 과격한 비판의 자세가 체제에 용납되지 못하므로, 결국 현실권 밖으로 자기를 이탈시켜 버린 부류, 氣節을 숭상하면서 사회적 도덕적 규범을 무시하는 放達不羈의 인간형이다. 성리학에 몰입하기보다는 문학의 세계에서 자아를 찾으려 한다.

「처사형」은 안정된 생활기반을 전제로 하여 가능하다. 丁克仁(1401~1481)이 그의 〈不憂軒記〉에서 「奴耕 婢織은 足以代其勞하고 父慈 子孝는 足以厚其倫」이라 하였듯, 사대부적인 중소지주의 환경에서 형성될 수 있는 것이었다. 반면, 「방외형」은 사대부 출신의 경우 자기 환경을 방기하고 마침내는 사대부적 생활질서에 균열을 일으킨 것이다. 처음부터 처지가 한미한 경우는 어떠한가? 홍유손이 한번은 「관인형 문인」으로 유명한 徐居正(1420~1488) 金守溫(1409~1480) 앞에서 우연히 시를 짓게 되었다. 마침 김시습이 옆에 있었는데 「靑山綠水 吾家境에 明月靑風 孰主張가」의 聯을 읊어내매 김시습은 눈물을 흘리다가 이윽고 서거정을 바라보며 「剛中(徐居正의 字)이, 자네가 이만큼 할 수 있겠는가」했다 한다(4). 홍유손의 뛰어난 재주, 落拓한 처지가 절실히 느껴지거니와, 이처럼 불평등을 감수해야 하는 신세는 자기를 方外에 적응시키기 쉬웠을 것이다. 방외형은 중세기의 반체제적인 특이한 인간형태이다. 처사형은 기본적으로 체제옹호적이고, 또 지주이면서 관인인 사대부의 기본성격으로 볼 때 관인형과 對蹠이 아닌 다른 한 면의 모습인 것이다. 다만 16세기 전후의 역사적 상황에서 처사형과 방외형이 밀착해 있었을 뿐이다. 여기서 문제는 이러한 신진문인층이 자기 시대에 어떻게 대처했고 어떠한 문학의 세계를 창출해 냈는가이다.

우리가 지금 주목하고 있는 신진문인층은 폭군 연산군(1495~1505) 치하를 살았다. 벌써 성종대(1470~1494)서부터 조선조는 중대한 자체 모순을 노출하고 있었다. 科田法 체제의 붕괴 이후 勳舊派의 대토지 접유와 貢役의 과중으로 양인·농민층이 급속히 몰락하여 私奴婢로 전락하든가 아니면 도산 유리하는 추세였다. 조선조의 존립기반인 양인·농민층을 안정시키지 못함으로써 결국 국가는 재정적 군사적으로 허약해 가고 있었다. 그리고 세조의 명분을 등진 왕위 탈취 및 권력층의 탐욕·무능으로 인하여 정권이 양심적인 사림의 지지를 받지 못하였다. 양심적인 문인학자들이 관직에 나아가는 것을 좋지 않게 생각했던 것도 이 때문이었다. 지배층 내부에 심각한 갈등이 일고 있었던 것이다.

연산군의 통치는 국가의 기강을 파탄시켰을 뿐 아니라 모순을 더욱 첨예하게 만들어놓았다. 연산군 주변의 방종과 사치는 농민수탈을 더욱 강화하고 농민유리를 더욱 촉진시켜, 유랑민들이 「群盜」를 형성하여 무장저항을 벌였다. 洪吉童은 이때 그 지도자로 부각된 인물이었다. 한편 연산군과 훈구파 집단은 사림파에 대해 혹독한 탄압을 가했다. 지방 사림들의 집회인 司馬所를 혁파했고 비판적인 언론을 단속했던 것이다. 사림파를 숙청하기 위한 조처로 두 차례의 「士禍」를 일으켰던 것은 다 아는 사실이다.

이때 신진문인층의 동향은 어떠했던가. 사림들이 혹 살해당하고 혹 유배를 가는 판국에 「처사형」 인물의 경우 더러 기미를 채고 미리 향리에 은둔해서 가까스로 性命을 보존하기도 했다. 그리고 많은 사림들이 진출을 보류하고 지방에서 은인자중해 있었을 것임은 물론이다. 辛永禧 같은 이는 남효온의 〈師友名行錄〉에 고결한 사람으로 소개되어 있는데 稷山으로 내려가서 다시 출사하지 않았지만 후에 「文章行義로 爲一時領袖하여 東南行過者가 無不禮其門(5)」이라는 예찬을 받았다. 또 宋世琳 같은 이는 燕山朝에 文科에 올라 校理까지 지내다가 상중에 신병을 얻어 晦跡해서 나오지 않아 甲子年의 화난을 벗어났다 한다. 그가 회적한 곳은 전라도 泰仁인데 이때 민간의 이야기를 채집해서 〈禦眠楯〉이라는 흥미로운 우화집을 남겼다. 한편 그는 태인의 고향 선배 정극인의 家塾을 확장해서 東西齋를 세우고 지방학도를 교육했다. 〈新增 東國輿地勝覽〉에 그것을 「鄕學堂」이라 이름해서 특기하고 있다. 이러한 사림의 활동으로 지방사회가 문화적으로 향상하였으며, 여러 차례의 박해에도 사림이 꺾이지 않고 세력을 부식해서 사림파의 정치적 승리를 이끌 수 있었다.

우리가 보다 주목하는 것은 「방외형」 인물들의 움직임이다. 즉 홍유손 같은 이는 戊午士禍에서는 일단 벗어났으나 바로 「群飮誹謗」 「傲世非俗」으로 그의 추종자들과 함께 멀리 제주도로 추방되었다. 李鼈 같은 이는 자기 형 黿이 무오사화에 유배를 떠나자 눈물로 작별하고 황해도 平山으로 내려갔다. 그의 생활 모습은 「늘 소를 타고 술을 싣고 鄕社의 耆老들과 혹 釣魚를 하고 혹 천렵을 하며 詩를 읊고 술을 마시면서 日暮에도 돌아가기를 잊었다. 매양 마시다 취하고, 취해서 노래하며, 눈물을 떨구며 슬퍼하기도 했다」고 전한다(6). 〈稗官雜記〉에 「歌詞 六章」이 세상에 행하고 있다 했는데, 李滉이 〈陶山十二曲〉 발문에서 「玩世不敬한 뜻」이 있다고 문제삼은 「六歌」가 그것이다.

여기서 특히 鄭希良이라는 이와 어무적의 발자취를 추적해 본다. 정희량은 자 淳夫 호 虛菴, 당시 翰林으로 있다가 김종직의 제자로 무오사화때 義州로 유배되고 이어 金海로 옮겨졌다가 解配되었다. 그가 살던 곳은 高陽땅이었다. 母喪 중이었는데 어느 날 홀연 종적이 사라졌고 다만 강변에 굴건·喪杖·신발이 남아 있었다. 물론 사방으로 수색해 보았으나 종래 아무런 형적도 발견되지 않았고, 그가 평소에 「앞으로 당할 甲子年의 화가 戊午年보다 훨씬 심할 것」이라고 말했었다는 것이다. 그때 그의 나이 34세였다. 당시 사람들은 대개 자살한 것으로 믿지 않고 逃去한 것으로 생각하였다. 僧 내지 仙이 되었으리라는 추측과 함께 허다한 전설이 뿌려졌다. 反政 이후 친구들의 손에 의해서 그의 유고가 출판되었는데, 주로 유배생활에서 쓴 시편이 전부이다.

어무적은 字 潛夫, 호 浪仙, 〈續東文選〉 〈國朝詩刪〉에 몇 편의 시작이

수록되어 있고 雜錄·詩話類에 그에 대한 언급이 산견될 뿐, 거의 알려지지 않았던 인물이다. 이름도 無迹 혹은 無赤·無跡으로도 나오는데, 자와 호에 비추어 無迹으로 추정한 것이다. 출신신분은, 그 자신의 상소문에 「臣以孽子賤臣」이라 하였는데, 〈패관잡기〉와 〈국조시산〉을 보면 「金海 官奴」로 명기되어 있다. 「孽子」와 「官奴」의 상반된 기록은 붙여서 볼 수 있을 것 같다. 모계가 婢의 신분이었고 부계는 사족에 속해서 관노가 되었으며, 부계를 통해 한문소양을 얻었던 것이 아닌가 한다. 언젠가 면천이 되었으며, 연산군 7년(1501)의 實錄 기록으로 「律呂習讀官」이라는 말직에 다닌 적도 있었음을 알 수 있다. 그의 이름이 실록에 오르게 된 것은 한 장의 상소문 때문이었다. 그 자신 下流에 처해 時政의 병폐를 누구보다 잘 알고 있다 자부하고 憂國愛民의 진실된 마음으로 호소하여 자신의 정치적 견해를 제시한 것이었다. 그러나 그의 상소문은 당국자들에 의해 전혀 묵살되고 말았다. 그는 마침내 金海 官長의 民에 대한 貪虐諷刺하는 시를 지은 것으로 관장의 분노를 사서 도망가다가 역사에서 죽었다. 그때 남긴 그 작품이 〈斫梅賦〉(제목이 전하지 않는데 筆者가 假題하였다)인데 농민들이 굶주려 쓰러지고 사방으로 유리하는 참담한 상황을 인상깊게 형상화한 것이었다(7·6).

退溪 李滉이 소시에 山寺에서 讀易을 하는데 웬 중이 옆에 앉았다가 句讀를 정확히 잡아주는 것이었다. 이황은 그 중을 정희량인 것으로 심증하고 짐짓 「鄭虛菴도 이제 나와서 벼슬할 수 있겠지」라고 말을 걸었다. 그 중은 「아니 그럴 수 없지, 虛菴은 母喪을 마치지 않았으니 不孝요, 君命을 逃去하였으니 不忠이다. 不孝 不忠하고 무슨 면목으로 세상에 설 것인가」라 했다. 그리고 그 중은 山窓을 나가더니 행방이 묘연했다(8).

이는 정희량처럼 亡命逃世한 경우 명분에 용납될 수 없었던 사정을 재미있게 지적한 이야기다. 자살이었더라도 더욱 명분에 죄를 진 것은 말할 나위도 없다. 그런데도 그처럼 행동을 결행하게 된 그의 심각한 정신적 갈등은 그대로 그의 시세계를 구성하고 있다.

그 자신 「平生 精力이 著詩功」(9)이라고 하였듯 시작에 가장 힘썼다. 「海上狂歌는 異隱淪」이라 해서 자신은 隱遁者流와는 다른 儒者로서의 자세를 지키려 하였지만 詩情이 惆悵하고 慷慨해서 그야말로 「狂歌」라 할 것이었다. 그에게 인식된 현실은 암담하게만 착색되어 있으며, 詩的 自我는 철저히 분열 고립된 상태이다.

여기서 그는 정신적으로 脫俗·忘世를 기도한다. 이러한 그의 인생관은 〈散隱說〉이란 한 편의 산문으로 나타나 있다. 그의 「散隱」이란 莊子的인 은둔사상으로, 산림처사와 달리 형적을 현실권에서 완전히 감추어버리는 것을 의미했다. 그는 「산은」을 그대로 행동에 옮겼던 셈이다. 이때의 시 세계는 원시자연과 청정을 추구하는 것이었다. 〈渾沌酒歌〉라는 시편을 보면 「廣大한 醉鄕은 내가 主人인데 이 爵位는 天爵이요, 人封이 아니로다」고 문명과 질서를 부정하고 개인의 절대적 자유를 환상하고 있었다.

그런데 어무적의 시세계는 이와 다르다. 가령 그의 〈新曆歎〉이라는 長詩를 보면 堯舜時代와 만민평등, 평화로운 생활을 동경하는 詩想이었다. 현실에 대한 열정적인 불만 때문에 원시적 유토피아를 그리워한 것이지만 정희량의 〈혼돈주가〉처럼 개인적인 도피가 아니라 「萬民同醉眠」(10)의 민중구제 사상이었던 것이다. 그의 이러한 사상은 당시 유랑민의 원성을 대변한 〈流民歎〉 같은 현실주의적인 시작품을 남기게 하였다.

16세기 당시 문인들이 현실권으로부터 이탈하였을 때 그들이 서 있을 다른 현실이 어디에 마련되어 있는 것은 아니었다. 그들이 살고 있는 체제에 순응하지 못하지만 그것을 부정할 힘은 어디서도 발견할 수 없었다. 「방외형」 인간의 자기모순이 여기에 있는 것이다. 「방외형 문인」에 의해서 창조된 문학, 방외인문학의 세계는 심각한 정신적 갈등의 술회로부터 일전하여 아웃사이더로서 현실을 바라본 「玩世의 情操」 내지 현실을 회피하려는 「忘世의 情操」를 나타내곤 하였다. 오직 민중을 인식할 때 사고의 현실성을 부여받을 수 있었다. 김시습의 경우에 그러했거니와, 어무적으로부터 許筠으로 그러한 문학정신이 발전하고 있었다.

일찌기 김시습은 스스로 「心與事相反 除詩無以娛」라고 「세계=事」와 「자아=心」 사이의 모순갈등을 시작으로 표출하는 도리밖에 없다고 고백한 바 있다. 김시습문학의 특징을 단적으로 드러낸 말이다. 심지어 「奚暇尊周孔」이라고 성인의 권위를 감히 무시하기도 했거니와, 자아를 지키고 개인의 자유를 확보하려는 의식이 한편 「완세의 정조」로 기울어 현실을 망각했던 것 같기도 하다. 그러나 그의 현실주의 자세는 세상을 망각하지 않고 악전고투하는 인간의 삶을 형상화시키기도 했으며, 많은 사회비판적인 시편을 남기기도 했다. 자기의 현실주의 사상을 寓言的으로 표현한 소설 〈南炎浮洲志〉를 주목해 본다. 그 작중인물이 우리나라의 역사를 논하는 자리에서 국왕은 절대 폭력으로 民을 억압해서는 안된다는 점을 강조하고 억누르면 일시 순종하는 것 같지만 결국 반발을 일으켜 민중봉기를 초래할 것이라고 주장했다. 그러면서 「國者는 民之國」이라고 설파하여, 민주적인 관점에 도달하고 있다.

17세기를 전후한 무렵 계속 치열했던 농민저항에 당시 지배층으로서는 民을 지배체계에다 고착시키는 문제가 가장 긴급하였다. 이에 民을 유교적인 禮敎로 세뇌시키면서 그들에게 더욱 上下의 규범윤리를 강요하였다. 한편 사대부사회 또한 정신적으로 경직되고 생활이 규범 속에 꼭 짜여지게 되었다. 이러한 분위기 속에서 예교의 구속으로부터 대담하게 자기를 해방시킨 것은 허균 그 사람이다. 그는 「남녀 정욕은 天이 부여한 것이요 분별의 윤리는 성인의 가르침이다. 천이 성인보다 높으니 성인의 예교를 어길지언정 천부의 본성을 위배할 수 없다」고 부르짖었다. 그리하여 자기를 유교의 규범에 묶어두기를 거부하고 감정을 해방시켜서 방종하였다. 즉 그는 사대부의 구애를 파탈하고 교우의 폭을 넓혀서 분방한 서민적 생활감정에 어울리며 그들과 문학 예술로 사귀었던 것이다. 그와 교우하던 패들이 어떤 축들인지 구체적으로는 모르나 徐羊甲 등 「七庶」도 거기 포함되었던 것 같다. 그때 그가 추구한 것은 특히 문학예술 부문이었다. 그의 문학론에서 주장되고 있는바 復古의 문학을 반대하고 개성을 강조하며 소설과 같은 신흥문예의 가치를 인식함으로써 유교에 종속되지 않은 새로운 문학세계를 창조할 수 있었던 것이다. 이에 우러난 것이 〈홍길동전〉이다.

〈홍길동전〉에 등장하는 인물군상 역시 「체제 밖」의 부류다. 토지에 긴박된 농민의 이탈은, 예법으로부터 이탈한 方外人의 그것과는 물론 행동양상이 다르게 전개될 수밖에 없다. 농민의 이탈은 「群盜」라는 형태로 역사상에서 구체화되었거니와, 이것을 테마로 포착한 것이 바로 〈홍길동전〉이다. 여기서 잠깐 〈홍길동전〉을 김시습의 〈金鰲新話〉 중의 1편인 〈남염부주지〉와 또 林悌(1549~1587)의 〈愁城誌〉와 비교해 볼 필요가 있다. 이 두 편의 작품은 조선조 전기 문학의 탁월한 유산이거니와 〈홍길동전〉과 더불어 열정적인 저항정신의 소산이기도 하다. 그런데 〈남염부주지〉는 현실의 모순들을 유교적 이데올로기의 투철한 실천을 통해 바로 잡을 수 있다고 신념하였다. 반면 〈수성지〉에 그려진 세계의 질서는 완전히 무너져 있고 王道政治의 이상은 한갓 현실과 괴리된 공허한 것이었다. 〈수성지〉에서 봉건이념의 파탄을 보였는데, 전혀 그것을 극복할 에네르기를 발견하지 못하고 암담한 채 끝나고 말았다. 이에 대하여 임진왜란을 직접 체험한 세대에 의해 씌어진 〈홍길동전〉에서는 민중의 힘이 무한히 과시되어

있다. 민중의 저항적인 에네르기에 의해서만이 역사의 전진적 방향이 개
척될 수 있음을 암시한 것이다.　　　　　　　　　　　　　　林 熒 澤

論　著

1. 林熒澤　朝鮮前期의 漢文學(韓國史 11, 國史編纂委員會, 1974)
　　林熒澤　金時習의 人間과 思想(韓國哲學硏究 中, 東明社, 1978)
　　林熒澤　梅月堂文學의 性格——方外人文學의 世界와 現實主義 精神——(大
　　　　東文化硏究 13, 成均館大 大東文化硏究院, 1979)
2. 李佑成　李朝初의 漁夫歌(成大論文集 9, 1964)
3. 任輔臣　丙辰丁巳錄(大東野乘, 慶熙出版社)
4. 洪裕孫　篠叢遺稿 附錄 行狀
5. 許 筠　荷谷粹語(靑丘稗說 13)
6. 魚叔權　稗官雜記(大東野乘, 慶熙出版社)
7. 許筠編　國朝詩刪
8. 徐命膺　虛菴傳(虛菴先生續集 2, 附錄)
9. 鄭希良　戲書(虛菴遺稿 2)

11. 傳奇小說의 문제

한국과 중국의 문학사에서 소설문학의 길을 개척하며 등장한 傳奇小說은 그 초기적 성격과 한계에도 불구하고 탁월한 예술성을 지녀, 후대의 소설 창작에 큰 영향을 미쳐 왔다. 전기소설의 이러한 문예적가치는 〈金鰲新話〉를 중심으로 한 개별 작품론을 통해 누차 언급되어 왔으며, 초기 소설로서 지니는 이들 작품의 구조적 특성은 한국 古小說의 형성 및 발전사와 소설유형론을 구도하는 데 이론의 기본적 골격을 마련하는 개념으로 거론되어 왔다. 그러나 소설유형으로서의 傳奇를 논의하는 경우 논자마다 각기 다른 범주를 설정하고 있어 전기소설의 성격을 파악하는 데 어려움을 주고 있다. 또한 최근에 와서는 설화와 分殊되는 전기소설이 〈금오신화〉에서 시작된 것이 아니라 이미 羅末麗初에 완성된 형태를 이루고 있었다는 의견이 제시되고 있어 전기소설의 문제는 새롭게 검토되지 않으면 안될 주요한 국면으로 접어들고 있다.

「奇異를 傳述한다」는 뜻의 傳奇는 본시 「志怪」와 구분하기 위한 唐代소설의 범칭으로서 특정한 역사적 성격을 지닌 쟝르 명칭으로 보는 것이 옳겠다. 그러나 후대의 亞作을 통해 전개된 쟝르의 역사적 변질 및 한국 문학 속에 굴절된 그 특수성으로 인해 전술한 바와 같이 국문학에서는 전기소설의 명칭이 보다 넓고 유동적인 개념으로 쓰여오고 있다. 즉 唐의 傳奇를 염두에 두되 이러한 「전기」적 요소가 비교적 두드러지는 일군의 한문소설(1) 또는 國漢文小說群(2·3)을 포괄하여 이를 전기소설로 보려는 견해가 있었는가 하면, 봉건적 성격과 함께 환상적 비현실적 성향을 보여주는 조선의 고소설 전반을 포괄하여, 서구의 romance에 대응되는 개념으로 전기소설의 명의를 설정하려는 견해(4)가 있어 왔다.

그러나 「전기」를 하나의 쟝르 개념으로 설정하고 이에 대해 논의를 한정할 필요가 있는바, 다음 몇 가지 특성을 전기소설의 쟝르적 성격 규정에 우선적으로 필요한 조건으로 들 수 있겠다. 첫째, 사대부들의 의도적인 개인창작으로서 전아·미려한 文言文(漢古文)으로 기술된 短篇的 형식의 서사체이며, 둘째, 봉건사회 속의 사대부 혹은 귀족계층의 인물을 주인공으로 하며 그를 둘러싸고 있는 사회현실을 반영하고 있되 세째, 사건전개에 있어 神異 즉 비현실적 환상적 요소나 낭만적 성격을 벗어나지 못하고 있다는 것이다. 이상과 같은 특성은 대체로 唐의 傳奇가 구비하고 있는 일반적 성격이기도 하지만, 일반문학적 견지에서 한국 전기소설의 장르 규정으로 통용해도 좋을 듯하며, 〈금오신화〉에 수록된 작품들은 이러한 의미에서 전기소설의 전범이 될 수 있는 작품들이다.

〈금오신화〉를 발견해서 처음으로 소개한 최남선은 그 「解題」 속에서 〈금오신화〉를 〈剪燈新話〉의 모방이라고 못박고, 유사한 작품들을 도식을 통하여 열거하였다(23). 이후 두 작품집을 비교하는 연구가 속출하였으나(5·6·7·8), 〈금오신화〉의 구조가 韓·中의 설화 및 傳奇集의 풍부한 전통과 접맥되어 있다는 사실이 밝혀지면서(9·10·13) 〈금오신화〉가 〈전등신화〉의 모작이라는 견해는 불식되었다. 〈금오신화〉에 대한 연구는 작가론과 병행해서 이루어지면서 보다 큰 진경을 보였다(11·12). 특히, 작가 金時習이 당대 집권층에 비판적인 新興士類로서 유교이념에 기초하여 불교 교리를 파악한 사상가였음을 밝힌 鄭炳昱은 이러한 작가의 이념과 현실생활과의 갈등이 예술적으로 표현된 〈금오신화〉가 봉건적 질곡에서 해방되려는 인간의 참모습을 보여주고 있음을 이야기하고 있다(12). 이 견해를 이어받아 김시습의 철학사상을 一元論的 主氣論으로 파악한 林熒澤의 연구(13)는 〈금오신화〉의 작품세계가 인간성(인간적 요구)과 현세(此岸的 현실)를 중시하는 현실주의적 세계관에 기초하고 있음을 역설하였다. 그리고 이러한 인간적 요구가 사회적 모순이나 인생의 유한성 때문에 좌절되기를 거부하는 비극적 정서가 〈금오신화〉의 주조를 이루고 있으며, 작품 속에 등장하는 幻靈이나 초월적 異界와 같은 非現實的 神異的 모티프는 이러한 비극적 정서나 현실 속에서 쉬 실현될 수 없는 사회적 이념을 비유적 역설적으로 표현하기 위한 妹材로서 기능하고 있다는 것을 논증하였다. 여기서 그가 말하고 있는 비극성이나 傳奇的 모티프의 비유적 기능 등은 탁월한 예술적 성과를 거둔 唐代 전기작품들이 공유하고 있는 유형적 특질이기도 한데, 전기소설의 장르적 특성 및 현실성을 올바로 이해하기 위해서 반드시 인식되어야 할 중요한 개념들이다. 그러나 이처럼 비현실적 모티프를 통해 전개되는 작품의 허구세계는 현실적 갈등을 현실내에서 해결하지 못한 채, 오히려 낭만적 태도로 이를 초월하고자 하는 중세적 한계를 보여

주고 있는 것 또한 사실이다. 따라서 〈금오신화〉의 작품세계는 종래부터
주장되어 오던 민간신앙·불교(14) 또는 道敎(15) 등 초월적 세계관의 표
현으로 재해석될 소지를 안고 있다. 그러나 작품을 어떤 방향으로 해석하
든간에 문제가 되는 것은 전승되어 온 모티프 또는 플롯 자체가 아니라,
前代文學의 전통 위에 거둘 수 있었던 작품의 예술적 성과와 그 역사적
의미가 무엇이냐는 점일 것이다.

한편 임형택의 연구성과를 긍정적으로 받아들인 趙東一은 〈금오신화〉가
내포하고 있는 이 현실주의적 성격의 한계를 초기 소설의 유형적 특질로
파악하고, 이를 근거로 해서 한국소설의 형성론(16)을 제시하여 그의 소
설 장르 이론과 더불어 주목을 받아오고 있다.

그러나 〈금오신화〉를 〈殊異傳〉 및 〈三國遺事〉의 발전적 계승이라고 보
았던 임형택은 이러한 그의 구상을 진전시킨 최근의 연구에서 전기소설은
이미 나말여초(9~11세기)에 성립되었다는 시론(17)을 전개하고 있어 주목
을 끌고 있다. 그의 견해에 따른다면 〈崔致遠〉(〈殊異傳〉 逸文) 〈金現感虎〉
(〈三國遺事〉 列傳) 〈調信〉(〈삼국유사〉 열전) 등등의 작품들은 唐代 傳奇와
〈금오신화〉에 비견될 수 있는 전기적 특징을 뚜렷이 지니고 있어 다음과
같은 추론이 가능해진다. 「작품 속의 비현실적 모티프를 〈금오신화〉의 경
우처럼 비유적 상징적 의미로 해석한다면, 신분의 차이로 인한 애정·갈
등과 고독·번민을 그리고 있는 이들 작품에는 羅末 이래 심화된 신분갈
등과 사회적 모순이 예술적으로 굴절 반영되어 있음을 볼 수 있다. 나말
의 비판적 지식인 그룹인 六頭品이나 이들의 후예인 麗初 문인들은 당시
의 사회적 모순과 갈등, 불평등에 대항하는 민중층의 동향을 의식하면서
도 귀족적인 한계로 인해 이러한 사회적 갈등을 신비롭고 낭만적으로 착
색해서 傳奇作品으로 형상한 것이다. 慶州를 중심으로 한 城市의 번성,
唐과의 교류를 통한 전기문학의 향유, 높은 수준의 漢文學 등은 이 시기
에 전기소설이 성립되기에 충분한 문화적 기반을 이루어놓았다고 보인다.」

이상과 같은 추론은 원전 해석의 방법이나 장르 성립의 역사적 설명——
예컨대 육두품 출신의 작가 및 독자, 봉건 도시의 번성 등의 문제에 있어
적지 않은 의문점을 남기고 있다. 그러나 예술적 허구가 가미된 〈삼국유
사〉 및 〈삼국사기〉 열전들이 단순한 설화의 채록이 아니라 개인에 의해
재창작된 〈수이전〉류의 새로운 개편이며, 〈신라 수이전〉이 金陟明 朴寅亮
등에 의해 계속 운문 개작되어 왔다는 사실(18), 그리고 전기소설의 형태가
완비된 〈崔致遠〉(〈殊異傳〉 逸文)의 존재 등을 결합시켜 생각해 볼 때, 이

나말여초의 傳奇發生論은 신중히 검토되어야 할 과제임에는 틀림없어 보인다. 문제는 과연 전기소설이 當代에 하나의 장르로 정착될 만큼 발달했었느냐는 것인데, 이에 대한 앞으로의 연구성과 여하에 따라 한국소설사의 출발점은 〈금오신화〉로부터 5세기 정도가 앞당겨질 수 있을 것이다.

이상에서 전기소설의 문제를 小說史의 주요한 논점으로 부각시켰던 연구자들이 전기의 근본적 성격을 어떻게 이해하고 있는가 하는 것이 대충 드러났다. 이가원(1) 정병욱(12) 임형택(13·17) 조동일(16)에 의해 논의된바, 전기소설은 귀족·사대부들의 문학이되 집권벌열층보다는 오히려 그들과 대립하고 있는 신진세력 또는 비판적 사대부들에 의해 주로 창작되었다. 그들은 집권층과는 달리 민중의 삶을 보다 가까이 이해할 수 있었고, 민중의 인간적 각성과 요구 일부를 자신의 것으로 받아들일 수 있었다. 때문에 그들은 봉건적 질곡이나 모순에 찬 사회현실과 대결하려 하였고, 여기서 생기는 심각한 갈등을 傳奇作品을 통해 표현하였다. 그러나 그들은 근본적으로 봉건질서 테두리 안에서 자신의 요구와 이상을 실현해야 하는 역사적 조건 속에서 살아야 했으며, 이러한 그들의 현실인식과 대결에는 일정한 한계가 自在해 있을 수밖에 없었다. 봉건적 인습이나 사회현실이 자신과 동시대인의 요구를 끝내 좌절시킬 때 그들은 경험적 현실의 구속을 일부 배제하는 낭만적 환상을 빌어 자신의 현실적 요구와 사회적 이상을 실현하거나, 怨魂의 幻體를 빌어 자신과 동시대인을 패배시킨 사회의 모순을 삶의 심각한 문제로 제기할 수밖에 없었던 것이다. 그러나 이와 같은 한계에도 불구하고 전기소설이 중세문학에서 중요한 위치를 점할 수 있는 것은 바로 이처럼 현실적 갈등을 예술적으로 승화시키거나 혹은 현실적 문제를 예술적으로 해명하고 있기 때문이다. 중요한 것은 현실적 갈등이나 문제를 심각하게 반영하고 있다는 점이며, 바로 이런 점에서 전기소설은 현실성과 역사성이 결여된 軍談小說(영웅소설)·夢字類小說과는 우선 작가의식의 면에서 크게 구분되어야 한다.

그러나 民生에 대한 봉건적 질곡에도 불구하고 禮敎에 얽매어 있던 조선전기 사대부들에 의해서는 〈금오신화〉의 뒤를 이을 만한 전기가 나오지 못했다. 하지만 김시습의 시대 이후로도 봉건적 모순은 계속 심화되어 사대부사회는 분열되고 그 결과는 전란으로 인한 민생의 침탈로 이어졌다. 이러한 역사과정에 불안을 느끼거나 집권층에게 불만을 느낀 사대부들이 당면한 역사적 모순을 극복하고자 하는 의지와 갈등을 전기 형식으로 표백한 것이 16·17세기에 유행되었던 夢遊錄類이다. 실재했던 역사적 인물이 허구 속에 등장하는 이들 작품은 교훈적 성격을 띠고 있어(19) 비록 전기소설의 嫡統이라 할 수는 없으나, 현실의 모순을 심각한 문제로 제기하고 현실 속에 쉬 실현될 수 없는 이념을 제시하는 전기소설의 특수한 변형으로 볼 수 있다(9·20).

임란 이후 봉건사회가 서서히 해체될 조짐을 보일 때까지도 전기소설은 계속 창작되었다. 그러나 이 시기에 창작된 대부분의 작품들에서 우리는 진지한 작가의식을 찾아보기 힘들며, 〈금오신화〉에서 볼 수 있었던 전기소설의 전형적 성격이나 예술적 성과를 기대할 수도 없다. 뒷날 〈無情〉의 한 源泉이 되었음직한 〈周生傳〉이나, 〈英英傳〉 등의 애정물에서 우리는 사회의 모순과 질곡에 대결하려는 비극적인 사랑의 고뇌나 의지를 찾아볼 수 없다. 모든 고난이 쉽게 풀려가는 〈崔陟傳〉(紅桃)에서도 현실의 진정한 모습은 회피되어 있다. 요컨대 이들은 모두 이기적 위안을 위한 통속소설이다. 〈운영전〉은 그 비극적 성격 때문에 주목을 받아왔으나(21) 비극론은 자칫 추상적으로 흐르기 쉽다. 사회와 차단된 채 유폐돼 있는 宮人의 삶이 조선후기 봉건사회내의 전형적인 삶이라고 보기는 어렵다. 〈張生傳〉〈張山人傳〉〈五台劍俠傳〉 등의 작품을 모두 전기소설로 본다면(22) 그 전형적 쟝르적 성격의 파악이 매우 힘들게 된다. 이런 유의 소설들이 지니는 문학사적 성격은 이들을 출현시킨 역사적 배경과 함께 따로 논의될 필요가 있다.

이상에서 전기소설의 문제 및 이와 관련된 연구사를 개관하였다. 논의를 줄이기 위해 미처 언급하지 못한 작품이나 중요한 연구 및 논점들이 많았을 것이라 생각된다. 한국 고소설사에서 전기소설이 차지하는 위치가 명확하게 이해되려면 예컨대 〈삼국유사〉 열전의 〈溫達〉과 〈금오신화〉 및 봉건 후기 도시사회를 배경으로 한 〈沈生〉과 같은 작품들의 문체나 서술구조가 어떻게 다른가 하는 문제가 해명되어야 할 것이다.   鄭 學 城

論 著

1. 李家源 李朝傳奇小說硏究(現代文學 1955. 7~8)
2. 金起東 李朝時代小說論(精硏社, 1969)
3. 李在銑 韓國短篇小說硏究(一潮閣, 1975)
4. 張德順 國文學通論(新丘文化社, 1960)
5. 金台俊 朝鮮小說史(學藝社, 1939)
6. 朴晟義 比較文學的 見地에서 본 金鰲新話와 剪燈新話(高大文理論集 3, 1958)
7. 李在秀 韓國小說硏究(宣明文化社, 1969)

  8. 韓榮煥　剪燈新話와　金鰲新話의　構成比較硏究(開文社, 1975)
  9. 張德順　夢遊錄小考(國文學通論, 新丘文化社, 1960)
 10. 金鉉龍　韓中小說說話比較硏究(一志社, 1976)
 11. 鄭鉒東　梅月堂　金時習硏究(新雅社, 1965)
 12. 鄭炳昱　金時習의　生涯와　思想(國文學散藁, 新丘文化社, 1959)
 13. 林熒澤　現實主義　世界觀과　金鰲新話(國文學硏究 13, 서울大 國文學硏究會, 1971)
 14. 李石來　金鰲新話의　展開的考察(李崇寧博士頌壽紀念論叢, 乙酉文化社, 1968)
 15. 李相澤　醉遊浮碧亭記의　道家的　文化意識(韓國古典小說의　探究,　中央出版社, 1981)
 16. 趙東一　韓國小說의　理論(知識産業社, 1977)
 17. 林熒澤　羅末麗初의　傳奇文學(韓國漢文學硏究 5, 1981)
 18. 崔康賢　「新羅殊異傳」小攷(국어국문학 25〜26, 1962)
 19. 徐大錫　夢遊錄의　장르적　성격과　문학사적 위치(韓國學論文集　3, 啓明大, 1975)
 20. 鄭學城　夢遊錄의　歷史意識과　類型的　特質(冠岳語文硏究 2, 서울大, 1977)
 21. 蘇在英　雲英傳硏究(亞細亞硏究 14—1, 1971)
 22. 柳鍾國　李朝傳奇小說의　特性에　關한　硏究(全北大 大學院, 1980)
 23. 崔南善　金鰲新話　解題(啓明 19, 1927)

12. 道學派의 문학

　道의 사전적 의미는 워낙 다양하므로, 道學이란 명칭도 다양하게 쓰일 수 있겠지만, 일반적으로 도학은 실상 儒學, 그중에도 性理學(程朱學)으로 불리는 宋代 理學의 한 파를 가리키는 말로 굳어져 있다.

　도학의 목표는 우주·인생의 진리를 탐색하고 부단한 자기수양을 통해 궁극적으로 이 세상에 儒道를 구현하는 데 있다. 그 바탕은 어디까지나 先秦儒學이며, 유학적 진리의 재인식이요 체득이다. 그 때문에 도학은 철학적이요 도덕적이며, 실천적이요 종교적이다. 그리하여 도학자는 「窮理」 「修身」을 통해 「成仁」「化民」하려는 일에 집념한다.

　도학자의 집념이 그러하기 때문에 문학도 당연히 道를 인식하거나 구현하는 데 기여하는 것이어야 한다. 「原道의 文學」과 「緣情의 文學」 가운데서, 도학자가 원도의 문학 쪽에 서게 되는 것은 그 때문이다.

　일찌기 공자는 〈詩經〉을 刪定했으며, 伯魚에게 〈周南〉〈召南〉 읽기를 명했고 〈關雎〉를 비평했으며 「興」「觀」「群」「怨」「多識草木鳥獸之名」 등 시의 효용을 들고 시가 가진 교화의 기능을 강조한 이래, 문학은 이미 儒家와 떨어질 수 없는 관계에 놓이게 되었으며, 〈시경〉의 주자적 해석——義·理가 기준이 된——도 이런 바탕에서 이루어지는 것이다. 공자나 주자의 〈시경〉에 대한 관심이 이처럼 깊은 것은 결국 시(문학)가 학문을 온전히 하는 데 이바지할 수 있다는 것을 증명한 셈이다.

　그렇다면 항용 일컬어지는 「道는 本이요 文은 末」이란 도학자의 문학에 대한 견해는 어떻게 받아들여야 할 것인가? 주자는 「道는 文의 근본이며 文은 道의 지엽」이라고 하고 「사람이 의리를 강론하는 일에 나아가지 않고 시문을 배우려고 하는 것은 이미 第二義에 떨어진 것」이라고 비판했고, 李滉도 「시는 학자에게 가장 긴절하지 않은 것」이라고 했던 것이다. 그러나 이 말이 문학의 존재의의를 부정한 것이라고 생각하는 것은 커다란 오해다. 왜냐하면 사물이란 반드시 本과 末, 始와 終이 있는데, 본말의 판계는 결국 本은 「먼저 할 일」인 데 대해 末은 「나중에 할 일」이며 本을 이루고 나면 末은 저절로 이루어진다는 의미지 결코 末을 부정한 것이 아니라는 사실에 유의해야 할 것이다. 〈大學〉의 경우, 本은 「修身」이며 末은 「平天下」다. 이 본말의 관계는 本을 먼저 하고 末을 뒤에 한다는 의미며 末을 부정한 것은 아니라는 것과 마찬가지다. 도학파의 문학은 이런 각도에서 이해해야 할 것이다.

한국문학사에 있어서 原道의 문학과 緣情의 문학이 구체적인 모습을 띠고 대립하는 양상으로 전개되기 시작하는 것은 金富軾과 鄭知常의 문학에서 비롯되는 것이 아닌가 한다. 김부식을 原道, 정지상을 緣情 쪽으로 이해할 수 있기 때문이다. 그러나 김부식의 문학을 도학자의 문학이라 일컬을 수는 없을 것 같다. 다른 문제들은 덮어두고라도 아직은 도에 대한 철학적 성찰이 나타나지 않기 때문이다.

성리학이 한국에 전래된 것은 고려말이다. 이때 이미 李崇仁은 「도덕의 實이 마음에 가득하면 문장의 나타남이 煥然하지 않을 수 없다」고 지적하면서 당시 사람들이 賦·詩를 잘 짓기 위해 聲律과 對偶에 마음쏟음을 못마땅하게 여기고 있다. 동방 理學의 宗으로 추숭되는 鄭夢周는 고려를 위해 목숨을 버리는 큰 절의를 세웠을 뿐 아니라 「橫說竪說이 모두 道에 맞다」고 일컬어질 정도였으므로 도학파의 문학을 이해하기 위해서 麗末은 중요시해야 할 시점임이 틀림없다. 물론 그뒤로 이루어진 여러 성과도 간과할 수 없겠지만, 그러나 우리의 관심은 徐敬德 李彦迪 李滉 李珥가 등장하여 활발히 이론을 전개하고 성리학의 새로운 장을 연 16세기가 되지 않을 수 없다.

첫째, 정몽주의 성리학 저술이 지금 남아 있지 않으며, 金宏弼 鄭汝昌 趙光祖도 그런 저술을 별로 남기지 못하고 있다.

둘째, 鄭道傳 權近은 그 실천행위에 대해 후인들이 비판하고 있다.

세째 한국의 理學系譜는,

$$鄭夢周 \rightarrow 吉再 \rightarrow 金淑滋 \rightarrow 金宗直 \left\langle \begin{matrix} 金宏弼 \rightarrow 趙光祖 \\ 鄭汝昌 \end{matrix} \right.$$

으로 일컬어지고 있으나, 이 계보는 이황도 인정하지 않았던 것 같으며, 더구나 宋時烈은 도학(理學)이 이처럼 貫珠마냥 授受된다는 것은 定論으로 볼 수 없다는 견해를 밝혔으므로 이 계보를 따라 도학파를 이해한다는 것은 무리한 일일 수도 있다.

이상과 같은 근거에서 도학자의 문학관과 그 구체적 전개를 16세기에서 살피고자 하거니와, 이 글에서는 더욱 그 범위를 좁혀 이황의 문학관과 작품세계의 일단을 살펴보는 것으로 한정하려 한다. 이황은 진정 철학적 도덕적 실천적 종교적인 도학의 여러 여건을 빠짐없이 갖추었기 때문이며, 이 작업을 통해 다른 학자들의 견해의 일단도 추찰할 수 있으리라 생각되기 때문이다.

이황은 스스로 성인을 배우다가 설혹 성인이 되지 못한다고 하더라도 어느 일 한 가지를 잘하는 것으로 成名하고자 하지 않았기 때문에 당초부터 文章·詞華에 집착하지 않았다. 그렇다고 하여 문학을 소홀히 했다는 것은 결코 아니다. 이황은 문학을 소홀히 할 수 없는 이유로, (1) 詩書를 공부하지 않는 理學이 있을 수 없다, (2) 문학은 正心의 효용을 가진다는 것을 들고 있는데, 시서를 공부하지 않는 이학이 없다는 것은 시서가 도학을 하는 데 필요하다는 뜻이며, 문학이 정심의 효용을 가진다는 것은 문학과 도학이 相須關係를 맺을 수 있다는 뜻이 된다. 이황은 시서는 물론, 〈古文眞寶〉를 많이 읽었다고 하며, 주자는 물론, 陶淵明 杜甫 蘇東坡의 시를 좋아하였는데, 특히 소동파의 인물됨을 비판하면서도 그의 시를 애독한 것은 이처럼 문학의 효용을 절감했기 때문이라고 할 수 있다.

이황은 「興과 情이 알맞으면 詩를 짓지 않을 수 없다(興來情適已難禁)」고 하여 作詩의 불가피함을 시로 표현하기도 했다. 그러나 보다 더 적극적인 의미는 「立言乘後」란 말에서 찾을 수 있을 것 같다. 立言乘後란 「말을 세워(立言＝創作) 뒷사람들에게 전하는 것(乘後＝傳承, 효용의 발현)」인데 이 일은 이황이 벼슬길에서 물러선 가장 중요한 이유라고 할 것이다. 이황의 물러섬은 周나라가 쇠망한 이래 성현의 道는 당대엔 행해지지 못해도 만세에 전승되어 행해진다는 역사적 사실을 성찰했기 때문이며, 이런 생각은 〈靜庵行狀〉에서 분명하게 서술되고 있다. 立言은 학문의 바탕 위에서 이루어지므로 道가 本이 되는 것이며, 그것이 만세에 有爲의 것이 되기 위해서는 우선 광의의 문학과 연결되지 않을 수 없으므로 이미 道와 文은 떨어질 수 없는 관계를 가지게 된다. 협의의 문학도 이와 별개로 생각할 수 없다. 흥과 정이 맞으면 시를 짓지 않을 수 없고 그 바탕은 道(학문)가 되므로 드디어 「理趣俱到」의 문학이 창작되게 되는 것이다.

이황은 당대에 「유학자의 문학」, 「문장가의 문학」, 「場屋文學」이란 세 계층의 문학이 있다고 하고, 제자에게 유학자의 문학을 하도록 권면한다.

262

문장가의 문학과 장옥문학은 각기 名·利를 추구하는 것이어서 求道의 길을 방해하기 때문이다.

유학자의 문학은 어떠해야 할 것인가? 유학자가 하려는 일은 결국 「修己」와 「治人」이므로 문학도 이에 상관되지 않을 수 없다.

(1) 문학은 學問意思를 담아야 한다.

이런 뜻에서 보면 그 문학은 載道的이다. 학문의사를 담은 작품을 쓰도록 하기 위해 이황이 제자들을 規戒한 내용 몇 가지를 들면 다음과 같다.

첫째, 자연을 읊되 그것으로 만족해서는 안된다.

둘째, 자부하거나 虛誇해서는 안된다.

세째, 과장이나 過實이 심해서는 안된다.

네째, 好奇·尙異의 뜻이 짙어서는 안된다.

다섯째, 詭論이나 强說을 써서는 안된다.

여섯째, 放誕하거나 厖雜해서는 안된다.

이황은 서로 주고받는 시들에서 규계 권면하는 내용이 담긴 것을 기리며, 그런 뜻을 담고 있는 글을 많이 쓴다. 그것이야말로 학문하는 이에게 마땅한 일이기 때문이라 한다. 그러나 모든 글이 다 그래야 한다는 것은 아니다. 예컨대 이황은 〈朱子書節要〉를 엮으면서 「〈주자서절요〉의 중합은 학문을 하는 데 있으므로 마땅히 규계하고 責勵하는 글을 위주로 뽑아야 하겠으나, 한결같이 그렇게만 하면 읽는 사람이 구속되어 興起하는 의사가 없을 것」이라 하고, 다른 글을 많이 넣었다는 사실에서도 알 수 있다.

(2) 문학은 본성의 善을 계발하는 데 도움을 주어야 한다.

鄭逑가 정몽주의 출처문제에 대해 의심을 품고 질문했을 때, 이황은 「사람에게 설령 허물이 있더라도 그중에서 허물이 없음을 찾는 것이 마땅하며, 허물이 없는데 그 속에서 허물을 찾음이 부당함」을 지적하면서 세상사람이 남의 아름다움을 闡揚하기(成人之美)를 즐겨하지 않는 데 대해 한스러워하면서 정구에게 그런 병통이 있음을 꾸짖은 일이 있다. 成人之美란 쓸데없이 남의 허물을 들추지 않는다는 소극적인 의미에서부터 그 사람의 아름다움을 이루어주는 적극적인 의미까지를 띤 것이다.

이런 배경에서 〈過淸平山有感〉이 만들어진다. 37년간 布衣로 淸平山에서 생활한 李資玄을 두고 〈東國通鑑〉에서 貪鄙吝嗇이라 일컫고, 혹은 이자현의 은거는 명성을 위한 것이라거나 또 이자현이 田庄을 두어 일방의 농민이 피로와하는 바가 되었다는 등의 기록을 두고 그 하나하나를 변정한 뒤, 흉중에 즐겨하는 바가 있지 않은 이는 이와 같이 할 수 없다 하여 시를 지어 천양한 것이 그것이다.

또 이황은 曺植이 쓴 김굉필의 행장에서 김굉필이 형을 받을 때의 사정을 기록한 節目이 지나치게 상세하고 참혹하여 읽는 이로 하여금 눈을 가리고 차마 볼 수 없게 하므로 이를 刪除하는 것이 어떻겠느냐는 의견을 내는데, 이는 그 비참한 정경의 사실적인 서술이 설혹 懲惡의 의미는 가질 수 있어도 김굉필을 찬양하거나 勸善의 효과를 가지게 하는 데는 아무런 뜻이 없기 때문이다.

(3) 體·格에 맞아야 하며 많은 단련을 해야 한다.

문장은 한때 한두 사람의 전유물이 아닌 하나의 公器이다. 더구나 그 글이 후세에 전해져서 有爲의 역할을 해내기 위해서는 體와 格을 무시할 수 없으며 간략하고 精當해야 하기 때문에 많은 추고와 단련이 필요한 것이다. 이것은 문장을 아름답게 꾸미려는 彫飾과는 다르다. 彫飾은 문장을 병들게 하지만 단련은 문장이 가지는 본래의 목적(乘後)을 달성하게 하는 것이다.

유학자 문학의 이상은 道를 얻어 그 즐거움을 읊고 서술하는 데 있을 것이다. 이런 각도에서 이황의 작품 두 편을 살펴보고자 한다.

이황은 18세에 〈池上草亭〉이란 시를 썼다.

露草夭夭繞水涯　　이슬 띤 풀잎은 싱그러이 물가를 둘렀고
小塘淸活淨無沙　　작은 못 맑디맑아 티끌 한점 없네.
雲飛鳥過元相管　　구름 날고 새 지남이야 원래 서로 통하는 것
只怕時時鷰蹴波　　다만 두려울 손 제비 때때로 물을 찰까 함이네

이 시는 이황이 어릴 때 우연히 燕谷에서 지나면서, 거기 조그만 못의 물이 매우 맑으므로 느낀 바가 있어 쓴 시인데, 앞 세 구에서는 天理의 流行을, 결구에서는 거기 人欲이 끼여들까 두려워하는 내용을 담은 것이라 한다. 이 시 결구에서 제비가 물을 차서 파문을 일으킬까 두려워하는 것이 이황의 心性 공부요, 修己의 의미다. 그러나 이황은 만년(61세)에 이 시를 두고 「그때는 얻은 것이 있다고 여겼으나 지금 와서 생각하니 매우 가소롭다. 이뒤에 만약 다시 한 걸음을 더 나아간다면 반드시 오늘에 와서 전날의 일을 웃는 것과 같게 될 것이다」라고 했는데, 이때는 이황의 학문이 이미 새로운 경지에 들어가 있었음을 뜻하는 것이다.

그 해에 이황은 〈步自溪上踰山至書堂〉이란 시를 썼다.

花發巖崖春寂寂　꽃들 바위언덕에 피고 봄은 고요한데
鳥鳴磵樹水潺潺　새는 냇가 나무에서 지저귀고 물 잔잔히 흐른다.
偶從山後携童冠　우연히 산 뒤에서 동관들 데리고
閑到山前看考槃　한가로이 산 앞에 이르러 고반을 본다.

이 시에 대해 李德弘은「읊으신 시는 上下가 같이 흐르고 만물이 각기 그 자리를 얻는 묘함이 있는 것 같은데 어떠합니까?」고 이황에게 물었는데, 이황은「비록 그런 뜻이 있으나 주장하는 말이 너무 지나치게 높다」고 답한다. 상하가 같이 흐르고 만물이 각기 그 자리를 얻는다는 것은 人欲이 없는 곳에 天理가 유행하여 곳에 따라 충만함으로써 物我·內外가 일체된 경지의 즐거움을 가지는 것이라 한다. 결국 이 시는 꽃은 꽃대로, 새는 새대로, 봄은 봄대로, 물은 물대로, 나무는 나무대로, 사람은 사람대로 각기 그 자리를 얻으면서 그들이 천리에 맞게 한데 조화되어 조그만 결함도 없는,「도」의 상태를 읊은 것이다. 결국 〈池上草亭〉에서 인욕이 끼여들까 두려워하던 것이 〈步自溪上踰山至書堂〉에서는 인욕을 벗어난 경지로 나아간 것이다.

앞의 시는 유자로서 성현이 되기 위해 학문을 쌓을 때의 일을 읊은 것인데 대해 뒤의 시는 이미 학문이 완성된, 成道의 세계를 읊은 것이며, 따라서 뒷시는 바로 유학자 문학의 극치를 이룬 것이라 하겠다.

이황의 시는 이처럼 求道의 시와 成道의 시로 나눌 수 있겠는데, 그 분기점은 구도의 뜻을 온전히 한 50대 후반이 아닐까 한다. 陶山書堂이 건립되고 樂山樂水의 환경에서 제자들을 가르치며 지은 〈陶山十二曲〉과 〈陶山雜詠〉 등은 이미 賞自然의 文學이 아니고 道에 나아갈 길을 제시하고 그 세계의 즐거움을 체득하고 그걸 노래한, 도학자 문학의 또 하나의 극치로 생각된다.

이상은 이황의 문학관과 작품세계의 일단을 엿본 것에 불과하다. 문득 약간의 의미 차이가 있는 이학파·도학파·사림파·산림파 등의 여러 가지 명칭도 재고되어야 하리라는 생각이 드는 것은 도학은 정녕 이황에 와서 참된 의미를 가지게 된 것으로 보이기 때문이다.　　　　　　李源周

論

1. 玄相允　朝鮮儒學史(民衆書舘, 1949)
2. 金思燁　道學派의 歌曲觀(慶北大論文集 1, 1956)
3. 金得榥　韓國思想史(韓國思想研究所, 1958).

  4. 李家源   儒敎思想과 韓國文學(成均館大 大東文化硏究院, 1973)
  5. 裵宗鎬   韓國儒學史(延世大 출판부, 1974)
  6. 徐首生   退溪文學의 硏究(慶尙北道 退溪學硏究 1, 1973)
  7. 林熒澤   16世紀 士林派의 文藝意識(韓國學論集 3, 啓明大, 1975)
  8. 朴鍾鴻   韓國思想史論攷(瑞文堂, 1977)
  9. 崔珍源   國文學과 自然(成均館大 출판부, 1977)
 10. 李東歡   退溪의 詩에 對하여(退溪學報 19, 退溪學硏究院, 1978)
 11. 李源周   佔畢齋硏究(韓國學論集 6, 啓明大, 1978)
 12. 趙東一   韓國文學思想史試論(知識産業社, 1978)
 13. 王 甦   退溪詩學(退溪學報 21~25, 退溪學硏究院, 1979)
 14. 전형대외   韓國古典詩學史(弘盛社, 1979)
 15. 曾永義   兩漢魏晋南北朝文學批評資料彙編 緒論(臺灣 成文出版社, 1979)
 16. 李東歡   退溪詩世界의 한 局面(退溪學報 25, 退溪學硏究院, 1980)
 17. 李源周   退溪先生의 文學觀(韓國學論集 8, 啓明大, 1981)

13. 조선시대의 詩話

　고려의 비평문학은 李奎報와 李仁老에 의해 싹이 트고, 崔滋와 李齊賢을
거쳐 그 기반을 굳혔다.
　조선으로 왕조가 바뀌면서 전문적인 비평서가 보이지 않다가,　徐居正
의 〈東人詩話〉에서 조선시대 비평의 문은 열리기 시작했다. 물론 그 이전
에도 전문적인 시화집이 없었지, 개인 문집에 비평적인 요소가 없었던 것
은 아니다. 서거정에서부터 비평문학은 활발히 일어나, 洪萬宗에 의해 시
화집의 집대성인 〈詩話叢林〉이 이루어졌다.
　〈시화총림〉은 4권으로, 이규보의 〈白雲小說〉, 이제현의 〈櫟翁稗說〉, 成
俔의 〈慵齋叢話〉, 南孝溫의 〈秋江冷話〉, 金正國의 〈思齋撫言〉, 曹伸의 〈諛
聞瑣錄〉, 金安老의 〈龍泉談寂記〉, 沈守慶의 〈遣閑雜錄〉, 權應仁의 〈松溪
漫錄〉, 魚叔權의 〈稗官雜記〉, 李濟臣의 〈淸江詩話〉, 尹根壽의 〈月汀漫錄〉,
車天輅의 〈五山說林〉, 申欽의 〈晴窓軟談〉 〈山中獨言〉, 李晬光의 〈芝峯類
說〉, 柳夢寅의 〈於于野談〉, 許筠의 〈惺叟詩話〉, 梁慶遇의 〈霽湖詩話〉, 張
維의 〈谿谷漫筆〉, 金得臣의 〈終南叢志〉, 南龍翼의 〈壺谷詩話〉, 任埅의 〈水
村漫錄〉, 任璟의 〈玄湖瑣談〉, 편자의 〈證正〉으로 꾸며져 있어, 실로 우리
비평문학의 보고라 할 수 있다.
　또한 편자 미상인, 조선초부터 인조까지의 53종을 수록한 〈大東野乘〉,
19세기 후반에 이루어졌으리라 짐작되는 역시 편자 미상인 〈稗林〉이 있
다. 〈패림〉은 조선 후기까지의 96종의 자료를 모아놓았다. 〈대동야승〉과
〈패림〉은 채록된 내용이 전문적인 시화뿐만 아니라 야사류의 많은 이야기
들이 들어 있다.
　근대에 와서는 1909년 〈대한매일신보〉에 〈天喜堂詩話〉가 연재되었고,
1930년대에 金瑗根의 〈朝鮮古今詩話〉 〈朝鮮詩史〉, 金台俊의 〈朝鮮詩話〉
가 발표되었다. 그리고 최근에 발표된 것으로는 李家源의 〈玉溜山莊詩話〉
가 있다.

이렇게 방대한 자료가 있는 시화를 중심한 비평의 연구는 국문학 연구
초창기에 국문학사나 한문학사에서 단편적으로 언급되었고, 본격적인 연
구는 1960년대에 와서 시작되었다. 그러나 그 자료에 비해 연구업적은
아직 한미하다 할 수 있다. 최근에는 한문학에 대한 연구가 활발하여 비
평에 대한 연구도 많이 이룩되고 있는 것이 현 학계의 실정이다. 특히 鄭
基慈(6) 趙鍾業(7·8·12) 崔信浩(17·18) 등의 연구는 시화를 중심한 비평연
구의 기초를 구축하였다.

이 글에서는 조선시대의 비평의 전개를 전기·중기·후기로 나누어서 두
드러진 특징을 살펴보고자 한다.

(1) 조선 전기의 비평 : 이태조의 등극에서부터 임진왜란 직전까지인 조선
전기는 주자학을 國是로 하여 건국사업에 필요한 제반 문물제도를 확립하
고 또 그에 따른 통치질서를 유지해 나가던 시기로서, 특히 문학적인 방
면에서도 건국에 따른 질서체계 확립을 위한 각종 편찬사업이 행해짐과
동시에 주자학적 문학관이 대두하여 확고한 위치를 점하였던 시대였다. 따
라서 조선 전기는 주자학적 문학관의 실상에 서거정을 중심으로 한 관료층
과 대립된 사림파 학자들의 논리적 전개가 주목되는 시기이다(27). 특히
문학의 효용을 風敎에 두었기 때문에 비평의 기준 역시 이에 준하였다.
이 점은 고려의 비평과 같은 양상이다.

成三問은 〈八家詩選〉의 序에서, 「그 지은 바가 진실로 성정에서 우러나
온 것으로 풍속의 교화에 관계되는 것이 아니며, 선과 악에 있어 족히 사
람을 권장하고 징계할 것이 못된다면, 모두 취하지 않을 것이다」라고 〈팔
가시선〉에 수록된 작품의 특징을 역술하였다. 이는 곧 비평의 기준을 풍
교에 두었다는 것을 제시한 것이라 생각된다.

조선의 본격적인 비평서라고 볼 수 있는 서거정의 〈동인시화〉에서도 풍
교를 바탕으로 한 비평을 많이 발견할 수 있다. 서거정은 詩를 小技라고
하면서도, 시의 효용을 世敎에 두었다. 이러한 의식은 李珥 金宗直 등에
서도 발견된다. 남효온은 〈추강냉화〉에서 「천지의 正氣를 얻은 것이 사람
이요, 한 사람의 몸을 맡아 다스리는 것이 마음이며, 사람의 마음이 밖으
로 펴나온 것이 말이요, 사람의 말이 가장 알차고 맑은 것이 시이다. 마
음이 바르면 시가 바르고, 마음이 간사하면 시도 간사해진다」라고 시가
성정을 도야함을 밝혔다.

그렇기 때문에 작품을 평가함에 있어서 氣像을 중심으로 하게 된다. 〈동
인시화〉에서 「帝王의 文章氣像은 일반인과는 크게 다르다……넓고 큰 도

량을 이루 표현할 수 없다」라고 제왕의 詩格이 높음을 치하하였고, 「詩 當先氣節 而後文操」라고 詩道를 역설하였다.

서거정의 비평적 태도로 주목할 만한 것은 脫慕華思想으로서 민족주의 적인 면을 보이고 있는 것이다. 〈東文選〉序에서 을지문덕과 최치원 이래 국내외에서 이룩한 문화적 업적을 서술하고, 그것은 특히 「宋元의 文도 아니고 漢唐의 文도 아닌 바로 우리나라의 文이다」라고 민족주체적인 문 학관을 보이고 있으며, 〈동인시화〉에서, 최치원의 〈題潤州慈和寺詩〉, 朴 仁範의 〈題涇州龍朔寺詩〉, 朴寅亮의 〈題泗州龜山寺詩〉를 인용하면서 「우리 나라 사람들이 중국에서 시로써 이름을 떨친 것이 이 세 사람들로부터 시 작되었는데 문장이 족히 중국과 같다」고 우리의 뛰어난 詩境을 말하고 있 다. 물론 고려의 비평에서 이와 같은 태도를 발견할 수 없지는 않으나, 모화 사상이 극치에 다다랐던 시대에 당·송과 어깨를 나란히 하겠다는 생각은 주종적 관계에서 벗어나려는 선각자로서의 자세로 평가해야 할 것이다(30).

성현은 〈용재총화〉에서 金守溫의 〈擊甕圖詩〉〈沈中樞山齋詩〉〈龍宮軒題 詩〉를 인용하여, 「金文平公은 문장이 웅혼하여 거리낌이 없었는데 오로지 司馬遷의 궤범을 모방하였으며, 온 세상에 맞서 버틸 만한 사람이 없었 다. 그런데 그 시가 또한 호건하여 깊이 골수를 얻었으나 성품이 검속되 지 못하여 압운이 바르지 않았으므로, 모두들 시가 문보다 못하다고 하였 다. 실상은 시와 문이 모두 넉넉하였다……모두가 뜻밖의 맛을 얻은 것으 로 사람들이 능히 미칠 바가 아니다」라고 형식에 얽매여 압운에 치우친 것보다는 言外意의 경지를 모색한 작품을 높이 평가하였다.

조선시대 비평의 획기적인 사실은 국문시가에 대한 관심이다. 李滉은 〈陶山十二曲〉跋에서, 「〈翰林別曲〉은 문인의 입에서 나왔으나 호걸스러움을 자랑하여 방탕하고, 아울러 무례하고 거만하며, 희롱하고 親狎한 것으로 더우기 군자가 마땅히 숭상할 바가 아니다. 오직 근세에 李鼈의 〈六歌〉란 것이 세상에 널리 전하는데, 오히려 〈翰林別曲〉보다 좋다고는 하나 세상을 놀리는 불공스런 뜻이 있고 온유 돈후한 실속이 적은 게 애석하다」고 전 제하고, 시조 〈陶山十二曲〉을 지은 동기를 「지금의 시는 옛 시와는 달라 서, 가히 읊기는 해도 노래할 수는 없다. 만약 노래를 할 수 있도록 하자 면, 반드시 시속의 말로 엮어야 하는지라, 대개 나라의 풍속 음절이 그렇 지 않을 수 없는 것이다. 그러므로 李氏의 노래를 간략히 모방하여 陶山 六曲을 지은 것이 둘이다……아마도 비루한 마음을 씻어내 감발하고 온화 하게 하여 노래하는 자와 듣는 자가 서로 유익하게 됨이 없지 않을 것이다」라고 말하여, 우리의 국문시가도 온유돈후와 풍교에 바탕을 두어야 한다고 했다. 또한 심수경도 〈견한잡록〉에서 〈俛仰亭歌〉와 〈萬古歌〉에 대한 평을 하였다. 「근세에 俚語로 長歌를 짓는 이가 많은데, 오직 宋純의 〈면 앙정가〉와 陳復昌의 〈만고가〉가 조금 사람의 마음을 끈다. 〈면앙정가〉는 그윽한 산천과 넓고 넓은 전야의 형상이라든가 높고 낮은 亭臺와 굽이도 는 지름길의 형상, 사철과 아침저녁의 경치를 낱낱이 서술하여 갖추어 기 록하지 않은 것이 없으니, 문자를 섞어가며 그 宛轉을 지극히 하였음은 참 으로 볼 만하고 들을 만하다. 宋公이 평생에 노래를 잘 지었거니와, 이것 은 그중에도 가장 잘된 것이다. 〈만고가〉는 먼저 역대 제왕의 어질고 어 질지 못함을 서술하였으며, 다음에 신하의 어질고 그렇지 못함을 서술하였 는데, 대개 陽節潘氏의 論을 본받은 것으로 俚語로써 가사를 짓고 곡을 맞 춘 것이 또한 가히 들을 만하다」라고 작품의 경개와 특징을 약술하였다. 이것은 우리의 批評史에서, 비평의 범위가 漢詩이던 것이 그 범위를 확대 하여 우리의 국문작품에도 적용시켰다는 것이며, 아울러 시론의 전개를 극 대화시킨 것이라 생각할 수 있다.

(2) 조선 중기의 비평 : 임진란 이후로부터 영·정조에 이르기까지는 외적 의 침략을 경험하여 군건했던 질서체계에 내부적 동요가 일어나기 시작하 여, 일변 주자학의 위세가 지속되면서도 실학적 기운이 은연중 태동하던 시기이다.

주자학적 문인들은 원칙론이나 적용론에 관한 새로운 면을 제시하지 못 했고, 다만 확립된 이론을 답습하였다. 더우기 문학활동이 餘技라는 관념 은 이러한 현상을 증가시켰을 것이다. 이에 반하여 허균과 이수광은 매우 적극적인 시평의식을 보이고 있다(27).

허균은 〈惺所覆瓿藁〉에서, 「여러 사람의 작품을 취하여 장단점을 묻지 않고 외관상 아름다운 것을 모으는 것이 選하는 사람의 쉬움이다. 여러 작품을 모아 그 장단점과 중후하고 경박함을 살펴서 외관상의 아름다움을 묻지 않고 반드시 척도에 맞추어본 후에 책에다 올리는 것이 刪하는 사람 의 수고로움이다」라고 작품 선정작업에서 작품의 내적 특성을 분석해야 함을 강조하였다.

이수광은 〈지봉유설〉에서 鄭士龍의 작품에 대하여 「문장을 지음에 있어 用事를 엮어 짜기에만 능한 것은 문인의 병이 된다. 전대의 정사룡의 무 리들은 諸書를 抄하여 큰 주머니를 채울 만큼 가지고 다니며 제작함에 있 어서는 반드시 이에 따랐다. 그런고로 그의 시는 인용함이 많은 것으로 기교를 부렸다」라고 用事로써 기교를 부린 경박한 시라고 하여 혹평을 가했다.

주자학적 문인들은 詩意의 해설, 用事의 해설을 위주로 하고 작품의 미감에는 소홀한 듯한 감이 든다. 柳夢寅은 〈어우야담〉에서, 申光漢이 金安老의 권에 못 이겨 지은 「듣자니 아름다운 堂 새로이 짓는다는데／푸른 창 붉은 난간 호수가에 비치누나／강과 산 모두 옹기장이 손에 들어가니／풍류가 부자에게 돌아감도 마땅하도다」에 대하여 설명하기를, 「그 시는 풍자하는 뜻이 많이 들어 있다. 말하기를 「듣자니」라고 한 것은 스스로 가 보지 않았음을 나타낸 것이다. 「강과 산 모두 옹기장이 손에 들어가니」라고 한 것은 조정의 일·정치·강산·田土가 모두 옹기장이 손에 들어갔음을 나타낸 것이다. 「풍류가 부자에게 돌아감도 마땅하도다」라고 한 것은 번화로운 일이 풍류를 탐하는 것이 아니라 부귀를 탐하는 것을 나타낸 것이다」라고 풍유적인 시의를 해석하였다.

宗經精神에서 탈피하여 모방을 인정하지 않고 自得을 제창하였던 허균 이수광에 있어서는 미의식을 추구하는 비평적 의도를 발견할 수 있다. 허균은 〈鶴山樵談〉에서 高而順의 〈橘詩〉와 沈漁邨의 〈杜鵑詩〉에 대하여, 「두 작품의 뜻이 悲愴하니 모두 부모를 생각하고 임금을 사랑하는 정성이 폐부에서 넘쳐나온 것이다」라고 평하였고, 이수광은 〈지봉유설〉에서, 南怡의 시에 대하여 「말의 뜻이 발호하여 평온을 잃었고 기상이 낮다」라고 평하여 심미비평의 경지를 개진하였다.

(3) 조선 후기의 비평 : 영·정시대를 중심으로 뚜렷이 부각된 실학과 함께 지각 있는 지식층에 의하여 조선 왕조가 지녔던 여러 가지 모순점이 검토되었고, 아울러 천주교와 함께 서구의 문물이 들어오기 시작하였다.

관료적 문인들은 文을 載道之器로 인식하고 文은 末流, 道는 本源으로 파악하여 文을 末事·技藝에 지나지 않는 여기로 보거나, 文에는 노력할 필요를 느끼지 않고 오직 道에만 전심하고자 하는 태도가 강하게 보이고 있다(27).

徐命膺은 〈保晚齋集〉에서 「文은 말단이고 道는 근본이며, 文은 지류이고 道는 원천이다. 근본과 원천은 살피지 않고, 말단과 지류에 익숙하려고만 하여서는 얻는 것이 없을 것이다」라고 載道的인 문학관을 피력하였다.

丁若鏞은 〈與猶堂全書〉에서 道를 구체화시켜, 「임금을 사랑하고 나라를 걱정하지 않은 것은 시가 아니며, 시국을 가슴 아파하고 풍속을 안타까와

하지 않은 것은 시가 아니며, 찬미하고 풍자하고 권선징악하지 않은 것은 시가 아니다」라고 시의 효용론을 강조하였다.

특히 실학자들은 민족문학에 관심을 보이고 있다. 정약용은 「나는 조선인, 즐겨 조선의 시를 지으리」라고 선언하고 우리의 문학작품을 아껴야 한다고 했다.

鄭澈의 작품을 평가한 金萬重은 〈西浦漫筆〉에서 자국어 선언을 했다. 「지금 우리나라의 시와 문장은 말을 버리고 다른 나라의 언어를 배워서 쓴 것이다. 가령 아주 흡사해진다 하여도 앵무새가 사람의 말을 하는 것과 같을 뿐이다. 그러나 閭巷의 樵童이나 물긷는 아낙네들이 소리하며 서로 화창하는 것이 비록 鄙俗하다고는 하지만 그 진위를 논한다면 사대부들의 소위 詩賦라고 하여 타국의 언어를 배워서 쓴 것과 같이 논할 것이 못된다」라고 앵무새의 말로 당대의 시문을 일축하는 진보적인 문학의식을 표명하였다.

이러한 사고는 커다란 전환점을 마련하여 學唐・學宋이니 하는 시풍에서 벗어나 시의 질적인 면만을 평가하려는 의식을 보인다. 金昌協은 〈農巖集〉에서 중국시의 모방을 배척하였다. 「시는 唐詩를 배움이 마땅하지만 반드시 唐과 비슷할 필요는 없다. 唐人의 시는 성정과 興寄를 주로 하여 故實과 의논은 중히 여기지 않는데, 이것이 본받을 만한 점이다. 그러나 당인은 당인일 뿐이고 今人은 今人일 뿐이며, 시대상으로도 천여 년의 차이가 있다. 그 聲音과 氣調를 하나도 차이가 없이 하고자 해도 반드시 그렇게 되지 못하는 것이 이치이다. 억지로 당시와 비슷해지려 하는 것은 사람의 모습을 본떠 만든 木偶나 泥塑와 같아서 그 形은 비록 엄연하여도 천성은 없는 것이니 어찌 귀하다 하겠는가」라고 실상이 없는 시풍을 풍자적으로 평가하면서 민족주체적인 비평의식을 보이고 있다. 洪大容도 이와 같은 우리문학 의식을 보인 사람 중의 하나이다. 그렇기 때문에 자연 이들의 시비평은 형식보다는 내용에 치중하였고, 學詩의 원류를 찾거나 동일한 미의식의 근원을 찾아 작가의 작품경향을 평가하는 源流批評이 행해졌다.

또한 申景濬이 전개한 〈詩則〉(〈旅庵集〉 소재)은 본격적인 시론으로서, 시의 강령, 시의 재료, 詩格과 詩例의 대강, 詩作法總, 시의 기품, 시의 대요, 시의 형체 등을 서술하였다.

최치원에게서 본격적인 시문이 이 땅에서 시작한 이래 시비평은 꾸준히 전개되었다. 그들의 비평이 단순한 감상비평에 그친 감이 없지 않지만, 시의 발전을 위해 노력한 흔적은 역력히 읽을 수 있고, 시의 본질을 파악하려 했던 고심은 높이 평가해야 할 것이다.

시의 본질로서 효용적인 면을 추구함과 동시에 미의식을 찾는 노력은, 급기야 自國語 선언을 하고 우리의 국문작품에까지 그 영역을 확대하여 이황의 〈陶山十二曲跋〉, 김만중의 〈서포만필〉, 홍만종의 〈旬五志〉, 섭수경의 〈견한잡록〉 등에서 보이는 우리문학 의식은 한국문학 연구에 있어서 귀중한 보배가 아닐 수 없다.

이제 비평의 양태와 전개를 정리해 보면, 시론의 확립과 아울러 漢詩批評·국문시가비평이 이루어지고 구한말 〈天喜堂詩話〉에서 당대의 개화가사에 대한 비평작업이 이루어졌으며, 이것은 다시 현대의 金容浩의 〈詩園散策〉을 비롯한 자작시 해설집으로 그 맥락이 이어졌다.

앞으로의 과제는 시론의 통시적 공시적 고찰과 아울러, 詩話類에서 발견할 수 있는 이론을 우리의 국문작품에도 확대시키고, 더 나아가 현대문학에도 조명하는 작업이 이루어져야 되리라고 본다.　　　　　全 鎣 大

論　著

1. 金台俊　朝鮮漢文學史(朝鮮語文學會, 1931)
2. 具滋均　韓國平民文學史(高麗文化社, 1948)
3. 文璇奎　韓國漢文學史(正音社, 1961)
4. 李家源　韓國漢文學史(民衆書館, 1961)
5. 鄭基慈　李朝時代 批評에 관한 연구(서울大 석사논문, 1964)
6. 金智勇　茶山文學論(국어국문학 33, 국어국문학회, 1966)
7. 趙鍾業　東人詩話研究(大東文化研究 2, 成均館大 大東文化研究院, 1966)
8. 趙鍾業　淸江詩話研究(忠南大論文集 6, 1967)
9. 朴鍾均　東人詩話에 나타난 徐居正의 批評研究(慶熙大 석사논문, 1968)
10. 李家源　漢文學研究(探求堂, 1969)
11. 白 鐵　批評의 理解(民衆書館, 1971)
12. 趙鍾業　許筠詩論研究(池憲英先生華甲紀念論叢, 1971)
13. 李佑成　實學의 社會觀과 漢文學(韓國思想大系 Ⅰ, 成均館大 大東文化研究院, 1973)
14. 李家源　儒家思想과 韓國文學(韓國思想大系 Ⅰ, 成均館大 大東文化研究院, 1973)
15. 李炳漢　漢詩批評의 體例研究(通文館, 1974)

16. 林熒澤　朝鮮前期의 漢文學(한국사 11, 국사편찬위원회, 1974)
17. 崔信浩　鮮初의 文學理論(고전문학연구 2, 1974)
18. 崔信浩　文學理論에 나타난 氣에 대하여(震檀學報 38, 震檀學會, 1974)
19. 崔　雄　朝鮮中期詩學硏究(서울大 석사논문, 1975)
20. 閔丙秀　朝鮮前期 文學觀에 대하여(관악어문연구 1, 1976)
21. 鄭大林　朝鮮後期詩學硏究(서울大 석사논문, 1977)
22. 鄭炳昱　한국고전시가론(新丘文化社, 1977)
23. 鄭堯一　朝鮮前期詩學硏究(서울大 석사논문, 1977)
24. 張鴻在　東人詩話解題(국학자료 28, 1978)
25. 鄭大林　古典詩論과 그 繼承問題(관악어문연구 3, 1978)
26. 鄭大林　星湖文學硏究(관악어문연구 4, 1979)
27. 전형대외　한국고전시학사(홍성사, 1979)
28. 崔　雄　申欽의 文學觀에 대하여(한국고전산문연구, 동화문화사, 1981)
29. 宋載卲　茶山의 「文體策」에 대하여(한국고전산문연구, 동화문화사, 1981)
30. 전형대　東人詩話연구(한국고전산문연구, 동화문화사, 1981)
31. 崔博光　星湖 李瀷의 詩論(한국문학론, 일월서각, 1981)

14. 古文의 성격과 전개양상

　「古文」이란 용어는 다양한 의미를 지니고 있지만, 이 글에서는 先秦時代 문학 전반을 총칭하며, 아울러 韓愈가 제창한 산문 문체를 지칭한다. 후자를 지칭할 때 漢文學史上 더욱 문제가 되는 것은 과연 그것이 어떠한 성격을 지니고 있는가 하는 점이다. 이 글에서는 먼저 중국에 있어서의 古文의 성격과 그 전개를 검토한 다음, 우리나라에 있어서의 그 성격·전개양상을 살피려고 한다. 그러나 초점은 우리나라의 고문이 단순한 중국 고대 문장의 尊尙·模擬인가 하는 점에 있다.

　한유가 고대의 문장을 긍정한 것은 부정할 수 없다. 그러나 그것은 당대의 기교와 형식을 지나치게 존중한 騈儷文에 대한 반발에서 비롯하였다. 즉 변려문이 자구의 浮艶함, 對章의 잘 맞음, 聲律의 어울림 등 형식적인 것만을 추구할 뿐, 문장의 내용은 외면하였기 때문에 순박한 兩漢의 문체로 돌아가자는 것이었다. 그러나 한유는 옛사람의 진부한 말이나 투식을 반대하고 창작적인 문장의 구사를 주장한 것이지 兩漢을 모방하자는 것은 아니었다. 그의 목적은 孔子의 道德仁義를 보호하고 邪說을 막으려는 것이었으므로 평이한 文言文을 썼다. 그러므로 그것은 모방이 아니라 새로운 風格을 갖춘 唐代 문장의 창안을 의미한다.

　그러면 한유가 창작을 의도하면서 복고를 표방하여 古文運動을 주창한 이유는 무엇인가? 그것은 당시의 문화적 특성에 기인한다. 봉건사회였던 당대는 고대의 문물을 추앙하고 따르려는 경향이 강했기 때문에, 복고를 표방하지 않고서는 혁신적인 자신의 주장을 성공적으로 이끌 수 없었기 때문이다. 이 점은 후대의 古文家들의 경우에도 동일하다. 그래서 胡雲翼은 그의 〈中國文學史〉에서 「소위 고문이라고 하는 것은 결국 문학사상에 맞추어 나가면서 부르짖던 名辭에 불과하다」고까지 말하였다.

　고문은 사실 그 시대에 적합한 문장을 쓰기 위한 구호에 불과했다고 할 수 있지만, 秦漢의 표방을 위주로 하는 擬古의 복고운동이 없었던 것은 아니다. 이는 특히 明代에 주도된 것으로, 그 이유는 唐宋八家의 고문 문체가 점차 平易萎弱한 데로 흘렀고, 그것이 명대 중엽까지 계속된 때문이다. 이러한 風氣와 아울러 당대의 臺閣體나 八股文 같은 형식위주의 풍조에 대한 반동으로, 李夢陽 何景明 등이 唐宋八家를 배척하고 진한의 문장을 배울 것을 제창하였던 것이다. 이후 명대는 진한을 표방하는 復古說에 휩쓸리게 되었고, 뒤이어 李攀龍 王世貞 등 擬古의 대가들이 풍미하게 되었다. 그러나 그들은 진한의 古格을 모의 표절하여 古色·古香을 낸 것에 불과할 뿐, 당송팔가와 같은 창의는 매우 부족했다. 그들이 후세에 擬古文派·秦漢派 등으로 호칭된 이유는 바로 여기에 있다. 이에 대치하여 당송팔가를 존중한 王愼中 唐順之 歸有光 등은 고문파 혹은 唐宋派라고 지칭되지만, 그들 역시 새로운 문학을 창조해 내지 못했기 때문에, 문학발전에는 큰 성과를 거두지 못했다.

청대에 들어서면서 당송파가 세력을 잡게 됐으나, 중반에는 周·西漢에까지 소급하려는 절충파가 나타났다. 이것이 이른바 桐城派이다. 이 파의 시조격인 方苞는 古文義法·文道合一을 내세워, 道學家의 의리와 古文家의 문장 및 진한파의 聲調, 당송파의 規矩를 융합해야 한다고 주장하였다. 이 동성파의 古文은 姚鼐 曾國藩 張裕釗 吳汝綸 黎庶昌 등으로 이어져 清末까지 계승되었다. 唐代 이후 이상의 개관에서 볼 수 있듯이, 각 시대의 고문운동은, 그 표방하는 바가 무엇이든, 누적되어 온 당대의 병폐를 치유하여 그 시대에 적합한 문장을 쓰려는 것이었다. 전대 혹은 당대에 대한 반동의 정도와 그 성과의 차이는 있지만, 이러한 점에서 고문운동은 그 기본적인 성격에서 동일하다 할 수 있는 것이다.

우리나라에서 당송의 고문이 처음 제창된 것은 麗末의 李齊賢에게서이다. 그러나 주자학의 도입은 고문이 금기하는 語錄體나 註疏體의 문장을 보급하였고, 이제현의 門人 李穡 역시 그러한 영향을 받았다. 이후 조선전기는 대략 그러한 문체를 많이 사용하게 되었고, 고문이라는 관점에서 볼 때, 볼 만한 문장이 없었다고 할 수 있다. 李睟光이「佔畢齋(金宗直)는 동방의 巨擘이라 하는데도 俗下文字를 많이 썼다. 그밖에야 말할 나위도 없다」고 평한 것은 그같은 입장을 대변한 것이다.

조선은 明과 불가분의 관계를 맺고 있었던 만큼, 명의 문학에서 상당한 영향을 받았다. 그래서 우리나라에 있어서도 擬古文家인 왕세정 이반룡을 주축으로 하는 파와 당송의 고문을 존중하는 귀유광 등을 주축으로 하는 파가 생겨나게 되었다.

조선 전기의 어록체나 주소체의 문장에서 나타나는 平衍·綿弱·冗漫한 문풍을 타파하려 한 이가 宣祖 때의 崔岦이다. 그는 명의 의고문파의 문학이론을 흠모하여 진한의 고문을 본받고자 했다. 그는 簡潔 古勁한 문체를 일으키려 한 나머지 지나치게 險僻 古澁한 흠이 있었고 창조성이 부족했다. 그러나 이러한 경향은 尹根壽 申欽 申維漢 許穆 등을 거쳐, 쇠퇴해진 채로 구한말에 이르기까지 지속되었다. 특히 허목은 평생 고문을 좋아하여 진한 이후의 글은 읽지 않았다고 전해진다.

이들은 儒家의 경전에서 볼 수 있는 순정한 문체를 확립하려는 것이었지만 많은 경우, 상적투인 표현이나 난삽한 어휘들로 글을 이루어, 曹兢燮이 허목을 평한 말처럼 「마치 항아리에 古氣가 있는 것 같은, 시대에 맞지 않는」 문체를 사용했다는 폄하를 면하기 어렵다.

이러한 의고파와는 경향을 달리하여 스스로 일가를 이룰 것을 기도한 문장가들이 있다. 이들은 「독창적으로 自家를 이룬다」, 「時宜에 맞는 평이하고 간결한 글을 쓴다」, 「陳腐語(古語·常語 포함)를 완전히 용해하여 문법에 맞게 쓴다」 등을 자신의 목표로 삼았다 할 수 있다.

이러한 경향에 대해, 이른바 순정한 문체를 지속시키려는 노력의 하나가 正祖의 文體反正이라 할 수 있다. 정조의 문체반정은 어느 정도 효과를 거두었지만 그러한 흐름을 완전히 막을 수는 없었다.

의고문을 적극적으로 반대하여 논리적인 고문이론을 내세운 최초의 인물로 許筠(1569~1618)을 들 수 있다. 그의 古文論은 客과의 문답형식으로 구성된 〈文論〉에 잘 드러나 있다. 의고문의 전래로 인하여 鉤章棘句하고 險辭를 써서 句讀가 잘 떨어지지 않는 것을 古文이라 여기는 경향이 당시에는 매우 강했다. 허균은 그러한 경향에 반대하여 상용어로 文從字順하게 썼고, 그러한 논리를 전개한 것이 바로 〈문론〉인 것이다.

그는 〈書經〉의 文이야말로 더 없는 고문이지만 난삽한 말을 쓰지 않았다고 하며 당대의 통념을 반박 비판하고, 진정한 고문은 상호의 정을 통하게 하고 道를 실어 전하는 것이라 하였다. 따라서 고문을 회복한다고 옛 名文을 표절하고 險辭巧語로 분식하는 것은 진정한 고문이 아니라고 주장했다. 그리고 당송 고문가들의 진정한 가치는 그들이 표방한 복고라는 점에서가 아니라, 자기 시대의 문제를 다루었다는 데 있다고 언명했다. 자기가 살고 있는 시대의 상용어를 그대로가 아니라 갈고 다듬어 창조하여 쓰는 것이 진정한 문장이며 고문의 가치를 지니는 것임을 주장한 허균은, 莊子 司馬遷 韓愈 蘇軾 등은 모두 그러한 문장을 써서 일가를 이루었고, 그것이

후대에 고문으로서 보이는 것일 뿐이라고 예를 들기도 했다. 결국 그는 평이하게 상용어를 가다듬어 쓰면서도 독창적이며 간결한 글을 쓰는 것이 고문이라는 견해를 가졌다 하겠다. 그의 〈豪民論〉이나 〈遺才論〉 등은 그러한 정신을 드러내는 대표적인 예라 할 수 있다.

허균 이후 張維(1587~1638)와 李植(1584~1647), 金昌協(1561~1708)이 종래의 膚率하고 俚俗 冗靡하였던 누습에서 벗어나, 다양하고 참신한 문장을 구사하여 후세 고문가의 軌範을 이루었다. 그들의 주장은 강조점은 약간 다르기는 하지만, 의고문체를 배격하고 있다는 점에서는 그 성격을 함께 한다.

장유는 진부한 말을 버리고 창조된 언어로 문장을 지을 것을 강조했고, 형식보다는 내실을 갖춘, 문장의 아름다움보다는 理勝한 글을 쓸 것을 주장했다. 글의 생명력은 그러한 점에 있기 때문이라는 것이다.

약간 후대인 김창협은 〈雜識〉 가운데에서 이 점을 다음과 같이 명확히 드러내고 있다.

「韓退之는 글을 쓰는 데 陳言을 버려야 한다고 했다. 진언이란 오로지 세속에서 쓰는 庸常語만을 지칭하는 것이 아니다. 무릇 經書에서 나온 것이라 하더라도 古人이 일단 말한 것은 모두 진언이 되는 것이다. 이는 左傳·國語·班固·司馬遷의 文章이 아무리 瑰奇하다 해도 그것을 다시 습용하면 진언이 되는 것과 같다. 지금 한유의 문집을 수백 번 읽어보아도 고인의 成句를 습용한 것은 일체 없다……명대 문장인 李于鱗(李攀龍) 같은 이는 전적으로 고인의 자구를 취하여, 붙이고 엮어서 문장을 이루었으니 몹시 비루하다 하겠다.」

세속에서 익히 알고 있는 庸常語는 물론 성현의 말일지라도 일단 쓴 것을 그대로 습용하면 陳腐語라 하여 배격한 김창협의 이러한 주장은 창조적인 글에 대한 이들의 견해를 보다 강화한 것이라 할 수 있다. 그렇기 때문에 진한의 문장을 답습한 이반룡 등은 당연히 비루하다는 평을 받을 수밖에 없는 것이다.

이식은 이들과는 약간 달리 현실을 강조한 古文觀을 전개했다. 그는 자孫들에게 준 〈作文模範〉에서 다음과 같이 자신의 견해를 밝히고 있다.

「古今은 風俗이나 事情이 현격하게 다르다. 문장과 詞令은 그 사이에서 통해지는 것이므로 고인이 今世에 난다고 하여도 반드시 금세의 글을 쓸 것이다. 이것은 詩學과는 같지 않으니 당송 이하를 본받아야 한다……명대의 문장은 두 부류로 구분된다. 方遜志 王陽明은 가장 대正하여 한유 구양수의 類이다. 空同(李夢陽) 이하 四大家는 오로지 左氏·國語·班固·司馬遷만을 배워, 세속에 맞지 않은 것을 고상하게 여기므로 현대에 비출 적에 하나도 詞令과 합치하지 않을 뿐만 아니라, 배우기도 극히 어려우니 결코 그 門에 들어가서는 안된다.」

결국 고금은 사정이 판이하며, 文이란 풍속이나 사정을 통하게 하는 것이기 때문에 당대에 맞는 문장을 쓰지 않으면 안된다는 것이다. 그가 이몽양 등의 진한파를 배격한 이유는 바로 그 점에 있다. 이들의 古文觀은 결국 모방이나 표절에서 벗어나 내실을 지닌 창조적인 문장을 쓰되, 당대에 적합한 문체를 구사해야 된다는 것이라고 요약할 수 있다.

이러한 견지에서 보다 혁신적이면서도 풍부한 내용과 다양한 표현, 엄밀한 문체를 구사한 이가 朴趾源(1737〜1805)이다. 그는 李德懋 金澤榮 金允植 등이 평가한 것처럼 古文에 있어서 전무후무한 문장가였지만, 그것은 모방에 의해서가 아니라 자신의 새로운 인식과 사고를 다양하면서도 꽉 짜인 표현을 통해 드러냈기 때문이다.

그가 가장 중요시한 것은 창조성이라 할 수 있다. 이것은 비단 내용만을 의미하지는 않는다. 천지만물이 아무리 오래 되었어도 창조를 계속하기 때문에 그에 대한 인식과 사고와 표현이 낡은 것들을 되풀이할 수는 없다는 것이다. 그의 〈楚亭集序〉는 이 점을 극명하게 제시한다.

「天地가 비록 오래 되었으나 끊임없이 생성하고, 日月이 비록 오래 되었으나 그 빛은 날로 새로우며, 文獻이 비록 방대하나 그 뜻은 각기 다르다. 그러므로 날고 헤엄치고 달리고 뛰는 동물 가운데에도 아직 이름짓지 못한 것이 있으며, 山川草木은 반드시 秘靈을 간직하고 있다……禮에도 논쟁이 있고, 樂에도 是非가 있으며, 책은 말을 다 쓰지 못하고 그림은 뜻을 다 그리지 못한다.」

시간의 흐름에 따라 현실이 바뀌고, 따라서 禮와 樂에도 논쟁과 시비가 있게 된다. 그리고 어떤 책이나 그림도 자기의 모든 것을 표현하지는 못한다. 그렇다면, 완전한 것이란 있을 수 없으며, 설사 있다 해도 영원히 완전하게 존재할 수 있는 것은 아니다.

따라서 계속적인 창조가 중요한 것이며 모방은 그러한 창조의 포기로서 가장 타기되어야 할 것이다. 위대한 것을 모방한다고 해서 위대한 것을 이룰 수 있는 것은 아니며, 오히려 그럴수록 더욱 심한 웃음거리가 될 뿐이다. 이러한 견해를 그는 〈嬰處稿序〉에서 關王廟의 塑像에 비유하여 밝히고 있다.

「시뻘건 얼굴에 수염이 난 것은 엄연한 關公이다. 그래서 학질 앓는 사람을 그 牀 아래 놓으면 당장 혼비백산되어 춥던 증세가 도망가고 만다. 그러나 어린아이는 무서움을 모르므로 威尊을 모독한다. 눈망울을 긁어도 꿈쩍도 않고 코를 간질여도 재채기하지 않으니 덩그런 塑像일 뿐인 것이다.」

편견에 사로잡혀 있거나 권위에 눌린 사람들은 흙으로 빚은 關王의 모습에 두려움을 느끼지만, 천진한 어린애에게는 단순한 흙덩어리일 뿐이다. 문장 역시 이와 같다. 위대했던 古文도 실은 소상과 같은 것이어서 생명력이 없는 글자 덩어리에 불과한 것이다.

따라서 그는 今世의 文을 쓸 것을 강력히 주장하면서 文必秦漢·詩必盛唐이라고 추종하는 擬古文派들을 배척하고, 각자 지니고 있는 자신의 마음을 나타내는 새롭고 개성적인 문학을 주장하여 今文이 곧 古文임을 언명하였다. 세월이 흐르고 풍속이 변천하므로, 자신이 사는 시대, 자신의 문제를 진실하게 다루면 今文은 자연히 古文이 된다고 믿었던 것이다.

「家人의 常談도 오히려 學官에 列할 수 있고, 동요나 속담도 爾雅에 속할 수 있다. 글이 잘 되지 않은 것은 글자의 죄가 아니라, 저 字句의 雅俗을 평하고 篇章의 高下를 논하는 자들이 合變의 기틀과 制勝의 방법을 몰라서이다.」

이는 작문의 방법을 전술전략에 비유한 〈騷壇赤幟引〉에서 인용한 것이다. 그에 따르면, 전아한 단어들이 훌륭한 문장을 이루는 것은 아니다. 오히려 단어들은, 그것이 어떤 것이든, 치밀하고 조직적인 배열에 의해 전체적 구조 속에서 각각의 의미를 충분히 발현한다. 따라서 常談이나 俗談 등도 훌륭한 문장을 이루기에 부족함이 없는 것이다.

중요한 것은 면밀히 계획된 방법을 통해 照應·譬諭·抑揚反復·結束·含蓄·餘音 등을 두루 갖춘 작품을 써야 한다는 것일 뿐이다. 실제로 그가 속담 등을 활용하여 생동감 넘치는 독특한 문체를 창안한 것은 바로 자신의 논리를 실천으로써 증명한 것이라 하겠다.

이러한 경향은 순정한 고문을 주장하던 이들에 의해 타격을 받게 되는데, 그것이 앞에서 언급한 정조의 文體反正이었다. 그것은 박지원의 것과 같은 문체는 고문이 아닌 금문으로서 비속하며, 순후한 문장의 도리를 해치는 것이라고 배격한 것이었다.

다음 洪奭周(1774~1842)는 道學家的 경향이 강하여,「학문이 안에 充積되어 밖으로 어쩔 수 없이 새어나갈 때, 이를 베풀면 德이고 행하면 道이

280

며 남에게 고하면 말이고 책에 쓰면 文」(〈答金平仲論文書〉)이라는 비교적 정
통적인 문학관을 가지고 있었다. 그러나 그는 秦漢을 추앙하는 擬古文家
를 맹렬히 공격하여(〈答李審夫書〉) 모방을 거부했다는 점에서는 이른바 今
文家와 입장을 같이한다.

金邁淳(1776~1840) 역시 그와 비슷한 견해를 유지하고 있지만, 今文을
써야 한다고 보다 적극적으로 주장하였다. 그의 〈答士心書〉에 의하면, 모
든 것이 변하고 있기 때문에 복고를 할 수 없는 것은 마치 古人이 今文을
쓸 수 없었던 것과 같은 것이다. 그것은 재질의 탓이라기보다는 형세가
그런 것이기 때문에 어쩔 수 없는 것이다. 말하자면, 의고문파들은 그같
은 자연적인 형세를 억지로 되돌리려 하는 잘못을 범하고 있는 것이다.
김매순은 결국 홍균 박지원과 같은 방향에서 고문의 성격을 이해한 것으
로 생각된다.

근대의 대문호인 李建昌(1852~1898)과 金澤榮(1850~1927) 역시 모방·표
절을 배격하고 창조를 강조했다는 점에서 그 과정을 같이하고 있다.

이건창은 〈答友人論作文書〉에서, 글이란 결국 자신의 마음에 맞게 지을
일일 뿐이라고 단언한다. 자신의 마음에 흡족하면 그뿐이지, 天下後世를
염두에 둘 것이 없으며, 더더구나 當代의 칭찬에 관심할 필요가 없다고
말한다. 이는 말하자면 자신의 뜻을 충분히 드러내기만 하면 족하다는 입
장이고, 결국은 독창성의 강조와 연결된다.

그는 또한 措辭에 대단한 심혈을 기울였다. 그래서 「천만 자의 글을 쓴
다 해도, 글자 하나하나에 공을 들여 小律詩처럼 음률이 있어야 한다」고
주장했으며, 구체적인 작문법에 대해 다음과 같은 소신을 밝혔다.

「대체로 文辭는 古人의 뜻을 취하여 쓰기도 하고 창조하여 쓰기도 한다.
古人의 뜻을 취하여 쓰는 경우, 그 말을 힘들여 써서 남이 일찌기 보지
못한 것처럼 해야 한다. 創意해서 쓰는 경우에는 그 말을 평이하게 써서
남이 의혹을 갖지 않게 해야 한다.」

김택영은 이건창이 措辭에 힘을 기울인 것과는 달리 神氣를 중요하게
여겼다.

「대체로 神氣라는 것은 口耳로 記誦하며 富博을 자랑함을 의미하지도
않으며, 奇趣가 남달라 妄誕을 즐겨함을 이르는 것도 아니다. 오로지 陳
言과 腐辭를 깨끗이 버리고 長短·高下·先後·淺深이 각각 제 위치를 지
킴을 의미한다.」

〈金晦汝大稿序〉에 있는 이 말은 결론적으로 창의와 엄정한 유기적 구

조를 지닌 글이 神氣를 지님을 주장한 것이며, 그가 主氣派로 통하는 것도 이 때문이다.

　그러나, 글은 엄정한 구조가 중요하기는 하지만, 일정한 법칙만을 고수해서도 안된다. 요컨대 글은 變易의 묘가 있어야 하는 것이다. 그가 〈答人論古文書〉에서 「法이란 萬古에 바꾸지 못하는 것이지만, 바꾸지 않는 중에도 크게 變易하여야만 그 법이 생명력을 가져 文이 교묘한 경지에까지 이르게 된다」고 말한 것은 그 점을 강조한 것이다. 바꾸어 말하면, 文이란 起承轉結·照應開闔 등 일정한 법이 있고, 이를 지켜야 하지만 변역이 없이 법에만 맞추게 된다면 문장의 생동하는 힘이 없어 좋은 글이 될 수 없다는 것이다.

　지금까지 우리나라 古文의 대체적인 전개양상을 살펴보았다. 필자는 이러한 과정을 통하여 고문을 다음과 같이 보고 싶다.

　첫째 독창적으로 自家를 이룬 글, 둘째 時宜에 적합한 평이하고 간결한 글, 세째 진부한 어구나 표현을 완전히 용해하여 엄정하면서도 유기적인 구조에 맞추어 쓴 글이라고 조심스럽게 정의하고 싶다. 왜냐하면 이러한 성격을 지닌 글이 한유가 고문을 주장한 의도와 합치한다고 보기 때문이다.

　마지막으로, 중국에서는 古文이라는 기치로 당대에 적합한 글을 쓰려 했지만, 우리나라에서는 今文을 표방했던 이유에 대해서 언급하고자 한다. 그것은 중국과 우리의 사정이 다르기 때문이다. 즉, 우리나라에서는 고문을 표방하는 사람들이 거의 擬古에만 머물렀기 때문에, 한유의 기본적인 의도에 동감한 사람들은 擬古文派를 거부하기 위하여 고문을 각 시대의 금문으로 정의하고 논리를 세울 수밖에 없었기 때문이라고 생각한다.

　이 글에서 허균 이하 비슷한 논리만을 되풀이 인용한 것은, 고문의 성격을 필자와는 좀 다른 방향에서 이해하려는 경향(1·2)이 있는 듯하여, 그것을 강조하기 위한 것임을 부언해 둔다.　　　　　　　　　　　　　金　都　鍊

論　著
1. 李家源　石北文學研究(東方學志 4, 1959)
2. 鄭玉子　朝鮮後期文風과 委巷文學(韓國史論 4, 서울大 國史學科, 1981)

15. 辭賦의 정착과 양상

辭賦의 원류와 성격

辭賦가 우리에게 문학적 수단으로 수용된 경위와 이유를 쉽게 이해하기 위해서는 먼저 그것의 기원과 문학적 성격을 간단하게나마 살펴볼 필요가 있다. 辭와 賦는 후대에 와서 서로 다른 쟝르의 문체인 양 인식되어 실질적으로 두 가지로 분리되어 운용되었다. 그러나 이를 흔히 辭賦라 하여 하나의 범주로 묶어 호칭하는 것은, 첫째 그 발생의 모체가 같고 둘째 그 양식이나 내용면에 있어 획연한 구분이 없기 때문이라 하겠다.

辭는 근원적으로 楚辭에서 출발하였고, 그래서 궁극적으로는 초사를 말한다. 이런 까닭으로 해서 漢代의 辭 작품을 초사로 분류하기도 한다. 그런데 朱子가 〈楚辭集註〉에서 離騷를 일종의 문체처럼 인식하게 됨으로써 騷라는 별개의 문체가 있는 것처럼 알려졌으나 이것은 초사의 별칭에 불과하며, 따라서 辭와 騷도 同體異名이라 하겠다. 〈古文眞寶〉 後集 辭類 箋解에 「詩變而爲騷 騷變而爲辭 皆可歌 辭則兼詩騷之聲而尤簡邃焉者 漢武帝因祠后土於汾陰 作秋風辭一章 凡三易韻 其節短 其聲哀 此辭之權輿乎」라 한 것을 보면 騷는 곧 초사 자체를 말한다. 이렇게 본다면 屈原 宋玉 唐勒 景差 등에 의하여 대체로 楚代에 지어졌다는 초사는 騷의 正體이고, 武帝의 〈秋風辭〉나 陶淵明의 〈歸去來辭〉처럼 한대 이후엔 나왔을 뿐만 아니라 바로 辭라는 호칭이 붙은 辭 작품들은 騷의 變體라 하겠다. 辭는 詞라고도 호칭되어 蘇軾은 그의 문집에 열세 편의 작품을 「詞十三首」라 하여 〈上淸辭〉한 작품을 빼고는 모두 「詞」로 기록하였다. 결국 〈禮記〉에 〈安定辭〉라 한 辭의 疏(辭 言語也)나 또 「無辭不相接也」라 한 辭의 注(辭所以通情也), 그리고 위에서 본 「兼詩騷之聲」을 준거로 하여 보면 辭는 半散文半韻文의 서정적 가창적 문체라 하겠다.

賦는 그 문체적 의의가 우선 〈詩經〉 六義의 賦에 있음은 부인할 수 없다. 〈시경〉 注에 賦를 「敷陳其事而直言之者」라 한 것은 賦 작품들의 성향과 잘 맞고 鄭玄의 〈周禮〉 春官注에 「賦之言鋪 直鋪陳今之政敎善惡」이라 한 것이나 劉勰의 〈文心雕龍〉에 「賦鋪也 鋪采摛文 體物寫志也」라 한 것, 鐘嶸의 〈詩品〉에 「直陳其事 寓言寫物 賦也」라 한 것 등을 보거나 皇甫謐의 〈三都賦〉序에 「古人 稱不歌而頌 謂之賦」라 한 것을 보면 賦는 辭와 비슷한 半韻文半散文型이면서도 진술 중심의 서사적 문체였다. 그러나 賦가 시나 문장의 표현 양상에 대한 개념만이 아니고 하나의 문학 쟝르로서 정립 활용된 것은 賦라는 篇名을 처음 사용하여 5편의 글을 쓴 荀子에서 부터라고 알려졌으나 賦의 모체 역시 초사라는 것에는 이견이 없다.

張惠言은 〈七十家賦鈔〉를 選하면서 굴원의 賦를 그 단서로 말하였고 賈誼 江淹은 시대적 격차를 따질 필요도 없이 굴원의 직접 영향을 받은 것으로 인정하였으며, 揚雄 司馬相如 張衡 曹植 등도 굴원의 직계인 宋玉 景差의 계통으로 하였다.

이미 말한 대로 辭와 賦는 모두 초사를 祖宗으로 하고 있을 뿐만 아니라 형태상으로도 구별의 기준이 분명하지 않아 그 문학적 성격을 서로 다른 것으로 밝혀 이야기할 수는 없다. 그러나 중국이나 우리나라에서 후대 문인들이 辭와 賦를 두 개의 쟝르로 인식하여 활용하고 작품을 남긴 것을 보면 두 개의 쟝르로 의식하게 되는 어떤 성격적 차이가 있었으리라 짐작된다. 그것을 지금 남겨진 두 쟝르의 문학작품들이 지닌 내용, 형태상의 차이점으로 추측해 본다면 대체적으로 내용면에서 辭는 서정적인 데 반해 賦는 서사적인 것이 많으며, 형태면에서는 辭는 반드시 어조사인 「兮」를 어미로 달아 쓰는 데 반해 賦는 그것을 달아 쓰는 경우가 아주 적다. 「兮」字가 감정의 조절이나 표출과 유관한 기능의 虛字라는 것을 감안해 본다면 비교적 가창적인 동시에 서정적인 辭에 그것이 쓰인다는 것은 당연하며, 비교적 誦讀的이고 서사적인 賦에 그것이 별로 쓰이지 않았다는 것 또한 당연한 결과라 생각된다. 그러나 이상에서 언급한 차이점은 결코 절대적인 것이 아니며, 더구나 辭나 賦가 다 함께 초사(騷)에서 발원하였음을 감안한다면 확연한 구분을 지을 수 없는 것은 당연하다 하겠다.

정체라는 초사나 변체라는 그뒤의 辭가 대체로 그 형태면에서 5・6言句型과 7・8言句型으로 분류될 수 있으며, 이들은 모두 3言 혹은 4言으로 분단될 수 있고, 그 분단되는 사이에나 句 끝에 「兮」字나 「些」子가 句意나 語勢의 감정적 조절을 위해서 添用되고 있다. 이상의 3言은 남방인 楚의 기본음조였던 것으로 보이며, 4言은 북방의 기본음수율로 〈시경〉

의 음조에서 영향을 받았던 것으로 생각된다.

이처럼 辭는 그 형태 자체가 그것에 담겨질 감정적 내용에 상응할 수 있도록 형성된 것으로 이 융통성 있는 章句와 느리고 맑고 애절한 음률은 이상 지향적인 楚人들의 사상, 그리고 주관적이며 무한히 측은하고 처량한 감정을 노래하기에 알맞았다. 그러나 후대로 내려오면서 다양한 변모나 발전 없이 문인들에게 평범하게 이용되는 하나의 문학 장르로 근래에까지 유지되어 왔다.

賦의 형태도 거의 다 각운을 단다는 점에서는 辭와 비슷하나 言句가 辭보다 훨씬 신축성을 가져 4言句에서부터 9言句까지 두루 쓰인다. 이것은 자유로운 산문적 서술 기능도 해야 했었기 때문이라 생각된다. 辭에서와는 달리 「兮」字나 「些」字는 별로 쓰이지 않고 다만 문절이나 언구의 語意, 호흡을 조절하기 위해서 「以・之・於・而・于」 등의 허자가 삽입 첨용된다.

班固는 〈漢書〉 藝文志에서 「春秋之後 周道寢壞 聘問歌詠 不行於列國 學詩之士 逸在布衣 而賢人失志者之賦作矣」라 하여 詩가 쇠퇴하고 賦가 융성하게 된 경위를 이야기했거니와, 독창적이며 전용적인 문학 장르를 달리 갖지 못했던 漢代에 이르러 賦는 독특한 기능을 발휘하면서 활용, 그 시대를 대표하는 문학으로 꽃을 피웠다. 정치적 경제적 안정을 누리게 된 한나라에서 賦는 문인들의 發身 수단으로 이용되어 獻賦와 考賦 같은 것이 나왔다.

헌부는 대개 당시 한나라 황실이나 귀족들의 기호에 맞추어 전아하게 지어바침으로써 그들의 은총을 얻으려는 문인들에 의하여 지어졌다. 吳王 劉濞, 梁孝王 劉武, 淮南王 劉安 같은 귀족 왕공과 宣帝를 위시한 황제들이 문인들에게 그런 헌부의 기회를 마련해 주었던 것이다. 司馬相如는 〈長門賦〉를 지어 황금 100근을 받았고, 枚乘은 〈柳賦〉를 지어 비단 다섯 필을 상으로 받았다. 司馬相如 東方朔 枚臯는 賦를 지어 벼슬을 얻었다.

考賦는 賦를 짓게 하여 그 문재를 보고 관리를 선발하던 것으로 獻賦와 함께 賦의 발달에 중요한 계기가 되었다. 그러나 비속한 문장 유희에 흘러 교화의 기능을 잃는 폐단이 있었다. 순수문학적 가치면에서 漢代의 賦를 살펴보면, 첫째 묘사법이 탁월하였다. 張衡의 〈南都賦〉는 산천・초목・성읍・새짐승 등을 잘 묘사하였다. 둘째 상상이 풍부하고 다양하였다. 이는 물론 초사의 餘風임이 분명하지만 풍부 다양한 당시 작가들의 재능의 소산이기도 하였다.

楚辭가 漢賦로 변하면서 시적 성분이 감소되고 산문적 성분이 많아졌으며, 서정적 성분이 감소되고 詠物說理的 성분이 강화된 것은 결국 한대의 賦를 辭와 보다 분명하게 구분지을 수 있게 하였다.

賦의 시대라고 하는 한대 초기 작가로 賈誼를 들 수 있으며, 그는 〈弔屈原賦〉와 〈鵩鳥賦〉를 남겼다. 그의 〈복조부〉는 문답체의 산문형식으로 유동적인 운율을 갖추고 있으며, 대부분이 4언구이다. 도가적 인생관을 담고 있어 비록 그뒤 작가들의 작품과 같은 형식적 다양미는 없으나, 하나의 철리적인 賦로서 후대 작품들의 모범이 되기도 하였다. 漢賦의 전성기는 武帝代에서 成帝代까지로 이때의 대표적 작가는 사마상여 매고 동방삭 朱買臣 劉向 王褒 등이다. 사마상여의 〈子虛賦〉〈上林賦〉〈長門賦〉 등은 널리 알려진 작품들로서 제후·황제의 수렵과 황후의 失寵을 미려 세밀하게 나타내었으며, 그의 〈大人賦〉는 武帝의 好神仙을 풍유한 것이었다. 이들 작품은 후대 賦家들의 모범이 되었다.

西漢말부터 東漢 중엽까지는 이미 있는 賦 작품들을 본떠 짓는 풍조가 유행하던 이른바 摸擬期로 이때의 대표적 작가는 揚雄이었다. 그는 〈答桓譚論賦書〉에서 「能讀千賦則能爲之」라 함으로써 그의 摸擬主義的 문학이론을 분명히 하였다. 그의 작품들은 거의 옛것을 본뜬 것들이며, 특히 그의 〈甘泉〉〈羽獵〉〈長楊〉〈河東〉 등 네 작품은 바로 사마상여의 〈子虛〉〈上林〉 두 賦를 擬作한 것이며, 〈廣騷〉는 굴원의 작품을 본떠 지은 것이었다. 그는 굴원과 사마상여를 본뜰 대상으로 삼았었다.

이 모의기의 賦는 필연적으로 겉만 화려하고 속은 빈 채 생기가 없는 문장이 되고 말았다. 양웅은 그것을 깨닫고 賦 짓기를 포기하였다. 그 뒤 班固도 〈자허〉〈상림부〉를 모방하여 〈兩都賦〉를 지었으며 〈離騷〉를 모방하여 〈幽通賦〉를 지었다. 그는 서한의 사마상여 양웅, 그리고 동한의 장형과 함께 漢賦四傑로 불려졌다. 이같은 賦 짓기의 모의 풍조는 賦의 특질처럼 여겨져 우리나라 문인들에게 답습되기도 하였다.

모의 풍조는 동한 중엽 이후부터 당시의 정치 사회적 폐풍에 대한 지식인들의 반성과 함께 변전되었다. 이때 새로운 賦의 풍조를 일으킨 작가가 장형이다. 그 역시 반고의 〈兩都賦〉를 본떠 〈兩京賦〉를 짓기도 했으나 그 뒤 〈歸田賦〉와 〈髑髏賦〉를 지으면서부터는 평이한 字句로써 자기의 심회와 전원적 생활취미, 그리고 일생의 이상, 도가적 철학을 새롭게 묘사함으로써 내용과 더불어 형식에도 참신한 변화를 가져왔다. 그는 무엇보다 선배 작가들의 長篇型을 短篇型으로 바꾸어 뒤의 曹植 같은 문인에게 큰 영향을 주었다. 동한말에는 정치가 부패하고 사회가 혼란되어 趙壹 蔡邕 彌衡 같은 작가들의 풍자적이며 비판적인 내용을 담은 작품들이 나왔다.

이미 말한 대로 辭는 한대 이후에도 그 형태나 내용에 있어 발전이나 변천이 별로 없었으나 賦는 兩漢 이후 각 시대를 대표하는 문학 장르들과 서로 영향을 주고받으면서 변모되어 갔다. 古賦라고 불리는 이 漢代의 賦는 초사에서 비롯된 것으로 그 형식이 둘로 나누어진다. 하나는 離騷型으로 감상적 정서를 담은 작품들이고, 다른 하나는 문답형으로 서정성이 적은 작품들이다. 문답형의 賦는 대체로 세 문단으로 나눌 수 있는데, 첫째 문단과 끝 문단이 산문체로 문답형식을 취하고 있으며 押韻이나 對偶句 같은 것이 없고 다만 문답형식으로 가운데 문단인 正賦를 보조 유도하기만 한다. 이 正賦는 압운과 대우구를 갖추고 있다.

이 문답형이 변천하여 후대에 여러 가지 賦體로 분화되어 나타난다. 六朝代에 와서는 正賦의 압운과 대우구만을 취하여 排賦가 되고, 宋代에 와서는 정부의 압운·대우구 부분은 취하지 않고 첫 문단과 끝 문단의 문답형만을 취한 산문형의 文賦가 나타난다.

六朝代에 와서는 배부가 성행하면서 내용에 있어서도 한부보다 인정의 섬세한 진실을 담았고, 분량에 있어서도 장편보다는 단편이 많았으며, 제재에 있어서도 모든 人事와 물정을 다루면서 그 범위가 확대되었다. 뿐만 아니라 字句도 淸麗해지고 그래서 작품들이 개성화하고 정감화하였다. 그러나 배부는 대우구가 중시되어 형식화하는 시초가 되기도 하였다.

魏晉代의 작가로는 曹植 王粲 潘岳 陸機 張華 左思 등이 있고, 南北朝 時代의 대표적 작가로는 謝靈運 江淹 庾信 鮑照 沈約 등이 있다. 육조의 賦는 강암 포조에서 꽃 피어 유신에 이르러 절정을 이루었다. 유신의 賦는 후대에 영향을 크게 끼쳤다. 그의 賦에는 두 가지 형이 있는데, 하나는 騈賦이고 또 하나는 詩賦이다. 변부는 배부의 대우구가 다시 四六騈文으로 변형된 것이며, 이것은 唐代 律賦의 시초가 되었다. 시부는 5언시와 7언시가 섞여 이루어진 賦이다.

율부는 당대의 관리 시험과목으로 활용되면서 성행하였는데 이것은 沈約의 四聲八病說을 근거로 徐陵 庾信의 隔句對聯法을 宗으로 하여 이루어졌다. 이것이 일반 賦體와 특히 다른 점은 韻을 제한하고 每句 대우를 주로 하며 每字 성률을 맞추는 것이다. 특히 시험문제로 내는 율부는 韻脚을 여덟 자로 제한하였다. 이 율부 중 잘 알려진 작품으로 王勃의 〈寒梧

棲鳳賦〉와　韓愈의　〈明水賦〉가　있다.　특히　과거시험의　율부로　이름을　남긴
작품은　王棨의　〈沛父老留漢高祖賦〉(願止前驅得中深意八字로　韻을　함)이다.

　　송대에　와서도　율부는　역시　과거시험문제에　활용되면서　성행했으나　唐
代부터의　지나친　형식미　추구로　인한　폐단으로　진정한　문학적　가치를　상
실하였고,　비교적　자유로운　형식의　文賦가　문인들에게　애호되면서　유행하
였다.　이　송대　문부의　대표적　작품은　歐陽修의　〈秋聲賦〉와　蘇軾의　〈赤壁
賦〉라　하겠다.

韓國의 辭賦

　　신라때　〈文選〉이　사람을　선발해　쓰는　데　있어　그　학식　능력을　시험하는
자료로　쓰였다는　것을　감안해　보면　적어도　신라말에는　辭賦가　문학수단으
로　이용됐을　가능성은　충분히　있다.　그런데　실질적으로는　신라의　한문학
유품이　온전히　전해지지　않아　그것을　밝힐　수　없다.　그뿐　아니라　遺文이
전해지고　있는　崔致遠의　문집에도　賦로　보이는　〈詠曉〉한　편밖에　없어　신
라말에　사부가　성행하였으리라고　속단할　수는　없다.　최치원이　유학한　晚
唐代에는　賦가　성행하지　않았고　다만　律賦만이　功令文으로서　쓰였으며　그
것도　점점　宋代의　文賦로　변모되어　가던　시기였다는　것을　감안해　보면,　현
지의　문학적　상황을　직접　체험하지　못했기　때문에　오히려　모든　쟝르를　문
학수단으로　수용하였던　고려　문인들과는　달리　만당대의　문학을　직접　체험
한　최치원은　실질적으로　辭賦　작품을　많이　남기지　않았을　것이라　여겨지
기도　한다.

　　최치원의　유일한　賦　작품이면서　동시에　신라의　유일한　작품이라고　볼
수　있는　〈詠曉〉는　비록　「賦」라는　호칭이　붙어　있지는　않지만,　그　형식에
있어　당시　唐에서　유행하던　律賦와　같이　對偶와　換韻을　쓰고　있어　이　역
시　율부로　보아야　할　것　같다.

　　그러나　이처럼　신라의　賦는　우선　자료면에서　거의　전무한　상태이므로
검토　대상에서　제외하기로　하고　비교적　많은　작품이　남아　있을　뿐　아니라
질적으로도　더러는　우수하고　더구나　작가별로는　꽤　우수한　작품을　남겼다
고　여겨지는　고려의　사부부터　검토해　보기로　한다.

　　대체로　우리　한문학이　쟝르를　불문하고　그　질과　양적　수준에　있어　신라
시대와　고려시대　사이에　큰　격차를　보이는　것이　사실이지만　특히　사부에
있어서는　더욱　그렇다.

　　고려에는　賦를　과거시험의　과목으로　정했으며,　그에　따라　崔沖의　私塾

九齋 같은 데서도 賦를 학습했던 것이다. 그리고 良鏡詩賦라고 노래된 것을 보면 실제로 많은 선비들이 賦를 지었을 것으로 보이나, 그것이 대부분 律賦형식인 功令文이어서 기록으로 남겨지지는 않은 것으로 생각된다. 하나 이런 사정들이 賦 전반에 대한 관심을 고무시켰을 것은 분명하다.

기록상으로 전하는 최초의 辭 작품은 李仁老의 〈和歸去來辭〉다. 이것은 중국에서도 흔히 유행하던 작품인 模擬手法을 써서 陶淵明의 〈歸去來辭〉를 본떠 지은 작품이다. 형식에 있어서 「兮」字를 별로 쓰지 않아 이른바 辭의 변체라 하겠다.

가장 많은 辭 작품을 남긴 사람은 李穡이다. 그의 〈山中辭〉〈閔志辭〉〈永慨辭〉〈流水辭〉〈自訟辭〉 등이 모두 자기수양의 뜻을 노래하였다. 이들 작품은 너무 의지적인 점을 강조하여 정감적인 맛이 결여되어 있다. 〈東方辭〉는 辭라는 이름이 붙어 있지만 내용은 서정적이기보다는 서사적인 것으로서 간교, 강포한 倭地에 가는 鄭夢周에게 경계를 요한 글이다. 형식에 있어서는 모두 楚辭 正體를 따르고 있다.

李崇仁의 〈哀秋夕辭〉와 정몽주의 〈思美人辭〉도 역시 자기수양의 모형을 상상하여 노래하였으며, 역시 초사 정체를 따르고 있다.

이상에서 본 대로 고려의 辭 작품들은 그 내용이 〈화귀거래사〉를 제외하고는 대개가 유교적 성격을 띠고 있는데, 이는 아마도 고려말 학자들의 학문적 성향과도 유관한 것으로 보인다. 다양한 수사기교나 문장구사는 없고 대개 단편이다.

기록상으로 전하는 최초의 고려시대 賦 작품은 金富軾의 〈仲尼鳳賦〉와 〈啞鷄賦〉다. 앞엣것은 孔子와 鳳의 덕을 읊었고 뒤엣것은 닭을 빌어 특정 인물형을 풍유한 것이며, 형식면에 있어 앞엣것은 騈賦體에 가깝고 뒤엣것은 排賦에 가깝다.

賦에 있어서 다양한 문재를 부려 좋은 작품을 남긴 작가는 李奎報다. 그는 양적인 면에서 뛰어날 뿐만 아니라 질적인 면에서도 뛰어난 걸작들을 남겼다.

기발한 寓意로 가탁된 주인공의 설정과 「족히 두려울 게 없는 것」과 「참 두려움」이 무엇이라는 명쾌한 논변으로 펼쳐진 〈畏賦〉는 사마상여의 〈자허부〉를 모의했으면서 문체는 文賦體이다. 〈夢悲賦〉는 허무한 인생의 달관을 주제로 한 古賦體의 작품이며, 〈放蟬賦〉는 物性을 통해 人性을 풍유한 글로 작가의 지적이고도 풍부한 상상력이 잘 드러난다. 〈祖江賦〉 역시 樂天知命의 인생관을 담은 글이며, 〈春望賦〉는 인정의 感應相을 논리적으로 폈고, 〈陶甄賦〉는 역시 物性을 통해 人性을 풍유하였다.

　崔滋의 〈三都賦〉는 左思의 〈三都賦〉를 본뜬 고부체의 글이며, 이밖에도 이인로의 〈紅桃井賦〉〈玉堂栢賦〉는 古賦體의 좋은 글이고, 이색의 〈雪梅軒賦〉와 〈觀魚臺賦〉도 뒷사람들에게 아낌 받던 작품들이다. 고려 후기에는 이미 말한 작품말고도 무명·유명인의 작품들로 人性이나 事理, 物情 혹은 역사사실을 논설한 說理的 賦들이 많다.

　조선조 초기에는 비교적 사부가 성행하던 고려 말의 문풍 영향으로 제법 많은 작가와 작품이 나왔다.

　학문사상과 함께 한문학에 있어서 고려시대와 조선시대 사이에 교량적 역할을 했던 인물 중의 한 사람인 鄭道傳은 〈江之水辭〉를 남겼으며, 國初에 문명을 떨쳤던 徐居正과 姜希孟은 〈佛岩辭〉와 〈香山辭〉를 남겼고, 뒤를 이어 魚世謙의 〈招子晋辭〉, 金宗直의 〈山中人辭〉, 兪好仁의 〈夢遊靑鶴洞辭〉, 成俔의 중국 역사인물 15인을 吊慰한 〈悲吊辭〉〈次歸去來辭〉, 그리고 老儒·老將·老宦·老商·老妓·老馬를 노래한 〈老六辭〉, 卞季良의 〈內訟辭〉, 서거정의 〈送梅上人辭〉를 위시한 10수의 短辭 등이 있으며, 또 許筠의 〈和陶元亮歸去來辭〉, 申欽의 〈和歸去來辭〉, 張維의 詞라고 기록된 〈寶劍詞〉를 위시한 6수의 詞가 있다. 그러나 후기로 내려오면서부터는 辭는 일부 문인·학자들의 문체연수를 위한 試作 정도로 그치고 만다.

　賦에 있어서도 정도전은 〈梅川賦〉〈新雪賦〉〈大塊賦〉〈墨君賦〉〈八駿圖賦〉 등 각체의 작품들을 남겼으며, 金守溫은 〈喜晴賦〉〈鳳山賦〉를, 서거정은 〈鳥圓子賦〉〈蝙蝠賦〉 등을, 강희맹은 유명한 〈養蕉賦〉를 남겼고 그뒤를 이어서 김종직은 〈擬登樓賦〉〈觀魚臺賦〉 등을, 성현은 〈石假山賦〉 등 9수를, 金時習은 〈宵山賦〉 등 7수를, 南孝溫은 〈大椿賦〉 등 3수를 남겼다.

　중기에 이르러서도 賦에서는 꽤 많은 작품이 나와 허균은 〈東征賦〉 등 9수를, 신흠은 〈歸田賦〉 등 5수를, 장유는 〈雪賦〉 등 11수를 남겼고, 李荇은 고부체 작품을 무려 61수나 남겼다.

　후기에 와서는 辭와 마찬가지로 세력을 잃어 金昌協 같은 문장가도 〈東征賦〉 등 몇 수를 남겼을 뿐이다. 그 이후로는 별로 작품을 구경할 수 없고 다만 문체 試作으로 한, 두어 수를 찾아볼 수 있을 뿐이다.

　조선의 賦 작품 역시 형식과 내용면에서 고려의 그것과 별 차이를 보이지 않고 있으며, 근원적으로는 중국 것의 범주를 벗어나지 못하고 있다. 다만 한 가지 특이한 것이 있다면 그것은 조선 후기에 과거시험 과목으로 쓰인 科賦다. 이것은 주로 중국의 역사사실이나 古詩文의 한 귀절을 주제로 삼아 一句六言으로 30구에서 60구까지 지었으며, 일정한 압운도 없고 자 구 제3언 다음에 대개 虛字를 써서 구의 호흡을 조절하였다. 이것도 肅宗代 이후부터는 파격이 되어갔던 것으로 보인다. 그리고 이것 역시 선비들의 과거응시 이전에 습작으로 쓰였을 뿐 문학적 가치를 인정받지 못하여 문집 같은 것에 기록되어 전해지지는 않는다. 비록 형식은 다르겠지만 鄭澈의 문집에는 科賦라고 기록된 4수의 작품이 전해진다.

고려 이후 우리 한문학에서 辭賦는 두드러진 몇 사람의 작가가 나와 약간의 볼만한 작품을 남기기는 하였으나 궁극적으로는 중국 사부의 아류임을 부인할 수 없다. 이런 점은 우리의 사부 작품의 많은 양이 중국의 것을 직접, 간접으로 모방했다는 사실과 심지어는 조선의 많은 작품이 전시대의 우리 사부 작품을 본뜨고 있다는 데서도 잘 알 수 있다.

辭·賦가 詩와 마찬가지로 같은 운문체계에 속하면서도 단지 자기 文才시험을 위한 試作으로만 이용되었다는 것은 半詩半文이라는 어중간한 형태이면서 또한 다재다능한 문인에게만 애호될 수 있는 특수한 문학 쟝르였기 때문이 아닌가 여겨진다. 이는 시에만 장한 시인이나 산문에만 장한 문장가에게서보다는 시와 산문에 모두 장한 문인에게서 辭·賦 작품이 많이 남겨진 것을 보면 알 수 있다.　　　　　　　　　　　　　　　宋 寯 鎬

論　著

1. 蕭　統　文選
2. 祝　堯　古賦辨體
3. 劉　勰　文心雕龍
4. 李調元　賦話
5. 劉熙載　賦概
6. 李家源　韓國漢文學史(民衆書館, 1961)

16. 조선후기 문학사상과 문체의 변이

조선 후기 정신사의 흐름에 일어난 새로운 변화들의 어느 경우나 그러하듯이 이 시기 문학사상이나 문체의 변이도 주자학적 세계관의 동요·이완·해체 과정에서 그 과정내의 일부로서이거나 또는 그 과정과는 무관할 수 없는 역학관계 아래에서 전개되었다. 따라서 그 변이의 양상들에 대한 인식은 일단 주자학적 문학사상이나 문체미학을 視角의 起點으로 하여 접근하지 않을 수 없다.

문학사상은 문학작품에 함유되어 있는 사상이 아니라 문학 그 자체에 대한 기본적인 사고들을 가리킨다. 文學觀이란 말과 유사한 뜻을 가지나 이보다는 포괄성을 갖는 말이다. 논의의 전제로 주자학적 문학관에 대한 간단한 정리가 필요할 것 같다.

주자학적 문학관은 주지하다시피 道文一致의 그것이다. 잠정적으로 규정해 둔 이 도문일치에는 그러나 엄격히는 道와 文의 결합형태로 보아 두 가지 입장이 있다. 「文以載道」와 「道本文末」이 그것들이다. 전자는 도와 문의 분리가 전제된 결합이고, 후자는 도와 문이 미분리된 一途連續으로서의 결합이다. 전자는 周頓頤가 李漢(=韓愈)의 貫道說에 대한 비판적 대안(貫道라고 할 경우는 文이 主, 道가 從이 된다고 보아, 수레가 사람을 싣는 도구에 불과하듯 文은 道를 싣는 도구이어야 한다는 생각)으로 제시한 것인데, 程·朱에 이르러 「文皆是從道中流出」(《朱子語類》)로 보아 道와 文의 관계를 더욱 강화된 형태로 결합시킨 것이 후자다. 두 가지가 다 문학에 대한 효용론적 입장에 서는 것이지만, 전자의 경우는 문학의 형식적 측면에 대한 일정한 고려가 허용되는 데 반하여, 후자의 경우는 형식적 측면은 거의 무시되는 한편 표현론적 성격을 아울러 가지게 되는 차이점이 있다. 이러한 구분을 우리나라의 한문학사에 적용한다면 대체로 「文者載道之器」라는 鄭道傳의 공식표명이 나오기 전후의 주자학 수용 초기에서 16세기초 士林派 대두 전까지가 전자에 해당함직하고, 주자학이 토착 개화한 사림파 주도기가 後者에 해당하는 셈이다. 사림파 대두를 고비로 道가 보다 내재화되면서 주자학적 道文一致觀이 한층 강화된 형태로 표방되었던 것이다.

그런데 과거 이 술어의 사용에는 위에서 보는 바와 같이 엄격하게 구분되어 쓰이지는 않았던 것으로 보인다. 가령 李珥의 경우도 道本文末로서 「文者道之著」라고 규정하면서 심지어 貫道라는 용어조차도 「道之著」와 동일한 의미로 쓰고 있다(〈文策〉). 許筠도 「文以載其道而傳」이라 하면서 후세에 「文與道爲二」하여 형식주의에 빠진 것을 탓하고 있는 것으로 보아 (〈文說〉) 「載道」를 문과 도의 미분리로 이해하고 사용한 셈이다. 丁若鏞도 여러 논설(〈爲陽德人邊知意贈言〉〈爲李仁榮贈言〉 등)에서 道文一途的 사고 형태를 취하면서도 「文所以載道」(〈西園遺稿序〉)라 표현했다. 이런 현상은 단순히 용어의 혼란에 그치는 경우도 있겠지만 한 작가의 문학관의 변이나 복합성의 표현일 가능성도 배제할 수 없으므로 간단히 보아넘길 문제는 아니나, 용어의 혼란에 국한해 본다면 「載道」와 「道本文末」이 동일한 의미법주로 쓰일 수 있었던 근거는 載道의 경우도 주돈이가 비유한바 사람과 수레의 관계에서 사람은 主(本), 수레는 從(末)이라는 암묵적 지시가 주어진데에서 기인한 것이 아닌가 여겨진다.

生의 질서에 대한 존재론적으로 심화된 조망과 이것의 도덕적 구현을 강조하고 나온 주자학적 문학관은 이것을 성립 존립케 했던 사회체제와 일단 분리시켜 본다면 상대적으로 일정한 가치가 인정될 것임에 틀림없다. 그러나, 그 가치와 표리관계를 가지는 道의 배타적 절대화, 특히 사림파에 있어서의 그것의 내향편중, 그리고 규범성 및 보편지향성과 같은 역작용을 불러일으킬 속성들이 있었다. 이 속성들에 의해 문학에 있어서, 가장 효용론적 입장을 취하면서도 주자학적 문학관은 현실과 유리하게 되었으며, 인간 감정의 다양한 質 가운데 특정의 것만 수용하려 했을 뿐 아니라 개인이나 민족의 차원에 있어서의 개성·독자성의 구현을 둔화시키는 부정적인 측면들이 뒤따르게 된 것이다. 조선 후기 문학사상의 변이는 주자학적 문학관의 바로 이 부정적인 측면들의 극복과정인 것이다.

우리나라의 문학사상에 대한 본격적인 관심의 대두는, 1960년대 중반의 詩話에 대한 연구에서 비롯되나, 시화가 주로 다룬 지엽적인 문제를 넘어서서 우리 문학의 보다 본질적인 문제에 접근한 것은 대체로 1970년대에 들어와서다. 초기의 간헐적인 연구보고에 이어 趙東一이 이 방면의 專著(7)를 내놓아 집중적인 성과를 가지게 되면서 학계의 새로운 관심사로 떠올랐고, 특히 조선 후기의 그것에 주로 쏠리고 있다. 관심이 이 시기에 주로 쏠리는 이유는 實學時代가 그 중심권에 놓여 있는 이 시기의 移行期的 混沌狀에 거는 다양한 문제성에의 기대, 우리의 근대문학 형성 문제에 대한 문제의식, 그리고 이 기대와 문제의식을 족히 모을 만한 許筠 朴趾源 丁若鏞과 같은 거장들이 포진하고 있었기 때문일 것이다. 그래서 현재까지의 이 방면의 연구성과도 이 세 사람의 그것을 대상으로 삼은 것이 우위에 있다. 여기서도 주로 이들에 대한 저간의 성과를 중심으로 살펴보고자 한다.

허균은 진작부터 우리 문학사의 문제아로 떠올랐고, 그런 만큼 문학사상이란 시각에서도 특히 문제성을 많이 가지고 있을 것으로 예견되었던 문인이다.

먼저 조동일은 그를 徐敬德의 主氣論의 연장선상에 놓고 그의 문학사상을 유교적 禮敎에 맞서 理보다는 情의 분방한 표현을, 기존규범의 탐구가 아니라 자기대로 세계와 부딪친 험난한 경험의 표현을 중시하고, 載道之器의 道를 유가사상의, 성리학의 그것으로 한정시켜 보지 않고, 諸子百家의 道와 나란히 상대화했으며, 개인의 독창성, 문학의 시대성, 그리고 우리 것에 대한 일정한 각성이 있었던 것으로 보고했다.

반드시 조동일의 보고에 대한 반론의 성격을 띠는 것은 아니지만, 崔雄은 허균을 李睟光과 동일한 범주의 문인·사상가로 묶고서 그에게서 務實＝實學精神을 추출하여 千寬宇의 실학논리에 따라 그를 후세 실학파의 연원의 자리에 놓고, 이 실학정신에 의해 개개 사물의 진수를 파악할 수 있다고 보았다. 그러므로 그는 공리성만을 추구하는 효용론적 입장을 떠나 좀더 문학의 본연성을 찾아보자는 데에 근거를 두고, 문학의 본질은 현상의 진수를 표현하는 것 등으로 제시하였으며, 이를 탈주자학적 문학관으로 규정했다. 그리고 이 문학관이 金時習에서 林悌에 이르는 方外人의 문학세계와 서로 통하는 점이 있다고 했다(11).

허균이 실학정신을 가졌다면, 그것과 효용론적 입장이 어째서 양립할 수 없는지에 대해 최웅의 논리에 석연찮은 점이 있으나, 그에 의해 제기된 허균의 문학사상의 다양한 면모는 그의 사상사적 맥락과 아울러 드러난 셈이다. 여기서 앞으로의 과제는, 이것은 사실 일반사상가 쪽에 더 가까운 것이기는 하지만, 위 두 사람에 의해 제기된 허균의 사상사적인 위치 즉 서경덕의 연장으로서의 발전, 실학파의 연원이라는 파악의 당부에 대해 보다 더 논리적인 해명을 가하는 일이거니와, 이와 아울러 허균 문학사상의 그뒤의 행방의 추적도 중요하다. 이러한 논의는 후세 실학시대의, 특히 박지원 정약용에게서 볼 수 있는 문학사상의 여러 국면들을 두루 갖추고 있었던, 따라서 주자학적 문학사상에 대한 반명제의 확실한 선두인 셈인데, 이 허균에게서 일어난 변화의 맥락이 박지원에게 이르기까지 거의 한세기 반 동안의 행방이 현재까지의 성과로는 그 潛在態로든 顯在態로든 또렷하게 잡히지 않고 있기 때문이다. 물론 조동일이 그 사이를 張維 金萬重 洪萬宗 등으로 연결을 시도하였지만(7), 이는 주자학의 主理論에 대한 양명학·불교·도가상사적 입장에서의 도전이란 시각에 중점이 두어졌으므로 허균에게서 시작된 변화의 그뒤의 예상 가능한 굴절·변용·전이 등의 추적이란 관점에서는 미흡할 수밖에 없다. 허균에 대해 단순히 중세의 이단자라는 인식 정도만으로는 만족할 수 없다.

한편 허균의 문학사상에 明末 李卓吾의 絕假純眞·欲望肯定 등의 사상의 영향이 있었다는 보고가 劉明鍾에 의해 있었다(22). 여기 유명종의 성패와는 상관없이 제언해 두고 싶은 바는 우리나라 한문학에 대한 이런 방향으로의 접근은 극히 신중을 기하지 않으면 안된다는 것이다. 우리나라 한문학의 의미 있는 유산들은 우리 민족의 역사현실과 삶의 양식에 기초하여 발전해 왔다는 투철한 인식과 이 인식의 실천적 정립이 없이 소박한 피상적인 대비에 의한 접근은 진실을 가려버릴 우려가 있기 때문이다.

박지원은, 적어도 현재까지로는, 조선 후기 한문학의 변화의 흐름에서 가장 정채 있는 波高로 되어 있다. 그는 한문학 주류의 말폐적인 흐름에 대해 일대 반성을 제기함으로써, 자신의 문학적 입장을 새로이 정립하려 했고, 그래서 우리나라 문인들 가운데 문학론에 관한 저술도 비교적 많이 남기고 있는 터인데, 이들 자료에 대한 본격적인 접근이 최근에야 이루어졌음은 저간의 그의 작품, 특히 소설 연구를 통해 파악된 현실비판 지향, 풍자적 수법, 따라서 사실주의 경향 등의 특성이 그대로 그의 이론으로서의 문학사상으로 대치시켜 인식하고 만족해 버린 소치가 아닌가 한다. 이론적 저술을 통한 문학사상에 대한 접근이 설령 결과적으로 작품 실제에서 추출된 바와 같아진다고 하더라도 추출된 개념들에의 일정한 내용부여나 개념들 상호간의 구조적 맥락 및 그것들의 철학적 세계관적 근거가 따라야 마땅할 것이다.

박지원의 문학사상은, 李家源이 그의 소설을 연구하는 과정에서 「法古剏新」「寫意爲主」 등 고증적으로 제시된(1) 뒤, 조동일과 李東歡에 의해 다시 논의되기에 이르렀다.

　조동일은 燕巖文學의 성격을 관료 진출에 필요한 詞章도, 산림에서 심성
을 기르는 데 필요한 載道之器도 거부한 자리에 놓이는 것임을 전제하고,
현실의 비판·공격에 목적을 둔 문학관을 정립하여 내용을 선행시키면서
도 이 목적을 효과적으로 수행하기 위하여 직설법을 배격하고 비유·억양
반복 등 계획된 표현방법을 두루 동원하는 형식 중시의 태도와 풍자로서
의 戲文觀을 가졌다고 했다. 또 박지원의 문학사상의 철학적 근거로서 理
는 氣 자체의 원리에 불과할 뿐이라고 보는 一元論的 主氣論을 제시하고,
이것이 가지는 대립적 발전론에 따라 복고적인 문학관을 근저에서부터 부
정하고 시대마다 새롭고, 민족으로서 독자적이고, 개인으로서 개성적인 創
新의 문학사상을 주장했다고 했다. 그리고 언어는 사물의 분별기능을 가
지며 형상을 창조한다는 박지원의 언어관까지 제시했다(7).
　한편 이동환은 문학에 대한 박지원의 기본입장을 폐쇄적인 체계의 美的 構
造體로서가 아니라 세계의 객관적이고 현실적인 인식에 중점을 두면서 가
치구현에 이르는 場으로서 보았다고 규정, 이런 점에서 가치의 주관적인
구현에 중점을 두었던 종래의 載道的 문학관과 구별된다고 전제하고, 역
시 그의 언어란——언어의 來源으로 理氣(天)라는 본체론적 근거를 들고
있는 점에는 종래의 예(朴彭年 李珥)와 상통하면서도 객관적 사물에 결합
시켜 그 인식·형상화 기능을 간파했다는 점에서는 종래와는 다른 언어관
을 들었으며, 이들 전제에 따른 논리적인 연쇄로 종래의 「達意」觀에 대하
여 「寫意」觀, 현실의 가식 없는 인식과 그것의 정직한 寫出의 의미로서의
「眞」의 강조, 고전적 모델에의 追隨인 「倣古」의 배격을 제시하고, 여기에
서 그의 세계관의 주요 범주로 역사주의적 지향과 이에 부수되는 민족주
의적 지향을 추출했다. 그리고 그의 문학사상을 중세적 전원문학, 지배계
급의 문학에서 근대적인 市井文學을 전망한 눈길이 있는, 중세문학 질서
안의 良質의 개량론에 머물 성질의 것이 아닌, 문학에 대한 근대적 인식에
접근된 하나의 개혁적 전환이라 성격지웠다(9).
　위 두 사람의 논의는 박지원의 문학사상을 지나치게 현실지향 일변도로
만 인식하려는 문제점이 있다. 박지원의 문학사상은 사실 그렇게 여유 없
는 투쟁적인 성격의 것만은 아니다. 당장 무어라고 개념을 부여할 수는 없
지만, 박지원의 바로 이 「여유의 공간」, 이것의 탐구가 금후 과제의 하나
일 것이다. 그리고 또 하나의 문제는 조동일이 박지원 문학사상의 철학적
근거를 일원론적 주기론으로 규정한 데에 관련된 것인데, 박지원을 주기론
으로 보는 데는 이의가 없겠으나, 그것이 반드시 一元的이냐는 연구자 자

신이 인용한 복숭아의 果肉과 核의 비유로 보나 「無理則氣是過客」이라는 표현으로 보아 난점이 없지 않아 더 세밀한 검토가 있어야 할 것 같다.

박지원이 載道·道本文末 등의 전통적인 사고논리를 묵살하는 자리에서 문학을 새로이 생각하려 한 데 대하여 정약용은 종래의 그런 논리를 계승하면서 문학에 대한 새로운 이론 정립을 하려 하였다. 따라서 茶山文學論에의 접근에서의 핵심문제는 道의 개념 내용 또는 道의 지향이 종전과 어떻게 달라졌는가를 이해하는 것이 되겠다.

최초의 성과는 崔信浩에 의해 이루어졌다. 최신호는 정약용의 문학사상은 經典의 사상과 문체에 기반하고 있으며, 다 같이 경전에 기발했던 조선 초기의 徐居正 金宗直과 다른 점으로 후자는 道學派와 詞章派의 쟁점을 변증법적으로 초극해 보려는 관념적인 이론임에 대하여 전자 정약용은 經世나 牧民을 위한 다분히 사회지향적 경향을 가지고 있다고 했으며, 역사서와 고전으로 역사의 법칙성과 治亂의 理路를 터득할 것을 강조한 점을 지적했다. 그리고 정약용의 詩經詩法 존중을 지적하고 이는 詩가 가지는 純感을 정치교화에 돌리기 위함과 시가 가지는 諷諫性을 높이 평가한 때문이라 하고, 元明小說의 배격을 하나의 결점으로 지적했다(3).

한편 宋載邵는 정약용의 「朝鮮詩宣言」을 떠올렸다. 그 배경으로서 우리나라 사람들의 漢詩 창작에서 갖는 聲律의 어려움과 중화사상에서 탈피하려는 정약용의 민족적 주체성을 들고, 그리고 그 양상으로 우리나라 방언을 한자화해 쓴 詩語, 우리나라 고전에 의거할 것을 강조한 用事, 그리고 당대 현실을 형상화한 시정신의 측면들을 들어 입증했다(6).

이 두 사람의 성과를 수용하여 조동일은 보다 해석적이고 구조적으로 심화시킨 성과를 이룩했다. 그는 정약용을 유학의 道를 實學으로 정립하려는 과업에 따라 실학과 어긋나는 방향으로 나아가고 있는 문학을 신랄히 비판하는 자리에 정약용의 문학사상을 정립시키고 농민적 사고를 가진 다산은 시정적 의식을 가진 박지원과는 문학적으로 상반된다는 전제에서 논의를 출발시켜, 道文分離 현상에 대한 비판, 표현을 중시하지 않는 견해, 天人性命之理를 알고 人心道心之分을 살펴 뜻을 바르게 가져야 한다는 등의 정약용의 주장은 보수적인 문학관을 재확인하는 것처럼 보이나 아래와 같은 점으로 그렇지 않다고 했다. 즉, 정약용은 문장의 성립 근거가 되는 자아가 세계와 부딪쳐 성립되는 사람·천지·귀신을 감동시킨다는 문장의 기능에서는 天人合一이 성립된다고 생각했는데, 이것은 문장이 도덕적 당위로서의 理를 지니기 때문에가 아니라 존재의 원리로서의 理를 지니기 때문에 이루어지며, 따라서 문학은 현실에 관한 객관적인 경험에서 이루어지고 현실을 변화시키는 구실을 한다는 생각을 가진 것이라 했다. 나아가 그는 정약용이 강조한 자아와 세계의 부딪침은 곧 자아와 세계의 대립적 구조라 했다. 이 논리에 따라 정약용이 유교의 경전을 들어 문학이 갖추어야 할 규범의 객관성을 입증하기 위한 이론은 결과적으로 인식의 객관성을 입증하는 이론이라 해석했고, 宋代 이래의 道學보다 선행하는 권위를 이용하여 송대 이래의 도학을 청산하려는 생각을 문학에도 적용하여 자기 시대의 현실문제, 특히 가난하고 무력한 사람들의 문제를 다루는 것을 사명으로 보았다는 데에서 문학은 객관적인 것이어야 한다는 생각이 거듭 강조된다고 했다(7).

　조동일의 논의에서 전폭으로 확산되어 이해된 정약용에게 있어서의 道의 내용·성격이 金興圭의 성과에서는 또렷한 윤곽으로 수렴되어 이해가 되고 있다. 김흥규는 道·文의 논쟁은 오늘날의 내용·형식 논쟁과 대체로 일치하는 것이라 전제하고서, 18,9세기를 혼돈과 분열의 시대로, 이에 연속되는 차원으로 문학이 현실성을 잃고 타락했다고 본 정약용은 비평사의 쟁점이 되어온 道·文의 관계를 정주학자나 사림파에서 이미 제시된 바 있는 載道之文的 문학관의 연장선상에서 생각, 도·문의 분리를 부정하고 연속적인 것으로 이해, 「내부에 축적된 경험·앎·감정 등의 총체」로서의 道가 외계에 감응되어 필연적으로 나타난 것, 곧 「드러난 道」로 보았다고 했다. 그래서 사림파가 주로 개인의 심성수양에 치중하여 도를 파악한 데 비해, 그는 어지러운 시대를 인식하고 극복할 수 있는 사회적 실천의 힘으로서의 도를 지향, 중세적 문예의식으로부터 중요한 전진을 이룩했다고 했다(8).

　정약용에게 있어서의 도의 해석에 대한 조동일과 김흥규의 차이는 단순히 확산적임과 수렴적임이라는 인상의 차이에만 그치는 것은 아니다. 두 사람 다 분명하게 언표한 바는 없지만, 조동일이 그 객관성을 거듭 강조하여 「세계로부터 자아로」의 방향으로 해석하고 있는 데 대하여 김흥규는 다분히 「자아로부터 세계에로」의 방향으로 해석하고 있다. 이 문제는 정약용의 세계관적 基底에 관련되는 것이므로 결코 가볍지 않은 과제로 등장한다. 그리고 조동일이 「농민적 사고」와 「시정적 의식」을 들어 정약용과 박지원의 문학적 입장을 상반관계로 설정했는데, 「상반」은 표현의 과도라 치더라도 두 사람 문학사상의 비교의 방법에 의한 논증으로 인식의 증진을 기해야 할 것이 하나의 과제임에는 틀림없다.

이제까지 관심이 집중되어 있었던 세 중요 작가에 대한 논의를 중심으로 살펴보았거니와, 주로 실학시대 거의 전폭을 대상으로 한 정대림의 작업은 이 시기 文人群을 관료군과 실학자군으로 나누고, 「載道的 문학관」과 「개성적 문학관」이라는 두 개의 개념을 대립적 성격의 것으로 사용하여 두 집단 사이의 문학관의 차이를 인식하려는 각도에서 접근하였으나, 결과는 관료군이나 실학자군과 같이 재도적 성격과 개성적 성격의 양면성을 지니고 있는 것으로 보고되었다(11). 그래서 당초의 접근 방법이 스스로 무의미하게 되었고, 정약용에게서 보는 바와 같이 주자학시대와 동일한 용어를 사용하더라도 실학시대에 와서는 그 의미와 성격이 다를 수 있다는 고려 없이 「재도적」과 「개성적」의 개념을 획일적인 대립으로 고정시켜 볼 문제점이 있었음에도 불구하고 이 작업은 변화과정에 놓여 있는 조선 후기 문학사상의 혼효의 실상을 고증적으로 제시한 성과와, 「개성적 문학관」의 전개로서 민족문학정신과 현실적인 언어관, 시대적 변화에 대응하는 문학정신, 자유로운 詩形式에의 지향, 서민문학정신 등을 파악하여 전진적 변화의 양상을 인식하려 한 점에서는 일정한 진전을 가져왔다.

실학시대 말기에서 개화기로 이어지는, 우리의 근대문학 문제와 관련하여 특히 주목되는, 그래서 실학시대에 대한 성과가 성숙되면 관심이 몰릴 것으로 예상되던 이 시기의 문학사상의 동향에 대한 李佑成의 성과는 이 시기 문학사상의 이해에 중요한 거점이 될 것 같다. 즉, 그는 19세기의 대전환을 앞두고 문학, 특히 시대의식의 첨단에 서야 할 詩文學이 어느 단계에 도달했으며, 얼마만큼 현실을 소화하고 시대에 대처하려는 자기 자세의 정립에 진지했던가라는 시각에서 金正喜 및 중인층의 性靈論을 다루어 張之琬에 있어서의 「개성」이 崔瑆煥에 있어서 「我의 自覺」으로 높여지고 鄭芝潤에 있어서는 「자율적 자유」로 행동화되었다고 보고했다(20).

이제까지 문학사상에 관한 자료로 주로 문집의 序, 論文書, 詩話 일부가 고증·분석의 대상이었다. 이 시기 이 방면의 자료로 방대하게 놓여 있었던 실학자들의 詩經論에는 미처 손이 닿지 못했었는데, 최근 이 자료를 헤치고 들어가 야심적인 작업을 벌이고 있는 김흥규의 중간보고에 의하면, 朴世堂은 朱子의 性情體用觀과는 달리 情을 性과 평형적으로 인식한 心性論을 바탕으로 〈詩經〉 해석에 反朱子的 전환의 매듭을 마련했고(15), 李瀷 역시 朱子說을 회의 비판하면서 詩敎에 대해 도덕적 효용론보다 諷諫의 사회정치적 효용론 쪽에 더 비중을 둔 것으로 추정할 만한 단서가 보이며(17), 그리고 정약용에게 와서는 그 반주자성이 특히 고조되어 宋代

이전 시경론에서도 특히 그 현실주의와 정치적 지향성에 공감하면서 주자
설에 도전, 사림파적 시론의 근거를 논파 극복하는 과제의 기초로 삼았다
고 했다(10). 「托古改今」을 의도했던 실학사상의 經學的 기초의 일부란
점에서 예견만 되어오던 이 시기 시경론의 내용·방향·성격 등을 논증으
로 밝혀낸 김흥규의 이 성과는 시경론 이외의 자료에서 검증된 이 시기 문
학사상의 변화의 인식에 그 폭과 심도를 한층 확충시켜 주었다.

　이상으로 우리는 주자학적 문학관이 附帶하고 있었던 부정적인 측면들
의 극복과정으로서의 조선 후기 문학사상의 변화의 전개를 저간의 주요 성
과들을 중심으로 하여 살펴보고 그 성과들의 후속과제들도 선택적으로 점
검해 보았다.

　그런데 이 단계쯤에서 우리는 이 방면에 대한 접근의 방법적 반성을 한
번 해봄직하다. 詩話연구에서 보는 일부 비평이론적 접근을 제외하고는 거
의 획일적이다시피 우리가 지금 취하고 있는 방법은 일종의 이데올로기적
접근이다. 문학에 대한 과거의 본질적인 사고들을 다루려는 우리의 문제의
식에는 문학의 일반이론에의 지향이 전제되어 있음에도 불구하고 보다 논
리적 냉정성을 갖는 「문학론」이라든가 「문학이론」이라는 용어를 쓰지 않고
「문학사상」이라는, 다분히 기질적인 감각의 용어를 쓰고 있는 것도 과거의
문헌에서 「문학론」이라고 할 만한 체계적인 자료들이 없는 탓이기도 하지
만, 취하고 있는 방법의 성격에도 一因이 없지 않을 듯하다. 우리의 과거
문학적 실정이 일차적으로 지금의 이 이데올로기적인 방법을 요구하고 있
음이 사실이고 꼭 필요한 방법임에도 틀림없다. 그러나, 특히 문학의 일반
이론에의 참획을 전망하면서 접근할 때에는 이 방법의 한계는 자명하다.

　첫째, 이데올로기적 접근으로 얻어지는 성과의 대부분은 문학의 일반이
론보다는 주로 특수이론의 영역에 들 성질의 것이기 때문이다. 이 점은 위
에서 살펴본 바를 다시 돌아보면 짐작될 것이다.

　둘째, 지금과 같은 방법으로의 획일적인 접근이 우리에게 가져다준 일
반이론적 범주로는 효용론 하나밖에 없다 해도 과언이 아니다. 주자학시
대에도, 실학시대에도 이 각도에서는 변화를 찾을 길이 없다.

　세째, 이데올로기적 접근만으로는 문학론을 따지는 독자적인 의의의 확
보가 희박하다. 얻어지는 결과가 가까이는 작품 실제에서 검증한 내용과,
조금 멀어지게는 일반 철학·종교사상이나 사회사상의 그것과 별반 다
를 것이 없고 만다. 실제 지금까지의 성과에는 작품 내용의 검증 결과로
는 물론이고 다른 사상사의 그것으로 대체해도 조금도 이상할 것이 없고,

오히려 이 편이 보다 풍부하고 명확하게 인식됨직한 경우가 적잖다.

요컨대 방법적 시각을 복수적으로 가질 필요가 있다. 자료의 한계가 예견되지만 한문학 용어가 갖는 개념의 통합성에 착안하여 분석해 들면 일정한 성과를 보장할 수 있을 것이다. 손쉬운 예로, 앞에서도 잠깐 비쳤지만, 사림파의 「道本文末」에서는 형이상학적 표현론적 개념까지 얻을 수 있어 효용론 한 측면만의 단일적 인식을 지양시켜 줌과 같은 것이다. 특히 시론·시화·시작품 들에서는 보다 다양한 이론을 도출해 낼 수 있는 여지가 넓다. 이 경우 현재 서구문학 중심으로 정립되어 있는 일반이론의 범주에서 가능한 한 자유롭게 접근할 필요가 있을 것이다. 현재의 이데올로기적 시각에 의한 종적 접근에 이러한 횡적 접근을 아울러 시도할 때 우리의 문학론, 나아가서 정신의 양식이 보다 다양하게 포착될 것이고, 따라서 이데올로기적 접근도 새로운 각도에서 그 의의가 강화될 것이다.

이 글의 두번째 과제인 조선 후기 문체의 변이에 대해 논급할 차례다. 문체 즉 스타일은 문학행위에 있어서 한 작가 개인의 일정한 조건하에서의 全人的 포현이면서 한 시대의식·시대정신의 동향의 가장 민감한 반영이다. 문체의 이런 점을 진작부터 간파한 한문학에서는 한 작가나 작품의 미의식의 평가란 차원에서뿐 아니라 시대의식·시대정신의 관리란 차원에서 정치성을 강하게 띠고 문체 문제가 특히 중시되어 왔고, 그것은 주로 산문을 대상으로 하여 논의되어 왔다.

주자학적 문학관이 성립되면서 이 문체의 문제가 보다 본격적으로 부상되었는데, 이 시기에 하나의 당위로 표방되었던 문체는 주지하듯이 이른바 古文의 문체였다. 고문이라고 하지만 그 전범은 단일하지 않아서, 그 저작들의 개개 편차는 차치하고라도 크게 先秦兩漢의 經典史書와, 그리고 이들을 전범으로 하여 성립된 唐宋古文으로 二元化되어 제시된 만큼 그 수용방향에 있어서도 결코 단일할 수도 없을 것이 예견될 터이었다. 그럼에도 불구하고 이 시기에는 주지하듯이 醇正의 문체에 그것이 절대화되어 강조되었는바, 이는 다름아닌 주자학이 지향하는 가치관의 감성적 요구이자 당시 통치체제가 갖는 성격에서 나온 요구인 것이다. 한 시대가 표방하는 이념이 곧 그대로 개개의 작가나 작품의 실제라고 볼 수는 없으나 하나의 미의식의 보편적 강조 속에서 개성이 제어당할 수밖에 없음은 필연의 시세다. 그래서 이 시기 문인들 사이에 이미 비정통적 산문인 稗說雜錄類를 통해 보다 자유로운 개성적 문체에의 욕구를 보이기도 하고, 또는 崔岦에게서 보는 바와 같이 선진양한의 古勁의 문장미를 통해 새로운 문체를 모색하려는 경향도 나타났다. 이런 움직임이 조선 후기에 들어와 다양한 변용을 보이면서 문체 변이의 질적 양적 확충이 이루어졌다.

문체가 한 시대의식의 민감한 반영이란 점에서 하나의 통합된 역사질서가 해체되어 가는, 따라서 개인이나 사회가 새롭고도 다양한 경험을 겪게 되는 시대에는 문체 또한 다양하게 갈래질 수밖에 없었다. 그래서 조선 후기에 접어들면서 다음과 같은 주목할 현상들이 나타났다.

먼저 종래 선진양한의 문장과 당송고문을 전범으로 한 그 고문의 전범성을 무효화시키려는 이론이 나타났다. 許筠은 〈書經〉 諸篇의 글들도 결국은 그 시대의 常語를 써서 된 글이라고 전제하고 후세에 전범으로 삼는 문장가들의 글들도 모두 자기 시대의 마땅함에 입각하여 자기의 개성을 따라 쓴 글이라 주장했고(〈文說〉), 정통 고문가로 알려진 李植조차도 고금은 풍속이나 사정이 현격히 다르므로 고인이 금세에 태어난다 하더라도 반드시 금세의 글을 쓸 것이라고 했다(〈作文模範〉). 뒤의 박지원이 적어도 이론상으로는 위 두 사람과 같은 입장이었음은 주지의 사실이다. 이들의 주장은 古文이란 결국 특정시대의 時文이란 논리로서, 종래의 고문의 보편적 전범성을 무효화시킴으로써 자기들의 時文 창작을 합리화시키자는 것이다.

다음은 앞 시대 최립에게서 보는 바와 같은 경향이 이 시대에 보다 강화되어 나왔다는 점이다. 최립의 경우는 明代 擬古派로부터의 자극에 의한, 다분히 간접적인 경로를 통해서였지만, 이 시대의 가령 許穆 같은 경우는 직접적이고 따라서 한층 더 강화된 형태다. 이들의 지향은 단순한 복고주의가 아니라 보편적 전범에 대한 강한 부정의식의 한 형태인 것이다.

다음은 앞 시대의 패설잡록류의 질적 양적인 대폭확충으로 나타난, 최근 그 장르설정이 모색되고 있는, 〈靑邱野談〉〈東野彙輯〉 등에서 보는바 문체다. 우리 말의 어투와 市井의 常語들이 대량 섭취되어 이 시기의 가장 사실적이고 비속한 미학을 전형적으로 보여주는 이 문체는 이 시기의 시대의식의 한 상징적 존재라 할 만하다.

다음은 正祖에 의해 제어를 당한 박지원의 문체다. 박지원의 문체를 변혁으로 볼 수는 없거니와, 그 대표적인 것이 〈熱河日記〉의 그것임은 주지하는 바다. 어느 경우에나 비슷한 사정에 놓여 있지만, 이 〈열하일기〉의 문체에 대해서도 아직 개념적 파악이 이루어져 있지 않다.

다음 주목할 한 가지는 우리말의 어투와 속담 중의 상용어들이 위의 〈청구야담〉과 박지원의 산문 등, 산문에뿐만 아니라 시에서도 같은 현상이 일어났다는 점이다. 서울 시정의 일상어를 대량 섭취한 李鈺의 시와 영·호남 지방 토속어를 한자화해서 구사한 丁若鏞의 시에서 그 전형적인 예를 볼 수 있다.

위와 같이 조선 후기 한문학에 일어난 새로운 문체 현상들의 그 대략을 지적했거니와, 이 시기 문체 문제의 웅변적 사건인 文體反正策을 주도한 정조는 이 시기 새로운 문체들에 대한 감각적 진단을 險怪·尖酸·鄙俚·噍殺·纖靡·委弱·浮薄·奇巧·警拔 등으로 하고 이에 대처하여 문체반정을 기도했던 것이다. 문체의 다양화는 곧 의식의 다양화이므로 하나의 통합적 신념을 필요로 하는 중세적 통치자에게는 그것이 이념의 위기로 받아들여질 수밖에 없었기 때문이다.

아직 연구 초기에 있는 이 분야의 관심은 작품실제에 대한 분석적 접근은 거의 없는 편이고, 주로 박지원의 〈열하일기〉를 계기로 하나의 彼動으로 표면화되었던 정조의 문체반정책 문제에 쏠렸었다. 이 문제에 대한 최초의 보고는 1932년 일인학자 高橋亨에게서 나왔다(23). 그의 보고는 당시 문장가들의 문학적 동태의 표면적 파악에는 일정한 성과가 인정되나 그 속사정까지는 들여다보치 못했거나, 혹은 보려 하지 않았거나이다. 다음 이가원은 당시 남인·노론·정조 사이의 정치권력의 구조 속에서 해명했다(24). 여기에 이 세기 문체정책의 주인공인 정조 그 자신의 學藝思想을 이해하려는 鄭玉子의 노력(28)과, 그리고 정조가 사용한 바 있었던 燕巖體라는 말을 하나의 문학사적 개념으로 정립하려는 金血祚의 시도(32)와, 정조의 시책에 호응한 것으로 되어 있는 정약용의 입장에 대한 宋載邵의 일정한 해석은 이 문제에 대한 인식을 보다 진전시키고 있다.

연구 초기에 있는 이 분야의 과제들을 여기에서 개별로 지적하는 것은 오히려 무의미한 노릇이다. 다만, 문체에 대한 접근의 본령은 작품 실제에 있는 만큼, 우선 위에 지적된 현상들에 대해서라도 작품 실제에의 분석적 접근을 통해 보다 이론적인 인식에 이르러야 될 것이다. 이런 점에서 鄭良婉의 시도(29)를 그 선례로 들고 싶다.　　　　　　　　　　李 東 歡

論　著

1. 李家源　燕巖의 文學觀(燕巖小說研究, 乙酉文化社, 1965)
2. 李箎衡　洪湛軒의 經學觀과 그의 詩學(韓國漢文學研究 1, 韓國漢文學研究會, 1976)
3. 崔信浩　丁茶山의 文學觀(韓國漢文學研究 1, 韓國漢文學研究會, 1976)

4. 金智勇   丁茶山의 詩論攷(語文論集 9·20 합집, 高麗大, 1977)
5. 李鍾燦   月沙의 文學觀과   辨誣錄(韓國漢文學硏究 2, 韓國漢文學硏究會, 1977)
6. 宋載邵   茶山의 「朝鮮詩」에 대하여(韓國漢文學硏究 2, 韓國漢文學硏究會, 1977)
7. 趙東一   韓國文學思想史試論(知識産業社, 1978)
8. 金興圭   茶山의 文學論에 있어서의 道와 文(현상과인식 2—1, 1978)
9. 李東歡   朴趾源의 文學思想(震檀學報 44, 震檀學會, 1978)
10. 金興圭   茶山의 詩意識과 詩經論(民族文化硏究 14, 高麗大, 1979)
11. 전형대 정요일 최웅 정대림 한국고전시학사(弘盛社, 1979)
12. 鄭玉子   眉叟許穆硏究(韓國史論 5, 서울大, 1979)
13. 鄭大林   星湖文學硏究 I (冠岳語文硏究 4, 1979)
14. 金相洪   茶山의 文學思想(東洋學 10, 檀國大, 1980)
15. 金興圭   西溪 朴世堂의 詩經論(韓國學報 20, 1980)
16. 安炳學   許筠의 文學論硏究(民族文化硏究 15, 高麗大, 1980)
17. 金興圭   星湖 李瀷의 詩經論(현상과인식 5—1, 1981)
18. 金興圭   正祖時代의 詩經講義(韓國學報 23, 1981)
19. 金彦鍾   漢宋實學文學朝鮮丁茶山文學論文硏究(臺灣師大, 1981)
20. 李佑成   金秋史 및 中人層의 性靈論(韓國漢文學硏究 5, 韓國漢文學硏究會, 1981)
21. 宋載邵   朴齊家의 文學觀(韓國漢文學硏究 5 韓國漢文學硏究會, 1981)
22. 劉明鍾   許筠과 朴趾源의 文體改革情神(韓國哲學硏究會 學術發表論文)
23. 高橋亨   弘齋王의文體反正(靑丘學叢 7, 1932)
24. 李家源   燕巖文學과 文體波動(燕巖小說硏究, 乙酉文化社, 1965)
25. 崔信浩   申景濬의 「詩則」에 대하여(韓國漢文學硏究 2, 韓國漢文學硏究會, 1971)
26. 金允植   燕巖文學의 問題點(韓國文學史論攷, 1973)
27. 鄭玉子   朝鮮後期의 文風과 委巷文學(韓國史論 4, 서울大, 1978)
28. 鄭玉子   正祖의 學藝思想(韓國學報 11, 1978)
29. 鄭良婉   柳得恭詩의 音響性에 대한 一試攷(冠岳語文硏究 4, 1979)
30. 金都鍊   古文의 源流와 性格(韓國學論叢 2, 國民大, 1979)
31. 金相洪   茶山의 文體醇正論硏究(論文集 14, 檀國大, 1980)
32. 金血祚   「燕巖體」의 成立과 正祖의 文體反正(成均館大 大學院, 1981)
33. 宋載邵   茶山의 「文體策」에 對하여(韓國古典散文硏究, 同和文化社, 1981)
34. 金都鍊   寧齋 李建昌과 滄江 金澤榮의 古文觀

17. 實學派의 시와 閭巷人의 시

실학의 중요성은 이제 새삼 강조할 필요 없이 자명한 사실로 되었다. 鄭昌烈은 「역사를 변혁하려는 인간의 의지가 충일된 한 시대의 사조」(1) 로 실학의 성격을 파악한 바 있거니와, 한 시대의 사조로서 오늘날까지 계속해서 그 중요성을 인정받는 사조는 드물 것이다.

실학연구는 지금까지 주로 사상적인 측면 특히 사회경제사적 측면에서 진행되어 왔다. 그러나 최근 실학파의 문학에 대한 관심이 높아지면서 실학자 개개인의 문학가로서의 면모가 부각되고 있다. 실학이 한 시대의 지배적인 사조였다면 그렇게 된 데에는 실학파의 문학이 큰 몫을 차지했다고 보아야 한다. 진실한 문학은 그 시대의 삶의 총체적인 표현이기 때문이다. 이런 의미에서 실학파문학의 연구는 실학사상의 심화를 위해서뿐만 아니라 국문학의 질적인 발전을 위해서 매우 바람직한 일이다.

이 글에서는 실학파문학 중 실학파의 시에 한정해서 주로 연구사적 검토를 하고자 한다. 이 검토를 통하여 실학파 시연구의 현황과 앞으로의 과제가 드러나리라고 기대한다.

실학파문학에 대한 연구는 소설이 주류를 이루어왔다. 그것도 燕巖小說에 집중된 감이 없지 않다. 이렇게 실학파문학의 연구가 소설에 집중된 것은 소설이라는 쟝르가 가진 매력 때문이라 생각된다. 실학을 근대지향적인 학풍으로 일단 이해하면 실학파의 문학에도 전통적인 문학양식에서 한 걸음 나아간 새로운 요소가 있을 것으로 기대되고, 이러한 기대를 연암소설이 어느 정도 충족시켜 줄 수 있었던 것이다. 사실 연암소설이 대부분 傳의 형식을 빌고 있지만 종래의 傳과는 형식과 내용면에서 상당히 다른 성격을 지니고 있다. 반면에 전통적인 쟝르인 漢詩에 대해서는 그것이 전통적인 쟝르라는 이유 때문에 처음부터 실학파문학의 연구에서 중요시되지 않았던 게 사실이다. 林熒澤은 이 문제를 정확히 지적했다. 그는 「연암에의 편향에는 근대주의적 편견이 없지 않았던 것 같다. 발전적인 시각

에서 문학사를 조명하고, 소설적인 연암문학에 비중을 둔 것은 정당한 태
도였다. 그러나 근대문학으로의 이행을 소설 중심으로만 보고 소설양식에
절대적 가치를 부여하는 것은 도식적 속류적인 견해가 아닐 수 없다」(2)
고 하며 실학파 시에의 관심을 촉구한 바 있다.

이러한 무관심 속에서 처음으로 실학파의 시를 언급한 사람은 洪以燮이
다. 1959년에 간행된 〈丁若鏞의 政治經濟思想 硏究〉에서 그는 전 6 장 중
1 장을 정약용의 시에 관하여 논하고 있다(3). 정약용을 실학파의 학자로
서뿐 아니라 시인으로 보려고 한 태도는 높이 평가될 만하지만, 사학자인
그가 정약용의 시를 다루는 데에는 한계가 있었다. 결과적으로 정약용의
시를 일종의 사료로 취급하고 만 느낌이 들지만 그 당시의 업적으로서는
주목할 만한 것이었다.

국문학 밖의 분야에서 실학파의 시에 대한 관심표명이 있었음에도 불구
하고 정작 국문학 쪽에서는 그후 상당 기간 동안 이에 대한 연구가 없다
가 金智勇에 의해서 실학파의 시가 본격적으로 연구되기 시작했다. 정약
용에 관한 일련의 논문에서(4·5·6·7·8·9) 그는 茶山 정약용의 시뿐만 아니
라 茶山文學 전반에 걸쳐 폭넓은 작업을 시도했다. 정약용의 생애에서부
터 詩論·문장론·傳 등에 이르기까지 광범위하게 다루었지만 역시 그의
주요 연구대상은 다산시였다. 그는 정약용의 시를 내용면에서 「일하는 사
람」을 주제로 하여 농어민의 생활상을 묘사한 점과, 기법면에서의 정밀한
묘사와 詩語의 평민성 등을 들어 사실주의적 작품으로 이해했다.

그의 논문들은 다산시를 폭넓게 다루어 이후의 연구에 결정적인 길잡이
가 되었다는 점에서 매우 중요한 의의를 지닌다. 그러나 지적되어야 할
몇 가지 문제점이 있다. 첫째, 정약용의 시가 조선조 후기사회의 구조적
모순의 반영이라고 한다면 그러한 시를 생산할 수 있었던 당시 사회의 구
체적인 측면들이 시분석과 좀더 밀접하게 연관되었어야 했다. 둘째, 다산
사상의 예술적 형상화가 좀더 분명히 분석되었어야 했다. 즉 다산시가 지
닌 예술작품으로서의 가치가 구체적으로 밝혀졌으면 하는 아쉬움이 남
는다.

金智勇의 작업이 진행되고 있는 동안 학계에서는 여전히 실학파의 시에
대해서 침묵을 지켜왔다. 그러다가 1973년 李佑成에 의하여 다산시의 중
요성이 다시 한번 강조되었다. 실학파의 문학 특히 연암소설을 다룬 논문
에서(10) 그는, 經世致用學派를 대표하는 정약용과 利用厚生學派를 대표하
는 燕巖 朴趾源이 실학으로서의 학문적 성격이 달랐음에도 불구하고 현실

문제를 다루었다는 점에서 일치한다고 말하면서, 다산시가 형식에 있어서는 종래의 시를 답습했지만 내용면에서는 실학적인 사고를 담은 훌륭한 시임을 역설했다.

다산시의 연구는 1977년 宋載邵에 이르러 좀더 깊이 있게 연구되기 시작했다. 그는 다산시를 리얼리즘의 구현으로 파악하고「당대 현실을 널리 다면적으로 정확히 묘사하려는 경향」인 리얼리즘이 그의 시에 구체적으로 어떻게 나타났는가를 주로 정약용의 사회시 계열을 중심으로 하여 분석했다(11). 또한 그는 한자로 시를 쓰지만 중국문화권의 예속으로부터 벗어난 독자적인 시를 쓰려고 한 정약용의 주체적인 시정신을 높이 평가하고 이를「朝鮮詩宣言」이라 하기도 했다(12). 다산시에 빈번히 등장하는 자연계에서의 강자와 약자, 먹는 자와 먹히는 자, 지배하는 자와 지배받는 자와의 대립을 그는 조선조 후기사회의 봉건관료와 농민의 대립을 말하기 위한 알레고리라 말하고, 이러한 다산시의 대립적 구조가 정약용의 철학이 빚어낸 필연적인 결과임을 논증했다(13). 송재소는 정약용의 자연관을 분석한 논문에서 그의 현실주의적인 사고와 동시대 시인들의 관념적인 사고가 자연을 읊은 시에서 어떻게 다르게 나타났는가를 밝혔다(14). 또 그는 정약용의 寓話詩를 중시하고 이를 집중적으로 분석하기도 했다(15).

송재소에 뒤이어 金相洪이 역시 다산시 연구에 뛰어들어 다산시 연구의 붐을 이룬 듯했다. 김상홍은 다산시 전반에 걸쳐 진지한 작업을 계속하여 김지용 송재소에 의하여 언급되었던 문제들을 확장시켰다(16·17·18·19).

다산시 연구가 궤도에 오름에 따라 시 자체에 대한 연구뿐만 아니라 정약용의 시론을 포함한 문학론에 대하여도 깊이 있는 연구가 가해졌다.

崔信浩는 유배시절 두 아들에게 보낸 정약용의 편지에 드러난 문학론을 추출하여 그가「민족을 노래한 시인」이며, 그의 문학이「牧民文學」임을 밝혔으며(20), 趙東一은 정약용의 문학사상을 전반적으로 검토하고 다산 문학이 지닌 문제점과 한계를 지적하여 주목을 끌었다(21).

金興圭의 두 편의 논문(22·23)은 다산문학론의 핵심을 매우 심도 있게 다룬 글이다. 특히 정약용의 詩經論을 다룬 글에서 그는 정약용의〈시경〉에 대한 주석을 치밀하게 고증하여〈시경〉에 대한 정약용의 입장이 反朱子學的이라는 결론을 내렸다. 그리고 주자학적 기반 위에 성립된 士林派의 연장선상에 있으면서도 정약용이 사림파의 문학을 극복하려고 한 이유를 그의 반주자학적인 정신에서 찾고 있다. 이밖에도 김상홍 송재소에 의하여 정약용의 문체론이 거론되기도 했다(24·25).

지금까지 살펴본 바와 같이 실학파의 시에 대한 연구는 다산시에 집중되었다. 그것은 다산시가 양에 있어서 방대할 뿐만 아니라 여러 가지 중요한 문제들을 제시하고 있기 때문이라 생각된다.

그러나 기타 실학파 시에 대한 연구가 없었던 것은 아니다. 다산시만큼 활발하지는 않았지만 한문학에 대한 관심의 증대에 따라 한시 연구자의 수가 늘어났고, 자연히 실학파의 시에 대하여도 여러 편의 논문이 발표되었다.

崔博光은 李瀷의 〈星湖僿說〉 詩文門에 나타난 그의 시론을 요약 정리한 바 있다(26). 그는 이익의 시론의 특징을 창조성·사실성·회화성의 측면에서 분석하고, 또한 이익의 시론은 중국 중심적 漢詩論에서 벗어나 우리의 전통에 기반을 둔 시이론을 개척하려는 시도를 보였다는 점에서 높이 평가되어야 한다고 주장했다. 鄭大林의 이익연구(27)는 〈성호새설〉 외에도 「星湖先生全集」에 나타난 문학론 전반을 다루고 있다. 특히 그는 〈성호새설〉 詩文門의 문학비평서로서의 가치를 높이 평가하고, 비평가로서의 이익을 새롭게 부각시켰다. 이익에 관한 두 사람의 논문은 실학파의 큰 봉우리인 그를 문학적인 측면에서 접근했다는 점에서 매우 중요한 의의를 지니지만, 그의 실제 시작품이 다루어지지 않은 것이 아쉽다.

李篪衡은 실학파의 經學觀과 시를 연관시켜 논함으로써 실학파문학을 새로운 관점에서 다루었다(28). 실학자 중에서 의식적으로 시작에 관심을 두지 않았고, 실제로 시를 별로 남기지 않았던 사람이 洪大容인데, 이러한 현상을 그는 홍대용의 경학관에서 유래한 것으로 설명했다.

실학파의 시에서 빼놓을 수 없는 것이 朴齊家 柳得恭 李德懋 李書九 등 이른바 四家의 시인데 鄭良婉 宋載邵 朱明姫에 의하여 논의되었다. 정양완은 지금까지의 실학파 시의 연구가 사상적인 내용면에 치중되어 진행되어 왔음에 반하여 한시의 내재적인 미적 구조를 규명하려는 시도를 보여 주목을 끌었다. 유득공의 시에 있어서의 음향성과 이덕무의 시에 있어서의 회화성에 관한 논문이 그것이다(29·30). 특히 음악성은 한시를 구성하는 가장 중요한 요소의 하나인 만큼, 정양완의 업적은 현단계로서는 많은 문제점을 지닌 대로 그 의의를 인정받아야 할 것이다. 그러나 이덕무 유득공의 실학적인 사고가 그들의 시에 어떤 형태로 반영되었는가 하는 문제가 함께 다루어져야 한다는 과제가 남는다.

송재소의 박재가 연구는 박재가의 이용후생 사상과 그의 문학론과의 관계를 집중적으로 추구했으나 실제 시작품이 다루어지지 않아서 未完의 상태로 남아 있다(31). 주명희는 이덕무의 叙景詩를 검토하고 그의 시에 나타난 서경시의 특징이 현대시인에게까지 전승되어 왔음을 논증하여 이채를 띠었다(32).

최근의 실학파 시연구에서 李學逵가 관심의 대상이 되고 있는데, 白源鐵 沈慶昊 두 젊은 학자들에 의하여 진행되고 있는 이 연구는 실학파 시의 연구대상의 확대라는 점에서도 반가운 일이다. 백원철은 이학규의 실학자로서의 위치와 문학의 전모를 최초로 밝혔고(33), 심경호는 이학규의 시를 깊이 있게 분석한 바 있다(34).

실학파 시 연구에서 기억할 만한 일은 茶山詩를 번역한 단행본의 출간이다. 일찌기 김지용에 의하여 정약용의 중요한 시들이 번역된 바가 있지만(35), 극히 일부분에 지나지 않았는데, 송재소 김상홍에 의하여 상당한 규모의 譯詩集이 각각 단행본으로 출간되어 다산시 연구에 더욱 활기를 띠게 된 것이다(36·37).

이상 실학파의 시에 대한 연구사적 검토를 마치면서 느끼는 바는 실학파 시에 관한 한 뚜렷한 쟁점이 없었다는 사실이다. 이것은 그만큼 이 분야의 연구가 아직은 초보단계에 있다는 반증일 것이다.

지금까지 살펴본 바와 같이 실학파 시의 연구는 다산시가 주류를 이루고 있다. 실학파의 소설에서 연암 연구가 주류를 이루었듯이 시에 있어서 정약용이 집중적으로 연구된 것은 문학적으로나 사상적으로 두 사람의 비중이 크기 때문임은 말할 필요가 없다. 그러나 그렇다고 해서 앞으로도 다산시가 주류를 이루어야 할 필요는 없다. 다산시가 더욱 깊게 연구됨과 동시에 지금까지 소홀하게 다루어졌던 다른 실학파 학자들의 시도 함께 연구되어야 할 것이다. 그러기 위해서는 실학의 개념과 범위가 어느 정도 한정되어야 한다. 이 문제에 관해서는 학계에서 구구한 논의가 있어왔지만 이우성의 견해가 대체로 타당성을 인정받고 있다(38). 그는 실학을 조선 후기 특히 영·정시대에 일어난 새로운 학풍으로 큰 테두리를 정하고, 그 성격에 따라 經世致用學派·利用厚生學派·實事求是學派로 분류했다. 또한 실학의 담당자를, 서울 및 근기지방에 생활기반을 둔 정권에서 소외된 사대부계층으로 한정했다. 물론 이 규정이 예외 없이 적용되는 것은 아니겠지만 실학파문학의 성격과 범위를 지시해 주는 데에는 별 이의가 없다고 본다. 앞으로는 실학파문학으로서 우리가 적극적으로 수용해야 할 것이 어떤 것이며, 조선조 후기에 생산되었으면서도 실학파문학으로 볼 수 없는 것이 어떤 것인지를 면밀히 검토해야 할 것이다.

그리고 실학파의 시가 좀더 밀도 있게 연구되기 위해서는 실학파의 철학사상과 시와의 관련이 논의되어야 할 것이다. 개개인에 따라 차이는 있지만 실학파 학자들의 공통점은 권위화된 성리학적 세계관을 극복하려 했다는 사실이다. 그렇다면 그들이 추구하려고 했던 새로운 세계관이 무엇인가를 밝히지 않으면 안된다. 그들의 사상체계는 그들의 세계관에서 유래된 것이고, 기본적으로는 그들의 문학도 이 세계관의 반영이라고 보여지기 때문이다. 더구나 실학파의 시가 현대적 의미에서의 시인에 의하여 씌어진 것이 아니고 대부분 학자들의 작품이니 만큼 그들의 철학사상과 시와는 밀접한 관련을 가진다. 이 문제는 宋載邵 李篪衡에 의하여 부분적으로 거론되었지만(13·28) 아직 시도단계에 있으며, 실학파의 경학관을 깊이 연구함으로써 해결될 것으로 믿는다.

또한 실학파문학의 文學內的인 연구의 심화를 통하여 실학파문학의 문학사적인 위치가 정립되어야 한다. 실학파의 문학이 한 특정시대의 산물로 그치지 않고 오늘날까지 지속적인 관심의 대상이 되고 있는 것은 일차적으로는 그 속에 반영된 실학사상 때문이라 생각된다. 그러나 실학사상 자체가 문학은 아니다. 우리는 지금까지 시를 실학사상의 종속적인 위치에 놓고 연구해 왔음을 솔직이 시인하지 않을 수 없다. 이렇게 종속적인 위치로부터 시를 끌어올리기 위해서는 실학파의 시를 시 자체로서 깊이 연구할 필요가 있다.

여항인이란 양반 사대부계층과 일반서민 사이의 중간계층으로서 주로 서울에 거주하는 中人·胥吏 들을 지칭하는 말이다. 중인은 醫學·譯學·算學·律學·畫學·樂學 등 소위 雜學에 종사하는 전문지식인들을 총칭하는 말이고, 서리는 각 관서에 소속된 하부의 기능직을 담당한 자들이다. 이들은 신분상의 제약 때문에 관계진출이 엄격히 통제되어 있었지만 상당한 교양을 갖춘 지식인들이었다.

조선조 후기 상업과 수공업의 발달로 인하여 도시로서의 서울이 크게 활기를 띠게 되자 상인·수공업자와 일정한 연계를 맺고 있던 이들 여항인의 사회적 경제적 지위가 향상되었고, 이러한 경제적 안정과 생활의 여유는 이들의 지식수준을 향상시켰다. 그 한 예로 임형택은 여항인의 자제들을 전문적으로 교육시킨 사례가 있었음을 지적한 바 있다(39). 그러나 신분적인 제약이 이들로 하여금 지식의 추구가 무의미함을 느끼게 하였고, 따라서 문학적 취미에 관심을 가지게끔 하였다고 보여진다. 이렇게 문예

방면에 눈길을 돌린 이들은 그들의 거주지를 중심으로 모여서 詩會를 열어 풍류를 즐겼다. 이것이 급기야는 松石園詩社·七松亭詩社와 같은 대규모 詩社의 결성에까지 이르렀고, 白戰과 같은 대규모 시회를 열기도 했던 것이다.

이들 여항인의 문학을 여항문학 또는 委巷文學이라 일컫는바, 크게는 시조문학과 한시문학으로 대별된다. 전자의 경우, 이 시기에 金天澤 金壽長에 의하여 이루어진 歌集 편찬과 사설시조의 창작이 중요한 활동이었고, 후자의 경우는 〈昭代風謠〉〈風謠續選〉〈風謠三選〉 등 여항인의 시선집 발간이 특기할 만한 일이었다. 이중 한시문학이 이 글이 다루는 대상이 된다. 여항인의 한시에 대해서는 그 연구성과가 극히 미미하기 때문에 별도로 연구사를 부기하지 않고 다만 몇 가지 문제점만을 지적하고자 한다.

우선 명칭문제인데, 여항문학 또는 위항문학으로 부르는 쪽과 평민문학 또는 서민문학으로 부르는 쪽이 있다. 이 분야 연구에서 개척자적인 업적을 남긴 具滋均은 중인·서리·庶流 들의 문학을 近代平民文學이라 부르고, 이들의 한문학을 近代平民漢文學이라 지칭하기도 했으나(40) 최근에는 여항문학 또는 위항문학으로 부르는 것이 지배적인 경향이다. 평민문학이라 부를 수 있으려면 평민의 언어로 씌어진 평민의 문학이어야 할 것인데, 한시 자체가 평민의 언어로 씌어진 문학작품이 아니고, 여항인의 신분이 사대부와는 구별되지만 그렇다고 해서 이들을 일반서민 또는 평민이라 볼 수는 없기 때문이다. 成範重은 여항인의 범위를 확대하여 「위항인은 광의의 중인뿐만 아니라 常民과 賤人들까지 포괄하는 개념 즉 양반사대부가 아닌 문자를 아는 모든 계층의 사람을 지칭」한다고 보았지만(41) 약간의 무리가 따른다. 〈풍요속선〉에 수록된 鄭樵夫가 이덕무의 〈淸脾錄〉의 기록대로 呂氏의 노비였다는 것이 사실이라고 하더라도 그것은 극히 예외적인 일이었을 것이다.

여항문학에 대한 평가도 두 가지 견해로 나뉘어진다. 그 하나는 긍정적인 평가로서 구자균 임형택 성범중의 견해이다(39·40·41). 이들은 부분적인 견해 차이는 있지만 여항문학을 근대지향적인 것으로 파악하고 있다. 「여항문학과 서민문학은 우리나라 중세 말기의, 근대를 창조하기 위한 역사적인 운동과정에서 새로운 특징으로 등장한 것이다」(39)라 한 임형택의 견해가 이를 대표한다고 볼 수 있다. 반면에 鄭玉子는 여항문학의 성립 자체를 「하층계층의 상층문화에 대한 동경과 모방에서 출발한 것」이라 못박고 「위항문학의 성장은 양반문화의 하층지향적인 확산 현상이며, 그러한 상층문화의 저변보급은 전반적인 문화수준의 평준화로 풀이될 수도 있다」(42)고 하여 여항문학을 사대부문학의 아류 또는 주변문학으로 평가했다. 이러한 견해 차이는 여항문학에 대한 보다 깊은 연구가 이루어짐에 따라 해소될 것으로 보이지만, 문학사를 발전적인 시각에서 조명할 때 전자의 견해가 타당할 것으로 생각된다.

여항인의 한시에 대한 연구는 앞에서 본 3개의 시선집에 등장한 작가의 수에 비해서 너무 영성한 상태이다. 앞으로 중요한 작가들에 대한 집중적인 연구가 이루어져야 여항문학의 성격이 밝혀질 것이다. 이 3개의 시선집에 수록된 작가만 해도 800여 인에 이르는데, 이들 중 비중이 크다고 볼 수 있는 사람은 洪世泰 高時彦 千壽慶 張混 趙秀三 張之琬 鄭芝潤 李尙迪 劉基建 등이다. 이들 중에서 장혼에 대해서만 두 편의 논문이 있을 뿐이다(43·44).

최근에 중인인 張之琬 崔瑆煥 鄭芝潤을 金正喜의 性靈論과 관계시켜서 논한 이우성의 논문이 여항문학을 새로운 각도에서 다룬 글이라고 하겠다(45).

宋 載 邵

論 著

1. 鄭昌烈　實學(韓國學研究入門, 知識產業社, 1981)
2. 林熒澤　實學派文學과 漢文短篇(韓國學研究入門, 知識產業社, 1981)
3. 洪以燮　丁若鏞의 政治經濟思想 研究(韓國研究圖書館, 1959)
4. 金智勇　茶山文學論(국어국문학 33, 국어국문학회, 1966)
5. 金智勇　茶山文學의 寫實性(국어국문학 72~73, 국어국문학회, 1976)
6. 金智勇　丁茶山의 寫實的인 文章論(廣場, 1976)
7. 金智勇　丁若鏞論(韓國文學作家論, 螢雪出版社, 1977)
8. 金智勇　丁茶山의 詩論攷(月巖朴晟義博士還曆紀念論叢, 1977)
9. 金智勇　丁茶山의 文藝論의 先覺者的 特性(韓國學 15·16, 1979)
10. 李佑成　實學의 社會觀과 漢文學(韓國思想大系 I, 1973)
11. 宋載邵　茶山詩研究(國文學研究 39, 國文學研究會, 1977)
12. 宋載邵　茶山의 「朝鮮詩」에 對하여(韓國漢文學研究 2, 韓國漢文學研究會, 1977)
13. 宋載邵　茶山詩의 對立的 構造(創作과 批評 1978 봄)
14. 宋載邵　韓國漢文學과 社會(藝術과 社會, 民音社, 1979)
15. 宋載邵　茶山의 寓話詩에 對하여(韓國漢文學研究 3·4, 韓國漢文學研究會, 1979)

16. 金相洪　丁茶山의　社會詩　研究(國文學論集 9, 1978)
17. 金相洪　丁茶山의　樂府詩　研究(檀國大學校論文集 13, 1979)
18. 金相洪　茶山의　文學思想(東洋學 10, 檀國大　東洋學研究所, 1980)
19. 金相洪　茶山詩攷(檀國大學校論文集 15, 1981)
20. 崔信浩　丁茶山의　文學觀(韓國漢文學研究 1, 韓國漢文學研究會, 1976)
21. 趙東一　韓國文學思想史試論(知識産業社, 1978)
22. 金興圭　茶山의　文學論에　있어서의　道와　文(현상과인식 5, 1978)
23. 金興圭　茶山의　詩意識과　詩經論(民族文化研究 14, 高麗大　民族文化研究
　　　　　所, 1979)
24. 金相洪　茶山의　文體醇正論　研究(檀國大學校論文集 14, 1980)
25. 宋載邵　茶山의　「文體策」에　對하여(韓國古典散文研究, 1981)
26. 崔博光　星湖　李瀷의　詩論(韓國文學論, 1981)
27. 鄭大林　星湖文學研究　Ⅰ(冠嶽語文研究 4, 1979)
28. 李篪衡　洪湛軒의　經學觀과　그의　詩學(韓國漢文學研究 1, 韓國漢文學研究
　　　　　會, 1976)
29. 鄭良婉　李德懋詩의　繪畫性에　대한　一小考(韓國漢文學研究 3·4, 1979)
30. 鄭良婉　柳得恭詩의　音響性에　대한　一試攷(冠嶽語文研究 4, 1979)
31. 宋載邵　朴齊家의　文學觀(韓國漢文學研究 5, 韓國漢文學研究會, 1981)
32. 朱明姬　李德懋의　叙景詩考(韓國文學論, 1981)
33. 白源鐵　洛下生　李學逵　研究(成均館大　석사논문, 1982)
34. 沈慶昊　서정자아의　근대적　변모와　그　한계(韓國學報 25, 1981)
35. 金智勇　茶山詩文選(大洋書籍, 1975)
36. 宋載邵　茶山詩選(創作과批評社, 1981)
37. 金相洪　流刑地의　哀歌(檀國大　출판부, 1981)
38. 李佑成　實學研究序說(문화비평 7·8, 1970)
39. 林熒澤　閭巷文學과　庶民文學(韓國學研究入門, 知識産業社, 1981)
40. 具滋均　朝鮮平民文學史(文潮社, 1948)
41. 成範重　松石園詩社와　그　文學(國文學研究 53, 國文學研究會, 1981)
42. 鄭玉子　朝鮮後期의　「文風」과　委巷文學(韓國史論 4, 서울大　國史學科,
　　　　　1978)
43. 安　廓　平民文學을　復興한　張混先生(朝鮮日報 1929년　3월　연재)
44. 具滋均　近世的　文人　張混에　대하여(文理論集 7, 高麗大, 1963)
45. 李佑成　金秋史　및　中人層의　性靈論(韓國漢文學研究 5, 韓國漢文學研究會,
　　　　　1981)

18. 한문소설의 발전

여기서 조선 후기라는 시대구분은 대체로 17세기 중반 이후 19세기말 까지의 시기를 가리킨다. 이 시기는 壬辰·丙子의 두 전쟁을 계기로 조선 조 봉건사회의 해체가 정치·경제·사회·문화의 모든 분야에서 급속히 진행되었던 때라는 점에서 이전 시대와 그 역사적 성격을 달리한다.

이 시대의 특징으로 주목되는 것은 당대에 이룩된 사회적 생산력의 발 전으로 기존의 봉건적 사회관계 내부에 상당한 변화가 야기되기 시작했다 는 점이다. 즉 양반층 안에서 소수의 집권 사대부 계층과 다수의 몰락 사 대부 계층으로의 분화가 심각하게 야기되었을뿐더러 평민층 내부에서도 경제적 소유관계에 따른 활발한 계층분화가 일어나고 있었다. 특히 평민 층은 그 계층적 분화에도 불구하고 전체적으로는 현실적이며 물질적인 의 식과 그에 의거한 사회적 실천으로 봉건질서 내부에서 자신의 힘을 꾸준 히 상승시켜 갔다. 그리하여 점점 자신의 물질적 기반을 상실해 간 양반 층과 이전과는 다른 새로운 사회적 힘의 대립관계를 형성하기에 이른다. 평민층은 이러한 대립관계 속에서 그 상승된 힘을 바탕으로 하여, 이미 경직되고 생동성을 잃은 양반층의 문화에 대체하여 자신의 구체적 생활에 어울리는 자기의 고유한 문화 창조를 시도했다. 이 시기에 발흥한 평민적 인 문화 예술 장르들은 바로 이러한 시도의 발현이었다고 할 수 있다.

그런데 이와 같은 평민층의 사회·경제·문화적 힘의 상승은 기존의 전 통적인 양반층 문화의 내용과 형식에도 적지 않은 영향을 미치며 그 변화 를 야기시켰다. 이 항목에서 우리가 살펴보려 하는 조선 후기의 한문소설 은 바로 그러한 것들 중의 하나에 해당된다.

이처럼 이 시기 한문소설의 성립과 그 성격은 당대의 역사적 변화와 대 단히 긴밀한 관련을 맺고 있다.

이 시대 한문소설로 가장 많이 연구되어 온 것은 燕巖 朴趾源(1737～1805)

314

의 작품들이다. 박지원의 소설작품으로는 주지하다시피 〈虎叱〉〈許生傳〉
(이상 〈熱河日記〉에 수록), 〈馬駔傳〉〈閔翁傳〉〈金神仙傳〉〈穢德先生傳〉〈兩
班傳〉〈廣文者傳〉〈虞裳傳〉(이상 〈放璃閣外傳〉에 수록), 〈烈女咸陽朴氏傳〉
(〈烟湘閣選本〉에 수록) 등 10편이 현전하고 있다. 봉건 말기의 僞儒를 풍자
한 작품인 〈易學大盜傳〉〈鳳山學者傳〉 2편은 議論이 너무 과격해 나중에
박지원 스스로 없애버린 것으로 되어 있다.

연암소설은 일찌기 金台俊이 봉건사회에 대한 그 비판적 성격을 높이 평
가한(1) 이택 社會小說로서 크게 주목받아 왔다. 해방 이후 오늘에 이르기
까지 박지원에 대해 숱한 작가론이나 작품론이 씌어져왔지만, 여기에서는
다만 그중 몇 가지만을 들어 그 동안의 주요한 연구경향과 방법론의 갈래
및 그 문제점 등을 간략히 살펴보도록 하겠다.

李家源 李在秀 등은 연암소설의 문학적 배경과 사상적 성격을 주로 실
증적 비교문학적 방법에 입각하여 논술한 바 있다(2·3). 이들에 의해 연암
소설의 문헌적 측면은 소상히 밝혀질 수 있었다. 그러나 이들에서는 작품
외적인 조건들과 작품간의 관계가 다분히 기계적으로, 다시 말해 無媒介
的으로 파악되고 있고, 종종 작품 안의 개별적 요소가 작품 전체에서 분
리되어 자의적이고 과대하게 해석되곤 하는 문제점이 엿보인다. 여기에서
는 연암사상과 작품의 각각의 범주적 구조 및 그 상호관계가 특수하게 문
제시되고 있지 못하다는 점에서 아직 본격적인 연암론이나 연암소설론이
라고는 보기 어려울 것 같다.

이에 반해 李庭卓 李源周 등은 연암소설이 지니는 풍자적 성격에 주목
하고 거기에 연구의 초점을 맞추고 있다(4·5·6). 연암소설의 두드러진 특
징을 이루는 풍자의 성격과 양태, 또 그 풍자의 대상 등이 집중적으로 규
명될 수 있었던 것은 이들의 업적에 해당될 것이다. 그러나 연암소설이
지니는 풍자의 의미는 단순히 그 풍자의 대상이나 풍자의 양태를 밝히는
것만으로 다 드러났다고 볼 수 없을 것이다. 박지원에 있어 풍자란, 중세
적 봉건사회가 무너져가고 그 속에서 새로운 사회의 맹아가 싹트기 시작
한 역사적 전변의 시대에 살면서 그 모든 추이들을 직시했던 작가 자신의
당대 사회현실에 대한 정신의 태도, 달리 말해 작가의 세계관과 직접 관
계되는 문제일 뿐만 아니라 더 나아가서 봉건사회 해체와 대응되는 구조
적 역사적 성격을 띠는 하나의 양식적 의미를 지니는 것으로까지 파악될
필요가 있지 않을까 한다. 연암소설의 풍자적 성격에 대한 연구는 그 기
왕의 성과에도 불구하고 이런 각도에서 새롭게 재조명될 여지가 있을 것

으로 생각된다.

　박지원에 대한 개별논문은 아니지만, 閔丙秀는 한문소설사를 기술하는 자리에서 종래 박지원의 소설작품으로 추출 소개되어 온 10편을 모두 소설로 보는 데 대해 이의를 제기하고 있어 주목된다(7). 즉 〈마장전〉과 〈민옹전〉〈김신선전〉은 「작자의 주관이 陽的으로 표현된 주관적인 문학」이며 거기에 나오는 「제 1 인칭은 바로 작자 자신을 지칭하는 것」이기에 소설이 될 수 없고, 〈예덕선생전〉이나 〈광문자전〉〈열녀함양박씨전〉 등은 시정에 유전하는 이야기를 작자의 주관에 따라서 기술한 전기적인 수필에 불과하며, 〈우상전〉은 譯官 李彦瑱의 詩話를 중심으로 한 실화이므로 이를 소설로 볼 수 없다는 것이다. 따라서 민병수에 의하면 〈양반전〉〈호질〉〈허생전〉의 3편만이 소설로 인정될 뿐이다. 그러나 이러한 주장에는 이론적인 허점과 무리가 뒤따를 뿐 아니라 우리 고전소설사의 특수성이 전혀 고려되지 않고 있다는 문제점이 있는 것으로 보인다. 그렇긴 하지만 우리는 이를 통하여 앞으로 「傳」과 「소설」 사이의 장르적 차이에 대한 이론적 규명이나 연암소설의 서사적 전개양상에 대한 더욱 깊은 논구가 필요함을 깨닫게 된다.

　한편 연암소설을 당대의 실학사상, 그중에서도 특히 利用厚生派의 사상과 결부시켜 연구한 것으로 李佑成의 논문이 있다(8). 그에 의하면 민중과 집권층의 중간에서 자기에게 부여된 올바른 임무를 수행하려는 자세, 이것이 바로 박지원의 사회적 입장이었으며, 근대 양심적 인텔리의 사명감에 상통하는 것으로서 박지원에게 있어서의 이러한 「士」로서의 자각이 종래 사대부들에게 전혀 의식되지 못했던 세계, 즉 「서민의 세계」를 그의 의식세계 속에 선명히 떠오르게 했던 것으로 파악된다. 그리고 이처럼 서민의 세계를 향하여 새로운 의식세계를 확장하면서 창조적이며 진보적인 작품을 쓸 수 있었던 것은 결국 그의 배후에 신흥상공업자를 위시한 서민들의 움직임이 있었으며, 그 속에서 역사의 방향이 희구될 수 있었기 때문이라고 보았다. 이 논문의 기초가 되고 있는 박지원의 사상에 대한 해석이, 그 사상구조의 전체적 파악이나 시기에 따른 사상 내용의 성격변화에 대한 고찰이 충분히 이루어진 다음에 행해진 것은 아니라는 점, 또 일단 그렇게 해석된 박지원의 사상을 바탕으로 하여 작품을 이해하고 있어 사상과 작품과의 관계가 다분히 정태적이며 일면적으로 파악되고 있지 않은가 하는 점 등 전혀 문제가 없는 것은 아니지만, 그러한 문제점에도 불구하고 이 논문은 앞으로의 박지원의 문학에 대한 연구에 대단히 중요한 방향을 제시해 놓고 있다고 보인다. 그것은 무엇보다 박지원 사상의 성격이 총체적으로 파악되고 그것과의 매개 속에서 그의 문학이 조명되지 않으면 안되겠다는 것, 뿐만 아니라 그의 그와 같은 사상까지도 그 속에 포괄되는 바인 당대의 역사상황 속에서 그의 문학이 고찰되어야 하겠다는 것, 그래야만 작품의 엄정한 객관적인 해석과 올바른 문학사적 위치정립이 비로소 기대될 수 있을 것이라는 등의 사실이다. 그러나 이 논문이 발표된 지 이미 20여 년이 지났지만, 아직도 이 논문이 시사한 이러한 연구방법론을 심화 발전시키면서 그 문제점을 보완하는 업적은 별로 나오고 있지 못한 것 같다. 물론 그간 연암소설의 역사적 성격에 주목하는 연구물은 적지 않았지만 이들은 대부분 이우성이 도달한 수준에마저 미치지 못하는 것으로 보인다. 이러한 사실은 박지원에 대한 그 동안의 숱한 논의에도 불구하고 우리 학계에는 아직 체계적이며 과학적인 연구는 이루어지지 않고 있음을 입증하는 것이라고 보아 좋을 듯하다.

박지원을 단순히 그 작품 몇 편만을 놓고 운위할 수도 있겠지만 그것은 자칫 박지원을 왜소화시키거나 왜곡할 위험이 많다. 작품의 뒤에 도저하게 버티고 있는 그의 사상과 그 시대적 고뇌의 성격이 문제되고 그것의 문학적 매개로서 그의 작품들이 연구될 때에만 비로소 박지원의 소설작품은 생동하는 것으로서 객관적으로 파악될 수 있을 것이며, 당대 정신의 거봉이며 위대한 소설가로서의 박지원의 像이 실상대로 재구될 수 있으리라 믿는다. 거듭 말하지만, 박지원의 세계관의 역사적 운동과 구조를 보다 깊이 천착해 들어가고, 그것과 작품과의 관계를 변증법적으로 문제삼지 않는 한, 그에 대한 작가론이나 작품론은 그 어떤 것이든 恣意와 皮相의 테두리를 벗어나기 힘들 것이며, 따라서 그 본질에는 접근하지 못한 채 계속 공전할 가능성이 많을 것으로 생각한다.

그런데 연암소설은 적막 속에서 돌연 솟아오른 것이 아니다. 그 시대에는 한문단편소설의 창작이 박지원 이외의 많은 문인들에 의해서 활발하게 이루어지고 있었다. 연암소설은 당대의 이러한 분위기와 추세 속에서 산출된 것이었다. 그럼에도 지금까지의 이 시기 한문소설에 대한 연구는 박지원의 작품에만 한정되어 수행되어 왔었다. 종래의 이러한 연구경향과 태도는 연암소설 자체의 문학적인 발생의 측면을 신비 속에 빠뜨렸을 뿐 아니라 연암소설 이외의 훌륭한 많은 한문단편소설들을 문학사에서 소외시켜 버렸다. 金均泰는 최근 文無子 李鈺의 작가론을 통해 종래의 이러한 연구태도에 반성을 가하고 있다(9). 비단 이옥에 대한 연구뿐만이 아니라 앞으로 이 시대의 다른 한문소설 작가들, 에컨대 石北 申光洙나 藫庭 金鑢, 問菴 柳本學 등의 작가들에 대한 계속적인 발굴과 연구가 시급하다 하겠다(10).

한편 林熒澤은 근자에 개인문집과 각종 야담집에 수록되어 있는 수많은 한문단편들을 학계에 새로 소개함과 동시에(11) 몇 편의 논문을 통해 이 시기에 한문단편이 광범하게 발생하게 된 역사적 배경과 원인 및 그 발생의 일반적 과정과 양태를 논급한 바 있다(12·13). 임형택에 의하면, (1) 이 시대에 이르러서 講談(이야기)을 잘함으로써 오락적 기능을 담당하였던 전문적이고 직업적인 講談師(이야기꾼)가 발달하였는데 이러한 강담사의 강담이 이야기 내지 소설에 취미를 가졌던 지식인들에게 직접 간접으로 전해지고 그것이 다시 글로 옮겨져 한문단편이라는 문학쟝르가 발생했으며, (2) 이들 지식인 중에는 유명한 작자도 없지 않지만, 그 대부분은 이름없는 작자들에 해당되고, 이들에 의해 성립된 작품들은 〈東稗洛誦〉〈靑邱野談〉〈溪西野談〉〈東野彙輯〉 등의 話集類에 대거 수록되어 현전한다는 것, (3) 한문단편은 시정의 주변이나 농촌에서 발달한 이야기들이 작품화된 것이기 때문에 당대의 역사현실을 생생하게 반영하고 있다는 것, (4) 따라서 한문단편은 한문으로 씌어졌지만 문장의 꾸밈이 없이 소박하게 강담의 분위기를 그대로 느끼게 하는 우리나라식 漢文으로서 실감 있고 생동하는 글이 되었다는 것, (5) 이러한 한문단편이 발달하게 된 역사적 배경은 도시의 형성과 시민층의 대두에 있다는 것 등의 사실이 지적되고 있다.

이들 한문단편의 발굴·소개로 국문학, 특히 조선 후기 소설문학의 영역은 훨씬 풍부해질 수 있게 되었으며, 그에 따라 이 시기의 우리 소설사는 앞으로 대폭 수정되고 보완될 것으로 기대된다. 뿐만 아니라 근대 이전과 근대를 이어주는 우리 단편소설사의 내발적 계기를 여기에서 확보할 수 있을지도 모른다는 조심스런 생각까지 들게 한다.

임형택에 의해 이 분야에는 일단 초석이 마련되었고 대략적인 연구의 지침이 제시되었다고 할 수 있다. 그러나 이 분야에는 아직 재검토와 세밀한 연구를 기다리는 많은 문제들이 남아 있다. 이 분야의 연구는 이제 갓 출발한 상태라고 보아 옳을 것이다.

이 분야의 연구에서 우리가 우선 봉착하는 커다란 문제로는 「漢文短篇」이라고 불리는 작품들의 쟝르 규정 문제일 것이다. 「한문단편」을 「단편소설」과 구별되는 쟝르로 파악할 것인가, 아니면 우리 나름의 독자적인 전통적 단편소설로 파악할 것인가 하는 문제에서부터, 「한문단편」을 역사적으로 18·19세기의 문학으로서 자기 존재의 고유한 의의를 가지는 것으로 한정할 것인가, 아니면 그 이전의 한문소설들, 예컨대 金時習의 〈金鰲新話〉나 許筠의 한문소설 등도 거기에 포함시키되 18·19세기에 생산되어야 담집 등에 대거 수록되어 전하는 작품들은 양식적으로 일단 전자와 구별하여 파악할 것인가 하는 문제, 또 「한문단편」과 「민담」이나 「笑話」등의 설화 장르와의 차이 및 관계는 어떻게 규정되어야 할 것인가 하는 문제에 이르기까지 실로 적지 않은 장르론적 문제들이 도사리고 있다(14). 이러한 문제들의 해결은 기본적으로, 개개 작품들의 성격과 각 시대 문학현상의 역사적 성격 및 그 법칙성의 파악이 여하한 입장에 설 때 보다 잘 이루어질 수 있을 것인가 하는 한국문학 연구의 객관적 요구와, 굵다란 하나의 흐름으로서 우리 소설사의 連綿性이 어떤 관점에 설 때 보다 충실히 확보될 수 있을 것인가 하는 한국문학 연구의 주관적 요구를 모두 고려하는 방향에서 수행되어야 할 것이다.

이러한 장르론적 문제 이외에도 그 작자층의 성격, 각 화집의 검토를 통한 그 내적 성립과정 및 해체과정의 추적, 이전 한문소설과의 내용적 형식적 차이, 문체적 특성, 현실 반영 방식에 있어 판소리계 소설과의 비교, 우수한 작품들에 대한 해석과 평가, 그 문학사적 위치 등등이 앞으로 보다 더 천착되어야 하거나 혹은 새로이 구명되어야 할 과제들일 것이다.

조선 후기의 한문소설로는 이밖에 〈烏有蘭傳〉〈玉樓夢〉 등이 언급되고 있다. 〈오유란전〉은 국문소설인 〈李春風傳〉이나 〈裵裨將傳〉과 유사한 성격의 작품인데, 어찌해서 이 시기에 이처럼 한문소설과 국문소설의 성격이 비슷해질 수 있었는가 하는 점도 흥미로운 연구 과제일 것이다. 이와 관련하여 국문소설, 특히 판소리계 소설과 해학 풍자적인 이 시기 한문단편소설 사이에 존재하는 것으로 보이는 공통기반의 성격 같은 것도 궁금한 점이고, 또 그러한 공통기반이 어떻게 해서 상이한 두 형식으로 발현하게 되었는가 하는 점도 구명되어야 할 과제이다.

〈옥루몽〉에 대해서는 지금까지 그 작자, 저작연대, 〈玉蓮夢〉과의 선후관계 등 書誌的 측면이 주로 논의되어 왔었는데(15·16), 그러한 측면은 그것대로 계속 논의되어 정설이 나와야 하겠지만, 그외에도 봉건해체기 양반 이데올로기의 표출 및 그 완강한 고수로서의 측면이 적극적으로 검토될 필요가 있을 것 같다. 이러한 작업은 이 시기 소설이 현실과 관계하는 방식 및 그 존재양태에 대한 우리의 인식을 보다 심화시켜 줄 것이기 때문이다.

지금까지 우리는 조선 후기의 소설에 대한 연구사를 개관하면서 그 성과와 문제점을 간략히 살펴본 셈이다.

이 시기 한문소설, 특히 한문단편소설은 한문으로 씌어졌다는 그 언어적 한계에도 불구하고 다음의 몇 가지 점에서 결코 忽視될 수 없는 의의를 지니는 것으로 생각된다.

첫째, 우리는 판소리계 국문소설과 더불어 이들을 통해 우리 소설문학의 寫實主義的 전통을 확인할 수 있다. 이 시대의 우리 소설이 아직 근대 사실주의 그 자체에 도달한 것은 물론 아니지만, 그로 향한 趨動性을 이미 확고하게 내포하고 있었음을 이들 작품은 확연히 보여준다.

둘째, 이들 작품은 당대의 구체적 역사현실을 대단히 생생하게 반영하고 있다. 이 점에서, 비록 한문으로 씌어졌긴 하지만, 이상주의적이고 관념적인 성격의 국문소설과는 크게 대조된다.

세째, 이들 작품은 당대 민중의 모습과 삶을 투시하는 데 있어 우리에게 더 없이 좋은 자료가 된다. 그리하여 고통과 좌절 속에서도, 그 삶의 근저에서 사라질 줄 모르는 우리 민중의 에네르기와 미래에 대한 밝은 낙관을 엿볼 수 있다.

朴　熙　秉

論　著

1. 金台俊　朝鮮小說史(學藝社, 1939)
2. 李家源　燕巖小說硏究(乙酉文化社, 1965)
3. 李在秀　韓國小說硏究(宣明文化社, 1969)
4. 李庭卓　燕巖小說에 나타난 諷刺硏究(安東敎大論文集 2, 1969)
5. 李源周　燕巖小說考(語文學 1966.10)
6. 李源周　「虎叱」의 諷刺對象(常山李在秀博士還曆紀念論文集, 1972)
7. 閔丙秀　韓國小說發達史(韓國文化史大系 V, 高麗大 民族文化硏究所, 1967)
8. 李佑成　實學派의 文學(국어국문학 16, 국어국문학회, 1957)
9. 金均泰　李鈺의 文學思想硏究(현상과인식 1977 겨울)
10. 李家源譯編　李朝漢文小說選(民衆書舘, 1961)
11. 李佑成 林熒澤譯編　李朝漢文短篇集(一潮閣, 上, 1973／中・下, 1978)
12. 林熒澤　18・9世紀 「이야기꾼」과 小說의 發達(韓國學論集 2, 啓明大, 1975)
13. 林熒澤　漢文短篇 形成過程에서의 講談師(創作과批評 1978 가을)
14. 朴熙秉　靑邱野談 硏究(國文學硏究 52, 서울大 國文學硏究會, 1981)
15. 卓溶柱　玉樓夢硏究(高麗大 석사논문, 1965)
16. 成賢慶　玉蓮夢硏究(國文學硏究 9, 서울大 國文學硏究會, 1968)

19. 韓末의 憂國文學

散文樣式과 憂國文學

(1) 上疏文과 斥邪의 의지 : 韓末이라는 역사단계는 정확하게 말해서 大韓帝國의 성립에서부터 비롯하며, 그것은 근대화라는 시대적 임무수행이 강조되었던 시기라는 점에서 일단 역사적인 의미를 가진다.

그러나 일찌기 한국사가 체험한 어떠한 역사단계에 있어서도 서구의 「근대」를 스스로 시험한 일이 없는 전통사회의 보편적 질서에서 볼 때, 「開國＝開化」를 근대화의 결정론으로 파악한 인식체계는 한국의 근대사로 하여금 그 始發에서부터 망국의 민족사로 얼룩지게 한 것임에 틀림없다.

대한제국의 성립은, 형식적으로는 국호가 「朝鮮」에서 「韓」으로 바뀌고, 왕(제후)의 나라가 황제의 나라로 격상한 것을 의미하지만, 그러나 이것을 주도한 세력이 침략적인 제국주의 일본이기 때문에 문제의 성격은 십자하고 복잡한 것이 되었다.

이 이전 시기에 있어서도 외세의 도전은 부단히 있어왔지만, 그 수단과 양상은 기본적으로 다른 것이다. 그것은 대부분 이민족의 일방적인 침략에 의한 무력전쟁이었으므로, 우리 쪽에서 보면 이것은 방위전쟁이다. 때문에 국가와 민족은 반드시 수호되어야 했으며, 이를 극복하는 데 바쳐진 주체적 역량은 집약적으로 과시될 수 있었다.

그러나 18세기말에서부터 비롯한 서양 또는 서양화한 일본의 도전은 처음부터 傳敎나 通商의 수단으로 접근해 온 것이었으므로 이에 대응하는 部內의 반응양식도 歸一되지 않았다. 「斥邪」와 「開化」가 서로 다른 역사인식의 괴리를 보이면서 두 주류의 시대의지로 대두한 것도 물론 이 때문이다.

18세기말에서 19세기초에 이르러 천주교가 이 땅에 잠입하기 시작하였을 때, 서양의 충격은 그것이 傳敎를 표방한 문화적인 형태의 것이었기 때문에 우리는 이를 闢衛라는 이름으로 막아내었다. 그러나 1860년대에 이르러 서양 세력의 접근이 통상의 강요와 같은 경제적인 충격으로 변질하게 되었을 때 척사의 의지는 禦洋으로 제시되었다. 그러나 이러한 禦洋에서 실패한 척사의 저항은 다음 단계인 1870년대에 이르러서는, 특히 일본의 팽창주의 침략을 막아내기 위하여 「斥和」라는 이름으로 나타나게 된다.

1880년대에 있어서의 척사운동은 그 저항의 방향을 대내적인 비자주적 개화에 돌리기 시작하여 그 공격은 외세의 주구가 되고 있는 당시의 집권세력에 집중되었다. 이에 이르러 척사의 의지는 衛正이라는 민족사의 自衛 임무를 보다 강조하기 시작하였다. 특히 이러한 저항 형식의 전환은 1895년 乙未事變을 계기로 일본의 침략세력이 노골적으로 국법질서를 유린하는 데까지 이르게 되었을 때, 지금까지의 소극적인 言辭的 저항은 의병항쟁과 같은 무력행사로 발전하게 된다.

그러나 일본의 책동은 1897년 조선왕조를 대한제국으로 변신하게 하였으며 1905년 乙巳勒約에 이르러 사실상 국권은 일본의 손아귀에 들어가게 된다. 이를 전후하여 다시 후기 의병항쟁이 전개되고 빗발치는 討賊疏가 士林에서 터져나왔다. 그러나 山林에서 몸을 일으킨 의병의 항쟁으로는 기울어진 조국의 운명을 붙들어잡는 데에까지는 미칠 수 없었다. 왜냐하면 乙巳五賊을 성토한 討賊疏의 의지는 이미 그 초점을 상실하고 있었기 때문이다.

그러므로 이 글의 대상이 한말로 제한되어 있기는 하지만, 그러나 왕권의 소재가 왜적의 손아귀에 떨어진 이후에 있어서의 언사적 항쟁은 사실상 공허한 것이며, 오히려 군왕을 향하여 높은 소리로 외치던 초기의 척사소에서 보다 짙은 밀도를 느낄 수 있다. 이로써 보면, 앞에서 보인 각 시기에 제시된 척사의 저항양상은 대략 다음과 같이 요약될 수 있을 것이다.

1860년대의 「禦洋」은 우선 洋物排擊論에서부터 비롯하고 있으며, 이것은 당시 척사론의 선구로서 愛國如家의 실천적 규범을 밝힌 華西 李恒老의 척사소에서 나온 것이다. 그러나 洋賊의 침략을 背水의 一戰으로 응징해야 한다고 주장한 것은 이항로의 제자 金平默의 어양론이다. 이와 같이 척사의 저항을 어양으로 제시한 1860년대의 결의는 1870년대의 「斥邪」에 이르러 그 역사적 사명이 더욱 가중된다.

和議가 성립되면 殿下의 할일이 여기서 끝난다고 극론한 崔益鉉은 도끼를 들고 대궐에 나아가, 「和」가 난망에 이르게 될지도 모르는 불행한 현실을 泣訴하였으며, 1880년의 朝鮮策略에 반대하여 萬言疏를 올린 洪在鶴은 조선책략을 만든 것은 黃遵憲이지마는 그렇게 되도록 한 것은 서양에 심취한 전하의 신하 중에 있다고 극간하였다. 일개 유생의 몸으로 斥倭疏를 올려 조정의 附外勢力을 규탄한 白樂寬의 경우도 그러한 것에 속한다.

이밖에도, 嶺南의 萬人疏는 재야의 성토로서는 준엄한 것이었으며, 일본 군대의 犯闕을 통렬하게 비판한 李南珪의 請絶倭疏와 을미사변의 怨抑함을 통탄한 李建昌의 討逆疏는 모두 문인의 항변으로서 값진 것이다.

을미사변과 단발령의 반포에 반발하여 擧義한 전기의 의병항쟁은 柳麟錫의 討倭疏를 비롯하여 盧應奎 奇參衍 奇宇萬 등의 倡義疏에서 그들의 투쟁목표를 선명하게 제시하고 있으며, 을사늑약에 울분을 터뜨린 최익현의 請討五賊疏는 토적소의 본보기가 되었다. 산림에 몸을 숨긴 선비의 처지에서 발분하여 大義 앞에 몸을 던진 金奭鎭 李偰 李相髙 李承熙 등의 토적소도 위정척사의 전범으로서 기록될 만한 것이다.

그러나 위에서 보인 상소문의 문학성에 관한 논의는 또 다른 방면에서 따로 검토되어야 할 문제이므로 여기서는 이 이상 따지지 않는다.

(2) 嗚呼賦(1)와 비평정신 : 우리나라의 賦文學은 이미 고려 초기에서부터 비롯하고 있으나 조선시대에 들어오면서 古賦의 작가는 흔하게 나타나지 않았으며, 賦의 주류는 科賦로 흘러 형식적인 科試의 도구가 되고 말았다. 科賦의 세력이 꺾이기 시작한 한말에 이르러 사실상 한문학의 종장을 장식한 몇몇 고문 문장가에 의하여 고부가 다시 생산되는 정도에서 그쳤다. 이건창의 〈芭蕉賦〉, 金澤榮의 〈嗚呼賦〉, 曹兢燮의 〈泛舟洛江賦〉, 卞榮晩의 〈七夕賦〉 등이 그 대표적인 것이다.

〈오호부〉는 滄江 김택영이 제작한 것으로, 그의 문장으로도 賦는 이 한 편을 남기고 있을 뿐이다. 그러나 그는 이를 통하여 부문학의 진수를 명쾌하게 보여주었으며, 우국문학의 마지막 장을 絕品으로 장식하였다. 이 작품은 그의 망명지였던 南通에서 지은 것이다. 두고 온 조국이 일본에게 합병의 치욕을 당하게 되었을 때에, 돌아다볼 조국조차 잃어버린 그는 3일간을 소복으로 지냈지만 통한이 풀리지 않아 이 어처구니없는 민족사의 시련을 부로써 노래한 것이다. 제명을 「오호부」라고 한 것은 작품이 「아(嗚呼)!」라고 하는 탄식에서부터 시작하고 있기 때문에 그 첫 글자를 딴 것이다.

南通行 이후 그의 시풍은 점차 感憤凄楚해지기 시작하였지만 특히 이

〈오호부〉는 일제에게 유린된 한말의 비극을 오히려 명쾌와 감동으로 읽게 하는 걸작이다. 망국이라는 역사적인 대사건이 없었다면 그는 作賦의 시험을 영영 포기하였을지도 모른다. 이 작품이 우선 부라고 하는 형식을 빌 때부터 그 성공은 예측된 것이다. 서정시의 감동을 서사적인 산문형식에 담은 것이 그것이다. 망국으로 치닫는 한말의 침통한 시대상황을 고발하고 국치의 통한을 울부짖기 위해서는 운문시의 제한된 틀로써는 감당하기 어려울 것이기 때문이다. 그는 이밖에도 여러 편의 우국시를 통하여 민족의 비극을 통탄하고 있지마는 그것들이 주는 짤막한 감동은 이 〈오호부〉의 大役事에 미치지 못한다.

　〈오호부〉는 우선 그 규모가 웅대하여 장관을 이룬다. 평소 氣勝한 문장을 좋아한 그는 시에 있어서도 神韻이 있는 시, 言外의 言을 좋아하였거니와, 이 〈오호부〉에 있어서도 그의 동적인 美感이 전편을 꿰뚫고 있다. 詩와 文이 한데 어울려 이룩한 淸剛한 문학세계가 曠遠하게 펼쳐져 있다. 울분을 터뜨리면서도 慷慨에 흐르지 않고 형식과 내용을 긴장으로 결속시키면서 우국의 충정을 연소시키고 있다.

　〈오호부〉는 자탄에서부터 시작되고 있다. 불운한 시기에 불행한 조국에서 태어난 자신을 탓해 본다. 우러러 하늘을 향하여 외쳐보아도 대답이 있을 리 없다. 그래서 비운의 시인은 스스로 입을 열어 기막힌 넋두리를 늘어놓는다. 그러나 김택영에게 있어서 역사는 분명히 강력한 인식의 대상이다. 往古의 현인을 추상하고 인물이 없는 當今의 세상을 개탄한다. 호랑이 같고 이리 같은 열강에게 약탈을 강요당하면서도 제 몸 하나 편하게 살겠다고 종놈처럼 굽실거리는 꼬락서니들을 그는 그냥 두지 않았다. 이를 수컷 앞에 엎드리고 있는 암컷의 생리에 비기고 있는 것이 더욱 돋보인다.

　제 몸도 언젠가는 호랑이밥이 될 줄 모르고 스스로 호랑이를 불러들여, 다투어 살코기를 먹여놓고, 그 누린내라도 맡아보겠다고 발버둥치는 망국의 군상을 향하여 그는 분노를 터뜨린다. 그러나 마지막으로 기대를 걸어보았던 만국평화회의에도 우리나라가 끼이지 못하게 되자 그는 모든 것을 체념하고 만다. 그래도 유교를 숭상한 선비의 나라였기에 安重根과 같은 義士가 다시 나타나기를 기원하는 데서 끝내고 있다.

文人詩와 歷史意識

서구의 충격으로 대두된 개화의 「바람」이 끝내 망국이라는 민족사의 모순을 스스로 극복하지 못하고 있을 때, 이 시기의 문인들은, 또는 선비로서 또는 志士로서 스스로 그들의 변신을 강요하고 있었으며, 때문에 그들은 쉽사리 우국의 노래를 제조할 수 있었다.

이 시기를 대표할 수 있는 문인으로는 시에 秋琴 姜瑋, 丹農 李建初, 滄江 金澤榮, 寧齋 李建昌, 梅泉 黃玹 등을 들 수 있으며, 文에는 眉山 韓章錫을 비롯하여 雲養 金允植, 修堂 李南珪, 그리고 詩文에 兩美한 이건창이나 김택영을 꼽을 수 있다. 이 가운데서 강위나 김윤식을 예외로 하고는 거개가 선비로서의 매서운 절조를 닦아 그 생애의 대부분을 문학 수업에 바쳤다.

이들은 변전하는 역사의 현장을 그대로 두고 보지 않았다. 한말의 상황이 亂亡에 이르기 앞서부터, 그들은 공통적으로 인물이 없는 현실을 개탄하고 있다. 지나간 역사에 눈물 지으며 선현들의 위업을 追想했다. 가신 지 200년이 넘는 충무공의 슬기를 안타깝게 기다리고 있는 것은 그 대표적인 현상이다. 이건창의 〈牙山過忠武公墓〉(2), 황현의 〈忠武公龜船歌〉(3)와 〈碧波津〉(4), 그리고 이남규의 〈過忠武公舜臣墓〉(5) 등이 그 대표적인 것이며, 의병항쟁에 起義한 金福漢의 〈李忠武公墓〉(6)도 그 성격에 있어서는 다른 것이 없다.

> 구천에 계신 충무공을 모셔올 수 있다면
> 가슴속에 반드시 神術이 있으리라
> 거북선의 지혜로 가는 곳마다 이길 양이면
> 왜놈은 살려달라 하고 양놈은 제풀에 물러나겠지.

이것은 황현의 〈충무공구선가〉를 옮겨놓은 것이다. 이러한 그들의 현실 인식은 단순한 회고적 감상의 소치도 아니며 시인의 시대에 처하는 역사의식 바로 그것의 시킴이다.

그러나 이들 가운데서도 한말의 騷壇에 가장 많은 우국의 시편을 남긴 것은 역시 황현과 김택영이다. 이들은 처음엔 이건창의 發薦으로 세상에 이름이 알려지게 되었지만, 후일 세 사람은 나란히 가장 가까운 문우로서 성장하여 한문학의 종장에 섬광을 발했다. 다만 이건창은 광무 2년에 이미 세상을 떠나고 없었기 때문에 그에게는 순국의 기회나 우국시를 제작할 결정적인 계기가 주어지지 않았지만, 김택영과 황현은 오래도록 살아남아, 급변하는 역사의 순간을 놓치지 않았다.

김택영(1850~1927)은 개성 출신이다. 개성은 조선조 500년 동안 정치적으로 소외된 곳이거니와 그의 가계도 武弁 출신의 상인이다. 때문에 중앙정부에 대한 개성 시민의 불신감정은 김택영에게 있어서도 예외일 수 없었다. 그의 慕華的인 체질도 따지고 보면 小中華에 대한 평소의 불신이나 모멸이 낳은 당연한 결과로 해석되어야 할 것이다. 그래서 그는 버림받은 조국을 버리고 쉽사리 중국으로 옮겨갈 수 있었다. 을사늑약을 눈앞에 두고 그는 망명선에 올랐다. 조국을 향하여 뜨거운 애정을 보낸 것이 이때가 처음이다. 그가 우국의 시작을 조국에 바치게 된 계기도 여기서 비롯하고 있는 것은 물론이다.

그 대표작으로는 〈九日發船作〉(7) 2수를 비롯, 〈追感本國十月之事〉(7) 〈聞義兵將安重根報國讎事〉(7) 〈聞黃梅泉殉信作〉(8) 등이 농도 짙은 작품으로 꼽히고 있는 것들이다. 〈구일발선작〉은 그가 망명선에 올랐을 때의 착잡한 심정을 읊은 것이다. 저녁노을 뜬구름이 곱게 물들어 가는 조국강산을 뒤돌아보고, 망국의 陰計가 들끓고 있는 한말의 현실을 걱정하고 있다. 〈추감본국시월지사〉는 을사늑약의 비보를 듣고 글을 읽은 선비의 안타까운 처지를 悔恨하고 있는 작품이다. 그러나 망명지에서 접한 변보였기에 「本國十月之事」라 하였으며, 그것도 뒤늦게사 전해 들은 것이므로 이를 追感한 결과가 된 것이다. 〈문의병장안중근보국수사〉는, 합병의 역사극이 눈앞에 다가오고는 있었지만, 안중근 의사의 의거 소식을 듣고 오랜만에 찾아든 이 쾌보에 미칠 듯한 그의 감흥을 노래하고 있는 것이다. 통쾌 무비한 명작이다. 〈문황매천순신작〉은, 황현의 自裁 소식을 전해 듣고 평소부터 익히 알고 있던 그의 매서운 절조를 재확인하고 있는 것이다. 이것은 〈오호부〉와 더불어 망국의 제단에 바친 그의 마지막 노래가 되었다.

황현(1855~1910)은 전라남도 광양의 한 한미한 시골 농민의 아들로 태어났다. 그는 1880년대 초반에서부터 1910년에 이르는 한말의 격동기에 가장 많은 우국시를 남기고 간 대표적인 시인의 한 사람이다.

그는 소년 시절부터 과거를 통하여 發身할 것을 피했지만 34세에 이르러 겨우 진사가 되는 것에서 그쳤으며, 이것도 그가 상경한 지 10여 년만에 얻어진 영광이었다. 그가 成均生員이 되던 그 무렵(1888)에는 이미 政事는 날로 어지러워져가고 있었으며, 外憂가 날로 가중되고 있었다. 그가 스스로 지적한 바와 같이 서울의 거리에는 鬼國狂人의 무리가 들끓고 있었다. 그래서 그는 범연히 서울을 떠날 수 있었으며 다시 서울에 올라오는 일이 드물었다고 한다. 그의 전원시의 대부분이 이때부터 이루어지기 시작한 것이다. 그러나 몸은 비록 서울을 떠나 있었지만, 그의 평소에 닦아온 투철한 시대의식과 날카로운 비평정신은 잠시도 쉬지를 않았다.

이미 앞에서 보인 〈충무공구선가〉(1884)와 〈碧波津〉(1896)은 모두 충무공을 추상한 초기작이며, 한말의 詩作 중에는 〈義妓論介碑〉(1898)(9), 〈發鶴浦至糖山津〉(10) 7수(1902), 그리고 〈聞變〉(10) 3수, 〈絶命詩〉(11) 4수만으로도 그의 충정을 헤아리기에 족하다.

〈의기논개비〉는 연약한 여자의 몸으로 왜적을 죽인 義娘 논개를 자랑하고 있는 작품이며, 〈발학포지당산진〉은 港市 木浦를 지나면서 읊은 것이다. 개항 이후 밀려오는 외국 상품의 범람으로, 안타까운 우리 쌀만 외국으로 빠져나가는 뼈아픈 상황을 개탄하고 있다.

〈문변〉은 제명 그대로 을사늑약의 변보를 듣고 지은 것이다. 한강이 울먹이고 북악산이 찡그리는 변고를 당하고도 세가집 벼슬아치들은 의연히 빽빽하게 버티고 있고, 나라 팔아먹은 놈 나라 위해 죽는 꼴을, 도무지 볼 수 없는 현실을 통탄하고 있다. 이 무렵 그는 몸도 마음도 쇠할 대로 쇠했던지 청년시절의 시작에서 볼 수 있던 傲兀한 骨力도 여기서는 찾아보기 어려워졌다. 다분히 강개조로 흐르고 있을 뿐이다.

〈절명시〉는 스스로 목숨을 끊으면서 세상에 마지막으로 남겨주는 시편이다. 庚戌合倂의 비보가 전해졌을 때 그는 모든 것을 체념하고 조용히 죽음을 택한 것이다. 그 마지막 순간에 남긴 것이 이 〈절명시〉 4수다. 世祿의 恩을 입은 일도 없는 그에게는 죽지 않으면 안될 이유도 없다. 그러나 글을 아는 선비의 구실이 얼마나 어려운 것인가를 직접 실천해 보인 것이 그의 死節이다.

이밖에도 死節三大臣과 이건창 최익현을 感慕한 〈五哀詩〉와 忠正公을 애도한 〈血竹〉, 그리고 〈哀茂長義士鄭時海〉 등 죽음을 슬퍼한 시작이 많은 것을 보면, 자신의 死節도 이때부터 이미 준비하고 있었는지 모른다.

詞藻와 漢詩의 餘響

詞藻라면 일반적으로 漢詩를 가리키는 말이다. 여기서는 〈皇城新聞〉을 비롯하여 한말의 학술지에 마련된 詞藻欄 즉 한시 발표에 제공된 문예란을 말한다. 학술지로는 〈大韓自强會月報〉를 비롯하여 〈大韓協會會報〉 〈大韓學會月報〉 〈西友會報〉 〈畿湖興學會月報〉 〈西北學會月報〉 〈天道敎月報〉 등이 그 중요한 것들이다. 그러나 대한협회는 그 성격상 대한자강회를 계승한 것이라 할 수 있으며, 〈서우회보〉의 발행기관인 서우학회는 뒤에 西

北學會로 통합되었다. 〈천도교월보〉는 창간된 것이 1910년이므로 한말의 학술지로서 기여할 수 있는 기회를 스스로 가지지 못했다. 그러므로 이 가운데서 사조란을 통하여 가장 많은 한시를 게재하고 있는 학술지는 〈대한자강회월보〉와 〈대한협회회보〉, 그리고 〈기호흥학회월보〉정도다.

〈황성신문〉은 당시의 개화파 사람들에 의하여 부국강병론이 고조되던 1890년대 후반에 등장한 애국계몽운동 기관이며, 1905년 을사늑약 이후에 등장한 이들 학술지의 설립 취지도 그 성격에 있어서는 크게 다를 것이 없다. 그들이 주장한 것은 국가와 민족의 자강에 있었고 그들이 실천한 사업은 산업·교육의 진흥과 민중의 계몽이다. 그러나 이것들은 기본적으로 전통질서를 부정하는 처지에 서고 있었기 때문에, 주권의 회복이라는 국가목적에서 보면, 이들 학회가 스스로 공격적인 대일항쟁을 수행하기에는 내포하고 있는 부정적 요소가 복잡하고 다단하다. 이렇게 보면, 전통시대의 遺響인 한시를 보급하기 위하여 사조란까지 마련하고 있는 이들 학회의 퇴행적 행위는, 학회 자체의 성격이 그렇게 한 것이기보다는 오히려 구성원의 개별적인 체질 때문에 그렇게 되었다고 보는 것이 옳을 것이다. 張志淵과 같이 전통적인 학문에 조예가 깊은 명사들이 〈황성신문〉에서부터 대한자강회와 대한협회 등에 이르기까지 지속적으로 참여하고 있었던 것이 그런 것 중의 하나가 될 것이다. 특히 이들 「詞藻」가 쉽사리 우국시의 발표란으로 변신할 수 있었던 것도, 한시는 이미 在野士林에게 익숙해진 문학양식이므로 이들의 시대의식을 담을 수 있는 그릇으로는 가장 알맞은 것이 될 수 있었기 때문일 것이다.

〈황성신문〉은 1899년 11월부터 사조란을 두고 있으나 우국의 충정을 읽을 수 있는 작품은 거의 나타나지 않고 있으며, 〈기호흥학회월보〉는 학회의 활동범위를 기호지방으로 한정한 데도 이유가 있겠지만 사림의 우국시편은 거의 볼 수 없고 다만 김윤식의 親日 次韻詩가 독판을 치고 있을 뿐이다. 이러한 상황에서도 비교적 많은 우국시를 발표하고 있는 것이 〈대한자강회월보〉와 〈대한협회회보〉다.

〈대한자강회월보〉의 사조란은 우선 문예란으로서의 본래 목적에 충실하고 있는 느낌이다. 선현들의 시작 가운데서도 명편을 골라 수록하고 있으며 당대 명사들의 작품도 다양하게 게재하고 있는 것이 그것이다. 그러므로 전체적인 물량에 비하여 우국시가 적은 것도 사실이며, 특히 시기적으로 을사늑약이 있은 다음 해인 1906년에서부터 회보가 발행되고 있기 때문에 민충정공과 최익현의 輓詞가 그 대부분을 차지하고 있는 것이 두드러진 현상으로 나타나고 있다. 다만 익명으로 된 〈讀越南亡國史有感〉(12)과 같은 長篇을 싣고 있는 의지는 「詞藻」의 성격을 분명히 하고 있는 것임에 틀림없다.

그러나 대한협회는, 협회의 구성원으로 보면 자강회를 계승한 것이나 다름이 없지만, 지도층의 성향이 후일 대일협력으로 기울어짐에 따라 협회의 성격도 변질하게 된다. 그러나 「詞藻」에서 과시한 우국의 의지는 오히려 그 강도를 더하고 있다. 이것은 곧 지도부의 임원진과 구성원 사이에 개재하는 심한 괴리현상을 사실로 보여준 것이라 하겠다. 창작시에 못지 않게 전시대의 시작을 재현하는 데 관심을 보여 선인들의 시편 가운데서 警世의 목적에 걸맞는 작품을 대량으로 게재하고 있다. 錦南 崔溥의 〈讀宋史〉(13)를 비롯하여, 魚無迹의 〈流民歎〉, 權韠의 〈鬪狗行〉 林悌의 〈高山驛〉, 鄭芝潤의 〈關王廟〉와 같은 문제작이 눈길을 끌고 있으며, 특히 金宗直의 〈東都樂府〉와 鄭道傳의 〈嗚呼島弔田橫〉을 수록하고 있는 것은 더욱 시사적이다. 〈동도악부〉의 鵄述嶺은 바로 朴堤上의 이야기이며 〈오호도조전횡〉은, 田橫과 그의 식객 500인이 함께 죽은 故事다. 의기가 상통하면 500의 무리도 함께 죽을 수 있었던 전범으로 널리 알려져온 이야기다.

義兵將의 氣槪와 臨絶詩

의병항쟁은 대체로 그 항쟁을 전개하게 된 직접적인 계기에 따라 이를 전후 2차로 나누어 설명하는 것이 일반적이다. 을미사변과 단발령의 반포에 반발하여 起義한 것이 그 전기의 항쟁이며, 을사늑약을 전후한 시기에 국권수호를 위하여 擧義한 것이 그 후기의 항쟁이다. 그러나 의병장 중에는 초기의 의병항쟁을 주도한 척사파 지도자들과 같이 명망이 있는 학자들도 있었지만, 을사늑약 이후의 의병항쟁에 참가한 의병장들은 그 대부분이 지방의 窮儒가 아니면 常民階層에 속하는 이들이다. 그러므로 그들의 사적이나 시문·잡저와 같은 문학적인 업적은 그 대부분이 처음부터 없었거나 아니면 처음에 있었더라도 온전하게 전해지지 않고 있는 실정이다.

우국의 시편이나 임절시를 전하고 있는 의병장으로는, 초기의 의병항쟁을 주도한 毅菴 柳麟錫을 비롯하여, 志山 金福漢, 雲岡 李康秊, 李麟榮, 碧山 金道鉉, 勉菴 崔益鉉, 李殷瓚, 東廳 鄭煥直, 全海山 등을 들 수 있다. 이들 가운데에는 전기 항쟁에 기의한 의병장이 대부분이지만, 그러나 이들은 대부분 후기 항쟁에도 참가하고 있으며, 특히 그들이 남긴 임절시는 대개 후기 항쟁 이후의 것이기 때문에 여기서는 함께 다룬다. 그러나 문집을 남기고 있는 유인석이나 김복한 등의 경우에는 그들의 문집에서 우국시를 찾아내는 것이 용이하지만, 그밖의 의병장의 경우에는 대부분 〈騎驢隨筆〉이나 〈梅泉野錄〉 등에 임절시가 전하고 있는 정도에서 그치고 있으므로 그 자료는 극히 제한되어 있다. 최익현은 방대한 문집이 있기는 하지만 그의 憂國精忠은 상소문에서 발휘되고 있을 뿐, 우국의 서정을 담은 시편은 한두 수를 헤아릴 수 있을 정도다.

유인석(1842~1915)은 이항로의 문하에서 수학한 초기 의병항쟁의 대표적인 지도자다. 그는 국내에서의 항쟁에서 실패하자 멀리 露領에까지 망명하여 의병항쟁을 전개했다. 그는 丙寅洋擾가 있던 당시부터 위하적으로 접근해 오는 서구의 충격에 남다른 관심을 보여, 일찌기 〈江華洋亂〉(14)과 같은 우국시를 쓰고 있으며 특히 의리를 무겁게 생각하는 그는 중국을 원망한 〈責望中華〉(15)도 제작하고 있다. 그가 한꺼번에 여러 편의 우국시를 쏟아놓은 것은 합병을 전후한 시기다. 〈悼倭奴合邦時死節諸公〉(15)을 비롯하여 〈詠五七賊〉〈追悼一國死義義士〉 등이 모두 그러한 것이며 특히 황현의 死節에 바친 시작은 4수나 된다.

김복한(1860~1924)은 洪州 출신이다. 仙源 金尙鎔의 후손이며, 의병장 李偰과는 內外從間이다. 그는 단발령이 내렸을 때에는 이설 등과 함께 기의하였으며, 1906년에는 다시 閔宗植과 함께 홍주에서 기의하였고, 세칭 6의사의 한 사람이다. 그가 남기고 간 우국시편 가운데는 이미 앞에서 보인 〈李忠武公墓〉를 비롯하여 이설의 談字韻에 次韻한 〈次復菴李公談字韻〉과 〈聞安重根事有感〉이 특히 돋보이는 작품이다.

이인영(?~1909)은 초기의 을미거사 때 유인석 이강년 등과 기의하였다가 후일 丁未擧義에 다시 참가, 13도 의병대장에 추대되어 許蔿 閔肯鎬 이강년 등과 함께 일거에 서울에까지 진공하였다가 중도에서 父親喪으로 퇴거하였다. 〈기로수필〉에 옥중에서 지은 임절시 1수가 전하고 있다.

이강년 역시 을미거사 때 유인석 이인영 등과 기의하였다가 정미의거에도 다시 참가, 湖西 倡義大將으로 활약하였다. 〈雲岡先生倡義錄〉에 전하는 自嘆詩 한 수와 〈기로수필〉에 실려 있는 임절시 한 수가 있다. 특히 이 임절시에는 순국의 최후가 너무도 처절하게 새겨져 있으며, 최후의 순간에도 굴하지 않는 장부의 기개가 불타고 있다.

김도현은 英陽 출신의 儒士다. 丙申年에 거의하여 여러 번 패했으나 물러나지 않았다. 乙巳・庚戌간에도 有爲하려 했으나 90 老親이 있어 뜻을 이루지 못하다가 나중에 父喪을 지내고 東海에 나아가 투신자살했다. 역시 임절시 1수가 전하고 있을 뿐이다.

이은찬(1878~1909)은 楊平 출신의 유생이다. 홍천에서 거의한 관동의병장 이인영 동과 함께 서울에까지 진격하려다가 패퇴, 후일 밀정의 고발로 체포 처형되었다. 〈獨立運動之血史〉에 우국시 1수가 전한다.

전해산은 任實 출신의 漢學者다. 近衛兵隊參尉 李初來와 함께 기의하여 후기 의병항쟁에 참가하였다가 영산포에서 체포되어 대구의 倭獄에서 순절하였다. 옥중에서 지은 임절시 1수가 있다.

이상에서 보인 바와 같이 이들 의병장들이 남기고 간 우국시는 대개 죽음에 임하여 제작한 임절시 몇 편에 지나지 않는 것이지마는, 그러나 이들 시작에서 볼 수 있는 몇 가지 특징을 간추려보면 대략 다음과 같이 요약될 수 있을 것 같다.

첫째, 의병장들은 거개가 문학수업에 전념한 문인들이 아니기 때문에 작품 자체는 拙朴한 것이 대부분이다. 특히 임절시에는 生과 死의 갈림길에서 헤매는 即現實的인 思意가 그대로 표출되고 있어 言外의 言을 찾아볼 수 있는 漢詩學의 奧妙를 느낄 수 없다.

둘째, 위의 경우와는 달리 道學者 출신의 의병장들이 남기고 간 시편 속에는 의리를 중시하는 性理學的 思考가 깊이 자리하고 있어 昭爛한 맛을 減하고 있다.

閔 丙 秀

論 著

1. 金澤榮　合刊韶護堂集　詩集　卷6
2. 李建昌　明美堂集　卷2
3. 黃　玹　梅泉集　卷1
4. 黃　玹　梅泉集　卷2
5. 李南珪　修堂集(影印本)
6. 金福漢　志山集.
7. 金澤榮　志山集　卷4
8. 金澤榮　志山集　卷5
9. 黃　玹　梅泉集　卷3
10. 黃　玹　梅泉集　卷4
11. 黃　玹　梅泉集　卷5
12. 大韓自强會月報(影印本)(亞細亞文化社)
13. 大韓協會會報(影印本)(亞細亞文化社)

14. 柳麟錫　毅菴集 卷 1
15. 柳麟錫　毅菴集 卷 3
16. 趙芝薰　韓國現代詩文學史(文學春秋 1964.6～11)
17. 민족학교편　항일민족시집(思想社, 1971)
18. 崔昌圭　開化槪念의 再檢討(文學과知性 1971 여름)
19. 閔丙秀　開化期의 憂國漢詩(開化期의 憂國文學, 新丘文化社, 1974)
20. 閔丙秀　開化期의 漢文學(국어국문학 68·69, 국어국문학회, 1975)
21. 崔昌圭編　韓末憂國名上疏文集(瑞文堂, 1975)

古典文學

1. 詩歌의 발상과 전개

　한반도와 남만주 일대에 삶의 터전을 잡은 우리 민족의 시가의 발상과 그 양상을 논의하려고, 신석기시대 無文土器를 중심으로 하는 문화와 주민이 등장하기 전의 시대로 거슬러올라갈 수는 없다. 그 이유는 구석기시대에 있어서 이 지역에 살았던 곧선사람(直立原人)이나 네안데르탈 슬기사람(Homo sapience neanderthalensis)이나 슬기슬기 사람(Homo sapience sapience)이 곧 우리 민족의 祖先인 무문토기 문화를 가진 濊貊族으로 이어졌다는 확연한 고고학적 자료가 아직 발견되어 있지 않기 때문이다(30).

　현재까지의 연구결과에 의하면, 구석기시대의 사람들은 神이나 精靈이나 내세에 대한 신앙을 가지고 있지 않았다. 따라서 原詩歌(proto-song)는 구석기시대의 동굴벽화와 같이 그들의 食物을 채집하거나 수렵함에 사용된 주술의 수단이었고, 이러한 수단으로써 처음부터 끝까지 철저하게 실용적이고도 순전히 경제적인 목표와 직결된 기능을 가졌을 뿐이다. 물소춤(buffalo dance)의 목적이 물소의 유인과 포획에 있었고, 동굴 속의 사슴 벽화가 사슴의 수렵을 위해 그려졌듯이, 주술의 수단으로 사용된 원시가의 내용도 대상의 재현이자 대상 그 자체이며, 願望의 표현임과 동시에 원망의 달성이었다.

　구석기시대의 이러한 주술 중심의 일원론적인 세계관은 신석기시대에 이르러 신과 정령 및 내세에 대한 신앙의 이원론적 세계관이 발생하자 원시가는 祭儀 가운데서 喚起的(evocative)인 呪詞와 祈訴的(invocative)인 讚歌로 발전하게 되었지만, 趙潤濟의 논급처럼(4) 주술적 종교적 의식(祭儀)에 서로 함께 함으로써 어디까지나 원시종합예술 형태인 민요무용(ballad dance) 가운데 무용·음악과 더불어 존재하였으며, 이런 삼위일체적 구조는 청동기시대와 철기시대 초기인 부족국가시대에까지 존속하였던 것이다. 〈三國志〉東夷傳이나 〈後漢書〉 東夷列傳에 보이는, 12월에 베풀어진 夫餘의 迎鼓, 10월에 베풀어진 高句麗의 東盟, 濊의 舞天, 馬韓의 5월과 10월의 農事 始畢期에 베풀어진 제의 가운데 「노래」로 그것은 존재해 있었다.

우리나라의 경우, 제의의 구조는 天神이나 穀神에게 엄숙하게 제사를 베푼 뒤, 집단적으로 며칠간 밤낮 술을 마시고 노래하며 춤추는 놀이로 이루어져 있었다. 이는 〈三國志〉에 「하늘에 제사하고, 나라 가운데 큰 모임을 가지고 며칠간 술을 마시고 노래하고 춤추었다」라고 한 기록이나, 또 「귀신에 제사하고 모든 사람이 무리로 모여 노래하고 춤추며 술을 마시고 놀되, 밤낮을 쉬지 않는다. 그 춤은 수십 사람이 같이 일어나 서로 따르며 땅을 낮게 또는 높게 밟되, 손과 발이 서로 응해 그 절주는 중국의 鐸舞와 비슷함이 있었다」라고 한 기록들을 통해서 알 수 있다.

그리고, 여기 제의와 놀이에서 신을 맞이하고(迎神), 신을 즐겁게 하고(娛神), 신을 보낼(送神) 뿐 아니라, 악령을 퇴치하는 제의와 음주 뒤의 광란적 놀이에 몸짓과 춤, 악기의 연주와 노래가 혼연일체되어 있었으므로 「노래」만 독립적으로 존재할 수는 없었다.

「놀이(노래)」에 대하여 梁柱東은 노동할 때의 통일적 조직적 필요에서 발생한 것으로 三韓시대의 가요·무도는 어느것이나 농사와 관련된 것임을 실증할 수 있다(2)고 하였고, 조윤제는 일종의 음악이라면 음악이라 할 수 있고, 일종의 무용이라면 무용이라 할 수 있으며, 또 일종의 가요라면 가요라 할 수 있고, 이들을 종합한 일종의 연극이라면 연극이라고도 할 수 있어, 아직 음악·무용이 분화되지 않은 시대의 시가에 붙여진 명칭이 오늘에 남아온 것이라 볼 수 있을 것(4)이라 하였다.

「노래」란 상고시대엔 交靈의 매체이기에 교령의 뜻으로도 쓰인 듯하다. 三品彰英의 견해처럼(1) 화랑도의 「遊娛山水」에서의 「遊娛」가 祖靈과 交融을 위한 주술적 종교적 의의가 있는 「놀이」라면, 응당 「놀이」에 속하였던 「놀이」도 교령의 수단으로 쓰여졌음을 뜻하는 것이 될 것이다. 孫晋泰가 평북 江界邑에서 수집했다는 巫歌에 〈聖人노리푸념과 日月노리푸념〉이 있는데(7), 이때의 「노리」란 곧 교령을 의미하는 것이 되니, 「노래」란 교령의 뜻이 있는 동시에 노동과 관련되어 있는 낱말로서 민요무용에 주어진 명칭이라 할 수 있을 듯하다.

이와 같이 제의와 相伴했던 「노래」 가운데 呪詞의 구성원리는 金烈圭가 밝힌 것과 같이 명령법을 주축으로 하는 兩半과 이를 뒷받침하는 서술법을 주축으로 하는 兩半이 對偶가 되어 이루어졌으며(19), 李在銑이 지적한 바와 같이 위협적인 명령·제압·稱名의 어법형태를 취했다(20). 그리

고 지고한 神格에 대한 찬송적 기원적 노래의 구조는 이재선의 언급(20)
처럼 呪詞와 같은 엄격성을 지니지는 않았으나, 신격에 대한 외경심이 커
지고 제의가 더욱 격식화됨에 따라 양식화되고 장식된 문학적 구성을 갖게
되었으며, 어법은 찬송가의 경우에는 칭찬·환호·稱名·追隨·감탄의 어
법을, 기원가의 경우에는 청원·탄원 및 祈求·고백의 어법을 사용하였다.
   시가의 형식은 龜旨峰에서 9干을 비롯한 衆庶 2,3백 명이 首露王의
강림을 위해 踏舞하면서 부른 〈龜旨歌〉나, 민요 특히 노동요에서 발견되
는 예를 보아 아마 四句體가 중심일 것으로 헤아려진다.
   부족연맹국가 시대에 이르면, 시가는 제의와 결부된 원시종합예술 형태
에서 점차 벗어나, 개인작의 서정시적 성격을 지니게 된다. 중국의 史書
인 〈梁書〉諸夷傳 高句麗條에 「그들의 풍속은 음란한 것을 좋아하여 남녀
끼리 서로 분주히 유인함이 많다」라 기록되어 있는 데다가 「그들의 풍속은
노래부르고 춤추는 것을 좋아해서 나라 안 촌락의 남녀가 밤마다 여럿이
모여서 노래하고 놀았다」라 하였고, 〈後漢書〉東夷傳 夫餘國條에도 「길에
다니는 사람은 밤낮없이 노래부르기를 좋아해서 소리가 끊이지 않았다」
라는 기록이 있으며, 辰韓條에는 「이 나라 풍속은 노래부르고 춤추고 술
마시고 거문고 타는 것을 좋아했다」라고 기록되어 있음을 보아 시가는
집단적 계절적 제의와 분리되어 불리어지되, 娛遊를 목적으로 하고 개인
적 서정적인 내용으로 발전하게 되었음을 말함이니, 그 한 예가 고구려
초기에 가창된 〈黃鳥歌〉이다. 이 시가는 〈三國史記〉에 琉璃王이 왕비 松
氏가 죽자 繼室 禾姬와 雉姬를 맞이하였는데, 두 여인이 질투심으로 서로
싸워 치희가 돌아가자, 왕이 그녀를 좇다가 돌아오면서 지은 노래라 기록
되어 있는 四言四句의 漢譯詩歌이다.
   이 시가의 유리왕 창작설은 〈삼국사기〉의 기록대로 신빙하는 견해와, 고
구려 초기 부족연맹국가 시대의 제반 사회상이나 유리왕의 事蹟을 검토해
볼 때 유리왕 창작설은 신빙성이 없고, 처음엔 性的 祭儀에서 가창되던,
개인에 의해 창작된 서정적 시가이던 것이 영웅활동시대의 일반적인 특
징에 따라 당시 영웅적 인물이었던 유리왕의 사적으로 잘못 편입된 것
으로 보아야 할 것이라는 견해가 있다(13·28). 그리고 화희와 치희의 同時
妻(co-wife)를 두 종족의 대표로 보고, 이 두 여인의 싸움을 종족간의 대
립으로 다루는가 하면, 한편에서는 두 여인의 이름이 주는 상징성을 고려
하여 당시 경제생활 상태의 한 면을 설화로 반영한 것이라 논급하는 견해
도 나와 있다(28).

또 북방의 朝鮮 津卒인 霍里子高의 아내인 麗玉에 의해서 알려진 〈箜篌引〉도 개인적인 漢譯抒情詩歌이다. 이 시가에 대한 연구는 첫째 작자 문제, 둘째 창작연대 문제, 세째 곽리자고와 여옥의 출신성분 문제, 네째 朝鮮이란 지명 문제에 집중돼 있다. 첫째 작자 문제는 崔豹의 〈古今註〉의 기술에 충실히 따라 여옥으로 보는 견해(27)와 설화의 내용을 철저히 검토하고서 원작자는 白首狂夫의 아내이고 여옥은 그 노래의 傳寫者에 불과한 인물로 보아야 한다는 견해가 있고(3), 둘째 창작연대 문제는 문헌에 정착한 연대를 가지고 창작연대를 추정하는 견해(22)와 箜篌라는 악기의 우리나라 유입의 연대로 창작연대를 추정하는 견해(3)가 대립되어 있다. 세째 곽리자고와 여옥의 출신성분 문제인데, 곽리자고를 霍里 출신의 漢人으로서 성명이 子高이며 낙랑군 조선현의 나루에서 일을 보던 군인으로, 그 아내 여옥을 중국 營妓 출신으로 보는 견해(22), 곽리자고와 여옥을 우리나라 사람으로 보되 여옥을 抑配에 의한 군졸의 아내로 보는 견해(27)가 있으며, 네째 시가의 배경으로 되어 있는 「朝鮮」이라는 지명을 가지고 작품의 국적을 논의하는 견해도 있다. 즉 「朝鮮」을 낙랑군에 있었던 지명으로 보고 우리의 시가로 다룸이 일반적이나, 중국 直隷省 永平府 盧龍縣 근처에 존속했던 縣으로 보고 晋나라 때 晋人의 손에 의해 정리된 相和歌의 일종이어서 우리 문학의 범주 속에 넣을 수 없다는 주장이다(18). 끝으로 〈공후인〉의 附帶說話를, 〈공후인〉이라는 악곡의 유래를 설명하는 데 필요한 설화의 하나의 계기로써 인용된 것에 불과한 것으로 보고, 주인공인 白首狂夫는 현실적인 인간이 아니라 酒神이고, 그 아내는 河神의 요정인 樂神이라 하는 견해도 있다(13).

그밖에 고구려의 시가로는 狄人이 투항해 오면 靜州에 있는 水中의 땅에 두어 살게 함으로써 지어진 〈來遠城歌〉, 남에게 고용된 延陽의 어떤 사람이 죽기를 무릅쓰고 열심히 일을 하면서 자기를 나무에 비유하여 「나무가 불을 도우려면 반드시 자체를 해치는 화를 초래하지만, 그래도 쓰여짐이 다행이니 비록 재가 되더라도 사양하지 않겠다」라는 자기 충정을 노래한 〈延陽歌〉, 서울의 한 書生이 溟州 양가의 딸과 아름다운 사랑을 맺기 위해 지었다는 설화가 있는 〈溟州歌〉——金善豊은 이 노래를 설화적·환경적·문헌적·민속적 면을 중심으로 고찰한바, 신라 景德王과 惠恭王 사이에 金無月郎 곧 惟靖에 의해 지어진 것이라 추정했다(31)——가 있으나, 가사가 전해지지 않고, 창작연대나 작가가 불명하다. 따라서 이들 작품은 고구려의 시가양상을 논의하는 데에 문헌적인 역할을 할 뿐 그 전개양상을 밝히는 데는 아무런 도움도 제공해 주지 않는다.

다음, 신라 초기 부족연맹국가 시대의 시가는 북방지역과는 달리 歌舞樂의 종합예술 형태 속에 그대로 존속해 있었다. 그러나 거기 사용된 가사는 집단적 종교적 요소가 지배적이었던 부족국가 시대의 것과는 달리 개인적 서정적 요소가 주조를 이루는 한 갈래의 가무악과 현재 각 지방에 산재 전승되고 있는 농악처럼 집단적 향토적 요소가 주조를 이루는 또한 갈래의 가무악이 공존했을 것으로 추정된다. 儒理王 5년에 嗟辭詞腦의 격조가 있으면서 신라 가악의 시초로 지어진 〈兜率歌〉와, 같은 왕 9년 이후 가윗날 길쌈하기에서 진 편의 한 여자가 일어나 춤추며 구슬프고 아름답게 탄식한 「會蘇會蘇」를 인연으로 하여 뒷날 사람들이 지었다는 〈會蘇曲(會樂)〉과 脫解王代에 불리어지고 〈井邑詞〉와 접맥될 수 있는 〈突阿樂〉과 奈解王 17년에 勿稽子가 浦上·竭火 싸움에서 전공을 세우고도 포상 되지 아니한 것을 스스로 충효의 道가 없었기 때문이라 하고 드디어는 머리를 풀어 헤치고 거문고를 메고 師彘山으로 들어가서 대나무의 성벽을 슬퍼하고 그것에 寄托하여 노래를 짓고 흐르는 시냇물 소리에 의하여 거문고를 타며 곡조를 지었다는 〈勿稽子歌〉와 창작연대가 알려지지 않은 것으로서 原郎徒(三品彰英은 薛原郎으로 풀이하고, 崔東元은 원래가 郎徒의 작품이라 풀이하고 있음)(24)가 지었다는 〈思內奇物樂〉 등이 전자에 속하고, 日上의 郡樂인 〈內知〉, 押梁의 군악인 〈白實〉, 河西의 군악인 〈德思內〉, 道同伐의 군악인 〈石南思內〉, 北限의 군악인 〈祀中〉은 후자에 속한다.

신라 초기의 시가는 이와 같이 가무악 속에 집단적 향토적 성격을 띤 것과 개인적 서정적 성격을 띤 것이 공존해 있어 漢文化의 영향을 일찍부터 받고서 개인적 서정적 시가를 창작한 고구려 초기에 비하면 후진성을 면치 못하는 위치에 놓여 있었다. 그러나 유리왕대에 지어진 〈兜率歌〉에 대하여 그것이 우리 가악의 시초라는 점과 嗟辭詞腦의 격조가 있었다는 기록을 보면, 향가의 주류적 쟝르로서 우리 시가의 前·後句 分段 형식의 전통성을 확립한 詞腦歌는 신라 초기 부족연맹국가 시대에 그 남상이 있었으므로 우리 문학사상 중요한 위치를 확보한 셈이 된다고 하겠다.

그리고 이 〈도솔가〉에 대한 연구는 당시의 사회정치사적 측면에서 이루어졌는데, 낡은 가악인 神謠에서 종교적인 요소가 탈락한 순연한 민중의 歡康을 읊어낸 새로운 내용과 형식을 갖춘 가요의 발생으로 보는 견해(11)와 유리왕대가 신라 부족연맹국가의 초창기에 처해 있는 만큼 제반 문물제도를 획기적으로 정비하던 시기라, 가악의 정비를 목적으로 하여 의도적으로 만들어낸 人倫世敎的 正風歌樂의 최초의 작품이라 보는 견해(28)가 대두되어, 과거의 견해인 우리나라 최초의 정형시가로서 上古의 순연한 종교적 의식의 祝詞와 近古의 抒情謠의 중간형식이라 보는 학설에 맞서고 있다.

이 시대의 시가는 원시종합예술 형태라는 단일 총체적 형태 속에 존재하되, 그 형식은 부족국가시대의 시가형식에서 완전히 벗어나지는 못하였으나, 대체로 四句體를 토대로 하여 복잡한 형식으로서의 변형이 존재해 있었으리라 추정된다. 이는 민요적 성격을 띤 향가의 형식들로 미루어 알 수 있다.

그러면, 신라에 있어 원시종합예술 형태로 존재하던 가무악이 언제부터 분화되기 시작하였겠는가. 이에 대하여 李能雨는 음악의 진전상이 打樂器·絃樂器·吹樂器의 순차적 출현으로 완성되어 갔으며, 이 음악의 진전과정 속에서 자연적으로 시가 분리되었을 것으로 보고, 현악기(여기에선 絃琴)의 출현이 사람들로 하여금 그 예술 감성을 높이게 하였으므로 비로소 원시종합예술의 혼합양상에서 詩·樂·舞의 분화를 볼 수 있게 되었고 吹樂器(여기에선 萬波息笛)의 출현으로 각종 音色의 식별력이 생겨 하나의 독립적이며 문학적인 내용을 가진 예술적인 노래들이 이루어지게 되었다고 보고서, 시가의 분화시기를 5세기 말엽으로, 시가의 독립시기를 7세기 말엽으로 추정하고 있다(5). 그러나 崔正如는 이능우설을 비판하고, 신라 초기에 벌써 琴을 보유하고 있었으며, 勿稽子 때에 훌륭한 분화된 가악활동이 있었다고 하였다(9). 〈삼국사기〉 樂條에 보면, 奈密王 이전의 가악에는 琴尺·舞尺·歌尺이 다 동원되었는데, 내밀왕대의 笳舞에는 笳尺·舞尺이, 慈悲王代의 碓琴舞에는 舞尺·琴尺이, 法興王代의 美知樂에는 琴尺·舞尺이 동원되고 歌尺이 빠진 점과 奈解王代의 물계자의 전설에는 歌와 琴曲이 나오는 점을 고려하면 종합예술 형태인 가무악은 내해왕과 내밀왕 사이에 분화되었다고 봄이 좋을 듯하다.

한편 남방 부족국가의 하나인 가락국에 있어서 시가는 〈구지가〉 하나뿐이라, 그 나라의 시가 양상을 파악하기는 어렵다. 그렇지만 呪詞인 〈구지가〉에 대한 연구는 활발하여 많은 업적을 남겼으니, 토템―신화적 측면으로는 黃浿江, 제의―신화적 측면으로서는 金烈圭 蘇在英 許暎順, 정신분석학적 측면으로는 鄭炳昱 李揆東, 발생학적 측면으로는 朴智弘, 사회사적 측면으로는 崔東元, 민간신앙적 측면으로는 金宅圭 金基卓 金承璨, 수렵경제적 측면으로는 邊德珍, 漢文化 영향적 측면으로는 安秉台가 좋은 견해들을 제출하여 시가사 구성에 큰 도움을 준다.

百濟의 시가 양상도 파악하기 어렵다. 백제의 발상지인 馬韓에는 「항상 5월에 씨뿌리기가 끝나면 귀신에게 제사하고, 무리가 모여 노래하고 춤추며 술 마시고 놀아 밤낮을 쉬지 않는다. 그 춤은 수십인이 같이 일어나 서로 따르며 땅을 혹은 낮게 혹은 높게 밟되, 〈손과 발이 서로 응하여 그 절주는 중국의 鐸舞와 같았다」라는 기록이 〈三國志〉 東夷傳 韓條에 실려 있다. 이로 보면 馬韓人은 주술적 사고방식의 표현으로서 농사가 잘되게 가무를 즐겼을 뿐만 아니라(29) 일찍부터 민요무용이 발달되어 있었음을 알 수 있으나, 정확한 기록이 없어 그 시가 양상을 파악하기 어렵고, 백제 역시 신라의 鄕札과 같은 문자를 창안하기 전에 신라와 당나라에 의해 패망함으로써 시가까지도 잃게 되었다. 따라서 〈高麗史〉 樂志나 〈增補文獻備考〉 藝文考에 실려 전해지는 〈禪雲山歌〉(長沙人의 妻 지음) 〈井邑詞〉(井邑人의 妻 지음) 〈方等山歌〉(長日縣人의 妻 지음) 〈智異山歌〉(求禮縣의 여인 지음) 〈無等山歌〉 〈山有花歌〉의 6편 시가도 가사나 창작연대 없이 그 歌名과 歌唱 유래만 기재되어 있을 뿐으로 백제에 시가는 존재했지만, 그 양상이 어떠했음을 추정할 수 있게는 해주지 못한다. 다만 백제 시가는 남녀간의 애정을 기조로 하여 노래된 것이 많으며 작자도 서민여성이 대부분이란 것을 알려줄 뿐이다.

이상으로 한국 시가의 발상과 그 양상을 우리 민족의 역사와 결부지어 논술해 보았다. 앞으로 참된 문학사를 기술하려면 신라 초기 유리왕대의 〈도솔가〉와 향찰문자로 기록된 향가 사이에 바른 맥락을 찾는 데 있다고 하겠다.

金 承 璨

論 著

1. 三品彰英 朝鮮古代硏究(三省堂, 1943)
2. 梁柱東 藝術論(文章讀本, 1949)
3. 梁在淵 公無渡河歌小考(국어국문학 5, 국어국문학회, 1953)
4. 趙潤濟 韓國詩歌의 硏究(乙酉文化社, 1954)
5. 李能雨 詩와 音樂의 分離過程考究(李丙燾博士華甲紀念論叢, 1956)
6. 朴智弘 龜旨歌硏究(국어국문학 16, 국어국문학회, 1957)
7. 孫晉泰 聖人노리푸념과 日月노리푸념(思潮 창간호, 1958)
8. 金烈圭 駕洛國記攷(釜山大 國語國文學誌 3, 1961)
9. 崔正如 新羅歌樂試攷(淸大春秋 9, 1961)
10. 許暎順 古代社會의 巫覡思想과 그 歌謠의 硏究(1962)

11. 鄭炳昱　兜率歌攷(李相佰博士回甲紀念論叢, 1964)
12. 黃浿江　龜何歌攷(국어국문학 29, 국어국문학회, 1965)
13. 鄭炳昱　韓國詩歌文學史(韓國文化史大系 V, 高麗大 民族文化硏究所, 1967)
14. 蘇在英　駕洛國記說話攷(高麗大 語文論集 10, 1967)
15. 金基卓　駕洛國記硏究(1970)
16. 邊德珍　龜旨曲에 對하여(曉大硏究論文集 6·7, 1970)
17. 安秉台　龜旨歌의 硏究(아시아文化 1, 1970)
18. 崔信浩　箜篌引異攷(東亞文化 10, 서울大 東亞文化硏究院, 1971)
19. 金烈圭　鄕歌의 文學的 硏究 一班(鄕歌의 語文學的 硏究, 1972)
20. 李在銑　新羅鄕歌의 語法과 修辭(鄕歌의 語文學的 硏究, 1972)
21. 崔東元　駕洛國記攷(金海地區綜合學術調査報告書, 1973)
22. 池浚模　公無渡河考正(국어국문학 62·63, 국어국문학회, 1973)
23. 李揆東　龜旨歌와 古代祭儀의 聯關性(民族文化論叢, 1973)
24. 崔東元　新羅歌樂攷(釜大論文集 15, 1973)
25. 金宅圭　回顧와 展望(新羅時代의 言語와 文學, 1974)
26. 金承璨　龜旨歌와 그 背景의 硏究(釜山大 文理大論文集 14, 1975)
27. 金鉉龍　公無渡河歌考證의 몇 問題(김성배박사화갑기념논문집, 1977)
28. 金承璨　韓國上古文學硏究(第一文化社, 1978)
29. 趙東一　韓國文學思想史試論(知識産業社, 1978)
30. 金貞培　韓國人의 形成(韓國史硏究入門, 知識産業社, 1981)
31. 金善豊　溟州歌再硏究(韓國文學論, 1981)

2. 鄕歌의 문학적 성격

鄕歌의 문학적 국면을 찾아보기 위해서는 먼저 향가 자체가 안고 있는 문제점들이 무엇인가를 알아볼 필요가 있다. 그것은 향가연구의 한계점과 그 극복이라는 점에서도 중요한 과제라 생각된다.

지금까지 향가연구의 가장 큰 문제점은 해독에 따른 것이었다. 향가 해독에 대하여는 그동안 여러 가지 방법과 관점에서 검토되어 왔다. 그러나 15, 16세기 한자의 어음과 어휘 구성을 토대로 신라시대 한자들을 해독하는 데는 풀 수 없는 문제점들이 있었다. 그리하여 이를 극복하기 위해 고대 한자음의 체계를 정리한다든가 비교언어학적인 접근방법 등이 모색되기도 하였지만, 신라시대 鄕札에 대한 해독에는 풀어야 할 문제들이 아직도 많이 남아 있다.

더구나 향가란 고대사회에 있어서 불교의 포교와 이에 따른 祈願謠라는 특수한 내용이 담겨 있고, 그것이 唱曲을 전제로 한 詩歌란 점에서 향가 해독에는 창곡으로서의 곡조와 詩의 운율적 율조도 고려되어야 할 것이다. 현존하는 〈三國遺事〉에는 板本化 과정에서 誤字와 脫字가 보이는데, 특히 향찰로 표기된 향가의 경우에는 이런 점이 더욱 많으리라 추측된다. 이같은 본질적인 문제점들이 해결된 연후에라야만 향가의 시적 의미가 이해될 것이다. 그러므로 이 글에서는 향가의 문학적 구조를 해석함에 있어 이상의 문제점들에 따르는 제약과 한계를 안으면서 진행시킬 수밖에 없는 실정이다.

향가의 미적인 짜임을 찾기 위해서, 먼저 이 시가들이 실린 〈均如傳〉과 〈삼국유사〉에서는 이 문제에 대하여 어떻게 얘기되고 있는가를 살펴볼 필요가 있다. 〈균여전〉에서 향가를 중점적으로 기록한 대목은 제7의 「歌行化世分」과 제8의 「譯歌現德分」의 두 대목이다. 〈균여전〉은 전체를 10개의 대목으로 나누어 均如의 일생을 서술한 전기물이다. 그런데 이 중에서 특히 향가에다 두 개의 대목을 주어 비중을 높인 것은 균여와 향가와의 사이에 매우 중요한 관련이 있다는 점을 시사한다고 赫連挺이 지적한 바 있다.

　　균여는 佛道 이외의 학문으로서 詞腦에 더욱 익숙하였다. 사뇌란 것은 세상 사람들이 히히닥거리고 즐거워하는 도구다.(〈均如傳〉, 歌行化世分)
　　사뇌란 노래로서 이를 외우는 사람들은 염원의 인연을 맺을 것이다.(〈均如傳〉, 譯歌現德分)

崔行歸는 〈균여전〉 서문에서 향가의 특성을 다음과 같이 지적하였는데, 이는 곧 향가의 문학적 측면을 밝히는 데 귀중한 시사점이라 생각된다.

　　게송이란 불타의 공파를 찬양하여 경문에 나타나 있고, 歌詩란 보살 行因을 드날리는 것이다.(〈均如傳〉, 譯歌現德分)
　　詩는 唐나라 말을 읽음으로써 五言五字로 琢磨를 하고, 歌는 우리말로 배열하여 三句와 六名으로써 가다듬는다. 우리 글은 마치 梵書를 연철한 것 같아서 唐나라에서는 알기 어렵다.(〈均如傳〉, 譯歌現德分)
　　8,9行의 唐文으로 序한 것은 뜻이 넓고 글이 풍부하지만, 11首의 노래는 詞가 맑고 句가 꼼다. 그 지은 바를 일컬어 詞腦라 하니 가히 唐나라의 詞보다 뛰어나고 정하기는 賦와 같아 자못 惠明의 賦에다 견줄 만하다.(〈均如傳〉, 譯歌現德分)
　　우리나라 선비가 노래를 들을 때는 외우기가 쉽다.(〈均如傳〉, 譯歌現德分)
　　崔公의 번역은 밝은 달과 맑은 바람 같아 海域에 꽃다움을 날렸다.(〈均如傳〉, 譯歌現德分)
　　詩와 노래가 몸체는 같으나 이름이 다르고, 各道마다 각각 번역하여 글편을 사이하여 연해 써서 바라는 바는 우리나라와 중국에 두루 구애됨이 없을 것이다.(〈均如傳〉, 譯歌現德分)

〈삼국유사〉에는 독립된 향가 작품이 14 수나 실려 있지만 향가 자체에 대한 평가는 구체적으로 밝히지 않았다. 다만 각 노래를 설명하는 과정에서 단편적인 해석이 붙어 있을 뿐이어서 이것으로 향가의 문학적 특성을 밝히는 데는 부족한 점이 많다. 관련되는 기록을 뽑아보면 다음과 같다.

　　왕은, 스님이 지은 〈讚耆婆郎歌〉란 詞腦歌는 매우 뜻이 높다는 얘기를 들었는데 사실인가 물은즉 그렇다고 충담사는 대답했다.(〈三國遺事〉 卷二, 忠談師 表訓大德)
　　신승은 단지 화랑의 무리에 속해 있으므로 오직 향가만 알 뿐이요 梵唄에는

익숙하지 않다. (〈三國遺事〉 卷五, 月明師 兜率歌)

  그밖에 「永才遇賊」조에도 「永才란 중은 성질이 익살스럽고 물욕에 구애
됨이 없었으며 향가를 잘하였다」는 기록이 보인다.
  〈三國史記〉에는 향가집으로 〈三代目〉이란 책이 있었음을 알리는 기록
이 있는데, 眞聖王이 角干 魏弘과 大矩和尙으로 하여금 향가를 모아 수정
케 하였다 한다.
  위에서 인용한 향가와 관련된 기록들은 향가의 속성을 밝히는 데는 지
극히 단편적인 해설에 불과하지만, 그러나 당시 채록하던 입장에서 향가
의 속성을 파악했다는 점에서, 비교적 향가의 본질적 특성을 간파한 기록
으로 평가되리라 본다. 그러므로 향가의 의미구조를 앞의 문헌기록을 토
대로 하여 검토한다는 것은 중요한 일이라 생각된다. 이 점에서 향가의
문학적 국면을 위의 기록과 관련시켜 검토해 보고자 한다.

  향가의 대표적 기능은 불교의 포교를 위한 선전 노래라는 데 있다. 즉
향가는 본래부터 읽기 위해 지어진 것이 아니라 노래로 부르기 위해 지어
진 唱의 문학이다. 따라서 향가란 시로서의 직능보다 노래로서 그 본질이
파악돼야 하는바, 그것은 〈삼국유사〉나 〈균여전〉에서 향가는 창으로 불려
졌다는 기록이 뒷받침하고 있다. 향가를 민요적 측면에서 이해하려는 향
가의 창곡성이 여기에서 강조된다. 향가에는 전승가요로서, 또는 전승의
식요로서의 면모가 짙게 나타나고 있는 것이다.
  또한 향가가 불교의 선전·포교를 위한 찬송가로서 그 직능이 얼마나
컸는가의 문제는 향가 자체가 안고 있는 呪力面에서 입증된다. 향가의
呪力觀은 어디까지나 불교의 선전·전파라는 데 따르는 異相을 보인 것으
로, 그런 주력이 노래에 의하여 심화되고 있다는 점을 지적할 수 있다.
  향가의 歌唱的 국면은 〈균여전〉에 소상히 밝혀진다. 앞서 인용한 서문
에서 최행귀는, 향가란 노래로 되어 있어 우리나라 선비들이 듣고 외우기
쉽다고 하였으며, 「譯歌現德分」조에서도 다음과 같이 그 점을 강조한다.

  즐겨 외우고자 하는 자는 외워서 원하는 인연을 맺고, 헐뜯어 염송하는 자
  도 원하는 도움을 받을 것이다.

  詞腦는 노래로서 이를 외는 사람은 원하는 바를 얻을 것이라 했는데,

이는 곧 향가의 입에서 입으로 전수되는 誦歌적 특성을 지적한 것으로, 향가의 불교적 기원이나 발원의 형태를 설명한 것이라 하겠다.

〈삼국유사〉에서도 향가의 가창적 성격이 각 작품과 여기에 연결되는 설화에 기록되어 있는데, 薯童의 이야기, 老人獻花의 이야기, 處容 이야기, 良志使錫 이야기 등이 그것들이다. 이들 작품은 그 자체가 이미 구전민요로서 특징지워져 있으며, 노래로서 널리 퍼져 불렸다는 기록이 있다. 그밖에도 〈禱千手觀音歌〉〈兜率歌〉〈彗星歌〉〈願往生歌〉〈遇賊歌〉 등이 모두 노래로서 불려졌고 또 과거에 이미 불려져 전승되었음을 해당설화들이 밝히고 있다.

이상에서 본 바와 같이 향가가 시로서만 존재한 것이 아니라 노래로 불려졌다면 그 노래는 어떤 성격의 것이었는가가 문제되는데, 이는 현재 정확히 알아낼 길이 없다. 그러나 불교포교와 관련된 찬송적·기원요적이며 민요적인 이 향가를 곡조 없이 시로서만 이해한다는 것은 문제가 아닐 수 없다. 그것은 오늘날의 민요에서 곡조나 시조에서의 곡조, 나아가 판소리에서의 곡조를 덮어둔 채 그 사설만을 갖고는 온전한 의미해석이 불가능하다는 점만으로도 짐작이 간다.

향가의 곡조는 어떠했을까. 향가가 讚佛歌의 기원적 요소가 있다는 점에서 그것은 오늘날의 梵唄의 곡과 어느 정도 대비될 수 있을 것이고, 時調 詩形의 원류가 향가의 三句六名 형식과 맥락이 지워진다는 점에서 時調唱에서 얼마나마 향가의 창곡적 단면을 엿볼 수 있지 않을까 한다.

또 한가지 생각할 것은 향가가 신라시대 경주를 중심으로 널리 불려졌다는 점에서 그 창법에는 영남지방 창곡의 특성이 깔려 있었으리라 추측된다. 향가의 문학적 이해를 위한 일차적 접근의 과제는 향가가 노래로 불려졌다는 점과, 이같은 가창적 직능은 불교의 선전이나 포교와 관련된다는 점을 먼저 지적해 둔다.

그러면 향가란 구체적으로 어떤 범주의 노래를 말하는가. 〈삼국유사〉 「月明師 兜率歌」조에, 향가는 범패와는 다르다고 했다. 월명사는 景德王의 부탁으로 〈도솔가〉를 짓는 과정에서 「향가는 알지만 범패는 익숙하지 않다」고 했다. 이는 범패나 향가가 찬불가의 면모를 지니고 있음은 사실이나 시가의 형태, 표기 방법, 구조 등이 전혀 다르다는 점을 강조한 말이다.

최행귀는 〈균여전〉 서문에서 향가는 한시와 다르다고 했다.

　한탄스러운 일은 우리나라의 재주 있는 사람이나 어른들은 당나라 시편을 읊을 수 있지만 저 곳의 선비와 훌륭한 분들은 우리나라의 가요를 알지 못한다는 일이다. 더우기 당나라 글은 그물이 벌려 있는 것 같아 우리나라에서도 읽기 쉬우나 鄕札은 梵書가 연해 내려간 것 같아 저 곳에서는 알지 못한다.

　이것은 한시가 한문으로 적히듯 향가는 향찰로 적혀 있어 그 표기법에 다른 점이 있음을 말한 것으로, 향가는 순전히 우리나라 사람들을 대상으로 한 고유의 노래란 점을 뜻한다. 향가니 사뇌가니 하는 명칭 역시 순수한 우리나라의 노래란 점이 강조된 것으로 풀이된다. 절대로 漢詩歌와는 다른 토속적인 우리 고유의 노래란 의미다.
　〈균여전〉「譯歌現德分」조에서는 향가의 형식을 「三句六名」으로 밝히고 이를 唐詩와 견주어 다음과 같이 설명하였다.

　　　詩搆唐辭　磨琢於五言七字
　　　　‖　　‖‖　　‖‖‖‖
　　　歌排鄕言　切嗟於三句六名

　향가의 三句六名 형식에 대하여는 그동안 여러 가지 해석이 있었다. 三句에 대하여는 향가 詩形이 크게 세 단락으로 나누어진다는 점에서 별다른 異說이 없었지만, 「名」에 대하여는 연구자간에 차이가 있어 향가의 형식 구명에 혼란이 생겼다. 그러나 세 단락으로서의 향가의 고유한 형식은 우리나라 시형의 전통적인 틀로 후대 시조에까지 이어져 온 점으로 보아, 우리나라 고유의 정서와 곡조를 담는 데 가장 적합한 시형이 아닌가 생각된다.
　향가의 三句는 첫째 줄에서 네째 줄까지는 첫 단락이 되고, 다섯째 줄에서 여덟째 줄까지는 둘째 단락, 나머지 아홉 열째 줄은 세째 단락이 된다. 이와 같은 향가의 三句는 첫 단락에서의 내용이 둘째 단락에서 반복 전개되고 세째 단락에서 종결짓는 구성법을 취하고 있는데, 이는 어떤 사실의 의미를 전달하는 데 효과적인 표현형식으로, 향가가 불교의 대중선전의 직능이 강하다는 점을 생각할 때 합당한 구성법이라 하겠다.
　향가의 수사 및 그 미적 구조를 살피는 데는 전제되어야 할 문제가 또 하나 있다. 그것은 향가가 창곡으로 불려졌다는 점이다. 따라서 향가를 해독함에 있어 대의나 字訓을 새기는 것으로 족할 것이 아니라 시가로서의 운율과 창곡조 내지 방언의 특수성까지 고려해야 한다. 실로 향가의 문학적 측면을 보는 데는 이 점을 빼놓을 수 없다. 〈균여전〉에 「義廣文豊」「詞淸句麗」「精若賦頭堪比惠明之賦」라든가 〈삼국유사〉에서 「其意甚高」란 표현 등은 향가 시형의 아름다운 율격과 표현의 뛰어난 수사를 지칭한 것이라 본다.

鄭炳昱은 향가의 수사에 대해, 「월명사의 〈祭亡妹歌〉에서, 우리는 월명사의 골육에 대한 절실한 사랑을 흠뻑 맛볼 수 있으면서도 숭고한 종교의식에 넘인 순탄한 표현기교 때문에 월명사의 눈물을 찾아볼 수 없다. 그러나 가을 바람에 나부끼는 애정은 충분히 표현되고 있음을 본다. 이처럼 그 내용이 神佛에 대한 발원인 이상, 그 수사는 자연히 명랑하고 신비롭고 숭고한 인상을 주게 마련이다」라고 향가의 수사적 의미와 가치를 불교적 발원과 그 성취라는 기능에서 찾고 있다(9).

향가의 수사는 매우 다양하며, 이에 따르는 상징적 비유 역시 신비롭고 대단하다. 李在銑은 향가의 비유와, 수사기법의 범위를 다음과 같이 설정하고 있다(10).

직유・은유・의인화・돈호법・우언・완곡 내지는 제유・색채적인 에퍼데트(epithet)・명령법・반복법・상징・기타(대귀・도치법・역설・반어・수사적 설의・감탄 등)——이러한 수사기법에서는 주로 자연을 끌어들여 인간존재를 파악코자 하였다——물・바다・달・나무(잣나무・나뭇잎)・꽃・풀・별・구름・흙(밭)・조약돌・겨울 등.

몇 가지 실례를 든다면, 〈讚耆婆郎歌〉에서 耆婆郎의 인물됨은 흰구름을 헤치고 나타난 달, 새파란 냇물 속의 조약돌, 서리 모르는 잣나무 등으로 비유되고 있다. 달(月)—조약돌(砂)—잣나무(栢) 같은 자연물을 기파랑의 내적 인격에 견주는 이른바 대응적 구조를 취함으로써 이 작품은 자연과 인간의 조화와 그 의지를 상승 고조시키고 있다. 이 점은 〈怨歌〉의 「잣나무」에서도 나타난다. 잣은 절조를 상징한다. 그 잣—절조는 「얼굴을 고침」과 대조되어 분위기를 고조시킨다. 「우러러 보면 얼굴을 고치심은 겨울과 같도다」에서 엿보이는 것처럼, 나의 절조는 왕의 변심으로, 겨울의 냉령한 현실로 변환된다. 이런 감정은 다음의 「달 그림자가 연못의 가는 물결을 원망하듯」에서 계속된다. 직유와 은유의 기교를 적절히 구사하고 있는 이 구절은 못에 비친 달 그림자가 서정적 자아와 일치된다는 설(3)과 왕을 가리킨다(8)는 두 설로 나뉘고 있으나, 후자가 보다 더 타당성을 가진 듯하다. 달 그림자는 허상이며 달은 곧 왕이란 은유법이 그 속에는 숨어 있다고 보는 까닭이다.

　한편 향가의 시간과 공간 구조의 의미를 파악하는 것도 작품을 이해하
는 데 매우 중요한 요건 중의 하나라고 본다. 〈慕竹旨郎歌〉는 과거와 현
재, 앞으로 전개될 미래의 시제적 변이를 통해 시적 구조가 짜여져 있다.
현실세계에서 보여준 아름답던 모습은 순간적이고 또한 허망한 것이란 점
과 이를 통해 미래의 다른 세계로의 지향이 내재해 있는 것이다. 이같은
시제구성은 〈원왕생가〉〈제망매가〉〈도천수관음가〉에서도 보인다.

　향가의 공간구조 역시 현세와 내세란 두 세계가 작품 속에 대립 대조되
어 나타난다. 西方·生死路·여기 등이 그것들이다.

　끝으로 향가는 구전가요로서 후대에 와서 이것이 鄕札로 기록되었다는
점, 불교적인 포교와 이에 따르는 儀式謠로서, 또는 찬불가로서 그 속성
이 파악된다는 점에서, 독창적인 창작시가로 규정짓는 데는 많은 문제점
이 있다는 것을 지적해 둔다.　　　　　　　　　　　　　　　　崔　　喆

論　著

1.　權悳奎　朝鮮語文經緯(處容歌 해독, 1922)
2.　小倉進平　鄕歌及び吏讀の硏究(京城帝大 法文學紀要 1, 1929)
3.　梁柱東　朝鮮古歌硏究(博文出版社, 1942)
4.　金東旭　韓國詩歌의 硏究(乙酉文化社, 1965)
5.　金善琪　향가의 새로운 풀이(現代文學, 1967~1968)
6.　金雲學　新羅佛敎文學硏究(玄岩社, 1976)
7.　全圭泰　論註鄕歌(正音社, 1976)
8.　金俊榮　鄕歌註解(敎學社, 1964)
9.　鄭炳昱　韓國詩歌文學史 上(民族文化史大系 Ⅴ, 高麗大　民族文化硏究所,
　　　　1967)
10.　李在銑　鄕歌의 理解(三星文化文庫 130, 1979)
11.　崔　喆　新羅歌謠硏究(開文社, 1979)
12.　金思燁　鄕歌의 文學的 硏究(계명대, 1979)
13.　尹榮玉　新羅詩歌의 硏究(螢雪出版社, 1980)
14.　林基中　新羅歌謠와 記述物의 硏究(二友出版社, 1981)

3. 불교수용과 한국문학

　외래의 사상체계가 한 민족의 문학과 접맥하는 과정은 그렇게 단순하지가 않다. 한 민족의 문학은 그 나름대로 관습화된 독자의 문맥과 내용을 가지고 있어서 이질적 문화원리 안에 있는 사상체계나 신앙형태를 동일화하기 위해서는 거부와 수용을 포함한 변증법적인 동화과정을 거치지 않으면 안된다. 따라서 이와 같은 과정을 객관적으로 파악하는 일도 단순하지 않다.

　한국문학과 불교와의 관계를 논의할 때 크게 두 가지(표면적 심층적), 작게는 세 가지(불교적 문학적 심층적) 경향을 생각할 수 있다. 이것은 거꾸로 주관적 판단 이전에 이와 같은 경향이 실제로 있어왔다는 사실도 된다. 객관적인 실상과 그것을 파악하는 주관적 내용 사이에 있을 수 있는 간극을 전제하더라도 원칙적으로 위와 같은 관계가 존재하는 것은 충분히 인정된다.

　양자의 접맥과정 및 그 이해에서 나타난 두 가지 경향부터 살펴나가기로 한다.

　첫째, 표면적 접근의 경향인바, 이는 다시 불교적인 접근과 문학적인 접근의 두 가지로 나누어볼 수 있다.

　전자에서는 문학의 모든 사실이 불교적 사실 증명의 자료나 수단으로 이해된다. 전자의 연구는 「문학연구」보다는 「불교연구」에 가깝다. 따라서 불교문학을 대상으로 했다고 반드시 문학연구가 되는 것이 아님은 물론이다.

　후자에서는 불교적 사실을 문학의 문맥 안에 들어온 소재로 다루며, 문학적 사실이 보다 의미 있는 것이 된다.

　위의 두 가지 對極的인 접근태도는 한결같이 문학과 불교의 기본적 이질성을 전제로 삼고, 궁극적으로 어느 편에 의한 동일화의 방향을 잡고 있다. 전자에서는 문학적 요소가 불교의 원리 안에 종속적으로 들어가며,

후자에서는 불교적 요소가 문학의 원리 안에 종속적으로 들어간다.

둘째, 심층적 접근의 경향인바, 이는 표면에 드러난 소재적 사실보다 심층적 사실을 중시한다. 심층적 접근에도 불교적 혹은 문학적 접근을 상정할 수 있겠으나, 과정적 논리적으로 가능할 뿐 심층적 접근이 철저화되면 불교적이니 문학적이니 하는 변별의 차원을 넘어선 統體的인 하나의 의미가 발견된다. 심층적 사실은 불교와 문학의 원리적 일치 내지 통합을 의미한다. 심층적 접근은 기본적으로 불교와 문학의 근원적 동질성을 전제하고, 궁극적으로 통체적 의미를 찾으려 한다. 이것은 작품에 있어서, 또 연구에 있어서 최종적인 목표가 될 수도 있다. 그러나, 실제로는 심층적 접근만이 의미가 있는 것은 아니다.

문학작품은 質量의 차이는 있을지라도 원칙적으로 표면적 사실과 심층적 사실을 아울러 갖고 있게 마련이다. 다만 양자의 비중에 따라 표면적 혹은 심층적 접근이 논의될 수 있다. 깊은 함축성을 가졌다는 점에서 전자보다 후자를 문학적으로 평가하는 경우가 있다.

문학연구에 있어서, 단순히 표면적 사실에 집착하고 있는 작품을 마치 심층에 알 수 없는 깊은 의미라도 숨겨져 있는 것처럼 논하고, 심층적 사실에 의미를 주고 있는 작품을 오로지 표면적 사실에 국한하여 논하는 유는 모두 사실이해와는 거리가 있다. 너무나 당연한 일이나, 표면적 접근의 작품은 표면적 사실로, 심층적 접근의 작품은 심층적 사실로 말미암아 이해되고 평가됨이 옳다. 그리고, 표면적 접근의 작품에서도 다시 불교와 문학의 주종관계가 신중히 검토되고 논의될 필요는 있다.

이제까지 논술한 바를 요약하면 아래와 같다.

 (1) 표면적 접근(양자의 이질성 전제)
    ① 불교적 접근
    ② 문학적 접근
 (2) 심층적 접근(양자의 동질성 전제)

불교수용 이후의 한국문학에 관하여 위의 가설을 적용하여 고찰해 본다.

均如(923~973)는 일찌기 〈普賢十願歌〉 서문에서 「세속의 도리를 따르지 않고서는 둔한 바탕을 인도할 길이 없으며, 통속의 말에 부치지 않고서는 넓은 인연을 나타낼 길이 없다……열 가지 발원의 글에 따라 열한 수의 거친 노래의 글귀를 지으니, 여러 사람의 눈에는 극히 부끄럽지마는 여러 부처의 마음에는 부합되기를 바란다」(1)고 하였는데, 이는 불교적 사

실 위주의 문학형식 차용으로 볼 (1)의 ①에 해당하는 견해를 나타내고 있
다. 균여의 〈보현십원가〉는 서문에서 밝힌 바와 같이 보현보살의 十願의
내용과 그 공덕, 즉 불교적 사실을 드러내기 위하여 지은 詞腦歌이다. 그
러나, 작자의 의도에도 불구하고, 그 가운데 어떤 노래는 단순한 문학형
식 차용으로만 보아넘기기 어려운, 수준 높은 문학작품이 있다. 〈請轉法
輪歌〉는 고도의 은유수법으로 불교적 사실과 문학적 문맥을 동일화시키는
데 상당한 성과를 거두고 있다. 즉, 法＝비〔雨〕, 無明＝흙, 번뇌＝熱, 善
＝싹〔芽〕, 衆生＝밭, 菩提＝열매, 깨달음＝달〔月〕……등에서 보듯 불교적
이미지와 문학적 이미지의 결합, 표면적 사실의 이중적 구성을 통해 심층
적 의미 전달에 성공하고 있다.

月明의 〈祭亡妹歌〉도 위의 예에 속한다. 사실 이 노래는 표면적 사실만
으로는 彌陀淨土往生을 翼求하는 佛功德 고취의 노래로 보인다. 그러나,
표면적 사실로부터 심층적 사실로 눈을 돌릴 때 이 노래는 인간존재의 절
대적 허무와 그와 같은 존재조건으로부터의 자기승화라는 본원적 지향을
읊고 있음을 알 수 있다. 「미타정토왕생」이라는 불교적 요소는 위와 같은
기본문맥 앞에서는 하나의 소재적인 것이 되고 만다.

金聖培는 「불교사상이 불교가요로 나타난 것을 고찰」(13)하였는데, 이는
불교적 사실 위주의 연구다. 따라서 문학을 불교적 사실 표현의 차용형식
으로 보는 데서 벗어나지 못했다. 실제로, 전통적인 「불교가요」 가운데
이와 같은 연구의 타당성을 입증할 만한 작품이 적지 않은 것도 사실이다.
작자나 운반자가 불교목적적인 승려나 포교적 의도를 강하게 가지고 있는
사람의 경우 대부분 (1)의 ①에 해당한다고 볼 수 있다. 이에 속하는 것으
로, 향가에서 〈風謠〉, 廣德의 〈願往生歌〉, 月明의 〈兜率歌〉 등이 있고, 가
사에서 懶翁의 〈西往歌〉(3) 〈僧元歌〉(19), 休靜의 〈回心曲〉(13) 등이 있으
며, 악장으로 〈月印千江之曲〉, 그리고 〈梵音集〉(4)에 수록된 儀式歌 등을
들 수 있다.

金煐泰는 불교설화를 대상으로 하여 불교사상을 고찰하였는데(7), 불교
적 사실을 증명하는 자료로서 설화를 분석하고 해석하였다(14). 그는 관음
신앙의 신라적 전개를 고찰하기 위해 12종의 설화를 분석한 바 있고(20),
신라불교 특유의 龍神思想과 그 특수성을 구명하기 위해 〈三國遺事〉에 실
린 일련의 설화를 고찰한 바 있다(15). 그의 연구는 설화를 불교적 사실
해명의 자료 이상의 것으로는 결코 보지 않았다. 따라서 그의 연구는 문
학적 이해와는 거리가 있다.

〈王郞返魂傳〉(2·3)은 念佛功德을 고취하는 종교적 목적 아래 씌어진 소설 작품이다. 내재하는 심층적 의미는 거의 문제되지 않고, 오로지 불교목적적인 표면적 의미만이 문제되는 작품이다. 따라서 이 작품에 대한 심층적 이해란 크게 제약을 받는다. 물론 문학의식적이기보다는 불교의식적인 작자의 조건이 이 작품의 성격을 결정했다고 보겠다. 이와 같은 계열에 드는 소설은 〈唐太宗傳〉〈香娘傳〉 등을 들 수 있다.

다음은 불교적 사실을 문학적 문맥 안에서 단순한 소재로 다루고 있는 (1)의 ②를 중심으로 살펴본다.

소설 〈沈淸傳〉에서 몽운사의 중, 勸善帳, 공양미……등의 요소는 의심없는 불교적 소재다. 그러나, 이 소재 때문에 〈심청전〉을 불교소설로 다루는 이는 없다. 오히려 유교적 윤리의식(父家長的 家族制度 밑의 孝觀念)을 고취하는 작품으로 생각하는 것이 일반적 추세다. 張德順은 「〈심청전〉의 큰 줄거리를 이룬 요소는……효행설화와 인신 供犧의 영웅설화」(16)로 보았다. 이는 소재론적 작품이해로, 심층구조보다는 표면적 사실에 보다 관심을 둔 태도로 보인다. 이때의 불교적 요소는 문학적 문맥 안에 들어온 소재적 사실에 지나지 않는다.

그러나, 〈심청전〉을 깊이 통찰할 때, 윤리적 사실은 물론 불교적 사실까지를 포함하여 이 작품은 수많은 소재를 유기적 구조 안에 수렴하여 의미 있는 統體를 형성해 보이고 있다. 〈심청전〉은 불교적 사실과 문학적 사실이 원리적 합일을 이룬 작품이다.

〈九雲夢〉에 대한 불교논의는 「설법」「윤회」「환생」 등 표면적 사실의 범주에서 맴돌고 있는 느낌이 있다. 그러나, 여기에도 심층적 이해의 가능성이 없는 것은 아니다(21).

「판소리 열 두 마당 중 테마면에서 불교와 관련을 가지고 있는 것은 〈심청전〉과 〈옹고집전〉이다. 전체의 양에서 4분의 1이 불교와 관련이 있는 것」(6)이라고 본 金東旭, 「작품의 주제를 불교와 관계시켜 발견」(12·18)하려고 한 金起東, 「가사문학에 투영된 불교사상을 살펴」(9·10·11)보려고 한 李相寶 등은 한결같이 불교적 사실을 문학적 문맥에 대한 소재로 다루는 태도를 나타냈다(5).

끝으로 심층적 사실에 초점을 두고, 양자의 원리적 통합을 추구한 (2)의 경우를 살펴보기로 한다.

月山大君(1454~1488)의 시조 「추강에 밤이 드니 물결이 추노미라／낙시 드리치니 고기 아니 무노미라／무심훈 돌빗만 싯고 빈비 저어 오노라」는

354

〈梵音集〉의 불교가요(拈頌偈・漱水偈)(4)와 일치한다. 위의 시조는 표면상 불교와는 전혀 무관한 漁父子의 優遊의 경지를 노래한 듯하되, 실상은 空門의 妙覺을 은유하고 있다. 직접적인 불교적 지시물은 찾아볼 수 없으나, 심층적으로 불교적 이미지와 문학적 이미지를 同調시키고 있다.

「믈아래 그림재 디니 드리 우희 듕이 간다／뎌 즁아 게 있거라 너 가는 디 무러보자／막대로 횐구름 ᄀ른치고 도라 아니보고 가노매라」는 작자 자신 불교의식적인 사람은 아니나, 어느덧 불교적 탈속의 경지를 문학적 문맥 안에 무리 없이 표출해 놓았다.

金雲學이 「문학과 교리가 일치되는 곳」(17)이라고 한 단계가 위와 같은 것이다. 그러나, 김운학은 또 「종교문학은 문학적 기교보다 종교의 심오한 내용이 더 우선해야 할 것」(17)이라고 하였는데, 결국 불교와 문학의 고차적 통합보다는 불교 위주의 접근을 보다 중시하는 위치에 머물러버렸다. 심층적 이해의 단계에 이르면 더 이상 「불교적」「문학적」의 변별은 존재하지 않으며, 승화된 동일화의 세계가 있을 뿐이다. 바로 앞에 인용한 월산대군의 시조에서 보는 바와 같은 세계다.

한편 한 작품을 놓고, 지나치게 불교적 천착을 깊이 함으로써 한계 이상의 논의가 되고 마는 사례가 없지 않다. 향가 〈獻花歌〉의 배경설화에 나오는 牽牛老翁을 선승으로 추정하고 전개하는 金鍾雨의 설화해석(19)은 한계 이상의 논의라는 비판의 여지를 남기고 있다.

4세기 이후 우리 고대 삼국은 불교라는 이질적 사상체계를 받아들여 사회 각 분야에서 이것과의 동질화 노력이 진행되었다. 문학의 분야도 예외가 아니다. 불교는 문학에 대하여 때로 단순한 표면적 사실로, 또 불교목적적인 주제로, 또 부분적인 소재론적 요소로, 또 심층적 원리적 사실로 관계하였다. 이와 같은 여러 가지 관계에 있어서 작품의 「실상」을 파악하는 일은 우열을 논단하는 것보다 더 중요하다. 작품의 의미는 시대와 사회의 조건에 따라 규정되고, 갱신되고, 확충될 수 있다. 그럼에도 불구하고, 그와 같은 규정・갱신・확충에 대하여 초연히 존재하는 일관성이 한편에서 인정되고 있다. 시대와 사회의 조건에 따라 규정되고, 갱신되고, 확충되는 작품의 의미는 우열을 논단하는 평가와 관련된다. 이에서 초연한 작품의 일관성은 바로 연구자가 파악해야 할 작품의 실상이다. 이것은 「불교적」「문학적」, 그 어떠한 동기에 의하여서도 왜곡될 수 없고, 왜곡되어서도 안되는 작품의 진실이다. 이와 같은 진지하고도 철저한, 실상에의 접근노력은 불교와 문학과의 접맥과정을 살피는 데 있어서도 절실히 요청된다. 실상에의 접근에 있어서 직접적인 지시물보다는 내면에서 구조적 요인으로 작용하고 있는 원리적 사실에 보다 깊이 파고들어가야 할 것이다.

위와 같은 인식 위에서 불교수용이 가져온 충격과 그것의 깊은 여운을 우리 문학에서 정당하게 이해하고 평가할 필요는 있다.　　　　黃 浿 江

論　著

1. 赫連挺　均如傳(高麗大藏經　補板　治 2 函　釋華嚴敎分記圓通鈔　卷 10 附錄, 1075)

2. 懶　庵　勸念要錄(華嚴寺, 1637)

3. 明　衍　蓮宗寶鑑(禪雲寺, 1787)

4. 智　還　天地冥陽水陸齋儀梵音刪補集(一名 梵音集)

5. 金東旭　韓國歌謠의 硏究(乙酉文化社, 1961)

6. 金東旭　판소리小說과 佛敎的 機緣(趙明基博士華甲記念佛敎史學論叢, 1965)

7. 金煐泰　新羅白月山二聖說話의 硏究(趙明基博士華甲記念佛敎史學論叢, 1965)

8. 金煐泰　彌勒仙花攷(佛敎學報 3・4 합집, 東國大 佛敎硏究所, 1966)

9. 李相寶　佛敎歌辭의 硏究 上(東國大 國語國文學論文集 7・8 합집, 1969)

10. 李相寶　佛敎歌辭의 硏究 下(明知大論文集 3, 1970)

11. 李相寶　韓國佛敎歌辭의 歷史的 考察(明知大論文集 4, 1971)

12. 金起東　國文學上의 佛敎思想硏究(進明文化社, 1973)

13. 金聖培　韓國佛敎歌謠의 硏究(문왕사, 1973)

14. 金煐泰　萬波息笛說話考(東國大論文集 11, 1973)

15. 金煐泰　新羅佛敎에 있어서의 龍神思想(佛敎學報 11, 東國大 佛敎硏究所, 1974)

16. 張德順　沈淸傳硏究(韓國古典小說, 啓明大 출판부, 1974)

17. 金雲學　佛敎文學의 現代的 考察(佛敎學報 11, 東國大 佛敎硏究所, 1974)

18. 金起東　佛敎小說「崔陟傳」小攷(佛敎學報 11, 東國大 佛敎硏究所, 1974)

19. 金鍾雨　鄕歌文學硏究(三文社, 1976)

20. 金煐泰　新羅의 觀音思想(佛敎學報 13, 東國大 佛敎硏究所, 1976)

21. 黃浿江　朝鮮王朝小說硏究(韓國硏究院, 1978)

4. 俗歌의 隱喩

　먼저 이 글을, 요청받은 대로「고려가요의 隱喩構造」쪽으로 생각해 보았다. 그러나 이 시각의 글은 필자에게 아직 전제작업이 되어 있지 않아 이 방향을 염두에 두고, 「隱喩型」수준에서 살펴보고자 한다. 그리고 여기에 쓴「俗歌」에 대하여 그 용어의 뜻을 짚어간다. 필자는 여태까지의 집필에서「高麗歌詞」로 쭉 써왔다. 그러다가 최근「한국문학의 쟝르」문제를 총괄적으로 검토하면서부터 이 글 이후는「속가」로 쓰고자 한다. 그 까닭은 쟝르론상의 類 명칭과 種 명칭의 술어체계로 볼 때 유독 그것만이 시대의 뜻과 왕조의 뜻을 얹어 가진 술어라는 점에서 이질적일 뿐만 아니라, 문헌에도 용례가 없으므로, 술어체계로나 문헌상의 용례로나「속가」가「高麗歌謠」「高麗歌詞」「高麗俗歌」보다, 種 명칭으로서 낫다고 생각되었기 때문이다. 그러므로 여기서의「속가」는 고려대의 作으로 칠 수 있는「國語歌謠」와「이에 준하는 가요」에 대한 종별적 특징의 개념이다.

　다음으로 생각한 것은, 속가에 성립되어 있는 은유형식을 어떤 처지에서 어떤 목표를 향해 검토하느냐의 문제다. 이런 문제가 제기되는 까닭은 본디「은유」가 예로부터 특히 유럽에서 의식되어 발전한 수사형식이므로 유럽 문학에 성립되어 있는 은유의 양상과 우리의 속가에 성립되어 있는 은유의 양상에는 의당한 同異과 差層이 있기 때문이다. 그러나 이 사실이 곧 양자의 수사적 우열을 결정하는 것은 아니다. 여기서 속가에 은유가 성립되어 있는 것도 사실이지만, 俗歌代에 은유가 수사법상의 독립적 개념으로 의식되어 있지 않았었다는 것도 사실일 듯싶다. 그러므로 유럽 문학의 수용으로 은유를 의식한 근대 이후의 문학과 달라서, 중세가요인 속가의 수사법을, 당시에 독립개념으로 의식되지 않았다고 생각되는「은유」론 처지에서 보는 것은「한국문학의 이론」이라는 체계로 볼 때 확실히 문제가 있다. 필자의 현재 공부로서는 중국문학의 이해와 수용으로 그것이 전적으로는 아니더라도, 俗歌代에「比」「寓」「諷」등의 문장법이 의식되었던 것으로 믿어진다. 여기 比・寓・諷 등은 다 각각의 체계를 가지고 있어서 유럽의 「직유 대 은유」의 체계와는 다른 각각의 문장법체계에 딸린 개념의 것이다. 그런데 이 문장법이 특히 유럽의 修學法에 의식되어 있는 은유를 포함하고 있다. 필자는 유럽어 문장과 한국어 문장의 언어적 章法的 조건의 同異와, 양자가 지닌 비유법의 이념적 현실적 同異를 고려하면서, 극히 원리적인 면에 한정시켜 검토하고자 한다. 속가의 비유법은 어디까지나 한국 중세가요의 비유법으로서, 한국 가요가 실현하고 의식한 그 비유법체체에 따라 설명되어야 하기 때문이다. 이런 기본처지에서 볼 때 유럽문학적 수사법 개념인 「은유」개념에 초점을 맞춘 이 글은 어디까지나 전단적 예비적 고찰의 하나다.

資　料
현전하는 고려의 국어체 속가는 〈井邑詞〉를 넣어 모두 14 편 128 문장이다. 이중 은유를 포함하거나 은유로 된 어구는 다음과 같다.

제 1 군
111　고대셔싀여딜내모미내님두욥고년뫼롤거로리(履)
112　綿繡山니블안해麝香각시를아나누어　藥든가슴을맛초욥사이다맛초욥사이다(滿)
113　大同江아즐가大同江건넌편고즐여위두어렁셩두어렁셩다링디리　비타들면아즐가비타들면것고리이다나눈위두어렁셩두어렁셩다링디리(西 4)
114　鐵樹山애　노호이다(石)
　제 2 군
211　二月ㅅ보로매아으노피현燈ㅅ블다호라(動 2)
212　六月ㅅ보로매아으별해ㅂ 톤빗다호라(動 6)
213　十月애아으져미연ㅂ 룻다호라(動 10)
214　十二月ㅅ분디남ㄱ로갓곤아으나슬盤잇져다호라(動 12)
215　존디롤드디욜셰라(井)
　제 3 군
221　잉무든장글란가지고믈아래가던새본다(靑)
222　삭삭기셰몰애별헤나눈구은밤닷되를심고이다(石)
223　사ㅅ미짒대예올아셔奚琴을혀거를드로라(靑)
224　드레우므레므를길라가고신딘우뭇龍이내손모글주여이다(雙 3)
225　올하올하아련비올하여흘란어듸두고소해자라온다소콧얼면여흘도됴ㅎ니여흘도됴ㅎ니(滿 4)
226　머자외아자綠李여졀리나내신고홀믜여라(處)

제 4 군

311 호미도놀히언마ᄅᆞᆫ낟ᄀᆞ티들리도업스니이다(思)

312 구스리아즐가구스리바회예디신ᄃᆞᆯ위두어렁셩두어렁셩다링디리　긴히ᄯᅩᆫ아즐가
긴힛ᄯᅩᆫ그츠리잇가나ᄂᆞᆫ위두어렁셩두어렁셩다링디리(西 2)

313 正月ㅅ나릿므른아으어저녹져ᄒᆞ논ᄃᆡ누릿가온ᄃᆡ나곤몸하ᄒᆞ올로녈셔(動 1)

314 大同江아즐가大同江너븐디몰라셔위두어렁셩두어렁셩다링디리　비ᄂᆡ여아즐가
비ᄂᆡ여노ᄒᆞᆫ다샤궁아위두어렁셩두어렁셩다링디리(西 3)

제 5 군

321 아으壽命長遠ᄒᆞ샤넙거신니마해　愛人相見ᄒᆞ샤오ᅀᆞᆯ어신누네　風入盈庭ᄒᆞ샤우글
어신귀예　五香마ᄐᆞᆺ샤옹긔어신고해　아으千金머그샤어위어신이베　人讚福盛ᄒᆞ
샤미나거신ᄐᆞᆨ개　吉慶계우샤늘의어신ㅅ맷길헤　셜믜모도와有德ᄒᆞ신가ᄉᆞ매　福
智俱足ᄒᆞ샤브르거신비예　同樂大平ᄒᆞ샤길어신허튀예(處)

그리고 은유로 검토할 만한 詞句와 분명하게 은유가 아닌 직유사구는 다음과 같다.

은유로 검토할 만한 사구

411 아으界面도ᄅᆞ샤넙거신바래　紅輕계우샤굽거신허리예　七寶계우샤슉거신엇게예
滿頭揷花계오샤기울어신머리예(處)

412 山象이슷깅어신눈섭에(處)

413 山졉동새난이슷ᄒᆞ요이다(瓜)

414 玉으로蓮ㅅ고즐사교이다바회우희接柱ᄒᆞ요이다(石)

415 므쇠로텰릭을ᄆᆞᆯ아나ᄂᆞᆫ鐵絲로주롬바고이다(石)

416 므쇠로한쇼를디여다가鐵樹山애노호이다(石)

直喩詞句

511 紅桃花ᄀᆞ티븕거신모야해(處)

512 白玉琉璃ᄀᆞ티히여신닛바래(處)

513 아바님도어이어신마ᄅᆞᆫ눈위덩더둥셩어마님ᄀᆞ티괴시리업셰라(思)

이상 30 문장 내외가 고려대의 국어체 가요인 속가에 실현되어 있는 譬喩句의 전부다.

俗歌의 隱喩型

고려대의 속가에 실현되어 있는 은유는, 속가가 은유 그것을 지향하여 성립시킨 것이기보다, 〈高麗史〉 樂 俗樂條에 실린 가사의 附帶記에 보이 듯, 諷·寓·比·托 등의 수사법이 스스로의 방식과 이념을 실현시킨 결과

에서 비롯된 비유법의 하나다. 그러므로 여기서 시도하고자 하는 속가은
유형의 검토는, 은유의 이념으로 속가의 비유법을 검토하는 일이 아니
라, 속가의 표현이 지향한 비유법의 이념으로, 속가의 표현이 그 자신의
방식으로 실현한 비유법의 한 국면에, 결과적으로 성립시켜 가지고 있는
은유형을 검토하는 일이다.

　고려왕조 후 59년(1451)에 印刊된 〈高麗史〉卷71, 樂2 俗樂條에 실린
「動動及西京以下二十四篇」의 26편 「歌詞」에 딸린 부대기에 그 가사가 비
유법을 가지고 있었음을 시사하는 기록은 다음과 같다.

　　　以興禮俗 朝野無事 人民懽康 以大同江比黃河　永明嶺比嵩山　頌禱其君 此入高
麗以後所作也(大同江)
　　　以樛木錯節比之　頌禱福祿也(定山)
　　　睿宗欲聞己過及時政得失　廣開言路　猶恐羣下不言　作此歌以諷諭之也(伐谷鳥)
　　　行役者之妻作是歌 托鵲嬉 以冀其歸也(居士戀)
　　　賦歛繁重 豪强奪攘 民困財傷 作此歌托黃鳥啄粟以怨之(沙里花)
　　　婦人以身事人 一失其身 人所賤惡 故作此歌 以絲之紅綠靑白 反覆比之 以段取
舍之決焉(安東紫靑)
　　　忠肅王朝 蔡洪哲以罪流遠島 思德陵 作此歌　王聞之即日召還　或曰　古有此歌
洪哲就加正焉 以寓己意(多栢木)

　이상이 입론의 기본입장이며 근거이다. 이에 따라 속가의 비유법에 포
유된 은유를 살핀다.

　속가에 실현되어 있는 비유를 검토할 때 寓意를 포함한 은유류가 主勢
를 이루고 있다. 이 사실은 속가표현이 지닌 예술적 품위의 한 면에 연관
된다. 여기서 속가의 은유를 검토하는 두 갈래로 「에피포어」와 「디아포
어」를 든다. 물론 은유를 검토하는 일반적 분류인 代喩·換喩·譬喩的 誇
張·擬人·反語 등으로도 검토하겠지만, 필립 휠라이트가 제기한 이 「은
유의 두 길」(1)로 검토하는 편이, 寓意를 支配勢로 가진 속가은유의 본
질을 해명함에 더 많은 가능을 시사한다고 믿는다. 이 술어는 필립 휠라
이트가 그의 저서 〈隱喩와 事實性〉에서 쓴 용어다. 그는 비교를 통한 의
미의 확장과 外延을 세우는 은유를 「에피포어」로, 連關隣接과 종합으로
새 의미를 창출하는 은유를 「디아포어」로 규정하였다. 그리고 실제로는
에피포어와 디아포어를 각각 단독 명사로 쓰기도 하고, 「에피포어的 은
유」, 「디아포어的 은유」로 각각 관형사화하여 쓰기도 하였다. 이밖에 I.A.

리처즈가 그의 은유론(2)에서 제시한 전달의 「수단」과 전달 「趣旨」의 유추 관계설도 참고할 만하다.

앞에 든 자료에서 에피포어적 은유로 보아지는 단어와 어구 및 사구문 장은 다음과 같다.

자료번호	은유대상	은유어	출전
111	녀느「남진」	년「뫼」	履霜曲
112	브 섭	綿繡山「니블」	滿殿春
112	相 思	「藥」든 가슴	滿殿春
113	遊 女	건넌편「곳」	西京別曲 4
114		鐵樹山	鄭石歌

이상은 단어 수준으로 세워진 에피포어적 은유의 보기다.

자료번호	은유대상	은유어귀	출전
211	님이즁	「노피현燈ㅅ블」	動動 2
212	離別女	「별해ㅂ론빗」	動動 6
213	傷心女	「겨미연ㅂ릿」	動動10
214	無主女	「나술盤잇겨」	動動12
215	泥 處	「즌디」	井邑詞

이상은 어구 수준으로 세워진 에피포어적 은유의 보기다. 그리고 문장 수준으로 세워진 에피포어적 은유에 자료 제 5 군 「아으壽命長遠ㅎ샤넙거 신니마해……同樂大平ㅎ샤길어신허튀예」의 {~에} 접속문장이 있다.

속가 스물다섯 안팎의 은유구를 검토한 결과 위에 든 열개의 어구에 에 피포어적 은유가 성립되어 있는 것으로 고찰되었다. 까닭은 비유의 대상 을 轉移시켜, 확장과 外延을 세우는 계기에, 에피포어적 은유의 기본방식 인 「比較共通의 분명한 主導」가 인정되기 때문이다.

(1) 속가의 에피포어적 은유(자료 제 1·2 군) : 이 제 1·2 군은 단어 내지 어구 수준의 비교적 간명한 은유들을 모아 묶은 것이다. 여기서 관심하는 바는, 첫째 어떤 대상을, 둘째 어떤 비교공통에서, 세째 어떤 확장적 외 연적 비유로 轉移시켜, 네째 어떤 뜻을 나타냈는가 하는 문제이다. 이 시 각으로 볼 때, 비유적 대상이 다 中世民庶들의 艶情에 계기된 인간사로서

그것이 거의 다 자연의 事象에 계기되어 있는 사실에 주목하게 된다. 혹 아주 드물게는 형식상 자연의 현상을 인간사에 계기시킨 경우가 있지만, 이 역시 궁극적으로는 인간사를 자연사에 겨눈 표현이 된다. 결국 人事의 要를 자연현상의 要에로 전이시켜, 그 비교공통에서, 혹은 은근, 혹은 넌짓 혹은 일상교섭적 친근으로 有意化한다.

(2) 속가의 에피포어적 은유(자료 제 5 군) : 이 제 5 군의 열 개 사구가 에피포어적 은유라면, 여기서 대중과 비유 사이의 전이를 계기짓는 비교공통이 문제가 된다. 곧 앞 대문 두 사구를 예로 말한다면, 「넙거신니마」와 「壽命長遠」 사이의, 「섭믜」와 「有德ᄒ신가슴」 사이의 공통을 계기짓는 비교가 무엇인가의 문제이다. 이 비유를 가능케 하는 계기가 일상적 체험이나 인식에 있는 것이 아니라, 想法上의 俗信과 관용적 용어개념에 있다. 여기에 제 5 군 은유의 핵심이 있는데, 이 사구들은 다 吉相用語類에 계기된 德談들이다.

(3) 속가의 디아포어적 은유(제 3 군) : 앞에 든 자료에서 디아포어적 은유로 된 詞句文章은, 자료 제 3 군의 221·222·223·224·225이다. 이 사구를 디아포어적 은유로 보는 까닭은 이 사구들의 표현적 眞意가 문장상의 卽意에 있지 않고 디아포어적 은유의 기본방식인 「聯關隣接的 綜合에 의한 새 의미의 시사」가 인정되기 때문이다. 여기 「새 의미」는 문장외적 의미로서, 寓意를 포함한다. 만일 은유의 개념을 에피포어적 은유의 개념에만 한정한다면, 이 제 3 군의 사구들을 비유로 볼 수 없다. 따라서 직의도 밖에 볼 수 없다. 사실 우리는 이 어구들에 대한 卽意的 설명을 보아왔다. 만일 그 설명에 牽强이 있다면, 그것은 비유를 즉의로 설명한 결과이다. 이 제 3 군의 사구들은, 中世民庶 내지 교양인의 「사룸」과 「누리」에 대한 관조 내지 비판을 포함하는 정신적 관념적 事理的 대상을, 그것과 寓意的으로 상관하는 事象·作爲 등에 전이시킨 비유표현으로 보아진다.

(4) 속가의 에피포어·디아포어 混合隱喩(자료 제 4 군) : 이 혼합은유는 속가 기준으로 볼 때, 한 은유의 어사나 문장이 동시에 에피포어·디아포어의 두 은유기능을 부리는 경우는 없다. 311의 「호믜도」 사구나 312의 「구스리」詞, 313의 「正月ㅅ나릿므른」 사구 및 314의 「大同江」 사구들은 다 그 단독 문장으로써 표현이 완성되는 것이 아니라, 「호믜도」 사구는 「아바님도」 사구를, 「구스리」 사구는 「信잇ᄃᆞᆯ」 사구를, 「正月ㅅ나릿므른」 사구는 「누릿가온ᄃᆡ」 사구를, 「大同江」 사구는 「네가시」 사구를 아울러 표현이 완성된다. 이 상관 속에 에피포어·디아포어 두 은유의 혼합이 있

다. 여기서 일방의 비교적 의미와 타방의 인접상관적 의미를 아울러 그 혼합적 은유의 표현효과를 실현한다.

이밖에 검토를 요하는 자료로 예시한 411·412·413·414·415·416의 사구들은 그 비유 여부와, 직유인가 은유인가 여부를 단정하기 어려운 사구들이다. 이에 대하여는 別稿한다. 그리고 511·512·513으로 예시한 시구들은 속가 은유의 대비적 검토자료로 내어놓은 것이다.

文法的 形式과 意味論的 形式

은유에는 은유 고유의 措辭를 지배하는 문법적 모형과, 은유적 의미를 성립시키는 수사적 모형이 있다. 그러나 은유가 문장 표현의 한 기법인 만큼 여러 작위적 내지 창의적 妙를 다하는 能을 지니고 있고 또 지녀야 한다. 그렇다고 그 다양과 미묘에 원리나 논리가 없는 것은 아니다.

은유문장은 직유문장과 다르며, 그 차이에 의해 직유와 구분되는 것은 사실이다. 이 경우의 문장은 문법적 조건에서만 규정되는 것이 아니라, 措辭的 條件의 규제도 받는다. 이 전제로 속가 은유의 문법과 조사의 조건을 검토할 때, 첫째 문제는, 자료 제2군으로 제시한 「～다호라」로 끝난 211·212·213·214의 「二月ㅅ보로매」 사구, 「六月ㅅ보로매」 사구, 「十月애」 사구, 「十二月ㅅ분디낡」 사구이고, 둘째 문제가 자료 제3군으로 제시한 221·222·223·224·225·226의 「잉무든」 사구, 「삭삭기」 사구, 「사ᄉ미」 사구, 「드레우므레」 사구, 「올하」 사구, 「머자외아자」 사구이다. 곧, 자료 제2군의 사구가 직유법의 문장형식인 「～다호라」로 된 문장인데 어째서 은유인가의 문제와, 자료 제3군의 사구에 은유일 뚜렷한 문법적 조건의 성립이 없어 보인다는 사실이다.

먼저 첫째 문제에 대하여, 일반적으로 「甲은 乙과 같다」는 직유이고, 「甲은 乙이다」는 은유로 친다. 이 규범이 틀린 것은 아니다. 그러나 이것은 어디까지나 일반문법적인 규범이지 절대적 규범은 아니다. 따라서 은유의 일반 문법적 규범으로 볼 때, 앞에 은유로 친 자료 제2군의 「二月ㅅ보로매」 사구 이하 「十二月ㅅ분디낡」 사구에 이르는 네 사구가 「～다호라」를 술어로 하는 문장이므로, 의당 직유이지 은유로 다룰 수 없는 문장임에 틀림이 없다. 여기서 은유의 문법형식과 의미형식이 문제가 된다. 곧 다음 사구,

512 白玉琉璃ᄀ티히여신닛바래(處)

513 아바님도어이어신마ᄅᆞᆫ눈위뎡더둥셩어마님 ᄀ티 ᄢᅵ시리업세라(思)
213 十月애아ᄋᆞ져미연ᄇ롯다호라(動 10)

를 놓고 검토할 때, 「ᄀ티」나 「다호라」를 가진 점에서 세 사구는 같다. 그러나 앞의 512와 513은 직유로 뜻이 훌륭하게 설명되지만, 뒤의 213은 직유의 논리로 그 뜻을 당해 사구의 전체 문맥에 이을 때 아무래도 역자와 부회를 면하기 어렵다. 이렇게 볼 때, 직유는 문법형식과 의미형식에 1대 1의 조응이 가능할지 모르나, 은유에서는 일반적 관행의 문법형식도 형식이지만 의미형식이 支配勢이다. 곧 직유는 직유고유의 문법형식에 매일지 모르지만, 은유는 문법형식에서보다, 의미형식에 따라 더 규정된다. 곧, 「나는十月애져미연ᄇ롯다호라」와, 「나는十月애져미연ᄇ른시로라」의 두 문장을 놓고 볼 때, 그 문법형식의 차이에도 불구하고, 둘 다 은유이다. 그 까닭은 「〜다호라」가 직유의 문법형식에 쓰이는 것은 사실이지만, 직유에만 쓰이는 문법형식은 아니며, 여기서 이 두 문장이 다 은유인 까닭은 문법형식에 있는 것이 아니라, 의미형식에 있는 것이다. 즉 「사룸」과 「ᄇ롯」은 도저히 직접비유를 성립시킬 수 없는 관계이므로, 그것이 비유라면 간접비유일 수밖에 없는 의미론적 관계에 있다. 이러한 견해의 은유론이 필립 휠라이트의 〈隱喩와 事實性〉의 제4장 일부에서 실제적 적용과 함께 考論되었다. 은유론의 한 전진으로 보아 틀림없을 것 같다.
　다음은, 자료 제3군으로 예시한 사구가 어떤 조건에서 은유인가를 검토할 차례다. 이 자료 제3군, 곧 「잉무든」 사구 이하 「머자외아자」 사구에 이르는 여섯 사구의 顯在的 문장에 표현적 비교나 인접적 연관에 상응하는 아무런 語詞가 없다. 그런데 왜 비유문장인가의 문제다. 이것 역시 비유의 문법적 형식과 의미론적 형식의 일치와 불일치에 연관되는 문제영역의 것이다. 사실 비유법상 은유는 문법형식에 의해 규정도 되지만, 의미형식에 의해 더 강하게 지배 규정되는 성질의 비유법이다. 이 경우, 표현적 비교나 인접적 연관이 현재적 문장에 없지만, 잠재적 문장으로 있는 것이다. 이 잠재적 비교공통과 인접연관 때문에 이 사구들이 높은 은유의 能을 부리어, 寓意化 표현을 성취한다.

俗歌해석과 隨喩

속가의 은유론은 修辭論의 한 분과로서, 俗歌表現論의 한 작업이다. 그러나 전적인 속가의 은유론은, 속가의 全表現을 비유표현과 非譬喩表現으로 검토하고, 다시 그 비유표현을 직유표현과 은유표현으로 검토하는 작업을 포함하고 있는 점에서, 속가표현론 일반과 문제 영역을 같이한다. 여기서 속가표현론의 대상과 목적이 새로운 문제로 대두된다. 이 대상과 목적이 속가표현론의 이념과 방법을 결정하기 때문이다. 결국 속가의 은유론은 이 속가표현론의 일련체재에 부합할 때 비로소 그 임무를 다하게 된다. 아직은 우리의 속가은유론이 그 자각과 성취에 미숙과 미급이 많다. 그러나 앞으로 속가은유론이 본격적으로, 그리고 정교하게 실현될 경우, 속가의 중세가요적 문학성 해명에 한 확고한 이론적 근거가 될 것이 틀림없다.

속가의 모든 사구는 각각 비유표현 아니면 即意表現 중의 하나이다. 이 사실은 즉의표현과 비유표현이 표현론상의 기본개념이며, 대단위개념이며, 구분개념임을 뜻한다. 만일 속가 해석에서, 비유표현을 직의표현으로, 비유표현 중 은유표현을 직의표현으로 잘못 이끈다면, 그 해석은 견강부회가 되지 않을 수 없다. 사실 우리 속가해석에는 이러한 오류가 적지 않다. 여기서의 오류란, 은유문장은 은유문장으로서의 논리와 질서를 가지고 있는데, 그것을 직의문장적 논리와 질서로 해석하는 오류이다.

다음으로, 속가해석과의 연관에서 은유론을 어떻게 수용하느냐의 문제다. 여기에는 속가은유 자체를 어떻게 세우느냐와, 그렇게 세운 속가은유론을 속가의 구체적 해석에 어떻게 적용하느냐의 두 문제가 제기된다. 여기서 분명한 것은, 어떤 경우이건, 속가 그 자체의 표현적 가치를 근거로 하여야 한다는 사실이다. 여기에 위배할 때, 속가의 표현이 은유론에 종속하는 결과가 되고, 속가의 해석이 은유론의 고증자료가 되는 본말전도에 이르게 된다. 이런 시점에서 볼 때, 필립 휠라이트의 은유론 중, 디아포어說은 속가의 우의적 表現句의 해석에 매우 시사적이다.

위에서 고려의 국어체 가요인 속가의 현전 가사 14편의 사구에서 비유구를 가리어, 이를 자료로 속가의 은유형을 세우는 한 작업을 시도하였다. 그 결과를 다음과 같이 맺는다.

(1) 현전 속가 14 수의 문장 수는 130 내외, 비유문장 수는 30 내외인데, 이중 은유를 포함하거나 은유로 된 문장 수는 20 내외이며, 분명한 직유의 문장 수는 셋이다. 이 사실은 속가의 비유가 우의를 포함한 은유성을 主勢로 하고 있음을 뜻한다.

(2) 속가에 실현되어 있는 은유는, 속가의 표현이 은유 그것의 이념을

향하여 실현시킨 것이기보다, 〈高麗史〉 樂 俗樂條 歌詞의 부대기에 보이는 諷·寓·比·托 등의 속가 수사법이 스스로의 방식과 이념으로 실현시킨 결과에서 파악한 비유법의 하나다. 그러므로 은유 그것의 이념과 유럽 語的 조건에 따라 실현시킨 유럽문학의 은유와 공통되는 국면보다, 성향을 달리하는 양상이 더 승하다.

(3) 속가은유에는, 유럽 수사법이 발전시킨 代喩·換喩·譬喩的 誇張·寓意·擬人·反語 등류의 은유 중, 「換喩」類와 「寓意」類만 있고, 그밖의 은유류는 없다.

(4) 속가의 은유 자료로 제시한 제 3 군, 「잉무든」句, 「삭삭기」句, 「사스미」句, 「드레우므레」句, 「올하」句, 「머자외아자」句를 은유문장으로 친 것은 即意로 해석할 경우, 의미적 구성과 문맥에 齟齬 내지 단절이 생겨 도저히 속가 표현의 전체적 토운에 맞지 않는데, 반대로 우의로 해석할 경우, 속가의 표현에 내적 확장과 유연성이 인정되어, 속가 수사법의 한 본질임을 알게 한다.

(5) 자료 제 3 군, 俗歌寓意句의 수사적 해명에, 필립 휠라이트의 인접연관적 유추에 근거를 둔 「디아포어적 은유」說은 매우 시사적이다.

(6) 속가에 성립되어 있는 은유가 직유와 구분되는 문법적 형식을 취하지만, 절대적으로는 문법형식에 지배되기보다 의미형식에 의해 더욱 규정된다. 그러므로 자료 제 2 군의 사구들은 형식상 「～다호라」로 서술되었지만, 의미형식에 따라 은유문장이다.

(7) 속가의 은유는, 어디까지나 속가적 비유법과 寓意法의 한 속성으로 실현된 한 수사법이다. 그러므로 은유론으로써 속가를 해석할 경우, 그 해석은 비유론으로서도 제한적인 것이다. 따라서 속가적 은유를 전적인 속가의 비유법으로 치고, 이 근거에서 속가를 해석할 경우 속가적 표현을 비유론에 종속시키는 본말전도적 결과가 된다.　　　　　　金 尙 憶

論 著
1. P· Wheelwright, *Metaphor and Reality*(Indiana University Press, 1968)
2. I.A. Richards, *The Philosophy of Rhetoric*(Oxford, 1936)

5. 景幾體歌

고려시대 후기의 가요는 크게 두 흐름으로 나눌 수 있다. 하나는 靑山
別曲類의 순수서정가요 계열이고, 다른 하나는 翰林別曲類의 경기체가 계
열이다. 경기체가라는 명칭은 이에 속하는 가요들이 작품 내부에 「景幾
(긔) 엇더ᄒ니잇고(何如)」라는 구절을 공통적으로 갖고 있기 때문에 붙여
진 것이다. 그래서 어떤 이는 景幾何如歌라 하기도 한다. 한편 이와는 달
리 別曲體 혹은 別曲體歌로 부르는 이도 있다. 그러나 이들 가요들의 공통
특징이면서 핵심적 요소가 되는 「景幾(긔) 엇더ᄒ니잇고」라는 구절의 기능
을 중요시하여 경기체가로 부르는 것이 보편화되어 있는 실정이다.

　현재 전하고 있는 경기체가는 총 24편으로 알려져 있다. 이를 시기별
로 살펴보면 13세기초(고려 고종)에 翰林諸儒의 공동작이라 전하는 〈翰林
別曲〉을 시발점으로 해서 19세기 중엽(1860) 철종 11년, 閔圭의 〈忠孝歌〉
에 이르기까지 무려 7세기에 걸쳐 존속한 쟝르임을 알 수 있다. 그러나,
현존 작품 가운데 가장 후대의 것으로 보이는 〈충효가〉는 워낙 형태상의
파격이 심하고 다른 경기체가와는 시대가 너무나 동떨어져 있기 때문에
그 존재를 무시당하고 있는 형편이다. 그래서 흔히 16세기 權好文의 〈獨
樂八曲〉을 마지막 작품으로 다루는 경우가 혼하나 바람직한 태도라 하기
는 어렵다.

　경기체가의 형성에 관한 견해는 다음과 같이 세 가지로 나누어 살필 수
있다.

　⑴ 國內起源說 : 경기체가 이전의 우리 고유시가에서 그 기원을 찾는 견
해.

　⑵ 外來起源說 : 중국 시가의 모방 내지 영향으로 보는 견해.

　⑶ 절충설 : 위의 ⑴과 ⑵를 아울러 포괄하는 견해.

　⑴의 견해를 보면 高晶玉⑴ 金文基⑵는 향가에서, 金思燁⑶ 金宅圭⑷
는 고려속요에서, 李秉岐⑸ 金起東⑹ 趙東一⑺은 민요에서 각각 그 기

원을 찾고 있다. 이 가운데 김택규의 견해 즉, 한림별곡류는 선행한 청산별곡류의 가락을 모방하였고 사설만은 한문학에 익숙한 한림들이 자유롭게 구사할 수 있게 된 한문표기로 대치하여 창작하게 되었다는 설과, 조동일의 견해 즉, 교술 민요가 상층사회(사대부 계층)로 상승해서 발생했다는 설이 주목된다. (2)의 견해로는 金台俊(8)이 주로 詞문학에서, 朴晟義(9)는 한문의 駢에서 그 기원을 찾고 있음을 들 수 있다. (3)의 견해로는 趙潤濟(10)가 중국의 詞 또는 四六文과 한국의 전통적인 詩型을 교묘히 종합 안출한 것으로, 李明九(11)가 宋詞 내지 宋樂에서 聯章體 양식 혹은 향락적인 시가 분위기를 영향받고, 선행하는 향가로부터 分節體양식(前八句＋後二句→前大節＋後小節)을 이어받아 형성되었다는 설을 제시한 바 있다. 이 가운데 이명구의 견해가 가장 구체성을 띠어 주목되지만 향가보다는 민요와의 관련을 좀더 깊이 따져볼 필요가 있을 것이다. 왜냐하면 경기체가는 교술성 일변도임에 반해 향가는 〈安民歌〉〈遇賊歌〉〈普賢十願歌〉에서 교술성이 엿보일 뿐 나머지는 서정성이 중심이 되며, 따라서 그 접맥관계를 살피는 데 장르 성격상 주요한 장애가 되기 때문이다.

　경기체가의 장르史的 변천에 관한 견해도 조금씩 다르게 제시되어 있다. 즉, 이명구(11)는 (1) 형성기(고려말, 1214∼1348), (2) 발전기(조선초∼세종, 1352∼1429), (3) 변천기(성종∼선조, 1475∼1587)로, 金倉圭(12)는 (1) 생성기(1214∼1391), (2) 발전기(1392∼1446), (3) 변천기(1447∼1531), (4) 쇠퇴기(1532∼1587)로, 李相寶(13)는 (1) 발생기(13세기), (2) 발전기(14세기), (3) 융성기(15∼16세기), (4) 쇠퇴기(17∼19세기)로, 金文基(2)는 (1) 형성기(고려 고종 3∼태종 18, 1216∼1418), (2) 완성기(세종 1∼세조 14, 1419∼1468), (3) 변천기(성종 1∼성종 25, 1470∼1494), (4) 쇠퇴기(중종 1∼선조 20, 1506∼1587)로 각각 나누어 장르의 변천과정을 살피고 있다. 이 가운데 이상보와 김문기의 견해가 주목되는데, 전자는 특정 연대를 제시하지 않고 세기를 사용해 융통성을 보인다는 점과 19세기의 〈충효가〉도 고려에 넣은 점이, 후자는 작품 자체의 형태상의 변화를 중시했다는 점이 높이 살 만하다.

　경기체가의 형식에 관한 문제도 각양 각색의 견해가 제시되어 있다. 조윤제(14) 김태준(8) 梁柱東(15) 김사엽(3) 이명구(11) 鄭炳昱(16) 金倉圭(17) 李鍾出(18) 成昊慶(19) 김문기(2)의 견해가 그것이다. 이 가운데 정병욱 김문기의 견해가 주목된다. 먼저 정병욱은 경기체가의 형식을 다음과 같이 정리한 바 있다.

　(1) 音數律은 주로 4음절과 3음절로 되어 있다.

⑵ 音步律은 일률적으로 3음보로 되어 있으나 4음보가 한번씩 끼어 있다.

⑶ 句數律(行步律)은 일률적으로 6구(행)체이다.

⑷ 一章(聯)은 前大節(4구)과 後小節(2구)로 나뉘어진다.

⑸ 5～8章(聯)이 중첩되어 한 작품을 형성한다(단, 安軸의 〈關東別曲〉은 9장으로 예외임).

여기서 특히 ⑴을 중시하여 그 기본형 1련(장)의 형식으로「3 3 4·3 3 4·4 4 4·3 3 4·4 4 4 4·3 3 4」란 음수율을 제시하고, 이에서 일부 음절수가 조금 벗어난 것을 변격형으로, 음절수뿐 아니라 음보율·구수율, 그리고 전후절의 구분마저 상당한 변화를 보이는 것을 파격형이라 하여 세 가지 유형으로 형식을 분류한 바 있다. 김문기는 정병욱의 견해를 거의 전적으로 수용하면서 ⑴보다는 ⑵(음보율)에 역점을 두어 다음과 같이 정밀화하고 있다.

⑴ 聯章體 詩歌이다.

⑵ 前大節과 後小節로 되어 있다.

⑶ 제 1～3행은 3步格, 제 4～6행은 4보격으로 이루어진 6행시이다.

⑷ 제 4행과 제 6행은「위(偉 혹은 爲)～景 긔 엇더 ᄒ니잇고」로 4음보를 이루는 것이 원칙이다.

⑸ 제 1·2행은 3 3 4란 음수율에, 제 5행은 4 4 4 4란 음수율에 매우 익숙해 있다.

이와 같이 그 기본형(정격형)의 형식을 설정한 다음, 여거서 음보율은 같으면서 행수를 1행 정도 벗어날 경우 혹은 행수는 같더라도 2행 이상의 步格이 어긋날 경우를 변격형으로, 각 연의 균형이 깨어져 있거나 행수가 2행 이상 벗어날 경우, 또는 각 행의 음보율도 깨어지는 등 일관성을 찾아볼 수 없으면서 다만 제5행에 반복구가 있다거나「～景 긔 엇더 ᄒ니잇고」라는 구절이 붙어 있는 경우를 파격형으로 규정하고 있다.

경기체가의 기본형 형식을 설정함에 있어서 음수율은 특히 중시되어야 할 것이다. 그것은 무엇보다 한국 시가 율격의 기저 자질을 이루는 것이 음보내의 강약이나 고저·장단 등에 있지 않고 음절수가 율적 자질로 관여한다는 사실이 밝혀진 이상, 경기체가의 기본율격 모형으로서 음절수를 기본형으로 제시한 정병욱의 견해는 가장 타당성을 획득할 수 있는 것이다. 다만 그 음수율을 설정함에 있어서 각 연의 제4·6행의 첫머리에 오는 감탄사「위」를 음절수 계산에 넣지 않은 것은 재고해 볼 일이라 하겠다.

　경기체가의 작자문제는 사대부계층의 전유물처럼 알려져왔었다. 그러나 근자에 이르러 승려계층의 작품인 末繼智訥의 〈騎牛牧童歌〉(20)와 釋己和의 〈彌陀讚〉〈安養讚〉〈彌陀經讚〉(21), 義相和尙의 〈西方歌〉(22) 등 5편의 佛讚類 景幾體歌 자료가 발견 소개됨으로써 승려계층의 적극적인 참여가 있었음이 밝혀졌다. 따라서 경기체가는 신흥사대부층에 의해 발생되기는 했으나 후대에 와서는 승려들이 讚佛 혹은 布敎의 목적으로 창작에 참여함으로써 그 폭이 확대되었음을 알 수 있다.

　경기체가에서 가장 활발하게 논의되었던 문제점은 쟝르적 성격과 일반적 성격을 규정하는 것이었다. 먼저 쟝르적 성격의 파악은 조동일(23)의 견해가 특히 주목되는데, 그는 경기체가를 단순히 율문으로 표출된 서정시가인 것처럼 파악한 기왕의 견해에 반대하고, 「敎述詩」로서의 특징을 온전히 갖춘 교술쟝르로 규정한 바 있다. 그는 쟝르체계를 서정·서사·희곡으로 3분하던 종래의 방법을 취하지 않고 교술쟝르를 추가하여 4분법을 채택한 후, 서정과 교술을 대립적인 쟝르로 파악하면서, 경기체가는 세계의 자아화인 서정이 아니라 자아의 세계화인 교술시의 특성을 분명히 갖추고 있다는 판단을 내렸던 것이다. 다시 말하면 경기체가는 실제로 존재하는 작품외적 세계상을 작품내에 그대로 옮겨놓았을 뿐이고, 작품에서 특별히 창조한 세계상을 발견할 수 없으며, 그 세계상은 작품화되기 이전에 가졌던 문자 그대로의 외연적 의미를 제시하는 데 그치고 있다는 것이다. 그런데 경기체가의 쟝르 변천을 율격적인 측면에서 살펴본다면 초기에서 후기로 내려올수록 엄격한 율격적 구속에서 벗어나 규칙위배나 규준이탈의 현상이 두드러지는 사실을 발견할 수 있다. 즉 정격형(기본형)에서 출발한 경기체가는 후대로 내려올수록 변격형으로, 급기야는 파격형으로 변모하여 처음의 엄격한 율격적 통제는 점차 사라지고 상당히 자유로운 율격을 취하고 있음을 간파할 수 있다. 이와 같은 율격적 변화는 곧 경기체가의 쟝르적 성격변화와 대응됨을 우리는 간과할 수 없다. 즉 경기체가는 처음에 교술성이 압도적으로 두드러진 쟝르로 출발했다가 후대로 내려올수록 교술성이 상대적으로 약화되고 서정성이 두드러지는 쟝르의 변모를 겪게 된다는 것이다. 이는 초기의 경기체가와 후기의 경기체가——이를테면 권호문의 〈독락팔곡〉을 비교해보면 쉽게 알 수 있는 사실이다. 여기서 우리는 경기체가의 쟝르적 성격을 유동적으로 이해할 필요가 생긴다. 즉, 경기체가는 교술성과 서정성의 복합적 성격을 가진 쟝르로서 초기에는 교술성을 압도적으로 지향하면서 엄격한 율격적 규칙 아래 창작자의 의도를 논리적 조직적 효율적으로 제시하는 기능을 담당하다가, 후대로 오면서 그러한 교술적 기능이 약화되고, 상대적으로 대상 세계를 내면화 주관화하는 서정성이 강화됨으로써 엄격한 율격적 통제를 벗어나는 경향을 보였다는 사실이다. 이는 가사 쟝르가 초기에는 약간의 서정성과 함께 어느 정도의 자유로운 율격을 허용하다가 후대에 내려오면서 강력한 교술성을 지향함과 더불어 4·4조 율격을 엄격히 고수하는 현상과 좋은 대조를 보인다 할 것이다.

경기체가의 일반적 성격 내지 역사적 성격을 간파하는 문제도 약간의 견해차를 보인다. 일찌기 李滉은 〈陶山十二曲〉 跋文에서 翰林別曲類를 「矜豪放蕩하고 褻慢戱狎하여 君子가 마땅히 崇尙할 바 되지 못한다」고 규명한 바 있었다. 이에 따라 종래에는 경기체가를 상층 지배계급의 호화로운 생활상 혹은 향락적 기풍을 담은 퇴폐적 문학으로 보는 것이 상례였다. 물론 그런 일면적 성격도 포함하고 있기는 하나 좀더 작품 자체와 역사적 문맥을 밀착시키는 이해가 요청되었으며, 이명구(11) 조동일(23) 김창규(24)에 이르러, 그 방면의 심화된 견해가 나타나게 되었다. 이명구는 경기체가를 고려 후기에 나타난 신흥사대부의 이념을 나타낸다고 보고, 그들 계층의 「得意한, 참신한, 발랄한 생활 의욕」 혹은 「得意에 찬 화려, 悠然 내지 建國 頌詠」을 노래한 것으로 파악한 바 있다. 조동일은 경기체가의 본질적 성격이 사물을 열거하는 것이라는 데 착안하여, 개별적 사물의 실제성을 존중하는 신흥사대부의 사고방식과 직결되는 것으로 보고, 자아인 心·身·人을 세계인 物로 전환시켜 표현한 즉물적 사고의 산물로 보았다. 김창규는 경기체가의 보편적 성격을 사대부계층의 패기 넘치는 자기과시에서 찾고 있다.

경기체가의 작품구조에 관한 해부로는 조동일(23)의 견해가 주목할 만하다. 그는 경기체가의 작품적 질서의 원리로서 「개별화」의 원리와 「포괄화」의 원리를 제시하고 다음과 같이 작품구조를 분석한 바 있다.

   (가) (나) (다)

   (라) (마) (바)

   (사) (아) (자)

  위 (차) 景 긔 엇더ᄒ니잇고

  (가) (타) (가) (타)

  위 (파) 景 긔 엇더ᄒ니잇고

경기체가는 위와 같은 章(聯)의 연속인데, ㈎에서 ㈐까지와 ㈑·㈒에서
는 개별화의 원리에 따라 열거된 세계상이 나타나고, ㈓에서는 ㈎에서 ㈐까
지 개별적인 것으로 제시된 사물들을 하나의 종합적 개념으로 묶는 포괄
적 개념이, ㈒에서는 ㈑·㈒를 포괄하는 개념이 나타난다는 것이다. 그리
고 이 개별화와 포괄화의 원리는 작품의 대립적 구조를 형성하는 데 기여한
다고 보았다. 즉, ㈎에서 ㈐까지의 개별화와 ㈒에서의 포괄화, ㈑·㈒에
서의 개별화와 ㈒에서의 포괄화 사이에는 명백한 대립이 있어 작품구조가
의미의 긴장을 갖도록 하는 데 결정적인 구실을 한다고 본 것이다. 또한
㈑·㈒는 포괄 중의 개별이라 할 수 있고, 마지막 行의「위……景 긔 엇더
ᄒ니잇고」는 작품의 결말을 이루는 포괄 중의 포괄이 된다고 했다.

경기체가는 율격상 고려 속요와 상통하는 측면도 있으나, 보다 엄격한
음절수의 통제를 보이고 있음에서 구별된다. 뿐 아니라 경기체가를 여타
의 다른 쟝르와 쉽게 변별이 가능하도록 하는 징표가 있는데, 제 4·6행
에「위……景 긔 엇더ᄒ니잇고」라는 구절이 대체로 필연적으로 따른다는
것이 그것이다. 혹은 때로는「偉(爲)……景幾何如」,「偉(爲)……景 何如」
「偉(爲) 景幾叱多」,「偉(爲) 景其何如」,「偉(爲) 景幾何多爲尼伊古」,「偉
(爲) 景幾何如爲尼是叱古」등이 오는 경우도 있으나 이는 모두「위……景
긔 엇더ᄒ니잇고」의 이두표기로 볼 수 있으므로, 경기체가를 경기체가답
게 하는 이 구절의 기능을 면밀히 검토하지 않을 수 없을 것이다. 이에
대하여는 조동일(23)의 견해가 주목된다. 그에 의하면 위(偉, 爲)라는 감
탄사는 개별적인 사물을 열거하는 대목이 끝나고 포괄적인 말이 나타나게
되었음을 알려주는 구실을 하며, 개별적인 대목과 포괄적인 대목의 혼동
을 막아줄 뿐 아니라 포괄적인 대목을 한층 더 돋보이게 해서 개별과 포
괄의 양립에 의한 대립적 구조를 선명하게 해준다는 것이다. 그리고 감탄
사로 표현되는 감격은 무엇보다 포괄적인 것의 발견에서 이루어지며, 포
괄적인 의미에 도달하는 결과에 관심을 집중하게 한다고 보았다. 한편
「……景」의 기능은 그 앞에 붙어 있는 개념어를 말 그대로의 의미로 끝나
게 하지 않고 시선을 끌 수 있는 광경 또는 경치로 전화시킴으로써 무심
히 받아들일 수 있었던 것이라도 적극적 관심의 대상이 되도록 하는 역
할을 담당하며, 그 뒤에「긔 엇더ᄒ니잇고」라는 말이 첨가됨으로써「……
景」이라고 제시된 것에 대해서 다시 주의를 집중시키게 된다는 것이다.
또한「긔 엇더ᄒ니잇고」라는 물음은 묻는 것이 대단하고도 훌륭한 것이라
는 답을 전제로 한 것이며, 단순한 의문이 아니고 감탄을 내포한 의문이

372

라 보았다.

경기체가의 미의식은 창작의 주류인 사대부계층의 세계관과 직결되어 있다. 고려 후기 무신의 난 이후 구귀족세력의 몰락에 이어 대두하기 시작한 이들 사대부계층은 조선 건국의 주역으로 등장하면서 지배계층으로 군림하기까지, 생활에 자신과 패기와 발랄한 의욕을 가지고 실제로 존재하는 사물을 새로이 세계관적으로 인식하면서 문학활동을 펴 나갔으니, 그들이 창출한 경기체가는 바로 이러한 세계관에 입각한 미의식의 산물이라 할 것이다. 金學成(25)에 의하면 이들 사대부계층은 이상적인 것을 현실과는 동떨어진 어떤 이념이나 사상체계에서 별도로 추구하지 않고 현실 자체에서 추구해 냄으로써 경기체가를 통해 한결같이 우아미를 구현하고 있다는 것이다. 사실 경기체가에는 자랑스런 현실을 맘껏 구가하고 즐기는 풍류생활이 호기 있게 그려져 있다. 거기에는 이상과 현실의 조화로운 융합에 의한 우아한 미의식만 표출되어 있을 뿐 현실에 대한 비판적 자세나 골계적 시선은 전혀 개재되어 있지 않다. 오직 사대부계층의 자만과 신념에 찬 세계관적 우아미만 표상될 뿐인 것이다. 이것은 평민적 우아미와는 상당한 거리를 가진다 할 것이다.

경기체가에 대한 연구는 이제 거의 일단락되었다 해도 과언이 아닐 정도로 많은 문제가 해결되었다고 볼 수 있다. 명칭·쟝르史·작자계층·형식·쟝르적 성격·작품성격·작품구조·표현특징·미의식에 이르기까지 다방면에 걸쳐 상당한 수준의 업적이 빛나고 있다. 이제 남은 과제는 문예미학적인 시각에 입각한 작품의 보다 정밀한 구조분석이라 하겠다. 아울러 경기체가의 율격이 가지는 독특한 운율미에 대한 보다 명쾌한 해명도 있어야 하겠다. 이 두 가지 사실이 사실대로 해명될 때, 우리는 경기체가를 기형적 문학이니, 서투르거나 졸렬한 2급의 문학이니 하는 그릇된 평가를 시정할 수 있을 것이라 본다.

金 學 成

論 著

1. 우리어문학회　國文學槪論(一成堂書店, 1949)
2. 金文基　景幾體歌의 綜合的 考察(韓國詩歌硏究, 螢雪出版社, 1981)
3. 金思燁　改稿國文學史(正音社, 1956)
4. 金宅圭　別曲의 構造(高麗時代의 言語와 文學, 螢雪出版社, 1975)
5. 李秉岐　國文學槪論(一志社, 1965)
6. 金起東　韓國詩歌의 쟝르的 發展에 대하여(現代文學, 1956. 1)

7.　趙東一　민요의 형식을 통해서 본 시가사의 전개(韓國詩歌의　研究，螢雪出版社，1981)

8.　金台俊　別曲의　研究(東亞日報，1932)

9.　朴晟義　韓國詩歌와　漢詩文(高麗大　文理論集 1, 1960)

10.　趙潤濟　韓國文學史(探求堂，1968)

11.　李明九　高麗歌謠의　研究(新雅社，1974)

12.　金倉圭　別曲體歌研究 Ⅰ(국어교육연구 3, 慶北大師大國語敎育學科，1971)

13.　李相寶　朴成乾의　錦城別曲　研究(明知大論文集 8, 1975)

14.　趙潤濟　韓國詩歌史綱(乙酉文化社，1954)

15.　梁柱東　麗謠箋注(乙酉文化社，1947)

16.　鄭炳昱　國文學散藁(新丘文化社，1962)

17.　金倉圭　別曲體歌　形式攷(국어교육연구 5, 慶北大師大國語敎育學科，1973)

18.　李鍾出　景幾體歌의　形態的　考究(韓國言語文學 12, 韓國言語文學會，1974)

19.　成昊慶　景幾體歌의　構造研究(서울大　석사논문，1980)

20.　金文基　騎牛牧童歌研究(語文學 39, 語文學會，1980)

21.　金倉圭　涵虛堂攷(東洋文化 6·7, 嶺南大　東洋文化研究所，1968)

22.　金文基　義相和尙의　西方歌研究(東洋文化研究 5, 慶北大　東洋文化研究所，1978)

23.　趙東一　景幾體歌의　장르적　性格(學術院　論文集 15, 1976)

24.　金倉圭　別曲體歌의　普遍的　性格　考察(韓國詩歌研究，螢雪出版社，1981)

25.　金學成　韓國古典詩歌의　研究(圓光大　출판부，1980)

6. 왕조서사시로서의 龍飛御天歌

　　지금까지 우리 학계에서는 〈용비어천가〉의 양식적 용어로서 「樂章」(李秉岐 趙潤濟) 「樂歌」(金思燁) 「頌詠歌」(李明善) 등을 사용해 왔다. 그러나 이 것들은 모두 음악을 전제로 한 용어들이다. 문학작품으로서 〈용비어천가〉를 다룬다면 응당 문학의 양식적 방법을 원용해야 하겠는데, 그렇다면 서사시적 양식으로 다룰 수밖에 없지 않을까 생각된다.

　　위에서 잠깐 인용된 학자들도 「악장」이라고는 했으나 그 내용을 언급할 때는 「서사적 가사」라든가 「서사체」라는 말을 써왔다(1). 趙潤濟는 작품 자체로 보아 웅대한 하나의 서사체를 이루고 있으니 그 가치는 국문학사에서 길이 기억되어야 할 것이라고 〈용비어천가〉를 평가했고, 金思燁도 「민족의 영원한 寶典」(2)이라고 〈용비어천가〉의 문학적 가치를 높이 평가했다. 그러나 李明善은 〈용비어천가〉가 문학적으로 걸작이 될 수 없는 이유를 서사시적 면에서 아래와 같이 논평하였다.

　　「叙事詩로서의 확고한 현실적 배경을 갖지 못하였다는 사실에서도 논증할 수 있다는 것이다. 서사시는 사회와 개인과 사이에 모순이 없는 영웅적인 시대에만 본격적인 大傑作이 나올 수 있는데, 世宗 때는 물론이고 〈龍飛御天歌〉가 내용으로 한 高麗의 멸망, 李朝의 建國 전후를 가지고 보더라도 다소의 전쟁은 없는 바 아니나, 英雄과 英雄, 集團과 集團과의 勇猛 果敢한 본격적인 전쟁은 한번도 없었다…… 사실 자체가 이미 영웅적 요소가 희박한데다가, 그위에 鄭麟趾 등의 阿諛만을 能事로 하는 俗吏들의 손으로 꾸미어졌으니, 어찌 본격적인 서사시가 될 수 있으랴!」(3)

　　이와 같이 본격적인 서사시가 될 수 없다고 지적한 그는 〈용비어천가〉가 創業頌詠歌의 일종이라고 결론지었다. 그러나 본격적인 서사시가 못된다는 것은 결국 〈용비어천가〉는 서사시적 성격의 일면이 있다는 것을 시사한 것임에 틀림없다. 요컨대 지금까지 우리 학계에서 〈용비어천가〉를 서사시적인 면에서 고구한 것으로는 이 이명선의 說을 넘는 것이 없다. 이 정도로 〈용비어천가〉의 문학적 고찰은 한산했던 것이다.

그러면 〈용비어천가〉는, 본격적인 서사시는 못된다 하더라도 어떤 면이 서사시적이며 어떤 면이 비서사시적인가.

서사시란 민족영웅의 행위를 중심으로 하는 역사적 사건을 장중 웅대한 結構로 묘사한 시라는 것은 널리 알려진 상식이다. 호머가 지었다고 전해지는 〈일리아드〉나 〈오딧세이〉 같은 장편서사시는 역사적 사실을 배경으로 한 영웅들의 활동을 예술화한 작품이다. 이와 같이 고대의 서사시는 역사적 사실과 창조적 예술이 통일되어 이루어진 것이라고 말할 수 있는데, 이러한 영웅 서사시의 영웅들의 세계는, 유사성을 가지고 있다. 특히 영웅들의 활동은 거의 공식과 같은 공통성을 지닌다. 이는 비단 서사시에 나오는 영웅만이 아니라, 동서양의 민족적 영웅들의 탄생·성장·사업이 모두 그러하다. 그 몇 가지의 예를 들어보자.

(1) 탄생과 성장 : 영웅들은 대개 기적적으로 탄생하여 역경 속에서 성장한다. 그리고 탄생에 있어서는 그 혈통이 명료치 않으나 고귀한 혈통임엔 틀림없다. 周나라 後稷은 거인의 足跡으로 懷孕하여 낳았으니 혈통을 알 수 없고, 고구려의 동명왕도 天帝의 後胤인지 태양의 정기로 태어났는지 명료치 않고, 니벨룽겐의 지그프리트의 父系도 의심스럽고, 그리스의 페르세우스도 제우스의 후예라고 하나 이 역시 분명치 않다. 중세의 전설적이요 영웅적인 기사 퍼시발이나 백제의 武王 등도 과부의 소생으로 부계는 미상이다. 이와 같이 영웅들은 그 母系만이 정확할 뿐 부계는 하늘·태양·신 등의 고귀한 존재임엔 틀림없으나 그 계통은 불확실한 것이 하나의 특징으로 되어 있다.

(2) 사업과 결혼 : 영웅들의 사업은 모두가 격투와 전쟁으로 일관한다. 실력의 대결인데, 영웅들은 한결같이 미모에 용기와 정의감으로 장식되어 있다. 서구의 영웅들에겐 여자 중심의 격투가 많고 한국 고대의 영웅들에겐 국토 중심의 격투가 많다. 영웅서사시의 결말은 대개 행복된 결혼으로 막음하는 것이 보통이나 우리의 경우는 그렇지 않다. 서사시 〈東明王〉(4)의 영웅들의 경우에 있어서 朱蒙과 松讓의 결투는 국토쟁탈이 목적이요, 解慕漱와 河泊의 결투는 여자 중심이기는 하나 서구의 스타일과는 성격을 달리한다(5). 〈三國遺事〉에는 昔脫解와 首露王의 격투가 나오는데, 이것도 국토중심의 투쟁이요 격투의 방법도 해모수와 하백이 대결하는 경우와 흡사하다(6). 그러나 니벨룽겐의 지그프리트는 여자 브림힐트를 위해 싸우고, 페르세우스나 율리시즈 역시 여자 중심의 결투를 하며, 그

결말은 결혼으로 끝나는 것이 공식화되어 있다.

그렇다면 〈용비어천가〉의 경우는 어떠한가.

첫째, 영웅들의 탄생이 영웅적 기적적이 아니다. 오직 翼祖가 度祖를 낳을 때 누비중이 현몽하여 「善來」라 한 이적이 있을 뿐(7) 이 작품의 중심인물인 李成桂나 芳遠 등의 탄생에 관해선 전혀 언급이 없다.

둘째, 여인의 활동이 거의 없다. 이 작품의 중국측 자료에는 紂王과 妲己의 삽화 등이 있어서 이채를 띠고 있으나 우리측 자료에는 모처럼 등장하는 官妓의 삽화마저 그 줄거리가 완전히 제거되었다. 穆祖가 전주에서 관기와의 사건으로 知州와 사이가 나빴다고 하니(8) 이는 필연코 삼각관계의 흥미있는 이야기였을 것이나 이 작품에서는 그 이상의 언급이 없다. 그리고 방원의 처, 태조의 妃 등도 약간 등장하나 그 활동은 극히 한산하다. 李奎報가 지은 〈동명왕〉 서사시보다도 여자의 활약이 미미하다.

세째, 결혼이라는 사실이 전혀 보이지 않는다. 서구적 영웅에게 반드시 따라다니는 결혼은 우리 영웅들에게서는 의식적으로 제거되었다고 생각된다. 고작해야 〈동명왕〉에서 해모수와 유화의 이야기가 흥미있는 정도다.

그러나 〈용비어천가〉에도 서사시적 요소가 없는 것은 아니다. (1) 역사를 배경으로 하고 설화를 소재로 했다는 점, (2) 다수의 영웅이 등장하고 또 이 영웅들 중에서도 李太祖라는 중심인물의 활약이 부조되어 있다는 점, (3) 영웅에 수반하는 조건, 요컨대 준마·용맹·무기·무훈 등이 화려하게 장식되었다는 점, (4) 어디까지나 사건의 서술이지 주정적인 정서의 영탄이 아닌 점 등은 〈용비어천가〉의 서사시적 분위기를 살리는 조건들이다.

이와 반대로 〈용비어천가〉의 비서사시적 요스도 없지 않으니 이를 지적하면 아래와 같다.

(1) 운문으로 된 원문만으로는 이해가 불가능하고, 산문으로 된 한문해설을 활용해야 전체의 사건을 이해할 수 있다. 그뿐 아니라 거의 전체의 노래가 前句는 중국의 사적을 서술한 것으로 작품상 주된 역할을 하고, 後句의 조선 사적을 전구에 연관시켜 서술하여 작품상 종적인 역할을 하고 있다. 이 혼용은 사건의 혼잡을 가져오고, 따라서 통일된 서사시적 이미지를 유도시키지 못했다.

(2) 시종일관한 스토리 없이 산만하고 단편적인 사건의 연속이라는 점.

(3) 서사시의 특징인 영웅의 분노·항거·갈등·증오와 같은 장면이 극히 미약하여 서사시적인 긴박감이 상실되었다. 이와 같은 점은 문체상에도 나타나 평면적인 스타일로 떨어지고 말았다.

(4) 주인공인 이태조의 성격이 혁명적 영웅으로서는 시종 일관되지 못하고 오히려 부주인공격인 태종 李芳遠이 훨씬 혁명적 영웅으로 장식되었다는 점.

(5) 총체적으로 부자연스럽고 조작된 영웅화가 심한 점.

그러나 비록 서구적 양식의 서사시로 볼 때에는 비본질적일는지는 모르나 우리의 문학작품을 일률적으로 서구적 공식에 우겨박아서 다룰 필요는 없다고 생각한다. 위에서 지적한 바와 같이 비서사적 요소도 많으나 〈용비어천가〉는 서사시임에는 틀림없다. 구태여 서구적 양식에서 볼 때에는 기형이요 파격이지만, 이는 적어도 서사적 작품임에는 틀림없고, 동양적이요 조선적인 환경과 14세기말이라는 시간적 조건을 고려할 때에는 충분히 서사시로 규정할 수 있으리라고 생각한다. 14세기말의 역사적 사실을 고대사나 원시문학과 같이 무모하게 과장하여 영웅화한다는 것도 불가능하고, 또 당시의 종교적 사회적 정치적인 배경 아래서 이 정도의 서사시가 창작되었다는 것만으로도 극히 다행한 일이 아닐 수 없다.

〈용비어천가〉를 영웅서사시로 볼 때 이 작품에 등장하는 4代祖와 이성계 이방원 등을 영웅으로 간주하고, 그 영웅들의 활약을 작품을 통해 고구해 보려 한다. 이들 외에 〈용비어천가〉에는 중국의 史料가 많이 인용되어 중국 인물도 무수히 등장하나 이 글에서는 조선의 인물에 한해서만 언급하기로 한다.

우선 자료 제공의 의미에서 중요인물들의 활약을 〈용비어천가〉의 章別로 제시하면 아래와 같다.

穆祖 : 3장, 17〜18장
翼祖 : 4〜5장, 19〜25장
度祖 : 7장, 21〜25장
桓祖 : 8장, 26장
太祖 : 9〜89장
太宗 : 9장, 28장, 90〜109장

이상의 통계를 인물별로 본다면 이러하다.

太祖 : 9〜89장　　　　　　　計 81장
太宗 : 9장, 28장, 90〜109장 計 22장
翼祖 : 4〜5장, 19〜25장　　 計 9장
度祖 : 7장, 21〜25장　　　　計 6장

　穆祖 : 3장,　17～18장　　　計　3장
　桓祖 : 8장,　26장　　　　　計　2장

　이 통계에 의하면 말할 것도 없이 〈용비어천가〉의 주인공은 이성계요 副주인공은 이방원이다. 이제 작품에 나타난 주인공과 부주인공들의 활약상을 검토해 보기로 한다. 상세한 활동은 〈용비어천가〉의 본문과 그 註에 서술되었기에 여기서는 大旨와 그 章數만을 제시하여 참고에 편코자 한다.

　이성계의 인간

　영웅화의 여건으로는 長劍을 채우고 駿馬를 태우고 그 인간적인 美質과 영웅적인 업적이 이성계를 장식한다(숫자는 〈용비어천가〉의 章數).

　(1) 武勇·善射(弓) : 27장,　35장,　37장,　43～46장,　63～65장,　88장

　(2) 乘馬의 명수 : 31장,　44장,　47～48장,　70장,　86장

　(3) 百戰百勝의 용장 : 홍건적 격퇴 33～40장,　奇賽因帖木兒 항복 42장, 納哈出 항복 35～36장, 38장, 89장,　왜구격퇴 28～42장,　47～52장,　58～62장,　89장,　女眞族과의 전쟁 38～41장

　(4) 스포츠의 명수 : 擊毬 44장

　(5) 그의 정치적 수완이 도처에 나타나 있다. 그 장을 일일이 열거하기 번거로우나 그 특기할 정치적 사적은 中興主의 擁立, 田制의 개혁, 政敵의 소탕 등이다.

　(6) 인간적인 美質로서 겸양의 인간이다. 麗王에게 致仕를 간청한 대목과 이태조로서의 즉위를 굳이 사양한 것 등이다(9장, 13장, 64장, 69장). 그리고 부하를 사랑하는 上官(66장), 지극한 友愛(76장), 학자를 존경하는 선비(80～81장)로 부각된다.

　(7) 기적과 天助를 갖춘 영웅의 운명, 왕이 될 기상의 大耳의 왕자(29장), 夢金尺(9장), 圖讖「十八子正韓」(9장, 69장),「木子乘猪下復正三韓境」(86장), 德源에서의 고목 소생의 기적(84장)이 서술되어 있다.

　이방원의 인간

　(1) 英雄化의 장식·武器(弓)와 駿馬로 芳遠을 장식한 대목은 皆無하다. 오직 그의 위풍으로 영웅의 相을 시사한 것이 28장, 95장에 표현되어 있고, 부왕 태조의 相과 흡사하다는 것이 97장에 서술되어 있는데, 이는 어디까지나 태조를 더 미화시키려는 창작의도가 엿보인다. 그리고 그의 탄생은 천명에 의하였다는 술사의 말이 90장에 묘사되어 있고, 100장에는 降龍의 기적이 나타나서 王兆를 보이고 있다.

　(2) 의리의 인간 : 부왕이 서거했을 때 3년간 상복을 입었다는 효도삽

이 92 장에, 우의 있는 인간(吉再와 鄭夢周와의 관계에서)으로서 104～106 장에 나타나 있다.

(3) 중요한 정치적 활약 : 威化島 回軍時의 활약이 9 장, 鄭道傳亂 평정이 98 장, 芳幹亂 평정이 99 장에 각각 서술되어 있는데, 이 여러 사업에서 방원은 언제나 태조를 제쳐놓고 주도적 역할을 담당하고 있다.

이밖의 인물로 鄭夢周 崔瑩 李豆蘭 鄭道傳 芳幹 등의 엑스트라 役이 있기는 하나 이 모든 인물이 한결같이 주인공과 부주인공의 활약을 부조하는 역할에 지나지 않는다. 여인의 役으로서는 太祖妃와 太宗妃가 박력 있고 진취적이어서 영웅의 아내답다. 그러나 지나치게 간결한 것이 아쉽다.

이상의 서술로 보아 작자는 의도적으로 이성계의 영웅화에 주력한 반면, 방원에 대해서는 극히 소홀하였음을 알 수 있다. 그러나 혁명의 영웅으로서의 이성계의 성격은 시종 불통일과 모순을 초래하고 있다. 그렇게 진취적이며, 호전적이요 또 외적 격파의 영웅인 이성계가 요동정벌에 있어서는 지나치게 비굴했고 사대적이었다는 것이 그 한 예요, 자기의 정적 정몽주의 제거에 있어서도 시종 우유부단하여 용단을 내리지 못하고 있는 것을 오히려 방원이 처치했다. 정몽주 처치 후에도 이성계는 방원을 나무랐으나 부인의 진언으로 우물쭈물 적당히 수습해 버렸다. 그뿐이 아니다. 裵克廉 등이 國璽를 이성계의 私邸에까지 가지고 와서 전하려 할 때 당황하여 어쩔 줄 모르는 그의 태도에서는 추호도 영웅다운 기상을 찾아볼 수 없다. 패권장악의 야망은 있으나 그 주제념은 겸양·우의·의리감 같은 것이 생리적으로 작용하여 결국은 영웅다운 성격의 불통일을 가져왔던 것이다. 작가는 이성계를 혁명의 영웅으로 만들려고 했으나 동양적인 겸양, 조선조적인 도의정신이 작가의 의식세계에 개입하였기 때문에 이런 모순을 가져온 것이다.

이런 불통일은 이방원의 경우에도 도처에 나타난다. 활과 준마와 무훈으로 화려하게 장식된 이성계는 사실상 중요한 계기와 위기에 있어서는 허수아비에 지나지 않았으나, 활과 준마도 없이 오직 아버지 태조의 相을 닮았다는 것만으로 장식된 방원은 실제에 있어서는 아버지보다 나은 위대한 영웅이 되었던 것이다. 정적인 정몽주 정도전 방간 등의 격퇴라든가, 이성계의 즉위라는 결정적인 혁명도 사실상 방원의 손에 의하여 이루어졌기 때문이다.

王氏 고려의 臣子가 조국에 반기를 들고 李氏王朝를 세운 그 혁명의 창

업을 합리화하고 신성화하며, 이것이 또 반역이 아니라 順天命한 것임을 강조하려니 여기에는 처음부터 여러 가지 무리한 점이 곁들이게 마련인 것이다.

처음엔 이성계를 麗朝의 충신으로 만들어놓고 마침내는 그를 새나라의 창업주로 내세우려는 이율배반의 苦心이 있어야 했다. 그러자니 자연히 이성계는 결정적인 중요시기에는 몸을 사리게 되고 그 代役으로 방원이 나설 수밖에 없었던 것이다. 이에 방원은 모략가요 야심가가 되어야 하고 이성계는 좋게 말하면 점잖고 선량하고 의리 있는 인간이 되나 나쁘게 말하면 비겁하고 우유부단한 정치인이 되고 마는 것이다.

이 작품의 또 다른 모순은 무조건의 사대주의적 詩筆에 기인한다. 前句가 중국의 고사요 後句가 조선조창업의 사실인데, 중국측은 夏·殷·周·隋·唐 등 고대사회의 奇事異跡을 들어놓고 여기에 附會하기 위해 14세기의 조선조적 전설과 고사를 조작해 내려 하니 무리가 있고 또 고민이 없지 않을 수 없어 결국 엉뚱한 신화를 만들어내고 말았다. 穆祖를 비롯한 4대조의 신화는 거의 신빙성이 없는 공상적 이야기이면서도(9) 사실 장엄하다거나 흥미있는 줄거리도 없는 극히 빈약한 잔말〔瑣言〕들에 지나지 않는다. 이 조선조 국조신화에 비하면 고려 王氏國祖의 虎景大將 등의 신화가 훨씬 스케일이 크고 또 상상력도 풍부하다.

그것은 이 작품 제작에 참여한 사람들이 모두 유학자이기 때문에 肇國의 신화를 만들어낼 만한 상상력이나 필치도 없이, 있는 지식이란 중국의 고사밖에 없었고 여기에 별로 뿌리도 전통도 없는 李氏家門을 중심무대로 하려니 그 구성이나 시적인 내용이 기형이요 파행이 되지 않을 수 없었다. 이 점이 이 작품을 위대한 영웅서사시로 승화시키지 못한 큰 이유이기도 하다.

맺음에 즈음하여 한두 가지 제언을 하려 한다. 첫째 〈용비어천가〉의 본격적인 연구는 고려말 조선초의 역사, 특히 여진족과의 관계에 대한 고구가 앞서야 한다는 것이요, 둘째는 이미 일본의 池內宏이 穆·翼·度·桓의 4祖 중에서 穆·翼祖는 공상적으로 조작된 인물로 보았고, 또 그밖의 4祖傳說에 대해서도 여러 가지 견해를 발표한 바 있는데, 이에 관해서도 더 깊이 연구하여 이에 대한 과학적인 분석이 필요하다고 생각된다. 이리하여 〈용비어천가〉의 역사적 설화적 문학적인 종합적 연구가 하루속히 실현되어야 하겠다. 이는 조선조 500년 역사의 근원이 되고 또 15세기에 나타난 국문학의 귀중한 자료도 되기 때문이다.　　　　張　德　順

論　著

1. 趙潤濟　韓國文學史(東國文化社，1953)
2. 金思燁　李朝時代의　歌謠硏究(大洋出版社，1956)
3. 李明善　朝鮮文學史
4. 李奎報　東明王(帝王韻記)
5. 張德順　國文學通論(新丘文化社，1960)
6. 一　然　駕洛國記(三國遺事　卷三　紀異二)
7. 龍飛御天歌　21章
8. 龍飛御天歌　3章
9. 池內宏　李朝の四祖の傳說とその構成(東洋學報　五〜六)

7. 月印千江之曲의 불교서사시적 국면

　〈月印千江之曲〉은 저 馬鳴의 〈佛所行讚〉(佛所行讚經, *Buddhacarita*)과 대
등한 작품이라고 보아진다. 마명은 불타 후 600년경, 인도 대승불교의 論
師요 불교시인으로서 많은 저작을 남겼는데, 그중에서 〈불소행찬〉이 가
장 유명한 것이다. 이 〈불소행찬〉은 불타의 생애를 읊은 장편서사시로서
大宮廷叙事詩라 불리며, 불교문학사상 인도 순문학의 걸작들에 비견되는
대걸작이라고 찬양되고 있는 터이다. 그 방면 전문가들이 입을 모아 말하
듯이, 〈불소행찬〉은 인도사상, 불교문화 및 문학 위에 우뚝 솟은 천재적인
학승 마명의 심령이 무르녹은 가운데, 숭고한 불타의 인격·언행과 심원한
사상·철학을 인도문학의 빼어난 수사로써 아려하고도 생생하게 표출해
낸 일대웅편이라 하겠다(1). 그러므로, 이 〈불소행찬〉은 인도의 문화 위에
피어난 한 떨기 연화요, 인도문학사상 하나의 주옥편이라고 평가되는 것
도 무리가 아니다. 이처럼 위대한 佛經文學作品이 형성되는 데는 인도의
불교사상과 문학적 전통 등이 작용하였음은 물론, 시대적 요망과 국가적
뒷받침이 있었면 것도 사실이며, 당대 학승들의 정점에 섰던 마명 같은
천재의 심혼을 다한 헌신이 필요했던 것이다.

　이제 〈월인천강지곡〉으로 말하면, 이것은 불타의 생애를 읊은 장편서사
시로서 대궁중서사시라 불릴 수도 있으며, 국문학 및 불교문학사상 종전
의 작품들을 딛고 넘어선 순문학적인 걸작이라고 찬양할 만한 것이다. 그
러기에, 이 〈월인천강지곡〉은 한국의 불교사상과 불교문화가 낳은 천재적
인 제작자가 심혼을 기울여서, 고결한 불타의 인격과 언행 및 장엄한 사
상과 철학을 국문학의 독창적 수법으로 수려하고도 생기있게 표현한 거작
이라고 하겠다. 따라서, 이 〈월인천강지곡〉은 한국의 문화 위에 피어난
한 송이 연꽃이요, 국문학사상에 자리잡은 하나의 백미편이라고 해도 과
찬은 아닐 것이다.

　이와 같이, 〈월인천강지곡〉은 저 〈불소행찬〉과 대비시켜 볼 때, 바로

한국의 〈불소행찬〉이라고 불러도 무방할 터이다. 이러한 전제 아래 〈월인천강지곡〉의 불교서사시적 국면을 검토하려 할 때, 대조적인 현상에 새삼스러이 놀라게 된다. 〈불소행찬〉의 경우, 인도와 일본학자들에 의하여 그 불교서사시적 양상이 거의 완벽하게 분석 고찰되었는 데에 비하여, 〈월인천강지곡〉의 경우는 우리 학계에서 본격적으로 검토 논의한 바가 거의 없기 때문이다.

이 〈월인천강지곡〉에 대하여 일부 국어학자들이 그 撰成 경위와 어학적 현상에 대하여 주로 논급했으며(2·3), 소수의 국문학자들은 이 작품이 〈龍飛御天歌〉와 함께 가치 있는 악장체 서사시임을 막연하게 되풀이할 뿐(4), 그 서사시적 실상에 대해서는 구체적으로 분석 고구하지 않았다. 더구나 그 작품이 국문시가로서 가치가 높다는 것을 강조하기 위하여, 그 작품의 불교적 성격을 제대로 거론하지 않거나 묵살해 버리는 경우도 있었다. 그리하여 〈월인천강지곡〉의 불교서사시적 성격이 불투명해진 채로 이 작품의 진면목을 올바르게 구명하지 못하고 있는 것이 지금의 실정이다.

이제 우리는 〈월인천강지곡〉의 불교서사시적 국면을 사실대로 파악하기 위하여 그 불경적 성격을 점검하고, 그것의 찬성 경위를 제대로 고찰함으로써 그 작품의 서사시적 실상을 올바로 분석해 보고자 한다.

지금껏 우리는 문학적 입장에서 〈월인천강지곡〉을 다만 하나의 장편서사시라고 해왔지만, 불교적 관점에서는 그것이 바로 어엿한 불경임을 부인할 수가 없다. 불경의 개념을 원론적으로 되뇌기에 앞서, 석가세존의 장엄한 생애가 전 3권 600곡에 가까운 거편 단행본으로 찬성되어 있어 그것은 분명 불경일 수밖에 없기 때문이다. 우리의 〈三國遺事〉가 〈新修大藏經〉 史傳部에 들어 있음을 알고 있거니와, 더구나 저 馬鳴의 〈불소행찬〉이 어엿한 불경으로서 〈大藏經〉 本緣部에 끼이게 된 것을 감안한다면, 이 〈월인천강지곡〉이 신불자들의 존숭하는 표현으로나 척불자들의 배격하는 명명으로나 불경이라 불리는 것이 가장 무난했으리라고 보아진다.

이러한 불경이 일대 궁정서사시의 형태로 찬성될 때, 그 성향과 경위는 과연 어떠했을까. 지금까지 알려진 바로는 그것을 알려주는 기록이 〈月印釋譜〉의 서문밖에 없다. 주지하는 바와 같이, 昭憲王后가 돌아감에 그 追善佛事로서 首陽大君 등이 〈釋譜詳節〉을 撰譯하여 올리니, 세종이 보고 찬송, 즉 〈월인천강지곡〉을 문득 지었다는 것이다. 지금에 와서, 그런 정도의 기록을 액면 그대로 믿을 수는 없지만, 이것이 〈월인천강지곡〉

과 〈석보상절〉의 긴밀한 관계를 입증하고 있는 것만은 사실이다.

〈월인천강지곡〉이 〈釋迦譜〉(釋譜詳節)를 기초로 하여 성립되었다는 것은 확실하다. 그러나 과연 현전하는 〈석보상절〉이 완성된 이후에 그것에 의존하여 〈월인천강지곡〉이 제작되었는가. 이에 대하여 단언할 수 없는 마당에 양자의 선후 주종관계를 속단해서는 안되겠다. 그런데 〈월인석보〉에 이르러 양자의 관계가 실증적으로 부각되고 있다. 〈월인석보〉에서 보이는 바와 같이 〈월인천강지곡〉이 우선해서 주체적으로 나오고, 바로 이어서 거기에 부합되는 내용의 〈석보상절〉이 부차적으로 나와서 그 해설을 맡고 있는 식이다(5). 이렇게 볼 때에, 〈월인천강지곡〉은 결국 그 선행적 기초 자료로서의 〈석가보〉와 그 후행적 해설자료로서의 〈석보상절〉을 이중적으로 거느리고 있는 셈이라 하겠다. 말하자면, 석가세존의 전생애를 집대성하는 詩歌體 불경의 新撰에 있어 은밀한 계획이 필수되었을 것은 물론, 이에 의거하여 기초자료로서의 〈석가보〉가 소략하나마 방대한 분량으로 편성되었을 것이고, 이 〈석가보〉를 기반으로 하여 드디어 〈월인천강지곡〉이 찬성되었으며, 이를 보다 상세하고 풍부하게 해설하기 위하여 선행 〈석가보〉를 증수 국역하는 데에서 〈석보상절〉이 완성된 것이라 보고 싶은 것이다.

여기서 우리는 그 제작과정이 〈용비어천가〉의 그것과 동궤의 것임을 알게 될 것이다. 이처럼 〈월인천강지곡〉과 〈용비어천가〉가 제작과정이나 작품양식 등에서 동류이면서도 작품정신이나 제작동기 등에서는 미묘한 대립을 보이고 있음을 간과할 수가 없다. 〈용비어천가〉가 국가·조정의 정책사업으로 숭유배불의 예각을 드러내고 있는 데 반하여, 〈월인천강지곡〉이 왕실·내궁의 신앙사업으로 숭불찬양의 극단을 나타내고 있기 때문이다. 그런데, 이보다 더 문제되는 것은 양자간의 규모와 형태의 우열관계라고 하겠다. 〈용비어천가〉가 原歌 125장에다 해설사화까지 망라해도 전 10권에 불과한 데에 대하여, 〈월인천강지곡〉은 本歌 580여 곡 전 3권에다 〈석보상절〉 전 24권을 조합하여 모두 27권의 규모를 지니고 있는 터이다. 더구나 〈용비어천가〉는 원가와 해설사화가 서로 분리되어서는 양자 공히 독립적 행세를 하기 어려운 單章形態를 지니고 있는 데에 반하여, 〈월인천강지곡〉은 본가와 〈석보상절〉이 완전히 분리되어도 독자적 기능을 발휘할 수 있는 서사형태를 갖추고 있다.

이처럼 〈월인천강지곡〉이 〈용비어천가〉와 거의 동시에, 그것에 대립되는 처지에서, 그보다 우세한 규모와 형태를 확보하게 되었다는 점은 무엇인가 심상치 않은 내막을 암시하는 것이며, 이것이 바로 조정 유신들의 공격을 받게 되는 직접적인 동기가 되었을 것은 물론이다. 어쨌든, 〈용비어천가〉가 국가의 정책사업으로 추진되는 마당에, 유능한 유신·학자 들이 총동원되고 재정적 뒷받침이 대단했으리라는 것을 감안할 때에, 〈월인천강지곡〉이 왕실의 신앙사업으로 진행되는 과정에서 유능한 학승·신불학자 들이 대거 동원되었을 것은 물론, 물심양면으로 왕과 왕족들의 뒷바라지가 지대했을 것임을 짐작할 수 있다.

이렇게 당대를 떠들썩하게 만들었던 대규모의 佛事가 소헌왕후의 서거 직후 그 追善을 위하여 진행되었던 것이다. 이처럼 국시에 위배되고, 〈용비어천가〉를 덮어누르는 대규모의 새로운 불경이 왕후 추선의 명분을 내세워 조성되기 시작했을 때에, 조정의 유신들이 크게 들고 일어났을 것은 뻔한 일이다. 여기서, 우리는 학계에 보편화되어 있는 그대로 〈월인천강지곡〉의 찬성이 「비공개적 비밀리에 왕실사업으로 世宗 개인이 손수 한 일이기 때문에 문헌적 기록도 영세함을 면치 못한 것이고 그 찬성 경위조차 미궁으로 들어가게 된 것」(6)이라고 속단해 버릴 수가 없다. 그렇다면, 소헌왕후의 추선사업으로 撰經佛事 즉 불경조성이 진행된 착잡한 내막을 주목해야만 할 것이다.

〈世宗實錄〉에 따르면, 소헌왕후의 서거 3일째인 세종 28년 3월 26일에 세종이 「今中宮卽世 兒子輩爲成佛經 予許之」라고 하여, 왕후가 돌아감에 대군 등이 그 추선을 위해서 불경을 조성코자 하므로 이를 허락하였다는 최초의 선언을 하였다. 이에 대하여, 左承旨 黃守身, 左副承旨 朴以昌, 同副承旨 李純之 등이 들고 일어나 「成佛經於中宮 無絲毫補 請罷之」라고 하여, 불경의 조성이 왕후의 추선에 일호의 도움도 없으니 이를 파해 달라고 강력히 반대했고, 이어 집현전 司諫 卞孝敬, 執義 鄭昌孫, 校理 河緯地 등이 함께 가세하여 「何必更造佛經」「今又成經弊不可勝言」이라 하여 불경을 다시 조성함이 불가함을 역설하면서 成經의 폐단이 말로 다할 수 없다고 極諫하기에 이르렀던 것이다. 이러한 간언에 대하여 세종은 「爾等 以造佛經爲非 爲親不作佛事者誰」라고 하여, 불경의 조성을 그르다 하지만 어버이를 위해서라면 불사를 하지 않을 사람이 누구이겠느냐고 반대하는 신하들의 효심에 호소하기도 하였고, 「今兒輩爲其母 欲成佛經 予知非是 不得已可」라고 하여, 대군 등이 그 모후를 위하여 불경을 조성코자 함이 옳지 않다는 것을 알지만, 부득이 하여 허가했노라고 그 사정을 토로하기도 하였다. 그런데도 유신들의 항소는 더욱 가열 조직화되어, 같은 해 **3월**

28일에는 집현전에서 啓를 올리되 왕비를 위한 불경의 조성이 哀迫之情에서 출발한 것임을 전제하면서, 「然今日成經則明日必設轉經法席」「若成佛經則流傳萬世」라고 하여, 지금 불경이 조성되면 그 다음에 반드시 그 경을 펴는 法席을 마련하게 될 것이며, 만약 그 불경이 찬성되면 그것이 만세에 유전될 것이라고 예언적 경고를 준엄하게 올렸던 터이다. 그러나 그 불경 조성작업은 만난을 무릅쓰고 강행되었다. 그러면 이 문제의 불경은 과연 어떤 것인가, 그 정체를 알아보자.

일찌기 崔正如는 「이 불경이 무엇인지는 전혀 알 길이 없다」(7)고 했지만, 朴炳采는 이 불경을 가리켜 「한문의 〈釋譜詳節〉 撰述」(6)이라고 추정하였다. 여기서 이 한문의 〈석보상절〉 즉 〈석가보〉를 불경으로 지칭했을 가능성을 배제할 수는 없다. 그것은 어느 모로나 불경의 범주 속에 들어가기 때문이다. 그런데 상술한 바대로, 우리는 〈월인천강지곡〉이 불경으로서 행세할 수 있는 근거를 검토하였고, 그것이 〈석가보〉를 기초자료로 해서 제작되었으리라는 가설도 세워보았다. 그렇다면 이 〈월인천강지곡〉과 〈석가보〉 중에서 어느 것이 그 불경의 핵심과 본체를 이루었겠느냐의 문제가 생긴다.

우선 소헌왕후의 서거 직후에 그 追善佛事로 불경을 조성한 것이라면, 〈월인천강지곡〉과 〈석가보〉가 다 함께 이에 해당된다고 볼 수는 있겠다. 그러나 이 경우의 〈석가보〉는 〈월인천강지곡〉을 제작하기 위한 기초자료로서 편성된 것이므로, 그 핵심과 본체의 위치로부터 벗어남은 물론, 그 당시로서 〈석가보〉라는 명칭으로 불렸던 것을 확인할 수 있다. 그러니까 그 〈석가보〉가 위에 든 불경과는 달리 취급되었던 사정을 짐작할 수 있는 것이다. 세종 28년 10월 5일조에 우의정 河演이 세종에게 올리는 상주문 가운데 「然今佛經已成 何不披覽」이 있는 것으로 보아 이 불경이 늦어도 세종 28년 10월초에는 이미 완성되어 있었음을 알 수 있다. 그런데 같은 해 12월 2일조에 세종이 司直 金守溫에게 명해 「增修釋迦譜」라 했으니, 여기 〈석가보〉는 세종 28년 12월초까지 就譯 완성되지 않았음이 분명하고, 따라서 그것이 불경으로 명명 취급되지 않았음이 확실하다 하겠다. 그렇다면 〈월인천강지곡〉만이 이 불경의 핵심과 본체가 되어 있음을 추정할 수가 있겠다.

더구나 〈월인천강지곡〉은 기존의 여러 經을 발췌 편성한 〈석가보〉와는 달리, 새로운 형태의 제작품으로, 〈석가보〉를 기반으로 하였으되 그 핵심을 잡아 집약 표출함으로써 독특한 시가형태로 구상화되었다. 따라서 〈월인천강지곡〉은 창제된 시가이며, 저 마명의 〈불소행찬〉과 같이 새로이 조성된 불경으로 취급될 수 있겠다. 여기서 우리는 이 작품이 위에서 말한 불경을 대신하는 것이라고 볼 수밖에 없겠다.

그러기에 〈석가보〉는 세종 28년 12월 이후 증수 국역되기까지도 기존의 불경들 이상으로 주목을 받았으리라고 보아지지 않는다. 그러나 〈월인천강지곡〉은 상술한 대로 국시에 위배되고 〈용비어천가〉에 대립, 그를 완전 제압하고 있다는 점에서 조정 유신들의 맹렬한 공격을 받게 된 것은 당연한 일이었다고 생각된다. 여기서 우리는 〈월인천강지곡〉이 위의 불경 그 자체였다고 규정할 수밖에 없다고 하겠다. 다만 이 〈월인천강지곡〉의 명칭이 구체적으로 드러나지 않은 것은, 그 명칭이 밖으로 알려지지 않았거나, 또는 알려졌다 하더라도 史官이나 實錄 관계 유신들이 〈월인천강지곡〉이라는 숭불 존칭을 그대로 사용할 수 없었으므로, 누구에게나 무난한 보통명사로써 불경이라 표현했던 것이 아닌가 생각된다. 그러던 것이 책자로 독립 간행되면서 그 고유명칭을 표제로 내세우게 되었고, 그것이 널리 유통되면서 보편화의 과정을 겪었던 것이 아닌가 보아진다. 그러다가 숭불이 현실화된 세조 연간에 이르러서는 그 명칭이 공공연히 불려지고, 〈월인석보〉를 편찬하는 과정에서 〈석보상절〉은 세조의 찬술로 돌아갔다. 따라서 〈월인천강지곡〉이 世宗御製로 승화된 것이라 하겠다. 불가의 입장에서 佛經撰成의 광영을 최고책임자인 崇佛聖君에게 돌리는 것이 마땅한 도리였고, 더구나 그렇게 하는 것이 배불의 시대상황 속에서 〈월인천강지곡〉을 영구 유전시킬 수 있는 보호책이 될 수 있었기 때문이다.

이상과 같이, 〈월인천강지곡〉의 불경적 성격이 구명됨으로써 〈월인천강지곡〉이 곧 〈세종실록〉에서 지칭하는 「불경」이라는 것을 전제한다면, 그 찬성 경위가 비교적 확실하게 밝혀지리라고 보아진다. 먼저, 그 찬성 관련자의 윤곽이 제대로 드러날 것이다. 그 동안 불교계·학계의 통설로 되어온 世宗親製說이 여러 모로 검토되어 왔거니와(6), 세종은 실로 그 조성에 직접 손을 댈 수 없는 처지였던 것이 분명하다. 세종을 둘러싼 제반 여건이 그랬을 뿐만 아니라, 세종이 그 28년 5월 18일조에서 「初集賢殿皆以爲予成此經 是不知實 非予所爲也」라고 하여, 그 불경의 조성이 결코 당신의 소위가 아님을 천명하였기 때문이다. 그러므로 세종은 그 찬성을 지시 허가하고 원조한 최고책임자로서 제작자라는 명예를 차지하게 된 것이라고 보아야 하겠다.

그렇다고 박병채의 주장대로 김수온을 그 제작자로 내세울 수도 없다(6). 그가 신불학자로서 文才를 지니고 왕실의 신임을 받아 여러 文獻佛事에 참여하여 온 것은 주지된 사실이지만, 불경으로서의 〈월인천강지곡〉에 홀로 창작의 손을 대기란 참으로 미흡한 처지였던 것이다. 그 찬성사업이 착수 진행되던 당시, 그는 36세의 校書正字(正九品)로서 그 成經事業의 방대한 기초작업에 탁월한 능력을 발휘하는 것이 오히려 알맞을 입장이었던 셈이다. 실제로 그는 〈월인천강지곡〉의 기초자료로서 〈석가보〉를 편성하는 데에 전념했을 것이며, 그러기에 세종이 그에게 그 〈석가보〉의 증수를 명할 수밖에 없었던 것이라 생각된다. 그러므로 그는 〈석가보〉를 편성 증수하여 〈석보상절〉로 국역 완성하는 사업을 전담하였으되, 그 일 한 가지만으로도 상당수의 보조자를 요했을 것이라고 보아진다. 따라서 그는 그의 처지로나 분담의 성질 및 능력으로 미루어 〈월인천강지곡〉의 창작에 손을 댈 여지가 거의 없었을 것이라고 믿어진다. 그러기에 박병채가 지적한 대로 김수온이 직접 관여한 〈석보상절〉의 표기법과 〈월인천강지곡〉의 그것이 현저한 차이를 보이고 있는 점(2)은 당연한 결과라고 할 것이다.

여기서 우리는 세종이 그 28년 3월 26일 불경의 조성을 선언할 때에, 이미 그 담당부서까지 선정 발령했으니, 「令大君監之」라 하여, 수양·안평대군들로 그 일을 감독케 하였으며, 「爲則當擇幹事者 使掌其任」이라 하여 「好佛有才」한 鄭孝康을 간사로 뽑아 그 임무를 관장토록 하였던 것을 주목하게 된다. 이로써 그 찬경사업이 수양대군 등의 감독 아래 정효강의 실무관장으로 하여 추진되었음을 확인할 수 있다. 그러나 수양대군이나 정효강이 그 찬경사업에 창작의 손을 댔다고 속단할 수는 없다. 그들은 실로 그들에게 부여된 임무를 수행하는 것만으로 어명을 지킬 수밖에 없었을 것이기 때문이다. 더구나 그들은 학불·수도에 있어서 남달리 뛰어났으므로 學僧·碩德 들만이 불경찬술에 직접 손을 댈 수 있다는 불가의 전통적 법도를 체득하고 있었을 것이 분명하다. 따라서 그들이 어명을 어기고 불가의 법도를 벗어나면서까지 그 「불경」의 찬술에 직접 손을 댈 수는 없었으리라고 보아진다.

이제 우리는 역대 불경의 결집·찬술이 崇佛王者들의 외호·감독과 學佛人士들의 후원·보조를 받아 僧職者들에 의해 이룩되었다는 전제 아래 저 〈불소행찬〉이 마명대사에 의해 찬술되었음을 상기할 필요가 있겠다. 여기서 숭유배불의 만난을 무릅쓰고 불교중흥을 위해 심혈을 기울였던 학승·석덕 들을 주목하지 않을 수 없다. 주지하는 바와 같이 세종과 소헌왕후, 수양·안평대군 등을 중심으로 왕실의 酷信崇仰을 받던 卍雨 行乎와 信眉 首眉 學祖 學悅 등이 중흥불사의 심장부인 왕실을 교화 조종하여 민중포교의 최선방편을 구사하기에 이르렀던 것이다. 그들은 숭유정책에 내면적 실질적으로 대응하여 불교문헌을 통한 민중 포교에 착수하지 않을 수 없었다. 실제로 그들은 쉽고도 재미있는 불경을 새로이 조성하려는 계획을 은밀하게 세웠고, 민중의 문자로서 훈민정음을 창제하도록 은밀히 그러나 적극적으로 청원 권려하였으리라 추정된다.

그러면서 새로운 불경을 찬성 간행할 만한 명분과 시기를 기다리고 있던 차에 숭불보살 소헌왕후가 서거하자, 왕후의 追善을 내세운 成經佛事가 곧장 본격적으로 진행되었던 것이다. 여기서 당대의 학승·석덕 들이 불교중흥을 서원하고 저 馬鳴을 자처하면서 찬경작업에 직접 손을 댔으리라는 것은 추단하기에 어렵지 않겠다. 불교계의 시대적 요청, 왕실의 崇信과 기대, 불경조성의 전통적 법도, 그들의 처지와 능력 등 어느 모로 보나 그들이 그 「불경」 즉 〈월인천강지곡〉을 직접 제작했으리라 믿어지기 때문이다. 다만, 그 당시의 배불정책과 압제에 의하여 그들의 명호와 작업의 내막이 숨겨져오다가 세조 연간에 오히려 숭불시책이 현실화되면서 〈월인석보〉 서문의 諺註에다 넌지시 밝혀놓은 것이라고 보아진다(8·9). 승려들 가운데 누가 그 찬성을 전담했었겠느냐 하는 문제는 더 이상 캐들어 가기를 유보할 수밖에 없다. 세조의 王師格으로 왕실의 존숭을 한몸에 모으고, 당대 학승들 중 首望에 올라 있던 信眉 慧覺尊者가 「雄文巨筆」의 능력으로 문헌불사에 지대한 업적을 남겼으므로, 〈월인천강지곡〉의 찬성에서 주역을 담당했으리라고 추정될 따름이다. 이제 우리는 그 새로운 불경이 성직자들에 의해서 조성되었다는 당연한 사리와 귀결을 확인하는 것으로써 만족해야만 되겠다.

그렇다면 이 불경은 언제 어떻게 조성되었는가. 앞에서 언급한 바와 같이, 세종 28년 3월 24일 소헌왕후의 서거를 계기로 같은 달 26일에 세종은 불경의 조성을 선언하고 감독·간사의 임무까지 구체적으로 하명했던 것이다. 그 傳旨에 놀란 유신들의 극렬한 항소에도 불구하고 이미 계획된 찬경불사는 거침없이 진행되었다. 이때의 작업이라면 그 불경의 기초자료로서 〈석가보〉를 서둘러 발췌 편성하는 일이었을 것이다. 그 작업이 실로 방대한데다가 시급을 요하는 일이었으므로, 김수온과 같이 젊고 능력 있는 숭불학자나 승려들이 동원되었을 것은 물론이다. 〈석가보〉의 편성은 아무래도 같은 해 5월초까지 일단 마무리를 지었던 것이라 추정된다. 이 〈석가보〉를 기초로 하여 찬성되었을 그 불경이 같은 해 5월 하순에는 얼마쯤 조성되었기 때문이다.

세종 28년 5월 28일조 전지에서 세종은 「是經已成數件」이라 하여 이 불경 〈월인천강지곡〉이 일부나마 조성되었음을 증언하고 있다. 게다가 상술한 바, 같은 해 10월 5일에 우의정 河演이 「然今佛經已成 何不披覽」이라고 하여, 그 불경의 완성을 상주하였으니, 그 불경, 곧 〈월인천강지곡〉이 적어도 세종 28년 5월 하순부터 10월 초순 사이에는 조성 완료되었음을 확인할 수가 있겠다.

한편, 우의정 하연의 상주는 계속되어 「但連年失農 調度不給 未可大張佛事」라 함으로써, 거듭된 失農으로 사정이 어려워졌으니 완성된 불경을 크게 베푸는 불사는 불가능하다는 데에 역점을 두고 있었다. 이로써 본다면, 세종 28년 10월초까지는 아직 그 불경을 출간하지 않았음이 추정되거니와, 그러나 그것은 그 무렵에 그 출간의 「大張佛事」가 착수되고 있었음을 裏證하는 바라고 하겠다. 그런데 그 불경이 적어도 세종 28년 12월 2일 이전에는 출간되었으리라고 추측할 수가 있겠다. 상술한바, 세종이 김수온에게 〈석가보〉의 증수를 명한 것이 12월 2일이었으니, 그것은 〈석가보〉가 그 불경의 기초자료로서의 임무를 마친 것을 알려주고, 또한 그 불경이 완성 출간된 다음에 계속되는 불사임을 암시하는 터라고 보아지기 때문이다.

실제로, 「命副司直金守溫增修釋迦譜」라고 한 것은 중요한 사항을 복합적으로 증언하고 있다. 김수온과 〈석가보〉 및 〈석보상절〉의 관계, 그리고 〈석가보〉와 그 불경, 〈월인천강지곡〉과의 상관성을 알려주고 있는 것은 물론이거니와, 〈석가보〉와 〈석보상절〉의 연계성을 실증해 주고 있는 바가 더욱 주목된다. 이렇게 볼 때, 이미 편성된 〈석가보〉를 세종 28년 12월부터 증수하기 시작하여 세종 29년 7월에는 국역 완료함으로써 출간을 보게까지 되었던 것이라 하겠다. 그러기에 〈석보상절〉의 原刊本 속에 먼저 印行된 〈월인천강지곡〉의 낙장이 삽입되어 있음은 너무도 당연한 현상이라 하겠다.

요컨대 〈월인천강지곡〉은 불경으로서 새로이 조성되었는데, 세종 28년 3월에 그 기초자료로서 〈석가보〉를 편성 착수하고, 같은 해 5월 초순에는 〈석가보〉를 편성 완료한 듯하며, 같은 달 하순에는 〈석가보〉에 의거하여 〈월인천강지곡〉이 불경으로서 수건이나 조성되었고, 같은 해 10월초 이전에 〈월인천강지곡〉으로 완성된 듯하고, 같은 해 12월초 이전에는 〈월인천강지곡〉으로서 출간된 것 같고, 같은 해 12월초에 〈석가보〉를 증수 국역하기 시작했고, 세종 29년 7월에 〈석보상절〉로 국역 출간됨으로써 〈월인천강지곡〉의 해설역을 맡게 되었다.

이렇게 본다면, 〈용비어천가〉가 세종 27년 4월에 漢詩로 製進됨으로써 〈월인천강지곡〉의 찬성 착수에 큰 자극을 주긴 했으나, 〈용비어천가〉가 세종 28년에 증수되어 29년 2월에 국역 완료되고, 같은 해 10월에 간행된 것을 보면(6), 그것이 오히려 〈월인천강지곡〉의 강력한 대립·영향을 받았던 것이 아닌가 보아진다. 이로써 〈월인천강지곡〉은 최초의 국문문장, 국문시가로서 그 위치를 제대로 차지하게 되었다.

상술한 바와 같이, 〈석가보〉 〈월인천강지곡〉 〈석보상절〉의 관련성이 밝혀짐으로써, 〈월인천강지곡〉의 서사시적 성격이 자연스럽게 실증된 셈이다. 국학계가 입을 모아 〈월인천강지곡〉을 「훌륭한 서사시」라고 찬양하고 있는 터에, 여기서 그 서사시적 성격을 새삼스럽게 논증할 필요를 느끼지 않는다. 다만, 〈석가보〉 〈석보상절〉이 석가세존을 주인공으로 하는 일대 장편소설임을 내세움으로써, 그것의 전체구조와 체제를 그대로 집약하여 방대한 시가로 창조된 〈월인천강지곡〉이 위대한 서사시로 승화되어 있음을 강조하고자 할 따름이다. 그것은 소설의 구조를 지닌 장편서사시로서 〈용비어천가〉의 單章的 서사형태와는 궤를 달리하고 있음이 분명하다. 여기서 〈월인천강지곡〉은 주제·내용과 구조·형태, 그리고 표현·수사 등의 제반요건이 〈불소행찬〉의 그것과 같은 차원에 이르고 있음을 밝혀두고자 한다(1). 이와 같이 〈월인천강지곡〉은 불경으로서의 숭엄성과 서사시로서의 문학성이 조화를 이루어 장편불교서사시로 승화되었으며, 따라서 그것은 한국의 〈불소행찬〉으로서 한국문화사 및 문학사상에 찬연한 위치를 점하고 있는 터라 하겠다.　　　　　　　　　　　　　　史　在　東

論　著

1. 平等通昭　梵文佛所行讚の硏究(印度學硏究所, 1969)
2. 朴炳采　月印千江之曲上의　表記와　文法意識(論註　月印千江之曲, 正音社, 1974)
3. 南廣祐　月印千江之曲에　나타난　稀貴語에　대하여(한글 125, 1963)
4. 金東燁　月印千江之曲(李朝時代의　歌謠硏究, 大洋出版社, 1956)

5. 史在東　月印釋譜의 形態的 研究(語文研究 6, 語文研究會, 1970)

6. 朴炳采　月印千江之曲의 編纂經緯(論註 月印千江之曲, 正音社, 1974)

7. 崔正如　世宗朝 亡妃 追善의 周邊과 釋譜 및 讚佛歌 制作(啓明論叢 5, 啓明
大)

8. 南廣祐　月印千江之曲解題(國語學 創刊號, 國語學會, 1962)

9. 李東林　月印釋譜와 關係諸佛經의 考察(註解釋譜詳節, 東國大 출판부, 1959)

10. 金允經　月印千江之曲에 나타난 世宗의 主體性(李秉岐博士頌壽記念論文集,
1966)

11. 金鍾雨　月印千江之曲과 世宗의 心像(국어국문학 23, 국어국문학회, 1965)

12. 史在東　「鴛鴦西往歌」의 研究(韓國言語文學 4, 1966)

8. 왕조사회의 實記文學

「實記」라 함은 「사실의 기록」이란 뜻이다. 사실 자체는 문학이 될 수 없지만 이것이 객관적 사실의 기록에 머물지 않고 쓰는 이의 자세에 따라 문학성이 개재될 때, 이는 문학의 범주에 든다. 그 「자세」란 사물을 바라보는 각도라고도 할 수 있으며, 그것은 작자의 인생관·세계관에 바탕을 두고 있음은 말할 나위도 없다. 이리하여 실기문학이란 한마디로 사실의 기록에서 출발한 문학이라는 뜻이 된다.

조선시대의 실기문학으로 대표 될 만한 것은 대체로 〈閑中錄〉〈癸丑日記〉〈仁顯王后傳〉이다. 이들은 하나같이 궁중에서 일어난 역사적 사건을 배경으로, 그 사건 자체의 진상을 직접 또는 간접적으로 기록한 이른바 궁중문학들이다. 따라서 위의 세 작품은 학자에 따라 그 장르 파악이 각각 다르다. 李秉岐는 소설로 보았고(1), 趙潤濟는 「記事體文學」으로 보았으며(2), 金東旭은 〈인현왕후전〉만을 소설로 규정짓고 그 나머지는 수필로 다루었다(3). 이와 같은 여러 견해와는 달리 金用淑은 위의 작품들을 궁중실기문학의 범주에 넣었다(4). 여기서 「대체로」라 함은 다음의 각론에서 밝혀지겠지만, 〈인현왕후전〉의 경우는 異本에 따라 소설과 실기문학으로 나눌 수 있으되, 〈한중록〉의 경우는 일부는 수필형식을 취하고 있으나 작품 전체로 볼 때 기록문학의 성질을 띠고 있다는 점을 뜻한다. 이밖에도 궁중문학의 범주에 드는 작품으로는 〈洪嬪宮入闕初日記〉(一名 〈元嬪入闕初日記〉)가 있다. 이 작품은 역사적 사건을 스케치한 단편적인 것이지만, 6백여 종이 넘는 조선시대의 古小說에 비해서는 극소수인 궁중여인들의 실기문학을 보완한다는 데 의미가 있어진다.
　　〈계축일기〉(一名 〈西宮錄〉)나 〈홍빈궁입궐초일기〉의 일기라는 이름이 말해 주듯 궁중문학은 각 궁중의 일기에서 비롯되었다는 것을 알 수 있다. 그날 있었던 일의 기록이 곧 일기인지라, 문학적 가치를 함유하기는 어려운 것이지만, 〈한중록〉이나 〈계축일기〉와 같이 일정한 드라마를 내용으로 지니고 있을 때에는 세인의 흥미를 유발할 수 있는 궁중문학의 범주에 들어갈 수 있다.

주지하듯 조선시대의 궁궐은 왕을 중심으로 한 대가족이 독립세대를 이루어 살았다. 예컨대 大妃殿·東宮·王子女(未婚)와 궁녀들의 처소가 그것이다. 이들 궁에는 남성(內官)들이 쓰는 公務日誌가 각각 있었지만 궁녀들 또한 독자적으로 內事를 기록하고 있었다. 왕비나 대비를 모시는 至密內人 가운데는 경서를 통달하고 妃嬪들의 본댁에 보내는 문안편지를 代書하는 필재가 뛰어난 여인들이 있었던 것이다(5). 십여 년 전에 발견된 樂善齋文庫의 소설들은 다 그들의 번역이요 筆寫이며, 〈홍빈궁입궐초일기〉 〈계축일기〉의 작자 역시 그들로 보아야 한다. 〈閑中錄〉만이 유일하게 實名이 밝혀진 글이다. 그는 그 작품의 구성이나 문장력으로 보아 그 이전에도 일기체 小品들을 많이 초하였을 것으로 보이지만, 궁중법식에 따라 모두 없어진 듯하다. 그때 궁중에서는 宮內事 洩漏의 철저 방지와 여성을 천시하는 봉건사회의 타부가 가중되어 洗草라는 인위적 형태로 궁중여인들의 글은 소멸되어 버렸던 것이다.

조선시대의 실기문학으로서는 위에 말한 궁중여인들의 일기문 외에도 사대부계급의 行狀文·傳記類 등을 들 수 있을 터이다. 이는 孝思想과 직결되는 것으로서 故人의 덕행과 업적을 과장기록한 것이 대부분이어서 어떤 경우에는 德行錄이라고 이름붙인 것도 있다. 〈인현왕후전〉이 바로 그 예에 속한다. 특히 〈異本仁顯聖母閔氏德行錄〉에서 본 바와 같이 가계를 설명하고 주인공의 어렸을 적의 비범한 일화를 기술하여 가는 형식은 바로 행장문의 공식인 것이다.

행장문은 단행본으로 나온 것도 있지만 대부분은 자손들에 의해서 간행된 문집 속에 실려진다. 李珥의 〈先妣行狀文〉이나 金萬重의 〈尹氏夫人行狀文〉이 그와 같은 경우로서, 그 행장문은 우리나라의 婦德을 대표하는 가장 전형적인 여인인 申思任堂의 인간상이 이이의 지극한 思母感 속에 묘사되어 있으며, 유복자로 태어나 효심이 두터웠던 김만중의 〈윤씨부인행장문〉 또한 그의 어머니를 그리는 마음이 잘 담겨 있다. 허나 이들 문집 속의 先妣行狀文이나 덕행록은 조선조의 여인상을 전해 주는 데는 이바지하고 있으나 그것이 곧 여성들의 실기문학이 되지는 못한다. 여성들의 실기문학은 여성들이 쓴 작품이어야 하며, 그런 면에서 그것은 〈인현왕후전〉이나 〈계축일기〉 〈홍빈궁입궐초일기〉 등으로 보아야 한다. 그러면 그들 작품을 분석검토하면서 조선후기 실기문학의 성격을 알아보기로 하자.

　　仁顯王后傳 : 이 작품은 현재 3, 4종의　異本이 전하고 있으며, 그 명칭도 각각 다르다.　安春根本은 〈민중젼뎐〉,　李秉岐本은 〈仁顯聖母閔氏德行錄〉, 국립도서관本은 〈인현왕후성덕현힝록〉 등이다.　서론에서도 잠시 언급한 바 있듯이 이 작품은 행장문에서 발전한 것이다.　즉 어떤 인물을 중심으로, 그 인물이 어떻게 그의 삶을 만인의 본보기가 되도록 살아가는가를 기록하는 글인 것이다.　따라서 〈德行錄〉이나 〈傳〉은 두드러진 미화 각색을 특징적인 요소로 구비하고 있다.

　　〈덕행록〉이 한문숙어를 많이 쓴 문체인 데 반해 이 〈인현왕후전〉은 한글을 중심으로 한 여성적 문체인데다 역사적 사건과 부분적으로 어긋나는 허구와 과장이 작품 전체에 산재해 있다.　따라서 作者推定에 있어 김용숙은 이병기나 조윤제를 비롯한 다른 학자들의 宮女說과는 달리 궁궐 밖의 소산으로 보고 있다.　즉 〈덕행록〉 쪽은 친정 驪興閔氏 문중의 작으로 보고 있으며, 〈閔中殿傳〉은 前著를 바탕으로 하여 朴泰輔 문중의 어느 여인의 작이 아닌가 추정하고 있다(6).　이와 같은 견해를 따른다면 사실에 충실한 작품으로는 〈덕행록〉을 취해야 하고, 작품의 충실성이란 면에서는 〈閔中殿傳〉을 택해야 될 것이다.

　　주지하듯 〈인현왕후전〉은 肅宗·仁顯王后·張禧嬪의 삼각관계에 얽힌 故事를 왕비 쪽에서 쓴 실기소설이다.　이 작품의 주제가 인현왕후의 덕행을 찬양하는 데 있는 만큼 철두철미하게 그녀를 성녀로 미화하고 있다.

　　민중전이 아무 죄도 없이 왕비의 자리를 쫓겨나가는 마당에도 「천운을 어찌 거역하리오」하고 안색 하나 변하지 않고 태연히 일어섰다든가, 안국동 친가로 나가서 6년 동안 내외문을 다 닫아걸고 뜰에도 한번 내려서지 않고 근신했다든가, 왕의 改悟로 다시 환궁하는 날도 한마디의 원망도 없이 땅에 엎드려 「죄인의 몸이 어찌 天顏을 뵈오리」했다는 것이다.　그보다도 그의 성녀적 자질은 애당초 이 비극의 빌미가 된 장희빈의 영입에서 볼 수 있다.　즉 장희빈은 미천한 과부의 딸로 이름을 玉貞이라 하였는데, 그 어머니가 남매를 데리고 어느 大臣집에 기식하고 있던 차, 그 연줄로 궁녀로 들어간다.　인물이 곱고 영민한 그녀는 곧바로 왕의 사랑을 독점하게 되었으나, 王大妃 金氏가 숙종의 성격을 아는지라 후환을 염려해서 쫓아냈었다.　이때는 숙종이 첫번째 왕비(仁敬王后)를 喪配하고 있던 때였다.　三年喪이 끝난 후 인현왕후가 계비로 들어와서 張女의 이야기를 들고 「왕의 총애를 입은 궁녀를 밖에 둠이 나라 체면에 안되지 않겠는가」라고 숙종을 권고해서 다시 불러들였다. 그리하여 이 사건은 뻔한 경로로 발전한다. 왕대비의 선견지명대로 다혈질의 젊은 왕은 張氏의 몸에서 첫 왕자를 보자 이성을 잃고 마침내 閔妃를 쫓아내고 대신 張宮人을 왕비로 앉히기에 이른다. 그러나 그 열정도 5년 남짓, 왕은 차츰 옛 왕비에 대한 뉘우침과 그리움에 높은 다락에 올라 안국동 쪽을 바라보는 날이 잦았고, 결국 왕비를 복위시키고 張女를 원위치로 되돌려보낸다. 〈인현왕후전〉에는 이 심경의 변화를 「고진감래요 흥진비래라, 부운이 점점 걷히매」라고 세상 이치로 돌리고 있지만, 이는 순전히 쉬 덥고 쉬 식은 숙종의 성격에서 비롯되는 문제이지 세상 이치 때문만은 아니다.

결국 왕비는 복위되고 張씨는 嬪宮의 위치로 되돌아가나, 숙종의 마음을 사로잡으려는 그녀의 집념과 계략이 궁내의 질시의 대상이 되어, 왕비가 복위한 지 6년 만에 타계하자 그 책임을 둘러쓰고 사약을 받아 죽는다. 숙종·인현왕후·장희빈의 삼각관계는, 선이 승리하고 악이 멸망한다는 고대소설의 정석대로 끝나는 것이다. 허나 이 권선징악적인 결미는 고대소설의 도덕적 관점일 뿐 사회사적인 측면에서는 결코 그렇지만은 않다. 이 작품은 작자가 의식하든 의식하지 못하든 간에 숙종에 대한 비판이 가해지고 있으며, 숙종에 대한 비판은 곧 봉건사회의 제도적 모순을 암암리에 드러내는 일이 되고 있는 것이다. 이런 면은 〈한중록〉에 보면 더욱 현저해진다.

閑中錄 : 이 작품은 〈恨中錄〉〈閑中漫錄〉〈泣血錄〉 등의 異稱이 있으나 그 어느 것도 작자 자신이 붙인 이름은 아니다. 집필연대나 동기도 각각 다르다. 최근에 발견된 한 寫本에는 「한듕만록이 있으니 내 경력을 자세히 알려거든 그것을 보라」는 내용의 발문이 있는데, 이것이 원명이 아닌가 하는 생각도 든다.

英祖의 진노를 사서 뒤주 속에 갇혀 죽은 思悼世子嬪 惠慶宮 洪氏의 회고담 내지 수기형식으로 씌어진 이 작품은 모두 4편이 있는데, 그것이 씌어진 시기 및 동기를 적어보면 다음과 같다.

(1) 작자의 회갑 해(正祖 19, 1795)에 친정에 보내기 위해 쓴 회고록.

(2) 67세 때(純祖 2, 1801), 正祖 사망 직후 政局의 급변으로 친정 동생이 賜死를 받은 데 대한 격분으로 쓴 글. 여기서는 친정아버지와 숙부 및 동생이 역적으로 몰렸던 당쟁 내막을 해명하고 있다.

(3) 68세 때(純祖 3, 1802) 지난 해에 글을 쓰던 때의 격앙된 감정을 가라앉히고, 지난날의 정조의 효도와 그 外家를 후대하던 사실을 기록하여, 純祖의 효심을 호소한 글.

(4) 71세 때(純祖 6, 1805) 世子嬪의 입장에서 사도세자 사건의 자초지종을 기록한 수기.

위에서 보듯 〈한중록〉의 집필동기는, 첫번째 친정계의 회고록을 제외하고는 단순한 회고록이 아니다. 그것들(다른 3편)은 모두 당쟁으로 역적에 몰렸던 친정 洪氏家門의 억울한 누명을 벗기기 위한 사실의 해명서 같은 것이요, 10대 幼主인 親孫 純祖에게 읽히기 위한 것들이다. 이 점은 위의 4편을 비교분석해 보면 잘 나타난다(7).

61세에 지은 첫번째 작품은 사도세자의 불행을 설워하는 한이 주조를 이룬다. 그는 「至痛」이란 단어를 빈번히 사용하고 있으며, 「섧고도 섧도다」를 수십 번 뇌인다. 그러나 두번째 작품부터는 그와 다르다. 그곳에서는 洪嬪의 한이 복합성을 띠고 있다. 첫번째 작품이 정조 생존시의 안정된 시기에 써어졌다는 사실과 친정조카들에게 그의 설움을 전하기 위해서 작성되었고, 세련된 교양으로 가리워진 여성의 슬픔이 면면히 흐르고 있으며, 그것이 그 작품의 주조가 되고 있다면, 친정 홍씨가문이 임오사건(사도세자의 비극)에 연루되어 부친 洪鳳漢이 배후인물로 몰려 실각되고 숙부와 동생이 죽음의 직전에 이르는(결국 동생은 사사된다) 지경에서 쓴 (2)나 (3)의 작품은 세자와 가문, 한과 원망이 복합된 격정의 것이라 할 수 있다. 더우기 친정 홍씨가문이 정적들에게 공격당한 원인은 사도세자의 사건을 부친 홍봉한이 방관 사주했다는 혐의였던 것이다. 여기에서 洪嬪은 「여자는 글을 알고도 문장을 써서는 안된다」는 봉건적 타부를 무너뜨리고 놀랄 만한 기억력과 유창한 문장력으로, 그의 부친과 형제의 사도세자에 대한 충성을 강조하고, 그 비극적 사건이 어떻게 일어나게 되었던가를, 그가 10세에 세자빈으로 入宮하여 보고 들은 바를 통해 기록하게 되었다. 洪嬪의 기록대로 그것은 차마 말하기 어려운, 아프고 쓰라린 秘話였다. 그녀는 천한 신분에서 세자가 태어난 일, 부왕을 속이고 평양행을 한다든지 잡인배를 궁중으로 끌어들인 일, 살인, 무기은닉, 신하들의 참소 등을 네번째 작품에서 밝히고 있으며(7), 왕과 세자의 갈등을 「저 하늘이 부자 두 분 계오셔는 말고저 하시다가도 뉘 시기는 듯 도로 미온 마음이 나오시고……」 「동궁 부르오서 밥먹으냐 묻사온대 대답하시오면 그 대답 듣자오신 耳部를 그 자리에서 씻사오시고……」와 같은 정도의 영조의 기피한 행위를 세자의 비행 때문으로 돌리고 있는 면이 있다. 홍씨일문을 구제하기 위해서 세자를 비판하지 않으면 안되는 갈등을 그녀는 감수하고 있는 것이다.

그런 점에서 이 작품의 기본 테마는 왕과 아들이라는 봉건가족제도의 모순에서 비롯하였으되 두세 번 되풀이 씌어짐에 따라 家門意識의 허위성과 비윤리성까지를 내포하게 되고, 가문을 위해서 한 개인의 인격이라든가 양심을 훼절시켜도 되는 비인간적 현상을 적시하고 있다. 이 봉건적 가문의식 및 가족제도의 모순과 갈등은 앞의 〈閔王后傳〉에서는 물론 〈흥부전〉이나 〈심청전〉 등에서도 되풀이되어 나타나는 한국문학의 기본 테마이며, 아직도 우리 사회의 저변에 흐르고 있는 전근대적인 요소의 하나라고 하겠다.

金 用 淑

論 著

1. 李秉岐　國文學史(日新社, 1979)
2. 趙潤濟　韓國文學史(東國文化社, 1963)
3. 金東旭　國文學全史(新丘文化社, 1970)
4. 金用淑　朝鮮朝女流文學의 연구(淑明女大 출판부, 1978)
5. 金用淑　內人生活 연구(李朝宮中風俗의 연구, 淑明女大 출판부, 1970)
6. 金用淑　仁顯王后傳研究(朝鮮朝女流文學의 연구, 淑明女大 출판부, 1978)
7. 金用淑　閑中錄 연구(朝鮮朝女流文學의 研究, 淑明女大 출판부, 1978)

9. 시조의 전개

시조는 어떻게 전개되어 왔는가. 趙潤濟는 시조의 전개과정을 (1) 시조의 발생(中古 후기), (2) 시조의 미동(近古 전기), (3) 시조의 점진(近古 중기) (4) 시조의 발휘(近古 후기), (5) 시조의 專修(근대 전기), (6) 사설시조의 파생(근대 전기) 등의 여섯 단계로 나누고, 그 양상을 시기별로 다음과 같이 논하였다(1).

(1) 시조가 오늘의 형식에 고정하게 된 것은 아마 고려에도 말엽에서야 기대할 수 있고, 그에 가까이 整齊되기만도 아직 그 중엽을 기다려서만 될 수 있을 것이다. 고려의 문학이 귀족문학과 평민문학에 양분되어 하마트면 그 장벽이 영원히 깨뜨러지지 못할 번하던 것이 이 시조문학의 발달로 말미암아 다시금 고려의 文學은 그 위기를 극복하고 새로운 國民文學을 여기에 형성하였었다.

(2) 고려 이래 景幾體歌는 特權階級文學으로서 국민적인 감정을 소화하지 못하고, 俗歌方面文學은 비록 대중적이라고는 하였지마는 개성을 발휘하지 못한 불만이 있었던 것인데, (鮮朝初期의) 시조는 늘 그 중간에서 양편을 조화하면서 國民的이고 個性的인 문학을 수립하는 데 그 큰 임무가 있었다.

(3) 이것(近古 전기의 시조)을 이전의 時調文學界에 비하면 괄목할 만한 진보를 볼 수 있다. 그것은 무엇보다도 학자들의 시단 진출이오, 그나 그뿐 아니라 그들은 시조를 단순히 호기심으로 吟詠한 것이 아니라 실로 詩歌를 운위함이 그들의 상식이었었고, 시조를 지음이 그들의 한 교양이었었다. 즉 시조는 학자의 교양으로서 없지 못할 하나이었다.

(4) 이 시대에 들어선 이후의 작가를 들어보면 그 수에 있어 실보 前代未聞의 성황을 이루고 있는 것은 사실이다. 이렇게 되면 시조는 벌써 시조인의 시조가 아니고 國民의 時調라고 해도 可하니, 전에 학자들이 시조를 논하고 그것을 창작하여 보았다는 것은 아직 文化人의 敎養物로서의

시조를 제안 시험한 데에 지나지 못하였고 실제에 있어서는 그것도 一部人에서 훨씬 넘지 못하였던 감이 있었는데, 이제 와서는 그것이 벌써 이론에서 실천에 옮겨 학자와 일반인이 시조를 짓는 것이 그들의 교양인 것은 물론이오, 한걸음 나아가서는 그것이 곧 그들의 생활이 되고 말았다고도 하겠다.

(5) 국문학 反省時代에 들어오면 시조문학은 일대 전환을 하게 되었다. 시조의 발달하여 온 경과를 문학 그 자체는 國民文學이었다 하더라도 거의 貴族階級에 독점되어 一般平民階級은 감히 그에 參入할 수 없었던 것도 사실이다. 그러나 一般國民 더우기 平民階級이 자기를 발견하고 자기의 힘을 인식하게 되면서부터는 당당히 그들도 文學에 參劃하여 오게 되었다.

(6) 平民層에서 시조문학을 담당하고 그를 專修하게 되었을 때, 좀더 자유로이 자기들의 소박한 생활감정을 표현할 수 있는 어떤 詩形이 필요하였던 것이다. 그래서 그들은 할 수 없이 여기에 시조의 典型을 破格하고 거기서 새로운 시형 하나를 파생시키니 그것이 곧 辭說時調라 하는 것이다.

이상 조윤제의 시조론을 한마디로 요약하면 「시조는 국민문학이다」라 할 수 있다. 조윤제는 시종일관 국민문학에다 초점을 맞추어 시조의 전개를 논하였다. 그러면서도 그는 시조전개의 중추적 추진력으로서 「사대부의 교양」을 강조해 마지않았으니, 「시조는 학자의 교양이다」「시조는 문화인의 교양물이다」「시조는 귀족계급에 독점되었다」 등의 지적이 곧 그것이다.

그러므로 이 글에서는 「시조와 士大夫敎養」이라는 지적에 특히 주목하면서 시조전개의 내면성을 살펴보려고 한다.

시조의 작가는 각계각층을 망라하고 있다. 그래서 혼히는 시조를 민족문학·국민문학으로 규정하기 일쑤다. 그런데 그 작가의 분포를 보면, 金天澤과 金壽長이 각각 「靑丘永言에는 진실로 名公鉅人의 작이 많다」(〈靑丘永言〉跋), 「우리 나라의 歌譜는 名臣巨儒 騷人墨客이 往往 吟詠하였다」(〈海東歌謠〉序)라고 말한 바와 같이 사대부가 주류를 차지하고 있다. 이것은 곧 「시조는 사대부의 교양」임을 의미하는 것인데, 조윤제는 이 점을 분명히 하였던 것이다.

漢詩에 심취한 사대부, 그들은 왜 시조를 또 하나의 교양으로 삼았는가.

〈陶山十二曲〉의 제작동기는 이 문제를 푸는 데 단서가 될 것 같다. 退溪 李滉은 시조의 존재이유를 「홍」에 두었다. 그는 그것을 다음과 같이 말하였다.

　　陶山老人이 陶山十二曲을 지은 까닭은 무엇인가……무릇 情性에 느껴진 바는 매번 詩로써 나타나게 된다. 그러나 오늘의 詩는 옛날의 詩와는 달라서, 읊을 수는 있지만 노래부를 수는 없다(可詠而不可歌). 노래부르려면 반드시 우리말로 지어야 한다. 대개 우리말의 音節이 그러하기 때문이다……아이들로 하여금 스스로 노래부르고 스스로 춤추게 한다면, 거의 더러움을 씻고 感發融通케 되나니, 노래부르는 이와 듣는 이는 交益되지 않을 수 없다. ――〈陶山十二曲〉跋

　시조는 한시와는 달라 노래부를 수 있는데, 시조를 노래하면 춤추게 되고, 그러면 저절로 感發融通케 된다는 것이니, 요는 歌唱이 낳는 홍에다가 제작 이유를 두었음을 알 수 있다.

　이황은 이 점을 더욱 분명히 하여 「朴浚이 간행한 책에는 漁父歌가 霜花店諸曲과 섞여 실려 있다. 그러나 사람이 들으매 霜花店諸曲에 있어서는 手舞足蹈하고, 漁父歌에 있어서는 倦而思睡하니 웬일인가」(〈陶山十二曲〉跋)라고 말하고 있다. 〈어부가〉를 들으면 지루하여 졸리는데, 그 까닭은 읊조리는 것이기 때문이요, 〈상화점〉을 들으면 춤추게 되는데, 그 까닭은 노래하는 것이기 때문이라는 것이다. 이 점이 곧 한시와 시조의 차이다. (이황은 〈도산십이곡〉을 짓게 된 이유로 위의 것 외에 「淫哇·矜豪放蕩·褻慢戲狎·玩世不恭」의 배척을 내걸었다. 그런데 이 이유는 시조에만 국한되는 것이 아니라 문학에 있어서는 일반적인 과제이므로, 〈도산십이곡〉의 시조로서의 존재이유는 되지 못한다. 시조의 존재성을 한시와의 대비에서 파악할진대, 歌唱의 여부에다 초점을 두는 것이 일차적으로는 마땅하다고 생각된다.)

　이황은 한시와 시조의 차이를 「詠」과 「歌」로서 파악하고, 가창이 낳는 홍에다가 시조의 존재이유를 설정하였다. 이것은 문학관으로서의 하나의 자각이다. 한시에서는 충족할 수 없는 홍을 시조에서 찾고, 그 홍을 매개하여 자기를 창조하는 그런 자각이다. 시조에 대한 이황의 홍취는 곧 조선조 사대부의 그것이기도 하다.

　그런데, 홍의 유무가 단순히 가창의 여부로만 결정된다면 문제가 있다. 첫째, 가령 한시도 노래만 할 수 있게 된다면 시조에서와 같은 홍을 느낄 수도 있을 것이니, 그렇다면 흥은 시조의 존재이유가 될 수 없다. 둘째, 시조는 본래 사대부의 「賓筵의 娛用」(⟨放翁詩餘⟩序)이므로 絲竹과 伶人妓女가 따르게 마련이니, 그 흥은 자칫하면 단순한 오락의 것이 될 수 있거니와, 그렇다면 그 흥은 시조의 詩的 존재이유——한시와 대등할 수 있는——가 되지 못하고 오히려 시조의 歌謠性만을 드러내게 된다.

이황이 지적한 시조의 흥은 이상의 두 가지 문제를 의미하는 것은 결코 아닐 것이다. 그저 「시조는 노래할 수 있으므로 흥겹다」고 말하였을 뿐이다. 시조의 흥은 가창만의 것은 아니리라 생각된다. 그것은 시조의 문학성에도 말미암는 것이 아닐까.

시조의 문학성을 말하려면, 무엇보다도 먼저 그 구조를 살피지 않을 수 없다. 문학성이라는 것은 내용만으로는 성립하기 어렵다. 단순히 내용만 가지고 문학성을 말한다는 것은, 어느 쟝르의 특정적 성격을 밝히는 데 있어서는 별 의미가 없다. 왜냐하면 앞에서 말한 바와 같이, 그것은 문학 일반에 共遍되는 것이기 때문이다. 내용은 구조화됨으로써 비로소 문학성이 되는 것이다. 문학의 전통은 「내용의 구조화＝양식」의 면에서 주로 거론될 수 있다.

이황이 시조의 흥을 한시와의 대비에서 파악한 것처럼, 시조의 구조도 한시의 그것과 대비될 때 보다 분명해질 것이다. 그러기 위하여는 「한시의 시조화」 「시조의 한시화」의 두 형태를 살피는 것이 첩경일 것 같다. 鄭炳昱은 이것을 자세히 분석하여 다음과 같이 논하고 있다(2).

漢詩의 時調化 : 한시를 시조로 옮기는 데에는 5언이나 7언으로 된 절구형이 알맞은 형태이다. 그 방법으로는 원시에는 없는 구절을 첨가하는 방법과, 원시의 시행을 축약 내지는 생략하는 두 가지 방법이 있다. 그런데 첨가일 경우에는 대체로 종장에서 첨가시키고, 축약하는 경우에는 원시의 제 1, 2행을 축약하여 시조의 초장을 삼는 방법과, 원시의 제 3, 4행을 축약하여 시조의 종장을 삼는 방법을 사용했다.

時調의 漢詩化 : 시조를 한시로 옮기는 데에는 5언 6구와 7언절구의 두 형태가 가장 편리한 것으로 판단되는데, 5언 6구형이 압도적으로 많다. 그 방법으로는, 원작의 한 행을 絕句에 있어 두 행으로 잡는 방법——초장을 起·承句로 잡는 경우와 종장을 轉·結句로 잡는 경우——과 원작을 충실히 직역하는 방법——5언 6구의 경우와 長短句의 경우——의 두 가지가 있다. 이 밖에 원작의 종장을 생략하는 방법도 있다. (필자요약)

시조를 절구로 옮기든 절구를 시조로 옮기든, 하여튼 시조와 절구의 譯關係에 있어서 詩形이 달라지게 마련이고, 거기에 따라 내용도 다소 바뀐다는 사실을 간과할 수는 없다. 이것은 또한 3행과 4행이라는 시행의 차이에서 오는 당연한 결과인 것처럼 보이기도 한다. 그리고 이같은 사정은 시조의 문학성——구조적 특성——을 이해하는 데 중요한 실마리를 제공해 줄 수도 있을 것이다.

이제 앞에서 논한 바를 토대로 하여 구체적 사례를 들어가며 좀더 자세히 살펴보기로 한다.

먼저 絕句의 時調化를 보면,

A 渭城朝雨浥輕塵　客舍靑靑柳色新
　　勸君更進一杯酒　西出陽關無故人
A′ 渭城 아츰비에 柳色이 시로이라.
　　그디를 勸ᄒᆞ느니 一杯酒 나으시소.
　　西ᄒᆞ로 陽關을 나가면 故人 업셔 ᄒᆞ노라

와 같이, 대체로 절구의 결구는 시조의 종장으로 옮겨진다. 이 점은 「時調의 絕句化」에 있어서도 마찬가지니,

B 나뷔야 靑山에 가쟈 범나뷔 너도 가쟈.
　　가다가 져무려든 곳듸 드러 자고 가쟈.
　　곳의셔 푸對接ᄒᆞ거든 닙혜서나 ᄌᆞ고 가쟈.
B′ 白胡蝶汝靑山去　黑蝶團飛共入山
　　行行日暮花堪宿　花薄情時葉宿邊

절구의 결구는 시조의 종장을 그대로 옮겨놓았다. 그러므로 결구와 종장의 대응관계는 순조로운 것이라 할 수 있다. 그런데 문제는 轉句의 처리에 있다. 이것을 먼저 「한시의 시조화」에서 보면, A→A′의 「勸君更進一杯酒→그디를 勸ᄒᆞ느니 一杯酒 나으시소」와 같이 한 行으로 독립하기도 하고,

C 松下問童子　言師採藥去
　　只在此山中　雲深不知處
C′ 솔알의 아희들아 네 얼운 어듸 가뇨.

　　藥키러 가시니 ᄒ마 도라오렷마ᄂ.
　　山中에 구룸이 집후니 간곳 몰라 ᄒ노라

와 같이, 轉句「只在此山中」이 생략되기도 하고,

　　D　斗轉月未落　舟行夜已深
　　　　有村知不遠　風便數聲砧
　　D′北斗星 도라지고 달은 밋처 아니졌다.
　　　　네는 비 언마이나 오냐 밤이 임의 집혓도다.
　　　　風便에 數聲砧 들리니 ᄃ 왓ᄂ가 ᄒ노라

와 같이, 轉句「有村知不遠」은 종장에 흡수되기도 한다. 이것을 또 「시조의 절구화」에서 보면 B의 중장「가다가 져무려든 곳듸 드러 자고 가쟈」는 B′의 轉句「行行日暮花堪宿」으로 독립하기도 하고,

　　E　ᄉ랑 거즛말이 님 날 ᄉ랑 거즛말이
　　　　ᄭ움에 뵌닷 말이 긔 더옥 거즛말이
　　　　날ᄀ치 ᄌ 아니오면 어닉 ᄭ움에 뵈이리.
　　E′向儂思愛非眞辭　最是難憑夢見之
　　　　若使如儂眠不得　更成何夢見儂時

와 같이, 종장의 전반부가 **轉句**가 되기도 한다.

　이상의 전구의 처리를 보면 전구와 대응될 수 있는 시조의 章은 들락날락(독립·생략·흡수·축약)하너 일정하지 않다. 말하자면 그 대응관계는 까다로운 것이라 할 수 있다. 이것은 종장과 결구의 대응관계의 순조로움과는 좋은 대조가 된다(초장과 起句의 대응관계는 종장과 결구의 대응관계로써 유추될 수 있으므로 약한다).

　그러면 전구의 처리는 왜 이렇게 **까**다로운 것이 되었을까. 이것은 곧 시조에 있어서는 **轉**은 적합치 않다는 것을 의미함이 아닐까. 「시조의 한 시화」애 있어서

　　F　녯적의 이러ᄒ면 이 形容이 나마실가.
　　　　愁心이 실이 되야 구뷔구뷔 ᄆ쳐이셔.
　　　　아므리 푸로려ᄒ되 긋 간듸를 몰래라.

F′ 昔日若如此　此形安可持
　　此心化爲絲　曲曲還成結
　　欲解復欲解　不知端去處

와 같은 五言六句形이 압도적으로 많다는 것은 전구 처리의 까다로움을 피하기 위함인 듯하다. 그렇다면 「시조는 絕句의 구조를 疎外한다」고 말할 수 있겠다.

　「시조는 절구의 구조를 소외한다」——이 말을 좀더 자세히 풀이하면 「시조는 절구의 轉構造를 소외한다」고 할 수 있다.

　그러면 그 소외의 이유는 무엇일까. 그것은 정병욱이 「비록 절구형이 시조화하는 데에 편리하다고는 하나 그 형태상의 차이로 말미암아 변조를 강요한다는 사실은 곧 韓中 두 민족의 미적인 감각이나 논리적인 사고의 차이에서 왔다고 하겠다」(2)라고 지적한 바와 같이 미의식의 차이에 말미암는 것이라 생각된다.

　하여튼 조선조의 사대부는 한시에서는 충족할 수 없는 흥을 時調構造에서 찾고, 그 흥을 매개하여 시조를 창조해 온 것이 아닐까. 물론 시조의 흥은 구조에만 있는 것이 아니라, 그외에 여러 가지 요인이 있을 것이다. 그 요인의 일단으로서 「시조는 절구의 구조를 소외한다」를 들어본 것이다.

　하여튼 한시와는 다른 흥, 즉 문학성이 시조를 줄기차게 전개시킨 요인이라 생각된다.　　　　　　　　　　　　　　　　　　　崔　珍　源

論　著

1. 趙潤濟　國文學史(東國文化社, 1949)
2. 鄭炳昱　한국고전시가론(新丘文化社, 1981)

10. 사대부와 가사

가사의 발생에 대해서는 종래에 趙潤濟가 말한 조선 성종 때의 丁克仁이 지은 〈賞春曲〉이 그 첫 작품이라고 여겨져왔다(1). 그러나 李秉岐는 좀더 거슬러올라가 고려 말기에 이미 申得淸의 〈歷代轉理歌〉와 懶翁和尙의 〈西往歌〉 등이 지어져 지금까지 전해 오고 있는 사실을 밝혔다(2). 특히 시조의 발생과 관련지워 이른바 쌍생설을 주장하는 견해도 있다. 그것은 조선조 전기에 사대부들이 가사를 長歌로, 시조를 短歌라고 생각했던 의식구조와도 상관이 있다. 곧 詩想을 표현할 때에 길고 느릿한 호흡으로 노래하면 가사가 되고, 그것을 줄여서 간결하게 요약하면 시조가 되었기 때문이다(11).

그러나 15세기에 이르러서는 가사가 마치 사대부들의 전유물처럼 되어 널리 노래로 불려지는 歌唱文學으로 자리잡게 되었다. 이것은 14세기말경부터 講唱文學으로 존재했던 불교가사들과 대조되는 현상이었다(17).

15세기는 조선왕조가 건국의 터전을 다지는 때여서 사대부들의 활동이 눈부시게 드러났고, 자연을 즐기며 태평성대를 노래하는 기풍이 사회를 휩쓸었다. 그래서 성종 1년(1470)에 나온 〈상춘곡〉이나 성종 6년(1475)에 李仁亨(1436~1504)이 지은 〈梅窓月歌〉는 시골에서 한가로이 자연을 즐기는 사대부의 풍류생활을 노래한 것들이다.

이렇게 성종 때까지만 해도 聖王偉業의 은덕에 힘입어 문물이 크게 일어나고, 사대부들은 과거에 급제한 다음에는 벼슬길에 나아가 나랏일에 직접 참여했고, 평생토록 임금을 위해 충성을 바쳤다. 그러다가 늙으면 고향으로 돌아가 자연과 책, 술과 벗들 속에서 태평세월을 노래했던 것이다.

그러나 16세기에 들어서면서 사정이 완전히 달라졌다. 연산군 7년(1501)부터 선조 32년(1599)까지의 한 세기 동안에 국내의 정세는 급격한 변동을 일으켰다.

특히 연산군 때에 비롯된 정치적 갈등은 여러 차례의 士禍로 번져 마침내 조선사회의 암적 존재가 되는 당쟁의 불씨가 되었다. 이에 사대부들은 승부의 세계에 부심하여 집권당이 되는 경우에는 온갖 권세를 누릴 수 있었지만, 당쟁의 패배자가 되면 권좌에서 쫓겨남은 물론 謫所에서 유배생활을 하게 되었다.

그래서 뜻있는 선비들은 환해풍파에 휩쓸리기를 꺼려하여 산수를 찾아가 그곳에서 자연을 즐기며 隱逸生活을 하기에 이른 것이다. 이 시기의 가사가 대부분 은일과 유배가사로 이루어진 것은 당연한 귀결이라 하겠다(12).

유배가사는 당쟁의 산물로서 사대부들의 가장 쓰라린 생활감정의 표출이었다. 그 내용은 유배지에서 겪는 온갖 고초와 고독감 속에서도 임금에 대한 일편단심은 불변하여 한결같이 忠臣戀主之詞의 성격을 지니고 있다. 이러한 유배가사들에는 작자의 패배의식과 좌절감이 전편에 넘쳐 있기 때문에 泣訴·哀怨·傷心 등이 그 주조를 이루지만, 한편으로는 체념이나 절망을 극복하고, 다시 임금께 나아가려는 의지력이 여운으로 남는 것이 특징이기도 하다.

유배가사의 첫 작품으로는 연산군의 戊午士禍 때에 順天配所에서 지은 曺偉(1454～1503)의 〈萬憤歌〉를 들 수 있다. 이 가사는 李家源의 연구를 거쳐 비로소 알려졌다(6). 〈만분가〉는 1503년에 지어놓은 작품인데, 그후로 많은 유배생활자들에게 큰 영향을 끼쳤다. 그중에서도 鄭澈(1536～1593)이 지은 〈思美人曲〉과 〈續美人曲〉에는 직접적인 영향을 주었다. 그뒤 金春澤(1670～1717)의 〈別思美人曲〉으로 이어지고, 李眞儒(1669～1730)의 〈續思美人曲〉과 安肇源의 〈萬言詞〉 등에 그 영향이 파급된 것으로 보인다.

또 李緖(1484～ ?)의 〈樂志歌〉에도 간접적으로나마 영향을 미쳤을 것이며, 오늘날엔 잃어진 洪暹(1504～1585)의 〈寃憤歌〉도 또한 영향을 받았으리라 추측할 수 있다.

〈낙지가〉의 작자인 이서는 태조의 6대손이었으나 역모의 고변으로 일가가 화를 입게 되니, 그는 전남 담양에서 귀양살이를 했다. 이 〈낙지가〉는 유배지인 담양에서 중종 15년(1520)경에 지은 것인데 중국의 仲長統이 지은 〈樂志論〉에서 영향을 받았다. 이에 대해서는 丁益燮에 의해서 처음으로 발굴소개된 바가 있다(3).

정철의 〈사미인곡〉은 선조 18년(1585)에 사간원과 사헌부의 논척을 받고, 경기도 高陽을 거쳐 전남 昌平에 물러나 있은 지 3년 만인 선조 21년에 지은 작품인데, 한 여인이 낭군을 이별하고 그리워하는 처지에 寄托하여 자기의 소회를 읊은 충신연주지사로서 유교윤리의 발현이라고 할 수 있는 것이다.

그리고 〈속미인곡〉은 〈사미인곡〉을 지은 뒤를 이어 아직도 미진한 심정을 다시 노래한 것인데 문답체 형식의 가사로서는 이것이 처음 작품이었다. 정철의 이 두 작품은 〈만분가〉의 영향을 받아 유배문학의 계통을 잇는 징검다리 구실을 했다. 그래서 뒤에 曺友仁(1561~1625)의 〈自悼詞〉, 宋疇錫(1650~1692)의 〈北關曲〉, 金鎭衡(1801~?)의 〈北遷歌〉 등 유배가사에 영향을 끼쳤다.

이런 유배가사들의 내용이 풍부한 문학성을 발휘하게 되는 원동력에 대해 張德順은 타향에서의 기약 없는 생활과 그로 인한 이국적 정서와 회향의 정으로 보았으며, 이와 같은 외적인 조건이 謫客만이 지니고 있는 독특한 심리상태에 가미되어 유배문학이 생기게 된 것이라고 했다(12).

隱逸歌辭의 경우는 조선 전기 가사에서 가장 많이 보이는 것으로 관계를 떠나 자연 속에 안주하면서 생애를 즐기는 것을 노래한 것이다. 작자들은 환해풍파에 시달리거나 연로해서 세속의 부귀공명을 떨쳐버리고, 강호의 주인으로서 유유자적하는 생활을 노래했다. 은일가사의 공통적인 특징으로는 자연에 묻혀 안일하게 살고자 하는 현실도피사상이 가장 두드러진 것인데, 그 생활배경인 자연의 묘사가 전편에 깃들여 있어 서정시적 풍격이 짙다. 그리고 몸은 비록 隱棲地에 있으면서도 임금에게 향한 충성심은 변함이 없어 항상 궁궐을 바라보며 성은에 감읍하고 있다. 이러한 사대부들의 선비정신은 조선왕조를 지탱해 주는 핵심을 이루는 것이었기 때문에 비단 가사에서뿐만 아니라 시조나 옛소설 등 모든 문학영역에 나타나 있다.

은일가사에는 또 醉樂思想도 섞여 있으니 琴·酒·歌·樂이 따르고 詩友와 더불어 採山釣水를 즐기면서 안빈낙도하려는 자세를 지니고 있다. 앞에서 말한 〈상춘곡〉은 이러한 은일가사의 효시였다.

16세기에 두드러진 작품으로는 宋純(1493~1583)의 〈俛仰亭歌〉를 들 수 있다. 이것은 필사본 〈雜歌〉를 찾아낸 金東旭에 의해 1964년에 〈文學春秋〉 제3호에 소개됨으로써 그 전모가 드러난 것이다(7).

송순은 고조 때부터 대대로 살아온 전남 담양의 기촌에서 태어나 중종 14년(1519)에 기묘별시에 급제하여 그해 겨울부터 관계에 몸담게 되었다. 그뒤 중종 26년(1531)에 司諫으로서 당시 동궁의 懸牌妖語하고 灼鼠한 변의 책임을 물어 박씨모자를 죽이려는 일의 옳지 않음을 힘써 내세우다가 時議에 거슬려 물러나게 되었다.

　그때 귀향한 그는 중종 28년(1533)에 면앙정을 짓고 5년 남짓한 세월을 보냈는데, 그 무렵에 〈면앙정가〉를 비롯한 많은 장·단가를 지었다. 특히 송순은 면앙정을 중심으로 모여든 호남 일대의 문인들과 詩會를 열고, 자연을 완상하며 교유하는 가운데 이른바 면앙정가단을 형성하여 한국 시가문학사에 가장 빛나는 존재가 되었다. 그의 〈면앙정가〉는 바로 정철의 〈星山別曲〉에 큰 영향을 끼쳤다. 許橿(1520~1592)의 〈西湖別曲〉도 같은 유형의 가사인데 이것은 필사본 〈先祖永言〉에 수록된 것을 1939년 9월에 崔益翰이 〈東崖〉〈松湖歌詞〉를 소개함으로써 학계에 알려졌다. 그뒤 1962년에 蓬萊 楊士彦의 자필 첩책이 김동욱에 의해 발견되어 그 속에 있는 이 작품이 다시 소개됨으로써 이본간의 문제점을 구명하는 데 크게 이바지했다(4).

　허강은 중종 15년(1520)에 서울에서 태어났는데 부친이 유배지에서 객사하자 관계에는 전혀 뜻을 두지 않고, 평생을 강호에 묻혀 지냈다. 〈서호별곡〉은 그가 임진왜란이 일어나기 20여 년 전에 지었는데, 그 내용은 서울 한강의 서빙고 부근에서 배를 타고 마포 서강 쪽으로 내려오면서 바라다보이는 한강변의 풍경과 운치를 노래하되 중국의 옛일에 견주어 그 풍물을 읊은 것이다. 이 작품을 지은 뒤에 작자는 서로 교분이 두터웠던 양사언에게 보내어 樂府에 올리게 한 것이 오늘까지 전함으로써 가사가 가창문학으로 엄연히 존재하고 있었음을 알려주는 중요한 자료가 되었다. 그는 또 〈松湖遺稿〉 부록에 시조 7수를 남기고 있어 더욱 은일처사의 모습을 뚜렷이 보여주었다.

　또 같은 유형의 작품으로 高應陟(1531~1605)의 〈陶山歌〉를 들 수 있다. 이것은 악부에 실려 있는 〈杜谷先生歌辭〉와 옛사본 〈候謝類輯〉 배지에 전사된 〈도산가〉의 두 종류가 전한다. 이것은 작자가 임진왜란이 일어나자 선조 25년(1592) 가을에 가솔을 거느리고, 도산의 심산궁곡으로 찾아가 도화유수와 나월송풍을 벗삼으며, 두어 칸 초가를 마련하여 보리밥과 나물국으로 상봉하육하며 세상만사를 잊고, 유연히 지내려는 뜻을 노래한 것이다. 그는 李滉의 시가에서 영향을 받았으며, 전쟁을 배경으로 하면서도 哀而不傷하던 조선조 선비들의 전통적 자세를 잃지 않았는데 그러한 歌風은 후대의 江湖歌道에 그 맥락을 이어주고 있다.

　다음에 밝힐 道德歌辭에서 좀더 자세히 다룰 이황(1501~1570)과 李珥

410

(1536∼1584)의 작품에도 이 범주에 드는 가사들이 있다.

이황의 〈退溪歌〉는 「歸圖歌」「還山別曲」「樂貧歌」「隱君子歌」 등 그 제목이 다양하게 불릴 만큼 이본이 많은데, 그 내용은 번거로운 정계에서 겪는 괴로움을 피하여 향리인 도산 퇴계로 물러나서 자연과 더불어 유유자적하는 산림처사로서의 은일사상이 잘 나타난 가사이다.

이이의 〈낙지가〉는 작자가 坡州 栗谷 또는 海州 石潭에서 살고 있던 때 지은 가사인데 전사과정에서 그 내용에 많은 첨삭이 있었던 것으로 보인다. 그는 평소에 鄕風醇俗을 일으키는 데 힘써 鄕約·學規·〈擊蒙要訣〉 등을 짓고, 가사로는 〈낙빈가〉〈자경별곡〉, 단가로는 〈고산구곡가〉 등을 지어서 자연과 도덕, 농사와 민생을 혼연일체로 하여 문학화하기도 하였다.

이렇듯 조선 전기의 가사는 대체로 은일·유배 가사 등이 대종을 이루고 있으나 그밖에도 도덕가사가 사대부들의 입에 오르내리고 있었다.

조선조는 유교를 국시로 삼아 유교적인 도덕생활을 강조했기 때문에 가사를 통해서도 유교윤리를 나타냈다. 특히 조선조 유학의 쌍벽을 이룬 이황과 이이는 가사작가로서도 주목된다. 이들은 유교의 가르침인 孝悌忠信을 일상생활에서 실천하고, 仁義禮智로써 최고의 이념으로 삼아 修身·齊家·治國·平天下를 이룩할 수 있는 사대부가 되도록 도학자다운 교훈으로 백성들을 계도했다. 또 曺植(1501∼1572)의 〈指路歌〉, 許墺의 〈雇工歌〉와 李元翼(1547∼1634)의 〈雇工答主人歌〉 등이 모두 삼강오륜을 밝히고, 事師·交隣·治喪·祭祀·婚姻·接賓·敬愼·治産 등에 관한 교훈으로 일관되어 있다.

도덕가사의 대표적인 작가로는 이황을 으뜸으로 삼아야 한다. 그의 〈退溪歌〉〈琴譜歌〉〈相杵歌〉〈道德歌〉〈孝友歌〉 등은 모두 도학자로서의 면모를 뚜렷이 보여준다. 그런데 그와 같은 시기에 살았던 조식이나 이이도 당대의 巨儒들이었기 때문에 후대인들이 서로 혼동을 일으켜 같은 작품을 놓고, 그 작가가 서로 중복되어 잘못 전해진 경우가 허다하다. 그래서 필자는 이황의 작품을 가려내어 퇴계가사라 이름짓고, 조식과 이이의 가사들도 따로 구분하여 각기 남명가사와 율곡가사로 일컬었다(11).

〈금보가〉에서 이황은 태평성대의 음악이던 舜琴을 찬양하여 그 거문고의 갖춤새와 聲律을 도덕적인 견지에서 부연 설명하고, 차츰 세상이 어지러워짐에 따라 남녀상열의 變聲만이 성행함을 탄식했는데, 이것은 그의 도덕률과 음악관의 일단을 드러낸 것이다.

또 〈상서가〉는 그의 중농사상과 위국애민사상이 나타난 작품인데 그 주제는 務本安分으로 임금은 治國安民을, 재상은 燮理陰陽을, 방백은 承流宣化를, 대간은 面折廷爭을, 장수는 折衝禦侮를, 수령은 勸農興學을, 선비는 入孝出悌를, 백성은 務本力穡을, 부녀는 紡織佳食을, 군사는 親上事長을, 자녀들은 父母供養을 각각 힘쓰라고 권면했다.

그리고 〈도덕가〉는 「勸善歌」「指路歌」「勸善指路辭」「仁宅歌」「安宅歌」〈孔夫子闕里歌〉등 그 제목이 다양하며, 또 필사본마다 그 내용이 다소 차이가 있으나 주제는 한결같이 도덕적 교훈가사이다.

한편 퇴계가사라 하여 〈牧童歌〉와 〈樂貧歌〉를 말하는 이도 있으나 앞의 것은 任有後(1601~1673)의 작품이요(9), 뒤의 것은 이이가 지은 것이므로 더 논의할 여지가 없을 것이다.

조식의 〈勸善指路歌〉는 유교사상의 반영으로 지어진 도덕가사로서 이황의 〈도덕가〉와도 그 내용이 비슷한 곳이 많은데 이는 유전과정에서 혼동을 일으킨 결과였다. 그 까닭은 이황과 조식이 동갑이요, 함께 영남의 거유였기 때문에 후대에 내려오면서 엇갈렸던 데 있다. 이 〈권선지로가〉는 19세기에 이르러 金景欽(1815~1880)의 〈警心歌〉에 많은 영향을 끼쳤다.

이이의 〈낙빈가〉〈自警別曲〉〈낙지가〉 등 3편은 이른바 율곡가사로 일컫는다. 이들은 다 같이 교훈적인 내용을 담은 도덕가사이다. 특히 〈자경별곡〉은 警世訓民을 주제로 삼고 있으니, 중종 때의 金正國이 지은 〈警民編〉과 비슷한 체제로 되어 있어 그 영향을 받은 것으로 짐작된다.

다음으로 紀行歌辭를 들 수 있다. 이 경우는 대개 작자가 관리로 임명되어 부임하는 노정을 노래하고, 임지에서 勝景을 探賞하는 흥취와 객수를 곁들여 임금을 그리는 정을 나타낸 것들이다. 그리고 이들 기행가사에는 자연히 지명이 많이 나오는데 승경마다 중국의 명승지와 비교하며 서술했고, 거기에 얽힌 인물의 옛일과 사적을 노래한 것이 특징이다.

기행가사의 효시로는 白光弘(1522~1556)이 지은 〈關西別曲〉이 전한다. 이것은 李相寶가 〈岐峯集〉에서 찾아내어 1963년에 논문으로 발표함으로써 학계에 처음 알려졌다(5). 백광홍이 〈관서별곡〉을 지은 때는 명종 10년(1555) 봄인데 그가 외직인 평안도 評事로 가 있던 때이다. 그리고 정철의 〈關東別曲〉은 선조 13년(1580) 그가 강원도 관찰사로 부임할 당시의 작품이니 〈관서별곡〉보다 25년이나 뒤에 지어졌다. 이 두 작품을 견주어보면 문장단락이나 소재 및 그 배열, 제목과 내용에 있어 〈관서별곡〉의 모작으로 〈관동별곡〉이 지어진 것임을 알 수 있다. 그러나 정철은 靑出於藍

412

格으로 문학적 기교와 어구의 현묘함이 월등한 것 또한 사실이다.

또 기행가사로 李俔(1540~1618)이 평북 安州에서 지은 〈百祥樓別曲〉이 있다(8). 이현은 왕족으로서 선조 30 년(1597)에 이 작품을 지었는데, 중종 때의 이서와 같이 왕손이란 점에서 특이한 존재이다.

또 하나 戰爭歌辭들이 있다. 전쟁이란 극한상황에서 인간은 승리를 기원하게 되고, 현실적인 비극을 극복하려는 강인한 의지를 나타낸다. 이들 작품의 공통적 특징은 적군에 대한 적개심과 임금께 향한 충성심의 발로이다. 그리고 격동하는 전쟁에 휘말려 감정이 불안정한 상태에서 지었기 때문에 그 리듬의 템포가 또한 빠르다.

전쟁가사의 첫 작품은 〈南征歌〉이다. 이 가사의 작자에 대해서는 한동안 양사언으로 잘못 전해졌으나, 뒤에 楊士俊임이 밝혀졌다(10). 이 작품은 명종 10 년(1555)에 乙卯倭變이 일어나자 양사준이 일개서생으로 金景錫의 막하에 들어가 남정군과 같이 전남 영암에 내려가서 왜구를 토벌하고 지은 것이다. 작자 자신이 직접 전란의 소용돌이 속에서 적과 싸워 승리하고 읊은 것이므로 하나의 서사시적 성격을 지니며, 그 표현도 사실적 경향이 짙다. 그뒤 임진왜란 때에 朴仁老(1561~1642)는 水師로 종군하여 〈太平詞〉와 〈船上歎〉을 지었고, 崔睍(1563~1640)은 〈龍蛇吟〉을 지었으며, 병자호란 때에는 蔡得沂가 〈風山曲〉을 짓게 되는 원천이 되었다. 이처럼 조선 전기에 지어진 사대부들의 가사는 유교사상을 밑바탕으로 하여 간혹 도교사상이나 불교사상이 조금씩 곁들여져 있음을 알 수 있다. 그리고 이들 전기 가사에 나타나는 미의식을 구조적으로 분석할 때 은일가사의 우아미와 유배가사의 비장미, 도덕가사의 숭고미 등이 발견되는데 이에 대한 연구가 앞으로 기대된다.

李 相 寶

論　著

1. 趙潤濟　朝鮮詩歌의 研究(乙酉文化社, 1948)
2. 李秉岐　白鐵　國文學全史(新丘文化社, 1957)
3. 丁益燮　李緖의 樂志歌 考察(국어국문학 24, 국어국문학회, 1961)
4. 金東旭　許橿의 西湖別曲과 楊士彦의 美人別曲(국어국문학 25, 국어국문학회, 1962)
5. 李相寶　關西別曲研究(국어국문학 26, 국어국문학회, 1963)
6. 李家源　萬憤歌研究(東方學志 6, 1964)
7. 金東旭　壬亂前後 歌詞研究(震檀學報 25・26・27 합병호, 震檀學會, 1964)
8. 李相寶　李朝歌辭精選(精研社, 1965)

 9. 李相寶　任有後의　牧意歌硏究(明大論文集 1, 1968)
10. 李相寶　楊士俊의　南征歌　新攷(국어국문학 62～63, 국어국문학회, 1973)
11. 李相寶　韓國歌辭文學의　硏究(螢雪出版社, 1974)
12. 張德順　流配歌辭　試考(國文學通論, 新丘文化社, 1976)
13. 李能雨　가사文學論(一志社, 1977)
14. 李東英　歌辭文學論攷(螢雪出版社, 1977)
15. 徐元燮　歌辭文學硏究(螢雪出版社, 1978)
16. 국어국문학회　歌辭文學硏究(정음사, 1979)
17. 이상보　한국불교가사전집(집문당, 1980)

11. 壬丙兩亂의 충격과 문학적 대응

우리 문학사에 있어서 임진왜란(1592)과 병자호란(1636)의 양대 전란은 조선조를 양분하는 분수령의 역할을 맡고 있다. 한반도는 지리적으로 일본과 중국에 에워싸여 있어 정치적으로나 문화적으로 그 영향을 크게 받아 왔다. 일찌기 신라시대나 고려시대에도 그 영향이 없었던 것은 아니지마는 16세기에 들어와 특히 일본의 침략으로 인한 7년간의 임진왜란과, 그로부터 약 40년 후 다시 청의 침략으로 야기된 병자-정축호란으로 강토는 초토화되고 사회제도와 기강이 무너지며 봉건사회의 체제가 붕괴되고 근대사회에로의 개혁의 맹아가 싹트기 시작한다. 전쟁의 참담한 고통을 겪으면서 허망하게 패퇴하는 지배층의 무력과 위선을 체험하면서, 차츰 피지배층 민중의 힘이 축적되고 성장되어 간다. 외적의 잔인한 침략과 살육의 체험을 통하여 민족적 분노가 시간의 흐름을 따라 문학적 기록을 통해 고양되는 한편, 참화를 입은 패배의 원인이 되었던 우리 사회의 무기력과 당쟁으로 고질화된 사회의 내면상에 대하여 심각한 自省의 계기를 맞게 된 것도 사실이다.

임진왜란 직전에는 鄭汝立의 모반이 있었고, 난중에는 李夢鶴의 난이 있었다. 그후 광해군 연간의 이른바 七庶之獄, 李适의 난 등은, 일본과 청국의 잇달은 침략으로 국력이 모진된 조선왕조의 허약체질을 그대로 드러내 보이는 결과를 가져왔다(24). 난 후에는 경작지의 급격한 감소와 宮房田·屯田·衙門田 등의 면세지가 격증함에 따라서 收稅結數도 그만큼 감소하고 있으며, 아울러 양반·토호 들의 隱結 집적이 국고수입의 막심한 감소를 가져와 심각한 식량난과 기아현상이 빚어진다(20). 난중에는 국가재정이 바닥나자 納粟官에 의해 곡식과 벼슬을 맞바꾸는 空名帖이 발행되며, 심지어는 왜병의 목과 벼슬을 맞바꾸는 斬首及第制度가 유행되었다고 한다. 과거제도에 있어서도 壬丙兩亂 후에는 기강이 극도로 해이해지고 부정·부패가 심하여 백성들의 원성이 크게 일어났으니, 이는 〈文獻備考〉

(科制)나 〈大東野乘〉(竹窓閑話), 그밖에 〈荷潭錄〉〈日月錄〉〈凝川日記〉등 수많은 기록 가운데서 살펴볼 수 있으며, 丁若鏞은 그의 〈牧民心書〉에서 「대저 기강이 무너진 지 이미 오래여서 한 현령이 능히 바로잡을 바가 아니라」고 통탄하고 있다. 〈芝峯類說〉에는 전사자의 시체가 시구문의 담보다 높이 쌓여 악취를 풍기고 있는 전란의 참상을 고발하고 있으며, 〈於于野談〉에는 士大夫家의 부녀자들이 정조를 지키기 위하여 대문을 걸어잠근 채 집단으로 아사한 현장을 고발하고 있다. 〈燃藜室記述〉에는 전란으로 굶주린 백성들이 식량을 얻지 못하여 솔잎을 빻아 그 가루를 타먹으며 연명해 나가는 참담한 모습을 기록하고 있는가 하면, 〈懲毖錄〉같은 데에는 적에게 피살되어 길바닥에 누운 어머니의 젖을 빨며 울부짖고 있는 어린아이에 대한 전율적 현장의 기록이 있어 충격을 주기도 한다. 〈宣祖實錄〉에도 사헌부의 啓文 가운데서 국고가 바닥났음을 말하고 늘어나는 유민에 줄어드는 곡식, 가중되는 추위와 전염병으로 쌓인 시체가 언덕을 이루고, 비록 賑濟라는 이름은 있으나 오히려 백성들을 진제장에 모아다 죽이는 꼴이 되고 있음을 말하는 기록이 있고, 〈亂中雜錄〉같은 데는 주림의 떼들이 길가에 즐비하여 「人之相食」에 이르고, 심지어는 골육이 분리되어 부모형제의 사이가 서로 길가는 사람 보듯하기에 이르렀다고 개탄하며 슬퍼하고 있다(24·30·41).

이러한 전란의 생생한 체험적 기록은 사료로서뿐만 아니라 양대전란 후 생성된 각종 문학작품들 가운데서 당시 사회의 나약했던 체질을 뒤돌아보는 반성론과, 한편 침략자에 대한 적개심의 발로라는 분노의 양면성으로 의식화되어 나타나고 있다.

소설 가운데서 전란을 의식화한 작품만 들더라도, 임란을 다룬 〈壬辰錄〉〈崔陟傳〉〈南允傳〉〈達川夢遊錄〉〈皮生冥夢錄〉등을 들 수가 있으며, 병란을 의식화한 작품으로는 〈朴氏傳〉〈林慶業傳〉〈山城日記〉〈江都夢遊錄〉등을 들 수가 있다(27·41).

〈임진록〉은 기록문학에서 출발하여 역사소설로서의 의식을 담고 있다. 이 작품은 일제시에는 禁書였으므로 작품 자체가 매우 희귀하다. 그러나 지금까지 발견된 여러 이본들을 종합해 볼 때 그 갈래가 크게 셋으로 나뉘어진다. 첫째는 경판본이나 〈黑龍日記〉처럼 역사적 사실에서 크게 벗어나지 않은 각도에서 형성된 작품군이요, 둘째는 〈黑龍錄〉이나 〈鮮壬錄〉(비장본)처럼 난후의 전승설화를 중심으로 편철된 다양한 작품군이며, 세째는 한문으로 요약 번역된 李明善本·高大本(壬辰錄兼兎事) 계열의 작품들이다. 첫째 계열의 작품들은 丹室居士의 〈임진록〉(장서각본) 같은 역사적 문헌기록들이 바탕이 되어 민족사의 반성적 입장에서 기술된 것으로, 특히 그 가운데는 이순신과 같은 민족적 영웅상을 부각시키는 한편 왜군의 宣·靖陵(成·中宗) 파굴, 鼻塚 사건 등을 통한 적대적 감정을 유발하는 충격적 사건 중심으로 되어 있다. 둘째 계열의 설화본은 난후 민중들을 중심으로 전승된 여러 단편적 설화들을 작자나 필사자에 따라 다양하게 편철하고 있어 전후 민중간의 의식을 가장 민감하게 나타내고 있다. 四溟堂과 李如松, 金應瑞와 姜弘立, 崔日景과 關雲長 등 사실에서 크게 일탈된 인물이거나 가공적 인물들을 대응시켜 충성과 반역, 가해와 피해의 양면성을 통해 시간적으로 지속된 민족의식의 저변을 소상히 밝혀주고 있다. 세째번 한문본 계통의 작품에서는 대왜감정뿐 아니라 援兵國의 행패상을 들어 피지배계층의 대명감정까지 엿볼 수 있게 해준다(9·32·41). 사명당의 降倭說話는 민족감정의 절정을 장식한다. 왜국을 수중에 침몰시키고 왜왕으로 하여금 사명의 법술 앞에 무릎을 꿇게 한다. 이여송의 원병설화에 있어서도 내원 당시의 굴욕적 사실이나 난후 이여송의 명산혈을 찌르는 일련의 사실을 통해 대명감정을 셈하기에 족하다. 그는 끝내 조선의 靑衣童子에게 쫓기어 본국으로 달아나면서 한문본은 그 대단원을 맺는다. 한편 패전의 설욕을 위해 일본 정벌에 나서는 설화를 통해서도 충신(金應瑞)과 역신(姜弘立)의 대조적 묘사 속에 국난기의 민중이 의식하는 전형적 영웅상을 제시하고 있으며, 崔日景의 해몽과 유배과정에 있어서도 전란초에 李珥 趙憲 등의 예언이 당쟁의 무함으로 받아들여지지 않아 전란을 초래하였다는 암유적 구성법을 읽을 수 있다(38). 〈임진록〉은 난후 민족적 수난의 격동기를 지나는 동안 민중의 의식 속에서 배태되어 뿌리를 박은 민중의 문학이요 역사적으로 대응, 제조 형성된 반성의 문학이다. 그러기에 최일경의 지시나 관우의 음조를 받아 전란을 승리로 이끌기도 하고 패배의 설욕을 위해 일본 정벌에 나서 왜왕을 항복시키고, 원병장 이여송을 조선 땅에서 추방하기도 한다. 임란의 영웅들은 모두가 민중 편에서 싸우다가 부당하게 권력에 희생된 인물들이다. 「만고충신효자」의 현판을 받고도 처형되어야만 했던 金德齡이 그 예다(21). 결국 〈임진록〉은 민중이 의식한 임진란의 내적 반성과 외적 분노가 표리를 이루며 성장한 민중의 문학이요 민족설화의 집성체라고 할 것이다.

임란을 테마로 한 작품 가운데 〈崔陟傳〉과 〈南允傳〉은 소재뿐 아니라 창작의 기법에 있어서도 매우 높게 평가된다. 〈최척전〉은 일명 〈奇遇錄〉

(일사본)이라고도 일컫는 작품으로, 趙緯韓(1558~1649)의 작이다. 이는 〈어우야담〉의 〈紅桃傳〉을 모화로 하여 창작된 것으로, 丁酉再亂 때 崔陟과 玉英의 재회과정을 줄거리로 하여 최척의 포로생활과 귀환과정에서 그의 일본과의 적대적 감정을 문학적으로 승화시켜 놓고 있다(31). 〈최척전〉은 〈홍길동전〉 이래 시간관념이나 공간관념(거리감각)을 작품 속에 정확하게 옮겨 놓고 있으며, 해외문제에 대한 본격적 관심을 나타내고 있다는 점에서도 주목되는 작품이다. 〈남윤전〉도 작자는 밝혀지고 있지 않으나 임란 때 포로 된 남윤이 일본에서 중국을 거쳐 조선땅으로 돌아오는 플롯의 대통은 〈최척전〉과 같으나, 적국인 일본 공주를 아내로 삼고 이를 道仙思想과 연맥시켜 민족감정을 적개심이 아닌 화해로 끌고 나가고 있는 점을 볼 때 표현력의 우월성을 높이 살 만하다(37). 〈六美堂記〉(普陀奇聞)에서 보면 신라왕자 金太子가 일본 정벌을 위해 출정하며, 〈李允九傳〉에서는 제주에 유배된 윤구가 용왕의 명을 받아 고려를 침략해 온 왜군을 격퇴하여 대공을 세운다. 이러한 민족감정이 〈최척전〉이나 〈남윤전〉에 와서는 포로들의 往還과정을 통하여 전란의 체험과 견문담들이 곁들여 점차 다양한 형태로 민족감정을 수용하기에 이르는 것이다.

〈박씨전〉과 〈임경업전〉은 병자호란을 배경으로 삼은 작품으로 가장 대표적인 것이 된다. 〈박씨전〉은 〈임진록〉과 같이 패전의 울분과 치욕을 정신적 승리로 대체하기 위하여 가냘픈 여성(박씨)에게 도술을 부여하여 적장 龍骨大를 효수하고 청군을 항복시키며, 영웅의 출현을 갈망하여 임경업 장군으로 하여금 회군하는 적군과 대결하여 적을 격파하고 섬멸하게 한다. 〈박씨전〉을 보면 瀋陽에서의 귀환길에 보화와 미녀 갖기를 탐하던 맏大君은 고국에 돌아와 벼룻돌에 맞아 절름발이가 되지만 둘째대군(봉림대군)은 잡혀간 조선포로들과 함께 돌아오기를 소원하여 나중 후한 상을 받고 先王(인조)을 계승하여 왕이 된다. 이러한 작품의식은 宋時烈 일파가 앞장섰던 효종대의 이른바 북벌의 분노를 그대로 대변하고 있다(13·41). 〈임경업전〉에서는 李時白을 따라 원병장으로 명나라에 갔던 임경업이 胡王의 항복을 받고 돌아올 때 호왕이 그를 부마로 삼으려 하자 나막신에 솜을 깔고 키를 늘여 한사코 胡公主와의 혼인을 거부한다. 결국 金自點의 모해로 임경업이 피살되자 그 자녀들이 왕명으로 김자점의 시신을 토막내 까막까치의 밥이 되게 했다는 복수의 사설도, 당시 격앙된 민족감정의 표현이다(33). 〈박씨전〉과 〈임경업전〉은 동일작가에 의해 이룩된 듯 자매편적 성격을 띤 작품으로, 병자란 후 격앙된 대청감정과 민족적 분노(北伐論)를 다룬 대표적 작품이라 하겠으나, 그후 점차 실학시대에 접어들면서 성숙한 北學論의 대두로 自省論이 일며, 점차 냉정을 되찾으려는 기운이 싹튼다(7).

몽유록의 형태를 빈 작품만으로도 〈달천몽유록〉 〈피생명몽록〉 〈강도몽유록〉 등이 있다. 尹繼善(1577~1604)의 〈달천몽유록〉은 坡潭子가 몽유과정을 통하여 임란 당시의 영혼들을 만나, 申砬이 천험의 鳥嶺을 버리고 彈琴臺에 배수진을 쳤다가 애꿎은 생령들만 희생시켰음을 듣는다. 신립은 작전에 어두운 패장이라 하여 〈임진록〉에서도 비난의 표적이 되고 있다. 여기엔 당시 전란의 공으로 높이 서훈된 인물들보다 오히려 위품이 낮았던 불우한 인물들이 더 많이 등장한다. 이순신을 모함한 元均은 잡귀들의 조소의 대상이 되고 만다. 불우한 의병장들의 한탄도 모두가 전후의 반성과 여론을 반영하고 있다. 처참한 전쟁의 현장들이 생생하게 재현된다. 〈피생명몽록〉의 몽유자 皮達도 전후의 참담한 사회상을 몽중체험의 형태로 기술하고 있다. 임란 후 10여 년이 지난 당시까지도 수많은 시신들이 혈족을 찾아 수장되지 못하고 폐허에 내버려져 커다란 사회문제로 대두되고 있음을 본다. 아들 克信이 친부인 李憲의 시신을 수습하지 못하는 플롯도 바로 그러한 사회문제의 구체화된 예화에 지나지 않는다. 〈강도몽유록〉에서는 江都에서 節死한 조신들의 부인들이 모여 강도를 지키지 못하고 호왕에게 항서를 바친 그들의 구부·남편·자식 들의 불충을 고발하고 있다. 이 작품 역시 병란 후의 사회적 여론과 척화론자들의 강경한 주장들이 사건의 핵심을 이루고 있는데, 이렇게 볼 때 몽유록은 현실을 몽중사로 전환하여 평소 작가들이 토로할 수 없었던 현실비판과 난후의 참상을 들추어 한편으론 분노하고 한편으론 반성하는 당시 민중사회의 의식의 투사도라 하겠다(40). 〈金鰲新話〉萬福寺樗蒲記에는 왜구의 내침으로 희생된 여인의 명혼이 등장한다. 〈周生傳〉은 임란 당시 원병으로 종군한 周生이 작자 權韠에게 들려주는 사랑 이야기의 형태로 기술되고 있다. 〈雲英傳〉역시 전란이 휩쓸고 간 폐허 壽聖宮(안평대군의 고궁)에서 柳泳이 죽은 金進士와 雲英의 영혼을 만나 그들의 못다 이룬 애정담을 듣는 형식으로 기술되고 있다. 許筠의 문제작 〈南宮先生傳〉역시 왜란을 배경으로 삼고 있다. 폐허·허무·죽음·영혼·사랑에 이어지는 작품 속의 전란의 배경은 일찌기 볼 수 없었던 사랑의 아름다움과 슬픔, 삶의 넓이와 깊이를 측정하는 요소로 작품 속에 다양하게 작용하고 있다(34).

壬丙兩亂은 우리에게 인명이나 물질적인 막대한 피해를 입힌 것이 사실이지만, 문화적 측면에서 보면 중국과 일본을 통해 새로운 것을 받아들이는 기회를 만들어준 것도 사실이다. 임란 당시 중국은 明 神宗 연간이며 嘉靖·萬曆의 문화 전성기였으므로 중국의 저작물들이 전란과 함께 들어와 새로운 문화의 층을 형성하게 된다. 소설에 있어 〈三國志演義〉는 그 대표적 작품으로, 숙종 때는 이미 우리나라에서 인쇄되어 광범한 독자층을 형성하게 되는데, 金萬重의 〈西浦漫筆〉에는 「壬辰後盛行於我東 婦孺皆口誦說」이라 하여, 이때 이미 번역되어 규문에 유행되었음을 말하고 있다. 壬丙兩亂을 겪으면서 민중들은 내적으로 지배계층인 관료·사류 계급을 차츰 불신하게 되고, 외적으로는 민족적 적개심에 불타 영웅의 출현을 갈망하게 되었다. 이러한 시류 속에 군담·실기 들이 윤색되어 영웅·군담 소설이 싹틀 무렵에 마침 〈삼국지연의〉등이 전래되어 시대사조를 담을 그릇을 찾게 된 셈이다(25). 〈懲毖錄〉〈奮忠紓難錄〉〈龍灣見聞錄〉〈少爲浦倡義錄〉〈唐山義烈錄〉등과, 호란 후의 〈三學士傳〉〈江都日記〉〈丙子湖南倡義錄〉〈丁卯兩湖擧義錄〉〈戊申倡義事實〉등에 이르는 일련의 실기·창의록류들이 〈삼국지연의〉등의 기법을 본받고 거기다 격앙된 민족의식을 담아 〈劉忠烈傳〉〈趙雄傳〉〈蘇大成傳〉〈郭海龍傳〉〈張國鎭傳〉〈張豊雲傳〉〈張翼皇傳〉〈玄壽文傳〉〈李大鳳傳〉등 일련의 이른바 군담소설들이 창작 애독되었다(1·36·11). 〈임진록〉〈임경업전〉등을 역사군담, 〈조웅전〉〈유충렬전〉등을 창작군담이라 하고, 후자의 경우는 충신과 간신의 갈등과 대립이 작품의 중심 구성인 점을 들어, 창작 동인을 외적에 대한 적개심보다 당쟁으로 실세한 계층이 그들의 권력회복의 꿈을 더욱 강하게 표출한 것이라 보기도 하였다(19·26).

한편 전란 이후 일본과 중국을 내왕한 수많은 통신사들의 기록 〈海行摠載〉나 〈燕行錄〉〈朝天錄〉에서 기술한 견문과 민족적 감정의 표현은 우리 문학의 발전에 커다란 기여를 하고 있다. 임란 후 일본에 파견된 우리 통신사절단의 파견 회수는 한말까지 무려 12회에 이른다. 난후 한일 국교회복을 위한 최초의 통신사절이 파견된 것은 1607년(선조 40)으로, 임란이 끝난 후 9년 만이다. 이때의 기행 기록으로 慶暹(七松)의 〈海槎錄〉이 있다. 그후 吳允謙의 〈東槎日錄〉, 姜弘重의 〈東槎錄〉, 申維翰의 〈海遊錄〉趙曮의 〈海槎日記〉등 수많은 작품들이 오늘까지 남아 있다(28). 특히 姜沆의 〈看羊錄〉, 鄭希得의 〈月峯海上錄〉, 魯認의 〈錦溪日記〉는 이들 작자가 모두 정유재란 당시의 포로들이었다는 점에서 더욱 민족감정에 애절하게 호소하는 바가 있다. 강항은 藤原惺窩를 통해 일본에 주자학을 전한 인물이다. 정희득은 그의 행적으로 보아 훌륭한 시인이요 문사였다. 이들은 젉

420

유재란 때 함께 포로가 되어 일본에 건너갔다가 3년 여의 被虜生活 끝에 다시 고국으로 돌아온다. 〈금계일기〉의 노인은 포로가 되어 일본에서 오랜 피로생활을 하였다. 그러다가 그의 학문을 인정받고 明使를 따라 중원으로 건너가 환대를 받고 조선으로 송환되는데, 이런 과정이 앞서 든 〈남운전〉의 플롯과 일치한다. 〈간양록〉에는 조선인의 코를 베어 묻었다는 鼻塚의 전설이 강조되고, 조선 포로 李曄이 탈출하다 왜인에게 발각되어 참혹한 죽음을 당하는 대목을 장황하게 서술하고 있다. 〈월봉해상록〉에도 조선 포로의 주검을 왜인들이 칼시험의 재료로 삼는, 崔德陽의 잔인한 기록 등이 허다하다. 〈지봉유설〉이나 安鼎福의 기록(趙完璧傳) 가운데도 조선 포로 조완벽이 長崎의 노예시장에서 이탈리아 청년에게 팔려가 인도 고아 지방에서 석방되는 사실이 나온다(29). 병자호란 당시의 〈瀋陽日記〉에도 그곳 노예시장에서 만난 부모처자들이 가축처럼 팔려가며 울부짖는 참담한 광경이 기술되어 있다. 강홍중의 〈동사록〉에는 임란 후 30년이 경과한 뒤인데도 강진이 고향이라는 여인이 통신사절을 찾아와 자신이 사는 마을에는 피로자들만 살며, 고국에 돌아가는 배편만 있으면 모두 죽음을 무릅쓰고 도망해 나올 것이라 하고, 고향이 그리워 한복을 항상 벗지 않는다고 호소하는 기록이 있다(41). 〈老稼齋燕行錄〉〈湛軒燕記〉〈熱河日記〉 등 연행록류(〈조천록〉 포함)만도 100여 편이 넘는데, 병자란후 이들 작품에 비친 對明·對淸의 태도는 전란 후 양국의 친소감정을 가장 잘 표현하고 있으며, 徐有聞(1762~?)의 〈무오연행록〉에서는 老哥庄에서 병자-정축호란 포로 된 조선인 후예들이 賣酒賣餠하며 가격의 다소를 다투고 있는 광경을 바라보며 슬퍼하고 있다.

詩歌作品 가운데서도 〈漢陽歌〉에 있어서는 임란을 기술한 대문이 전체의 4분의 1에 해당한다. 「가사임진록」이라 하여도 과언이 아니다. 金仁謙의 〈日東壯遊歌〉에서는 임란이 경과한 지 200년이 가까와오고 있지마는 일본에 대한 격앙된 언사들이 곳곳에 산견되며, 부끄럽고 분한 길을 열한번째 떠나며 장부의 노한 터럭이 관을 찔러 일어선다고 하였다. 이러한 감정은 柳義養(1718~?)의 〈北關路程錄〉이나 訒齋 崔晛(1563~1640)의 〈龍蛇吟〉에서도 볼 수 있으며, 그후 趙友慾(1765~1839)의 〈大明復雙歌〉 등 많은 倡義歌辭 가운데서도 찾아볼 수 있다. 한편 朴仁老(1561~1642)의 〈太平詞〉〈船上嘆〉 가운데에는 「왜놈」「海醜」「鼠竊狗偸」 등 강경한 어조로 왜적을 규탄하며 전란을 회억하고 있다(41).

지금까지 필자는 대개 세 방향에서 壬丙兩亂의 충격을 검토해 왔다. 그 하나는 주로 양란을 제재로 한 작품들을 통하여 문학적인 대응을 설명하였으며, 그 둘은 〈삼국지연의〉등 전란을 계기로 하여 수입된 외래문화와 이른바 군담소설 발달의 상관적 측면, 그 셋은 전란 후 일본·중국 양국의 내왕기행인 〈해행총재〉〈연행록〉기록을 통해 살펴본 민족적 감정의 측면이다. 임란이 발발했던 선조 연간에서 효종과 현종 연간에 이르는 17세기 6,70년간은 양란을 치른 격동의 와중이었으며, 그후 숙종대 40여 년간은 봉건적 국체가 양란으로 말미암아 그 허약성을 적나라하게 노출하여 봉건체제의 붕괴와 더불어 급격한 사회제도의 변화 및 사회계층간의 개편으로 새로운 체질로의 변화를 서두른 시기로 보아진다. 이 무렵에 와서야 문학적 측면에서도 우수한 작품들이 생산되고, 문학적 대응의 자세도 갖추게 된 것으로 생각된다. 이 점에 있어서 숙종 연간은 매우 중대한 의미를 지닌다. 그간의 가장 큰 변혁이라면 지배층이 민중의 힘을 의식하게 되었다는 점이다. 앞서 문학작품 가운데서 필자는 전란을 계기로 하여 외적으로는 민족적 분노를 수용하는 한편 내적으로는 심각하게 자신의 체질을 반성하는 양면적 성격이 표리를 이루면서 그 공감각이 작자와 독자를 성장시켜 왔다고 말한 바 있다(41). 그후 英正 연간의 르네상스가 계속되는 동안은 그간 축적된 민중의 힘과 자성적 성실성이 결합되어 우리 문학도 차츰 리얼리티를 확보하게 되고, 풍자소설·사설시조·판소리 등 현실을 폭로하고 탐구하는 민중적 쟝르의 발달과 더불어 성장을 기약하는 문학의 체질개선이 이루어져 나가게 된다.　　　　　　　　　　蘇 在 英

論 著

1. 金台俊　增補朝鮮小說史(學藝社, 1939)
2. 姜興秀　壬辰倭亂과 丙子胡亂(文昌堂, 1951)
3. 韓㳓劤　壬辰亂 原因에 對한 檢討(歷史學報 1, 歷史學會, 1952)
4. 李崇寧　壬辰倭亂과 民間人被害에 對하여(歷史學報 17～18, 歷史學會, 1962)
5. 朴晟義　韓國古代小說史(日新社, 1964)
6. 金東旭　壬亂前後의 歌辭研究(震檀學報 25～27, 震檀學會, 1964)
7. 張德順　丙子胡亂을 前後한 戰爭小說(國文學通論, 新丘文化社, 1965)
8. 張德順　古典文學에 나타난 對日感情(東亞文化 4, 서울大 東亞文化研究所, 1965)
9. 金淳休　壬辰錄考(東岳語文論集 4, 東國大, 1966)
10. 李英俠　壬辰倭亂의 經濟史的 意義(建大經營論集 3, 1967)
11. 丁奎福　韓國軍談小說類의 諸問題(국어국문학 34～35, 국어국문학회, 1967)

12. 白樂淸　歷史小說과 歷史意識(創作과批評 1967 봄)
13. 申東一　李朝戰爭小說 朴氏傳硏究(陸士論文集 6, 1968)
14. 李在秀　韓國小說硏究(宣明文化社, 1969)
15. 金照滿　歷史小說에 나타난 李舜臣硏究(啓明大 大學院, 1969)
16. 趙東一　英雄의 一生(東亞文化 10, 서울大 東亞文化硏究所, 1970)
17. 黃錦燦　精神으로 勝利한 文學——壬辰錄——(東星論叢 1, 1970)
18. 姜周鎭　李朝黨爭史硏究(서울大 出版部, 1971)
19. 徐大錫　軍談小說의 出現動因 反省(古典文學硏究 1, 韓國古典文學硏究會,
　　　　　1971)
20. 李章熙　壬亂中糧餉考(史叢 15·16 합집, 高麗大 史學科, 1971)
21. 趙東一　壬辰錄에 나타난 金德齡(李在秀博士還歷紀念論文集, 1972)
22. 金起東　國文學에 나타난 民族精神(李殷相博士古稀論文集, 1973)
23. 李炯錫　壬辰戰亂史(서울大 出版部, 1974)
24. 崔永禧　壬辰倭亂中의 社會動態(韓國硏究院, 1975)
25. 李慶善　三國志演義의 比較文學的 硏究(一志社, 1976)
26. 徐大錫　丙子胡亂과 軍談小說(陶南趙潤濟博士古稀論叢, 1976)
27. 李夢賢　壬辰倭亂을 배경으로 한 古小說硏究(高麗大 大學院, 1976)
28. 姜周鎭　海行摠載 解題(民族文化 7, 高麗大 民族文化硏究所, 1976)
29. 金泰俊　壬辰亂과 朝鮮文化의 東漸(韓國硏究院, 1977)
30. 蘇在英　壬辰錄의 意識世界(朴晟義博士回甲論文集, 1977)
31. 蘇在英　奇遇錄(崔陟傳) 論攷(金聖培博士回甲論文集, 1977)
32. 林哲鎬　壬辰錄群硏究(延世大 大學院, 1977)
33. 崔龍洵　林將軍傳硏究(高麗大 大學院, 1977)
34. 蘇在英　石洲權韠小論(崇田大論文集 6, 1977)
35. 黃浿江　朝鮮王朝小說硏究(韓國硏究院, 1978)
36. 趙東一　韓國小說의 理論(知識産業社, 1978)
37. 蘇在英　南允傳論攷(崇田語文學 6, 1978)
38. 蘇在英　壬辰錄說話의 한 硏究(朝鮮學報 89, 日本 天理大, 1978)
39. 吳鉉奉　韓國戰爭文學硏究(省谷論叢 9, 1978)
40. 車溶柱　夢遊錄系 構造의 分析的 硏究(昶學社, 1979)
41. 蘇在英　壬丙兩亂과 文學意識(韓國硏究院, 1980)
42. 曹喜雄　朝鮮後期 文獻說話의 硏究(螢雪出版社, 1981)
43. 申東旭편　許筠의 文學과 革新思想(새문사, 1981)
44. 柳鐸一　完板坊刻小說의 文獻學的 硏究(學文社, 1981)
45. 蘇在英　韓國漢文小說의 系譜硏究(崇田大 論文集 11, 1981)

12. 평민가객과 시조집의 편찬

평민이란 조선조의 사회계급을 宗親·國舅·駙馬·兩班(鄕班)·中人·庶
孼·胥吏·常民·賤民 등 9계층으로 나누어볼 때, 이중에서 중인 이하 곧
중인·서얼·서리·상민·천민을 총칭하는 용어이다. 한국문학사에서 평
민의 개념을 이와 같이 제시한 것은 具滋均(14)이다. 이들 평민은 양반귀
족들의 수족으로서 永世的인 禁錮 상태에 있었다.

시조문학은 임진왜란 이후에 특히 왕성하여 시가문학으로서 본격적인
발전을 하게 되었으며, 시조문학의 중심은 숙종 이후부터 평민가객에게로
옮겨왔다. 곧 숙종 이전에는 李賢輔 鄭澈 申欽 尹善道 宋時烈 등 儒家士
大夫 문인들의 작품이 주류를 이루었는데, 숙종 이후에는 金天澤 金壽長
金聖器 安玟英 朴孝寬 朱義植 등 주로 서리 출신의 평민가객들의 작품이
주류를 이루었다.

角干 魏弘과 大矩和尙의 〈三代目〉이나 朴堧의 雅樂과 俗樂의 수집·정
리나 朴浚의 歌集이 그러했듯이 시조문학의 융성기 이후에도 시조집의 찬
집시대가 왔다. 그리하여 이른바 3대고시조문헌이라는 〈靑丘永言〉〈海
東歌謠〉〈歌曲源流〉 등이 모두 숙종 이후 평민가객들의 손에 의해서 편찬
되었다. 이 시기에 편찬된 것으로 보이는 시조집들은 앞에 든 것 밖에도
〈古今歌曲〉〈客樂譜〉〈東歌選〉〈南薰太平歌〉〈槿花樂府〉〈花源樂譜〉〈樂
學拾零〉〈甁窩歌曲集〉 등과 최근에 나타난 〈風雅〉가 있다. 이처럼 숙종 이
후의 시조는 주로 평민가객들에 의해서 창작 가창 전승되고, 그 가치가
보존되었다.

김천택과 김수장이 시조집 편찬사업에 평생을 바치면서부터 이 사업은
계속해서 성행하였는데, 가집 편자들이 쓴 序跋을 통해서 그 동인을 살
펴보면 다음과 같은 것을 지적할 수가 있다. 당시는 시조가 발생한 후
300여 년이라는 세월이 흘러서 시조 작품의 양이 제법 정리해 볼 만한
시기에 이르렀다는 점과 임진왜란 이후에 나타난 자아의 각성, 숙종 이후

에 크게 발달한 평민문학, 우리 문학을 위해서는 차라리 「樵童汲婦」가 더 낫다고 한 金萬重 같은 이의 문학관 등 시대사조에 힘입은 바가 컸다는 점이다. 특히 김천택은 「시의 본질이 본성에 감흥을 일으켜 手舞足蹈하는 경지에 이르는 것이라고 할 때 우리말은 우리 풍속에 말미암은 것으로 우리 시가 음률에 맞아 영탄하게 되고 수무족도하는 상태에 이르는 것은 한시와 같다」고 했는데, 이것은 김만중의 문학관과 일맥상통하는 바가 있으며 〈청구영언〉 편찬에 평생을 바친 動因을 뒷받침해 준다. 이와 같이 시조집의 편찬은 역사적으로는 시조작품을 정리할 만한 단계에 와 있었으며, 시대적으로는 자아의 각성으로 뚜렷한 문학관을 가졌기 때문에 가능했다고 할 수 있다. 그리고, 편자들이 내세운 편찬의 목적은 우리 시가의 인멸을 막아 길이 전하고, 와전을 막으며, 시가를 통하여 풍속의 교화를 피하고자 하는 데에 있었다.

〈청구영언〉은 현존하는 시조집 가운데서 편찬연대가 가장 오래 되었으며 수록작품 수도 비교적 많은 편이어서 대표적인 시조집이라고 할 만하다. 이 시조집은 吳璋煥本(일명 珍本 〈靑丘永言〉) 崔南善本(일명 大學本 〈靑丘永言〉) 李家源本(李漢鎭의 自筆本)과 宋錫夏 李熙昇 李秉岐 藤田亮策 藤井秋夫의 소장본이 있었는데 이중 송석하와 藤田의 책은 소재가 분명치 않다. 편찬자에 대하여 최남선본의 鄭潤卿 서문에는 南坡 金履叔이라고 했고, 같은 책 磨嶽老樵의 발문에는 金之澤으로 되어 있으며, 오장환본에는 남파 김이숙이 곧 南坡 金君伯涵으로 되어 있고 발문에는 김지택이 김천택으로 되어 있다. 그런데 어떤 시조집을 보아도 김지택의 작품은 없으며, 반면 김천택의 작품은 여러 시조집들에 수록되어 있기 때문에 이 시조집의 편자를 김천택으로 보는 것이다. 이병기는 그의 소장본 〈靑丘詠言〉에 실려 있는 金得臣의 서문을 제시함으로써 〈청구영언〉의 원찬자는 남파 김천택이 아니고 松谷임을 주장한 바 있으나(9·11), 그 서문의 집필연대가 분명하지 않을 뿐 아니라 〈청구영언〉의 최고본으로 보이는 오장환본과 여타의 이본들에 그 서문에 대하여 전혀 언급이 없으며, 〈가곡원류〉계의 〈花源樂譜〉의 첫머리에 그 서문이 덧붙여져 있는 점으로 볼 때, 松谷이라고 속단하기는 어려운 실정이다. 그뿐 아니라 김득신의 서문을 그대로 믿는다고 해도 현전의 吳·崔本 〈청구영언〉의 편자는 김천택일 수밖에 없다. 한편 편찬연대에 대하여도 최남선본의 서문에는 영조 4년(戊申)으로 되어 있고, 같은 책의 발문에는 영조 3년(丁未)으로 되어 있어서 분명치가 않다. 그런데 오장환본과 여타의 문헌들에 「戊申暮春」 또는 「戊申夏五月」로 기록되어서 영조 4년에 편찬된 것으로 보는 것이다. 편자 김천택은 자를 伯涵 또는 履叔이라 했고 호를 南坡라고 했다. 그는 鄭潤卿 金聖器 金壽長 등의 가객들과 특히 교분이 두터웠으며 평생을 노래와 더불어서 살았다. 이 시조집은 곡조에 의해서 작품배열을 하였으며, 거기에다가 작자의 연대순을 병행한 이본도 있다. 이가원본은 배열의 원칙이 없는 것으로 소개되어 있다. 이병기본 〈靑丘詠言〉과 〈화원악보〉의 김득신 서문을 일단 받아들여 인정한다면, 〈청구영언〉은 숙종 10년(1684) 이전의 松谷이 편한 〈청구영언〉(金栢谷의 序文本)이 있었다고 볼 수 있으며, 이것에 의거하여 김천택이 개편한 〈청구영언〉이 영조 4년(1728)에 만들어지고(오장환본, 580수 수록의 戊申本), 다시 이것을 보수 개편한 것이 헌종 연간에 찬성되었다고 할 수 있다(최남선본, 998수 수록). 그러나 松谷이 편찬한 것은 逸書여서 앞으로 이 책의 존재에 대한 보완자료를 찾아야만 확실한 답을 할 수 있을 것이다.

　〈海東歌謠〉는 〈청구영언〉 다음으로 이루어진 시조집이다. 이 시조집은 최남선본의 〈海東歌謠〉(周時經이 발굴하여 교정 轉寫했기 때문에 일명 周氏本이라고도 한다. 경성제대에서 출간했고 연전에서 등사본을 낸 바 있다. 568수가 수록되어 있다. 乾坤 2책 중에서 乾권만 전해지는 것으로 되어 있다)와 李熙昇本 〈海東風雅〉(무명씨 작품 320수를 합하여 638수가 수록된 것이며, 鄭炳昱의 轉寫本이 있다)가 있었으나 6·25 동란 중에 없어지고 전사본과 印刊本만 남아 있다. 이 두 본의 校合本이 金三不에 의해서 출간된 바 있다(10). 최근 朴永弴本이 영인된 바 있는데 이것은 崔·李本보다 필사연대가 앞서는 것으로 보이며 부록으로 永言選까지 붙어 있어서 많은 참고가 된다. 〈해동가요〉의 편찬자는 권두 서문에 「歲癸未 春正月上澣 完山後人七四翁 老歌齋金壽長書」라 한 것으로 보아 김수장임을 알 수 있다. 그는 자를 子平, 호를 老歌齋라고 한 영조 때 가객으로 김천택과 쌍벽을 이루었다. 이들을 李白의 獨坐敬亭山과 같은 경지라고 하여서 敬亭山歌壇이라고까지 하였다. 그는 만년에 서울 花開洞에 老歌齋를 경영하여 일대의 가객들과 교유도 했다. 이 시조집은 정윤경의 서문 등으로 보면 영조 22년경부터 편찬사업이 시작된 듯하며, 張福紹의 발문에 따르면 영조 31년에는 일정한 체재를 갖춘 가집이 이미 만들어진 것 같다. 그러나 〈해동가요〉라는 시조집은 이 책의 권두 서문에 있는 바와 같이 영조 39년(1763 癸未)에 편찬이 완성되어 김수장이 自序를 붙이고 책이름을 확정하여서 세상에 내놓은 것이다. 이어서 계속 보수한 끝에 영조 45년(1769 己丑)에는 靑邱歌謠를 부록으로 첨가하게 되었다. 이 시조집의 편찬방법은 작자별로 배열하고 작자의 성명을 밝혀서 비교적 체재가 잘 정비되어 있다. 〈청구영언〉과 이 시조집의 서문을 대비해 보면 김수장의 자서는 김천택의 서문을 약간 구절만 변형시킨 것에 불과하다. 이것으로 볼 때 〈해동가요〉는 〈청구영언〉을 산개하여 편찬한 것이라 할 수 있다. 따라서 〈해동가요〉는 영조 4년 김천택의 〈청구영언〉을 근거로 해서 같은 왕 22년부터 편찬사업에 착수, 같은 왕 31년에 초고본이라 할 수 있는 책이름을 알 수 없는 가집을 만들었고, 이를 보수하여 같은 왕 39년에 비로소 김수장의 서문이 붙고 〈해동가요〉라 이름이 붙여진 시조집이 찬성되었다고 할 수 있다. 그러나 앞에 제시한 세 이본은 영조 31년의 張福紹 발문본이나 같은 왕 39년의 김수장 자서본이나 같은 왕 45년의 중수보완본 중 어느 것에도 해당되지 않기 때문에 모든 전승본들을 보다 면밀하게 검토하여 올바른 비판이 가해져야만 그 편찬과정을 정확하게 파악할 수 있을 것이다.

〈가곡원류〉는 〈청구영언〉과 〈해동가요〉 뒤에 나타난 시조문학의 총결산 보고서라고 할 것이다. 이 시조집은 奎章閣本의 발문과 안민영의 시조를 결합하여 보면 朴孝寬과 그 문생인 안민영의 편찬이라는 것을 알 수 있다. 박효관의 발문에는 조선조 말기에는 가곡까지도 심히 문란하여서 이를 개탄한 나머지 문생 안민영과 더불어 〈가곡원류〉를 편찬했다고 편찬의 의도를 밝혀놓았다. 이 시조집은 많은 이본들이 있어서 차이가 있기는 하나 대략 600여 수의 시조를 곡조별로 배열하여 수록하였다. 박효관은 자를 景華, 호를 雲崖라고 했는데 대원군의 賜號이다. 그를 중심으로 해서 모인 昇平稧는 일세의 성사를 이루었다. 그리고 안민영은 자를 聖武 또는 荊甫, 호를 周翁이라고 했으며 박효관과 같이 대원군의 문하에 있었던 가객이다. 이 시조집의 편찬연대에 대해서는 「丙子榴夏節 周翁安玟英 字 聖武序」라는 기록이 있어서 고종 13년(1876)임을 쉽게 알 수 있다. 이 시조집의 명칭은 〈歌曲源流〉〈靑丘樂章〉〈歌詞集〉 등등 여러 가지가 있다. 이 문제에 대해서는 이 책의 원표지가 떨어져 나갔기 때문에 뒷사람들이 임의로 〈청구악장〉이나 〈가사집〉과 같은 題籤을 붙였거나, 아니면 이 책 머리의 「能改齋漫錄」에서 인용한 「歌曲源流」라는 것이 있는데, 이것을 책 이름으로 잘못 알고 제첨으로 썼을 것이라는 추정을 하고 있다. 따라서 이 시조집의 원본을 찾는 일과 가집 명칭에 대한 정확한 고증이 과제로 남아 있다. 이 시조집은 최근세에 편찬된 것이기 때문에 가장 많은 이본을 가지고 있다. 정병욱은 奎章閣本・李王家藏書閣本・李王家雅樂部本・國立圖

書館本·崔南善本·日本東洋文庫本·佛蘭西東洋語學校本 등 7종의 이본
을 제시한 바 있으며(22), 姜銓燮은 沈載完(23)과 金根洙(24)가 제시한 것
을 보완하여 〈가곡원류〉계 가집으로서 국립국악원본(○○○○) 규장각본
(〈歌曲源流〉) 구황실본(〈歌曲源流〉) 최남선본(〈靑丘樂章〉) 이희승본(〈靑邱永言〉)
이병기본(〈歌曲源流〉) 박씨본(〈歌詞集〉) 河合本(〈靑邱永言〉) 誠岩本(〈靑邱永言〉)
前間本(〈歌曲源流〉) 城大本(〈歌曲源流〉) 藤井本(〈靑丘咏言〉) 〈海東樂章〉〈協律
大成〉〈花源樂譜〉〈增補歌曲源流〉 이병기본(〈金玉叢部 周翁漫詠〉) 충남대본
(〈金玉叢部 周翁漫詠〉) 東洋文庫本(〈女唱歌謠錄〉) 등 19종을 제시한 바 있다
(28). 앞에 열거한 시조집들을 모두 같은 계열의 가집으로 보는 까닭은 宋
나라 吳曾의 〈能改齋漫錄〉에서 옮겨 실은 「歌曲源流 論曲之音」이 첨부되어
있고 〈해동가곡〉 이후의 여러 가집에서 흔히 볼 수 있는 「各調體格 歌之
風度形容」과 「梅花點長短 長鼓長短」 등이 전면적으로 수록되어 있기 때문
이라고 하였다. 그러나 앞에 제시한 점만을 가지고 같은 계열의 가집이라
고 단정하기에는 좀 성급한 감이 있다. 따라서 이 문제에 대해서도 앞으
로 좀더 다각적이면서 정밀한 검토가 있어야 할 것이다.
　　〈古今歌曲〉은 편자, 편찬연대, 가집의 이름 등이 모두 미상인 시조집이
다. 이 책은 淺見倫太郎本인데 표지가 떨어져 나가서 책이름을 알 수가
없다. 다만 이 책의 끝에 수록된 편자의 시조 가운데 「……古今歌曲을 쓰
는 뜻은 여기에나 흥을 부쳐 소일코자 하노라」라는 작품이 있어서 「고금
가곡」을 시조집의 명칭으로 삼은 것이다. 그리고 이 책의 권말에 「甲申春
松桂烟月翁」이라는 기명이 있지만, 그가 누구인지는 알 길이 없다. 그는
이 시조집에 실려 있는 14수의 자작시조를 통해서 보면 중년 이후에 세
사를 버리고 산중에 은거하면서 시가로서 자적한 사람이었다. 한편 甲申
이란 연대는 영조 40년이나 순조 24년 중의 어느 한쪽인 것으로 추측된
다. 이 가집의 단가부는 단형시조·장형시조·자작시조로 3분하여 편찬
되었다. 단형시조 246수는 人倫·勸戒·頌祝……別恨 등 19개 항목으로
분류하여 편찬하였다. 다른 시조집들이 대개 곡조나 작자에 의해서 분류
편찬되어 있는데, 이 시조집은 내용상의 분류법을 썼다는 것이 특기할 만
한 점이다. 이와 같은 분류법을 시도한 시조집에는 또 〈東歌選〉이 있으나
그것은 작자별 분류를 하고 참고로 내용을 註記한 것이다. 이 시조집에는
비록 302수밖에는 실려 있지 않지만 그중 120여 수가 이른바 3대 시조
집에는 실려 있지 않은 것이어서 대단히 중요하다고 할 수 있다. 시조집
의 작자명이 전혀 밝혀져 있지 않은 것은 유감스러운 일이다.

〈동가선〉은 책이름에서 알 수 있는 바와 같이 유명한 노래들을 선택하여 편찬한 것이다. 이 시조집의 편자는 白景炫이며, 그는 자를 時晦, 호를 悟齋라고 하였다. 이 시조집의 편찬연대는 순조 20년(13), 혹은 정조 5년(24)으로 추정된 바 있는데, 이 시조집에 영조 때의 李鼎輔와 金鼎禹 등의 작품이 보이며 영조 이후의 작자가 발견되지 않고 편자의 작품인 〈백발가〉와 〈탄노가〉가 수록되어 있는 것으로 보아 정조 5년(1781) 전후해서 편찬된 것이라고 할 수 있다. 이 시조집에는 335수의 작품이 수록되어 있으며 곡조에 의하여 분류하고 노래의 말미에는 내용을 註記하였다.

〈南薰太平歌〉는 편찬자를 알 수 없는 목판본 시조집이다. 이 가집에 수록된 시조에 金裕器와 金三賢 등의 작품이 들어 있는 것을 보면 편찬연대가 숙종을 거슬러올라갈 수 없으며 권말에 「癸亥石洞新刊」이란 刊記가 있어, 순조 3년이나 아니면 철종 14년의 어느 한쪽으로 추정된다. 이 시조집은 순전히 음악적인 목적을 위해 편찬되었으며, 순 한글의 표음적 철자로 종장의 제4구가 없는 것이 특색이다. 편찬방법은 낙시됴·롱·편·송……등으로 분류하여 배열했다. 총 224수의 시조가 실려 있는데, 대부분의 작품은 작자명이 밝혀져 있지 않다.

〈客樂譜〉는 편자와 편찬연대를 알 수 없는 옛사본의 시조집이다. 이 가집은 작자를 전혀 밝혀놓지 않아 작자를 통한 편찬연대의 추정도 어려우나 다른 가집에 있는 이름을 알 수 있는 작가의 작품들과 대비를 하여 보면 朱義植이나 金裕器의 작품이 여러 편이 있어서 숙종 이전에 편찬된 것은 아니고 순조 전후해서 편찬된 것으로 보인다. 이 시조집에 수록된 작품은 480수이며 곡조에 의해 분류 편찬되었다. 그리고 각 작품의 종장 제1구에 한해서 앞뒤로 한 자씩 띄어 분철하고 있는 것이 특색이다.

〈槿花樂府〉는 편자와 편찬연대가 미상인 시조집인데, 표지 뒷면의 「己亥夏成」이란 간기로 보아 정조 3년이나 헌종 5년에 편찬된 것으로 추정할 수 있다. 수록된 작품은 395수이고 내용에 따라 분류 편찬하였다.

〈花源樂譜〉는 李能雨本으로 편자가 분명치 않으며 이 책의 서문에 「西龜隱手記于桃源僑居焉」이라는 기록이 있어 龜隱이라는 호를 가진 이가 편자일 것으로 추측된다. 그리고 이 시조집의 권두에는 박효관과 안민영의 〈가곡원류〉 서문을 인용 수록하였고 이들의 작품도 이 시조집에 수록되어 있어 고종 이후인 1897년(丁酉)쯤에 찬성된 것으로 추정된다. 수록작품은 650수이며 곡조별로 작품만을 나열하는 편찬방법을 택하였다.

〈樂學拾零〉은 〈與衆樂〉〈李氏本 靑丘永言〉〈瓶窩歌曲集〉 등등의 이름으

로 학계에 알려진 바 있으나, 〈악학습령〉이 본래의 명칭이다(34). 편자인 李衡禪은 자를 仲壬, 호를 瓶窩 또는 順翁이라고 했으며 孝寧大君의 후손으로 덕망 높은 선비였다. 그는 벼슬길에서 물러나 慶北 永陽에서 독서와 저작과 거문고로 자오하였다. 편찬연대는 〈해동가요〉가 중수 편찬된 영조 45년 이후로 보는 이(30)와 정조 연간으로 보는 이(22), 영조 4년에서 영조 9년 사이로 보는 이(34)가 있는데 그의 몰년을 감안한다면 영조 연간이 될 것 같으나 정확한 것은 알 수 없다. 이 시조집은 1,110수를 수록하고 있으며, 곡조별로 배열 편찬되었으나, 작품 취재의 경향, 어구 표현 등은 진본 〈청구영언〉과 유사하며, 작자 명단의 목록을 작성한 것은 〈해동가요〉와 흡사하고, 곡목별 편찬의도가 일관되어 있는 점은 〈가곡원류〉와 통한다. 특히 다른 시조집에 보이지 않는 五音圖와 音節圖의 기록은 특기할 만한 것으로 시조집의 연구에 새로운 국면을 제공하고 있다.

〈風雅〉는 최근에 秦東赫이 찾아낸 李世譜의 시조집이다. 편자인 이세보는 綾原大君의 8대손으로 철종과는 6촌간이다. 그는 철종과 특히 교분이 두터웠다. 〈풍아〉는 大·小 두 책으로 되어 있으며 大에는 422수 小에는 72수가 실려 있다. 이 시조집은 1860년에서 1862년 사이에 지어진 것으로 추정되며, 이 시조집이 세상에 나옴으로 해서 이세보는 458수나 되는 시조를 지은 고시조 작가임이 밝혀졌다. 지금까지 알려진 바로 가장 많은 고시조 작품을 남긴 이는 안민영으로서 그는 180수의 시조를 지었는데 이 시조집이 발견됨으로 인해서 최다작가의 자리를 내놓지 않을 수 없게 되었다.

이상의 시조집 중 〈악학습령〉과 〈풍아〉는 편자가 평민가객은 아니지만 평민가객들의 시조집 편찬사업과 무관한 것이 아니기 때문에 일괄하여 언급한 것이다. 지금까지 알려진 모든 시조집의 계통문제와 積層문제는 앞으로 해결되어야 할 하나의 과제이다.　　　　　　　　　　　　林 基 中

論　著

1. 趙潤濟　海東歌謠——古圖書解題(朝鮮語文學報 3, 朝鮮語文學會, 1932)
2. 趙潤濟　靑丘永言 編者와 海東歌謠 編纂年代에 대한 再考(朝鮮語文學報 4, 朝鮮語文學會, 1932)
3. 多田正知　靑丘永言と歌曲源流(小田先生頌壽紀念朝鮮論叢, 1934)
4. 趙潤濟　歷代歌集 編纂意識에 대하여(震檀學報 3, 震檀學會, 1935)
5. 金台俊　校閲靑丘永言(學藝社, 1939)

6. 咸和鎭　增補歌曲源流(朝鮮文化館　出版部, 1946)

7. 趙潤濟　歌集의　解題(朝鮮詩歌의　硏究, 乙酉文化社, 1948)

8. 方鍾鉉　靑丘永言跋(朝鮮珍書刊行會, 1948)

9. 李秉岐　古典의　僞作(서울신문 1949. 5. 18)

10. 金三不　校註海東歌謠(正音社, 1950)

11. 李秉岐　靑丘永言과　海東歌謠(全北大　國語文學 2, 1952)

12. 鄭炳昱　三大古時調集의　傳承體系　小考(時調硏究 1, 1953)

13. 吳漢根　歌集　東歌選　編者考(국어국문학 11, 국어국문학회, 1954)

14. 具滋均　韓國平民文學史(杏林書院, 1955)

15. 鄭炳昱　海東歌謠의　編纂過程小考(一石李熙昇先生頌壽紀念論叢, 1957)

16. 鄭鉒東　兪昌植　珍本靑丘永言(新生文化社, 1957)

17. 李泰極　海東歌謠　解說(時調槪論, 새글사, 1959)

18. 趙潤濟　詩歌集의　修撰(韓國文學史, 東國文化社, 1960)

19. 沈載完　時調文獻의　疊錄考察(靑丘大論文集 3, 1960)

20. 沈載完　金玉叢部(周翁漫筆)硏究(靑丘大論文集 4, 1961)

21. 沈載完　李漢鎭編著　靑丘永言에　대하여(語文學 7, 語文學會, 1961)

22. 鄭炳昱　歌集解題(時調文學事典, 新丘文化社, 1966)

23. 沈載完　歌曲源流系歌集　硏究(靑丘大論文集 10, 1967)

24. 金根洙　歌曲源流考(明知大論文集 1, 1968) ; 東歌選小攷(杏丁李商憲先生回
　　　　　甲紀念論文集, 1968)

25. 李泰極　靑丘永言解題(韓國의　名著, 玄岩社, 1969)

26. 姜銓爕　松谷編　古本靑丘永言의　復原問題(국어국문학 47, 국어국문학회,
　　　　　1970)

27. 鄭在鎬　歌集序跋에　관한　小考(高麗大語文論集 12, 1970)

28. 姜銓爕　金玉叢部에　대하여(忠南大　語文硏究 7, 1971)

29. 姜銓爕　海東歌謠의　形成過程(忠南大　語文論志 1, 1972)

30. 沈載完　時調의　文獻的　硏究(世宗文化社, 1972)

31. 黃忠基　海東歌謠錄考(국어국문학 62〜63, 국어국문학회, 1973)

32. 黃忠基　海東歌謠　一石本에　대하여(국어국문학 64, 국어국문학회, 1974)

33. 崔東元　海東歌謠　古今唱歌諸氏에　대한　考察(釜山女大　睡蓮語文論集 4,
　　　　　1976)

34. 金東俊　樂學拾零攷(樂學拾零, 東國大　韓國學硏究所, 1978)

35. 李相寶　異本海東歌謠　및　永言選考察(韓國文學 1979. 1)

36. 秦東赫　時調集　風雅의　作者硏究(韓國學報 20, 1980)

13. 조선후기 가사의 현실인식

　조선왕조 후기는 봉건제도의 내적 모순으로 말미암아 기존질서가 점차 붕괴되면서 새로운 질서를 회구하던 사회적 변동의 시기라고 할 수 있다. 壬丙兩亂의 상처를 안은 채 새로운 정비가 불가피하였고 당쟁적 아픔을 가지면서 閥閱政治 내지 세도정치가 전횡하였다. 이에 따른 官紀의 해이는 바로 三政의 문란을 수반했으니 이는 관료층의 苛斂을 조장하는 온상이 되었고 탐욕에 찬 吏胥들이 판을 치는 소지를 마련하게 되었다. 국가의 收稅制度가 徭貢의 형태에서 購買의 형태로 바뀜에 따른 상업의 발달과 더불어 신흥 상인계층이 형성되었고, 그들은 관과 결탁하여서 錢穀을 이용하여 몰락양반들의 재산을 점차 취득하는 한편, 그들의 손길은 농민에게까지 뻗치게 되었다. 한편 멀리 있는 이상보다는 눈앞에 놓인 현실문제에 눈길을 돌리는 이른바 實學思想이 대두되고 새로운 시대를 자각하는 서민의식이 확산되던 시기다.

　이같은 상황 속에 살아갔던 우리 祖先은 현실을 어떻게 인식하고 있었는가. 歌辭文學을 통하여 살펴보면 모순에 찬 현실을 고발하는 저항이 있는가 하면, 기존질서의 회복을 위한 복고적 의지를 보이기도 하고, 새로운 사회윤리의 정립을 위하여 철저한 자기 반성의 일면도 있었다. 한편, 自家·自族만의 낙원을 추구하는 소시민적 안정 추구 태도를 보이기도 하고 실현에 좌절당한 군상들의 육정적 자기 환락에 몰입되는 경향도 있으며, 낯선 외국의 景物과 문물제도에 접함에 따라 자국이 직면한 현실에 새로운 인식을 가져온 점도 쉽사리 살필 수 있다.

　관료·이서뿐 아니라 富商大賈까지도 일반백성들의 수취계층으로 군림하게 됨에 무거운 짐을 지게 된 농민들은 이를 참고 견디지 못해 종국에 이르러서는 그들에 대한 고발과 저항이 일게 되었다. 처음에는 독자적 호소의 소극성에서 고발과 대결의 적극적 행동으로 변하였으니 이른바 19세기에 일어났던 크고 작은 민란들이 바로 그것이다.

환자 배자 부세전령	응당구실 말랴할까
향청분부 작청구청	원임인들 어이알리
한집에 세네군포	제구실 못하거든
사돈일지 권당일지	일족물이 더욱설위
재너머 십여호가	어제밤에 닷단말가
뉘라우리 정상그려다가	구중궁궐의 임겨신데 드리리 ——〈기음노래〉

이는 〈기음노래〉의 끝부분인데 鄕廳吏屬들의 농간과 丁布에 못 이긴 농민들이 곤궁에 빠진 자기네들의 처지를 알음 없는 임금에게 그 해결을 희원하는 독백적 호소인 것이다.

그러나 향청이속들의 좀도둑적 농간에는 참을 수 있었으나 소위 牧民官으로서 方伯의 지나친 탐욕과 호화를 위한 수렴에는 참다 못해 신랄한 고발과 직접 대결로 맞섰던 것이다.

許多한 官人促吏	大小尺을 分定하고
四方附近 十里안에	雞犬이 멸종하네
………	
寒廚에 우는 少婦	발굴으며 하는 말삼
방아품에 얻은 양식	한두되 있건마는
器皿은 뉘게 빌고	앞뒤집 돌아보니
臘月飯 緣故로다	一村雞犬 탕진하고
戶收斂하단말가	大戶에 兩이 넘고
小戶에도 六七錢이라	이런 놀음 다시하면
이 百姓이 못살겠네 ——〈合江亭歌〉	

이는 1790년 全羅監司 鄭民時(1745~1800)라는 실제 인물이 행한 일이다. 방백 한 사람의 호화로운 船遊를 위해 농번기에 흐르는 강물을 막았고 그들 일행의 宴享에 인근 마을의 닭과 개가 멸종되었을 뿐 아니라 끝내는 방아품 팔아 얻은 한됫박의 곡식마저 그들의 놀이를 위해 바쳐야 하는 숨막히는 상황이다.

또 1840년대에 지었으리라고 보는 〈居昌歌〉에는,

　　환상분급 하는 날에　　　　재인 광대 불러들여
　　재조하고 노래 불러　　　　온갓 작난 다한 후에
　　전첨후고하는 거동　　　　이미망량 방자하다
　　이런 작난 다한후에　　　　일박서산 황혼이라
　　침침칠야 분급하니　　　　허 각공과 분별할까
　　아전 관료 허다 중에　　　　장교 사령 독촉하니
　　삼십리 먼데 백성　　　　종일 굶어 배고파라
　　환상 잃고 우는 백성　　　　열의 일곱 또 셋이라 ──〈居昌歌〉

라고 하였으니, 삼사십 리 먼길을 와서 하루 종일 기다리다가 받은 것은
고작 헛각공과뿐인 곡식이요 게다가 장교 사령들의 성화 같은 독촉에 그
만 분급받은 곡식마저 잃어버리고 만 백성이 「열에 일곱 또 셋이라」 하니
참으로 기막힌 현실이다. 그뿐 아니라 白沙場의 結卜, 白骨徵布 등 가렴은
극에 달했고 끝내는 죄없는 농민이 杖下의 이슬로 사라지기까지 하였다.

　　虐民도 하려니와　　　　濫殺人命 무삼일고
　　한유택 정치성과　　　　김부대 강일성아
　　너의난 무삼죄로　　　　杖下에 죽단말가
　　열흘만에 죽은 백성　　　　보름만에 죽은 백성
　　사오인이 되었으니　　　　그 적원 어데 및노
　　불쌍하다 저귀신아　　　　가련하다 저귀신아 ──〈居昌歌〉

　　그런데 그들이 겪고 있는 참담한 현실을 이와 같이 고발은 하면서도 이
를 극복하고 새로운 변혁을 일으켜 무엇을 쟁취하려는 진취적 개혁의지는
잘 보이지 않는다. 이같은 모순된 현실고발은 「나」라는 단수적인 것에서
가 아니라 「우리」라는 복수를 의식하는 바람이요 행위였을 것이다. 현실
을 직시하고 그에 저항하는 행위가 비록 비견 없는 본능적 움직임이었다
손 치더라도 거기에는 「우리」라는 연대의식이 작용하였을 것이고, 이러
한 「우리」 의식은 務實力穡의 근검정신과 아울러 뒷날 개화기에 접어들면
서 미래지향적 민족 주체의지와 접맥되었을 것이다.

　　실생활의 안정이란 당시 서민들이 가장 열망하던 소원이요 지표였다.
백방으로 착취당하는 그들에게 있어서는 안정된 생활이란 무엇보다 먼저
해결해야 할 문제인 것이다. 더구나 금전으로써 신분의 그 높은 장벽마

저도 깨뜨릴 수 있는 제도까지 있었던 터이니 富에의 집착은 당연한 일이다. 이러한 부에의 염원은 안방 깊숙이 침투되어 여인네의 가난 추방의 의지는 절실을 넘어서 실로 비장한 것이었다.

> 호미 자루 되게 잡고　이골매며 저골매여
> 해지는 것 민망하게　젓달고 우는 자식
> 불을 때며 젓을 주고　보채여 우는 자식
> 품에 안고 물레질 ——〈治産歌〉

농사일은 꼭 남자만이 하는 일이 아니다. 들에 나가서 농사를 알뜰하게 함으로써 그 가난을 추방하겠다는 굳은 의지가 호미자루를 굳게 잡도록 한 것이다. 농가에 있어서 생활의 윤택은 살림사는 부녀의 손길에 달렸음은 말할 것도 없다. 이들은 「살아야 命이 되고 먹어야 福이 된다」고 하였다. 부인의 지혜와 노력으로 한 집의 부를 이룬 〈복선화음록〉과, 有實樹를 심어 논을 사며, 채소를 가꾸어 반찬값을 절약하고, 蠶農에 힘써 가산을 이루고, 오줌똥을 잘 건사하여 생산에 보탬이 되도록 노래한 〈治産歌〉 등에 그들의 가난 극복의 의지가 잘 표출되어 있다. 그들은 한뼘의 땅도 쓸모 있게, 한참의 시간도 낭비 없는 근검과 절약에서만이 생활의 안정이 있다고 믿었다.

> 노심노력 지은 농사　일흡일사 허비할까
> 절식절용 하고보면　남의 빗을 적게지리
> 일년농사 적다하되　절식하면 계량되고
> 일년길삼 적게해도　사 입자면 적지않다
> 세간살이 대절목이　먹기 입기 제일이라
> 잘 먹자면 한이 없고　잘 입자면 한이 없다 ——〈농부가〉(姜銓燮氏本)

부를 누려보자는 그들의 희원은 소시민적 낙원 건설에 그 지표가 있었다. 거짓에 멍들며 속아 살아온 그들은 거짓말 아니하는 정직한 땅을 믿고 小福은 在勤이라 오직 근검하고 절약하면 그들의 바람이 성취된다고 믿었다. 그들의 바람은 화려하고 웅장한 고대광실도 아니요, 萬金을 모은 石崇의 부를 누리자는 것도 아니다. 다만 안채·사랑채가 갖추어진 3, 4 간 정도의 집에다가 그 주위에 果木을 심고 가내가 무사하고 眷黨이 함께 즐길 수 있는 아늑한 낙원을 바랄 뿐이었다. 이런 것은 〈농부가〉(慶大本)

되어 있다. 어떻든 그들은 소시민적 낙원을 추구하였고 그를 위해 부에 대하여 집착은 했어도 허욕을 부려 사람을 속이고 재물을 얻자는 것이 아니라 어디까지나 자신의 근검과 절약으로써 부를 누리자는 건전한 정신이 그 바탕에 깔려 있었다.

　이 시기에 있어서의 사회윤리 회복의 지향은 두 가지 성향을 보이고 있다. 즉 하나는 기존질서의 회복을 위한 복고적 인간을 정립하자는 것이요, 다른 하나는 현실적으로 타락된 인간을 철저히 고발하여 새로운 질서 속의 인간을 정립하자는 것이다. 전자가 삼강오륜이란 기존윤리를 앞세우는 下敎的 수직적 성향을 지닌 것이라면, 후자는 사회윤리를 깨뜨리는 부류의 생활을 철저하게 파헤쳐 고발함으로써 새로운 윤리를 구현하자는 수평성향을 띠고 있는 것이다.

<pre>
　　　草野의 백성들은　　　국토를 중히 하고
　　　王化를 感戴하며　　　국법을 조심하야
　　　왕민을 경대하며　　　국토 안에 나는 粟帛
　　　정추기망 분간 없이　　지성으로 貢稅하고
　　　조정실례 관정실수　　외람이 거론 말고……——〈농부가〉(崔乃顯)
</pre>

　초야에 묻힌 백성들은 그저 시키는 대로 말없이 순종하면 된다는 것이다. 이것은 바로 기존질서를 유지하려는 복고적인 것인데 예를 들면 이 시기의 道德歌類는 이같은 성향의 소산이다.
　그러나 〈愚夫歌〉〈庸夫歌〉 같은 가사의 분석(8)을 통하여 사회윤리를 파괴하는 지지리도 못난 사람은 「개똥이」「꼼생원」「꼉생원」, 그리고 「뺑덕어미」와 같은 부류임이 드러났다. 이들 가사들은 교훈적 덕목을 열거하여 가르치는 하향적 교화가 아니라 현실의 치부를 들추어냄으로써 자성적 경종을 울리는 것이다. 전자가 상하관계에서 오는 수직적 성향을 띠고 있다면 후자는 대등한 처지에서 경종을 울리는 수평적 비판의식에서 온 것이라 하겠다.
　이러한 사회적 인간회복의 바탕에는 인간적인 것에의 새로운 자각이 있었으니 그것은 자기의 본능과 감정을 살리는 생활의 영위에서 주로 나타났다. 이같은 바람은 일찌기 선비계급에서도 있었지만, 가사문학에서는 주로 여성적인 歌唱歌辭 속에 짙게 표현되고 있으니 〈노처녀가〉〈과부가〉류가 그것이다.

혼자 살면 천년 살며　　貞女되면 만년 살까
답답한 우리 부모　　　가난한 좀양반이
양반인체 도를 차려　　처사가 불만하여
피망을 일삼으니　　　　다만 한 딸 늙어간다 ──〈노처녀가〉

정말 혼자 살면 천년 살며 貞女 된다고 해서 만년이나 살 것이랴! 천품의 본성을 체면과 인습 때문에 괜스레 제물로 삼고 있다는 노처녀의 發聲은 인간적인 것이었고, 마침내 「내서방 내구하지 남다려 부탁할까」라고 하여 자유연애적 생각을 대담하게 표현하고 있다. 이같은 정황은 〈과부가〉〈居士歌〉〈靑孀歌〉 등에 잘 나타나 있다. 이러한 인간적인 것에의 자각은 비단 가사문학에뿐 아니라 서민문학 작품에도 흔히 보이는 것이다.

본능과 감정을 가지는 생활에의 지향이 정상을 벗어나 도리어 외설적인 것으로밖에 볼 수 없는 가사들이 있으니 이는 육정적 환락을 즐기는 市井的 퇴폐에서 기인한 것이다. 처음에는 은유적 방법으로 넌지시 표현을 하던 것이 나중에는 원색 그대로의 肉談으로 변하고 있다.

「원앙금침 펼처덮고 팔버개 도도베고 두몸이 한몸되어 흥겨워 노닌」다는 〈단장이별곡〉에서는 춘화적 색채가 짙지는 않지만 申在孝家本의 〈烏贍歌〉 같은 것에는 차마 보고 읽지 못할 정도의 낯뜨거운 장면을 대담하게 그려놓고 있다.

두손목 서로잡고　　　받고 차고 태견질
다리 씨름 어울어져　　춘향을 가만 뉘고
주장군을 투구씨여　　옥문관을 돌입하여
좌충우돌 덤벙이며　　춘향목을 담숙안고
주홍같은 혀를물고　　바드득 떨어보며
백옥같은 젓통이를　　만질만질 문지르며
사랑가로 농창한다 ──〈烏贍歌〉

육정적 유희가 극에 달한 원색의 세계다. 인간성 긍정이란 이름 밑에, 아무리 너그럽게 보아도 常을 벗어난 타락의 행위가 아닐 수 없다. 예술이 통속화되어 색정적 혼미 속에 헤어나지 못할 정도로 타락한다면 그것은

곧 그 민족의 쇠미를 뜻한다고 한다. 이 시기에 이런 현상이 나타난 것은
한계에 부닥쳐 좌절된 군상들의 퇴영적 자기환락에서 온 결과라 할 수 있
으며 이러한 원색의 표현은 시정의 가창가사에 짙게 나타나는 것이 특색
이다.

어떻든 육정적 자기환락은 한계에 부닥친 서민들의 좌절감에서 나온 퇴
영적 안식에서 비롯되었고 거기에는 「나」만의 관능적 쾌락이 있을 뿐이다.

이상은 주로 서민가사를 중심으로 현실인식 내지 태도를 대충 살펴보았
다. 이밖에도 현실을 직시하고 삶의 지혜를 짜내어 인간생활을 찾는 閨
房歌辭도 있고, 처음 접하는 외국의 경관과 문물에 대한 충격에서 자국의
미래를 생각하는 국내 기행가사도 있으며, 서민의 낙원 추구에서 형성되었
으리라고 보는 東學歌辭 및 俗信的 求福에서 유행된 그 많은 踏山歌類 등
이 있다. 우리의 과제는 앞으로 이들 가사들에 대한 총체적인 연구를 통
하여 조선 후기사회의 모습을 드러내는 일이다.　　　　　　柳 鐸 一

論 著

1. 金俊榮　井邑郡民亂時間巷聽謠(국어국문학 29, 국어국문학회, 1965)
2. 李鍾出　合江亭船遊歌攷(語文學論叢 7, 1966)
3. 金一根　居昌歌에 對하여(국어국문학 39~40, 국어국문학회, 1968)
4. 林憲道　老處女歌에 관한 硏究(이숭녕박사송수기념논총, 1968)
5. 윤성근　합강정가연구(語文學 18, 語文學會, 1968)
6. 魚永河　閨房歌辭의 敍事文學性 硏究(國文學硏究 4, 曉星女大, 1973)
7. 姜銓燮　農夫歌에 對하여 (論文集 5, 大田實專, 1974)
8. 柳鐸一　朝鮮後期歌辭에 나타난 庶民의 意向(淵民李家源博士六秩頌壽紀念
　　　　　論叢, 1977)
9. 柳鐸一　農夫歌註解(韓國文學論叢 2, 1979)
10. 朴東錫　申在孝歌辭硏究序說(釜山大敎育大學院 석사논문, 1978)
11. 金英玉　國文學作品에 나타난 女性의 現實自覺(釜山大 敎育大學院 석사論
　　　　　문, 1980)

14. 국문소설의 문체

　문체라는 말의 정의를 내리기 위해서 도대체 「문체」라는 말이 실제로
어떤 경우에 쓰이고들 있는가부터 알아보기로 하자. 첫째 우리는 어떤 특
정한 시대 또는 특정한 문예운동에 대하여 그 특징적인 문체를 말한다.
가령 「로맨틱 스타일」이라든가 「바로크 스타일」 등등. 둘째 우리는 흔히
어떤 작품의 문체를 말할 때 그 구성의 통일성이나 논리적 일관성의 있고
없음을 가지고 논하는 경우가 있는데, 이 경우는 문학적 진술방식에 관한
한 너무나 일반적이고도 추상적이다. 세째 우리는 가끔 어떤 작가의 문체
가 그 시대 사회의 일반적 규준으로부터 일탈된 경우에 오히려 그가 지닌
독특한 문체를 논의하게 된다. 예컨대, 빅토르 위고(V. Hugo)의 스타일이
라든가 연암 박지원의 문체라든가가 그것이다. 네째 우리는, 가장 흔히는
이른바 「문체」라는 말을 언어의 기능적인 유형에 적용하여 사용한다. 즉,
저널리즘적 문체라든가 행정문서적 문체라든가 등등을 생각할 수 있을 것
이다. 끝으로, 우리나라의 경우 우리는 매우 관습적인 용어로서 문체라는
말을 할 때, (1) 간결체·만연체니, (2) 화려체·건조체니, (3) 우아체·강
건체니 등등으로 많이 사용하여 왔다. 이들은 대체로 문장언어의 발화내
용과 관련된 것이다. (1)의 경우는 특히 통사적 언어요소와 관련되는 것
같고, (2)의 경우는 혼히는 어휘적 언어요소와 관련되는 것 같으며, (3)의
경우는 혼히 어휘적 언어 요소를 포함한 음운적 언어요소와 많이 관련되
는 것 같다.

　그러면, 이 글의 주제인 이른바 고대소설의 문체에 관해서는 우리가 혼
히 어떻게 말해 왔던가 살펴보기로 하자. 우리는 혼히 고대소설의 문체를
크게 나누어 산문체와 율문체(또는 가사체)라 하든가, 문어체와 구어체라
하는 것이 가장 일반적인 것 같다. 그리고 이 경우 대체로 율문체니 구어
체니 하는 것은 이른바 판소리계 소설을 지칭하고 있다. 물론, 고대소설
의 문체를 더욱 잘게 나누어 다음과 같이, (1) 역어체 소설, 가사체 소설,

내간체 소설, 희곡체 소설, (2) 번역체 소설, 담화체 소설, 내간체 소설, 율문체 소설, 희곡체 소설, 문어체 소설, 구어체 소설, 한문소설로 나누는 것을 흔히 볼 수 있으나, 이 경우 이들 분류의 기준의 무일관성 및 혼란 때문에, 고대소설 문체의 가장 두드러진 변별적 특징만을 말하고자 하는 이 글에서는 이와 같이 세분된 문체분류에 관해서는 일단 보류해 두기로 한다. 따라서, 이 글은 고대소설 문체의 가장 두드러진 변별적 특징으로서, 일반 국문 고대소설의 문체와 이른바 판소리계 소설의 그것 사이에 발견되는 차이에 관한 것이 될 것임을 미리 말해 둔다.

그런데, 나는 이 글에서 〈홍길동전〉을 위시한 〈조웅전〉〈이대봉전〉등 일반 고대소설을 「문어체소설」이라 부르고, 〈춘향전〉〈심청전〉등 이른바 판소리계 소설을 지칭할 때는 「판소리 서사체」라는 말을 쓰고자 한다. 그렇게 부르는 이유는, 전자는 원칙적으로 그 서술자가 기록자의 입장에서 서술한 것이며, 후자는 그것이 구연자의 입장에서 서술된 것이기 때문이다. 여기서 후자를 전자에 대칭되는 용어로써 「구어체 소설」이라고 말하지 않는 까닭은 다음과 같다. 첫째 판소리적 서사는 산문적 「아니리」와 운문적 「창」 부분의 교체적 진술인데, 「소설」이라는 말은 원칙적으로 산문 서사에 적용되는 용어이기 때문이며, 둘째 판소리 대본으로서의 텍스트와 판소리 소설로서의 텍스트 사이의 구별이 나에게는 모호할 뿐만 아니라, 적어도 이 글에서는 이것을 구별하고 싶지가 않기 때문이다.

문체론과 관련된 과제는 크게는 다음 두 가지 범주로 나누어볼 수 있을 것이다. 첫째 문체론의 위치를 문학적 연구의 모든 이론 전반에 관련된다고 보는 경우와, 둘째 문체론의 본질과 그의 기여 가능성을 문학적 이론 및 실제의 어떤 부문들에만 관련시켜 보는 것이 그것이다. 말할 것도 없이 이 글은 위의 둘째의 입장에서 서술될 것이다. 그러기 위해서 우선 다음과 같은 문체론의 정의를 나의 입장으로 삼고자 한다. 즉, 문체론이란, 어떤 문필작품 및 문필작품群이나 어떤 문학 텍스트에 내재하고 있는, 언어적 요소 내지 변별적인 언어적 요소에 관한 연구 또는 해석이라는 것이다. 따라서, 이 글의 입장은 고대소설의 문체를 그 이야기의 서술자와 인물들의 발화행위 자체를 분석함으로써, 문어체 소설과 판소리 서사체의 변별적인 특징의 일면을 설명하고자 하는 것이다. 그러니 이 글은 이야기의 서술자 문제라는 면에서 보면 문학적 연구의 視點 이론과 관련되며, 發話행위의 분석이라는 면에서 보면 언어학적 이론과도 관련되는 것이다.

이야기는 듣는 사람 앞에 직접 제시되거나 아니면 어떤 사람이 중간에서 간접적으로 전달하거나 하는 방식으로 진술된다. 이때 이야기를 중개하는 어떤 사람을 우리는 서술자라고 한다. 이야기가 중개자 없이 펼쳐지는 진술방식의 경우, 듣는 사람의 입장은 그것을 듣는다기보다는 차라리 엿듣는 상황에 있게 된다. 이와는 반대로, 중개자가 개입하는 이야기는 일단 서술자가 청취자에게 전달하는 상황을 가정하는 것이다. 이것은 서양 고전 시학의 경우 플라톤의 이른바 「미메시스」(mimesis, 인물의 말의 모방)와 「디에제시스」(diegesis, 서술자 자신의 진술)라는 용어에 각각 해당되는 것이며, 현대적 용어의 경우 이른바 「보여주기」와 「이야기하기」의 개념에 각각 대응되는 것이다. 그러나 모방적 재현(미메시스)이든 서술적 이야기(디에제시스)든간에, 이야기를 하는 한, 이야기하는 사람 곧 이야기하는 어떤 목소리가 존재하기 마련이다. 왜냐하면, 순수한 의미에서의 「미메시스」란 존재할 수가 없는 것이, 만일 그런 것이 있다면 그것은 단순한 흉내 곧 동의어 반복일 뿐일 것이기 때문이다.

서사는 근본적으로 서술자가 남(작중인물)의 이야기를 독자에게 말해 주는 것이지만, 서술자의 존재가 드러나는 정도는 각 텍스트마다 다르고, 또한 텍스트의 각 부분에서도 다르다. 그러나 서사에서 서술자의 존재를 완전히 부정한다면 그것은 이미 서사가 아니다. 서술자의 존재가 극단적으로 부정되고 「미메시스」만 남는 경우 그것은 이미 서사 쟝르가 아닌 다른 것, 예컨대 희곡이든가 그런 것이 될 것이다. 반대로 서사에서 남의 이야기를 대신해 준다는 「미메시스」의 개념이 완전히 배제된다면, 그것 역시 서사 아닌 다른 쟝르가 될 것이다. 즉, 서술자가 자기 스스로 이야기한다는 「디에제시스」에 극단적으로 충실한 경우 그것은 이미 서사가 아니라 일기체든 자서전체든 그런 것이 될 터인데, 우리가 가령 〈계축일기〉라든가 〈한중록〉을 진정한 의미에서의 서사로 보지 않는 것은 이 때문이다. 결국 우리는 서술자의 존재가 드러나는 정도에 따라서 서사체의 어떤 변별적 특징으로 삼을 수 있는데, 고대소설에서 문어체 소설은 서술자가 「디에제시스」에 더욱 충실하고, 판소리 서사체는 「미메시스」에 더욱 충실한 데서 오는 어떤 대조적인 특징을 발견할 수 있을 것 같다.

문어체 소설에서는 서술자의 목소리가 처음부터 끝까지 하도 일관되게 흐르고 있어서, 마치 한 장 한 장의 움직이지 않는 슬라이드 사진을 비치면서 설명하는 해설자의 경우에 비길 수 있다. 서사에서 서술자의 존재가 가장 덜 드러나는 곳은 인물간의 대화가 직접 인용되는 부분인데, 서술

자의 진술을 위주로 하는 문어체 소설에서는 인물의 발언 안에서조차 서
술자의 존재가 간섭하고 있는 흔적을 발견할 수 있어 매우 흥미롭다. 다
음은 문어체 소설에서 인물의 대화가 제시되는 가장 전형적인 예인데, 그
것은 한마디로 말해서 인물들이 직접 말했다고 생각되는 그들의 발언(대화)
과 그 발언을 유도하는 서술자 자신의 설명 및 상투적 인용어구(「~왈」)의
단조로운 교체라고 말할 수 있을 것 같다.

(1) 소저 들어와 부인을 보니 희색이 만안하거늘, 소저 문왈, (2)「부인의 상
안에 희색이 만안하오니 무슨 일이오니까?」 (3) 부인 왈, (4)「자식을 난중에
보내고 소식을 아지 못하더니, 아까 대사를 데리고 불전에 정성으로 발원하야
소식을 듣사오니, 과연 즐거운 마음이 있노라.」 (5) 소저 역시 자식을 난중에 보
냈단 말을 듣고 고이 여이며 반가운 마음이 심중에 나는지라, 소저 문왈, (6)「어
찌 소식을 알았나니까?」 (7) 부인 왈, (8)「이 불상은 각별 신령하야 정성이
지극하면 소원을 가르치나니, 소저도 무슨 소원 있거든 정성으로 대사를 모시
고 불전에 가 발원하라.」 (9) 소저 즉시 행장에 무엇을 찾다가 대경실색하거늘,
부인이 거짓 놀라며 문왈, (10)「무엇이 없나뇨?」 (11) 소저 정색 대왈, (12)「행
장에 신물을 두었압더니 없나이다.」 (13) 하거늘, 부인 왈, (14)「잃은 것이 부
모의 신물이뇨?」 (15) 소저 묵묵부답하고 눈물이 솟아 옥면에 흐르는지라, 시
비 곁에 있다가 종시 속이지 못하야. (16)「과연 소저 랑군을 처음 만났다 즉시
이별하올 제 랑군이 주고 가신 신물이로소이다.」 (17) 부인이 그제야 비회를 이
기지 못하야 소저의 손을 잡고 가로되, (18)「네 정영 장소저뇨? 장소저는 나의
자부라.」 (19) 하시고, 부채를 내여 주시며 왈, (20)「이 부채는 자식 웅의 부채
라, 년전에 강호에 왕래할 때에……네 말을 하되, 생전에 보지 못하고 죽을가
염려하였더니, 오늘날 이리 만날 줄을 꿈에나 뜻하였으리요.」 (21) 하며, 반갑고
사랑하는 마음을 어찌 측량하리요. (세창서관본 〈조웅전〉)

위에서, 홀수 번호 부분 (1)……(21)은 비언어적 행위 및 사실의 서술, 짝
수 번호 부분 (2)……(20)은 등장인물의 대화부분을 가리킨다. 즉, 전자는
서술자의 언어이고 후자는 인물의 발언이다. 그런데 윗글은 문법적으로
보면 이른바 직접화법적 진술임에 틀림이 없을 것 같다. 그러나 우리는
윗글에서 등장인물의 발언부분이 그 인물의 발화행위 그대로를 재현하고
있는지 검토해 보기로 하자.
〈조웅전〉에서 장소저 시비의 발언인 윗글 방점찍은 (16)이 있기 전까지는
부인 쪽에서 보면, 장소저가 자기 아들 조웅과 결연 직후 헤어진 자신의

며느리라는 사실을 상상은 하면서도 확신하지는 못하고 있었다. 또, 장소저 쪽(그녀의 시비를 포함하여)에서 보면, 부인이 자신의 시어머니일지도 모른다는 기대를 하고는 있었으나, 여태까지 자신이 기혼녀라는 사실조차도 부인에게 전혀 숨기고 어엿한 처자로 행세하고 있었다. 그렇다면 윗글 ⑯에서, 적어도 방점찍은 부분「과연 소저 랑군을 처음 만났다 즉시 이별하올 제」라는 발언은 장소저 시비의 발화행위 그대로를 옮긴 것이라기보다는, 그녀가 말했다고 생각되는 발화 내용의 서술자적 요약이라는 느낌이 짙다. 만일 그것이 실제 발화행위의 재현이라면, 우선「조웅」이라는 고유명사가 소개되었을 것이고, 그와의 결연 및 이별에 관한 전후 사정이 보다 구체적으로 발언되었을 것이다. 요컨대, 이것은 서술자의 존재가 인물의 발언에 개입함으로써, 서술자의 언어가 인물의 말에 영향을 끼친 결과라고 생각된다.

서술자의 언어가 인물의 발언에 영향을 미치거나 간섭하는 경향은 ⑱의 경우에도 그 기미가 엿보인다. 우리는 ⑱에서, 방점을 찍은「장소저는 나의 자부라」를 직접화법적 인용으로 볼 것인지, 간접화법적 서술로 볼 것인지 망설이지 않을 수 없다. 우선 1인칭대명사「나」가 쓰였으니 직접화법적 진술임에 틀림이 없을 듯하지만, 그렇다면 상대를 가리킨「장소저」라는 말도 마땅히 2인칭대명사「너」가 쓰여서,「네 정영 장소저뇨? 너는 나의 자부라」로 되었어야 옳았을 것이다. 결과적으로 우리는 이 부분을,「⑱「네 정영 장소저뇨? 장소저는 나의 자부라」⑲하시고」로 이해할 것인가, 아니면「⑱「네 정영 장소저뇨?」⑲ 장소저는 나의 자부라 하시고」로 이해할 것인가 주저하게 되는 것이다.

서술자의 언어가 인물의 발언에 영향을 끼치는 현상은, 흔히 서술자의 리포트에 쓰이는 용어「여차여차이」와 같은 말이 인물의 발언 속에 침투한 경우에서 더욱 분명히 드러난다. 가령,

한 무녀 가로대,「동대문 밖에 관상하난 계집이 있으되……대감 전에 천겨하여……길동의 상을 보고 여차여차이 알외여 대감의 마음을 놀래면, 낭자의 소회를 일노조차 이룰가 하나이다.」초랑이 대희하여 직시 관상녀에게 통하여……(완판본 〈홍길동전〉)

에서, 방점찍은「여차여차이」는 인물의 발화 그 자체를 보여주지 않더라도 독자가 능히 그 발화내용을 추측할 수 있으리라는 예상 아래, 서술

자가 개입하여 생략해 버린 경우가 될 것이다. 원래 「여차여차이」와 같은 말은 순전히 서술자의 진술에 쓰이는 상투적 어구이니, 그것이 인물의 대화에 들어갈 여지가 없는 것이다. 그럼에도 불구하고, 이와 같은 서술자의 어법이 대화의 직접인용 속에 침투하고 있는 것은 문어체 소설에서는 흔히 보이는 현상이다. 하나 더 보기를 들면, 「소인이 일전에 여차여차한 말씀을 아뢰온즉 꾸중이 났삽기로 다시 엿잡지 못하였삽거니와……」 같은 것이 그것이다.

　인물의 대화 속에 침투한 서술자의 존재는 다음과 같은 경우에도 발견된다.

　　일일은 길동이 제적을 불러 의논 왈, 「우리 비록 녹림에 몸을 부쳤으나 다 나라 백성이라. 세대로 이 나라 수통을 먹으니, 만일 위태한 시멸을 당하면 마땅히 시석을 무릅쓰고 인군을 도울지니, 어찌 병법을 힘쓰지 아니하리요. 이제 군기를 도모할 모책이 있으니, 아모 날 함경 감영 남문 밖의 능소 근처에 시초를 수운하였다가, 그날 밤 삼경에 붙을 노호되 능소는 범치 못하게 하라. 나는 남은 군사를 거느리고 기다려 감영에 들어가 군기와 창고물 탈취하리라.」(완판본 〈홍길동전〉)

　위에서 우리는 「아모 날」에 유의해 보자. 이 말이 만일 인물 길동의 발언 그대로를 모방한 것이라면 구체적인 날짜로써 말했을 것이다. 우리는 「아모 날」에서 인물의 발화 그것이 아니라 서술자의 목소리를 느끼는데, 윗글의 경우에는 그 발화 내용이 일종의 작전 기밀에 속하는 것이므로 발화 현장의 은밀한 분위기를 묘사하고자 하는 서술자의 의식이 작용한 결과일 것이다.

　우리는 문어체 소설의 몇몇 예를 통해 인물의 발언에 서술자의 언어가 부단히 간섭하고 있는 현상을 발견함으로써, 그것이 진정한 의미에서의 대화체(문법적으로는 직접화법)인지 아닌지 의심하지 않을 수 없었다. 그러면, 이제 판소리 서사체의 경우를 들어 그와 비교해 보기로 하자. 판소리 서사체에서는 인물들의 대화가 가장 순수한 상태로 모방되는 것 같다. 가령 인물들의 말을 인도하는 상투적 인용구 「~왈」 등이나, 대화와 대화 사이에 개재하는 서술자의 인물의 행동에 대한 설명도 없이, 일종의 자유 직접체라고나 할, 인물의 말에 대한 자동 기술적 형태의 예가 허다히 보인다. 예컨대,

「너 이 속을 알것냐?」「그 속을 내가 어찌 안단 말이냐?」「아까 너 그 애기씨하고 그네 뛰로 나왔지야.」「그랬다.」「광한루에 누가 있더냐?」「도련님하고 너하고 있더라.」「이것이 바로 그 속이다.」(정정렬 판 〈춘향가〉)

와 같은 경우가 그것이다. 그러면, 인물의 발언의 자동기술적 형태를 떠나서, 상투적 인용구나 행위에 대한 설명을 수반하는 대화체는 어떤가?

(1) 화주승이 심봉사를 업고 방안에다가 앉히고 빠진 연고를 물으니 심봉사 자탄하다가 전후 말을 하니, 그 중이 봉사다려 하는 말이, (2)「불상하오. 우리 절 부처님은 영검이 만하옵셔 빌어 아니 되는 일이 없고, 구하면 응하나니, 공양미 삼백 석을 부처님께 올리압고 지성으로 불공하면 정영이 눈을 떠서 완인이 되야 천지 만물을 보오리다.」(3) 심봉사 정세는 생각지 않고 눈뜬단 말에 혹하여, (4)「그러면 삼백석을 적어가시요.」(5) 화주승이 허허 웃고, (6)「여보시오, 댁의 가세를 살펴보니 삼백 석을 무신 수로 하것소?」(7) 심봉사 화짐에 하는 말이, (8)「여보시요, 어느 쇠아들놈이 부처님께 적어놓고 빈말 하것소? 눈 뜰라다가 앉은백이 되게요? 사람만 업수이 여기난고. 염려 말고 적으시요.」(완판본 〈심청전〉)

윗글에서, (1)……(7)은 비언어적 세계에 관한 서술이고, (2)……(8)은 화주승과 심봉사간에 벌인 대화인데, 이제 그 후자 부분을 빼고 대화만을 옮기면 다음과 같다.

「불상하오. 우리 절 부처님은 영검이 만하옵셔 빌어 아니 되는 일이 없고, 구하면 응하나니, 공양미 삼백 석을 부처님께 올리압고 지성으로 불공하면 정영이 눈을 떠서 완인이 되야 천지 만물을 보오리다.」
「그러면 삼백 석을 적어가시요.」
「여보시요, 댁의 가세를 살펴보니 삼백 석을 무신 수로 하것소?」
「여보시요, 어느 쇠아들놈이 부처님께 적어놓고 빈말 하것소? 눈 뜰라다가 앉은백이 되게요? 사람만 업수이 여기난고. 염려 말고 적으시요.」

한마디로 위의 장면은 극적 대화의 재현이다. 각 인물은 그 자신의 언어로써 발화행위 그대로를 재현하고 있다. 판소리 서사체에서 인물들은 각각 그 자신의 연령과 신분과 성격에 걸맞는 언어로써 말하고 있는데, 이것은 원래 「판소리」라는 구비 서사 공연물이 지닌 특징으로부터 기인하는 것이다. 즉, 판소리 서사체는 판소리가 지닌 모방충동에 보다 충실하고자 하고 있음에 반하여, 문어체 소설은 기록문학이 지닌 서술충동에 충실하고 있는 것이다. 따라서, 판소리의 문학적 정착은 우리나라 국문소설 발달사에서 볼 때, 진정한 의미에서의 구어체 문장을 실현시키는 데 있어서 크게 공헌한 하나의 주역이 되었을 것이라는 점에서 막대한 의미가 있으리라고 생각된다.

서술자의 존재가 가장 덜 드러나는, 즉 서술자의 개입의 정도가 가장 약한 진술방식으로는, 이때까지 검토한 인물간의 대화의 극적 재현 이외에 또 인물의 생각을 직접 인용하는 경우가 있다. 서사에서는 흔히, 인물의 대화를 직접 인용하여 제시하는 것(직접화법)과 같은 방식으로, 인물의 생각도, 그것이 마치 발언된 말이듯이 직접 인용하여 제시한다. 가령, 「대감이 놀래여 심내에 상량하시되, 「필연 무삼 곡절이 있도다.」하시고……」와 같은 경우는 문어체 고대소설에서 흔히 보이는 인물의 생각의 간접화법적 인용이지만, 다음의 경우는 가장 전형적인, 인물의 생각의 직접화법적 용법이다.

(1) 세월이 여류하야 길동의 나히 팔 세라. 상하 다 아니 층찬할 이 없고 대감도 사랑하시나, 길동은 가삼의 원한이 부친을 부친이라 못하고 형을 형이라 부르지 못하매 스사로 천생 됨을 자탄하더니, 추칠월 망일에 명월을 대하야 정하에 배회하더니, 추풍은 삽삽하고 기러기 우난 소래는 사람의 외로운 심사를 돕는지라. 홀로 탄식하여 왈, (2)「대장부 세상에 나매 공맹의 도학을 배화 출장입상하여 대장 인수를 요하에 차고 대장단에 높이 앉아……업을 이룬 후에 얼골을 기린각에 빛내고 일홈을 후세에 유전함이 대장부의 떳떳한 일이라. 옛 사람이 이르기를 왕후장상이 씨 없다 하였으니 날을 두고 이름인가? 세상 사람이 갈관박이라도 부형을 부형이라 하되 나는 홀로 그렇지 못하니 이 어인 인생으로 그러한고?」(3) 울억한 마음을 것잡지 못하야 칼을 잡고 월하에 춤을 추며 장한 기운 이기지 못하더니…… (완판본 〈홍길동전〉)

우선 (1)에서 우리는 全知的 해설가로서의 서술자의 목소리를 듣는다. 「세월이 여류하야……팔 세라」로써 서사적 허구 안의 긴 시간을 단숨에 요약해 주고 있고, 「길동은 가삼의 원한이……스사로 천생 됨을 자탄하더니」에서 인물의 내부를 분석한다. 그리고 내부분석의 결과인 「추풍은 삽삽하고 기러기 우난 소래는 사람의 외로운 심사를 돕는지라」에 이르면,

서술자의 시점은 아예 인물의 시점으로 옮긴다(「그의 외로운 심사」가 아니라 「사람의 외로운 심사」임에 유의할 것). 그런데 이 시점의 전이는, 드디어 인물 그 자신의 내부의 말(생각)인 (2)를 이끌어내는 단서가 된다. 그 사이에는 반드시 「홀로 탄식하여 왈」이라는 서술자의 상투적 인용구가 개입한다. 그리고 (2)는 그것이 마치 실제 발언된 말이듯이, 우리는 인용부호를 붙일 수가 있다. 그러나 (2)는 정작 발언될 수 있는 내용인가? 그것은 인물의 의식세계(인식이나 지각의 세계)일 뿐이지, 발언된 언어도 아니고 발언될 수 있는 언어도 아니다. (2)는 이른바 희곡의 용어를 빌면 독백이다. 이것은 희곡에서는, 일정한 희곡적 관습에 따라 인물의 입을 통해 발언된다는 것은 우리가 다 아는 사실이다. 다만, 서사적 전통에서는 이것이 발언되었다고 간주하기 때문에, 「탄식하여 왈」 「이렇듯 자탄하니」 등의 인용투어를 반드시 달기 마련인 것이다. 인물의 내부를 드러내고자 하는 경우, 이상 「내적 분석→시점의 전이→인용투어→인물의 독백」이라는 과정은 문어체 소설의 공식인 것같이 느껴진다.

그러나, 판소리 서사체에 이르면 위와 같은 공식은 이미 일률적으로 적용되지 않음을 볼 수 있어 흥미롭다. 적용되지 않을 뿐만 아니라 차라리 그 공식이 여기서는 예외적이라는 느낌이 강하다. 즉 판소리 서사체에서는, 흔히 서술자의 시점에서 진술되는 언어(내적 분석)로부터 인물의 시점에서 진술되는 내적 언어(독백)로의 轉置를 유도하는 예의 인용투어를 생략하거나 탈락시켜 버림으로써, 서술과 독백의 경계가 없이 양자가 공존하는 경우가 많다. 다음은 〈춘향전〉에서 춘향이가 이도령을 이별한 후 공방에 돌아와 자탄으로 세월을 보내는 장면인데, 이 경우의 가장 전형적인 예가 되겠기에 좀 장황한 대로 예시하기로 한다.

　(1) 방으로 들어가 촛불로 이웃삼고 고서로 벗을 삼아 긴 밤을 지내는데, 하로 가고 열흘 가고 한 달 가고, 날 가고 달 가고 해가 지낼수록 님의 생각이 뼛속에 든다. (2) 도련님 계실 제는 밤이 짤로어 한일러니 도련님 떠나시던 날부터 밤도 길어서 원수로구나. 도련님 계실 적에 바느질을 하노라면 도련님은 책상 놓고 소학 대학 예기 춘추 모시 상서 이두시를 역력히 외어가다, 나를 힐끗 돌아보고 와락 뛰어 달려들어 나의 허리 부여 안고, 얼씨구나 내 사랑이지 허던 일도 생각이요, 그중 더욱 간절헌 게, 이배 기별오기 전에 주련 한장 쓰시기를 시런 유죽 산창하에 붉개청음 대아귀를 붙여두고 보라기에 심상히 알았더니, 이제 와서 생각을 하니 이별을 당하려고 실참으로 쓰셨더그나. (3) 행궁견월 상심색의 달만 비쳐도 님의 생각, 춘풍도리 화개야에 꽃만 피어도 님

의 생각, 야우문령 단장성에 비 죽죽 와도 님의 생각, 추절 가고 동절이 오
면 명사 벽해를 바라보고 뚜루루루 끼룩 울고 가는 기러기 소리에도 님의 생
각. 앉아 생각 누어 생각, 끄칠 날이 없어 모진 간장에 불이 탄들 어느 물로
이 불을 끌거나. (4) 아이고 내 신세야. (5) 이리 앉아 울음을 울며 세월을 보
내는구나. (정정렬판 〈춘향가〉)

   윗대목은 얼핏 보아, 모두 인물의 독백인 듯이 느껴진다. 또는, 전체
가 서술이거나 아니면 전체가 독백이거나 아뭏든 하나의 목소리처럼 들린
다. 그러나, 우선 (1)은 「방으로 들어가……긴 밤을 지내는데」라고 했으니
서술임에 분명하다. 그리고 (2)는 「도련님 계실 제는……원수로구나」로 시
작되어 「……이별을 당하려고 실참으로 쓰셨더그나」로 끝나는, 분명히 인
물(춘향)의 독백이다. 그럼에도 불구하고, (1)과 (2) 사이에는 인물의 독백
을 유도하는 아무런 인용투어가 없다. 더구나 (1)은 서술자의 목소리임에
도 불구하고, 그 끝 구절이 「님의 생각이 뼛속에 든다」고 하여 「님」이라는
호칭을 썼으니, 인물(춘향)의 시점에 전이되고 있다. 그리고, 이 「님」이라
는 말은 (1)로 하여금, 그 첫말이 「도련님」으로 시작되는 (2)에 자동적으로
이어지게 하는 단서가 되고 있다. 다음, 윗대목 (3)은, 자세히 관찰하면
사시사철의 전변에 따라 춘향이 전전반측하는 양을 묘사하고 있으니, 발
화내용은 기나긴 시간의 요약적 서술인 셈이어서, 다시 서술자의 목소리
즉 「하로 가고 이틀 가고……달 가고 해가 지낼수록……」이라고 진술하는
(1)의 목소리와 같은 것임이 확인된다. 그러나 이 대목 (3)의 끝 구절은
「어느 물로 이 불을 끌거나」라고 맺음으로써, 어느새 인물의 시점으로 전
이되었음을 알 수 있으니, 그 증거는 「이 불」의 「이」라는 지시대명사에
있다. 서술자의 시점이라면 「그 불」이라고 했어야 되었을 것이다. 「이 불」
의 「이」라는 최근칭은 또, 「아이고 내 신세야」 하고 자탄하는 (4), 즉 인
물의 독백에 자연스레 연결된다. 드디어, 윗대목은 서술 (5)로써 일단락이
된다.
   우리는, 이상 좀 장황한 분석을 통하여, 윗 대목에서 서술과 독백을 가
려낼 수 있었다. 그러나, 우리가 서술이라고 가려낸 부분들도, 그 시점은
온통 인물의 것에서 진술되고 있어서 그 전체가 인물의 독백인 듯이 느껴
짐은 어쩔 수 없을 것 같다. 이와 같이, 인물의 생각이 아무런 서술자의
개입 없이 자동기술적으로 진술되는 경우를 그냥 독백이라고 하지 않고
내적 독백이라고 한다. 「독백」은 아뭏든 발언되었다고 간주하는 것이기

때문에 「홀로 탄식하여 왈」 등의 인용무어가 붙지만, 「내적 독백」은 순수한 의미에서의 독백, 즉 「발언되지 않은 생각」을 의미한다. 로버트 스콜스와 켈로그(Robert Scholes and Kellogg)의 말을 빌면, 그것은 「서사문학에서, 인물의 발언되지 않은 생각들을 서술자의 아무런 간섭 없이 직접 제시하는 것이다.」이 「내적 독백」은 현대 심리주의 소설들에서 사용되는 고도한 수법같이 생각되지만, 위의 스콜스 등에 의하면, 이것은 인물의 내적 생활을 드러냄에 있어서 서사문학사에서 볼 때는 매우 오래고도 훌륭한 전통을 가지고 있다고 한다. 실제로, 이들은 고전 서사시로부터 현대소설에 이르는 내적 독백체의 전통을 역사적으로 검토하기도 하였다.

내적 독백과 관련된 것인데, 판소리 서사체에서는 또, 분명히 3인칭적 서술임에 틀림이 없는 대목 속에 1인칭적 인물의 시점 및 언어가 침입해 있는 경우가 흔히 보인다. 즉 서술자의 서술 속에 인물의 언어가 들어와 있는 경우인바, 여기서는 그 전형적인 예를 역시 〈춘향전〉에서 들고자 한다.

(1) 어사또 누에 올라 자상히 살펴보니, 석양은 재산하고 숙조는 투림할 제, 저 건너 양류목은 우리 춘향 군되 매고 오락가락 놀던 양을 어제 본 듯 반갑도다. (2) 동편을 바라보니 장림 심처 녹림간에 춘향 집이 저기로다. (3) 저 안에 내동원은 예 보먼 고면이요, 석벽의 험한 옥은 우리 춘향 우니는 듯 불쌍하고 가궁하다. (4) 일락 서산 황혼시에 춘향 문전 당도하니 행랑은 무너지고 몸채는 괴를 벗었는데, 예 보먼 벽오동은 수풀 속에 우뚝 서서, 바람을 못 이기어 추레하고 서 있거늘, 담장 밑에 백두루미는 함부로 다니다가 개한테 물렸는지 깃도 빠지고 다리를 징금 찔툭 뚜루룩 울음 울고, 빗장 전 누렁개는 기운없이 조을다가 구면객을 몰라보고 꽝꽝 짖고 내달으니, (5) 요 개야, 짖지 마라. 주인 같은 손님이다. 너의 주인 어디 가고 네가 와서 반기느냐? (6) 중문을 바라보니, 내 손으로 쓴 글자가 충성 「충」자 완연터니 가운데 「중」자는 어디 가고 마음 「심」자만 남아 있고, 와룡장자 입춘서는 동남풍에 펄렁펄렁 이 내 수심 도와낸다. (완판본 〈춘향전〉)

윗 대문에 붙인 번호들은 (4)(5)를 한 개의 문장으로 보아야 할 것 이외에는, 문법적으로 보아서 각기 독립된 문장들 앞에 붙인 것이다. (1)은 「어사또 누에 올라 자상히 살펴보니」로 시작되는 분명한 3인칭적 서술이며, 「……투림할 제」까지는 분명히 서술자의 목소리다. 그런데, 「저 건너 양류목은 우리 춘향……반갑도다」에 이르면, 1인칭 복수대명사 「우리」와 사용과 함께, 인물인 어사또의 시점과 목소리가 된다. 이러한 어조는 그대로 (2)를 거쳐 (3)에 이르기까지 계속된다. 그러나 (4)에서는 「일락 서산 황혼시에 춘향 문전 당도하여……구면객을 몰라보고 꽝꽝 짖고 내달으니」로 되어 분명한 서술자의 언어이다가, (5)에서는 「요 개야, 짖지 마라…… 네가 와서 반기느냐?」가 되었으니 이것은 인물(이도령)의 독백이다. 그런데 (6)은 「중문을 바라보니」로 시작되는 서술자의 말이나, 곧 이어 「내 손으로 쓴 굴자……이 내 수심 도와낸다」라고 하여 1인칭인 인물의 내적 언어가 되었다. 윗 대문은 전체로 보아서는 분명한 3인칭적 서술인데, 무의식중에, 그 서술자가 오히려 자기의 서술 대상인 인물이 되어 그의 말을 모방하고 있는 것이다.

사람들은 이러한 문학적 진술방식에 대하여 「대리적 서술」「자유 간접체」「간접 내적 독백」「서술적 독백」「반직접적 진술」또는 「준직접체」등의 다양한 개념으로 설명해 온 것 같다. 요컨대, 이것은 인물의 언어 또는 시점이 서술자의 언어에 영향을 끼친 것이든가, 서술자가 인물의 말을 모방한 것인데, 판소리 서사체에서는 아주 흔히 발견되는 예이기 때문에, 이것은 판소리 서사체의 한 중요한 특징이 될 만한 것이라고 생각된다. 인물의 심리적 추세나 의식의 흐름이 자연스럽게 표출되고 있는, 이와 같은 판소리의 진술 방식은 우리 말의 표현 가능성을 진작부터 충분히 실험하고 있었다고 보고 싶다.

고전 국문 서사물의 문체사적 입장에서 볼 때, 판소리 서사체는 매우 중요한 의미를 가지리라고 생각된다. 판소리의 진술방식이 일반 고대소설에서처럼 작자의 서술과 인물의 대화를 단조토이 교체해 나가는 가장 단순한 서사방식이 아니라, 작자 내지 서술자의 주제적 직접진술과, 인물들간의 극적 재현과, 작자(내지 서술자) 및 작중인물의 이중시점과, 내적 독백이라고나 할 비공개적 사적 시점이 공존하면서 상호 침투하는 多聲曲的 서사방식이라는 점이다. 그리고 무엇보다도 중요한 사실은 국문학사에서 진정한 의미의 구어가 기록문학화한 것은 판소리 텍스트에서 비롯한다는 사실이다. 여기서 「진정한 의미의 구어」라고 하는 것은 단순히 문어체에 대한 구어체라는 의미일 뿐만 아니라, 속어·비어·사투리를 포괄하는 vernacular 를 말한다. 15세기에 한글 자모가 발명된 이후 수세기에 이르는 동안, 진정한 의미에서의 구어는 기록문학화되지 않았었다고 단정할 수 있다. 우리 고전문학사에서, 20세기초 창극의 출현 이전까지 본격적인 의미의 희곡 쟝르가 존재하지 않았던 가장 큰 원인의 하나는 여기에 기인한다고 생각된다. 판소리가 거침없이 창극화되었으니, 이것은 판소리 텍스트가 곧 바로 희곡 쟝르를 탄생시켰음을 의미한다. 순전히 국문학사적 입장에서 볼 때, 판소리가 진정한 구어문학을 실현시켰고 또 본격적인 희곡 쟝르를 발생시켰다면, 이에서 문학적 근대화의 일면의 발단을 찾아도 무방할 것이다.

김 병 국

註

1. 박갑수 문체론의 이론과 실제(세운문화사, 1977)
2. 김기동 이조시대 소설론(정연사, 1959)
3. 최창록 한국소설의 문체론적 연구(형성출판사, 1975)
4. 김병국 판소리의 문학적 진술 방식(국어교육, 34 (한국국어교육연구회, 1979)
5. 김병국 고대소설 서사체와 서술 시점(현상과인식 1981 봄)
6. Oswald Ducrot and Tzvetan Todorov, *Encyclopedic Dictionary of the Sciences of Language*, tr. by Catherine Porter(Baltimore: The Johns Hopkins University Press, 1979)
7. Morton W. Bloomfield,"Stylistics and the theory of Literature,"*New Literary History*, 7:2(1676)
8. Robert Scholes and Kellogg, *The Nature of Narrative*(London: Oxford University Press, 1966)
9. Gérard Genette,"Boundaries of Narratives(*New Literary History* 8:1(1976) 〔Frontierès du récit, *Figures*, Ⅱ(Paris. 1969)〕
10. Paul Hernadi, "Free Indirect Discourse and Related Techniques,"*Beyond Genre: New Direction in Literary Clssification* (Ithaca: Cornell University Press, 1972)
11. B.A. Uspensky, *A Poetics of Composition: The Structure of Artistic Text and Typology of a Compositional Form*, tr. by V. Zavarin and S. Wittig(Berkeley: University of California Press, 1973)
12. Seymour Chatman, *Story and Discourse: Narrative Structures in Fiction* (Ithaca: Cornell University Press, 1978)

15. 국문소설의 사회의식

　문학은 개인적인 사상·감정의 표현임과 동시에 그것이 자라난 시대와 사회의 산물이기도 하다. 즉 문학은 언어라는 사회적 의사소통의 수단을 매체로 한다는 점에서, 그리고 사회적 동물인 인간과 인간의 사회적 생활을 그 소재로 한다는 점에서 사회적 측면과 불가분의 관계를 맺는다. 뿐만 아니라 문학은 저자와 독자라는 사회적 관계 위에 존재하며, 또 문학작품의 창작·전달·수용의 과정은 그대로 하나의 사회적 현상이기에 본질적으로 사회적 측면을 떠나 생각하기 어렵다. 물론 이러한 점은 예술 일반에 있어 공통되는 점이기는 하다. 그러나 문학은 다른 예술양식에 비하여 현저하게 사회성과의 연관이 두드러진 것이 사실이다.

　사실 문학의 예술적 가치라는 것도 알고 보면 작품이 지니는 사회적 의미와 무관한 것이 아니며, 문학의 주제니 사상이니 하는 것도 대체로 작품에 나타난, 작자나 작자군의 社會意識에 뿌리를 두고 있는 경우가 많다. 또 문학 내용의 구체적 양상 역시 시대상이나 사회현상의 직접적인 투영이거나 굴절된 반사로 나타나는 것이 보통이다. 따라서 문학에 있어서 사회의식의 규명은 문학 이해의 중요한 관건이 되는데, 사회의식은 외부의 제반 시대·사회적 요소가 작자의 내면으로 파고 들어간 후 여과되고 굴절되어 재창조된 다음 작품으로 형상화된 의식내용을 말한다. 그러므로 사회의식은 문학의 본질과 의의, 그리고 그 기능과 역할과도 무관하지 않다.

　문학의 여러 형태 가운데서도 소설은 그 장르적 특성으로 인하여 더욱 사회성과 긴밀한 관련을 갖는다. 소설은 그 본래의 서사문학적 특성, 즉 사건이나 행동의 구체적 사실을 추적하고 이를 둘러싸고 있는 제반상황을 면밀히 포착하고 사실적으로 부각시킨다는 점에서 詩文學에 비하여 직접적으로, 그리고 명시적으로 사회성을 드러낸다. 물론 시문학의 사회적 측면을 부정할 수는 없는 것이어서 비록 초현실적 관념적 시라 하더라도 그 자체가 사회성의 변형된 표현일 경우가 있다. 그러나 그것은 간접적이겨

452

나 암시적이라는 점에서 한계가 있다. 이에 비하여 소설은 직접적으로 그리고 명시적으로 사회성과 긴밀한 관련과 교섭을 갖는다. 소설의 이러한 점은 소설만이 지니는 강한 개성이기도 하다. 오늘날 문학의 사회성을 중점적으로 고찰하는 文學社會學이 소설문학에 주로 초점을 두고 있는 것도 이러한 이유에서이다.

소설의 이와 같은 본질적 측면 때문에 그 연구에 있어서도 사회의식을 비롯한 다양한 측면에서의 사회적 접근이 요청되며, 어떤 의미에서 그것은 불가결의 요소이기도 하다. 그러므로 소설에 대한 정당한 객관적 이해는 소설의 사회성 내지 사회의식에 대한 올바른 이해를 전제로 하지 않을 수 없다.

이 글의 목적은 한국의 고전문학, 그중에서도 한글로 된 古小說에 국한하여 거기에 나타난 사회의식은 어떤 것이며, 여기에 대하여 학계는 어떻게 얼마만큼 천착해 왔나 하는 점을 살피려는 데 있다. 따라서 고찰의 上限은 조선조 한글이 창제된 시기 이후로 국한되며, 그후라 하더라도 漢字로 된 소설은 제외된다.

고소설의 사회성에 대한 본격적인 연구의 역사는 짧다. 1920년대 國學의 일환으로서의 국문학의 연구 속에 싹텄던 고소설에 대한 학적 관심은 1930년대 金台俊의 소설사 서술에서 어느 정도 독자성을 보인 후 1950년대까지도 별다른 변화를 보여주지 못했다. 그후 1960년대까지 소설사의 정리 외에 異本攷, 근원설화, 중국소설과의 관계, 주석과 감상, 그리고 일부 작가론과 작품론에만 국한되어 있었다. 따라서 본격적인 과학적 방법론에 입각한 깊이 있고 폭넓은 연구는 1960년대 후반기와 1970년대에 이르러 비롯되었고, 고소설의 사회성에 대한 학적인 관심도 이때에 와서야 그 단서를 찾기 시작하였다. 소설의 분류에 있어 사회소설이란 명칭을 쓰게 되었고, 작품의 주제를 논하는 가운데 사회성·사회의식·현실인식이란 관점에서 산발적이나마 관심이 주어지게 되었다. 그러다가 근년에 이르러 서구적인 새로운 방법론의 수용을 통하여 고소설의 사회성에 대한 인식이 고조되면서 이 문제는 중요한 학적 관심사로 부상하기에 이르렀다. 예술과 사회, 문학과 사회, 그리하여 문학의 사회적 성격과 사회적 의미에 주목하게 된 이 방면의 관심은 주로 서구의 문학사회학 이론에 그 논의의 근거를 두고 있다. 즉 사회구조와 문학 내지 소설구조의 상응관계를 밝히고 그 저변에 깔린 작가의 세계관을 찾아내려는 입장에서 아도르

노(Adorno)나 골드만(Goldmann)의 이론, 사회변화 속에서 문학이 갖는 문화적 인자로서의 기능과 역할을 캐낸다는 점에서 마르쿠제(Marcuse)의 입장, 문학 속에는 경제적 사회적 정치적 제반 요소가 작용한다는 사실에서 변증법적 유물론에 근거를 둔 루카치(Lukacs)의 학설, 나아가 사회학적 문학연구 방법론의 입장에서 소설과 사회와의 관계를 밝힌 제라파(Zéraffa)의 소설사회학에 이르기까지, 실증주의적 문학사회학, 구조발생론적 문학사회학, 나아가 사회주의 리얼리즘 소설사회학 등 이들 서구 이론들이 한국의 소설연구에 있어 새로운 방법론을 제시해 주고 있는 것은 사실이다. 그러나 이들 여러 이론이 국문학 연구방법론으로 포착화되었다고는 볼 수 없고, 기존의 연구업적 역시 만족할 만한 단계에 이르렀다고는 할 수 없다. 따라서 좀더 완벽한 방법론의 소화와 좀더 체계적이며 심도 있는 천착은 앞으로의 과제라 할 것이다.

이 글에서는 고소설 중 사회적 입장에서 검토가 가능하다고 보여지는 작품들, 즉 〈洪吉童傳〉〈田禹治傳〉〈壬辰錄〉〈朴氏傳〉〈林慶業傳〉, 그리고 판소리계의 〈春香傳〉〈興夫傳〉〈토끼傳〉 등을 대상으로 하여 이들 작품의 사회성에 대한 학적인 관심이 어떻게 전개되어 왔나 하는 점을 간결하게 살피면서 몇 가지 문제점을 지적해 두고자 한다.

〈홍길동전〉은 그 소재나 내용, 그리고 주제와 작자의 사상으로 인하여 일찍부터 사회소설로 지목되어 온 작품이다. 이 작품은 작자문제, 표기문자 문제, 작품의 성립연대 문제 등 아직 미결인 문제가 많으나 이와는 아랑곳없이 작품의 사회성은 부동의 것으로 인정되어 왔다. 이 작품의 사회성에 대한 본격적인 언급은 김태준에 의해 제기되었다(1). 그는 許筠을 대중의 지도자, 즉 대중 옹호와 사회혁명의 꿈을 지닌 사회사상의 소유자로 보고, 〈홍길동전〉은 적서차별의 제도 폐지를 내세운 계급타파적 사회의식을 고취한 작품이라 단언하고 있다. 〈홍길동전〉에 대한 이와 같은 점은 그 이후의 小說史나 작품의 내용과 주제를 다룬 개별 논문에서 별다른 수정 없이 재론되어 왔다. 특히 鄭鉒東은 작품연구의 단행본에서 이 문제를 더욱 구체화하였고(2), 고소설 일반론이었던 〈古代小說論〉에서도 상론하였다. 한편 金鎭世도 작자인 허균을 논하는 가운데 그를 왕조에 대한 반항사적인 위치에서 거론하면서 〈홍길동전〉을 같은 문맥에서 파악하고 있다(3). 그러나 〈홍길동전〉의 사회성에 대한 논의는 주로 작품의 주제와 사상을 논하는 중에 제기되었다. 여기에는 曹周鉉(4) 金炳旭(5) 李在秀(6) 姜束燁(7) 尹榮玉(8) 등의 논고가 있는데, 관점은 다르지만 대체로 〈홍길동전〉을 사회소설로 보고 작품의 저변을 이루고 있는 사회의식을 추출하고 있는 점에서 공통된다. 그 중 강동엽은 작품의 배경이 되고 있는 시대를 살피면서 적서차별 문제, 서얼방한 문제, 해외진출 문제, 사재탈취 문제를 중심으로 사회구조 속에서의 작품의 주제와 의미를 캐고 있고, 윤영옥은 작품의 구조와 윤리성, 지배의 윤리, 전기성 등을 중심으로 논하고 있다. 주제적 측면에서의 사회성을 색다른 각도에서 논한 것으로는 金一烈의 경우가 있다(9). 김일렬은 과거 산만하게 다루어져온 주제론은 작품구조의 불통일성을 극복하지 못한 데서 이루어졌다고 보고, 먼저 작품의 불통일성을 일원화된 사회적 의미로 통일시켜 그것을 「계층간의 불평등과 모순을 초래하는 지배층의 압박에 대한 부당성」이라 보고, 인물의 행동 자체가 가진 심리적 원리를 분석하여 이를 「욕구불만과 적응의 원리」라 말하고 있다. 그리하여 사건의 전개와 행동의 통일적 원리를 반항적 힘의 자기전개, 그리고 작품의 주제적인 원리를 지배층의 부당한 억압에 대한 반항적 힘의 위력을 보여주려 한 것이라 결론짓고 있다. 주제론은 이외에도 다양하게 전개되었다. 李文奎는 작품의 주제를 개인의 이룰 수 없는 욕망을 성취시켜 보려는 것으로 「신분적 조건에 얽매인 자기 구제」라 보았고(10), 呂增東은 주제를 「주인공의 운명론적 생애담」이라 단언하였다(11). 한편 〈홍길동전〉의 유형과 구조를 金烈圭는 신화 이래의 「전기적 유형」이라 단정하였고(12), 趙東一은 유사한 입장에서 「영웅의 일생」이란 용어로 말하여(13) 역시 전래 서사문학의 유형 속에 편입시켰다. 즉 〈홍길동전〉을 전승적 유형을 소설화한 「영웅소설」이라 말하고(14) 그 유형상 신화적 성격을 지닌 작품이라 말하고 있다. 이러한 유형론에 의한 홍길동전론에 대하여 林熒澤은 이의를 제기하면서 〈홍길동전〉의 주제는 인간에게 가해진 무리한 제약에 맞서 사람으로서의 인격을 주장하고 그 사회적 실현을 위해 투쟁한 것으로 「인격의 실현」이라 단정할 수 있다고 하였다(15). 즉 전기한 유형론에 따를 경우 작중의 홍길동은 역사적 인물의 전형이 아니고 신화의 잔영으로서의 초역사적 인간이 되는데, 그럴 경우 작품의 사회성이 몰각된다고 보아 역사 및 자료의 측면에서 검토하여 이상의 결론을 내리고 있다. 〈홍길동전〉 주제론의 사회적 측면에서 李注衡의 소론 또한 주목할 만하다(16). 그는 〈홍길동전〉을 종래의 설처럼 사회소설로 못박고, 그 주제의 해명에 있어서 지금껏 거론되지 않았던 작중의 地下國大賊除治說話를 주목하면서 서자→적자대우→비적→병판→왕으로 변모하는 홍길동의 신분적 변화 속에서 작품의 사회적 의미를 찾고 있다. 즉 이상의 길동의 신분상승은 서자의 사회적 승리이며, 이는 곧 작품의 적서차별 폐지의 주제적 표현이라는 것이다. 서자가 왕이 되었다는 점에서 다분히 계급혁명적 의도를 읽을 수 있고, 이와 결부하여 사회적 모순의 개혁, 개인적 능력의 사회적 수용 등도 주제적 측면에서 파악할 수 있다는 것이다. 결국 〈홍길동전〉은 사회발전을 지향한 진보적 정신을 드러낸 사회소설이라는 것이다.

몇 가지 이의가 없는 바는 아니지만 〈홍길동전〉의 사회성, 즉 작가의 식으로서의 사회의식, 주제로서의 사회적 의미, 사상으로서의 사회개혁의지 등, 여러 사회소설로서의 특질을 부정할 수는 없다. 비록 작품의 성립연대는 뒤질지 몰라도 작자의 생존연대에 비추어 여타의 작품에 비하여 시대적으로 앞서는 작품이기 때문에 〈홍길동전〉은 국문소설 중 사회의식을 나타낸 작품으로서도 선도적 작품이라 할 수 있다.

〈홍길동전〉과 유사하면서도 성격을 달리하고 있는 〈전우치전〉 역시 사회성이 농후한 작품이다. 도술이 등장한다든가 탐관오리를 규탄한다든가 재물을 탈취하여 빈민을 구제한다든가 하는 등의 〈홍길동전〉과 유사한 점이 많아 모방작으로 추측되기도 하지만, 전우치라는 역사적 인물을 모델로 하고 있는 점에서는 다르다. 이 작품의 사회성에 처음 착목한 것은 역시 김태준이었다. 그는 〈朝鮮小說史〉에서 〈홍길동전〉과 동일한 작자가 지었으리라 억측하면서 역사적 인물인 전우치가 당시의 사회에 불평을 가졌던 인물임으로 해서 〈전우치전〉 역시 〈홍길동전〉과 동궤의 작품이라 보고 있다. 한편 정주동은 〈古代小說論〉에서 사회소설로 분류하였고, 金起東은 〈李朝時代小說論〉에서 道術小說로 보고 있다. 또 김일렬은 〈홍길동전〉과 〈전우치전〉을 비교하면서(17) 작품의 구조, 인물의 위치, 사회의식, 행동의 의미 등을 대비하여 두 작품의 상이점을 논하고 사회성을 띤 공통점을 말하고 있다. 작품에 대한 독자적인 논의로는 林哲鎬(18)와 조동일(19)의 경우가 있다. 임철호 역시 〈전우치전〉의 사회의식을 다루고 있고, 조동일도 정치사회적 측면에서 논하고 있다. 조동일은 그의 〈韓國小說의 理論〉에서 이 작품을 逸士小說로 말하면서 영웅소설과 유사한 점도 있다고 말하고 있다. 〈전우치전〉에 대하여는 아직 본격적인 논의가 없는 대로 〈홍길동전〉과 유사한 측면에서 사회성만이 지적되고 있다. 따라서 모델인 전우치에 대한 인물론적 측면과 당시 사회의 여러 양상, 그리고 이를 작품화한 작가군의 의식과 주제가 폭넓게 밝혀져야 할 과제로 남는다. 아직 이본에 대한 연구가 본격적으로 이루어지지 않은 점도 문제이다.

456

사회의식은 시대·사회가 모순되거나 불합리할 때 더욱 두드러지게 나타
난다. 특히 역사적 현실사회가 격동기나 위기에 처하여 있을 때 더욱 그
러하다. 조선조 중엽을 온통 뒤흔들었던 壬丙兩亂은 이런 점에서 당시의
한국인에게 커다란 충격을 안겨주었다. 무능한 왕권, 부패한 지배층, 이미
마각을 드러낸 유교적 정치이념, 거기에다 전후 피폐한 민생과 경제적 파
탄 등 이들 여러 현실적 여건은 전화를 딛고 일어선 우국적 지식인이나
서민들에게 크나큰 각성을 일깨워주었다. 양반귀족층에 대한 불신, 봉건
적 유교정치체제에 대한 불만, 거기에다 왜구와 호족에 대한 복수심과 적
개심 등이 복합되어 이루어졌던 전후 서민들의 이러한 정신적 상황은 완
전히 전전과 양상을 달리하고 있었다. 이러한 정신적 와중에서 그들은 스
스로의 각성을 토대로 하여 현실사회에 대한 날카로운 비판적 안목을 키
우고 있었다. 이러한 여건 속에서 자연적으로 형성된 현실인식은 〈임진
록〉, 그리고 〈임장군전〉과 〈박씨전〉이란 문학을 산출하기에 이르렀다. 이
들 문학작품들은 말하자면 손상된 민족 자존심을 회복하려는 보상심리와
외족에 대한 적개심, 복수심, 그리고 전란 중의 민족적 영웅을 우러르는
숭모의 정을 표출시킨 것이었다. 따라서 이들 문학에 나타난 사회의식은
차원을 달리한 것으로서 역사의식·현실인식·민족의식·국가의식으로 확
대된 것이었다.

〈임진록〉은 임진왜란에, 〈임장군전〉〈박씨전〉은 병자호란에 관련된 것이
다. 이들 작품에 대한 종래 학계의 관점은 주로 민족적이고 국가적인 데
주어지고 있었다. 지금까지 이들 작품을 역사소설·전쟁소설·군담소설
등으로 지칭하였고, 주인공 관계로 〈박씨전〉만을 女傑小說로 추가 지칭한
데서 그와 같은 점이 잘 나타나고 있다.

〈임진록〉에 대하여는 소설이냐 설화집이냐 하는 논의와 異本攷, 설화적
형성론 등 다양한 검토가 있어왔고, 작가군의 의식에 대하여도 많은 언
급이 있었다. 김태준이 군담으로 보아온 이래 李明善은 〈校註壬辰錄〉에
서 외방의존의 사대주의 사상이 나타난 것이라 말하였고, 周王山은 〈朝鮮
古代小說史〉에서 복수문학, 정신적 승리를 내세운 문학으로 보았으며, 김
기동은 〈이조시대소설론〉에서 민족문학으로, 李慶善은 〈註解壬辰錄〉에서
항일문학, 정신적 승리의 문학으로 내세웠다. 개별적 고찰로는 金淳休가
이본을 통한 작품성격의 규명(20)을, 임철호가 작중인물을 통한 사회의식
에 대한 고찰(21)을, 그리고 조동일이 작품에 나오는 金德齡을 민족적 민
중적 영웅으로 파악하면서 여기서 민중의 역사창조의 의지를 보인 것이라

고 말하였다(22). 그러나 좀더 체계적이고 집중적인 논의는 蘇在英에 의하여 이루어졌다(23·24·25·26). 그는 異本攷를 통하여 작품의 정신적 배경을 추출하고 작품의 형성과정에 따른 민중의석의 변모를 캐내어, 패배의 기록을 승리의 신화로 창조하였다고 보았다. 또 〈임진록〉은 내적 반성과 외적 자긍의 민족정신의 산 거울이라 말하였고, 역사적 사실이 설화로 굴절되었던바, 굴절의 의미는 역사의식에서 찾을 수 있다고 하였다. 이들 여러 학자들의 고찰은 민족의식·국가의식으로 변형된, 그리고 당시의 왜곡된 시대현실을 꼬집고 나아가 순수한 민중의 영웅을 숭모하는 당시대인의 사회현실에 대한 의식을 잘 지적하고 있다.

　〈임진록〉이 대체로 설화적 집성으로 이루어졌다면 〈임장군전〉과 〈박씨전〉은 인물 중심으로 엮어진 소설로, 역시 병자호란에 따르는 당시대인의 사회의식을 나타낸 작품이었다. 두 작품은 여러 모로 유사성이 있으나 전자가 실재 인물을 모델로 한 데 반하여 후자는 가공적 인물을 모델로 한 데서 다르다. 그러나 작품의 바탕은 공통된 정신적 분모로 되어 있다.〈임장군전〉에 대하여 張德順은 전쟁소설로서 병자란 이후의 민족의식이 표출된 작품으로 보았고(27), 이경선은 崇明排淸思想과 國恥的 항복에 대한 복수라는 의식의 표현이라 말하였다(28). 또 金基鉉은 사대성·자주성의 양면을 지닌 것으로 정신적 승리의 문학이라 하였다(29). 한편 단편적 논문에서 윤영옥은 관료들의 무사안일주의에 일침을 놓은 민중들의 대사회적 의식이 표현되었다고 보았고(30), 徐大錫은 외적인 호족에 대한, 그리고 내적인 金自點에 대한 증오감을 통하여 민족의식이 반영된 작품으로 규정지었다(31). 역시 崔龍洵도 이상과 같은 의견과 국가 군주에 대한 충성과 시대·사회에 대한 풍자와 징계를 〈임장군전〉의 주제의식이라 말하고 있다(32). 결국 〈임장군전〉은 주체적 민족의식 외에 임경업과 김자점을 대비시켜 그중 임경업을 돋보이게 함으로써 병자호란 후의 시대의식을 두드러지게 나타낸 작품으로 보인다.

　〈박씨전〉은 〈임장군전〉과 쌍벽을 이루는 병자호란 후의 소설이다. 따라서 내용과 구성은 다르더라도 작품에 나타난 정신적 취향은 동일하다. 〈박씨전〉에 대하여는 김기현이 전반적 고찰(33)을, 申東一이 전쟁소설적 측면(34)을, 史在東이 작품의 형성과정(35)을 각각 말하고 있는데 대체로 병자호란에서 입은 국치와 여기서 빚어진 적개심을 바탕으로 통쾌한 복수를 감행하는 민족의 영웅상을 국가적 충성심, 민중적 승리감을 통하여 그려낸 작품임을 말하고 있다. 결국 전후의 사회의식은 이런 양상으로 나타납 수밖에 없었던 것이다.

　고소설의 사회의식은 〈趙雄傳〉〈劉忠烈傳〉 등의 소위 군담소설에도 나타난다. 종래 군담소설은 〈三國志演義〉의 영향으로 임병양란의 시대사조에 호응하여 나타난 것으로 알려져 왔으나, 이와 같은 기존설은 서대석에 의해 비판됨으로써(36·37·38) 역시 시대의식의 소산임이 입증되었다. 즉 〈삼국지연의〉 영향은 지엽적인 것으로 군담소설의 발생 동인은 될 수 없고 군담소설은 당시 현실 정치사회에서 실세한 양반들의 권력회복에 대한 꿈과 의지의 표현으로 나타났다는 것이다. 즉 〈임진록〉〈박씨전〉 등의 역사군담과 달리 대부분의 창작군담이 실세한 정치인들의 현실참여의식을 나타냄으로써 그들의 대사회적 의식을 표출하고 있다는 것이다. 여기에 대하여 閔肯基는 약간의 수정을 가하고 있다(39). 즉 군담소설의 형성이 〈삼국지〉의 영향이 아님은 확실하나 출현 동인을 권력회복의 의지만으로 볼 수는 없다고 보고 군담소설 출현의 동인을 통시적 동인, 공시적 동인, 작자의 동기 등으로 나누어 신화유형의 모티브가 극복과 성취의 모티브로 변이되었고, 시대상황이 영웅을 요구했으며, 불우한 생활의 위안과 대리성취에 의한 욕망, 그리고 상업화에 따른 수입증가적 욕망이 동인이라는 것이다. 여하간 군담소설이 당시대인의 현실사회에 대한 의식의 표현이라는 점에서 이의가 없고 보면 이들 작품에 나타난 사회의식 또한 좀더 깊이 있게 천착되어야 할 과제라 하겠다.

　조선조 후반부를 장식하는 판소리계 소설 역시 사회의식을 두드러지게 보여주고 있다. 판소리계 소설은 그 생성이나 전파과정에서 판소리라는 조선조 후기 서민들의 예술형태와 결부되어 있는 관계로 당시 피지배계급이던 서민들의 소박하면서도 짙은 사회의식이 그대로 노출되어 있다. 우선 판소리 자체가 개인적 창작이 아닌 집단의 소산이기 때문에 거기에는 당시 민중들의 꿈과 소망, 해학과 기지, 풍자와 야유, 비판과 저항이 담겨져 있다. 따라서 唱者와 聽者, 작자군과 독자층, 그리고 이 서민적 예술형태의 유지와 전승에 참여했던 모든 인간들의 의식이 투영되어 있다. 이와 같은 그들의 서민의식은 판소리의 唱本의 성립이나 소설화에 따라 고스란히 소설 속에 수용된 것이다. 이들 서민의식은 바로 그들의 사회의식으로서 당시의 왕권의 약화와 유교적 권위의식의 타락에 따른 정치적 혼란 속에서의 지배계층에 대한 부정적 비판, 관료계급과 이서계급의 가렴주구 및 부정부패에 대한 반항, 위선적 유교의 윤리·도덕에 대한 풍자 등으로 나타났다. 이러한 그들의 사회의식은 사회적 신분의 제약과, 지적 행동적 능력의 한계, 생래의 운명론적 체념 등으로 우회적인 통로를 찾아 발산할 수밖에 없었고, 그 유일한 탈출구는 민속극이나 민요·판소리 등의 구비문학이었다. 이렇게 판소리계 소설의 사회의식은 판소리 그 자체에도 배태되고 있었다. 판소리의 이러한 측면에 대하여는 金興圭의 고찰이 있고(40), 소설과 관련된 측면에서는 沈晶燮의 논의가 있다(41). 김흥규는 광대의 사회적 배경, 판소리의 연희 특성, 판소리에 있어 아전의 역할 등의 고찰을 통하여 판소리의 二元性을 말하면서 그 사회적 배경과 의미를 캐고 있다. 또 심정섭은 판소리 소설은 어디까지나 현실긍정의 기반 위에서 주인공의 사회적 융화를 피한 것이라 보고 있다. 긍정이든 부정이든 판소리는 조선조 후기 사회사적 맥락과 접합될 수밖에 없고, 따라서 그 사회적 의미 또한 부정될 수는 없다.

개별 작품을 통한 판소리계 소설의 사회의식에 대하여는 많은 논의가 있어왔다. 그중 〈춘향전〉〈토끼전〉〈흥부전〉의 순으로 간결하게 언급하기로 한다.

〈춘향전〉은 민족의 고전답게 다양한 얼굴을 지닌다. 달콤한 러브 스토리로서, 또 극적인 사건의 전환 때문에 대중의 사랑을 받은 작품이지만, 〈춘향전〉은 그에 못지않게 날카로운 비수를 품고 있기도 하다. 그것이 작품이 지닌 사회의식이다. 애절하고도 아름다운 사랑의 표피 속에 숨어 있는 〈춘향전〉의 사회의식은 단순히 당시의 윤리규범인 열녀정조만을 강조한 것이 아니다. 오히려 당시의 완고한 윤리와 제도, 자유분방한 정욕과 인간성의 억압, 그리고 탐관오리의 수탈과 포학성, 위선적인 양반계급의 비리 등에 대한 부정과 비판, 그리고 반항과 투쟁을 그 바탕에 깔고 있다. 그리고 이러한 작품의 의식은 당시 사회 서민층의 의식이기도 했다. 이러한 점에 대하여는 이미 김태준이 그의 소설사에서 지적한 이래 수많은 〈춘향전〉 연구가들에 의하여 재론되어 왔다. 즉 1965년 金東旭의 〈春香傳研究〉로 설화적 서지적 연구가 집대성된 후, 이를 바탕으로 작품의 의미와 가치가 탐색되는 가운데 사회의식에 대한 관심이 주로 나타났다. 특히 작품의 내용분석이나 주제 파악, 그리고 사상적 측면의 고찰에서 대두되었던 이와 같은 점은 〈춘향전〉의 異本이 많고, 내용과 구성이 다양한 관계로 이에 대한 견해가 분분하여 일일이 열거하기는 어렵다. 그중 작품의 내용분석을 통하여 궁극적으로는 〈춘향전〉이 지니는 사회사적 의미를 탐색했던 李相澤(42)과 조동일(43)의 경우만을 들어보기로 한다. 이상택은 성격심리학적 사회사적 접근을 통하여 작품의 의미를 캐고 있다. 그는 작품의 내용을 분석하여 춘향의 성격구조 및 그것이 지닌 작품상의 의미를 이지적 성격 특징, 성취와 방어의 동기, 행동반응의 일관성, 열녀의식의 수단적 가치 등으로 말하고, 이러한 의미들의 사회사적 대응을 세습적 신분구조의 변화, 민중층 가치규범의 이행, 근대적 인물에의 지향으로 말하고 있다. 결국 이러한 〈춘향전〉의 사회사적 의미는 그대로 작품의 사회의식과 직결되는 것이다. 한편 조동일은 작품의 갈등구조의 분석을 통하여 주제를 밝히려는 입장에서 주제를 유교적 교훈을 내세우는 표면적 주제와 인간적 해방을 내세우는 이면적 주제로 나누고 있다. 그리하여 표면적 주제보다는 이면적 주제가 보다 우세하고 가치가 크다 하여 인간적 해방이 유교적 교훈을 이김으로써 「신분적 제약으로부터 벗어나 인간적 해방을 이룩하자는 의식」이 작품의 주제라는 것이다. 결국 춘향전의 신분적 제약과 인간적 해방의 갈등은 당시의 현실사회적 갈등의 반영이므로 작품의 주제는 사회의식에로 귀결된다. 물론 〈춘향전〉 주제의 사회의식적 의미는 인간적 해방 외에도 복합적인 사회적 의미를 갖는다. 따라서 앞서 말한바 조선조 후기 서민의식의 여러 양상이 다양하게 투영되어 있음은 말할 것도 없다.

〈춘향전〉과 유사한 입장에서 사회의식을 반영하고 있는 판소리계 소설로 〈토끼전〉이 있다. 〈토끼전〉은 의인체의 우화소설로 되어 있으나 그 이면에는 당시 서민들의 사회의식이 그대로 나타나 있다. 〈토끼전〉의 이와 같은 점에 착안한 것은 조동일(44)과 인권환(45)이었다. 조동일은 예의 작품분석 방법인 고정체계면과 비고정체계면, 표면적 주제와 이면적 주제의 분석을 통하여 〈토끼전〉은 용왕을 통해서 조선왕조의 정치권력을 비판하고, 이에 맞서 자유로운 삶을 지키려는 민중의 지혜를 나타냈다고 보았다. 그리고 〈토끼전〉에 등장하는 인물들의 양상은 당시 사회의 축약이며, 그 의미는 근대적 의식의 출현이라 보아 주제를 사회의식적 입장에서 파악하고 있다. 한편 인권환은 〈토끼전〉의 수궁과 육지의 세계를 지배층과 피지배층의 대립적 관계로 파악하고, 毛族會義 장면에서 수령・서리 들의 중간지배층을 풍자한 것으로 보고 있다. 또 용왕과 자라 등을 지배층 인물의 전형으로, 토끼를 피지배층 서민의 전형으로 보아 토끼의 용궁행을 당시 현실의 離農現象으로, 자라부인의 정조관념의 변화를 기성의 도덕적 관념으로부터의 탈피로 보고 있다. 결국 〈토끼전〉의 주제를 당시의 서민을 중심으로 한 사회양상과 그들의 사회의식에서 싹튼 것으로 지배층과 유교적 관념에 대한 서민의식에 입각한 비판과 풍자라고 말하고 있다.

끝으로 〈흥부전〉도 이상과 같은 사회의식의 차원에서 살필 수 있다. 〈흥부전〉에 대하여는 조동일과(46) 임형택의 논고(47)가 이 방면의 고찰에 새 국면을 열었다. 조동일은 흥부와 놀부를 양반과 천인으로 각각 그 사회적 신분이 상이하게 반영되었음을 말하고, 작품의 사회사적 의미를 화폐경제의 발달, 빈부간의 대립적 양상의 대두, 물질적 가치관의 성행으로 보고 있다. 이러한 작품의 사회적 의미의 색출과 사회사적 현실 투영의 규명은 임형택에 의하여 좀 다른 각도에서 심화되었다. 임형택은 흥부와 놀부의 신분은 양반과 천인이 아닌 같은 서민층의 반영이며, 다만 흥부는 소작의 기회마저 얻지 못하고 품팔이꾼으로 전락된 영세농민으로, 놀부는 상승된 경영형 서민부농으로 각각 다르게 나타났다고 보았다. 또 〈흥부전〉은 봉건사회질서가 해체되는 과정에서 신흥서민 부농과 빈민층의 갈등을 보여주면서, 놀부를 부정적 인물로, 흥부를 양심적이고 성실한 인물로 그려 당시의 사회적 모순을 나타냈다고 하였다. 그리하여 작품에 있어서의 놀부의 몰락은 반사회 반도덕적 이기주의의 패배로서 이는 사회모순에 대한 서민층의 준렬한 재판이며, 결국 〈흥부전〉에는 근대사회로 지향하는 역사의식의 약동이 나타나 있다고 보았다. 고찰의 관점은 다를지 모르나 〈흥부전〉이 철저하게 작자층의 사회의식의 소산이란 점에서는 공통된다.

이상으로 국문소설에 나타난 사회의식을 주요 연구업적을 중심으로 살펴보았다. 이상의 고찰을 통하여 드러난 국문소설의 현실인식은 예외가 없지는 않으나 일반적으로 현실에 대한 심각성이나 투철한 개혁의지, 그리고 현실문제의 해결에 있어 적극적이거나 도전적인 면이 미약하다는 점을 말할 수 있다. 따라서 당면한 현실문제의 개조나 해결에 있어 소극적 미온적이거나 우회적 체념적이다. 심각한 현실적 난관을 돌파하는 대결에 있어 우연성이 남발된다든가, 해학으로 얼버무린다든가 도술로써 해결한다든가, 초현실적 가공의 세계로 유도시킨다든가 하는 등의 사건해결방식이 바로 이같은 사실을 잘 말해 주고 있다. 현실적 의지의 관철을 수행하는 경우에 있어서도 일정한 한계 안의 것이며, 그나마 비현실적 방법에 의한 도피적이거나 초월적인 경우가 많다. 이는 작자나 작자군의 의식이 당시대와의 대결에 있어 패배할 수밖에 없었던 역사현실의 반영으로 보이며, 이는 또한 그들의 사회적 신분이 두꺼운 계급층 속에서 낮았던 때문으로 보인다. 한편 국문소설의 현실인식에 대한 기존연구의 문제점은, 아직 학적인 관심이 일부 작품에 국한되어 있다는 점이다. 따라서 소설 전

462

반적 시야에서 통시적으로, 또는 공시적으로 사회의식의 흐름이나 성격, 그리고 역사적 의미나 특질이 체계적으로 밝혀지고 있지 않다는 점이다. 그렇게 됨으로써 이들 현실인식에 대한 고찰이 한국인의 정신사나 문학사상적 흐름과 접맥될 계기를 맞지 못하고 있는 것이 사실이다. 그리고 아직 방법론적인 미숙으로 인하여 효과적인 결론을 얻지 못하고 있는 경우도 보인다. 사회의식의 색출은 철저한 작품분석과 작품구조의 파악, 치밀한 작가의식의 추구와 시대사회에 대한 폭넓은 탐구를 전제로 한다. 또 여기에는 인접과학에 대한 이해와 방법론의 무장이 수반되어야 하리라. 한편 문학을 통해 사회학을 연구하는 것이 아니라, 문학연구에 있어 사회학적 방법을 원용한다는 입장에서 단순히 사회의식의 추출에만 그칠 것이 아니라, 제반 사회적 요소가 어떻게 사회의식으로 수용되어 문학화되는가 하는 점이 밝혀져야 할 듯하다. 그리하여 지나치게 사회적 요소만을 밝히려는 경직된 태도가 작품의 문학성이나 작가의 예술적 욕구의 표현에 훼손이 가는 일이 있어서는 안될 것이다.　　　　　　　印 權 煥

論　著

1. 金台俊　朝鮮小說史(學藝社, 1933, 1939)
2. 鄭鉒東　洪吉童傳硏究(文豪社, 1961)
3. 金鎭世　許筠硏究(國文學硏究, 1964)
4. 曹周鉉　洪吉童傳의 抵抗文學的 考察(語文論集 11, 1968)
5. 金炳旭　洪吉童傳小考(西江 1, 1970)
6. 李在秀　蛟山小說考(韓國小說硏究, 1973)
7. 姜東燁　洪吉童傳의 主題考(東岳語文論集, 東國大, 1972)
8. 尹榮玉　洪吉童傳考(嶺南語文學 1, 1974)
9. 金一烈　洪吉童傳의 不統一性과 統一性(語文學 27, 語文學會, 1972)
10. 李文奎　洪吉童傳硏究(서울大 大學院, 1975)
11. 呂增東　洪吉童傳의 構造論(李在秀還曆記念論文集, 1972)
12. 金烈圭　民譚과 李朝小說의 傳記的 類型(韓國文學과 民俗硏究, 1971)
13. 趙東一　英雄의 一生, 그 文學史的 展開(東亞文化 5, 서울大 東亞文化硏究所, 1971)
14. 趙東一　韓國小說의 理論(知識産業社, 1977)
15. 林熒澤　洪吉童傳의 新考察(創作과批評 1976 겨울~1977 봄)
16. 李注衡　主人公의 變身을 中心으로 본 洪吉童傳(韓國學報 17, 1979)
17. 金一烈　洪吉童傳과 田禹治傳의 比較考察(語文學 30, 語文學會, 1974)

18. 林哲鎬 田禹治傳硏究(연세어문학 9·10 합집, 1978)
19. 趙東一 古典小說과 政治(世界의文學 1979 가을호)
20. 金淳休 壬辰錄考(東岳語文論集 4, 東國大, 1966)
21. 林哲鎬 壬辰錄群硏究(延世大 大學院, 1977)
22. 趙東一 壬辰錄에 나타난 金德齡(李在秀還曆紀念論文集, 1972)
23. 蘇在英 壬辰錄硏究(崇田語文學 1, 1972)
24. 蘇在英 壬辰錄群의 形成과 民衆意識의 變貌(국어국문학 61, 국어국문학
       회, 1973)
25. 蘇在英 壬辰錄說話의 文學的 價値(崇田大論文集 9, 1979)
26. 蘇在英 壬辰錄의 意識世界(朴晟義敎授回甲論文集, 1977)
27. 張德順 丙子胡亂을 前後한 戰爭小說(國文學通論, 1960)
28. 李慶善 校註 壬辰錄 朴氏傳(正音社, 1962)
29. 金基鉉 校註 林將軍傳(예그린出版社, 1975)
30. 尹榮玉 林慶業傳硏究(國語國文學硏究 15, 靑丘大學, 1973)
31. 徐大錫 林慶業傳硏究(李瑄根古稀論文集, 1974)
32. 崔龍洵 林將軍傳硏究(高麗大 敎育大學院, 1977)
33. 金基鉉 朴氏傳硏究(高麗大 大學院, 1964)
34. 申東一 李朝 戰爭小說 朴氏傳 硏究(陸士論文集 6, 1968)
35. 史在東 朴氏傳의 形成過程(池憲英古稀記念論叢, 1980)
36. 徐大錫 軍談小說의 出現動因 反省(古典文學硏究 1, 韓國古典文學硏究會,
       1971)
37. 徐大錫 軍談小說 構成과 作者意識(啓明論叢 7, 啓明大, 1971)
38. 徐大錫 軍談小說의 構造 背景 思想(韓國學報 8, 1977)
39. 閔肯基 軍談小說 出現動因의 再反省(韓國古典小說의 硏究, 1980)
40. 金興圭 판소리의 二元性과 社會史的 背景(創作과批評 1974 봄)
41. 沈晶燮 現實認識을 通해 본 판소리小說의 文學史的 位置(國文學硏究 12,
       서울大 國文學硏究會, 1974)
42. 李相澤 春香傳硏究(國文學硏究 3, 서울大 國文學硏究會, 1966)
43. 趙東一 葛藤에서 본 春香傳의 主題(啓明論叢 7, 啓明大, 1970)
44. 趙東一 토끼傳의 構造와 諷刺(啓明論叢 8, 啓明大, 1972)
45. 印權煥 토끼傳의 庶民意識과 諷刺性(語文論集 14·15 합집, 1973)
46. 趙東一 興夫傳의 兩面性(啓明論叢 5, 啓明大, 1969)
47. 林熒澤 興夫傳의 現實性에 관한 硏究(文化批評 1969. 4)

近代文學

1. 근대문학의 역사적 성격

우리 근대사를 알아보고자 하는 사람은 한번쯤 다음과 같은 말에 부딪혀볼 필요가 있다.

「이 해방(8·15)에서 우리가 첫째 밝혀야 하는 것은 이것이 도둑같이 不意에 왔다는 것이다. 해방 후 분한 일, 보기 싫은 꼴이 하나둘만 아니지만, 그중에도 참 분한 일은 이 해방을 도둑해 가려는 놈들이 많은 것이다. 그들은 자기네만은 이 해방을 미리 알았노라고 선전한다. 그들이, 이 도둑같이 온 해방을 자기네가 보낸 것처럼 말하여 도둑해 가려는 심장에서 하는 소리다. 그러나 그것은 거짓말이다. 만일 그들이 그렇게 미리 알았다면, 그렇게 시대를 내다보는 선견지명이 있었다면 왜 八月十五日까지 그렇게도 겸손히 복종하고 있었던가?」(함석헌, 〈뜻으로 본 한국사〉)

매우 감정적인 글이며, 지식인 및 지도자를 비판하는 대목이어서 앞뒤 문맥을 모르고는 애매하기는 하나 이 글에서 한 가지 분명한 것은 8·15 해방을 예측하기란 거의 불가능했다는 사실이다. 이 예측불가능한 역사적인 사실을 염두에 두면서 해방 이전과 그후의 우리 근대사 및 문학사를 바라보는 안목의 하나를 가져보는 일이 일단 있을 수 있다. 다소 비약일지 모르나, 이런 안목 속에는 심정적 세계와 논리적 세계에 대한 논의가 포함되어 있을 것이다.

두루 아는 바와 같이 우리 근대문학은 한일합방(1910)을 전후해서 본격적으로 출발되었다. 이 사실은 19세기말에 싹튼 우리의 자생적인 근대인식을 부인함을 뜻하지 않는다. 국가상실과 더불어 근대문학이 비롯되었다고 대범하게 보아질 수 있다면, 그 근대문학의 지향점이 「不在」에 대한 형언할 수 없는 그리움이 될 것이다. 그 「부재」가 구체적으로 무엇인가를 묻는 일은 그 다음 차례에 온다. 그것은 세대간의 차이에 따라 내용항목의 변화랄까 강조점이 다를 수도 있다. 가령 崔南善 李光洙 등, 합방 이전에 교육을 받고 성인이 된 세대에 있어서는 부재의 대상이 다분히 자기계층을 옹호해 준 직접적인 국가 그 자체일 것이며, 국가상실의 초반기에 교육을 받으며 성인이 된 창조파나 폐허파의 경우, 그 대상은 국가개념이면서도 거기에는 내면화가 가미되었을 것이며, 세번째 세대인 3·1운동 이후의 세대에서의 그것은 부재에 대한 그리움이 더욱 내면화되어 막연한 그리움, 혹은 인간의 영원한 고향 같은 것에 대한 낭만적 그리움으로 변질되었을 것이다. 〈創造〉(1919)에서 〈白潮〉(1922)를 거쳐 〈金星〉(1923)에 이르는 동인지의 속출과 그 동인지가 시적 쟝르(서정적 자아의 세계) 선택에 일방적으로 기운 것은 결코 우연이 아닐 터이다. 이 시쟝르 선택이라는 문학사적 의미의 벼리(綱)가 우리 근대문학사의 하나의 법칙이랄까 규칙일 수 있는가의 여부는 속단하기 어렵다 할지라도 그나름의 이해방식의 하나임에 틀림없을 것이다. 이 시적 쟝르 선택의 편향성이 다소 시정되어 소설 쟝르 쪽과 균형을 취하고, 나아가 소설이 우리 근대문학의 중심점으로 이동해 오는 것은 제4세대인 신경향파의 등장 이후에 속한다.

이러한 일련의 문학사적 현상의 이해방법은 국가상실을 기저로 한 세대 간의 차이에서 오는 변수의 작용 쪽에서 행해진 것이다. 이 부재에 대한 그리움, 다시 말해 상실감의 회복은 여러 측면에서 음미될 성질의 것이다. 국가란 여기서는 「근대국가」라는 사회과학적 용어가 아니다. 「우리나라」의 주권이라는 정도를 의미하는, 어떤 성스러움의 내면화된 관념어이다. 따라서 국가개념은 주자학적 세계관에서 말하는 天下개념 公개념 또는 父개념과 등가물로 되는 경우가 종종 일어났다. 1920년대 중반에 크게 위세를 떨쳤던 계급사상에 기반을 둔 프로문학이 다분히 父개념 또는 公개념의 회복이라는, 주자학적 세계관의 부활과 연결되었음은 결코 우연일 수 없다. 국가상실이라 할 때 그 국가개념이 근대국가개념과는 거리가 먼 일종의 관념이듯 프로문학사상의 우리다운 구조도 사회과학의 개념과는 상당한 거리가 있었던 것으로 파악된다.

이러한 상실감을 중심으로 하여 우리 근대문학을 살피는 일은 크게 보아 정신사적 이해방식에 다름 아니다. 그것은 8·15해방에서 절정에 이르는 것으로, 이를 달리 논리적 세계와 대립되는 심정적 세계라 불러볼 법도 하다.

매우 단순한 이분법이기는 하나, 밤의 논리로서의 심정적 세계는 낮의 논리인 논리적 세계와 대립되었음에 먼저 주목한다. 동양은 원래 동양을 인식할 능력도 필요도 없었으며, 동양을 동양으로 인식한 것은 서양의 어떤 서양적인 것이라 할 때 그것은 합리주의를 기반으로 한 진보주의 혹은 논리적 세계를 지칭한다. 이 합리주의 혹은 과학사상은 대낮과 같이 환한 것이어서 빈틈없는 속도와 수미일관성으로써 나아가는 역사관이다. 이에 대립되는 밤의 논리인 심정적 세계는 논리적으로 설명되기 어려운 신비주의랄까 예측불허의 정황을 내포한 것이다. 이러한 도식에서 실로 거칠게 우리 근대사를 살펴본다면, 1910년의 합방은 한편에서 보면 논리적 세계가 심정적 세계를 여지없이 능가한 형국이라 할 법하다. 합리주의를 기반으로 한 논리적 세계에는 모랄이나 윤리감 같은 심정적 측면은 스며들 틈이 없다. 뿐만 아니라 한 개인의 의지나 감정이 개입할 여지란, 그 세계가 이미 가속도를 가진 이후라면, 거의 없을 터이다. 그 세계가 완벽하면 할수록 그에 대응된 밤의 논리도 깊고 심화될 것이다. 이 심정적 세계가 한순간 저 논리적 세계를 초극하는, 혹은 능가하는 경우가 몇 번 있었다. 1909년 10월의 안중근의 伊藤博文 살해사건이 그 하나이다. 그것은 동양사적 사건이었으며, 합방 이래의 우리 민족의 심정적 세계가 분출해 올라온 것이었다. 그러나 이등박문 한 개인의 소멸은 논리적 세계에 아무런 흔적도 남기지 않았다. 합리주의는 미동도 하지 않고 진행되었다. 3·1운동이 그 두번째 사건이지만 이 경우도 사정은 조금도 변하지 않았다. 수만명의 사상자를 낸 3·1운동도 저 논리적 세계의 속도나 강도를 늦추거나 능가할 수 없었다. 합리주의는 미동도 하지 않고 빈틈없이 진행되고, 그것에 적당한 가속도를 동반하였다. 세번째, 심정적 세계가 논리적 세계를 초극한 것이 8·15해방이었다. 이 역시 한순간의 초극일 뿐으로, 이번엔 통치기구가 바뀌었을 뿐, 합리주의를 기반으로 한 논리적 세계는 미동도 하지 않고 엄존하고 있었다. 정부수립이 1948년에 있었고, 그 새정부 역시 논리적 세계를 지향하지 않으면 안되었다. 이른바 근대화란 그런 것이니까 당연한 일이다. 1949년 1월에 통과된 반민특위법 시행 수개월 만에 반민특위가 경찰에 포위되어 형편없이 해체되어 형적도 없이 사라지는 꼴을 우리 최근사는 보여주고 있다. 논리적 세계 쪽에서 보면, 민족정기라든가 민족정신 따위는 미미하고 보잘것없는 것이다. 그런 관점에 서는 것이 이른바 근대이며, 근대국가이며, 근대화인 셈이다. 따라서 이 논리적 세계와 심정적 세계를 대립적인 것으로 상정하고, 그 관계에서 우리 근대사를 보는 한, 근대화의 문제는 재해석을 요청받는다. 낮의 논리가 철저하면 할수록 밤의 논리도 깊어진다고 앞에서 말했거니와, 그럴 때 밤의 논리는 다음 두 가지로 전개된다. 하나는 막연한 공상으로 치닫는 것이며, 다른 하나는 상상적 창조물을 낳는 길이다. 앞엣것은 申采浩의 〈꿈하늘〉 같은 것인지도 모르며 뒤엣것은 金素月의 시적 세계일는지 모른다. 어느 쪽이나 병적인 미학에로 흐를 가능성이 짙다. 헤겔 투로 말해 일종의 낭만적 이로니(Ironie)일 터이다.

심정적 세계와 논리적 세계의 문학사적 파악방법에서 우리는 정신사적 문제점을 약간 언급하였고, 그 한계점을 암시함에 그쳤다. 또한 그 논의에서 우리는 민족주의라는 말을 애써 피해 왔지만, 그런 의미가 짙게 스며 있었음도 사실이었다. 어떻게 보면 심정적 세계는 민족주의에, 논리적 세계는 보편주의에 각각 대응시킬 수조차 있는 것이다. 이 두 측면에서 어느 한쪽에 편중하는 일은 그 자체가 문제일 터이다. 우리가 민족적 단위를 넘어설 수 없음도 이 시점에서 틀림없는 일이지만, 또 사람다운 삶으로서의 보편주의를 소홀히 할 수 없음도 당연한 일이다. 따라서 우리는 논리적 세계 속에 묻혀 있는 요소를 동시에 보는 안목이 필요해진다. 소홀하게 다루어온 논리적 세계, 가령 〈人文評論〉지의 세계관 같은 것을 재론하기 위해서는, 「민족주의」라는 용어보다는 학문적 조작을 용이하게 하는 「심정적 세계」라는 용어 쪽이 요구되는 국면이 여기에 있어진다.

이와 관련하여 우리는 또 하나의 우리 근대문학을 설명하는 모델 한쌍을 검토해 볼 수 있다. 문학사란 한 문학적 시기에서 다른 시기에로의 이행에 관계되는 변화의 법칙성을 알아내는 일이다. 그 변화의 법칙들이 존재한다는 가정 아래 우리가 서 있음은 물론이다. 그 법칙들을 설명함에는 어떤 시기엔 유기적 이론이 모델로 내세워지기도 하고, 또 어떤 때는 변증법적 설명의 모델이 도입되기도 한다. 어느 설명모델이 보다 현대적이냐를 가름하는 일은 우리의 근대사 인식의 성장에 달려 있는 문제이다.

예를 들어보기로 하자. 문학적 현실과 문학작품이 구체적인 역사적 존재물로 있었고, 그것에 상응하는 법칙들이 존재했을 것이다. 이에 대한 첫번째 확인단계를 우리는 실증주의적 검토라고 불러도 될 것이다. 이 단계가 얼마나 성실히 행해졌는가를 우리 근대문학사에서 묻는다면 다소 회의적이다. 고전문학의 경우는 경성제국대학의 성립(1926)과 더불어 약간의 실증주의적 검토가 행해졌다. 독일 문헌학파 아우구스트 베흐에게서 배운 동경제대학파와 그 계보에서 크게 벗어나지 않는 경성제대학파의 실증주의는 우리 고전문학연구에는 약간의 정리를 했을 것이다. 그러나 형성과정에 있는 우리 근대문학은 그때로서는 아직 논의의 대상으로 될 수조차 없었다. 趙潤濟의 독창적인 신민족주의사관이 실증주의와 마르크스주의 방법론의 극복방식으로 창출되었음은 두루 아는 일이다. 조윤제가 도전한 것은 물론 고전문학에 한정된다. 그렇지만 그가 孫晋泰와 더불어 1939년경에 창출한 신민족주의가 자기 말대로 실증주의를 넘어선 것임은 사실이겠지만 마르크스주의마저 넘어섰느냐는 논점이 될 수 있다. 오히려 조윤제는 주자학적 세계에로 후퇴하고 말았는지도 모른다.

그의 신민족주의에 입각한 문학연구 방법은, 우리 근대문학과는 직접적 관련이 희박하다 할지라도 매우 중요한 사상이다. 그것은 딜타이의 삶의 철학과도 관련이 있는 유기체적 이론에 연결된 것이다. 유기체적 이론이란 무엇인가. 이 물음은, 구조라는 보다 중립적인 용어가 한쪽에 있음에도 불구하고, 생물학적 유추화에 의거된 유기적이란 용어가 예술비평에 끈질기게 자리를 지켜오는 이유는 무엇인가라는 물음과 같이 온다. 예술작품의 생물학적 비유가 어째서 불가피했을까라는 물음 속엔 예술작품이 결코 생물과 같은 생명체일 수 없다는 전제가 승인되어 있다. 시는 「강력한 감정의 자연스런 넘쳐나옴」이라는 낭만주의 시론의 핵을 이루는 워즈워드의 유명한 명제에서 사용된 메타포인 「넘쳐나옴(overflow)」은 분수나 샘처럼 물이 넘쳐나오는 그릇으로서의 물질적 유추로 이루어졌다. 시의 소재가 내부에서 나온다는 것, 어떤 물체나 행동이 아니라는 것, 시인 자신의 유동하는 감정으로 구성되었다는 것 등의 의미가 그 속에 있어, 어떤 대상을 전제로 하여 성립되는 모방이론(리얼리즘)과는 근본적으로 다르다. 동시에 그 「넘쳐나옴」은 「자연스런」이라는 조건을 안고 있다. 넘쳐나옴의 활력은 타고난 것이어서 스스로의 의지로 제어할 수 없음을 암시하는 것이기도 하다. 시를 이미지라든가 표상이라고 보는 것이 시를 거울로 보는 쪽이다. 따라서 시와 그림의 유추관계에 있다면, 시가 시인 자신의 내적인 것의 발로로 보는 견해는 燈燭의 유추이며, 음악에 가까운 것이기도 하다. 시인의 속에서 만들어져 나오는 등촉이냐, 시인의 마음은 다만 외부를 비추는 거울이냐를 묻는 일에서 드러나는 것은 여러 가지겠지만, 앞엣것에서 우리는 창작 주체의 중요성을 크게 강조할 수 있다. 시인은 천재이며, 천재적 씨앗을 문제삼는다. 그것은 전체와 부분의 관계를 낳고, 전체만이 중요하며 부분은 대수롭지 않다는 것에로 이른다. 생명체에서도 낳고 성장하고 쇠퇴하는 일이 생명의 소임이고, 부분은 생명에 영향을 미치지 못한다. 이 이론에서 우리는 작품 자체의 중요성보다 시인이 중요하며 그 시인(작가)의 인격을 중시하는 것임을 알아차리게 된다. 이 태도는 기계에, 무기적인 이론에 바탕을 둔 신고전주의적 견해와 얼마나 먼 거리에 있는 것인가.

인간적 인격적인 쪽에서는 이른바 **낭만주의적 이론과 맞닿은** 곳에 유기체적 이론의 문학적 설명모델이 있고, 그것의 한 형식이 이른바 정신사적 **방법론**에도 이어져 있었던 셈이다.

우리 근대문학의 한 측면이 식민지시대에 형성되고 성장해 왔기에 실증주의적 검토의 개입 여지가 **좁았다.** 님은 침묵하는 것이며, 마돈나는 외나무다리를 건너야 했고, 絕命地의 꽃은 강철로 된 무지개의 형상을 띠고 나타난 것일 뿐 아니라 그 님이나 마돈나, 꽃은 시인의 내부에서 스스로를 소모하면서 저절로 타오르는 불꽃이라 보는 쪽이었다. 말하자면 민족적 세계관의 이상이랄지 에너지를 최대화한 것이었으며, 그것은 시인의 전인격적인 참여와 인격적 통일에서 비로소 달성되는 것이었다. 앞에서 말한 심정적 세계와 이 인격적 통일과는 유사점이 매우 많다. 사람들이 우리 근대문학의 성격을 이런 측면에서 오래도록 바라보았음은 사실이었다. 그러기에 마돈나가 한갓 시인의 애인이라든가, 님이 생활 속의 「그녀」에 불과하다든가, 「나두야 간다」의 행선지가 겨우 「서울행」이라는 실증적 사실들이 입증되고 나면 낭패하게 되지 않을 수 없는 일이다. 우리 근대문학이 실증주의의 점검을 거치지 않고 정신사적 검토에서**부터** 시작된 탓이기에 어쩔 수 없는 일이기도 한 것이다.

이 유기적 설명모델의 한계 또한 명백함을 우리는 이제 **지적할** 것이다. 문학이 유기체와 비유될 수는 있어도 유기체 그 자체가 아님은 새삼 물을 것도 없다. 문학은 인간이 만든 다른 많은 물건 중의 하나에 불과하다. 그것은 인간이 역사를 형성해 나가는 과정의 일환이며, 따라서 생성발전의 **과정** 속에서 설명되어질 때 보다 합리적으로 이해될 것이다. 이런 설명모델을 보통 변증법적 설명이라 부른다. 작품을 작가로부터 완전히 분리하여 하나의 물건으로 다루는 것은 아니지만, 그 작품의 최종적 생산 주체가 개인에 한정되지 않고 그 작가가 소속된 집단의 의식에 있음을 승인하는 일은 유기적 이론이 설명하지 못하는 많은 점을 설명해 낼 수 있다. 그럴 **때** 비로소 우리 근대문학연구도 심정적 세계라든가, 정신사적 설명방식을 넘어서서, 좀더 논리적이고 객관적인 문제, 즉 모순 자체를 **포함**한 생성의 논리를 보다 많이 획득할 것이다.

우리 근대문학의 역사적 성격을 문제삼을 적에 가장 흥미있는 문제 **중**의 하나를 들라면 우리는 1920년대 중반의 소설장르 선택을 들 것이다. 앞에서도 잠깐 암시했거니와 신경향파의 대두 이전까지는 시적인 것(세계의 자아화)의 선택이 중심이었으며 그 이후에야 비로소 소설적인 것이 본격적으로 선택되기에 이른다. 소설쟝르를 일층 확대해석한다면 그것은 인류사의 목표와 표나게 관련지어 볼 수 있다. 다소 도식적이며 관념적이기조차 하지만 서정적인 것, 서사적인 것, 극적인 것 중에서 인류사의 단계적 발전양상과 함께 걷는 것은 서사적 쟝르뿐이다. 서사적 쟝르만이 서사시에서 소설로 발전했던 것이다. 그리스의 서정시나 지금의 그것이나 쟝르 상의 본질적 차이는 없고, 연극에서도 사정은 같다. 그러나 서사적 쟝르는 그렇지 않다. 고대 그리스 때에는 서사시던 것이 근대에는 소설(물론 장편)로 바뀌었다.

우리는 여기서 헤겔적 도식을 잠깐 염두에 둘 수 있다. 그는 세계사를 자유의 발현이라 보고, 가장 완벽한 예술을 그리스 시대, 그중에서도 조각에서 찾았다. 그리스의 완벽성이 붕괴되면서 근대가 시작되어 오늘날에 이르며, 근대에 상응하는 예술이 음악이라고 그는 표나게 갈파하였다. 물을 것도 없이 그것은 병적 예술이다. 근대는 신들이 지상을 떠났고, 따라서 세계는 황폐화되어 자아와 세계가 균형을 취하지 못한 상태, 즉 자아는 자기내면화의 길을 치닫고 세계는 점점 낯설어지게 된 것이다. 고대 그리스 시대가 고전적인 예술이라면 근대는 병적 낭만주의 예술일 터이다. 헤겔의 이 도식은 도래하는 제3의 세계사적 단계를 예비하고 있음에 그 최대의 강점이 있다. 헤겔로 하여금 말하게 한다면 그는 세계사적 정신, 자유의 발전을 내세울 것이다. 헤겔의 제자인 헝가리의 어떤 비평가는 스승의 마법권내에서 쟝르를 대치시킴으로써 매우 선명한 유토피아 사상을 전개하였다. 고대 그리스, 근대에 각각 서사시와 소설을 대응시킨 것이다. 소설은 자아와 세계가 어긋나기 시작하는, 그래서 고전시대와 낭만시대(근대)가 비롯되는 그것에 구조적으로 대응되는 유일한 예술의 쟝르이기에, 이 이론의 형이상학적 묘사는 면밀한 추론에 값하는 것이다. 따라서 소설은 근대에 대응되며, 근대가 과도기적이듯 소설은 과도기적인 문학양식이다. 제3의 보다 나은 세계가 마땅히 올 것이며, 그럴 땐 소설 대신 다른 종류의 서사적 쟝르가 대응되어 나타날 것이다. 그는 칼 만하임과 더불어 서구의 변두리 문화권의 소속이었다. 합스부르크왕조의 멸망을 앞둔 1910년대 중반에 그들을 에워싼 유토피아의 강렬성을 의식한 이론이었다. 그리고 그 도래할 새로운 세계(제3세계)를 도스토예프스키의 세계에서 보았고, 좀 뒤에는 사회주의적 사실주의에서 보았고, 마지막엔 클로드 로랭의 그림 속에서 보고 있었다. 유토피아에서 과학에, 그 과학에서 실천에 이르는 길은 무엇인가. 이 물음에서 우리는 우리 문학사의 묘사를 해둘 수는 없을 것인가. 그런 우리의 도식 속에는 우리의 고전문학과 그것에 이어지는 근대문학을 저 헤겔 투의 그리스문학(고전시대)과 근대문학(낭만시대)에 대응시켜 쓴다. 헤겔의 근대가 병적이듯, 우리 근대문학은 식민지시대의 훼손된 가치 속에 놓인 것이다. 우리에게 있어 제3세계의 도래는 무엇일까. 그것은 분단이 극복된 세계를 맨 먼저 생각하게 된다. 그 새로운 세계가 올 때, 현재 우리가 공적인 명칭으로 사용하고 있는, 민족문학이란 용어와 개념은 흔적도 없이 사라질 것이다. 우리의 고전문학과 근대문학에 이어질 제3의 새로운 문학개념은 분단이 극복된 새로운 세계의 성격이 결정할 것이다. 그리고 그것은 인류사의 목표와 나란히 가는 것이리라. 대중이 개인으로 자각한 상태에서 공동체의식을 갖는 세계가 그것이다. 서사적 세계가 공동체적 의식을 우선적으로 인식하는 것이라면 서정적 세계는 개성의 자각을 우선하게 하는 것이다. 우리의 유토피아에의 도달 열망이 공동체의식부터인가 개성의 자각부터인가에 따라 소설에 비중을 두느냐, 시에 두느냐가 결정되어질 것이다. 이처럼 우리 근대문학의 역사적 성격은 「님」이 아직도 침묵하듯 미래적인 성격과 더불어 논의될 성질의 것이다. 그리고 이 모두는 결국 연구자의 실천적 행위와 분리되는 것은 아니다. 따라서 연구자와 그를 둘러싼 주변의 역사인식의 변화 및 성장에 따라 더불어 변해 가는 것이 문학연구의 숙명인지도 모른다.

(이상은 필자의 개인 견해에 불과하다. 자세한 것은 다음 책을 참조할 것. 김윤식, 〈한국근대문학사상비판〉, 1978의 서론 부분과 〈한국근대문학양식논고〉, 1980의 제2, 3장 및 〈한국현대소설비판〉, 1981의 제2장 등)　　　　金 允 植

2. 개화기 문인의 의식유형

우리가 말하는 개항기란 1876년에 이루어진 문호개방과 함께 그 막이 오른 시기를 가리킨다. 이 시기의 특수성에 비추어 여기서 문인의 뜻은 좀 엄박하게 파악될 필요가 있겠다. 본래 문인이란 문필활동을 전업으로 하는 사람들을 가리키는 호칭이다. 그러나 개항기에 접어든 다음에도 우리 주변의 사정은 적지 않게 특수했다. 우선 이 무렵에 이르기까지 아직 우리 주변에는 근대적인 의미의 작품 제작자 체제가 구축되지 못했다. 한두 사람의 예외를 제쳐놓고 보면 대부분의 문필인들은 정치·행정·사회·문화 활동에 투신하는 틈틈이 작품을 만들었고 또한 그들을 발표했던 것이다. 이런 사정이 감안되는 경우 개화기의 문인들이 전문적인 작품 제작자에 국한될 수는 없는 일이다. 얼마간의 작품을 써서 우리에게 끼친 사람들이 라면 일단 문인으로 간주할 필요가 있는 게 개항기의 경우다.

다음 여기서 문인들의 의식이 효과적으로 파악되기 위해서는 일단 계층의 문제가 고려되어야겠다. 개항기에 이르기까지 우리 사회를 구성한 신분계층들은 물론 士·農·工·商 들이었다. 그런데 이 가운데서 문필에 종사할 잠재력을 보유한 계층은 세 가지 경우에 국한되었다. 우선 그중 두 부류는 지방 유림들까지를 포함한 士林階層과 일부 中人·胥吏 계층이었다. 이들은 모두가 다소간의 한문 구사능력을 보유하고 있어서 필요에 따라 시문을 짓고 신변에 일어난 일을 기술 윤색해서 발표하는 데 지장이 없었다. 그러나 그밖의 다수 서민계층, 곧 農·工·商에 종사하는 부류의 사람들은 그와 달랐다. 그들은 대부분 문맹이어서 문필활동 자체가 불가능했던 것이다.

한편 개항이 이루어지고 난 후 우리 주변에는 일부 개화의 세례를 받은 서민들이 형성되었다. 개화와 함께 우리 주변에는 근대적 교육제도가 도입되었다. 그리고 그에 따라서 서민들에게도 근대적 교육을 받을 기회가 사림계층과 동등하게 부여되었다. 뿐만 아니라 개항 후 우리 주변에는 문필활동의 표현매체가 한문 전용에서 국한문을 혼용하는 쪽으로 이동되었다. 그리고 이에 대한 呼應度는 보수적 성향을 띤 사림계층의 경우보다 서민계층의 경우가 월등 높았다. 이런 대세에 힘입는 것이 개화기 서민들의 신학문 수학열이었다. 그리고 그 결과로 이루어진 것이 제3유형에 속하는 개화서민 출신의 문인 배출이다. 결국 개항기의 한국사회에서 문인으로 활동 가능한 유형의 사람들은 세 부류였다. 그들이 곧 사림계층 출신 문인들, 중인·서리 출신 문인들 및 일반 평민 출신 가운데 개화의 세례를 받은 문인들 등이다.

개항기 문인들의 의식이 효과적으로 파악되기 위해서도 이 시기의 특수성이 고려되어야 한다. 새삼스레 밝힐 것도 없이 한국의 개화기는 구체제 고수주의자들의 쇄국정책이 파국을 맞이한 다음, 그에 따른 문호개방으로 그 막이 오른 시기다. 그리고 이때 문호개방을 강요하고 나선 상대방은 바로 西歐 및 亞西歐 日本이었다. 다시 말하면 한국의 개항기를 특징짓는 한 단면은 서구 및 아서구 일본과 우리 사회의 교섭·관계 속에서 빚어진 사태를 뜻했던 것이다. 그런데 문호개방과 함께 서구와 일본이 한반도에서 노린 것은 영토확장의 야욕이었고 경제적 침략의 효과적 수행이었다. 그런가 하면 그에 맞서 우리는 국권을 수호하는 가운데 서구의 선진 문명을 수용해 나가야 했다. 그리고 나아가 부국강병·자주독립의 꿈을 실현시키지 않을 수 없었던 게 이 무렵이다. 한마디로 반제국주의 활동을 통한 국권수호와 근대화의 시도를 통한 부국강병의 기틀 마련이 개항기 한국 사회를 특징지은 두 개의 정신적 지주였던 것이다.

反帝와 근대적 추진 시도라는 두 개의 가늠자를 통해서 볼 때 개화기의 문인들은 크게 네 개의 유형으로 구분·파악이 가능하다. 첫째 유형에 속하는 사람들로 우선 우리는 유림계층·사림출신의 문인들을 손꼽을 수 있다. 이들은 일찍부터 尊周攘夷精神과 華夷思想에 깊이 침윤되어 있었다. 그리고 서구에 대해서는 심한 선입견을 지니고 있어서 전혀 그들과의 교섭을 원하지 않았다. 이 경우의 한 보기로 우리는 華西 李恒老를 들어볼 수 있다. 그는 일찍 17조목에 걸쳐서 洋禍를 논했다. 다음은 그 허두에 쓰어진 부분이다.

지금 배우는 사람들로 능히 서양의 화를 알고 있다면 훌륭한 편이라고 할 수 있다. 서양의 주장이 비록 천가지 만갈래로 얽힌 듯하나 한갓 아비도 없고 임금도 없는 게 그 근본이며, 재물과 돈을 탐하고 연애나 하는 것이 그 방법이다.

그의 이와 같은 생각은 그의 학통을 이어받은 여러 제자들에게도 그대로 계승되었다. 가령 金平默을 보면 그는 「禦洋論」을 통해서 우리가 인간임에 반해 서구가 짐승에 지나지 않는다고 못박았다. 그는 「인간이 제 스스로의 길을 버리고 짐승의 가르침을 따르는 것은 물고기가 뭍에 오르고 짐승들이 물에 들어가는 것처럼 죽음을 부를 뿐」이라고 주장했다. 이들의 의식을 지배한 것은 正統儒學의 입장이었다. 정통유학의 생각에 따르면 인간이 인간인 까닭은 四端이라든가 五倫을 알고 그것을 지키기 때문이다. 그런데 서구는 그 어느 것도 모르는 문화권에 속했다. 따라서 그들은 이단과 사악이며 금수일 수밖에 없었던 것이다.

어제까지 우리는 이와 같은 행동철학에 입각해서 문호개방을 반대한 사람들을 斥邪衛正派라고 불러왔다. 그런데 이 유형에 속하는 문인들에게 邪惡이란 서구만을 뜻하지 않았다. 그들이 설정한 사악의 개념에는 서구의 충격이 몰고온 일련의 사태까지가 포함되어 있었다. 그리하여 그들은 우리 사회의 근대화를 위해서 중요한 주춧돌 구실을 한 체제개편을 정면으로 반대하고 나섰다. 정치·경제·문화·교육·행정 등 여러 방면에 걸친 개혁 시도 역시 그들은 시인하지 않았다. 뿐만 아니라 이들은 민족의식의 고취와 민족문화의 정비·창달을 위해 관권 구실을 한 국어국자운동 역시 못마땅하게 생각했을 정도다. 黃玹의 〈梅泉野錄〉에는 갑오경장을 다룬 부분이 포함되어 있다. 거기서 그는 당시 우리 주변에서 시도된 국어국자운동을 일부 개혁파 정무 담당자들의 소행으로 보면서 그것이 한문 배제 경향을 초래하게 되었다고 비판적인 태도를 취했다.

요즈음 서울의 관보와 지방의 문서가 모두 진서와 언문을 뒤섞어 쓰고 있다. 대개 일본의 글법을 본뜬 것이다. 우리나라 방언으로는 예부터 중국 글을 진서라고 일컫고 훈민정음을 언문이라고 하였으며 통틀어 진언이라고 말해 왔다. 갑오경장 후부터 시무자가 성히 언문을 처들어 언문을 국문이라 하고 별도로 진서를 멀리하여 가로되 한문이라고 일컬었다. 이에 국한문 석자가 드디어 방언이 되고, 언문의 일컬음은 자취를 감추어버렸다.

이와 같은 척사파의 생각은 그들이 지켜야 할 정의의 개념을 구체제 固守 쪽으로 제한시켰다. 결과 그들에게는 반봉건·근대화의 의식이 표면화되지 못했던 것이다. 제1유형의 경우와는 달라서 개항기 문인들 가운데는 능동적으로 서구를 수용코자 한 사람들도 있었다. 제1유형에 속하는 문인들은 물론 강경 일변도의 명분론자들이었다. 그러나 그들이 전면 부정과 배격을 외쳤음에도 불구하고 현실적으로 서구는 우리에게 개항을 부득이하게 한 존재였다. 우리의 否定과 배격으로 이 엄연한 현실이 霧散氣化될 것은 아니었다. 뿐만 아니라 문호개방과 함께 서구는 우리 주변에 계속 강한 충격을 가하고 있었다. 그들의 강한 군사력이 그랬고, 정치·경제·교육·문화·제도의 내용이 그러했다. 우리가 부정 배격한다고 해서 그 충격이 해체 말소될 것도 아니었다. 척사파와는 다른 입장을 취한 문인들이 의식한 것은 바로 이와 같은 현실들이었다. 어차피 현실로 부각된 서구였기에 이 유형에 속하는 문인들은 그것을 그 자체로 시인하려는 입장을 취했다. 그런데 일단 서구를 시인하는 경우 우리는 그 특징적 단면을 무시할 수 없었다. 특히 그들의 과학문명은 정체와 답보를 거듭한 우리 것에 비해서 놀라울 정도로 활력에 차 있고, 또한 기능적이었다. 反斥邪派의 입장을 취한 문인들은 이런 사실을 외면하지 못했다. 그리하여 이들은 능동적인 입장으로 서구의 수용을 꾀하기 시작했다. 그것으로 우리 사회의 낡은 때가 불식될 것은 물론, 나아가 근대화의 지름길이 확보될 수 있으리라 믿었기 때문이다. 제1유형의 문인들이 완고한 보수주의자들이었음에 반해 이들은 일종의 진보지향형 문인들이라고 하겠다.

개화기 문인들 가운데 제1과 제2유형에 속한 사람들이 지닌 의식에는 각각 거거에 문제점이 내포되어 있었다. 제1유형에 속하는 문인들이 국권 수호, 반제국주의적 견해를 지닌 것은 사실이다. 그러나 이들은 개항과 함께 우리 사회가 총력을 기울여 구축할 필요가 있었던 근대적 차원 개척에는 전혀 눈뜬 장님들이었다. 그런가 하면 제2유형에 속하는 문인들이 반봉건의 차원 개척에 일익을 담당한 사실이 부인되지는 않는다. 그러나 그들이 지닌 서구의식은 너무나 낭만적이며 안이한 것이었다. 앞에서 이미 살펴본 바와 같이 문호개방을 통하여 서구 열강들이 한반도에서 노린 것은 식민지 개척의 가능성 타진이었다. 그리고 그들의 일체 활동은 궁극적으로 이 대전제에 그 끈이 닿아 있었다. 그런 그들이 자주독립·부국강병의 기틀을 다지는 근대화작업에서 일방적으로 授惠者의 위치에 설 리가 없었다. 그럼에도 제2유형에 속하는 문인들은 이런 사실에 대하여 전혀 배려하지 않았다.

제가끔 한계를 보인 제1유형과 제2유형 문인들의 시대의식에 대해서는 그후 곧 우리 주변에서 비판·수정의 손질이 가해졌다. 우선 척사파 소속 문인들의 정신적 자세에 대한 수정·보완 작업은 다 같은 사림계층 출신의 문인들에 의해 시도되었다. 정작 이 유형에 속하는 문인들에는 朴殷植 張志淵 申采浩 등이 있었다. 이들은 제1유형의 문인들과 달라서 서구를 무조건 배제의 대상으로 생각하지는 않았다. 다만 서구의 또 다른 일면에 해당되는 침략적 야욕에 대해서 경계의 자세로 임한 게 이들이다. 이를 위해서 이들은 민족적 자각, 민족주의의 입장이 확보되어야 한다고 믿었다. 그러니까 제2유형의 문인들이 지닌 낭만적 서구추종론은 거듭 이들에 의해 극복된 셈이다. 이제 이런 자리에서 우리에게 좋은 보기가 될 수 있는 것이 신채호의 경우다. 그는 자신이 한때 관계한 〈大韓每日申報〉를 통해서 서구의 제국주의적 팽창정책을 각명하게 지적했다. 그리고 그 대응책을 민족주의로 보았던 것이다.

神聖한 門羅主義가 白旗를 壹竪한 後로 東西六洲에 所謂 六大强國이니 八大强國이니 하는 列强이 모두 滿腔血誠으로 此帝國主義를 崇拜하며, 모두 奪鬪爭先하여 此帝國主義에 屈服하여 世界舞臺가 一帝國主義의 活劇場을 成하였도다. 然則 此帝國主義로 抵抗하는 方法은 何인가. 曰 民族主義를 奮揮함이 是니라……錦같고 花같은 韓半島가 今日에 至하여 黯黑然 披靡然히 魔窟에 墜힘은 何故요. 即 韓人의 民族主義가 强健치 못한 所以니, 惟望컨대 韓國同胞는 民族主義를 大奮發하여 「我族의 國은 我族이 主張한다」하는 一句로 護身符를 作하여 民族을 保全할지어다. ——〈帝國主義와 民族主義〉

이 유형에 속하는 문인들은 또한 민족주의의 구심력에 해당되는 민족의식 내지 민족적 자아를 확보하는 길에 대해서도 배려를 가졌다. 이들은 민족의식의 보유가 무턱댄 보수에 있지 않고 민족의 정신적 結晶을 파악, 보전, 신장시키는 데 있다고 보았다. 그리고 그에 해당되는 것으로 국어 국자의 정리·보급, 민족사의 인식·체계화, 풍속·습관·윤리·도덕의 확보가 있다고 믿었다. 소속 계층으로 보아 박은식과 신채호는 保守儒林 출신이었다. 그럼에도 불구하고 그들이 국어국자 사용에 선구적 역할을 한 까닭이 바로 여기에 있다. 그런가 하면 두 사람은 다 같이 한국사와 우리 전통문화에도 적지 않은 관심을 가졌다. 일찍부터 박은식과 신채호가 한국의 역사와 그 문화에 관심을 지니고 그 연구·정리를 꾀한 까닭도 바로 여기에 있는 것이다.

한편 그 출신계층으로 보아 제2유형의 문인들에 맥락이 닿는 것으로 생각되는 쪽에서도 앞의 경우와 비슷한 움직임이 대두되었다. 제 2 유형의 문인들이 보여준 무조건 서구경도에 대해서 이들은 한 중간과정을 설정했다. 그것이 주체적 역량, 주체성을 전제로 한 서구 수용, 진보의 추구였던 것이다. 구체적으로 이 유형에 속한 문인들에는 독립협회와 新民會 등에 관계한 사람들이 있다. 우선 독립협회가 진보와 개혁을 지향하면서 그 전제로 민족적 자각을 다진 조직체였음은 새삼 밝힐 필요가 없는 일이다. 1895년에 발족을 본 이 조직체가 최초로 내건 사업목표는 事大의 유물인 慕華館을 헐고 그 자리에 독립문을 세우는 일이었다. 이 조직체는 또한 독립공원을 만들었으며 시종 자주독립과 부국강병의 길을 외친 〈독립신문〉을 발행했다. 그런가 하면 신민회는 그 조직 의도부터가 일제의 침략 야욕에 맞서 싸우고자 한 전면 저항에 있었다. 다만 여기서 저항은 무력 또는 직접적인 투쟁만을 뜻하지 않았다. 신민회의 저항은 민족의 역량 확보와 그를 통한 문화·의식상의 문제까지가 내포되어 있었다. 그러나 문화·의식의 차원에서 저항이 시도되기 위해서는 더욱 강하게 그 의식이 주체성과 민족적 자아에 놓여질 필요가 있었다. 그 길을 이들은 개인의 능력 개발, 덕성 함양과 공고한 단결이라고 보았다. 다음은 이 조직체에서 주도적 역할을 한 島山 安昌浩의 생각이다.

(1) 독립은 타력으로 될 것이 아니라 자체가 독립할 자격이 있은 후에라야 성취되는 것이요, 자기 힘으로 쟁취한 독립이라야 영구히 지닐 수 있는 독립이다.

(2) 자력을 발휘하는 길은, 첫째로 국민 각개가 분발 수양하여 도덕적으로 거짓 없고 참된 인격과 기술적으로 지식이나 기능을 적어도 한 가지씩 가진 유능한 인재가 되어야 한다.

(3) 그러한 개인들이 뭉쳐서 신의로 협동할 줄 알아 공고한 단결을 이루어야 한다.

여기에 나타나는 바와 같이 제 4 유형에 속하는 문인들의 의식 역시 제 3 유형에 속하는 문인들의 경우와 대동소이하다. 다 같이 이들은 자주독립·부국강병을 우리 민족의 살길로 의식하고 있는 것이다. 그러면서 서구의 문화 수용을 시인하는 가운데 그것을 민족적 자각과 병행시켜야겠다고 본 점에서 양자는 동일하다. 이제 이와 같은 사실은 이들 두 유형에 속한 문인들의 계보를 살피는 경우 더욱 명쾌하게 파악된다. 가령 장지연 신채호 등이 유림 출신이라는 사실은 이미 앞에서 밝힌 바 있다. 그런데 이들은 만민평등·종교자유를 행동강령으로 한 독립협회에도 서슴없이 참가했

다. 그런가 하면 안창호와 최남선은 사림계층 출신이 아니었다. 그런데도
박은식 李東寧 李相龍 등과 어깨를 나란히 하고 大韓協會와 신민회 등에
참여했던 것이다. 이와 같은 양자의 습합상태는 물론 그 자체로서 바람직
한 일이었다. 그것으로 다수에 속하는 개항기 문인들의 의식이 시대상황
과 그 요구에 부응했다는 판단이 가능하기 때문이다. 이제 이런 사실들을
정리하면 다음과 같은 도표가 작성될 수 있다.

유 형	출신계층, 행동의 성격	反帝意識	反封建意識	유형간의 상관관계
1	보수사림출신, 서구수용 반대	+	—	상반된 상황의식
2	개화주의자, 구체제 반대	—	+	
3	사림출신, 서구수용 인정	+	+	공통된 시대인식
4	개혁파, 주체성 확보 시도	+	+	

이상 우리는 개항기 문인들의 유형과 그 의식을 네 종류로 나누어 살펴
보았다. 그리고 우리가 살핀 범위 안에서 그 전개는 정당하게 이루어졌음
이 확인될 수 있었다. 그러나 이런 사실을 알고 있는 우리에게 뜻밖이라
는 느낌을 안겨주는 게 한국근대문학사다. 새삼스레 밝힐 것도 없이 한국
근대문학사는 그 허두가 개항기에서 시작한다. 그런 이상 거기에는 이상과
같은 문인들의 의식이 충분하게 반영되었으리라는 것이 우리의 예상이다.
그러나 그 실제에 있어서 사정은 그와 전혀 반대로 나타나는 게 이 경우
다. 개항기를 대표하는 한국의 문학양식은 창가와 신체시이며 신소설들이
다. 그런데 이들 여러 양식에 속하는 작품 가운데 서구 및 아서구 일본의
침략 야욕을 경계하고 민족적 저항을 내세운 작품은 아주 드물었다. 또한
서구 수용과 그를 통한 근대화의 차원 구축의 전제로 민족의식의 고취를
주안점으로 삼고 있는 작품도 잘 나타나지 않는다. 그에 반해서 방향감각
을 상실한 진보나 개혁열에 들떠 있는 듯 보이는 것이 이 시기에 나타난
대부분의 작품들이다. 다음은 李人稙의 〈銀世界〉 가운데 일부다.

　　만일 이십 년 전에 개혁이 되었으면 이십 년 동안에 나라의 힘이 크게 떨치
지는 못하였더라도 인민의 교육 정도와 생활의 길이 크게 열려서 국가의 독립
하는 힘이 유여했을 것이요, 만일 십년 전에 개혁이 되었을 지경이면 오호만
의(嗚呼晚矣)라, 나라 일하기가 대단히 어려운 때이라, 비록 남의 힘을 빌지

아니하고 내 힘으로 개혁을 하였더라도 백공천창(百孔千創)의 꿰매지 못할 일이 여러 가지라, 그러나 개혁한 지 십년만 되었더라도 족히 국가를 보존할 기초가 생겼을 터이라, 그러한즉 우리나라의 개혁조만(改革早晩)이 이해(利害)가 이러하거늘, 정치개혁은 아니하고 도리어 나라 망할 짓만 하였으니 그런 원통한 일이 있소?

여기에 나타나는 바와 같이 〈은세계〉의 작자는 민족적 활로의 타개가 개화·개혁만으로 가능하다고 믿었다. 그 구체적 방안으로 서구의 수용과 그에 따른 부작용의 방어가 효과적으로 모색되어야 한다는 사실은 그에게 전혀 문제되지 않았다. 이것은 그 입장이 다른 채 초기의 척사파가 지닌 것과 꼭 같은 의미의 낭만적 태도라고 하겠다. 더우기나 척사파에게는 국권수호라는 최후의 보루가 있었다. 그러나 이런 경우에는 솔직이 적의 영토적인 야욕 앞에 완전한 무장해제를 주장하고 있는 것과 같은 의식의 착란상태가 검출될 뿐이다. 이제 우리가 궁금하게 생각하지 않을 수 없는 것이 이와 같은 사태를 야기시키게 한 그 원인이다. 되풀이되지만 개항기의 우리 주변에서 활약한 대부분의 문인들은 건전한 상황의식을 지니고 있었다. 그럼에도 한국의 근대문학이 그들에 의해 담당되지 못한 까닭은 무엇인가? 이렇게 제기되는 물음이 더욱 우리의 궁금증을 부채질하는 것이다.

물론 개항기 한국문학의 현실감각 상실, 역사의식의 결여에 대해서는 그 빌미 일부가 우리 자체에도 있었다. 그 무렵 우리 주변의 작자가 본격적인 의미의 근대적 작품 제작기법을 익히고 있었다면 설사 그를 에워싼 상황이 다소 불리했다고 해도 우화나 풍자의 수법을 써서 자신의 제작의도를 위장시킬 수 있었을 것이다. 또한 비슷한 이야기가 수용론의 경우에도 가능하다. 당시 우리 주변에 상당수 훈련된 독자가 있었다면 그들의 요구에 따라서도 시대감각을 저버리지 않은 작품의 제작은 가능했을지 모른다. 그러나 이 경우 사정은 전혀 그렇지 못했다. 결과 개항기의 문학은 그 자체로서 탈현실, 반역사적인 쪽으로 기울어질 공산을 안고 있었다. 그러나 만약 우리가 좀더 조심스러운 사태의 분석자라면 개항기 문학의 의식을 형성하는 자리에서 이런 사실들이 극히 부분적인 구실을 했을 뿐임을 깨닫게 될 것이다. 그리고 그에 반해서 한국의 개항기 문학이 보여주고 있는 탈현실·반역사성이 그 실에 있어서 일제의 사태 유도에 그 끈이 닿아 있음을 깨닫게 될 것이다. 노일전쟁에서 승전국이 된 후 일제는 한반도 병탄을 기정사실화시켜 놓고 있었다. 그리고 그 시간표에 따라서 차례로 우리 주권을 침탈하면서 한반도에 식민지체제를 구축해 갔다. 그런데 그들이 노린 바 차질 없는 한반도내의 식민지체제 구축은 꼭 한 가지 일을 선행시키는 것으로 가능했다. 그것이 우리 민족의 자아 각성을 교란 마비시키고 그에 대치해서 외세 영합, 박래품 취향을 부채질하는 일이었다. 일제의 입장으로 볼 때 후자를 위해서 안성마춤격인 일군의 문인들이 당시 우리 주변에 있었다. 그들이 이인직 등 친일문인들이었다. 이런 사실을 재빨리 간파한 일제는 곧 그들을 비호해서 한국문단의 주도권을 잡게 만들었다. 그리하여 중반기 이후 한국 개항기 문학은 이들 친일문인들이 좌우하게 된 것이다.

한편 친일문인들의 비호와 병행해서 일제는 민족의식을 가진 다수 문인들의 활동을 견제 억압하기 시작했다. 특히 통감부 설치 이후 그들은 우리 주변의 모든 작품활동을 감시 통제했다. 그리하여 다소라도 민족의식을 고취할 낌새가 느껴지는 글들은 가차없이 압수해서 폐기처분을 내렸다. 이런 사태와 함께 1900년대 중반기 이후 우리 주변에서는 실질적 의미에서 반제의식을 지닌 작품활동이 막을 내린 상태였다. 이런 상황에 직면하자 우리 주변에는 여러 가지 형태의 대응양상이 빚어졌다. 상당수의 문인들은 일제의 탄압·규제가 강화되자 문필활동을 중단하여 버렸다. 그리고 그들은 곧장 초야에 파묻혀 이름 없는 한 개 시민으로 늙어갔다. 다음 개항기의 일부 문인들 가운데는 조국광복·민족해방투쟁을 위해 앞장서 나아간 예도 있다. 박은식 장지연 신채호 등 다수 제3유형에 속하는 문인들이 여기에 포함된다. 이들은 한일합방을 맞이하자 잇달아 국경선을 넘었다. 그리고 실제 행동을 통해 일제와 맞서 싸우는 직접저항의 길을 택하기까지 했다. 이들 두 경우는 물론 타의 또는 상황 여건 때문에 그 문필활동의 길이 막혀버린 경우다. 한국 근대문학의 바람직한 전개를 위해서는 이런 사실부터가 적지 않게 서운한 일이었다. 그러나 더욱 불행한 사태는 일부 제4유형에 속하는 문인들의 경우에 야기되었다. 일제의 더욱 심해지는 감시·규제·탄압을 견디지 못해 제4유형에 속하는 문인들 가운데 일부는 민족의식의 고취와 그 구체적 표현에 해당되는 반제투쟁의 입장을 보류 내지 포기하지 않을 수 없었다. 결과 그들의 글은 두 가지 성격을 지닐 수밖에 없게 되었다. 그 하나가 전혀 현실감각·시대의식과 무관한 軟派·연애물이 되는 길이었다. 그리고 다른 하나가 민족의식을 부정당한 채 진보·개화의 꿈을 다루는 일이었다. 그러나 그 어느 경우도 그것이 바람직한 작품활동의 태도일 수는 없었다. 이런 의미에서 한국근대문학은 사나온 서릿발 속에서 시발한 문학이라 하겠다.'   金 容 稷

論　著

1. 金宵熙(譯)　華西集(大洋書籍, 1975)
2. 黃　玹　梅泉野錄(國史編纂委員會, 1955)
3. 朴殷植　朴殷植全書(檀國大 東洋學硏究所, 1978)
4. 申采浩　丹齋申采浩全集(丹齋申采浩先生紀念事業會, 1979)
5. 주요한　安島山全書(三中堂, 1963)
6. 崔南善　六堂崔南善全集(玄岩社, 1975)
7. 亞細亞文化社編　新小說飜案小說 3(1978)
8. 白　鐵　朝鮮新文學思潮史(首善社, 1948)
9. 愼鏞廈　獨立協會硏究(一潮閣, 1976)
10. 崔昌圭　近代韓國政治史(一潮閣, 1972)
11. 韓沽劢　開港 當時의 危機意識과 開化思想(韓國史硏究 2, 1968)
12. 金容稷　開港期의 西歐的 衝擊과 新文化 受容(韓國近代文學의 史的 理解,
　　　三英社, 1977)

3. 개화기의 詩歌

　개항기 이래 밀려드는 서구문화의 유입과 함께 빚어진 新·舊의 갈등적 상황에서 개화기 시가는 형성되었다. 소위 1920년을 전후해서 출발하는 한국 근대시 이전까지의 개화사상이나 자주독립사상을 고취했거나, 아니면 구세력 내지 외세에 교묘히 편승하여 매국하려는 아첨배들에 대한 강렬한 저항정신을 구가한 노래들이 그 대부분이다.

　〈독닙신문〉에 실린 愛國·獨立歌類에서 신체시에 이르는 한국시의 근대적 전개에 대해서는 그 동안 많은 논란이 거듭되어 왔다. 이런 거듭된 논의과정에서 개화기 시가의 윤곽이 점차로 드러나게 된 것은 사실이나, 각기의 견해차를 해소하고 하나로 통일된 결론에 이르렀다고는 할 수 없다. 모두가 그들 나름대로의 논거에 입각한 문제점을 제기하고 있기 때문에 앞으로도 많은 논란이 따를 것으로 생각된다.

　하여간 이제까지 논의돼 온 논지는 크게 두 가지로 구분되는데, 그것은 형식과 내용의 어느 한 측면을 강조하는 관점적 차이에서 온 것이다. 먼저 개화기 시가의 音數律이나 分聯法의 형태적인 측면에서 추구한 것으로는

　(1) 창가→신체시(新詩)

　(2) 개화가사→창가→신체시

　(3) 개화시→개화가사→창가→신시

등과 같은 계기적 전개는 대체로 시적 형태에 의한 분류법이다.

　(1)의 창가→신체시(新詩)순의 전개를 주장하고 있는 측에서는 신체시 이전의 개화기시가의 총체를 창가의 범주에다 포괄하고 있다. 林和가 그의 저서 〈槪說新文學史〉에서 「新詩의 先驅로서의 唱歌」(1)라고 한 것을 위시하여, 白鐵 趙演鉉 등의 초기 논저에 나타난 견해이다. 백철 조연현은 임화의 논지를 그대로 계승한 것으로, 백철은 〈新文學史〉에서 개화기에는 창가가 유행되었다고 말하고, 이 창가는 그 이전의 시조나 가사와는 달리 서양식 악곡에 의한 신식노래라고 그 본질을 규정하고 있다(2). 다시　말

해서 창가는 우리나라에서의 근대식 서양음악의 시작이고, 동시에 근대가사의 출발이 된다는 것이다.

그리고 조연현에 의하면 창가는 〈독닙신문〉의 간행으로부터 〈少年〉지 간행 이전까지의 각종 신문이나 잡지에 수다히 발표되는 등 일대 성황을 이루었던 것으로 〈소년〉지를 전후해서 신체시의 형태로 전환되었다고 주장하고 있다(3). 이외에도 신체시 이전의 개화기 시가의 총체를 「창가」로 보고 있음은 趙潤濟 金東旭 文德守의 경우에도 마찬가지로 임화의 〈개설신문학사〉를 위시한 초기의 논저 등에 나타난 주장을 그대로 받아들인 것이 아닐까 한다.

(2)의 개화가사→창가→신체시와 같이 창가에 앞서 새로 개화가사를 설정한 것은 趙芝薰에서 비롯된 것으로 1964년 〈文學春秋〉 6월호부터 연재되었던 〈韓國現代詩文學史〉에서 그가 주장한 것이다. 갑오경장을 전후하여 1890년대를 풍미한 근대화의 의욕은 사회·문화의 각 분야에 걸쳐서 일어났다. 개화가사란 이런 시대정신을 표현하기 위하여 민중 속에서 생겨난 시가형식으로 전통적인 가사형식에 새로운 개화사상을 담은 것이다(4). 조지훈은 개화가사의 최초의 작품으로 〈독닙신문〉 제3호에 발표된 「셔울 슌청골 최돈셩의 글」을 들고, 「개화가사」에서 冠形句 「개화」의 제약적 의미와 그 변화과정에 대하여, 「歌辭의 형식을 취했기 때문에 開化歌辭가 新體詩가 못되고 開化歌辭로 불리어지듯이, 開化思想을 담았기 때문에 그 歌辭는 진짜 歌辭가 되지 않고 새로운 歌謠인 唱歌로 變成되었던 것이다(4)」라 하고 있다. 다시 말해서 개화가사는 전통가사의 형식을 답습했으면서도 「개화」라는 관형구의 제약적 의미 때문에 전통가사도 아니고 신체시도 아닌, 「개화가사」로서 창가에로의 변성만이 가능했다는 것이다.

(3)의 개화시→개화가사→창가→신체시의 순으로 본 것은 宋敏鎬로서 조지훈의 3단계법에서 그 첫단계인 「개화가사」를 다시 「개화시」와 「개화가사」로 구분하고 있다. 이를테면 〈大韓每日新報〉에 실린 憂國歌類는 전통가사의 운율인 4·4조를 그대로 답습했기 때문에 「개화가사」라 불렀고, 〈독닙신문〉에 실린 애국·독립가들은 개화시로 보고 있는 것이다. 그리고 최남선의 〈京釜鐵道歌〉와 같은 서구식 음곡을 붙여 歌唱할 수 있는 것을 「창가」라 하고, 〈海에게서 少年에게〉에서 비롯되는 일련의 시를 「신시」로 명명하고 있다(5).

한편 개화기 시가의 내용과 주제의 측면에서 특징화할 것을 주장한 鄭漢模는 〈韓國現代詩文學史〉에서 개화기 시가의 특색을 요약하여, 「開化의 노태들은 守舊와 愚昧에 대한 저항과 계몽의 노래로 시작되었고, 文明開化를 謳歌할 여지도 없이 침략자와 침략에 부역하여 賣國하는 집권자들에 대한 저항과 糾彈의 피맺힌 노래를 불러야만 했다. 적극적인 저항의 보람도 없이 大勢가 기울어지자, 다음엔 교육과 단결로써 후일을 기약하는 소극적인 노래로 바뀌어갔다(6)」라 하고 있다. 이것은 이제까지 개화기 시가의 형식에만 치우쳐 논의되고 있었던 것에 대한 반론으로 그 당시 개화사상이나 시대정신으로 살펴보아야 한다는 것이다. 이외에도 개화기 시가의 계기적 전개에 대한 이의가 없는 바 아니나, 실지로 오늘날 개화기 시가의 엄밀한 분석에 앞서 전통시가와는 다른 차원의 「개화시」「개화가사」「창가」「신체시(新詩)」라는 새로운 장르를 각기의 논거를 바탕으로 하여 세우고 있는 것이 그 대체적인 경향이라 할 수 있다.

이와 같이 〈독닙신문〉의 애국·독립가류에서부터 신체시에 이르는 한국시의 근대적 전개에 대한 견해들은 내용이나 형식의 어느 한 측면을 강조해서 보았건, 그 반대측을 전적으로 배제한 것은 아니다. 그들의 차이는 그들의 주장을 입증하기 위한 방법론상의 차이일 뿐이며, 이 두 가지 측면의 상보적 연관 위에서 파악하려는 의도만은 서로 일치하는 것이다.

개화기 시가에는 애국독립가·개화가사·창가·시조·한시·신체시 등이 포함된다. 이 가운데 가사·시조·한시 등은 전통적 시가형태이지만, 개화사상이나 독립정신을 노래한 것들이 많다. 이것은 개항과 함께 세차게 밀려드는 서양사상과 문물제도에 의해 눈뜨게 된 새로운 문학사조를 밑받침할 만한 시가형태의 시도가 미처 따르지 못했기 때문일 것이다. 따라서 이 개화기 시가도 문학 자체가 바탕으로 하고 있는 美學性보다는 정치·사회·문화 및 생활습속의 개혁과 결부되어 있어 그 시대의 정치와 사회의 변동에 따른 민감한 반응을 보이고 있다.

(1) 愛國·獨立歌 : 〈독닙신문〉에 실린 〈이국가〉〈독립가〉 등을 위시해 〈동심가〉〈이민가〉〈성결송축가〉〈셩몽가〉 및 기타는 대개 같은 내용으로, 「서울 순청골 최돈성의 글」의 주제의식과 유사하다. 자주독립·애국(忠君)·단결(동심·합심·일심)·교육·문명개화(醒夢)·부국강병·자유·輔國愛民·국위선양(태극기)·士農工商 등의 용어가 표상하는 생경한 관념은 그 시대 정치·사회의 諸相을 웅변적으로 표현하고 있다. 자연이나 個的 生活에서 우러난 예술적 정서의 형상화와는 거리가 먼 애국사상과 개화의 욕을 나타내고 있는 것이다.

애국가와 **독립가** 등 〈독닙신문〉에 실린 총 27편에 일관하는 주제의식은 자주독립과 개화사상이지만, 그 사용된 몇 가지 용어와 구절의 반복으로 각기의 특색을 찾아볼 수 없을이만큼 민중적인 발상법으로 이루어진 것이 이 애국·독립가의 공통점이라 할 수 있다. 이런 용어에 따른 주제의식의 유형화 이외에도 「님군은혜」나 「대군쥬」 또는 「輔國愛民」과도 같은 관념어의 사용이 없는 바 아니나, 대체로 이들 용어들이 표상하고 있는 주제의식은 다음의 몇 가지로 요약된다.

첫째, 자주독립과 애국사상을 들 수 있는데, 이것은 그 시대상의 반영으로, 오랜 동안 예속되어 있었던 대륙의 지배에서 벗어나 자주독립을 성취한 기쁨, 이른바 저항성을 표상했다기보다는 치욕의 역사를 청산하고 자주독립을 이룬 기쁨을 노래하고 있다. 迎恩門을 헐어 독립문을 세우고 노래한 〈독립문가〉 〈독립가〉 〈이국가〉 등에 나타난 「즈쥬독립」이 「즐겁도다」 「빗나도다」 「죠흘시고」 「장호도다」 「만만세」 등과 연결되고 있음은 자주독립을 찬양찬미하려는 의도에서 나온 것이다.

갑오경장 이후 金弘集內閣이 자주독립을 선포하고 韓·中 관계, 즉 우리나라의 주권을 주장하여 새로운 역사의 장을 열게 된 벅찬 감격을 노래한 것이 애국·독립가에 일관하는 주제가 된다 하겠다. 이 애국사상이 전대의 忠君思想에서 크게 벗어난 것은 아니나, 그런대로 근대적인 애국관념의 출발을 의미하는 「盡忠報國」의 기반을 이룩한 것이라 할 수 있다. 이것은 한국 근대시의 자각운동이며, 「문명개화」와 個我 및 民族我의 자유를 바탕으로 한 애국사상이 되고 있기 때문이다.

둘째, 「동심」이나 「일심」 내지 「합심동력」 등의 표상적인 의미로서의 **단결과 교육**은 「문명개화」와 「부국강병」을 이룩하기 위한 것이다. 자주국민으로서 후진성을 벗어나 외세침략을 막기 위한 국력배양은 온 국민의 **합심단결**에 있고, 서구의 선진문명을 받아들이기 위해서는 신교육이 바탕이 되어야 한다는 것이다. 그 반 폐쇄되었던 오랜 역사와 인습에서 벗어나 부국강병을 이룩하기 위해서는 上下萬民이 일심합력하고 신교육을 받아 문명개화를 이룩해야 된다는 것이다.

세째, 「문명기화」나 「성몽」 그리고 근대신문에 대한 찬양의 노래로, **新聞歌**는 완고하고 우매한 舊俗에서 벗어나려는 의지를 형상화하고 있다. 개 과 함께 세차게 밀려들어온 서양사상과 과학정신으로 구사상과 구제도를 비판하며 자아각성을 촉구하고 있다.

「성몽」 즉, 문명개화가 뒤늦어졌음을 자탄하지 말고 온 국민은 합심집

력하여 근대화운동에 힘을 기울여야 한다는 것이다. 「잠을세세잠을세세 ㅅ천년이꿈속이라」와도 같이 몽매했던 지난 역사를 부정하고 근대화를 지향한 미래지향적인 강한 의지를 표상하고 있다. 洋夷에 대한 도전이 아닌 서양의 과학문명이 앞으로 이룩하려는 문명의 규범이 된 것이다.

네째, 부국강병이나 국위선양도 애국·독립가에 일관하는 주제의식으로 문명개화를 이룩한 연후에야 그것이 가능하다는 것이다. 士農工商 모든 계층이 합심하여 각각의 생업에 충실할 때, 부국강병은 이룩된다. 요컨대 부국강병은 이 시대의 지상과제로서, 이것만이 외세침략을 막을 수 있다는 것이다. 이는 약체로서 열강의 각축장이 된 구한말의 혼란된 시대상을 반영한 것이며, 이 혼란상을 극복하기 위해서는 민족의 역량을 길러야만 하였다.

애국·독립가류에 나타난 부국강병은 외세배격을 위해서는 물론, 일본이나 중국 및 세계열강의 대열에 올라 국위를 선양하려는 환상적 요소를 지니고 있다. 비록 이것이 당시로서는 한낱 환상에 불과했지만 우리의 근대화운동을 촉진케 한 활력소가 되었던 것은 사실이다.

한편 이런 애국·독립가 유형은 이후 〈皇城新聞〉〈大韓每日申報〉〈京鄕新聞〉 및 기타 개화기 잡지에도 많이 실려 있는데, 〈愛國誠아〉〈無窮花歌〉〈이 좋은 江山을〉〈우리 皇上陛下〉〈聖子神孫 千萬年은〉〈上帝난 우리 皇帝를 도으소셔〉〈皇室歌〉 등에서 현재 우리가 부르고 있는 애국가에 이르기까지 수다히 있다. 이 가운데서 4·4調 4行聯으로 된 〈愛國誠아〉를 제외하고 나머지는 그 형식에서 변화를 보이고 있다. 이들은 대개 1905년을 전후한 시기에 나온 것들로서 형식적 변화의 시도와 함께 그 표제에서도 애국가가 아닌 〈無窮花歌〉〈이 좋은 江山을〉〈우리 皇上陛下〉〈皇室歌〉 등으로 되어 있듯이, 내용면에서도 변화를 보이고 있다. 자주독립과 문명개화를 예찬하기보다는 애국사상, 즉 황실 내지 국가의 무궁한 발전과 번영을 기원하는 내용으로 기울어져 간 것이다.

이와 같이 4·4조의 음수율과 2행연의 對句形式에서 各聯對應行의 음수율을 일치시킨 애국·독립가류의 형식적인 변화를 시도했는가 하면, 4·4조의 음수율과 2행연의 대구형식을 그대로 답습하고 있으나, 그 주제의식에서 변화를 보인 것도 있다. 〈황성신문〉〈뎨국신문〉〈대한매일신보〉〈경향신문〉 및 그밖의 개화기 잡지 등에 수다히 발표되고 있는바, 그 가운데서도 〈대한매일신보〉〈경향신문〉에 실린 것들이 그 대부분을 차지하고 있다.

490

(2) **開化歌辭** : 개화가사는 〈대한매일신보〉에 실린 4·4조의 음수율로 된
600여 편의 작품과 그밖의 개인문집에 있는, 개화기에 씌어진 가사들이
이에 해당된다. 時評 및 풍자성을 띤 기사에 이르기까지 4·4조의 가사형
식으로 된 것들로, 일본의 식민정책과 그 추종세력에 대항하는 강렬한 저
항정신을 형상화한 것들이 많다. 뿐만 아니라 전통성의 모순을 배제하고
서구문화와 과학정신의 도입을 적극 주장하는 작품들도 상당수 있다.

한편 그 내용과 관련하여 형식면에서도 크게 두 가지로 나누어볼 수 있
다. 그 하나는 작품 전체가 어떤 하나의 주제로 통일되고 있는 데 반하여,
분절된 각 연마다 전혀 다른 내용으로 되어 있는 것도 있다. 이것은 「社
會燈」란이 갖고 있는 특색을 그대로 나타낸 것으로, 그 시대의 정치나 사
회현실의 불법하고 부조리한 요소를 4·4조의 가사형식으로 고발한 것이
다. 4·4조의 음수율을 제외한 그 내용이 지니는 시사성은 현대신문의 時
評欄의 성격과도 같은 것이라 할 수 있다.

「그 내용을 보건대 假稱한 바와 같이 기울어져 가는 國情을 근심하여
前記 李完用 李容九를 비롯한 亡國內閣의 閣僚가 된 자와 李容九 등 一進
會 간부들에 대하여 준엄한 警告를 하는 同時에 우글거리는 親日的 貪官汚
吏들을 唾罵하고 日本政府의 政策을 비난하는 것들이며 나아가서는 各方面
에 걸쳐서 몽매한 民族을 계몽하는 것 또는 愛國團體의 聲明文 등으로 되
어 있다. 이를 通讀하면 마치 庚戌國恥 前年인 1909년 1년간의 各方面으
로 극히 多難하던 社會相과 時代相이 마치 「파노라마」를 보는 듯이 一目
瞭然할 것이다. 」(7)

이상은 〈대한매일신보〉에 실린 개화가사에 일관하는 내용과 주제의식
을 요약한 것이다. 한마디로 개화가사는 논평의 律文的 樣式化로 그 詩作
의 동기를 요약할 수 있는바, 애국·독립가와도 같이 그 주제의식은 크게
개화사상과 민족관념으로 구분된다. 그 시대상황의 변화에 따른 저항정신
의 심화된 갈등적 구조를 형성하고 있다.

먼저 개화사상은 개항과 함께 세차게 밀려드는 서구문화와 과학사상을
수용하여 민족의 자주권을 확립하며, 서구의 새로운 문물제도를 받아들이
고 청소년들에게 신교육을 권장하여 문명개화를 이룩하고 국위를 선양해
야 한다는 것이다. 그리고 민족관념은 구국정신으로 표상되는데, 그것은
개화가사에 이르러 보다 강렬한 저항적 차원으로 전개되면서 우리나라를
식민지화하려는 일본의 야욕과 그 추종세력에 대한 극한적인 대립현상을
나타내고 있다.

「저항의 노래는 1905년의 恥辱的 조약 이후 고조되었고, 1907년 군대 해산을 당하여 銃火로 항거한 武力抗爭을 계기로 전국적으로 번진 抗日義軍의 전면전쟁의 시기를 絶頂으로 하고, 1910년 强制合邦됨으로써 일단 退潮하였으며, 이를 분수령으로 새로운 양상이 전개된 것이다(8)」라고 한 정한모의 말과 같이 1905년 이후에서 비롯되는 개화가사 유형은 국권상실이라는 긴박한 사태를 배경으로 하고 있기 때문에 일제와 그 동조자들을 비판하고 고발한 저항시가들이 많다. 이런 유형의 가사들은 〈대한매일신보〉에 실린 600여 편 이외에도 倡義詞 등 구국항일투사들의 개인문집에도 수다히 전해지고 있다.

개화가사는 애국·독립가류보다는 그 주제의식에서 훨씬 다양화되어 있다. 애국사상조차도 개화가사에 이르면 비판적이고 구체적이다. 뿐만 아니라 서구문화의 수용조차도 맹목적인 추종이나 모방의 한계성을 초월하여 자체의 전통성에 조준하려는 움직임이 엿보이기도 한다.

앞에서 개화가사류의 주제의식을 크게 개화사상과 민족관념으로 구분하였다. 그러나 이들의 소재에 따른 내용을 분석해 보면 시사성을 떠는 정치·사회·경제·문화의 제반문제로 귀착된다. 개화와 외세배격이라는 엄청난 갈등적 상황에서 비리와 모순성을 자초했던 자학 속에서 국권의 회복운동을 펼쳐야 한다는 막중한 소임을 맡고 있었던 것이 그 시대 우리 민족의 과제이기도 했다.

일제와 그에 동조하는 친일세력은 잠시도 그 쇠사슬의 고삐를 늦추지 않았다. 무장병력을 앞세워 때로는 회유하고, 때로는 갖은 학정과 횡포를 자행하면서 우리의 자립권을 하나하나 탈취해 간 것이다. 이런 시대상황을 배경으로 하여 부른 개화기시가에서 저항시가가 차지하는 비중은 자못 크다고 아니할 수 없다. 〈대한매일신보〉의 「社會燈」란을 통하여 발표되고 있는 시가들은 현실참여, 즉 망국적 비애와 구국항일의 정신을 형상화한 것들로, 저항문학의 금자탑을 이루고 있는 것이다.

이 「사회등」란의 가사는 乙巳·丁未·庚戌까지 일제의 식민지화라는 극한적인 시대상황을 배경으로 하고 있다. 외세배격에 있어서 그 외세의 범주도 애국·독립가류와는 달리 일본으로 국한되고, 개화정책을 주도했던 집권층은 일제의 침략정책을 도와 자신만의 안일을 추구하는 매국집단으로 변신하고 말았다. 그러나 한편으로는 이런 극한적인 시대상황에 대처, 일제에 동조하는 매국집단에 항거하는 세력도 크게 형성되었다.

당시 〈대한매일신보〉가 보인 일제의 식민정책에 항거하는 적극적인 자세는 그 시대의 다른 어느 신문도 따를 수 없었다. 따라서 이 신문 「사회 등」란에 실린 수다한 가사는 이 신문사의 社是나 논설내용의 방향과 깊이 연결되고, 일제와 매국집단에 대한 저항정신을 표상하고 있다. 이것은 이 신문의 논설진인 申采浩 朴殷植 梁起鐸 등에 의하여 이루어진 것으로 추정되는바, 그 논설이나 시평과 같은 내용으로 이루어진 것이 대부분을 차지하고 있다.

(3) 唱歌 : 개화기시가의 형태는 최남선에 이르러 크게 전환한다. 창가형식의 본격적인 출발과 함께 신체시·자유시·산문시 등 다양하게 전개된다. 이런 시가유형의 시도는 개화 초기의 애국·독립가나 개화가사 형식의 전통성에 비하여 획기적이고 전환적인 의미를 갖는다고 할 수 있지만, 1920년을 전후하여 본격화하는 근대시적 차원에서는 그 과도기적 한계성을 면치 못하고 있는 것이다.

창가는 애국·독립가 유형에서 분화한 것으로 歌唱을 전제로 한 점에서 서로 일치한다. 그리고 그 分聯法에서 애국·독립가의 2행연에서 4행연으로 변화한 것이 창가의 일반적인 속성이며, 4·4조의 음수율이 7·5조, 8·5조, 6·5조를 주축으로 악보가 붙여져 있는 것이다.

〈海에게서 少年에게〉 이전 〈大韓學會月報〉에 발표된 최남선의 시에서 〈모르네나는〉의 시행이 5·5·5와 5의 음수율로 분연되지 않고 있는 데 반하여, 〈백성의 노래〉는 5·5조의 4행연으로 분연되어 있다. 이 5의 음수는 2·3 내지 3·2가 아니면 순수한 5조로 된 것도 있으나, 애국·독립가와 개화가사의 3·4 내지 4·4조의 음수율이 전통시가에서 온 것이라면, 5의 음수의 의도적인 구사는 그 변화를 의미하는 것으로, 전통적 정형률에서 벗어나려는 시도이기도 하다.

이와 같이 최남선은 그 초기시로부터 이렇게 음수율을 여러 각도에서 실험하고 있다. 이것은 매우 의도적인 것으로 우리 近代詩史에서 한 전환점을 이룬다 할 수 있을 것이다. 최남선의 창가는 시간적으로 〈해에게서 소년에게〉와 함께 출발하지만 악보를 제시한 것은 좀 뒤의 일이다. 창가는 7·5조, 8·5조, 6·5조를 기조로 하고 있는데, 이들은 대개 〈少年〉과 〈靑春〉지에 발표되고 있다.

① 7·5조의 창가 : 3·4·5 내지 4·3·5조, 아니면 7·5조로 이루어져 있는데, 〈星辰〉〈少年大韓〉〈太白山歌〉〈太白山과 우리〉〈少年과 녀름〉〈어린이 꿈〉〈경부텰도 노래〉 등 외에도 많다.

② 8·5조의 창가 : 8·5조 내지 4·4·5조의 음수율은 7·5조의 창가와 합

께 출발한다. 8조는 4·4의 合音數일 것이다. 이것은 8 내지 4·4 조로 배
열했거나, 아니면 5의 음수를 합쳐 13조 1행으로 하고 있는 것도 있
는데, 〈山有花〉〈가을 쯧〉〈大韓少年行〉〈檀君節〉〈태백범〔太白虎〕〉 등 외
에도 많다.

　③ 6·5조의 창가 : 6·5조의 음수율에서 6조는 3·3의 합음수로 볼 수
있다. 그런데 이런 유형의 작품으로는 〈우리의 運動場〉과 〈벌〔蜂〕〉등 두
편이 있을 뿐이다.

　이상 최남선의 〈경부텰도가〉를 시발점으로 한 창가형식을 살펴보았다.
7·5, 8·5, 6·5조의 음수율에서 특이한 것은 5의 음수이다. 5조는 2·3
또는 3·2의 합음수가 그 대부분이 된다 하겠으나, 순수한 5의 음수도 있
다. 그리고 7·8·6의 음수율에서 7조는 3·4 또는 4·3의 합음수이고, 8조
는 4·4의 합음수이며, 6조는 3·3의 합음수로 전통시가의 율조와 맥락이
닿아 있는 것이라 할 수 있다.

　⑷ 新體詩 : 신체시 또는 신시의 명칭은 다 같이 그 전대의 고시가나 애
국·독립가와 개화가사 및 창가에 대한 「새로움」의 의미로 사용된 것이
다. 따라서 이 두 명칭은 서로 다른 의도에서 표출된 차이라기보다는 그
에 대한 별다른 비판이나 반성 없이 통용되어 온 것이 아닐까 한다. 「신체
시」란 명칭은 明治 초에 동경대학 교수들을 중심으로 편찬한 〈新體詩抄〉
(外山正一 矢田部良吉 井上哲次郎 共編著, 明治 15년)에서 明治詩歌 명칭의 하
나로 사용되었던 용어를 그대로 옮겨 쓴 것임은 널리 알려진 사실이다.
일본의 明治詩歌는 〈신체시초〉 간행 이후 〈新體詩歌〉〈明治新體詩選〉〈新
體詩學必携〉〈新體詩選〉 등에서처럼 「신체시」라 불린 것이 많다.

　그러나 우리의 근대 초기, 다시 말해서 1910년대는 물론, 1920년대에서
1930년대까지 간행된 신문이나 잡지에서도 간혹 「신체시」 내지 「신시」 그
리고 「新詩歌」 또는 「新體詩歌」라는 표제 아래 발표된 시편이나 작품 모
집광고 및 그밖에서 이들 용어를 사용하고 있는데, 소위 「신체시」란 일체
의 舊體詩를 배제하는 의미로서의 서구의 「poetry」에 해당시키려는 의도
에서 나온 명칭일 것이다.

　최남선의 〈해에게서 소년에게〉와 〈舊作三篇〉 이후 〈泰西文藝新報〉에 발
표된 金億과 黃錫禹의 몇몇 시작품과 그밖의 작품들을 거쳐 〈創造〉 창간
호에 발표된 朱耀翰의 〈불노리〉 이전까지의 최남선과 이광수 등의 일련의
시편들을 「신체시」 또는 「신시」라 하고 있다. 그러나 앞에서 말했듯이 신
체시나 신시는 동일한 의미로 사용되어 온 것으로 일본 〈신체시초〉의 영

향을 받아 뒤에 붙여진 명칭임은 말할 것도 없다.

이와 같이 「새로움」의 詩라는 법칭으로 사용되어 온 「신체시」나 「신시」란 용어를 처음으로 쓴 최남선의 경우도 마찬가지로 이 두 가지 용어의 한계를 구획짓지 않고 혼용하고 있는 것이다. 〈소년〉지 제2년 제1권의 「新體詩歌大募集」 광고에서,

- 語數와 句數와 題目은 隨意
- 아못조록 純國語로 하고 語義가 通키 어려운 것은 漢字를 傍付함도 無妨하고
- 篇中의 措辭와 構想에다 光明·純潔·剛健의 分子를 包含함을 要하고
- 技巧의 點은 別로 取치 아니함

이라고 한 것이라든지, 그리고 1917년 5월호 〈청춘〉지의 권말 「懸賞文藝募集」 광고의 「신체시가(調格隨意)」에서 「신체시가」는 바로 「신체시」를 이름인 것이다. 전자의 모집준칙에서 개화기 시가의 저항의식이나 啓導性을 지양하려는 의도적 반영이 없는 것은 아니나, 그 전문면은 후자의 「調格隨意」로 요약될 수 있는 시적 기교에 역점이 주어지고 있다.

한편 〈소년〉지 제2년 제4권에 실린 〈구작삼편〉과 함께 그 창작동기를 말하는 데서,

> 丁未의, 條約이, 締結되기 前, 三朔에, 붓을, 들어, 偶然히, 생각한대로, 記錄한것을, 始初로하야, 三四朔동안에, 十餘篇을, 엇으니, 이, 곳, 내가, 붓을, 詩에, 쓰던始初오, 아울너, 우리國語로, 新詩의, 形式을, 試驗하던, 始初라, 이에, 揭載하난바, 이것三篇도, 그中엣, 것을, 摘錄한, 것이라. 이제, 偶然히, 舊作을, 닐고, 그時, 自己의, 想華를, 追懷하니, 또한, 深大한, 感興이, 업지, 못하도다(8)

라고 한 바와도 같이 「新詩의 형식을 시험하던 始初라」에서 최남선은 「신시」라는 용어를 비로소 사용한 것이다.

이 「신시」의 명칭은 「조격수의」의 신체시와 함께 오늘날 별다른 이의 없이 통용되고 있는 것이다. 먼저 「신시」는 임화가 「新詩의 先驅로서의 唱歌」라고 한 것을 비롯하여 여러 사람에 의해서 사용되고 있으며, 이에 대하여 「신체시」란 명칭은 백철 조연현 등의 논저에서 사용되고 있다. 이들 가운데서 정한모의 경우만이 「신체시」와 「신시」에 대한 용어확정의 의도가 강렬히 반영되어 있을 뿐이며, 나머지는 이 두 가지 용어에 대한

별다른 반성이나 검토 없이 단순히 「새로움」의 범칭적인 의미로 통용하고
있다.

정한모는 이 두 가지 용어에서 「신시」의 타당성을 크게 세 가지로 나누
어 설명하고 있는데, 첫째, 최남선의 신시와 일본의 신체시 사이에는 유
사한 점도 있지만 그에 못지 않게 차이점도 크며, 오히려 최남선의 신시
가 일본시보다 내적으로 다양한 면이 있다는 것이다. 둘째, 최남선의 〈구
작삼편〉의 창작동기를 말한 「後記」에서 작자 자신이 이런 일련의 시를
「신시」로 규정하고 있는 사실을 근거로 하여 「신시」로 하는 것이 타당하
다는 점이다. 세째, 「신체시」는 일본의 명칭을 그대로 차용한 것이므로
그것과 구별하기 위해서도 「신시」라는 용어를 사용하는 것이 훨씬 낫다
는 것이다(6).

그러나 〈구작삼편〉의 후기에 나타난 「신시」는 그 문면으로 보아 「새로
움」의 범칭이지 쟝르의식의 반영은 아닌 듯싶다. 「신체시가」 모집광고에
서도 볼 수 있듯이 오히려 「신체시가」가 최남선의 의도적인 용어임은 말
할 것도 없다. 「신체시」란 명칭에 일본의 것을 그대로 차용했다는 개운찮
은 느낌이 없지도 않으나, 「新文學」의 경우와도 같이 범칭적인 용어인 신
시를 문학의 한 쟝르로 규정한다는 것은 고려되어야 할 문제가 아닌가 한
다. 그러므로 「새로움」의 의미로 사용되어 온 「신체시」나 「신시」에서 최
남선 자신도 그 쟝르 규정을 위해서는 「신체시가」라 했듯이, 「신체시」로
함이 보다 타당성이 있는 것이 아닐까 한다.

신체시는 근대정신의 소산으로 전통과 인습을 타파하고 서구문화를 수
용하려는 근대화운동의 표현이기 때문에, 그 이전의 전통시가와는 다른
이질적인 것임은 말할 것도 없다. 이 전통시가와 다른 이질적 요소란 무
엇인가. 그것은 전통시가의 律文性에서 탈피한 散文性을 이름인 것이다.
따라서 신체시의 詩史的 意義는 한마디로 자유율화한 산문성에 있다고 본
다. 신체시 이전까지의 가창을 전제로 한 고시가와 개화가사 내지 창가의
율조에서 벗어나 산문화한 자유시에로 이행되어 온 과도기적 형태의 하나
인 것이다.

〈해에게서 소년에게〉와 〈구작삼편〉 등에서 비롯되는 신체시에서 전통시
가의 정형적인 음수율이나 반복적인 리듬에서 벗어나려 한 것이라든지,
또는 구어체를 채용하게 되었음은 한국시의 근대적 전개에 있어서의 과도
기적 형태라 할 수 있다. 신소설의 경우와도 같이 고시가에서 근대시까지
의 그 교량적 위치에서 개화사상을 대변한 시형식으로서 표현기교뿐만 아

496

니라, 내적인 주제의식에서도 과도기적 성격을 띠고 있는 것이다. 요컨대 신체시의 이러한 형식적인 특색과 내적 結構의 결함에도 불구하고 전통시가에서 근대시에 이르는 과도기적 현상의 징표로 되고 있음은 말할 것도 없다.

金 澤 東

論　著
1. 林 和　新文學의 胎生(概說新文學史, 朝鮮日報에 연재)
2. 李秉岐 白鐵　國文學全史(新丘文化社, 1963)
3. 趙演鉉　韓國現代文學史(人間社, 1961)
4. 趙芝薰　韓國現代文學史(趙芝薰全集 7, 一志社, 1973)
5. 宋敏鎬　韓國詩歌文學史 下(韓國文化史大系 Ⅴ, 高大 民族文化硏究所, 1967)
6. 鄭漢模　韓國現代詩文學史(一志社, 1974)
7. 具滋均　韓末愛國警時歌에 대하여(文理論集 4, 高麗大, 1959)
8. 崔南善　「舊作三篇」後記(少年 2—4)

4. 신소설과 역사전기류

한국 근대화의 여명기라 할 수 있는 20세기 벽두에 이 땅에는 이질적인 서사문학 양식이 공존하였다. 한문소설·몽유록계소설·전기소설·신소설 등이 그것이다.

전통시대와 식민지시대와의 불연속선상에서 근대화라는 역사적 임무수행이 강조되던 시기를 개화기라고 규정한다면, 한국의 개화기는 그 내적 외적 요인에 의하여 특수한 성격을 띠게 마련이다. 밖으로부터 강요된 근대화 요인과 안으로부터 자생된 인자는 이 시대의 성격을 복잡하게 만들었으며, 이러한 시대성격을 배경으로 하여 제작 생산된 문학작품도 혼미를 초래하지 않을 수 없었다.

개화기 서사문학의 혼란스러운 양상 속에서도 신소설과 역사전기류는 개화기 시대정신의 소산이며, 사회의 산물이라 하겠다. 간단히 도식화하여 개화기의 시대정신을 서구지향성과 전통고수의 자보적 정신으로 양분할 때, 이 서로 다른 방향의 시대정신에 뿌리를 두고 제작된 작품이 신소설과 역사전기류라 할 수 있다.

신소설은 개화기에 형성된 새로운 소설양식이라고 일반적으로 인식되고 있다. 그 명칭은 「낡은 것에 대하여 단순히 새롭다는 대치어」(12)로 사용된 것이다. 신소설의 효시라고 일컫는 李人稙의 〈血의 淚〉를 위시하여 수십 편의 신소설들이 신문에 연재되거나 단행본으로 출간되었다. 그런데 문제는 신소설이라는 용어의 사용에 애매함이 있다는 점이다. 간행 당시 〈이국부인젼〉의 경우 신소설이라는 銘이 표지에 박혀 있는데, 이 작품은 역사전기류에 해당되는 소설이다. 〈禽獸會議錄〉〈自由鐘〉 같은 소설은 몽유록계 소설이거나 토론형식의 소설로서 이인직의 〈혈의 누〉류와는 다른 양식의 소설이다. 이와 같이 신소설이라는 용어는 그 내용이나 형식에 있어서 장르적 특징을 나타내는 용어가 아니며, 새로 제작된 소설에 두루 사용되었던 용어이다. 아직까지도 답습되고 있는 이 용어에 대한 개념의 불확실성은 시정되어야 할 첫번째 과제로 남아 있다.

개화기에 제작 생산된 소설 중에는 〈외국부인견〉과 같은 고대소설의 형식을 그대로 유지하고 있는 작품과 〈금수회의록〉이나 〈꿈하늘〉 같은 몽유록계 소설과 〈소경과 안즘방이 문답〉〈車夫誤解〉나 〈자유종〉과 같은 대화와 토론과 연설로 엮어진 작품 등이 있다. 이들 작품들과 소위 신소설이라 일컬어지는 李人稙 李海朝 崔瓚植 金敎濟 등의 작품과는 그 내용과 형식이 매우 판이하게 다르다. 이들 다른 유형의 작품을 신소설이라는 동일. 범주에서 다루는 것은 잘못된 연구태도라 생각된다.

한편 역사전기류란 비허구(non-fiction)에 포함되는 서사문학의 한 유형이며, 객관적 사실에 대한 역사적 인식에 바탕을 두는 것으로 역사성과 문학성이 공존하는 전기소설을 가리킨다. 이것은 실제 사실이나 진실에 연결되어 있어서 작품 속의 時·空과 인물에 대한 보증적 강점을 갖고 있으며, 역사적 우의법에 의하여 이념표출이 가능하다는 강점을 지닌 서사문학이다.

신소설이 발표되던 시기를 전후하여 제작 생산된 작품으로 〈비스마룩구淸話〉(1906) 〈伊太利建國三傑傳〉(1906) 〈라란부인견〉(1907) 〈瑞士建國誌〉(1907) 〈比斯麥傳〉(1907) 〈외국부인견〉(1907) 〈미국고대통령 짜퀴일트견〉(1908) 〈乙支文德〉(1908) 〈姜邯贊傳〉(1908) 〈華盛頓傳〉(1908) 〈崔都統傳〉(上篇, 1909~1910) 〈富蘭克林傳〉(1911) 〈李舜臣傳〉〈泉蓋蘇文傳〉 등과 구한말 학회지에 발표된 「人物考」라는 표제하의 단편 한문전기들이 역사전기류에 해당되는 작품들이다.

이들 작품은 서양과 한국의 위인 등 역사적 위업을 남긴 사람들의 전기라는 점이 특징이며, 번역——또는 역술 및 편——된 것이거나 창작된 것들인데, 이러한 작품들이 이 시기에 집중적으로 생산된 것은 서구에 대한 단순한 지적 갈망에서라기보다는 당시를 풍미하던 영웅숭배사상이라든가 영웅의 출현을 갈망하던 시대적 요구의 소산이었다고 생각된다(27). 이러한 견해의 근거는 이들 작품의 주인공들이 국난 극복의 영웅·위인이었다는 공통점에서도 찾아볼 수 있다.

신소설과 역사전기류는 그 제작의 사상적 배경에서부터 작품의 미학적 형식에 이르기까지 동질성보다는 이질감이 강한 서로 다른 유형의 서사문학이라 하겠다. 신소설이 한글로 표기되어 신문에 연재되고 많은 독자들에 의하여 주인공들의 신식생활이 갈채를 받고 있을 때, 역사전기류는 국한문 혼용이거나 한문 표기로써 제한된 독자들에게나마 위인·영웅들의 국난 극복의식을 고취시켜 주고 있었다. 신소설이 문명지향적이며 상업성과 유연성을 바탕으로 하여 오락적 소설로 제작된 것이라면, 역사전기류는 보수적이며 목적성과 교화성을 바탕으로 하여 국민의식을 각성시키려는 의도에서 제작 생산된 소설이라 하겠다. 이와 같이 두 가지 서사양식의 판이한 성격에도 불구하고 한국문학사에서 신문학을 논함에 있어서 신소설에 대한 관심과 역사전기류에 대한 관심은 그 편차가 너무 심했던 것이 사실이다.

신소설과 역사전기류에 대한 연구사를 문학사와 개별작가의 작품론, 그리고 전반적 성격에 관한 연구로 나누어 살펴보겠다.

통사적 국문학사의 최초의 시도라 볼 수 있는 安廓의 경우(1), 중국과 일본의 정치소설의 번안·번역 및 申采浩의 역사소설의 의의를 인정하면서도 진정한 신문학은 이인직의 신소설에서 출발한다고 주장한다. 1900년대의 한국문학의 대표는 신채호의 역사소설과 이인직의 신소설이라는 것이 그의 견해이며, 신소설이 신문학의 진정한 출발이라는 안확의 문학사적 평가는 후학들에게 하나의 지침을 제공하였다. 이와 같은 그의 견해와 평가는 개화기를 직접 겪었으며 개화당의 노선에 섰던 그의 태도의 반영이라 하겠다. 즉 서구지향적 근대화에서 개화기 및 개화기 문학의 의의를 찾았던 데 원인이 있는 것이다.

金台俊의 경우(2), 쟝르사의 선구적 업적을 수립한 그는 개화기를 계몽기(1894~1910)와 발아기(1910~1919)로 구분하여, 전기에는 번역과 국문운동을 통한 역사소설이 성행하였으며, 후기에는 이인직에 의하여 창안된 신소설이 대중화된 시기라고 보고 있다. 시민문학으로 전환됨에 의의를 부여한 김태준은 신소설의 대중화를 중요시하였다.

위의 두 문학사가에 비하여 林和(3)는 문학사회학적 방법과 비평적 안목을 결합시켜 본격적인 한국의 근대문학을 연구한 사람이다. 그는 「서구문학의 수입과 이식」이라는 명제를 정립하고, 개화기 문학을 「과도기 문학」으로 규정한다. 뿐만 아니라, 신문학에 선행하는 조선언문학사와 조선한문학사의 두 가지 표현형식을 가진 한국인이 누려온 문학생활의 역사적 종합이며 지양으로 개화기 문학을 파악한다. 그는 과도기 한국의 현실과 그 반영에 관심을 집중시키며, 그 결과 신소설의 현실 반영도를 「유치한 거울」이라고 평가한다.

임화는 정치소설이라는 용어 속에 역사전기류를 포함시켜 주목하고 있으나 신소설을 더욱 중요시하였다. 신소설을 신세력의 주관적 아이디얼랴즘을 표현하고 있는 것으로 파악하면서, 「개화세계의 수난역사」라고 보았다. 신소설이 구소설에 빚지고 있으며 이를 극복하고자 노력한 것으로 생각하여, 작품분석을 정밀히 시도함으로써 이를 규명한다.

白鐵(4) 趙演鉉 全光鏞(12) 등의 문학사는 앞서 말한 3인의 문학사가들의 이념과 방법을 수렴하고 있다. 이들의 문학사는 개화기 서사문학의 대표 장르로서 신소설에 중점을 두었으며, 서구지향적인 소설로서 신소설을 다루고 있다. 李在銑의 경우 역사전기문학에 대하여도 집중적 관심을 나타내고 있으며, 사회사적 문예학적 방법에 의하여 개화기 문학을 논한다.

문학사는 아니지만, 전대문학과의 맥락 속에서 사적 연관을 연구한 宋敏鎬(19)는 실증적 방법으로 구소설적 작품을 분석 검토한다. 신소설적 요소와 구소설적 요소의 기준을 설정한 후 이를 준거로 검토된 다수의 개화기 소설들은 구소설적 작품임을 증명하는데, 역사전기류에 대한 관심이 보이지 않는다.

작품연구에서, 실증적 방법에 의하여 1차자료 연구의 중요성을 제고시킨 사람은 金河明(5)이다. 〈萬歲報〉를 조사하여 〈혈의 누〉의 발표연대를 확정한 그의 연구업적은 실증적 기초 확립의 중요성을 국문학연구에 인식시킨 전환점이 된다.

전광용(6·7)의 일련의 신소설연구도 1차자료인 신문과 초간본 단행본을 철저히 조사하여 작품연대를 확정지은 실증적 연구의 대표가 된다. 그는 개별작가의 전기를 실증적으로 해명하였으며(8), 〈雪中梅〉가 번안작품인 것과 〈牧丹峰〉이 〈혈의 누〉의 하편임을 밝힌 것은 그의 업적의 하나라 하겠다. 실증적 작가론을 통한 신소설 작가의 연구는 신소설의 성격을 규정지을 수 있는 근본자료의 하나를 제공하기도 한다.

조연현의 경우(11), 〈혈의 누〉의 신문연재분과 단행본을 비교하여 그 개작의 일단을 밝혔는데, 이는 원전비평의 중요성을 제고시킨 작업이다. 그는 무서명 소설로서 〈소경과 안즘방이의 문답〉과 같은 소설형태가 개화기에 있음에 주의를 환기시키기도 한다.

이재선의 경우(14), 신소설 용어의 사용 연대를 비롯하여 〈帝國新聞〉에 게재된 〈혈의 누〉 하편의 발굴, 역사전기류에 대한 연구 등을 실증적 방법으로 행하였다.

신소설 작품연구의 방법이 실증적이었던 것은, 문학사가들의 개괄적 사론에서 불확실한 자료로 몇 마디 언급하거나 전혀 중요시하지 않았던 작품의 창작연대, 작가의 전기연구, 원전 불확실성 등에 대한 반성이었으며, 문학연구의 올바른 방법에의 회귀라 생각된다.

이와 같은 실증적 방법 외에도 비교문학적 방법에 의한 신소설 및 역사전기류의 연구가 한편에서 진행되었다. 그 업적으로 全光鏞 芹川哲世 徐大錫 李慧淳 葉乾坤 李在銑 등을 들 수 있다. 한국 개화기 문학이 일본·중국 등의 영향을 받았음을 부인할 수 없으며, 이러한 견지에서 위의 논자들은 구체적으로 작품의 원천을 천착하였다. 전광용 이재선 서대석 이혜순의 경우 수용자의 입장에서 어떻게 번역 번안 확장되었는가를 규명하였다면, 芹川哲世 葉乾坤의 경우는 일본문학·중국문학의 입장에서 원천을 밝히는 연구였다.

이밖에도 작품론 중 주목을 끄는 것으로는 崔元植의 서술구조 분석을 통한 작품연구가 있다. 〈銀世界〉의 서술구조와 판소리의 서술구조를 비교한 이 연구는 신소설과 전대소설의 관계를 암시하는 논문이다.

이상의 모든 작품론은 실증적 태도를 바탕으로 한 것이며, 사회사적 입장과 문예학적 비평태도를 조화시킨 것이었다.

작품연구와 함께 중요한 또 한 부분인 작가연구도 한정된 작가에 대한 것이기는 하지만, 실증적 방법에 의하여 연구가 진행되었다.

전광용은 이인직 이해조 최찬식 安國善 등에 대한 작가연구도 하였는바, 가장 큰 업적은 이인직에 관한 연구(8)라 하겠다. 이인직의 생존연대를 분명히 확정지었을 뿐만 아니라 그의 친일활동을 밝힘으로써 신소설의 성격에 대한 규정에 근본적 반성이 일어나게 한 계기를 마련하였다.

신소설 작가에 대한 연구는 자료의 불충분으로 성과를 거두기가 어렵다. 구한말 출생자들인 이들 작가에 대한 전기적 자료가 부족하다는 점과 본격적인 국문학 연구의 출발이 뒤늦었다는 이유 외에도 개화기 문학의 문학적 가치가 근대문학의 그것보다 뒤진다는 점들이 일찍부터 신소설연구에 관심을 갖지 못하게 한 이유의 하나가 되었다. 그러나 작가연구와 작품연구는 상보적 관계에 있으므로 노력에 비하여 얻어지는 결과가 적다 하더라도 작가연구에 좀더 관심을 기울일 필요가 있다.

개화기 문학 특히 신소설의 성격에 대한 근본적 의견을 재조정한 경우로는 申東旭과 趙東一을 들 수 있다. 신동욱의 경우(13), 신소설의 근대성에 대한 의문을 제기한다. 신소설은 구소설의 상투형에 근거하고 있는 「양장한 고대소설」이라고 지적하였으며, 뿐만 아니라 「침략에 대한 위기의식」을 전혀 발견할 수 없으며, 「민족문화의 약점」과 「민족의 역량을 부정」하는 친일적 의도의 문학이라고 비판한다. 이와 같은 견해에 동조하는 연구자들이 1970년대 이후 속출하기도 하였다. 조동일의 경우(15)는 구조 주의적 대비를 통하여 전대소설과의 계승관계를 분석 입증한다. 이러한 태도는 신소설이 서구문화 이입 내지 모방이라는 식민지사관적 견해를 극복하기 위한 것이다.

이상의 연구사 개관을 통하여 신소설과 역사전기류에 대한 연구상황을 살펴보았다. 원전비평을 통하여 기초적인 작업을 계속 수행할 뿐 아니라, 작품과 작가에 대한 연구도 실증적으로 수행하여야 하며, 이들 작품이 생산 제작된 역사적 배경과 관련지어 사회사적인 연구 또한 중요한 방법으로 계속 발전시켜 가야 할 것이다.

한국의 개화기 문학이 서구문학의 이식이나 모방에서 출발하였는가 하는 문제는 계속 고구되어야 할 과제이다. 그렇다고 하여 전통문학과의 관계만을 강조하거나 무시할 수도 없다. 분명한 것은 이들 양자의 조화가 개화기 문학에서 어떻게 이루어지고 있는가를 천착하는 일이다.

서사문학의 측면에 국한시킬 때 신소설과 역사전기류의 역학적 관계를 규명할 필요가 있다. 여지껏 문학사에서 신소설 편향의 언급이 계속되어 왔는데, 이에는 충분한 이유가 있다 하겠으나 한 시대에 공존하였던 또다른 양식의 문학을 도외시해서는 안될 것이다. 어떤 시대에 어떤 문학이 실제한 사실의 배후에는 그것이 실제할 수밖에 없는 어떤 이유가 있는 것이다. 그러므로 신소설과 더불어 역사전기류에 대한 공정하면서도 객관적인 연구와 평가는 앞으로 계속되어야 할 연구과제이기도 하다.

신소설의 친일문학적 매판성에 대한 논의 역시 계속되어야 할 과제의 하나라고 생각한다. 그렇다고 해서 신소설이 지니고 있는 장점을 간과하여서도 안되며, 도매금으로 몰아넘겨도 안된다. 작가와 작품 전반에 걸친 정밀하고도 공정한 검토는 신소설의 전반적 성격을 옳게 밝혀줄 수 있는 지름길의 하나라고 생각된다. 이러한 연구가 조급하고도 주관적인 편견에 의하여 유도되어서는 안될 것이다.

한 시대의 문학과 그 시대를 지배하는 사상과는 전혀 무관할 수 없다. 따라서 개화기를 지도하던 사상의 연구와 아울러, 이 사상이 문학에 어떻게 작용하고 용해되어 있는가도 연구되어야 할 과제의 하나라 생각한다. 그리고 여기서 연구자가 주의해야 할 것의 하나는 사상과 문학의 도식화를 피해야 한다는 점이다.

　　신소설과 전대소설과의 관계는 계속 규명해 가야 할 것이다. 신소설이
전통적 소설과 단절되어 나타난 것도 아니며 나타날 수도 없고, 문학 장
르는 제도 같은 것으로서 보수성을 가지고 있을 뿐 아니라 전통성을 가지
고 있는 것이기 때문이다. 소설의 서술과 구성방법은 물론 소재론적 측면
과 문학관 및 작가의식에 이르기까지 포괄적으로 연구되어야 한다.

　　아울러 신소설의 또 하나의 연구 측면은 그 근대성의 규명으로, 이는
서구문학과 우리보다 먼저 관계를 맺은 일본과 중국 문학의 영향을 살피
는 일과도 관계가 있다. 따라서, 신소설연구에서 비교문학적 관심은 지속
적으로 요구된다고 하겠다.

　　한 시대의 문학이 다양하게 존재할 때 어느 양식을 한 시대의 대표양식
으로 하는가 하는 문제는 개화기 서사문학의 경우 중심과제가 된다. 신소
설과 역사전기류의 문학사적 의의를 규명하는 일이 바로 이와 관계 있는
일이며, 따라서 개화기 서사문학의 연구자는 양자에 대한 포괄적인 연구
가 필요함을 인식하여 문학사적 의의를 평가함에 객관적이며 타당한 논리
를 준비할 필요가 있다 하겠다.　　　　　　　　　　　　　　尹　明　求

論　著

1. 安　廓　朝鮮文學史(韓一書店, 1922)
2. 金台俊　朝鮮小說史(淸進書舘, 1933)
3. 林　和　新文學史(朝鮮日報 1939〜1940; 人文評論 1940〜1941)
4. 白　鐵　朝鮮新文學思潮史(白楊堂, 1948)
5. 金河明　新小說과 「血의 淚」와 李人稙(文學 5—3, 朝鮮作家同盟, 1950)
6. 全光鏞　新小說 「昭陽亭」攷(국어국문학 10, 국어국문학회, 1954)
7. 全光鏞　新小說硏究(思想界 1955.10〜1956.11)
8. 全光鏞　李人稙硏究(서울大 論文集 6, 1957)
9. 全光鏞　新小說과 崔瓚植(국어국문학 22, 국어국문학회, 1960)
10. 全光鏞　「鴈의 聲」攷(국어국문학 25, 국어국문학회, 1962)
11. 趙演鉉　韓國新文學考(文化堂, 1966)
12. 全光鏞　韓國小說發達史 下(韓國文化史大系 Ⅴ, 高麗大　民族文化硏究所,
　　　　　 1967)
13. 申東旭　新小說에 反映된 新文化受容의 態度(東西文化 4, 1970)
14. 李在銑　韓國開化期小說硏究(一潮閣, 1972)
15. 趙東一　新小說의 文學史的 性格(한국문화연구 총서 14, 1973)
16. 尹明求　安國善硏究(現代文學硏究 8, 서울大 大學院, 1974)

17. 鄭淑姫   신소설작가 崔瓚植 연구(경희大 大學院, 1974)
18. 芹川哲世   韓日開化期 政治小說의 比較研究(서울大 大學院, 1975)
19. 宋敏鎬   韓國開化期小說의 史的研究(一志社, 1975)
20. 徐大錫   新小說「明月亭」의 飜案樣相(국어국문학 72·73 합병호, 국어국문
         학회, 1976)
21. 權寧珉   安國善의 生涯와 作品世界(관악어문연구 2, 1977)
22. 崔元植   「銀世界」研究(創作과批評 1978 여름)
23. 金重河   開化期 討論體小說研究(白史全光鏞博士回甲紀念論叢, 1979)
24. 朴鍾哲   開化期小說의 言語와 文體(開化期文學論, 螢雪出版社, 1979)
25. 葉乾坤   梁啓超와 舊韓末文學(法典出版社, 1980)
26. 李慧淳   新小說「行樂圖」研究(국어국문학 84, 국어국문학회, 1980)
27. 尹明求   개화기 문학장르(韓國史學 2, 한국정신문화연구원, 1980)

5. 新劇의 태동

한국신극사의 제 1 기는, 1902년 12월초에 우리나라 최초의 국립극장격인 궁내부 소관의 協律社가 설치되고, 그 무대에서 〈笑春臺遊戱〉라는 연희가 상연된 것에서 비롯된다.

처음 협률사는 광무 6년(1902)에 고종 황제 등극 40년 稱慶禮式을 거행하기 위해 궁내부 관할 아래 설치된 기관으로 戲臺(劇場)를 마련하고, 妓生과 才人들의 연희를 연습시켜 오던 중 칭경예식이 국내외의 사정으로 연기되고 또 나중에는 명색만 갖춘 예식으로 흐지부지 끝나고 말자, 협률사는 일반의 오락기관으로서 최초의 영업적 극장이 되었고, 한편으로 기생과 배우들의 관리기관 노릇도 하게 되었다.

앞서 언급한 〈소춘대유희〉로 첫막을 올린 협률사는 그 공연을 1906년 봄까지 斷續하고 있었는데, 광대들의 판소리와 기생들의 각종 무용을 주로 한 협률사 공연은 「傷風敗俗」하는 것이라고 하여 1906년 4월에 이르러 3년 5개월 만에 폐지되고 말았다.

그때에 협률사에 모였던 잔류파들이 「協律社」라는 이름으로 서울서도 가끔 공연을 갖다가 1908년 7월 하순에 圓覺社가 발족되자 협률사는 자연히 도태된 듯, 나중에는 지방공연을 떠나서 1913년경까지 근근히 연명하였다.

협률사가 폐지된 뒤 1907년 2월에는 10개월 만에 그 자리에 官人俱樂部가 설치되었으나 연희장으로도 계속 사용되었다. 1908년 1월 하순에는 관인구락부가 협률사 자리에서 남대문 쪽으로 이전하고, 7월 하순에는 李人稙(1862~1916)과 朴晶東이 그 자리에 원각사를 시작하였다.

당시의 신문기사들을 종합하여 보면 大韓新聞社長 이인직은 「我國演劇을 改良ᄒ기 爲ᄒ야 新演劇」을 시작할 목적으로 궁내부의 허가를 얻어 궁내부 소관이었던 협률사 자리에 원각사를 창설했다. 그러나 이른바 「新演劇」을 당장에 상연할 수는 없었고 「銀世界라 題ᄒ 小說로 唱夫를 敎育ᄒ,

야 二個月後에는 該新演劇」을 상연할 것이나 그「唱夫敎育費가 巨大흠으로」 그 경비를 보조하기 위하여 7월 26일부터 「我國에 固有ᄒ던 各種 演藝」로써 개관공연을 시작하였음을 알 수 있다(1).

원각사 개관 후 약 3개월이 지난 11월 중순에야 〈銀世界〉 공연을 알리는 광고(2)가 3일간 연재되고, 11월 15일부터 월말까지 〈은세계〉 신연극이 공연되었다. 이와 때를 같이해 演劇新小說 〈銀世界〉(上卷)는 1908년 11월 20일자로 同文社에서 그 초판본이 발간되었는데, 이미 〈血의 淚〉 〈鬼의 聲〉 〈雉岳山〉 등을 발표한 바 있는 이인직은 이 소설의 표지에 「銀世界」라는 題字를 각각 「新演劇」의 集字로써 나타냈다. 그는 자기의 미발표작품인 〈은세계〉를 대본으로 써서, 唱夫들을 교육하였고 심지어 「몸소 무대 위에서 배우 노릇까지 하였다」(3)고 하니 이러한 일련의 사실들은 그가 우리나라에서 처음으로 신연극을 상연하겠다는 의욕이 대단하였음을 보여준다. 「신소설 銀世界는 甲午更張 後의 시대성을 반영하여 가장 혁신적이요 현실적인 주제를 취급한 작품으로 韓末 양반관료의 독재와 부패성을 척결하고 이에 대한 강인한 반항과 투쟁을 실천하는 동시에 新學問의 토대 위에 근대적인 정치개혁의 실현을 절규한 일종의 政治小說 계열에 속하는 소설」(4)로서, 11월 29일에는 「銀世界風波」를 일으켰다. 〈皇城新聞〉 기사에 의하여 풍파의 내용을 알아보면 다음과 같다.

> 惠泉湯主人 尹啓煥氏等 七人이 再昨夜에 圓覺社의 銀世界를 觀覽ᄒ다가 鄭監司가 崔丙(炳)陶를 押致ᄒ야 施刑奪賤ᄒ는 景況에 至ᄒ야 尹啓煥氏가 座中에 言을 通흘 件이 有ᄒ다고 公佈흔 後에 倡夫 金昌煥을 呼ᄒ야 曰 貪饕官吏의 歷史를 一演劇의 材料로 演戲ᄒ는 것이 不爲穩當홀쑨더러 其貪饕官吏의 結果가 終當何處에 歸ᄒ깃는야ᄒ고 一場紛拏흠으로 該社巡査가 門外로 逐出ᄒ얏다는듸……云云(5)

이상과 같이 「韓末 양반관료의 독재와 부패성을 척결」한 주제에 대하여 일부에서 항변이 있었다. 이에 대하여 당시의 倡夫 李東伯(1867~1950)은 33년 뒤에 다음과 같이 회고하고 있다.

> 原州 사는 良民 한 사람이 鄭監司한테 억울하게 맞어죽은 것을 원각사에서 상연했는데 鄭監司의 후손들이 上演中止運動을 하고 야단이었지요. 그때 피살된 良民을 金昌煥氏가 했는데 무대에서 죽어 나올라치면 손님들 中에서 엽전

을 목에 걸어주고 인기가 굉장했었지요(6).

　이로 보아 이인직이 自作小說을 대본으로 한 신연극으로 「정치사상의 계몽」(7)을 기도하고자 하였던 의도는 관객들에게 전달되어 두 갈래 찬반의 반응을 보였던 것을 알 수 있다.

　그러나 이때의 공연형식은 오늘날 남아 있는 신소설 〈은세계〉의 내용구성으로 미루어보아 그때의 출연자로서는 판소리 광대밖에는 무대에 올릴 수 없었던 이인직으로서는 광대들의 장기를 살려 소리자랑을 할 수 있는 마디소리들을 揷入歌謠로서(8) 안배하고 있음을 알 수 있다. 그래서인지 후일 이동백이 그의 회고담에서 〈은세계〉를 〈최병두 타령〉으로만 기억할 정도였다(9). 재래의 1인 독창 독연 형태였던 판소리 광대들을 써서 배역을 나누어 소리(唱)를 하게 하고, 아니리 대신 대사를 주고받게 하고, 발림(너름새) 대신 동작으로 연기를 갖게 했을 공연 형식은 「신연극」이라고는 했지만 가히 짐작이 가는 극히 초보적인 신파극의 새로운 연극의 시도였을 것이다. 그러므로 논자에 따라서는 그것은 「在來 판소리를 唱劇으로 舞臺化」(10)한 것에 불과하고, 따라서 〈은세계〉 공연을 우리나라 新劇史의 기점으로 볼 수 없다는 의견을 제기했지만, 설사 그것을 최초의 판소리 분창형식을 취한 창극의 초기형태로 본다 하더라도 그 대본이 재래의 판소리 다섯 마당(〈春香歌〉〈沈淸歌〉〈興甫歌〉〈水宮歌〉〈赤壁歌〉)의 분창이 아니고 정치주제의 창작대본이었으며, 또 당시의 원각사 무대도 「갖출 것은 대체로 다 갖춘(심지어 회전식 무대까지) 그 당시로서는 최신식 극장이며 무대」(11)여서 「演劇改良을 위한 첫 공연이었던 것만은 부인할 수 없」(12)으며, 따라서 새로운 연극사의 기점이 되는 것만은 틀림없는 사실일 것이다.

　〈은세계〉 공연 후에도 「신소설연극」 공연으로 〈千仞峰〉 등 광고는 이듬해인 1909년 7월까지도 2,3차 보이나 공연성과는 그다지 양호하지 못하였던 것 같다. 아마 이인직이 여러 가지 이유로 첫번 공연 후로는 그다지 원각사 공연에 관여하지 못하게 되고 倡夫들만이 〈은세계〉 공연에서 얻은 경험을 토대로 공연을 시도한 데서 연유한 것 같다(13). 그리하여 원각사 레퍼터리의 대부분은 「我國에 固有ᄒ던 各種演藝」인 〈춘향가〉〈심청가〉〈흥부가〉〈수궁가〉〈華容道〉 등의 판소리를 주로 분창형식으로 공연하다가 1909년 11월 개관 이래 약 1년 반 존속하다 막을 내렸다.

　한국신극사의 제1기(1902〜1910)에 이어 제2기(1911〜1920)의 약 10년

잔은 신파극으로 시종한 시기이다. 「新派」란 말은 원래 일본의 「舊派」인 歌舞伎 연극에 대립한 칭호로서 일본 신파극 초창기(1888~1897)에는 壯士 芝居・書生芝居 또는 新演劇・新劇・正劇 등으로 불리었다. 일본신파극은 창시자 角藤定憲이 자작소설 기타를 각색 상연한 것이 1888년이었으나 그 보다 3년 늦게 실질적 창시자인 川上音次郞이 정치연극을 시작하였다. 이들의 신연극이란 것은 첫째 그 목적이 政論宣傳에 있었으나 한편으로 연극개량과 생활을 위한 직업의식도 곁들여 있었다고 한다. 그후 수년간 신파극의 발전기가 계속되어 처음 정치극에서 출발한 신파극은 軍事劇・ 소설극・탐정극 등을 거쳐 가정비극과 花柳悲戀劇 등을 상연하기에 이르 면서 그 전성기(1904~1910)를 맞이하였다.

이제 와서 연극이나 영화에서 그 드라마나 연기에 대해 「신파적」이라는 말을 쓰는데, 그것이 멜로드라마틱하고 다소 오버액트한 가정비극적인 연 극을 뜻하게 된 연유도 여기 있는 것 같다.

(1)革新團 : 1911년 초겨울 한국 신파극의 실질적 창시자라고 할 수 있 는 林聖九(1887~1921)의 革新團 일행이 〈不孝天罰〉외 1편을 갖고 남대문 밖 御成座에서 창립공연을 가졌으나 실패하였고, 이듬해 舊正初를 기해 演興社에서 제2회 공연을 가졌는데, 이때 상연한 〈六穴砲强盜〉는 대성공 이었다. 혁신단은 임성구 외 20명에 가까운 단원들의 모임이었는데 연극 에는 모두 아마추어들이었으며, 초기 레퍼터리의 대부분은 일본인의 신파 극을 그대로 우리나라 사정에 맞추어 옮겨놓은 번안극이었다. 그중에서도 당시 군국주의 일본의 신파극을 모방하여 군사극이 압도적으로 많았으며, 그 다음으로 탐정극과 가정비극 등이 그 주요내용을 이루었다(14).

혁신단이 내세운 표어는 「勸善懲惡」「風俗改良」「民智開發」「盡忠竭力」 등이었는데 이것은 당시의 신소설 주제와도 상통하는 것이며, 원각사 시 기 이래로 연극을 하나의 교화의 수단으로 보는 공리적 연극이념이 지배 적이었으며, 아직 연극에서 예술적 가치나 인생의 의의 혹은 연극적 감동 을 구하려는 경향은 극히 드물었다.

1913년에 접어들면서 혁신단은 신문소설이나 신소설을 각색한 소설연 극을 상연하기 시작하였고, 초기의 군사극이나 탐정극에서 實話劇을 거쳐 이제 소설연극에 이르러 그들의 연극활동도 중기에 접어든 느낌이었다. 그 대표적 연제들을 들어보면, 〈雙玉淚〉(趙一齋 번역, 〈每日申報〉 연재) 〈鳳 仙花〉(解觀子 작, 〈每日申報〉 연재) 〈雨中行人〉(李海朝의 新小說) 〈눈물〉(李 相協 작, 〈每日申報〉 연재) 〈長恨夢〉(趙一齋 번안, 〈每日申報〉 연재) 〈宛의

聲〉(이인직의 신소설) 등이었다.

1914년 이후 1920년까지의 주요 레퍼터리를 들어보면,〈은세계〉(이인직의 신소설)〈鬼娘 毒婦姦計〉(실화각색극)〈不如歸〉(일본신파극 번안)〈貞婦怨〉(이상협 번역, 영국소설)〈계섬의 한〉〈僞忠義〉〈沈淸歌〉(신파극으로 각색) 등인데, 이러한 몇몇 연제 외에는 새로운 것이 없었고, 재래연제의 재상연이 대부분이었다.

위의 연제에서도 짐작이 가듯이 그들 레퍼터리의 대부분은 눈물의 신파비극이었고, 신파비극의 주종을 이룬 것은 가정비극이었다. 신파비극에 흘리는 눈물은 한마디로 말해서 봉건성의 암흑에서 흘러내리는 눈물이며, 그것은 흘리는 것 자체가 목적이며 위안이 된다는 것 외에 아무 의미도 없는 눈물로서, 말하자면 인간적 무력감을 일시적으로 달래기 위한「감상의 눈물」이었다.

1910년에 나라를 잃은 이·나라 민중들에게 소개되어 뿌리를 내린 신파극은 테마 자체가 대부분 그러한 감상의 눈물을 흘리게 하는 것일뿐더러 혹은 사대주의, 혹은 悲壯趣味, 혹은 웃음보다 눈물을 더 귀하게 여기는 사상 등을 반영하여 만남의 기쁨보다 이별의 슬픔을, 삶보다는 죽음을, 사랑보다는 희생을, 저항보다는 인종을 집요하게 표현하고 찬미하였다. 천황의 군대로 이 나라를 강점하고 탄압한 일본이 민중의 인간적 무력감을 신파의 눈물로 달랬다는 것은 실로 병 주고 약 주는 역설적인 현상이라고 아니할 수 없다.

1920년 혁신단 말기에 임성구 일행은 連鎖活動寫眞〈大冒險大活劇 學生節義〉(전 32장 9막)와〈連鎖溫情大活劇 報恩〉을 상연하였다. 그러나 이미 1919년 金陶山이 이끄는 新劇座에서 연쇄극〈義理的仇鬪〉를 위시하여〈是友情〉〈刑事苦心〉〈義賊〉등을 상연한 바 있고, 李基世의 朝鮮文藝團 역시 연쇄신파비극〈知己〉〈黃昏〉〈長恨夢〉등을 상연하였는데 이들 1대 신파극단의 연쇄극 연제가 한결같이 신파극 초기의 레퍼터리로 역전 내지 후퇴하고 있는 것은 그대로 보아넘길 수 없는 주요한 사실의 하나였다. 혁신단은 1921년 11월 20일 임성구가 병사함으로써 해산되고 말았다.

(2) 文秀星 : 尹白南(본명 敎重, 1888~1954)과 趙一齋(본명 重桓, 1863~1944)의 극단「文秀星」의 제1회 공연은 혁신단의 제2회 공연보다 약 한 달 뒤인 1912년 3월 29일에 비극〈不如歸〉를 團成社의 무대에 올렸다. 그것은 일본 신파극의 베스트 텐의 하나인 가정비극으로 조일제가 번역하였다.

윤백남은 임성구의 연극을 보고 나서 조일제와 더불어「林聖九一派의 稚

劣亂雜한 연극은 연극초창기에 있어서 대중을 그르치는 邪劇이니 이런 통속의 연극이 수도의 극장에서 오른다는 것은 나라의 치욕이다. 그러므로 이것을 驅逐하는 의미에서 속히 正道의 연극을 상연할 필요가 있다.」(18)고 하여 이러한 포부에서 첫공연부터 일본 신파극의 고전을 들고 나왔으나, 문수성의 이른바 文士劇은 일반에게 그다지 인기가 없었는데, 그것은 朴勝喜의 술회처럼, 윤백남의 연극은 왜색이 너무 짙어서 일반에게 환영을 받지 못했던 것 같다. 윤백남이 임성구보다 일본 신파극 원작에 더 충실하였던 데 비해 임성구는 한국적으로 번안하는 데 있어 대담하였고 또 당시 대중의 수준과 요구에 더 민감하였다고나 할까, 같은 시기에 있어 양자는 좋은 대조를 이루었다고 하겠다.

윤백남과 조일제의 포부와 자신에도 불구하고 당시 신문의 관극기 등을 보면 관객들에게는 임성구의 신파극과 별로 큰 차이가 없게 받아들여진 모양이었고, 문수성의 레퍼터리 자체도 이 역시 연극공연 내용에 있어 질의 차이는 있었겠지만 혁신단 전성기의 그것과 대동소이하였음을 볼 수 있다. 그 주요 연제들은, 〈正劇 千里馬〉〈家庭劇 螢雪〉〈正劇 松栢節〉〈德國土產〉〈青春〉〈琵琶歌〉〈춘풍곡〉〈영월〉〈로형〉〈斷腸錄〉〈눈물〉 등이었는데, 이중에서 〈단장록〉과 〈눈물〉은 가장 인기가 있어 초만원을 이루었다. 문수성은 창립공연 2년 뒤인 1914년 6월에 대구로 지방공연을 떠났고, 다시 2년 뒤인 1916년 6월 2일 단성사에서 藝星座·혁신단과 합께 新派大合同演劇을 공연한 뒤 자취를 감추고 말았다.

신파극 초기의 세 사람의 대표자로 임성구 윤백남 이기세를 손꼽을 수 있는데, 이기세(1889~1945)는 우리나라 사람으로는 처음 京都派의 일본신파극을 배워 2년간 신파극의 본격적 수업을 하고 돌아와 1912년 11월 唯一團을 조직하고 開城座에서 첫공연으로 〈妻〉라는 번안극을 상연했다. 그후 〈불여귀〉〈自己의 罪〉〈장한몽〉 등 신파극의 명작들을 번안 상연하였고, 이밖에 〈琵琶聲〉〈相思隣〉〈血의 淚〉〈嗚呼天命〉〈斷腸錄〉 등으로 1년 넘어 개성좌에서 연극을 계속하다 경제적 결손으로 부득이 연극을 중지하고 말았다. 유일단은 1912년 12월초 상경하여 1913년 2월까지 演興社·長安社·團成社 등에서 공연하고, 5월부터는 지방공연을 떠나 1914년 말까지 계속하였다.

이기세의 회고에 의하면(15)「연극에 대한 실제의 경험을 가진 사람은 자기뿐임으로 극단의 통솔이나 演出, 脚本選擇, 舞臺裝置, 化粧, 宣傳비라,

「宣傳看板, 入場券의 印刷까지도 전부 내 손이 가야 되었다」고 하였고, 「당시 연극인들의 포부와 經綸은 자못 커 東京의 壯士劇이나 書生劇 모양으로 사회교육이란 커다란 곳에다 그 목표를 두었었다. 치기에 넘치는 생각이라고 할지 모르나 그때 우리는 연극은 사회교육을 위하여 가장 효과적인 방도라는 信念下에 움직인 것이 사실이다」라고 회고하고 있다. 이기세가 교육한 유일단은 문수성과 같이 일본신파극의 직역적인 嗅味가 짙기는 하였으나 그 연기만은 당시 신문의 評에서 「가위 유일단이 유일한 시초를 지었다」고 칭찬하였는데 우리는 이 말을 믿어도 좋을 것 같다.

유일단 해산 후 이기세는 1916년 3월에 윤백남과 李範龜와 함께 藝星座를 조직하고 〈코―시카의 형데〉〈戀의 末路〉〈안희〉〈斷腸錄〉〈雙玉淚〉〈餓悔〉〈忠義新千里馬〉〈公明正大〉〈潮〉〈再逢春〉〈카츄―샤〉등을 공연하였으나, 12월에 해산되고 말았다.

이기세는 다시 1919년 10월에 朝鮮文藝團을 조직하고 大邱座를 거쳐 이듬해 4월에는 서울 優美館에서 연쇄활동사진극 〈知己〉전 5장을 상연하고, 이해 8월말까지 서울과 지방공연에서 연쇄극을 주로 하면서 〈黃昏〉〈콜시카 兄弟〉〈장한몽〉 등을 상연하였는데, 西洋近代劇 「콜시카 兄弟」라고 연제를 신파극에서 서양근대극으로 바꿔간 것이 주목된다.

徐恒錫은 1910년대의 초창기 연극을 개관하면서(16) 「이제 그 동안에 생멸·이합한 극단들의 연극예술에 대한 태도와 그 계보를 따져보면 대강 두 갈래로 나눌 수 있으니, 하나는 李人稙의 圓覺社로부터 文秀星·唯一團·朝鮮文藝團에 이르는 계열로서……그 志向하는 바가 正統的 近代劇이었고, 하나는 林聖九의 革新團으로부터 金陶山의 改良團·新劇座, 金小浪의 聚星座에 이르는 계열로서, 이는 街頭에서 자연발생적으로 일어난 新派·通俗劇이었다」고 지적한 바 있지만 개량단은 1917년 2월에 「朝鮮新舊劇改良團」으로 발족하였고, 이듬해 2월에 金小浪이 이를 개편하여 聚星座를 발족하여 전국 각지의 지방순연을 주로 하면서 1929년말까지 계속되었다. 김도산의 新劇座는 1916년말에 예성좌가 해산되자 대구의 부호 鄭麟基의 후원을 얻어 발족한 것으로 1919년 6월까지도 각지를 巡演하였고 11월 이후는 연쇄극을 주로 상연하였다.

이들 잔여신파극단들의 레퍼터리도 혁신단 후기의 그것과 대동소이하였으며, 이들 신파극단의 왜색이 일소되고 신파극에서 탈피되기는 1923년 土月會 공연이 있은 뒤부터이다. 그로부터 우리나라 연극은 신파극과 서구 리얼리즘을 받아들인 정통적 근대극, 즉 신극으로 크게 나누어지고 그

것이 1945년 해방되던 시기까지 계속된다. 李杜鉉

註

1. 「圓覺社 廣告……本社에셔 七月貳拾六日로부터 演劇을 開始이온바 京城니에 第壹屈指ᄒᆞᄂᆞᆫ 歌妓貳拾四名이오 唱夫ᄂᆞᆫ 名唱으로 著名ᄒᆞᆫ 金昌煥等 四拾人이온ᄃᆡ 處所ᄂᆞᆫ 夜珠峴 前協律社이오며 時間은 每日 下午七時에 ᄀᆡᄒᆞ야 同拾貳時에 閉ᄒᆞ깃ᄉᆞ오니 壹般僉君子ᄂᆞᆫ 如雲來臨하심을 務望, 圓覺社 白」(皇城新聞. 大韓每日申報 1908.7.26~29)
「小說演劇(圓覺社)……大韓新聞社長 李人稙氏가 我國演劇을 改良ᄒᆞ기 爲ᄒᆞ야 新演劇을 夜珠峴 前協律社에 創設ᄒᆞ고 再昨日붓터 開場ᄒᆞ얏ᄂᆞᆫᄃᆡ 銀世界라 題ᄒᆞᆫ 小說로 唱夫를 敎育ᄒᆞ야 二個月後에ᄂᆞᆫ 該新演劇을 設行ᄒᆞᆫ다ᄂᆞᆫᄃᆡ 衆多ᄒᆞᆫ 唱夫敎育費가 巨大ᄒᆞᆷ으로 其經費를 補助키 爲ᄒᆞ야 七月二十六日로붓터 二個月間은 每日 下午 七時로 同 十二時ᄭᆞ지 營業的으로 我國에 固有ᄒᆞ던 各種演藝를 設行ᄒᆞᆫ다더라.」(皇城新聞 1908.7.28)
2. 「銀世界 新演劇 大廣告……本社에셔 演劇을 設施ᄒᆞᆫ 지 數月에 江湖僉君子의 厚眷을 蒙ᄒᆞ야 益々擴張이온바 閱月渴望ᄒᆞ시든 銀世界新演劇이 今纔準備이옵기 有志僉彥은 如雲 來覽하심을 務望, 圓覺社 告白」(皇城新聞·大韓每日申報 1908.11.13)
3. 趙演鉉 韓國現代文學史(現代文學社, 1956)
4. 全光鏞 新小說硏究 4(思想界 1956.2)
5. 銀世界 風波(大韓每日申報 1908.12.1); 圓覺 風波(皇城新聞 1908.12.1)
6. 李東伯 韓成俊 對談 歌舞의 諸問題(春秋 3, 1941)
7. 尹白南 五十年前의 우리 國立劇場——圓覺社時代——(1950)
8. 鄭漢模 李人稙과 그의 作品(正音社, 1955)
「江原監司 앞에서 최병도가 刑杖을 맞으며 屈치 않고 抗拒하는 場面이며 農夫歌의 挿入은 春香傳을 髣髴케 하며 銀世界에서의 挿入歌謠는 血의 淚에서의 頻繁히 나타나는 꿈과 마찬가지로 그 構成의 比重을 考慮할 것 없이 處處히 挿入하고 있으니 農夫歌, 樵童의 노래, 천취의 노래, 喪頭소리, 달고지노래 等 많은 歌謠가 延一五페이지를 차지하고 있음은 이 作品의 上演의 效果를 미리 念頭에 둔 때문이라 하겠다.」
9. 李東伯一代記 5(朝鮮日報 1939.3.29)
10. 柳敏榮 演劇(판소리)改良時代(演劇評論 6, 1972)
11. 李眞淳 新演劇 70周年의 意義——圓覺社 劇場 舞臺는 回轉舞臺였다——(韓國演劇 1978.6)
12. 李眞淳 現代演劇史——國立劇團을 中心으로——(國立劇場 30年, 1980)

13. 柳敏榮　新文化의　黎明期 1 (明大新聞 1981. 6. 15)
　　　柳敏榮은 윗글에서 李人稙이 圓覺社 공연에는 관여하지 않았다고 주장하고 〈銀世界〉마저도 판소리 廣大들이 새로운 창작창극으로 만들었다고 하지만 1908년 11월 20일에야 처음 발간된 〈演劇新小說 銀世界〉를 李人稙의 관여 없이 어떻게 그 발간 전인 11월 15일경부터 〈銀世界〉 공연이 가능하였겠는지 의문을 제기하고 싶다.
14. 〈無典貸金〉〈兵士反罪〉〈靑年立志孤兒少尉〉〈武士的 敎育〉〈敎育的 活人形〉〈一女兩婿〉〈少尉輝善 捨子親罪〉〈貞婦鑑〉〈刑事苦心〉〈軍人의 仇鬪〉〈有情無情 遊女意志〉〈學生의 忍耐〉〈義氣男子〉〈守錢奴〉〈烈女忠僕〉〈自作孼은 不可活〉〈女强盜〉〈可憐妻子〉〈己之罪〉〈迷信巫女後業〉〈不幸親子〉〈四民同權敎師輝志〉〈友情三人兵士〉〈孝子反罪〉〈無罪事必歸正〉〈先貪後改〉〈庶勝於嫡〉〈實子殺害〉〈天道照正〉〈友情獨身偵探〉〈成功苦學生〉(每日申報)
15. 李基世　新派劇의　回顧(每日申報 1937. 7. 2〜7. 7)
16. 徐恒錫　圓覺社以後의　新演劇(韓國藝術總覽, 藝術院, 1964)

6. 계몽주의 문학

　여기서는 李光洙의 최초의 장편소설이자 대표작이며, 한국 근대소설의
한 초석이라고도 할 수 있는 〈無情〉이 발표된 시기를 정점으로 잡고, 그
무렵에 이르기까지의 이광수의 사상적 전개와 문학적 경로를 더듬어보고,
그러한 성과들이 일단 총체적으로 종합되었다고 할 수 있는 〈무정〉의 문
학적 성과를 살펴보기로 한다. 그의 연보(1)에 의하면 그는 1907년(16세)
에 단편 〈放浪〉을, 1909년에는 日文 단편 〈사랑인가〉를 발표한 것으로 되
어 있으나, 습작 정도의 것인 듯 그의 전집(2)에는 빠져 있다. 그의 문필
가로서의 활동이 본격적으로 시작된 것은 단편 〈어린 犧牲〉, 논설문 〈今日
我韓 靑年과 情育〉 등을 발표하기 시작한 1910년(19세) 이후의 일인 듯
하다. 주요한은 이광수의 사상적 전개를 3기로 나누고 「제1기는 개성의
존중을 주장하는 인도주의·계몽사상의 소개가 주조로 되어 있으니 주로
30살 이전의 일이요, 제2기는 민족성의 개조를 주장하던 시기로서 대략
30, 40대에 걸쳐 있으며, 제3기는 靈의 救援을 모색하는 종교적 경향의
시기로서 50살 전후의 일이다」(3)라 했거니와, 이 글의 범위는 대체로 주
요한이 구분한 제1기의 기간(1920년 이전)의 그의 제반업적에 해당된다.
　이 시기의 그의 업적에서 찾을 수 있는 첫째의 특징은 그가 스스로 새
시대의 기수로 자처하고 있다는 사실이다.

　　우리들의 父老는 悉皆라고는 할 수 없겠으나 大多數는 거의 「앎이 없는 人
物」「함이 없는 人物」이니 그 「앎이 없는 人物」「함이 없는 人物」 되는 우리
父老가 어찌 우리를 敎導할 수 있으며, 或 있다 한들 그런 父老의 敎導를 받
아 무엇에 쓰리오? 今日 我韓 靑年은 他國이나 他時代의 靑年과는 그 할 바
職分이 다르니, 他國이나 他時代의 청년으로 말하면 그 父祖와 父老의 하여
놓은 것을 계승하여 保全 發達함이 職分이려니와, 今日 우리들 靑年으로 말하
면 不然하여 하여 놓은 것 없는 空漠한 곳에 各種을 창조함이 職分이라. (4)

젊은 날의 이광수의 의식 속에는 자신 및 동시대의 한국 청년들에게는 자기들이 가르침을 받고 또 그 「하여 놓은 바」를 계승 발전시킬 수 있는 정신적 「父老」가 없다는 생각이 충만하고 있었다. 자기들을 이끌어줄 만한 부로가 없을 뿐 아니라, 그럴 만한 사회도 선각자도 학교도 없다는 것이다. 자기들은 스스로 피교육자가 되는 동시에 교육자가 되어야 하고, 학생이 되는 동시에 사회의 일원이 되어야 한다는 것이다. 이리하여 「新大韓 建設이란 理想」을 실현하기 위해서는 「自修自養」의 굳은 결의를 다져야 하며 또한 그 결의를 실천하는 길밖에 없다고 역설하는 것이다.

우리들에게는 부로도 없고, 학교도 선각자도 사회도 없다는 이러한 일종의 孤兒意識을 간직하기에 이른 그의 심리적 계기를 李甫永(5)은 그가 早失父母한 사실, 그의 청소년기에 국운이 기울어지기 시작한 사실 등에서 찾고 있거니와, 아뭏든 이러한 의식은 「霜雪이 아니었던들 松栢의 節概를 몰랐을 것이요…… 이러한 時代가 아니었던들 우리들 新大韓 建設者가 되지 못할지라」(4)는 구절에서 볼 수 있는 바와 같은 선각자로서의 굳은 의지와 사명감을 간직하게 하였던 것이다. 그의 생애에 일관하는 志士的 자세, 그의 젊은 시기에 특히 두드러지는 혁명적 반역아로서의 자세는 이런 전무상태에서 출발할 수밖에 없다는 의식에서 연유된다 할 것이다.

그의 혁명적 반역아로서의 면모는 과거적인 것에 대한 전면적인 거부 및 미래적인 것에 대한 전폭적인 옹호의 형태로 나타난다. 이때 그의 부정의 대상으로 부각되는 것은 父祖 중심적인 유교적 가치관, 空理·虛禮的인 재래식 교육, 가부장적인 규범·제도 등이며, 그의 적극적인 옹호·권장의 덕목으로 부각되는 것은 자아의 각성, 자녀중심적 교육, 자유의사의 선택에 의한 결혼 등이다. 이러한 일련의 주장들은 〈今日 我韓 靑年과 情育〉(1910)에서 비롯하여 〈今日 我韓 靑年의 境遇〉(1910) 〈朝鮮 家庭의 改革〉(1916) 〈早婚의 惡習〉(1916) 〈耶蘇敎의 朝鮮에 준 恩惠〉(1917), 〈子女中心論〉(1918) 등에 이르기까지 일관성을 유지하면서 전개 발전되는 것이며, 그러한 주장들은 그의 첫 장편소설 〈무정〉에 이르러 한 집대성을 이룬다. 우리 민족사에 일찌기 없었던 중대한 전환점에 처하여 그는 스스로 새 시대의 기수임을 자처하였으며, 또한 선각자로서의 막중한 역할을 스스로 떠맡고 나선 것이다. 선각적 계몽가로서의 그가 수행한 역할의 막중함은 아무도 부인하지 못할 것이다. 어떻든 그에 의하여 우리의 근대적 정신사는 비로소 본궤도에 들어선 것이며, 그를 기점으로 하여 한국의 근대문학사는 비로소 기틀이 잡힌 것이다.

그러나 그의 선구자적 역할에는 몇 가지 심각한 약점이 있었음을 간과할 수 없다. 그 첫째는 자신이 처한 역사적 전환점을 계승·발전의 시점으로 파악하지 못하고 완전한 단절의 그것으로 파악하고 있었다는 사실이다. 자기 시대를 정신적 父老가 없는 시대로 파악한 이광수는 따라서 全無의 시점에서 새 시대의 과제를 스스로 떠맡을 수밖에 없다고 생각하기에 이르렀고, 이런 비장한 사명감으로 하여 그는 열렬한 미래지향적인 계몽가로서의 소중한 역할을 수행하게 된 것도 사실이기는 하지만, 그러나 바로 이 점이야말로 과거의 것은 모조리 나쁘고 새것은 무조건 좋다는 소박한 양분법이 개재할 소지를 열어놓게 한 것이다. 그의 이러한 자세는 그 이후의 우리 문학에 두 가지 심각한 후유증을 낳게 하였다. 새 시대의 우리 문학은 완전한 無의 지점에서 시작해야 한다는 이른바 전통단절론을 빚게 한 것이며, 새것, 남의 것, 바다 건너 들어온 것은 무조건 좋다는 김현의 이른바 「새것 콤플렉스」(6)를 빚게 한 것이 그것이다.

과거의 문학유산에 언급하여 그는 조선에 시가 있었다면 오직 時調가 있을 뿐이지만, 그러나 그것은 조선말로 표현하였다는 점에서 그렇다뿐이지 「조선인의 眞精神, 眞生命에 접촉하기에는 너무도 거리가 멀었었다」고 지적하고,

> 小說에는 〈九雲夢〉이라든지, 〈彰善感義錄〉〈謝氏南征記〉〈玉樓夢〉 등의 朝鮮人의 創作이 있으나, 이것도 詩와 같이 朝鮮人이 暫間 中國人이 되어서 지은 것이요, 내가 朝鮮人이라 하는 自覺으로 지은 것은 아니다. 文字부터 漢字를 使用하였거니와 그 材料도 全部 中國 것이다……
>
> 詩와 小說에는 中國의 模造品이라도 있었거니와 劇에 이르러서는 그것조차 없었다. 〈春香歌〉〈沈淸傳〉 같은 것을 歌劇이라 할 수도 있지마는 이 역시 原始的 傳說的 遊戲的이요 決코 藝術的이라 할 수는 없다. 그 劇本 되는 〈春香歌〉〈沈淸歌〉가 爲先 一個 傳說에 不過하는 것이요 藝術品이라 許할 수가 없다(7)

라고 단정하고 있다. 이 문장을 통해서도 우리는 이광수의 전생애에 일관하는 민족주의의 한 반영을 볼 수 있는 것은 사실이지만, 그러나 그 민족주의는 결과적으로 민족문학의 유산 그것을 전면적으로 부정해 버리는 쪽으로 흘러가고 있음을 본다. 그러나 그의 장편 〈무정〉에는 이광수 자신의 이러한 견해와는 상관없이 전통적인 요소들이 은연중 스며들어 그 문학적 깊이를 더하는 데 적지않이 기여하고 있음을 보게 되는데, 만일 그에게 전통계승의 의식이 좀더 투철하였었더라면 그러한 기여는 한결 생

채 있는 것이 되었을 것이다. 全無에서 시작한다는 의식과 안팎을 이루는
것이 그의 새것 콤플렉스이다.

> 다만 형식의 특색은 영어를 많이 섞고 서양 유명한 사람의 이름과 말을 이
> 용하여 무슨 뜻인지 잘 알지도 못할 말을 길게 함이었다. 형식의 연설이나 글
> 은 서양 것을 직역한 것 같았다. 형식의 말을 듣건대 이러한 말이나 글이 아
> 니고는 깊고 자세한 사상을 발표할 수가 없다고 한다. 그래서 여러 사람들이
> 자기의 의견을 좇지 아니함은 그네가 자기의 사상을 깨달을 힘이 없음이라 하
> 여 혼자 분개하여 한다. (8)

이러한 구절을 통하여 우리는 개화 초기의 한국 지식인의 서구취향적
면모의 일단을 엿볼 수 있거니와, 그러한 면은 다름아닌 그 작자 자신에
게서도 찾아볼 수 있는 면이다. 그 중심인물들이 너나없이 모두 외국 유
학의 길을 떠나는 것이 기본적 모티브로 되어 있는 〈무정〉 자체가 작자의
그러한 의식을 반영한다. 외국 유학 그것은 당시의 상황에 있어서는 특히
시급한 것이요 따라서 한 커다란 유행풍조였던 것도 사실이기는 하지만;
바로 그 점에 외국 유학을 통해서만 조선의 모든 문제가 단숨에 해결될
수 있다는 안이한 낙관주의가 깔려 있는 것이다.
또 한 가지 지적할 수 있는 그의 약점, 그것은 결코 이광수 자신의 책
임이라고는 할 수 없는 것이기는 하지만, 시대적으로나 그 자신의 연령적
조건으로나 형성기로서의 미숙성을 드러내고 있다는 사실이다. 〈어린 희
생〉을 비롯한 그의 모든 초기의 단편들이 아직도 문학소년적 미숙성을 탈
피하지 못하고 있는 것이며, 〈今日 我韓 靑年과 情育〉을 비롯한 거의 대
부분의 논설들이 놀라울 정도로 많은 분야에 걸친 관심을 반영하고 있거
니와, 그러한 다양한 관심들이 어떤 일관성 있는 사상에 뿌리박은 것이라
하기에는 아직도 너무 소박한 상상의 차원에 머물러 있는 것이다. 말하자
면 그 모든 초기의 단편이나 논설들이 어떤 기틀이 잡힌 문학적 역량이나
사상적 깊이의 산물이라기보다는 그러한 역량이나 깊이에 다다르기 위한
모색의 노력을 반영하는 것이라고 할 수 있다. 이러한 사실은 한편 한편
의 문장부터가 시간적 경과에 따라서 현격하게 달라져가고 있는 점으로도
능히 알 수 있다. 말하자면 〈어린 희생〉이나 〈정육〉에서 〈무정〉에 이르기
까지의 그 문장의 변모과정은 半文語體 혹은 불완전한 言文一致에서 완전
한 口語體 혹은 언문일치에 다다르기 위한 변모과정이다. 심지어는 〈무정〉

518

안에서조차도 金宇鍾이 적절하게 지적하고 있는 바와 같이(9) 처음 부분의
半文語體的인 요소가 뒤에 가서 차츰 가셔져가고 있는 것이다.

　　허허! 젖꼭지 갓 떨어진 어린 兒孩가 人生에 관한 자각이 다 무엇인고?
　　그러나 나도 十九年이나 이 세상 공기를 마시고, 六, 七年이나 이 세상의
　쓴맛 단맛을 맛보았노라. 그러고 보니 주제넘은 마음에 어떤 것이 달다든지,
　어떤 것이 쓰다든지 하는 판단도 할 것 같고, 또 단 것과 쓴 것과 어느 것이
　내게 對하여 어떤 關係가 있는지도 알 것 같고 또 이것을 믿을 수도 있고, 그
　러므로 나는 이러노라 하고 諸君에게 말할 마음도 생기는지라. 이것이 곧 나
　의 이른바 〈余의 自覺한 人生觀〉이라는 것이로다. (10)

　이런 구절을 통하여 우리는 너무도 어린 나이에 너무도 벅찬 일들을 너
무도 많이 떠맡고 나선 이광수 자신의 피교육자이면서 동시에 교육자로
자처하는「주제넘은」자의식의 한 표백을 볼 수 있다. 金鵬九(11)는, 이광
수의 계몽사상에는 제기된 문제를 표면적으로만 바라볼 뿐, 거기 대하여
깊이 있게 성찰하는 비판의식이 빈곤하다는 사실을 지적하여「春園의 지성
은「視覺型」에 가깝다」고 말하고 있다. 志士然하는 설교가로 군림한 그의
통속철학자적 측면을 지적한 적절하고도 신랄한 말이기는 하지만, 적어도
〈무정〉에 다다르기까지의 이광수의 정신적 궤적에다가 이 말을 적용시킨
다면, 그것은 지나친 주문이 아닐 수 없다. 어떻든 그의 초기의 계몽사상
은 아직도 형성도상에 있는 것으로서의 미숙성을 면치 못하고 있는 것이
사실이거니와, 그러한 미숙성은 〈무정〉에 이르러 어느 정도 창조적으로
수렴되면서 한 뚜렷한 단락을 형성하는 것이다.
　〈무정〉은 초기의 이광수의 사상적 및 문학적 암중모색에 일단락을 짓게
한 획기적 작품이며, 한국 근대소설사에 있어서도 최초의 성공적 샘플이
되는 작품이다. 이 작품은 이광수 자신 및 한국 근대소설문학의 과도기적
성격을 그대로 드러내면서 동시에 그것을 극복하고 있는 작품이다.
　이 작품의 문학사적 의의는 첫째 한국 근대소설 문체인 언문일치를 어
느 정도 정착시키고 있다는 사실이다. 金宇鍾은 근대소설적 문체의 확립
자는 이광수인데도 지금까지 그 공로를 金東仁에게 돌리고 있는 것은 김동
인의 자가선전적인 주장(12)을 후대 사람들이 그대로 받아들인 때문(9)이
라고 말하고 있는데, 이는 전적으로 타당하다. 이광수의 〈어린 희생〉(1910)
〈무정〉(1910) 〈獻身者〉(1910) 등 초기의 단편소설이나, 그밖의 모든 초기의

문장들이 아직도 문어체적 성격을 반영하고 있으나, 그것들이 〈무정〉에 이르기까지의 과정에 있어서 점차 언문일치적인 성격을 띠게 되는 것을 볼 수 있으며, 〈무정〉에 이르러 그런 성격은 일단 정착을 보게 된다. 심지어 〈무정〉에서조차도 처음 부분에서는 문어체적 일면이 나타나 있지만, 작품의 진행과정에서 이내 극복되어 가고 있음을 볼 수 있다. 말하자면 〈어린 희생〉이나 〈정육〉에서 〈무정〉의 결말에 이르기까지의 과정은 문체의 면에서 볼 때에도 근대소설적 문체를 정립하기 위한 암중모색의 노력이 일단 성취를 보게 되기까지의 과정이라고 할 수 있다.

둘째의 의의는 객관적 묘사를 위한 시도의 반영을 볼 수 있으며 또 그러한 시도가 어느 정도 성공하고 있는 실례를 볼 수 있다는 사실이다. 물론 이 작품의 주류를 이루고 있는 것은 주관적 서술문이며, 작자의 주관적 개입이 빈번한데다가 특히 결말에 이르러서는 계몽적 설교가로서의 작자의 얼굴이 정면으로 노출되고 있는 것도 사실이기는 하지만, 객관적 묘사로서 성공한 많은 장면이 있음을 간과할 수 없다.

> 장로는 어떻게 말을 해야 좋을는지 모르는 모양으로 오른 손으로 테이블을 툭툭 치더니 부인에게 먼저 말하는 것이 옳으리라 하여 양반스럽게 느릿느릿한 목소리로,
> 「여보 내가 형식씨에게 약속을 청하였더니 형식씨가 승낙을 하였소. 마누라 생각에는 어떠시오」
> 하고는 자기가 경위있게 신식답게 말한 것을 스스로 만족하여 하며 부인을 본다.
> 부인은 아까 둘이 의논한 것을 새삼스럽게 또 묻는 것이 우습다 하면서도 무엇이나 신식은 다 이려하거니 하여 부끄러운 듯이 잠깐 몸을 움직이고는 고개를 숙이며,
> 「감사합니다」 하였다.

구식과 신식 사이의 과도기에 처한 한 가정의 분위기가 극명하게 부각되고 있음을 보게 된다. 풍속, 세태 및 그 등장인물들의 심리의 탁월한 묘사의 실례라 아니할 수 없다. 이런 대문은 이 작품의 도처에서 발견된다.

이 작품의 세번째의 근대소설적 의의는 성격창조에 있어 어느 정도 성공하고 있다는 사실이다. 연령적으로나 시대적으로 중대한 전환점에 서 있는 주인공 이형식의 모순당착적인 모습을 통하여, 우리는 그 나름으로 성년기에 다다르기 위하여 암중모색하는 한 개화기 지식인의 생생한 모습

520

올 보게 된다. 이 점과 관련하여 〈무정〉을 성년에 다다르려는 한 젊은 개화기 지식인의 영혼의 방황을 그린 일종의 교양소설이라고 말한 李甫永(13)의 견해는 매우 시사적이다.

네째의 주목할 만한 의의는 한국적 여인상의 한 패턴을 보여주고 있다는 사실이다. 박영채의 모습에서 우리는 恨의 여인상의 일면을 보게 된다. 박영채의 구여성적인 면은 실상 작자 자신의 부정적 의도에 의하여 제기된 것이 사실임에도 불구하고 그의 긍정적 의도로 제기된 신여성인 김병욱이나 선형보다도 훨씬 생생한 성격적 깊이와 그늘을 지니게 되는 것은, 그녀가 한국적 여인상의 한 전형, 즉 恨的 여인상의 이미지와 맥락을 유지하고 있기 때문이다. 이런 면은 실상 작자의 의도와는 전혀 관계없이 이루어진 성과라 할 수 있다. 이런 면과 관련하여 만일 작자 이광수가 〈井邑詞〉나 〈西京別曲〉, 또는 〈淑英娘子傳〉이나 〈沈淸傳〉에서 볼 수 있는 한국적 여인상의 어떤 원형적인 이미지에 관한 충분한 섭렵이 있었더라면, 즉 우리 문학의 전통에 관한 의식이 좀더 뚜렷했었더라면 박영채의 모습은 더욱 생기 있는 인물로 부각되었을 것이고, 근대여성으로서의 그녀의 각성과정도 훨씬 탄력 있게 전개되었을 것이다. 아뭏든 〈무정〉이 한국 근대소설의 출발을 알린 작품인 것만은 부정할 수 없다. 　　千 二 斗

論　著

1. 三中堂刊　李光洙全集(이하 全集이라고 함)　別卷 春園年譜
2. 李光洙　全集(三中堂, 1971)
3. 李光洙　全集 17 권 주요한 解說
4. 李光洙　今日 我韓 靑年의 境遇(1910)(全集 1, 三中堂, 1971)
5. 李甫永　無情論(表現 1〜3)
6. 김 현　李光洙文學의 전반적 檢討(李光洙, 文學과知性社, 1977)
7. 李光洙　復活의 曙光(全集 17, 三中堂, 1971)
8. 李光洙　無情(全集 1, 三中堂, 1971)
9. 金宇鍾　李光洙論(作家論, 同化文化社, 1973)
10. 李光洙　餘의 自覺한 人生(全集 1, 三中堂, 1971)
11. 金鵬九　新文學 初期의 啓蒙思想과 近代的 自我(韓國人과 文學思想, 一潮閣, 1964)
12. 金東仁　韓國近代小說考(朝鮮日報 1929. 7〜8, 15 회 연재)
13. 李甫永　無情論(表現 1〜3)

7. 3·1운동과 한국문학의 상황

한 시대 민족문학은 그 시대상황의 거울일 수 있다는 점에서(11), 3·1운동의 역사적 현실은 한국 근대의 민족문학을 특징짓는 문학적 상황이 된다. 3·1운동에 관한 역사적 논술이 곧 한국 근대의 문학배경론이나 문학론 그 자체로 전용될 수 있는 까닭이 여기에 있다. 그러나 문학론은 문학작품 속의 상황을 구경적 논술대상으로 삼고자 하는 문학 본연의 태도 때문에 그 상황진술이 史論과 같지 않을 수 있으며, 문학론 안에서도 많은 해석방법과 견해차가 있는 것이어서, 3·1운동 역시 그러한 문학논의의 대상이 되어오고 있는 터이다.

우리의 對日 민족항쟁운동은 그 유형으로 보아, 원수와 맞선 피의 항전과, 민족적 절규 및 국제여론의 환기로써 목적 달성을 도모한 조직적 비폭력 시위항거와, 그리고 민중계발로써 민족적 이념의 구현에 진력한 문화항쟁 등 셋으로 가려진다(6). 3·1운동은 그 두번째 항목에 해당된다. 그러나 우리의 대일 항쟁사는 이 민족운동이 이를 전후해서 있은 위의 첫번째와 세번째 항쟁유형까지 그 내부구조로 包有한 것임을 인지하게 한다. 3·1운동을 주시한 한 碧眼의 군인은 같은 해에 출간한 그의 책자 첫 장에 이 책을 「자신의 목숨을 그토록 영웅적으로 바침으로써, 자유와 해방이 자기 후손들의 天賦의 권리가 될 수 있도록 한 한국의 남녀에게 바친다(13)」라고 헌사한 바 있다. 그는 3·1운동의 비극적 진실을 「착수가 곧 성공」이라는 초논리적 확신으로 인식한 것이었다. 여기에 약간의 문학적 文飾을 가하여 이 경우를 3·1운동의 「逆說的 力動機能」이라고 표현해도 무방할 것으로 생각된다.

이 민족운동은 1918년 11, 12월의 준비단계로부터 1919년 3월 1일 및 그 이후의 거족적 민중항거를 거쳐 일본 군경의 포악한 탄압으로 지하운동화되어 간 같은 해 4월말까지를 그 전과정의 기간으로 보되, 온 국민이 임시정부에 대한 지지활동을 개시한 시기도 이에 연장 포함시킬 수 있

다(28). 또한 3·1운동은 일회적 사건에 붙여진 연대기적 명칭이 아닌 대일
反식민적 국권회복운동인 만큼, 이것의 달성을 위하여 바쳐진 3·1운동 전
후의 일련의 활동이 모두 여기에 수렴되어야 함은 전술한 바와 같다. 이
점은 3·1운동을 저항문학의 핵으로 하는 한국 근대문학의 문학론 내지 문
학사 서술에 있어서도 마찬가지로 적용될 논리라 하겠다.

　3·1운동은 그 前史的 대일 저항운동이라고 할 수 있는 각종 활동을
통하여 집적한 잠재력으로서, 멀리는 개항과 더불어 불어닥친 갑신정변
(1884)의 개화혁신운동을 필두로 동학농민혁명(1894)·을미사변(1895)·儒
林義擧(1895)·독립협회(1896)·만민공동회(1898)· 保安會(1904)· 憲政硏究
會(1905) 등의 저항운동과 〈獨立新聞〉(1896)〈皇城新聞〉(1898)〈大韓每日申
報〉(1905) 등 신문 및 각종 출판에 의한 언론활동을 위시하여 보다 직접
적으로는 1905년 11월 이후의 대한자강회(1906)·신민회(1906)·청년학우
회(1908)·대동청년단(1909)의 저항운동이 한층 가열되는 속에서 張志淵의
논설 〈是日也放聲大哭〉과 때를 같이하여 閔泳煥 등의 순국열사가 이어지
고 海牙밀사사건(1907), 侍衛隊의 항쟁(1907), 의병의 봉기(1905 이후), 須
知分被殺事件, 安重根 義擧(1909), 李完用의 被刺(1909), 다시 1910년 합
방을 당하자 洪範植 黃玹 등의 순국이 속출하고, 다시 이어 신민회 105人
寃獄事件(1911), 獨立義軍府事件(1913), 光復團(1913), 光復會事件(1917), 朝
鮮國權恢復團事件(1919), 東京留學生獨立宣言(1919. 2), 그리고 의병 및 해
외 망명 투쟁 등을 포괄하고 있다(6·8). 이와 같은 3·1운동보다 앞선 시
기에 나타난 민족문학 역시 저항적 상황의식 속에서 산출된 것이다. 개화
와 倡義類의 가사·동학가와 애국가를 포함한 창가, 계몽과 우국의 신체
시·신소설, 그리고 이른바 2人文壇時代의 근대소설 등 作品群(7·22·23)
과, 〈소경과 앉은뱅이〉(1905, 〈大韓每日申報〉 연재)를 필두로 각 지상에 연
재된 저항적 풍자소설, 張志淵 南宮檍 朴殷植 申采浩 張道斌 등 언론문인
들의 논술 및 문학론과, 〈越南亡國史〉(1906)〈普法戰記〉(1907) 등 번역 역
사서 및 〈라란부인견〉(1907)〈華盛頓傳〉(1907) 등의 번역 전기(14·16·27)
와 각종 신문 및 문집에 실려 전하는 漢詩文體의 絕命詩 및 애국 항쟁시
(19·20) 등이 이에 해당되는 것이라 하겠다. 이들은 형태상의 유형에 의
해서 신문학 내지 근대문학의 범주에 드는 것과 그렇지 못한 것으로 구분
된다. 여기 후자에 속하는 것이란 漢詩文 또는 擬古文體로 표기된 전근대
적 양식의 것을 말한다. 그런데 이 후자에 관해서는 이 글의 논술취지상
다소의 숙고를 필요로 한다고 생각된다. 이들 작품이 문장 기술방법이나

쟝르 개념상의 구조적 결함 때문에 신문학 내지 근대문학적 범주에서 排
제되는 것은 피할 수 없는 사실이다. 그리하여 그간의 문학사관계 서술체
계 속에서 이 부분이 대개 논외로 방기된 것은 일단 납득할 만하다. 그러
나 문학작품을 민족적 저항이라는 문학의식의 측면에서 논의하는 경우,
이들 작품이 동시대의 정상적 쟝르의 것들과 동질적 체험의 소산이며, 더
우기 3·1운동을 열렬하게 고무한 표현수단이라는 점에서 마땅히 고찰의
대상으로 삼아야 할 줄 안다. 이러한 논거는 포케마(D.W. Fokkema)의
〈受容美學〉(25)이 지닌 속성 중 역사주의에 관한 이론이 그 정당성을 충분
히 밑받침하여 줄 수 있으리라 생각된다.

  앞서 말한 前史的 後光 위에서 불타오른 3·1운동의 거족적 저항성은 우
선 동원능력에 관한 분석에서부터 그 특성이 고찰되어야 할 것이다. 이것
은 민족적 저항문학의 배경에 관한 고찰을 간접적으로 겸행한다는 의의를
갖는다. 이 능력 평정의 기준에는 언론·교육 및 사회활동에 의한 知性動
員, 각종 종교 및 교파조직에 의한 종교동원, 그리고 일부 지도자나 어떤
유파나 특정 계층의 한계를 벗어나서 거족적으로 극대화된 집단에 의한
민족적 동원이 있다(5·11). 3·1운동은 응당 그 세번째에 해당된다. 그
러나 이것은 첫번째와 두번째에 의해서 지도 육성된 다음, 그것을 자체의
구조 속에 포용함으로써 구축된 하나의 새로운 총체이다. 따라서 이것을
문학의 배경으로 삼고 창조되는 작품 속의 「나」는 어떤 진술적 이해과정이
없이 직접 민족적인 「共有我」로 환기된다. 한 겨레의 민중시인이 누리는
현상적 감발력은 여기에 근거한 것이라 할 것이다. 다음으로, 이러한 거
족적 동원에 참여한 구성원의 성분을 보면 지성동원과 종교동원의 복합체
로서 먼저 독립선언서에 서명한 민족지도자를 들 수 있다. 이들은 천도교
를 중심으로 기독교·청년학생·불교 등의 대표자를 결속시켰는바, 이에서
는 지역적 대량동원을 고려한 의도가 나타난다. 그것은 儒林이 그들의 보
수적 성격으로 하여 합세하지 않았다가 거사 직후 이들의 본거지라 할 수
있는 남부 및 동북부에서 대거 참여한 것과도 관계가 있다(28). 한편, 이
들 지도층의 동원양상에 관하여 국내외적으로 그 시야를 넓히는 경우, 천
도교를 필두로 上海新韓靑年團, 露領 연해주와 만주의 독립운동, 在美洲
교포, 在日 유학생의 2·8독립선언, 기독교의 독립운동, 학생단의 독립운
동 등 7개항으로 그 주류를 잡는 견해가 있다. 그리고 이들에 연계되어 있
는 민족적 동원의 구성성분은 당시 한민족의 8할에 해당하는 농민(노동자
포함)의 대거참여를 그 주류로 삼는다. 그들의 봉기는 일제가 수탈을 목적

으로 하여 1910년대에 시작한 토지조사사업과 관련되어 있다. 그런데 이 중심세력을 계급투쟁이나 러시아 혁명의 영향으로 해석하는 태도는 무리한 것으로 비판되고 있다(28). 이 점은 특히 1920년대 이후에 민족문학적 상황의식을 예술부재의 문학론으로 왜곡시킨 경향문학의 허상과 관련된다. 그리고 3·1운동의 거족화 요인으로서 기존 사회조직의 효율적 활용에 관한 문제가 있다. 이에는, 정기적으로 개장되는 장날의 조직적 활용, 기존 학교조직의 활용, 한말 애국계몽운동의 영향으로 훈련된 기존인력의 활용 등이 지목된다(26). 이러한 여건 속에서 이루어진 3·1운동 거사 기간의 한 통계를 보면, 집회회수 1,500여 건, 참가인원 500여만 명, 피검자 약 4만 7천 명, 사망자 750여 명, 부상자 약 1만 6천 명, 가옥 및 교회당 파괴 760여 동 등으로 집계되어 있다(3).

이 자료에 나타난 바와 같이 3·1운동은 그 열화 같은 민족적 일대 봉기에도 불구하고 일제의 무력 앞에 무참하게 좌절되고 말았다. 그러나 이와 관련하여 생각해 보아야 할 것은 이 운동이 본시 힘의 승부를 건 싸움이 아니며, 오직 일제로부터 탈환해야 할 자유와 독립의 절대성취에만 뜻을 둔 항거라는 사실이다. 실로 3·1운동의 참의의는 그 이후 파상적으로 접고 심화되면서 제2, 제3으로 끊임없이 이어진 새로운 항일독립운동의 원천이 되었다는 점에 있다. 上海 임시정부의 수립과 파리강화회의를 중심으로 한 외교활동을 비롯해, 일련의 공포투쟁으로서 姜宇奎의 의거, 共鳴團·天摩山隊·普合團·九月山隊 등의 공동투쟁, 의열단에 의해서 거사된 密陽·進永 사건, 釜山·密陽·서울 종로·黃玉 등지의 경찰서 폭격사건, 田中義一 저격사건, 총독부·東拓·金虎門·東京二重橋·東京櫻田門·上海 虹口公園 등의 폭탄사건, 그리고 국내외 독립군의 계속적인 무력항쟁(6)이 광복 직전까지 진행된 것이 그것을 실증한다. 3·1운동을 힘으로 유린한 일제가 그뒤 굳이 문화정책이라는 간계를 획책한 것이라든가 이것이 오히려 한국민의 지속적인 독립항쟁을 위하여 역기능을 발휘한 것도 그 정황을 잘 말해 주는 것이다. 이와 같은 민족적 민중운동으로서의 3·1운동이 갖는 정신사적 의의는 이를 성취하기 위한 그 의식의 외곽에 월슨의 민족자결주의를 수용함으로써 민족의 역사를 세계사적 영역으로 확대시켰다는 점에서 찾아진다. 그리고 여기에 소비에트 사회주의 이론을 첨가하면서 역시 위와 같이 논술하기도 하는바(8·26), 이는 뒷날의 비판과는 별도로 다만 당시의 한 양상을 객관적으로 기술한 것이라고 생각된다.

대일항쟁을 수행하면서 체득된 민족적인 저항의식의 근간에 관한 한 견해(11)를 소개하면 다음과 같다. 이것은 크게 두 개의 유형으로 분류된다. 그 제 1 유형은 무력투쟁의 적극적 실력행사를 표방한 신채호형 저항이요, 제 2 유형은 외교·문화·교육 등 점진적 능력배양에 의존한 安昌浩型 저항이다.

제 1 유형의 저항정신은 신채호의 〈朝鮮革命宣言〉에서 드러난다. 그 내용은 (1) 내정독립·참정권·자치운동의 배격, (2) 문화운동의 배격, (3) 외교론의 배격, (4) 준비론의 배격 등으로 요약된다. 그의 이러한 선언의 사상적 구심점은 민족사관이며, 이것은 민족적 적대관계의 상황에서 오직 「我」의 「非我」에 대한 투쟁을 통해서만 존립된다는 주장이다. 특히 위의 요약 (2)항은 문화운동이 독립운동의 방편일 수 없다는 주장으로서, 만일 문학이 이러한 문화운동에 의존된 것이라면 그것 또한 배척되어야 한다는 것이다. 즉, 「문화란 산업과 문물이 발달한 總績」을 가리키는 것인데, 일제에 의한 경제적 약탈로 생존에 필요한 최저한의 여건도 획득하지 못한 지경에 처하여 「종족의 보존조차도 의문시되고 있는 우리 입장에서 문화를 말하고 다시 그 문화 안에서 문학을 말할 여지가 없다는 것이 그 이론적 근거이다. 이러한 신채호에 의해서 제시된 그 특유의 문학관은 (1) 〈藝術主義의 文藝와 人道主義의 文藝〉, (2) 〈近今 國文小說 著者의 注意〉, (3) 〈近來文學에 대한 片想〉, (4) 〈文藝運動의 弊害〉 등 그의 네 편의 문학론을 통해서 알아볼 수 있으며, 특히 위 (2)의 논문에서 뚜렷이 드러난다. 그는 문예란 모름지기 인도주의에 입각해야 하고, 그러기 위해서는 「現 조선의 현실」을 「민중의 입장에서」 보고 그려야 하며, 그것은 곧 적과의 투쟁수단이 되어야 한다고 말한다. 이것은 가위 극단적 목적문학론이라 할 만하다. 신채호의 이와 같은 제 1 유형의 문학관이 우리의 민족적 저항의지를 강력하게 지탱하여 준 것은 말할 나위 없다. 그러나 과연 이러한 작품활동이 적의 치하에서 현실적으로 어떻게 가능하겠는가 하는 점과 이 제 1 유형에 의해서 志節的 타락으로 타매된 소위 문화론적 문학 속에도 저항적 문학작품은 얼마든지 엄존했다는 점을 그들은 해명할 길이 없다.

제 2 유형의 저항정신은 「싸울 힘을 기르는 일」에 역점을 둔 준비론적 태도로 하여 점진형이라고 일컬어진다. 興士團을 통해서 강조된 안창호의 기본철학은 務實力行을 앞세운 자아혁명이다. 이러한 내부지향적 성격은 제 1 유형과 견주어 뚜렷하게 대조적이다. 이 점진형에 깊이 동조한 대표적 인물은 李光洙이다. 그의 〈民族改造論〉〈民族的 經驗論〉〈젊은 朝鮮人의 所願〉〈나의 左右銘〉〈조선 민족운동의 3대 기초사업〉 등은 제2 유형의 맥락 속에서 이루어진 이론들이다. 이 유형은 현실적 여건에 신축성 있게 대처하면서 매우 광범하게 침투했다. 그런데 이 저항정신은 레이몽 아롱이 제시한 실천적 비평과 상통된다는 점에서 거기에 내려진 것과 같은 내용의 모순성이 지적된다. 실천적 비평태도란 기존질서의 대원칙과 기본강령을 부정하지 않으면서 비판과 개혁을 시도하는 것으로 풀이된다. 따라서 여기에는 견실한 중용의 정신이 작용한다. 그러나 나찌 점령하의 프랑스가 그 점령자에게 「漸進과 교양과 인격」을 요구하는 저항행위는 공염불일 뿐이라는 것이다. 일제하의 한국적 태도 즉, 점진형도 이와 같은 경우이다. 이 점은 일찌기 신채호에 의해서 비판되기도 한 바로서, 어떤 비평은 「20년대에 있어 상당수 문인들이 젊은이다운 기분으로 3·1운동에 참가했다가 결국은 체제에 순종하는 법을 배우고 30년대에는 완전히 식민지 소시민으로 정착되었던 점을 생각해 보면 족할 것이다(12)」라고 연좌적 극단론으로 비판한 경우도 있다.

이들 두 유형의 저항의식은 위에서 지적한 바와 같은 결함에도 불구하고 긍정적인 측면에서 민족적 저항문학의 개성화에 크게 작용한 것이 사실이다. 제1 유형에 대해서는 「……현실을 현실대로 바라보는 정직한 객관성을 지니는 참된 비평가를 신채호에게서 만나게 된다. 이때 요청되는 것은 그러한 의미에서의 혁명문학임이 틀림없을 것임은 명백한 일이다. 그 혁명 방법의 첫단계로서는 「오직 민중이 민중을 위하여 일체 不平不自然 不合理한 민중향상의 장애로부터 먼저 타파함이 곧 민중을 각오케 하는 唯一方法」이고 이것을 기초로 하여 민중과의 일체감 속에서 혁명을 완수해야 한다는 참다운 논지를 만나게 된다(18)」라고 한 논평에서 그 점을 알 수 있으며, 제2 유형에 관해서는 「애국계몽운동이 우회적 소극적 방법이라는 否定的 論理보다는 국권회복운동이 장기전으로 들어간데다가 특히 국권을 강점한 일제와 국권을 빼앗긴 한민족 사이에 객관적으로 힘의 낙차가 현저함을 자각하게 되자 그러한 방법이 최선의 선택일 수밖에 없었으리라는 점을 일단 수긍해야 할 것이다(26)」라고 한 완곡한 논술에서 그 일단을 알아볼 수 있을 것이다. 그러나 무엇보다도 중요한 것은 이들 두 유형이 우리에게 택일을 강요하는 두 극이 아니라 하나의 민족문학 속에 통합 수용되어야 할 상보적 대상이라는 점이다.

민족문학은 그 민족에 의해서 이루어진 한 시대의 진실하고 당위적인 문학행위를 역사화한다. 왜냐하면 그 문학행위는 전대에 의해 계도되었고, 스스로 당대를 체험했으며, 그것을 후대에 발전적으로 물려주는 것이기 때문이다. 그리고 이렇게 역사화된 강도 높은 민족문학은 특정 문학사의 기점이 되게 마련이며, 이러한 문학사적 기점은 그의 영향 아래 추이되는 양상 속에 존재하게 된다. 일제하의 한국 민족문학의 속성이 인본적 저항의식이라면 3·1운동을 통해 파악되는 우리의 저항적 민족문학은 바로 그러한 것의 한 정수이다. 이러한 의미에서 한국 근대문학의 기점을 3·1운동으로 하는 견해(26)는 타당한 것이며, 1920년대 및 30년대의 한국문학은 이와 같은 위상에서 긍정적으로 논의되어야 할 것이다.

　1920년대의 문학을 논의함에 있어서 〈開闢〉이 동학농민혁명과 3·1운동 정신의 계승을 지속시켜 간 공적은 매우 큰 것으로 평가된다. 朴鍾和는 〈개벽〉을 통해서 「力의 藝術」(1)을 주장한 바 있다. 이것은 신채호형 저항의식과 상통되는 것으로서 韓龍雲 李相和 沈熏 金珖燮 李陸史 尹東柱 등이 이에 한 계보를 이룬다. 그리고 〈廢墟〉〈白潮〉의 시인 및 작가들에게서는 〈泰西文藝申報〉나 〈創造〉의 기고자들에게서 찾을 수 없는 민족의식이 엿보인다. 吳相淳의 〈時代苦와 그 犧牲〉은 그 좋은 본보기이다. 그러나 이들 同人群의 민족적 저항의식은 작품행위에서 나타나는 인식적 한계성을 이유로 「소극적 迂廻 또는 氣化」(11)라든가 「굴절」(18)이라는 評語와 더불어 비판되었다. 그런데 이들에 관한 위와 같은 비평은 「완전부정」을 뜻하는 것은 아닐 것이다. 이 점과 관련된 연구는 예컨대, 문학적 해석의 심층화, 민족적 리얼리즘의 제기 등과 같은 새롭고 다각적인 방법론의 대두를 기대하는 영역이라 하겠다.　　　　　　　　　　　　　　　文 炳 郁

論　著
1. 朴鍾和　문단의 1年을 추억하여(開闢, 1923)
2. 林　和　朝鮮新文學史(朝鮮日報, 1940)
3. 朴殷植　韓國獨立運動之血史(1920; 서울신문사, 1946)
4. 朴英熙　現代文學史(思想界, 1958~1959)
5. G. Henderson, *Korea; The Politics of the Vortex* (Harvard Univ., 1960)
6. 趙芝薰　韓國民族運動史(韓國文化史大系 I, 高麗大 民族文化硏究所, 1964)
7. 全光鏞　韓國小說發達史 下(韓國文化史大系 V, 高麗大 民族文化硏究所, 1967)
8. 韓㳓劤　三·一運動의 歷史的 背景(三·一運動 50 週年紀念論集, 東亞日報社, 1969)

9. 趙演鉉 韓國現代文學史槪觀(正音社, 1971)

10. 金允植 韓國近代文藝批評史硏究(한얼문고, 1973)

11. 金容稷 日帝時代의 抗日文學(新丘文化社, 1974)

12. 廉武雄 日帝時代의 抗日文學(新丘文化社, 1974)

13. C.W. Kendall, *The Truth about Korea*(The Korean National Association, San Francisco, 1919; 申龍福譯, 韓國獨立運動의 眞相, 探求堂, 1975)

14. 李在銑 韓國開化期小說硏究(一潮閣, 1975)

15. 李在銑 韓國短篇小說硏究(一潮閣, 1975)

16. 金秉喆 韓國近代飜譯文學史硏究(乙酉文化社, 1975)

17. 尹炳奭 三・一運動史(正音社, 1975)

18. 申東旭 韓國現代批評史(한국일보사, 1975)

19. 任重彬編 韓末抵抗詩集(正音社, 1976)

20. 申東漢編 抗日民族詩集(瑞文堂, 1977)

21. 愼鏞廈 新民會의 創建과 그 國權恢復運動 下(韓國學報 8〜9, 一志社, 1977)

22. 鄭漢模 韓國現代詩文學史(一志社, 1977)

23. 金容稷 韓國近代文學의 史的 理解(三英社, 1977)

24. 崔永禧 3・1運動에 이르는 民族運動의 源流(韓國近代史論 Ⅱ, 知識産業社, 1977)

25. D.W. Fokkema, Theory and Practice of Rezeptionsästhetic (*The Theories of Literature in the Twentieth Century*, London: C. Hurst & Co., 1978) ; 鄭鍾和譯, 受容美學의 理論과 實際(海外文藝 創刊號, 韓國文化藝術振興院, 1979)

26. 尹弘老 韓國近代小說硏究(一潮閣, 1980)

27. 全光鏞 百年來韓中文學交流考(比較文學 5, 韓國比較文學會, 1980)

28. 朴容玉 3・1運動(韓國史硏究入門, 知識産業社, 1981)

8. 20년대 시의 좌절과 방향모색

〈泰西文藝新報〉〈薔薇村〉〈創造〉〈廢墟〉〈白潮〉 등으로 대표되는 1920년 대초 한국시의 연구는 한국시의 근대적 전개과정을 이해하는 데 여러 모로 중요한 의의를 갖는다. 주지하다시피 3·1운동이 계기가 되어 확산된 문화운동의 일환으로 각종 신문·잡지와 동인지 등이 격증되면서 이 땅에 서는 비로소 근대적인 성격의 시의 개화를 보았다. 뿐만 아니라 서구시와 적극적으로 교접하면서 1920년대 시는 그 이전의 시와 비교하여 그 방법과 인식의 관점에 상당한 전환이 이루어지고 있었다는 것 또한 사실이다. 그것은 한마디로 그 이전의 시의 계몽적 교훈주의와 같은 관념적이고 추상적인 他說的 형식의 극복인 것이다. 그 이전의 시, 가령 개화기시가의 경우, 그 주류를 이루는 골격은 어디까지나 개체적인 현실의 구조가 아니라, 관념적이고 일반적이며 공적인 구조로 일관되어 있다.

그러나 1920년대 시는 개화기시가와는 다르게 현실을 응시하는 개체적인 눈을 보여준다. 자아의 발견 및 강조, 에로스적 충동 그리고 과거에의 회귀와 같은 도피의 모티브 등, 1920년대 시의 특징을 이루는 이러한 구체의 눈과 같은 自說的 전환이 낭만적인 형식(1·3·8·9)으로 나타난 것은 그러므로 우연은 아니다. 한국시에 있어서 근대의 변화가 타설적 형식의 거부와 자설적 요소의 발견이라는 패러다임적 관점(11)에서 가능하다고 할 때 낭만적인 형식은 그러기에 그 이전의 시의 관념성과 계몽주의에 대한 시사적 반명제로 보아 틀림이 없다.

물론 이러한 낭만적 움직임은 1920년대에 와서야 비로소 이루어진 현상이 아니다. 그 이전에 이미 단속적으로 나타나고 있었다. 〈學之光〉〈태서문예신보〉〈靑春〉 등에 실린 崔南善 李光洙 玄相允 崔承九 등의 1910년대의 시가 바로 그런 것이다. 그러나 이것은 극히 소수에 그쳤고 또한 몇몇 사람의 산발적인 활동으로 이루어졌기 때문에 엄격한 의미에서 근대적인

530

시라고 부르기는 어렵고 이들은 일단 근대시의 전사 속에 포함시키는 것이 상례다. 1910년대의 이러한 낭만적인 움직임이 극소수에 의한 산발적인 활동이 아니라, 다양하고 집단적인 현상으로 나타난 것은 1920년 이후, 그것도 1920년대 중반부터라고 할 수 있다(11·12).

1910년대 시가 비록 형식면에 있어서 이미 자유시형으로 나타났다고 해도 근대적인 시가 되기에는 다른 모든 문화적 표현양식과 함께 내부에서 발효되는 새로운 감수성의 출현을 기다려야 했다. 새로운 감수성은 근대의식의 중요한 내용을 이루고, 또한 그것은 사회 자체의 근대적 성장과 변증법적인 관련 안에서만 일어날 수 있기 때문이다. 그러므로 1910년대 자유시형은 근대시의 대두를 가능케 한 하나의 조짐으로 보아지는 것이다. 개화기 시가류의 시풍이 아직 가시지 않은 채, 한편으로는 타설적 형식에 집착하면서 다른 한편으로 자설적 형식을 모색하여 혼미와 저조의 양상을 보이던 이 시대는 그 이전의 新體詩를 전환시켜 한걸음 근대시로 접근시킨(16) 과도기라고 할 수 있다. 그만큼 1910년대 시에 있어서 낭만적 형식의 전환은 그것이 비록 부분적인 것에 그쳤다고 할지라도 1920년대 근대시단 형성과정에 있어서 근대시의 시론을 결과적으로 마련하고 있었던 셈이다.

사실 1920년대 자유시형 역시 1910년대 시와 마찬가지로 엄격한 의미에서 「우리」의 자유시는 아니다. 그것은 일본을 거쳐서 간접 수입된 서구시에서 온 것이다(1·3·4·7). 그리고 그 중개지역 일본의 근대시의 영향이 압도적이었다. 이러한 사례는 金億 黃錫禹 朱耀翰 朴英熙 朴鍾和 등의 초기시에 현저한 바가 있다. 특히 〈창조〉 창간에서 〈백조〉 해체에 이르는 1920년대에 이들이 보여준 자유시형은 이들 사이의 개인적인 상위점에도 불구하고 비슷한 시기에 씌어지고 있다는 피상적 일치점을 넘어서 주목할 만한 공통점을 가지고 있다. 그것은 1910년대 시와 더불어 1920년대초 자유시형 역시 거개가 이완된 표현으로 나타나고 시적 산문의 표기 아니면 외국시를 번역한 듯한 어설픈 형태로밖에 나타날 수 없었다는 점(8·11)에서 찾을 수 있다. 이렇듯 초기 자유시형은 우리의 형식체험으로 생활화되지 않았다. 그만큼 1920년대초 자유시형은 한국시의 내적 배경으로서 전통적인 경험을 철저히 거치지 않았다는 사실과 무관하지 않다.

「우리」의 자유시에서 「우리」라고 하였을 때 그것은 가령 사설시조와 같은 것이다. 사설시조 중에서도 특히 종장의 음보가 제한 없이 중첩되는 경우는 근대 이후 자유시보다 그 리듬 패턴에 있어 더 자유로운 것이다(10).

사실 정형에서 자유시형으로 이행하는 과정은 삶의 양식의 변화와 대응할 수 있다. 그러나, 사설시조에서는 우리 삶의 형식으로서 그 변화를 스스로 창조하였고 1920년대 자유시는 그렇지를 못하였다. 1920년대 자유시는 일본화된 서구시의 경험에서 온 것이나 다름이 없다. 그리하여 1920년대초 자유시형은 처음부터 갈등과 진통을 심각하게 겪을 수밖에 없었다.

　그렇다고 1920년대초 자유시형이 그것이 비록 외부에서 온 것이긴 하나, 그러나 외부적인 영향은 자극일 뿐, 그것이 전통적인 경험과는 아무런 맥락 없이 이루어진 것은 아니다. 말하자면 1920년대 시의 자아의 발견 및 그 강조가 자유시형으로 나타난 것은 잠재된 전통적 경험의 표출이며, 그것은 회귀다. 그리고 그러한 회귀는 1910년대에 이르러 서구적인 경험과 접하면서 서서히 이루어지고 있었다. 문제는 1920년대 자유시형처럼 전통적인 경험보다 서구적 경험에 압도될 때, 자기분열이 일어나고 환상과 혼돈을 거듭할 수밖에 없다. 朱耀翰 金億 黃錫禹의 경우가 이에 해당한다. 당시 황석우와 玄哲의 「자유시 논쟁」에서 이러한 자유시형을 두고 서구 시도 우리 시도 아닌 「朦朧體」라고 비판한 것은 바로 이런 사정의 반영이라고 말 할 수 있다. 반대로 서구적 경험보다 전통적 경험에 보다 밀착할 때 현장성을 얻고 자기회복을 다질 수 있다. 전통적인 경험에서 시적 질서를 부여한 韓龍雲 金素月 洪思容 등의 시가 그것이다. 그러기에 1920년대 중반을 고비로 전통적인 경험을 통한 자기회복을 위한 일련의 다양한 움직임은 한국시에 있어서 근대적인 변화라고 일단 말할 수 있다. 시조가 전통적 시형식으로 자각되고 민요의 가치(11·14)가 역설되고 또한 朝鮮心·朝鮮魂이 강조된 것과 같은 것을 예로 들 수 있다. 특히 崔南善 김억 주요한 등과 같이 서구경험을 철저히 한 시인일수록 그후 가장 깊은 전통적 경험을 강조하고 있었다. 가령 주요한의 경우 그는 스스로 맹목적인 서구·일본 시의 이차적 모방으로 씌어진 한국의 자유시는 시가 아니라고 반성하면서 「〈懊惱의 舞蹈〉를 쓴 김억은 한국시를 오도한 큰 책임이 있으며 자신도 그러한 책임을 마땅히 져야 한다」고 하였다. 타설적 리듬의 거부와 관념의 극복이 한국 근대시의 전개과정이라고 할 때 그 거부와 극복이 전통적 경험에의 귀의로 나타났다는 것은 이 경우 극히 시사적이다. 그렇기 때문에 최초의 非他說的 시를 쓴 것은 1910년대 시인이겠지만 근대적 감수성의 시가 본격적으로 씌어지기 시작한 것은 1920년대, 그것도 1924년 이후의 일(12)이 된다.

이와 같이 전통적인 경험은 우리에게 너무나 친숙한 통시적 동일성이다. 이러한 동일성에 우리가 동일화함으로써 자기회복과 자기전개에 기여할 뿐 아니라 나아가서 질서와 안전을 얻는다. 전통적 경험에의 지향은 그러므로 민족적 자기동일성에의 열망으로 귀착된다. 그러나 이러한 열망이 1920년대에 와서 그 어느 때보다 강조된 것은 역설적으로 이 시대가 자기동일성의 상실이 강조되었던 비극적인 시대임을 말해 준다. 특히 일제의 식민지정책과 이에 따른 정치적 경제적 실향성으로 특징지워진 강제와 폭력이 이러한 의식을 더욱 가속화시켰다고 할 수 있다. 1920년대 시가 대부분 비이성적 과도반응인 충동적인 감정이 아니면 절망·우울·퇴폐와 같은 허무주의적 감성으로 착색되어 있는 것은 대체로 이 때문이라고 생각된다. 〈태서문예신보〉의 시는 말할 것 없고, 〈장미촌〉〈폐허〉〈백조〉〈개벽〉 등의 시도 이 점 마찬가지다. 이것은 곧 식민지 상황과 자기의 동일화보다 그러한 상황 어디에도 동일화할 수 없는 대립과 갈등을, 말하자면 자기상실·자기분열의 위기를 단적으로 실감케 해주는 것이 된다.

자기상실, 자아의 위기는 다름아닌 자기동일성의 상실이다. 자기동일성의 상실은 국권상실·고향상실·님상실 등과 같이 자기동일화의 구심점을 잃고 방황하는 상태이며, 그것은 주로 전술한 바와 같이 전통적 경험과 서구적인 경험의 갈등으로까지 발전하고 있다. 서구화의 격랑 속에서 전통적 경험을 외면할 수도 없고 또한 서구적 경험의 완전한 동일화도 불가능한 갈등, 이른바 두 가지 문화 속에 살면서도 그러나 그 어느 문화에도 동일화할 수 없었던 소속감의 상실을 1920년대초 시는 전체로 체험하고 있었다. 자기회복·자기구원에 대한 소망이 클수록 오히려 자기상실·자기분열을 노래하였던 모순. 그만큼 주변에 대한 의식은 1920년대 시의 가장 두드러진 시적 현상이 되고 있다. 1920년대 시에 자주 나타나고 있는 슬픔·눈물·꿈·죽음 등 자아의 노출 및 강조는 그러므로 동일성의 상실의 표현인 동시에 동일성의 회복을 지향하는 낭만적 전략이라고 보아지는 것이다.

그러나 1920년대 초기시의 경우와 같이 슬픔·눈물·꿈·죽음 등의 감정이 우리의 전통적인 경험보다 먼저 서구적인 관념의 자극에서 즉흥적으로 촉발될 때, 그것은 개인적인 감정으로 시종하고 환상과 진통(12)을 겪을 수밖에 없다. 그만큼 그 감정은 자위적이거나 아니면 기질적인 것이나 다름이 없다. 1920년대 시에 나오는 감정의 지나친 용솟음은 그러므로 여기에 따라 나오는 자연스러운 결과인 셈이다.

「아아 날이 저문다, 서편 하늘에, 외로운 강물 우에, 스러져가는 분홍빛 노을……」로 시작되는 〈불놀이〉를 읽으면서 우리가 받는 최초의 반응은 지나친 감정의 용솟음이다. 감정의 용솟음은 李光洙의 이른바 자유연애론(6·11)에 대응됨과 동시에 1920년대 시의 공통점이다. 그만큼 〈불놀이〉는 첫 연에서부터 「아아 날이 저문다」「외로운 강물」「아아 해가 저물면」「웨 나만 혼자 가슴에 눈물을 참을 수 없는고?」와 같이 주관적 감정의 과잉 토로로 나타나 있다. 사실 이러한 지나친 감정의 용솟음은 오늘의 관점에서는 현대시가 지닌 沒個性과 유리되어 있다. 그러나 1920년대 시적 상황에서 이러한 지나친 감정의 노도질풍은 그 이전의 시가와 비교하여 당시 한국시의 특색이 되어왔다는 점에 우리는 유의하게 된다.

「白潮는 흐르는데 별 하나 나 하나」(洪思容) 「密室로 돌아가다〉(朴鍾和) 「幽靈의 나라」(朴英熙) 등의 시구에 나타난 공통적인 감정은, 그 개별적 상위에도 불구하고 한결같이 감정의 용솟음으로 일관되어 있다. 그리고 이것은 그 이전의 시가에서 매몰되었던 자아의 발견 및 그 감정의 한 반영이라고 보아지는 것이다. 그러기에 〈불놀이〉를 비롯한 1920년대 시의 지나친 감정의 용솟음은 「감상적 낭만주의」인 한에서 오히려 한국 근대시의 시발점을 알리는 봉화일 수 있다. 사실 1920년대 시에 있어서 지나친 감정의 용솟음 및 감정이 고조된 소리의 시가 앞에 본 것처럼 대부분을 차지한다. 〈백조〉〈폐허〉〈창조〉〈장미촌〉 등 어디에나 발견되는 공통적인 발상이며 절규다. 물론 그것은 그 이전 시의 관념성에 대한 반발이면서 당시 국권상실의 시대적 상황에 대한 이들의 시적 반응이기도 하다. 이런 의미에서 프랑스 상징파 시인의 우울과 애상적 정조가 이 땅 식민지 백성의 감정과 쉽게 영합되었다는 것(1·7·9)은 다음 얘기가 된다.

1920년대 시의 한 특징인 이러한 감정의 용솟음은 어떤 계기에 의해 촉발된다. 그런 계기는 위기에 직면한 상황에서 나온다. 자아의 노출 및 그 강조성은 위기의 현실 앞에서는 언제나 있었고 지금도 여전히 우리에게 잠재적으로 있는 감정이다. 특히 목전의 현실이 비참할수록 민중의 이상은 「밝음」(님)으로 표상되고 「어둠」(이별)이 현실적 배경을 이룬다. 김소월의 〈詩魂〉, 홍사용의 〈그것은 보다 꿈이었지마는〉, 吳相淳의 〈아세아의 밤〉, 황석우의 〈석양은 꺼진다〉, 李相和의 〈나의 침실로〉, 한용운의 〈님의 沈默〉 등 거게가 어둠(현실)은 밤으로 의식되고 밝음(기대)은 낭만적 정열(님)로 일관되어 있다. 님은 위기의식과 더불어 오는 것이다. 다시 말하면 님의 개념은 현실의 위기정세 또한 극한정세에 다다를 때에 오

534

는 것으로 보아지는 것이다. 물론 그 위기, 그 극한은 언젠가는 극복이
가능하다고 믿어질 때 가능한 것이다.

그러나 그 믿음마저 보장되지 않고 상실될 때 님志向은 일어나지 않는다.
1920년대 시 대부분에서 님지향이 꿈으로 나타났다는 사실은 이 시대가 정
치적 경제적으로 위기의 시대라는 점에 기인한 만큼 그 시대에 대한 반응
이 좌절과 허무 그리고 실의로 나타날 수밖에 없었다. 그만큼 1920년대
시인들은 위기의 극복으로서 님지향을 노래하였다기보다는 그것을 불가능
케 하는 현실적 고통과 이로 인한 좌절과 절망, 그리고 실의의 代償으로
서 보다 많이 노래하였다. 문제는 현실적 고통은 고통 그 자체보다 미의
환영 속에서 자위하려고 할 때(2·3), 자아의 노출 및 강조가 시적 형상으
로 표출되지 않고 감상에의 탐닉으로 나타날 수밖에 없었다. 1920년대
시에 흔히 보는 과장된 정서적 반응과 장식적인 수사, 그리고 시적 긴장
의 이완(산문화)은 바로 이 때문이라고 생각한다.

이런 의미에서 우리가 주목할 것은 꿈 모티브다. 「영원한 나라」「密室」
「黑房」등 낭만적 도피의 열망이 꿈 모티브와 관련하여 회전하고 있는 것
이 그것이다. 「꿈의 나라」(朴英熙), 「캄캄한 밀실」(朴鍾和), 「나의 침실」
(李相和), 「밀실」(黃錫禹)과 같이 비탄과 좌절의 달콤한 보상, 이른바 낭만
적 정열로서 시에 꿈 모티브가 나타나고 있는 것은 매우 흥미 있는 일이
다. 그만큼 꿈은 좌절과 실의, 그리고 허무의 심리적인 防衛器材이자 도
피적 전략인 것이다. 주요한 김억 황석우로 대표되는 1920년대초의 시는
3·1운동을 전후한 좌절과 허무, 그리고 실의의 시대에 씌어진 것이다. 그
만큼 1920년대의 시는 꿈으로 술렁인다. 그 꿈이 주로 현실도피적인 것
으로 시종하여 결국 죽음의 낭만적 찬미로 나타난 것은 순전히 이 때문이
다. 꿈의 내용이 과거에의 퇴행이건 미래에의 열망이건 현실도피라는 점
에서는 비슷한 것이다.

〈幽靈의 나라〉(朴英熙), 〈봄달잡이〉(朱耀翰), 〈꿈이면은?〉(洪思容) 등과
같은 좌절(현실)과 내면화(꿈)의 추구는 1920년대초 시의 공통점이었다.
1920년대 시 대부분이 어두운 현실은 좌절·절망 등으로 의식되고 그러
한 의식의 극복 및 출구는 다름아닌 바로 꿈이었다. 그러나 꿈은 환상적
정서로 나타나고, 현실은 고통으로 집약된다. 현실보다 추상적 실체인 꿈
의 우위야말로 낭만주의의 구조적 원칙이자, 시인들의 낭만화된 고뇌인
셈이다.

이와 같이 1920년대 시는 꿈·죽음·관능 등 낭만적 도주로 나타난 이

상, 그 비현실적 몽환적 허무적인 것은 낭만적이라는 용어와 동의어인 것이다. 이렇듯 1920년대 시인, 그중에서도 〈백조〉〈폐허〉 등이 지향하고 있는 꿈은 그들이 가장 사랑하고 동경하던 그런 자유로운 사랑의 도피처였다. 박영희의 〈꿈의 나라〉가 그렇고, 이상화의 〈나의 침실로〉가 그렇다. 그들이 밀실이나 죽음의 세계를 그릴 때에는 현실이 아니고 꿈으로서의 밀실과 죽음인 것이다(1).

이런 의미에서 「죽음을 예찬한 것도 죽음은 알 수 없는 세계이기 때문이다」라고 지적한 것은 결과적으로 옳은 낭만적 성찰인 셈이다. 그만큼 에로스가 요구하는 삶의 사랑은 죽음에의 충동인 타나토스와 관련되기 때문이다. 왜냐하면 죽음(꿈)은 한마디로 에로스의 본능이 요구하는 이른바 삶에 대한 사랑의 역설적 테마의 하나이기 때문이다.

전술한 바와 같이 한국시에 있어서 근대의 변화를 反他說眼으로 규정한다면 그것의 반명제로 자유시의 중요한 속성의 하나인 이상과 같은 꿈 모티브의 도입이 강조된다. 꿈 모티브는 자기 경험으로 가능하기 때문에 사회 및 인습 자체의 규범 속에 매몰된 자기를 찾아 그것을 드러내는 일이다. 자아의 발견 및 그 강조가 꿈으로 표상되는 것은 그러기에 자연스러운 일이다.

꿈은 이룰 수 없는 세계에 대한 불가능한 희망이며, 그만큼 자유롭고 자연스러운 감정이다. 자연스러운 감정이 주로 사랑을 제재로 한 작품에 표상되는 것은 실은 이 때문이다. 그러므로 사랑을 제재로 한 1920년대 시가 자유로운 시형으로 나타날 수밖에 없었다는 것은 자유시형이 시인의 자연스러운 생명의 욕구에 있었다는 것과 무관하지 않다. 그러나 1920년대 시와 같이 자연스러운 감정이 너무 지나치게 드러난 생명의 욕구 때문에 시적 긴장을 이완하여 그 결과 산문화로 나타났던 것은 주지의 사실이다.

1920년대초 감상시의 한 특징이 되어 있는 이러한 감정의 용솟음과 산문화의 극복이 한국 근대시의 흐름일 수 있다. 그후 1920년대 중반을 고비로 시조와 민요가 그 지향의 차이에도 불구하고 전통적 형식으로 강조되고 1920년대 초기의 개인적 감상시가 자유시건 프로시건 그 상위를 넘어서서 현실시로 바뀐 것은 한국시사에 있어서 새로운 방향모색이라고 보아지는 것이다. 특히 김소월 한용운의 시에 나타나는 낭만적 반어가 근대지향적 요소인 신선한 비애감 및 여성지향으로 나타난 것은 한국시에 있

어서 근대의 변화를 연구하는 데 중요한 단서가 된다.　　　朴 喆 熙

論　著
1. 白　鐵　朝鮮新文學思潮史(首善社, 1948)
2. 朴英熙　現代韓國文學史(思想界 1958. 4〜1959. 3)
3. 趙演鉉　韓國現代文學史(人間社, 1961)
4. 趙潤濟　韓國文學史(東國文化社, 1963)
5. 金禹昌　한국시와 刑而上(世代, 1968)
6. 金允植 김현　한국문학사(民音社, 1973)
7. 金灣東　한국근대시인연구(一潮閣, 1973)
8. 鄭漢模　한국현대시문학사(一志社, 1974)
9. 金容稷　한국 근대문학의 사적 이해(삼영사, 1977)
10. 趙東一　시조율격과 변형규칙(國語國文學硏究 18, 靑丘大, 1978)
11. 朴喆熙　한국시사연구(一潮閣, 1980)
12. 金興圭　문학과 역사적 인간(創作과批評社, 1980)
13. 金允植　한국근대문학양식론고(아세아문화사, 1980)
14. 吳世榮　한국 낭만주의 시 연구(一志社, 1980)
15. 申東旭　우리 시의 역사적 연구(새문사, 1981)
16. 金灣東　한국 개화기시가 연구(시문학사, 1981)

9. 리얼리즘 소설의 형성

　3·1운동 이후 1920년대 지식인들은 문화운동과 언론활동을 민족운동의 일환으로 전개하였다. 1920년대 작가들은 그 사회적 신분이나 연령상으로 보아 대체로 1920년대의 신교육을 받은 지식인층에 속하는바, 당면한 민족적 현실에 대해 새로운 각성을 하지 않을 수 없게 되었다. 학생·지식인·종교인에 의하여 선도되었던 3·1운동은 비록 민중적인 무장투쟁으로 연장되지 못하고 좌절되었으나, 정신사적인 영향면에서 1920년대 전반에 걸쳐 反植民運動인 동시에 反封建運動으로서 전개되었으며, 그것은 1920년대 작품의 문학사적 위치와 작가정신의 지향점을 시사하기도 하였다. 따라서 이 시대는 소설사적으로도 중요한 전환점을 가진다. 첫째 문화발전의 일반론에서 거론되는 「수용」과 「창조」면을 소설 창작에 적용하여 살피면, 이 시기는 고전소설양식이 서구화 경향의 소설양식으로 전환되는 시기이기도 하다.

　한국 근대사회의 변동과 밀접한 관련성을 가지는 문학의 이와 같은 변화는, 사회적 이념보다 현실을 중시하는 사고를 반영한 것으로서, 이는 한국 문학사상에서 언제나 중요논점이 되는 리얼리즘론과도 접맥된다. 주지하듯이 리얼리즘이란 개인의식과 사회에 대한 인식의 부단한 교호작용 속에서 성장한 것으로, 웰렉의 정의에 따른다면 「동시대의 사회적 리얼리티의 객관적 표현」이라고 요약할 수 있을 것이다. 설명을 덧붙인다면 예술의 목적이 객관적 정직성으로 삶을 묘사하는 것이라는 믿음, 즉 개략적 총괄보다는 구체적이고 현실적인 세부를 묘사하며, 예술가의 개인적인 경험보다는 전체적인 경험을 중시하며, 그것을 예리하고 정확하게 드러내어야 한다는 평면적인 반영론의 논리를 극복하는 단계를 포괄하고 있는 것이다.

　이와 같이 폭넓은 관점에서 사물의 세계와 사람의 세계를 이해하려는 리얼리스트들은 한 사회의 현실을 진단하는 관찰자의 입장과 아울러 한 사회가 지향해야 할 바람직한 세계, 즉 목적론까지 리얼리즘과 관련시키고 있다. 이들은 리얼리즘의 검증요소인 리얼리티를 검토하는 과정에서 「存在」와 「當爲」의 조화된 세계를 중시하게 된다. 반영론과 목적론 사이의 이 논리적 갈등은 리얼리즘 자체가 안고 있는 미해결의 장이지만, 그것은 바로 우리의 삶과 그것을 표현하려는 문학의 문제이기도 하다. 이를 해결하기 위해 리얼리즘론자들은 「典型」의 개념을 제시한다. 「전형」이란 자기의 주관과 객관, 부분과 전체, 특수와 보편, 당위와 존재 등으로 대립된 세계를 일원화하여 구심점과 조화의 세계를 추출하는 통합개념으로서, 거기에서 그들은 모순의 문제를 극복하려 한 것이다.

1920년대의 한국소설은 서구 문예사조 중에서도 자연주의와 리얼리즘을 크게 수용하면서 발전하였다. 1920년대 소설이 비록 단편소설 중심이었지만 리얼리즘 쪽으로 발전한 이유로는 첫째, 앞서 밝힌 것처럼 신교육을 받은 작가들이 현실을 직시하면서 일제치하의 식민지제도와 재래의 봉건적인 낡은 관념의 속박에서 벗어나려는 자아 각성과 시민의식이 대두된 결과로 볼 수 있다. 둘째는 저널리즘의 영향을 들 수 있다. 3·1운동 이후 1920년대의 신흥 지식인들은 문화운동과 언론활동을 민족운동의 일환으로 전개하였다. 이른바 민족운동의 三府라고 하는 〈朝鮮日報〉〈東亞日報〉〈時事新聞〉 등은 1920년대 언론활동의 중추구실을 하였다. 신교육을 받은 지식인이 주도한 신문·잡지·번역문예물 등의 격증은 1920년대 소설의 성숙을 가능하게 한 것이며, 이 시대 소설의 성격을 결정하는 가장 중요한 요인으로 간주된다. 요컨대 신소설작가나 근대소설 작가를 막론하고 이들이 대체로 신문·잡지에 관여하였다는 사실은 한국 근대소설의 사회적 성격을 암시해 준다. 문학인들의 이와 같은 언론직 종사는 문학과 언론에 다 같이 영향을 미쳤는데, 그 첫째는 소설과 사회의 관계를 밀접하게 한 일이었으며, 둘째는 전문적인 직업인으로서의 記事 작성자들을 빠른 시일에 많이 배출케 하였으며, 세째는 기사작성자이며 문학인인 그들로 하여금 사물을 객관적으로 관찰하여 정확하고 현실성 있는 문체를 형성하게 하였을 뿐 아니라 한국 근대소설의 리얼리즘적 성격을 결정시키는 데 지대한 역할을 하였다.

물론 이 시대의 작가들은 직접 톨스토이, 도스토예프스키 등의 수준 높은 서구의 리얼리즘 계열의 소설들을 많이 읽어 리얼리즘 쪽 소설을 창작하는 데 영향을 받았다는 것을 우선적으로 전제해야 할 것이다.

그런데 우리의 1920년대 소설의 경우 서구 문예사조의 발전과정과는 달리 리얼리즘보다 자연주의를 우선적으로 수용하게 되었다는 사실을 살필 필요가 있다. 리얼리즘과 자연주의의 명확한 의미상의 차이를 명백하게 가른다는 것은 사실상 거의 불가능한 일이다. 자연주의는 분명 리얼리즘과는 다르지만 그렇다고 리얼리즘과 관계가 없는 것은 아니다. 즉 리얼리즘과 자연주의는, 예술이란 근본적으로 외적 진실의 模寫的 客觀的 再現(낭만주의자들에 의하여 실천된 想像的 主觀的 변형에 대조되는 뜻으로)이라는 기본개념을 공유하고 있으며, 여러 가지 점에서 자연주의는 리얼리즘의 한 강화된 형태이다. 자연주의자들은 과학적 사상에 깊이 고취된 하나의 철학을 거쳐 여러 분야의 과학으로부터 그들의 작품에 표현하고자 하는 인간개념을 추출한다. 자연주의자들은 선입견 없는 객관적 태도를 취하는 사실주의자들과는 달리 이미 어떤 패턴을 예상하여 인간을 관찰하고 실험하려고 한다. 1920년대 소설이 자연주의를 더 명징한 사조로 수용할 수밖에 없었던 이유를 우리는 표면적으로 당대작가들이 일본 문단의 영향을 많이 받았기 때문이라고 볼 수도 있겠으나, 그보다는 다음과 같은 몇 가지 사회적 정황을 중요한 내인으로 내세울 수 있을 것이다.

첫째, 자연주의를 다윈의 진화론에 근거한 생존경쟁·약육강식·적자생존이라는 생물적 차원의 논리로 받아들였다는 점, 즉 약육강식의 비인간적 논리는 그대로 일제가 조선왕조를 강점한 식민주의정책과 동궤에 선다는 사실이다.

둘째, 자연과학의 낙후성에 대한 열등의식을 가진 이 시대 작가들은 과학만능사상을 동경하였다. 따라서 그들은 적용한계가 매우 애매한 리얼리즘보다 자연주의를 그들의 요구에 알맞은 긴요한 것으로 파악하였으며, 그리하여 우선적으로 그것을 수용하였다.

세째, 1920년대 초반기의 낭만적 감상성에 대한 반작용으로 자연주의가 거론되었다. 즉 자연주의는 리얼리즘보다는 실험성이 강한 구체적 사조인 동시에 「주관적 혁명성」을 띤 사조였기 때문에 낭만성이나 관념성의 대응사조로 적합하였다. 그러나, 여기에서도 졸라類의 常數가 그대로 우리에게 적용된 것은 아니고, 우리의 사회여건과 전통에 따라서 자연주의의 변수가 파생되었다. 우리의 경우 서구적 자연주의는 약육강식의 생존경쟁과 극한상황적 현실의 모순을 소설 창작면에서 인식시키고, 문체면에서 현실묘사를 더 정확히 하는 데 기여하였지만, 그것은 지나치게 환경괴 인간의 본능을 우위에 놓고 강조한 점에서 비판을 받을 수 있을 것이다.

말하자면, 이 시기의 자연주의 소설의 발생 원인은 3·1운동 후 작가의 꿈과 이상을 상실하도록 한 사회적 여건과 그에 수반한 의식구조의 일단이기도 하지만, 그 역으로 자연주의 소설은 이 시대 젊은이의 꿈과 이상을 오히려 소멸시켜 환경에 패배하는 인간상을 만들기도 한 것이다.

1920년대의 리얼리즘 소설은 짧은 기간이나마 1920년대초의 낭만주의와 자연주의에 기반을 두었다고 할 수 있다. 낭만주의는 인간의 의식세계를 확대하여 리얼리즘의 내면화에 기여하였고, 자연주의는 리얼리즘과의 관계는 미묘하지만, 더 정교한 세부묘사, 실험정신 등으로 리얼리즘의 확대에 이바지했다. 이 시대 작가들이 리얼리즘 경향을 지향한 것은 리얼리즘이 「당대의 사회적 리얼리티를 객관적으로 표현한다」는 보편적 개념을 내포하고 있기 때문이다. 1920년대 중반기에 이르러 소설계에서는 낭만주의·자연주의와의 詰坑作用이 거듭되면서 점차 리얼리즘의 터전이 확립되어 갔고, 소설의 현실성에 대한 작가들의 관심은 그들 작품의 이념화를 촉진하였다. 그리하여 1920년대 후반에 이르면 金東仁이나 廉想涉 玄鎭健이 주도하던 초기의 감상적인 작품들과는 달리 계급사관에 기초한 소설들이 소설계를 리드하여 갔다. 朴英熙의 〈地獄巡禮〉, 趙明熙의 〈洛東江〉 등이 그와 같은 작품이다.

이상의 사실들을 종합하면 1920년대 소설의 지향점은 문예사조적 측면에서 리얼리즘으로 규정할 수 있을 것이다. 그리고 이 시기의 리얼리즘의 형성과정은 다음의 3단계로 나누어 살필 수가 있을 것이다.

제 1 기 1920~1923
제 2 기 1924~1925
제 3 기 1926~1929

제 1 기의 작품들은 羅稻香의 〈젊은이의 時節〉(1922) 〈별을 안거든 울지나 말걸〉(1922) 〈幻戱〉(1922), 김동인의 〈마음이 옅은 者여〉(1920) 〈배따라기〉(1921), 염상섭의 〈標本室의 靑개구리〉(1921), 현진건의 〈犧牲花〉(1920) 〈貧妻〉(1921) 〈墮落者〉(1922) 등이 주요작품으로 평가되고 있으며, 대체로 그 작품들은 낭만주의적 감상 경향이 짙다. 3·1운동 후에 등장한 1920년대 초반의 신진작가들로 주축을 이룬 그들은 정치적 좌절감 속에서도 자아해방과 각성, 자유와 평등을 동경하였다. 따라서 작품의 주제도 인습의 부정과 풍속개량, 자유연애 등을 주로 다루고 있다.

제 2 기는 李光洙의 〈再生〉(1925), 김동인의 〈감자〉(1925), 나도향의 〈물

레방아〉(1925) 〈뽕〉(1925) 〈벙어리 三龍이〉(1925), 염상섭의 〈萬歲前〉(1924), 현진건의 〈운수좋은 날〉(1924) 〈불〉(1925) 〈B舍監과 러브레타〉(1925), 田榮澤의 〈화수분〉(1925), 崔曙海의 〈故國〉(1924) 〈脫出記〉(1925) 〈朴돌의 죽음〉(1925) 〈飢餓와 殺戮〉(1925), 金基鎭의 〈붉은 쥐〉(1924), 박영희의 〈사냥개〉(1925), 李益相의 〈흙의 洗禮〉(1925), 조명희의 〈땅속으로〉(1925), 朱耀燮의 〈人力車군〉(1925) 〈殺人〉(1925) 등이 발표된 시기로서 1920년대 소설의 전성기라 할 수 있을 정도로 질량면에서 우수한 작품이 많이 생산되었다. 한두 해 사이에 집중적으로 이와 같은 성과가 거두어진 것은 대체로 다음의 몇 가지 점에 기인하고 있는 것 같다.

첫째, 이 시기는 3·1운동 후의 우리 민족이 당면한 현실을 재성찰하고 반성할 수 있는 기간이 되었으며, 또한 사회운동과 문화운동의 여파가 소설창작면에까지 미치게 되었다.

둘째, 작가들의 연령도 20대 중반을 넘게 되면서 습작기의 미숙성을 극복하고 본격적으로 창작에 몰두할 수 있는 시기가 되었다.

세째, 문예사조적인 측면에서 보면 이 시기는 새로운 전환기에 해당한다. 낭만주의·자연주의의 세례를 받은 우리 문학은 현실인식이라는 관점에서 리얼리즘 노선이 싹트고 자랄 터전이 마련되어 가고 있었으며, 또한 이 시기에는 경향문학도 태동하기 시작할 조짐을 보이고 있었다. 그밖에도 이 시기는 문학적 이데올로기 측면에서 민족주의와 계급주의가 정면으로 대립하기 시작하여 소설의 시야를 넓혀주었으며, 3·1운동 이후의 저널리즘의 보급이 급격히 확대되어 작품의 수량과 질을 높이는 데 크게 기여하였다. 필자가 조사한 바로도 이 기간의 잡지는 82종(1920~1929년 사이자 169종, 이하 괄호 안 수자는 같은 기간의 작품수 표시임), 잡지에 실린 번역작품이 488종(671), 단행본이 88종(114)이나 된다. 말하자면 이 기간에는 다양한 사조와 사상이 교차되고 출판활동이 활발했으므로 그에 따라 작품수준도 크게 향상된 것이라고 하겠다.

제3기는 창작보다 문학논쟁이 우세했던 시기로서, 대부분의 작가들이 소설의 형식미보다 내용면에 중점을 두었다. 특히 박영희 김기진 최서해를 중심으로 한 경향파 작가들은 계급사상에 의지하여 창작함으로써 소설의 본질을 외면하는 경향을 보였음은 물론 계급투쟁의 선전성을 지나치게 강조한 나머지 사회현실과 유리된 작품을 생산하여, 다른 의미의 관념소설이 이 시대 소설을 오도하는 면을 보였다. 그러나 이들 작가들이 그 초기에는 일제의 식민정책으로 말미암은 현실의 모순을 구체적으로 파헤쳐 철저히 비판하고, 민족적 현실을 분명하게 부각시켰음은 간과할 수 없는 사실이다. 박영희의 〈지옥순례〉(1926), 조명희의 〈낙동강〉(1927), 李箕永의 〈復興會〉(1926) 〈五男妹 둔 아버지〉(1926), 최서해의 〈餞送辭〉(1927) 〈底流〉(1926) 〈醫師〉(1926) 〈紅焰〉(1927), 宋影의 〈煽動者〉(1926) 〈鎔鑛爐〉(1926), 이익상의 〈흙의 洗禮〉(1925) 〈漁村〉(1925) 등이 그와 같은 작품들이다.

이상의 1920년대 작품들을 편의상 분기별로 나누어, 그 특징과 상호연관성을 문예사조적 측면에서 살펴보면 다음과 같은 경향을 보인다.

    1기 낭만주의 경향(감상적 낭만적 리얼리즘)

    2기 자연주의 경향(자연주의적 리얼리즘)

    3기 경향파 경향(변증법적 비판적 리얼리즘)

이들 작품의 분기별 특성을 유형화하여 살피면 다음 표와 같다.

작품 분석면	1기	2기	3기
주인공의 계층	중산층 지식인	中·下層아녀자	하층 노동자·농민
작품 결말	좌절·도피	패배·자살	살인·방화
개혁 대상	인습부정·무지타파	현제도 부정	계급부정
작가 태도	주관적 자아각성 (종교적 태도)	객관적 현실각성 (과학적 태도)	주관적 현실비판 (사회적 태도)
개인·사회관계	개인	개인과 사회	계층사회
소설기교	유추	아이러니	풍자

위의 표에 따르면, 1920년대 소설 주인공들의 계층에 있어 1기는 중산층 지식인, 2기는 중·하층 아녀자들, 3기는 하층 노동자·농민이고, 그들의 사회와의 관계는 1기가 「좌절」과 「도피」, 2기가 「패배」와 「자살」이라는 비극적 결말을 보인 데 반하여, 3기는 살인·방화 등의 적극적이고 극단적인 저항성을 띤다. 이와 같은 大轉移는 이 시대의 격동하는 사회사상과도 함수관계에 놓인다. 이광수가 자기 사상을 위장하기 위해 연애·종교·역사를 작품에 내세운 데 반해(1931년의 기록이기는 하지만 이광수는 〈東光〉 4월호에서 일제하이기 때문에 역사소설인 〈許生傳〉을 썼다고 해명하고 있는데, 시사하는 바 크다), 2·3기의 작가들은 아이러니와 풍자의 기법을 사용하여 일제의 가혹한 지배정책에 대응하고 있다.

　그러나 이상의 여러 특징은 개별작품의 특성에 대한 세부검토가 전제되지 않고서는 타당성을 얻기가 어렵다. 작품의 개별검토가 없는 「특징」은 도식성으로 떨어질 가능성이 있다. 작품은 작품 나름대로의 자율성과 작품 상호간의 새로운 맥락이 있으므로 시기별 변동에 상관 없이 중첩되는 수가 많다는 것은 다시 설명할 필요도 없는 일이다.

　이광수에서 최서해에 이르기까지의 시기에 있어 작품의 주조를 이룬 것은 자기상실에 대한 비극적 主題素들이다. 이는 근본적으로 國權喪失期의 특수환경에서 파생된 현실인식의 방법이기도 하였다. 즉 작품의 주인공들은 대체로 소외자의 위치에서 잃어버린 자아를 확인하면서 상실된 자아를 회복하려 한다. 이들은 자기를 방어 보존하기 위해 가해자와 대립하면서 도피·순응·저항 등 다양한 태도를 보이나, 이들은 결국 대립상태에서 취해진 한 가지 태도인 것이다. 한편 이들 작가들은 작품을 통하여 이 시대 민중들의 인습적 태도와 미몽에서 깨어나지 못한 무지를 일깨우려 하였고, 피상적인 외래사상의 수용을 비판하기도 하였다.

　뿐만 아니라 이들은 민중의 미신에 대한 맹신과 인습적인 체면(persona) 의식의 과잉을 작중인물을 통하여 비판하고 있다(현진건의 〈故鄕〉, 나도향의 〈池亨根〉 등을 참조할 수 있다). 이는 3·1운동 후 두드러진 자아와 민족적 각성의 결과인 동시에 민족적 자아의 상실을 외적으로 보상하려는 심리적 작용에 기인한 것이기도 하다.

　이 시대의 작가들은 이상의 내외적인 고충과 관련된 소설을 리얼하게 표현하려고 고심했고, 조화된 소설세계를 모색하기도 했다. 가령 1920년대 소설의 발판을 마련한 이광수는 동시대 최선의 세계관을 선택하고 동시대와 인물의 중심계급을 典型化하였다고 주장한다. 「……나는 寫實主義 全盛時代에 靑年의 눈을 떴는지라 내게는 寫實主義的 色彩가 많다. 내가 小說을 某時代의 某方面의 忠實한 記錄으로 보는 경향이 많은 것은 이 때문이다.」(李光洙 全集 16. p. 193) 또한 이광수가 문학의 진실성은 知·情·意의 총화의 세계라고 말한 것이나, 현진건이 想像美學으로서의 소설의 기능은 지적인 동시에 정적인 것을 융합시킨 것, 즉 眞·善·美의 통합력에서 발휘된다고 주장한 것이나, 그밖에도 최서해가 「조선사회」와 「조선민족」을 위하여 일을 한다는 점에서 카프를 지원하고 옹호하였을 뿐, 그 문학정책에는 감심하지 않고 이광수 계열의 작품 이상을 계승하되 변종된 작품을 썼다는 것 등은 바로 이 시대 작가들이 소설의 본궤도를 지향하고 있었음을 시사해 주는 점들이다. 결국 이러한 작가의식은 앞서 논의한 리얼리즘의 형성과정과 결부되어 포괄적으로 「민족주의적 리얼리즘 소설」의 발판을 굳히기 시작한 것이다.

尹 弘 老

論　著

1. 朴英熙　自然主義에서　新理想主義에 기슭어지려는 朝鮮文壇의　最近傾向(開闢 44, 1924)
2. 金八峯　知識階級의　임무와 新興文學의 사명(每日申報 1924. 12. 7)
3. 金八峯　피루성이가 된 푸로魂의 표백(朝鮮文壇 56, 1925)
4. 廉想涉　作家로서는 무의미한 말 (朝鮮文壇 56, 1925)
5. 李光洙　階級을 초월한 藝術이라야(朝鮮文壇 56, 1925)
6. 朴英熙　鬪爭期에 있는 文藝批評家의 態度(朝鮮之光 1927. 1)
7. 千二斗　韓國現代小說論(螢雪出版社, 1969)
8. 金澤東　韓國文學의 比較文學的 硏究(一潮閣, 1972)
9. 金允植　韓國近代文藝批評史硏究(한얼문고, 1973)
10. 任軒永　韓國近代小說의 探求(汎友社, 1974)
11. 金鍾均　廉想涉硏究(高麗大 출판부, 1974)
12. 李在銑　韓國短篇小說硏究(一潮閣, 1975)
13. 柳宗鎬　廉想涉論——「萬歲前」과 「一代의 遺業」을 中心으로——(現代韓國作家硏究, 民音社, 1976)
14. 蔡　壎　1920年代 韓國作家硏究(一志社, 1976)
15. 金允植　廉想涉의 小說構造(作家論叢書 廉想涉篇, 文學과知性社, 1977)
16. 李在銑　한국현대소설사(弘盛社, 1979)
17. 尹弘老　韓國近代小說硏究(一潮閣, 1980)

10. 민족문학과 프로문학의 대립

3·1운동의 결과로 나온 齋藤實의 소위 「문화정치」는, 그 본질에 있어 이전의 「무단정치」와 다를 바 없다고 하더라도, 한국 지식인의 활동과 그 한 부분으로서의 문학운동에 커다란 전기를 마련한 것은 부인할 수 없다. 이 齋藤實 등장시대는 지식인의 배출 면에서 볼 때 개화의 물결을 타고 1910년대에 이르기까지 국내외에서 신교육을 받아왔던 다수의 지식인이 사회로 나오게 되었고, 문학활동의 가능성 면에서 볼 때 서구적 문학에 접함으로써 문학적 시야를 넓혀온 문학 지망생이 다수 등장하고, 문화정치로 인해 발언 영역의 진폭과 발표 지면이 넓어지게 되었다. 이 두 가지 사실은 문학활동의 양적인 확대와 내용상의 다양성을 밑받침해 주고 있었다. 문화정치라는 고등술책은 일부 지식인들로 하여금 실력양성론과 민족개량론 등을 내용으로 하는 「문화운동」 속에 말려들게 했지만, 한편으로는 문화운동에 대한 강력한 거부운동을 야기시켰다. 크게 보아 1920년대 지식인의 대 식민지활동은 문화운동과 민족투쟁론을 바탕으로 하는 사회운동으로 양분할 수 있겠고, 문학운동도 그에 따라가고 있었다고 할 수 있다. 그들은 모두 민족주의를 표방한 바 있으나, 그 성격의 차이는 뚜렷하였다. 문화운동에 참여한 사람들은 일제 지배현실과의 일정한 타협을 인정하고 있었지만, 그것을 거부하는 쪽에서는 일체 현실을 부정하고, 일제에 대한 적극적 항쟁을 주장하였다. 전자는 점진적인 민족개량을 통한 민족적 이상 실현을 추구한 右派였고, 후자는 즉각적 민족독립 실현에 절대적 가치를 부여한 左派였다. 1920년대에 나타난 국민문학은 전자에, 프로문학은 후자에 맥이 닿고 있다고 하겠다. 프로문학에 참여한 작가들은 소장파 혹은 신인들로서 급진적인 사회주의 사상에 물들어 있었고, 국민문학 편에 섰던 작가들은 이미 문단에 일정한 위치를 구축하고 있던 보수적 점진주의적 인물들이라 하겠다.

프로문학은 계급문학·경향문학 등으로도 불린다. 「신경향파」 문학이란 말은 프로문학이 나타난 시기인 1923년경에서 카프의 조직시기 직후까지의 소위 「자연발생적 문학기」의 프로문학을 지칭하는 것으로서, 한국문학사에 있어 하나의 사적 술어로 굳어지고 있다. 카프는 1925년 8월에 조직된 것으로 밝혀졌지만, 자연발생적 문학기는 1927년경까지로 잡고 있다. 자연발생적 문학기 이후는 「조직적 투쟁문학기」(혹은 「목적의식적 문학기」)로 일컬어지며, 이 시기 이후의 프로문학에 대하여는 신경향파 문학이라는 용어를 쓰지 않는다. 카프 이전의 프로문학의 조직으로는 1922년과 1923년에 각각 결성된 것으로 알려진 「焰群社」와 「파스큘라」가 있었다. 전자에는 沈熏이 참가했던 것이 흥미롭고, 후자에는 초기 프로문학 이론의 선도자가 된 朴英熙와 金基鎭이 포함되었다. 파스큘라가 내건 「예술을 위한 예술을 배격하고 인생을 위한 예술을 건설한다」라는 테제는 프로문학의 기본적 입장을 요약하고 있다. 「봄의 피리」 「가을하늘」 「애인의 키쓰」를 노래하거나 「과대망상」 「금수강산 속으로의 도피」 「哀傷的 인도주의」를 드러내던 1920년대 초기까지의 문학을 철저히 매도하면서, 박영희와 김기진은 계급의식을 바탕으로 한 투쟁문학을 선언하였다. 낭만파의 지향없는 감상주의가 철시를 하지 않을 수 없을 정도의 타격을 받았다는 점은 주목할 만하다. 이로써 그들은 「우리는 고민기에서 환멸기로, 환멸기에서 활동기에 이르렀다」고 선언하면서, 「형식의 고전적 전통을 파괴」하고 「美보다는 力, 타협보다는 불만을 그리는 문학」을 다짐하였다. 감상 속에서 방황하던 낭만파 시인이었던 박영희는 분명한 이념적 지표의 설정을 통해 방황을 청산한 셈이지만, 이후 그의 문학은 경색된 이념적 도식 속에 철저히 간히게 됨으로써 단짝을 이루던 김기진으로부터조차 비판을 받기에 이른다. 박영희의 〈徹夜〉와 〈地獄巡禮〉에 대해 김기진은 1926년말 「문예시평」에서 소설건축론을 제기하면서 「선전문학도 문학상 요건을 구비해야 한다」고 충고한다. 이는 문학의 형식에 대한 프로문학가 자신들의 한계인식과 반성을 뜻한다. 「자연발생적 문학기」에서 「목적의식적 문학기」에 이르는 프로문학은 관념의 표출에 성급함으로써 「문학상 요건」을 망각하였던 것이다.

崔鶴松은 문학적 기본요건을 문제삼을 때 자연발생적인 문학기를 대표할 수 있는 작가로서, 자신의 가난의 체험과 간도의 민족적 비운을 문학적으로 훌륭히 형상화할 수 있는 가능성도 충분히 보여주고 있지만, 이미 작가로서의 출발 이전에 접할 수 있었던 계급이론의 초보적 도식의 속박에서 벗어날 수 없었기 때문에 그 가능성은 더 이상의 성취에 이르지 못했다.

그의 작품 中 가장 알려진 〈脫出記〉는 특히 가난의 원인과 가족을 버리는 과정과 그 이후의 성실성——주인공의 가난 극복을 위한 노력——에 대해 독자를 설득시키지 못한다. 빈부에 대한 증오의 도식만이 남아 있다. 〈饑餓와 殺戮〉 등등의 여러 작품들에서도 남는 것은 역시 설득력 없는 공소한 증오의 도식뿐이다. 〈紅焰〉을 위시한 간도 체험의 소설에서도 민족적 대결보다는 빈부의 도식이 부과된다. 주인공의 상황이 집단적인 문제로 확산되지 않고, 개인적 감정적 차원에 머물고 만다. 미쳐서 살인 방화로 자멸하는 결말은 개인적인 해결방식이지 집단적인 문제해결의 길을 제시하는 것은 되지 못한다. 상대적인 예로 玄鎭健의 〈운수 좋은 날〉을 상기하면, 그 작품은 주인공 김첨지와 같은 인물들의 운명의 근저가 무엇이며, 그 해결방식이 어디에 있을 것인가 하는, 하나의 집단적 문제를 뒤에 남겨놓는다. 어쩔 수 없이 그렇게 되는, 그렇게밖에 될 수 없는 운명——그것은 개인의 것일 수 없는 것이다.

김기진의 〈붉은 쥐〉나 李箕永의 〈가난한 사람들〉은 동경유학 등의 고등교육을 받은 인텔리를 주인공으로 한다. 그들은 상류계층의 자제들로서, 그들의 가난은 실직에서 오는 것이었는데, 지식인의 실직을 계급적인 문제와 관련되는 것이라고 할 수는 없다. 룸펜 인텔리겐차나 룸펜 프롤레타리아가 개인적 불만을 감정적 차원에서 폭발시키는 이야기는 「力의 예술」이 되기가 어렵다. 이것이 「자연발생적 문학기」 작품이 여러 계층으로부터 외면당할 수 있는 가장 큰 허점이다.

이기영의 〈쥐이야기〉나 박영희의 〈사냥개〉, 최승일의 〈바둑이〉는 동물을 등장시켜 富에 대한 증오와 계급적 관념을 논하게 한 점이 특기할 만하다. 이들 작품에서는 소박한 관념, 즉 김기진의 말처럼 「지붕도 서까래도 없이 붉은 지붕」만이 앙상하게 남는다. 박영희는 「붉은 지붕」만을 강조하는 문학 쪽으로 프로작가들을 몰아가는 데 주도적 역할을 하다가 카프 진영의 헤게모니 문제와 관련하여 1934년 〈最近 文藝理論의 新展開와 그 傾向〉을 통하여 「얻은 것은 이데올로기요, 잃은 것은 예술 자신」이라는 말을 남기면서 카프를 탈퇴한다. 이에 김기진이 〈박군은 무엇을 말했나〉를 써서 박영희의 과오를 논한다. 박영희의 탈퇴가 프로문학으로부터의 180도 전환인가에 대하여 金容稷 金允植은 다른 견해를 보인 바 있다(5·10). 카프는 1935년 정식 해산한다.

박영희의 〈지옥순례〉, 이기영의 〈가난한 사람들〉을 위시한 많은 프로소설에서는 일체의 윤리와 생명의 존엄성이 부정된다. 프로작가들에 있어,

살인·방화·강도·윤리파괴는 그들 나름의 정의라는 이름 아래 얼마든지 허용될 수 있는 것이었다. 그들 식의 정의와 인간사회의 기본적인 도덕률 및 생명의 존엄성 사이에 존재하는 거리는 참으로 큰 것이었다.

가난의 근저에 대한 설득력 있는 구명의 결여, 기본적 윤리와 생명에 대한 존엄성의 부정, 룸펜의 개인적 불만 표출, 범죄적 폭력과 자멸로 나타나는 허무 혹은 패배주의는 이들 작품으로 하여금 대중 독자로부터 소외되게 하기에 충분한 것이었다. 거기에다 민족적 운명과 관련되는 구체적 문제분석의 결핍은 아무런 민족적 비젼도 제시할 수 없는 것이었다. 曹南鉉은 1920 년대 프로문학이 상부계층으로부터나 하부계층으로부터 소외되었다고 말한 바 있다(6).

趙明熙의 〈洛東江〉은 「조직적 투쟁문학기」로의 방향전환이 논의되던 시기의 중요작품이라고 林和는 말했다. 이 작품은 「자연발생적 문학기」의 작품이 가졌던, 앞에서 지적한 문제의 극복이 이루어지고 있는 몇 가지 증좌를 보인다. 그것은 빈궁의 문제를 식민지 민족 현실과의 상관관계 아래 그 근저를 파악하려 하고 있다는 것, 또 그것을 집단적 운명개선이라는 시각에서 다루었다는 것, 농민을 계급투쟁의 배경세력으로 간주하고 있다는 것, 투쟁과 지도자의 논리를 제시했다는 것, 허무와 패배주의가 극복되고 있다는 것 등이다.

1930 년대초에 프로문학 진영에서는 사회주의적 리얼리즘이 논의되기 시작하고, 그에 따른 창작이 이루어진다. 이 시기에 그들의 작품은 사실적 묘사와 민족의 생활주변과 감각을 중시하게 된다. 이 시기에 있어 농민은 단연 그들 작품의 대표적 주인공이 된다. 농민이야말로 한국 무산계급의 주축을 이루며 그들의 논리가 설 땅을 보장해 주는 세력이 된다는 것을 재확인한 것이다. 1930 년대초에 농민문학론을 전개한 白鐵은 〈農民文學 問題〉에서 「농민문학은 종국에는 프로문학에 일치되는 것」이라 선언한다. 이기영의 〈고향〉은 사회주의적 리얼리즘이 얻은 최고의 수확이라고 평가되고 있다. 〈고향〉은 비슷한 시기의 〈흙〉이나 〈常綠樹〉와 흔히 비교된다. 〈고향〉과 〈흙〉의 비교에 대한 관심은 두 작품이 발표될 당시부터였는데, 좋은 예로, 閔丙徽는 프로문학 쪽에 서서 두 작품을 여러 항목으로 나누어 분석하면서, 〈고향〉을 높이 평가하고 〈흙〉을 비판하였다(1).

20 세기 서구에서 나타난 것이 한국에 들어온 때가 한국 현대문학이 시작되는 시기라고 보는 논리로 백철은 프로문학의 등장기에서 「현대적 문학」의 출발기를 잡았다(4). 여기에 동조하는 논자는 보이지 않는다. 서구

저 공식이 한국적 상황에 그대로 대입된다고 보는 사람은 없다는 뜻이 된다. 백철은 프로문학을 긍정적인 면에서 보려고 했지만, 설득력 있는 근거를 충분히 제시했다고 하기는 어렵다(2·4).

프로문학은 1920년대에 나타난 민족적 저항으로서의 사회운동을 배경으로 하지만, 그들이 의거한 마르크스주의의 계급이론에 너무 속박되고 있었다. 마르크스주의 이론의 수입 근저에는 민족의식이 있었다는 점을 부인할 수는 없다. 김기진의 논설들에서 특히 이 점이 분명히 나타나고 있다. 그러나 그들은 마르크스나 엥겔스가 가르친 대로 계급적 편견에 사로잡혀 민족주의적 지표를 확립하지 못하고 세계주의에로 치달려갔다. 마르크스나 엥겔스는 한국과 같은 식민지 국가에 있어서 민족해방운동을 위해 무산계급이 무엇을 해야 할 것인가를 가르치지는 않았던 것이다. 주지하는 것처럼 마르크스와 엥겔스에 있어, 프롤레타리아의 역사적 사명은 부르조아지를 타도하고 세계주의를 수립하는 것이었다. 한국 프로문학이 민족적 힘의 문학으로 성장하기 위해서는 식민지 상황을 전제한 민족주의적 무장을 분명히 해두어야 했었을 것이다.

1926년경부터 등장한 국민문학론은 프로문학의 세계주의를 가장 큰 공격목표로 하고 등장하였다. 구성면에서 볼 때 국민문학파는 프로문학의 등장에 자극받아 개별적인 문학활동을 하던 기성문인들이 공동보조를 취한 데 불과했다. 따라서 그들에게 있어 통일된 지표로서의 이론은 존재하지 않았다. 그들은 프로문학의 급진주의와 계급 양분론과 세계주의에 대응하여, (1) 민족개량론을 바탕으로 한 점진주의 내지 보수주의, (2) 전통계승론과 혈통론을 바탕으로 한 민족통합주의——이것을 흔히들 민족주의라고 규정한다——를 내세웠다. 여기에 다시 (3) 문학의 예술성 문제를 들고 나와, 이 삼자의 문학적 성취를 국민문학이라 하게 된다. 이때의 국민문학은 일제 말기의 내선일체론에 입각한 국민문학과는 다르다.

국민문학파의 민족주의는 식민지 상황 극복을 위한 적극적 이론을 포함한다고 할 수는 없다. 혈통이 같으므로 계층구분이 없이 통합되어야 한다, 전통적인 문학형식과 정신을 계승하고 향토를 사랑하여 애족정신을 길러야 한다는 것이 요지가 된다. 국민문학파는 「朝鮮心」이란 말을 특히 강조하고 있으나, 그 의미는 모호하다. 梁柱東은 「조선심」을 「조선이란 땅과 기후·생활·풍습이 모인 가운데서 필연적으로 생긴 전통과 정조 및 동족애 같은 것…… 조선이란 땅과 민족생활관계에서…… 필연적으로 산출되 의식」이라 규정한 바 있다.

국민문학파가 민족문학론과 관련하여 실천한 것으로 시조부흥운동, 국토순례와 예찬, 역사소설의 창작 등이 두드러진다. 시조부흥운동은 사설시조가 아닌 전통적인 평시조의 계승과 변형에 집중된다. 평시조는 귀족계급의 충의정신으로 대표되는 현실순응의 태도와 자연으로의 도피 등으로 대표되는 개인적 안일을 일정한 틀 속에서 노래하는 것임은 주지하는 바다. 순응과 도피와 안일과 고착된 형식이 부정되어야 하며, 현실에 대처하는 새로운 정신과 행동양식이 필요한 시대에 맞는 이론이 제시되지 않은 시조부흥운동은 단순한 복고주의에 지나지 않는다. 시조의 변형운동은 평시조의 분장 정도에 머무르고 있다. 「빈 배에 몸을 맡겨 달 더불어 누엇거늘／어즐은 세상일을 생각하여 무삼하리／밤고기 뛰는 소리에 그만인가 하노라」(李殷相의 〈漁浦 달 밝은 밤에〉 제3련)는 이들 시조의 성격을 대표하는 예가 된다. 이와 같은 것을 식민지시대 민족주의 작품이라고 할 때 프로문학 작품들과 화해할 수 있는 길은 찾기 어렵게 된다.

崔南善의 〈조선유람가〉를 위시한 국토기행 및 예찬문은 일제하의 황폐한 조국강산, 내적으로 찌든 역사적 현실 속의 조국강산을 똑바로 보지 않고, 그것을 낭만적인 감상으로 착색하여 보고 있다. 현실은 사라지고 개인의 감상만이 남았다. 시조나 조국강산 예찬문에서 자연이 주된 소재가 되지만 그것은 그 속에 사는 대다수 한국민족과는 유리된 채 미화된다. 뿐만 아니라 그러한 자연 속으로 도피하는 것이 예찬된다.

프로문학이 도전적·폭력적·비타협적·저항적이며 비관적 세계인식 태도를 보인다면, 국민문학은 도피적·비폭력적·타협적·순응적이며 낙관적 세계인식 태도를 보인다고 할 수 있겠다. 국민문학파의 연구는, 프로문학의 연구에서 마르크스주의에 대한 정통한 지식이 필요한 것처럼, 그들의 낙관적 세계인식의 안팎에 도사리고 있는 허점과 그 대표격이던 최남선 이광수 기타 인물들의 對日·對民族 자세(일제말의 그것을 제외하고도)와 작품의 관계를 꿰뚫어볼 때, 지금까지의 논자들이 보여왔던 피상성이나 자료나열적 성향을 극복할 수 있을 것이다.

이광수와 김동인은 역사소설 속에서 귀족적 영웅의 미화에 노력했으나 민중의 역량에 대한 관심은 보이지 않았다. 이 점은 洪命憙가 〈林巨正〉을 써서 민중적 영웅을 부각시키면서 민중의 잠재적 역량을 찾아보려 한 점과 대조된다. 〈端宗哀史〉나 〈麻衣太子〉에서 이광수는 단종과 마의태자에 대한 연민의 정을 보이고, 왕위찬탈 같은 충의에 어긋난 일을 비난한다. 그러나 막상 견훤이나 수양이 집권하게 되자 그들의 역량을 예찬하고, 그들이 선정을 베풀었음을 강조한다. 여기서 작자의 일관된 사관을 파악하는 데 혼란이 일어난다. 이와 같은 사건인식의 태도에서 이광수의 현실관을 窺知하려는 시도도 있을 수 있다. 즉 일제의 한국 강점은 부정하지만 일단 강점 후의 현실은 긍정적인 측면에서 받아들일 점도 있다는 현실관이다. 이광수의 〈民族改造論〉이나 〈민족적 경륜〉이 해석하기에 따라서는 그러한 현실관을 확인해 주는 자료가 될 수도 있을 듯하다.

위의 두 작품을 포함한 이광수의 역사소설에서 민중은 무기력하기만 하고, 대부분의 권력층은 사악하기만 하다. 선택된 귀족 지배층내의 몇 명만이 영웅의 대우를 받고 있다. 이러한 작품에서 당시의 대중독자들이 민족적 자부심을 얻기란 어려운 일이다. 김동인의 〈大首陽〉도 선택된 귀족적 영웅만을 긍정하는 점에서는 이광수의 작품과 다를 바 없다.

국민문학파의 소위 민족주의도 식민지 현실에 대처할 만한 일관성 있는 뚜렷한 이론을 가지지 못한 것으로, 막연한 구호에서 멀리 벗어나지 못한 것이라 보아도 무리가 없을 것 같다. 국민문학론은 현실에 대처할 뚜렷한 이론을 가지지 못하고 있던 기성문단의 중심세력들이 계보를 빨리하는 신인들에 의해 민족적 대응문제에 있어서 허를 찔린 데 대한 반응으로 서둘러 만들어 내세운 것이 아닌가 하는 생각도 가능할 것 같다. 민족적 대응문제에 있어서의 기선을 제압당함으로써 그들은 당황하였을 것이다. 그들은 프로문학측이 가지고 있던 민족투쟁의 측면은 묵살하고, 계급투쟁론의 세계주의적 요소를 물고 늘어진 감이 있다. 프로문학측이 민족주의 이론을 전개하지 못하고 세계주의쪽으로만 치달아가고 만 것은 국민문학파에게는 다행한 일이 될 것 같다.

프로문학쪽에서는 이론과 실제의 반성과 수정이 가능했지만, 처음부터 뚜렷한 이론이 없던 국민문학파에서는 반성할 것도 수정할 것도 없었다. 카프가 일제당국의 압력으로 무력하게 되자 국민문학파도 흐지부지하게 되었다. 「국민문학론의 대두는 프로문학의 공세 앞에 약화되어 있던 민족주의문학을 강화시키는 데 큰 도움이 되었다」는 趙演鉉의 평가가 있지만(3), 국민문학파는 카프를 압도할 만한 이론도 세력도 만들어내지 못하고 만 것 같다. 국민문학파의 민족주의가 과연 식민지시대에 효과적으로 대처할 만한 것이었던가, 그것은 의심스러운 사실로 남아 있다.

국민문학파와 프로문학파 대결의 부산물로서 절충파가 생겨났다. 그 대표적 인물이 양주동이었다. 그는 근본적으로 국민문학파와 궤도를 같이 하고 있었는데, 절충론의 주논점은 모든 계층의 포용문제였다. 그는 계층

552

적 거리를 인정하지만 현재로서는 각 계층을 포용하여 민족적 단합을 이루는 것이 가장 중요하다고 했다. 그가 말한 것은 이론을 통한 단합이 아니라, 조금씩의 양보를 통한 두 파의 화해, 즉 양자의 종합·공존이었다. 그의 주장은 단합할 수 있는 어떤 이론을 수반한 것이 아니었기 때문에 설득력을 갖지 못했다. 이념을 요구하는 카프 쪽에게 이념 없는 화해, 동족이라는 점에서의 감정적 화해는 받아들여지지 않았다. 너무나 완강한 이론을 지녔던 카프 쪽에서나 견고한 이론이 없던 국민문학 쪽에서나 한치의 물러섬도 없었다.. 그들보다는 오히려 어느 쪽에도 참여하지 않았고 체계 있는 이론도 제시한 적 없는 玄鎭健 羅稻香 蔡萬植 같은 작가들이 자신들의 작품을 통하여 식민지 현실에 적절하게 대처할 민족주의를 암시하고 있다는 점은 주목해야 할 것 같다.

국민문학파나 계급문학파의 이론과 작품이 당시의 민족현실에 비추어 어떻게 평가되어야 할 것인지, 그것은 아직도 과제의 하나로 남아 있다. 여기에는 현재에도 진행되고 있는 이념적 시각이 문제점으로 크게 부각되어진다.

李 注 衡

論 著

1. 閔丙徽　春園의 「흙」과 民村의 「故鄕」(朝鮮文壇 1935. 6)
2. 白　鐵　朝鮮新文學思潮史 現代篇(白楊堂, 1949)
3. 趙演鉉　韓國現代文學史(現代文學, 1955~1956)
4. 李秉岐 白鐵　國文學全史(新丘文化社, 1957)
5. 金允植　韓國近代文藝批評史硏究(한얼문고, 1973)
6. 曺南鉉　1920 年代 韓國傾向小說硏究(서울大 석사논문, 1974)
7. 金允植　文學史와 批評(一志社, 1975)
8. 民族文化硏究所　韓國現代文化史大系 I (高麗大 民族文化硏究所, 1975)
9. 任軒永編　文學論爭集(太極出版社, 1976)
10. 金容稷　韓國近代文學의 史的 理解(三英社, 1977)
11. 金時泰　韓國프로文學硏究(亞細亞文化社, 1979)
12. 金容龜　'國民文學」에 對한 考察(서울大 석사논문, 1980)
13. 朴喆熙　韓國詩史硏究(一潮閣, 1980)
14. 권영민　韓國近代批評史究硏「資料」 I · II (檀國大 출판부, 1982)

11. 근대적 문체의 성립

개화기 소설의 본격적 연구에 있어서는 全光鏞의 선도적 논술(1·2)이 있은 이후 점차 고조되기 시작해, 상당한 양의 논저가 잇따라 발표되었다. 그중에서 대표적인 것을 고른다면 趙演鉉 李在銑 趙東一 宋敏鎬 등(3·5)의 것을 들 수 있다.

이중에서 신·구 소설의 문체적 차이나 특성에 관하여 깊은 관심을 가지고 고찰한 것은 조연현의 〈開化期文學形成考〉와 〈小說文章變遷考〉, 그리고 이재선의 〈新小說의 敍述構造論〉이라고 할 수 있다. 그런데 조연현의 앞에 언급한 두 논술은 이조소설과 신소설의 문체적 차이에 초점을 맞추어 주로 문장의 외형적인 변화를 알기 쉽도록 간단 명료하게 항목화하고 있으나 자료의 취택이 소략 편협하여 학적 논문으로서는 미비한 감이 있다. 이재선의 위에 언급한 논술은 이조소설뿐만 아니라, 고대설화에까지 거슬러올라가 충분한 자료의 예시로써 치밀하게 대조 분석하면서 그 형태의 발전과정을 구조적인 측면에서 탐구하고 있다. 그러나 이재선의 것은 근대소설의 문체개념이 충분하게 반영되지 않았다는 아쉬움이 있다. 그럼에도 불구하고 이 두 사람의 논술은 이 글의 중요한 선도적 역할을 담당하고 있음에 틀림없다.

조연현은 〈韓國新文學考〉(4)에서 이조소설과 신소설의 가장 중요한 문체적 차이는 율문적 문장에서 비율문적인 방향으로 진행되어 간 사실을 들고 있는 듯이 보인다. 즉 고대소설의 율문적 문장이 無署名 신소설에서는 半律文으로, 다시 〈血의 淚〉와 〈無情〉을 거치는 동안 율문적 잔재가 완전히 사라졌다고 보는 것이다. 그는 고대소설의 율문적 문장의 예들을 보이면서 그 律調의 패턴을 추출하고 「이러한 율조는 한국의 전통적인 율조와 일치되는 것이다」라고 단정한다. 그러나 조연현이 예로 든 〈토끼전〉 〈장끼전〉 〈춘향전〉 등은 전부 판소리 계통의 소설이어서 율문이 될 수밖에 없었던 것이다. 그러나 이조소설은 판소리 계통의 소설이 아닌 것이

더 많기 때문에 조연현의 「散文으로 된 우리나라 古代小說도 없는 것은 아니지만 그것은 특례에 속한 것이고 거의 대부분이 律文調로 된 것을 볼 수 있다」는 말은 타당성을 갖지 못한다. 그럼에도 불구하고 이조소설의 산문리듬은 확실히 근대소설의 산문리듬과는 다르다는 것이 사실이다.

다음으로 조연현의 「國漢文 混用에서 國文專用」으로 점차 바뀌어갔다는 견해도 문제이다. 〈洪吉童傳〉의 일부를 보기로 하자.

> 지금 흥인문밧긔 일등 관상네 이시니 사름의 상을 흔번 보면 젼후길흉을 판
> 단ᄒ니 이 사람을 쳥ᄒ여 소원을 주시 니르고 샹공긔 쳔거ᄒ여 젼후ᄉ을 본
> 다시 고ᄒ면 샹공이 필연 디혹ᄒ샤 그 ᄋ희틀 업시코져 ᄒ시리니 그셰를 타 여
> 츳여츳하면 엇지 묘계 아니리잇고

최초의 국문소설로 알려진 이 작품만 보더라도 이조소설의 대부분이 결코 「國漢文 혼용」이거나 「漢文熟語에 토를 단 것 같은」 문장만이 아님을 짐작할 수 있다. 일반적으로 漢文故事가 많은 것은 사실이나 한문에서 변형되어 나온 문장이 아니라, 국문의 전통에서 한문숙어를 많이 차용하였을 뿐이다. 이것은 정도의 차이가 아니라, 類의 다름이다. 위에서 언급한 조연현의 주장을 듣고 있으면, 마치 한문문장에서 국한문 혼용으로, 다시 이것이 한글전용의 문장으로 발전되어 간 것처럼 생각된다. 이것은 관점의 혼돈 때문이다.

여기서 우리는 신소설의 문장이 이조소설을 이어받았느냐 아니면 전연 외래의 영향 아래 이루어진 것인가 하는 문제에 부딪히게 된다. 이에 대해 조연현과 이재선은 일본 소설의 지대한 영향을 강조하고 있다(4·5). 신소설의 내용이나 문장형식에 있어서 일본 소설의 영향을 배제할 수는 없지만, 그렇다고 해서 그 이전까지의 수백년 내려오던 국문소설의 전통을 부정할 수는 없는 것이다. 李人稙은 기존 국문소설의 전통 위에서 외래적인 요소를 시험해 본 데 지나지 않는다. 이와 같은 필자의 견해는 전광용의 논술(2)과도 그 궤를 같이한다고 볼 수 있다. 다시 말해 한국 근대소설의 문체는 국문소설의 전통 위에서 관찰되어야 할 것으로 생각된다. 그렇지 않으면 우리의 수많은 소설문학 유산을 스스로 외면해 버려야 하는 자기모순에 빠지게 될 것이다. 신소설은 趙東一의 말(6)처럼 부정적이든 긍정적이든 이조소설의 계승임에 틀림없다. 이러한 계승은 그 시대적 요청에 따라서 여러 가지 양상으로 그 변모된 모습이 드러나게 되는데,

문체면에서도 그것이 확연히 나타난다. 이 점은 이조소설의 문체와 비교해 봄으로써 보다 뚜렷이 드러날 것이다.

여기서 한 가지 덧붙일 말은, 필자가 고찰하고자 하는 문체는 언어의 시간적 환경에 의하여 형성된 문체이기 때문에, 작가의 독특한 개성에 의하여 결정되는 문체에 대하여서는 별로 주의를 기울이지 않겠다는 것이다.

그러면 문체론적 관점에서 구소설의 어떤 점이 신소설에서 달라졌는가. 우선 표면에 드러나는 문체의 차이에서부터 살펴본다.

첫째, 이조소설에서 흔히 쓰이던 도입어(화설·각설·차설)나 막연한 時空을 나타내는 時空副詞(하로난·일일은·선시에·차시에·이젹·이쯱·한고디·어느고디) 혹은 장면전환을 나타내는 話頭詞(각셜·차셜) 등이 신소설에 와서는 거의 소멸되었거나 나타나더라도 아주 드물다. 이조소설이 설화 형태에서 진보하였고, 다시 신소설에서 이런 상투어가 소멸되었다는 것은 근대소설 형태로 보다 가까이 접근해 갔다는 것을 의미한다.

둘째, 이조소설에서는 지문과 대화를 구별 없이 서술했으나 신소설에 와서는 대체로 분명하게 구별하고 있다.

이 대화와 지문의 구별은 예문에서 볼 수 있는 것처럼 대화자의 성명을 위에 표시하고, 다음에 대화를 기술하는 경우도 있고, 아예 대화자의 말만 쓰는 경우도 있다.

> 「이애, 네가 조선 사람이 아니냐.」
> (옥련)「네, 조선 사람이요.」
> (서)「그러면 몇 살에 와서 몇 해가 되었느냐.」
> (옥)「일곱 살에 와서 지금 열한 살이 되었소.」
> (서)「와서 무엇하였느냐?」
> (옥)「심상소학교에서 공부하고 어제가 졸업식하던 날이요.」──〈血의 淚〉

지문과 대화를 구별하는 방식을 일본 혹은 서구소설에서 배워서 시작한 것이라고 하더라도, 구별의 시작은 설화적인 얘기와는 다른 현실성을 인식하는 데 도움을 받았을 것이다.

세째, 이조소설에서 도무지 볼 수 없었던 어휘가 신소설에서는 많이 등장한다. 〈鬢上雪〉 한 소설에서만 보아도 「아편·미국·대통령·法所·성냥·開化·양복·궐련·명월관·지폐·기차·윤선·정거장·경부철도·전차·대서소·원고·기관차·경부청·유성기·인력거·재판소·정부·은행

新·維新·각부대신」 같은 새로운 어휘가 얼마든지 있다. 思考가 언어에
의하여 형성된다면 이런 어휘 자체만으로도 인생관과 세계관에 커다란 변
화를 일으켰을 것이다.

네째, 천편일률의 공식적 표현에서 벗어나, 작가 개인의 독창적인 표현
을 보일 때가 있다. 앞서 지적한 상투적인 시공부사를 사용하지 아니하는
것도 그 한 예가 되겠지만, 문장구조 역시 그러한 곳은 이런 식의 표현이
다 하는 유형적인 표현에서 상당히 벗어나고 있다.

> 기품좋고 부지런한 강동지는 벌써 일어나서 앞뒤로 돌아다니면서 잔소리를
> 하더니 동내 막걸리 집으로 나가더라. ——〈鬼의 聲〉
> 밤은 깊어 사람의 자취도 없고 사면서 닭은 홰를 치며 울고 개는 여염집 평
> 대문 개구멍으로 주둥이만 내어놓고 짖는다. 닭소리·개소리에 부인의 발이 땅
> 에 떨어지지 못하여 걸음을 멈추고 섰는데 오장이 녹는 듯하고 눈물이 앞을 가
> 린다. ——〈血의 淚〉

신소설의 표현이 과연 문학적 예술성을 가지고 있느냐 없느냐에 대해서
는 의문이지마는, 확실히 이조소설보다 유형적인 표현에서 벗어나 작문의
개체성이 보인다.

다섯째, 문장의 리듬이 달라졌다. 이 점에 대해 여기서 간단히 생각해
볼 수 있는 것은 문어체만의 소설에서 구어체로 이행되는 과정에서 생긴
변화라고 생각된다. 이것은 또한 낭독조에서 변사조, 그리고 다시 默讀으
로 옮겨가는 산문리듬의 변화라고 보아도 좋을 것이다. 뿐만 아니라 전통
적인 規範의 작문에서 얻어지는 리듬과, 사물과의 조응에 더 역점이 있는
리듬간의 차이라고 할 수 있다. 이 점에 대해서는 다시 논할 것이다.

여섯째, 「解剖的 構成方法」(7) 혹은 「分析的 展開方式」(4)이라고 하는
새로운 구성방식을 사용하는 점에서이다. 이것은 이미 이 방면의 전문가
들에 의하여 어김없이 지적되는 사항으로서 신·구 소설을 구별하는 가장
두드러진 특징으로 내세워지고 있다. 즉 사건의 자연적인 시간순서로 서
술하는 것이 아니라 시간을 역전하는 방식을 말한다. 그러나 이조소설에도
시간의 역전이 전혀 없었던 것은 아니다. 다음과 같은 대목은 시간의 역
전을 훌륭히 해내고 있는 대목이다.

> 일득 두 아들을 두어시니 일ᄌ는 일흠이 인형이니 뎡실 뉴시 소성이오 일ᄌ
> 는 일흠이 길동이니 사비 츈셤의 소생이라 션시의 공이 길동을 나흘 ᄢᅴ의 일

용을 어드니 문득 뇌성벽력이 진동ᄒᆞ며 청룡이·슈염을 거스리고 공의게 향ᄒᆞ
여 다라 들거늘 놀나 세다르니 일장춘몽이라 심중의 디희ᄒᆞ여 싱각ᄒᆞ되 니 이
제 룡몽을 어더시니 반ᄃᆞ시 귀한 ᄌᆞ식을 나흐리라. ──〈京板 洪吉童傳〉

그러나 이러한 고대소설의 역전은 현재진행 중의 사건을 설명하기 위한
수단으로 사용한 것이다. 근대소설의 시간적 역전은 현재 사건의 원인이
나 배경을 설명하기 위한 것이라기보다 독자의 現實度를 높이기 위한 방
법으로 사용하는 수가 많다. 근대소설의 그것처럼 작가의 치밀한 배려 아
래 이루어진 것은 아니지만, 신소설의 시간적 역전은 분명히 이조소설의
그것과는 다른 차원에 있는 것이 사실이다.

일곱째, 신소설은 이조소설보다 그 문장에 있어서 묘사적 기능이 월등
히 많아졌다. 이조소설의 문장은 대체로 서사적 기능을 수행하고 있는 것
이 대부분인데, 드물게 묘사가 있더라도 실제로는 앞에 전개되는 장면을
보여주려는 의도가 아니라, 그 분위기를 전달해 주려는 데 뜻이 있다. 따
라서, 장면은 그 현장과 관계 없이 최상의 것을 제시하려고 한다. 이에
비하여 신소설의 묘사는 보다 구체적이고 현실적이다.

여덟째, 신소설은 이조소설보다 문장구조에 있어서 보다 分節的이다. 신
소설은 대체로 보아 구소설보다 문장이 짧다. 문장이 짧아지는 것에는 여
러 가지 이유가 있지마는 그 첫째 이유로 사고의 흐름에 따라 분절하는 의
도가 가장 크다. 현대소설에 올수록 문장이 짧아지는 경향이 있는 것도 같
은 이유라고 할 수 있다. 신소설에서도 구소설에서처럼 「~지라」와 같은
연결어미인지 종결어미인지 모를 애매한 어미가 빈번히 사용되고 있지마는
줄을 바꿈으로써 그 의도를 어느 정도 나타내고 있다. 판소리계 소설의
敍景描寫에는 얼마간 분절된 문장을 보여주고 있으나, 대체로 볼 때 신소
설의 문장은 구소설의 문장보다 훨씬 분절되어 있음을 알 수 있다.

지금까지 일련의 소설문장 속에 드러나는 여러 면모들을 통해 이조소설
과 신소설 사이의 다름을 관찰해 보았다. 그러면 이러한 차이는 무엇에
연유하는가, 세계관의 어떠한 차이에서 이 신·구 소설의 양상이 다르게
나타나게 되었는가 하는 점을 살펴볼 필요가 있다. 그것이 곧 근대소설의
문체를 낳게 한 동인도 된다.

와트(I. Watt)는 〈小說의 興起(*The Rise of the Novel*)〉에서 디포우(D.
Defoe), 리처드슨(S. Richardson), 필딩(H. Fielding)을 논하면서, 이들이

558

이룩한 근대소설적 특질을 형식적 사실주의(formal realism)라는 말로 표현한다. 그는 여기서 데카르트의 방법론적 사고가 근대 리얼리즘의 씨를 뿌렸다고 보고, 前代의 「이야기」와 구별되는 근대소설의 요소를 여섯 항목에 걸쳐 지적하고 있다. 이 와트의 지적이 우리 문학에도 그대로 적용된다고는 할 수 없을지 모르겠지만, 근대 산문문학을 배태하게 한 사상적인 근원과 그것을 발전시킨 동인은 곧 같은 줄기요 같은 배경이다. 우리 문학사의 李光洙 金東仁 廉想涉 玄鎭健 羅彬 등의 초기 한국 근대소설 개척자들의 작품을 분석할 때에도 기법상의 리얼리즘을 떠나서는 아무런 의미가 없다.

달리 말하면, 와트가 말하는 형식적 사실주의는 이들의 작품이 근대문학적인 성격을 어떻게 부각해 가고 있는가를 점검할 수 있는 확실한 준거가 될 수 있다는 말이다.

이러한 작업에 앞서 생각해 보아야 할 몇 가지 문제가 있다.

첫째, 구체적으로 어떤 작가의 어떤 작품을 기준으로 하여 신소설과 근대소설로 구분하느냐 하는 문제인데, 이 점에 대해서는 이조소설과 신소설의 개별적인 작품의 특성이 무시된 전제 아래 검토되었다.

둘째, 작가의 개성을 어떻게 취급하느냐 하는 문제다. 이 점은 이 글의 취지가 언어의 시대적 환경에 의하여 형성된 문체를 관찰하는 데 주안점이 있으므로 별로 주의하지 않았다. 그렇기 때문에 이조소설과 신소설은 작가·작품·시기에 있어서 별로 제약을 두지 않고 예시되었으며, 〈혈의 누〉는 최초의 신소설이라는 점에서, 〈무정〉은 최초의 근대소설이라는 점에서 자주 인용되었다.

이리하여 이조소설·신소설·〈무정〉을 잇는 문체적 변천의 동인을 와트의 이론에 의하여 밝혀보기로 한다. (와트는 근대소설 자체의 특성에 주안점을 둔 데 비하여 필자는 문체의 변천에 역점을 두었다.)

(1) 개인적인 체험을 강조 : 와트는 데카르트의 진리탐구의 방법 즉 보편적으로 받아들여진 기정의 진리를 부정하고, 자기 자신의 감각과 사색을 통하여 추구해 가는 방법을 말하고 있는데, 이것은 필연적으로 독창성에 대한 새로운 견해를 불러일으킨 것이다. 이 독창성은 이전의 소설들이 신화나 역사·전설 혹은 이전의 문학에서 플롯을 취하지 아니하는 데도 있지만, 표현의 개성화에서 더욱 뚜렷이 드러난다. 이러한 것이 문체에서는 결과적으로 유형적인 표현을 탈피하려는 노력으로 나타난다. 즉, 이조소설에서는 「화설」「각설」 등의 공식적인 도입어와 함께 「얼굴은 관옥 갓고

풍채는 두목지」라는 식의 善男의 묘사, 「화용월태」 「섭섭옥수」식의 여인 묘사와 같은 대동소이한 유형적인 표현을 쓰고 있다(8). 뿐만 아니라 문장의 구조도 그러한데 「이 쩌난 춘삼월……이라」식의 문장이 그 예의 하나이다.

이에 비하여 신소설에서는 유형적인 표현이 줄어들고 있다. 물론 신소설에도 유형적이고 상투적인 표현이 적지않게 보이긴 하지만, 그 질에 있어서 이조소설의 그것과는 다르다. 즉 이조소설은 전범에 따른 서술 때문에 유형적인 표현이 되지만 신소설은 독자에게 감동의 효과를 높이기 위하여 무자각적으로 이들 상투어들을 차용하고 있는 것이다. 따라서 신소설의 것은 「낡은 수단으로써 놀라움을 유발하려는 의도」 즉 클리세(Cliché)라고 할 수밖에 없다(9). 〈무정〉에 오면 클리세가 훨씬 줄어든다. 신소설에서 흔히 볼 수 있는 무자각적인 클리세의 남용을 은근히 경계하고 있는 것이 틀림없다. 낡은 비유법을 가능한 한 삼가고 있는 모습이 역력하기 때문이다.

> 길가 초가 지붕에서는 가만가만히 김이 오른다. 벌써 사람들은 부채로 볕을 가리우고 다닌다. 손님도 없는 빙수 가게에 아롱다롱한 주렴이 무거운 듯이 가만히 있다……계향은 길가 가게를 갸웃갸웃 엿보면서 한손으로 치맛자락을 걷어들고 형식의 뒤로 따라온다. 형식의 누렇게 된 맥고모자를 보고 그 사람은 무엇을 하는 사람인가 생각한다. ――〈무정〉

이와 같은 클리세의 점차적인 소멸은 한편으론 인간의 개별적인 자아 각성이라는 정신사에 있어서의 근대화와도 밀접히 관련된다.

(2) 특수한 것에의 강조 : 집단의 의식 속에서 자아의 각성은 곧 자체적 자아로의 독립이며, 이것은 일종의 특수화를 의미한다. 근대소설은 무엇보다 플롯 속의 행위자나 그들의 행동 장면들이 새로운 원근법으로 대치되었다. 즉, 플롯은 이전에 그랬던 것처럼 본질적으로 적당한 문학적 인습에 의하여 결정된 배경 속의 보편적인 유형에 의해서라기보다, 특수한 환경 속에 있는 특수한 인물에 의하여 실행되었던 것이다(10).

이조소설의 플롯의 특징은 일차적으로 권선징악이다. 인물도 몇 개의 유형으로 간단히 분류된다. 그러나 근대소설에 이르면 그 인물이 처한 특수한 상황·환경 속에서 인물도 구체적으로 부각된다. 따라서 문장의 어휘 및 서술이 구체성을 띠게 된다. 이조소설에서는 개별적인 인물을 부각시키기 위하여 보여준 묘사는 극히 드물며 「난초갓치 고혼 머리」 「세류갓튼 고혼 몸」(《完板春香傳》) 등의 극히 추상적인 미인의 묘사만 있을 뿐이다. 따라서 우리는 춘향이가 미인이라는 것은 알고 있지만, 어떠한 특징을 지닌 미인인지는 잘 모른다.

이러한 점이 신소설과 근대소설에 올수록 보다 구체적이고 특수한 표현으로 바뀌어가고 있음은 물론이다.

(3) 개별적인 주체성을 강조 : 또한 근대소설로 오면서 「나는 생각한다」의 「나」가 강조됨으로써 「나」라는 주체에 관한 개별적인 인식이 뚜렷해졌다. 이것의 단적인 예가 고유명사에서 드러난다.

이조소설에서도 고유명사가 보이긴 하지만, 「인물들을 완전히 개체화된 實在로서 설정하려는 노력에서 사용된 것이 아니다(10).」

신소설들의 玉蓮 春愛 具完書 金寬一(이상 〈혈의 누〉) 접순 작은돌 남순 홍철식 최철식(이상 〈雉岳山〉) 등은 이조소설의 春香 夢龍 沈淸보다는 확실히 리얼한 이름에 가깝다.

근대소설에 오면 이름의 암시에 따라 소설에 나오는 인물의 운명까지 예견할 수는 없게 된다.

또 한 가지 고유명사와 함께 생각되는 것은 관직이나 존칭을 고유명사 대신에 사용하는 것이다. 이조소설에서 이어사 이상도 변상도 성참판(이상 〈春香傳〉) 양처사 양한림(이상 〈九雲夢〉) 등을 3인칭으로 대용하는 것은 소설 속의 인물을 개별적 인격체로서보다 집단의 구성원으로 더 강하게 인식한 때문이다.

초기 근대문학의 개척자들도 소설 속의 「인물들을 완전히 개체화된 實在」로서 느끼는 데는 많은 어려움을 겪고 있었다.

「三人稱 單數 He와 She를 모두 「그」라고 보편적으로 사용하여 버린 때의 용기는 지금 생각하여도 장쾌하다(11)」고 한 金東仁의 회고담은 이를 증명해 준다.

(4) 시간선상의 삶 : 르네상스 이후 모든 사건이나 사물에 시간의 관념이 개입하게 되자, 이데아가 시간적인 세계의 구체적인 대상 위에 있는 궁극적인 실체라고 보는 플라톤의 견해가 도전을 받게 되었다(10). 그리하여 이제 「시간은 물리적인 세계의 결정적 차원으로서만이 아니라, 인간의 개체적 집단적 역사를 생성하는 힘으로 간주하게 된 것이다(10).」

이조소설은 설화의 「옛날의」 등과 같은 막연한 시간부사가 「잇쩌」 「하로난」 「일일은」 등의 좀더 다양한 시간부사로 발전하기는 했어도 어느 특정한 시간선상의 이야기는 아니었다. 따라서 이조소설에서의 삶은 포스터(E.M. Forster)의 말대로 가치에 의한 삶이지 시간에 의한 삶은 아니었다.

신소설에서는 「일청전쟁의 총소리가 그친 그 순간」 혹은 「저녁 별이 뉘엿뉘엿 넘어가는」(《혈의 누》) 등의 표현에서처럼 분명히 어떤 특정한 시간상의 사건을 지칭하기 위하여 시간부사가 쓰여지고 있다. 그러나 신소설은 아직도 〈무정〉의 서두 「경성 학교 영어 교사 이형식은 오후 두 시 사년급 영어 시간을……」처럼 현재적 시간선상에 와 있지는 못하다. 또 하나 〈무정〉과 신소설 사이의 시간관념의 차이는 시제를 나타내는 종지사에서 나타난다. 즉 신소설에서는 시제의 구별 없이 「～이라」「～더라」의 종지사가 쓰이고 있는 데 비하여 〈무정〉에서는 한국어 시제의 약점에도 불구하고 문장 속에다 시제관념을 명확하게 해두려는 노력이 있으며, 시제가 대체로 구별되어 있다.

(5) 구체적이며 물리적인 공간 : 시간상의 행동과 사건은 구체적인 공간 속에서 전개될 때에 비로소 우리 의식상에 생생한 지속성을 얻게 되는 것이다. 즉 와트의 말처럼 시간과 장소는 언제나 필연적인 상관관계(10)에 있다.

이조소설에서의 천상·지하·용궁·선계 등의 비현실적인 세계나 「한 곳에 다다르니」 따위의 막연한 공간이 신소설에서는 일체 사라져버렸다. 공간의 구체성은 대체로 배경의 묘사를 통해 우리에게 제시되는데, 이조소설의 배경묘사는 대체로 다음과 같은 패턴들이다.

청암절벽 운무 잠겨 잇고 긔화 요초와 비금주수는 만흐며 창송은 낙낙 도회는 작작한 대 애무공작은 나라들고 랑류전만사는 폭포상에 푸르럿스니 가위 별유턴지 비인간이라. ——〈柳文成傳〉

鄭鉒東의 지적처럼 「異域的 異色的 幻想的인 自然」이다. 곧 구체적이고 사실적인 배경으로서의 자연이 아니다.

이에 비하여 신소설은 훨씬 현실공간으로 다가왔다. 이 점은 이재선도 지적하고 있다(5). 그러나 〈무정〉에는 훨씬 못 미친다. 〈무정〉은 그 현실공간을 확인시키기 위하여 배경묘사가 자세하게 나온다. 즉 이형식이 가는 곳마다의 현장성을 통하여 이를 자세하게 보여준다.

(6) 체험의 정직한 기록인 듯한 인상 : 근대소설에로 올수록 개인의 실제

적 체험을 정직하게 서술하는 것처럼 보이게 된 것은 서술이 「이야기하기」에서 「보여주기」로 바뀐 소설의 기법을 통해 나타난다. 단적인 문체상의 변화는 과장된 표현의 감소와 산문리듬의 변화다. 우리는 이조소설의 도처에서 과장된 「최상의 표현」을 만나게 된다. 이것은 와트의 지적대로 「修辭를 통한 묘사나 행동에 주어질 수 있었던 외면적인 美에 차라리 더 관심을 두고 있었기」(10) 때문이다.

신소설은 이러한 면에서 과도기적인 양상을 보여주며, 〈무정〉에 오면 거의 완전한 근대소설의 산문리듬이 된다. 〈무정〉은 또 작가 자신의 자전적인 요소가 이형식의 성격과 사상 속에 투영되어 있다(12). 작가 개인의 체험을 정직하게 기록하고 있다는 인상을 주는 근대소설에 작가 자신의 사적 체험이 작품 속에 짙게 투영되어 있다는 것은 주지의 사실이다.

위에서 본 여섯 항목은 와트의 이론에 의하여 살펴보았다. 다음 두 항목은 필자의 추가된 이론이다.

(7) 분명해져 가는 대상과의 거리 : 「나」라는 주체의 명확한 인식은 내가 대상을 바라볼 수 있는 위치의 확립이요, 대상과의 거리를 분명하게 해두는 것이다. 이것이 문체상에서 단적으로 드러나는 것은 視點에서이다. 시점은 우선 묘사냐 叙事냐에 따라 그 의미가 약간 다르다. 묘사의 경우는 순전히 물리적 지점에 의하여 결정되지만, 서사의 경우는 나레이터가 그 사건이나 행동과 어떤 관계에 있느냐에 따라 결정된다(13).

그러면, 구체적으로 이조소설과 신소설, 그리고 근대소설 사이의 시점의 변화는 어떻게 일어나고 있는가를 살펴보자.

이조소설은 거의 전부가 3인칭 全知(omniscient third-person)의 시점에서 서술되고 있다. (흔히 수필의 쟝르로 분류하는 〈閑中錄〉〈閨恨錄〉〈癸丑日記〉 등을 소설로 간주한다면 일인칭 화자의 소설이라고 할 수 있을 것이다.) 즉, 프리트만(Friedman)의 말을 빌면, 이조소설은 「要約叙事」가 압도하고, 「直接場面」은 거의 이루어지지 않고 있는데, 그 이유는 관찰자와 대상간에 물리적 정신적 감정적 거리를 일정하게 유지할 수 없겠기 때문이다. 이재선은 신소설은 이조소설에 비하여 객관적이려는 변화의 의식이 잠재해 있다고 지적하나(5) 잠재해 있을 정도가 아니다. 자주 이야기 제재와 거리를 두지 못하고 感情投影體形容詞를 쓰는 것은 사실이나 이조소설보다 대상과의 거리가 훨씬 명료해진다.

A. 그 산 깊은 곳에는 백주에 호랑이가 먹시글먹시글하여 남의 고기 먹으려

는 사냥 포수가 제 고기를 호랑이의 밥을 삼는 일이 종종 있더라.

　　B. 하늘에 닿듯이 높이 솟아 동에서부터 남으로 달려 내려가는 그 산 형세를 원주 읍내에서 보면 남편 하늘 밑에 푸른 병풍친 것 같더라. ──〈雉岳山〉

　A와 B는 극단의 대조를 이룬다. 신소설은 이처럼 거리감이 **명확한** 것과 애매한 것이 혼재해 있다.

　그러나 신소설에 비하여 〈무정〉은 훨씬 더 객관적인 시점을 유지한다. 이광수는 시점에 대한 자기 나름의 주견을 가지고 있었기에 그 격차는 매우 컸다. 그러나 묘사에 있어서는 〈무정〉은 상당한 수준에 이르고 있으나, 대상과의 정신적 감정적인 거리를 유지하지 못했기에 서사에는 아직도 많은 문제점을 지니고 있다.

　어쨌든 신소설에서 어렴풋이 의식하기 시작했던 대상과의 거리를 〈무정〉에서는 이야기 제재와의 거리로 의식했으며, 1920년대의 소설을 거치는 동안 소설기법상의 거리로 의식하기 시작했고, 1930년대부터 보다 심미적인 차원에서 이 기법상의 거리를 재구성하고 있는 모습을 볼 수 있다.

　(8) 분석적 정신 : 인간의 분석적 사고가 발달되면서 나타난 변화를 문체적 변화면에서 살펴보면 다음과 같다.

　첫째, 이조소설에서 구분되지 않던 작자의 말과 작품내의 인물의 말, 즉 지문과 대화의 구분이 신소설에서 비롯되어 근대소설에서 구별되어진다.

　둘째, 이조소설에서는 종결어미가 「～는지라」 등인데, 이는 연결어미와 구별이 애매할 때가 많다. 그런데 신소설에서는 「～는지라」의 사용에도 대체로 구별이 분명해진다. 근대소설에 오면 문장과 문장 사이의 분절이 더욱 뚜렷해진다.

　세째, 이조소설은 대체로 無時制라고 할 수 있는 영원형의 현재시제를 쓰고 있다. 이에 비해 신소설은 무시제를 쓰고 있지만 시제에 대한 자각이 보인다.

　네째, 신소설에서부터 띄어쓰기를 시도하고 있다.

　다섯째, 「해부적 구성방식」 혹은 「분석적 전개방식」이라고 불리어지는 시간의 역전이 신소설에서 비롯되어 〈무정〉 이후의 근대소설은 시간의 역전이 구성의 필수적인 요건처럼 되었다.

　문체의 시대적 변천을 다만 그 외형적인 모습에서만 찾아서는 안된다.

그것은 저류로 흐르고 있는 세계관의 차이에서 비롯되는 것이다. 이조소설에서 신소설, 그리고 다시 근대소설로 발전되어 오는 단층이 너무나 현격하기 때문에 우리는 한때 전통의 단절이냐 계승이냐 하고 시끄럽게 논란을 벌인 적도 있다. 이런 구체적인 문제의 실마리를 풀지도 못한 채 그런 논쟁을 벌이는 것은 완전히 공소한 논쟁에 빠질 염려가 있다. 이들 단층의 모양과 그 차이는 분명히 깊이 精査되어야 한다. 그것은 표피에서만 관찰되어서는 안된다. 문체의 변이는 역동적인 것이다. 긴 시대를 통하여 때로는 급하게 때로는 완만하게 변천하는 것이고, 문체변천의 동인을 살펴보는 것은 확실히 의의있는 일이다.

金 相 泰

論 著

1. 全光鏞　新小說硏究(思想界, 1956)
2. 全光鏞　李人稙硏究(서울大 論文集 人文科學 6, 1957)
3. 趙演鉉　新小說形成過程考(現代文學 1966.4; 韓國新文學考, 文化堂, 1966)
　　趙東一　新小說의 文學史的 性格(서울大 韓國文化硏究所, 1973)
　　宋敏鎬　韓國開化期小說의 史的 硏究(一志社, 1975)
4. 趙演鉉　韓國新文學考(文化堂, 1966)
5. 李在銑　韓國開化小說硏究(一潮閣, 1972)
6. 趙東一　소설사의 전체적인 전개에서 본 신소설(新文學과 시대의식, 새문社, 1981)
7. 全光鏞　韓國小說發達史(韓國文化史大系 Ⅹ, 高麗大 民族文化硏究所, 1967)
8. 鄭鉒東　古代小說論(螢雪出版社, 1981)
9. L.D. Lerner, *English Literature*
10. I. Watt, *The Rise of the Novel*
11. 金東仁　韓國近代小說考(東仁全集 8, 正陽社, 1958)
12. 金相泰　春園李光洙硏究 2(國語文學 21, 全北大 國語國文學會, 1980)
13. Brooks & Warren, *Modern Rhetoric*

12. 수필문학의 형성

한국의 근대문학에서 수필문학은 처음에는 기행문적인 성격으로 출발되어 1930년대에 와서야 산문문학의 한 쟝르로서 本格隨筆이 형성된다.

사실, 근대문학은 고전문학의 전통성과 서구문학의 이질성의 상충과 조응 속에서 형성된다. 따라서, 시나 소설뿐만 아니라, 수필문학의 경우에도 고전수필의 계승과 서구 수필쟝르의 굴절적 수용으로써 근대수필이 형성, 30년대에 와서야 본격수필이 전개된다.

30년대는 한국의 근대문학이 심화 확대되어 본격문학이 전개되는 시기다. 30년대 문학의 근대문학에서의 位相은 근대문학의 정착기라는 점과 새로운 변모를 제시한 시기라는 점에서 중요시된다. 趙演鉉이 〈韓國現代文學史〉에서

1930년대는 한국의 現代文學史上에 있어서 지극히 중요한 연대에 속한다. 그것은 1930년을 전후해서부터 1935년을 전후한 그 전반기는 同人誌 문단시대가 사회적 문단시대로 변하고, 習作文壇이 작가문단으로 바꾸이고, 종합문학과 대중문학이 분립되어 문학의 예술적 영역과 오락적 영역이 확연해짐으로써 처음으로 한국의 현대문학이 일정한 수준에 도달한 시기이며, 1935년을 전후하면서부터 그 후반기는 전반기의 문학적 수준이 확대 심화되는 동시에 종래까지 근대문학적 성격 위에 놓여 있었던 한국문학이 처음으로 현대문학적인 성격을 띠우기 시작한 시기이기 때문이다.

라고 말하면서, 30년대는 그 이전의 현대문학사가 사실의 체계인 데 비해 그 이후 문학사가 가치의 체계로 변모되는 분수령이 된다고 지적하고 있는 것도, 30년대 문학을 중요시한 한 예다. 본격수필도 이런 근대문학의 변모와 더불어 30년대에 그 정착을 보게 된다.

본격수필은 고전수필의 기행적 성격을 계승하고, 서구수필의 개성적 시각을 수용한 이원적 근저에서 출발한다. 즉, 〈關東別曲〉을 비롯하여 〈燕

行歌〉 등의 紀行歌辭——鄭亨谷은 가사를 수필쟝르에 수용하여야 한다고 말하고 있다(〈國文學槪論〉, 1948)——에서 계승된 산수를 즐기고 기리는 기행적 수필과 생활주변의 통찰이나 내적 세계의 성찰을 주로 하는 수상적 수필, 이 두 경향의 수필은 20년대에는 각기 古典隨筆의 전통성과 서구 수필의 개성적 성찰로 대립하며 병립하다가 접합되어 30년대에는 본격수 필이 형성된다. 이것은 兪吉濬의 기행 〈西遊見聞〉(1895)에서 태동하여 崔南善과 李光洙의 기행적 수필과, 朴鍾和나 卞榮魯 등의 斷想·想華·漫筆과 같은 쟝르명으로 써온 수상적인 수필이 병립하고 상충하면서도 본격수필의 기초가 되었음을 의미한다. 물론, 〈學之光〉이나 〈泰西文藝新報〉 등에 발표된 일련의 수필이 근대수필을 태동시킨 것도 간과할 수 없다. 그러므로 근대문학에서 본격수필은 10년대의 태동기, 20년대의 병립과 상충기, 30년대의 형성기의 3단계로 나누어진다.

근대문학의 출발기로 보는 10년대는 시나 소설과 같이 수필도 그 쟝르 의식의 자각이 없이 〈少年〉이나 〈靑春〉〈태서문예신보〉 등에 작품이 발표되어 그 맹아를 보인다. 신시의 첫발을 내딘은 최남선의 〈海에게서 少年에게〉(1908)나 근대소설의 새로운 출발로 보는 이광수의 〈어린 犧牲〉(1910)과 같이 쟝르적 변이를 보여주는 뚜렷한 작품은 없었지만, 〈소년〉에 발표된 최남선의 〈半巡城記〉(1909)나 〈平壤行〉(1909), 〈학지광〉에 선보인 崔承九의 〈남조선의 신부〉(1914), 羅蕙錫의 〈理想的 婦人〉(1919) 등에서 근대수필의 새로운 맹아는 보인다. 사실 최남선 1인집필로 된 〈소년〉은 신시를 그 중심 되는 쟝르로 하고 전기적 인물을 소개하고 있어 수필은 별로 발표되지 못하고 있다. 그러나, 동경유학생이 중심이 된 〈학지광〉이나 상징시의 수용을 주로 한 〈태서문예신보〉에는 수필양식의 상당 수준의 작품이 발표되어 있어 10년대의 산문양식으로서의 수필의 면모를 보여준다. 그러나 그것은 붓 가는 대로 쓰면서도 완결된 통일미를 갖춘 개성적인 수필의 단계에는 이르지 못하고 기행소감이나 단상의 양상을 띤다.

최남선의 〈반순성기〉나 〈평양행〉, 〈청춘〉에 발표한 한생의 〈동경가는 길〉(1917) 등은 기행수필의 양상을 띠고, 〈학지광〉에 발표된 최승구의 〈남조선의 신부〉, 田榮澤의 〈獨語錄〉(1916), 나혜석의 〈雜感〉(1917), 이광수의 〈天才야! 天才야〉(1917), 〈태서문예신보〉에 게재된 李一의 〈만추의 적막〉(1918) 〈고독의 비애〉(1918) 등은 단상의 양상을 띤다. 그러나, 기행소감보다는 생활주변에 대한 수상과 자기에 대한 성찰이 압도적으로 많아,

자아의 각성에 의한 새로운 문학의식이 나타나고 있다. 그것은 정치적으로나 사회적으로 격동기에 처한 당시를 살아가는 문인들의 시각이 생활주변과 자아에 대한 내향적 성찰로 돌려진 결과로 볼 수 있다. 최남선이 교화의식에 의해 〈소년〉이나 〈청춘〉을 펴내면서도 비교적 기행수필의 전통을 계승하고 있는 반면에, 다른 작품들은 일본을 통해 중개된 서구의 자아의식을 수용, 사물과 자아를 투시하고 성찰하는 새로운 형식인 수상적 수필을 보여준다. 수상적 수필의 예를 두 편 들어보자.

연하면 여하히 하여 곳 自適한 여자가 될까. 무론 지식 技藝가 필요하겠도다. 하사에 당하던지 상식으로 좌우를 처리할 실력이 있지 않으면 안되겠도다. 일정한 목적으로 유의하게 자기 개성을 발휘코저 하는 자각을 가진 부인으로서 현대를 이해한 사상, 지식상 그리고 품성에 대하여 그 시대의 선각자가 되어 실력과 권력으로 사교 또는 신비상 내적 광명의 이상적 부인이 되지 아니하면 불가한 줄로 생각하는 바다. 연하면, 현재 우리는 점차로 지능을 확충하며, 자기의 노력으로 책임을 다하여 본분을 완수하며, 다시 일에 당하여 사물에 접하여 연구하고 수양하며 양심의 발전으로 이상에 근접게 하면, 모일모일은 결코 공연히 보냄이 아니요 연후에는 명일에 종신을 한다 하여도 금일 현시까지는 이상의 일생이 될까 하노라.

그러므로, 나는 현재 자기 일신상의 극열한 욕망으로 그림자도 보이지 아니하는 허다한 길을 향하여 무한한 고통과 싸우며 지시한 예술에 노력하고저 하노라. (羅蕙錫, 〈理想的 婦人〉)

평범한 길은 잘못 들 염려가 없고, 위태할 일이 없지. 누가 말하기를 평범은 대왕의 공도라 하였드라. 나는 대왕의 공도로 가고 싶다. 품성있는 사람의 손으로 하는 일은 능히 사람을 정신적으로 지배할 수 있고, 그 지배가 영구적이 될 수가 있으며, 그 사업은 과연 천하에 우뚝 솟아 혁혁할 것이요, 만고에 썩지 않을지로다. 품성이 정치 문학에 종사하기 전에는 참 위업이 있을 수 없고, 대문학이 있을 수 없음이로다. 천재가 지식적으로 다소 이익이 없지 않으나, 정신적으로 인격적으로 다대한 가치가 없도다. 물론 각각 자기의 천품의 장기를 발휘하여 그것으로 사회에 공헌해야 되지 많은 천재를 사람의 전부로 생각하면 그는 크게 잘못이라. 천재는 어디까지든지 사람의 부분이라 여하간 천재를 바랄 것이 아니라, 자기가 노력하고 분투하여 실력을 배양하며 품성을 닦을 것이로다. 천재나 되었으면, 지름길이나 있으면, 이것은 미련한 자의 꿈이로다. (田榮澤, 〈獨語錄〉)

이 두 편 중 나혜석의 〈이상적 부인〉은 베이컨(F. Bacon)류의 경귀적이면서 객관적인 **수필의** 양상을 보이는 반면, 전영택의 〈독어록〉은 몽테뉴 (Montaigne)류의 단상적이면서 주관적인 수필의 양상을 보여 수상적 수필 의 두 형태를 나타낸다. 이일의 〈만주의 적막〉이나 〈고독의 비애〉는 서정 에 넘치는 감상의 성격을 지녀, 수필의 또 하나의 특성을 보여준다.

그러나 10년대의 이러한 수필의 태동은 시나 소설에 비하여 그 의식이 투철하지 못하며, 수필이란 하나의 쟝르를 형성하지 못한 채 산만한 양상 을 보인다. 또한 시는 최남선 최승구, 소설은 이광수 현상윤 등 그 쟝르 의 작가가 뚜렷이 드러나는 데 비해 수필은 뚜렷이 내세울 수 있는 작가 가 없이 그저 누구든 붓을 들어보는 비쟝르의 양상을 보인다. 그러므로 왜소한 기행수필이나 압도적인 수상수필을 20년대의 그것으로 정립할 수 있는 기틀을 마련한 데에 10년대 수필의 의미가 있다.

동인지로 출발한 20년대는 근대문학의 정립기요 문단의 형성기다. 이 광수에 의한 문학의 사회적 확산을 저지하고 문학의 순수성을 고수해야 한다는 주장 아래 反春園으로 시작한 〈創造〉와 동인지 〈廢墟〉〈白潮〉, 그 리고 〈朝鮮文壇〉이 잇달아 나오면서, 수필도 시나 소설에 이어서 쟝르를 형성하게 된다. 이미 이광수의 〈無情〉(1917)이나 玄相允의 〈逼迫〉(1917) 등 으로 그 면모를 보여준 소설은 金東仁 廉想涉 玄鎭健 등에 의해 근대단편 의 유형을 형성하고, 김억의 시에서 이미 그 양상을 보인 근대시는 주요 한의 〈불놀이〉(1919)로써 쟝르로서의 정착을 보여주고 있는 데 비해, 수필 은 〈창조〉〈폐허〉〈백조〉 등의 동인지에서 그 형태를 갖추어 〈조선문단〉 에 와서야 쟝르로서의 정착을 보게 된다.

형성기인 20년대 수필문학의 양상은 우선 수필쟝르의 정착, 기행수필 과 수상수필의 병립양상으로 나타난다.

우선 20년대에 발표된 수필에 해당한 문장은 다음과 같이 여러 명칭으로 발표된 수상적인 작품이다──〈故鄕의 길〉(紀行)(白岳. 〈創造〉2호, 1919. 3) 〈自然〉(五山片信)(南宮璧, 〈廢墟〉1호, 1920. 7) 〈永遠한 僧房夢〉(感想)(朴鍾和, 〈白潮〉1호, 1922. 1) 〈감사와 사죄〉(想華)(春園, 〈白潮〉2호, 1922. 5) 〈牛德頌〉 (感想)(長白山人, 〈朝鮮文壇〉4호, 1925. 1) 〈어렸을 때 본 책〉(感想隨筆)(요한, 〈朝鮮文壇〉18호, 1927. 1). 표본으로 뽑아본 이같은 작품들을 보면, 수필이 「기행문」「편신」「감상」「상화」「감상수필」 등, 그 내용에 **따라** 명명되다가 20년대 후반기에 수필이란 명칭이 보이며, 20년대 후반의 〈東光〉(1926)에 이르러서 수필이라는 쟝르의 명칭으로 수용된다. 이와 같이 수필이 여러 용어로 불리어진 것은 수필쟝르가 형성되기까지의 과정에 나타난 혼돈된 현상이며, 후반기에 수필이란 용어로 포용된 것은 수필쟝르가 형성되어 본격수필문학을 위한 정리작업이 이루어졌음을 말한다. 후반기에 비로소 정착된 수필이란 용어가 실증하듯, 기행·감상·상화·서신 등이 모두 수필문학으로 포용되어, 시나 소설과 같이 근대문학으로서의 수필쟝르가 형성된 것은, 〈조선문단〉 18호(1927.1) 「감상수필」란에, 요한 方仁根 金億 崔象德 등의 작품이 11편이나 게재되고 있는 사실에서도 살펴볼 수 있다.

20년대의 수필쟝르의 형성에 결정적인 역할을 한 것은 〈조선문단〉과 〈동광〉이다. 〈조선문단〉은 순수문예지로서 시(노래)와 소설(창작)과 같이 수필을 게재하여 그 문학성을 추구하고 〈동광〉은 종합지이면서도 매월 대여섯 편의 수필을 게재하여 수필문학의 형성을 위한 기틀을 잡게 된다. 특히 〈조선문단〉에는 20년대에 약 100편의 수필이 발표되어 문학적 향취의 본격수필이 형성된다. 이광수의 경우, 〈義氣論〉〈우덕송〉〈첫번 쓴 것들〉〈病床에서〉 등이 모두 이 시기에 발표되고 있다.

20년대에 수필은 수상적 수필과 기행적 수필의 병립양상을 보였으나, 수상적 수필이 그 주류를 이루면서, 기행적 수필의 영역이 축소되어 간다. 이러한 과정을 겪으며 문학성을 심화시킨 수상적 수필의 예로 박종화의 〈영원의 승방몽〉을 읽어보자.

> 틈없는 버려짐없는 느긋한 맛의 魂으로 채운 매일이 너그럽게 우리의 가슴 안으로 흘러서 온다. 우리는 많은 기쁨과 정성으로 앞에 전개되어 오는 生의 일면에 접촉치 않을 수 없다. 이리하여 우리는 시간의 틈마다 우리의 손으로 비임없이 싸서 얼군 숭엄한 한국이 생활의 길을 볼 때에 끝없는 유열과 감사에서 솟아나오고 하염없이 더운 눈물에 아찔한 진리를 막을 수 없다.
>
> 아 그러한 것이다. 진리의 삶은 영원한 것이다. 그의 참 넓은 길이 살아서 항상 이 하늘 아래 남아 버져거려 춤을 출 것이다. 길이 번적거리는 그 찬란함을 우리가 알 때에 우리는 나날이 새혀 높하가는 질거운 생활을 보고 느긋한 마음의 미소가 두눈과 입 나타남을 스사로 보지 못하다.

영원한 진리와 삶에 대한 동경을 그리는 내적 성찰에서 박종화의 영혼의 목소리를 들을 수 있다. 이러한 생활과 인생에 대한 통찰과 달관에 의한 개성적인 목소리는 20년대 수필의 주경향을 이룬다. 吳相淳의 〈時代苦와 그 희생〉(1920)에는 외적 시대상황의 내적 수용이 나타나 있고, 이광수의 〈우덕송〉에는 덕을 지향하는 삶의 철학이 아로새겨져 있으며, 崔鶴松의 〈그리운 어릴 때〉(1925)에는 영원한 마음의 고향인 동심이 아로새겨지고, 염상섭의 〈菊花와 櫻花〉(1926)에는 꽃의 의미로써 망국민의 아픔을 보여주고 있다.

20년대 수필의 다른 한 경향은 이광수 최남선에 의한 기행적 수필이다. 〈서유견문〉과 맥락을 이을 수 있는 이 기행적 수필은 산수를 즐기며 거기에 묻힌 역사와 민족혼을 찾으려는 시도와 함께 도도히 흐르는 대하와 같은 작품으로 나타난다. 이미 〈五道踏破旅行〉(1917)을 연재한 이광수는 〈金剛山遊記〉(1925)를 상제하고, 최남선은 〈尋春巡禮〉(1926)와 〈白頭山參觀記〉(1927)를 출간하여 기행적 수필을 정립한다. 조연현이 「근대 수필문학의 최초의 정립」이라고 평가했듯이 이 기행적 수필은 고전수필의 전통을 계승하면서 근대수필의 큰 주류를 형성한다. 이광수의 금강산 산수와 그 유적에 깃든 인생과 역사를 접철한 〈금강산유기〉와 「오래동안 물려나려 오는 靑氈舊物에 대하여 나의 애처럽고 안타까운 정리를 담은 것」을 찾아 지리산을 중심으로 옛날의 마한인 백제의 정신적 지주를 밝힌 〈심춘순례〉, 역사적인 자료와 지식으로써 작자의 개인적인 심정이나 사적인 상황을 그린 〈백두산 참관기〉는 기행적 수필의 3대 백미라고 할 수 있다. 이러한 기행적 수필은 李殷相에 와서 더 세련된 수필로 발전한다.

이같은 20년대의 수상적 수필과 기행적 수필에 의한 수필문학은 30년대에 이르러 수필문학으로서 더욱 심화된다.

30년대에 와서 장르 개념의 추구와 문학적 수필의 발표로 본격 수필문학이 정립되며, 이와 병행되어 수필이론이 정립되어 본격 수필문학의 시대에 들어간다. 또한 수필문학 전문지인 〈博文〉이 나오고, 〈文章〉〈人文評論〉 등의 문예지에 수필 고정란이 설정되어 수필문학의 발전을 맞게 된다. 즉, 30년대 수필은 수필이론의 추구, 개인적 수필과 사회적 수필이란 본격수필의 유형 형성, 그리고 발표광장의 확대 등을 보게 된다.

먼저 수필이론은 외국문학을 전공한 문인들에 의해 추구된다. 먼저 리처즈(I.A. Richards)의 시론을 도입하고, 시와 수필을 쓴 金起林이 〈新東亞〉(1932.9)에 〈隨筆을 위하여〉를 발표하여 수필의 문학성과 그 영역을 추구하고, 시인 金珖燮이 〈文學〉 창간호(1934)에 〈隨筆文學小考〉를 발표하여 수필의 형식과 그 표현에 대한 이론을 모색한다. 그러나, 이러한 수필이론의 추구도 결국은 단편적인 시도에 머물다가 독문학을 전공한 수필가

金晉燮이 〈東亞日報〉(1939. 3)에 발표한 〈隨筆의 文學的 領域〉에 이르러 문학양식으로서의 수필문학론이 정립된다.

30년대는 수필이론의 모색으로 그 지향성이 분명해진 바탕 위에 수많은 작품이 발표되어 그 성숙기를 맞이한다. 〈동광〉이 속간되고 〈朝光〉(1935) 〈박문〉〈문장〉〈인문평론〉 등이 수필을 발표할 무대를 마련하고, 李秉岐 金晉燮 李歜河 정래동 高裕燮 高亨坤 李箱 卞榮魯 李孝石 李熙昇 등의 많은 작가들이 의욕적으로 수필을 발표한 결과로 이루어진 현상이다.

우선 양적으로 〈동광〉에 100편, 〈조광〉에 450편 〈박문〉에 130편, 〈문장〉에 260편, 〈인문평론〉에 50편, 도합 990편으로 거의 천 편이 발표되고 있다. 이 사실만으로도 30년대 본격수필의 전개양상을 짐작할 수 있다. 김진섭의 〈인생예찬〉이나 〈교양의 문학〉, 이양하의 〈신록예찬〉, 이광수의 〈산거일기〉, 이희승의 〈청추수제〉, 이효석의 〈청포도의 사상〉, 이상의 〈권태〉, 金裕貞의 〈그믐달〉 등의 뛰어난 수필들이 이 시기에 발표되고 있어 특히 주목을 끈다.

위의 본격수필은 수상적 수필이 그 주류를 이루면서 일제의 문화말살정책으로 문예지가 폐간되고 작가들이 붓을 꺾을 때까지 지속되는데, 이러한 본격수필은 결국 수필문학의 두 양상인 개인적 수필과 사회적 수필의 유형을 형성한다.

개인적인 수필은 주관적 개인적 사색적 유형에 속하는 몽테뉴형의 수필로서, 사색·신변기·서간·기행·생활수필 등이 이에 속한다. 〈신록예찬〉 〈조그만한 기쁨〉 등의 이양하나, 〈사온일〉〈청포도의 사상〉의 이효석, 〈琴兒文選〉의 皮千得, 〈산사일기〉의 盧子泳 등이 이 유형에 속한다. 대체로 개성적이고 직관적이며 관조적인 태도로 자연과 인생을 투시하고 그에 몰입하는 경향으로 근대 본격수필의 주류를 이룬다.

사회적 수필은 객관적 사회적 경구적인 베이컨형 수필로, 어떤 진실이나 철학적 사색을 단언적으로 표현한다. 〈생활인의 철학〉〈인생예찬〉의 김진섭을 비롯하여 〈권태〉의 이상, 〈고려청자〉의 고유섭 등이 이 유형에 속한다. 대체로 깊은 성찰이나 진리를 단언적으로 표현하는 유형으로, 본격수필의 또 하나의 주류를 이룬다.

위의 두 유형으로 나뉘어 전개되는 본격수필은, 이광수의 〈인생의 향기〉나 이은상의 〈무상〉과 같이 깊은 통찰을 담고 있거나, 김진섭의 〈생활인의 철학〉이나 이상의 〈권태〉와 같이 사색의 앙금을 보이고 있기도 하며, 김유정의 〈그믐달〉이나 이희승의 〈청추수제〉와 같이 감상의 싱그러움

572

을 지니고 담겨 있기도 하여 시나 소설과 같이 30년대 문학을 성숙케 한다. 이러한 성숙은 그대로 현대수필에 계승되어 그 다채로운 양상을 보여준다.

丘 仁 煥

論　著

1. 金晉燮　敎養의 文學(朝鮮工業文化社, 1950)
2. 張德順　國文學通論(新丘文化社, 1969)
3. 崔勝範　隨筆文學(螢雪出版社, 1971)
4. 金惡煥　隨筆文藝學(螢雪出版社, 1971)
5. 丘仁煥外　隨筆文學論(開文社, 1973)
6. 尹元鎬　韓國隨筆의 片貌(一石李熙昇先生頌壽紀念論叢, 1957)
7. 郭鍾元　散文藝術로서의 隨筆과 批評(文藝學槪論)
8. 柳炳奭　隨筆과 想像力(서라벌藝大 출판국, 1948)
9. 명계웅　韓國隨筆文學의 構造(現代文學 1969.10)
10. 成大勳　韓國隨筆에 나타난 諧謔性硏究(경희대 교육대학원, 1976)
11. 柳承丸　韓國近代隨筆標題硏究(경희대 교육대학원, 1979)
12. 李相寶　韓國의 古典隨筆(隨筆文藝 3, 1972)

13. 아동문학의 형성

세계적으로 아동문학이 독자적인 영역을 굳힌 것은 18세기에서 19세기에 걸쳐서이지만, 아동문학이란 총칭적 호칭이 유럽에서 Children's literature·Juvenile literature(英·美), Littérature·enfantine(佛), Kinderliteratur(獨)로 정착하기 시작한 것은 20세기에 들어와서이다.

우리 나라에서는 崔南善에 의하여 「少年文學」(1908, 〈少年〉)과 「兒童文學」(1914, 〈아이들보이〉)이란 호칭이 사용된 이래, 方定煥의 〈어린이〉(1923)지를 거치면서 점차로 그 개념이 형성되어 오다가 그 내용과 형식의 특수성으로 해서 성인문학과 대립되는 개념이 아닌 일반문학으로 이행되는 과정에서 편의상 아동문학이란 문학용어로 통일 정착하게 되었다.

따라서 이러한 호칭이 형성된 시기와 과정에서 볼 수 있는 바와 같이 한국의 근대적 아동문학은 이 땅의 근대화과정 속에서 발아하고 형성된 자아의 각성을 바탕으로 한 실증적 평등적 창조적 개화계몽 사상 속에서 성숙해 나온 산물이다. 「우리 大韓으로 하여금 少年의 나라로 하라. 그리하랴면 능히 이 책임을 감당하도록 그를 敎導하라」는 〈少年〉지의 권두언에서 알 수 있는 바와 같이, 그것은 오랜 전제군주제도와 유교사상의 규범 속에서 독자적인 아동 인격을 부여받지 못하고 있던 당시로서는 하나의 혁명적인 운동의 첫 신호였다. 따라서 그것은 순수한 의미에서의 아동문학운동만은 아니었다. 쇄국의 오랜 밀폐 속에서 문호를 개방하여 근대화운동을 촉진하려 했던 시대에, 다사다난한 국가와 민족의 장래를 청소년에 의탁하려는 민족운동 내지는 독립운동의 한 방편이었다. 곧 열강의 틈바구니와 일본의 침략 속에서 나라의 주권을 보전하고 신장시키려는 원대한 포부 아래, 청소년을 교육시키려는 의도에서 시작된 아동문화운동이었던 것이다.

그리고 〈少年〉지에서 비롯된 이러한 교화적 아동문화운동은 이 나라 어린이의 아버지라 할 방정환(1899~1931)에 의해 점차 문학적 아동문화운동으로 나아가게 되었다. 한국 근대의 농민운동·민권운동의 상징인 동학혁명(1894)을 일으키고 韓日合邦(1910) 後 민족적 독립운동인 3·1운동(1919)을 주도한 천도교 제 3 세 교조 孫秉熙의 세째 사위였던 그는 어린 시절부터 家父長 중심의 가족제도와 인습 속에서 부당하게 억압당하고 학대받는 어린이에 대하여 남달리 깊은 관심을 가진 사람이었다. 그러기에 그는 거족적인 3·1운동이 실패로 돌아가자 일본 유학생인 학생신분으로서 다른 일을 모두 제쳐두고 飜案童話集인 〈사랑의 선물〉(1922)을 서둘러 출간한 것이다.

「학대받고, 짓밟히고, 차고, 어두운 속에서 우리처럼 또 자라는 불쌍한 어린 영들을 위하여 그윽히 동정하고 아끼는 사랑의 첫 선물로 나는 이 책을 짰읍니다」라는 서문을 헌사로 붙인 이 책은, 안데르센의 〈장미 속의 요정〉, 그림 형제의 〈잠자는 공주〉를 비롯하여 데 아미치스의 〈쿠오레〉 중의 〈난파선〉, 하우프트만의 〈하빌레의 승천〉, 페로의 〈산도리용의 유리 구두〉, 오스카 와일드의 〈행복한 왕자〉 등 주로 유럽의 동화를 소개한 것으로, 10판 이상이 나갈 정도로 대단한 반응을 불러일으켰다.

그는 이 책을 출간한 이듬해인 1923년에 한국 최초의 「어린이 날」을 제정한 아동문화운동단체인 「색동회」를 배경으로 명실공히 식민지시대 아동문화운동을 지탱한 본격적인 아동지 〈어린이〉(1923~1934)를 창간하였다. 이로써 비칭·천칭으로 불려지던 애들·애놈이란 호칭 대신 어린이(어린사람)란 낱말을 일반화함으로써, 아동인권의 역사적 회복을 의미하는 운동을 「어린이 날」의 제정과 함께 보편화시키기에 이르렀다. 그런데 여기서 우리가 착각해서 안될 것은, 이 운동은 〈어린이〉 창간 이후 연이어 나온 〈新少年〉(1923), 〈새 벗〉(1925), 〈아이생활〉(1926), 〈별나라〉(1926) 등 여러 아동잡지와 「색동회」 결성 이후 우후죽순처럼 늘어난 각지의 少年會 조직 활동에서 볼 수 있는 바와 같이 단순한 아동문화운동이나 아동인권회복운동이 아니라 주권회복운동이었다는 엄연한 사실이다. 곧 앞서의 〈少年〉지가 개화·계몽과 민족의식 앙양에 역점을 두었듯이 이 〈어린이〉지도 그러한 정신을 확대 심화시킨 것이 사실이지만, 그보다도 3·1운동이 실패로 돌아간 후 조국광복의 길을 기성세대의 힘보다 자라나는 제 2 세들에게 걸어야 되겠다는 간절한 염원에서 이룩되었다는 점이다.

그리고 그러한 〈어린이〉는 1925년에 이르러 尹石重 李元壽 등을 추천 육성함으로써 식민지 치하 우리말, 우리글, 우리 이야기, 우리 노래를 통한 우리의 것을 일깨워주려는 문화운동에서 문학운동으로 발전하는 씨앗을 뿌리는 데 지대한 공헌을 남겼다.

　그러기에 〈어린이〉지는 한국의 역사와 위인 및 山水地理에 대한 특집을 기획함으로써 데 아미치스의 〈쿠오레〉(번역명 〈사랑의 학교〉)에 버금가는 〈어린이독본〉 연재와 함께 아동에게 自主民의 긍지와 민족의식을 고취하였으며, 少年會運動을 통해 항일민족운동의 밑거름임을 자처하였다. 따라서 당시 아동지 집필자 및 동요·동화의 작자들은 전문적인 아동문학가들만이 아니라 소년운동가·아동지편집자·사회사업가·언론인 들이 태반 이상이었고, 아동을 위해서 씌어지는 읽을 거리는 순수 아동문학 작품보다 역사·지리·훈화·전기 등 교양물이 중심이 되었다. 전술한 바와 같이 이 시절의 아동문학운동이 민족운동의 한 방법으로 인식되었기에 약간의 문장력을 갖춘 인사이면 무엇이든 아동에게 도움을 주는 글을 쓰는 일이 당연지사로 여겨졌기 때문이요, 또 문사가 문학가 의식보다 식민지 치하의 독립운동가나 志士로서 자처하고 또 대우받았기 때문이다.

　따라서 작품의 巧拙이나 형식은 그리 큰 문제가 되지 않았고, 주권상실 하에서 민족의식을 고취하거나 억눌리고 학대받고 슬프고 가난한 사람의 마음을 함께 하는 작품이면 독자에게 무리없이 읽혀졌기 때문에 1925년을 전후해서는 전례없는 동요 황금시대가 이룩되었다. 방정환의 〈형제별〉, 尹克榮의 〈반달〉, 韓晶東의 〈따오기〉, 이원수의 〈고향의 봄〉, 윤석중의 〈오뚜기〉, 徐德出의 〈봄편지〉 등 헤아릴 수 없는 동요들이 작곡되어 國民皆唱歌曲化된 것도 이 시기였다.

　　날 저무는 하늘에
　　별이 삼형제
　　반짝반짝 정답게
　　지내더니
　　웬일인지 별 하나
　　보이지 않고
　　남은 별이 둘이서
　　눈물 흘린다.

　이것은 방정환의 동요 〈형제별〉이지만 이처럼 이 시기의 동요는 감상주의에 젖은 작품이나 회고적 작품들이 많았다. 식민지 치하의 민족으로서 매양 서럽고 슬픈 생활현실에 이러한 동요들이 슬픔을 슬픔으로 달래는 카타르시스적 작용을 해줄 수 있었기 때문이다.

그러기에 이러한 동요들은 작곡되어 리듬을 가짐으로써 청소년뿐만 아니라 이 나라 남녀노소를 가릴 것 없이 널리 불리게 되었다. 이렇게 볼 때 식민지 치하의 한국 아동문학운동은 아동문학적인 기능보다 피압박 민족의 감정의 대변이나 정신의 배설구 구실을 한 민족주의 운동이었다고 하여 지나친 표현은 아닐 것이다.

이러한 사정 때문에 광복전 한국아동문학은 교훈주의나 민족주의, 그리고 감상주의라는 공통분모를 불가피하게 떠지 않을 수 없게 되었으며, 이 가운데도 교훈주의는 강력한 하나의 전통으로 부각되어 이후의 한국아동문학에 좋든 그르든 지대한 영향을 남기게 된 것이다.

그러나 방정환시대의 아동문학계에도 프로아동문학운동이 극렬하게 전개되어, 한동안 이 목적의식적 정치문화운동은 순수아동문화운동과 격렬히 맞서 아동문단은 크게 주관적 童心主義 사조와 사회적 현실주의 사조로 나누어져 날카롭게 대립되었다. 곧 전자가 方定煥 延星欽 高漢承 李定鎬 鄭寅燮 金福鎭의 천사주의적 경향, 韓晶東 劉道順 金麗水 徐德出의 애상적 경향, 尹福鎭 姜小泉 任元鎬 金聖道 등의 자연친화적 경향, 윤석중의 낙천적 경향, 馬海松 朴泳鐘 康承翰의 탐미적 경향, 李龜祚 金銀星의 신동심주의적 경향, 朴泳鐘 金英一의 감각적 경향 등으로 다기하게 분포되었다면, 후자는 馬海松 李元壽 林마리아 盧良根 崔秉和 任元鎬 등의 풍자적인 저항적 현실주의 경향과 朴世永 鄭靑山 朴芽枝 申孤松 李周洪 宋完淳 安俊植 嚴興燮 金友哲 李東珪 등으로 대표되는 투쟁적 계급주의 경향으로 나누어졌다.

아뭏든 방정환시대 아동문단의 세력판도는 크게 천사적 동심주의 계열, 투쟁적 계급주의 계열에다가 선교적 교양주의 계열 등으로 정립되었지만, 그것은 1930년대와 40년대를 거침으로써 민족적 자아와 문학적 자각에 눈뜸으로 창작동화에 마해송 김성도 김요섭, 生活童話에 이구조 강소천, 소년소설에 최병화 노양근 丁友會 玄德 이주홍 이원수, 그리고 동요에서 동시로 진전하는 도상에서 한정동 윤석중 윤복진 박영종 김영일 등을 배출함으로써 얼마간 習作文壇의 굴레를 벗는 성과를 거두기도 했다.

그리하여 구체적으로는 1920년대의 습작적인 唱歌的 童謠는 1930년대에 들어서면서 음악적이며 낙천적인 윤석중, 서민적이며 저항적인 이원수, 서정적이며 자연친화적인 윤복진, 향토적이며 탐미적인 박영종, 로만적인 강소천, 감각적인 김영일에 의하여 詩的 童謠·定型童謠·自由童謠의 순으로 진전되었는데, 그런 의미에서 윤석중의 최초의 동시집 〈잃어버린 댕기〉(1933)는 기념비적인 작품집이었다.

한편 산문문학도 율문문학에 비해 대부분 전래 또는 재래물의 改作·再話로서 고작 옛이야기 형태를 크게 벗어나지 못했으나, 마해송의 창작동화집 〈海松童話集〉(1934)에 이어 노양근의 장편소년소설 〈어깨동무〉(1942), 이구조의 아동단편소설집(생활동화집) 〈까치집〉(1940)이 나오자 각각 동화·소년소설·생활동화의 한 타입만은 제시하는 성과를 낳았다.

또 1930년대에 이르러 평론활동도 그런대로 간헐적으로 있어 金泰午의 동요론과 이구조의 동화론이 볼 만했으나, 대부분이 인상주의적 작품평이나 아전인수격 잡문들이었고, 전통적 보수주의와 계급주의 이론은 이전투구식 양상만 보여줄 뿐이었다.

따라서 식민지 치하의 아동문학은 총체적으로 아동문화운동에 결정적인 의의를 부여했을 뿐, 문학으로서는 일본 아동문학의 강력한 입김과 문학이전의 상태를 전반적으로 면치 못했고, 다만 해방 후에 아동문학운등시대를 갖게 하는 역사적 과도기의 구실을 하는 데 그치고 말았다.

이상과 같은 문화운동격 아동문학운동 과정에서 형성된 아동문학의 특성을 현대적인 각도에서 재정립해 보면 다음과 같다.

우선 아동문학은 처음부터 아동을 위한 사랑의 문학이었기에 그것은 처음부터 인간 본연에의 원초적인 향수의 문학일 수밖에 없었다는 사실이다. 아동문학이 문학의 본질을 바탕으로 하면서 어린이를 위한(목적·대상), 어린이가 갖는(共有), 어린이가 골라서 읽어온 또 읽어갈(선택·계승) 문학으로 언제나 아동을 주체로 하고 있고, 또 어제의 어린이였던 어른이 오늘의 영원한 어린이들을 위하여 글을 쓴다는 것은 어린이에 대한 원초적 사랑의 조건을 떠나서는 존재할 수 없다는 것이 그것을 반증하는 것이다. 그러므로 아동문학은 사랑의 조건에 부합되는 특수한 조건을 성인문학보다 한겹 더 짊어질 수밖에 없고, 그것은 역겨운 부담이 아니라 즐거운 창작 조건으로 제시되는 것이다.

그러한 아동문학의 조건을 편의상 내용과 형식면으로 나누어본다면 우선 내용면에서 첫째로 아동문학은 로만주의 문학으로서 理想性과 夢幻性을 주된 특질로 하여야 한다는 것이다. 미분화·미성숙의 아동에게 「꿈」과 「있어야 될」 동경의 세계를 보여주는 것은 「현실」과 「있는 대로」의 세계를 제시하는 것에 선행하는 사랑의 조건이기 때문이다.

둘째로 아동문학은 인도주의 문학으로서 윤리성과 교육성을 갖추어야 된다는 것이다. 그것은 아동 심신의 발달단계를 고려한 단계성을 바탕으로 하는 것이지만, 「참되게」 살아가는 진보적 모랄의 추구는 필수불가결의 요소이며, 진정한 교육성은 문화성과 흥미성을 그 속에 스스로 내포하기 때문이다.

형식면에서 아동문학은 첫째로 원시문학으로서 원시성과 단순 명쾌성을 지녀야 된다는 것이다. 그것은 아동의 사고와 상상이 소박한 원시인의 그것과 일치하므로 그들의 生活性에 맞는 표현이나 작법은 단순하고 명쾌할 수밖에 없기 때문이다. 그러나 아동문학도 어디까지나 문학이기 때문에, 이상의 여러 조건에 어떤 제한을 받는다고 해서 결코 본격문학으로서의 예술성을 상실해서는 안된다.

이러한 여러 조건을 갖출 때 비로소 아동문학은 넓은 의미에서 삶에 대한 향수의 문학으로서 어린이의 인간성 해방과 개성 발육을 지향하며, 나아가서 인도주의를 구현하고 사회를 개선하려는 이상주의문학이 될 수 있는 것이다.

아동문학의 비평·연구의 역사는 방정환의 아동문학에 대한 개념구축부터 시작되는 것이지만, 방정환 자신이 아동문학을 문화운동이나 독립운동의 방편으로 보았기 때문에 그 이론은 아주 초보적인 단계를 벗어나지 못했다.

그 한 예가 그가 1923년 1월 〈개벽〉지에 발표한 〈새로 개척되는 동화에 관하여〉에서 「동화」를 Märchen의 譯語로 보지 않고 아동설화의 준말 곧 「옛날 이야기」로 본 것인바, 이같은 현상은 丁洪敎의 〈童話의 種類와 意義〉(每日申報, 1926), 〈兒童의 生活心理와 童話〉(東亞日報, 1926)라는 논문이 일인학자 松村武雄의 그것을 그대로 무비판적으로 번안 도용 발표한 데서도 그 일단을 짐작할 수 있었다. 그리고 작품론적 비평도 걸핏하면 인상비평이나 인신공격에 급급하는 형편이어서 〈當選童謠 「소금쟁이」는 飜譯인가〉(東亞日報, 1926)라는 한정동의 동요에 대한 일본동요 번역시비는 급기야 〈글도적놈에게〉라는 욕설의 평문이 나오기까지 장장 3개월을 끄는 소란을 피운 일도 있었다.

그러나 1930년대는 제법 이론적 논쟁도 심심찮게 지면을 장식했는데, 그것은 이른바 동심제일주의적 비평(金泰午 尹石重 洪曉民 宋南憲)과 사회주의적 계급주의 비평(朴英熙 宋完淳)의 대결이었다. 한편 1930년대에는 선교사 등 기독교 계통에서 주일학교의 교재용으로 동화의 이론처착에 상당한 열의를 보였는데, 그것은 탐손의 〈新撰童話法〉(1934)을 姜炳周 목사가 번안 출간함으로써 그 절정을 이루었다.

그러나 식민지 치하에서의 아동문학의 비평·연구는 고작 동요·동시·동화·소년소설이라는 쟝르 구분에 얼마간 기초이론을 제공하고, 문화운동적 아동문학관·아동관을 형성하는 데 적잖은 기여를 했을 뿐 영성한 상태를 면치 못했으며 본격적인 연구는 광복후를 기다릴 수밖에 없었다. 그 것도 또 6·25동란 전후의 혼란기를 넘어 성인용인 아동문학잡지 〈아동문학〉(1962)이 출간됨으로써 비로소 그 기초기반을 닦을 수 있었다.

〈아동문학〉지가 특집한 〈아동문학이란 무엇인가〉〈동화와 소설〉〈동요와 동시의 구분〉〈아동문학의 나아갈 길〉〈아동문학의 문제점〉〈아동문학의 방향〉 등은 아동문학의 본질, 쟝르 의식 확립, 문제점 및 방향에 대한 최초의 진지한 분석적 검토로, 본격평론 확립에 미흡한 점도 더러 있었지만, 그 이전까지의 문화운동적 아동문학관을 탈피시켜 문학으로서의 아동문학관을 확립하는 데 중요한 전기를 마련해 주었다는 점에서 의의가 컸었다.

그리고 이 무렵의 윤석중의 〈韓國兒童文學小史〉(9)와 이원수의 〈兒童文學入門〉(10)도 비록 소론이긴 하지만 아동문학의 입문적 평론구실을 한 점에서 간과할 수 없는 징검다리의 소임을 다했다.

그러나 최초의 이론적 종횡의 체계를 갖춘 이론서로서는 1967년에 나온 〈兒童文學槪論〉(1)이 처음이었다. 이 논저는 본격문학의 토대를 구축하고 평론문학 정립의 기반을 형성했으며, 다양한 이론적 견해의 통일적 정리를 꾀하고 실천적 비평의 학적 근거를 마련하여 대강의 史的 정리를 통한 과거의 반성과 앞으로의 방향 제시를 시도함으로써 상당한 주목을 받았다. 그리고 그것은 1978년에 〈韓國現代兒童文學史〉(6)가 출간됨으로써 일단 아동문학의 종횡의 통시적 공시적 연구의 길을 여는 성과를 거두기도 하였다.

그러나 〈한국현대아동문학사〉는 자료사 내지 계몽사로서는 획기적인 구실을 하고 있으나 「완성된 현대아동문학사」가 되기 위해서는 사료의 정리와 체계화의 한계를 넘어 연속성·인과성·영향론과 의미망의 구축 등 다양한 연구영역의 확대가 이룩되어야 할 것이다.

앞으로 현대아동문학의 연구는 전래동요나 전래동화 등 고전 아동문학의 맥락 속에서 그 뿌리를 찾는 일이 무엇보다 시급하다. 그러기 위해서는 고전문학 특히 민요·설화·민담의 연구, 특히 구비문학적 연구가 선

행되어야 할 것이며, 서구 아동문학과의 비교연구, 특히 초창기 한국아동
문학에 거대한 영향을 남긴 일본 아동문학과의 비교문학적 연구가 필요불
가결하리라 믿는다.

그리하여 작가위주의 인상적 비평에서 탈피하여 작품의 가치로서 문학
사의 위계질서가 확립되는 기틀을 조성하여 아동문학을 본격문학으로 지
양시켜야 될 것이다. 그리고 그러하기 위해서는 무엇보다 아동문학의 연
구가 활발히 전개되어 비평부재·연구부재의 무풍지대가 일소되어야 할
것이다. 李　在　徹

論　著

1. 李在徹　兒童文學槪論(文運堂, 1967)
2. 石庸源　兒童文學槪說(藝文館, 1974)
3. 李相鉉　韓國兒童文學論(同和出版公社, 1976)
4. 李五德　詩精神과 遊戲精神(創作과批評社, 1977)
5. 李在徹　아동문학의 이해(尙書閣, 1977)
6. 李在徹　韓國現代兒童文學史(一志社, 1978)
7. 劉庚煥　韓國現代童詩論(培英社, 1979)
8. 李元壽　童詩의 傾向(兒童文化 1, 1948)
9. 尹石重　韓國兒童文學小史(兒童文學의 指導와 鑑賞, 1962)
10. 李元壽　兒童文學入門(敎育資料, 1965～1966)
11. 李元壽　兒童文學槪觀(現代文學 24, 1965)
12. 尹鼓鍾　兒童雜誌小史(아동문학 1962.2)
13. 魚孝善　兒童文學史年表(아동문학 1965.12)
14. 李在徹　韓國兒童文學史時代區分試攷(大邱敎大論文集, 1964)
15. 李在徹　韓國現代兒童文學史(횃불 1～17, 1969～1970)
16. 李在徹　韓國現代文學史와 兒童文學(국어국문학, 국어국문학회, 1969)
17. 李在徹　小波 方定煥 年譜攷(語文學 27, 1972)
18. 李在徹　韓國現代兒童文學略史(新韓國文學全集 51, 1975)
19. 李在徹　光復兒童文學略史(동시와 동화, 1975)
20. 李在徹　韓國現代童詩略史小攷(學術論叢 2, 1978)
21. 李在徹　韓國兒童文學論(蘭汀南廣祐博士華甲紀念論叢, 1980)

14. 近代戲曲과 그 무대공연

　우리의 경우에 있어서 신극이라든가 근대희곡이라는 것은 서양연극을 수용해서 그것을 바탕으로 한 연극이나 희곡을 가리킨다. 그러니까 우리의 언어로 우리가 사는 이야기를 표현한 것이라 하더라도 그 연극이나 희곡양식은 완전히 서양극 양식이다. 적어도 연극의 본질에 있어서는 동서양의 차이가 없을지 모르지만 표현양식에는 현격한 거리가 있는 것이 사실이다. 가령 동서양의 연극이 다 같이 제의에서 출발했지만 서양이 인간중심으로 발전되어 온 데 비해 한국 또는 동양에서는 신에게 바치는 뜻으로 발전되어 왔기 때문에 연극양식에 많은 차이가 생기게 된 것이다.

　따라서 서양연극이 희곡 중심으로 발전된 데 반해 동양연극은 演行 중심으로 발전되어 왔다. 문학성이 강한 서양연극에 비해서 동양연극이 극성이 강한 이유도 그 때문이다. 그렇기 때문에 제3세계가 다 그렇듯이 한국연극은 문예사조적 발전단계, 즉 사조적 배경이 없는 것이 특징이다.

　그러나 개화기를 맞아 우리의 문화예술도 서양형식을 그대로 받아들이게 되었고, 연극의 경우도 전통적 형식이 배제된 상황에서 소위 신극이라는 것이 새로운 연극조류로서 자리를 잡게 되었다. 그런데 불행하게도 우리나라가 개화기를 맞았을 때는 일본세력이 팽창할 때였는지라 그들의 근대문예 패턴을 많이 닮지 않을 수 없었다. 그것은 첫째 일본을 통해서 서양을 배우지 않을 수 없는 처지와 둘째는 일본세력이 이땅에 발을 들여놓은 데서 비롯된 것이다.

　그래서 개화 이후의 근대극 발전단계인 전통극의 변형, 신파극의 발생, 서구적 신극의 성립이 일본과 한국이 매우 비슷하고 근대극 용어까지 같았던 것이다.

　예를 들면 舊劇·新派·新劇 등의 용어는 한국·일본·중국이 같이 쓰고 있다. 그리고 일본과 한국(또는 중국)의 근대극의 발전속도는 대체로 10년 정도 차이가 난다. 일본이 조금 앞섰다는 이야기이다. 즉 일본에서

582

발생한 신파극이 19세기말서부터 1900년초에 번성하였다면 우리의 경우는 1910년대에 융성했고, 서구의 근대극(사실주의극)도 일본에서 축지소극장(1924~1929) 활동기간에 뿌리를 내렸다면 우리의 경우는 극예술연구회(1931~1939) 활동기간이 본격 수용기였던 점에서도 확인할 수 있다(1). 우리의 경우 적어도 1910년대는 완전한 신파극시대였다. 논자에 따라서는 1908년 원각사시대부터 신파극시대로 보기도 하지만(2) 근자에는 1911년 林聖九의 일본신파 답습부터 신파극시대로 보는 경향이 강하다(3).

신파극시대의 특성이라고 한다면 창작희곡보다는 신문연재물과 같은 대중소설이 각색 공연된 점이라 볼 수 있다. 이 점은 일본과 한국이 매우 비슷하다. 더구나 우리의 경우는 신파극 자체를 일본 것 그대로 번안해서 무대에 올렸던 만큼 적어도 1910년대는 두세 편의 소인극본 정도의 창작 희곡이 생산되었을 뿐이다. 그러니까 일본에서 각색 공연된 대본이 번안되어 우리의 연극무대에 올려졌거나 아니면 신소설이나 구소설이 극본화되었다는 이야기다. 그러나 그와 같은 가정비극적인 대중소설 각색극들도 3·1운동 이후의 광범한 민족자각 이후에는 쇠퇴하기 시작했는데, 이는 동경유학생들에 의한 활발한 서구근대극(리얼리즘) 이식운동 때문이었다. 玄哲 김온 등에 의해서 셰익스피어라든가 입센, 체홉 등이 소개되고 金祐鎭에 의해서는 서구 리얼리즘극운동 외에도 독일의 표현주의, 그리고 피란델로, 채팩, 오닐 등 현대극작가들과 현대연극사조가 수용되기도 했다.

그리고 1910년대에 소설가들이 희곡을 쓰던 때와는 달리 金祐鎭 金井鎭 金永八 등과 같이 전문적인 극작가들이 나타난 것도 1920년대였다. 1920년대, 즉 3·1운동 이후의 문예활동은 민족운동의 차원에서 전개되었기 때문에 연극도 민중계몽의 수단으로 이용되었고, 따라서 사회참여적 성격을 많이 띠기 시작했다. 그 시기에 학생극운동이 활기를 띠고 또 전국 곳곳에서 아마추어연극운동이 절정을 이룬 것도 독립을 갈망하는 민족의 내적 에네르기와 무관하지 않다(4).

이 시기의 연극이 1910년대보다는 비직업적이었고, 또 같이 외국연극을 수용 이식하는 모방기였다 하더라도 신파극시대처럼 완전 모작기는 아니었고, 서구근대극의 실험기였다는 점에서 크게 진보되었다고 볼 수 있다. 특히 김우진 같은 경우는 매우 특출한 연극인이었기 때문에 자기 시대를 훨씬 앞질렀음은 물론 적어도 연극의식면에서는 서양과 같은 위치에 서 있었다. 가령 사회개혁적인 연극관을 갖고서 셰이비어니즘(Shavianism)과 표현주의 사조를 소개하면서 한국적 응용을 실험한 것은 동양연극인으로서는 탁월한 것이었다(5). 그가 쓴 수편의 논문과 〈난파〉〈산돼지〉 같은 희곡이 그것을 잘 입증해 주고 있다. 동시대의 다른 극작가들, 이를테면 김정진이라든가 김영팔 등은 겨우 사회고발적인 초기형태의 리얼리즘 희곡을 습작하고 있을 때, 김우진은 비록 그것이 미숙하다 하더라도 스트린드베리적인 표현주의 희곡을 실험했던 것이다. 불행하게도 그가 1926년에 자살함으로써 발돋움하려던 한국신극은 일단 주춤하게 되었다.

이상과 같은 1920년대의 실험적인 근대극운동은 쇠퇴일로를 걷던 신파극에도 영향을 주어서 토월회 같은 중간극 성격의 개량신파극단을 탄생시키기도 했었다. 아마추어극만이 무성할 때, 토월회 같은 전문극단이 생겨나서 직업극의 전통을 세웠던 것도 특기할 만한 일이라 하겠다. 그러나 토월회가 곧 창립 당시와 같은 근대극정신을 저버리고 흥행극단으로 전락함으로써 1920년대에 한국근대극을 정립시키는 데까지는 이르지 못했다. 가령 토월회가 김우진이나 김정진, 김영팔 등의 창작희곡을 단 한 편도 발굴 공연하지 않은 것만 보더라도 그 극단의 상업주의적인 성향을 짐작할 수 있는 것이다. 양적인 면에서 얼마 되지 않은 희곡을 그나마 아무도 발굴 공연하지 않았기 때문에 희곡의 신장이 그만큼 더뎠다고 볼 수가 있다.

따라서 1920년대에 싹튼 진정한 근대극정신도 해외문학파 회원들에 의해서 계승되었던 것이다. 즉 동경에서 영국·독일·프랑스·러시아 문학을 공부한 젊은 문학청년들 徐恒錫 柳致眞 咸大勳 鄭寅燮 李軒求 등 10여 명은 1931년에 「진정한 신극수립」의 기치를 들고 극예술연구회라는 본격적 근대극 단체를 발족시켰던 것이다. 이들 대부분은 유학시절에 축지소극장 공연을 관람하면서 한국에서의 축지극장 같은 본격 신극운동을 꿈꾸었고, 오케이시라든가 싱그 등 아일랜드 문예부흥운동가들에게서 영향받아서 신극을 통한 민족운동을 구상한 인텔리들이었다.

그렇기 때문에 그들의 신극운동은 종래에 볼 수 없었던 다면적 접근방식이 특징이었다. 즉 공연·비평·워크숍·대중계몽 등 다양한 활동을 통해서 서구근대극을 이 땅에 이식하는 것이 그들의 이상이었다. 극예술연구회가 취택한 레퍼터리는 대체로 19세기말서부터 20세기초에 걸쳐 구미의 근대극작가들이 쓴 희곡들로서 축지소극장의 레퍼터리와 비슷한 점이 많았고 연출·연기 방식도 스타니슬라프스키의 리얼리즘극 수법을 기본으로 삼았다.

그들은 먼저 서구근대극을 익히고 또 대중에게 알리기 위하여 번역극

위주로 나갔고, 곧 창작극 계발을 위해서 유치진의 희곡을 공연하기 시ㅈ
했던 것이다. 물론 당시만 하더라도 수준에 올라 있는 작가가 없었기 때
문에 처음에는 유치진의 희곡만을 무대에 올렸고, 조금 후에는 그들이 키
워낸 李無影 李光來 咸世德 金鎭壽 등의 작품들을 공연하기에 이르렀다.
극작가들을 캐내고 키우는 점에서도 극예술연구회는 소극장다운 근대극운
동을 전개한 최초의 연극단체가 된다.

극예술연구회의 궁극적 목표는 이 땅에 진정한 신극을 수립해서 민족의
자주독립을 찾고 명실상부한 문화국가를 이룩하겠다는 것이었는데, 그 기
본적 방법과 철학은 일본의 축지소극장과 아일랜드의 문예부흥운동에서 배
워온 것이었다. 그것은 극예술연구회의 레퍼터리 선정과 극예술연구회기
키워낸 유치진 함세덕의 작품에서도 확인되는 것이다. 서구 근대희곡의
번역·소개와 함께 창작극 개발을 서두른 극예술연구회는 우선 유치진에
게 작품을 씌워 1932년부터 〈토막〉〈버드나무 선 동리의 풍경〉〈소〉 등을
차례로 공연했다. 그리고 이무영의 한두 편의 희곡과 현상응모에 입선한
이광래 김진수 함세덕의 작품을 무대에 올렸다. 그리하여 번역극과 창작
극의 비율을 2대 1 정도로 맞추어 나갔던 것이다. 그리하여 극예술연구
회는 1939년 총독부에 의해서 강제로 해산당할 때까지 20여 편 이상의 번
역극과 10여 편의 창작희곡을 공연했던 것이다. 유치진을 기둥으로 한
1930년대야말로 우리나라의 근대희곡이 정착한 시기였다. 아일랜드 문예
부흥운동의 기수들이었던 오케이시와 싱그 등의 영향을 받은 유치진은 작
품제목에서도 느낄 수 있는 바와 같이 당시 식민지 수탈이 첨예하게 나타
났던 농촌을 무대로 농민들의 몰락과 파산을 생생하게 그려갔다.

이는 식민통치시대 사회의 구조적 모순을 파헤치고 폭로해서 일제에 저
항하겠다는 의지의 표현이었던 것이다. 일찌기 루카치가 말한 것처럼 리
얼리즘이란 사회모순의 지적과 그 개선의 변증법적 정신이라 할 때, 이는
유치진에게 있어서 가장 적합한 창작방식이 될 수밖에 없었던 것이다.
1920년대의 김우진이 표현주의 방식으로 전통·인습을 매도한 것과 좋은
대조를 이루는 것이다. 유치진은 초기에 거의 오케이시 작품의 모작이라
할 만큼 아일랜드의 저항적 리얼리즘에 매달렸다. 呂石基도 지적한 바 있
는 것처럼 등장인물의 성격창조에서부터 무대설정시의 삽입 또는 파스적
인 기법 등에서 그러한 점은 여실히 나타나고 있다(6).

유치진에 의해서 확립된 리얼리즘극은 우리나라 근대극의 기반이 되면
서 뒤에 등장한 〈촌선생〉의 작가 이광래라든가 〈길〉의 작가 김진수, 〈몽

승〉으로 데뷔한 함세덕 등에게 그대로 연결되었다. 그리하여 모두가 식민통치하의 농촌붕괴와 좌절을 리얼하게 묘사했던 것이다. 그런데 그들 중에서 함세덕만은 낭만성을 가미해서 어촌을 무대로 어민들의 가난과 좌절을 매우 감상적으로 그린 것이 특징이다(7). 사실 식민지시대에 있어서 농촌과 어촌이야말로 착취에 의한 빈곤현상이 가장 적나라하게 나타난 취약지였던 것이다. 이처럼 1930년대는 희곡에 있어서도 빈궁을 최대의 주제로 삼았던 시대였다.

그리고 광의의 리얼리즘에 포함시킬 수도 있는 자연주의 경향의 회곡이 출현한 것도 이 시기였다. 특히 하우프트만의 자연주의극에 영향받은 金永壽는 노동자들의 생존양상을 많이 다룸으로써 이 땅에 환경극의 발전을 마련하기도 했다. 물론 유치진의 희곡 중에도 〈빈민가〉 같은 작품이 있긴 하지만 김영수처럼 환경극을 의식하고 쓴 것은 아니다. 이와 같이 1930년대는 리얼리즘과 자연주의가 확대 심화되는 시기였다. 그러나 리얼리즘과 자연주의의 착근과 확대·심화도 일제의 탄압과 그에 따른 상업극의 번성으로 해방을 맞을 때까지 정체하게 된다. 특히 1935년에 설립된 연극 전용극장인 동양극장이 전속극단과 극작가들을 두고 대중극을 많이 무대에 올림으로써 본격적인 리얼리즘극은 멜로드라마에 밀리게 되었던 것이다. 사실 동양극장시대야말로 신파극의 토착기로서 한국신파극의 제2기라 볼 수 있다.

신파극본인 멜로드라마가 나오기 시작한 것은 1920년대초부터였다. 이것은 金泳偁로부터 시작해서 朴勝喜 李瑞求 朴珍 등으로 이어지고 林仙圭에 와서 절정을 이루게 되었다. 물론 1920년대와 30년대의 신파적인 멜로드라마가 리얼리즘과 동떨어진 것은 결코 아니었다. 이들도 현실을 있는 그대로 묘사하고 폭로했다는 점에서는 다를 바가 없다. 다만 그 접근방식과 인생관 내지 세계관에 있어서 차이가 날 뿐인 것이다. 그들은 현실에 도전해서 사회를 개혁한다는 의지가 아니라 구도덕관에 입각해서 현실을 감상적으로 어루만지는 데 그쳤던 것이다.

이런 감상주의적 현실인식 태도는 전체 희곡문학을 오염시키며 1940년대를 멜로드라마시대로 만들기도 했다. 그러다가 해방을 맞게 되자 연극계는 새로운 돌풍을 만나게 되었다. 그것은 이데올로기 희곡의 등장에 따른 연극의 정치도구화였다. 사실 이데올로기 희곡은 1920년대 중반 金永八 宋影 등에 의해서 처음 시작되었다(8). 그러나 그것은 소인극적인 수준을 벗어나지 못한 것이었고, 해방이 되자 본격 프롤레타리아 희곡이 양산되었던 것이다. 마르크스-레닌의 유물변증법적인 이데올로기를 주입한 좌익극이 처음으로 무대에 올려진 것도 이때였다. 해방 전까지만 해도 막연히 좌익적 입장에서 미숙한 저항극으로서 작품을 썼던 프로 작가들은 해방과 함께 분열된 정치추세에 따라 사회주의 리얼리즘의 창작방법을 도입하여 계급투쟁적 작품을 써낸 것이다. 이러한 프로극의 득세는 정통 민족노선을 걷던 우익연극과 날카로운 대립양상을 보이지 않을 수 없었다. 다행히 1948년 정부수립을 계기로 극렬 좌파연극인들이 월북함으로써 연극의 이데올로기적 갈등은 끝나게 되었다. 대체로 식민지시대에 동양극장을 중심으로 신파극을 했던 좌파 연극인들은 월북하여 북한연극을 형성했던 것이다. 오늘의 북한연극은 월북 연극인들이 신파극을 바탕으로 해서 급조한 이데올로기적인 가극류이다.

이상과 같은 한국신극과 근대희곡에 대해 연구하기 시작한 것은 1930년대초부터로서 金在喆이 최초였다. 김재철은 전통극을 중심으로 하여 우리 연극사를 정리하는 과정에서 1920년대까지의 신극사를 원각사 극장과 신파극단을 중심으로 기술했다. 그는 연극사를 처음 정리한 선구자적 업적을 남겼지만 신극사의 기점에서부터 원각사·토월회 등의 성격에 이르기까지 많은 오류를 범했던 것이다. 가령 가장 크게 잘못된 1909년의 신극기점설 같은 것이 그 하나의 예다. 이와 같은 오류는 李杜鉉에 의해서 1908년으로 수정되었고(2), 그것은 다시 柳敏榮에 의해서 1911년으로 이의가 제기되어(3·10) 학계의 쟁점으로 남아 있다. 그러니까 신파극과 서구 근대극의 수용이라 할 신극이 李人稙에 의한 1908년부터냐 아니면 임성구에 의한 1911년부터냐 하는 것이다. 하여간 극단활동 중심으로 엮은 이두현의 〈韓國新劇史硏究〉는 실증적 연구서로서 연극운동의 발자취를 체계 있게 세워놓은 것이다(2). 이두현에 앞서 연극·영화 운동을 했던 安鍾和가 비화중심으로 〈新劇史이야기〉를 쓴 일이 있지만(11) 역시 야사에 지나지 않고 張漢基 朴魯春 등도 역시 신극사를 정리했으나 김재철의 연극사에다 자료를 조금 더 보충한 정도에 그치는 것이 아닌가 싶다(12·13). 그후 유민영 徐淵昊에 의해 신극사가 재정리되고 있는데 이들도 여전히 실증사연구에 머무르고 있는 느낌이다(14·15). 연극사라고 하면 사회변화와 연극과의 상관관계를 총체적으로 파악하고 뚜렷한 예술사관에 입각해 기술되어야 함에도, 아직도 자료의 수집과 정리에 머무르고 있는 실정이다.

그러나 1970년대 이후에는 연극사가 쟝르별로 탐구되기 시작하였다. 희곡사를 위시해서 극단사·극장사가 정리되어 가고 있는 중이다. 즉 유

呪영에 의해서 신파극이 시작된 1911년부터 1969년까지 60년 동안의 희곡사가 한국문예사상 최초로 정리되었고(3·16) 극장사도 정리되었으며(17), 극단사도 정리되고 있다(18). 이 가운데서도 희곡사연구는 희곡이 문학의 중요한 쟝르이기도 해서 문학사의 총체적 파악에도 도움이 될 수 있을 것 같다. 그리고 희곡사가 정리됨에 따라 극단활동 중심의 연극사 탐구도 새로운 국면에 접어들었다고 볼 수 있다. 왜냐하면 예술사는 어디까지나 정신사와 양식사를 근본으로 하는 것으로서 그 동안의 공연·운동사 일변도는 일단 극복될 수 있을 것이기 때문이다.

사실 그 동안의 신극에 대한 연구가 단순히 극단의 공연연보에 치중했기 때문에 한국문학이나 연극발전에 별로 큰 영향을 못 미쳤던 것이다. 그러나 1970년대 이후에는 연극의 쟝르별 연구와 함께 예술정신도 많이 탐구되고 있다.

그러나 아직도 자료중심의 실증적 연구에 치중하고 있고, 또 그러한 작업은 상당기간 계속될 것으로 보인다. 그리고 그 동안의 근대희곡 연구는 극작가 중심으로 이루어졌고, 시대별 연구가 안되었으며, 희곡사도 양식사적 접근이 아닌 의식사적 연구에 그쳤다. 그러니까 마치 유럽에서 20세기초기까지 하였던 대로 문학연구 방법을 그대로 희곡연구에 원용했다는 이야기다. 바꾸어 말하면 연극학적 연구가 아닌 순문학사연구의 방법이었다는 이야기다. 이는 우리 나름의 연구방법론이 서지 않은 데서 연유하는 것이다. 따라서 앞으로의 근대희곡 연구는 정신사 탐구와 함께 양식사적 접근도 병행되어야 할 것이다. 그것은 곧 연극학적 연구방법의 수용이다. 그리고 신극연구도 극단이나 극작가 중심이 아닌 시대산물로서의 연극사를 파악한다는 관점에서 사회사와의 관련성을 깊이 파들어가야 함은 물론, 연극을 이루는 배우나 연출가, 관객 등도 함께 연구해야 할 것이다. 그래야만 신극이나 근대희곡이 제대로 파악될 수 있을 것이다.

아뭏든 신극연구 50년사와 근대희곡연구 10년사는 너무나 일천한 역사로서 아직도 자료정리의 초보단계에 머물고 있음도 어쩔 수 없는 것인지 모른다. 특히 국문학계에서 문학의 3대 쟝르의 하나인 희곡을 소홀히 해온 것은 커다란 과오라 아니할 수 없다. 앞으로의 과제는 연극과 희곡에 대한 역사적 연구를 넘어 이론적 탐구로 들어서는 일이다.　柳 敏 榮

論　著

1. 柳敏榮　韓國演劇의 美學(檀國大 출판부, 1982)

588

2. 李杜鉉　韓國新劇史研究(서울大 출판부, 1968)
3. 柳敏榮　韓國現代戲曲史(弘盛社, 1982)
　　柳敏榮　新派劇의 發生과 그 展開(演劇評論 7, 1972)
4. 柳敏榮　20年代初의 新劇運動(漢陽大論文集 8, 1973)
5. 柳敏榮　焦星 金祐鎭研究上, 下(漢陽大論文集 6, 1971, 국어교육 15, 1972)
　　柳敏榮　金祐鎭作品集(螢雪出版社, 1979)
6. 呂石基　韓國演劇의 現實(同和出版公社, 1974)
7. 柳敏榮　抵抗과 順應의 軌跡(演劇映畫研究 4, 1979)
8. 柳敏榮　韓國 프로戲曲의 盛衰(東洋學 11, 檀國大 東洋學研究所, 1981)
9. 金在喆　朝鮮演劇史(學藝社, 1939)
10. 柳敏榮　演劇(판소리)改良時代(演劇評論 6, 1972)
11. 安鍾和　新劇史이야기(進文社, 1955)
12. 張漢基　韓國新劇略史(現代文學 1959년 연재)
13. 朴魯春　韓國新演劇五十年史略(新興大論文集 1, 1959) ; 韓國新演劇五十年
　　　　　史(自由文學, 1960년 연재)
14. 柳敏榮　韓國新劇史 2〜5 (國語敎育研究會論文集 1, 1968, 檀國大國文學論
　　　　　集 10, 1981)
15. 徐淵昊　演劇史의 새로운 探究(文藝振興 74〜78, 1981)
16. 柳敏榮　韓國戲曲史研究(演劇評論 6〜18, 1972〜1979)
17. 柳敏榮　韓國劇場史(한길사, 1982) ; 國立劇場30年(한길사, 1980)
18. 柳敏榮　劇團史(韓國演劇 1〜6, 1976) ; 韓國劇團史 1 (韓國演劇學 1, 1980)

15. 30년대의 문학적 상황과 순수문학의 대두

　문학상의 여러 사조가 섞이어 있었다고는 하나, 일반적으로 1920년대, 특히 그 후반기를 이데올로기의 시대라 한다면 이에 비추어 1930년대는 脫이데올로기의 시대임이 분명하다. 그리고 우리 문학사에서 1930년대의 이 脫이데올로기의 문학을 폭 넓게 순수문학으로 규정해 왔던 것도 이미 잘 알려진 사실이다. 미미하나마 1920년대 잔재로서의 프롤레타리아 문학이 아직 1930년대 중반까지 지속되고 1930년대말엔 벌써 일제 어용문학으로서의 소위 「국민문학」이 어두운 그림자를 서서히 드리우기 시작하였지만, 전반적으로 1930년대를 일별할 때, 그 주류를 이루었던 것은 역시 순수문학이었다고 할 수 있다.

　이렇게 1930년대 문학이 脫이데올로기의 문학 혹은 상식적인 뜻으로서 순수문학이라고 한다면 대체 순수문학이란 구체적으로 무엇일까, 혹 있을지 모르는 오해를 피하기 위하여 필자는 그것을 보다 명백히 해둘 필요를 느낀다. 문예학에선 순수문학이란 용어는 없으며, 이와 유사한 것으로 순수시라는 명칭이 있을 정도이다. 순수시란 19세기 프랑스 상징주의 시인들에 의해 일반화된 개념인데, 사전적인 정의를 따르자면(14), 그것은 넓은 의미로 비본질적인 것을 제거하고 본질적인 요소들만을 추출하여 창작한 시를 가리킨다. 순수시의 정신은 포우(E. Poe)가 「詩란 강한 밀도를 지니고 음악에 일치하는 효과의 서정에 본질을 두며 오로지 심미적인 현상에만 몰두할 뿐 知性이나 모럴엔 초연해야 된다」(11)는 언명에 토대를 두고 있다. 상징주의 시인들은 이와 같은 포우의 시관에 지주를 대고 특히 발레리(P. Valéry)의 경우 「詩란 물리학자가 순수한 물이라고 할 때의 순수」를 지녀야 하며, 「음악을 듣고 우리의 신경조직이 반응하는 것과 같은 효과의 절대성」을 추구해야 한다고 주장하였다(10). 순수시는 당대 상징주의 시인들의 고백과 같이 실제에 있어서는 도달하기 어려운 詩의 한 이상일지 모른다. 그러나 그들은 그 이상에 도달하기 위하여 부단히 노력하였다. 그리고, 20세기에 들어와서 순수시의 전통은 英·美의 이미지즘에 그 뿌리를 내렸다.

1930년대 한국의 순수문학에 이러한 일면이 없었던 것은 아니다. 특히 1930년대 중반에 발흥했던 한국 모더니즘은 그것이 英·美의 이미지즘에 가깝다는 이유에서 더욱 그렇다. 그러나 전반적으로 살펴볼 때 1930년대 순수문학은 프랑스 상징주의 시인들이 의미했던 순수시와 일치하는 말이 될 수 없다. 우선 1930년대 한국의 순수문학은 시에 국한된 것이 아니라 문학전반에 나타났던 현상이요, 음악의 절대성에 도달하려는 의도에서 씌어진 것도 아닐 뿐만 아니라, 지성과 모럴을 전혀 외면한 채 창작된 것도 아니기 때문이다. 실제 작품에서야 어떻든 모더니즘을 지향했던 일군의 시인들에겐 문명비판적 지성과 새로운 시대의 모럴은 시의 중요한 본질로 이해되었으며(9), 어떤 시인의 경우에는 언어의 음악적 배려가 거의 무시되었던 일면조차 없지 않았다(李箱의 산문시). 요컨대 1930년대의 시는 문학의 본질성에 집착코자 하는 점에 있어서는 유사한 것이었지마는, 그 지향하는 목표가 상징주의자들이 동경했던 저 기하학적 추상공간은 아니라는 점과, 비록 이데올로기화된 현실을 외면했다 하더라도 긍정적이든 부정적이든 구체적인 삶의 세계에 관련을 맺고 있다는 점에서 프랑스 상징주의 순수시와는 다른 것이었다.

따라서 1930년대의 문학이 순수문학이었다는 규정은 상식적인 차원에서 설명되어야 할 것이다(오히려 belle littérature라는 개념이 이에 가까울 것이다). 순수문학이란 문학의 비순수성에 대한 순수성을 지닌 문학이라는 뜻의 상대적 개념으로 보통 사용된다. 즉 순수문학이란 비순수한 문학의 對他槪念인바, 원래부터 이러한 명칭이 있었던 것은 아니고 목적문학과 같은 비순수한 문학이 주창되자 이와 구별하기 위한 대립적 관점에서 상대적으로 주어진 명칭이다. 여기서 비순수성이란 물론 문학을 그 자체의 합목적성으로 이해하지 않고 수단 혹은 방법으로 이해하고자 하는 일체의 행위를 가리킨다. 그 대표적인 예가 목적문학 혹은 경향문학이며, 그 구체적인 실천의 하나가 바로 사회주의 리얼리즘에 토대를 둔 프롤레타리아 문학이라 할 수 있다. (1960년대 이후에 제기된 참여문학 대 순수문학의 문제는 「참여」라는 어휘가 많은 오해를 불러일으킬 수 있는 소지를 안고 있어서 이의 개념규정이 명확하게 한정되지 않고서는 순수문학과 대립관계에 있다고 섣불리 단언할 수 없을 것이다. 왜냐하면 순수문학을 포함하여 문학이란 본질적으로 인간 삶의 어느 한 국면에 참여하지 않고선 그 성립이 불가능하기 때문이다.) 따라서 순수문학이란 이데올로기에 종속되는 것을 거부하고 현실을 일정한 미학적 거리를 통해 파악하면서 그 존재를 자율적 규범에 맡기는 문학이라고 일차 정의할 수 있을 것이다.

위의 정의를 염두에 두고 이제 구체적으로 1930년대 한국의 순수문학을 살펴보면 그것은 구체적으로 다음과 같이 정리될 수 있을 것이다.

첫째 그것은 1920년대 목적문학에 대한 대타개념이라는 점이다. 1920년대를 지배하였던 두 개의 문학 흐름이 민족주의 문학과 프롤레타리아 문학이라 할 때 이들의 공통점은 그 정도의 차이가 있을지는 모르나, 모두 목적문학이라는 데 있다. 민족주의 문학이 문학을 통해 민족의식을 고취하려는 목적을 지녔다면 프롤레타리아 문학은 문학을 통해 무산계급혁명을 선동하려는 목적을 지녔다. 1930년대 문학은 이와 같은 1920년대 문학의 목적의식을 지양하고 문학을 순수한 본연의 것으로 환원시키고자 하는 데서 발생한다.

둘째로 1930년대 순수문학은 이데올로기의 무장·전파·선동이라는 목적의식을 지양했다는 점에서뿐만 아니라 더욱 나아가 정치적 사회적 의미의 현실을 외면했다는 점에서 보다 편협한 순수문학이었다. 즉 1930년대 순수문학은 일반적으로(물론 沈熏 李陸史와 같은 예외가 없었던 것은 아니지만) 개인적 삶의 문제에 집착하였다고 말할 수 있다. 사회·역사적 현실을 외면할 때 인간은 개인적 생존에 몰두하는 법이다. 시문학파의 서정성, 모더니즘의 감각성(비록 문명비판이라는 의장으로 그 감상성이 은폐되고 있었지만), 李箱의 의식분열, 生命派의 존재탐구, 朴泰遠의 私小說, 李泰俊의 匠人意識, 李孝石의 탐미주의가 그렇다.

셋째는 결국 둘째 항과 관련되는 것이지만, 문학에 있어서 예술성의 탐닉이다. 이는 자연스럽게 언어의식의 고양, 기교의 세련, 형식상의 실험을 수반하게 된다. 林和(7)가 1930년대 순수시를 기교파라고 비판했던 이유의 일단도 여기에 있었다.

네째, 1930년대 순수문학은 趙演鉉이 지적한 대로(16) 대중문학과 구분하는 의미에서 순수문학이다. 1920년대까지만 해도 순수문학과 대중문학은 뚜렷한 구별 없이 모두 순문학의 대상으로 취급되었다. 그러나 1920년대 후반을 지나 1930년대에 들어서면 역사소설의 창작, 신문 연재소설의 전문화, 대중잡지의 간행, 독자의식의 성숙 등으로 하여 점차 문학의 오락적 영역과 예술적 영역은 확연해지기 시작한다. 당대의 시인이자 평론가인 朴龍喆이 이 무렵의 순수시(구체적으로 海外文學派)를 「俗物主義에 대한, 政

治主義에 대한, 低卑한 예술에 대한 투쟁」이라고 선언했던 것(8)은 이러한 의식의 자각이었다고 생각된다.

1930년대에 순수문학이 대두하게 된 동기는 크게 외적 요인과 내적 요인에 의해서 설명될 수 있다. 문학은 본질적으로 인간 삶의 반영인 까닭에 그것이 씌어진 시대나 사회에 무관할 수 없는 것이며, 따라서 한 시대 문학의 변모를 그 시대의 역사성에 비추어 해명하는 일은 당연한 것이라 생각된다. 동시에 문학은 시대상의 반영과 더불어 그 자체의 자율적 규범을 지닌 까닭으로 그 규범의 체계 속에서 또한 이해되지 않으면 안된다는 견해도 옳다.

1930년대 순수문학이 대두하게 된 문학외적 요인의 첫째는 특히 식민지 배국인 일본을 포함하여, 1930년대에 들어서면서 팽배해진 국제적 파시즘의 물결이다. 1930년의 선거에서 승리하고 1933년 수상으로 집권한 나찌 히틀러의 독일, 1919년 전투자동맹(tacci di combatimento)을 결성한 뒤 1922년 수상이 되고 통치권(1926)·입법권(1928)을 탈취하여 독재자가 된 뭇솔리니의 이탈리아, 1936년 육군 총사령관이 되고 1939년 쿠데타로 정권을 장악한 프랑코의 스페인 경우가 그렇고, 그외 유고의 정변, 1934년 프랑스와 오스트리아의 대폭동 또한 서구 파시즘의 물결에 깊이 연루되어 있었다. 일본 역시 정당내각은 1930년을 고비로 막을 내리고 군부가 실질적으로 정권을 조종하는 군국주의시대로 들어서게 된다. 1931년의 만주사변은 군부의 독자적 행동에 의해서 저질러진 일본 군국주의의 단면을 가장 확실하게 보여준 사건이었다. 이후 일본의 역대 수상은 예외 없이 일본군 출신의 장군들이었지만 군부의 괴뢰 이상의 역할을 담당하지 못하였다. 일본의 군국주의는 1929년 미국으로부터 파급된 세계경제의 대공황, 국민당에 의해에 통일된 중국의 투쟁적 민족주의에 대한 제국주의 일본 경제의 대응, 서구 파시즘에 의한 자극, 전체주의 성향을 지닌 일본 민족성 등 다양한 요인이 복합적으로 결합하여 이루어진 것이었다(17). 한편 일본의 경제공황은 한국에까지 파급되어 일제에 의한 한국산 곡물의 대량수탈과 식민지시장을 통한 경제적 착취는 이미 피폐할 대로 피폐해진 한국경제를 극한상황으로 몰아넣게 된다.

유럽과 달리 일본의 파시즘은 민중조직에 기반을 두지 못하였고 국가의 기본구조에 혁명적 변화가 있었던 것이 아니었으므로 엄밀히 말하면 파시즘이라기보다는 군국주의에 해당하는 것이었지만, 지식인과 문인에게 가

安思潮를 고조시키고 허위의식을 강요하며 신념의 붕괴를 가져오게 함으로써 그들을 현실과 유리된 자폐적 개인주의 환상에 빠지도록 유도한다는 점에서 역시 파시즘의 속성을 드러내고 있었다. 파시즘은 적극적으로 무단폭력과 획일화된 이념을 통해 지식인의 사상·사고 및 언론을 통제하였다. 지식인이 신념의 붕괴에 따른 불안을 감당하지 못해 그 스스로 파시즘에 뛰어들게 되는 심리적 과정은 이미 프롬(E. Fromm)(12)이 지적한 바와 같다. 이와 같이 파시즘하의 불안사조는 문인들로 하여금 현실과 거리가 먼 예술지상의 심미적 문학세계에 빠져들게 만들었으며, 그것은 당대 식민지 지배국인 일본에서뿐만 아니라 식민지인 한국에서도 마찬가지였다. 이 무렵 兪鎭午 金基鎭(4)은 그들의 평론을 통해 이를 지적한 바 있다. 말하자면 1930 년대 한국의 순수문학은 이렇게 파시즘의 대두와 밀접한 관계를 맺고 있었던 것이다.

둘째는 파시즘의 자연스런 귀결로 일체의 사상운동이 금지되면서 특히 한국의 경우엔 어느 시대보다도 철저하게 민족운동이 탄압되고 공산주의 활동이 불법화되었다는 점이다. 만주사변을 음모하던 1929 년 전후부터 이미 사상검속과 민족탄압이 심화되더니, 만주사변을 고비로 일본의 식민지 통치방식은 급기야 1920 년대의 소위 문화주의를 버리고, 특히 1936 년 악명 높은 南次郎이 총독으로 부임하면서부터 1910 년대 무단정치를 훨씬 능가하는 폭력·공포 정치로 전환한다. 1931 년 新幹會 해산, 藝盟 검거 사건, 1934 년 朝鮮農地令 공포, 1936 년 朝鮮思想犯保護觀察令 공포, 1937년 일본어 강제 사용, 1938 년 조선어 과목 폐지 등 일련의 사건은 그러한 증거의 하나이다. 한편 공산주의 활동의 불법화로 일본에서는 1934 년 NAPF 가 해체되었고, 한국에서도 1931 년 KAPF 의 제 1 차 검거사건, 1934 년 KAPF 의 제 2 차 검거사건을 이어 1935 년 KAPF 가 해체되기에 이르렀으며, 이를 계기로 종래 이데올로기를 추종하던 대다수의 문인들이 전향하는 사태를 빚게 되었다. 朴英熙(5) 金基鎭(6) 林和 등이 그 대표적인 예이다. 일본 역시 1933 년 공산당의 지도자 佑野學 錫山貞親의 전향, 1934 년 프롤레타리아 文人 小林多喜仁의 자살사건이 있었다.

이러한 일련의 움직임은 1920 년대 후반 한국문단의 주류를 이어온 민족주의문학과 프롤레타리아 문학이 더 이상 지속될 수 없음을 의미한다. 정치적 사회적 현실과 거리가 먼 순수문학——脫이데올로기의 문학만이 그 명맥을 이을 수 있었던 것이다.

세째는 인텔리겐챠의 양적 팽창 및 그 성숙이다. 이는 두 가지 측면에서

594

1930년대 순수문학의 출현과 관련을 맺고 있는데, 하나는 독자의 측면이
요, 다른 하나는 작가의 측면이라 할 수 있다. 먼저 독자의 측면에서 살펴
볼 때, 1920년대에 비해 많은 교육을 받은 인텔리겐챠의 양적 팽창은 문
학의식의 성숙을 뜻한다. 朴龍喆의 지적처럼(8), 이제 독자는 「저비한 예
술」의 대중성과 「정치주의」의 도식성에 대하여 더 이상 만족할 수 없는 지
적 수준에 다다랐던 것이다. 그들은 종래의 내용적 도식적 선동적 문학을
타기하고 보다 차원 높은, 전문화되고 세련된 문학을 요구하였다. 1920년
대 민족주의 문학이나 계급문학이 이를 만족시켜 줄 수 없음은 물론이다.
  작자의 입장에서, 인텔리겐챠의 성숙은 문학의 전문화를 뜻한다. 그들
은 문학을 보다 객관화하여 기술적으로 연구할 수 있는 학적 자세를 지니
고 있었다. 실제로 한국 현대문학사를 살펴보면, 특히 평론의 경우, 대학
에서 문학을 전공한 문예학적 문인이 등장하기 시작한 것은 1930년대 이
후의 일이다. (해외문학파를 1930년대 문인으로 친다면, 예외적으로 梁
柱東 정도가 있을 뿐이다.) 朴龍喆 異河潤 李軒求 金煥泰 白鐵 金起林 崔
載瑞 鄭芝溶 등이 모두 그렇다. 한편 1930년대의 주류를 이어오던 이들
순수문학인들은 그 출신 성분상 당대 한국사회에서는 일종의 쁘띠 부르조
아 내지 부르조아 계층에 속하는 사람들이었다. 이러한 중간계급의 지식
인들은 대개 「편협한 전통적 보수주의에도 만족하지 않고, 공식적 계급주
의에도 전적으로 찬동하지 못함으로써 국제적 세계주의를 지향」(13)했던
사람들이다. 그들이 민족주의 문학이나 프롤레타리아 문학을 거부하고 보
다 전문화되고 세련된 문학, 즉 순수문학의 길을 걷게 되었던 것은 이러
한 의미에서 당연하다 할 것이다.
  네째는 문학매체에서 오는 변화이다. 그 하나는 모국어에 대한 의식이
그 어느 때보다도 고조되었다는 점이다. 그것은 조선어학회가 주동이 되어
1929년 「朝鮮語辭典編纂會」를 구성하고 이를 계기로 하여 1930년 「한글
맞춤법통일안」의 작성, 1933년 10월 19일 이의 공포가 있게 되자, 우리
언어는 반만년의 역사 이래 처음으로 그 질서를 찾게 되었고, 1930년대
문인들이 이에 크게 자극받은 데서 오는 것이다. 한 민족의 문학이 모국
어의 질에 의해 좌우된다는 것은 새삼스레 설명할 필요가 없다. 1930년
대 시의 언어에 대한 깊은 천착은 의식적이든 무의식적이든 이 시기의 모
국어 의식에 깊이 관련되었던 것으로 보인다.
  또 하나는 저널리즘의 양적 팽창이다. 1920년대 말에서 1930년대초에
이르는 기간에는 많은 잡지들이 쏟아져 나왔다. (신문도 4종 이상이 간

행되고 있었다.) 이와 같은 저널리즘의 팽창은 1920연대 중반 이전에는 상상치 못했던 것인바, 이에 따라서 문학도 자연 대중의 통속적 취향에 맞는 작품과 고답적 순수문학 작품의 구별이 생기게 된다. 예컨대 金東仁 李光洙 등의 역사소설, 方仁根 尹白南의 통속소설은 더 이상 순문학적 개념으로 이해되지 않았다(16). 요컨대 1930년대에 들어서면서 독자층이나, 작가나, 인쇄매체에서 대중문학적인 것과 순수문학적인 것 사이에는 뚜렷한 구별이 생기게 되었다.

이상이 1930년대에 순수문학이 대두하게 된 외적 요인이라 한다면 그보다 더 중요한 것으로 우리는 문학내적 요인을 또한 지적하지 않을 수 없다. 그것은 프롤레타리아 문학이나 민족주의 문학이 모두 그 자체로 내포한 문학적 한계성에 대한 것이다. 이 둘은 모두 1920년대 한국문단을 지배한 대표적 문학들이지만, 그 상반하는 경향에도 불구하고 공통성이 있었다면, 그들이 모두 목적문학이라는 데 있다(18). 목적문학이란 전제된 이데올로기를 실현하는 데 수단으로 이용되는 문학을 말한다. 이는 문학의 자율적 규범에 비추어 결코 본질적인 속성이라 할 수 없는 것이다. 이미 김기진 박영희의 「內容 形式 論爭」을 통해 그 한계점을 드러낸 것이지만, 프롤레타리아 문학은 그들의 이데올로기의 충실성에 반비례하여 문학의 예술성을 상실한다. 「소설이란 한개의 건축물」(1)이라고 주장했다가 「오직 마르크스주의 내용만이 아니면 문학이 아니라」(2)는 박영희의 반박을 받고 자신의 「계급의식 불선명성」(3)을 자인, 공개사과한 김기진의 경우와, 아이러니컬하게도 이렇게 김기진을 공박한 편내용주의자 박영희가 「얻은 것은 이데올로기요 잃어버린 것은 예술 그 자신」이라는 선언과 함께 전향한 사실(5) 등은 이를 극명하게 설명해 준다.

정도의 차이는 있으나 민족주의 문인들의 경우 역시 마찬가지이다. 적극적인 현실투쟁을 통해 일제와 맞설 수 없었던 그들은 「朝鮮心」에 복귀하고 전통을 탐구하며, 신화적 관념적 민족주의를 고취코자 하였으나(18) 그 신념의 불철저, 정치적 사회적 현실과의 유리로 인해 그것을 효과적으로 달성하지 못했고, 또한 민족주의 문학 역시 목적문학이라는 한계성 때문에 문학적 성공을 거두기가 힘들었다. 다만 전통 및 문화 부활 의지로 시도되었던 民謠詩 창작과 시조부흥운동은 그것이 편내용주의적 이데올로기 문화운동이 아니라, 민족적 장르 탐색이라는 관점의 민족주의 문학 운동이었던 까닭으로 성공할 수 있었을 따름이었다. 민족주의 문인의 역사소설 창작은 그 이념상에 있어서 과거 역사에의 관념적 도피, 그 장르

上 대중통속소설로의 전락으로 인해 참답게 가치 있는 문학으로 성장하지 못하였다.

요컨대 1920년대의 목적문학은 그들의 문학 자세가 원래 그랬던 것처럼 수준 높은 예술적 차원에 도달하지 못하였다. 1930년에 접어들면서 이미 문학의식이 성숙된 독자들은 1920년대 목적문학이 지닌 도식성·정치성·편내용성·이념지향성을 거부하고 좀더 자유스러운 형식과 좀더 새로운 감수성, 좀더 수준 높은 예술성, 보다 다양한 철학성의 문학을 요구하게 되었다. 그리고 여기에 부응하여 등장한 것이 1930년대의 순수문학이었던 것이다.

1930년대 순수문학의 전개는 원래 그 문학의 속성이 그렇듯이 먼저 詩에서 시작된다. 1930년 소위 詩文學派의 형성이 그것이다. 趙演鉉(16)이나 金允植(13)의 주장과 같이 그 이전에 간행된 동인지 〈海外文學〉과 그 이후에 간행된 〈文藝月刊〉(1931) 〈文學〉(1934) 등의 문예지를 통해 활동한 시인들을 포함한 넓은 의미에서든, 또는 金容稷의 주장과(15) 같이 〈詩文學〉에 국한된 좁은 의미로서든 시문학파는 1930년대 순수문학 운동의 기선을 잡고 있었다. 이로부터 출발한 순수문학운동은, 시의 경우 1930년대 중반의 모더니즘 후반의 〈詩人部落〉(1936)을 중심으로 한 生命派와, 1930년대말에 등장하여 후에 소위 靑鹿派가 된 일군의 자연시인들에 이르기까지 그 맥락을 이었고, 소설의 경우엔 1930년대초 동반작가들의 전향과 九人會의 활동을 정점으로 하여, 집단적 사회적 이념적 편내용적 문학 경향에서 벗어나 개인적 주정적 심미적 장인의식적 경향으로 치닫게 된다.

순수문학이라는 특징을 염두에 넣고 정확하게 1930년대가 어느 때부터 시작되었는가를 묻는다면, 명확하게 선을 그어 말할 수는 없을 것이다. 순수문학의 여명에 해당하는 〈해외문학〉이 1927년에 이미 간행된 바 있는 반면, 1920년대의 잔재로서 프롤레타리아 문학이 아직 1930년대 중반까지 활동하고 있었기 때문이다. 가령 1936년 〈批判〉지의 設問에는 (프롤레타리아 문학에 대해)「대립이냐 협조냐」하는 문제가 제기되고 있는데, 이는 프롤레타리아 문학이 이때까지 활동하고 있었다는 증거가 된다. 한편 정치 사회사적 관점에서는 만주사변이 발발한 1931년이 큰 의미를 지닌다. 따라서 우리는 만주사변이 일어난 1931년과 〈시문학〉이 창간된 1930년을 감안하여 문학에 있어서 1930년대는 대체로 1931년 전후에 시작되었다고 보는 것이 옳을 것이다. 해외문학이 이보다 일찍 활동한 것은 사실이나, 아직 1920년대적 특징 즉 목적문학을 완전히 극복하지 못하였고, 문학이 시대이념의 반영이라 할 때, 앞에서 살펴본 바와 같이 순수문학 출현의 가장 큰 요인의 하나가 바로 파시즘에 있기 때문이다.

1930년대의 문학이념이 순수문학의 지향에 있음은 그 서막을 여는 〈시문학〉 동인의 선언에 여실히 나타나 있다.

> 한 民族의 言語의 발달이 어느 정도에 이르면 단어로서의 존재에 만족하지 아니하고 文學의 형태로 요구된다. 그리고 그 文學의 成立은 그 民族의 言語를 完成시키는 길이다. (〈시문학〉 1)
>
> 美의 追求…… 우리의 감각이 여릿여릿한 기쁨을 이르키게 하는 刺戟을 傳하는 美, 우리의 心懷에 빈틈 없이 폭 드러안기는 感傷, 우리가 이러한 詩를 追求하는 것은 現代에 잇서 한거품 물려와 부듸치는 바희우의 古城에 서잇는 感이 잇슴니다. 우리는 조용히 거려 이 나라를 차저볼가 합니다. (〈시문학〉 3)

즉 철저한 언어의식, 문학형식의 가치 탐구, 美의 추구, 감성의 옹호, 고답적인 순문학의 창작 등 1930년대 순수시의 제반 특징을 우리는 위의 인용문에서 암시적으로 찾아볼 수 있는 것이다.

이러한 선언과 함께 1930년대는 1920년대 대다수의 프로 문인과 同伴作家의 전향(金基鎭 林和 朴英熙 白鐵 兪鎭午 李孝石 朴花城 金海剛 등)과 더불어 순수문학을 지향하는 새로운 시대의 주인공들을 배출시킨다. 예컨대, 시인의 경우, 〈해외문학〉〈시문학〉〈문예월간〉〈문학〉〈詩花〉(1935)를 중심으로 등장한 異河潤 金永郎 朴龍喆 咸大勳 鄭芝溶 辛夕汀 張起悌 등과 소설의 경우 李泰俊 朴泰遠, 기타 金晉燮 徐恒錫 柳致鎭 金煥泰 崔載瑞 등이 그들로서 1930년대 중반 이후의 모더니즘, 생명파 등에 그 정신을 이음은 물론이다.

吳 世 榮

論 著

1. 金基鎭 文藝時評(朝鮮之光 1926. 12)
2. 朴英熙 鬪爭期에 잇는 文藝批評家의 態度(朝鮮之光 1927. 1)
3. 金基鎭 文藝時評——認識的 不具者의 迷妄——(朝鮮之光 1927. 10)
4. 金基鎭 文藝時評 (新東亞 1932. 12)
5. 朴英熙 最近文藝理論의 新展開와 그 傾向(東亞日報 1934. 1~2)
6. 金基鎭 悲劇의 城舍(東亞日報 1935. 12. 22~27)
7. 林 和 曇天下의 詩壇一年(新東亞 1935. 12)

598

8. 朴龍喆　文學流派의　概念——朝鮮文學建設案設問——(朝鮮日報　1936.1.3)
9. 金起林　詩論(白揚堂,　1947)
10. Jean Hytier, *La Poétique de Valéry*, 1953.
11. E.A. Poe, Poetic Principle(*The Great Poetics*, ed. T. Smith & E. Parks, New York:W.W. Norton & Company, 1960)
12. E. Fromm, *Escape from Freedcm*(李克燦譯,　民衆書舘,　1968)
13. 金允植　海外文學派(韓國近代文藝批評史硏究,　한얼문고,　1973)
14. A. Preminga, F. Warnke & O.B. Hardison, *Encyclopedia of Poetry and Poetics* (Princeton, Princeton University Press, 1974)
15. 金容稷　詩文學派硏究(韓國現代詩硏究,　一志社,　1974)
16. 趙演鉉　韓國現代文學史(成文閣,　1977)
17. J.K. Fairbank, E.O. Reischauer & A.M. Craig, *East Asia, The Modern Transformation*(全海宗外　共譯,　乙酉文化社,　1969)
18. 吳世榮　20年代　韓國民族主義文學硏究(東洋學　11,　檀國大學校　東洋學硏究所,　1981)

16. 모더니즘과 30년대의 사

　모더니즘이란 용어는 현대주의 혹은 주지주의로 번역되어 사용되며, 기성도덕과 전통적 권위를 부정하고 새로운 감각과 방법론을 주장하는 사상적 예술적 사조를 의미한다. 대략 19세기말경에 유럽에서 정치적 개혁운동으로 시작되어 차츰 예술사조로 전파되었으며, 문학에 있어서도 감수성의 혁명과 措辭法의 혁신을 초래하였다. 따라서 모더니즘의 서구적 개념은 상징주의·인상주의·야수파·입체파·미래파·다다 및 슈르레알리슴·실존주의를 포괄하는 예술적 문학적 경향의 총칭으로 사용되며, 反寫實主義로 규정할 때엔 사실주의 혹은 사회주의적 사실주의와 대극된다. 특히 영미문학에 비춰볼 때에 모더니즘은 불연속적 세계관에 기초를 둔 흄(T.E. Hulme), 파운드(E. Pound) 및 상상적 이성과 통어된 감수성의 엘리어트(T.S. Eliot) 등에 의해 전개된 주지주의 혹은 이미지즘의 개념으로 쓰인다. 한국의 현대문학 특히 1930년대의 시를 논할 때 우리는 이러한 영미문학의 모더니즘의 개념에서 자유로울 수 없다. 1930년대 한국의 모더니즘이 서구와 같은 배경에서 형성되거나 똑같은 개념으로 사용되고 있지는 않지만, 그러한 개념의 유입과 전개과정에 있어서 논객들이 대부분 영미문학 전공자들로 구성되어 있다는 점은 그 영향관계를 쉽게 추출할 수 있기 때문이다.

　1930년대 이 땅의 모더니즘은 대체로 金起林 李箱 鄭芝溶 金光均 辛夕汀 張萬榮 崔載瑞 등에 의하여 詩와 詩論의 전개를 보인다. 그러나 이중에서 이상은 다분히 다다, 슈르레알리슴과 新心理主義에 비탕을 둔 소설에 주력하고, 최재서는 주지주의적 평론만을 전개한 점에서 별항에서 다룰 예정이므로 본 항목에서는 할애하기로 한다. 따라서 본 항목에서는 김기림의 시와 시론을 중심으로 하여 정지용 김광균 신석정 장만영 등의 시를 모더니즘, 특히 이미지즘적 각도에서 살펴봄으로써 모더니즘의 특징과 문제점을 드러내보기로 한다.

　지금까지 모더니즘의 한국적 전개에 관한 연구는 문학사적 연구와 비교 문학적 연구 및 개별적인 작가론으로 나눌 수 있다. 문학사적 연구는 대체로 모더니즘이 근대문학적 요소를 현대문학적인 것으로 전환시켜 현대적 기점이 됨을 논한 것이며, 비교문학적 연구는 서구문학 특히 영미문학이 한국문학에 미친 영향과 그 차이점을 논한 것이다. 또한 작가연구는 주로 김기림 정지용 김광균 이상 최재서 등의 시적 특성과 이론의 전개를 논함으로써 모더니즘적인 요소를 추출하려 시도한 것이다. 이러한 연구들은 모더니즘의 한국적 전개과정과 특성, 외국이론과의 영향과 원천관계, 그리고 문학사적 위치에 관한 어느 정도의 성과를 거둔 것이 사실이다. 그러나 많은 연구가 모더니즘을 서구적 개념에 집착하여 비교 검토한 결과 한국문학의 자생적인 모더니티를 추출하는 데는 실패하고 있다. 서구적 개념만으로 모더니즘을 정의하고 그 모델로 현대의 기점을 설정하는 것은 한국문학사의 자율성과 주체성을 확립하는 데 저해요인이 된다는 점을 지적하지 않을 수 없다. 이런 점에서 전통문학사내에서의 문학적 감수성의 혁신과 조사법 등 문학적 방법론의 새로운 모색에 대한 성찰이 긴절한 문제로 남는다. 전통 지향성과 모더니티 지향성은 어느 시대에 있어서나 보편적으로 일어나는 시대정신이지 어느 특정시대에 국한되는 것은 아니기 때문이다.

　모더니즘의 한국적 전개는 1930년대초의 문학적 상황과 조건에 깊이 연관되어 있다. 특히 프롤레타리아트 문학(KAPF)의 성립 및 전개과정과 이에 대한 반동으로서의 時調復興운동 등 민족주의 운동, 그리고 1930년 〈詩文學〉 발간에 따른 순수서정시운동과의 상관체계에서 모더니즘 시운동이 놓여진다. 또한 일제 군국주의의 급격한 대두에 따른 정치·사회적 불안과 긴장의 상황도 모더니즘의 형성에 직접간접의 관련을 갖는다. 먼저 카프의 프로문학은 당파성을 띤 것으로서 문학이 정치적 목표와 사상의 형태 내지 수단으로서 존재해야 함을 역설하였다. 특히 林和의 주장으로 대변되듯이 偏內容主義的 문학관과 함께 급진적인 개혁의 진보주의적 성향을 지닌다. 1934년의 「전주사건」에 따른 카프맹원의 검거와 전향 및 지하운동화에 이르기까지 프로문학은 모더니즘 형성에 결정적인 영향을 미쳤다. 특히 임화의 기교주의 논쟁에 의한 김기림 비판은 프로문학과 상대적 위치에 놓이는 모더니즘의 특징을 단적으로 드러내 보여준다. 시조부흥운동은 崔南善 李秉岐 등에 의해 주도되는 민족주의 운동의 일환으로서 프로문학과 대척적인 위치에서 전개된 국민문학파의 연장선상에 놓인다. 특히 1920년대의 民謠詩운동과 연결되어 시조부흥운동은 민중적이면서도 민족적인 정감과 전통적 시의식을 드러냄으로써 전통지향성을 선명히 보여주었다. 또한 시문학파는 해외문학파와의 연관 속에서 프로문학의 목적주의 문학에 반발하여 서정성과 음악성을 강조하는 순수서정시운동을 전개하였다. 우리나라의 모더니즘은 이러한 시적 상황으로부터 비롯되었다. 〈가톨닉 靑年〉을 중심으로 詩作한 정지용으로부터 현대시가 출발한 것으로 보는 김기림은 재래의 시를 자연발생의 詩(Sein, 存在의 詩)로 매도하고 정지용 등의 시를 의도적인 製作의 詩(Sollen, 當爲의 詩)로 규정함으로써 모더니즘 시와 시론의 선구자가 되었다.

김기림의 모더니즘 시론은 시가 우선「언어의 예술이라는 자각과 시는 문명에 대한 일정한 감수성을 기초로 한 다음 일정한 가치를 의식하고 쓰여져야 한다」는 내용을 골자로 하여 이전의 감상적 낭만주의와 카프의 편내용주의에 직접적으로 반발하는 데서 비롯된다. 그러므로 모더니즘시는 「도회문명의 아들로서 언어의 음의 가치, 시각적 영상, 또 이 여러 가지 가치의 상호작용에 의한 전체를 의식하고 일종의 건축학적 설계 아래서 쓰여진다」는 것이다. 〈시의 方法〉〈모더니즘의 역사적 위치〉로 대표되는 김기림의 모더니즘 시론은 무엇보다도 먼저 우리나라 신시사상 초유의 본격시론이며 전문시론이라는 점에서 의미가 인정된다. 김기림의 최초의 평론은 〈日記帳에서——午後와 無名作家들〉(조선일보, 1930.4.28)과 〈詩人과 詩의 槪念〉(조선일보, 1930.7.24)으로 알려져 있으나 모더니즘 이론이 본격적으로 나타나는 것은 1931년에 발표된 시로 쓴 시론인 〈詩論〉에서이다. 「公同便所」「센티멘탈한 令孃이 흘니고 간/墮胎한 死兒들」과 같은 대담한 현실어의 직설적 사용은 기존시의 雅語主義에 대한 노골적인 반발과 야유를 보여준다. 그러나 그의 시론은 〈午前의 詩論〉(1935)에서 구체화되기 시작하여 〈感傷에의 叛逆〉〈方法論試論〉 등으로 체계를 이룬다. 그의 시론의 골자를 살펴보면 먼저 감상주의에 대한 반발을 들 수 있다. 그는 감상주의를 「필요 이상으로 슬픈 표정을 하는 것」으로 규정하고, 이의 극복 방법으로 知性을 강조하는 것이다. 따라서 우울·권태·감상·도피 등의 디오니서스적인 것을 버리고 正午의 사상(pénse de midi)으로서의 아폴로적인 지적 활동을 강조하는 것이다. 따라서 두번째 시론의 특징은 재래의 시를 자연발생의 것으로 규정하고 현대시의 특성을 의도적인 제작의식과 방법론의 확립에 두는 데 있다. Sein의 시가 아니라 Sollen의 詩, être(靜止)의 시가 아니라 faire(動作)의 詩로서 현대시는 의도적인 방법론을 가져야 하며 시학으로서 고양되어야 한다는 주장이다. 세번째 특징은 현대성을 방법론의 확립과 함께 소재와 내용에서 구한다는 점이다. 따라서 시의 소재는 정감적인 자연이나 人事가 아니라 도회문명과 기계주의적인 것에서 얻어져야 하며, 내용에 있어서도 내용의 무게나 깊이보다는 형식과 방법의 확립에 도움이 되는 것이 가치 있는 것으로 추구되었다. 이러한 소재주의와 형식주의는 뒤에 기교주의로 매도되는 원인이 되지만 이들의 현실감각을 선명히 드러내 준다는 점에서 의미가 주어진다. 네번째는 앞에서의 몇 가지 특징에 연유하여 기인하는 것으로 과학적인 시론을 확립하려는 노력이다. 당대에 이르기까지의 한국시는 상징주의의 이론이 소개되고 낭만주의 및 계급주의적 이론이 열풍처럼 휩쓸어갔지만 체계적이며 조직적인 서구시론과 방법론이 유입되지는 못한 실정이다. 이 점에서 김기림은 리처즈(I.A. Richards)를 중심으로 서구의 본격시론을 도입 소개함은 물론, 자신의 이론으로 차용 및 변용하여 시론의 전문화 내지 과학화에 획기적 전기를 마련한 것이다. 시를 전달의 최상의 형식으로 보고 경험과 전달의 심리학적 분석과 체계화를 이룩한 리처즈의 방법론을 통하여 김기림은 시의 과학적 근거를 마련하고자 노력한 것이다. 〈科學과 批評과 詩〉등의 평론 등에서 그는 시의 가치가 심리적 욕구를 충족시켜 주는 정도에 달려 있으며, 「비평은 철학이기 전에 과학이어야 한다」는 신념을 피력함으로써 과학적 방법에 기초를 둔 시학과 비평의 중요성을 강조하였다. 특히 〈과학으로서의 시학〉은 과학적 시학에 대한 체계적인 설명과 立論이라는 점에서 주목을 끈다. 이와 같이 모더니즘의 시론의 형성과 전개에 있어 김기림은 결정적인 역할을 수행해 주었다는 점에서 좀더 면밀한 검토를 필요로 한다.

김기림이 이론적 면에서 상당한 수준에 도달하고 있음에 비추어 시는 저급한 수준에 머물러 있는 것으로 보인다. 〈바다와 나비〉〈기상도〉〈태양의 풍속〉등의 시집을 관류하는 것은 설익은 異國趣味와 기계적인 비유의 메마른 形骸뿐이다. 「瞑想을 주물르고 있던 강철의 철학자인 鐵橋」(〈北行列車〉), 「샛하얀 조끼를 입은 공중의 곡예사인 제비」(〈제비의 가족〉) 등의 한 예문처럼 유치하고 설명적인 비유를 기계적으로 사용함으로써 「주지적 방법은 단순한 묘사와 대립한다」는 스스로의 시론과도 자가당착을 이룬다. 〈바다와 나비〉등 극히 몇 편에서 시적 성공을 거두고 있지만 김기림 시의 대부분은 방법의 도식화와 기교적인 형태주의에 사로잡혀 비유로 짜여진 설명적인 풍경화에 지나지 않는다는 점에서 시적 실패를 보인 것으로 판단된다. 특히 지성을 크게 강조하면서도 많은 시편에서 감상적인 색조에 물들어 있는 것은 중요한 약점으로 지적된다. 특히 전반적인 면에서 시와 시론이 드러내는 방법적 지향과 이념적 實踐의 간극과 괴리, 그리고 시와 신념의 거리 등은 김기림의 단점이자 한국 모더니즘 시운동의 전반적인 한계점으로 지적된다. 이런 점에서 김기림은 선구자로서의 공적과 함께 그 문제점을 선명히 드러내는 것이다.

한편 정지용은 詩的인 면에서 主知詩로서의 한 전범을 보여준 대표적 시인이다. 김기림의 지적에 의하면 정지용은 한국 현대시에 「現代的 呼吸과 脈膊」을 불어넣은 최초의 시인이며 또한 시가 언어로 씌어진다는 사실을 인식하고 언어에 주의를 기울인 최초의 시인이라 한다. 과연 정지용이 詩語에 대한 주의와 깊은 인식을 기울인 최초의 시인인가 하는 논란은 차치하더라도 분명 정지용은 새로운 감수성과 감각적 지성을 보여준 중요한 시인임에는 틀림이 없다. 1925년 〈카페 프랑스〉에서 詩作의 출발을 보여준 정지용은 〈백록담〉〈정지용시집〉 등 중요시집을 통하여 비유의 참신함과 지적인 투명함을 드러내었다. 먼저 그의 시는 재래의 관념어와는 달리 현실적인 具象語를 많이 사용하는 점이 특징이다. 넥타이·일본말·페스탈로치·오르간 소리 등과 같이 서구적인 감수성에 바탕을 두고 있으며, 시각·청각·촉각·공감각 등의 비유를 시의 중심방법으로 사용하고 있다. 두번째 그의 시는 感情偏向의 시 경향에서 벗어나 「안으로 熱하고 겉으로 서늘한」 知的 制禦와 반성을 보여주었다. 특히 이 점은 프로문학의 내용중심 경향과 선동적 경향에 비추어 매우 값진 일면이었다. 비록 그의 시가 내면적인 깊이를 보여주는 데는 부족한 것이 사실이지만 시적 경험의 감각화와 비유의 정확함, 그리고 지적인 분위기의 형성은 당대에 매우 유니크한 위치를 차지한다. 또한 바로 이 점에서 김기림이 정지용을 모더니즘의 유일한 선구자로 찬양하며, 그 시적 가치와 공적을 크게 인정하는 까닭이 있다. 또한 후기시에서의 동양적인 자연에의 몰입과 종교적 신앙심의 형상화는 한국시의 내면 형성에도 중요한 일익을 담당한 것으로 판단된다.

金光均의 시는 특히 회화적인 이미지와 공감각적인 비유를 조형하는 데 탁월한 솜씨를 보여주었다. 「피아노의 졸닌 여운이/고요한 물방울이 되여 푸른 하늘에 스러진다」(〈山上町〉)이나 「먼 곳의 여인의 옷벗는 소리」(〈雪夜〉) 등과 같이 감각적 은유와 회화적 이미지를 통해 언어의 질감과 양감 및 哀情性 등에 그는 섬세한 배려를 기울인다. 이러한 김광균의 비유적 심상에 대한 몰두는 흄과 파운드 등의 주지적 문학론이 포함하는

「감각적 이미지의 창조=생명의 가치 창조」라는 이미지즘의 원리를 반영한 것이다. 또한 그는 도시문명을 가장 중요한 소재로 사용했다. 「긴 여름해 황망히 날애를 접고/느러슨 고층 창백한 墓石같이 황혼에 저져/찬란한 夜景 무성한 雜草인 양 헝클어진 채」(〈瓦斯燈〉)이라는 귀절은 도시문명을 비유적 방법으로 형상화하는 김광균의 시 방법을 선명히 드러내준다. 그에게는 관념과 서정, 자연과 감각을 비유를 통해 회화적인 可視世界로 변화시키는 독특한 능력이 있었던 것처럼 보인다. 이 점에서 김광균은 김기림이 겪었던 이념과 실제, 관념과 방법의 피리와 간극을 비교적 덜 겪은 것으로 받아들여진다. 그러나 김광균의 시는 「낮서른 거리의 아우성소래/까닭도 없이 눈물겹고나/공허한 群衆의 행렬에 석기여/내 어되서 그리 무거운 悲哀를 지고왔기에」(〈와사등〉)라는 구절에서 볼 수 있듯이 지적 절제라는 모더니즘의 목표와는 거리가 멀게 감상적인 색채를 지니고 있는 것이 약점으로 지적된다. 이러한 감상적 색채는 1930년대 모더니즘이 이론적인 지향의 확실성에도 불구하고 실제에 있어 실험적 수준에 머물고 말았음을 증명하는 자료가 된다.

辛夕汀의 시는 현대문명과는 거리가 먼 전원과 향토의 이미지로 구성되어 있다. 촛불·羊·湖水·森林·어머니·새새끼 등 목가적인 시세계는 일견 모더니즘과 거리가 먼 듯하지만 실상은 김기림의 지적대로 현대문명에 대한 간접적인 비판에 맥이 닿아 있는 것으로 보인다. 풀밭을 綠色寢臺로 표현하는 비유적 이미지의 신선한 감수성과 수법은 모더니즘의 방법 바로 그것에서 연유하기 때문에 더욱 그러하다.

이들 중요시인 이외에도 張萬榮은 시집 〈羊〉에서 비유적 이미지의 신선한 조형으로, 朴載崙은 措辭法에 대한 주목과 시어의 彫琢을 보여준다는 점에서 모더니즘 계열의 시인으로 꼽혀진다. 이들 이외에도 앞서 언급한 것처럼 이상이 다다, 슈르레알리슴의 모더니즘적 경향을 보이나 시방법론상에 있어 위에 든 시인들과 커다란 상이점을 보인다는 점에서 別項에서 다루어질 것으로 보아 유보하였다. 또한 최재서도 주지주의의 모더니즘 성향을 강하게 지니고 있으나 주로 평론활동이기 때문에 역시 별항에서 다루어질 것으로 보아 할애하였다.

이렇게 김기림에 의해 선구되고 주도된 모더니즘의 시와 시론은 한국 현대시사에 감수성의 혁신과 시의식의 변모 및 방법론의 변화를 유발하였다는 점에서 긍정적인 것으로 평가된다. 비록 관념과 방법, 이념과 실제, 그리고 내용과 형식의 불일치와 미숙성을 보인 것이 사실이라 하더라도 그 이념적인 지향은 높이 살 만한 것이었다. 특히 모더니즘에 대한 반동으로 생명파와 전원파 등이 형성된 사실로 보더라도 1930년대 후반 현대시의 분화에 모더니즘은 결정적인 영향을 미친 것으로 판단된다. 또한 1950년대의「후반기」동인의 모더니즘 시운동으로 연결되는 등 모더니티 지향성이라는 한국시의 중요한 價値軸을 형성해 가고 있다는 점에서 그 詩史的 의미가 주어진다.　　　　　　　　　　　　　　　　　　　金　載　弘

論　著

송　욱　詩學評傳(一潮閣, 1963)

鄭漢模　現代詩論(民衆書舘, 1973)

金在根　이미지즘硏究(正音社, 1973)

金允植　韓國近代文藝批評史硏究(한얼문고, 1973)

金允植·　近代韓國文學硏究(一志社, 1973)

金容稷　韓國現代詩硏究(一志社, 1974)

金容稷　韓國近代文學의 史的 理解(三英社, 1977)

金允植 김현　韓國文學史(民音社, 1976)

金載弘　韓國現代詩의 方法論的 硏究(서울大 大學院, 1972)

金興圭　崔載瑞硏究(서울大 大學院, 1973)

文聖淑　金起林硏究(東國大 大學院, 1976)

徐俊燮　1930年代 韓國모더니즘 연구(서울大 大學院, 1977)

오탁번　芝溶詩硏究(高麗大 大學院, 1971)

이숭원　鄭芝溶硏究(서울大 大學院, 1980)

韓哲傳　한국근대시인연구(국어교육 26, 1975)

鴻農映二　日本모더니즘과 李箱詩(現代文學, 1980)

Eliot, T.S., *The Sacred Wood*(London, METHEUN & Co. LTD, 1972)

Hulme, T.E., *Speculations*(Routledge & Kegan Paul, 1924)

Preminger, A., *Princeton Encyclopedia of Poetry & Poetics*(Princeton Univ. Press, 1969)

Pulos, C.E., *The New Critics* ✕ *the language of Poetry*(Nebraska Univ. Press, 1965)

Richards, I.A., *Principles of Literary Criticism*(Routledge & Kegan Paul, 1924) ; *Science & Poetry*(1926)

Richards, I.A., *Practical Criticism*(Routledge & Kegan Paul, 1966)

Richards, I.A., *The Philosophy of Rhetoric*(Oxford Univ. Press, 1950)

17. 식민지시대의 현실과 자의식의 문학

　문학은 문학으로서의 독자성을 주장할 만한 충분한 예술성을 인정받으면서도 사회와의 관계를 쉽게 떨쳐버릴 수 없는 것은, 그것이 작가의 삶의 양식 또는 사상적 태도의 진술이라는 입장으로 파악될 수도 있기 때문이다. 문예사조의 발생·발전도 그 자체의 대립적 상대적 가치기준의 변모라고 보는 단순성에서 벗어나 세계와의 대립·갈등이 빚어내는 필연적 결과로 이해하게 될 때, 우리는 또한 그것이 시대적 상황의 영향권에서 벗어날 수 없는 것임을 알게 된다.

　다다이즘이나 초현실주의의 발생이 그러하듯이 세계의 질서가 흔들리고, 그것이 통째로 무너져내리는 소용돌이 속에서 기존의 신념이나 철학적 태도를 부정하는 정신이 새로운 예술의 지평을 열었다. 1916년 차라(Tristan Tzara)의 다다선언이 그랬고, 1924년 브르통(André Breton)의 초현실주의선언 또한 그랬다. 그들은 「생의 핵심을 건드릴 수 있는 직관력을 지닌 개인에게만 보이는 어떤 초월적인 진리를 꿰뚫어보려는 것이었다. 이리하여 다다는 인간이 예술에 대하여 이룩해 놓은 질서정연한 삶의 피상적이고 그릇되고 맥빠진 이미지에 대해 반기를 들었던 것이다(22).」

　이들이 말하는 초월적 진리란 어떤 상황 속에서도 흔들리거나 깨뜨려지지 않는 인간정신의 핵이며, 그것은 외형들에 싸여 드러나지 않는 인간의 내부 깊숙이 숨겨진 것이다. 그것은 「인간의 해방」을 통해 「정신세계의 해방」이 이루어졌을 때만 겉에 드러날 수 있는 것이기 때문에, 기존의 질서나 도덕을 일단은 제거하지 않을 수 없다. 또 자신의 능동적 노력에 의해 자신의 내부로부터 영감을 불러일으키는 힘을 발휘해야 하는데, 이것은 꿈·최면·몽유·환상 등에서 그 가능성을 엿볼 수 있다. 결국 사회적 기존질서의 허울을 벗고 자신의 내부로부터 들려오는 소리에 귀기울여 그것에 따라야 한다는 자동기술법이란 방법은 이러한 근거 위에 놓여 있다.

　이러한 다다이즘이나 초현실주의가 정신세계를 중시하고 자의식 세계까지도 긍정하려는 태도는 심리주의적 경향과도 만나며 새로운 문학세계를 열어 보인다.

세계의 질서를 용납할 수 없는 상태의 것으로 일단 보고 그것에 대처하는 태도, 인간존재의 가능적 방향을 의식내면 속에서 발견해 내려고 하는 노력의 표현인 다다이즘이나 초현실주의는 그러므로 이단자들임에 틀림없다. 그러나 그들이 인식한 세계는 제1차 세계대전이 가져온 지적 문화적 사회적 체계의 붕괴라는 엄연한 사실을 놓고 볼 때 그들의 태도는 옳았는지도 모른다. 그래서 「인간의 해방」을 통해 「정신세계의 해방」을 요구할 수밖에 없었을 것이다.

한국문학에서 다다의 경향, 초현실주의의 양상이 하필 1930년대에 와서 나타났는가를 따진다면 상황의 유사성에서 일차적으로 검진할 수 있을 것이며, 다음은 비교문학적 입장에서 그 영향관계를 따져볼 수 있을 것이다.

일제치하라는 막연한 표현보다, 군국주의의 대두 징후와 일제의 경제적 수탈의 실상이 드러나고, 저항적 성격의 문학집단인 카프(KAPF) 해체 위기 등 모든 상황이 급속한 혼돈의 와중으로 말려든 시기가 1930년대라 함이 옳겠다. 그것은 감정의 순수성이나 언어의 조탁에 의한 맑은 시정신의 표현만으로 만족할 수 없다는 세계인식을 낳게 할 수도 있었다. 詩文學派의 시정신이 덜 값지다는 뜻이 아니라, 받아들일 수 없는 현실에 대한 부정적 태도의 표명도 이 시기에 의당 나타날 수 있는 것이며, 그것은 극단적으로 말해 황폐한 정신풍토라는 불모성의 인식이 탈현실적 경향을 조장하여 「정신세계의 해방」을 요구할 수 있게 되었다는 사실도 수긍하자는 것이다. 여기에다 서구문학의 수용이라는 조건을 첨가해 보면, 1930년대의 다다이즘이나 초현실주의 대두는 필연적인 것이 아니겠는가. 이러한 영향관계에 대한 연구는 이미 具然軾에 의해 진행되었고, 그밖에 비교문학적 입장에서도 외적 증거는 적잖게 발견된다(12·20).

「왜 미쳤다고들 그러는지. 대체 우리는 남보다 수십 년씩 떨어져도 마음 놓고 지낼 작정이냐」라고 李箱이 〈烏瞰圖〉에 대한 비난과 악평을 되받아 한마디로 잘라버린 것은 그가 서구문학을 지향하고 있었음을 입증해 준다. 그가 1931년 〈朝鮮과 建築〉에 〈異常한 可逆反應〉이란 시를 발표하기 시작하면서 우리 문학은 다다이즘의 영향권에 들어간 셈이다. 그러나 문단에서 물의를 일으킨 것은 이보다 3년 후, 〈烏瞰圖〉가 발표된 뒤라고 하는 사실로 미루어보아 다다의 인식은 이상의 수용보다 훨씬 늦은 셈이 된다.

따라서 같은 다다의 경향을 띤 〈三四文學〉은 이상의 후속 동인지가 되는 셈이다(13·19). 그런데, 우리 문학에서 다다이즘·초현실주의를 주도한 작가군을 이상과 〈삼사문학〉 동인들로 잡아보았을 때, 이상에게 지나친 비중을 둔 결과 〈삼사문학〉 동인인 李時雨 申百秀 등은 그늘에 묻혀버린 결과가 되는데, 이들에 대한 올바른 평가도 따라야 할 것이다. 다행히 구연식의 〈韓國詩의 考現學的 硏究〉 속에 〈삼사문학〉의 문학사적 위치와 의의를 분명히 하는 논문이 있어 어느 정도 보상은 받았다 하더라도 이시우 신백수 등에 대한 개별적 연구가 뒤따라야 할 것이다.

〈삼사문학〉 3호에 실린 이시우의 〈絕緣하는 論理〉는 다다이즘의 이론으로서 드물게 발견되는 것이며, 그가 발표한 시 또한 훌륭한 것이다. 그는 〈절연하는 논리〉에서 초현실주의의 미학 근거를 「精神의 記號인 개념으로서 認識되는 世界는 相對的인 世界」에 지나지 않기 때문에 「絕對의 自然, 완전한 自然」인 채로 대상의 본질에 가 닿지 않으면 안된다는 직관론을 폄으로써 초현실주의의 本體說을 주장하고 있다. 이상이 작품만으로 버텨 나온다면 이시우는 이론적 근거를 이미 확고히 하면서 詩作에 들어갔기 때문에 더 견실하다고 할 수도 있다.

> 내가ソノコ하고제비초리의이야기를하고있으면, 나의제비초리의三人稱의悲劇, 제비초리는가을이면은가을이기때문에슬픈것이라고, 나는ソノコ한테슬픈제비초리의辨明을하는도다. 肉體를稀薄히하는나의形而上學이두려워서, 나는나의피의不純함을슬퍼하고자눈물을내일랴고, 작고만작고만하품을하는도다. ──〈第一人稱詩〉, 〈三四文學〉 제 2 집)

이 시는 이상의 것에 비해 조금도 손색이 없는 것이다. 띄어쓰기를 무시하고 있다거나 하는 외형적 유사성뿐만 아니라 언어조작의 편향성에서도 그렇다. 그런데도 이를 일본의 아류로 보거나(13), 시형식의 산문화로 보아(3) 과소평가한 점은 다소 치우친 감이 있다.

다다이즘이나 초현실주의가 「詩의 解體」를 시도하고 있음은 이미 밝혀진 사실이지만, 어떻게 해체하는가에 따라서 여러 양상으로 갈라질 수도 있으며, 그 갈래가 혼란을 초래하기도 한다. 또 이러한 경향의 시들을 일단은 인정하면서도 그것에의 접근방법을 달리함으로써 빚어지는 오해도 없지 않을 것으로 보인다.

宋基淑은 이상 시의 본바탕은 과학적 수학적 사유의 언어화 내지는 詩

化라는 차원에서 그 해명의 실마리를 찾고 있다(10). 때문에 組合法則이나 수자의 방위에 따른 배열 따위가 무질서해 보이는 외형을 나타내지만 그 속에는 엄연한 질서와 통일성이 부여되어 있다는 것이다. 그래서 결론적으로 말해 「幾何學的 形象에서 虛無의 現象學的 本質을 추구」하고 있는 것으로 파악한다. 이는 접근방법을 달리하면서도 이상 시의 다다이즘적 초현실주의적 성격을 바르게 규명한 것이다. 「시의 해체」의 본질이 인간 정신의 해방이며 구속된 형식으로부터 자유로와지려는 노력이란 점에서 본다면 당연히 기존질서의 파괴에서 얻어진 허무의식이 노출될 수밖에 없는 것이기 때문이다.

「目的意識을 완전히 상실한 니힐의 深淵에서는 行動의 근거가 社會的 意義關係에서 출발될 수 없으므로 결국 自我의 純粹感覺의 衝動만이 최종적인 행동형태로 남을 수밖에 없을 것이다」라고 金敎善이 말한 것은, 서구 不安文學의 사유형식이 「자아탐구→자아분열→자아해체」의 단계로 성숙되어 온 결과 다다이즘의 대두는 필연적인 것으로 되었다고 설명한 〈不安文學의 系譜와 李箱〉에서 이상의 특징을 지적한 것이다.

만일 이상의 시를 이런 입장에서 떠나 의미전달이나 시적 이미지의 해석이라는 범주 안에서 이해하려고 한다면, 〈且8氏의 出發〉은 男性器의 상징이나 性交의 암시 등으로 해석될 수도 있다. 그러나 이 시가 활자매체의 변형에 의존하고 있음에 착안하여 보면 「視覺音聲詩(Optophonetisches Gedicht)」라고 보아야 할 것이다.

때문에 이상의 시적 경향을 「自我分裂的인 니힐」을 드러낸 다다이즘적 성격으로 단정한 것은 옳았으며, 또 그 이유를 문학에 뜻을 둔 시기가 암흑기였다는 것, 연령적으로 현실타협을 가장 증오하는 시기였다고 본 것도 충분한 설득력을 갖는다(5).

다른 한편으로 이상 시를 그의 기이한 행적과 생활사에 결부시켜 이해의 실마리를 찾으려는 吳圭原의 노력이 무모하지만은 않다고 보이는 이유는 이상의 시가 갖고 있는 다양성에 용해된 그의 사생활의 요소를 완전히 배제할 수 없기 때문이기도 하다(21).

한국문학사에서 다다이즘·초현실주의는 이상의 문단생활과 일치된다는 기이한 현상으로 나타난다. 1931년에 시작하여 1937년 이상의 죽음과 함께 그 현란하던 시기도 끝나고 뒤를 이어주는 이가 없었다. 그것은 이 시기에 이미 崔載瑞 등에 의해 소개되고 鄭芝溶 金光均 金起林 등의 쟁쟁한 시인들의 활동을 빛나게 하던 모더니즘의 세력확장권 속에 시단은 말려

610

들고 있었기 때문이 아니었을까 싶다.

적당한 서정성과 서구 취향의 언어 구사에 의한 모더니즘은, 지나치게 어렵고, 의미의 구체성이 무시된 다다에 비한다면 한결 신선하고 매력적인 것임에 틀림없다. 그것은 사회현실과의 대결도 반사회적 태도의 표명도 없이 가능한 것이고, 순수 속에 자신을 묻을 수도 있었을 것이며, 적당한 고답적 취향에 어울리는 것이었다.

「시의 해체」를 시도하면서 현실에 대한 부정적 몸부림으로, 황폐한 정신풍토의 불모성 인식에서 시작된 다다이즘과 초현실주의는 그래서 비교적 단명했으나 1930년대의 한국 현실에 대해 올바른 판단을 내린 시인들이 있었음을 입증한 것으로 문학사적 의미 이상의 의의까지도 있다 하겠다.

다다이즘이나 초현실주의가 시운동에 적극적으로 나타나고 있었음은 주지의 사실이다. 이에 비해 신심리주의 경향은 오로지 소설에서만 찾아지는 것으로 되어 있다. 물론 신심리주의가 프로이트의 정신분석학의 원용이란 점을 감안하고, 인간 심리의 내부 깊은 곳에 대한 조명이란 새로운 차원의 시도라고 해도 그렇다.

〈斷層〉이라는 동인지의 발간에서 이미 신심리주의적 경향을 발견할 수 있다(3·13)고 한다면, 다다이즘과 초현실주의의 대두와 시간적으로 별로 떨어져 있지 않다. 더구나 이상의 소설이 본격적으로 발효되는 1936년보다 앞선 〈단층〉 동인들의 활동이 비교적 묻혀버린 것은 무엇 때문일까? 그것은 〈단층〉 동인들의 문단생명이 너무 짧았고, 그들의 작품이 널리 읽히지 못했다는 점으로밖에 설명할 수 없을 것 같다. 이에 비하면 시기적으로 늦은 이상은 요절했다는 안타까움이 첨가되어 더 많은 관심을 모은 것은 아니었을까.

이상의 소설을 신심리주의로 보거나 초현실주의적 경향으로 보고자 한 연구가들은 이미 많이 있었다(5·19). 내면 정신세계의 조명이라는 점, 소설양식의 정형성에서 벗어남, 이러한 것들이 이상 소설을 그렇게 보도록 한 것이다. 결국 시 못지않게 어렵고 산만하여, 독자에겐 어떤 혼미감마저 가져다주는 소설, 이것은 당시로 보아 충분히 이색적이었다. 그런데 어째서 이상의 소설을 신심리주의로 보고, 초현실주의의 경향으로 보는가에 대한 해답은 별로 보이지 않는다.

내면 정신세계의 표면화가 자동기술법에 의존한다고 하지만, 이상의 소설 속에서 그러한 혼적은 쉽게 발견되지 않는다. 오히려 내적 독백에 가

까운 바가 있으며, 그것이 신심리주의적 경향에 더 가까운 것이 아닌가
싶다. 이렇게 본다면 이상의 소설을 신심리주의로만 이해하려는 태도와
그 대표작으로 〈날개〉를 드는 데는 문제가 있을 것 같다.

초현실주의가 시운동으로 일어났고, 때문에 소설을 무시했다는 사실에
서 한걸음 나아가 브르통이나 아라공 모두가 끝내는 소설도 초현실주의
혁명에 기여할 수 있다는 것을 증명하려는 시도로 소설을 썼다는 점을 생
각하면 소설에서의 초현실주의 특징은 무엇인가가 문제로 남는다.

브르통은 〈나자(Nadja)〉를, 아라공은 〈파리의 농부(Le paysan de Paris)〉
를 썼는데, 아라공은 이 소설을 쓰는 목적을 「고의로 이미 있는 소설의
설화구조에 대한 우리의 기대를 좌절시키기 위한 것」이라 했다. 즉 「나는
소설작법의 전통적인 규제를 모두 무시할 수 있는 새로운 종류의 소설에
대한 기초로서 종래에 쓰던 소설형태를 이용하려고……하고 있는 중이다」
라고 해서 형식의 파괴, 다시 말하면 「소설의 해체」라는 의미로 소설을
쓴 것이다(22).

시에서 보이는 초현실주의의 특징이 서정성이 무시되고 언어의 결합이
임의성·우연성에 있는 것처럼 소설에서의 설화구조도 임의성·우연성에
있다. 이미 있는 관습적 형태를 깨뜨리고 전연 새로운 양식을 창출해 내
려는 형식적인 특징에다 자의식 또는 내부 정신세계에의 조명이라는 소재
적 특이성이 결합하면서 나타난 것이 초현실주의적 소설이 아닐까 싶다.
때문에 이것과 신심리주의와의 엄격한 구별은 어떤 점에서 어렵다 할 수도
있다. 형식파괴를 수행하는가 어떤가가 열쇠라고만 할 수는 없을 것이다.

이상의 〈날개〉를 초현실주의 차원에 놓으면 어떻게 될까? 첫머리에 놓
인 유명한 프롤로그가 먼저 독자를 당황하게 한다. 이것은 소설의 관습적
형태를 무시한, 소설 속의 사건전개와는 관계 없는 부분처럼 보인다. 그
러나 자세히 보면 이것은 導入額子로서의 구실을 충분히 하고 있다. 〈날
개〉 속에서 일어나고 있는 잔잔한 사건들의 반복에 의해 생겨나는 의미를
추상하고 있다. 이를 발견한다면 〈날개〉는 「연속성적이라든가 정상적이라
는 말을 쓸 수 있다(19).」 다시 말하면 프롤로그가 암시하는 의미 이외에
소설의 내적 질서를 파악하게 된다면 〈날개〉의 흩어져 있는 의미의 조각
들을 모아 전체 소설을 지배하는 의미 즉 주제까지도 파악이 가능하다는
것이다.

이것을 李御寧은 痴呆狀態에 놓인 「나」의 일상성을 보여준 것으로 파악
하고(18), 曹乘武는 음성적인 「나」와 양성적인 「아내」의 대립구조로 이해

하고 있다(8). 또 필자는 잔잔한 사건들의 반복구조를 패턴으로 보아 외출에 의한 본질적 자아회복을 그린 작품으로 파악했다(17). 이러한 결론들은 모두가 〈날개〉의 의미구조를 찾아내려는 노력으로 얻어진 사실들이다. 이에 비하면 金敎善이 이 작품을 주인공의 자아분열이나 자아해체의 징후로 보고 있는 점은 작품 전체의 흐름을 초현실주의의 경향으로 통괄한 것이다.

이러한 접근방법에 헛점은 없을까? 〈날개〉를 신심리주의·초현실주의 어느 쪽의 것으로 보든 고정된 기준에 따라 평가하려 하는 것은 작품이 갖는 가능성을 폐쇄할 위험성이 있다. 더구나 이상의 대표작으로 〈날개〉를 드는 데에는 기준 자체의 모호성 또는 이율배반성까지 느끼게 하는 점이 있다.

의미구조의 파악은 관습적 태도 또는 기존 소설형식의 가능성을 먼저 인정하는 데서 출발한 것이며, 초현실주의적 이해는 관습적 형태의 파괴 혹은 설화구조에의 기대를 좌절시키는 요소를 중시하는 태도를 긍정하는 것이기 때문에 이 두 조건을 동시에 만족시키는 소설이란 사실상 있을 수 없지 않을까? 결국 우리는 소설의 규범적 양식의 한도 안에서 이상 소설의 대표작품을 먼저 찾고, 거기에서 초현실주의적 성격이나 신심리주의적 요소를 발견해 내려 하는 양립할 수 없는 기준을 동시에 적용시킴으로써 큰 잘못을 저지르고 있는지도 모른다.

〈鼅鼄會豕〉와 〈날개〉를 비교해 보면 전자가 훨씬 더 초현실주의적이고 파격적인 형태를 지녔음에도 〈날개〉를 대표작으로 하는 데는 이의가 없다고 하는 점이 정말 이상해진다.

「剝製가 되어 버린 天才를 아시오? 나는 愉快하오. 이런 때 戀愛까지가 愉快하오」로 시작된 〈날개〉의 프롤로그는 지적 패러독스로 가득찬 일곱 토막으로 짜여져 있는데, 이 토막들은 논리적 연속성도 없는 당돌한 표백들이다. 이런 斷想을 처음부터 논리적으로 이해하려 하는 것은 잘못이다. 초현실주의의 특징인 임의성·우연성에 의한 표백이라고 받아들여야 한다.

이것은 「언어의 잠재력에 대한 자유분방한 즐거움이 결합된 상당히 아름다운 산문이 되기도 한다(22)」는 말에서 그 실마리가 풀린다고 보아야 한다. 초현실주의가 소설양식을 파괴하고 설화구조에 대한 우리의 기대를 좌절시키면서 던져주는 신기감, 또는 참신한 표현의 묘미에 지나지 않는다고 볼 수 있다.

이러한 프롤로그를 제외한다면 〈날개〉는 별로 이상할 것도 없으며 형식의 파괴도 심하지 않다. 또 〈날개〉는 상당히 힘을 잃게도 된다. 다만 남는 것은 「나」의 내면공간이 확대되어 있으며 비교적 소상하게 드러나 있기 때문에 신심리주의적 경향이 농후하다는 특징만이 발견될 뿐이다.

만일 우리가 이상의 소설을 초현실주의라는 굴레 속에서만 이해하려 한다면 〈날개〉는 오히려 실패작이라 할 수도 있다. 그러므로 〈날개〉가 갖고 있는 역동적 구조를 하나의 기준으로 평가한다는 것이 얼마나 위험한가를 새삼 느끼게 된다. 이런 점을 감안한다면 吳圭原의 말처럼 「우리들 사고의 대상이 무엇이거나간에 그것을 단번에 읽어내는 감수성의 훈련」을 쌓아야 할지도 모른다(21).

金　重　河

論　著

1.　崔載瑞　川邊風景과 날개에 관하여(崔載瑞評論集, 靑雲出版社, 1936)
2.　崔載瑞　리아리즘의 擴大와 深化(朝鮮日報 1936. 11. 31～12. 7)
3.　白　鐵　朝鮮新文學思潮史 現代篇(白楊堂, 1949)
4.　金春洙　詩形態上의 다다이즘(文學藝術 1956. 1)
5.　金敎善　不安文學의 系譜와 李箱(現代文學 1962. 2)
6.　金玉姬　오빠 李箱(現代文學 1962. 6)
7.　김　현　李箱에 나타난 「만남」의 問題(自由文學 1962. 11)
8.　曺秉武　「날개」의 두 表象(現代文學 1963. 1)
9.　鄭明煥　否定과 生成(韓國人의 文學思想, 一潮閣, 1964)
10.　宋基淑　李箱序說(現代文學 1965. 9)
11.　宋敏鎬　李箱文學考(絕望은 技攷를 낳고, 敎學社, 1968)
12.　具然軾　Dadaism과 李箱文學(東亞大論叢, 1968)
13.　趙演鉉　韓國現代文學史(成文閣, 1969)
14.　金允植　李箱의 現實에 대한 態度(現代文學 1971. 2)
15.　鄭貴永　李箱文學의 超意識心理學(現代文學 1973. 7)
16.　金相泰　否定의 美學(文學思想 1974. 4)
17.　金重河　Pattern 分析에 의한 韓國小說의 硏究(釜大 文理大論文集 15, 1976)
18.　李御寧　날개를 잃은 證人(李箱, 文學과知性社, 1979　2판)
19.　金容稷　李箱 現代熱과 作品의 實際(李箱, 文學과知性社, 1979　2판)
20.　具然軾　韓國詩의 考現學的 硏究(詩文學社, 1979)
21.　吳圭原　李箱 소설의 3가지 재미있는 讀法(거기서 나는 죽어도 좋았다, 文章社, 1981)
22.　C.W.E. Bigsby, *Dada and Surrealism* (Metheun, 1972)

18. 轉形期의 비평

1930년대 중반에 접어들면서 한국의 문예비평은 프로문학의 비평방법론을 극복해 보려는 의욕을 적극적으로 펼치게 된다. 문학을 일정한 이데올로기의 전파수단으로만 보려는 시각에 대해서, 또 작가와 작품을 政論性이나 입법비평의 그물 속으로만 잡아 넣으려는 태도에 대해서 당시 몇몇 논객들은 한결같이 거센 반론을 펼쳤다. 朴英熙 白鐵 등의 전향선언은 바로 이러한 움직임의 한 점화장치로 해석할 수 있다. 이들의 전향의 논리에 병행해서 신진 비평가들 사이에서는 보다 적극적인 극복의 방안이 제기되기도 하였다. 金煥泰 金文輯 崔載瑞 李軒求 등은 프로문학의 퇴조가어느 정도 필연적인 것임을 확신하는 그런 터전 위에서 문학의 독자성과 존재이유를 회복하려 했던 것이다. 이들의 비평행위는 프로문학 혹은 프로비평이 한국문학에 남긴 독소를 제거하려 했다는 데서 공통점을 갖는다. 그러나 이들은 프로문학의 방법론에 대항하는 과정에서는 공동보조를 취하였지만 바람직한 비평방법의 제시라는 점에 있어서는 각기 입장을 달리 하였다.

김환태 김문집 최재서 등 세 비평가 사이의 비평방법론상의 상이점을 밝혀봄으로써 1930년대 전형기의 비평계가 지녔던 문학사적 의미를 얼마만큼 가늠할 수 있을 것이다.

김환태는 문예비평의 대상은 정치도 사상도 사회도 아니요 오직 문학만이 그 유일한 대상이고 또 그래야만 한다는 극히 상식적인 견해를 확인하는 데서 출발하였다. 과거의 프로문학 진영의 비평가들은 바로 이러한 상식론을 완전히 도외시했던 것이다(4).

이미 김환태는, 비평가는 문법학자도 또 역사학자도 아니라는 전제를 내세움으로써 간접적으로나마 1920년대 프로문학의 비평방법론을 부정 판단하였던 것이다. 그런데 그는 프로문학의 방법론과 태도를 비판하는 데서 머물지 않고 이에서 한걸음 더 나아가 이른바 연속적 문예관 자체를 비평의 이단으로 내몰려고 하였다. 문학을 시대나 역사적 정황과 연결시켜 보려는 관점까지를 그는 부정하려 했다. 그리하여 김환태는 작가의 전기나 시대적 환경 등에 관한 연구는 작품의 개성과 작품의 내적 질서를 이해하고 감득하는 데 큰 도움이 되는 것이기는 하지만 그것이 곧 비평은 아니라는 단정에 도달하였다. 그가 예술적 의도니 예술적 욕구니 하는 개념을 아직 쓰고 있지는 않았지만 그는, 창작에의 욕구는 정치성·사상성 같은 것과는 아무 상관이 없음을 새삼 강조하였다. 그에 의하면 작가는 어디까지나 순수한 동기에서 작품을 쓰는 것이니만큼 이에 맞추어 비평가도 沒利害的인 관심을 갖고 작품에 접근하여야 한다는 것이다.

과거의 비평방법 내지 태도를 반성하는 과정에서 어느 정도 기반을 갖춘 그의 비평관은 인상주의 비평론, 비평은 재구성적 체험이라는 논리, 비평은 어느 정도 창조적 예술행위이면서 동시에 작가 및 작품에 대해서는 변호의 역할을 꾀하는 것이라는 주장으로 확대되어 갔다. 정서적 반응 혹은 감동의 단계를 거치지 않는 비평행위란 성립되기 어려운 것이라는 암시를 보이고 있다. 그에 의하면 진정한 비평가는 작품을 매개로 한 강렬한 인상과 심각한 감동 없이 이미 경화된 객관적 기준을 천재의 작품에 적용하기를 삼간다는 것이다(2).

김환태는 스스로를 인상주의자로 부르면서 비평은 「작품에 의하여 부여된 정서와 인상을 암시된 방향에 따라 가장 유효하게 통일하고 종합하는 재구성적 체험」임을 역설하였다.

1920년대 프로문학의 비평이 작품을 접할 때 객관적 기준이라 할까 법칙성 같은 것을 가장 중시했다면 김환태는 이에 대한 대립명제로 작품으로부터 받은 주관적 인상과 정서를 제일로 꼽았던 것이다. 김환태의 이러한 비평태도가 물론 비평가로서는 소극적이며 수동적인 느낌을 주고 있다는 점은 부인하기 어렵다. 그는 주관에 철저함으로써 객관적 안목과 태도를 획득할 수 있다는 꽤 그럴 듯한 논리를 편 바 있으나, 사실상 그는 비평의 과정에 있어서 객관성이니 법칙성이니 하는 개념 같은 것에 대해서는 거의 염두에 두지 않은 것으로 보인다.

金允植은 김환태를 가리켜(7) 작가의 구미에만 맞는 비평의 패배주의라고 하면서 그의 비평방법론이 갖는 특징을 대략 네 가지 정도로 요약하였다. 김윤식에 의해 김환태는, 인상주의적 비평방법론을 이룩한 것으로, 백철과 함께 프로비평의 잔재를 제거하기에 노력한 것으로, 또 비평의 주요기능인 지도성의 자리에 겸손미를 대치한 것으로, 그리고 金文輯 비평론의 길목에 서 있는 것으로 평가되었다.

김환태에게 영향을 준 서양 문학이론가로 매듀 아놀드, 코울리지, 생트 뵈브, A. 프랑스, W. 페이터 등을 들 수 있는데, 전자의 세 사람은 비평가는 어느 정도 창조적 예술가라는 명제를, 후자의 두 이론가는 인상주의비평의 원론을 각각 제공해 주었다.

그런데 작품을 만났을 때의 정서적인 반응의 내용이 작품을 평가하는 과정에서 가장 중요한 기준이라고 보는 이들 서양 인상주의자들의 원칙론은 김환태에 와서는 얼마간 굴절되어 버린 듯한 느낌이다. 한마디로 김환태는 이들 인상주의자들보다는 상당히 수동적이며 비전문적인 자세로 떨어져버린 것으로 드러나 있다. 비평가는 재판관보다 변호사의 역할을 맡을 때가 많다고 하는 로버트 링의 말을 긍정적으로 받아들이면서 비평을 쓰는 이유로 「어떤 작품에서 얻는 인상을 정착시키기 위해서」라는 내용을 들었다.

이상의 내용으로 요약될 수 있는 김환태의 비평방법론 내지 비평관은 당시 주위로부터 많은 반발을 샀다. 프로파 비평가들의 거센 반발이 있었는가 하면 鄭芝溶과 같은 사람으로부터도 비난을 받았던 것이다.

실제 비평문을 쓰는 가운데서 과다할이만큼 비유적인 표현을 많이 썼고, 또 감각적이면서 야비한 느낌마저 주는 그런 표현을 서슴지 않았던 김문집은 우선 문장 표현방식의 면에서 프로비평의 허점을 공격하기 시작했다. 김문집은 바람직한 비평문의 전제조건으로 세련된 지성과 날카로운 감성을 들었는데, 바로 프로비평은 자타가 이해하기 어려운 그런 현학적 표현을 벗어나지 못하였다는 것이다.

김문집은, 비평은 절대의 객체로서의 대상(작품)을 자기(예술가로서의 비평가)화하는 데서 시작되어야 할 것으로 보았다. 다시 말해서 작품을 대상으로 한 비평가의 주관적 경험에 의존한 비평이 바람직하다는 논리이다. 이어 그는 오스카 와일드, 매듀 아놀드 등의 견해에 힘입으면서 비평도 일종의 예술이라고 강조하였고, 비평정신과 창작정신은 결국 근본을 같이하는 것이라고 지적하기도 하였다. 그는 그의 여러 글을 통해 「비평예술」이란 말을 즐겨 사용했는데, 한 나라의 문화가 높아갈수록 그에 비례하여 「비평예술의 신도」가 많아진다고 주장하였다. 이와 같은 주장 끝에 그는 창작은 복약이며 비평은 주사라는 비유를 얻으면서 스피드를 추구하는 현대인에겐 창작보다는 오히려 비평이 생리에 맞는 것이라고 함으로써 비평의 기능확대를 역설하는 결과를 빚어내었던 것이다. 그러나 그는 비평이 창작 이상의 예술이라 함은 비평가들의 이상이지 아직까지는 현실이 아니라고 옆에다가 주석을 달아놓았다.

이상과 같은 김문집의 몇 가지 주장을 접해 보았을 때, 결국 김문집은 김환태와 마찬가지로 비평가의 주관적 감응(작품을 대상으로 한)의 내용을 비평의 최고 기준으로 삼은 듯한 인상을 주고 있음을 부인키 어렵다. 그러나 자세히 보면 김문집은 김환태와는 달리 비평의 우월성을 반복 강조하였던 것이다. 그는 창작 위주의 비평론, 또 비평은 결국 창작을 상해하는 것이라는 비평유해론 등에 대항하는 개념을 모색한 끝에 작품 없이도 비평은 성립될 수 있다는 주장을 펼치기에 이른다. 김문집의 비평적 태도는, 비평은 재창조의 예술이라는 그 자신의 명제를 통해 잘 설명될 수 있는 것인데, 그는 이 명제를 두 가지 각도에서 다시 풀이하였다. 즉 이 말은 「창조된 가치체(작품)를 재료삼아 새로운 작품(비평)을 다시 하나 창조한다는 뜻」을 가지며 또 「비평대상인 작품이 없이도 생성할 수 있는 一種 高次的인 가치창조의 예술」을 의미하기도 한다. 김문집은 후자의 의미에 더욱 큰 중요성을 부여하였다.

김환태가 작가나 작품에 거의 맹목적으로 끌려다니는 비평의 형태를 생각한 것에 비한다면 위와 같은 김문집의 비평우월론은 비평의 기능회복이란 면에서 본다면 보다 적극성을 지닌 것이라 할 수 있다. 그리고 비평가로서의 책임의식도 더 짙게 지닌 것이라 할 수 있다. 실제로 김문집은 김환태보다는 비평의 본질·기능·방법 등의 문제에 대한 원론적 접근을 폭넓고도 치밀하게 시도한 것으로 드러난다. 〈批評藝術論〉〈批評方法論〉〈朝鮮文藝學의 美學的 樹立論〉 등의 글이 바로 이 방면에 관한 적절한 실례인 것이다.

김문집은 문체에 있어서 매우 독특하면서 이채로운 느낌을 주긴 하지만, 이론을 전개해 가는 과정에서도 독일 문예학과 일본 평론계에 대한 해박한 지식을 한껏 과시하고 있는 편이다. 그의 이론에서 특히 돋보이는 부분은 과거 한국비평의 오류를 체계 있게 지적해 낸 부분이다. 그 내용은 다음과 같다.

(1) 비유의 비예술성 : 비평에서만큼 적절한 비유의 사용을 요하는 글은 없다.

(2) Irrelevant conclusion의 비예술성 : 대상의 중심을 파헤치지 못하고 그 지엽적인 흠을 드러내는 것에 그치고 마는 것.

(3) Argumentum ad hominem : 어떤 비평의 이론적 진실성을 알지 못

618

한 채 그를 다시 부당한 방법으로 비판하는 것.

(4) Argumentum ad ignorantiam 의 비예술성 : 비평가가 작가에 대하여 지나친 우월감을 가진 나머지 무책임하게 또 진실성 없이 결론을 내리는 행위.

(5) 논점 망각 또는 변경의 비예술성 : 능력 없는 비평가가 자기기만의 소피스티케이션을 일삼는 것.

(6) The fallacy of appealing to the emotion 의 비예술성 : 대상작가 또는 일반독자의 시류적 관심이나 당파적 편견에 영합하려는 행위.

(7) 竊用의 비예술성 : 아무런 필요나 근거 없이 선인대가의 학설을 자신의 논리의 허약성을 감추기 위해 마구 끌어다 대는 행위.

이상에 예거한 내용은 사실상 어느 나라 문학비평에서건 다 드러날 수 있는 오류를 지적한 것이라고 볼 수 있다. 김문집은 이중에서도 특히 (4)항의 경우가 그 이전의 한국 문단에서 두드러지게 나타났었다고 보았으며, (6)항의 모델케이스로 프로파 비평가를 들었다.

〈東亞日報〉를 주무대로 한 김문집과 〈朝鮮日報〉를 무대로 한 최재서가 이론적 차원에서가 아닌 개인감정의 차원에서 팽팽하게 맞섰다는 사실은 유명한 이야기다. 물론 이론상의 대립상이 전혀 없었던 것은 아니다. 김문집은 〈날개〉를 분석한 최재서의 평문을 보고는 그를 「서재비평」「소피스트의 재담」이라고 비판하였다.

김문집은 한국어에 대한 긍정적 인식과 신앙을 토대로 하면서 한국의 전통은 곧 한국어이며, 또 문학은 곧 기교라는 공식을 설정하기도 하였다. 그리고 전통을 가지지 못했다는 데에 한국 근대문학의 특수성이 있다는 점을 여러 차례 강조하기도 하였다.

최재서는 센티멘탈리즘의 발생배경·본질·발전과정을 설명하는 자리(5)에서 겉으로는 리얼리즘을 표방하면서 실제 속으로는 센티멘탈리즘에서 헤어나지 못한 대표적인 실례를 사회주의적 리얼리즘으로 들었다. 그의 설명에 의하면 사회주의적 리얼리즘은 「단순한 증오감」 혹은 「사회적 제스츄어」에서 출발한 것이기에 특히 식자의 눈에는 그것이 센티멘탈하게 보일 수밖에 없다는 것이다. 앞의 두 비평가와 마찬가지로 최재서도 프로문학의 방법론에 대해 부정적인 견해를 취해 보였는데 이 세 비평가 중 최재서가 가장 논리적인 접근방법을 취했음은 물론이다. 센티멘탈리티를 정서와 구분한 점, 센티멘탈을 지성인의 속성으로 파악한 점 등은 그의 논리의 날카로움을 일러주는 한 단면이라고 할 수 있다. 그 당시 비평가 중에서 최재서만큼 비평원론을 학문적인 바탕에서 개진해 나간 사람도 결코 혼치 않았던 것이다.

최재서는 서구의 주지주의 문학이론을 비교적 체계 있게 수용 소개한 것으로, 또 문학에 있어서 풍자·센티멘탈리티·취미·리얼리즘·지성 등의 개념을 중요한 것으로 파악해서 이들을 본격적인 수준에서 추적했던 것으로 잘 알려져왔다. 그런가 하면 과학적인 태도에 근거를 둔 비평의 필요성을 역설한 것으로, 또 비평의 형태와 기능에 대해 당시로서는 매우 수준 높은 이론을 전개한 것으로 평가되기도 하였다.

최재서는 T.E. 흄, T.S. 엘리어트, H. 리드, I.A. 리차즈 등의 이론을 집중적으로 소개하였는데, 그는 앞의 두 사람에게서는 인생관에 있어 과학적 태도, 예술론에 있어 기하학적인 것의 재흥을 꾀한 신고전주의 내지 주지주의의 방법론을 배웠고, 뒤의 두 사람을 통해서는 총칭하여 심리학적 비평의 원칙과 방법을 터득할 수 있었다. 김환태 김문집 양인이 프로파 비평의 방법과 태도를 거부하고 그에 대한 대안으로 비평가의 주관적 정서상태를 최후의 기준으로 삼은 인상주의 비평론을 제기한 것과 최재서가 어느 면에서는 객관주의를 지향하는 주지주의 비평론, 심리학적 비평방법을 대안으로 내놓은 것과는 좋은 대조가 된다고 볼 수 있다. 최재서는 자신이 제기한 비평방법론을 과학적 비평의 범주 속에 넣고 본 것이다.

김문집이 최재서를 가리켜 「서재비평」이라고 한 데서 잘 암시되고 있는 바와 같이 최재서는 비평을 학문연구의 수준으로까지 끌어올리려 했고, 또 문학연구를 함에 있어서 해당 작품이 나온 때의 역사에 대한 연구와 철학에 대한 연구가 선행되어야 한다는 데 대해 별로 이의를 제기하지 않았다. 그는 김문집 못지 않게 비평의 본질과 방법에 대한 원론적 접근을 게을리 하지 않았다. 그러면서 그는 김환태처럼 비평을 격하시키지도 않았고 또 김문집처럼 비평우월론을 지지하지도 않았다. 그는 비평가의 제일의 임무를 「민중의 불평과 희망을 대표하여 작가에게 호소하는 것」에서 찾았다. 비평가를 작가와 독자 사이에 서서 양자의 관계를 원만하게 중개 조절해 주는 것으로 보았던 것이다.

최재서는 비평의 역할을 매우 폭넓은 관점 아래서 정리하였다. 그는 비평을 우선 자연발생적 비평, 직업적 비평, 대가비평 등 크게 셋으로 나누었다. 자연발생적 비평은 일반독자들의 口頭批評을 일컫는 것이며, 직업적 비평은 다시 세 단계로 나뉘어 생각된다. 직업적 비평의 제 1 단계는, 직업적 비평가는 전통의식을 갖고 한편으로는 역사가를, 다른 한편으로는 철학자를 내포하여야 한다는 명제에서 찾아볼 수 있다. 제 2 단계에 가면 직업적 비평가는 재판관이 된다. 그는 직업적 비평의 판단은 개인적 취미에 지배되어서는 안된다고 보충설명하였다. 직업적 비평의 제 3 단계(최종단계)에 있어 비평가는 대학교수이다. 마지막으로 최재서는 그 나름의 독창적 아이디어에서 생겨난 대가비평이라는 항목을 설정하였다. 대가비평은 한 마디로 예술가가 자신의 작품을 고찰할 때에 생겨나는 비평을 뜻하는 것인데, 이러한 비평분야에서도 많은 업적이 나왔음을 최재서는 강조하고 있다. 이러한 대가비평의 예로서 그는 W. 워즈워드, 괴테, E.A. 포우, T.S. 엘리어트의 시론 내지 시비평을 꼽았던 것이다.

최재서는 「취미」의 어원과 본질, 또 「취미」와 비평과의 관계를 살피는 자리에서 비평은 취미의 합리화라는 가설을 얻으면서 비평사에 있어서 가장 중요한 장면은 「취미」와 「도그마」의 대립관계라고 짚어보았다. 그는 이른바 취미파(인상주의) 비평의 오류를 지적하면서 동시에 도그마비평(프로파 비평)의 폐단을 지적할 것도 잊지 않았다.

이러한 논리에 근거를 두고 보면 결국 최재서는 프로문학에서의 비평방법과, 김환태가 개척하고 김문집이 꽃피운 인상주의 비평을 동시에 극복한 셈이 된다.　　　　　　　　　　　　　　　　　　　　　　　　　曺　南　鉉

　論　著
1. 金煥泰　文藝批評家의 태도에 對하야 1(朝鮮日報　1934. 4. 21)
2. 金煥泰　文藝批評家의 태도에 대하야 2(朝鮮日報　1934. 4. 22)
3. 金煥泰　文藝時評 1(朝鮮日報　1934. 11. 23)
4. 金煥泰　文藝月評(中央日報　1936. 4. 12〜23)
5. 崔載瑞　文學과 知性(人文社,　1938)
6. 金文輯　批評文學(靑色紙社,　1938)
7. 金允植　韓國近代文藝批評史研究(한얼문고,　1973)
8. 申東旭　韓國現代批評史(한국일보사,　1975)

19. 농민소설

　이 나라의 문학사에서 농민소설(농민문학)이라는 용어가 처음 등장한 것
은 李星煥(1)과 方仁根(2)의 평론을 통해서였다.
　단순히 反都市的인 의미에서 농촌을 배경으로 하는 것이 농민소설이리
고 인식한 이들의 이론은, 그러나 본격 농민소설론에 입각하여 볼 때 소
박한 素材主義的인 관점에서 내려진 개념에 불과한 것이었다. 따라서 농
민소설론에 대한 보다 깊은 인식과 그 장르적 의미의 정립은 1930년대에
들어와서 많은 비평에 의하여 구체화되어 갔다. 즉 1931년에 安含光의 농
민문학에 대한 所論이 발표되고(3), 이에 대하여 白鐵의 異論(4)이 제기된
데서 농민소설에 대한 본격논의가 시작되었다.
　안함광은 이어서 이에 대한 평론(5·6)을 계속 발표함으로써 그 논의는
한층 열기를 더해 갔다. 결국 안함광이 이들 일련의 논문을 통하여 농민
소설을 「광범한 프로레타리아 문학의 범주 속에 예속」시키려는 데 반하여
백철은 농민소설은 「프로레타리아의 동맹자 문학일 뿐 그 일부분이 아니
요」 또한 「프로레타리아의 감화력」을 표현하는 데 있다고 주장한 데 그
쟁점이 있었던 것이다. 이어 백철은 잡지 〈농민〉을 통하여(7) 농민문학의
창작을 외쳤다.
　이같은 이들의 논쟁은 1930년대 농민소설 발전에 두 가지의 커다란 계
기를 마련하였다. 그 하나는 이러한 논쟁에 뒤이어 李光洙의 〈흙〉(1933),
李箕永의 〈故鄕〉(1933), 沈熏의 〈常綠樹〉(1935), 金南天의 〈大河〉(1939) 등
의 장편과 朴榮濬의 〈模範耕作生〉(1934), 金廷漢의 〈寺下村〉(1936), 李
無影의 〈第一章 第一課〉(1939)와 〈흙의 노예〉(1940) 등 단편 농민소설이
계속 발표되어 1930년대 문학의 특징적인 한 경향인 농민소설의 본격적
인 장르가 형성되었다는 사실과, 그리고 한편 이러한 논쟁으로 말미암아
많은 비평가들에 의하여 농민소설에 대한 논의가 더욱 활발히 전개되었다
는 사실이다.

그러나 鄭日秀 宋完淳 柳海松 林然 등으로 대표되는 이들 신인 비평가들의 주장은 앞서 언급한 기성 비평가들의 견해와는 달리 대부분 중도적인 입장을 취하면서 각기 자기들의 의견을 피력하였다. 정일수는 우리의 「농민문예는 향토문예」에 불과하다고 주장하면서 그 농민문예의 「히―로는 농민 자체」라고 규정지었고(8), 송완순은 안함광의 앞에서 언급한 견해를 따르면서도 농민예술은 「프로레타리아 예술의 일부는 아니라」고 주장했고(9), 유해송은 농민문학을 「프로문학의 일부분」이라고 하면서, 또한 「농민 자신의 문학」(10)이라고 주장했다.

이들의 이같은 농민문학의 프로문학적 논의와는 달리 임연은 농민문학을 「농민이나 인테리가 농민을 위하여 쓰는 문학」이라고 규정하고, 그 근본 성질을 (1) 농민적 (2) 사회적 (3) 집단적 (4) 동지적 (5) 낙관적(11)이라는 다섯 가지로 들고 있다. 이처럼 임연의 견해는 종래 비평가들의 주장과는 다른 성격을 나타내고 있는 것이 특징이라 하겠다.

이밖에 소설가 洪曉民은 농민문학의 운동적 측면에서 농민의 해방을 위하여는 정치·경제·문화 등 제반 운동으로 확대되어야 한다고 주장하였다(12).

농민소설에 대한 논의는 그뒤 계속되어 1930년대 후반기에 접어들면서는 여러 측면에서 더욱 활발히 전개되어 갔다.

林和는 〈文章〉지를 통하여 농민문학을 문학의 독자로서의 농민과 문학의 소재로서의 농민이라는 두 가지로 갈라놓고 생각할 필요가 있다고 전제하고, 농민문학이란 우리 인구의 대다수를 점한 농민에 의하여 읽혀지는 것이 무엇보다도 보람 있는 일이나, 문맹한 농민을 현대문학을 읽을 만큼 교육한다는 것도 지극히 어렵고 장구한 시일을 요하는 일이기 때문에 현시점에서는 소재로서의 농민문제가 중요한 문제라고 말하면서, 일본의 和田傳 伊藤永之介 등의 예를 들어 그 특성을 다음과 같이 밝히고 있다(13).

(1) 농민 가운데 있는 미개하고 몽매하면서도 생산적인 건강성, 노둔하면서도 강한 생활의욕, 때때로 야성으로까지 표현되는 그들의 자연성 등.

(2) 농민의 고유한 습속, 이색의 신앙, 경작노동에 수반하는 거대한 자연과의 원시적이면서 자유롭고 활발한 교섭 등이다.

결국 그의 견해는 소재로서의 농민소설의 요소를 날카롭게 지적한 것이었으나 농민소설의 본질문제에까지 파고들어가 언급한 것이 아니고 다만 당시의 시점에서 본 심리적인 경향의 일단을 피력한 데 불과한 것이었다.

이밖에 崔載瑞와 朴勝極 등의 논문들이 있다. 최재서는 과묵하고 손이 굵은 농경인의 깊은 예지와 정서 및 생활의 탐구에 있어 실체를 파악하는 동시에 그것을 시국 내지 시대와의 관련하에 처리하여 나가는 것이 농민문학의 중요한 과제임(14)을 들었다. 또한 박승극은 소비적인 市井文學에 대하여 비난하고 농민문학이야말로 「생활적인 문학」이라는 옹호론적인 견해를 피력하고(16) 있다. 그러나 이들의 이론들 역시 농민소설의 본질을 언급한 것이 아니고 결국 그 시대 상황 아래서의 농민소설의 당면과제를 소개한 데 불과한 것이었다.

이처럼 이들 일련의 평론가들이 그 당시 농민소설에 깊은 관심을 가진 것은 사실은 일본의 有馬 農相이 고문이 되어 개최한 「農民文學懇談會」(1939. 10. 4)에서 新居格 藤森成吉 외 8인의 일인 작가들의 주장에 근거를 둔 것으로서, 이들이 소개하고 주장한 이론은 생산에 중점을 둔 일본의 국책에 영합한 것이라 하겠다(26).

1930년대 핵심적인 쟁점의 하나였던 농민소설에 대한 논의는 1950년대 중반부터 다시 재론되고 1960년대를 거쳐 1970년대에 이르러 더욱 심화되어 갔다.

먼저 郭鍾元은 농민문학을 수용자의 입장에서 다음과 같이 그 개념규정을 하였다.

「농민문학이란 한 장르가 지금까지 우리에게 준 개념은 그 취재에 있어서 농촌을 묘사하고 농민의 생활을 작품화한 데 있었던 것이다. 작품에 나타난 주인공이 농민이요, 주인공이 생활하는 주위환경이 거름 냄새 나고, 풀냄새 나는 농촌일 때 붙여진 렛텔이 곧 농민문학이 아니었던가? …… 취재에만 국한시키지 말고 독자 대상이 농민이라는 것도, 대상의 표준도, 계산에 넣어서 생각해 보지 않으면 안되겠다는 것이다. 왜 그런고 하니 취재면에만 농촌의 실태나 농민의 생활상을 그렸다고 해서 곧 농민들이 즐겨 읽을 이가 없다고 생각한다면 여기 농민들의 수준에 알맞는 그보다도 그들이 즐겨 읽을 수 있는 그런 작품이 요청된다는 것이다……거기에는 첫째 그네들이 읽어서 호기심을 느낄 만큼 재미나는 줄거리로 흥미를 돋구어 주어야 할 것이고 두째로 그네들의 생활에 직접적인 영향이 끼쳐지는 계몽적인 역할이 있어야 될 것이고, 세째로는 그네들의 현실에 즉한 리얼리티의 포착으로서 흉금 속에 서리어 있는 절박한 문제와 맞부덪쳐야 할 것이다. 」(17)

이상 장황하게 인용한 그의 견해에 따르면 독자가 농민이어야마이 지적한 농민소설이 된다는 것이다. 그러나 이러한 견해에 좋는다면 농민소설은 통속소설이어야 하며 계몽주의적 목적소설일 수밖에 없다는 오류에 빠지게 된다. 따라서 그는 근본적으로 농민소설이란 근대문학의 한 변조에 지나지 않는다는 본질론을 이해하지 못하고 있었던 것이다.

이무렵 백철은 전후문학이 도시성향화해 가는 데 불만을 표하고 농민문학이야말로 「역사적인 길이요, 또 문학사적인 전환과 신출발의 길」(18)이라고 강조하면서 민족문학을 실천함에 있어서 농민문학이 차지하는 비중이 큼을 설파하였다.

이 무영 역시 백철과 같은 견해로서 우리 문학의 주류를 농민문학 속에 두어야 한다고 주장한 바(19) 있다.

1960년대 들어서서 백철은 다시 이광수와 이무영의 전통을 계승하여 민족문학의 제재를 농촌으로 확대할 것을 제안하고 있다(20). 그는 또한 농민소설은 (1) 농민을 주인공으로 하여, (2) 농촌의 풍경과 계절을 배경으로 해서 조명해야 한다고 소재주의적 입장에서 성격규정을 하고, 농민문학의 계보로 이기영의 〈고향〉으로 대표되는 ① 프로문학계의 농민소설, 이광수의 〈흙〉과 심훈의 〈상록수〉 등으로 꼽히는 ② 계몽수단의 농민소설, 그리고 〈흙의 노예〉 등으로 대표되는 ③ 이무영의 소설로 대별하고 있다(21).

이같은 백철의 所論은 한국 근대 농민소설을 유형적으로 분류한 최초의 업적으로, 그뒤 많은 연구자들에게 영향을 끼쳤다.

이 무렵 張一宇와 金宇鍾은 吳有權 등 당시의 농민소설 작가의 작품을 분석하고, 이들 작품에서 나타나는 공통적 결함으로 「비극의 외형적 고발에 그치고 비극의 출처와 그 원인을 구명해 보는 예술적 탐구정신이 부족」(22)하거나 「농촌현실에 대한 진지한 관심이 결여」(23)되어 있는 점을 지적했다.

1970년대초에 들어서면서 농민소설에 대한 논쟁이 재개되었다. 그 최초의 발단은 廉武雄에 의해서였다. 그는 朴敬洙의 〈凍土〉의 실패원인을 「작가의식의 철저성과 성실성이 박약」(24)하고 「半농민, 소시민화된 농촌사람의 눈으로 현실을 보는 데」(24) 있다고 보았다. 이에 대하여 金治洙는 「농촌소설을 써야 한다든가 도시소설을 써야 한다는 주장은 문학의 지방주의와 같은 것이며, 농촌소설이나 도시소설을 하나의 문학적 이념인 것처럼 이야기하는 것은 문학의 소재주의와 같은 것」(26)이라고 회의적인 견해를 나타냈다.

김치수의 이같은 견해에 대하여 金炳傑은 金廷漢의 문학을 예로 들어

김치수의 소재주의를 반박했다(30).

이즈음 鄭昌範이 농민소설에 대해 언급한 것(25)을 비롯하여, 많은 평론가들이 이 방면에 대해 관심을 쏟았고, 마침내는 「農民文學論」의 논쟁이 〈中央日報〉 지상을 통하여 촉발되기에 이르렀다.

염무웅이 농민문학이야말로 「민족문학의 중요한 부분」이라고 주장하면서 작가는 그 농민문학을 낳게 한 사회적 역사적 상황을 외면해서는 안될 것(32)이라고 한 데 반하여, 김치수는 「농촌소설 혹은 농민문학이 농촌 혹은 농민을 소재로 한 작품을 의미하는 것이라면 그것은 일종의 소재주의에 다름 아니다」(32)고 이전의 주장을 되풀이하였다. 洪起三은 이들의 주장에 대하여 농민문학은 민족문학의 上位槪念이나 等位槪念이 아니고 下位槪念이며 농촌소설은 소재주의 이상의 문학(33)이어야 한다고 비판했다.

1920년대 중반부터 1970년대 초반에 이르는 연구사를 종합해 볼 때 우리는 다음과 같은 몇 가지 문제점을 발견하게 된다.

첫째로 농민문학에 대한 개념과 한계가 명확하지 못한 점, 둘째로 농민문학에 대한 논의와 평가가 몇 개의 한정된 작품——그것도 일제하의 작품이 대부분——을 대상으로 이루어진 경우가 많다는 점, 세째로 대개의 경우 당시의 사회적 상황과의 관계에서 파악하려 하지 않았다는 점, 네째로 일부의 작품——특히 계몽소설의 경우——에 대하여 견해의 차가 극심하다는 점 등이 그것이다(39).

1970년대에 와서 이러한 평단의 논의와는 달리 학계의 일각에서뿐만 아니라(31·35·37·40) 특히 대학원의 석사·박사 학위논문에서 농민소설에 대한 집중적인 관심을 보이기 시작하여 상기한 지금까지의 문제점들을 보완해 가면서 농민소설 전반에 걸친 포괄적이고도 체계적인 논의가 전개되었다(28·29·34·36·38·39·41·42).

宋百憲은 농민문학의 개념에 대하여 「농민문학이란 작가가 설정한 배경이 단순히 농촌이라는 사실만으로 결정지어지는 것이 아니다. 우선 그 소재면에서 농촌과 농민이 선택되어야 되겠지만 그 위에 농민의 문제를 얼마나 냉혹하게 다루었는가 하는 주제의식과 농민적인 전형 창조, 농촌을 파악하는 작가의 예리한 눈, 그리고 도시와의 관련 아래 얼마만한 시대적 의미를 갖고 있느냐 등의 종합적인 조건에 부합될 때 진정한 농민문학의 가치를 부여하게 된다」(28)고 규정하고서 우리 나라 농민소설을,

(1) 참여문학시대의 농민문학

① 계몽문학으로서의 농민문학 ② 프로문학으로서의 농민문학

(2) 순수문학시대의 농민문학

   ① 전원문학으로서의 농민문학 ② 풍자문학으로서의 농민문학 ③ 歸
   農文學으로서의 농민문학

으로 그 유형을 분류하여 비판하였다. 즉 계몽적 성격을 띤 농민문학에서
는 농민을 깨우치려는 지식인의 의식이 강조되어 있을 뿐 농민의 근본문
제를 파헤치는 데는 부족했고, 프로문학 역시 농민문학을 계급투쟁을 위
한 수단으로 이용하여 농민을 이해하는 입장에서 볼 때 그릇된 독단을 끌
어왔다고 주장했다.

그리고 전원문학은 다만 농촌이 그 배경으로 설정되었을 뿐 그 실상은
농민문학과는 거리가 먼 전원을 서사시화한 서정적인 문학으로, 귀농문학
에서는 소시민의 단순한 유토피아를 그렸다는 점으로 비판했다. 그리하여
종래의 여러 평자들의 주장과는 달리 풍자문학에서 오히려 비교적 성공한
농민문학의 모습을 발견하게 된다고 하였다.

한편 林永煥은 농민문학을 그 내용적 성격에 따라서 (1) 농촌 제재에 편중
된 문학, (2) 농촌 주제에 편중된 문학, (3) 농촌 제재와 주제가 조화된 문
학 등으로 분류하고 우리가 바라는 완전한 농민문학은 (3)에 해당된다고 말
했다. 그리고 일제하의 농민문학을, (1) 초기 자연주의의 빈궁소설, (2) 경
향파 문학의 농민소설, (3) 민족주의 문학의 농민소설, (4) 전원문학적 농
민소설, (5) 순수문학적 농민소설 등으로 그 유형을 나누어(39) 작품을 분
석했다. 여기에서는 민족주의 문학의 농민소설 설정이 주목을 끈다.

韓哲愚는, (1) 계몽문학으로서의 농민소설, (2) 프로문학으로서의 농민
소설, (3) 리얼리즘 문학으로서의 농민소설, (4) 목가적 농민소설, (5) 토속
적 농민소설로 구분하여 논의하고 있다(41). 여기에서는 목가적 농민소설
과 토속적 농민소설이 논의의 대상이 될 수 있다.

최근에 농민소설로써 학위를 획득한 申春浩는 도시소설과 대립되는 개
념은 농민소설이 아니라 농촌소설이라 전제하고, 농촌소설을 농민소설의
포괄적인 개념으로 파악하였다. 그는 농촌을 단지 제재로만 다룬 농촌소
설과 농민의 생활상이나 의식 및 농촌의 상황을 제시한 농민소설로 구분
하면서 다음과 같이 유형을 분류(43)하였다.

(1) 이념적 농민소설

   ① 프로문학적 농민소설 ② 민족주의적 농민소설

(2) 寫實的 농민소설

   ① 방관적 농민소설 ② 실천적 농민소설

이 분류에서 앞으로 논의될 쟁점은 방관적 농민소설의 유형 속에 金東里의 〈山火〉를 포함시킨 점이 될 것이다.

이러한 일군의 학위논문 이외에 우리의 주목을 끄는 논자로서 鄭漢淑이 있다. 그는 농민소설을 (1) 〈흙〉과 〈상록수〉(현실의 위장과 농민의 부재), (2) 〈낙동강〉과 〈農民〉(저항의 전개), (3) 〈모범경작생〉과 〈제 1 장 제 1 과〉(농민의 自省과 흙의 긍정)로 구분하고, 결론으로 「작은 농민에의 指向」을 창작방법으로 제시하였다.

이 글에서 그는 「개개의 작가에 대한 연구는 그에서 그치는 것이 아니라, 상호 종적이고도 횡적인 관계를 고찰함으로써 오늘날 우리 문학의 현황이 파악되어 다음에 올 문학의 가능성을 제시할 수 있다」(31)는 견해를 피력하고 있다. 그러나 그의 논거에도 몇 가지의 의문점이 있다. 그것은 첫째 이기영의 작품에 대한 언급이 없다는 점, 둘째 당시의 사회상황 및 문단상황과의 연관성을 별로 고려에 넣지 않았다는 점, 세째 연구대상이 되는 작품선택에 있어서의 기준이 확실하지 못하다는 점(39)이 그것이다.

이밖에 농민소설을 통시적으로 고찰한 것으로 任軒永과 丘仁煥의 所論들이 있다. 그러나 임헌영의 경우 그 대상을 너무 축소시켜 고찰한 점(37)이 문제성으로 남게 되며, 그리고 구인환의 경우, 風俗史的인 농민소설을 한 유형으로 설정한 점(42)이 흥미의 대상이 될 수 있으나 그것을 뒷받침할 만한 작품론이 없음이 아쉽다.

지금까지 농민소설에 대한 연구의 자취를 개괄적으로 고찰하였다. 이와 같은 작업은 곰 과거의 자취를 정확히 조명함으로써 우리가 안고 있는 농민소설의 문제점을 정확히 파악하고 그것이 정립해야 할 좌표를 설정함에 있다. 이같은 좌표가 정확히 설정될 때 근대 농민소설의 총체상이 밝혀질 뿐만 아니라 우리가 바라는 진정한 농민소설의 새로운 지평이 열릴 것이기 때문이다.

宋 百 憲

論　著

1. 李星煥　新年文壇을 向하여, 農民文學을 일으키라(朝鮮文壇 4, 1925. 1)
2. 方仁根　農民文學과 宗敎文學(靑年 7—2~3, 1927. 2)
3. 安含光　農民文學에 대한 一考察(朝鮮日報 1931. 8. 11~12)
4. 白　鐵　農民文學의 諸問題(朝鮮日報 1931. 10. 1~12)
5. 安含光　農民文學 問題再論(朝鮮日報 1931. 10. 22)
6. 安含光　農民文學의 規定問題(批判 8, 1931. 12)
7. 白　鐵　農民文學을 建設하자(농민 3—7, 1932. 8)

8. 鄭日秀　鄕土文藝와　農民文藝(朝鮮日報　1932. 3. 26)
9. 宋完淳　農民藝術問題(朝鮮日報　1932. 4. 17)
10. 柳海松　農民文學의　理論(批判　1932. 9)
11. 林　然　農民文學의　新規定(農民　1933. 1)
12. 洪曉民　朝鮮農民의　根本問題(新東亞　1935. 7)
13. 林　和　農民과　文學(文章　1—9,　1939)
14. 崔載瑞　農民文學(人文評論　창간호,　1939)
15. 林　和　日本農民文學의　動向(人文評論　2—1,　1940)
16. 朴勝極　農民文學의　擁護(新東亞　10—2,　1940)
17. 郭鍾元　農民文學에　대하여——新人間型의　探究——(東西文化社,　1955)
18. 白　鐵　農民文學의　提案(自由文學　創刊號,　1956. 6)
19. 李無影　農民文學의　當面課題(朝鮮日報　1957. 10. 28)
20. 白　鐵　農村과　韓國文學의　길(東亞日報　1961. 4. 21)
21. 白　鐵　農民小說과　啓蒙主義(世代　1964. 9)
22. 張一宇　農村과　文學(漢陽　1963. 11)
23. 金宇鍾　農村과　文學(漢陽　1963. 11)
24. 廉武雄　농촌현실과　오늘의　문학(創作과批評　1970　가을)
25. 鄭昌範　農村知識人像의　定立(新東亞　1970. 1~1971. 5)
26. 金允植　30年代　韓國小說의　樣態(文學과知性　1971　봄)
27. 金治洙　農村小說은　可能한가(知性　1971. 11)
28. 宋百憲　韓國農民文學硏究(中央大　석사논문,　1971. 11)
29. 吳養鎬　農民小說硏究(嶺南大　석사논문,　1971. 11)
30. 金炳傑　金廷漢文學과　리얼리즘(創作과批評　1972　봄)
31. 鄭漢淑　農民小說의　變容過程(亞細亞硏究　48,　1972)
32. 廉武雄　金治洙　農村文學論——그　是와　非——(中央日報　1973. 6. 9)
33. 洪起三　農村文學論(東大新聞　1973. 6. 19)
34. 李東熙　李無影論(檀國大　석사논문,　1973)
35. 金鵬九　作家와　社會(一潮閣,　1973)
36. 吳　敬　1930年代　韓國農村文學의　性格硏究(梨花女大　석사논문,　1974. 5)
37. 任軒永　韓國現代小說의　探究(汎友社,　1974)
38. 柳信浩　李無影小說硏究(高麗大　석사논문,　1976)
39. 林永煥　日帝時代韓國農民小說硏究(서울大　석사논문,　1976)
40. 尹炳魯　韓國農村小說의　史的考察(成大論文集　22,　1979. 8)
41. 韓哲愚　1930年代의　韓國農民文學攷(서울大　석사논문,　1977)
42. 丘仁煥　農民小說의　樣相,　韓國文學　그　指標와　樣相(三英社,　1978)
43. 申春浩　韓國農民小說硏究(高麗大　석사논문,　1980)

20. 후반기 문학과 삶에 대한 집념

　식민지 후반기에 접어들면서 일제의 식민지정책은 전시체제로 더욱 경직되어 갔다. 조선사상범보호관찰령의 제정(1936), 황국신민화운동의 전개(1937), 한국어교육철폐(1938), 창씨개명(1940) 등에 이르는 일련의 탄압정책은 세계대전의 위기감과 더불어 한국 민족의 생존을 극도로 위협했다. 문학사적으로 보면 이 시기는 물질위주와 세계위주를 표방한 경향파 문학의 퇴조시기였다. 이런 상황 속에서 역사적 현장성보다 인간성을 옹호하고 생명의식을 강조하면서 민족의 재래적 삶과 정신을 탐구하려는 새로운 문학경향이 나타났다.

　순수·비순수의 문학논쟁으로 발전된 신세대론에서 金東里는 후반기 문학의 특징을 그 이전의 문학과 구별하여 생명파적 윤리적 경향, 신비적 회화적 경향, 그리고 양자 절충적 경향의 세 가지로 분류했다(2).

　생명파는 김동리가 지적한 이 후반기 문학의 한 두드러진 특징으로 대두했다. 1936년에 발간된 〈詩人部落〉의 동인들과 함께 〈生理〉의 柳致環 등 일군의 시인들은 「생명의 탐구」란 중심과제로써 상황과의 대응양식을 보여주면서 詩史的 의의를 획득했다. 여기서 생명의 탐구란 徐廷柱가 술회했듯이(3) 인간의 생명 그 자체에 집념해서 인간성을 집요하게 추구하려는 것이다. 그리고 이것은 그 앞의 카프나 시문학파, 그리고 주지주의 등에 반대한 필연의 기치로 제시되었다. 물론 인간에 대한 관심과 생명의 탐구는 휴머니즘의 변천사나 현대의 원시주의가 증명하고 있듯이 생명파의 전유물은 아니다. 그러나 이것이 1930년대 후반기에 그 앞의 다른 문학적 경향의 반동으로 동인지의 형태로 발생되었다는 점에서 충분히 특수한 존재의미를 갖고 있다.

　생명에 대한 집념은 서정주의 경우 관능주의 또는 악마주의의 형태로 나타난다. 이런 점에서 〈花蛇集〉(1941)은 그의 개인사에서는 물론 시사에서도 하나의 중대한 의미단락을 이룬다. 여기서 그는 벌거숭이·囚人·종 등 관능적이고 자학적인 서정의 주체들을 내세운다. 그들은 그의 진술(8)대로 사람의 기본적인 가치나 권한을 자각하게 되는 통로다. 이 경우 생명은 인간의 기본적 가치나 권한이라는 내포를 띤다. 「벌거숭이」는 이 내포의 육화다. 벌거숭이로써 그는 인간원형을 재발견한다. 그리하여 이 벌거숭이의 인간원형을 통한 진한 에로티시즘의 서정이 〈화사집〉의 주조를 이룩하게 된다.

　　밤처럼 고요한 끓는 대낮에
　　우리 둘이는 왼몸이 달어 ——〈대낮〉

　　땅에 누어서 배암 같은 계집은
　　땀 흘려 땀 흘려
　　어지러운 나—ㄹ 엎드리었다. ——〈麥夏〉

性은 숨은 생명이다. 벌거숭이는 원초적인 성본능의 세계 속에서 삶의 자연성을 획득하고 삶의 움직임과 일체가 되려 한다. 적나라한 성본능의 세계는 이미 현실의 지배를 벗어나고 이성의 영역을 벗어나므로 필연적으로 반이성적이고 반문명적인 원시주의의 세계일 수밖에 없다. 이 세계에서의 가치는 삶의 지식과 설명이 아니라 생생한 삶 그 자체다. 이처럼 서정주의 초기시는 「생명적인 것은 반이성적이라」는(16) 명제를 대변하고 있다.

　이 원시주의 세계는 또한 그에게 구원의 한 양식이라는 중대한 의미를 띤다. 이것이 그가 니체의 디오니소스적 세계관을 선택한 이유다. 그가 디오니소스적 세계의 탐미적 육체관에 심취해서 원시적 관능의 세계를 선택한 것은 단순한 악마주의가 아니라 일제의 절망적 삶을 극복하기 위한 선택이었고, 「겨우 몸을 곧추세우는」(9) 실존의 절박한 조건이었다.

　그리고 이러한 적나라한 인간원형의 재현은 수사적 기교의 가식을 극복할 수 있게 했다. 그는 인간의 베일을 죄다 벗겨 적나라한 인간원형을 보여주기 위해「鄭芝溶流의 形容修飾的 詩語組織에 의한 審美價値形成」(9)을 지양했고, 그 결과 그의 언어는 필연적으로 「내면의 밑바닥에서 꾸밈없이 그대로 솟아나는 語風」, 곧 「直情言語」가 될 수밖에 없었다. 말하자면 적나라한 인간의 탐구는 아무런 장식이 없는 「純裸의 美」를 창조한다는 것이다. 이런 언어의식만으로도 그에게 시사적인 한 자리를 확보해 줄 수도 있다.

벌거숭이의 인간원형을 통하여 서정주는 생명의 내포인 인간의 기본적 가치를 인식했다. 그의 가치의식은 이처럼 「근원적 삶」, 「근원적 의식」에 집중되었다. 그러나 이 벌거숭이의 시적 자아는 상황에 대한 그의 태도표명으로서 사용한 탈(Persona)이기도 하다. 다시 말하면 이 탈은 온갖 합리성과 진실을 가장한 악랄한 일제의 식민지체제에 대한 대결의 몫을 하고 있다.

「사람의 기본적 가치의식, 그 권한의식──이런 것 때문에 질주하고 猪突하고 향수하고 원시회귀하는 시인들의 한 때가 왔다……1930년대 후반기의 日政治下가 민족의 최후 桎梏이 시작될 무렵, 나체로서 일어서 있었던 것이다.」(8)

식민지시대처럼 타인과의 진정한 만남이 불가능해져서 허위의 감정이 사회에 유통될 때 태도의 희극 또는 비극이 나타나기 마련이다. 서정주의 벌거숭이는 서구에 있어서 과학적이며 체계적인 이론의 반동으로 본능·직관·감성·신비 등을 중시하는 각종 형태의 원시주의가 대두된 것처럼(16) 식민지체제에 맞서는 탈이 되는 것이다. 「自畫像」에서 이 탈은 서정주 특유의 자학적 발상에 의하여 보다 비극적 모습을 떠면서 도전적인 자세로 나타난다.

　　　애비는 종이었다.

애비가 종이기 때문에 그도 비천한 신분이 될 수밖에 없다──물론 종의 탈은 일제하 민족 전체적 삶의 알레고리다──그것은 운명이다. 그는 거의 자학적으로 자신의 비천한 신분을 노출시킨다. 그러나 이런 비극적 실존의 자기인식에도 불구하고 「나는 아무것도 뉘우치진 않을란다」고 한다. 그는 천덕꾸러기의 자기인식을 자학적으로 심화시키면서 이 속에 세계에 대한 만만치 않은 도전의 자세를 키우고 있다.

이런 자학 속의 도전적 자세는 「花蛇」에서는 인간의 운명적 질곡의 근원으로까지 뻗친다. 「푸른 하늘이다……물어뜯어라, 원통히 물어뜯어」라고 부르짖는 「화사」의 시적 자아는 원죄 앞에 엎드리고 경건하기는커녕 도리어 인간을 단죄한 「하늘」(神)에 도전하고 있다(13). 왜 냐하면 그는 인간의 온갖 고뇌가 원죄에 의해 처단된 운명적 업고에 기인한다고 믿기 때문이다. 그래서 그는 뱀과 이브에 대한 저주보다도 그 엄청난 고뇌와 비극의 질곡에 영원히 가두어버린 신에게 저항하고 있는 것이다. 그는 인간 펴

632

에 서서 운명적 질곡 속에 허덕이는 인간을 연민하고 이 질곡을 벗어나려
는 관능적 몸부림을 대담하게 연출하고 있는 것이다. 그에겐 온갖 선악미
추는 문제 밖이었다. 그의 가치는 원죄의 업고 속에 고뇌하는 인간 그 자
체에 있었다.

이처럼 서정주는 역사적 상황의 부조리를 근원적 문제로까지 철저하게
밀고 나갔다. 「가장 철저하게 人間桎梏의 밑바닥을 떠메고 天刑받던 詩人」
으로서, 「刑罰의 質量을 자진해서 가장 많이 짊어졌던 사람. 스스로 자기의
死刑執行人이고 또 스스로 死刑囚였던 사람. 이 天痴라면 지독한 天痴」(9)
로서 보들레르를 그가 좋아한 이유는 여기에 있다. 그는 원죄에 처단된 인
간을 사랑했고 그 인간의 숙명적 고뇌를, 인간의 악과 타락을 선택했고, 그
래서 벌거숭이·종 등의 탈을 썼다. 그의 생명의식은 거의 맹목적인 인간
신뢰였다. 그리고 운명적 고뇌 속에 몸무림치고 저항하는 삶은 서정주가
추구한 생명의 중요한 내포였다.

이런 생명의식이 시(예술)를 압도하고 있는 자리에 유치환의 詩가 놓인
다. 「나는 시인이 아니다」「진실한 시는 마침내 시가 아니어도 좋다」(7)
는 그의 역설적 시학은 직정적으로 단순소박한, 그 고압적 진술의 형태
로(4·10) 서정주와는 다른 삶의 극한상황을 보여준다. 서정주의 초기시에서
관능의 가열성이 주조를 이루고 있는 데 반하여 유치환의 초기시에는 정신
의 가열성이 주조를 이룬다. 이 정신의 가열성은 첫째로 자학의 서정으로
구체화된다. 〈靑馬詩抄〉(1939)의 시적 자아들은 그들의 분노가 세계로 향
하기보다 자기 자신의 내부로 집중하는 내향성을 보인다. 이 자학적 인간
은 沈熏 李陸史 尹東柱의 시적 자아처럼 자기파멸을 통하여 새로운 삶을
획득하려는 것과는 유형을 달리한 자학적 발상의 한 계보다.

憂患은 獅子 身中의 벌레
自虐의 盞은 膽汁같이 쓰도다.
진실로 白日이 무슨 意味러뇨.
나는 非力하야 앉은뱅이
日曆은 헛되이 목아지에 汚辱의 年輪만 끼치고
남은 것은 오직 즘생 같은 悲怒이어늘
말하라 그대 어떻게 오늘날을 뜻如하느뇨. ──〈非力의 詩〉

자신을 「非力한 앉은뱅이」로 인식하는 자학은 식민지 후반기 그의 생명력이 밖으로 확산되지 못한 데, 즉 그의 분노가 행동으로 옮겨지지 못한 데 연유한다(10·12). 그에 의하면 일제 말기 겨레로서의 자의식을 잃지 않은 자에게는 두 가지 삶의 방법이 가능했다(7). 즉 원수(일제)에 대한 가열한 반항의 길로 자기의 신명을 내던지는 길과 한갓 반편으로 그 굴욕에 젖어 살아가는 길이 그것이다. 그런데 그는 후자의 길을 선택했던 것이다. 그의 자학적 시정은 이처럼 역사에 신명을 던지지 못한 회오에서 비롯된 그의 윤리적 감정이었다. 이런 자학은 생명이 끝나는 절명지에서 그 정점을 이루게 된다.

거기는 한번 뜬 白日이 不死神같이 灼熱하고
一切가 모래 속에 死滅한 永劫의 虛寂에
오직 아라의 神만이
밤마다 苦悶하고 彷徨하는 熱沙의 끝

그 烈烈한 孤獨 가운데
옷자락을 나부끼고 호을로 서면
運命처럼 반드시 「나」와 對面케 될지니
하여 「나」란 나의 生命이란
그 原始의 本然한 姿態를 다시 배우지 못하거든
차라리 나는 어느 沙丘에 悔恨 없는 白骨을 쪼이리라. ──〈生命의 書 一章〉

절명지는 온갖 인위와 애증과는 무관한 곳이다. 시적 자아는 여기서 구원의 한 방법으로서 「原始의 本然한 姿態」를 희구한다. 이것은 金允植이 지적한 것처럼(10) 유치환이 역사에 신명을 던져 저항의 길을 택하지 못한 콤플렉스의 발로다. 그는 이 회한을 극복하기 위해 그의 생명을 절명지의 궁극상황으로까지 끌고 와서 「悔恨 없는 白骨을 쪼이리라」는 끔찍한 자기학대를 시도한다. 이 시도는 일제말 그의 북만주로의 탈출이 가진 중대한 의미다(10).

유치환의 이 자학적 발상법에서 그의 일관된 시적 자아로서의 「의지의 인간」이 탄생한다. 이 의지는 많은 연구자에 의해서 논란되었듯이(6) 생명의지와 허무의지라는 이름으로 구체화된다. 그러나 이 양자는 별개의 것이 아니라 동일한 것의 양면성에 지나지 않는다.

이 의지는 일상적 삶의 세계와 일상적 인간과는 무관한 것이다. 그것은 일제 말기의 상황과 「人命도 雞狗와 같은」(〈首〉) 북만주의 절명지에서 유치환이 체득한 것이다. 그리고 신명을 역사에 던지지 못한 굴욕의 삶을 자학적으로 수용한 데서, 「쉴새없는 죽음의 위협」 앞에서 그가 느낀 인간생명의 허무에 자신을 자학적으로 「달구임」함으로써(7) 가열된 것이다. 이 무서운 의지를 끝까지 지탱케 한 것은 무엇인가. 그것은 철저하게 「非情한 인간」이 되는 길이다.

     나의 生命과
     生命에 속한 것을 熱愛하되
     삼가 愛憐에 빠지지 않음은
     ——그는 恥辱임일네라. ——〈日月〉

생명에 대한 사랑과 애련은 유치환에게는 별개의 감정이다. 애련은 굴종의 삶을 더욱 치욕스럽게 만들고 생명의지를 약화시키는 약자의 생리다. 「두 쪽으로 깨뜨려져도／소리하지 않는 바위」(〈바위〉)의 비정은 그에게는 세계에 대한 유일·최선의 태도이다. 그것은 생명의지와 허무의지를 포괄하는 자세다. 북만주 체험을 통해 「나의 조국과 내게 속한 일체를 탈취하고 박해하는 나의 원수를 그로서는 정당하다고 인정하지 않을 수 없다」(7)고까지 말한 이 비정 속에는 뒷날 그가 발견한 비인격신의 특수한 의미가 싹트고 있었다.

그는 북만주 체험을 회상하는 자리에서 「人爲라고는 거의 손톱만치도 닿지 않은 대자연의 허무스런 의지만이 세워선 속에서 나는 마치 원시인처럼 자연 대 인간의 문제를 처음부터 풀이해야만 될 위치」에 놓였었다고 기술했다(7). 그가 당시 재발견한 자연은 인간존재와는 전연 무관한 비정의 자연이었다. 「인간존재와는 전연 무관한 것」, 이것이 「문명과는 등진 虛漠한 北滿의 自然」에서 그가 인식한 허무의지다. 따라서 허무의지로 산다는 것은 인간존재와 무관하게 산다는 것이고, 인간존재와 무관하게 산다는 것은 바로 북만주의 자연처럼 비정하게 산다는 것이다.

동시에 이런 비정한 자연 속에서 유치환이 체험한 북만주에서의 삶이란 「善이고 惡이고간에 生命의 渾身껏 湧出이 必要되는(5)」 야성적 삶이었다. 이 북만주 삶의 산물인 〈首〉〈曠野에 와서〉 등 일련의 작품들은 모두 애련과 같은 인간적 감정도 일체의 문명적인 것도 용납되지 않는, 강인한 야성적 생명력의 세계를 다룬 것이었다.

이런 점에서 생명의지는 인간의 영역이고 허무의지는 신의 영역이라고 구분할 수(6) 없다. 물론 후기시에서 의지는 종교적 신앙의 형태로 승화되지만 적어도 〈生命의 書〉(1947)까지의 초기시에서는 일제 말기와 북만주 같은 극한상황 속에서 얻어진 것이며, 고통을 참고 고통을 뚫는 니체적 초인에게서만 가능한 것이었다. 그리고 이 「의지의 인간」은 그의 경험적 자아가 아니라 극한상황에 대한 응전력으로서 소망적 사고에서 나온 非自己였다(7). 이것은 그가 세계와는 물론 자기 자신과의 갈등 속에서 극기의 목표로 발견한 것이었다. 이처럼 유치환의 초기시에 나타난 생명탐구는 절명지의 준열한 삶의 세계에서 「原始生命의 希求」로 나타났고, 이것은 의지의 인간이라는 시적 자아를 통하여 독특한 비정의 철학을 보여주었다.

1934년 조선일보 신춘문예에 시 〈白鷺〉가 입선된 이래 1936년 〈行路吟〉 등 4편의 시작품으로써 〈시인부락〉에 가담한 김동리는 자기의 문학적 성격을 「個性과 生命의 究竟追求」라고 규정하면서 이것은 인간성의 옹호 및 탐구에서 창조에 걸쳐 있다고 했다(2). 1930년대 소위 신시대의 문학적 특징을 밝히는 형식으로 발표된 그의 이런 문학관은, 경향파문학의 물질 위주와 생경한 이데올로기의 지나친 목적의식에 대한 첨예한 반동으로서 마련된 것이었다.

그에 의하면 개성과 생명의 구경적 추구란 당대의 시대와 사회를 초월하여 인간의 가장 보편적이고 근본적인 문제를 탐구하는 것이며, 문학은 바로 이 삶의 구경적 탐구형식이다. 따라서 경향문학의 작품세계가 정치적 경제적 사회적 성격을 띠고 있음에 반하여 생명의 구경을 추구하는 문학은 철학적 윤리적 신비적 영혼적 성격을 띤다. 이런 그의 문학관에서 작품세계가 「아모리 몽환적이고 비과학적이고 초자연적이더라도 작가의 생명(個性)적 진실에서 파악된 세계(現實)」라면(1) 훌륭한 리얼리즘이 될 수 있다는 독특한 리얼리즘관이 탄생한다.

식민지 후반기 일제의 억압과 이런 문학관 때문에 초기 단편소설에서 그는 당대 현실을 정공법으로 다루지 않고 허무주의와 한국적 토속성이 진하게 풍기는, 소외된 삶의 특수한 공간을 보여준다. 따라서 그의 주인공들은 대개 세 가지 공통된 특징을 띠고 있다. 첫째 새로운 사회에 적응하지 못하는, 몰락하여 가는 계급의 인간들이다. 둘째 소위 신화적 내지 원시적 감수성의 소유자들이다. 신화적 감수성이란 감정과 사상의 한 양식으로서 애니미즘, 자연에의 경건, 의식 등의 형태로 구체화된다(17). 새째 그들은 허무감과 **숙명의식**에 사로잡혀 있다.

〈花郞의 後裔〉(1935)의 황진사는 명문집안의 후예라는 대단한 정신적 자만을 가지고 양반의 체통을 중시한다. 그는 〈시경〉을 읊조리고 〈주역〉의 온갖 지략과 조화를 신봉하고 있다. 그러나 그의 생활은 말할 수 없이 비참했다. 그는 중풍장이·앉은뱅이 등 불구자들에게 「쇠똥 위에 개똥 눈」 것을 명약이라고 속여 팔면서 연명한다. 이처럼 그는 과거의 권위에 의지해 있을 뿐, 새로운 풍속에 적응하지 못하는 몰락계급의 후예다.

〈바위〉(1936)의 술이어머니나 〈山火〉의 화전민과 농민들은 전형적인 변두리 인간이다. 그들의 세계는 恨의 세계다. 서민의 소외의식인 이 한은 그들의 불행을 천재지변의 자연사나 운명으로 치부해 버리는, 세계에 대한 반응양식이다(11). 모든 불행을 「逆天」에 있다고 믿고 오로지 토속신앙의 하느님께 기구하여 그것을 극복하려 한다. 이처럼 그들은 주술적 세계관의 원시적 감수성을 지닌 소외인간들이다.

장편 〈乙火〉(1978)로 재현된 〈巫女圖〉는 모화로 표상된 한국적 토속신앙과 욱이로 표상된 기독교의 대결을 기본 갈등구조로 한 그의 대표작이다. 여기서 그는, 李在銑이 「정신사적 충돌의 문제」를 다루었다고 지적했듯이(15) 한국적 토속신앙의 본질을 기독교라는 외래사상과의 「대결」의 틀 속에서 파헤치고 있다. 모화는 같은 핏줄의 자연적 모성애로 욱이를 맞아들이지만 그가 예수귀신에 사로잡힌 사실을 알고 욱이와 끝까지 대결하다 결국 칼부림으로 그를 죽인다. 모화도 부자집 며느리의 초혼굿을 벌이다 접신의 상태에서 물에 빠져 죽는다. 그러나 그녀의 죽음은 패배가 아니라 작자의 표현대로 「한 있는 인간이 한 없는 자연에 융화」됨을 의미한다(1). 그래서 물에 빠져 죽는 순간은 「청승에 자지러져 뼈도 살도 없는 혼령으로 화한」 순간이다. 모화의 죽음은 「不老不死 無病無苦의 常住의 世界」 곧 신선관념의 이념적 세계의 몰입이라고 작자는 해명한다. 그러나 이런 해명에도 불구하고 모화의 죽음은 새로운 환경에 적응하지 못하는 소외인간의 소멸 또는 패배의 미학을 보여주고 있다(14·15).

이런 자기소멸의 미학이 진한 허무의식과 운명의식으로 윤색된 작품이 〈黃土記〉(1937)다. 이것은 傷龍說·雙龍說·絕脈說 등의 설화를 화소로 하여 현실상황을 재구성한 작품이다. 억쇠와 득보는 초인적인 힘을 타고났지만 그들의 세계는 그 타고난 초인적 생명력을 발산시킬 수 없는 닫힌 사회였다. 그래서 그들은 서로 무모하면서도 치열한 無償의 싸움질을 통하여 그들의 힘을 연소시킨다. 이 치열한 싸움의 육체적 고통 속에서 오히려 자학적으로 무한한 회열을 느낀다. 여기서 작자는 다시 한번 소외인간의 자기소멸이라는 특수한 삶의 공간, 그 패배의 공간을 보여주고 있다.

초기 단편소설에 나타난 김동리의 생명탐구는 몰락해 가는 소외인간과 그들이 겪고 있는 삶의 문제였고, 그 정점은 토속적이고 신화적인 세계관에 의한 구원의 양식이었다. 그의 작중인물들이 품었던 한과 비원은 「식민지적 상황의 보편적 고뇌와 해방의 기원을 상징하는」 역사적 의의도 지니고 있음은 사실이다(15). 그러나 인간성의 탐구 및 옹호라는 휴머니즘 문학관이 원시적 감수성의 소외인간과 그들의 비극적 삶의 공간에만 머물렀기 때문에 그의 문학은 反역사주의 성격을 면치 못하고 있다(14·15). 다시 말하면 원시주의가 일종의 도피주의이듯이 생명의 구경 탐구란 그의 문학 정신은 현실에서 유리된 관념적인 도피문학의 이론(12)이라는 비난을 피할 수 없다. 이것은 외래문화의 이념을 한국적 이념과 변증법적 통일을 기하지 않고 대립의 관계로만 수용하는 이원론적 사고와 함께 그의 초기 단편소설이 남긴 중요한 문제들이다.　　　　　　　　　　　　　　　金　埈　五

論　著

1. 金東里　나의 小說修業(文章 1940. 3)
2. 金東里　新世代의 精神(文章 1940. 5)
3. 徐廷柱　現代朝鮮詩略史(朝鮮名詩選, 溫文舍, 1949)
4. 金春洙　靑馬論(文藝 1953. 6)
5. 柳致環　生命의 書 再版序(英雄出版社, 1955)
6. 文德守　靑馬 柳致環論(現代文學 1957. 12)
7. 柳致環　구름에 그린다(新興出版社, 1959)
8. 徐廷柱　徐廷柱全集 2 (一志社, 1972)
9. 徐廷柱　徐廷柱全集 5 (一志社, 1972)
10. 金允植　虛無意志와 修辭學(現代詩學 1970. 10)
11. 金炳翼　恨의 世界와 悲劇의 發見(現代韓國文學의 理論, 民音社, 1972)
12. 金允植 김현　韓國文學史(民音社, 1973)
13. 金烈圭　近代文學과 傳統(韓國文學의 傳統과 變革, 人文科學硏究所, 1976)
14. 千二斗　虛構와 現實(東里文學이 韓國文學에 미친 영향, 中央大, 1979)
15. 李在銑　生命意識과 神話的 意識(韓國現代小說史, 弘盛社, 1979)
16. R.M. Albérès, *L'Aventure intellectuelle du XXe Siècle* (鄭明煥譯, 乙酉文化社, 1959)
17. Michael Bell, *Primitivism*(Methuen & Co. Ltd, 1972)

21. 암흑기의 親日文學

일제말의 특정 시기를 가리켜 암흑기라고 최초로 이름한 사람이 누구인지, 혹은 암흑기라는 명칭은 과연 적절한 용어인지에 대해서는 대체로 논외로 되어왔다. 그러나, 그 시기가 대체로 1940년에서 1945년 해방에 이르는 시기라는 데는 이견이 없는 듯하다.

그렇다고는 해도, 암흑기가 반드시 1940년을 시발점으로 해서 시작된다든가 하는 뜻은 아닐 것이다. 1937년에 중일전쟁이 시작되고, 일본이 전시체제로 돌입하면서 총독부는 전쟁 수행을 위한 총력체제 구축에 광분하게 되고, 이에 따라서 지금까지 형식적으로 표방되었던 일체의 온건 또는 유화적인 정책은 자취를 감추게 된다.

그 구체적 움직임의 하나가 1939년 10월에 결성을 보게 되는 조선문인협회인데, 여기에는 李光洙가 주축이 되고 일본인과 한국인이 뒤섞여, 이른바 內鮮一體를 지향하는 조직을 갖게 된다. 조선인측 간사로 金東煥 鄭寅燮 朱耀翰 李箕永 朴英熙 金文輯 등이 참여하게 되는데, 이 조선문인협회가 관점에 따라서는 훗날 나타나는 조선문인보국회의 준비단계로 볼 수도 있다.

이와 같이 문인들을 하나의 단체로 만들어 전시총력체제로 돌입시킨 뒤 1940년 2월에는 그 유명한 창씨제도를 실시하여 한국인의 뿌리를 뒤흔드는 음모를 노골화하기 시작한다. 이어 1940년 8월에는 〈東亞〉〈朝鮮〉 두 일간지를 폐간시키고 동년 10월 16일에는 국민총력조선연맹을 결성함으로써 전체주의적인 색채가 사회 곳곳에 확고하게 자리잡게 되고 1941년 4월에는 〈人文評論〉과 〈文章〉이 폐간되기에 이른다.

이어 1941년 12월에는 진주만 기습으로 태평양전쟁이 발발하자, 일제는 식민지 수탈을 더욱 강화하여 1942년 9월에는 조선어학회사건을 일으키고, 1943년 4월 17일에는 이른바 文人報國會라는 단체를 태동시키기에 이르며 동년 9월에는 震檀學會를 해산시킴으로써 이 땅의 민족문화를 말살하러 드는데, 이같은 일련의 사태가 일어난 시기를 가리켜 암흑기라고 부르는 것이다.

　그러나, 암흑기라는 용어를 사용하는 데에도 사용자에 따라 차이가 있는 것으로 보인다. 張德順의 경우는 암흑기라는 말을 식민지정책의 강화에 기인한 암흑시대로 규정(9)하고 있음에 비하여 白鐵은 「그런 모든 분해된 현상 위에 드디어 우리 문학사상에 그 암흑기가 와버린 것」(1)이라고 하여 문학사적인 암흑기로 보고 있는 것이다. 그러나 일반적인 추세는 정치적 의미에서의 암흑기라 하고, 이 시기에 산출된 문학이나 그 활동에 대해서는 親日文學으로 규정하고 있는 것으로 보인다. 비록 친일문학일지라도 문학활동이 있었고, 그것이 싫건 좋건 우리 문학의 유산 가운데 하나라면 암흑기라고 명명할 수는 없기 때문이다.

　친일문학의 폭을 어떻게 잡을 것이냐 하는 문제는 아직도 논의가 덜 끝난 상태로 보는 것이 좋을 듯하다. 논자에 따라서는 식민지치하에서 문자화된 모든 문학은 친일문학이라고 규정하기도 한다. 어떤 의미로건 식민지정책에 부합했기 때문에 출판이 허락된 것이고, 그런 뜻에서 본다면 분명한 친일문학이라는 주장이다. 물론 일리가 있는 견해다. 그러나, 여기서 말하는 친일문학이란 앞서 말한 암흑기에 나타났던 작품군을 가리키며, 그 작품의 분류나 규정은 별개로 하기로 한다.

　친일문학의 개념을 이렇게 한정하면, 그 태동기를 1939년 4월 〈인문평론〉의 창간이라고 장덕순은 보고 있다. 그는 〈인문평론〉을 야합의 첫 기수라고 규정하고 그 구체적 증거로 〈建設과 文學〉이라는 창간호의 권두언을 지적하면서, 崔載瑞가 「일제가 대륙침략의 구실로 내세우는 新秩序 건설을 찬양하고 문학자들도 이 건설 사업에 총력을 기울여 협조해야 한다고 주장」(9)한 것으로 규정했다.

　이같은 관점은 최재서가 그 훨씬 나중까지 자기분열과 고민을 거듭했다고 보는 金允植의 견해(6)와는 차이가 있다. 그러나, 김윤식의 견해는 최재서 개인의 행적을 면밀히 분석한 데서 얻어진 것이고 장덕순의 그것은 외부로 나타난 양상을 두고 얻어진 것임을 감안한다면, 친일문학의 태동은 장덕순이 지적한 대로 〈인문평론〉의 창간으로 봄이 옳을 듯하다.

　실제로 〈인문평론〉 창간호는 박영희의 〈戰爭과 朝鮮文學〉, 백철의 〈日本戰爭文學一考〉 등의 논문을 싣고 있는데, 이들은 모두 일본의 침략전쟁을 합리화하고 긍정하는 글이다. 따라서, 〈인문평론〉은 장덕순의 지적대

640

로 前期文學에서 암혹기 문학을 연결하는 가교의 구실을 한 것이다.

그러나, 친일문학의 준비는 〈인문평론〉에 국한되는 현상은 아니었다. 李光洙가 신문지상에 〈國民文學의 意義〉〈心的 新體制와 朝鮮文化의 進路〉 등을 발표하는가 하면 백철이 〈時代遇然의 處理〉라는 글로 일본의 침략전쟁을 긍정하는 등, 시대적 압력에 친일로 대응해 가는 변화를 보이고 있었기 때문이다.

이같은 시기가 지나고 친일문학이 國民文學이라는 용어와 함께 구체적으로 등장하게 되는데, 그것은 1941 년 11 월 〈國民文學〉이 등장하면서부터다. 국민문학이라는 용어의 개념에 대하여 최재서는 〈국민문학〉 창간호에 실린 〈國民文學의 要件〉 가운데서 다음과 같이 말함으로써 합리화한다.

　　　國民文學이란 것은 오직 막다른 골목에 다다른 文壇의 길을 타개하기 위하여 제멋대로 생각해 낸 제목은 아니다……단적으로 말한다면 구라파 전통에 뿌리박은 소위 근대문학의 한 연장으로서가 아니라 일본정신에 의하여 통일된 동서문화의 종합을 지반으로 하고 새롭게 비약하려는 일본 국민의 이상을 시험한 대표적 문학으로서……

이와 같이 국민문학이란 일본의 문학, 일본정신에 뿌리박은 문학임을 천명함으로써 친일문학으로서의 국민문학임을 뚜렷이 밝히고 있는 것이다.

또, 이같은 국민문학이란 용어는 단순히 잡지의 이름에서 따온 것이 아니다. 오히려 〈국민문학〉이라는 잡지 이름을 국민문학이라는 용어에서 빌어왔다는 것이 적합할 것이다. 그 구체적 증거로 李光洙 金基鎭 安含光 李石薰 등이 신문지상에 국민문학의 의의라든가 출발 또는 성격, 문제 등등의 제목으로 글을 쓰고 있는 것으로 보아 당대에 슬로우건처럼 유행하던 용어임을 알 수 있다.

지금까지의 자료로 알 수 있는 바와 같이 국민문학운동의 선봉은 최재서였으며, 이광수가 그 적극적인 지지 혹은 동조자였던 것으로 보인다. 이 밖에 당시로서는 신인이었던 사람들의 추종을 받으며 국민문학은 당대를 휩쓴다. 여기에 더욱 박차를 가한 것이 1942 년에 나온 〈국민문학〉 2 권 5 호로서, 이때부터 한글판을 일체 폐지하고 완전히 일본어로만 발행하기에 이른다. 원래는 연 4 회가 日文版이고 나머지는 한글판으로 내기로 되어 있었으나, 실제로는 그때에도 평론은 거의가 일본어이고 몇몇 창작만이 한국어였는데 그나마 한글은 완전히 자취를 감추게 된 것이다.

이렇게 해서 명실공히 「內鮮一體」를 실천하기에 이르는 것이다.

이같은 외형적 변화에 따른 작품의 내용들은 어떤 것이었던가.

먼저 비평부문에서는 그 특징을 한마디로 공백기라고 장덕순은 지적한다(9). 그 이전에 활발했던 비평이 자취를 감추고 국민문학이라는 친일사상의 강조에 그침으로써 사실상 비평활동은 끝났다고 본 것이다.

그러나, 이 시기 비평의 흐름을 잡아본다면, 그것은 구미적 색채의 일소였다고 할 수 있다. 미국과 영국에 선전포고를 하고 있는 일본으로서는 적대국의 잔재를 일소할 것이 급선무였고, 또 구미문학의 영향만을 받아온 한국의 신문학으로서는 이것이 문단혁신의 중요한 과제이기 때문이다.

이런 추세에서 나타난 것이 정인섭의 〈西洋文學에의 反省〉과 金午星의 〈世界史의 轉換〉인데, 전자는 적성문화의 비판을 시도한 것이고, 후자는 서양의 몰락을 예견하면서 東亞文學의 길을 제시한 것이다.

이 글 뒷부분에서 보게 되겠지만 최재서는 이 부분에서 심각한 내적 분열을 일으키고 있다. 그 자신 T.E. 흄 스타일의 합리주의적 사고와 문학관에 길들여져 온 사람으로서 그같은 문학을 부정하고 內鮮一體와 식민지체제를 수용하기에는 문제가 있었기 때문이다. 중요한 것은 지식인으로서의 최재서가 어떻게 이 갈등을 극복했는가 하는 점인데 이는 후술된다.

다음으로 詩 부문에서는 이른바 國民詩라고 하는 것이 등장하게 된다. 1942년 5월부터는 한글판도 완전히 사라져서 보기 어렵게 되므로 작품이 모두 일본어로 씌어졌을 것은 물론이다. 그러나, 친일문학이라 해도 어느 만큼의 구분은 있어서 그 내용에 차이를 보이고 있다.

낳아 자란 곳 어디거나
묻힐 데를 밀어 나가자

꿈에서처럼 그립다 하랴
때로 진한 고향의 미신이리

제비도 설산을 넘고
적도 직하에 병선이 이랑을 갈 제

피었다 꽃처럼 지고 보면
물에도 무덤은 선다

탄환 쏠리고 화약 싸아한

> 충성과 피로 고아진 흙에

> 싸움은 이겨야만 법이요
> 씨를 뿌림은 오랜 믿음이라.

〈국민문학〉 1942년 2월호에 게재된 鄭芝溶의 〈異土〉라는 시다. 남양 여러 곳에 징용으로 끌려가서 외로운 넋이 된 죽음을 영광의 죽음으로 각색하고 있는 것이다.

초기에는 이처럼 담담한 어조의 시도 나올 수 있었으나 국민문학의 열도가 더해 가고 일제가 침략전쟁을 확대해 감에 따라 시 또한 함께 흥분하기 시작한다. 그리고, 목적을 가진 문학이 으레 그렇듯이 시는 점차 생경한 구호 같은 단어와 채 삭지 않은 흥분의 토로로 전락함을 보게 된다.

> 앞장서 지원한 그대에 이어
> 그리운 學帽를 바람에 버리고
> 새로운 軍帽의 별을 받들어
> 붓을 劍으로, 書册을 지도로 대신할 때
> 몇 萬의 발자국은 靑雲을 소용돌이쳤다.

金龍濟가 〈국민문학〉 1944년 7월호에 발표한 〈學兵의 꽃〉이라는 시로 전쟁 말기의 학도병 지원을 미화하는 내용이 담겨 있다.

이처럼 그 내용에 있어 내선일체를 지향하고 결전의 각오를 다지는 것들이 있었는가 하면 일본의 短歌 형식을 빌어서 작품을 쓰는 사람조차 있었으니, 이는 형식에 있어서조차 한국적인 것의 포기라고 김윤식은 지적하고 있다(7).

한편 소설작품은 어떠했던가?

장덕순은 이 시기 소설의 경향을 세 가지 유형으로 분류한다(9). 하나는 皇民化의 철저한 신봉이고, 둘째는 현실에서 떠나 은둔하는 태도이며, 세째로는 지식인이기를 버리고 전향하는 유형이 그것이다.

황민화의 작품으로 장덕순이 지적한 것은 李孝石의 〈薊의 章〉〈아내의 故鄕〉, 그리고 鄭人澤의 〈清凉里界隈〉 등을 들고 있다.

한편 은둔 표방의 예로 朴魯甲의 〈白日〉, 金 의 〈등불〉 등을 들고, 지식인이기를 포기하고 전향하는 예로 이석훈의 〈고요한 暴風〉을 들고 있다. 장덕순의 이같은 분류는 주인공의 행동양식에 따른 분류로, 작가의 태

도를 고려한다면 붓을 꺾고 창작활동을 하지 않은 저항의 부류를 하나 더
설정해야 할 것으로 보고 있다.

그러나, 이것도 초기 현상이고 말기 증상을 보이기 시작하는 1943년에
는 다음과 같은 소설 작품이 나오고 있음을 지적한다.

> 어머니, 이제 곧 東京을 보여드리겠어요. 사꾸라가 한참 핀 꽃의 東京을 말
> 입니다. 이 말의 뜻은 내가 죽는다라는 말입니다. 죽으면 나는 외람스럽게도
> 야스꾸니신사(靖國神社)의 신으로 제사를 받읍니다. 그러면, 어머니는 귀족의
> 한 사람으로서 나를 만나려고 東京에 갈 수가 있다는 뜻입니다. 어머니는 하
> 루도 빨리 東京이 보고 싶다고 생각하지 않으십니까?

정인택의 〈돌아보지는 않으리〉라는 이 글은 출정한 지원병이 고향의 어
머니에게 보내는 편지 형식으로 되어 있는데, 그 내용을 일별하여 보면,
죽음이라는 문제와 민족이라는 문제를 너무 단순하게 생각하고 있는 당대
지식인의 단세포적 사고의 한 단면을 느낄 수 있다. 친일문학의 정도가 여
기에 이르고 있는 것이다.

이제 이같은 친일문학을 우리 문학사는 어떻게 다룰 것이며 또 무엇을
다룰 것인가 하는 본질적인 문제가 남는다.

먼저 역사의식의 문제다. 식민지시대를 살아갔던 지식인으로서의 작가
의 행동을 어떻게 평가할 것인가 하는 문제다. 이때에 맨 먼저 묻게 되는
물음은 친일문학에 앞장을 섰던 작가들에게 진정한 역사의식은 있었던가
하는 점이다. 민족감정을 배제하고 냉철한 판단으로 본다 해도 대답은 부
정적이 될 것이다. 민족이라고 하는 것을 그렇게 쉽사리 뛰어넘을 수 있
는 것이라고 생각했다면 오류고, 그런 생각이 없었다면 무지의 소치라고
보아야 한다.

그러나, 그같은 역사의식의 결여는 접어두더라도 친일문학에의 전향이
지식인다왔는가 하는 문제는 음미해 볼 가치가 있다. 그리고 이 점에 관
해서 김윤식은 논리적이고 객관적인 분석을 가하고 있다.

김윤식이 주로 다루고 있는 것은 최재서 개인의 문제다(6). 최재서의
변신은 이광수의 그것과는 또 다르다. 이광수의 변신이 「누군가 당할 일
을 스스로 당한다」는 식의 선민의식에서 나온 것이라면 최재서의 경우는
그 나름의 갈등을 거치기 때문이다.

잘 알다시피 최재서는 서구적 합리주의와 주지주의적 문학관으로 단련된 사람이다. 그가 친일로 달려간 것이 과연 논리적이었는가. 김윤식은 다음의 글을 예로 들어 논리에 의한 것이 아니고 신념에 의한 것이라고 말한다.

> 금후 일본문학에서 한편 그 순수화의 도를 더욱 높임과 동시에 다른 한편 그 확대의 범위를 더욱 넓힐 것이다. 전자는 전통의 유지와 국체의 명징에 이어지는 일면이요, 후자는 이민족의 포섭과 세계 신질서와에 이어지는 일면이다. 전자는 天皇歸一의 경향, 후자는 八紘一宇의 나타남이다.

〈朝鮮文學의 現段階〉라는 최재서의 이 글에서 우리는 그가 논리에 매달리려고 고심한 혼적을 본다. 허나 그가 일본체계를 받아들이는 것은 天皇歸一과 八紘一宇의 신념일 뿐 논리는 아니다.

적잖은 갈등을 겪었던 혼적을 그의 글에서 보이고 있는 그가 끝내 논리를 포기하고 신념으로 皇民化의 길에 직선적으로 매달리려 했다는 것은 그가 진정한 지식인이 되지 못함을 보여주는 것이다. 진정한 지식인은 논리에 의해 판단하고 행동하는 것이므로, 최재서의 경우가 이러할 때 여타의 친일작가에게서 지식인의 행적을 찾기란 어려운 일일 것이다. 이런 점에서 붓을 꺾은 저항작가의 명단이나 李陸史 尹東柱 등의 저항문학을 고귀한 것으로 치는 千二斗의 논조(5)는 타당성을 부여받는다. 천이두에게 있어 이 문제는 문학에 앞선 양심의 문제로 보이는 것이다.

친일문학을 논할 때 두번째 던지게 되는 물음은 형식의 문제다. 당시 작품평을 하고 있는 글 가운데서 우리는 短歌라는 용어를 발견하게 되고, 이광수를 비롯한 몇몇 시인들이 그 형식에 맞춰서 창작을 했다는 기록을 발견하게 된다.

여기서 短歌란 일본의 정형시 형식을 말한다. 이 문제는 그 표현된 언어의 문제와 함께 중대한 의미를 갖는다. 가령 일본어로 시조를 썼다고 가정해 보자(가정일 뿐 실제로는 불가능하겠지만). 그것은 어느 나라의 문학인가? 형식마저 일본의 정형이고 그 언어가 일본어라면 이는 당연히 일본의 문학이어야 할 것이다. 실제로 당시의 친일문학론자들은 한국의 문학은 일본의 九州나 北海道 같은 한 지방문학에 지나지 않는다는 논조를 편 바 있다.

친일문학에 대한 세번째의 물음은 그 언어에 관한 문제다. 〈국민문학〉이 1941년 5월호부터 한글판을 폐지함과 동시에 조선어 말살정책의 가운으로 대부분의 창작활동이 일본어로 이루어지게 된다. 이렇게 해서 일본어로 씌어진 작품들의 문학사적 귀속은 어떻게 될 것인가. 屬文主義를 취한다면 일본문학이고 屬素材主義를 취한다면 한국문학일 것이나, 그것이 별로 중요하지 않다고 보는 것이 김윤식의 견해다(8).

김윤식은 여기서 한걸음 나아가, 李無影의 〈靑瓦의 家〉, 최재서의 〈非時의 花〉〈民族의 結婚〉 등은 일본국가에 이르는 혼을 발견하려고 쓴 것이지만 그 소재가 「조선」일 뿐 아니라 「조선적 특수성」을 드러낸 것이라고 지적한다. 그런가 하면, 김사량의 〈물오리島〉〈太白山脈〉, 兪鎭午의 〈南谷先生〉, 趙容萬의 〈船의 中〉, 吳泳鎭의 〈孟進士宅慶事〉 등은 일본어로 썼다 해도 「반민족적 또는 친일문학이라고 하기엔 어려움이 있다」고 보고 있기까지 하다.

일본어로 표기된 사실 하나만으로도 그것은 친일문학이라고 규정할 수 있다는 사고와, 비록 일본어로 썼더라도 친일문학으로 보기 어렵다는 두 가지 견해는 극단적인 대립으로 보인다. 전자의 주장은 언어와 사고의 관계를 바탕에 깔고 있는가 하면 후자의 주장에는 한글 이전이나 이후에 쓰인 한자로 쓰인 작품의 존재를 염두에 두고 있는 것도 같다.

그러나, 보다 중요한 것은 문학을 보는 시각의 문제다. 이 점에서 김윤식은 우리에게 암시하는 바가 많다. 그는 일본혼을 지향한 친일문학이라 할지라도 「깊이 통찰해 본다면 그 무엇인가의 불합리, 추태, 고민이 스며 있음」(6)을 알 수 있고 그것이 바로 우리의 것이며 우리문학사의 것이라고 보는 것이다. 문학이 진공관 속에서 이뤄지지 않는다는 영향론적 관계를 우리가 인정할 때, 이같은 판단은 타당할 것으로 생각된다.

사실 친일문학에 대한 조사와 정리는 林鍾國에 의해서 완벽에 가까울 정도로 진행되어 있고, 우리가 이 자료에 추가할 것이란 별로 없을 정도이다(4).

그러나 이제 와서 그같은 자료들을 섭렵하면서 우리가 느끼게 되는 것은 그들에 대한 대우 문제다. 많은 논자들이 적극적 동조냐 소극적 동조냐, 혹은 적극적 동참을 주장한 내용이냐 단순한 반영이냐를 놓고 등급을 매기고 분류를 하는 것을 볼 수 있다.

사실 분류란 체계적 지식을 위한 준비이며 목표이지만, 친일문학에 있어 그것을 분류하는 일은 꼭 필요한 것인가 하는 의문이 남는다. 문학자란 문학작품이 개별적으로 혹은 집단적으로 상호 영향하고 영향받는 의미외 맥락에서 추구된다고 할 때, 친일문학에 대한 우리의 적개심을 일단 누르고 그것이 우리 것임을 긍정할 필요는 있을 것이다.

버리고 싶다는 것은 감정이지 논리가 아니다. 감안한다면, 일본이 패전국으로서 히로시마의 원자폭탄 떨어진 자리를 보존하고 있는 것도 감정을 넘어서서 스스로의 반성과 역사를 아끼는 태도라고 볼 수도 있다.

일제말의 암흑시대가 비록 추태이긴 하나 공백이 아니고 채워져 있는 우리 문학사의 한 대문임을 우리는 부인할 수 없다. 이런 점에서 김윤식의 다음과 같은 말(8)은 친일문학을 보는 우리의 관점 설정에 도움이 되리라 본다.

「이러한 자기비판이나 역사에의 변명은 제3의 관점을 도입하지 않는 한 무의미할 것이다. 즉 金史良류처럼 조선어 제일을 떠들면서 아무것도 안하고 붓만 끊으면 저항이냐라는 반문과, 李泰俊류의 日語로 작품만 쓴 것이 아무리 저항적이라도 용납되지 않는다는 명제의 대립은 어쩌면 난장이 키재기 놀음인지도 모른다. 乙酉解放文學의 전개가 이 두 전제를 철저히 극복했느냐의 검정은 그 다음 차례에 논구되어야 할 것이다. 그리고 그것은 중요한 일이다.」

金　大　幸

論　著

1. 白　鐵　新文學思潮史(新丘文化社, 1955)
2. 李秉岐　白鐵　國文學全史(新丘文化社, 1957)
3. 趙演鉉　韓國現代文學史(人間社. 1959)
4. 林鍾國　親日文學論(平和出版社. 1966)
5. 千二斗　植民地文學(韓國文學事典, 1971)
6. 金允植　日帝末期 韓日文壇 關聯樣相(韓日文學의 關聯樣相, 一志社, 1974)
7. 金允植　植民地文學의 傷痕과 그 克服(韓日文學의 關聯樣相, 一志社, 1974)
8. 金允植　文學史와 批評(一志社, 1975)
9. 張德順　韓國文學史(同和文化社, 1975)
10. 金容稷　韓國近代文學의 研究(三美社, 1976)

22. 저항문학의 비극적 체험

　우리 문학사에서 근대문학의 형성과 그 발전과정을 논하고자 할 경우에
반드시 전제될 수밖에 없는 상황적 조건은 식민지지배라는 비극적 역사
체험이다. 우리는 일제시대에 이루어진 모든 문학적 성과를 식민지적 상
황이라는 테두리 안에서 이야기하고자 하며, 그 가치의 판단에 있어서도
이 테두리를 벗어나지 않으려고 한다. 당시의 문학을 논의의 대상으로 삼
을 경우에는 식민지적 상황에 대한 이해를 우선으로 해야 한다는 주장이
상당한 설득력을 발휘하고 있으며, 식민지라는 민족적 고통에 근접하고
있지 못한 작품들은 삶에 대한 진실한 자세를 망각하고 있는 것으로 치부
해 버리는 것이 보통이다. 하지만 일제시대의 문학을 이야기함에 있어서
식민지지배라는 상황적 변수가 문학의 세계에 어떻게 작용하고 있었는지
를 객관적인 방법으로 엄밀하게 구별해 낸다는 것은 그리 간단한 일이 아
니다. 일제의 탄압과 착취는 표면상으로 쉽게 간파할 수 있는 여러 가지
사건들로 기록되어 있지만, 그것이 내면적인 정신세계에 어떠한 영향을
미치고 있었는지를 섣불리 판단할 수는 없기 때문이다. 그러므로 우리는
식민지시대의 상황을 개인과 현실의 상호관계라는 삶의 총체적인 양상을
통해 이해하고자 하며, 당대적 현실에 가장 밀접하게 연관되어 있는 문학
을 통해 그 정신적 궤적을 확인하려고 하는 것이다.

　식민지 상황을 극복하기 위한 정신적인 노력 가운데에서 문학이 중요한
관심사가 되고 있는 까닭은, 그것이 언제나 개별적인 것에서 출발하여 전
체적인 것을 포괄하고 있기 때문이다. 문학은 주체로서의 자아(개인)와 대
상으로서의 현실(사회)과의 관계양상에 의해 그 속성이 규정된다. 더구나
우리 문학은 李光洙 이후 자아의 각성과 개인의 해방을 문학의 중요한 과
제로 다루어온 바 있다. 그런데 여기서 말하는 자아의 각성 문제는 자아
가 근거할 수 있는 현실에 대한 확고한 인식을 필요로 하는데, 우리 문학
은 현실인식의 단계에 이르러 그 방향성의 혼란을 극심하게 체험했던 것

이다. 자아의 인식문제는 쉽게 민족적 개성의 자각이라는 새로운 차원으로 확대되었으나 그 방법적 측면이 지나치게 심정적이었고, 현실인식의 문제 또한 계급적 이념의 요구를 감당하지 못한 채 획일화되어 그 실천적 의미에 도달하지 못한다. 이러한 현상은 식민지시대의 문학이 정신적 포괄성을 지니지 못한 채 지극히 단선적으로 발전해 온 것이 아닌가 하는 의구심을 불러일으키기에 충분하다.

하지만 이러한 우려에도 불구하고 식민지시대의 상황적 비극성을 철저하게 규명하고 있는 문학적 성과는 적지 않다. 식민지 현실에 대한 저항의 의지를 상상의 세계 속에 형상화시켜 놓고 있는 문학인 가운데, 李陸史와 尹東柱의 위치는 특이한 바가 있다. 이 두 사람의 이름 앞에는 언제나 저항시인이라는 수식어가 붙게 마련인데, 사실 이 말은 두 사람의 정신적 편력과 행동양식 그리고 그 비극적인 죽음에 도달하기까지의 삶을 함께 말해 주기에는 부족한 것이다. 이육사와 윤동주는 각각 유교적 윤리와 기독교적 사상이라는 서로 다른 출생기반을 지니고 있고, 그 수학의 과정이나 문단경력에 있어서도 공통점이 발견되지 않는다. 그러나 이러한 외견상의 차이에도 불구하고 이들은 시정신의 지향 자체가 보여주는 특이한 공감을 나누어 가지고 있으며, 식민지 현실에 대한 시적 저항을 통해 그 비극적 의미를 구현하고 있다.

이육사와 윤동주의 시적 출발은 자기인식의 문제에 깊이 관련되어 있다는 점이 공통적이다. 시의 세계에서 요구되고 있는 것 자체가 바로 서정적 주체로서의 자아를 드러내는 일이긴 하지만, 이 두 시인에 있어서 나의 문제는 개별성의 의미에 한정되어 있지 않다.

이미 앞에서 간단히 언급했던 것처럼 이육사나 윤동주 이전에도 자아의 문제는 문학의 세계가 포괄하고자 했던 핵심적인 주제의 하나였다. 그러나 당시의 문학에서 논의되었던 자아의 확립이란 봉건적인 윤리관이나 가치개념에서 벗어나는 자기해방의 문제가 중심을 이루고 있었다. 그러므로 이와 같은 자아인식은 전통적인 구질서에 대해서는 부정적인 대응의 의미를 지닐 수 있었지만, 당대적 현실을 지배하고 있던 식민지정책이라는 강압적 통치질서에는 적극적인 응전력을 드러내지 못한 한계를 지니고 있었다. 말하자면 삶의 공간으로서의 식민지 현실과 그 현실에서 삶을 영위하고자 하는 개인의 문제가 총체적으로 검토될 수 없는 측면이 많았던 것이다.

그러나 이육사와 윤동주의 경우에 「나」의 문제는 단순한 개인적 의식의 차원을 넘어서고 있다. 이들에게 있어서 「나」의 문제는 언제나 반성적인 자아의식에 연관되어 있기 때문에, 주체로서의 자아와 대상으로서의 현실이 함께 포괄되고 있다. 두 시인의 시의 세계가 정신적인 자기확립의 단계에 들어설 무렵에 이루어진 다음의 시들은 이러한 사실을 분명하게 입증해 준다.

목숨이란 마치 깨여진 배쪼각
여기저기 흩어져 마을이 구죽죽한 어촌보담 어설프고
삶의 티끌만 오래 묵은 布帆처럼 달아매였다.

남들은 기뻤다는 젊은 날이었건만
밤마다 내 꿈은 서해를 밀항하는 짱크와 같애
소금에 절고 조수에 부풀어올랐다.

항상 흐렷한 밤 암초를 벗어나면 태풍과 싸워가고
傳說에 읽어본 珊瑚島는 구경도 못하는
그곳은 남십자성이 비쳐주도 않았다

쫓기는 마음 지친 몸이길래
그리운 지평선을 한숨에 기오르면
시궁치는 열대식물처럼 발목을 오여쌌다

새벽 밀물에 밀려온 거미이냐
다 삭아빠진 소라 껍질에 나는 붙어왔다
머—ㄴ 항구의 路程에 흘러간 생활을 들여다보며 ——〈路程記〉(李陸史)

창밖에 밤비가 속살거려
六疊房은 남의 나라,

詩人이란 슬픈 天命인 줄 알면서도
한줄 詩를 적어볼까

땀내와 사랑내 포근히 품긴
보내주신 학비 봉투를 받아

대학 노—트를 끼고
늙은 교수의 강의 들으려 간다.

생각해 보면 어린 때 동무를

하나, 둘, 죄다 잃어버리고

．나는 무얼 바라

나는 다만, 홀로 沈澱하는 것일까?

人生은 살기 어렵다는데
詩가 이렇게 쉽게 씌어지는 것은
부끄러운 일이다.

六疊房은 남의 나라
창밖에 밤비가 속살거리는데,

등불을 밝혀 어둠을 조금 내몰고
時代처럼 올 아침을 기다리는 最後의 나,

나는 나에게 작은 손을 내밀어
눈물과 위안으로 잡는 최초의 악수 ──〈쉽게 씌어진 詩〉(尹東柱)

자신의 삶의 과정에 대한 고통스런 회고를 담고 있는 〈路程記〉의 경우를 보면, 시적 자아와 대상으로서의 현실은 「깨여진 배쪼각」을 통해 암시되고 있는 표랑의 바다로 형상화되어 있다. 그러기에 제2연에서의 「서해로 밀항하는 짱크」는 바로 그러한 상황에 대한 상징적 제시에 해당된다. 이 시에서 그려지고 있는 삶의 현실은 「항상 흐렷한 밤」의 어두움이 그 전부를 이룬다. 「암초를 벗어나면 태풍과 싸워」 나아가야 하는 고통스런 노정에는 「지평선」도 결코 행복한 목표가 되지 못한다. 「쫓기는 마음 지친 몸」으로 표상되고 있는 「나」의 삶이 끝내 어둠과 고난을 함께 살아가는 행위로 결론지어지고 있는 것도 동일한 의미로 파악될 수밖에 없다.

윤동주의 〈쉽게 씌어진 詩〉에서 우선적으로 관심의 대상이 되고 있는 것은 「六疊房은 남의 나라」로 요약되고 있는 현실의 인식문제이다. 이러한 상황적 인식이 선행되고 있기 때문에 서정적 자아는 「詩人이란 슬픈 天命」을 감수할 수밖에 없다. 하지만 이 시에서 자아의 존재가 가장 아프게 부딪치고 있는 명제는 「六疊房은 남의 나라」도 아니요, 「詩人이란 슬픈 天命」도 아니다. 오히려 이 두 개의 명제가 함께 수긍해야만 하는 「詩가 이렇게 쉽게 씌어지는 것은 부끄러운 일」임을 깨닫는 순간이다. 시를 쓰는 일을 통해서만이 자신의 존재를 확인할 수 있는 시인이 시를 쓰는 것 자체를 「부끄러운 일」로 인식하게 되는 것은 결국 외적인 상황과 자기 존재가 함께 요구하는 삶의 총체적인 인식을 통했을 때에나 가능한 일일 것이다. 그러므로 「등불을 밝혀 어둠을 조금 내몰고 時代처럼 올 아침을 기다리는 最後의 나」에게서 우리가 느낄 수 있는 것은 그 정신의 단호만은 아니다. 오히려 시대의 고통을 자기 내면에 끌어들여 놓고 그것을 고뇌하는 자기인식의 비극성이 더욱 절실한 느낌으로 남아 있는 것이다.

이와 같이 이육사와 윤동주의 시에서 문제시되고 있는 「나」의 문제는 자신의 개인적인 삶과 시대의식을 일치시켜 나가고자 하는 점이 특징적이다. 물론 이러한 시적 자아의 확립을 위해 이육사는 현실이 강요하는 모든 고통을 정신적 의지로 극복하고 또한 적극적인 행동으로 이에 저항하였으며, 윤동주는 모든 고통을 자기 정신 안으로 내면화하고 있다.

이육사가 보여주고 있는 자기인식의 방법은 그의 행동에의 의지로 인하여 삶의 현실 속에 더욱 절실하게 구체화되어 나타난다. 그는 식민지 현실에 대한적 극적인 투쟁의지를 끝내 버리지 않았으며, 북경의 감옥에서 목숨을 거두게 될 때까지 그것을 행동으로 실천하고자 노력한다. 그러나 이육사에 있어서 그 저항적 행동은 개인적 의지의 ⌐철함에도 불구하고, 비극적 현실을 구제할 수 있을 정도로 민족의 역량을 집중하는 데까지는 미치지 못하고 있다. 이미 식민지시대의 모든 현실적 조건이 그것을 용납하지 않고 있었기 때문이다.

> 매운 계절의 채쭉에 갈겨
> 마츰내 북방으로 휩쓸려오다
>
> 하늘도 그만 지쳐 끝난 高原
> 서릿발 칼날진 그 우에 서다
>
> 어데다 무릎을 꿇어야 하나
> 한발 재겨 디딜 곳조차 없다
>
> 이러매 눈감아 생각해 볼밖에
> 겨울은 강철로 된 무지갠가 보다──〈絶頂〉

시 〈絶頂〉이 보여주는 시적 의미의 골격에서 우리는 대상으로서의 현실과 주체로서의 자아의 날카로운 대응을 확인할 수 있다. 이미 시적 자아가 자리잡고 있는 현실은 상황의 극한에 도달하여 있기 때문에 「한발 재겨 디딜」 여유조차 용납하지 않는다. 「매운 계절의 채쭉」에 쫓겨온 자아가 그 생존의 가능성조차도 가늠하기 어려운 상태에 직면하였을 때, 그 순간 일체의 행위도 거부되고 「눈 감아 생각해 볼밖에」 없는 자기확인의 문제만이 유일한 방법으로 제시된다. 여기서의 자기확인이란 절박한 상황을 위기의식으로만 받아들이지 않고 있는 자기초월의 의미까지도 포함하고 있다. 그러므로 이 비극적인 절정의 순간에 과연 「눈감아 생각」한 것이 무엇이었을까를 질문한다는 것은 부질없는 일일 수밖에 없다. 이 시에서 드러나고 있는 그 정신의 초연성이 이미 모든 것을 넘어서고 있기 때문이다.

그런데 이육사의 시에서 널리 확인할 수 있는 자기인식과 그 정신적 초연성은 그가 보여준 현실에서의 실천적 행동과는 대조적인 일면도 있다. 신념에 가까운 고결한 정신을 바탕으로 이루어지고 있는 그의 시는 절제와 균형의 세계를 구축하고 있기 때문에, 일상적인 현실체험의 구체성을 외면하고 있는 것이 대부분이다. 그의 대표작으로 손꼽히고 있는 〈曠野〉에서도 시적 자아가 자리잡고 있는 그 정신의 의연함은 孤絕意識이란 말로 흔히 지적되고 있다. 특히 〈曠野〉에서뿐만 아니라 〈靑葡萄〉〈꽃〉 등의 시에서도 시적 자아는 현실에의 의지보다 먼 미래에의 기대를 노래함으로써 정신적 초월의 의미가 강조되고 있는 것이다. 절명의 시인인 이육사가 식민지 현실에서 시를 통해 도달할 수 있었던 자기확인의 과정은 결국 고통의 현실에 대한 정신적 초월의 의지로 구현되고 있는 셈이다.

이육사의 경우가 보여주고 있는 시적 자아의 초연성과는 달리, 윤동주의 시에서는 자기인식의 방법이 언제나 「부끄러움」의 인식으로 구체화되고 있다. 그가 보여주고 있는 자기성찰은 그것이 실천적인 행동의지로 외현화하지는 않았지만, 자신의 삶에 대한 끊임없는 뒤돌아봄을 통해 현실의 문제에 접근할 수 있는 가능성을 보여준다.

파란 녹이 낀 구리거울 속에
내 얼골이 남아 있는 것은
어느 王朝의 유물이기에
이다지도 욕될까

나는 나의 참회의 글을 한줄에 줄이자
──滿二十四年一個月을
　무슨 기쁨을 바라 살아왔든가

내일이나 모레나 그 어느 즐거운 날에

나는 또 한줄의 참회록을 써야 한다
——그때 그 젊은 나이에
    왜 그런 부끄런 告白을 했든가

밤이면 밤마다 나의 거울을
손바닥으로 발바닥으로 닦아보자

그러면 어느 운석 밑으로 홀로 걸어가는
슬픈 사람의 뒷모양이
거울 속에 나타나온다. ——〈懺悔錄〉

이 시에서 민족의 역사와 그 역사에 연관되어 있는 자아의 의미는 내면을 향한 질문의 형식으로 제기된다. 그리고 자신의 삶에 대한 비판과 함께 민족의 역사를 돌아보고 있는 시인에게 있어서 앞으로 다가올 미래는 「내일이나 모레나 그 어느 즐거운 날」로 상정되고 있다. 이러한 전제는 물론 의지적인 신념에 근거한 것이므로, 자아와 민족의 역사가 함께 할 수 있기 위해서는 끊임없는 자기존재의 확인을 또한 필요로 한다. 하지만 거울을 닦는 행위로 구체화되고 있는 자아의 실천적 의식에 포착되고 있는 것은 「슬픈 사람의 뒷모습」일 뿐이다.

이와 같이 윤동주의 시에 있어서 시적 주체로서의 서정적 자아가 보여주고 있는 자기성찰은 자기 내면에의 몰입, 순수한 자기화의 문제로 귀착되고 있다. 고통의 현실이 그 고통의 아픔만큼 더욱 깊이 의식의 내면에 자리잡고 있으며, 괴로운 역사가 그 무게만큼 의식의 내면을 억누른다. 이처럼 철저한 자기화의 논리 때문에, 그는 자신이 내세우고 있는 신념과 그 실천적 의지 사이에 조그마한 간격도 인정하지 않는다. 자신에게 부여하고 있는 도덕적 준엄성을 고수하기 위해, 그가 고통스런 삶에 대처할 수 있는 하나의 방법으로 내세우고 있는 것이 순수의 의지이다.

죽는 날까지 하늘을 우러러
한점 부끄럼이 없기를,
잎새에 이는 바람에도
나는 괴로워했다.
별을 노래하는 마음으로
모든 죽어가는 것을 사랑해야지
그리고 나한테 주어진 길을

654

걸어가야겠다.

오늘밤에도 별이 바람에 스치운다. ──〈序詩〉

「한점의 부끄럼」도 자신에게 용납하지 않겠다는 의지는 그 순수함 때문에 더욱 비극적인 의미로 부각된다. 고통스런 현실 속에서 자기 의지의 순수함을 지켜나가기 위해서는 준엄한 자기심판이 있어야 하며, 어떠한 상황 속에서도 「주어진 길」을 걸어가야 한다. 그리고 삶의 괴로움을 외면하지 않고, 그것을 정신적 의지로 이겨나가기 위해서는 겸허하게 자기 삶에 임해야 하는 것이다.

하지만 윤동주의 시의 세계는 그의 불행한 죽음으로 인하여 자기 의지의 확인과정에서 더 이상의 진전을 보이지는 못한다. 그의 작품들에서 확인할 수 있는 자전적인 요소들이 어느 경우는 지나치게 개인적 체험 영역에 머물러 있는 것도 사실이며, 그러기에 체험의 상상적 확대를 이루지 못한 경우도 있다는 점을 부인할 수는 없다. 그러나 그의 시들은 시대적인 고뇌를 시적으로 형상화하는 데에 성공하고 있으며, 현실의 괴로움과 삶의 어려움을 철저하게 내면화하여 그 시적 긴장을 지탱하고 있음은 물론이다. 그리고 바로 이 점이 시인 윤동주의 시인다움을 말해 주는 특장이라고 할 수 있을 것이다.　　　　　　　　　　　　　　　권 영 민

論 著

1. 申石艸　李陸史의 生涯(思想界 1964.8)
2. 李殷相　陸史小傳(씨뿌리는 사람들, 思潮社, 1964)
3. 金允植　素月·萬海·陸史論(思想界 1966.9)
4. 宋永穆　陸史硏究(國語國文學硏究論文集, 曉星女大, 1969.6)
5. 朴斗鎭　陸史論(韓國現代詩論, 一潮閣, 1971)
6. 金仁煥　李陸史論(月刊文學 1972.5)
7. 金容稷　抵抗의 論理와 그 精神的 脈絡(韓國現代詩硏究, 一志社, 1974)
8. 金澤東　陸史文學의 槪觀(李陸史全集, 正音社, 1974)
9. 金允植　絶命地의 꽃──李陸史論(韓國近代作家論攷, 一志社, 1974)
10. 崔昌圭　李陸史時代의 思想史的 座標(나라사랑 16, 1974)
11. 洪起三　李陸史의 抵抗活動(나라사랑 16, 1974)
12. 鄭漢模　陸史詩의 特質과 詩史的 意義(나라사랑 16, 1974)
13. 金宗吉　陸史의 詩(나라사랑 16, 1974)
14. 이동영　李陸史의 독립운동과 생애(나라사랑 16, 1974)

15. 金榮茂　李陸史論(創作과批評 1975 봄)
16. 金容稷　召命感 속의 詩와 行動精神(文學思想 1976.1)
17. 洪起三　혁명의지와 詩의 復合(文學思想 1976.1)
18. 白淳在　陸史의 遺作整理와 그 문제점(文學思想 1976.1)
19. 金鍾哲　陸史詩, 그 意義와 限界(文學思想 1976.1)
20. 金興圭　陸史의 詩와 世界認識(創作과批評 1976 여름)
21. 金烈圭　尹東柱論(국어국문학 8, 국어국문학회, 1964)
22. 崔洪奎　存在와 生成의 域──尹東柱研究──(世代 1965.9)
23. 金相善　어둠의 倫理──尹東柱論──(文學春秋 1966.1)
24. 白承喆　尹東柱(創造 1973.8)
25. 金興圭　尹東柱論(創作과批評 1974 가을)
26. 金允植　十字架와 별(現代詩學 1974.12)
27. 鄭漢模　東柱詩의 特質과 詩史的 意味(心象 1975.2)
28. 吳世榮　尹東柱의 文學史的 位置(現代文學 1975.4)
29. 金禹昌　손들어 표할 하늘도 없는 곳에서(文學思想 1976.4)
30. 金宇鍾　暗黑期 최후의 별(文學思想 1976.4)
31. 정세현　윤동주시대의 어둠(나라사랑 23, 1976)
32. 김용직　윤동주시의 문학사적 의의(나라사랑 23, 1976)
33. 염무웅　시와 행동(나라사랑 23, 1976)
34. 김윤식　한국 근대시와 윤동주(나라사랑 23, 1976)
35. 신동욱　하늘과 별에 이르는 詩心(나라사랑 23, 1976)
36. 윤일주　윤동주의 생애(나라사랑 23, 1976)

23. 8·15 해방과 분단시대의 문학

  1945년 8월 15일은 민족의 해방을 맞이하는 뜻깊은 날이었으나, 한편으로는 국토분단이라는 비극적 사태를 초래하기도 했다. 그런데, 이러한 분단의 뒤에는 해방 당시에 빚어진 국제세력의 각축이라는 밖으로부터의 힘의 작용이 있었다. 대내적인 면에서도 이미 1920년대부터 비롯된 이념의 분열(1)이 없었던 것도 아니지만, 그러한 내적인 요인보다는 오히려 결정적인 밖의 힘에 의한 국토분단이었다고 볼 수 있다.

  국토분단에 앞서서 이미 이념의 분열양상은 문학운동에서는 국민문학파와 프로문학파의 분파로 나타난 바 있었으며, 이러한 양상은 역사의 발전도정에서 볼 때 불가피하게 야기되는 내적 요인들에 의하여 이루어지는 것이라고 하겠다. 또 이러한 양상은 삶을 어떻게 이해하고 가치를 무엇에 두느냐 또는 사회적 제도의 운영을 어떻게 개선하느냐 하는 여러 문제들과 관련된 것으로 생각된다. 그러므로 이념의 분열은 그 자체로서는 가치의 증대현상으로 볼 수 있다. 다만 그러한 사태가 바람직하지 못한 쪽으로 발전함으로써 민족문화의 통합적 전망을 저해하는 일이 있어서는 안될 것으로 보인다. 이 점이 해방 당시의 문학분야의 양상과 관련된 하나의 심각한 역사적 과제가 된다고 하겠다.

  이 시기의 문예지로는 〈白民〉〈新文學〉〈文學〉 등이 있고, 종합지로는 〈新天地〉 등을 비롯 상당수가 있었는데, 여기에 펼쳐진 사회주의자들과 자유민주주의자들의 대립과 그들의 비평적 논조는 불협화를 일으켜 심각한 양상을 빚어냈다. 「朝鮮文學家同盟」과 「朝鮮靑年文學家協會」의 결성은 그러한 이념상의 분열이 만들어낸 단체결성이었다. 그러나 이러한 단체보다는, 그들의 주장이 무엇을 담고 있었는지를 살피는 것이 중요한 일로 남아 있다. 그 당시에 제기된 그러한 관심사의 주요한 주제의 하나는, 일제의 식민지정책이 우리 문화를 수탈에 편리하게 왜곡한 현상을 바로잡고 바른 전통정신을 확립하는 것이었다(2). 해방된 後에도 일제의 잔재는 큰 세력을 가지고 있었으므로, 이를 바로잡고 민족문화의 주체적 전통성을 확립하고 회복하는 일은 그 당시로서는 지대한 과제였다고 하겠다. 이러한 자세는 문학창작론의 수준에서도 문제가 되었다. 예컨대 寫實主義論에서 객관성이 존중되고 시인되면서 앞으로 있어야 할 가치의 확립을 모색하는 논문이 보였다. 그리하여 남의 나라의 이론을 「기계적으로」 받아들이는 무주체적인 동화주의에 관하여 신랄한 비판을 가하기도 했다.

朱基淳은 〈白民〉에 실린 그의 논문에서 「共産主義文學家와 民族主義文學家」로 양분된 문학계를 두고 개탄하면서, 우리의 문화적 전통을 포기하고 몰지각하게 남의 나라의 문화를 흡수하려는 추세를 비판하였다. 특히 분파주의에로 흐르는 도식화된 양분법적인 논리의 제기와 그 주장에 대하여 깊은 우려를 나타내고 규탄한 것이었다. 이 글에서 그는 다음과 같이 그의 통일론의 모색을 보여주고 있다.

> 우리 全民族에게 남은 課業은 統一이며 同時에 獨立이다. 이것이 우리가 찾는 眞理이다. 모든 政黨이 同一한 目標를 志向한다면 左右合作도 하루밤에 成功할 것이고, 文學家 역시 政界의 影響을 받아 統一될 것은 무론이다.

이와 같이 그는 통합론의 취지를 밝히고 있는데, 이러한 주장은 실현 가능성이 희박했거나 지극히 여려웠다 하더라도 반드시 진지하게 모색했어야 할 가장 기본적인 과제였다. 그럼에도 불구하고 이 시기에 이러한 역사발전의 가장 바람직한 지향을 외면한 분파주의가 문화계의 도피주의로 선명히 노출되기에 이르렀다. 어렵기 때문에 쉬운 길을 택하였다는 정치가들이나 그러한 길을 추종한 문화계의 추세가 실상은 책임을 회피한 결과가 되고 말았다고 하겠다. 통합론 또는 통일론을 지극히 어렵게 한 외적인 여건을 감내하면서도 꾸준히 그 길을 모색한 지도자들이 전혀 없었던 것도 아니었는데(3), 결과적으로는 본질적 창의력을 최대한으로 요구했던 통일론은 외면당하고 말았다. 오늘날의 시선으로 돌아다본다면, 오늘날의 통합론이나 통일론보다도 어떤 점에 있어서는 해방 당시가 훨씬 더 통합의 가능성을 많이 내포하고 있었던 것으로 보인다.

이러한 사정을 그 당시의 사회상에서 문제삼은 작품이 있다. 즉, 李泰俊은 〈解放前後〉에서 그 문제의식의 주변을 다음과 같이 적절히 지적하였다(4).

현은 서울 정황에 불쾌하였다. 총독부와 일본 군대가 여전히 조선민족을 명령하고 있었는 것과, 해외에서 임시정부가 오늘 아침에 드러왔다. 혹은 오늘 저녁에 온다 하는 이 때 그 새를 못 참아 건국에 독단적인 계획들을 발전시키며 있는 것과, ……현이 더욱 걱정되는 것은 벌서부터 괴치를 울리고 부서를 짜고 덤비는 축들이 전날 좌익작가들의 대부분임을 알게 될 때, 문단 그 사회보다도, 나라 전체에 좌익이 발호할 수 있는 때요, 좌익이 제 멋대로 발호하는 날은 민족상쟁, 자멸의 파탄을 이르키지 않을가 하는 위험성이였다.

이러한 서술로 미루어보아 이념의 분파가 정치·문화의 분열로 나타난 사실을 알 수 있으며, 또 그것이 가져올 미증유의 사태에 대한 깊은 우려를 느낄 수도 있다. 이 작가는 「모든 권력은 인민에게로」라는 도식적인 구호가 내포한 공산주의의 선전습성을 비판하고 있다.

이밖에도 宋影의 〈椅子〉, 金學哲의 〈龜裂〉, 尹世重의 〈墓地〉 등이 〈신문학〉지에 게재되었는데, 신분문제·항일투쟁문제 등의 주제들을 담고 있다. 이러한 작품의 주제들은 당시대의 문제와 관련되어 있는 것이지만, 작품의 질적인 수준이나 내밀한 짜임이 내풍기는 객관적 타당성의 문제는 다시 비판되고 분석되어야 할 여지가 있다고 여겨진다.

康武雄은 그의 〈소설을 통해 본 해방 직후의 사회상〉이라는 논문(5)에서, 蔡萬植의 〈논 이야기〉, 李善熙의 〈창〉, 黃順元의 〈황소들〉 등의 작품에 반영된 사회적 측면의 문제를 해부하였다. 그리고 채만식의 〈맹순사〉, 金東仁의 〈김덕수〉, 황순원의 〈아버지〉 등을 「식민지적 잔재의 청산문제」로 설명하였다. 이러한 연구는 해방 당시에 안고 있었던 현실적인 문제를 문학이 어떻게 수용하고 반영했는가 하는 관점에서 뜻있는 작업이었다고 보인다.

또 宋敏鎬는 작품의 사상적 흐름을 개괄적으로 다룬 논문에서 북한의 문학작품과 이론의 추세를 조명하고 있다(6). 이 논문에서 거론된 작가는 주로 李箕永 韓雪野 金史良 李北鳴 등으로서 「민족문화의 社會主義化」에 입각한 창작과 이론이 추구되었음을 지적했다. 시에서는 조기천 민병균, 그리고 비평에서는 안함광 등의 경향을 언급하였다. 이러한 연구도 역시 매우 뜻있는 일이며, 오늘날의 안목에서 볼 때에도 역시 소상히 다루어야 할 중요한 학문적 과제라고 생각된다. 그러나 유감스럽게도 이러한 북한의 문예자료들을 자유스럽게 읽고 연구할 기회가 별로 없기 때문에 사실상 진상을 적확히 이해하고 이것을 토대로 하여 이념의 통합적 전망을 모색하고 내다볼 만한 여러 요인들을 찾아내기에는 현단계의 문화적 풍토나 학술적 자율성이 아직은 충분히 성숙된 것으로 보이지 않는다.

任軒永은 〈해방후 한국문학의 樣相〉에서 문학운동사적 측면에서 1945년부터 1949년까지의 대립상을 단체 결성 또는 설립의 순서를 제시하면서 거론했다. 이러한 문제를 밝혀보려는 관심도 사실은 단체 사이의 대립을 열거하는 것 못지않게 대립의 한계성과 그 극복의 전망이 아쉽고 염원되기 때문이라고 할 수 있다. 그러므로 그러한 단체의 성격과 신념의 표명이나 사상적 근거를 분석하는 뜻이 더욱 요긴한 연구과제로 부각된다고 하겠다. 단체설립의 문제는 그것을 원하고 만들어낸 사람들의 필연성과 시대의 진정한 요구가 일치되는가 되지 못하는가를 냉엄하게 천착하는 데로 집중되어야 할 것이다. 왜냐하면, 그러한 단체나 운동의 현상을 빚어내고 있는 내적 요인들을 분석함으로써 동시에 재통합의 가능성을 모색할 수 있기 때문이다. 朴鍾和는 동족으로서의 文化同質性을 기초로 한 일반론에 근거한 통합론을 말하였다(7). 그리고, 전조선문필가협의회에서는 그 결성대회의 취지를,

한결같이 인권이 존중되고 자유가 옹호되고 계급이 타파되며 빈부가 없는 가장 진정하고 가장 민주적인 국가관·세계관을 밝혀 세계와 인류에 공통된 민족국가 이념 위에 역사가 중단되었던 조국을 재건하려 함이니……

와 같이 밝혔던바, 그 속에는 세계주의적 지향이 내포되어 있다. 한편 조선청년문학가협의회의 강령에서는 「자주독립 촉성」이 강조되고, 「민족문학의 세계사적 사명의 완수」, 그리고 「일체의 공식적 예술적 경향」의 배격이 제시된 것으로 보아, 통합의 논리에 서 있는 견해라고 하겠다. 통일을 위해서는 사실 이념적 분열을 초월하는 현실적 슬기가 요청되었다고 생각할 수 있는데, 그런 점에서 본다면 청년문학가협의회의 강령과 순수주의적 문예이론을 경시할 수가 없다고 하겠다.

이 시기에 순수주의와 인도주의를 가장 지속적으로 주장한 비평가는 金東里인데, 〈文學과 自由의 擁護〉(8), 〈民族文學과 傾向文學〉(9) 등의 논문과 저서로는 〈文學과 人間〉(10)에 나타나 있다.

1978년 平和統一硏究所에서 〈統一政策〉이란 책자가 나왔는데, 「北韓文學의 實態」라는 제목의 특집에 수록된 논문들을 보면, 李殷相의 〈文學不在의 北韓〉, 具常의 〈詩〉, 洪起三의 〈小說〉, 辛相雄의 〈戲曲〉, 金允植의 〈批評〉, 鮮于煇의 〈兒童文學〉, 梁泰鎭의 〈越北作家論〉 및 國土統一

院의 〈北韓文學의 實態報告〉 등이다. 연구범위는 해방 당시부터 1970년 대에까지 이르고 있으나, 대체로 「사회주의적 寫實主義」의 일관성과 공식성에 대한 비판적 언급이 가장 두드러진 연구의 결과로 나타나 있다.

시에 있어서는 서정성의 결여가 지적되었고 당의 시책에 호응하는 내용과 정치지도자를 영웅화하는 도식성이 비판되었다. 인간성의 상실에 대한 인식이 전혀 없고 작품의 예술성이 빈약하다는 점이 지적되었다(11). 소설에서는 소설사의 맥락이 중세의 稗說文學부터 시작하여 현대작가는 羅稻香과 崔曙海를 거쳐 조명희 리기영 등으로 잇는 체계를 세움으로써 학사 전반에 걸친 학문적 체계를 이루지 못하고 사회주의적 사실주의에 일관해 있음이 지적되고 있다. 특히 용어에 있어서 「일상어나 구두어」의 사용이 부족한 점과, 권선징악적인 이조중기소설로 후퇴된 듯하다는 부정적 비판이 보이며, 북한의 비평가 박종식에 의하여 「南朝鮮에서 美帝가 류포하는 부르죠아 反動美學의 本質」에서 염상섭을 부정적으로 비판한 점을 다시 비판하고 있다(12). 이처럼 여러 사람들의 연구에서 북한의 문학에서는 그 독자적 가치가 창의성 있게 또 자유롭게 다루어지는 것이 아니라 정치적 목적에만 이용되는 점이 비판되고 있다.

북한의 희곡에 관한 논급에서는 형식은 고전적이고 내용은 항일문제, 정치지도자의 문제, 역사문제 등이 거론 비판되었다. 다만 〈청년들의 바다〉만은 도식성이 심하지 않았다고 지적되었다(13). 鮮于煇의 〈北韓의 兒童文學〉에서는 인간의 보편성을 상실케 조작한 교과서의 여러 교재와 문예물에 대한 비판이 제기되었고, 정치지도자의 우상화 현상 및 한국과 미국에 대한 증오심을 불어넣는 도식성을 비판하고 있다(14). 또 문학비평에서도 당정책에 따라 이론이 수립되고, 가장 대표적인 정치지도자의 이론이 곧 비평의 원리가 되고 있는 현상을 비판적으로 지적하고 있다(15).

이러한 연구를 보면 해방 당시의 이념의 분열과 국토 양분화의 양상이 문학쪽에서도 명료한 양상으로 드러나고 있음을 확인하게 된다. 그러나 이러한 양분화 현상을 지적하는 것만이 학문적 추세로 이어지는 데에는 문제가 있다고 생각된다. 왜냐하면, 양분된 오늘에 있어서도 남북의 문화적 공분모의 재발견과 재통합의 가능성에 관한 문제도 아울러 모색하고 밝혀내야 할 것이다. 언뜻 보기에는 이러한 문제제기가 단순히 관념적이거나 추상적인 전망일 뿐이라는 비난을 받을 여지가 있는 것이지만, 매우 중요한 현단계의 과제이고 또 앞으로 계속 밀고 나아가야 할 연구사업으로서 중요하다고 생각된다. 왜냐하면 이질화나 이질성이 심화되어 갈수록

동질성의 근원이 희박해지거나 망각될 가능성도 있으므로 남·북의 학자
와 예술가들 및 문화인들이 상호간의 자료를 자유롭게 읽고 연구하고 하
여 동질성의 기반을 튼튼히 가다듬겠다는 민족적 사명의식을 가져야만 미
래의 통합을 내다볼 수 있기 때문이다. 민족의 통합을 이루지 못한 문화
창조가 창조적 온전성을 시인받기란 실로 어려울 것이다.   신 동 욱

參 著

1. 白 鐵   新文學思潮史(白鐵文學全集 4, 新丘文化社, 1968)
2. 申南澈   文學과 政治(新文學, 1964)
3. 白基玩   金九의 思想과 行動의 再照明(解放前後史의 認識, 한길사, 1980)
4. 李泰俊   解放前後(文學 1947. 7)
5. 廉武雄   소설을 통해 본 해방직후의 사회상(解放前後史의 認識, 한길사, 1979)
6. 宋敏鎬   北韓文學의 初期形成過程硏究(北韓 1978. 4)
7. 朴鍾和   民族文學의 原理(京鄕新聞 1946.12.5)
8. 金東里   文學과 自由의 擁護(白民 1947.6~7)
9. 金東里   民族文學과 傾向文學(白民 1947.8~9)
10. 金東里   文學과 人間(白民文化社, 1947)
11. 具 常   北韓의 詩(統一政策 4—2, 平和統一硏究所, 1978)
12. 洪起三   北韓의 小說(統一政策 4—2, 平和統一硏究所, 1978)
13. 辛相雄   北韓의 戱曲(統一政策 4—2, 平和統一硏究所, 1978)
14. 鮮于煇   地韓의 兒童文學(統一政策 4—2, 平和統一硏究所, 1978)
15. 金允植   北韓의 評論(統一政策 4—2, 平和統一硏究所, 1978)
16. 李喆周   北傀文藝政 批判(北韓 1972.5)
17. 이항구   北韓文學의 現實(北韓 1973.2)
18. 申東旭   韓國現代批評史(한국일보사, 1975.10)
19. 金聖源   北韓文藝作品의 創作과 條件(北韓 1978.4)
20. 宋敏鎬   北韓文學의 初期形成過程硏究(北韓 1978.4)
21. 李喆周   北韓文學의 現住所(北韓 1978.4)
22. 梁泰鎭   越北作家論(統一政策 4—2, 平和統一硏究所, 1978)
23. 國土統一院   北韓文學의 實態報告(統一政策 4—2, 平和統一硏究所, 1978)
24. 具仲書   共產主義 이데올로기와 文學(北韓 1978.9)
25. 任軒永   해방후 한국문학의 樣相(解放前後史의 認識, 한길사, 1979)
26. 申東旭   北韓의 文學活動(北韓文化論, 1979)
27. 신동욱   분단시대의 문학론의 양분화연구(정신문화연구원·협동연구사, 1981)

筆者紹介

金 興 圭(高麗大)	崔　　喆(延世大)
金 文 基(慶北大)	黃 浿 江(檀國大)
金 仁 煥(高麗大)	金 尙 憶(淸州大)
金 東 旭(延世大)	金 學 成(成均館大)
成 基 玉(蔚山大)	張 德 順(서울大)
崔 元 植(仁荷大)	史 在 東(忠南大)
金 明 昊(德成女大)	金 用 淑(淑明女大)
李 慧 淳(梨花女大)	崔 珍 源(成均館大)
조 동 일(韓國學大)	李 相 寶(國民大)
玄 容 駿(濟州大)	蘇 在 英(崇田大)
曺 喜 雄(國民大)	林 基 中(京畿大)
成 耆 說(仁荷大)	柳 鐸 一(釜山大)
徐 大 錫(서울大)	김 병 국(서울大)
金 榮 敦(濟州大)	印 權 煥(高麗大)
林 在 海(安東大)	金 允 植(서울大)
崔 來 沃(漢陽大)	金 容 稷(서울大)
金 一 烈(慶北大)	金 澤 東(西江大)
徐 鍾 文(慶北大)	尹 明 求(仁荷大)
鄭 尙 圤(東亞大)	李 杜 鉉(서울大)
南 豊 鉉(檀國大)	千 二 斗(圓光大)
金 鎭 英(서울女大)	文 炳 郁(聖心女大)
趙 鍾 業(忠南大)	朴 喆 熙(西江大)
朴 性 奎(啓明大)	尹 弘 老(檀國大)
姜 東 燁(江原大)	李 注 衡(慶北大)
金 時 鄴(成均館大)	金 相 泰(全北大)
崔 信 浩(聖心女大)	丘 仁 煥(서울大)
李 鍾 燦(東國大)	李 在 徹(檀國大)
李 炳 赫(釜山大)	柳 敏 榮(檀國大)
林 熒 澤(成均館大)	吳 世 榮(서울大)
鄭 學 城(檀國大)	金 載 弘(仁荷大)
李 源 周(啓明大)	金 重 河(釜山大)
全 鎣 大(京畿大)	曺 南 鉉(建國大)
金 都 鍊(國民大)	宋 百 憲(忠南大)
宋 寯 鎬(誠信女大)	金 埈 五(釜山大)
李 東 歡(高麗大)	金 大 幸(崇田大)
宋 載 邵(成均館大)	權 寧 珉(서울大)
朴 熙 秉	申 東 旭(延世大)
閔 丙 秀(서울大)	● 집필순에 따랐음.
金 承 璨(釜山大)